2022年度版

TAC行政書士講座
滝澤ななみ 編集協力

行政書士の教科書

TAC出版
TAC PUBLISHING Group

本書は、令和3年11月15日現在の施行法令および令和3年11月15日現在において令和4年4月1日までに施行される法令に基づいて作成しております。

なお、本書刊行後、令和4年4月1日施行の改正法令が成立した場合は、下記ホームページの法改正情報コーナーに、「法改正情報」を掲載いたします。

TAC出版書籍販売サイト「Cyber Book Store」

https://bookstore.tac-school.co.jp/

はじめに

　本書は、行政書士試験の試験科目についてまったく知識がない人でも、最初に手に取る1冊として役立つよう、普段の自分の生活と並行させて学習し、行政書士試験に合格するための基礎知識をきちんと身に付けられるよう、わかりやすさを重視して編集したものです。

　ここでいうわかりやすさとは、体系的に理解しながら学習できるということです。

　行政書士試験で出題される科目は、学習範囲が広く、かつ、細かいため、最初から細部ばかり見ていると、全体像がつかめなくなり、体系的な理解がおろそかになりがちです。そこで本書では、各科目の内容の全体像をつかみやすいように、全科目の概要がわかるスタートアップ講座と、各科目の冒頭には科目ガイダンスを設けました。また、本文は各科目の基本事項を中心に収録し、その科目の理解には影響しない細部は大胆にカットすることで、メリハリをつけた学習ができるように構成しました。さらに、フルカラーレイアウトにより、視覚的にも各項目のイメージをつかみやすくなるよう心がけました。

　行政書士試験対策の基本的な学習プランとしては、最初のステップとして、

① 本書を使って、細部にはこだわらず基本事項だけを読む学習
② 問題集を使って、良問をたくさん解きながら知識の定着を図る解く学習
③ 再び本書に戻り、合格に必要な事項を覚える学習

の順に進めていきましょう。ここではあまり手を広げず、合格ラインの少し上を狙った学習に絞ることがポイントです。

　そして、それができたら次のステップとして、苦手分野の克服や加点要素となる項目を増やすことを心がけましょう。

　本書は、2022年度試験において、合格ラインの少し上を狙った学習をするため、最初のステップとして正しい道標となるよう、さらに、次のステップとして少し手を広げた学習をできるようなものとしました。

　最後に、本書を十分に活用し、日々の努力を続けることによって、皆さまが行政書士試験合格の栄冠を手にされることを心よりお祈りいたします。

　2021年11月

TAC行政書士講座

(3)

本書の特長と効果的な学習法

1 スタートアップ講座　　行政書士試験で学ぶ内容をざっくり知ろう！

本書の最初に、行政書士試験の初学者向けに「スタートアップ講座」を用意しました。ここでは、これから学ぶざっくりとした学習内容と重要項目30を知ることができます。試験全体の概要をつかむことは、効果的な学習の第一歩です。

2 学習ガイダンス　　これから学ぶ科目の概要を知ろう！

各編の冒頭には、学習ガイダンスがあります。初学者の人でも安心して学習スタートを切ることができます。

各編の概要を知ろう

●**全体像**
科目の全体像を示す重要な骨格を図示していますので、まずはイメージをつかみましょう。

●**各CHAPTER、SECTIONの概要**
CHAPTER、SECTIONごとの象徴的なイメージをイラストや図表で示しました。

各編の試験傾向を知ろう

●**傾向と対策**
五肢択一式、多肢選択式、記述式という異なる出題形式ごとに、それぞれの出題傾向等を示しながら、留意するポイントを的確に示しています。

●**SECTIONごとの出題履歴**
過去10年間の本試験における出題履歴を、出題形式ごとに示しています。単元別の学習配分を決める際や、出題傾向の把握に役立ててください。

　択＝五肢択一式
　多＝多肢選択式
　記＝記述式
　※択2＝五肢択一式で2問出題

(4)

3 いざ本論学習! 合格レベルの知識を身につけよう!

いよいよ学習スタート。まずは、「本文」をじっくり、力を入れて読み込みましょう。「側注」についても可能な限り、あわせて読んでください。ただし、負担感があるようなら「本文」のみをまず読むようにしましょう。

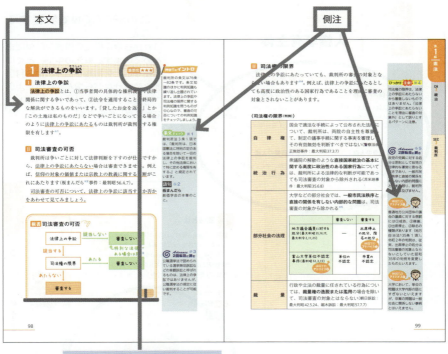

本書は、項目ごとに重要度を3段階で示しています。

★★★　重要度　高
★★　重要度　中
★　重要度　低

(5)

本文の要素紹介

　本文は、行政書士試験合格に必要な情報だけを掲載。短期間で最大の効果が出せるよう、さまざまな要素を盛り込みました。目にやさしいフルカラーで見た目のメリハリもばっちり。最後まで飽きずに読み進めることができるのもポイントです。

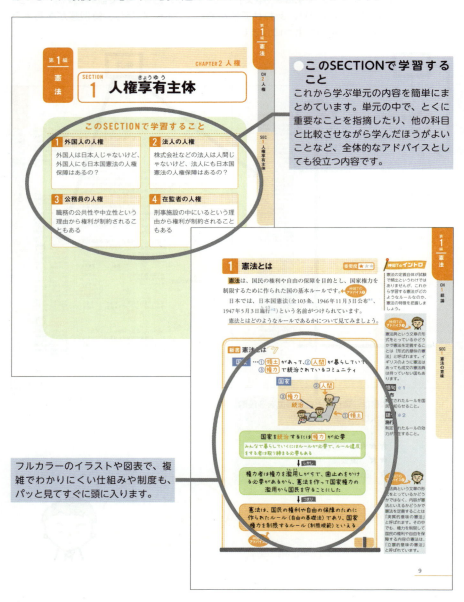

●このSECTIONで学習すること
これから学ぶ単元の内容を簡単にまとめています。単元の中で、とくに重要なことを指摘したり、他の科目と比較させながら学んだほうがよいことなど、全体的なアドバイスとしても役立つ内容です。

フルカラーのイラストや図表で、複雑でわかりにくい仕組みや制度も、パッと見てすぐに頭に入ります。

●側注の紹介

本文とリンクさせた側注は、執筆講師からのアドバイス、語句説明や、細かい内容でも本試験で出題が予想される事項などをまとめたものです。

本文と側注の※数字は、原則見開きページ内での通番となっています。同じ数字が対応していますので、確認しながら読み進めていってください。

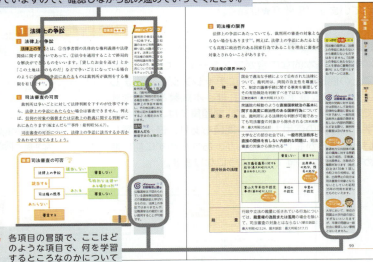

 各項目の冒頭で、ここはどのような項目で、何を学習するところなのかについての指針と本試験での出題状況などを示しています。

各項目を理解する上での補足、出題傾向に応じた注意点などを記載しています。メリハリをつけた学習に活用できます。

語句の定義や意味を記載しています。本文を理解するうえで重要なので目を通しておきましょう。

本試験で問われやすいひっかけポイントを記載しています。内容を覚える際に非常に有効です。

最初に読むときは読み飛ばしてしまい、一通りの学習が終わってから2回目に読み直すときには一緒に読んでもらいたいものを示しています。

本文を読むにあたって一緒に目を通しておくとよい条文を掲載しています。条文を調べる手間を省略できます。

●アンダーラインとハイライト

本文中で、理解と暗記のために特に重要となる箇所に、アンダーラインとハイライト（メインカラーの網を掛けた太字）を付しています。

● 赤色アンダーライン　　　　〇〇〇〇〇
暗記が必須といえる重要箇所を強調しています。

● メインカラー*アンダーライン　〇〇〇〇〇
板書や判例の導入部分、本文の導入にあたる条文や語句の定義などを、各編ごとのメインカラーのアンダーラインで示しています。

● メインカラーハイライト　　　〇〇〇〇〇
判例タイトル、固有名詞にあたる語句などに各編ごとのメインカラーのハイライトで示しています。

※各編（分野）のメインカラー

(7)

4　例題で知識を定着！　　知識を確実に固めよう！

　知識確認のための例題（過去問題）を用意しました。教科書で学んだ知識は、問題での確認が一番定着します。「○×チェック」で、項目ごとに確実にマスターしていきましょう。各項目の最後に掲載されています（重要度★は除く。）

問題集にもチャレンジ！

　例題で基本的な内容がマスターできたら、「行政書士の問題集（別売り）」にチャレンジしてみましょう。「行政書士の問題集」は、本試験と同じ形式で問題が構成されています。問題集では、教科書で学んだ知識の応用力を問う問題もあり、最初は難しいと感じるかもしれませんが、あきらめずに前に進めていけば、必ずできるようになります。

本試験で実際に出題された年度と問題番号です。

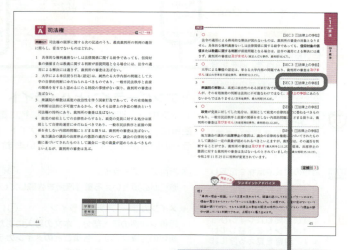

「問題集」の解説には「教科書」の該当箇所が記載してあるので、復習のときに便利です。

とっても便利！5冊にバラして使える!!
セパレートBOOK形式

『みんなが欲しかった！行政書士の教科書』は、かなりページ数が多いため、「1冊のままだと、持ち運びづらい」という方もいらっしゃると思います。
そこで、本書は5分冊とし、分解して使うことができるつくりにしました。

第1分冊：第1編 憲法
第2分冊：第2編 民法
第3分冊：第3編 行政法
第4分冊：第4編 商法、第5編 基礎法学、第6編 一般知識
第5分冊：みんなが欲しかった！行政書士試験六法

 コンパクトに持ち歩きたい人：本を分解して使用できる！

 全科目をまとめて持ち歩きたい人：ばらさず一冊で使える！

読者のみなさんは自分が使いやすいように、本を自由にカスタマイズして、自分だけの「本当に欲しかった教科書」を作り上げてください！

みんなが欲しかった！行政書士試験六法
　条文そのものを確認する必要があるものを厳選して収録しています。覚える必要があり、また記述式に記載する可能性がある文言は、赤太字になっており、付属の赤シートで隠しながら条文の文言を確認することができます。

さらに便利！ シールの活用方法

分冊して使うなら「背表紙シール」で科目もわかりやすくきれいに!!

本書は、5分冊セパレートBOOK形式!!　分冊したら「背表紙シール」できれいに5分冊に仕上げられます。

▼ まずは、白い厚紙から、色紙のついた冊子を取り外します。

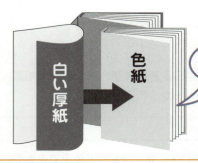

第1分冊：第1編 憲法
第2分冊：第2編 民法
第3分冊：第3編 行政法
第4分冊：第4編 商法・第5編 基礎法学・第6編 一般知識
第5分冊：みんなが欲しかった！行政書士試験六法

※色紙と白い厚紙が、のりで接着されています。乱暴に扱いますと、破損する危険性がありますので、丁寧に抜きとってください。
また、抜きとる際の損傷についてのお取替えはご遠慮願います。

▶ 取り外した冊子の背表紙に「背表紙シール」を貼ります。

[背表紙シールの貼り方]

❶ 付録の背表紙シールを切れ目にそって切り離してください。
❷ 点線（…）を背表紙の両端に合わせてください。
❸ 取り外した冊子の、のりのあとが隠れるように高さを合わせて貼ってください。

(10)

Sectionごとの「インデックスシール」で学習したいテーマが見つけやすくなる!

全86Sectionすべてと別冊六法の「インデックスシール」をご用意しました!
ご自身でセレクトいただき、あなただけの「行政書士の教科書」に!

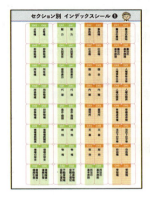

苦手なところに貼って見直しましょう!

[インデックスシールの貼り方]

❶付録のシールを切れ目にそって切り離してください。
❷各CHAPTER内にあるSectionの最初のページにシールを貼ってください。

点線を背表紙に合わせましょう!

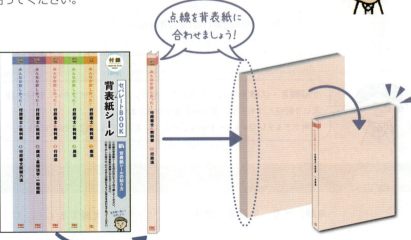

(11)

行政書士試験の概要

本試験の実施日程〈令和３年度（2021年）例)〉

行政書士試験は、年１回、11月の第２日曜日に、全国47都道府県で実施されます。
令和３年度（2021年）の本試験は下記のようなスケジュールでした。

〈受験申込みから合格発表までの流れ〉
次のどちらかの方法により、受験申込みをします。

郵送による受験申込み 7月26日(月)〜8月27日(金)消印有効	インターネットによる受験申込み 7月26日(月)〜8月24日(火)午後5時
1 受験願書の記入と顔写真の貼付 ※受験願書に記入 ※顔写真のサイズ（縦4cm×横3cm／カラー写真）	**1** インターネット申込条件に「同意」受験願書と顔写真画像を登録 ※受験申込画面で必要事項を入力 ※顔写真画像のサイズ（高さ4:幅3の割合）
2 受験手数料の払込み ※専用の振替払込用紙で郵便局の窓口で受験手数料7,000円を払込み（ATM使用不可）	**2** 受験手数料の払込み ※本人名義のクレジットカードまたはコンビニエンスストアで受験手数料7,000円を払込み
3 振替払込受付証明書を貼り郵送	**3** 登録完了メールが届いたら申込完了

4 受験票の送付(10月25日)

5 試験　11月14日(日)午後1時から午後4時(180分)

6 合格発表　令和3年(2021年)1月26日(水)午前9時
※合格者の受験番号がセンター事務所の掲示板とホームページに公表されます

受験願書・試験案内は、「窓口で受け取る」方法と、「センターに郵便で請求して郵送してもらう」方法の２通りがあります。
利用できるクレジットカードやコンビニエンスストアは、指定されています。

受験資格

年齢、学歴、国籍等に関係なく、どなたでも受験できます。

科目と形式の概要

試験科目	内容等	出題形式
行政書士の業務に関し必要な**法令**等（出題数46題）	❶憲法、❷行政法（行政法の一般的な法理論、行政手続法、行政不服審査法、行政事件訴訟法、国家賠償法及び地方自治法を中心とする。）、❸民法、❹商法及び❺基礎法学	5肢択一式（40問）多肢選択式（3問）記述式（3問）
行政書士の業務に関連する**一般知識**等（出題数14題）	❶政治・経済・社会、❷情報通信・個人情報保護、❸文章理解	5肢択一式（14問）

※　法令については、令和4年4月1日現在施行されている法令に関して出題される予定です。

試験科目は、大きく「法令（等）」と「一般知識（等）」の2つに分かれます。法令はさらに5つに分けることができ、一般知識は3つに分けることができます。

形式は、「5肢択一式」「多肢選択式」「(40字)記述式」の3種類です。

5肢択一式（単純型）：1問につき4点

「5肢択一式」は、5つの選択肢の中から正しいもの（または誤っているもの）を1つ選んで解答します。

問題3　人権の享有主体性をめぐる最高裁判所の判例に関する次の記述のうち、妥当でないものはどれか。

1　わが国の政治的意思決定またはその実施に影響を及ぼすなど、外国人の地位に照らして認めるのが相当でないと解されるものを除き、外国人にも政治活動の自由の保障が及ぶ。

2　会社は、自然人と同様、国や政党の特定の政策を支持、推進し、または反対するなどの政治的行為をなす自由を有する。

3　公務員は政治的行為を制約されているが、処罰対象となり得る政治的行為は、公務員としての職務遂行の政治的中立性を害するおそれが、実質的に認められるものに限られる。

4　憲法上の象徴としての天皇には民事裁判権は及ばないが、私人としての天皇については当然に民事裁判権が及ぶ。

5　憲法が保障する教育を受ける権利の背後には、子どもは、その学習要求を充足するための教育を施すことを、大人一般に対して要求する権利を有する、との観念がある。

（平成29年度　本試験問題より）

選択肢は5つ

問題を読んで、間違えている箇所や、アヤシイ箇所に印をつけておくといいでしょう。また、冒頭の「正しいものはどれか」「誤っているものはどれか」についても、絶対に見落とさないようにしましょう。

(13)

5肢択一式（組合せ型）：1問につき4点

「**5肢択一式**」の派生型で、まずア～オなどの5つの選択肢の中から正しいもの（または誤っているもの）を複数個探し、それを正しく組み合わせているものを1つ選んで解答します。

> 問題29 物権の成立に関する次のア～オの記述のうち、民法の規定および判例に照らし、妥当でないものの組合せはどれか。
>
> ア 他人の土地の地下または空間の一部について、工作物を所有するため、上下の範囲を定めて地上権を設定することは認められない。
> イ 一筆の土地の一部について、所有権を時効によって取得することは認められる。
> ウ 構成部分の変動する集合動産について、一括して譲渡担保の目的とすることは認められない。
> エ 土地に生育する樹木について、明認方法を施した上で、土地とは独立した目的物として売却することは認められる。
> オ 地役権は、継続的に行使され、かつ、外形上認識することができるものに限り、時効によって取得することができる。
>
>
> 1 ア・イ
> 2 ア・ウ
> 3 イ・エ
> 4 ウ・エ
> 5 エ・オ

（平成29年度　本試験問題より）

組合せ型は、5つすべての選択肢の知識を確実に知っていなくても、確実な知識をもとにした正誤判断と組合せの候補により、正解を出すこともできるので、単純型よりも解きやすいと思われます。

多肢選択式：1問につき8点＝1つの空欄につき2点

「**多肢選択式**」は、4つの空欄に入る適切な語句を、与えられた20の選択肢の中から選んで解答します。

> 問題42 次の文章の空欄 ア ～ エ に当てはまる語句を、枠内の選択肢（1～20）から選びなさい。
>
> 　行政機関は、多くの場合、自らその活動のための基準を設定する。この種の設定行為および設定された基準は、通例、 ア と呼ばれる。この ア には、行政法学上で イ と ウ と呼ばれる2種類の規範が含まれる。前者が法的拘束力を持つのに対し後者はこれを持たないものとして区別されている。 エ は、行政機関が意思決定や事実を公に知らせる形式であるが、 ア の一種として用いられることがある。この場合、それが イ に当たるのかそれとも ウ に当たるのかがしばしば問題とされてきた。例えば、文部科学大臣の エ である学習指導要領を イ と解する見解によれば、学習指導要領には法的拘束力が認められるのに対し、学習指導要領は単なる指導助言文書だと解する見解によれば、そのような法的拘束力は認められないことになる。また、 エ のうち、政策的な目標や指針と解される定めは、 ウ と位置付けられることになろう。以上のように エ の法的性質については一律に確定することができず、個別に判断する必要がある。

（平成29年度　本試験問題より）

空欄の数は1問に4つ。単語はもちろん、数字も空欄になることがあります。

①空欄に入る用語を…

(14)

（平成29年度　本試験問題より）

行政書士試験の「多肢選択式」は、空欄に対して選択肢が与えられているとはいえ、かなり語群の数が多いのも特徴です。それぞれの空欄ごとに、入りそうな選択肢をグループ分けして解くという方法が有効です。

（40字）記述式：1問につき20点

行政書士試験の最大の特徴でもある「（40字）記述式」は、問題文の問いに対する解答を40字程度（最大は45字）で、与えられた枠内に書きます。

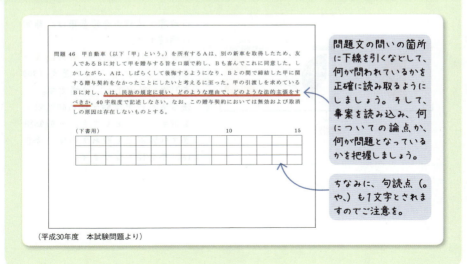

（平成30年度　本試験問題より）

(15)

試験科目と問題数および配点

行政書士試験の試験科目は、次のような問題数、配点で出題されます。

科目		配点	五肢択一式 （1問4点）	多肢選択式 （1問8点）	記述式 （1問20点）
法令 46問 <u>122点以上必要</u> 244点	基礎法学	8点	2問		
	憲法	28点	5問	1問	
	行政法	112点	19問	2問	1問
	民法	76点	9問		2問
	商法	20点	5問		
一般知識 14問 <u>24点以上必要</u> 56点	政治経済社会	32点	8問		
	情報通信・ 個人情報保護	12点	3問		
	文章理解	12点	3問		

全体で <u>180点以上必要</u> / 300点

※令和3年度試験における出題内訳

問題数が多く多肢選択式も記述式もある**行政法**と記述式が2問ある**民法**とで、法令科目の8割近くを占めています。この2科目および記述式の攻略が、行政書士試験攻略のキモです。

合格基準

行政書士試験の合格基準は、非常に明確です。
法令等で50％以上、一般知識等で40％以上、試験全体で満点（300点）の60％以上で、合格です。
法令等だけで試験全体の60％以上を取れていたとしても、一般知識等で40％以上を取れていない場合は、不合格となります。

受験データ　受験者数、合格者数等の推移

行政書士試験の過去10年の受験者数、合格者数等は、以下のとおりです。

年度	H23年度 (2011年)	H24年度 (2012年)	H25年度 (2013年)	H26年度 (2014年)	H27年度 (2015年)
受験申込者数(人)	83,543	75,817	70,896	62,172	56,965
受験者数（人）	66,297	59,948	55,436	48,869	44,366
合格者数（人）	5,337	5,508	5,597	4,043	5,820
合格率	8.1%	9.2%	10.1%	8.3%	13.1%

年度	H28年度 (2016年)	H29年度 (2017年)	H30年度 (2018年)	R元年度 (2019年)	R2年度 (2020年)
受験申込者数(人)	53,456	52,214	50,926	52,386	54,847
受験者数（人）	41,053	40,449	39,105	39,821	41,681
合格者数（人）	4,084	6,360	4,968	4,571	4,470
合格率	10.0%	15.7%	12.7%	11.5%	10.7%

気になる合格率は、低い年で8.1%、高い年で15.7%となっていて、10年間の平均は10.5%くらいです。

ここ5年は、10%を超えるような高い合格率が続いていますが、今後どのように推移していくかは注目が必要です。

受験申込者数は減少傾向が続いていましたが、令和元年度（2019年）は増加に転じ、さらに令和2年度（2020年）も増加傾向が続いています。

なお、平成26年度(2014年)は、現在の試験制度が平成18年度(2006年)に導入されて以来はじめて、補正的措置が実施され、法令科目の合格基準が引き下げられました。

連絡先（問い合わせ先）　一般財団法人　行政書士試験研究センター
所在地　〒102-0082　東京都千代田区一番町25番地　全国町村議員会館3階
電話番号（試験専用）03-3263-7700

シリーズ紹介と活用法

ここでは、TAC出版書籍(みんなが欲しかった！行政書士シリーズ)のご紹介と、その書籍を使った効果的な学習法について説明します。

入門書

1 行政書士 合格へのはじめの一歩

- 「オリエンテーション編」で、行政書士という資格と行政書士試験について、さらっと確認してイメージをつかみましょう。
- 「入門講義編」で、各科目の内容をざっと読んで全体像をつかむとともに、法律学習になれましょう。

実力養成

2 行政書士の教科書 本書

- まずは1回、ざっと読んで全体像をつかみましょう。わからないところがあっても、どんどん読み飛ばします。
- 本文をじっくり、力を入れて読み込みましょう。
- 「例題」は必ず解きましょう。できないときは、すぐに本文に戻って知識を確認しましょう。

リンク

3 行政書士の問題集

- 『行政書士の教科書』の1回目を読む段階から、できればSectionごと、少なくともCHAPTERごとに、『行政書士の問題集』の問題を解きましょう。
- できなかった問題は、解説に記載されているリンクをもとに『行政書士の教科書』に戻って確認しましょう。

リンク

4 行政書士の最重要論点150

- 『行政書士の教科書』の重要な150の論点をピックアップして、見開き2ページ1論点(項目)の構成、図表中心でまとめています。

5 行政書士の判例集

- 最重要判例を中心に、重要度に応じてメリハリをつけながら、憲法・民法・行政法・商法の数多くの判例を掲載しています。

過去問演習

6 行政書士の5年過去問題集

- 5年分の本試験問題を、詳細な解説と問題ごとの正答率とともに、新しい順に年度別に収録しています。
- 出来具合に一喜一憂することなく、また解きっぱなしにせずに、できなかった問題は、『行政書士の教科書』に戻って復習しましょう。

7 行政書士の肢別問題集

- 実際の本試験問題を素材にしながら、法令（等）科目の重要論点を、選択肢ごとに分解し、1問1答形式で、知識を確認できる1冊です。
- 選択肢（問題）ごとに、重要度ランク・肢を切るポイントを明示しているので、メリハリをつけた学習が可能です。

記述対策

8 行政書士の40字記述式問題集

- 過去問題を題材にした解法マニュアルと、過去問題＆オリジナル予想問題が1冊に集約されています。
- 一通りの学習が終わって、直前期に40字記述式対策を行われる受験生が多いようですが、実力養成の学習と同時並行することで、より知識定着を図ることも可能です。

直前対策

9 本試験をあてる TAC直前予想模試 行政書士

- 出題傾向を徹底分析した予想問題を3回分収録しています。
- 問題部分は回数ごとに取り外せるようになっているので、実際の本試験を意識したシミュレーションを行うことができます。是非とも時間（180分）を計りながらチャレンジしてみましょう。

合 格 ！

CONTENTS

はじめに／(3)　　本書の特長と効果的な学習法／(4)
セパレートBOOK形式／(9)　　シールの活用方法／(10)
行政書士試験の概要／(12)　　シリーズ紹介と活用法／(18)
はじめての行政書士試験スタートアップ講座／(25)
　学習マップ／(26)
　科目別ざっくりガイド／(28)
　合格するための得点戦略／(32)

第1分冊

第1編　憲法

学習ガイダンス／2
CHAPTER 1　総論 …………………………………………… 8
　1　憲法の意味 ……………………………………………… 8
　2　憲法の基本原理 ………………………………………… 13
CHAPTER 2　人権 …………………………………………… 17
　1　人権享有主体 …………………………………………… 17
　2　人権の限界 ……………………………………………… 24
　3　幸福追求権 ……………………………………………… 29
　4　法の下の平等 …………………………………………… 36
　5　自由権 …………………………………………………… 44
　6　受益権 …………………………………………………… 70
　7　参政権 …………………………………………………… 72
　8　社会権 …………………………………………………… 74
CHAPTER 3　統治 …………………………………………… 81
　1　国会 ……………………………………………………… 81
　2　内閣 ……………………………………………………… 92
　3　裁判所 …………………………………………………… 97
　4　天皇 ……………………………………………………… 105
　5　財政 ……………………………………………………… 107

第1分冊（憲法）用語さくいん ……………………………… 112
　　　　　　　　判例さくいん ……………………………… 113

(20)

第2分冊

第2編　民法

学習ガイダンス／118

CHAPTER 1　総則 …………………………………………………129
1　民法の基本原則 …………………………………………………129
2　能力 ………………………………………………………………132
3　失踪宣告 …………………………………………………………149
4　意思表示 …………………………………………………………152
5　代理 ………………………………………………………………166
6　条件・期限 ………………………………………………………188
7　時効 ………………………………………………………………192

CHAPTER 2　物権 …………………………………………………207
1　物権 ………………………………………………………………207
2　不動産物権変動と登記 …………………………………………212
3　占有権 ……………………………………………………………227
4　即時取得 …………………………………………………………233
5　所有権 ……………………………………………………………238
6　用益物権 …………………………………………………………249
7　担保物権 …………………………………………………………254

CHAPTER 3　債権 …………………………………………………286
1　債権債務関係 ……………………………………………………286
2　債権の保全 ………………………………………………………297
3　債権譲渡・債務引受 ……………………………………………313
4　債権の消滅 ………………………………………………………321
5　多数当事者の債権債務関係 ……………………………………335
6　契約総論 …………………………………………………………356
7　契約各論 …………………………………………………………369
8　契約以外の債権発生原因 ………………………………………400

CHAPTER 4　親族・相続 …………………………………………422
1　親族 ………………………………………………………………422
2　相続 ………………………………………………………………434

第2分冊（民法）用語さくいん …………………………………………454
　　　　　　　 判例さくいん …………………………………………456

(21)

第3分冊

第3編　行政法

学習ガイダンス／462

- CHAPTER 1　行政法の一般的な法理論 …………………………………472
  - 1　行政法の基本原理 ……………………………………………………472
  - 2　公法と私法 ……………………………………………………………475
  - 3　行政組織 ………………………………………………………………483
  - 4　行政行為 ………………………………………………………………496
  - 5　行政行為以外の行政作用 ……………………………………………513
  - 6　行政強制・行政罰 ……………………………………………………527
- CHAPTER 2　行政手続法 …………………………………………………538
  - 1　総則 ……………………………………………………………………538
  - 2　処分 ……………………………………………………………………544
  - 3　処分以外の手続 ………………………………………………………557
- CHAPTER 3　行政不服審査法 ……………………………………………565
  - 1　総則 ……………………………………………………………………565
  - 2　審査請求 ………………………………………………………………570
  - 3　審査請求以外の不服申立て …………………………………………589
  - 4　教示 ……………………………………………………………………593
- CHAPTER 4　行政事件訴訟法 ……………………………………………597
  - 1　行政事件訴訟の類型 …………………………………………………597
  - 2　取消訴訟 ………………………………………………………………604
  - 3　取消訴訟以外の訴訟 …………………………………………………627
  - 4　教示 ……………………………………………………………………642
- CHAPTER 5　国家賠償・損失補償 ………………………………………645
  - 1　国家賠償請求 …………………………………………………………645
  - 2　損失補償 ………………………………………………………………656
- CHAPTER 6　地方自治法 …………………………………………………660
  - 1　地方公共団体 …………………………………………………………660
  - 2　住民の権利 ……………………………………………………………668
  - 3　地方公共団体の機関 …………………………………………………677
  - 4　条例・規則 ……………………………………………………………690
  - 5　公の施設 ………………………………………………………………694
  - 6　国の関与 ………………………………………………………………698

第3分冊（行政法）用語さくいん ……………………………………………704
判例さくいん ………………………………………………………706

第4分冊

第4編　商法

学習ガイダンス／710
CHAPTER 1　商法 ……………………………………………………714
　1　商法総則 ……………………………………………………714
　2　商行為 ………………………………………………………724
CHAPTER 2　会社法 …………………………………………………730
　1　総論 …………………………………………………………730
　2　会社の設立 …………………………………………………735
　3　株式 …………………………………………………………746
　4　会社の機関 …………………………………………………760
　5　剰余金の配当 ………………………………………………783
　6　その他 ………………………………………………………786

第5編　基礎法学

学習ガイダンス／796
CHAPTER 1　法学 ……………………………………………………800
　1　法律用語 ……………………………………………………800
　2　法の名称 ……………………………………………………813
CHAPTER 2　裁判制度 ………………………………………………817
　1　裁判所 ………………………………………………………817
　2　裁判外紛争処理（ADR） …………………………………826

第6編　一般知識

学習ガイダンス／832
CHAPTER 1　政治 ……………………………………………………838
　1　国内の政治 …………………………………………………838
　2　国際政治 ……………………………………………………851
CHAPTER 2　経済 ……………………………………………………862
　1　財政 …………………………………………………………862
　2　経済 …………………………………………………………872

（23）

CHAPTER 3　社会 ……………………………………………………883
　1　環境問題 …………………………………………………883
　2　社会保障 …………………………………………………888
　3　その他 ……………………………………………………896
CHAPTER 4　情報通信・個人情報保護 ………………………905
　1　情報通信 …………………………………………………905
　2　個人情報保護 ……………………………………………926
CHAPTER 5　文章理解 ……………………………………………945
　1　文章理解 …………………………………………………945

第4分冊（商法・基礎法学・一般知識）用語さくいん………952
**　　　　　　　　　　　　　　　　　　判例さくいん**………954

第5分冊

みんなが欲しかった！行政書士試験六法

日本国憲法 …………………………………………………………… 1
民法（抄）…………………………………………………………… 9
国家行政組織法 ……………………………………………………… 86
行政代執行法 ………………………………………………………… 90
行政手続法 …………………………………………………………… 91
行政不服審査法 ………………………………………………………102
行政事件訴訟法 ………………………………………………………117
国家賠償法 ……………………………………………………………126
地方自治法（抄）……………………………………………………127
個人情報の保護に関する法律（抄）………………………………158

(24)

はじめての行政書士試験
スタートアップ講座

本文に入る前に、ここで行政書士試験のざっくりした学習内容と重要項目30を見てみましょう!!

一緒にがんばりましょう!

はじめての行政書士試験スタートアップ講座
学習マップ

> 行政書士試験の全科目関係を一覧にするとこんな感じ！

第1編 憲法

総論

> 憲法や行政法みたいに国や役所と国民との間の法律関係を公法って呼ぶよ！

- 法の下の平等
- 自由権
- 受益権
- 参政権
- 社会権
- ⋮

人権

- 国会
- 内閣
- 裁判所

統治

関連あり　関連あり

第3編 行政法

> 行政組織や行政法の基本ルール

行政法の一般的な法理論

関連あり

- 行政手続法
- 行政不服審査法
- 行政事件訴訟法
- 国家賠償・損失補償
- 地方自治法

(26)

第2編 民法

財産
- 総則
- 物権
- 債権

家族
- 親族
- 相続

商人についての特別なルール →

第4編 商法

個人商店 — 商法

株式会社 — 会社法

関連あり →

第5編 基礎法学
- 法学
- 裁判制度

裁判員制度は基礎法学で学習するよ！

第6編 一般知識
- 政治　経済　社会
- 情報通信・個人情報保護
- 文章理解

時事ネタも出るよ！

統治の条文知識や行政組織の学習は政治分野でも活用できるよ！

(27)

はじめての行政書士試験スタートアップ講座
科目別ざっくりガイド

各科目のはじめに、くわしい学習ガイダンスがあるよ

第1編　憲法

　憲法（正式名は「日本国憲法」）とは、日本における法（ルール）の中で**最高位に位置**する一番大切な（根本的な）法です。

　憲法は、全体に共通する**基本原理**を定めた総論、**国民の権利**について定めた**人権**、**国の統治の仕組み**について定めた統治の3つに分けることができます。

　総論はあまり試験に出ません。人権は判例、統治は条文を中心に学習します。

(28)

第2編 民法

　民法とは、一般市民同士の<u>市民社会取引</u>について定めた法律です。

　民法は、<u>総則</u>、<u>物権</u>、<u>債権</u>、<u>親族</u>・<u>相続</u>の4つのまとまりで構成されています。そして、総則・物権・債権をまとめて<u>財産法</u>、親族・相続は<u>家族法</u>といいます。したがって、民法は、財産や家族といった日常生活に関する身近な法律といえます。

財産法

家族法

 具体的な事例が与えられて、それをどのように取り扱うか、という事例問題が出題の中心で、記述式問題も2題あります。事例問題対策には、簡単な図を書くのも効果的です。

第3編 行政法

行政機関　　公務員

　　　　営業停止処分

首長　　　議会

　行政法は、憲法と民法と違って、「行政法」という名称の法律が存在するわけではありません。行政法とは、<u>行政（行政権）に関するすべての法令の総称</u>で、行政に関する法全体を学習する科目になります。

　行政書士試験の行政法では、<u>行政法の一般的な法理論</u>、<u>行政手続法</u>、<u>行政不服審査法</u>、<u>行政事件訴訟法</u>、<u>国家賠償・損失補償</u>、<u>地方自治法</u>が出題の中心とされています。<u>行政法の一般的な法理論</u>は具体的な法律すべてに共通するルールが中心で、他の5つは具体的な法律そのものが中心です。

 最も出題数が多く、配点も高い、最重要科目です。

第4編 商法

　商法は、民法と同じく国民同士の関係について定めている法律です。もっとも民法は一般市民同士の取引を対象としているのに対して、商法は個人商店や会社などの「商人」がお金儲け目的で継続的に行う取引を対象としています。
　商法では個人商店（個人事業主）、会社法では株式会社を中心とした会社の組織・運営などについて定めています。

個人商店

株式会社

範囲が非常に膨大ですので、メリハリをつけた学習が重要です。すべてを学習しようとはせずに、出題可能性が高いテーマ（株主、会社の機関など）にしぼって学習しましょう。

第5編 基礎法学

　基礎法学とは、**法律を学ぶうえで知っておくべき基礎的な事項**のことです。言い換えれば、法律の規定を読み進めていくために必要な知識のことで、法学で学習します。
　これに加えて、裁判所の仕組みや裁判外紛争処理手続のような裁判制度なども出題されます。

法学
（法律用語・知識）

裁判制度

出題数（配点）が少ないので、学習ウェイトが低くてよい科目です。

(30)

第6編 一般知識

　一般知識では、**時事的な問題**も出題される政治・経済・社会、関連法律の内容と用語が出題の中心となる情報通信・個人情報保護、大学入試の国語（**現代文**）のような文章理解が出題されます。

政治　　経済　　社会　　情報通信　　文章理解
　　　　　　　　　　　　個人情報保護

14問（56点）中6問（24点）以上の合格ラインをクリアするためには、情報通信と文章理解の攻略がカギです。

スタートアップ講座でざっくりとイメージを持ち、各科目の学習ガイダンスで全体像を把握し、そして本文を読む、との流れで進めましょう！

次ページからは、合格するための得点戦略と、そのために必ず押さえておきたい重要項目30です。今後の学習をスムーズにできます！

(31)

はじめての行政書士試験スタートアップ講座

合格するための **得点戦略**

試験科目

科目		配点	五肢択一式 （1問4点）	多肢選択式 （1問8点）	記述式 （1問20点）
法令 46問 <u>122点以上必要</u> 244点	基礎法学	8点	2問		
	憲法	28点	5問	1問	
	行政法	112点	19問	2問	1問
	民法	76点	9問		2問
	商法	20点	5問		
一般知識 14問 <u>24点以上必要</u> 56点	政治経済社会	32点	8問		
	情報通信・ 個人情報保護	12点	3問		
	文章理解	12点	3問		

全体で <u>180点以上必要</u> 300点

※令和3年度試験における出題内訳

①法律メイン科目

　配点の大きい行政法と民法の2科目を学習のメインとします。

　ここでは、2科目合計で188点中130点を必ず取ることを目指しましょう。実際に学習を始めてみて、どちらの科目が得意かによってバランス調整し、行政法が得意で民法が苦手だったら行政法100点と民法30点、民法が得意で行政法が苦手だったら行政法80点と民法50点といった感じです。

②法律その他の科目

　基礎法学、憲法、商法の3科目は、その他の科目という位置づけとします。初学者の方は、勉強に慣れるためという意味合いも込めて、メイン科目に入る前に憲法から学習を始め、メイン科目が終わったら商法、基礎法学に進むという順序がおすすめです。

　ここでは、3科目合計で56点中半分の28点を必ず取ることを目指しましょう。

③一般知識科目

　法律科目で200点取れたとしても、一般知識科目で1問しか正解できなかった場合、計算上は204点の得点となりますが、この場合は不合格になってしまいます。一般知識科目にも固有の合格基準があり、そのため6問24点以上得点することが必要となります。

　ここでは、56点中半分の28点を必ず取ることを目指しましょう。

得点戦略を可能にするために押さえておきたい**重要項目30**は**コチラ**から

（32）

憲法 1 外国人の人権（人権享有主体）

第1編 CH 2 SEC 1

直近5年の出題履歴 H29

日本には、日本人だけではなく、外国人も生活しているわけですが、日本国憲法に書かれている人権規定が、外国人にも保障されるかどうかの問題です。これに対しては、人権の性質に応じて日本人のみを対象としているものを除いて外国人にも保障されると解釈されています。例えば、**表現の自由**や**指紋押捺を強制されない自由**は外国人にも保障される一方、**選挙権**は外国人には保障されていません。

ポイントと到達目標

外国人への人権保障の有無を覚えることがポイントです。「指紋押捺を強制されない自由は、外国人には保障できない。」という問題文に対し、「誤り」と判断できるようになることを目指しましょう。

憲法 2 法の下の平等

第1編 CH 2 SEC 4

直近5年の出題履歴 R元

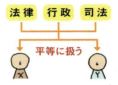

憲法14条1項は法の下の平等を規定し、人種、信条、性別、社会的身分、門地により差別されないことが保障されています。
国家権力が法律を制定するにしても、合理的な理由による区別はかまいませんが、**合理的な理由のない差別的な規定**を設けた場合、**憲法14条1項に違反し、無効**とされます。最高裁では、非嫡出子（法律上婚姻していない男女から生まれた子）の相続分を嫡出子の2分の1と定めていた民法の規定を違憲無効と判断しています。

ポイントと到達目標

14条1項に違反するかしないかの判例知識を覚えることがポイントです。「法定相続分について嫡出性の有無により差異を設け、非嫡出子の相続分を嫡出子の2分の1とする規定は、憲法に違反する。」という問題文に対し、「正しい」と判断できるようになることを目指しましょう。

(33)

憲法3 表現の自由（自由権）

第1編 CH 2 SEC 5

直近5年の出題履歴 H29、30、R元、2

憲法21条1項では「集会、結社及び言論、出版その他一切の表現の自由は、これを保障する。」と規定されています。
ここに規定されていないものでも解釈で保障される権利もあります。例えば、**報道の自由**は、21条1項には記載されていませんが、21条1項の解釈として保障される人権の1つとされています。一方、**取材の自由**や、**筆記行為の自由**は、21条1項では保障されていないと解釈されています。

ポイントと到達目標

21条1項の文言に記載のないものでも、その解釈として憲法上の人権保障が及ぶものといえるかどうかを覚えることがポイントです。「取材の自由も、報道の自由と同様、憲法21条1項から直接保障される人権である。」という問題文に対し、「誤り」と判断できるようになることを目指しましょう。

憲法4 国会・内閣・裁判所

第1編 CH 3 SEC 1～3

直近5年の出題履歴 H29、R元、2、3

国家権力は一極集中させると権力が濫用され国民の権利が害されるおそれがあるため、立法権、行政権、司法権の3つに分け、それを別の機関に担当させる三権分立という仕組みがとられています。そして、立法権は**国会**、行政権は**内閣**、司法権は**裁判所**が担当するものとされています。国会、内閣、裁判所は、統治分野における頻出項目です。憲法41条から82条までの条文知識を充実させることを意識し、条文暗記を中心に準備すべき分野になります。

ポイントと到達目標

国会、内閣、裁判所では、「権能の所在」を中心に、憲法の条文知識を整理していくことがポイントです。「内閣総理大臣の任命を国会が行う。」という問題文に対し、「誤り」と判断できるようになることを目指しましょう。国会に与えられた権限は内閣総理大臣の指名であって、その任命は天皇が行うものとされています。

(34)

| 民法 5 | 代理 |

第2編　CH 1　SEC 5

直近5年の出題履歴　R元

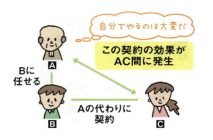

代理権がないにもかかわらずAの代理人と称するB（無権代理人といいます）と取引した場合の処理に関するルールを覚えます。この場合、取引の相手方Cは、①Aに対して追認するかどうかの**催告**ができ、②Cが善意ならAが追認するまでは**取消し**でき、③Cが善意無過失ならB（制限行為能力者のときは除く）の責任を追及してBに**履行または損害賠償を請求**できます。また、無権代理人と相続の事例処理や、表見代理の法律関係についても合わせて覚えましょう。

ポイントと到達目標

無権代理人の相手方ができることや本人が死亡して無権代理人が相続した場合の処理について覚えることがポイントです。「本人が追認した後でも無権代理人が善意なら取消しできる。」という問題文に対して　「誤り」　と判断できるようになることを目指しましょう。

| 民法 6 | 所有権 |

第2編　CH 2　SEC 5

直近5年の出題履歴　H29、R元

所有権の学習は、①権利の取得関係、②隣人の権利との調整（相隣関係）、③共同所有の場合の法律関係（共有）に分けて進めましょう。①では、A所有の材料にBが加工を加えて出来上がった完成物は原則A所有になること、②では、隣の土地からはみ出してきた**根**は切ってもいいけど**枝**は切っちゃダメなこと、③では、ABC3人で土地を共有している場合、Aは、**保存行為**や**自分の持分の譲渡**は単独で行えますが、**土地の売却**は単独では行えないといったことを覚えていきます。

ポイントと到達目標

共有では、共有者の一人が単独でできるかどうかを覚えることがポイントです。賃貸借だと持分価格の過半数の同意が必要になります。「ＡＢＣ３人の共有土地（持分均等）の賃貸借契約はＡが単独で行える。」という問題文に対して　「誤り」　と判断できるようになることを目指しましょう。

(35)

民法 7 抵当権（担保物権）

第2編　CH 2　SEC 7

直近5年の出題履歴　H30、R2

　AがBにお金を貸すときに、回収不能にならないよう、Bの家を担保にとるときに使われるのが「抵当権」です。Bが返済を怠れば、Aは抵当権を実行して家を競売にかけ、その代金から自分が他の債権者に優先して弁済を受けることができます。もし、Bの家が火災で滅失したときは、家は燃えてなくなっているので競売にかけることはできなくなりますが、Bが保険金請求権を取得するなら、Aは、この債権を差し押さえて優先回収にあてることができます。これを「物上代位」といいます。

ポイントと到達目標

　抵当権設定のルールやその効力のほか、目的物が滅失したとき、目的物が第三者に売却されたり賃貸されているときの法律関係などを学習していきます。「抵当権者Aは、抵当権設定者Bの家が火災で焼失したときは火災保険金請求権に物上代位できるが、そのためには保険金がBに支払われる前に差押えをする必要がある。」という問題文に対して「正しい」と判断できるようになることを目指しましょう。

民法 8 詐害行為取消権（債権の保全）

第2編　CH 3　SEC 2

直近5年の出題履歴　—

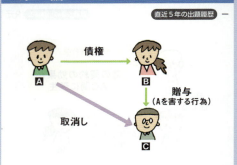

　AがBにお金を貸していて、Bが唯一の資産ともいえる土地をCに贈与したため、Aに対する返済資力がなくなっている場合、Aが、Bの行った贈与行為を取り消して、Bの手元から逸出した財産を取り戻すときに使われるのが詐害行為取消権です。どのような要件を満たせば取消権を行使できるのか、詐害行為と呼ばれるのはどのような行為かなどについて学習していきます。類似概念の債権者代位権と比較して覚えることも重要です。

ポイントと到達目標

　詐害行為取消権の行使は、債権者だからという理由で債務者の行為を何でも取り消せるわけではなく、一定の要件を満たす場合にその行使が許されています。例えば、債務者に資力があれば詐害行為取消権を行使する必要はないわけで、債務者の無資力は要件の1つです。「債権者は、債務者の資力の有無にかかわらず、債務者の行った贈与行為を取り消すことができる。」という問題文に対して「誤り」と判断できるようになることを目指しましょう。

(36)

民法 9 弁済（債権の消滅）

第2編　CH 3　SEC 4

直近5年の出題履歴　H30

買主が売主から時計を購入した場合、買主が売主に購入代金を支払うことは債務を履行する行為であり、「弁済」と呼ばれます。有効な弁済により**債務は消滅**することになります。弁済には、①どこで弁済すればよいか、②弁済の提供にはどのような行為が必要か、③誰が弁済できるか（第三者弁済の可否）、④誰に弁済すればよいか（弁済受領者以外への弁済の法律関係）といった問題があります。

ポイントと到達目標

弁済は必ずしも債務者自身が行わなくても、第三者が弁済して債務者の債務を消滅させることも可能です。さらに、保証人など法律上の利害関係を有する者であれば債務者の意思に反しても弁済することが可能です。「BがAに対して負う債務を保証したCは、Bの意思に反しないときに限り、Bの代わりに弁済することができる。」という問題文に対して「誤り」と判断できるようになることを目指しましょう。

民法 10 連帯債務（多数当事者の債権債務関係）

第2編　CH 3　SEC 5

直近5年の出題履歴　H29

ＡＢＣの3人がＸに対して300万円の連帯債務を負う場合、ＸはＡＢＣのいずれに対しても全額の請求ができ、Ａが全額支払えばＢとＣはもうＸに弁済する必要はなくなります（各自の負担部分をＡに支払う必要はあります）。連帯債務の法律関係では、**連帯債務者の1人に生じたことが他の連帯債務者にも影響を与えるかどうか**を覚えることが必要です。例えば、Ａが弁済したという行為はＢとＣにも影響を与えることになります。

ポイントと到達目標

連帯債務者の1人に生じたことが他の連帯債務者に影響を与えないことを相対効、与えることを絶対効といいます。「ＡＢＣがＸに対して連帯債務を負う場合、ＸがＡに請求したときは、ＢとＣにも請求したことになる。」という問題文に対して「誤り」と判断できるようになることを目指しましょう。従来、請求は絶対効でしたが、改正により相対効に変わっています。

(37)

民法 11 賃貸借契約（契約各論）

第2編　CH 3　SEC 7

直近5年の出題履歴　H29、30、R元、2

賃貸借契約が結ばれることで、賃貸人には目的物を賃借人に使用させる債務、賃借人には賃貸人に賃料を支払う債務が生じます。賃貸人・賃借人間の債権債務関係のほか、所有権の移転などにより賃貸人が交替した場合、転貸借契約が結ばれるなど賃借人が又貸しする場合、第三者が賃借物を不法占拠している場合など、賃貸人・賃借人以外の者が登場する場合の法律関係も含めて学習します。

ポイントと到達目標

賃借人が必要費を支出した場合、その費用はただちに賃貸人に償還請求できます。「賃借人が必要費および有益費を支出したときは、いずれもただちに賃貸人に償還請求できる。」という問題文に対して「誤り」と判断できるようになることを目指しましょう。有益費の償還時期は契約終了時ですので、ただちにといえるのは必要費のときだけだからです。類似概念でのひっかけに注意しながら学習しましょう。

民法 12 不法行為（契約以外の債権発生原因）

第2編　CH 3　SEC 8

直近5年の出題履歴　H29、30、R元、3

故意または過失によって他人の権利または法律上保護される利益を侵害した者は、これによって生じた損害を賠償する責任を負います（709条）。このような責任は「不法行為責任」と呼ばれます。そして、この損害賠償請求権は、損害発生時から履行遅滞と評価されるものであり、また、被害者が損害および加害者を知った時から3年間行使しないときは時効によって消滅します。このテーマでは、不法行為の成立要件や効果を学習します。

ポイントと到達目標

被害者にも過失があったときは、その過失を考慮して賠償額が減額されることがあります。被害者自身の過失だけでなく、夫婦や親子のように被害者と身分上生活関係上一体をなす者の過失も含まれます。「園児が事故に遭い、引率していた保育士の過失は被害者側の過失として考慮の対象となる。」という問題文に対して「誤り」と判断できるようになることを目指しましょう。園児と保育士には身分上生活関係上一体をなすという関係がないからです。

民法 13 親子（親族）

第2編　CH 4　SEC 1

直近5年の出題履歴 R2

法律上夫婦の関係にある男女から生まれた子は「嫡出子（ちゃくしゅつし）」と呼ばれます。しかし、夫が「この子は自分の子ではない」と思い、父子の関係を否定したいと考えたときは、**嫡出否認の訴え**や**親子関係不存在確認の訴え**という方法により、父子関係を否定することができます。また、婚姻中は子の親権は夫婦共同で有しますが、離婚したときは子の親権はいずれか一方のものとしなければならず、離婚後も共同親権のままにはできません。

ポイントと到達目標

婚姻から200日経過後に生まれた子の場合は嫡出が推定され、この場合、父子関係の否定は嫡出否認の訴えという方法によって行います。「嫡出推定されている子に対して父子関係を否定するときは親子関係不存在確認の訴えでよい。」という問題文に対して**「誤り」**と判断できるようになることを目指しましょう。

行政法 14 行政行為

第3編　CH 1　SEC 4

直近5年の出題履歴 H29、30、R2、3

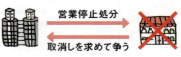

行政行為は、行政法の一般的な法理論での最重要項目です。ほとんど毎年出題があります。営業停止命令という行政処分は、行政行為の分類上、**「下命」**と呼ばれます。そして、違法な営業停止命令を出した場合、それは瑕疵ある行政行為として取消しの対象となり、処分を受けた者からも、審査請求や取消訴訟によって取消しを求めて争うことができます。ただし、審査請求期間や出訴期間内に行う必要があり、それを過ぎると争えなくなります。このような効力は**「不可争力」**と呼ばれます。

ポイントと到達目標

行政行為に存する瑕疵を理由に処分の効力をなかったことにすることを「取消し」といい、行政行為の瑕疵ではなく後発的事情を理由に処分の効力をなかったことにすることは「撤回」といいます。「行政行為時の違法を理由に取り消すことを撤回という。」という問題文に対して**「誤り」**と判断できるようになることを目指しましょう。これは「取消し」と呼ばれます。

(39)

行政法 15 行政立法（行政行為以外の行政作用）

第3編　CH 1　SEC 5

直近5年の出題履歴　H29、R元、2、3

行政行為に次ぐ重要テーマの1つです。行政が作るルールのことを「命令」といいますが、国民の権利を制限したり義務を課したりするようなこと（これを法規といいます）を内容とする**法規命令**と、そうではない**行政規則**という分類があります。法規命令はさらに**委任命令**（新たに権利を制限したり義務を課すことを内容とするもの）と**執行命令**（手続の細目事項などを定めているもの）に区分されます。

ポイントと到達目標

語句の整理が重要になります。命令は、制定主体によってその名称が異なります。内閣が制定するものを政令、内閣府の長として内閣総理大臣が制定するものを内閣府令、各省大臣が制定するものを省令、外局で委員会や各庁の長官が制定するものを規則といいます。<u>「各省大臣が制定する命令を規則と呼ぶ。」</u>という問題文に対して 「誤り」 と判断できるようになることを目指しましょう。これは省令と呼ばれます。

行政法 16 行政強制（行政強制・行政罰）

第3編　CH 1　SEC 6

直近5年の出題履歴　H29、30、R元、3

行政行為に次ぐ重要テーマの1つです。行政が国民に義務をかけたとしても、任意に履行してくれればよいですが、そうでない場合、これを強制的に実現したり、制裁を科すことによって義務を履行させようとすることも必要です。前者は**行政上の強制執行**、後者は**行政罰**と呼ばれます。行政罰は、刑罰を科す行政刑罰と、過料を科すだけの秩序罰に区分されます。また、義務をかけずにいきなり強制行為を行う**即時強制**という種類の強制もあります。

ポイントと到達目標

語句の整理が重要になります。行政上の強制執行や行政罰の種類や特徴を把握し、行政上の強制執行と即時強制や、行政刑罰と秩序罰など類似概念を比較しながら学習しましょう。<u>「届出義務に違反した場合など軽微な違反に対して罰金刑を科すことで義務の履行を促す制度を秩序罰という。」</u>という問題文に対して 「誤り」 と判断できるようになることを目指しましょう。秩序罰では過料を科すだけで、罰金刑は科しません。

行政法 17 処分

第3編 CH2 SEC2

直近5年の出題履歴 H29、30、R元、2、3

行政手続法は例年択一式では3問の出題があります。「処分」が学習の中心です。営業許可申請に対する処分などの申請に対する処分の場合、審査基準を定めたり、拒否処分をするときは理由を示すことが定められています。また、営業免許取消処分や営業停止処分などの不利益処分の場合、あらかじめ意見陳述の機会を設けることや、処分をするときは理由を示すことが定められています。

ポイントと到達目標

条文暗記が学習の中心です。条文の表現が「～しなければならない」という法的義務規定となっているか、「～するよう努めなければならない」という努力義務規定になっているかを区別することがポイントです。申請に対する処分における審査基準を定めることは法的義務規定ですが、不利益処分における処分基準を定めることは努力義務規定です。「処分基準を定めなければならない。」という問題文に対して 誤り と判断できるようになることを目指しましょう。

行政法 18 審査請求

第3編 CH3 SEC2

直近5年の出題履歴 H29、30、R元、2、3

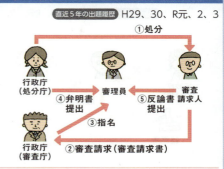

行政不服審査法は例年択一式では3問の出題があります。「審査請求」が学習の中心です。審査をする行政庁のことは**審査庁**と呼びます。審査請求の審理は、審査庁に指名された**審理員**によって行われ、その結果を踏まえ、審査庁が行政不服審査会等の第三者機関に諮問し、最終的に審査庁から審査結果（これを「裁決」といいます）が下されます。

ポイントと到達目標

条文暗記が学習の中心です。審査請求をするときの話、審査請求の審理のときの話、審査請求の結果が出されるときの話と時系列を分けながら覚えていくのがポイントです。処分の場合、法律上の利益を有する者であれば処分の直接の相手方でなくても審査請求できますが、不作為の場合、申請をした者でなければ審査請求できません。このように誰が審査請求できるかというルールがあります。「行政庁の不作為に対しては誰でも審査請求できる。」という問題文に対して 誤り と判断できるようになることを目指しましょう。

行政法 19 取消訴訟

第3編 CH 4 SEC 2

直近5年の出題履歴 H29、30、R元、2、3

行政事件訴訟法は例年択一式では3問の出題があります。「取消訴訟」が学習の中心です。行政処分に不服があれば、その取消しを求めて、裁判所に対して取消訴訟を提起できます。処分が違法だとして取消しを求めて争う場合、審査請求で争うことも訴訟で争うことも可能です。行政に判断してもらう審査請求は、簡単で迅速な略式の仕組みですが、訴訟は、中立の立場にある裁判所により、裁判という形式で、正式な審理を求める方法です。

ポイントと到達目標

行政庁の処分に対して取消訴訟で争うには、訴訟要件をクリアし、訴訟で争うのにふさわしいものといえる必要があります。例えば、行政契約は取消訴訟で争うことができる行政庁の処分とは評価されません。「地方公共団体がごみ焼却場を設置するため建築業者と請負契約を締結するなどの私法上の契約でも取消訴訟の対象となる行政庁の処分といえる。」という問題文に対して「誤り」と判断できるようになることを目指しましょう。

行政法 20 取消訴訟以外の訴訟

第3編 CH 4 SEC 3

直近5年の出題履歴 H29、30、R元、2、3

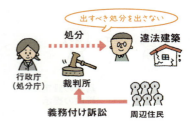

行政事件訴訟法では、取消訴訟（3条2項・3項）以外の訴訟類型も定められています。自分の法律上の利益等が侵害されたとして救済を求める主観訴訟のうち、行政処分に対する抗告という性質を持つものには、**無効等確認訴訟、不作為の違法確認訴訟、義務付け訴訟、差止め訴訟**（3条4項〜7項）があります。また、そのような性質を持たないものには、当事者訴訟（4条）と呼ばれる訴訟類型があります。

ポイントと到達目標

行政事件訴訟法の条文は、取消訴訟を中心に規定し、他の抗告訴訟で取消訴訟と同じルールを使うところは取消訴訟の条文を準用するという形式をとっています。取消訴訟では、事情判決の規定がありますが、この規定は他の抗告訴訟には準用されていません。「行政処分の無効確認を求める訴えにおいても事情判決の規定が準用される。」という問題文に対して「誤り」と判断できるようになることを目指しましょう。

行政法 21 国家賠償法1条（国家賠償請求）

第3編　CH 5　SEC 1

直近5年の出題履歴　H29、30、R2、3

国家賠償法は例年択一式では2問の出題があります（損失補償と1問ずつの出題の年度もあります）。国または公共団体の公権力の行使に当たる公務員が、その職務を行うについて、故意または過失によって違法に他人に損害を加えたときは、**国または公共団体がその賠償責任**を負います（1条1項）。このように、国家賠償では、加害行為をした公務員自身が個人的に賠償するわけではなく、国または公共団体が加害公務員の代わりに賠償責任を負います。

ポイントと到達目標

国家賠償法1条に基づく損害賠償請求訴訟で被告となるのは国または公共団体です。「国または公共団体の公権力の行使に当たる公務員の行為による損害について国家賠償法1条に基づき賠償請求できる場合、加害公務員個人にも損害賠償請求することができる。」という問題文に対して「誤り」と判断できるようになることを目指しましょう。

行政法 22 住民監査（住民の権利）

第3編　CH 6　SEC 2

直近5年の出題履歴　H29、R2

地方自治法は例年択一式で3問の出題があります。なかでも**住民監査請求・住民訴訟**は最重要項目です。市の職員が違法な公金支出をしているなどの行為があれば、住民は、監査委員に対して、監査するよう請求できます。さらに、その結果に納得できなければ、住民訴訟を提起することもできます。住民訴訟では、①差止めの請求、②取消しまたは無効確認、③怠る事実の違法確認、④職員等に損害賠償請求・不当利得返還請求をするよう義務付ける請求の4類型が認められています。

ポイントと到達目標

住民監査請求は住民が行うことができるもので、一定数以上の署名を集めることや選挙権を有することは要求されていません。したがって、単独での請求や外国人からの請求も可能です。「外国人でも、その地方公共団体の住民であれば単独で住民監査請求を行うことができる。」という問題文に対して「正しい」と判断できるようになることを目指しましょう。

(43)

商法 23 会社の設立

第4編 CH 2 SEC 2

直近5年の出題履歴 H29、30、R元、2、3

株式会社を設立する場合、発起人だけで出資する発起設立と、発起人のほかに出資者を募って他の人からも出資してもらう募集設立という方法があります。会社設立の手順は、①発起人がまず**定款**と呼ばれる会社の根本規則を作成し、②実際に**出資**が履行され、③**取締役を選任**し、④**登記**をするという流れで行われ、設立登記をもって会社が成立します。募集設立による場合は、このほかに出資者を集めて創立総会を開催する必要もあります。

ポイントと到達目標

発起設立と募集設立ではルールが異なります。例えば、設立時取締役を選任するにあたり、発起設立の場合は発起人だけで選任できますが、募集設立の場合には創立総会を開催し、そこで選任することになります。「発起設立および募集設立いずれの方法でも取締役の選任は創立総会で行う。」という問題文に対して「誤り」と判断できるようになることを目指しましょう。創立総会の開催が必要なのは募集設立のときだけです。

(44)

商法 24 株式

第4編 CH 2 SEC 3

直近5年の出題履歴 H29、30、R元、2、3

資本金1000万円の会社を設立し、株式を1株5万円にして200株発行する場合、5万円出資することで株式を1つ取得できます。Aが50万円出資して10株保有、Bが25万円出資して5株保有している場合、1株に1000円配当があるとき、Aには10000円の配当、Bには5000円の配当がされます。このように、**株式数を基準**として配当が決まります。

ポイントと到達目標

①株式譲渡制限のルール、②自己株式の法律関係、③出資単位の調整、④新株予約権の発行、⑤種類株式の発行に分けて覚えることがポイントです。会社が株式の譲渡に制限をかけて会社の承認を要するものとしている場合、会社が承認を拒むときは、会社自身が買い取るか指定買取人を指定して対応することになります。「株主からの譲渡承認請求を拒否するときは、必ず会社が買い取らなければならない。」という問題文に対して「誤り」と判断できるようになることを目指しましょう。

商法 25 株主総会（会社の機関）

第4編　CH 2　SEC 4

直近5年の出題履歴　R2

会社の所有者は出資者である**株主**です。そして、**株主総会**は、会社の最高意思決定機関にあたります。株主総会は会社の共同所有者たる株主たちが会議をするところといえ、定款を変更したり、取締役を選任・解任したり、合併するなど会社の基礎となる重要事項については株主総会で決定されます。株主総会の決議は、原則として議決権の過半数の賛成で可決されます。

ポイントと到達目標

①総会の招集手続、②議決権の行使、③総会決議の瑕疵に分けて覚えることがポイントです。株主は代理人に議決権行使させることも可能です。なお、会社は、代理人資格を株主に限定する定款を有効とした判例もあり、条文知識と合わせて判例知識も押さえておきましょう。「株主総会での議決権の行使は代理人によることもできるが、会社は、代理人の資格を株主に限定することができる。」という問題文に対して「正しい」と判断できるようになることを目指しましょう。

商法 26 取締役（会社の機関）

第4編　CH 2　SEC 4

直近5年の出題履歴　H29、30、R元、3

取締役は会社の経営者です。公開会社の場合、**取締役会**を設置しなければなりませんので、取締役は最低3人以上必要です。非公開会社の場合は**取締役会**の設置は任意ですので、取締役会を設置しないときは最低1人以上の取締役が必要です。取締役会を設置する場合、取締役は取締役会のメンバーとして会社のために活動します。

ポイントと到達目標

①選任・解任のルール、②会社に対する義務、③取締役会の役割、④代表取締役に分けて覚えることがポイントです。取締役の選任・解任は株主総会で決定されます。公開会社の場合、定款で取締役の資格を株主に限定する旨を定めることはできません。「すべての会社で、取締役の資格を株主に限定する旨の定款を定めることができない。」という問題文に対して「誤り」と判断できるようになることを目指しましょう。公開会社はそのような定めをすることはできませんが、非公開会社であれば許容されるからです。

(45)

27 選挙（国内の政治）

第6編　CH 1　SEC 1

直近5年の出題履歴 R元、2

選挙は、政治経済社会における最重要項目です。**衆議院議員選挙**は小選挙区比例代表並立制で実施され、小選挙区で落選しても比例で復活当選することが認められています。**参議院議員選挙**は都道府県単位の選挙区と比例代表で実施されています。また、選挙権の年齢要件は、以前は20歳以上でしたが、現在は18歳以上とされています。また、令和元年度試験では女性の政治参加について出題されています。

ポイントと到達目標

小選挙区制の特徴、比例代表制の特徴、現在の衆議院議員選挙の仕組み、現在の参議院議員選挙の仕組みをまとめることがポイントです。時事対策まで手を広げられるとなおよいでしょう。「参議院議員選挙における比例代表では、非拘束名簿式を廃止し、すべて拘束名簿式に改められた。」という問題文に対して 誤り と判断できるようになることを目指しましょう。

28 情報公開、公文書管理（情報通信）

第6編　CH 4　SEC 1

直近5年の出題履歴 H29

情報通信関連の法律タイプでは、**情報公開法**や**公文書管理法**が重要です。平成29年度試験では情報公開法、平成28年度試験では公文書管理法が出題されています。いずれの法律も目的条文に知る権利が書いてないことや罰則規定がないことを基本とし、情報公開法では開示請求のルール、公文書管理法では文書管理のルールを中心に学習しましょう。

ポイントと到達目標

情報公開法や公文書管理法の条文知識を身に付けておくことがポイントです。特に、目的条文や定義条文には注意しましょう。また、罰則規定の条文がないことも特徴です。情報公開法では、行政機関の定義条文が置かれており、省や庁・委員会は含まれていますが、地方公共団体は含まれていません。「情報公開法における行政機関には地方公共団体も含まれる。」という問題文に対して 誤り と判断できるようになることを目指しましょう。

一般知識 29 情報通信用語（情報通信）

第6編 CH 4 SEC 1

直近5年の出題履歴 H29、R元、2

情報通信に関連する用語問題は一般知識科目での頻出テーマといえます。令和元年度試験のように**VR**、**AI**、**5G**、**IoT**といった最近の用語が問われることもある一方、平成29年度試験では**ワーム**や**トロイの木馬**などのセキュリティ関係の用語が問われたりもしています。

ポイントと到達目標

1肢ずつ別の用語を並べ5つの言葉を問う形式がオーソドックスですが、1つの用語だけを問うものや、穴埋め形式のものもあります。いずれにしても、予想問題などを利用して用語知識を蓄積していくのがよいでしょう。「ブロックチェーンは、ブロックと呼ばれる順序付けられたレコードが連続的に増加していくリストを持つ中央集権型データベースのこと。」という問題文に対して「誤り」と判断できるようになることを目指しましょう。中央集権型ではなく、分散型のデータベースです。

一般知識 30 個人情報保護

第6編 CH 4 SEC 2

直近5年の出題履歴 H29、30、R元、2、3

個人情報保護法は情報分野における最重要項目です。個人情報保護法では、**定義**条文、**個人情報取扱事業者の義務**や**個人情報保護委員会**の条文を中心に学習しましょう。

ポイントと到達目標

個人情報保護法の条文知識を覚えることがポイントです。特に、個人情報や個人情報取扱事業者などの定義、個人情報等の取扱いについて定めた条文に注意しましょう。また、個人情報取扱事業者の義務の規定の適用が除外される分野について定めた適用除外規定を押さえておくことも必要です。「個人情報は生存する個人を対象とするものであるが、外国人に関する情報は保護の対象とならない。」という問題文に対して「誤り」と判断できるようになることを目指しましょう。

(47)

執筆者

神田理生（ＴＡＣ行政書士講座専任講師）

　1975年大阪府生まれ。慶應義塾大学法学部卒業。
　ＴＡＣ行政書士講座での講師歴は21年目となる。まったくの初学者から合格レベルに達するまでの道筋を示し、初学者がつまずきやすい箇所もケアしつつ、多くの初学者を合格へと導いてきた。
　ＴＡＣ出版からの著書には、「みんなが欲しかった！行政書士の教科書」「みんなが欲しかった！行政書士の問題集」「みんなが欲しかった！行政書士の最重要論点150」「行政書士　しっかりわかる講義生中継　憲法」「行政書士　しっかりわかる講義生中継　商法・会社法」などがある。

編集協力
滝澤ななみ

装丁
黒瀬章夫

イラスト
matsu（マツモト　ナオコ）

みんなが欲しかった！行政書士シリーズ

2022年度版　みんなが欲しかった！行政書士の教科書

（『行政書士　合格テキスト』平成17年度版　2005年2月　初版　第1刷発行）

2021年12月15日　初　版　第1刷発行

編 著 者	Ｔ Ａ Ｃ 株 式 会 社
	（行政書士講座）
発 行 者	多 　田 　敏 　男
発 行 所	ＴＡＣ株式会社　出版事業部
	（ＴＡＣ出版）

〒101-8383
東京都千代田区神田三崎町3-2-18
電話 03（5276）9492（営業）
FAX 03（5276）9674
https://shuppan.tac-school.co.jp

組 　版	株式会社 グ ラ フ ト
印 　刷	株式会社 光 　邦
製 　本	株式会社 常 川 製 本

© TAC 2021　　　Printed in Japan

ISBN 978-4-8132-9759-8
N.D.C. 327

本書は，「著作権法」によって，著作権等の権利が保護されている著作物です。本書の全部または一部につき，無断で転載，複写されると，著作権等の権利侵害となります。上記のような使い方をされる場合，および本書を使用して講義・セミナー等を実施する場合には，小社宛許諾を求めてください。

乱丁・落丁による交換，および正誤のお問合せ対応は，該当書籍の改訂版刊行月末日までといたします。なお，交換につきましては，書籍の在庫状況等により，お受けできない場合もございます。
また，各種本試験の実施の延期，中止を理由とした本書の返品はお受けいたしません。返金もいたしかねますので，あらかじめご了承くださいますようお願い申し上げます。

行政書士講座のご案内

出題可能性の高い予想問題が満載

全国公開模試

2022年合格目標

TACでは本試験さながらの雰囲気を味わえ、出題可能性の高い予想問題をそろえた公開模擬試験を実施いたします。コンピュータ診断による分野別の得点や平均点に加え、総合の偏差値や個人別成績アドバイスなどを盛り込んだ成績表（成績表はWebにて閲覧）で、全国の受験生の中における自分の位置付けを知ることができます。

TAC全国公開模試の3大特長

1 厳選された予想問題と充実の解答解説

TACでは出題可能性の高い予想問題をこの全国公開模試にご用意いたします。全国公開模試受験後は内容が充実した解答解説を活用して、弱点補強にも役立ちます。

2 全国レベルでの自己診断

TACの全国公開模試は全国各地のTAC各校舎と自宅受験で実施しますので、全国レベルでの自己診断が可能です。

※実施会場等の詳細は、2022年8月頃にTACホームページにてご案内予定です。お申込み前に必ずご確認ください。

3 本試験を擬似体験

本試験同様の緊迫した雰囲気の中で、真の実力が発揮できるかどうかを擬似体験しておくことは、本試験で120％の実力を発揮するためにも非常に重要なことです。

高い的中率を誇る問題が勢揃い！

2022年10月中旬実施予定！

ご注意　2022年合格目標TAC行政書士講座の「全国公開模試」がカリキュラムに含まれているコースをお申込みの方は、「全国公開模試」を別途お申込みいただく必要はございません。
※上記のご案内は2021年10月時点の予定です。本試験日程やその他諸事情により変更となる場合がございます。予めご了承ください。

資格の学校 TAC

いつでもどこでも学習スタート! TACのおススメ講座

TAC行政書士講座では、短期合格を目指すための教材・カリキュラムをご用意しているのはもちろん、Webフォローなどのフォロー体制も万全です。教室講座・ビデオブース講座のほか、Web通信講座・DVD通信講座もご用意しておりますので、お仕事が忙しい方にもおすすめです。

2022年合格目標

プレミアム本科生
2021年10月より随時開講

「実力完成講義」・「記述対策講義」もついて初学者にも安心!

法律を初めて学習する方はもちろん、基本からしっかりと学びたいという方も対象にしたコースです。基礎期でじっくりと時間をかけて定着させた知識がしっかりと身についているかを、科目別答練などのアウトプットでその都度チェックしていきながら進みます。さらに【実力完成講義】では、「問題の解き方(=解法テクニック)」というプラスアルファの要素を取り入れた解説講義を展開することにより、本試験への対応力を高めていきます。しかも【記述対策講義】まで設定。記述式問題の解法テクニックも学べます。

答練本科生 上級講義付き
2022年2月より開講予定

2Stepの講義(上級講義)と3Stepの答練(スーパー答練)で着実・確実に実力UP!

受験経験者を対象としたコースです。3段階に分かれた問題演習を通じて、基礎力の確認と、実戦力を養います。インプットに不安がある方や知識レベルを落としたくない方も、ポイントを押さえた「上級講義」がついているので安心です。上級講義でインプット&スーパー答練でアウトプットが可能な「答練本科生 上級講義付き」は、受験経験者必見の"革命的"答練コースです!

直前特訓オプション講座
2022年9月より開講予定

ポイント整理&弱点補強の決定版!

毎年多くの受験生に受講していただいている「直前特訓オプション講座」。直前期に必要な重要ポイントの整理、弱点補強など多彩な講座をご用意します。出題予想も兼ねて講義をしますので、最後の総仕上げに最適です。

資料請求や最新情報はTACホームページをご覧ください ⬇

TACホームページ　　　　　| TAC 行政書士 |　検索

https://www.tac-school.co.jp/

通話無料 **0120-509-117**
ゴウカク イイナ
月〜金 9:30〜19:00／土日祝 9:30〜18:00
※営業時間短縮の場合がございます。詳細はHPでご確認ください。

TAC出版 書籍のご案内

TAC出版では、資格の学校TAC各講座の定評ある執筆陣による資格試験の参考書をはじめ、資格取得者の開業法や仕事術、実務書、ビジネス書、一般書などを発行しています！

TAC出版の書籍
*一部書籍は、早稲田経営出版のブランドにて刊行しております。

資格・検定試験の受験対策書籍

- 日商簿記検定
- 建設業経理士
- 全経簿記上級
- 税理士
- 公認会計士
- 社会保険労務士
- 中小企業診断士
- 証券アナリスト
- ファイナンシャルプランナー(FP)
- 証券外務員
- 貸金業務取扱主任者
- 不動産鑑定士
- 宅地建物取引士
- 賃貸不動産経営管理士
- マンション管理士
- 管理業務主任者
- 司法書士
- 行政書士
- 司法試験
- 弁理士
- 公務員試験(大卒程度・高卒者)
- 情報処理試験
- 介護福祉士
- ケアマネジャー
- 社会福祉士　ほか

実務書・ビジネス書

- 会計実務、税法、税務、経理
- 総務、労務、人事
- ビジネススキル、マナー、就職、自己啓発
- 資格取得者の開業法、仕事術、営業術
- 翻訳ビジネス書

一般書・エンタメ書

- ファッション
- エッセイ、レシピ
- スポーツ
- 旅行ガイド (おとな旅プレミアム/ハルカナ)
- 翻訳小説

(2021年7月現在)

書籍のご購入は

1 全国の書店、大学生協、ネット書店で

2 TAC各校の書籍コーナーで

資格の学校TACの校舎は全国に展開！
校舎のご確認はホームページにて

資格の学校TAC ホームページ
https://www.tac-school.co.jp

3 TAC出版書籍販売サイトで

CYBER TAC出版書籍販売サイト
BOOK STORE

TAC 出版　で　検索

https://bookstore.tac-school.co.jp/

- 新刊情報をいち早くチェック！
- たっぷり読める立ち読み機能
- 学習お役立ちの特設ページも充実！

TAC出版書籍販売サイト「サイバーブックストア」では、TAC出版および早稲田経営出版から刊行されている、すべての最新書籍をお取り扱いしています。
また、無料の会員登録をしていただくことで、会員様限定キャンペーンのほか、送料無料サービス、メールマガジン配信サービス、マイページのご利用など、うれしい特典がたくさん受けられます。

サイバーブックストア会員は、特典がいっぱい！（一部抜粋）

 通常、1万円（税込）未満のご注文につきましては、送料・手数料として500円（全国一律・税込）頂戴しておりますが、1冊から無料となります。

 専用の「マイページ」は、「購入履歴・配送状況の確認」のほか、「ほしいものリスト」や「マイフォルダ」など、便利な機能が満載です。

 メールマガジンでは、キャンペーンやおすすめ書籍、新刊情報のほか、「電子ブック版TACNEWS（ダイジェスト版）」をお届けします。

 書籍の発売を、販売開始当日にメールにてお知らせします。これなら買い忘れの心配もありません。

2022年度版 行政書士試験対策書籍のご案内

TAC出版では、独学用、およびスクール学習の副教材として、各種対策書籍を取り揃えています。学習の各段階に対応していますので、あなたのステップに応じて、合格に向けてご活用ください!

※装丁、書籍名、刊行内容は変更することがあります

入門書

『みんなが欲しかった！
行政書士
合格へのはじめの一歩』
A5判
● フルカラーでよくわかる、本気でやさしい入門書！資格や試験の概要、学習プランなどの「オリエンテーション編」と科目別の「入門講義編」を収録。

基本書

『みんなが欲しかった！
行政書士の教科書』
A5判
● こだわりの板書でイメージをつかみやすい、独学者のことを徹底的に考えた最強にわかりやすいフルカラーの教科書。分冊で持ち運びにも便利。

問題集

『みんなが欲しかった！
行政書士の問題集』
A5判
● 過去問題8割、オリジナル問題2割で構成された、得点力をアップする良問を厳選した問題集。

総まとめ

『みんなが欲しかった！
行政書士の最重要論点150』
B6判
● 見開き2ページが1論点で構成された、試験によく出る論点を図表で整理した総まとめ。

判例集

『みんなが欲しかった！
行政書士の判例集』
B6判
● 試験によく出る重要判例を厳選して収録。最重要判例には事案を整理した関係図付き。

過去問

『みんなが欲しかった！
行政書士の5年過去問題集』
A5判
● 過去5年分の本試験問題を、TAC講師陣の詳細な解説とともに収録。各問題に出題意図を明示。

一問一答式

『みんなが欲しかった！
行政書士の肢別問題集』
B6判
● 選択肢を重要度ランクとともに体系的に並べ替え、1問1答式で過去問を攻略できる問題集。

記述対策

『みんなが欲しかった！
行政書士の40字記述式問題集』
A5判
● 解法テクニックと過去＋予想問題を1冊に集約した、40字記述式対策の1冊。多肢選択式問題も収録。

TAC出版

直前対策
※画像は2021年度版のものです。

『本試験をあてる TAC直前予想模試 行政書士』
B5判
- 出題傾向の徹底分析に基づく予想問題3回分＋最新本試験で本番力アップ！

『究極のファイナルチェック』
B5判
- 出題可能性の高い60テーマについて、直前期の1週間で学習できるように構成！

『無敵の行政書士 直前対策』
B5判
- 試験範囲を完全網羅した、直前総まとめの決定版！

スッキリ行政書士シリーズ

『スッキリわかる行政書士』
A5判
- 試験に出るとこだけを極限まで絞り込んだ、図表とイラストで楽しく読めるテキスト。

『スッキリとける行政書士 頻出過去問演習』
A5判
- 頻出論点・重要論点のみをモレなくカバーして、徹底的にていねいな解説の問題集。

『スッキリ覚える行政書士 必修ポイント直前整理』
A5判
- 試験に出るポイントが一目瞭然で、暗記用赤シートにも対応した最短最速の要点整理。

その他
以下は年度版ではありません

『しっかりわかる 講義生中継シリーズ』
A5判
- TAC人気講師の講義を再現した、科目別のテキスト。各法律科目をより深く学習したい方向け。

全4巻
1. 憲法
2. 民法
3. 行政法
4. 商法・会社法

TAC出版の書籍はこちらの方法でご購入いただけます

1. 全国の書店・大学生協
2. TAC各校 書籍コーナー
3. インターネット

CYBER BOOK STORE TAC出版書籍販売サイト
アドレス https://bookstore.tac-school.co.jp/

・2021年10月現在　・とくに記述がある商品以外は、TAC行政書士講座編です

書籍の正誤についてのお問合わせ

万一誤りと疑われる箇所がございましたら、以下の方法にてご確認いただきますよう、お願いいたします。

なお、正誤のお問合わせ以外の書籍内容に関する解説・受験指導等は、**一切行っておりません。**
そのようなお問合わせにつきましては、お答えいたしかねますので、あらかじめご了承ください。

1 正誤表の確認方法

TAC出版書籍販売サイト「Cyber Book Store」の
トップページ内「正誤表」コーナーにて、正誤表をご確認ください。

CYBER TAC出版書籍販売サイト
BOOK STORE

URL:https://bookstore.tac-school.co.jp/

2 正誤のお問合わせ方法

正誤表がない場合、あるいは該当箇所が掲載されていない場合は、書名、発行年月日、お客様のお名前、ご連絡先を明記の上、下記の方法でお問合わせください。
なお、回答までに1週間前後を要する場合もございます。あらかじめご了承ください。

文書にて問合わせる

● 郵 送 先　　〒101-8383 東京都千代田区神田三崎町3-2-18
　　　　　　　TAC株式会社 出版事業部 正誤問合わせ係

FAXにて問合わせる

● FAX番号　　**03-5276-9674**

---

e-mailにて問合わせる

● お問合わせ先アドレス　**syuppan-h@tac-school.co.jp**

※お電話でのお問合わせは、お受けできません。また、土日祝日はお問合わせ対応をおこなっておりません。
※正誤のお問合わせ対応は、該当書籍の改訂版刊行月末日までといたします。

乱丁・落丁による交換は、該当書籍の改訂版刊行月末日までといたします。なお、書籍の在庫状況等により、お受けできない場合もございます。
また、各種本試験の実施の延期、中止を理由とした本書の返品はお受けいたしません。返金もいたしかねますので、あらかじめご了承くださいますようお願い申し上げます。

TACにおける個人情報の取り扱いについて
■お預かりした個人情報は、TAC（株）で管理させていただき、お問い合わせへの対応、当社の記録保管および当社商品・サービスの向上にのみ利用いたします。お客様の同意なしに業務委託先以外の第三者に開示、提供することはございません（法令等により開示を求められた場合を除く）。その他、個人情報保護管理者、お預かりした個人情報の開示等及びTAC（株）への個人情報の提供の任意性については、当社ホームページ(https://www.tac-school.co.jp)をご覧いただくか、個人情報に関するお問い合わせ窓口（E-mail:privacy@tac-school.co.jp）までお問合せください。

(2020年10月現在)

5分冊の使い方

★セパレートBOOKの作りかた★

白い厚紙から、色紙のついた冊子を取り外します。

※色紙と白い厚紙が、のりで接着されています。乱暴に扱いますと、破損する危険性がありますので、丁寧に抜きとるようにしてください。

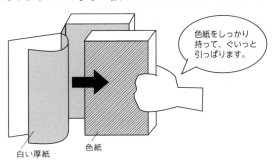

※抜きとるさいの損傷についてのお取替えはご遠慮願います。

2022年度版

みんなが欲しかった！

行政書士の教科書

第1分冊

第1編　憲法

第1分冊

CONTENTS

第1編　憲法

学習ガイダンス／2

CHAPTER 1　総論 ……………………………………………………………………… 8
　1　憲法の意味 ………………………………………………………………………… 8
　2　憲法の基本原理 ……………………………………………………………… 13

CHAPTER 2　人権 ……………………………………………………………… 17
　1　人権享有主体 ……………………………………………………………… 17
　2　人権の限界 …………………………………………………………………… 24
　3　幸福追求権 …………………………………………………………………… 29
　4　法の下の平等 ……………………………………………………………… 36
　5　自由権 …………………………………………………………………………… 44
　6　受益権 …………………………………………………………………………… 70
　7　参政権 …………………………………………………………………………… 72
　8　社会権 …………………………………………………………………………… 74

CHAPTER 3　統治 ……………………………………………………………… 81
　1　国会 ……………………………………………………………………………… 81
　2　内閣 ……………………………………………………………………………… 92
　3　裁判所 …………………………………………………………………………… 97
　4　天皇 …………………………………………………………………………… 105
　5　財政 …………………………………………………………………………… 107

第1分冊（憲法）用語さくいん ……………………………………………… 112
判例さくいん ……………………………………………………… 113

第1編 憲法

憲法

学習ガイダンス

憲法とは、国民の権利や自由の保障を目的とし、国家権力を制限する内容のルールです。まず、❶憲法とは何かという総論から始めて、❷憲法が目的としている人権保障について、❸そのための手段にあたる国家統治の仕組みについて、という順番で学習していきます。

CHAPTERの特徴

CHAPTER 1 総論

憲法
- 自由の基礎法
  人権を尊重するルール
- 制限規範
  国家権力を制限するルール
- 最高法規
  国の最高位に位置するルール

憲法とはどのようなルールなのか、なぜ憲法が必要なのか、憲法の基本原理とは何かを学びます。

SECTION① 憲法の意味

憲法は、国民の権利や自由を保障するため、国家権力を制限することを内容としたルールです。その憲法の特徴について学習します。

SECTION② 憲法の基本原理

憲法
- 人権尊重
- 国民主権
- 平和主義

人権の尊重を目的とし、平和主義の下、国民主権による政治を行うことが憲法の基本原理です。ここでは、憲法の三大原理や憲法改正の手続について学習します。

CHAPTER 2 人権

公権力(ex法律)
規制
○○の自由
憲法違反にならないの?

国民に保障された人権が公権力から規制を受ける場合、その規制が許されるかどうかを学習します。判例の結論を押さえながら、①国民にはどんな人権があり、②その制約は合憲か違憲かを見ていきましょう。

SECTION ❶ 人権享有主体

国民ではない外国人や人間ではない法人にも人権保障があるか、公務員、在監者の場合はどうかを学習します。

SECTION ❷ 人権の限界

公権力
規制
○○の自由

公権力が国民の人権を制約できる根拠は何か、私企業が国民の人権を侵害する場合に憲法問題として扱えるかどうかを学習します。

SECTION ❸ 幸福追求権

 憲法13条 → 新しい人権

憲法14条以下には明記されていない権利も、憲法上の人権といえるかどうかを学習します。例えば、肖像権やプライバシーがこれにあたります。

SECTION ❹ 法の下の平等

例えば、法律で各人の取扱いに差異を設けた場合に、性別や社会的身分による差別となり許されないのではないか、といったことを学習します。

SECTION ❺ 自由権

公権力
規制
○○の自由

 ほっといて（国から○○されたくない）

どのような表現をするかやどのような職業を選択するかは自由なはずであり、公権力がこれを規制することが許されるかどうかを学習します。

SECTION ❻ 受益権

公権力
↑
要求
○○の権利

 要求したい（国へ○○する）

国に希望を述べたり、裁判をやってもらったり、損害賠償請求や刑事補償請求をする権利について学習します。

SECTION ❼ 参政権

 国会議員
選挙

政治参加の権利である選挙権などについて学習します。

SECTION ❽ 社会権

公権力
↑
要求
○○の権利 保護

助けてほしい（国に○○してもらう）

弱者保護の視点から、自分で所得を稼げない者の権利や、子どもが学習する権利、使用者に比べ立場の弱い労働者の権利について学習します。

CHAPTER 3 統治

憲法は国家権力を制限するルールですが、その国家権力である国会・内閣・裁判所がそれぞれどんな仕事をするのかを学びます。条文知識を覚えることが中心です。

SECTION ① 国会

国会は何をするところで、どんな仕組みで活動しているか、衆議院・参議院の仕事は何か、国会議員にはどんな特権があるかを学習します。

SECTION ② 内閣

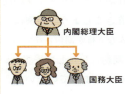

内閣はリーダーたる内閣総理大臣とメンバーたる国務大臣で構成されますが、内閣は何をするところか、内閣総理大臣の仕事は何かを学習します。

SECTION ③ 裁判所

裁判所は法律上の争訟の裁判をするところですが、裁判所の組織、裁判官の身分保障、裁判所ができることは何かを学習します。

SECTION ④ 天皇

天皇は象徴であって非政治的存在であることを念頭に置き、天皇はどんな仕事をしているかを学習します。

SECTION ⑤ 財政

R3.4.1～R4.3.31
令和3年度

税制の変更についてのルールや、一会計年度の収支の見積もりである予算、その報告である決算について学習します。

傾向と対策

　憲法は、例年、**5肢択一式5問**（1問4点）と**多肢選択式1問**（1問8点）が出題されています（28点）。学習内容は、大別すると「人権」と「統治」になります。「人権」では裁判所の示した判断である判例の知識を得ること、「統治」では日本国憲法に書かれている条文の知識を覚えることが学習の中心になります。

5肢択一式

　人権分野は、「〇〇〇に関する次の1～5の記述のうち、最高裁判所の判例に照らして、正しいものはどれか」というタイプの問題への対応を意識し、**判例知識の蓄積**を学習の中心に置きましょう。判例は、①憲法上の話として何が問題となっているのか（誰のどんな人権が制約されているか）、②公権力（法律、行政処分、裁判所の命令など）による制約は果たして妥当といえるのか、行き過ぎた制約やする必要のない制約になってしまっていないか、といった視点で読んでいくとよいでしょう。

　一方、統治分野では、憲法41条～96条を中心に**条文知識**を覚えていく必要があります。条文暗記にあたっては、「〇〇の仕事は誰が行っているのか」を意識するとよいでしょう。例えば、内閣総理大臣を指名するのは国会の仕事ですが、内閣総理大臣を任命するのは天皇の仕事になっています。主語を正確に覚えていれば、問題文の記述に「内閣総理大臣の指名が天皇の仕事である」とあれば、「×」と判断できます。

多肢選択式

　憲法では、例年1問、多肢選択式の出題があります。多肢選択式は、問題文にア・イ・ウ・エの4つの空欄があり、問題文の下欄に書かれている20個の選択肢の中から空欄を埋めるのに適切なものを選択し、アには1、イには2、ウには3、エには4というように、その番号をマークする形式です。**判例を題材**にした問題が出題されることが多いです。多肢選択式対策においても、**判例知識を蓄積**しておくことが有効です。

SECTIONごとの出題履歴

		H24	H25	H26	H27	H28	H29	H30	R元	R2	R3
1 総論	1 憲法の意味						択	択			
	2 憲法の基本原理										
2 人権	1 人権享有主体				択		択			択	
	2 人権の限界		択								
	3 幸福追求権			択		択					択
	4 法の下の平等	択	択	択		択			択		
	5 自由権		択・多	択	多	択・多	択・多	択・多	多	択2	択2
	6 受益権										
	7 参政権							択	択		
	8 社会権	択・多			択				択	多	
3 統治	1 国　会		択			択			択	択	択
	2 内　閣	択		択			択			択	
	3 裁判所			多	択	択			択		多
	4 天　皇								択		
	5 財　政	択				択	択				
その他総合問題		択	択	択	択				択		択

第1編 憲法

CHAPTER 1 総論

SECTION 1 憲法の意味

このSECTIONで学習すること

1 憲法とは
憲法ってどんなルールなの？

2 憲法の最高法規性
もし法律の規定が憲法に違反していたら、その法律はどうなるの？

3 三権分立
立法権は**国会**　　　　　
行政権は**内閣**　　で担当
司法権は**裁判所**

4 条文・判例の表記
憲法や法律の条文は条・項・号という文字を使って箇条書きになっているよ

1 憲法とは

重要度 ★★★

憲法は、国民の権利や自由の保障を目的とし、国家権力を制限するために作られた国の基本ルールです。

日本では、日本国憲法(全103条、1946年11月3日公布[※1]、1947年5月3日施行[※2])という名前がつけられています。

憲法とはどのようなルールであるかについて見てみましょう。

板書 憲法とは

国家 … ①**領土**があって、②**人間**が暮らしていて、③**権力**で統治されているコミュニティ

国家を**統治**するには**権力**が必要
みんなで暮らしていくにはルールが必要で、ルール違反をする者は取り締まる必要もある

↓ しかし

権力者は権力を濫用しがちで、歯止めをかける必要があるから、憲法を作って国家権力の濫用から国民を守ることにした

↓ つまり

憲法は、国民の権利や自由の保障のために作られたルール（自由の基礎法）であり、国家権力を制限するルール（制限規範）といえる

第1編 憲法

CH 1 総論

SEC 1 憲法の意味

神田Tのイントロ
憲法の定義自体が試験で頻出というわけではありませんが、これから学習する憲法がどのようなルールなのか、憲法の特徴を把握しましょう。

神田Tのアドバイス❶
憲法典という文章の形式をとっているかどうかで憲法を定義することは「形式的意味の憲法」と呼ばれます。イギリスのように憲法はあっても成文の憲法典は持っていない国もあります。

語句 ※1
公布
制定されたルールを国民に知らせること。

語句 ※2
施行
制定されたルールの効力が発生すること。

神田Tのアドバイス❷
憲法典という文章の形式をとっているかどうかではなく、内容が憲法といえるかどうかで憲法を定義することは「実質的意味の憲法」と呼ばれます。その中でも、権力を制限して国民の権利や自由を保障する内容の憲法は、「立憲的意味の憲法」と呼ばれています。

2 憲法の最高法規性

重要度 ★★★

I 憲法と法律の上下関係

世の中には民法や刑法などの**法律**※1というルールもあります。ただし、憲法が国の最高位に位置するルールであるため、国家権力が法律を作るとしても、憲法の規定に違反することはできません。

憲法と法律の上下関係について見てみましょう。

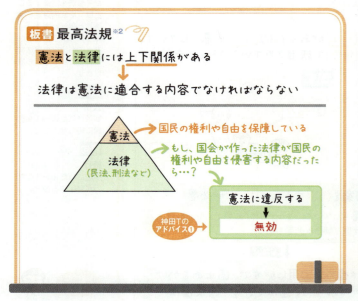

II 憲法尊重擁護義務

憲法99条では、「天皇又は摂政及び国務大臣、国会議員、裁判官その他の公務員は、この憲法を尊重し擁護する義務を負う。」と規定されています。これは国家権力の側にいる者に憲法を尊重し擁護する義務を負わせたものであり、国民にもそのような義務を負わせる条文ではありません※3。

🔵 **神田Tのイントロ**

憲法が法律よりも上位の概念であるということの意味を確認しておきましょう。

🟢 **語句** ※1

法律
法律は社会秩序を守るためのルールです。国会によって制定されます。

…法律の改正は国会だけで行えますが、憲法の改正には国民投票が必要です。

🟢 **条文チェック** ※2

憲法98条では、「この憲法は、国の最高法規であって、その条規に反する法律、命令、詔勅及び国務に関するその他の行為の全部又は一部は、その効力を有しない。」と規定されています。ここに条約が書かれていないことから、条約が国内で適用されるときに憲法との上下関係が問題となりますが、憲法の方が条約よりも優位すると考えられています。

🔵 **神田Tのアドバイス❶**

例えば、憲法では「平等」であることが保障されていますので、不合理な差別を内容とする法律は、憲法に違反し、無効とされます。

🟠 **ひっかけ注意!** ※3

「国民も憲法を尊重し擁護する義務を負うと明文で規定されている」として誤りとするパターンに注意。

3 三権分立

重要度 ★☆☆

権力は一極に集中させると濫用されるおそれがあるため、権力は分立させた方がよいと考えられています。

具体的には、国家権力を❶立法権、❷行政権、❸司法権に分け、それを❶国会、❷内閣、❸裁判所が担当するものとされています。

神田Tのイントロ

国会・内閣・裁判所の仕組みは、CHAPTER 3「統治」で学習します。

4 条文・判例の表記

重要度 ★☆☆

Ⅰ 条文の表記

憲法や法律の規定は箇条書きになっており、「憲法13条」などのように、「条」によって区分して表記されています。また、その「条」の中をさらに区分するときには、「項」や「号」を使用します。 ←**神田Tのアドバイス❷**

条・項・号といった条文表記の仕組みについて見てみましょう。

神田Tのイントロ

本格的に法律の学習に入る準備として、条文表記と判例表記の仕組みを見ておきましょう。

神田Tのアドバイス❷

改正による場合、○○法98条の次に改正で新設された条文を追加するときに、99条ではなく、「98条の2」という枝番形式にして、後ろの条文番号がずれないようにする手法もあります。

板書 条・項・号 ✐

例えば、憲法22条2項といわれたら、オレンジ色の文字の部分を指します。

憲法22条
1項　何人も、公共の福祉に反しない限り、居住、移転及び職業選択の自由を有する。
2項　何人も、外国に移住し、又は国籍を離脱する自由を侵されない。

普通の箇条書き	法律の条文
1. (1)① ・・・・・・・	1条1項1号 ・・・・・・
② ・・・・・・・	1条1項2号 ・・・・・・
(2) ・・・⇨	1条2項 ・・・・・・
2. ・・・・・・・	2条 ・・・・・・・
3. ・・・・・・・	3条 ・・・・・・・

第1編 憲法

CH 1 総論

SEC 1 憲法の意味

11

II 判例年月日の表記

判例[※1]の年月日は、例えば「最大判昭50.4.30」のように表記しています。「最大判昭50.4.30」は、「最高裁判所の大法廷の判決で、昭和50年4月30日に出されたもの」という意味ですが、この表記の方法は以下のルールによります。

「最大判昭50.4.30」のような判例の表記のルールについて見てみましょう。

> **板書 判例の表記**
>
> 「最大判昭50.4.30」
> 1文字目 「最」：最高裁判所
> 　　　　「大」：大審院[※2]
> 2文字目 「大」：大法廷
> 　　　　「表記なし」：小法廷[※3]
> 3文字目 (2文字目の大がないときは2文字目)
> 　　　　「判」：判決（正式な形式による判断結果）
> 　　　　「決」：決定（簡易な形式による判断結果）
> 4文字目 (2文字目の大がないときは3文字目)
> 　　　　「明」：明治　「大」：大正　「昭」：昭和
> 　　　　「平」：平成　「令」：令和
> 数字　　「50.4.30」：50年4月30日

III 裁判の登場人物

例えば、AがBにお金を支払わせるためBを訴えた場合、裁判を起こしたAを原告、裁判で訴えられたBを被告といいます[※4]。また、裁判は通常三審制ですので、第一審の判決に不服があれば上訴することもできます。地方裁判所が第一審の場合、一審判決に不服があれば高等裁判所に控訴でき、高等裁判所の二審判決に不服があれば最高裁判所に上告できます。控訴した人を控訴人、上告した人を上告人といいます。

語句 ※1
判例
実際にあった事件に関する裁判所の裁判例のこと。

神田Tのアドバイス❶

裁判所には、最高裁判所のほか、下級裁判所（高等裁判所、地方裁判所、簡易裁判所、家庭裁判所）もありますが、試験対策として学習する対象となるのは、最高裁判所の判例です。

語句 ※2
大審院（だいしんいん）
明治時代から昭和初期の頃までに設置されていたもので、現在の最高裁判所の前身にあたる。

語句 ※3
大法廷・小法廷
大法廷は最高裁判所の裁判官15人全員の合議体で審理するところ。一方、小法廷は最高裁判所の裁判官のうち5人の合議体で審理するところ。

Advance ※4　2回転目に読む
刑事訴訟では検察官が起訴します。起訴された人を被告人といいます。

CHAPTER 1 総論

SECTION 2 憲法の基本原理

このSECTIONで学習すること

1 憲法の三大原理

❶基本的人権の尊重
❷国民主権
❸平和主義

2 主権概念

国民主権とは「政治の主役が国民」ということ！

3 憲法改正

憲法改正はどんな手順で行われるの？　法改正とは手続が違うの？

1 憲法の三大原理

重要度 ★★★

憲法の三大原理には、❶基本的人権の尊重※1、❷国民主権※2、❸平和主義※3があります。←神田Tのアドバイス❶

憲法では、基本的人権の尊重のため国民主権を採用し、これを平和という秩序の中で運営していくという統治システムが採られています。

人間が生まれながらにして有する権利を守るためにはどのような政治体制がよいのかについて見てみましょう。

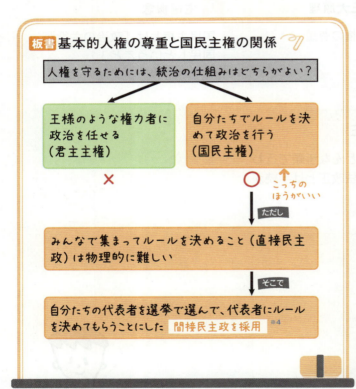

神田Tのイントロ

間接民主政の仕組み（流れ）を理解できれば、十分です。

語句 ※1
基本的人権の尊重
人権は人間として生まれれば当然に有するものであり、国家はこれを侵害してはならないこと。

語句 ※2
国民主権
国の政治のあり方を最終的に決定する力や権威は国民にあること。
…「政治の主役は国民である」ことを意味します。

語句 ※3
平和主義
戦争についての深い反省に基づき、戦争の放棄を宣言すること。

神田Tのアドバイス❶

憲法には1条の前に「前文」という文章が置かれています。これらの基本原理は前文にも明記されています。なお、前文も憲法の一部ですから、単なる政治的宣言にすぎないものではなく、法規範性を有しています。

Advance ※4
2回転目に読む
憲法改正の国民投票といった直接民主政的な仕組みもあります。このような仕組みは「レファレンダム」と呼ばれます。

2 主権概念　重要度★★★

「主権」には、❶国家の統治権、❷国家権力の最高独立性、❸国政の最高決定権の意味があります。

「主権」の3つの意味について、具体例と組み合わせて見てみましょう。

板書 主権の意味

主権 ┬ ①国家の統治権
　　 ├ ②国家権力の最高独立性※5
　　 └ ③国政の最高決定権※6

例1 ○○の島の主権は日本国にある → ①の意味

例2 主権は国民に存する → ③の意味

〈主権概念の具体例〉

意味	❶国家の統治権	❷国家権力の最高独立性	❸国政の最高決定権
具体例	・日本国ノ**主権**ハ本州、北海道、九州及四国並ニ吾等ノ決定スル諸小島ニ局限セラルベシ（ポツダム宣言）	・政治道徳の法則は、普遍的なものであり、この法則に従ふことは、自国の**主権**を維持し、他国と対等に立たうとする各国の責務であると信ずる（前文第3段落）	・ここに**主権**が国民に存することを宣言し、この憲法を確定する（前文第1段落） ・天皇は、日本国の象徴であり日本国民統合の象徴であつて、この地位は、**主権**の存する日本国民の総意に基く（1条）

神田Tのイントロ

主権という概念は3つの意味に分けられます。5肢択一式の問題では、5肢のうち③の意味の記述が4つ、②の意味の記述が1つあって、「他とは異なる意味のものはどれか」という問いに対し、②の意味の記述の肢を選ぶといった問題に対応できるように意識しましょう。

神田Tのアドバイス❷

①は領土、②は独立国家、③は政治の主役と言葉を置き換えて、具体例がどれにあてはまるかを確認すると覚えやすい！

語句 ※5
国家権力の最高独立性
他国の支配には服さない統治権力のこと。

語句 ※6
国政の最高決定権
国の政治のあり方を最終的に決める力や権威のこと。

3 憲法改正　重要度 ★★★

神田Tのイントロ
憲法改正のルールは96条に規定されています。試験での重要度は低いですが、憲法改正のプロセスは覚えておきましょう。

I 憲法改正の手順

法律の改正は国会だけの手続で行えますが、憲法の改正の場合、それとは異なる特別のルールが設けられています。

憲法改正の手順について、憲法96条のルールを見てみましょう。

神田Tのアドバイス❶
憲法改正にも限界はあり、人権尊重の概念など改正してはいけない規定も存在するという考え方のことを「憲法改正限界説」と呼びます。

板書　憲法改正の手順（96条）

1. 国会による発議 … 各議院の総議員の3分の2以上の賛成が必要
   ↓
2. 国民による承認 … 特別の国民投票または国会の定める選挙の際行われる投票において、その過半数の賛成が必要
   ↓
3. 天皇による公布 … 国民投票で承認されたときは、天皇が、国民の名で、公布する

II 硬性憲法（こうせい）

通常の法改正と異なり、厳格な手続を踏まないと改正できない仕組みとなっている憲法のことを **硬性憲法** と呼びます。ドイツやフランスのように改正が頻繁に行われていても、法律よりも改正手続が困難であれば、硬性憲法に分類されます。

神田Tのアドバイス❷
反対概念は「軟性憲法」といいます。憲法改正であっても法改正と同様の手続で行える憲法のことを指します。テニスボールも握っても形が変わりにくい硬式のボールと、握ったら形が変わりやすい軟式のボールがありますね。

CHAPTER 2 人権

SECTION 1 人権享有主体(きょうゆう)

このSECTIONで学習すること

1 外国人の人権
外国人は日本人じゃないけど、外国人にも日本国憲法の人権保障はあるの？

2 法人の人権
株式会社などの法人は人間じゃないけど、法人にも日本国憲法の人権保障はあるの？

3 公務員の人権
職務の公共性や中立性という理由から権利が制約されることもある

4 在監者の人権
刑事施設の中にいるという理由から権利が制約されることもある

1 外国人の人権

重要度 ★★★

人権とは、人間が生まれながらにして持っている人間として幸せに生きていくための権利のことです。日本国憲法でも第3章として「国民の権利及び義務」という章を設け、その中で表現の自由（21条1項）や職業選択の自由（22条1項）などについて規定しています。

外国人の場合、国民ではないため、憲法で「国民の権利」として規定されている人権保障が外国人にも及ぶかが問題となります。

これに対しては、憲法の人権保障は、権利の性質上日本国民のみをその対象としていると解されるものを除き、日本に在留する外国人に対しても等しく及ぶものと考えられています。

つまり、外国人にも人権保障があるかどうかは、人権の性質にあわせてケースバイケースで判断されます。

〈外国人の人権保障の有無〉　　○…及ぶ　✕…及ばない

出入国関係	出国の自由→○（最大判昭32.12.25） 入国の自由→✕（最大判昭32.6.19） 再入国の自由[※1]→✕（森川キャサリン事件：最判平4.11.16）
指紋押捺を強制 されない自由	みだりに指紋の押捺を強制されない自由→○ （指紋押捺拒否訴訟：最判平7.12.15）
選挙権	選挙権→✕（最判平7.2.28）
政治活動の自由	政治活動の自由（日本の政治的意思決定やその実施に影響を及ぼす活動等外国人の地位にかんがみこれを認めることが相当でないと解されるものは除く）→○ （マクリーン事件：最大判昭53.10.4）

外国人の人権については、日本国憲法で規定されている人

神田Tのイントロ

試験でも繰り返し出題のある重要項目の1つです。人権保障の有無についての判例知識が問われやすいので、判例をしっかり整理しましょう。平成27年の出題のように外国人の人権だけをテーマとして出題されるパターンのほか、平成29年の出題のように人権享有主体というテーマの問題の中の肢の1つとして出題されるパターンもあります。

語句 ※1
再入国の自由
日本にいる外国人が、一度他国に出国し、また帰国する自由のこと。つまり、外国に一時旅行する自由のことです。

権保障が外国人にも及ぶかどうかを示した**マクリーン事件**が重要な判例です。

マクリーン事件(最大判昭53.10.4)

神田Tのアドバイス❶

事案 在留期間1年として日本に入国し、在留期間中政治活動を行っていたアメリカ人のXが、在留期間の延長を求めて法務大臣に査証※2の更新の申請をしたところ、更新が不許可とされた事件です※3。

政治活動の自由もあるし、日本に在留する権利もある

政治活動ばかりしてるなら、更新は許可しない

判旨 権利の性質上、日本国民のみをその対象としているものを除けば、在留外国人にも日本国憲法の人権保障は及ぶ。そして、**政治活動をする自由**は、日本の政治的意思決定またはその実施に影響を及ぼす活動等外国人の地位にかんがみこれを認めることが相当でないと解されるものを除き、在留外国人にもその保障が及ぶ。一方、**入国の自由**や引き続き在留することを要求する権利は保障されていない。

まとめのQ&A

Q1	権利の性質上、日本国民のみをその対象としているものを除き、在留外国人にも日本国憲法の人権保障は及ぶか？ ↳Yes
Q2	外国人に入国の自由や在留の権利は保障されるか？ ↳No
Q3	外国人に政治活動をする権利は保障されるか（日本の政治的意思決定またはその実施に影響を及ぼす活動等外国人の地位にかんがみこれを認めることが相当でないと解されるものは除く）？※4 ↳Yes

要チェック判例

◆外国人が、公権力の行使に当たる行為を行うことなどを職務とする地方公務員に就任することは、日本の法体系の想定するところではなく、地方公共団体が、**日本国民である職員に限って管理職に昇任**することができるとする措置を執ること

神田Tのアドバイス❶

外国人が日本に在留するには在留許可が必要で、期間経過後も滞在するなら更新手続の必要があります。この判例は、マクリーンさんの更新申請が不許可にされた話です。その中で外国人にも日本国憲法で規定されている人権保障は及ぶのか、具体的に政治活動の自由や入国の自由は保障されているといえるのか、について示されました。

語句※2
査証
ビザのこと。自国に入国しようとする外国人が、入国しても問題ない人物であることを示す証書です。

Advance※3
2回転目に読む
在留期間の更新の許可・不許可の判断は、法務大臣の裁量に任されています。

Advance※4
2回転目に読む
在留期間中、憲法の基本的人権の保障を受ける行為でも、在留期間の更新の際に消極的な事情として斟酌(しんしゃく)されないことまでの保障は含まれません。つまり、在留期間中に政治活動を行うことはできますが、それを理由に更新申請を不許可にされないことまでは保障されていないということです。

も**許される**（外国人職員昇任試験拒否訴訟：最大判平17.1.26）。

◆ 社会保障上の施策において在留外国人をどのように処遇するかについては、国は、特別の条約の存しない限り、その政治的判断によりこれを決定することができ、限られた財源の下で福祉的給付を行うに当たり、**自国民を在留外国人より優先的に扱うことも許される**（塩見訴訟：最判平元.3.2）。

◆ 憲法93条2項[※1]は日本に在留する外国人に対して**地方選挙権**を保障したものとはいえないが、永住者等であってその居住する区域の地方公共団体と特段に緊密な関係を持つに至ったと認められるものについて**法律をもって選挙権を付与する措置を講ずることは許される**（最判平7.2.28）。

> **条文チェック** ※1
> 93条2項では、知事・市町村長や地方議会の議員の選挙は住民の直接選挙によることが規定されています。なお、この「住民」という概念は、地方公共団体の区域内に住所を有する日本国民を意味し、外国人は含まれません。

例題   H29-3-1

わが国の政治的意思決定またはその実施に影響を及ぼすなど、外国人の地位に照らして認めるのが相当でないと解されるものを除き、外国人にも政治活動の自由の保障が及ぶ。

○ 外国人にも政治活動の自由の保障は及ぶ。

2 法人の人権　　　　　　重要度★★★

株式会社や税理士会といった法人[※2]は人間ではないため、本来人間を対象としている人権保障が法人にも及ぶかが問題となります。

これに対しては、憲法の人権保障は、権利の性質上可能な限り、法人にも適用されるものと考えられています。

例えば、政治活動の自由の保障は株式会社にも適用され、株式会社も政治献金を行うことができます。一方、税理士会の場合は政治献金を行うことはできません。

法人の人権では、強制加入団体における政治献金について判断した**南九州税理士会政治献金事件**は重要な判例です。

> **神田Tのイントロ**
> 法人の人権は重要項目ではありませんが、税理士会が政治献金を行うことができるかどうかの判例の知識はチェックしておきましょう。

> **語句** ※2
> **法人**
> 実際の人ではないが、法律が特別に人と同じ資格として法人格を与えた存在のこと。株式会社などがこれにあたり、法人も権利の主体となれます。

20

南九州税理士会政治献金事件（最判平8.3.19）

事案 強制加入団体[※3]である南九州税理士会[※4]が、税理士法の改正運動に関して政治献金をするために、会員である税理士から特別会費を徴収する決議を行ったが、会員である税理士Ｘらが本件決議は無効であるとして争った。

政治献金するかどうかは自分で決める

法改正の要求のため政治献金したい
税理士会

判旨 強制加入団体である税理士会が政党などの政治団体に金員を寄付することは、たとえ法改正の要求を実現するためのものであっても、税理士会の**目的の範囲外の行為**である。
したがって、政党などの政治団体に金員の寄付をするために会員から特別会費を徴収する旨の税理士会の総会決議は無効である。

まとめのQ&A

Q1 政党などの政治団体に金員を寄付することは税理士会の目的の範囲内といえるか？ ↳ No

Q2 政党などの政治団体に金員を寄付するために特別会費を徴収する旨の税理士会の総会決議は有効といえるか？ ↳ No

要チェック判例

◆ **株式会社**は、自然人[※5]と同様に、政治的行為の自由を有し、**政治資金の寄付**もその一環である（八幡製鉄事件：最大判昭45.6.24）。

◆ **群馬司法書士会**が、阪神・淡路大震災により被災した兵庫県司法書士会に対し、**復興支援拠出金を寄付**することは、目的の範囲内の行為といえる（群馬司法書士会事件：最判平14.4.25）。

第1編 憲法

CH 2 人権

SEC 1 人権享有主体

神田Tのアドバイス❶
税理士会が政治献金のためのお金を集めるための徴収決議を行ったことに不服がある税理士が、それって税理士会としてやるべき行為じゃないのではないかと起こした訴訟です。

語句 ※3
強制加入団体
加入が法律で義務付けられている団体。例えば、税理士と名乗って仕事をするなら税理士会に登録しなければなりません。

語句 ※4
南九州税理士会
熊本、鹿児島、大分、宮崎の4県の税理士や税理士法人で組織されている法人。

語句 ※5
自然人
人間のこと。法律上、人間のことは自然人と呼ばれます。

神田Tのアドバイス❷
同じ強制加入団体でも税理士会の事件と司法書士会の事件で結論が異なっているのは、政治色のある献金だと、個人の政治思想に基づいて判断すべきとの要請が強く働くからです。

21

3 公務員の人権　重要度 ★☆☆

公務員にも人権保障は及びますが、一般国民とは異なる制約を受けることがあります。

例えば、どのような表現をするかは自由なはずですが、国家公務員法では公務員の政治的行為が禁止されています[※1]。

公務員の人権では、公務員の政治的行為を禁止したことの合憲性が争われた**堀越事件**が重要な判例です。

堀越事件（最判平24.12.7）　←神田Tのアドバイス❶

事案 国家公務員Xが共産党を支持する目的で、同党の機関紙である「しんぶん赤旗」を投函して配布していたことが、公務員の政治活動を禁止した国家公務員法および人事院規則に違反するとして起訴された。

判旨 公務員に対する政治的行為の禁止の目的は、公務員の職務の遂行の政治的中立性を保持することによって行政の中立的運営を確保し、これに対する国民の信頼を維持することにあり、その目的は合理的であり正当なものといえる。他方、これらの規定により禁止されるのは、民主主義社会において重要な意義を有する表現の自由としての政治活動の自由ではあるものの、禁止の対象とされるものは、公務員の職務の遂行の政治的中立性を損なうおそれが実質的に認められる政治的行為に限られ、その制限は必要やむを得ない限度にとどまり、目的を達成するために必要かつ合理的な範囲のものというべきである。したがって、**公務員の政治的行為を禁止している本件規定は表現の自由を定めた憲法21条1項に違反しない。**

←神田Tのアドバイス❷

本件配布行為は、管理職的地位になく、その職務の内容や権限に裁量の余地のない公務員によって、職務とまったく無関係に行われていること等から、公務員の職務の遂行の政治的中立性を損なうおそれが実質的に認められるものとはいえない。

神田Tのイントロ

試験対策上、公務員の人権は外国人の人権ほど重要ではありませんが、公務員であることから一般国民と異なる制約があることと堀越事件の知識は確認しておきましょう。

条文チェック ※1

国家公務員法102条1項では、「職員は、政党又は政治的目的のために、寄附金その他の利益を求め、若しくは受領し、又は何らかの方法を以てするを問わず、これらの行為に関与し、あるいは選挙権の行使を除く外、人事院規則で定める政治的行為をしてはならない。」と規定されています。

神田Tのアドバイス❶

公務員は政治的に中立であるべきであって、それを害するような行為はしちゃダメだよ、という判例です。

神田Tのアドバイス❷

この判例では、禁止される政治的行為は、政治的中立性を損なうおそれが実質的に認められるものに限ると判断していることに注意しましょう。

まとめのQ&A

Q1 公務員の政治的行為について、その政治的中立性を損なうおそれが実質的に認められるものを禁止することは、合憲か？　　↳ **Yes**

要チェック判例

神田Tのアドバイス❸

◆ 裁判所法52条1号が、裁判官が積極的に政治運動をすることを禁止していることは憲法21条1項に違反しない（寺西裁判官事件、最大決平10.12.1）。

神田Tのアドバイス❸

この判例では、裁判官に対する政治運動禁止の要請は、一般職の国家公務員に対する政治的行為の禁止の要請よりも強いものというべきとの指摘もされています。

4 在監者の人権　　重要度 ★★★

神田Tのイントロ

試験対策上、在監者の人権は外国人の人権ほど重要ではありませんが、在監者であることから一般国民と異なる制約があることは確認しておきましょう。

在監者※2 にも人権保障は及びますが、一般国民とは異なる制約を受けることがあります。

例えば、拘置所で勾留されている未決勾留者※3 に対して新聞記事の一部が塗りつぶされて配付されたことを合憲と判断した判例があります（よど号ハイジャック新聞記事抹消事件：最大判昭58.6.22）。この判例では、未決勾留者には、逃亡または罪証隠滅の防止のほか、監獄内の規律および秩序の維持の観点からの制約もあるとし、新聞・雑誌等の閲読の自由の制限には、その閲読を許すことにより監獄内の規律および秩序の維持上放置することのできない程度の障害が生ずる相当の蓋然性※4 があると認められることが必要で、制限の程度もその障害発生の防止のために必要かつ合理的な範囲にとどまるべきとしています。

語句 ※2
在監者
刑事施設に収容されている者のこと。

語句 ※3
未決勾留者
犯罪容疑で逮捕され、判決が確定するまでの間、刑事施設に勾留されている者のこと。逃亡または罪証隠滅の防止のため、その居住を監獄内に限定しています。

語句 ※4
蓋然性
ある事柄が発生する確実性、確からしさのこと。

第1編 憲法

CHAPTER 2 人権

SECTION 2 人権の限界

このSECTIONで学習すること

1 公共の福祉
表現の自由の保障があっても他人に迷惑をかけるような表現は公権力によって規制されるよ

2 私人間効力
憲法の人権規定は国と国民との間の話だよね。私人同士の法律関係にも憲法って適用されるの？

1 公共の福祉　重要度 ★☆☆

人間は社会の中で他人との関係を築きながら生活しています。そして、自分だけでなくその他人にも人権保障が及びます。ある人に保障された人権も他人の人権と衝突する場面も生じます。例えば、Aさんに表現の自由が憲法で保障されていても、Bさんのプライバシーを侵害する本を出版することが許されるというわけではなく、他人の迷惑になるような表現は裁判所が出版を差し止めるといった方法で制約を受けることがあります。

このように、憲法で保障されている自由も<u>他人に迷惑をかけてはならない</u>という観点から国により規制されることもあるのです。このことを、「公共の福祉」による制約といいます。

<u>Aが出版しようとしている本がBのプライバシーを侵害することを理由に、Bが裁判所に出版差止めを求めたことにより、裁判所からAに対して出版差止めという形でAの表現の自由を規制する場合</u>を例に、公共の福祉による制約について見てみましょう。

板書　公共の福祉による制約 ※1

裁判所（公権力）
　　　→ 出版差止め（規制）
「プライバシー」B　VS　A「表現の自由」

他者加害防止という観点から公権力により規制されるのは仕方ない

神田Tのイントロ
暗記項目ではありませんが、自由といっても「公共の福祉」という観点から一定の制約を受けるものであることは今後の学習の前提知識となるものなので、確認しておきましょう。

神田Tのアドバイス❶
公共の福祉は、他人に迷惑をかけてはならないという規制なので「他者加害防止」のための規制というイメージです。

Advance ※1　2回転目に読む
これに対して、あなた自身のためにならないという観点から、国が後見的な立場からその自由を規制することを「パターナリスティックな制約」と呼びます。20歳未満の者の飲酒・喫煙の禁止は、このような観点からの制約といえます。「自己加害防止」のための規制というイメージです。

25

2 私人間効力　重要度 ★★☆

本来、憲法の人権規定は、国または公共団体といった公権力と個人との関係を対象とするものであり、私人相互の関係に直接適用されるルールではありません。ただし、憲法の規定は民法の一般条項などを通じて間接的に私人間にも適用されています。

私企業が従業員に対して差別的な取扱いをしている場合を例に、私人間の問題への憲法の適用の仕方について見てみましょう。

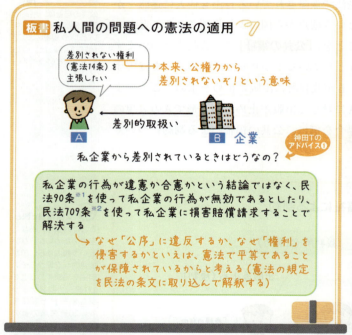

私人間効力では、私企業と個人の争いについて憲法の人権規定は直接適用されないことを示した三菱樹脂事件や日産自動車事件が重要な判例です。

神田Tのイントロ

私人間効力は過去にも繰り返し出題のある重要項目の1つです。憲法の規定が直接適用されていないことを意識し、三菱樹脂事件や日産自動車事件などの判例知識を整理しておきましょう。

神田Tのアドバイス❶

ＡＢ間の法律関係は民法を適用して解決し、憲法の規定は間接的に使われているだけという発想で読みましょう。

条文チェック ※1

民法90条では、公の秩序または善良の風俗に反する法律行為は無効とすることが規定されています。

条文チェック ※2

民法709条では、故意または過失によって他人の権利や法律上保護される利益を侵害した者に損害賠償責任を負わせることが規定されています。

三菱樹脂事件（最大判昭48.12.12） 〈神田Tのアドバイス❷〉

事案 Y株式会社が、試用期間を設けて雇用していたXについて、大学在学中の学生運動歴を調査し、Xの本採用を拒否した。

判旨 憲法はもっぱら国または公共団体と個人との関係を規律するものであり、**私人相互の関係を直接規律するものではない**。ただし、民法の一般条項などの適切な運用によって適切な調整を図る方途も存するのであり、間接的に憲法の規定が私人間にも適用される余地がある。
そして、企業が、特定の思想信条を有する者について、その故をもって雇い入れることを拒むことがあったとしても、違法となるものではない※3。また、企業が、労働者の思想信条を調査するために、その者に関連事項について申告を求めたとしても、違法となるものではない。

まとめのQ&A

Q1	憲法14条※4や19条※5の規定は、私人間にも直接適用されるか？	↳ No
Q2	企業が、思想信条を理由として採用を拒否することは許されるか？	↳ Yes
Q3	企業が、労働者の思想信条を調査するために申告を求めることは許されるか？	↳ Yes

日産自動車事件（最判昭56.3.24） 〈神田Tのアドバイス❸〉

事案 Xの勤務するY株式会社の就業規則※6では、女性の定年年齢を男性よりも低く定めており、同規定に基づいて定年退職を命じられたXが、雇用関係の存続の確認を求める訴訟を提起した。

第1編 憲法
CH2 人権
SEC2 人権の限界

〈神田Tのアドバイス❷〉
私企業と本採用を拒否された者との間の雇用関係の確認に関する訴訟です。私人同士の争いであることを確認し、憲法の規定が私人間にも直接適用されるかどうかをチェックしましょう。

Advance ※3
2回転目に読む
労働基準法は労働者の信条による労働条件の差別を禁止していますが、これは、雇入れ後の話であって、雇入れそのものを制約する規定ではありません。

語句 ※4
憲法14条
法の下の平等と呼ばれ、差別はダメという旨が規定されています。

語句 ※5
憲法19条
思想・良心の自由と呼ばれ、どのような思想を持つかは自由である旨が規定されています。

〈神田Tのアドバイス❸〉
私企業とその従業員との間の雇用関係の確認に関する訴訟です。私人同士の争いであることを確認し、憲法の規定が私人間にも直接適用されるかどうかをチェックしましょう。

語句 ※6
就業規則
会社と労働者の間のルールブックのようなものです。

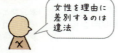

判旨 就業規則中女子の定年年齢を男子より低く定めた部分は、もっぱら女子であることのみを理由として差別したことに他ならず、性別のみによる不合理な差別を定めたものといえ、本件就業規則は、民法90条の規定により、無効となる。

まとめの Q&A

Q1 合理的な理由もなく女子の定年年齢を男子よりも低く定めた本件就業規則は、合法といえるか？※1

↳ No

要チェック判例

◆ 憲法9条※2は、自衛隊の百里（ひゃくり）基地の建設に際して国と私人の間でなされた用地の売買契約のような国が私人と対等な立場で締結する私法上の契約には、実質的に公権力の発動と同視できるような特段の事情のない限り、**直接適用されない**（百里基地訴訟：最判平元.6.20）。

◆ 私立学校が学生に対して政治活動をしたことを理由として行われた退学処分について、憲法19条の規定は私人相互間の関係について**直接適用されず**、また、学生に対する退学処分は学校長の裁量の範囲であり、違法ではないとした（昭和女子大事件：最判昭49.7.19）。

ひっかけ注意！ ※1
民法の規定により無効になるだけなので、「憲法を直接適用して違憲になる」として誤りとするパターンに注意。

語句 ※2
憲法9条
平和主義について規定されています。

神田Tのアドバイス❶
この判例では、国の行為であっても、私人と対等の立場で行う私法上の行為は、法規範の定立を伴わないものであり、憲法の最高法規性を定めた憲法98条1項の「国務に関するその他の行為」に該当しないことも示しています。

例題 H25-4-3

性別による差別を禁止する憲法14条1項の効力は労働関係に直接及ぶことになるので、男女間で定年に差異を設けることについて経営上の合理性が認められるとしても、女性を不利益に扱うことは許されない。

✗ 憲法14条1項の規定は私人間には直接には及ばない（性別による不合理な差別は民法違反になるだけ）。

SECTION 3 幸福追求権

CHAPTER 2 人権

このSECTIONで学習すること

1 新しい人権
肖像権とかプライバシーって言葉は憲法に規定がないけど、ちゃんと保障されているの？

2 肖像権
みだりに容貌・姿態を撮影されない自由も認められているよ！

3 プライバシー
前科をみだりに公表されないことも法的保護の対象となる利益だよ！

1 新しい人権

重要度 ★☆☆

神田Tのイントロ
憲法13条の文言自体を丸暗記する必要はないですが、その解釈として保護される権利かどうかの判例知識は覚えておきましょう。

憲法13条では、「すべて国民は、個人として尊重される。生命、自由及び幸福追求に対する国民の権利については、公共の福祉に反しない限り、立法その他の国政の上で、最大の尊重を必要とする。」と規定し、**幸福追求権**を保障しています。

この規定は、表現の自由や職業選択の自由のような他の人権規定に比べると随分抽象的な文言で、具体的にどんな場面を指しているのかがはっきりしませんが、これは、憲法で明記されていなくても個人の人格的生存※1に不可欠と考えられるものは、新しい人権として幸福追求権を定めた憲法13条の解釈で保障できるようにしたものです。

語句 ※1
人格的生存
人間が人間らしく生活すること。

〈新しい人権〉 〇…保障される ×…保障されない

肖像権関係	みだりにその容貌・姿態を撮影されない自由→〇（京都府学連事件：最大判昭44.12.24）
プライバシー関係	みだりに前科等を公表されない利益→〇（ノンフィクション逆転事件：最判平6.2.8） みだりに指紋押捺を強制されない自由→〇（指紋押捺拒否訴訟：最判平7.12.15） 氏名や連絡先等の個人情報→〇（江沢民講演会事件：最判平15.9.12）
宗教関係	静謐※2な宗教環境の下で信仰生活を送る利益→×（殉職自衛官合祀拒否訴訟：最大判昭63.6.1）

肖像権とかプライバシーという文言自体は憲法の条文のどこを探しても書かれていませんが、これらは憲法13条の解釈として保障されています。

語句 ※2
静謐
落ち着いたとか穏やかにという意味。自分の好きな宗教だけで生活したいというのは気持ちの問題としてはわかるけど、法的利益として認められるものではありません。

2 肖像権　重要度 ★★★

本人の承諾なしにみだりにその容貌・姿態を撮影されない自由については、憲法上明文規定はありませんが、このような権利も認められています。

肖像権については、本人の承諾なしにみだりにその容貌・姿態を撮影されない自由を個人の私生活上の自由の一つとして保障されるものであることを示した<u>京都府学連事件</u>が重要な判例です。

京都府学連事件（最大判昭44.12.24）

事案 Xが京都府学連主催のデモ行進に参加した際、行進の仕方が許可条件に反すると判断した警察官Yが、状況等の確認のためXを無断で写真撮影した。

勝手に写真を撮られたくない

証拠保全のために写真撮影する
警察官Y

判旨 個人の私生活上の自由の一つとして、何人も、その承諾なしにみだりにその<u>容貌・姿態を撮影されない自由</u>を有する。もっとも、その自由も、公共の福祉のために相当の制限を受け、①現に犯罪が行われまたは行われたのち間がないと認められる場合であって、②証拠保全の必要性・緊急性があり、③撮影方法も一般的に許容される限度を超えない<u>相当な方法</u>をもって行われる場合には、本人の同意がなく、裁判官の令状がなくても、<u>警察官の写真撮影行為は許容される</u>。

まとめの Q&A

| Q1 | みだりにその容貌・姿態を撮影されない自由は、憲法上保障されているといえるか？ | ↳ Yes |
| Q2 | 警察官による本件無断撮影は、合憲か？ | → Yes |

神田Tのイントロ
肖像権では京都府学連事件を題材に、制約されている権利は何か（肖像権）、なぜ制約するのか（撮影の目的）、どのような制約になっているのか（撮影の方法）という順に読み、警察官の無断撮影行為が合憲になることを確認しましょう。

神田Tのアドバイス❶
デモ行進は許可制になっているため、道路をみんなで行進するにしても許可を受けて許可条件に従って歩く必要があります。そして、許可条件に違反した者が、証拠保全のために写真を撮影した警察官に抗議して傷害を加えたので事件になった判例です。

神田Tのアドバイス❸
警察官による写真撮影は、その対象の中に犯人の近くにいるため除外できない状況にある第三者を含むことになったとしても許されます。

第1編 憲法
CH2 人権
SEC3 幸福追求権

> 要チェック判例
>
> ◆ スピード違反車両の自動撮影を行う**自動速度監視装置**[※1]による運転者の容貌の写真撮影は、運転者の近くにいるため除外できない状況にある同乗者の容貌も撮影することになっても、憲法13条に違反しない（自動速度監視装置事件：最判昭61.2.14）。

語句 ※1
自動速度監視装置
スピード違反を自動で取り締まるため自動車道に設置された装置のこと。違反車の速度、車両・ナンバープレート、運転者の写真などが記録される。

R3-4-4

> 例題
>
> 速度違反車両の自動撮影を行う装置により運転者本人の容ぼうを写真撮影することは憲法上許容されるが、運転者の近くにいるため除外できないことを理由としてであっても、同乗者の容ぼうまで撮影することは許されない。

✕ 運転者の近くにいるため除外できない状況にある同乗者の容ぼうも撮影することになっても許される。

3 プライバシー　重要度 ★★★

前科を公表されないことなど個人のプライバシーについては、憲法上明文規定はありませんが、このような権利も認められています。

プライバシーについては、前科を公表されない利益が法的保護の対象になることを示した**ノンフィクション逆転事件**や、個人情報も法的保護の対象となることを示した**江沢民講演会事件**、外国人にもみだりに指紋の押捺を強制されない自由が認められることを示した**指紋押捺拒否訴訟**が重要な判例です。

> **ノンフィクション逆転事件**（最判平6.2.8）
>
> 事案：Ｘは、傷害罪の実刑判決を受けた後、就職・結婚をして平穏な生活をしていたところ、Ｘのことを題材にしてＹが執筆したノンフィクション小説「逆転」によってＸの実名を掲載され、前科に関わる事実を公表されることとなったため、Ｘが、Ｙに対して、プライバシー侵害等を理由にその損害の賠償を請求した。

神田Tのイントロ

指紋押捺を強制されない自由が保障されるか、前科を公表されない利益が保護の対象となるかなどが問われやすいので、関連する判例知識を整理しておきましょう。

神田Tのアドバイス❶
プライバシーには、私生活をみだりに公開されない権利のほか、自己に関する情報をコントロールするという側面もあります。

神田Tのアドバイス❷
ノンフィクション小説「逆転」の中で、登場人物が実名で書かれて、前科に関わる事実が公表されてしまったため、著作者に損害賠償請求した訴訟です。

判旨 刑事事件において被疑者とされ、有罪判決を受け、服役したという事実は、その者の名誉・信用に直接かかわる事項であり、その者は、**みだりに前科等にかかわる事実を公表されないことについて、法的保護に値する利益を有する**。そして、ある者の前科等を実名つきで公表した著作者は、それを公表する理由よりも公表されない法益の方が勝る場合には、その者が受けた精神的苦痛を賠償しなければならない。

前科等にかかわる事実を公表されない利益が法的保護に値するとしても、常に公表が許されないのではなく、ケースによってはその公表が許される場合もあります。

まとめのQ&A

Q1 みだりに前科等を公表されない利益は法的保護に値する利益といえるか？ ↳Yes

Q2 著作者が公表する理由よりも公表されない法益の方が勝る場合、前科等を実名で公表された者は、著作者に対して損害賠償を請求できるか？ ↳Yes

江沢民講演会事件（最判平15.9.12）

事案 私立大学Yが大学主催の講演会の参加者名簿を参加申込者本人に無断で警察に提供した行為がプライバシーの侵害にあたるのではないかが争われた。

早稲田大学が学生に無断で学生の個人情報を警察に開示したことに対し、学生がプライバシー侵害を理由に大学に損害賠償請求をした訴訟です。

判旨 学生の氏名や連絡先等の個人情報は大学が個人識別等を行うための単純な情報であって、その限りにおいては秘匿されるべき必要性が必ずしも高いものではないが、このような個人情報についても、本人が、自己が欲しない他者にはみだりに

これを開示されたくないと考えることは自然なことであり、そのことへの期待は保護されるべきものであるから、**本件個人情報**は、参加申込者のプライバシーに係る情報として**法的保護の対象となる**※1。

大学が学生から収集した参加申込者の個人情報を、参加申込者に無断で警察に開示した行為は、参加申込者のプライバシーを侵害するものとして不法行為を構成する。

ひっかけ注意！ ※1
「個人情報は秘匿すべき必要性が低いからプライバシー保護の必要がない」として誤りとするパターンに注意。

まとめのQ&A

Q1 大学主催の講演会に参加を申し込んだ学生の氏名・住所等の情報は、プライバシーに係る情報として法的保護の対象となるか？ ↳ Yes

Q2 大学がその主催する講演会に参加を申し込んだ学生の氏名・住所等の情報を無断で警察に開示した行為は不法行為を構成するか？ ↳ Yes

指紋押捺拒否訴訟（最判平7.12.15）

神田Tのアドバイス❶

事案 外国人のXが、外国人登録原票、登録証明書等に指紋の押捺をしなかったため、外国人登録法違反で起訴された事件です。

神田Tのアドバイス❷

指紋を押捺したくない

指紋押捺制度

外国人登録法

判旨 憲法13条は、国民の私生活上の自由が国家権力の行使に対して保護されるべきことを規定しており、個人の私生活上の自由の一つとして、**何人もみだりに指紋の押捺を強制されない自由**を有するものというべきであり、国家機関が正当な理由もなく指紋の押捺を強制することは、同条の趣旨に反して許されず、また、その自由の保障は日本に在留する**外国人にも等しく及ぶ**。しかしながら、その自由も、国家権力の行使に対して無制限に保護されるものではなく、公共の福祉のため必要がある場合には相当の制限を受ける。そして、外国人登録法が定める在留外国人についての指紋押捺制度は、その立法目的には十分な合理性があり、かつ、必要性も肯定で

指紋押捺制度は、指紋が在日外国人の特定のための有効な手段として、登録申請や切替えにあたり指紋を押捺することを要求していたものです。この制度に違反して指紋押捺をしなかった日系アメリカ人が起訴された訴訟の中で、外国人に指紋押捺を強制されない自由が保障されるのかどうかが問題となりました。

指紋は、指先の紋様であり、それ自体では個人の私生活やその内心に関する情報となるものではないですが、採取された指紋の利用方法次第では個人の私生活やプライバシーが侵害される危険性があります。

き、その方法としても一般的に許容される限度を超えない相当なものであったと認められ、憲法13条には違反しない。

まとめの Q&A

Q1 みだりに指紋の押捺を強制されない自由は、憲法上保障されているといえるか？　↳ Yes

Q2 みだりに指紋の押捺を強制されない自由は、外国人にも保障されているといえるか？　↳ Yes

Q3 外国人登録法が定めていた指紋押捺制度は合憲といえるか？　↳ Yes

例題
H23-3-3

指紋は、性質上万人不同、終生不変とはいえ、指先の紋様にすぎず、それ自体では個人の私生活や人格、思想等個人の内心に関する情報ではないから、プライバシーとして保護されるものではない。

✗ プライバシーとして保護されるべきものである。

SECTION 4 法の下の平等

CHAPTER 2 人権

第1編 憲法

このSECTIONで学習すること

1 法の下の平等（14条）

合理的な理由のない差別はダメだけど、合理的な理由による区別はOKだよ！

2 議員定数不均衡訴訟

選挙では、1票の価値も平等でないとダメ！ 実際に1票の格差を問題とした違憲判決も出たことがあるよ

1 法の下の平等（14条）

重要度 ★★★

憲法14条1項では、「すべて国民は、法の下に平等であつて、人種、信条、性別、社会的身分[※1]又は門地[※2]により、政治的、経済的又は社会的関係において、差別されない。」と規定し、**法の下の平等**を保障しています。

法の下の平等（14条）に関する解釈について見てみましょう。

板書 法の下の平等

1 「法の下の」の意味
法適用の平等だけでなく、**法内容の平等**までを意味する
↑
行政・司法といった法律を適用する人だけでなく、立法者（法律を作る人）も平等な内容で作る必要がある

神田Tのアドバイス❶

2 「平等」の意味
絶対的平等ではなく、**相対的平等**を意味する
↑
合理的な理由なく差別することはダメだが、合理的な理由による区別なら○K

神田Tのアドバイス❷

3 「人種、信条、性別、社会的身分又は門地」の意味
限定列挙ではなく、**例示列挙**を意味する
↑
この5つの事柄以外なら差別してもよいわけではなく、例えばということで5つ列挙されているだけ

神田Tのイントロ

試験でも繰り返し出題のある重要項目の1つです。14条1項の文言の解釈を学習したら、生後認知児童国籍確認事件を題材に国籍法の規定が平等違反で無効となることを読み、その他違憲と判断された判例を中心に判例知識をチェックしておきましょう。

語句 ※1
社会的身分
親子関係など人が社会において占める継続的な地位のこと。

語句 ※2
門地
家柄のこと。

神田Tのアドバイス❶
内容が不平等なものを平等に適用しても平等になるわけがないから、法の内容も平等でないといけないと考えよう！

神田Tのアドバイス❷
例えば、所得税の場合、みんな同じ額を払うのが平等ではなく、収入が高い人と低い人では払う税金の額も異なりますが、これを差別とはいいませんよね。

法の下の平等では、国籍法の規定を違憲とした**生後認知児童国籍確認事件**が重要な判例です。

生後認知児童国籍確認事件（最大判平20.6.4）

事案 法律上の婚姻関係にない父（日本人）と母（フィリピン人）との間で日本国内において出生した者が、出生後に父から認知を受けたことを理由として、平成17年に国籍取得届を提出したが、国籍取得が認められなかったため、日本国籍を有することの確認を求めて訴えを提起した。

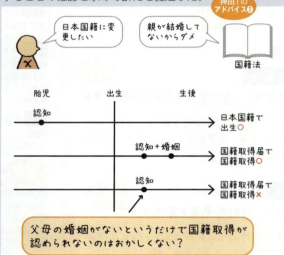

神田Tのアドバイス❶
外国人は国籍取得届により日本国籍を取得できます。ただし、当時の国籍法の規定では国籍取得届による国籍取得の要件として「父母の婚姻」を要求していたのですが、この判例はそれが憲法違反なのではないかが争われたものです。

神田Tのアドバイス❷
国籍には、親のどちらかの国籍が子の国籍となる血統主義や、親がどこの国の国民であろうと自国で生まれた子を自国民とする出生地主義があります。日本は、国籍取得について父母両系血統主義を採っているので、日本国籍で生まれるには父母のいずれかが日本人であることが必要です。

判旨 日本国籍は、基本的人権の保障、公的資格の付与、公的給付等を受ける上で意味を持つ重要な法的地位でもあり、また、**父母の婚姻**により嫡出子たる身分を取得する※1か否かということは、子にとっては自らの意思や努力によっては変えることのできない父母の身分行為に係る事柄である。**このような事柄をもって日本国籍取得の要件に関して区別を生じさせること**に合理的な理由があるか否かについては、慎重に検討することが必要である。そして、国籍法3条1項の規定は、今日においては、日本国籍の取得につき合理性を欠いた**過剰な要件**を課すものとなっており、日本国民である父から出生後に認知されたにとどまる非嫡出子に対して、日本国籍の取得において著しく不利益な差別的取扱いを生じさせているといわざるを得ず、国籍取得の要件を定めるにあたり立法府に与

条文チェック ※1
民法789条1項では、父が認知した子は、その父母が婚姻することによって嫡出子の身分を取得するものとされています。これを婚姻準正といいます。

38

えられた裁量権を考慮しても、この結果について、その立法目的との間において合理的関連性があるということはできない。

まとめの Q&A

Q1 日本国民である父と日本国民でない母との間で日本において出生した者が国籍取得届により日本国籍を取得するにあたり、父母の婚姻まで要求する国籍法3条1項は合憲か？　↳ No

神田Tのアドバイス❸

要チェック判例

◆ **尊属殺の法定刑を死刑と無期懲役に限る**刑法200条（尊属殺）の規定は、刑法199条※2の殺人罪に比べ、加重の程度があまりに厳しすぎ、**憲法14条1項に違反する**（尊属殺重罰規定事件：最大判昭48.4.4）※3。

法律

↓
尊属殺は死刑または無期懲役

目的：尊属の殺害は重く処罰すべき
手段：死刑または無期懲役に限る

↑ 目的自体は不合理とはいえないが、手段が加重しすぎのため不合理なので違憲

◆ 所得税法が必要経費の控除について**事業所得者と給与所得者との間に区別を設けていること**は、**憲法14条1項に違反しない**（サラリーマン税金訴訟：最大判昭60.3.27）。

◆ 地方公共団体が**日本国民である職員に限って管理職に昇任することができる**こととする措置を執ることは、**憲法14条1項に違反しない**（外国人職員昇任試験拒否訴訟：最大判平17.1.26）。

◆ ある地域でのみ条例※4に罰則規定が置かれている場合など、その取扱いに**地域差が生じる**ことは、**憲法14条1項に違反しない**（売春条例事件：最大判昭33.10.15）。

神田Tのアドバイス❸

血統主義では日本国籍を取得できない子についても一定の要件の下でその取得を認めようとするのはおかしなことではありませんが、そのために両親の結婚を要求するのは合理的かと考えてみるとよいでしょう。

条文チェック ※2

刑法199条では、殺人罪として、死刑、無期懲役、5年以上の懲役（当時3年以上）で処罰することが規定されています。

ひっかけ注意！ ※3

「刑の加重要件を設けようとすること自体が不合理だ」として誤りとするパターンに注意。

語句 ※4

条例
地方公共団体で作られるルールのこと。例えば、東京都には東京都条例というルールがあります。

- 選挙制度を政党本位のものにすることも国会の裁量に含まれ、衆議院選挙において小選挙区選挙と比例代表選挙に重複立候補※1できる者を、一定の要件を満たした**政党に所属する者に限る**ことは、憲法14条1項に違反しない（最大判平11.11.10）。

- **非嫡出子**※2**の法定相続分を嫡出子の2分の1とする**民法900条4号ただし書の規定は、立法府の裁量を考慮してもそのような差を生じさせる合理的根拠は失われており、憲法14条1項に**違反する**（非嫡出子相続分規定違憲事件：最大決平25.9.4）。

- **女性にのみ6か月の再婚禁止期間**を定めている民法733条1項の規定は、100日を超えて再婚禁止期間を設ける部分については、憲法14条1項に**違反する**（女子再婚禁止規定違憲事件：最大判平27.12.16）※3。

- 婚姻すれば夫婦はいずれかの氏を称するものとする**夫婦同氏制**を定める民法750条の規定は、憲法24条1項※4に違反しない（夫婦同氏訴訟：最大決令3.6.23）。

Advance ※1
2回転目に読む

衆議院議員選挙は小選挙区比例代表並立制で実施され、小選挙区と比例代表に重複立候補できる仕組みも採用されています。

語句 ※2
非嫡出子
法律上婚姻関係にない男女から生まれた子。

ひっかけ注意! ※3
「女性に再婚禁止期間があること自体が不合理だ」として誤りとするパターンに注意。

神田Tのアドバイス❶
父性の推定の重複回避のために、再婚までに一定期間をあけさせることに合理性はありますが、その期間が6か月である必要はないとされました。

条文チェック ※4
憲法24条1項では、「婚姻は、両性の合意のみに基いて成立し、夫婦が同等の権利を有することを基本として、相互の協力により、維持されなければならない。」と規定されています。

例題 R元-4-4

厳密に父性の推定が重複することを回避するための期間（100日）を超えて女性の再婚を禁止する民法の規定は、婚姻および家族に関する事項について国会に認められる合理的な立法裁量の範囲を超え、憲法に違反するに至った。

　〇 再婚禁止期間の100日を超える部分は、違憲である。

2 議員定数不均衡訴訟　重要度 ★★★

I 1票の格差

法の下の平等は、選挙権については、単にみんなが1人1票ずつであればよいというだけでなく、投票の価値(1票が結果に与える影響力)の平等までが要請されます。

<u>1票の格差の問題から議員定数の不均衡を理由として違憲判決が出される場合のルールについて見てみましょう。</u>

板書 1票の格差

1区	2区
60人	60人

3区	4区	5区
60人	60人	60人

- 有権者300人から5人の代表者を選挙で選ぶ
- 5つの選挙区に分け、各選挙区から1位の者が当選する
- 有権者の振り分けは人口比例で、1選挙区あたり60人とする

↓ ところが

1区	2区
100人	20人

3区	4区	5区
60人	60人	60人

人口異動などにより、選挙当時、1区の有権者は100人、2区の有権者は20人となってしまった

↓ すると

1票が結果に与える影響力が異なってしまう
＝1票の格差が生じている

ポイント

☆①議員定数配分規定に<u>著しい不均衡</u>があり、かつ②憲法上要求される合理的期間内における是正がされなかった場合、違憲判決が出る
☆議員定数配分規定が違憲でも、<u>選挙自体は無効とされて</u>いない

神田Tのイントロ

議員定数不均衡訴訟は過去には多肢選択の素材にもなったことがありますし、5肢択一式での出題もある重要項目です。①どのような場合に違憲判決が出されるか、②違憲と判断された場合の選挙の効力はどうなるのかをしっかりチェックしておきましょう。

神田Tのアドバイス②

結果に与える影響力も考慮すれば、2区の人の1票を1票とすると、1区の人の1票は0.2票の価値しかないことになるけど、それで平等なの？と考えてみるとよい。

神田Tのアドバイス③

不平等状態になっている1区と2区のみではなく、1区〜5区の定数配分全体が違憲となります。

II 議員定数不均衡訴訟

議員定数不均衡訴訟では、昭和47年実施の衆議院議員選挙に対して違憲判決を下した昭和51年の**衆議院議員定数不均衡訴訟**が重要な判例です。

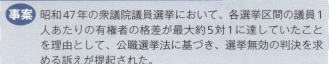

事案 昭和47年の衆議院議員選挙において、各選挙区間の議員1人あたりの有権者の格差が最大約5対1に達していたことを理由として、公職選挙法に基づき、選挙無効の判決を求める訴えが提起された。

判旨 憲法14条1項に定める法の下の平等は、選挙権に関しては、選挙人資格における差別の禁止だけにとどまらず、各選挙人の**投票の価値の平等**まで要求している。
本件議員定数配分規定は、著しい**不均衡**があったと認められ、また、長きにわたって何らの改正も施されていないことを斟酌すると、本件規定は、憲法の要求するところに合致しない状態になっていたにもかかわらず、憲法上要求される**合理的期間内における是正がされなかった**ものとも認められる。そのため、本件議員定数配分規定は、本件選挙当時、憲法の選挙権の平等の要求に違反し、**違憲**と判断される。

ただし、本件選挙の効力については、憲法に違反する議員定数配分規定に基づいて行われた点において違法である旨を判示するにとどめ、**選挙自体はこれを無効としない。**

まとめの Q&A

Q1 選挙権における平等には、投票の価値の平等まで含まれるか？　↳ Yes

Q2 議員定数配分の規定に著しい不均衡があれば、合理的期間の経過の有無にかかわらず、ただちに違憲判決が出されるか？　↳ No

Q3 議員定数配分の規定が違憲の場合、選挙自体も無効となるか？　↳ No

昭和60年にも、昭和58年の衆院選に対して違憲判決を下した判例があります（最大判昭60.7.17）。

公職選挙法では、選挙人や公職の候補者は、選挙の効力に異議があれば、訴訟を提起することが認められています。この判例は、衆議院議員選挙に対して選挙無効を求めて提起された訴訟の中で、議員定数配分規定に対してどのようなときに違憲判決が出されるのかについて判断された判例です。

不均衡状態は法改正をすれば是正できますが、法改正に時間がかかるということも考慮して、違憲判決を出すには合理的期間が経過してもまだ法改正されていないという事情も考慮されています。

違憲でも選挙自体は無効としないという判例知識は、一般知識科目の政治でも出題されたことがあります。

42

要チェック判例

◆ 平成21年実施の衆院選において、区割基準の1人別枠方式※1に係る部分は投票価値の平等の要求に反するに至っていたが、**合理的期間**内における是正がされなかったとはいえず、憲法に違反するとまではいえない（最大判平23.3.23）。

◆ 平成22年実施の参院選において、最大格差が約5対1に達しており、投票価値の不均衡があったといえるが、本件選挙までの間にそれを改正しなかったことが国会の**裁量権**の限界を超えるものとはいえず、憲法に違反するとまではいえない（最大判平24.10.17）。

◆ 地方議会議員の選挙においても、投票価値においても平等であることは憲法の要求するところであり、その定数配分についても**人口比例**を重要な基準とすべきことが要求されている（最判昭59.5.17）。

語句 ※1
1人別枠方式
先に47都道府県に1議席ずつ別枠として割り当ててから、残りの議席を人口比例で配分する方式。

昭和58年判決では投票価値の平等の要求は参議院議員の選挙においては一定の後退を免れないとしていましたが、この判例では、参議院議員の選挙であること自体から直ちに投票価値の平等の要請が後退してよいと解すべき理由は見いだし難いとしています。

例題
H16-3-4

法改正に時間がかかるという国会側の事情は、憲法判断に際して考慮すべきでない。

✕ 法改正に時間がかかるといった事情も憲法判断に際して考慮されている。

第1編 憲法

CHAPTER 2 人権

SECTION
5 自由権

このSECTIONで学習すること

1 思想・良心の自由（19条）

思想・良心の自由って何を保障しているの？

2 信教の自由（20条）

信教の自由って何を保障しているの？ 政治と宗教は分離させた方がいいの？

3 表現の自由（21条）

表現の自由って何を保障しているの？ 憲法で禁止されている検閲って何？

4 学問の自由（23条）

学問の自由って何を保障しているの？

5 職業選択の自由（22条）

職業活動の自由に対する規制として何が許されて、何が許されないの？

6 財産権（29条）

財産権を制約するにあたり、損失補償は必要？

7 人身の自由

人に刑罰を科すとき、人を逮捕するとき、人の住居を捜索したり所持品を押収したりするときに、どのような手続が要求されているの？

1 思想・良心の自由（19条） 重要度 ★☆☆

憲法19条では、「思想及び良心※1の自由は、これを侵してはならない。」と規定し、**思想・良心の自由**を保障しています。

どのような考え方を持つかはその人の自由であって、国が強制するものではないということです。

思想・良心の自由では、裁判所が謝罪広告命令を下したことが19条違反となるかが争われた**謝罪広告事件**が重要な判例です。

謝罪広告事件（最大判昭31.7.4）　神田Tのアドバイス❶

事案 Xが、選挙運動中に対立候補であるYが汚職をしている旨の公表をしたことに対して、Yが、虚偽の事実の公表によって名誉を毀損されたとして、名誉回復のための謝罪文の掲載を求める訴えを提起したことに対し、下級審は、Xに対して謝罪広告※2を命ずる判決を下した。これに対し、Xは謝罪広告を命ずる判決は憲法19条に違反するとして上告をした。

判旨 単に事態の真相を告白し、陳謝の意を表明するにとどまる程度の謝罪広告を新聞紙に掲載すべきことを命ずる判決は、思想・良心の自由を侵害するものではなく、憲法19条に違反しない。

まとめのQ&A

Q1 裁判所による本件謝罪広告命令は、合憲か？
　　　　　　　　　　　　　　　↳ Yes

神田Tのイントロ
思想・良心の自由自体は試験対策上重要ではないですが、謝罪広告事件の判例はチェックしておきましょう。

語句 ※1
思想及び良心
価値観や世界観・人生観のこと。

神田Tのアドバイス❶
名誉毀損をしたことに対する謝罪をしなさいと裁判所が命ずることが、思想・良心の自由を侵害するものなのかどうかが争われた判例です。

語句 ※2
謝罪広告
名誉毀損による損害賠償の方法の一つで、加害者が被害者に対して謝罪の意を広告で表明するもの。

2 信教の自由（20条）　重要度★★

Ⅰ 信教の自由とその限界

憲法20条1項では、「信教の自由は、何人に対してもこれを保障する。いかなる宗教団体も、国から特権を受け、又は政治上の権力を行使してはならない。」と規定し、**信教の自由**を保障しています。

宗教を信仰するかしないか、どのような宗教を信仰するか、どのような宗教的行為をするかなどが自由であることを意味します。ただし、宗教行為が自由といっても、その結果、他人の生命や健康を侵害するような行為に対しては、国から一定の制裁を受けることがあります。

信教の自由では、宗教法人法による宗教団体の解散命令が20条違反となるかが争われた**宗教法人解散命令事件**が重要な判例です。

宗教法人解散命令事件（最決平8.1.30）

事案 宗教法人法の規定に基づき宗教法人Xの解散命令が請求され、裁判所がこれを認めて解散命令がされたことに対し、Xが、信教の自由を侵害するものとして争った。

判旨 宗教法人法に基づく**解散命令**の制度は、もっぱら**世俗的**[※1]目的によるものであり、宗教団体や信者の宗教的側面に横から口をはさむことを意図するものではない。Xが、法令に違反して著しく公共の福祉を害すると明らかに認められる行為や宗教団体の目的を著しく逸脱した行為など宗教法人法の規定する解散事由に該当する行為をしていることは明らかであり、解散命令によって、Xやその信者らの宗教的側面に及ぼす影響があることを考慮しても、それは間接的で事実上のものにすぎず、本件解散命令は、憲法20条1項に違反しない。

神田Tのイントロ

信教の自由は、後述の表現の自由に比べれば重要度は低いですが、ときどき試験でも出題されるテーマです。過去に多肢選択の素材となったこともある宗教法人解散命令事件や、政教分離関係で有名な判例である津地鎮祭事件を確認したら、その他の判例知識を整理しておきましょう。

神田Tのアドバイス❶

宗教法人法では、宗教法人が法令に違反して著しく公共の福祉を害すると明らかに認められる行為をした場合などに解散させられる制度を規定しています。この判例は、大量殺人のためサリンを生成していたオウム真理教を国が解散させたことに対し、解散命令が信教の自由を害するものなのかどうかが争われた判例です。

語句 ※1
世俗的
世間一般で行われているという意味で、宗教的の反対語。

まとめの Q&A

Q1 本件における宗教法人法に基づく解散命令は、合憲か？
→ Yes

> **神田Tのアドバイス❷**
> 解散命令は、信者の宗教上の行為を法的に制約する効果を伴わないものだとしても、これに何らかの支障を生じさせることがある場合は、規制が許容されるものであるかどうかを慎重に吟味する必要があるといえます。

Ⅱ 政教分離原則

　国が特定の宗教だけを特別扱いしてしまうと、信教の自由が保障されているのだから好きな宗教を信仰していいはずなのに、国が特別扱いしている宗教ではない宗教を信仰する者に対して、国による宗教的迫害が生じるおそれがあり、信教の自由を保障した意味が薄れてしまいます。そこで、そういった迫害が生じないよう、国が宗教と過度にかかわり合いを持つことを禁止したのが<u>政教分離原則</u>です※2。
　<u>政教分離によって禁止される行為がどのような行為なのかについて見てみましょう。</u>

> **条文チェック** ※2
> 憲法20条3項では、「国及びその機関は、宗教教育その他いかなる宗教的活動もしてはならない。」と規定し、政教分離原則について定めています。

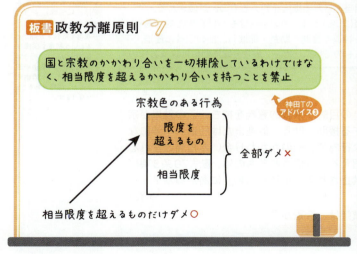

板書 政教分離原則

国と宗教のかかわり合いを一切排除しているわけではなく、相当限度を超えるかかわり合いを持つことを禁止

宗教色のある行為
限度を超えるもの
相当限度
全部ダメ×
相当限度を超えるものだけダメ○

> **神田Tのアドバイス❸**
> 例えば、市の体育館の建設にあたり、市が神式の地鎮祭を行い公金を支出することは、宗教とのかかわり合いはあるけれども、そのかかわり合いの程度は相当限度を超えないので、憲法上禁止される宗教的活動とはいえません。

政教分離原則では、憲法20条3項で禁止される「宗教的活動」とは何かについて示した<u>津地鎮祭事件</u>が重要な判例です。

津地鎮祭事件（最大判昭52.7.13） 神田Tのアドバイス❶

事案 三重県津市が、市の体育館の建設にあたって、神式の地鎮祭※1を行い、これに対して公金を支出した（神主への謝礼やお供え物のお金）ことが、政教分離原則に反するのではないかが争われた。

判旨 政教分離規定は、いわゆる制度的保障※2の規定であって、間接的に信教の自由の保障を確保しようとするものである。しかし、国家と宗教との完全な分離を実現することは実際上不可能に近く、政教分離原則は、国家が宗教とかかわり合いを持つことを全く許さないとするものではなく、行為の目的と効果に鑑み、その**かかわり合いが相当とされる限度を超える場合にはこれを許さない**ものとする。そして、当該行為の目的が宗教的意義を持ち、その効果が宗教に対する援助・助長・促進または圧迫・干渉になるような行為は、そのかかわり合いが相当とされる限度を超えるものと評価される。
本件**地鎮祭**については、その目的はもっぱら世俗的であり、その効果も神道を援助・助長・促進し、他の宗教に圧迫・干渉を加えるものではないから、政教分離原則には違反しない。

まとめの Q&A

Q1 当該行為の目的が宗教的意義を持ち、その効果が宗教に対する援助・助長・促進または圧迫・干渉になるような行為で、そのかかわり合いが相当とされる限度を超えると評価されるものは、憲法20条3項によって禁止される「宗教的活動」にあたるか？
 → Yes

Q2 本件地鎮祭は、合憲か？ → Yes

神田Tのアドバイス❶

市が神式の地鎮祭を行い、そこに公金を支出したのですが、神社神道のやり方に従って行われていたので、それは政教分離に違反するもので許されない行為なのではないかとして市の住民が提起した訴訟です。

語句 ※1
神式の地鎮祭
建物を建てる際、工事の無事安全や建物の繁栄を祈る儀式のこと。工事の着工にあたり、神職を招いて工事の無事を祈ります。

語句 ※2
制度的保障
制度を保障することによって、その制度の核心部分にあたる人権を間接的に保障しようとする考え方のこと。
…政治と宗教を分離させるという制度を保障することによって、好きな宗教を信じる自由や宗教を信仰しない自由がきちんと保障されることになります。

要チェック判例

◆ 市が、小学校の工事に伴い遺族会所有の**忠魂碑を移転**するために移転先の敷地を無償で貸与し、忠魂碑の移設にあたって神式で実施された慰霊祭に市の教育長が参列したことは、政教分離原則に違反しない（箕面忠魂碑訴訟：最判平5.2.16）。

- -

◆ 県が、**靖国神社**に対して、**玉串料**※3その他の名目で、公金により金品を支出したことは、政教分離原則に**違反する**（愛媛玉串料訴訟：最大判平9.4.2）。

- -

◆ 市が、町内会に対して、市有地を**無償で神社施設の敷地としての利用に供している**ことは、政教分離原則に**違反する**（砂川空知太神社訴訟：最大判平22.1.20）。

- -

◆ 公立学校が、宗教上の理由から剣道実技を履修しない者に対して、球技を行わせるなどの**代替措置**を講じてそれに応じた評価をすることは、政教分離原則に違反しない（エホバの証人剣道実技拒否訴訟：最判平8.3.8）。

- -

◆ 社団法人隊友会のした殉職自衛官の護国神社への合祀申請に協力した自衛隊職員の行為は、政教分離原則に違反しない（殉職自衛官合祀拒否訴訟：最大判昭63.6.1）。

- -

◆ 市が、市の公園内に設置された儒教の祖である孔子を祀った孔子廟※4について、その**土地使用料の全額を免除している**ことは、政教分離原則に**違反する**（孔子廟訴訟：最大判令3.2.24）。

語句 ※3
玉串料
神社に祈祷を依頼するにあたり、玉串の代わりに納める金銭。

語句 ※4
孔子廟
儒教の創始者である孔子を祀っている霊廟のこと。沖縄県那覇市久米の松山公園内にある孔子廟は久米至聖廟と呼ばれている。

例題

H28-6-3

神社が主催する行事に際し、県が公費から比較的低額の玉串料等を奉納することは、慣習化した社会的儀礼であると見ることができるので、当然に憲法に違反するとはいえない。

✕ 県が神社に対して玉串料を奉納することは、違憲である。

3 表現の自由(21条) 重要度★★★

I 表現の自由の保障(21条1項)

(1) 概要

憲法21条1項では、「集会、結社及び言論、出版その他一切の表現の自由は、これを保障する。」と規定し、**表現の自由**を保障しています[※1]。

(2) 表現の自由に対する制約

表現の自由が保障されているからといって、どんな表現でも許されるわけではなく、公共の福祉による制約すなわち他人に迷惑をかけるような表現には一定の規制がされます。

例えば、表現内容は自由だとしてもわいせつな表現をすればわいせつ物頒布罪(刑法175条)で処罰されたり、表現方法は自由だとしても他人の住居に侵入すれば住居侵入罪(刑法130条前段)で処罰されることがあります。

表現の自由の規制について、表現の内容規制と表現内容中立規制に分けて見てみましょう。

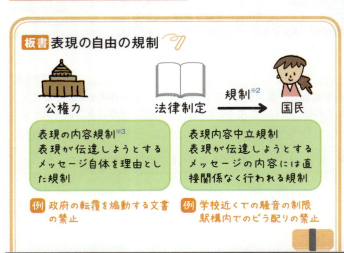

神田Tのイントロ

試験では繰り返し出題のある重要項目の1つです。自由権の中で最も重要なのが表現の自由です。判例を中心とした出題が多いのが特徴です。

Advance [※1] 2回転目に読む

表現の自由には、①個人の人格の発展のためという個人的な価値(自己実現の価値)のほか、②自由な言論によって国民が政治的意思決定に関与できるという社会的な価値(自己統治の価値)もあります。②の価値も有する点は、職業選択の自由(22条1項)などの他の人権とは異なる特色です。

Advance [※2] 2回転目に読む

表現の自由などの精神的自由権を規制する法律が合憲か違憲かを裁判所が審査するときは、職業選択の自由などの経済的自由権を規制する法律に対する審査よりも厳しい基準で審査することを「二重の基準」と呼びます。

Advance [※3] 2回転目に読む

表現の内容を理由とした規制の場合でも、高い価値の表現でないことを理由に通常の内容規制よりも緩やかに審査され、規制が許されるべきだとされることもあります。例えば、営利目的の表現などが該当します。

表現の自由に対する制約では、表現方法を規制する刑法の規定が21条に違反するかが争われた<u>立川反戦ビラ配布事件</u>が重要な判例です。

立川反戦ビラ配布事件（最判平20.4.11）

事案 ビラ投函目的で公務員宿舎である集合住宅の敷地に管理権者の意思に反して立ち入ったXを住居侵入罪※4で処罰することが憲法21条1項に違反するかが争われた。

判旨 政治的意見の表現方法としての**ビラの配布**でも、一般に人が自由に出入りすることができる場所ではない公務員やその家族が私的生活を営む場所である集合住宅の共用部分およびその敷地において、管理権者の意思に反して立ち入ることは、管理権者の管理権を侵害するし、そこで私的生活を営む者の私生活の平穏も侵害する。このような住居への立入り行為について<u>住居侵入罪に問うことは、憲法21条1項に違反しない</u>。

まとめのQ&A

Q1 本件被告人を住居侵入罪に問うことは、合憲か？
 Yes

この判例は、ビラ配布のために他人の住居に立ち入った者を住居侵入罪で処罰することが違憲かどうかについて争われた訴訟の中で、表現の自由の保障はあっても一定の制約がされることもあることを示した判例です。

条文チェック ※4
住居侵入罪（刑法130条前段）は、正当な理由がないのに、人の住居若しくは人の看守する邸宅、建造物若しくは艦船に侵入し、又は要求を受けたにもかかわらずこれらの場所から退去しなかった者に対し、3年以下の懲役又は10万円以下の罰金に処すものです。

---

(3) 表現の自由の保障の解釈

「**報道の自由**」や「**取材の自由**」など憲法21条1項に明記されていないものの場合、その解釈として保障が及ぶかどうかが問題となります。

〈表現の自由の保障の及ぶ範囲〉　　〇…及ぶ　✕…及ばない

集会関係	集団行動の自由→〇
表現関係	知る権利→〇 反論記事掲載請求権→✕ …判例は、反論権の制度について具体的な成文法がないのに、反論権を認めるに等しい反論文掲載請求権を認めることはできないとしている（サンケイ新聞事件：最判昭62.4.24）
筆記行為関係	筆記行為の自由→✕ …判例は、傍聴人がその見聞する裁判を認識・記憶するためにメモをとることについて、尊重に値するとしただけで、21条1項で保障されるとは判断していない（レペタ法廷メモ採取事件：最大判平元.3.8）
報道・取材関係	報道の自由→〇 取材の自由→✕ …判例は、報道のための取材の自由について、十分尊重に値するとしただけで、21条1項で保障されるとは判断していない（博多駅テレビフィルム提出命令事件：最大決昭44.11.26）

神田Tのアドバイス❶

集団行動の自由は、「〇〇法案反対」といった表現をするために、横断幕やプラカードを持ってみんなで道路を行進することをイメージしましょう。

神田Tのアドバイス❷

サンケイ新聞事件では、サンケイ新聞に掲載された自民党の共産党に対する意見広告をめぐり、共産党がサンケイ新聞に対して反論記事の掲載を求めた事件です。

表現の自由の保障の有無では、傍聴人の筆記行為の自由について示した**レペタ法廷メモ採取事件**、取材の自由について示した**博多駅テレビフィルム提出命令事件**が重要な判例です。

レペタ法廷メモ採取事件（最大判平元.3.8）

事案 経済法の研究の一環として所得税法違反事件の裁判を傍聴していたXが、メモ採取の許可を申請したが、裁判長に不許可とされたため、これを不服とし、国家賠償請求訴訟を提起した。

神田Tのアドバイス❸

以前は裁判の傍聴席でメモをとるには許可が必要とされていて、メモ採取を不許可とされた傍聴人のレペタさんがメモをとることを禁止しているのはおかしいと訴えた事件です。

判旨 憲法82条1項※1で裁判の公開が制度として保障されていることに伴い、各人は、裁判を傍聴することができることとなるが、それは、各人が裁判所に対して傍聴することや法廷でメモをとることを権利として要求できることまでを認めたものでない。

筆記行為は、一般的には人の生活活動の一つであり、生活のさまざまな場面において行われ、極めて広い範囲に及んでいるから、そのすべてが憲法の保障する自由に関係するものということはできないが、さまざまな意見、知識、情報に接し、これを摂取することを補助するものとしてなされる限り、**筆記行為の自由**は、憲法21条1項の規定の精神に照らして**尊重**されるべきものである。つまり、傍聴人が法廷においてメモをとることは、その見聞する裁判を認識、記憶するためになされるものである限り、尊重に値し、故なく妨げられてはならない。

しかし、**筆記行為の自由は、憲法21条1項の規定によって直接保障されている表現の自由そのものとは異なる**ものであるから、その制限または禁止には、表現の自由に制約を加える場合に一般に必要とされる厳格な基準が要求されるものではない※2。

また、法廷でメモをとることを司法記者クラブ所属の報道機関の記者に対してのみ許可し、一般傍聴人に対して禁止する裁判長の措置は、合理性を欠く措置とまではいえず、憲法14条1項に違反しない。

まとめのQ&A

Q1	憲法82条1項により、傍聴人が法廷でメモをとることが権利として保障されているものといえるか？ → No
Q2	憲法21条1項により、筆記行為の自由が権利として保障されたものといえるか？ → No
Q3	筆記行為の自由の制限には、表現の自由を制限するときと同様の厳格な基準が要求されるか？ → No
Q4	司法記者クラブ所属の記者にのみメモをとることを許可することは、合憲か？ → Yes

条文チェック ※1
82条1項では、裁判の対審と判決が公開の法廷で行われるべきことが規定されています。裁判を一般に公開して密室裁判にしないことにより、裁判の公正や裁判に対する国民の信頼を確保するための仕組みといえます。

神田Tのアドバイス
この判例では、メモをとる行為が法廷における公正かつ円滑な訴訟の運営を妨げる場合には、それを制限・禁止することも許されるが、そのような事態は通常はあり得ないから、特段の事由がない限り傍聴人の自由に任せるべきことも示しています。

ひっかけ注意！ ※2
筆記行為の自由を、「21条1項で直接保障される表現の自由と同様の保障がある」として誤りとするパターンに注意。

第1編 憲法 CH2 人権 SEC5 自由権

53

博多駅テレビフィルム提出命令事件(最大決昭44.11.26)

事案 学生と機動隊員とが博多駅付近で衝突し、機動隊側の過剰警備に関する公務員の職権濫用罪等について検察が不起訴にしたことの当否を審査する審判において、裁判所がテレビ放送会社Xに対して、衝突の模様を撮影したテレビフィルムを証拠として提出するよう命令した。

判旨 報道機関の報道は、国民の知る権利に奉仕するものであり、思想の表明の自由とならんで、事実の**報道の自由は、憲法21条の保障の下にある**といえる。

また、報道のための**取材の自由は、憲法21条の精神に照らし、十分尊重に値する**(21条の保障の下にあるとは評価されなかった)※1。

取材の自由は十分尊重には値するが、何の制約を受けないものではなく、公正な裁判の実現の保障のため、報道機関の取材の自由がある程度の制約を受けることになってもやむを得ない。そして、裁判所によるテレビ放送会社Xへのテレビフィルムの提出命令は、許される。

まとめのQ&A

Q1 報道の自由は、憲法21条1項で保障されているか？
↪ Yes

Q2 取材の自由は、憲法21条1項で保障されているか？
↪ No

Q3 裁判所によるテレビフィルムの提出命令は、合憲か？※2
↪ Yes

要チェック判例

◆**刑事事件**において、**新聞記者**には、その取材源についての**証言拒絶の権利**までは保障されていない(石井記者事件:最大判昭27.8.6)。

神田Tのアドバイス①

裁判の証拠になるような取材テープがテレビ局にあれば、証拠に基づいて裁判を公正に行うにはその取材テープが必要になります。そこで、裁判所からテレビ局に対して取材テープの提出を命じたわけですが、提出命令が許されるかどうかが問題となり、その訴訟の中で、報道の自由や取材の自由に人権保障が及ぶかどうかについて判断された判例です。

神田Tのアドバイス②

報道は事実を伝えるもので、思想を表明する表現とは異なるものですが、国民の知る権利に奉仕するものとして重要なものなので、21条1項で保障されると解釈されています。

ひっかけ注意!※1

「報道の自由は十分尊重に値する」とか「取材の自由は保障される」など保障の程度を逆にして誤りとするパターンに注意。

Advance ※2 2回転目に読む

他にも、検察や警察がテレビ局の取材テープを犯罪捜査の一環として押収した事件について、合憲と判断した判例もあります(日本テレビビデオテープ押収事件:最決平元.1.30、TBSビデオテープ差押事件:最決平2.7.9)。

- ◆ **民事事件**において、**新聞記者**は、その職業の秘密について**証言を拒絶**することができる(最決平18.10.3)※3。

- ◆ 取材対象者の人格の尊厳を著しく蹂躙するような取材行為は、その手段・方法が法秩序全体の精神に照らし社会観念上是認できない不相当なものであり、正当な取材活動の範囲を逸脱しているといえる(外務省機密漏洩事件：最決昭53.5.31)。

- ◆ 公判廷の状況を一般に報道するための取材活動であっても、その活動が公判廷における審判の秩序を乱し被告人その他訴訟関係人の正当な利益を不当に害する行為は許されない(北海タイムス事件：最大決昭33.2.17)。

- ◆ 公立図書館の職員である公務員が、閲覧に供されている図書の廃棄について、著作者または著作物に対する独断的な評価や個人的な好みによって不公正な取扱いをすることは、当該図書の著作者の人格的利益を侵害するものとして国家賠償法上違法となる(最判平17.7.14)。

- ◆ デモ行進※4 をすることは**集団行動の自由**として保障されるが、合理的かつ明確な基準の下で許可制にすることは、憲法21条1項に違反しない(新潟県公安条例事件：最大判昭29.11.24)。

- ◆ 市が、市民会館の使用について、条例に「公の秩序をみだすおそれがある場合」には使用できない旨を規定し、会館の使用許可申請に対し、公の秩序をみだすおそれがある場合に該当するとして、過激派団体による「関西新空港反対全国総決起集会」の開催について不許可処分をしたことは、憲法21条1項に違反しない(泉佐野市民会館事件：最判平7.3.7)。

- ◆ 放送法64条1項※5 は、適正・公平な受信料徴収のために必要な内容の受信契約の締結を強制する旨を定めたものであり、憲法21条1項に違反しない(最大判平29.12.6)。

Ⅱ 検閲の禁止(21条2項)

憲法21条2項前段では、「検閲は、これをしてはならない。」と規定しています。

表現の自由に対する規制が原則禁止されていることは21

神田Tのアドバイス❸

刑事訴訟法では、医師等には、業務上委託を受けたため知り得た事実で他人の秘密に関するものについて証言を拒むことができることを規定していますが、新聞記者には認められていません。

ひっかけ注意！ ※3

「民事訴訟・刑事訴訟にかかわらず、新聞記者に取材源秘匿のための証言拒絶が認められる」として誤りとするパターンに注意。

語句 ※4

デモ行進
何らかの社会的・政治的な目的をもって、プラカードや横断幕を掲げて行進すること。

条文チェック ※5

放送法64条1項では、NHKの放送を受信することのできる受信設備を設置した者は、NHKとその放送の受信についての契約をしなければならない旨が規定されています。

神田Tのアドバイス❹

放送は、憲法21条1項が規定する表現の自由の保障の下で、国民の知る権利を実質的に充足し、健全な民主主義の発達に寄与するものとして、国民に広く普及されるべきものといえます。

条1項の規定からわかりますが、あえてその一形態である検閲について2項で禁止する規定を設けているのは、公共の福祉による例外を認めず、絶対に禁止しようとするためです。
　憲法21条2項で禁止される「検閲」の概念について見てみましょう。

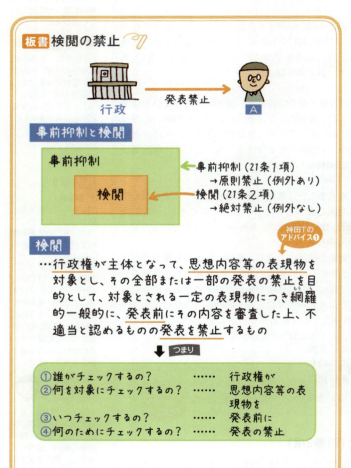

検閲の定義を確認し、各事例に対して検閲に該当するかしないかをあてはめるのがポイントです。

ポイント

☆ 総務省が、出版前に書物を献本することを義務付け、内閲の結果、風俗を害すべき書物について発行を禁止することは「検閲」にあたる

☆ 文部科学省が行っている教科書検定は「検閲」にあたらない

　└ 教科書としてふさわしいかどうかのチェックであって、発表前の審査ではないし、発表の禁止を目的としたものではないから※1

検閲の禁止では、検閲の定義を示した**税関検査事件**や裁判所による出版差止めが争われた**北方ジャーナル事件**が重要な判例です。

税関検査事件（最大判昭59.12.12）

事案 Xはヌード写真集について輸入申告したが輸入を認められなかったため、これを不服として訴訟を起こした。そして、税関が書籍等の輸入にあたって輸入禁制品に該当するか否かの検査を実施していることが検閲の禁止を定める憲法21条2項に違反するかどうかなどが争われた。

判旨 税関検査において輸入が禁止される表現物は、一般に国外において発表済みのものであり、その輸入禁止は、当該表現物につき、事前に発表そのものを一切禁止するものではないので、税関検査は**検閲にあたらない**。

まとめの Q&A

Q1 税関検査は、憲法21条2項で禁止される「検閲」にあたるか？
 No

※1
教科書検定について「発表前の審査に該当する」として誤りとするパターンに注意。

神田Tのアドバイス❷

「風俗を害すべき書籍、図画」は輸入が禁止されています。この判例は、ヌード写真集などを日本に輸入しようとした者が、税関検査でひっかかって持ち込みが認められなかったことを不服とした訴訟です。また、この判例では、「風俗」とは専ら性的風俗を意味し、禁止の対象はわいせつなものに限られるということができ、このような限定的な解釈が可能である以上、明確性に欠けるものではないとの判断もされています。このような解釈の仕方を「合憲限定解釈」といいます。

神田Tのアドバイス❸

税関検査は、輸入を禁止するだけであって、発表そのものを禁止するわけではないので、検閲の定義ポイント④と照らせば、検閲にあたらないと覚えやすい。

北方ジャーナル事件（最大判昭61.6.11）

事案 X社が北海道知事選挙に立候補予定のYを批判攻撃する記事を掲載した雑誌を発売しようとしたのに対し、Yが裁判所に仮処分を申し立てたところ、裁判所はその申立てを認め、発売前に、名誉毀損を理由として、その出版を差し止めた。

判旨 裁判所の仮処分による事前差止めは、検閲にあたらない。
裁判所の仮処分による事前差止めは、公権力による事前抑制の一形態であり、当該表現行為に対する事前差止めは原則として許されない。しかし、その表現内容が真実でなく、またはそれがもっぱら公益を図る目的のものでないことが明白であって、かつ、被害者が重大にして著しく回復困難な損害を被るおそれがあるときは、例外的に事前差止めが許される。

まとめのQ&A

Q1 裁判所による出版差止め行為は、憲法21条2項で禁止される「検閲」にあたるか？　↪No

Q2 裁判所による出版差止め行為は、憲法21条1項で原則として禁止される事前抑制にあたるか？　↪Yes

Q3 表現内容が真実でなく、またはそれがもっぱら公益を図る目的のものでないことが明白であって、かつ、被害者が重大にして著しく回復困難な損害を被るおそれがあるときに、裁判所が出版差止めをすることは許されるか？　↪Yes

---

神田Tのアドバイス❶
名誉毀損の被害者は名誉権に基づき侵害行為の差止めを求めることができます。しかし、裁判所がこれを認めて出版の差止めを命じることは、出版社の側にとっては自分たちの表現の自由に対する規制じゃないかということになります。

神田Tのアドバイス❷
裁判所による出版差止めは、差止めを命じているのが司法権である裁判所で、行政権によるものではないから、検閲の定義ポイント①と照らせば、検閲にあたらないと覚えやすい。

> **例題** R元-6-2
> 教科書検定による不合格処分は、発表前の審査によって一般図書としての発行を制限するため、表現の自由の事前抑制に該当するが、思想内容の禁止が目的ではないから、検閲には当たらず、憲法21条2項前段の規定に違反するものではない。
>
> ✗ 教科書検定は、発表前の審査によって一般図書としての発行を制限するものではなく、事前抑制には該当しない。

4 学問の自由（23条）　重要度 ★★★

I 学問の自由

憲法23条では、「学問の自由は、これを保障する。」と規定し、**学問の自由**を保障しています。

学問の自由には、学問研究の自由、研究発表の自由、教授の自由が含まれます。

学問の自由は、一面において広くすべての国民に対して自由を保障するものであり、他面において大学が学術の中心として深く真理を探究することを本質とすることから特に大学における自由の保障を趣旨とするものです。

II 大学の自治

大学で自由な学問研究をするためには、大学のことは大学に任せた方がよいという観点から、大学内部のことは大学が自分たちで決められるようになっています。

大学の学生の場合、学生が学問の自由を享有し、また大学当局の自治的管理による施設を利用できるのは、大学の本質に基づき、大学の教授その他の研究者の有する特別な学問の自由と自治の効果としてであるといえます。そのため、学生の集会が、学問的な研究と発表のためのものでなく、実社会の政治社会的活動の場合、その集会は大学の学問の自由と自治を享有しません（東大ポポロ事件：最大判昭38.5.22）。

神田Tのイントロ
学問の自由では、後述の旭川学力テスト事件（SEC8 2）も合わせておさえておきましょう。

神田Tのアドバイス❸
先端科学技術をめぐる研究には、「ヒトに関するクローン技術等の規制に関する法律」など研究活動を規制する法律もあります。

5 職業選択の自由（22条）

重要度 ★★★

神田Tのイントロ
経済的自由権の特徴を小売市場事件の判例で学習し、違憲判決が出されている薬局距離制限事件の判例知識を身に付けておきましょう。

憲法22条1項では、「何人も、公共の福祉に反しない限り、居住、移転及び職業選択の自由を有する。」と規定し、経済的自由権の一つとして**職業選択の自由**を保障しています[※1]。

職業選択の自由のような経済的自由の場合、表現の自由のような精神的自由と違い、貧富の差といった問題も生じるため、弱者保護という政策的な意味合いで規制がかかることもあります。そのため、職業選択の自由には、他の人の迷惑になることを防止するための規制（消極目的規制）のほか、弱者保護のための政策という観点からの規制（積極目的規制）もかけられています。

条文チェック ※1
22条1項の文言上は職業選択の自由となっていますが、その解釈として営業の自由も保障されています。

職業選択の自由では、小売市場開設の許可制が22条1項に違反するかが争われた**小売市場事件**が重要な判例です。

神田Tのアドバイス❶
自由な小売市場の開設を認めず、許可制や許可条件に既存の市場から一定以上離れていることを要求することが、「この場所でこの商売をしたいのに」といった自由を制約することになるのではないかが争われた判例です。

小売市場事件（最大判昭47.11.22）

事案 Xが無許可で小売市場を開設したため、小売市場の許可制を定めている小売商業調整特別措置法に違反したとして起訴された。Xは同法の許可制および許可条件としての距離制限規定は、営業の自由を侵害するとして争った。

神田Tのアドバイス❷
隣同士にすると過当競争になってどちらもつぶれてしまうのを避けるため、一定程度距離をあけさせることは、あながち不合理な規制とはいえません。

判旨 憲法22条1項に基づく個人の経済活動に対する法的規制は、個人の自由な経済活動からもたらされる諸々の弊害が社会公共の安全と秩序の維持の見地から看過することができないような場合に、**消極的**に、そのような弊害を除去・緩和するために必要かつ合理的な規制である限りにおいて許されるべきことはいうまでもない。のみならず、憲法は、全体として、**福祉国家**[※2]的理想の下に、社会経済の均衡のとれた調和的発展を企図しており、その見地から、すべての国民にいわゆる生存権を保障し、その一環として、国民の勤労権を保障する

語句 ※2
福祉国家
国民の福祉のため、社会保障制度の充実や完全雇用の実現といった政策を進める国家のこと。

等、経済的劣位に立つ者に対する適切な保護政策を要請していることは明らかである。憲法は、国の責務として**積極的な社会経済政策の実施を予定している**ものということができ、個人の経済活動の自由に関する限り、個人の精神的自由等に関する場合と異なって、社会経済政策の実施の一手段として、これに一定の合理的規制措置を講ずることは、もともと憲法が予定しかつ許容するところである。← 神田Tのアドバイス❸

そして、小売商特措法が定める小売市場の許可規制は、国が社会経済の調和的発展を企図するという観点から中小企業保護政策の一方策としてとった措置ということができ、その目的に一応の合理性を認めることができないわけではなく、また、その規制の手段・態様においてもそれが**著しく不合理であることが明白であるとは認められない**。← 神田Tのアドバイス❹

まとめのQ&A

Q1 経済的自由に対する積極目的規制は許されるか？
↳ Yes

Q2 小売商特措法が定める許可制の規定は合憲か？
↳ Yes

要チェック判例

◆ **薬局**開設の許可基準に**距離制限規制**を設けることは、不良医薬品の供給の防止といった目的を達成するために必要かつ合理的な規制を定めたものということができないため、憲法22条1項に**違反する**(薬局距離制限事件：最大判昭50.4.30)※3

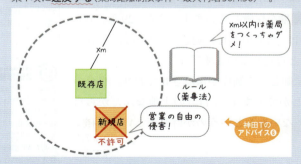

神田Tのアドバイス❸

職業活動の自由の場合、表現の自由に対する規制と異なり、他人に迷惑をかけてはいけないという観点からの規制（消極目的規制）のみならず、弱者保護という観点からの規制（積極目的規制）もあります。

神田Tのアドバイス❹

積極目的規制の場合、その規制が著しく不合理であることが明白な場合に限り違憲と判断されます。

神田Tのアドバイス❺

薬局開設の距離制限規制は、国民の生命および健康に対する危険の防止という消極目的のための規制であって、中小企業の多い薬局等の経営の保護というような政策的な積極目的のための規制ではありません。

ひっかけ注意！ ※3
距離制限規制は違憲ですが、「許可制や資格制といった規制も違憲である」として誤りとするパターンに注意。

神田Tのアドバイス❻

職業活動の自由関連で違憲判決が出されているのは薬局距離制限事件だけです。もし知らない判例が出題されても、結論は合憲だからという感覚で解いてみるとよいでしょう。

◆ **公衆浴場**営業の許可基準に**距離制限規制**を設けることは、憲法22条1項に違反しない（公衆浴場距離制限事件：最大判昭30.1.26）。

◆ **酒類販売業**を**免許制**にすることは、財政目的のための規制として、それが著しく不合理なものとはいえず、憲法22条1項に違反しない（酒類販売業免許制事件：最判平4.12.15）。

◆ 登記に関する手続の代理業務を**司法書士の独占業務**としていることは、憲法22条1項に違反しない（最判平12.2.8）。

◆ 憲法22条2項[※1]の「外国に移住する自由」には外国へ一時旅行する自由も含まれる（最大判昭33.9.10）。

神田Tの
アドバイス❶

お酒には酒税という税金があります。酒税は酒税法により酒類に課される国税です。

条文チェック ※1

22条2項では「何人も、外国に移住し、又は国籍を離脱する自由を侵されない。」と規定されています。

例題 H21-4-ア

医薬品の供給を資格制にすることについては、重要な公共の福祉のために必要かつ合理的な措置ではないとして、違憲判決が出ていますよ。

✗ 薬局開設の許可基準に距離制限規制を設けることについては違憲判決が出ているが、医薬品供給を資格制にすることについて違憲判決は出ていない。

---

6 財産権（29条） 重要度 ★★★

Ⅰ 財産権の保障

憲法29条1項では、「財産権は、これを侵してはならない。」と規定し、**財産権**を保障しています。また、29条2項では、「財産権の内容は、公共の福祉に適合するやうに、法律でこれを定める。」と規定しています[※3]。

日本では私有財産制という制度が保障されており、自分の土地を所有することができます。「自分の土地なんだから自由に使っていいじゃないか」というのが財産権という権利です。

神田Tのイントロ

過去の出題履歴も少なく、重要度の低い項目です。損失補償の概念ぐらいを確認し、行政法という科目で損失補償の学習をするときに役立つようにしておけば十分です。

Advance ※2
2回転目に読む

29条2項では、法律でという文言になっていますが、実際には条例で財産権を制限をすることも可能です（奈良県ため池条例事件：最大判昭38.6.26）。

62

Ⅱ 損失補償

憲法29条3項では、「私有財産は、<u>正当な補償</u>の下に、これを公共のために用ひることができる。」として、私有財産も正当な補償をすることで公共のために収用することができることを規定しています。

損失補償が必要な場合、通常、個別の法令に損失補償の規定が置かれますが、もしそういった規定がなかったとしても、憲法29条3項に基づき損失補償請求することも可能です（河川附近地制限令事件：最大判昭43.11.27）。

<u>土地の収用を例に、損失補償の概念について見てみましょう。</u>

Advance ※3
2回転目に読む
森林法の規定が共有森林につき持分価額2分の1以下の共有者からの分割請求権を制限していたことに対し、違憲と判断した判例があります（森林法共有林事件：最大判昭62.4.22）。

板書 **損失補償**

国・公共団体の適法な行政活動でも、国民に財産上の特別な損失を生じさせるものについては財産的に補填する

損失を補償する※4

A所有

土地を収用

再開発

行政

Advance ※4
2回転目に読む
土地収用の場合、その補償は収用の前後を通じて財産価値を等しくさせるような補償をすべきことを示した判例があります（最判昭48.10.18）。

7 人身の自由

重要度 ★★☆

人身の自由は、人の身体自体の自由のことです。公権力に自分の身柄を拘束されない自由の保障という意味です。

神田Tのイントロ
人身の自由は、判例問題のほか、条文問題での出題も考えられます。条文のポイントは意識して覚えるようにしましょう。

I 適正手続（31条）

　憲法31条では、「何人も、法律の定める手続によらなければ、その生命若しくは自由を奪はれ、又はその他の刑罰を科せられない。」と規定し、刑罰を科すときはきちんと告知・弁解・防御の機会を与えるべきであることを要求し、適正手続（デュー・プロセス）を保障しています。

　憲法31条は、条文上は、手続の法定だけを要求しているようにも読めますが、実際には、手続の法定のほか、手続の適正、さらには、実体の法定、実体の適正まで要求していると解釈されます。

実体の法定とは、どのような行為をしたら刑罰がかかるかも法定するということを意味します。

　実体の法定に関連して罪刑法定主義について見てみましょう。

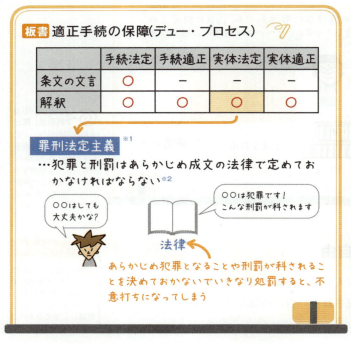

Advance ※1
2回転目に読む
31条の解釈で罪刑法定主義が導かれますが、憲法自体に罪刑法定主義と明記した条文が存在するわけではありません。

Advance ※2
2回転目に読む
刑罰は法律という形式そのもので定めなければならないものではなく、法律が根拠になっていれば、政令や条例にも設けることができます。

人身の自由では、31条が行政手続にも適用されるかについて示した**成田新法事件**や**第三者所有物没収事件**が重要な判例です。

成田新法事件（最大判平4.7.1） ← 神田Tのアドバイス❷

事前の手続なしに行政処分が行われたことに対する訴訟の中で、憲法31条の規定が行政手続にも適用されるものなのかどうかについて判断された判例です。

事案 成田新法[※3]に基づき、運輸大臣（現国土交通大臣）は、Xの所有する家屋の使用禁止命令を行った。これに対し、Xが、法定手続の保障があるはずなのに、いきなり行政処分を行うことは適正手続を定めた憲法31条に反するとして、当該禁止命令の取消しを請求した。

語句 ※3
成田新法
成田国際空港の安全確保に関する緊急措置法のこと。成田国際空港の機能、施設、航空の安全確保などに関して定められています。

判旨 憲法31条の定める法定手続の保障は、直接には刑事手続に関するものであるが、行政手続について、それが刑事手続ではないとの理由のみで、そのすべてが当然に同条による保障の枠外にあると判断するべきではない。しかし、行政手続は、刑事手続とその性質においておのずから差異があり、行政目的に応じて多種多様であるから、行政処分の相手方に対し、常にその保障を与えることが**必要となるものではない**。
本件使用禁止命令にあたり、その相手方に対し、事前に告知、弁解、防御の機会を与える旨の規定がなくても、憲法31条に違反しない[※4]。

ひっかけ注意！ ※4
行政手続の場合は例外もあるため、「常に告知、弁解、防御の機会が必要」として誤りとするパターンに注意。

まとめのQ&A

| Q1 | 行政手続にも法定手続保障（憲法31条）は及ぶか？ |

 Yes

| Q2 | 行政手続の場合、常に事前の告知、弁解、防御の機会を与える旨の規定がなくても、合憲か？ |

 Yes

第三者所有物没収事件（最大判昭37.11.28）

事案 Xが貨物を船に積載して密輸しようとしていたところ、警察に発見され、逮捕された後、関税法違反で有罪判決を受け、付加刑として没収刑を言い渡され、第三者Yの所有物が没収された事件。

判旨 関税法の規定による本件没収は、被告人の所有に属すると否とを問わず、その所有権を剥奪して国庫に帰属せしめる処分であって、被告人以外の第三者が所有者である場合においても、被告人に対する付加刑としての没収の言渡により、当該第三者の所有権剥奪の効果を生ずる。しかし、第三者の所有物を没収する場合において、その没収に関して**当該所有者に対し、何ら告知、弁解、防御の機会を与えることなく、その所有権を奪うこと**は、著しく不合理であって、憲法の容認しないところである。第三者の所有物の没収は、被告人に対する付加刑として言い渡され、その刑事処分の効果が第三者に及ぶものであるから、所有物を没収される第三者についても、告知、弁解、防御の機会を与えることが必要であって、これなくして第三者の所有物を没収することは、適正な法律手続によらないで、財産権を侵害する制裁を科するにほかならないからである。

なお、かかる没収の言渡を受けた被告人は、たとえ第三者の所有物に関する場合であっても、被告人に対する付加刑である以上、没収の裁判の違憲を理由として上告をなしうる。**被告人**としても、その物の占有権を剥奪され、これを使用・収益できない状態におかれ、所有権を剥奪された第三者から損害賠償請求される危険にさらされるなど利害関係を有することが明らかであるから、**上告により救済を求めることができる**。

神田Tのアドバイス①

刑罰には没収刑がありますが、密輸をしようとして有罪となったXではなく、その貨物が第三者の所有物だった場合、当該第三者に対する告知、弁解、防御の機会を与えていなかったことについて、違憲かどうかが争われた判例です。

まとめの Q&A

Q1 没収刑の対象となった物が被告人以外の第三者の所有に属する場合、当該第三者に告知、弁解、防御の機会を与えることなく、その所有権を奪うことは、憲法31条に違反するか？　↳ Yes

Q2 没収刑の対象となった物が被告人以外の第三者の所有に属する場合でも、被告人が当該裁判に対して上告をすることができるか？　↳ Yes

Ⅱ 被疑者^{※1}・被告人^{※2}の権利（33条〜39条）

憲法33条以下では、被疑者・被告人の権利について定められています。

〈被疑者・被告人の権利〉

33条	何人も、**現行犯**として逮捕される場合を除いては、権限を有する司法官憲^{※3}が発し、かつ理由となっている犯罪を明示する**令状**によらなければ、逮捕されない。 **逮捕**…原則：令状が必要 　　　　例外：現行犯は無令状でもOK
34条	何人も、**理由**を直ちに告げられ、かつ、直ちに弁護人に依頼する権利を与えられなければ、抑留または拘禁^{※4}されない。また、何人も、正当な理由がなければ、拘禁されず、要求があれば、その理由は、直ちに本人およびその弁護人の出席する公開の法廷で示されなければならない。

第1編 憲法

CH2 人権

SEC5 自由権

語句 ※1
被疑者
犯罪の嫌疑を受けて捜査対象となっているが、起訴はされていない者のこと。

語句 ※2
被告人
犯罪の嫌疑を受け、刑事訴訟で起訴された者のこと。

語句 ※3
司法官憲
裁判官のこと。逮捕状や捜索令状は裁判官が発行します。

語句 ※4
抑留・拘禁
身柄拘束のこと。一時的なものを抑留、継続的なものを拘禁と呼びます。

35条	1項　何人も、その住居、書類および所持品について、侵入、捜索および押収を受けることのない権利は、第33条の場合（逮捕の場合）を除いては、正当な理由に基いて発せられ、かつ捜索する場所および押収する物を明示する令状がなければ、侵されない。 2項　捜索または押収は、権限を有する司法官憲が発する各別の令状により、これを行ふ。 捜索・押収…原則：令状が必要 　　　　　　例外：逮捕に伴う場合は無令状でもOK
36条	公務員による拷問および残虐な刑罰は、絶対にこれを禁ずる。
37条	1項　すべて刑事事件においては、被告人は、公平な裁判所の迅速な公開裁判を受ける権利を有する。 2項　刑事被告人は、すべての証人に対して審問する機会を充分に与へられ、また、公費で自己のために強制的手続により証人を求める権利を有する。 3項　刑事被告人は、いかなる場合にも、資格を有する弁護人を依頼することができる。被告人が自らこれを依頼することができないときは、国でこれを附する。
38条	1項　何人も、自己に不利益な供述を強要されない。（＝黙秘権） 2項　強制、拷問もしくは脅迫による自白または不当に長く抑留もしくは拘禁された後の自白は、これを証拠とすることができない。（任意の自白のみ証拠として採用） 3項　何人も、自己に不利益な唯一の証拠が本人の自白である場合には、有罪とされ、または刑罰を科せられない。（任意の自白でも、これを補強する証拠が別にない限り、有罪とすることはできない）

裁判で自分に不利な証言をした証人には質問することができますし、自分に有利な証言をしてくれる人に証人として出頭してもらうこともできます。

犯罪はやった本人が一番よくわかっているので、自白は証拠価値が高く、「自白は証拠の女王」とも呼ばれます。ただ、あまり自白に偏重しすぎると冤罪を生むことになるので、38条のような規定が設けられています。

39条

何人も、実行の時に適法であった行為または既に無罪とされた行為については、刑事上の責任を問われない。また、同一の犯罪について、重ねて刑事上の責任を問われない。

1 遡及処罰の禁止
…後で法律を作って、昔の行為を処罰するのはダメ

2 一事不再理
…無罪の確定判決が出たら、再度調べ直しても処罰するのはダメ

3 二重処罰の禁止
…一度の犯罪に対して、二度も三度も処罰を繰り返してはダメ

> **神田Tのアドバイス❸**
> 過去に有罪となった者が再審を求めることは認められる場合がありますが、一度無罪となった者を再び審理することはできません。

例題　H15-5-1

何人も、現行犯として逮捕される場合を除いては、権限を有する司法官憲が発し、且つ理由となつている犯罪を明示する令状によらなければ、逮捕されない。

⭕ 逮捕は、現行犯逮捕を除き、令状による必要がある。

第1編 憲法

CHAPTER 2 人権

SECTION 6 受益権

このSECTIONで学習すること

1 受益権
「国に○○を要求する」といった側面を持つ権利だよ

1 受益権　重要度 ★☆☆

I 請願権（16条）

憲法16条では、公務員の罷免や法律の制定改廃などに関して、希望を述べる権利の保障について規定されており、これを請願権といいます。

II 国家賠償請求権（17条）※1

憲法17条では、公務員の不法行為により損害が生じた場合、国または公共団体に対して、その賠償を求めることができる旨が規定されており、これを国家賠償請求権といいます。

III 裁判を受ける権利（32条）

憲法32条では、裁判所に裁判を求めることができる権利の保障について規定されています。

IV 刑事補償請求権（40条）　神田Tのアドバイス❶

憲法40条では、抑留または拘禁された後、無罪の裁判を受けたときに、国に対して、その<u>補償を求める</u>ことができる旨が規定されており、これを刑事補償請求権といいます※2。

神田Tのイントロ

過去の出題履歴も少なく、重要度の低い項目です。刑事補償請求権（40条）の条文知識をチェックしておく程度で十分です。

Advance ※1　2回転目に読む

郵便法が、郵便業務に従事する者に過失があって損害が生じた場合でも国の損害賠償責任を免除・制限している部分について、憲法17条に違反するとした判例があります（郵便法違憲事件：最大判平14.9.11）。

神田Tのアドバイス❶

国家賠償や刑事補償の言葉の使い方に注意しましょう。賠償は違法なことを前提とし、補償は適法なことを前提とする補填の話です。

ひっかけ注意！ ※2

補償を求めるところを「賠償を求める」として誤りとするパターンに注意。

第1編 憲法

CHAPTER 2 人権

SECTION 7 参政権

このSECTIONで学習すること

1 選挙権

国民は一定の年齢に達すれば誰でも投票に行けるようになるよ。

1 選挙権

重要度 ★★★

I 選挙権の保障

憲法15条1項では、「公務員を選定し、及びこれを罷免することは、国民固有の権利である。」と規定し、選挙権を保障しています。

〈選挙の基本原則〉

普通選挙	選挙に際し、財産・納税・身分などによって制限を設けず、一定の年齢に達した者全員に選挙権を認めること
平等選挙	選挙権の価値の平等を認めること
自由選挙	投票は有権者の自由な意思によるべきであること
直接選挙	有権者が候補者に、直接投票できること[※1]
秘密選挙	誰に投票したかを秘密にできること

II 在外選挙制度

以前は日本人でも外国に住んでいる場合、投票が認められていませんでしたが、平成10年の公職選挙法改正により、外国に住んでいても国政選挙において投票が認められるようになりました。

この改正以前の選挙では投票を認める法律が作られていなかったわけですが、このような立法不作為に対して憲法に違反すると判断した判例があります(在外選挙権制限事件：最大判平17.9.14)[※2]。

III 立候補の自由

立候補の自由は、憲法15条1項では直接規定されていませんが、その解釈として保障されています(三井美唄炭鉱労組事件：最大判昭43.12.4)。

神田Tのイントロ

一般知識科目の政治分野でも応用できるように、選挙の基本原則や在外選挙制度をおさえておきましょう。

神田Tのアドバイス❶

憲法15条1項は、「何人も」とはされておらず、「日本国民固有の権利」とされていることに注意しましょう。

神田Tのアドバイス❷

国民の選挙権を制限することは原則として許されず、やむを得ない事由があるときでなければなりません。つまり、その制約について国会に広い裁量が認められるものとはいえません。

Advance ※1 2回転目に読む

都道府県議会議員が国会議員を選挙するというような間接選挙の仕組みにすることは、直接選挙の原則に反します。

Advance ※2 2回転目に読む

この判例は、選挙権の行使が認められなかったことによる損害の賠償も求めて国家賠償請求訴訟として提起されたものですが、国家賠償についても請求が認容され、賠償金を支払うべき旨の判決が出されています。

SECTION 8 社会権

第1編 憲法 / CHAPTER 2 人権

このSECTIONで学習すること

1 生存権（25条）
健康で文化的な最低限度の生活を営む権利である生存権の法的性格は？

2 教育を受ける権利（26条）
教育内容の決定権はどこにあるの？

3 労働基本権（28条）
労働三権って何？ 労働組合をめぐる法律関係はどうなっているの？

1 生存権（25条） 重要度★★★

自由権が「国から○○されない権利」であり「ほっといてくれ」という側面を持つのに対し、社会権は「国に○○してもらう権利」であり「弱者を守ってほしい」という側面を持ちます。

憲法25条1項では、「すべて国民は、健康で文化的な最低限度の生活を営む権利を有する。」と規定し、**生存権**を保障しています。

生存権では、25条1項がどのような性格の規定なのかを示した**朝日訴訟**が重要な判例です。

> **神田Tのイントロ**
> 自由権ほどではありませんが、試験でも繰り返し出題のある重要項目の1つです。社会権は全体を総合的に問うものが出題されやすいので、生存権、教育を受ける権利、労働基本権に分けて、判例・条文の知識を確認しましょう。生存権では、生存権の法的性格について示した朝日訴訟の判例知識をチェックしましょう。

朝日訴訟（最大判昭42.5.24） 神田Tのアドバイス❶

事案 生活保護法による医療扶助と生活扶助を受けていたXが、兄から仕送りを受けることとなったため、社会福祉事務所長は、生活扶助を打ち切り、医療扶助は一部自己負担とする決定をした。

判旨 憲法25条1項は、すべての国民が健康で文化的な最低限度の生活を営み得るように国政を運営すべきことを国の責務として宣言したにとどまり、直接個々の国民に対して**具体的権利**を賦与したものではない。具体的権利としては、憲法の規定の趣旨を実現するために制定された生活保護法によってはじめて与えられているものといえる。

健康で文化的な最低限度の生活なるものは、抽象的相対的概念であり、何が健康で文化的な最低限度の生活であるかの認定判断は、厚生労働大臣の合目的的な**裁量**に委ねられており、その判断は直ちに違法の問題を生ずることはない。ただし、裁量権の限界を超えた場合または裁量権を濫用した場合には、違法な行為として司法審査の対象となる。なお、本件では、そのような場合には該当せず、生活扶助を打ち切ったことは裁量の範囲内であり、違法とはいえない。

>
> **神田Tのアドバイス❶**
> 生活保護を受給していた朝日さんが、行政から「もう生活保護はいらないでしょ」として保護を打ち切られたことについて不服があって争った訴訟の中で、生存権の法的性格について述べられています。

まとめのQ&A

Q1 憲法25条1項は直接個々の国民に具体的権利を賦与したものといえるか？

↳ **No**

神田Tの
アドバイス❶

Q2 生活保護基準の設定の判断といった行政裁量について、裁量の逸脱または濫用があった場合は、違法な行為といえるか？※1

↳ **Yes**

神田Tの
アドバイス❶

生存権（25条）が具体的権利性を持たないのに対し、労働基本権（28条）は具体的権利性が認められる権利です。

要チェック判例

◆憲法25条の規定の趣旨にこたえて具体的にどのような立法措置を講ずるかの選択決定は、立法府の広い**裁量**に委ねられており、児童扶養手当法が**併給禁止**条項を設けて併給調整を行っていることは、立法裁量の逸脱または濫用とはいえず、憲法25条に<u>違反しない</u>（堀木訴訟：最大判昭57.7.7）。

条文チェック ※1

行政事件訴訟法30条では、裁量処分について、裁量権の範囲を超えまたはその濫用があった場合に限り、裁判所がその処分を取り消すことができることが規定されています。

例題

H30-5-2

行政府が、現実の生活条件を無視して著しく低い基準を設定する等、憲法および生活保護法の趣旨・目的に反し、法律によって与えられた裁量権の限界を越えた場合または裁量権を濫用した場合には、違法な行為として司法審査の対象となり得る。

⭕ 裁量の逸脱または濫用があった場合は違法な行為となる。

---

2 教育を受ける権利（26条） 重要度 ★★☆

Ⅰ 教育内容の決定権

憲法26条1項では、「すべて国民は、法律の定めるところにより、その能力に応じて、ひとしく教育を受ける権利を有する。」と規定し、**教育を受ける権利**を保障しています。

<u>教育内容の決定権</u>については、親や教師を中心とした国民の側にあるとするのか、国家の側にあるとするのかを示した**旭川学力テスト事件**が重要な判例です。

神田Tのイントロ

教育を受ける権利では、子どもの学習内容の決定権について示した旭川学力テスト事件の判例知識をチェックし、憲法26条2項の条文知識とあわせて義務教育の無償の範囲を覚えておきましょう。

76

旭川学力テスト事件(最大判昭51.5.21)

事案 文部科学省(当時文部省)企画の全国中学一斉学力テストを市立中学校校長が実施しようとしたところ、テストの実施を妨害した教師Xが起訴された。

判旨 普通教育においては、**教師**にも一定程度の教授の自由は認められるが、完全な教授の自由を認めることは許されない。
憲法26条の規定の背後には、国民各自が、一個の人間として、また、一市民として、成長、発達し、自己の人格を完成、実現するために必要な学習をする固有の権利を有すること、特に、自ら学習することのできない子どもは、その学習要求を充足するための教育を自己に施すことを大人一般に対して要求する権利(学習権)を有するとの観念が存在している。そして、**国**は、必要かつ相当と認められる範囲において、教育内容についてもこれを決定する権能を有する。

まとめのQ&A

Q1	普通教育の教師に完全な教授の自由が認められるか？	↪No
Q2	子どもは、その学習要求を充足するための教育を自己に施すことを大人一般に対して要求する権利があるか？	↪Yes
Q3	国は、必要かつ相当と認められる範囲において、教育内容についてもこれを決定する権能を有するか？	↪Yes

神田Tのアドバイス❷
文部科学省(当時文部省)が行った全国一斉の学力テストの実施について争われた訴訟の中で、普通教育の教師に完全な教授の自由を認めていいのかについて判断されたものです。

神田Tのアドバイス❸
国民の側か国家の側のどちらかだけにあるとするのは極端であって、判例も両者の間をとった考え方を採用しています。

神田Tのアドバイス❹
完全な教授の自由が認められていないのは、子どもにとって学校や教師を選択する余地が乏しいことや、教育の機会均等を図るため全国的に一定の水準を確保すべき要請があるからです。

Ⅱ 義務教育

憲法26条2項では、「すべて国民は、法律の定めるところにより、その保護する子女に普通教育を受けさせる義務を負ふ。義務教育は、これを無償とする。」と規定し、義務教育に関する定めを置いています。

憲法26条2項で規定する義務教育の無償とは、授業料不徴収の意味であって、その他の費用についてまで無料にしなければならないわけではありません（最大判昭39.2.26）。

神田Tの
アドバイス❶

26条2項は、保護者に対しその保護する子女に普通教育を受けさせる義務を負わせる代わりに、その対価を徴収しないことを定めたもの。そして、教育提供に対する対価とは授業料を意味します。

例題　　　　　　　　　　　　　　　　　　　　　　　　　　　　　H20-4-5

憲法が義務教育を定めるのは、親が本来有している子女を教育する責務をまっとうさせる趣旨によるものであるから、義務教育に要する一切の費用を当然に国が負担しなければならないとは言えない。

○ 授業料は無償にすべきだが、一切の費用を国が負担しなければならないわけではない。

3 労働基本権（28条）　重要度 ★★

憲法28条では、「勤労者の団結する権利及び団体交渉その他の団体行動をする権利は、これを保障する。」と規定し、団結権、団体交渉権、団体行動権のいわゆる労働三権を保障しています※1。

〈労働三権〉

団結権	労働者の団体（労働組合）を組織する権利
団体交渉権	労働組合が労働条件について使用者と交渉する権利
団体行動権	使用者に労働者の要求を認めさせるため、団結して就労を放棄すること（争議行為）などを認める権利

神田Tのイントロ

労働基本権では、いわゆる労働三権とは何かを学習し、労働組合関係に関する判例や公務員の労働基本権の制限に関する判例知識をチェックしておきましょう。

ひっかけ注意！※1

労働基本権について、生存権のように「個々の国民に直接に具体的権利を付与したものではなく、国の立法措置によってはじめて具体的権利が生じる」として誤りとするパターンに注意。

労働基本権では、労働組合の統制権と立候補の自由との関係について示した三井美唄炭鉱労組事件が重要な判例です。

三井美唄炭鉱労組事件（最大判昭43.12.4） 神田Tのアドバイス❷

事案 市議会議員選挙において、労働組合が、統一候補者Yを立て、これを支持することを決定したところ、当該組合の組合員Xが同選挙に立候補し、説得・勧告に応じず立候補を取りやめなかったため、組合の統制違反者としてXを処分した。

判旨 労働組合の結成を憲法および労働組合法で保障しているのは、社会的・経済的弱者である個々の労働者をして、その強者である使用者との交渉において、対等の立場に立たせることにより、労働者の地位を向上させることを目的とするものである。しかし、現実の政治・経済・社会機構のもとにおいて、労働者がその経済的地位の向上を図るにあたっては、単に対使用者との交渉においてのみこれを求めても、十分にはその目的を達成することができず、労働組合が目的達成に必要な政治活動や社会活動を行うことを妨げられるものではない。

地方議会議員の選挙にあたり、労働組合が、その利益代表を議会に送り込むための選挙活動をすることや、統一候補を決定してその選挙運動を推進することなどは、許される。

また、労働組合が、その意に反して立候補した組合員に対して、立候補をとりやめるよう**説得・勧告**することは許されるとしても、説得・勧告の域を超え、立候補を取りやめることを要求し、これに従わないことを理由に当該組合員を統制違反者として**処分**することは許されない※2。

まとめの Q&A

Q1 労働組合が、その意に反して立候補した組合員に対して、立候補をやめるよう説得・勧告することは許されるか？
↳ Yes

神田Tのアドバイス❷
労働組合から統制違反を理由に行われた処分に対し、処分を受けた組合員が処分を不服として争った訴訟の中で、労働組合が組合員に立候補をやめるよう説得勧告する程度は許容されるとしても、処分まではやり過ぎだからやっちゃダメと判断された判例です。

ひっかけ注意！※2
説得・勧告はＯＫ、処分がＮＧなので、「いずれも許されない」として誤りとするパターンに注意。

Q2 労働組合が、その意に反して立候補した組合員に対して、説得・勧告の域を超え、立候補をやめることを要求し、これに従わないことを理由に当該組合員を統制違反者として処分することは許されるか？

↳ No

要チェック判例

◆労働組合が、安保闘争※1といった政治的な活動の**活動費**として徴収を強制することは許されないが、安保闘争の活動により負傷した者に対する救援のための**救援費**として徴収することは許される（国労広島地本事件：最判昭50.11.28）。

- -

◆労働基本権の保障は公務員に対しても及ぶが、労働基本権は勤労者の経済的地位の向上のための手段として認められたものであり、それ自体が目的とされる絶対的なものではないから、国民全体の共同利益の見地からの制約を受け、公務員の場合、**公務員の地位の特殊性と職務の公共性**を理由に、必要やむを得ない限度の制限を加えることには、十分合理的な理由がある（全農林警職法事件：最大判昭48.4.25）。

語句 ※1
安保闘争
日米安全保障条約に反対する者らが起こした反政府運動、政治闘争のこと。

例題

H24-7-1

組合員の生活向上のために、統一候補を決定し、組合を挙げてその選挙運動を推進することなども労働組合の活動として許されるので、組合の方針に反し対立候補として立候補した組合員を統制違反者として処分することも許される。

✕ 労働組合が、組合員の立候補を理由に統制違反者として処分することは許されない。

CHAPTER 3 統治

SECTION 1 国会

このSECTIONで学習すること

1 国会の地位
国会は衆議院と参議院の両院で構成され、法律を作るところだよ

2 国会の活動
国会は期間を区切って活動し、議事は多数決で決まるよ

3 衆議院の優越
法律案、予算、条約の承認、内閣総理大臣の指名は、衆議院の議決を優先させる仕組みになっているよ

4 国会議員
国会議員には、①給料をもらえる、②会期中は逮捕されない、③院外で責任を問われないという特権があるよ

5 国会・議院の権能
国会や議院にはどのような仕事が与えられているの？

1 国会の地位　重要度★★★

I 立法機関

国会は、国権の最高機関であって、国の**唯一の立法機関**と位置付けられています（41条）。

II 両院制

(1) 衆議院と参議院

国会は、衆議院と参議院の両議院で構成されています（42条）。

衆議院議員の任期は4年とされ、解散の場合は任期満了前に失職し、選挙は総選挙で行われます（45条）。一方、参議院議員の任期は6年とされ、解散はなく、選挙は3年ごとに半数改選の仕組みで行われます（46条）。

(2) 両院同時活動の原則

両議院の召集や開会・閉会は同時に行われ（両院同時活動の原則）、衆議院が解散されたときは参議院も同時に閉会となります（54条2項）。

ただし、国に緊急の必要があるときに、参議院に臨時に国会の機能を代行させる仕組みがあります。このような仕組みは参議院の緊急集会と呼ばれ、内閣が、参議院議員を緊急に集めることができます（54条2項）。この緊急集会で採られた措置は臨時のものであって、次の国会開会の後10日以内に衆議院の同意がないときはその効力を失います（54条3項）。

III 代表機関

両議院は、選挙により選ばれた全国民を代表する議員で組織されます（43条1項）。

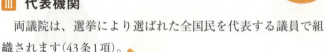

神田Tのイントロ

国会の条文は41条～64条です。国会は試験で頻出の重要項目ですが、ここは軽く目を通せばOKです。

神田Tのアドバイス❶

「唯一」には、立法権限を国会が独占すること（国会中心立法の原則）と、立法手続を国会で独占すること（国会単独立法の原則）の2つの意味があります。

神田Tのアドバイス❷

両議院の議員や選挙人の資格、選挙区や投票の方法といった事項は法律で定められています（44条、47条）。例えば、選挙人の年齢要件は18歳以上ですが、これは憲法ではなく公職選挙法で定められています。

神田Tのアドバイス❸

緊急集会は昭和27年、昭和28年に開催されたことがあります。いずれも次の国会で衆議院の同意が得られています。

神田Tのアドバイス❹

議員は、自己の信念に基づいて発言・表決でき、選挙区や後援団体など特定の選出母体の命令には拘束されません。このような原則は「自由委任の原則」と呼ばれます。

2 国会の活動　重要度★★★

I 会期

国会には、通常国会（常会）、臨時国会（臨時会）、特別国会（特別会）の3種類があります。

国会は、いつも開会されているわけではなく、「第186回通常国会」や「第187回臨時国会」などと期間を区切って開会される会期制という仕組みを採っています※1。

3つの国会の種類について見てみましょう。

板書　国会の種類

例えば、2014年（平成26年）だと…

1月24日 ↔ 6月22日	…	9月29日 ↔ 11月21日	…	12月24日 ↔ 12月26日
第186回通常国会		第187回臨時国会		第188回特別国会

通常国会（常会）	年に1回召集することが決められているもの（52条）
臨時国会（臨時会）	臨時の必要に応じて召集できるもの（53条） →召集決定は内閣の任意の判断になるが、いずれかの議院の総議員の4分の1以上の要求があれば、内閣は召集を決定しなければならない
特別国会（特別会）	衆議院の解散総選挙後に召集されるもの（54条1項）※2 →衆議院解散の場合、解散の日から40日以内に選挙を実施し、選挙の日から30日以内に国会を召集しなければならない

神田Tのイントロ

試験では条文に出てくる分数などの数字の正誤を問う問題もありますので、過半数以外の表決数が要求されているものが何かを確認するとともに、憲法の条文に出てくる分数のパターンを覚えましょう。

神田Tのアドバイス

通常国会と特別国会の定義を確認し、それ以外の国会を臨時国会だと考えましょう。

Advance ※1
2回転目に読む

会期中に議決されなかった案件は、後会に継続しないとする原則（会期不継続の原則）があります。そして、国会の会期の日数や延長については、常会は会期150日間であり、延長は1回に限り可能とされています。どちらも憲法には明文はありませんが、国会法で規定が設けられています。なお、臨時会や特別会の会期は両議院一致の議決により定められます。

ひっかけ注意！※2

特別国会は解散総選挙後の国会を指すものですから、「任期満了に伴う選挙の後で召集されるものも特別国会という」として誤りとするパターンに注意。

II 表決

両議院は、総議員の3分の1以上の出席があれば議事を開くことができます(56条1項)。そして、原則として、出席議員の過半数で可決することができます(56条2項)。

〈議決要件〉

原則	例外	特別の例外
出席議員の過半数で決する (56条2項)	出席議員の3分の2以上の賛成が必要 ・法律案の再可決[※1] (59条2項) ・資格争訟裁判[※2]で議員の議席を失わせる (55条) ・秘密会[※3]の開催 (57条1項) ・除名[※4] (58条2項)	各議院の総議員の3分の2以上の賛成が必要 ・憲法改正の発議 (96条1項)

重要度

通常　＜＜＜　重要　＜＜＜　最重要

憲法に登場する分数について見てみましょう。

板書 憲法に登場する分数

☆憲法で登場する3分の2以外の分数　←神田Tのアドバイス❶

【3分の1】
…議事を開くのに必要な定足数[※5]
「総議員の3分の1以上」(56条1項)

【4分の1】
…臨時会の召集決定を要求する
「総議員の4分の1以上」(53条)

【5分の1】
…表決も会議録に記載することを要求する
「出席議員の5分の1以上」(57条3項)

語句 ※1
法律案の再可決
衆議院で可決された法案が参議院で否決された後に衆議院で再度審議して可決すること。

語句 ※2
資格争訟裁判
議員の資格について争いがある場合にその審議をすること。裁判と表記されますが、裁判所ではなく、議院の仕事です。

語句 ※3
秘密会
議院の本会議は公開が原則ですが、これを非公開で行うこと。

語句 ※4
除名
懲罰(ちょうばつ)の一種で、議員の身分を奪う効果を持つ最も重たい処分のこと。懲罰には、①戒告、②陳謝、③登院停止、④除名の4種類があります(国会法122条)。

神田Tのアドバイス❶
憲法では3分の2以外の分数は3回しか出てきません。この3つだけ覚えて、それ以外の分数は「3分の2」と覚えれば楽です。

語句 ※5
定足数
会議を開くのに必要とされる出席者の数のこと。

☆「総議員の〇分の〇」という表現が使われる場合※6

①定足数
　…「総議員の3分の1以上」(56条1項)

②臨時会の召集決定要求
　…「総議員の4分の1以上」(53条)

③憲法改正の発議
　…「総議員の3分の2以上」(96条1項)

モデルケース→総数120人、会議への出席者100人の場合
- 出席した者の過半数　　　　51票以上で可決
- 出席した者の3分の2以上　　67票以上で可決
- 総数の3分の2以上　　　　　80票以上で可決

神田Tのアドバイス❷

憲法で「総議員の～」は3回しか出てこないので、その3つだけ覚えて、それ以外は「出席議員」と覚えれば楽です。

ひっかけ注意！ ※6

数字自体を変えて誤りというパターンよりも、出席議員と総議員を入れ替えて誤りとするパターンに注意。

第1編 憲法

CH 3 統治

SEC 1 国会

例題　　　　　　　　　　　　　　　　　　　　　　　　H28-5-4

両議院は、各々その総議員の3分の1以上の出席がなければ、議事を開き議決することができない。

 議事を開くには総議員の3分の1以上の出席が必要である。

3　衆議院の優越　　　　　　　　　　　重要度★★★

　国会の議決は衆参両院で可決される必要がありますが、両院で意見が一致しないときに何もルールがなければ、いつまでも必要なことが決まらないという状態になってしまいます。これを避けるために、一定の場合には、参議院と衆議院で異なる議決があっても、衆議院の議決を優先する仕組みが採られています。

神田Tのイントロ

衆議院の優越というカテゴリーを作って、まとめておきましょう。①法律案の場合と、②予算、③条約の承認、④内閣総理大臣の指名の場合に分け、再可決や両院協議会の開催の仕組みを中心に覚えましょう。

85

I 法律案の議決

法律は、衆議院および参議院の両議院で可決されることによって成立します(59条1項)。

法律案の議決における衆議院の優越の仕組みについて見てみましょう。

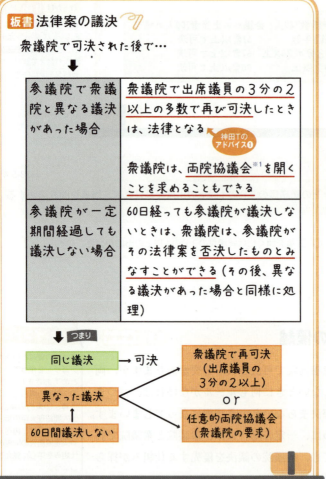

通常、議決要件は過半数ですが、参議院が反対しているにもかかわらず衆議院の議決で押し通してしまうことを考慮し、再可決には3分の2以上を要求しています。

語句 ※1
両院協議会
衆参の意見が一致しないときに、妥協案の成立を図るために開催される委員会。

Ⅱ 予算※2、条約※3の承認、内閣総理大臣の指名

予算、条約の承認、内閣総理大臣の指名についても、いつまでも予算が決まらない、条約の承認がとれない、内閣総理大臣が決まらないといった事態を避けるため、参議院が衆議院と異なる議決をしても、衆議院の議決を優先する仕組みが採られています。

予算、条約の承認、内閣総理大臣の指名における衆議院の優越の仕組みについて見てみましょう。

板書 予算、条約の承認、内閣総理大臣の指名

衆議院で可決された後で…

参議院で衆議院と異なる議決があった場合	両院協議会を開き、両院協議会でも意見が一致しないときは、衆議院の議決が国会の議決となる
参議院が一定期間経過しても議決しない場合	予算と条約の承認は30日、内閣総理大臣の指名は10日経っても参議院が議決しないときは、衆議院の議決が国会の議決となる

つまり
- 同じ議決 → 可決
- 異なった議決 → 必要的両院協議会でも不一致 → 衆議院の議決を国会の議決とする
- 30日 or 10日間議決しない → 衆議院の議決を国会の議決とする

語句 ※2
予算
一会計年度における収入支出の見積もりのこと。

語句 ※3
条約
国家間または国際機構で締結される国際的合意のこと。

憲法では、議決における衆議院の優越事項は4つだけなので、それ以外では衆議院の優越はないと覚えれば楽です。例えば、憲法改正の発議に衆議院の優越はなしとか。

法律案の場合と異なり、両院協議会の開催は任意ではありません。

法律案の場合と異なり、衆議院の再可決という仕組みはありません。

法律案、予算、条約の承認、内閣総理大臣の指名について衆議院の優越の仕組みをまとめると次の表のようになります。

〈衆議院の優越〉

	法律案の議決	予算の議決	条約の承認	内閣総理大臣の指名
衆議院の先議権	なし	あり	なし	なし
両院協議会の開催	任意的※1	必要的	必要的	必要的
参議院が議決しない場合	60日以内に議決しない場合、衆議院は、参議院が法律案を否決したものとみなすことができる	30日以内に議決しない場合、衆議院の議決が国会の議決となる	10日以内に議決しない場合、衆議院の議決が国会の議決となる	10日以内に議決しない場合、衆議院の議決が国会の議決となる
衆議院の再可決制度	あり 出席議員の3分の2以上の多数が必要	なし	なし	なし

神田Tのアドバイス❶
4つの優越事項のうち先に衆議院に提出すべきことが定められているのは予算のときだけです。

神田Tのアドバイス❷
4つの優越事項のうち両院協議会の開催が任意とされているのは法律案のときだけです。

ひっかけ注意! ※1
法律案の場合のみ両院協議会の開催は任意です。「任意的と必要的を入れ替えて誤りとするパターン」に注意。

例題　　　　　　　　　　　　　　　　　　　　　　　H21-7-2

（両院協議会を必ずしも開かなくてもよいとされている場合）
内閣総理大臣の指名について衆参両院が異なった議決を行った場合

　　✗　この場合、両院協議会は必ず開かれる。

4 国会議員 重要度 ★★★

国会議員には、歳費受領権(49条)、不逮捕特権(50条)、免責特権(51条)といった特権が認められています。

憲法で認められている国会議員の特権について見てみましょう。

> **神田Tのイントロ**
> 国会議員の特権も条文知識の1つです。不逮捕特権を中心に条文知識（49条～51条）を確認しておきましょう。

板書 国会議員の特権

歳費受領権 (49条)
…国庫から相当額の歳費を受ける

職務の対価としてお金を受け取れないと、数年間収入がなくても生活できる人しか議員に立候補できなくなるし、また、副業に精を出して本業がおろそかになりかねない

不逮捕特権 (50条)
- ルール① 国会の会期中逮捕されない ※2
- ルール② 会期前に逮捕された議員は、その議院の要求があれば、会期中これを釈放しなければならない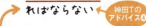

みんなに出席してもらって審議討論して決めたいのに逮捕されて身柄拘束されるとそれができなくなって、議院が困る…

免責特権 (51条)
…議院で行った演説、討論または表決について、院外で責任を問われない

揚げ足をとって院外で責任追及されると、職務執行の自由を妨げることになる

神田Tのアドバイス❸
地方議会の議員の場合は、報酬○、不逮捕特権×、免責特権×です。

条文チェック ※2
法律が定める例外にあたる場合は会期中でも逮捕可能です。国会法33条では、①院外現行犯の場合、②院の許諾を得た場合が定められています。

神田Tのアドバイス❹
会期前に逮捕され、国会が始まってもなお身柄拘束が続くと、国会に出席できないのは会期中に逮捕された場合と同様だから、会期になれば、議院の要求により釈放できるようになっています。

例題　　　　　　　　　　　　　　　　　　　　　H24-4-2

両議院の議員は、法律の定める場合を除いては、国会の会期中逮捕されず、会期前に逮捕された議員は、開会後直ちにこれを釈放しなければならない。

❌　釈放は、議院の要求があればであって、開会すれば直ちにではない。

5 国会・議院の権能　重要度 ★★★

Ⅰ 国会の権能

国会の権能は、衆議院・参議院が共同して行うことができるもののことです。

〈国会の権能〉

内　容	憲法の規定
①法律の制定	59条
②条約の承認	61条
③弾劾裁判所※1の設置	64条
④内閣総理大臣の指名	67条
⑤予算の議決など財政監督	86条等
⑥憲法改正の発議	96条

国会関連の権能の所在について見てみましょう。

板書 権能の所在

法律	制定 ＝ 国会	公布 ＝ 天皇
条約	締結 ＝ 内閣	承認 ＝ 国会
内閣総理大臣	指名 ＝ 国会	任命 ＝ 天皇
予算	作成 ＝ 内閣	議決 ＝ 国会

神田Tのイントロ

「○○の仕事は△△で行う」といったイメージで、権能の所在を確認していくことが重要です。ここでは国会の権能と議院の権能に区分して覚えましょう。

語句 ※1

弾劾裁判所
裁判官を罷免（ひめん）するときに、本当に罷免すべきかどうかをチェックする機関のこと。裁判所という名称が付いていますが、いわゆる司法裁判所ではなく、特別の裁判機関です。メンバーも裁判官ではなく、国会議員で構成されています。

II 議院の権能

議院の権能は、衆議院・参議院が独立して行うことができるもののことです。

〈議院の権能〉

内　容	憲法の規定
①会期前に逮捕された議員の釈放要求	50条
②議員の資格争訟の裁判[※2]	55条
③秘密会の開催	57条1項
④議長その他の役員の選任	58条1項
⑤議院規則の制定	58条2項
⑥議員の懲罰	58条2項
⑦国政調査権[※3]	62条
⑧国務大臣の出席要求	63条

条文チェック ※2
55条では、両議院は、各々その議員の資格に関する争訟を裁判することが規定されています。なお、議員の議席を失わせるには出席議員の3分の2以上の多数による議決が必要です。

条文チェック ※3
62条では、両議院は、国政調査に関し、証人の出頭および証言ならびに記録の提出を要求できることが規定されています。

例題
H25-6-イ

（議院の権能として正しいものは？）
議員の資格争訟

○　議員の資格争訟は、議院の権能である。

第1編 憲法

CHAPTER 3 統治

SECTION 2 内閣

このSECTIONで学習すること

1 内閣の組織と権能
内閣は内閣総理大臣と国務大臣で構成されているよ。内閣にはどんな仕事が与えられているのかな？

2 内閣総辞職
内閣はどのようなときに総辞職をするの？

1 内閣の組織と権能　重要度★★★

I 内閣

行政権は、内閣に属します（65条）。

内閣は、内閣総理大臣をリーダーとし、国務大臣[※1]をメンバーとして組織されています（66条1項）。

内閣は、行政権の行使について、国会に対し[※2]連帯して責任を負います（66条3項）。

内閣の組織について、任命の仕組みとあわせて見てみましょう。

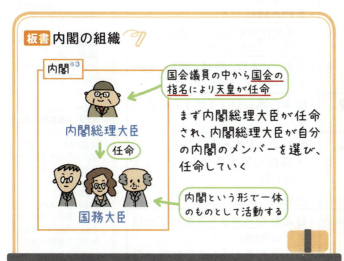

II 国務大臣

内閣総理大臣が国務大臣を任命します[※4]が、国務大臣の過半数は国会議員の中から選ばなければなりません（68条1項）。また、内閣総理大臣は、任意に国務大臣を罷免することができます（68条2項）。

なお、国務大臣をその在任中に起訴するには、任命権者で

神田Tのイントロ

内閣の条文は65条〜75条です。条文知識を問う問題を中心に繰り返し出題のある重要項目です。内閣にはどのような権能が認められているのかを中心に、条文知識をチェックしましょう。

語句 ※1
国務大臣
内閣総理大臣によって任命された内閣のメンバーのこと。例えば、財務大臣や総務大臣が該当します。

ひっかけ注意！ ※2
「衆議院に対してのみ責任を負う」として誤りとするパターンに注意。

Advance 2回転目に読む ※3
内閣の職権行使が閣議によることは憲法に明文はありませんが、内閣法に規定が設けられています。なお、閣議は全員一致により可決する仕組みが採られていますが、これは慣行として行われているだけで内閣法にも明文化されていません。

ひっかけ注意！ ※4
国務大臣の任命に国会の同意は必要ありません。「国会の同意を得て任命する」として誤りとするパターンに注意。

ある内閣総理大臣の同意が必要となります(75条)。

Ⅲ 内閣の権能

内閣は、一般行政事務のほか、さまざまな事務を扱っています※1。

内閣の権能について見てみましょう。

板書 内閣の権能		
行政事務(73条)		・法律の誠実な執行 (1号) ・外交関係の処理 (2号) ・条約の締結 (3号) ・予算の作成と国会への提出 (5号) ・政令※2,3の制定 (6号) ・恩赦※4(大赦、特赦、減刑、刑の執行の免除、復権)の決定 (7号)
他の機関との関係	天皇	・国事行為に対する助言と承認 (3条)
	国会	・臨時会の召集の決定 (53条) ・参議院の緊急集会を求めること (54条2項) ・衆議院の解散の決定 (69条)
	裁判所	・最高裁判所の長たる裁判官の指名※5 (6条2項) ・最高裁判所の長たる裁判官以外の裁判官の任命 (79条1項) ・下級裁判所の裁判官の任命 (80条1項)

Ⅳ 法律・政令への署名

法律・政令には、すべて主任の国務大臣が署名し、内閣総

神田Tのアドバイス❶

内閣の権能とされるものは、内閣総理大臣が1人で行うものではなく、内閣としてみんなで行うものです。

Advance ※1 2回転目に読む

法案は内閣から提出されることもありますが、憲法には、内閣が法律案を作成して国会の議決を経なければならないとする規定は設けられていません。

語句 ※2

政令
政府(＝内閣)が作る命令のこと。行政立法の一種。

Advance ※3 2回転目に読む

政令には、法律の委任があれば、罰則を設けることもできます (73条6号ただし書)。

語句 ※4

恩赦(おんしゃ)
大赦、特赦、減刑、刑の執行の免除、復権を総称して恩赦と呼んでいます。

Advance ※5 2回転目に読む

最高裁判所の長官の任命は天皇の権能 (6条2項)。

理大臣が連署することが必要です(74条)。

> **例題** H29-5-1
> 内閣総理大臣は、国会の同意を得て国務大臣を任命するが、その過半数は国会議員でなければならない。
>
> ✗ 国務大臣の任命にあたり国会の同意は不要。

2 内閣総辞職　重要度★★★

I 衆議院の解散

内閣は、衆議院で不信任の決議案が可決されたり、信任の決議案を否決されたときは、10日以内に衆議院を解散させることができますが、解散をしないときは総辞職をしなければなりません(69条)※6。

内閣不信任と解散権の行使について見てみましょう。

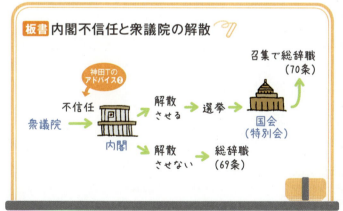

神田Tのイントロ

日本では、アメリカのような大統領制と違い、議院内閣制が採られています。ここでは内閣不信任と衆議院の解散、内閣総辞職の条文知識(69条〜71条)をチェックしましょう。

Advance ※6　2回転目に読む

衆議院から不信任決議をされたことに対抗するために解散権を行使することのほか、民意を問いたいなどの理由から内閣が衆議院を解散させることもできます。

神田Tのアドバイス❷

議院内閣制では、内閣の存在は議会の信任を基礎とするため、議会から不信任をつきつけられたら、議会が消滅するか、内閣が消滅するかの選択になります。

II 内閣総辞職

内閣不信任があって内閣が衆議院を解散させなかったとき

にも総辞職となりますが(69条)、内閣総理大臣が欠けたときまたは衆議院議員総選挙の後に初めて国会の召集があったときも、内閣は総辞職をしなければなりません(70条)。

Ⅲ 内閣の職務継続

内閣は、総辞職しても、新たに内閣総理大臣が任命されるまでは引き続き職務を行うものとされています(71条)。

総辞職した内閣に職務を継続させるのは、次が決まるまで誰もその仕事をしなくなると、行政の空白を生じさせてしまうからです。

例題　　　　　　　　　　　　　　　　　　　　　　　　H26-6-3

内閣は、衆議院で不信任の決議案が可決されたとき、直ちに総辞職しなければならない。

✗ 10日以内に衆議院を解散させないときに総辞職になるのであって、直ちに総辞職ではない。

第1編 憲法

CHAPTER 3 統治

SECTION 3 裁判所

このSECTIONで学習すること

1 法律上の争訟
裁判所で裁判してくれるもの、してくれないものの区別は？

2 裁判所の組織
裁判所はどのような組織なの？ 裁判官の身分はどのように保障されているの？

3 違憲審査
裁判所は、法律が憲法に違反するかどうかをチェックする仕事もしているよ

1 法律上の争訟

重要度 ★★★

I 法律上の争訟

法律上の争訟とは、①当事者間の具体的な権利義務や法律関係に関する争いであって、②法令を適用することで終局的な解決ができるものをいいます。「貸したお金を返せ」とか「この土地は私のものだ」などで争いごとになっている場合のように法律上の争訟にあたるものは裁判所が裁判をする権限を有します[1]。

II 司法審査の可否

裁判所は争いごとに対して法律判断を下すのが仕事ですから、法律上の争訟にあたらない場合は審査できません。例えば、信仰の対象の価値または宗教上の教義に関する判断がこれにあたります（板まんだら[2]事件：最判昭56.4.7）。

司法審査の可否について、法律上の争訟に該当するか否かをあわせて見てみましょう。

板書 司法審査の可否

```
法律上の争訟 ──該当しない──→ 審査しない

  │該当する        ↰特別な法律が
  ↓                 ある場合は別[3]

司法権の限界 ──あたる──→ 審査しない

  │あたらない
  ↓

  審査する
```

神田Tのイントロ

裁判所の条文は76条～82条です。条文知識のほかに判例知識も繰り返し出題されています。法律上の争訟や司法権の限界に関する判例知識を問うものが中心なので、審査の可否についての判例知識をチェックしましょう。

条文チェック [1]

裁判所法3条1項では、「裁判所は、日本国憲法に特別の定のある場合を除いて一切の法律上の争訟を裁判し、その他法律において特に定める権限を有する。」と規定されています。

語句 [2]

板まんだら
創価学会の本尊のこと。

Advance [3]
2回転目に読む

公職選挙法で認められている選挙無効訴訟などの客観訴訟と呼ばれるものは、法律上の争訟ではありませんが、公職選挙法の規定に従い裁判することが可能です。

III 司法権の限界

法律上の争訟にあたっていても、裁判所の審査の対象とならない場合もあります※4。例えば、法律上の争訟にあたるとしても高度に政治性のある国家行為であることを理由に審査の対象とされないことがあります。

〈司法権の限界(判例)〉

自律権	国会で適法な手続によって公布された法律について、裁判所は、両院の自主性を尊重して、制定の議事手続に関する事実を審理してその有効無効を判断すべきではない(警察法改正無効事件:最大判昭37.3.7)
統治行為	衆議院の解散のような**直接国家統治の基本に関する高度に政治性のある国家行為**については、裁判所による法律的な判断が可能であっても司法審査の対象から除外される(苫米地事件:最大判昭35.6.8)
部分社会の法理	大学などの部分社会では、**一般市民法秩序と直接の関係を有しない内部的な問題**は、司法審査の対象から除かれる※5
裁量	行政や立法の裁量に任されている行為については、**裁量権の逸脱または濫用**の場合を除いて、司法審査の対象とはならない(朝日訴訟:最大判昭42.5.24、堀木訴訟:最大判昭57.7.7)

部分社会の法理の表内:

	審査しない	審査する
地方議会議員に対する処分(最大判昭35.10.19、最大判令2.11.25)	―	出席停止の処分、除名の処分
富山大学単位不認定事件(最判昭52.3.15)	単位の不認定	卒業の不認定

ひっかけ注意!※4
司法権の限界は、法律上の争訟にあたらないから審査しないものではありません。「法律上の争訟にあたらないことを理由に審査の対象外」として誤りとするパターンに注意。

Advance ※5 2回転目に読む
政党の党員に対する処分は原則として政党の自律的な運営に委ねるべきであり、一般市民法秩序と直接の関係を有しない内部的問題にとどまる限り、裁判所の審査は及びません。

神田Tのアドバイス❶
普通地方公共団体の議会の議員に対する懲罰には①戒告、②陳謝、③出席停止、④除名の種類があります(地方自治法135条1項)。令和2年の判例は、従来、出席停止の処分は司法審査の対象とならないとしていた昭和35年の判例を変更したものといえます。

神田Tのアドバイス❷
大学において、単位の問題は大学内部の話にすぎないといえますが、卒業の問題は一般社会に関係しない事柄とはいえません。

司法権の限界では、地方議会の議員に対する出席停止の処分は司法審査の対象とならないとしていた判例を変更し、司法審査の対象となることを示した**市議会議員出席停止事件**が重要な判例です。

市議会議員出席停止事件（最大判令2.11.25）

事案 市議会が議員に対する懲罰として出席停止の処分をしたことに対し、出席停止処分が司法審査の対象となるかどうかが争われた事件。

判旨 普通地方公共団体の議会の議員は、憲法上の住民自治の原則を具現化するため、住民の代表としてその意思を当該普通地方公共団体の意思決定に反映させるべく活動する責務を負う。出席停止の懲罰が科されると、当該議員は、その期間、会議および委員会への出席が停止され、議事に参与して議決に加わるなどの議員としての中核的な活動をすることができず、住民の負託を受けた議員としての責務を十分に果たすことができなくなる。
出席停止の懲罰は、議会の自律的な権能に基づいてされたものとして、議会に一定の裁量が認められるべきであるものの、裁判所は、常にその適否を判断することができ、普通地方公共団体の議会の議員に対する出席停止の懲罰の適否は、司法審査の対象となる。

まとめのQ&A

Q1 地方議会議員に対する出席停止の懲罰は司法審査の対象となるか。　↳Yes

神田Tのアドバイス❶
市議会が市議会議員に対して出席停止処分をし、それに伴い議員報酬が減額されたことに対し、当該議員が処分の取消し等を求めて争った判例です。

> **例題** H27-6-3
>
> 衆議院の解散は高度の政治性を伴う国家行為であって、その有効無効の判断は法的に不可能であるから、そもそも法律上の争訟の解決という司法権の埒外にあり、裁判所の審査は及ばない。
>
> ✗ 裁判所の審査は及ばないが、その理由は「その有効無効の判断は法的に不可能であるから、そもそも法律上の争訟の解決という司法権の埒外にあり」ではない。

2 裁判所の組織　重要度★★★

I 裁判所

裁判所は、最高裁判所※1と下級裁判所※2で組織されます（76条1項）。

司法裁判所の系列から外れた独立の裁判機関（特別裁判所）の設置は禁止されています（76条2項前段）。また、行政機関でも裁判所の前審として裁判をすることはできますが、行政機関が終審として裁判を行うことは禁止されています（76条2項後段）。

裁判所の系列について、下級裁判所の種類とあわせて見てみましょう。

神田Tのイントロ

裁判所でも、国会や内閣同様、条文知識問題が繰り返し出題されています。裁判所の組織や裁判官の身分保障に関するものを中心に覚えましょう。

語句 ※1
最高裁判所
司法権を担当する国家の最高機関で終審裁判所にあたる。

語句 ※2
下級裁判所
高等裁判所、地方裁判所、簡易裁判所、家庭裁判所の総称。

神田Tのアドバイス❷

裁判は三審制が採られています。例えば、第一審が地裁の場合、高裁に控訴、最高裁に上告といった形で上訴することができます。この場合、高裁が第二審、最高裁が第三審の審理を担当します。

板書 裁判所の系列

最高裁判所
└ 下級裁判所
　├ 高等裁判所
　├ 地方裁判所
　├ 簡易裁判所
　└ 家庭裁判所

Ⅱ 裁判官の身分保障

最高裁判所の裁判官と下級裁判所の裁判官の人事や身分保障についてまとめると、以下のようになります。

	最 高 裁 判 所	下 級 裁 判 所
任命	長官：**内閣**の指名に基づき**天皇**が任命 その他の判事：**内閣**が任命	最高裁判所の指名した者の名簿によって**内閣**が任命
報酬	**あり** 在任中減額されない	**あり** 在任中減額されない
任期	なし	**あり**（10年）
定年	あり（70歳）	あり （簡裁：70歳　それ以外：65歳）
罷免	①**心身の故障**により職務を執ることができない場合 ②**公の弾劾**による場合 ③**国民審査**※1 による場合	①**心身の故障**により職務を執ることができない場合 ②**公の弾劾**による場合

神田Tのアドバイス❶
国会議員の歳費（49条）と異なり、裁判官の報酬は在任中減額されないことまで保障されています。

神田Tのアドバイス❷
罷免事由は限定されており、裁判官を懲戒処分として罷免することはできません。裁判官の懲戒は、戒告または1万円以下の過料であり、高等裁判所や最高裁判所大法廷によって行われます（裁判官分限法2条、4条）。なお、裁判官の懲戒処分は、行政機関が行うことはできません（憲法78条後段）。

語句 ※1
国民審査
衆議院議員選挙の際、最高裁判所の裁判官を罷免するかどうかにつき、国民の審査に付す制度のこと。罷免すべきとの意見が多数であれば罷免する仕組みであり、解職のための制度（リコール制）といえます。

Ⅲ 規則制定権

最高裁判所は、訴訟に関する手続、弁護士、裁判所の内部規律、司法事務処理に関する事項について、<u>規則を定める権</u>限を有します（77条1項）。

Ⅳ 裁判の公開

憲法82条では、裁判の対審・判決※2 につき、公開されるべきものであることを規定しています。密室裁判にしないで、裁判を国民の目の届くところで行わせることが裁判の公正を確保することにつながるからです。

語句 ※2
対審・判決
対審は、訴訟当事者同士が裁判官の面前で双方の主張を述べること。
判決は、裁判所が訴訟に対して下した結論のこと。

例題　　　　　　　　　　　　　　　　　　　　H17-6-4

裁判官の身分保障に関連して、下級裁判所の裁判官は、憲法上、すべて定期に相当額の報酬を受け、在任中、これを減額することができないと定められている。

○　報酬を受けることも在任中減額されないことも保障されている。

3 違憲審査　重要度★★★

I 違憲審査の性格

憲法81条では、「最高裁判所は、一切の法律、命令、規則又は処分が憲法に適合するかしないかを決定する権限を有する終審裁判所である。」と規定し、裁判所に**違憲審査権**を認めています※3。

違憲審査の性格について、付随的違憲審査制の仕組みを抽象的違憲審査制と比較しながら見てみましょう。

神田Tのイントロ

裁判所は法律が憲法に違反しているかどうかのチェックも行います。ここでは違憲審査は裁判に付随して行えるだけなのか、それとも裁判とは関係なく抽象的に行えるのかを学習します。

Advance ※3　2回転目に読む
下級裁判所でも違憲審査を行うことができます。また、条約に対する違憲審査も可能です。

神田Tのアドバイス❸
判例は、付随的違憲審査制を採っています（警察予備隊違憲訴訟：最大判昭27.10.8）。警察予備隊は自衛隊の前身となった組織の名称です。

板書　違憲審査の性格　神田Tのアドバイス❸

裁判所が現行の制度上与えられているのは司法権を行使する権限であり、司法権を発動するためには具体的な争訟事件が提起されることを必要とします

付随的違憲審査制（判例）	抽象的違憲審査制
①裁判権　②違憲審査権	①裁判権　②違憲審査権
②は、①とセットでしか使えない	②だけを独立して使うことができる
通常の裁判所が、具体的な争訟を裁判する際に、その前提として、事件の解決に必要な限度で、適用法令の違憲審査を行う方式※4	特別に設けられた憲法裁判所が、具体的な争訟と関係なく、抽象的に違憲審査を行う方式※5

Advance ※4　2回転目に読む
付随的違憲審査制を採る代表的な国は、日本やアメリカです。

Advance ※5　2回転目に読む
抽象的違憲審査制を採る代表的な国は、ドイツです。

Ⅱ 合憲限定解釈

法律の解釈が複数存在し、その解釈次第では違憲となる場合には、当該法律を合憲となるように解釈する方法のことをいいます。違憲判断回避の方法の一つといえます。

Ⅲ 違憲判例

最高裁判所で、違憲と判断された判例は14例あります（2021年2月現在）。

最高裁判所の設立（昭和22年5月3日）以来、違憲と判断されたものは14例だけです。これらを全部覚えてしまえば、それ以外は合憲ということから推測して、自分が知らない判例でも問題を解くことが可能になります。

〈違憲判断がされた判例〉

法令違憲	①尊属殺重罰規定事件（最大判昭48.4.4） ②薬局距離制限事件（最大判昭50.4.30） ③衆議院議員定数不均衡訴訟（最大判昭51.4.14） ④衆議院議員定数不均衡訴訟（最大判昭60.7.17） ⑤森林法共有林事件（最大判昭62.4.22） ⑥郵便法違憲事件（最大判平14.9.11） ⑦在外選挙権制限事件（最大判平17.9.14） ⑧生後認知児童国籍確認事件（最大判平20.6.4） ⑨非嫡出子相続分規定違憲事件（最大決平25.9.4） ⑩女子再婚禁止規定違憲事件（最大判平27.12.16）
その他	①第三者所有物没収事件（最大判昭37.11.28） ②愛媛玉串料訴訟（最大判平9.4.2） ③砂川空知太神社訴訟（最大判平22.1.20） ④孔子廟訴訟（最大判令3.2.24）

例題　H14-5-2

憲法第81条の列挙事項に挙げられていないので、日本の裁判所は、条約を違憲審査の対象とすることはできない。

✗　条約は81条には挙げられていないが、違憲審査の余地はある。

CHAPTER 3 統治

SECTION 4 天皇

このSECTIONで学習すること

1 天皇の地位

明治憲法の頃は天皇が政治的な行為を行ってたけど、現在は天皇は非政治的な存在なんだよ

1 天皇の地位　重要度 ★★★

憲法1条では、「天皇は、日本国の象徴であり日本国民統合の象徴であつて、この地位は、主権の存する日本国民の総意に基く。」と規定し、天皇が象徴としての存在であることを確認しています[※1]。

そして、皇位を世襲制としたうえで(2条)、天皇は国政に関する行為は行わず、国事に関する行為のみを行うものとし(4条1項)、国事行為を行うには内閣の助言と承認が必要であるとされています[※2](3条)。

〈天皇の国事行為〉

6条	①内閣総理大臣 　…**国会**の指名により、**天皇**が任命 ②最高裁判所の長たる裁判官 　…**内閣**の指名により、**天皇**が任命
7条	①**憲法改正、法律、政令、条約を公布する** ②国会を召集する ③**衆議院を解散する** ④国会議員の総選挙の施行を公示する[※3] ⑤国務大臣及び法律の定めるその他の官吏の任免並びに全権委任状及び大使及び公使の信任状を**認証**する ⑥大赦、特赦、減刑、刑の執行の免除及び復権を**認証**する[※4] ⑦栄典を授与する ⑧批准書及び法律の定めるその他の外交文書を認証する ⑨外国の大使及び公使を接受する ⑩儀式を行う

神田Tのイントロ

過去の出題履歴も少なく、重要度の低い項目です。試験では条文知識を問う出題が中心ですので、天皇の国事行為に関する6条と7条をチェックしておきましょう。

 ※1
2回転目に読む
天皇には民事裁判権は及びません。

神田Tのアドバイス❶

具体的な継承順位などについては皇室典範(こうしつてんぱん)というルールで定められています。

ひっかけ注意! ※2

権能の所在を入れ替えて「天皇の国事行為に助言と承認をするのは内閣総理大臣」として誤りとするパターンに注意。

 ※3
2回転目に読む
内閣が憲法69条に基づき衆議院の解散を決定していたとしても、天皇が国事行為として衆議院議員選挙の公示を行うには内閣の助言と承認が必要となります。

ひっかけ注意! ※4

権能の所在を入れ替えて「大赦や特赦等の決定をするのが天皇」として誤りとするパターンに注意。大赦や特赦等の決定は内閣、その認証が天皇の権能です。

第1編 憲法

CHAPTER 3 統治

SECTION 5 財政

このSECTIONで学習すること

1 租税法律主義
税金を課すには法律に基づく必要があるんだ！

2 予算・決算
予算作成のルールや、決算報告のルールは？

107

1 租税法律主義　重要度 ★★☆

　税金は、国民に対して、直接に負担を課すものです。そこで、税金を課したり税制を変更するには、国民の代表機関である国会で定められた法律または法律の定める条件によることが必要とされています（租税法律主義、84条）。

　国民健康保険の場合、保険税として徴収するか保険料として徴収するかによって、84条の適用の仕方が異なります。保険料方式の場合、税金を徴収するわけではないので、84条を直接適用はできませんが、その趣旨が及ぶとして、保険料を定めるときはきちんと法定すべきと考えられています（旭川市国民健康保険条例事件：最大判平18.3.1）。

　保険税徴収の場合と保険料徴収の場合に分けて、84条（租税法律主義）の適用について見てみましょう。

板書　国民健康保険料の徴収と租税法律主義

	国民健康保険税として徴収	国民健康保険料として徴収
84条の適用	84条が適用される→法定すべき	84条は直接適用されないが、84条の趣旨が及ぶ→法定すべき
理由	目的税であって、反対給付として徴収されるものではあるが、税金という形式になっている	租税以外の公課ではあるが、賦課徴収の強制の度合いにおいては租税に類似する性質を有する

神田Tのイントロ

財政は、国会・内閣・裁判所に比べると重要度は低いですが、一通りの条文知識と、判例知識では過去に繰り返し出題のある旭川市国民健康保険条例事件を確認しておきましょう。

神田Tのアドバイス❶

国または地方公共団体が特別の給付に対する反対給付として徴収する金銭でも、その形式が税金であれば、憲法84条で規定する租税に当たります。

神田Tのアドバイス❷

国民健康保険は地方公共団体によって保険税方式を採るところと保険料方式を採るところに分かれています。①保険税徴収に84条が適用されるか（→Yes）、②保険料徴収に84条を直接適用できるか（→No）、③保険料徴収に84条の趣旨が及ぶか（→Yes）の3つに分けると覚えやすいよ！

例題　H22-6-イ

市町村が行う国民健康保険の保険料は、被保険者において保険給付を受け得ることに対する反対給付として徴収されるから、憲法84条は直接適用される。

× 被保険者が反対給付を受け得ることに対する反対給付として徴収されるとしても、保険料として徴収するときは租税以外の公課であって、84条は直接には適用されない。

2 予算・決算　重要度 ★★

I 予算

(1) 予算の成立

予算は、会計年度ごとに、内閣が作成し、これを政府案として国会に提出して、国会の議決を経て成立します（86条）。なお、国会は、内閣から提出された予算案を可決または否決するほか、修正して可決することも可能です。

(2) 予備費

予算は1年間の見積もりですから、年度途中で予期しないことが起きて支出を要する場面が生じることもあり得ます。そこで、予見し難い予算の不足に充てるため、国会の議決に基づいて予備費を設けておき、内閣の責任でこれを支出できるようになっています（87条1項）。

予備費の支出について、内閣は、事後に国会の承諾を得なければなりません（87条2項）。

II 国費の支出・債務負担

国費を支出し、または国が債務を負担するには、国会の議決に基づくことを必要とします（85条）。

神田Tの**イントロ**

財政の条文は83条〜91条です。条文知識を問う出題に備え、予算や決算に関する条文はチェックしておきましょう。

減額修正も可能ですし、大幅な修正にならなければ増額修正も可能です。

Ⅲ 決算

　国の歳入・歳出の決算[※1]は、**会計検査院**[※2]で検査します。そして、内閣から、次の年度に、その検査報告とともに、国会に提出されます(90条1項)。

> **語句** ※1
> **決算**
> 一会計年度における収支の報告のこと。

> **語句** ※2
> **会計検査院**
> 国の財政の執行を監視・検査する行政機関のこと。

例題
H27-7-5

国の歳出の決算は毎年会計検査院の検査を受けなければならないが、収入の見積もりにすぎない歳入の決算については、会計検査院の検査を受ける必要はない。

✗ 歳出も歳入も決算は会計検査院の検査を受ける必要がある。

memo

第1分冊（憲法）
用語さくいん

あ行

旭川学力テスト事件 ……………… 77
旭川市国民健康保険条例事件 … 108
朝日訴訟 ……………………… 75
違憲審査 …………………… 103
石井記者事件 ……………… 54
泉佐野市民会館事件 ……… 55
板まんだら事件 …………… 98
愛媛玉串料訴訟 …………… 49
エホバの証人剣道実技拒否訴訟 … 49
恩赦 ………………………… 94

か行

会期 ………………………… 83
会計検査院 ……………… 110
外国人職員昇任試験拒否訴訟
………………………… 20,39
外務省機密漏洩事件 ……… 55
学問の自由 ………………… 59
議員定数不均衡訴訟 ……… 41
教育を受ける権利 ………… 76
強制加入団体 ……………… 21
京都府学連事件 …………… 31
群馬司法書士会事件 ……… 21
警察法改正無効事件 ……… 99
刑事補償請求権 …………… 71
決算 ……………………… 110
検閲 ………………………… 55
憲法改正 …………………… 16
憲法尊重擁護義務 ………… 10
公共の福祉 ………………… 25
合憲限定解釈 …………… 104
孔子廟 ……………………… 49
公衆浴場距離制限事件 …… 62
硬性憲法 …………………… 16
江沢民講演会事件 ………… 33
小売市場事件 ……………… 60
国民審査 ………………… 102
国労広島地本事件 ………… 80
国会 ………………………… 81
国家賠償請求権 …………… 71

さ行

在外選挙権制限事件 ……… 73

財産権 ……………………… 62
裁判を受ける権利 ………… 71
サラリーマン税金訴訟 …… 39
サンケイ新聞事件 ………… 52
三権分立 …………………… 11
塩見訴訟 …………………… 20
私人間効力 ………………… 26
思想・良心の自由 ………… 45
実質的意味の憲法 ………… 9
自動速度監視装置事件 …… 32
指紋押捺拒否訴訟 ………… 34
謝罪広告事件 ……………… 45
衆議院議員定数不均衡訴訟 … 42
衆議院の解散 ……………… 95
衆議院の優越 ……………… 85
宗教法人解散命令事件 …… 46
主権 ………………………… 15
取材の自由 ………………… 52
酒類販売業免許制事件 …… 62
殉職自衛官合祀拒否事件 … 49
肖像権 ……………………… 31
昭和女子大事件 …………… 28
職業選択の自由 …………… 60
女子再婚禁止規定違憲事件 … 40
信教の自由 ………………… 46
人身の自由 ………………… 63
森林法共有林事件 ………… 63
砂川空知太神社訴訟 ……… 49
請願権 ……………………… 71
税関検査事件 ……………… 57
政教分離原則 ……………… 47
生後認知児童国籍確認事件 … 38
生存権 ……………………… 75
選挙権 ……………………… 73
全農林警職法事件 ………… 80
租税法律主義 …………… 108
尊属殺重罰規定事件 ……… 39

た行

大学の自治 ………………… 59
第三者所有物没収事件 …… 66
立川反戦ビラ配布事件 …… 51
津地鎮祭事件 ……………… 48
デュー・プロセス ………… 64
寺西裁判官事件 …………… 23
天皇 ……………………… 106
苫米地事件 ………………… 99
富山大学単位不認定事件 … 99

な行

内閣 ………………………… 92
奈良県ため池条例事件 …… 62
成田新法事件 ……………… 65
軟性憲法 …………………… 16
新潟県公安条例事件 ……… 55
二重の基準 ………………… 50
日産自動車事件 …………… 27
ノンフィクション逆転事件 …… 32

は行

博多駅テレビフィルム提出命令事件
………………………………… 54
非嫡出子相続分規定違憲事件 …… 40
筆記行為の自由 …………… 52
百里基地訴訟 ……………… 28
表現内容中立規制 ………… 50
表現の自由 ………………… 50
不逮捕特権 ………………… 89
プライバシー ……………… 32
報道の自由 ………………… 52
法の下の平等 ……………… 37
法律上の争訟 ……………… 98
北方ジャーナル事件 ……… 58
堀木訴訟 …………………… 76
堀越事件 …………………… 22

ま行

マクリーン事件 …………… 19
三井美唄炭鉱労組事件 … 73,79
三菱樹脂事件 ……………… 27
南九州税理士会政治献金事件 … 21
箕面忠魂碑訴訟 …………… 49
免責特権 …………………… 89

や行

薬局距離制限事件 ………… 61
八幡製鉄事件 ……………… 21
郵便法違憲事件 …………… 71
予算 ……………………… 109
よど号ハイジャック新聞記事抹消
事件 ……………………… 23
予備費 …………………… 109

ら行

立憲的意味の憲法 ………… 9
立候補の自由 ……………… 73
レペタ法廷メモ採取事件 … 52
労働基本権 ………………… 78

第1分冊（憲法）
判例さくいん

最大判昭27.8.6(石井記者事件) ……………… 54
最大判昭27.10.8(警察予備隊違憲訴訟) ……… 103
最大判昭29.11.24(新潟県公安条例事件) ……… 55
最大判昭30.1.26(公衆浴場距離制限事件) …… 62
最大判昭31.7.4(謝罪広告事件) ……………… 45
最大判昭32.6.19 …………………………………… 18
最大判昭32.12.25 ………………………………… 18
最大決昭33.2.17(北海タイムス事件) ……… 55
最大判昭33.9.10 …………………………………… 62
最大判昭33.10.15(売春条例事件) …………… 39
最大判昭35.6.8(苫米地事件) ………………… 99
最大判昭35.10.19 ………………………………… 99
最大判昭37.3.7(警察法改正無効事件) ……… 99
最大判昭37.11.28(第三者所有物没収事件) … 66,104
最大判昭38.5.22(東大ポポロ事件) ………… 59
最大判昭38.6.26(奈良県ため池条例事件) …… 62
最大判昭39.2.26 …………………………………… 78
最大判昭42.5.24(朝日訴訟) ………………… 75,99
最大判昭43.11.27(河川附近地制限令事件) … 63
最大判昭43.12.4(三井美唄炭鉱労組事件) … 73,79
最大決昭44.11.26(博多駅テレビフィルム提出命令事件)
…………………………………………………… 52,54
最大判昭44.12.24(京都府学連事件) ………… 30,31
最大判昭45.6.24(八幡製鉄事件) …………… 21
最大判昭47.11.22(小売市場事件) …………… 60
最大判昭48.4.4(尊属殺重罰規定事件) ……… 39,104
最大判昭48.4.25(全農林警職法事件) ……… 80
最大判昭48.10.18 ………………………………… 63
最大判昭48.12.12(三菱樹脂事件) …………… 27
最大判昭49.7.19(昭和女子大事件) ………… 28
最大判昭50.4.30(薬局距離制限事件) ……… 61,104
最大判昭50.11.28(国労広島地本事件) ……… 80
最大判昭51.4.14(衆議院議員定数不均衡訴訟) ‥ 42,104
最大判昭51.5.21(旭川学力テスト事件) …… 77
最大判昭52.3.15(富山大学単位不認定事件) … 99
最大判昭52.7.13(津地鎮祭事件) …………… 48
最大決昭53.5.31(外務省機密漏洩事件) …… 55
最大判昭53.10.4(マクリーン事件) ………… 18,19
最大判昭56.3.24(日産自動車事件) ………… 27
最大判昭56.4.7(板まんだら事件) …………… 98
最大判昭57.7.7(堀木訴訟) …………………… 76,99
最大判昭58.6.22(よど号ハイジャック新聞記事抹消事件) ……………………………………… 23
最大判昭59.5.17 ………………………………… 43

最大判昭59.12.12(税関検査事件) …………… 57
最大判昭60.3.27(サラリーマン税金訴訟) … 39
最大判昭60.7.17(衆議院議員定数不均衡訴訟) ‥ 42,104
最大判昭61.2.14(自動速度監視装置事件) … 32
最大判昭61.6.11(北方ジャーナル事件) …… 58
最大判昭62.4.22(森林法共有林事件) ……… 63,104
最大判昭62.4.24(サンケイ新聞事件) ……… 52
最大判昭63.6.1(殉職自衛官合祀拒否訴訟) … 30,49
最大決平1.1.30(日本テレビビデオテープ押収事件) … 54
最大判平1.3.2(塩見訴訟) …………………… 20
最大判平1.3.8(レペタ法廷メモ採取事件) … 52
最大判平1.6.20(百里基地訴訟) ……………… 28
最大判平2.7.9(TBSビデオテープ差押事件) … 54
最大判平4.7.1(成田新法事件) ……………… 65
最大判平4.11.16(森川キャサリン事件) …… 18
最大判平4.12.15(酒類販売業免許制事件) … 62
最大判平5.2.16(箕面忠魂碑訴訟) …………… 49
最大判平6.2.8(ノンフィクション逆転事件) … 30,32
最大判平7.2.28 …………………………………… 18,20
最大判平7.3.7(泉佐野市民会館事件) ……… 55
最大判平7.12.15(指紋押捺拒否訴訟) ……… 18,30,34
最大決平8.1.30(宗教法人解散命令事件) …… 46
最大判平8.3.8(エホバの証人剣道実技拒否事件) … 49
最大判平8.3.19(南九州税理士会政治献金事件) … 21
最大判平9.4.2(愛媛玉串料訴訟) …………… 49,104
最大決平10.12.1(寺西裁判官事件) ………… 23
最大判平11.11.10 ………………………………… 40
最大判平12.2.8 …………………………………… 62
最大判平14.4.25(群馬司法書士会事件) …… 21
最大判平14.9.11(郵便法違憲事件) ………… 71,104
最大判平15.9.12(江沢民講演会事件) ……… 30,33
最大判平17.1.26(外国人職員昇任試験拒否訴訟)   20,39
最大判平17.7.14 ………………………………… 55
最大判平17.9.14(在外選挙権制限事件) …… 73,104
最大判平18.3.1(旭川市国民健康保険条例事件) … 108
最大決平18.10.3 ………………………………… 55
最大判平20.4.11(立川反戦ビラ配布事件) … 51
最大判平20.6.4(生後認知児童国籍確認事件) … 38,104
最大判平22.1.20(砂川空知太神社訴訟) …… 49,104
最大判平23.3.23 ………………………………… 43
最大判平24.10.17 ………………………………… 43
最大判平24.12.7(堀越事件) ………………… 22
最大決平25.9.4(非嫡出子相続分規定違憲事件)
…………………………………………………… 40,104
最大判平27.12.16(女子再婚禁止規定違憲事件)
…………………………………………………… 40,104
最大判平29.12.6 ………………………………… 55
最大判令2.11.25(市議会議員出席停止事件) ……… 100
最大判令3.2.24(孔子廟訴訟) ………………… 49,104

最大決令3.6.23（夫婦同氏訴訟） ························· 40

memo

5分冊の使い方

★セパレートBOOKの作りかた★

白い厚紙から、色紙のついた冊子を取り外します。
　※色紙と白い厚紙が、のりで接着されています。乱暴に扱いますと、破損する危険性がありますので、丁寧に抜きとるようにしてください。

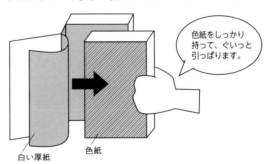

※抜きとるさいの損傷についてのお取替えはご遠慮願います。

2022
年度版

みんなが欲しかった！

第2分冊

行政書士の教科書

第2編　民法

第2分冊

CONTENTS

第2編　民法

学習ガイダンス／118
CHAPTER 1　総則 ……………………………………………… 129
  1　民法の基本原則 ……………………………………… 129
  2　能力 …………………………………………………… 132
  3　失踪宣告 ……………………………………………… 149
  4　意思表示 ……………………………………………… 152
  5　代理 …………………………………………………… 166
  6　条件・期限 …………………………………………… 188
  7　時効 …………………………………………………… 192
CHAPTER 2　物権 ……………………………………………… 207
  1　物権 …………………………………………………… 207
  2　不動産物権変動と登記 ……………………………… 212
  3　占有権 ………………………………………………… 227
  4　即時取得 ……………………………………………… 233
  5　所有権 ………………………………………………… 238
  6　用益物権 ……………………………………………… 249
  7　担保物権 ……………………………………………… 254
CHAPTER 3　債権 ……………………………………………… 286
  1　債権債務関係 ………………………………………… 286
  2　債権の保全 …………………………………………… 297
  3　債権譲渡・債務引受 ………………………………… 313
  4　債権の消滅 …………………………………………… 321
  5　多数当事者の債権債務関係 ………………………… 335
  6　契約総論 ……………………………………………… 356
  7　契約各論 ……………………………………………… 369
  8　契約以外の債権発生原因 …………………………… 400
CHAPTER 4　親族・相続 ……………………………………… 422
  1　親族 …………………………………………………… 422
  2　相続 …………………………………………………… 434

第2分冊（民法）用語さくいん ……………………………… 454
判例さくいん ……………………………… 456

第 2 編
民法

民法
学習ガイダンス

Aが土地をBに売る場合、Aの売るという意思表示とBの買うという意思表示の合致により、契約が成立し、土地の所有権がAからBに移転します。民法では、❶意思表示とは何かなどについて定めた総則、❷土地の所有権などについて定めた物権、❸Bがお金を支払ったときや支払わなかったときのルールなどを定めた債権、❹Aが死亡したときの相続などについて定めた親族・相続の順番で学習していきます。

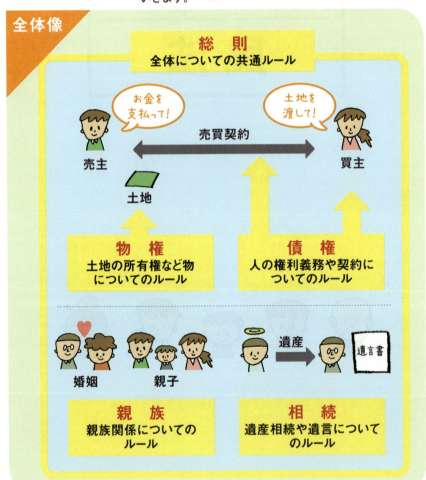

CHAPTERの特徴

CHAPTER 1 総則

「総則」では、契約して権利義務の主体となれるのはどのような人か、自分の代わりに他人に契約してもらうことができるのか、などといった民法全体にわたる共通ルールを学びます。

SECTION ❶ 民法の基本原則

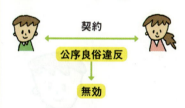

私的自治や信義則といった民法の基本原則、契約があっても公序良俗に反するときは契約は効力を生じないことなどについて学習します。

SECTION ❷ 能力

未成年者（子ども）など、契約するときに自分の意思を正確に伝えられない可能性がある場合にどうすればよいのか、などについて学習します。

SECTION ❸ 失踪宣告

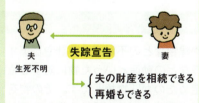

家族の生死不明が長年続く場合、その者を死んだものとみなして、その財産関係・身分関係をはっきりさせるための制度について学習します。

SECTION ❹ 意思表示

冗談で「売る」と言っただけの場合や、詐欺でだまされて「買う」と契約してしまった場合でも契約が成立するのか、などについて学習します。

119

SECTION ⑤ 代理

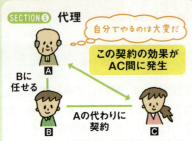

誰かに自分の代わりに契約をしてもらうことができるのか、何も頼んでいないのに誰かが勝手に契約してしまった場合はどうか、などについて学習します。

SECTION ⑥ 条件・期限

意思表示に条件をつけたり期限をつけたりもできます。条件と期限の違いや、条件の種類、期限をつけなかったときの法律関係などについて学習します。

SECTION ⑦ 時効

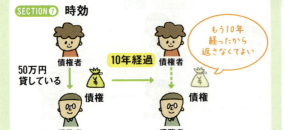

他人の土地を自分のものと思って長年使っていた場合にその土地の権利を手に入れることができるのか、お金を返してもらう権利を長い間放置していた場合にどうなるのか、などについて学習します。

CHAPTER 2 物権

土地や建物などの不動産、時計やビデオカメラなどの動産といった物に対する権利を定めたのが「物権」です。その物を直接に支配して利益を受ける権利のことをいいます。ここでは、権利の種類と内容について学びます。

SECTION ❶ 物権

物に関する基本用語と物権の種類、そして物権という権利があることによって行うことができる請求について学習します。

SECTION ❷ 不動産物権変動と登記

不動産についての具体的事例を基に、所有権があることを主張するために登記を備えておく必要があるかどうか、などについて学習します。

SECTION ❸ 占有権

物を所持していることによってどのような権利が生じるのか、その権利に基づいてどのような主張ができるのか、などについて学習します。

SECTION ❹ 即時取得

時計を買ったら実は売主に売る権利がなかった場合にどうなるのか、また、時計の元の所有者からは何を主張できるのか、などについて学習します。

SECTION ❺ 所有権

「所有権」があると何ができるのか、「所有権」はどうやって取得するのか、隣同士の土地の関係などについて学習します。

SECTION ❻ 用益物権

使用と収益のことをまとめて「用益」といいますが、使用収益のみができる物権も設けられていますので、用益物権と呼ばれる物権について学習します。

お金を借りたりローンを組んだりするときに、土地や建物を"担保にして借りる"といいますが、担保物権と呼ばれる物権について学習します。

CHAPTER 3 債権

「債権」とは、特定の人（債権者）が、他の特定の人（債務者）に対して、「○○しなさい」と請求する権利などのことをいいます。ここでは、債権の発生、効力、移転、消滅といった債権の流れ（債権の一生）と、各契約の内容などについて学びます。

債権・債務という用語の説明と、債権の種類とその特徴について、売買契約を結んだのに売主が品物を渡してくれないときに買主は何ができるのか、などについて学習します。

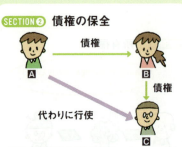

債権者が自分の債権を守るために、債務者が他の人に対して持っている債権を代わりに行使したり、債務者の元から出ていってしまった財産を取り戻す方法について学習します。

SECTION ❸ 債権譲渡・債務引受

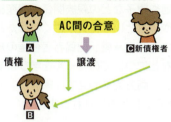

債権を他人に譲渡することができるかどうか、債権を譲渡したときの法律関係について学習します。

SECTION ❹ 債権の消滅

債権債務関係を消滅させるにはどのような方法があるのか、その具体的な方法などについて学習します。

SECTION ❺ 多数当事者の債権債務関係

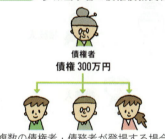

複数の債権者・債務者が登場する場合のルールについて学習します。

SECTION ❻ 契約総論

契約全体に共通するルールとして、契約の成立、同時履行の抗弁、危険負担といった項目を学習します。

SECTION ❼ 契約各論

贈与契約、売買契約、賃貸借契約、請負契約など各契約固有のルールを学習します。

SECTION ❽ 契約以外の債権発生原因

交通事故など不法行為によりケガをした者は、その治療費について、加害者に対して損害賠償請求することができます。このような当事者間に契約が存在しなくても債権が発生する場合について学習します。

CHAPTER 4 親族・相続

婚姻や親子などの親族関係、遺産相続や遺言といった人が亡くなったときの財産の承継、配偶者居住権の規定などについてのルールを学びます。なお、両方をあわせて「家族法」や「身分法」とも呼ばれます。

SECTION ❶ 親族

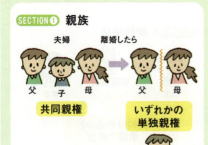

親族の範囲、婚姻・離婚の要件や効果、養子縁組など親族についてのルールを学習します。

SECTION ❷ 相続

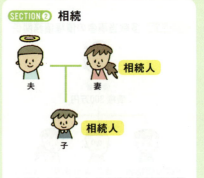

人が亡くなったときの遺産相続や配偶者居住権のルールのほか、遺言書の書き方などを学習します。

傾向と対策

民法は、例年、**5肢択一式9問**（1問4点）と**記述式2問**（1問20点）が出題されています（76点）。学習内容は、大別すると「総則」「物権」「債権」「親族・相続」になります。「総則」では民法全体の共通ルール、「物権」では物に対する権利、「債権」では人に対する権利義務や契約内容、「親族・相続」では家族関係や相続・遺言についての知識を覚えることが学習の中心になります。

5肢択一式

民法は、単に条文の知識を問うだけの単純知識タイプのほか、ＡＢＣといった登場人物を使った**事例タイプでの出題**もあります。

例えば、民法96条2項で「相手方に対する意思表示について第三者が詐欺を行った場合においては、相手方がその事実を知り、又は知ることができたときに限り、その意思表示を取り消すことができる。」と規定されていますが、第三者が詐欺をしてきた場合に契約の相手方の主観（善意無過失かどうか）によって、だまされた者が契約を取り消すことができるかどうかが変わります。そして本試験では、ＡがＣにだまされてＢと契約した場合などの具体的な事案が与えられて、その問題の正誤を判断することが求められます。

そこで民法の学習では、単に正誤判断に必要な知識を身につけるだけでなく、**事例に登場する人物のどちらを保護することが妥当なのかといった感覚**を身につけていくことも意識するとよいでしょう。そのためには、条文・判例の知識をインプットしたら、問題集で過去問などの問題を実際に解いてみて、その問題がどのような知識を使って正誤判断しているのかを確認していきましょう。

記述式

民法では、例年2問、記述式での出題があります。記述式は、問題文で問われたことに対して、40字程度で解答を作っていく形式のものです。問題文の中にいくつか質問がある場合もありますので、その場合はその質問に1つ

ずつ答えていく姿勢で解答を作っていきましょう。例えば、平成30年度の記述式問題では、成年被後見人がした契約のケースを題材にして、契約の相手方が①誰に対し、②どのような催告をし、③どのような結果を得る必要があるかが問われていましたので、問題文の指示に合わせてこれらの質問すべてに解答していくことが要求されていました。

　記述式問題は、全60問のうち問題44〜46の3問（問題44が行政法、問題45・46が民法）だけですが、1問20点と配点が高いです。20点か0点かという採点ではないので、**部分点を狙って解答する**ことが効率的です。

　直近10年の出題履歴は、以下のとおりになります。

年度	問題番号	出題テーマ	記述内容
平成24年度	問題45	保証	検索の抗弁
	問題46	相続	遺留分
平成25年度	問題45	代理	無権代理人の責任追及
	問題46	即時取得	回復請求と代価弁償
平成26年度	問題45	詐害行為取消権	詐害行為取消権の行使
	問題46	売買	他人物売買
平成27年度	問題45	占有権	他主占有から自主占有への転換
	問題46	親子	嫡出否認の訴え
平成28年度	問題45	売買	売主の担保責任
	問題46	夫婦	離婚に伴う財産分与
平成29年度	問題45	債権譲渡	譲渡禁止特約
	問題46	不法行為	損害賠償請求権の消滅時効
平成30年度	問題45	制限行為能力者	追認の催告
	問題46	贈与	書面によらない贈与
令和元年度	問題45	所有権	共有
	問題46	契約総論	第三者のためにする契約
令和2年度	問題45	意思表示	第三者による詐欺
	問題46	物権変動	背信的悪意者
令和3年度	問題45	債権譲渡	譲渡禁止特約
	問題46	不法行為	土地工作物責任

SECTIONごとの出題履歴

		H24	H25	H26	H27	H28	H29	H30	R元	R2	R3
1 総則	1 民法の基本原則							択			
	2 能力	択			択			記		択	
	3 失踪宣告										択
	4 意思表示		択	択	択		択			記	択
	5 代理	択	記			択			択		
	6 条件・期限							択			
	7 時効					択			択		
2 物権	1 物権						択2				択
	2 不動産物権変動と登記		択					択		記	
	3 占有権				記		択			択	
	4 即時取得		記								
	5 所有権	択		択	択	択			記		
	6 用益物権								択		
	7 担保物権	択		択	択	択2		択	択	択	択
3 債権	1 債権債務関係				択	択				択	択
	2 債権の保全		択	記		択					択
	3 債権譲渡・債務引受			択			記			択	記
	4 債権の消滅			択	択			択			
	5 多数当事者の債権債務関係	記		択			択				
	6 契約総論		択						記	択	
	7 契約各論	択3	択2	記	択	記	択	択・記	択	択	択
	8 契約以外の債権発生原因	択	択	択	択	択	択・記	択	択2		択・記
4 親族・相続	1 親族		択	択	択・記	択・記			択2	択	択
	2 相続	択・記					択				択
	その他総合問題		択	択			択			択	択

127

学習前に基本用語をチェック！

◆債権（さいけん）・債務（さいむ）

　債権は、特定の人が他の特定の人に対して一定の行為を請求する権利のことです。AがBに対して10万円支払うよう請求する権利がこれに該当します。

　債務は、特定の人が他の特定の人に対して一定の行為をする義務のことです。BがAに対して10万円支払う義務がこれに該当します。

◆契約（けいやく）

　債権・債務の発生原因の1つで、当事者間の申込みと承諾の合致により成立する法律行為のことです。AとBの間でA所有の時計をBに10万円で売却する場合のAB間の売買契約などのことです。

◆相続（そうぞく）

　人が死亡したときに、その者の権利義務関係を一定の者が包括的に承継することです。父Aが死亡したときに子どもBがAの貯金や借金を引き継ぐことがこれに該当します。

◆登記（とうき）

　権利関係など一定の事項について、第三者に公示するための制度のことです。土地や建物は、登記することにより不動産の権利関係の現況を第三者に公示することができます。A名義の土地をBがAから購入した場合、土地の名義をB名義にしておくこと、すなわち登記の移転をしておかないと、Bが所有者になっていることを第三者に主張できないことになります。

◆善意（ぜんい）・悪意（あくい）

　「善意」は知らないこと、「悪意」は知っていることを意味します。日常用語で使用する善意とは使い方が異なりますので注意しましょう。なお、知らないことに不注意があることを「過失がある」といいます。

> 例　善意：〜について知らない
> 　　善意無過失：〜について知らなかったし、知らないことについて不注意もなかった

◆取消し・無効

　「取消し」は一応有効なものを後でなかったことにすること、「無効」はそもそも最初から効力が生じていないことを意味します。

CHAPTER 1 総則

SECTION 1 民法の基本原則

このSECTIONで学習すること

1 基本原則
民法1条の条文知識を確認してみよう！

2 公序良俗
合意があれば何をしてもいいわけではなく、公の秩序に反するような契約は無効だよ！

1 基本原則

重要度 ★☆☆

I 私的自治

契約は、締結するかどうか、誰と締結するか、どのような内容にするかについて、いずれも自由になすことができるという原則のことを<u>私的自治</u>といいます。

II 基本原則

民法1条1項では、「私権は、公共の福祉に適合しなければならない。」と規定されています。私法上の権利を行使するにしても、社会共同生活の利益に反してはいけないということです。

民法1条2項では、「権利の行使及び義務の履行は、<u>信義に従い誠実に行わなければならない。</u>」と規定されています。お互いの信頼を裏切らないよう誠意をもって行動しなければならないということです。

民法1条3項では、「権利の濫用は、これを許さない。」と規定されています。権利の行使といっても、その濫用は許されないということです。

<u>所有権に基づく妨害排除請求を例に、権利の濫用について見てみましょう。</u>

板書 権利の濫用

> **ケース**
> 宇奈月温泉に温泉を引くための引湯管（Y所有）がA所有の土地のほんの一部を通過していたところ、そこに目をつけ、XがAから土地を安い価格で購入して土地所有者となり、Yに引湯管の撤去を求め、撤去しないなら土地を法外な価格で買い取ることを要求したが、Yに拒絶されました。Xは、Yに対して、所有権に基づいてその撤去を求めることができるか？

→できない

神田Tのイントロ

基本原則は重要ではありませんが、民法1条がどんな条文の内容になっているかは確認しておきましょう。

神田Tのアドバイス❶

例えば、民法には法定利率は年3％という決まりがありますが（404条2項）、お互いの合意によってこれとは異なる利率で契約すれば、契約で決めた利率の方が優先します。

神田Tのアドバイス❷

信義誠実の原則のことを略して「信義則」と呼びます。

神田Tのアドバイス❸

土地の所有者は、所有権に基づいてその妨害を排除できますが、所有権の侵害による損失が軽微で、侵害の除去は著しく困難で多大な費用を要する場合に、土地所有者が不当な利益を得る目的で所有権に基づいてその除去を求めることは、権利の濫用にあたるといえます。

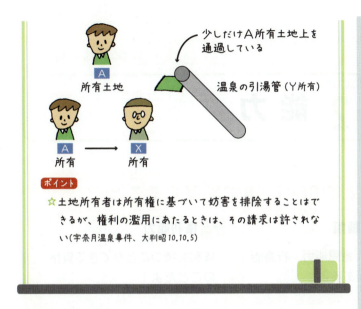

2 公序良俗

重要度 ★★★

　民法90条では、「公の秩序又は善良の風俗に反する法律行為は、無効とする。」と規定されています。

　例えば、株式会社が就業規則[※1]において経営上の観点から男女別定年制を設けなければならない合理的理由が認められないのに、男子の定年年齢よりも女子の定年年齢を低く定めることは、公序良俗に反して無効となります（日産自動車事件：最判昭56.3.24）。

神田Tのイントロ

公序良俗は重要ではありませんが、合意があればどのような内容でも法的拘束力が生じるわけではなく、公序良俗に反するものは無効とされることは確認しておきましょう。

語句 ※1
就業規則
会社と労働者の間のルールブックのようなものです。

第2編 民法　　CHAPTER 1 総則

SECTION 2 能力

このSECTIONで学習すること

1 能力の種類
権利能力、意思能力、行為能力の3つがあるよ

2 権利能力
権利を持つことができる資格のことだよ！

3 意思能力
自分のした行為の結果を理解できる能力のことだよ！

4 行為能力
法律行為を単独で有効に行うことができる能力のことだよ！

1 能力の種類 重要度 ★★★

民法では、AB間の売買契約をめぐる法律関係を基本事例として学習していくことになります。「能力」の問題は、AやBが1人で有効な契約を結ぶことができるかどうかの話です。そして、社会の中で人間が1人で売買契約などの法律行為を行うためには、**権利能力**、**意思能力**、**行為能力**を備えている必要があります。

〈能力の内容〉

権利能力	契約してお金をもらう権利(売った人)や品物をもらう権利(買った人)を持つことができる能力 ↑人間として生まれたら備わる
意思能力	自分のした行為の結果を理解できる能力 ↑大体7〜10歳の子どもと同程度の能力
行為能力	法律行為を単独で有効に行うことができる能力 ↑成年になれば備わる

このセクションでは、権利能力がない者の話(**2**)、意思能力がない者の話(**3**)、行為能力が制限された者の話(**4**)の順に学習していきましょう。

神田Tのイントロ

具体的な年齢でイメージしながら、1人で契約できるようになるために備わっていなければならない能力の種類を確認しておきましょう。

神田Tのアドバイス❶

各能力が備わっているかどうか、具体的な年齢で確認してみましょう。

2歳の子ども
権利能力：あり
意思能力：なし
行為能力：なし

15歳の中学生
権利能力：あり
意思能力：あり
行為能力：なし

25歳の会社員
権利能力：あり
意思能力：あり
行為能力：あり

2 権利能力 重要度 ★★★

I 私権の享有[※1]

民法3条1項では、「私権の享有は、出生に始まる。」と規定されています。つまり、人間として生まれれば、権利能力が認められ、土地の所有権や金銭債権といった権利を持つ資格を有することになります。なお、死亡すると権利能力は失われます。

神田Tのイントロ

権利能力は重要ではありませんが、胎児を代理できないという知識は確認しておきましょう。

語句 ※1
享有
権利を持っていること。

II 胎児※1の権利能力

民法3条1項からすると、まだ人間として生まれていない<u>胎児</u>は、本来、権利能力がないことになります。

このように、原則として、胎児には権利能力は認められませんが、❶**相続**（886条1項）、❷**不法行為損害賠償請求**（721条）、❸**遺贈**※2（965条）については、例外的に、その子が生きて生まれたときは、胎児の時にさかのぼって権利能力を認めています。

<u>4月1日に父Aが死亡し、その子Cが4月15日に出生した場合を例に、子Cの権利能力について見てみましょう。</u>

板書 胎児の権利能力

CはAを相続できるか？

C胎児 ─ A死亡 4/1 ─ C出生 4/15 ─ 相続○

ポイント
☆ 生きて生まれることを条件として権利能力を認めるので、子の出生前において、親は胎児を<u>代理することはできない</u>※3

語句 ※1
胎児
母親のお腹の中にいる状態で、まだ人間としては生まれていない者のこと。

語句 ※2
遺贈
遺言によって他人に財産を贈与すること。

神田Tのアドバイス❶
父が4月1日に死亡、子が4月15日に出生した場合、この子は、4月1日時点では生まれていなくても、父の遺産を相続できるということです。

Advance ※3
2回転目に読む
母が胎児を代理して損害賠償請求について和解をした場合で考えると、その和解に効果はなく、後で生まれた子を拘束しないということです（大判昭7.10.6）。

3 意思能力 重要度 ★☆☆

法律行為の当事者が意思表示をした時に意思能力を有しなかったときは、その法律行為は、無効となります(3条の2)。

例えば、幼児や認知症を患っていて意思能力がない者が契約をしても、その契約は効力を有しないということです。

神田Tのイントロ
意思能力は重要ではありませんが、意思無能力者の行為は無効という知識は確認しておきましょう。

4 行為能力 重要度 ★★★

I 制限行為能力者

法律行為を単独で有効に行うことができる能力(行為能力)を制限された者を制限行為能力者といいます。具体的には、未成年者、成年被後見人、被保佐人、被補助人の4種類があります。

神田Tのイントロ
未成年者、成年被後見人、被保佐人、被補助人に分けてチェックしましょう。また、制限行為能力者と取引した相手方が催告をしたときのルール、詐術を用いたときの取消権の制限の知識もチェックです。過去には記述式で、追認の催告を題材とする出題がされたことがあります。

〈制限行為能力者〉

未成年者	18歳未満の者(4条) 保護者 親権者、未成年後見人
成年 被 後見人	事理を弁識する能力がほとんどない人(欠く常況)で、家庭裁判所による後見開始の審判を受けた者(7条) 保護者 成年後見人
被 保 佐 人	事理を弁識する能力は多少あっても通常人に比べると著しく不十分な人で、家庭裁判所による保佐開始の審判を受けた者(11条) 保護者 保佐人
被 補 助 人	事理を弁識する能力がそれなりにあっても通常人に比べると不十分な人で、家庭裁判所による補助開始の審判を受けた者(15条1項) 保護者 補助人

神田Tのアドバイス②
子どもは判断能力が足りないから保護するけど、大人でも、病気によって判断能力が足りなくなったら保護の必要があるのは一緒です。そんなときのための制度が、成年後見・保佐・補助の制度です。

神田Tのアドバイス③
令和4年4月1日施行の民法改正により、成年年齢は18歳になります。

「被」のつく方が保護される人を意味します。

制限行為能力者が単独で行うことを制限された法律行為を勝手に行ったときは、その法律行為は、取消しの対象となります。
　例えば、未成年者が親の同意なく勝手に契約をしても、その契約を取り消すことができるということです。
　未成年者Aが親Cの同意なくBと契約する場合を例に、制限行為能力者自身の財産を保護してあげるための仕組みについて見てみましょう。

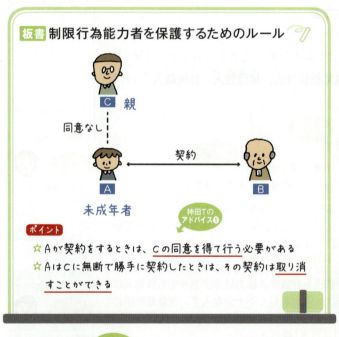

板書 制限行為能力者を保護するためのルール

C 親
同意なし
A 未成年者
契約
B

ポイント
☆ Aが契約をするときは、Cの同意を得て行う必要がある
☆ AはCに無断で勝手に契約したときは、その契約は取り消すことができる

神田Tのアドバイス❶
1人で取引できないようにしているのは、嫌がらせとかではなく、能力不足につけこまれて契約をさせられ、その財産を失わないようにするためです。

神田Tのアドバイス❷
未成年者の保護者は親権者ですが、親権者がいないときや親権者が管理権を有しないときは、未成年後見人が保護者となります。これらの者は「法定代理人」と呼ばれます。

Ⅱ 未成年者

　未成年者は、まだ行為能力を備えていないため、1人では売買契約などの法律行為を行うことはできません。
　ここでは、未成年者が契約する場合のルール、勝手に契約してしまった場合の効果について学習していきましょう。

(1) 未成年者の法律行為

未成年者が法律行為を行うには、法定代理人の同意が必要になります（5条1項本文）※1。

未成年者Aが親Cの同意を得ることなくBと契約する場合を例に、未成年者の法律行為について見てみましょう。

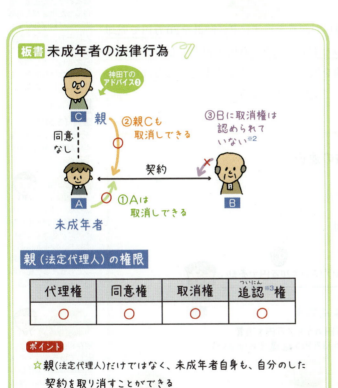

> **Advance ※1**
> **2回転目に読む**
>
> 例外として、①単に権利を得るだけの行為や義務を免れる行為、②法定代理人から処分を許された財産の処分、③法定代理人から営業の許可を受けた特定の行為は、未成年者でも単独で行うことができます（5条1項・3項、6条1項）。

> **神田Tのアドバイス❸**
>
> AがCの同意を得て契約している場合、その契約は有効です。

> **ひっかけ 注意! ※2**
>
> 未成年者AがCに無断で行った契約を「契約相手のBからも取消しできる」として誤りとするパターンに注意。取消しは未成年者保護のための仕組みですから、AやCには認められますが、Bには認められていないからです。

> **語句 ※3**
> **追認**
> 取消しの対象となる行為を後から認めて有効なものにすること。

第2編 民法
CH1 総則
SEC2 能力

137

(2) 取消し

　未成年者が法定代理人の同意なく行った契約は取り消すことができます(5条2項)。そして、取り消された行為は最初からなかったものとして扱われます(121条)。そのため、すでに受け取ったものがあれば、これを相手方に返さなければなりません(121条の2第1項)。

　未成年者Aが親Cの同意を得ずにBに時計を20万円で売却し、すでにもらったお金のうち7万円を浪費※1していた場合を例に、この契約を取り消したときにAが返還しなければならない範囲について見てみましょう。

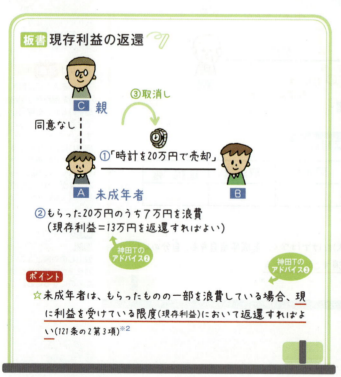

神田Tのアドバイス❶
売買契約が取り消された場合、契約は白紙になるので、売主は、受け取った代金があれば返さなければなりません。一方、すでに買主に渡した物は返してもらえるし、まだ物を渡していなければ渡す必要がなくなります。

語句 ※1
浪費（ろうひ）
ギャンブルや遊び代などにお金を無駄遣いすること。

足りない分をどこからか調達してからでないと時計が返ってこないよりも、今手元にある分だけ返せば時計を返してもらえる仕組みの方が未成年者の保護になるからです。

現存利益の返還でよいとしているのは未成年者保護のための仕組みです。相手方が返還するときは、未成年者との契約だからという理由で現存利益の返還でよいとはなりません。

ひっかけ 注意！ ※2
「契約相手のBからの返還も、未成年者を理由とする取消しだから現存利益の返還でよい」として誤りとするパターンに注意。

(3) 追認

　未成年者が親に無断で行った契約は、必ず取り消さなければならないわけではなく、親が追認することで、この契約を有効と確定させることもできます。なお、未成年者自身が単独で追認することはできません。

　未成年者Aが親Cの同意を得ずにBと契約をした場合を例に、CやAがこの契約を取消し・追認できるかについて見てみましょう。

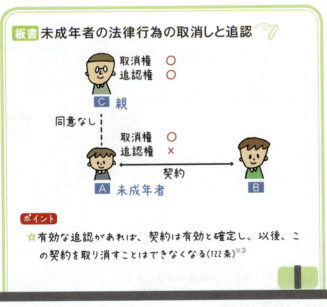

C 親	取消権 ○ / 追認権 ○
A 未成年者	取消権 ○ / 追認権 ×

ポイント
☆ 有効な追認があれば、契約は有効と確定し、以後、この契約を取り消すことはできなくなる（122条）※3

取り消すことができる行為の追認は、取消しの原因となっていた状況が消滅し、かつ、取消権を有することを知った後にしなければ、その効力を生じません（124条1項）。つまり、未成年者でなくなった後（成年者になってから）でなければ、本人は追認できません。

Advance ※3 2回転目に読む
追認の意思表示をしなくても、追認できる時以後に、「履行をする」とか「履行の請求をする」など取り消すつもりがあればしないような行為をしたときは、追認したものとみなされます（法定追認、125条）。

Ⅲ 後見・保佐・補助

　社会の中には、成年であっても、病気によって事理を弁識する能力が十分に備わっているとはいえない者もいます。これらの者についても、1人で取引をさせず、保護者をつけて能力不足を補い、勝手に取引をしてしまっても、これを取り消してその行為をなかったことにできる仕組みが必要といえ

ます。

　精神上の障害により行為能力が制限されている者は、その能力不足の程度によって、成年被後見人（ほとんどの行為が単独でできない）、被保佐人（重要な行為だけが単独でできない）、被補助人（重要な行為の一部が単独でできない）の3種類に分かれています。

　ここでは、これらの者が法律行為を行うときのルールについて学習していきましょう。

通常人の能力を100として、後見はほとんど0、保佐は10～20ぐらい、補助は70～80ぐらいの能力というイメージで！

成年被後見人・被保佐人・被補助人は重複できませんので、保佐開始の審判を受け被保佐人である者が同時に成年被後見人にもなるということはできません。この場合、後見開始の審判をするには保佐開始の審判を取り消す必要があります。

(1) 成年被後見人

　成年被後見人は、原則として単独で売買契約などの法律行為を行うことはできません。保護者である成年後見人が代理して行います。もし、成年被後見人が勝手に法律行為を行った場合、その行為は取消しの対象となります（9条本文）。

成年被後見人自身も取消しはできますが、追認はできません。保護者である成年後見人は取消しも追認もできます。

　父Aを成年被後見人とし、息子Bが保護者となる場合を例に、成年後見のルールについて見てみましょう。

板書 成年被後見人

大人でも、判断能力が足りない場合には保護の必要はあるため、保護者をつけて保護してあげることと、勝手に契約したら取り消すことができる仕組みがある

事理を弁識する能力がなくなってきた

心配…
1人で契約できるままにしておくと危ない

A 父

B 息子

↓ そこで

父Aに後見開始の審判を受けさせ、単独でできる法律行為を制限する

↓ その結果

父Aは単独で契約できなくなる
父Aが勝手にした契約は、取り消して、なかったことにできる

後見開始の審判の請求権者

本人、配偶者、4親等内の親族、未成年後見人、未成年後見監督人、保佐人、保佐監督人、補助人、補助監督人、検察官（7条）

後見開始の要件

実体	＋	手続
事理弁識能力を欠く常況		家庭裁判所の後見開始の審判

保護者の権限（成年後見人）

代理権	同意権	取消権	追認権
○	×	○	○

保護者のルール

☆成年後見人の選任：複数○・法人○
☆成年後見人の辞任：正当な事由あり＋家庭裁判所の許可（844条）
☆後見監督人※1の選任：任意※2（849条）

ポイント

☆成年被後見人が勝手に行った法律行為は、取り消すことができるが、日用品の購入その他日常生活に関する行為は、例外的に単独でできる行為とされているため、勝手に行っても取り消すことができない（9条）

能力を欠く常況になれば自動的に成年被後見人になるわけではなく、取引に制限をかけるには、家庭裁判所できちんと手続をとる必要があります。制限をはずすときも後見開始の審判の取消しという手続が必要になります。そして、後見開始の審判を受けることで取引に制限をかけられますが、その審判の前にしていた行為まで取消しができるようになるわけではありません。

子や親は1親等、兄弟姉妹は2親等、伯父・伯母や甥・姪は3親等、従兄弟・従姉妹が4親等です。

語句 ※1
後見監督人
後見人の事務を監督する者のこと。監督機能が期待できないため、後見人の配偶者、直系血族、兄弟姉妹は、後見監督人となることはできません（850条）。

  ※2
「家庭裁判所が後見開始の審判をするときに成年後見監督人も選任しなければならない」として誤りとするパターンに注意。

☆成年後見人に同意権はないため、成年被後見人が成年後見人の同意を得て契約しても、その契約はなお取消しの対象となる※1

ひっかけ注意！ ※1
未成年者の保護者と異なり、成年後見人には同意権はないので、「同意があれば有効に契約できる」として誤りとするパターンに注意。

(2) 被保佐人

　精神上の障害により行為能力を制限される者には、成年被後見人のほかに、被保佐人といった類型もあります。被保佐人の保護者は保佐人と呼ばれます。

　被保佐人が不動産の売買契約など民法13条1項に挙げられている行為を行うには、<u>保佐人の同意が必要</u>となります。もし、被保佐人がこれらの行為を勝手に行ったときは、<u>取消し</u>の対象となります。

　<u>父Aを被保佐人とし、息子Bが保護者となる場合</u>を例に、<u>保佐のルール</u>について見てみましょう。

神田Tのアドバイス❶
後見の場合、原則単独NG・例外OKという発想なのに対して、保佐の場合、原則単独OK・例外NGという発想です。能力を欠く常況にあるわけではないから、法律行為に制限をかけるのは一定の行為だけにしているわけです。

142

その結果

父Aは対象となる行為は単独でできなくなる
父Aが勝手に当該行為を行った場合、取り消して、なかったことにできる

保護者の権限（保佐人） 神田Tのアドバイス❷

代理権	同意権	取消権	追認権
△	○	○	○

※△＝原則なし、ただし審判で設定可

■ルール

13条1項に規定されている行為（重要な財産上の行為）は、単独で行うことはできず、保佐人の同意が必要とされる

13条1項所定の行為の例

例
- 元本を領収する
- 借金をする、保証人になる
- 不動産などの重要な財産の売買をする
- 贈与をする
- 相続の承認や放棄をする

ポイント

☆ 被保佐人が、保佐人の同意なく、13条1項所定の行為を行ったときは、取り消すことができる（13条4項）※2, 3
☆ 保佐人は、元々は代理権を有していないが、家庭裁判所の代理権付与の審判により付与することができる（被保佐人本人以外の請求で審判を行う場合、本人の同意が必要となる）（876条の4）

神田Tのアドバイス❷

保佐人も、後見人同様、複数選任でき、法人も選任できます。

神田Tのアドバイス❸

保佐人は、後見人と違って、当然に代理権を有しているわけではなく、代理権付与の審判により代理権が認められます。

神田Tのアドバイス❹

13条1項1号〜10号に規定されていない行為は、被保佐人は、保佐人の同意なく単独で行うことができます。

Advance ※2
2回転目に読む

13条1項所定の行為以外の行為でも、家庭裁判所の審判で、保佐人の同意が必要なものとして追加することもできます（13条2項）。

Advance ※3
2回転目に読む

13条1項所定の行為でも、保佐人が被保佐人の利益を害するおそれがないにもかかわらず同意をしないときは、保佐人の同意に代わる家庭裁判所の許可を得ることで有効な行為として行うこともできます（13条3項）。

(3) 被補助人

補助人も、後見人・保佐人同様、複数選任でき、法人も選任できます。

精神上の障害により行為能力を制限される者には、成年被後見人や被保佐人のほかに、被補助人という類型もあります。被補助人の保護者は補助人と呼ばれます。

被補助人が民法13条1項で規定されている行為のうち家庭裁判所の審判で定めた特定の行為を行うには、<u>補助人の同意が必要</u>となります。もし、被補助人がこれらの行為を勝手に行ったときは、<u>取消し</u>の対象となります。

<u>本人以外の者の請求により、補助開始の審判をするときや代理権付与の審判をする場合</u>を例に、本人の同意が必要となるかについて、被保佐人と被補助人で比較しながら見てみましょう。

被保佐人は13条1項に挙げられているものは全部単独で行えないですが、被補助人は13条1項に挙げられているものの一部が単独で行えないだけです。被補助人は一般人に比べ能力が不足していますが、被保佐人よりは能力の程度は高いので、重要な行為の中から審判で指定されたものだけが単独ではできないものとされています。

ひっかけ 注意! ※1
本人以外の者の請求による場合に本人の同意が必要なのは補助開始の審判、不要なのは保佐開始の審判です。これを逆にして誤りとするパターンに注意。

板書 本人の同意の要否

保護したい
B
A
開始の審判の請求
代理権付与の審判の請求
家庭裁判所

Bが請求する場合、Aの同意を要するか？

	被保佐人	被補助人
開始の審判※1	不要	必要
代理権付与の審判	必要	必要

ポイント
☆ <u>本人以外の者の請求により補助開始の審判をするには、本人の同意がなければならない</u>（15条2項）

保佐の場合、「開始」の審判を本人以外の者の請求で行う場合には本人の同意は不要ですが、「代理権付与」の審判の場合は必要となります。

制限行為能力者の保護者（親権者・未成年後見人、成年後見人、保佐人、補助人）が有する権限をまとめると、次の表のようになります。

	代理権	同意権	取消権	追認権
親権者・未成年後見人 （未成年者の保護者）	○	○	○	○
成年後見人 （成年被後見人の保護者）	○	×	○	○
保佐人 （被保佐人の保護者）	△	○	○	○
補助人 （被補助人の保護者）	△	△	△	△

○：あり　×：なし　△：原則なし、ただし審判で設定可

> 未成年後見人も、成年後見人同様、複数選任でき、法人も選任できます。

IV 相手方の催告権

制限行為能力者と取引をした相手方は、契約を取り消されて、なかったことにされるかもしれないという不安定な状況に置かれます。

このような相手方の保護のため、相手方には、追認するかしないかの返事を求めて1か月以上の期間を定めて**催告**※2 をする権利が認められています（20条）。

そして、催告に対する返事があればそれに従えばよいので、民法では、返事がなかったときにどう扱うかについての規定が設けられています。

語句 ※2
催告
相手に対して一定の行為をするよう求めること。

①未成年者自身に催告した場合、②未成年者の親に催告した場合、③未成年者が成年になった後で本人に催告した場合に分けて、返事がないときに法律上どのように扱われることになっているかをチェックしましょう。

未成年者Aが親Cの同意を得ずにBと契約したところ、Bが、親Cに対して、子どものした契約を追認するかどうか返事をしてほしいと催告した場合を例に、親Cが期間内に返事をしなかったときはどのように扱われるかについて見てみましょう。

板書 相手方の催告権（未成年者との取引の場合）

期間内に返事をしないとき
→追認とみなす※1

手紙を送る
子どものした契約を認めるかどうか返事して

C 親
同意なし
A 未成年者
取り消されれば無効、追認があれば有効
契約
B
早くどっちかはっきりしてほしい

ポイント
☆ 親Cに催告したときに返事がなければ追認とみなす
☆ 未成年者A自身に催告をしても意味がなく、返事がなくても追認とみなされない

神田Tのアドバイス❶
Cが追認すると返事をすれば追認と扱い、取り消すと返事をすれば取消しと扱えばよいわけですが、返事がないときにどうするかは法律で決めておいた方がよいので、追認みなしにするというルールが設定されています。

語句 ※1
みなす
実際はどうかわからないが、法律上、一定の事実があるものとして扱うこと。仮に反証があったとしてもその取扱いは変わりません。
⇔推定する：法律上、一定の事実があるものとして扱うが、反証があればそれに即して取扱いが変わります。

　相手方の催告に対して返事をしなかったときにどうなるかを、4種類の制限行為能力者の類型ごとにまとめると、次の表のようになります。

契約者の状況	催告する相手	契約者			
		未成年者	成年被後見人	被保佐人	被補助人
能力者となった後	本人	○	○	○	○
制限行為能力者のまま	保護者	○	○	○	○
	本人	×	×	△	△

○：追認みなし　△：取消しみなし　×：効果なし

未成年者や成年被後見人と取引した場合、本人ではなくて、法定代理人に催告しなければ、追認みなしとはなりません。

V 詐術

制限行為能力者が、自らが行為能力者であると信じさせるため**詐術**を用いたときは、その行為を取り消すことはできなくなります（21条）。

未成年者Aが、自らを成年者であると信じさせるため詐術を用い、親の同意を得ずにBから借金をした場合を例に、Aがこの契約を取り消すことができるかについて見てみましょう。

例えば、被保佐人から土地を購入した相手方は、被保佐人に対して、所定の期間内にその保佐人の追認を得るべき旨の催告をすることができ、この場合、被保佐人がその期間内にその追認を得た旨の通知を発しないときは、その行為を取り消したものとみなされます（20条4項）。

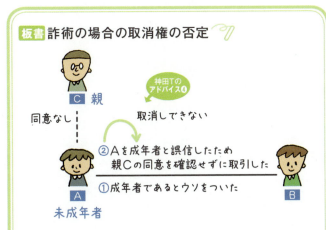

板書 詐術の場合の取消権の否定

取消権は未成年者保護のために認められたものだから、AがBからお金を借りるにあたり、身分証のコピーを提示する際、成年者と思われるよう生年月日を加工して提示し、相手方を欺いて契約した場合のように詐術を用いるような者なら保護してあげなくてもよいと考えましょう。

> **ポイント**
> ☆ 「詐術」を用いた場合は、取り消すことができなくなる(21条)
> ☆ 単に黙秘しているだけであれば「詐術」にはあたらないため、この場合は取り消すことができる[※1](最判昭44.2.13)
> ☆ 黙秘していた場合でも、他の言動などとあいまって相手を誤信させまたは誤信を強めさせたときは「詐術」にあたる (最判昭44.2.13)

 R2-27-5

制限行為能力者が、相手方に制限行為能力者であることを黙秘して法律行為を行った場合であっても、それが他の言動と相まって相手方を誤信させ、または誤信を強めたものと認められるときは、詐術にあたる。

○ 黙秘が他の言動と相まって相手方を誤信させ、または誤信を強めたものと認められるときは「詐術」にあたる。

CHAPTER 1 総則

SECTION 3 失踪宣告

このSECTIONで学習すること

1 失踪宣告

失踪宣告って何？ 宣告があるとどうなるの？ 宣告を取り消したときの法律関係は？

1 失踪宣告

重要度 ★☆☆

I 失踪宣告

　失踪宣告は、生死不明状態が長く続く場合、その者を死亡したとみなし、残された者が相続や再婚ができるようにする制度です。

　ここでは、失踪宣告制度をどんなときに利用できるか、失踪宣告したらどうなるかについて学習していきましょう。

　夫の生死不明が一定期間続くため、妻が失踪宣告を請求した場合を例に、失踪宣告の法律関係について見てみましょう。

板書 失踪宣告

普通失踪	生死不明の期間（30条1項） 夫の生死が7年間明らかでないとき 死亡とみなされる時点（31条） 7年の期間満了時 ※1
特別失踪	生死不明の期間（30条2項） 戦地に臨んだ者、沈没した船舶の中に在った者その他死亡の原因となるべき危難に遭遇した者の生死が、それぞれ、戦争が止やんだ後、船舶が沈没した後またはその他の危難が去った後1年間明らかでないとき 死亡とみなされる時点（31条） 危難が去った時

ポイント
☆夫が別の場所で生存していた場合、失踪宣告を受けたからといって、夫が契約できなくなったりするわけではない

II 失踪宣告の取消し

　失踪宣告がされても、失踪者がどこかで生存しているかも

神田Tのイントロ

失踪宣告は重要ではありませんが、失踪宣告を受けても権利能力や行為能力がなくなるわけではないことや、失踪宣告が取り消されたときの法律関係を確認しておきましょう。

神田Tのアドバイス①

後見開始の審判について定めた7条や不在者の財産の管理について定めた25条1項では、請求権者に検察官も入っていますが、失踪宣告の場合、請求権者は利害関係人とされており、検察官は入っていません（30条1項）。

ひっかけ注意！ ※1

死亡とみなされる時点をずらして「失踪宣告を受けた時」として誤りとするパターンに注意。

しれません。その後、失踪者が家族のもとに戻ってきたときはどうすればよいのでしょう。

<u>夫Aが失踪宣告を受け、妻Bが夫Aの土地を相続したが、その後夫Aの生存が確認できたので、失踪宣告を取り消した場合を例に、妻Bが相続した財産の返還や、妻Bが再婚していたときの法律関係について見てみましょう。</u>

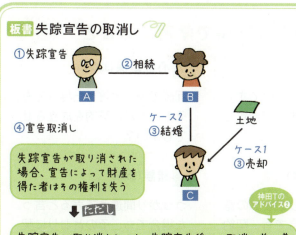

板書 失踪宣告の取消し

①失踪宣告　②相続　A　B
④宣告取消し　ケース2 ③結婚　土地　ケース1 ③売却　C

失踪宣告が取り消された場合、宣告によって財産を得た者はその権利を失う

↓ ただし

失踪宣告が取り消されても、失踪宣告後その取消し前に善意※2でした行為の効力には影響を及ぼさない（32条1項）

ケース	事例	結論
ケース1 財産関係	Aが失踪宣告を受け、妻Bが相続したAの土地をCに売却した後、Aの宣告が取り消された場合	BCどちらも善意の場合、土地はCのものとなる
ケース2 婚姻関係	Aが失踪宣告を受け、妻BがCと再婚後、Aの宣告が取り消された場合	BCどちらも善意の場合、ABの婚姻は復活せず、BCの婚姻は有効のまま※3

神田Tのアドバイス

神田Tのアドバイス

取消しにより、失踪宣告による財産上・身分上の変動はなかったことになります。ただし、BやCの保護も考慮し、一定の修正が加えられていると考えましょう。

語句 ※2
善意
法律上の善意とは、ある事実を知らないことを意味します。
⇔悪意：ある事実を知っていること。

Advance ※3
2回転目に読む
BCのいずれかが悪意の場合、前婚が復活して重婚状態になり、BCの婚姻の取消原因となります。

第2編 民法

CHAPTER 1 総則

SECTION
4 意思表示

このSECTIONで学習すること

1 意思表示

売買契約は「売りたいです」と「買いたいです」が合致したら成立するよ

2 心裡留保（93条）

冗談で売ると言った場合でも、そのとおりに契約を成立させてもよい？

3 虚偽表示（94条）

2人で悪だくみしてウソの意思表示をした場合でも、契約は成立するの？

4 錯誤（95条）

うっかり間違えて売ると言った場合でも、そのとおりに契約を成立させてもよい？

5 詐欺（96条）

だまされて契約してしまった場合は、保護されるの？

6 強迫（96条）

強迫されて契約してしまった場合は、保護されるの？

7 無効と取消し

契約が無効になるときと取消しできるときのルールはどう違うの？

152

1 意思表示

重要度 ★★★

Ⅰ 意思表示

意思表示とは、自分の意思を表示することです。

契約は、申込みの意思表示に対して承諾の意思表示があることで成立します。例えば、AB間の売買契約の場合、Aが「売りたい」と思っているから「売ります」と申込み、これに対してBが「買いたい」と思っているから「買います」と承諾することで成立します。

しかし、AがBに「売ります」と申込み、これに対してBが「買います」と承諾した場合でも、その裏にはさまざまな事情が隠れていることがあります。ここでは、これらの事情について見てみましょう。

「売る」という表示に対応する「売りたい」という意思がない	Aが「売るつもりがない」のに冗談で「売ります」と言った	**2 心裡留保**
	AとBで通謀して売買契約を仮装した	**3 虚偽表示**
	Aが間違えて売ると言ってしまった	**4 錯誤**
「売る」という表示に対応する「売りたい」という意思はあるが、意思の形成過程に他人の不当な干渉がかかっている	AがBからだまされて「売りたい」と思わされた	**5 詐欺**
	AがBから強迫されて「売りたい」と思わされた	**6 強迫**

Ⅱ 効力発生時期

意思表示は、その通知が相手方に到達した時からその効力を生じます(97条1項)※1。つまり、意思表示の効力発生については到達主義が採られています。

第2編 民法

CH 1 総則

SEC 4 意思表示

神田Tのイントロ

このSECTIONで学習する内容が、心裡留保、虚偽表示、錯誤、詐欺、強迫の5種類であることを確認しておきましょう。5肢択一では平成29年は錯誤、平成27年は虚偽表示と心裡留保、平成26年は詐欺と強迫、平成25年は錯誤を題材とした出題が、記述式では令和2年に詐欺を題材とした出題がされています。

Advance ※1
2回転目に読む

相手方が正当な理由なく意思表示の通知が到達することを妨げたときは、その通知は、通常到達すべきであった時に到達したものとみなされます(97条2項)。ポストに入っている不在通知を放置して受け取らないようにした場合をイメージ。

153

2 心裡留保（93条）

重要度 ★☆☆

神田Tのイントロ
心裡留保は重要ではありませんが、原則が有効、例外が悪意または有過失で無効という仕組みは確認しておきましょう。

心裡留保は、表意者（意思表示をする者）が、ホントはそんなつもりがないのに意思表示をすることです。例えば、冗談で「売る」と言った場合がこれにあたります。

ここでは、このような心裡留保による意思表示の効力について学習していきましょう。

Aが本当はそのつもりがないのに冗談でお気に入りの高級時計を「5万円で売る」とBに言ったところ、Bが「買う」と返事をした場合を例に、AB間の契約は有効といえるかについて見てみましょう。

条文チェック ※1
93条1項では、「意思表示は、表意者がその真意ではないことを知ってしたときであっても、そのためにその効力を妨げられない。ただし、相手方がその意思表示が表意者の真意ではないことを知り、又は知ることができたときは、その意思表示は、無効とする。」と規定されています。また、同条2項では「前項ただし書の規定による意思表示の無効は、善意の第三者に対抗することができない。」と規定されています。

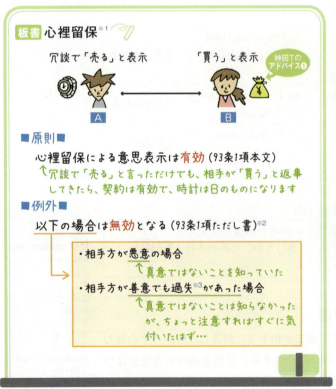

神田Tのアドバイス❶
でまかせを言ったAとそれを信じて取引したBならBの方が保護されるべきというイメージで！

Advance ※2
2回転目に読む
養子縁組の場合、心裡留保の規定は適用されません（最判昭23.12.23）。縁組意思が存在しなければ養子縁組は無効です。

語句 ※3
過失
不注意のこと。

3 虚偽表示（94条） 重要度★★★

I 虚偽表示の効力

虚偽表示は、相手方と示し合わせてウソの意思表示をすることです。例えば、差押え※4を免れるために友人とグルになって土地を売ったことにして土地の名義を友人に移しておく場合がこれにあたります。

ここでは、このような虚偽表示による意思表示の効力について学習していきましょう。

Aが、債権者Sからの差押えを免れるため、友人のBと通謀して、本当は売買するつもりがないのに、売買契約があったように仮装して、A所有の土地をBに売った場合（仮装譲渡）を例に、AB間の契約は有効といえるかについて見てみましょう。

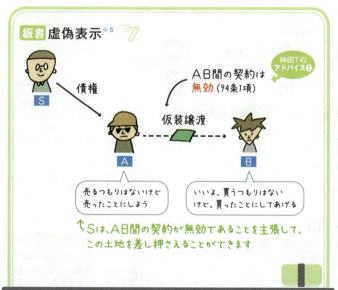

神田Tのイントロ

94条2項に関するルールを重点的におさえましょう。具体的には、無効主張できなくなるのはどんなとき か、第三者に該当するかどうか、該当するとして保護されるためには何が必要かを確認しましょう。

語句 ※4
差押え
国家権力が債務者の財産の処分を禁止すること。

条文チェック ※5
94条1項では、「相手方と通じてした虚偽の意思表示は、無効とする。」と規定されています。

神田Tのアドバイス②
心裡留保の場合は相手方Bの保護を考える必要もありましたが、虚偽表示の場合、通謀しているBを保護する必要はないので、無効にしているというイメージで！

II 第三者との関係

(1) 善意の第三者保護

　虚偽表示による意思表示の無効は、善意の第三者に対抗することはできません(94条2項)。

　AがBに仮装譲渡した土地について、BがこれをCに転売した場合を例に、第三者が登場したときの法律関係について見てみましょう。

板書 虚偽表示と第三者※1

ケース
AがBと通謀してA所有の土地をBに仮装譲渡したところ、Bが同土地をCに売却していた場合、Aは、AB間の契約が無効であることをCに対抗できるか？

↳ 虚偽表示によるものなので無効だが、
善意の第三者に対しては、無効を対抗できない
(94条2項)

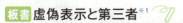

 　仮装譲渡→　 　転売→　
　A　　　　　　　　　　B　　　　　　　　　　C

Cが善意の場合	Cが悪意の場合
無効を対抗できない	無効を対抗できる
Aは、Cに対して、「土地を返してくれ」と言えない	Aは、Cに対して、「土地を返してくれ」と言える

ポイント
☆ 「第三者」が保護されるには、善意であればよく、登記を備えているかどうかや、過失があるかないかは問わない※2

条文チェック ※1
94条2項では、「前項の規定による意思表示の無効は、善意の第三者に対抗することができない。」と規定されています。

神田Tのアドバイス❶
Bの保護はいらないけど、善意の第三者Cの保護は考えてあげなければいけないというイメージで！

神田Tのアドバイス❷
Aからだけでなく、Bからも、善意のCに対する無効の主張はできません。逆に、Cからは、ABのした契約の無効を主張することは可能です。

ひっかけ注意！ ※2
第三者は善意であれば保護されるため、「第三者が保護されるのに過失がないことも必要である」として誤りとするパターンに注意。

A・B以外の者で新しく法律関係に入ってきた者は**第三者**にあたります。AがBに仮装譲渡した土地について、Cが第三者にあたるかどうかをまとめると、次の表のようになります。

Cが第三者にあたるときは「Cが善意だとABは無効を対抗できない」、Cが第三者にあたらないときは「Cが善意でもABは無効を対抗できる」と覚えます。

「第三者」にあたる	「第三者」にあたらない
・その土地をBから譲り受けたC	・Bの単なる債権者C ←Cは新しく法律関係に入ったとはいえない
・その土地を差し押さえたBの債権者C	・その土地上にBが所有する建物を借りたC ←Cは土地について法律関係に入ったとはいえない
・その土地に抵当権の設定を受けたBの債権者C	

(2) 94条2項類推適用

　AB間で通謀して虚偽の意思表示が行われたわけではなく、Aが勝手に登記をB名義にしただけの場合でも、94条2項を類推適用することで、善意の第三者の保護が図られます。

Ⅲ 転得者※3の登場

　続いて、AがBに仮装譲渡した土地について、BがこれをCに転売し、さらに、CからDに転売された場合を例に、転得者との関係について見てみましょう。

語句 ※3
転得者
第三者から転売によって購入した者などのこと。

転得者との関係は、まだ試験で出題されたことはありませんが、次の出題パターンとして想定し、その処理をおさえておきましょう。

板書 転得者との関係

ケース1
AがBに仮装譲渡した土地について、Bから悪意のCに売却され、さらにCから善意のDに売却された場合、AはDに無効を対抗できるか？

↳Aは、Dに無効を対抗できない
　土地はDのものとなり、Aは、Dに対して「無効だから土地を返してくれ」と言えない

転得者Dも94条2項の「第三者」に含まれます。Dが善意なのでDが善意の第三者として保護されます。

Bから土地を譲り受けたCが善意の第三者として保護され土地はCのものになります。それをCがDに売却しただけであり、Dが悪意だからといってAが無効主張可能になって土地がAのところに戻る理由にはなりません。

いったん第三者側に善意者が登場すれば、それ以降の人間が悪意でも、第三者側のものになるというイメージで！

例題　　　　　　　　　　　　　　　　　　　H20-27-エ

（Aが自己の所有する甲土地をBと通謀してBに売却（仮装売買）した場合）
Bが甲土地につきAに無断でEのために抵当権を設定した場合に、Aは、善意のEに対して、A・B間の売買の無効を対抗することができない。

○　Eは「第三者」にあたり、「善意」なので、AはEに対して無効を対抗できない。

4　錯誤（95条）　重要度 ★★★

I　錯誤取消し

　錯誤は、うっかり勘違いをして意思表示をしてしまうことです。例えば、売るつもりがなかったものを間違えて売ると表示してしまった場合がこれにあたります。
　ここでは、錯誤による意思表示の効力について学習していきましょう。

神田Tのイントロ

錯誤は改正（令和2年4月施行）により大きくルールが変わりました。取消しを主張できるのはどんなときか、誰が主張できるか、いつまでに主張すればよいか、動機の錯誤、第三者との関係を確認しましょう。

白い時計と黒い時計を所有しているAは、重大な過失はなく白い時計を売るつもりで間違えて黒い時計を売るとBに言ったところ、Bが黒い時計を買うと返事をした場合を例に、Aは黒い時計の売買契約の取消しを主張できるかについて見てみましょう。

条文チェック ※1

95条1項では、「意思表示は、次に掲げる錯誤に基づくものであって、その錯誤が法律行為の目的及び取引上の社会通念に照らして重要なものであるときは、取り消すことができる。
一　意思表示に対応する意思を欠く錯誤
二　表意者が法律行為の基礎とした事情についてのその認識が真実に反する錯誤」
と規定されています。

板書 錯誤取消し ※1

間違えて黒い時計を「売る」と表示　　　「買う」と表示

 黒い時計を売却 →

錯誤　A　取消し○　B

白い時計を売るつもりで、うっかり間違えた

ポイント

☆ 意思表示が、その表示に対応する意思を欠く錯誤に基づくものであって、その錯誤が法律行為の目的および取引上の社会通念に照らして重要なものであるときは、取り消すことができる(95条1項1号)

☆ 錯誤が表意者の重大な過失※2によるものであった場合、原則として、錯誤による意思表示の取消しをすることはできない(95条3項)

☆ 取消しは誰でもできるわけではなく、錯誤に陥っているAは取消しできるが、Bは取消しできない(120条2項)※3、4

☆ 取消しはいつまででもできるわけではなく、追認することができる時から5年または行為の時から20年経過した場合、取消しできなくなる(126条)
　→30年後に錯誤に気づいたとしてもそこから5年は取消しできるとはならない

語句 ※2

重大な過失
不注意の程度が重いこと。

条文チェック ※3

120条1項では、「錯誤、詐欺又は強迫によって取り消すことができる行為は、瑕疵ある意思表示をした者又はその代理人若しくは承継人に限り、取り消すことができる。」と規定されています。

ひっかけ注意！ ※4

錯誤取消しを主張できる人物を「表意者本人と契約の相手方のいずれもOK」として誤りとするパターンに注意。

神田Tのアドバイス❸

錯誤の場合、追認できる時は、錯誤に気づいて取消権を有することを知った時です。

Ⅱ 動機の錯誤

　表意者が法律行為の基礎とした事情についてのその認識が真実に反する錯誤に基づく意思表示も、その錯誤が法律行為の目的および取引上の社会通念に照らして重要なものであるときは、取り消すことができます（95条1項2号）。

　ただし、この場合、意思表示の取消しができるのは、その事情が法律行為の基礎とされていることが<u>表示</u>されていたときに限られます（95条2項）。

> 神田Tのアドバイス❶
> 例えば、CのBに対する借金をAが保証するにあたり、AはCから他にも保証人がいると言われたのでBと保証契約を結んだが、実際そんな人物はいなかった場合が動機の錯誤の事例といえます。

> 神田Tのアドバイス❷
> 動機の錯誤は、動機が「表示」されているかどうかが、取消しを主張できるかどうかのポイントです。表示は明示的でなくても黙示的な表示でもOKです。

Ⅲ 重大な過失がある場合

　錯誤が表意者の重大な過失によるものであった場合、表意者は、錯誤により意思表示を取り消すことはできませんが、<u>①相手方が表意者に錯誤があることを知り、または重大な過失によって知らなかったとき、②相手方が表意者と同一の錯誤に陥っていたとき</u>であれば、取り消すことができます（95条3項）。

Ⅳ 第三者の保護

　<u>錯誤による意思表示の取消しは、善意無過失の第三者に対抗することはできません</u>（95条4項）。

> 神田Tのアドバイス❸
> 錯誤の場合、心裡留保や虚偽表示と違って、原権利者がわざとやっているわけではないので、第三者保護規定には善意だけではなく無過失まで要求しています。

例題　　　　　　　　　　　　　　　　　　　　　　　H8-27-3改

Aは、土地売買の際に、重大な過失から錯誤を生じ、Bの所有する土地を買う意思表示をしてしまった。このとき、相手方Bがこの錯誤について悪意であったとしても、Aは、当該土地売買の契約を取り消すことができない。

　✕　相手方が悪意であれば、Aは、重過失があっても、この契約を取り消すことができる。

5 詐欺（96条）　重要度 ★★★

詐欺による意思表示は、取消しの対象となります（96条1項）。

ここでは、詐欺による意思表示の効力について学習していきましょう。

AがだまされてBに土地を売った場合を例に、Aは契約の取消しを主張できるかについて見てみましょう。

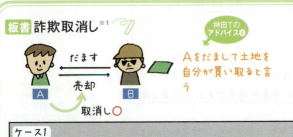

第三者の詐欺による意思表示は、相手方がその事実を知り、または知ることができたときに限り、取り消すことができる（96条2項）※2

Bが善意無過失の場合	Bが悪意または有過失の場合
取消しできない	**取消しできる**
↑Aは、Bに対して「土地を返してくれ」と言えない	↑Aは、Bに対して「土地を返してくれ」と言える

神田Tのイントロ

詐欺による取消しは、誰が主張できるか、いつまでに主張すればよいか、第三者による詐欺、第三者との関係を確認しましょう。過去には記述式で、第三者による詐欺を題材とした出題がされたことがあります。

条文チェック ※1

96条1項では、「詐欺又は強迫による意思表示は、取り消すことができる。」と規定されています。

神田Tのアドバイス❷

だまされたことに気付いた後で履行をしたなど125条の法定追認事由があれば追認とみなされ、取消しできなくなります。一方、だまされたことに気付く前に法定追認事由に該当する行為をしても追認とはみなされないため、なお取消しできます。

条文チェック ※2

96条2項では、「相手方に対する意思表示について第三者が詐欺を行った場合においては、相手方がその事実を知り、又は知ることができたときに限り、その意思表示を取り消すことができる。」と規定されています。

ケース2
AがBからだまされてBに土地を売り、Bがこの土地をCに転売していた場合、Aは契約の取消しをCに対抗できるか？

↳ 詐欺による意思表示の取消しは、善意無過失の第三者に対抗することはできない(96条3項)※1

Cが善意無過失の場合	Cが悪意または有過失の場合
取消しを対抗できない	取消しを対抗できる
↑Aは、Cに対して「土地を返してくれ」と言えない	↑Aは、Cに対して「土地を返してくれ」と言える

ポイント
- ☆ 土地の登記名義を自分のところに移してあるかどうかは関係なく、第三者が善意無過失であれば96条3項で保護される
- ☆ 取消しは誰でもできるわけではなく、だまされたAは取消しできるが、だましたBは取消しできない(120条2項)
- ☆ 取消しはいつまででもできるわけではなく、追認することができる時から5年または行為の時から20年経過した場合、取消しできなくなる(126条)※2
  - → 30年後に詐欺に気づいたとしてもそこから5年は取消しできるとはならない

条文チェック ※1
96条3項では、「前二項の規定による詐欺による意思表示の取消しは、善意でかつ過失がない第三者に対抗することができない。」と規定されています。

ひっかけ注意! ※2
「行為の時から5年経過しただけで取消しできない」として誤りとするパターンに注意。「いつから○年」とセットで覚えると間違いにくくなります。

神田Tのアドバイス❶
詐欺の場合、追認できる時は、騙されたことに気づいて取消権を有することを知った時です。

例題 H26-28-4改

（Aが自己所有の甲土地をBに売却する旨の契約が締結された場合）
AがEの詐欺によって本件売買契約を締結した場合、この事実をBが知らず、かつ知らなかったことにつき過失がなかったときでも、AはEの詐欺を理由として本件売買契約を取り消すことができる。

✕ 第三者による詐欺の場合なので、Bが悪意または有過失のときは取消しできるが、善意無過失のときは取消しできない。

6 強迫(96条)　重要度★★★

強迫による意思表示は、取消しの対象となります(96条1項)。

強迫とは、他人に害悪を示して恐怖の念を生じさせることです。

ここでは、強迫による意思表示の効力について学習していきましょう。

Aが強迫されて土地をBに売った場合を例に、Aは契約の取消しを主張できるかについて見てみましょう。

> **神田Tのイントロ**
> 強迫による取消しは、誰が主張できるか、いつまでに主張すればよいか、第三者による強迫、第三者との関係を、詐欺の場合と比較しながら確認しましょう。

板書 強迫取消し ※3

Aに恐怖の念を生じさせて土地を自分が買い取ると言う

ケース1
AがCから強迫されてBに土地を売った場合、Aは契約を取り消すことができるか?

↳ 第三者の強迫による意思表示は、<u>相手方がその事実を過失なく知らなかったとしても、取り消すことができる</u>(96条2項は強迫について規定していない)

> **条文チェック** ※3
> 96条1項では、「詐欺又は強迫による意思表示は、取り消すことができる。」と規定されています。

> **神田Tのアドバイス**
> 詐欺の場合には、相手方が悪意または有過失のときにしか取り消すことができないことと比較! 詐欺の場合はだまされる方も悪いけど、強迫された人には責任があるとはいえないからです。

Bが善意無過失の場合	Bが悪意または有過失の場合
取消しできる ※1 ↑Aは、Bに対して「土地を返してくれ」と言える	取消しできる ↑Aは、Bに対して「土地を返してくれ」と言える

ケース2
AがBから強迫されてBに土地を売り、Bがこの土地をCに転売していた場合、Aは契約の取消しをCに対抗できるか？

↳ 強迫による意思表示の取消しは、<u>善意無過失の第三者にも対抗することができる</u>（96条3項は強迫について規定していない）

  強迫する ← 売却 → 転売 →
A　B　C

Cが善意無過失の場合	Cが悪意または有過失の場合
取消しを対抗できる ↑Aは、Cに対して「土地を返してくれ」と言える	取消しを対抗できる ↑Aは、Cに対して「土地を返してくれ」と言える

ポイント
☆ 取消しは誰でもできるわけではなく、強迫された<u>Aは取消しできるが、強迫したBは取消しできない</u>（120条2項）
☆ 取消しはいつまでもできるわけではなく、<u>追認することができる時から5年または行為の時から20年経過した場合、取消できなくなる</u>（126条）
　↳ 30年後に強迫状況を脱したとしてもそこから5年は取消しできるとはならない

ひっかけ 注意！ ※1
第三者の強迫の事例に対して「相手方が悪意または有過失のときに限り取消しできる」として誤りとするパターンに注意。

神田Tのアドバイス❶
96条1項には詐欺と強迫を規定していますが、取消しにブレーキをかけている2項・3項には詐欺だけを規定して、強迫を規定しなかったということは、強迫取消しには同条項のブレーキはかからないということです。

神田Tのアドバイス❷
強迫の場合、追認できる時は、畏怖の状態を脱して取消権を有することを知った時です。

例題　H26-28-3

（Aが自己所有の甲土地をBに売却する旨の契約が締結された場合）
AがDの強迫によって本件売買契約を締結した場合、この事実をBが知らず、かつ知らなかったことにつき過失がなかったときは、AはDの強迫を理由として本件売買契約を取り消すことができない。

✗　第三者による強迫の場合なので、Bの善意・悪意や過失の有無にかかわらず、AはBとの契約を取消しできる。

7　無効と取消し　重要度

虚偽表示による意思表示は無効、錯誤による意思表示は取消しという効果になっています。ここでは、無効と取消しの相違についてまとめておきましょう。

神田Tのイントロ

民法では、契約が無効になるという言い方をしたり、契約を取り消すことができるという言い方をしたりしていますが、両者にはどのような違いがあるのかを整理しておきましょう。

	無効	取消し
効力	はじめから効力が生じない	一応有効なものを取り消してなかったことにする
具体例	意思無能力者 心裡留保、虚偽表示	制限行為能力者 錯誤、詐欺、強迫
主張権者の制限	なし （誰でも主張できる）	主張権者に制限あり※2
主張期間の制限	なし （いつまででも主張できる）	主張期間に制限あり※3

条文チェック ※2

120条2項では、「錯誤、詐欺又は強迫によって取り消すことができる行為は、瑕疵ある意思表示をした者又はその代理人若しくは承継人に限り、取り消すことができる。」と規定されています。

条文チェック ※3

126条では、「取消権は、追認をすることができる時から5年間行使しないときは、時効によって消滅する。行為の時から20年を経過したときも、同様とする。」と規定されています。

165

第2編 民法

CHAPTER 1 総則

SECTION 5 代理

このSECTIONで学習すること

1 代理
自分で契約しなくても、誰かに代わりに契約してもらうこともできるよ

2 無権代理
代理権のない人が勝手に代理人として契約したとき、本人や契約の相手方の保護はどうなるの？

3 無権代理と相続
本人と無権代理人に親子関係があり、一方が死亡して相続したときの法律関係は？

4 表見代理
代理人に代理権はなかったけど、本人にも落ち度があったときは契約は有効になるの？

1 代理

重要度 ★★★

民法では、自分の代わりに他人に法律行為をしてもらう場合のルールについて定められています。このことを**代理**といいます。例えば、自分で契約交渉をするのが苦手な人が、他人に代わりに契約してきてもらい、その効果を自分に帰属させることです。

ここでは、代理人を使って契約する場合のルールについて学習していきましょう。

I 代理人

Aは土地を売りたいので、Bに頼んで代わりに契約をしてもらうことにし、BがAの代理人としてCと契約を結んだ場合を例に、代理の基本関係について見てみましょう。

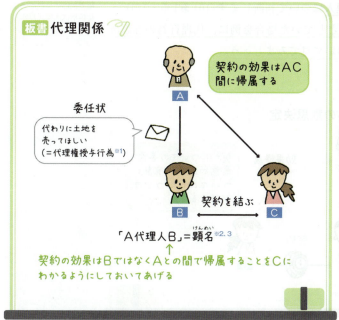

神田Tのイントロ

代理の法律関係について、①誰が意思決定するか、②制限行為能力者が代理人だったときに取消しできるか、③代理権の範囲が不明なときに代理人ができることは何か、④代理権の濫用、⑤自己契約・双方代理、⑥利益相反行為について確認しましょう。

ひっかけ注意! ※1

任意代理人としての地位の付与は委任契約によることが多いですが、雇用契約や請負契約によることもあります。「必ず委任契約によらなければならない」として誤りとするパターンに注意。

語句 ※2

顕名
代理人が本人のためにすることを示すこと。

Advance ※3
2回転目に読む

代理人Bが本人Aのためにすることを示さないでした意思表示は、相手方CがBはAのためにしていることを知りまたは知ることができたときは、AC間に効果帰属します（100条）。

Ⅱ 代理の種類

代理には、法定代理[※1]と任意代理[※2]の2種類があります。

法定代理	法律で定められた代理 法定代理人の代理権の範囲は、法律によって定められている 例 未成年者の親
任意代理	本人が自らの意思で代理権を与える代理 任意代理人の代理権の範囲は、代理権授与契約の内容によって定められる 例 行政書士に手続を委任し、代理して行ってもらう

Advance ※1
2回転目に読む
法定代理の場合、本人の死亡、代理人の死亡・破産・後見開始は代理権の消滅原因となります（111条1項）。

Advance ※2
2回転目に読む
任意代理の場合、本人の死亡・破産、代理人の死亡・破産・後見開始は代理権の消滅原因となります（111条1項・2項、653条）。法定代理と違い、本人の破産も消滅原因である点に注意しましょう。

Ⅲ 代理行為の意思決定

代理人が相手方に対して、また、相手方が代理人に対してした意思表示の効力が、意思の不存在、錯誤、詐欺、強迫、善意・悪意、過失の有無によって影響を受けるときは、その事実の有無は、<u>代理人</u>について判断します（101条1項・2項）。

<u>AがBを代理人としていた場合を例に、代理行為の意思決定の法律関係について見てみましょう。</u>

神田Tのアドバイス❶
代理の場合、誰と、いくらで、どのような内容で契約するかといった事柄は代理人が判断して決めるからです。

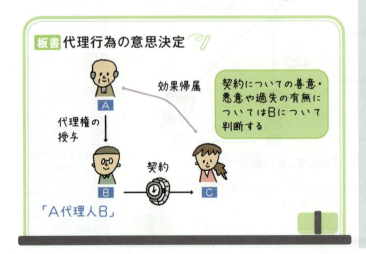

板書 代理行為の意思決定

効果帰属

代理権の授与

契約

契約についての善意・悪意や過失の有無についてはBについて判断する

「A代理人B」

Ⅳ 代理人の能力

制限行為能力者が代理人としてした行為は、行為能力の制限によっては取り消すことはできません（102条本文）。代理行為の効果は代理人自身には帰属しないので代理人に不利益はなく、任意代理の場合、本人の意思で制限行為能力者を代理人に選任しているので本人が不利益を受けても仕方がないといえます。そのため、代理人自身は制限行為能力者であってもよいわけで、代理人の行為能力の制限を理由にその行為を取り消すことは認められていません。

ただし、制限行為能力者が他の制限行為能力者の法定代理人としてした行為については、この限りではありません（102条ただし書）。

AがBに自分の代わりに時計を売却することを頼んでCに時計を売却したところ、代理人Bが制限行為能力者であった場合を例に、Bが制限行為能力者であることを理由として契約を取り消すことができるかについて見てみましょう。

例えば、未成年者Aの親Bが後見開始の審判を受けていた場合のように成年被後見人であるBが未成年者Aの法定代理人として行った行為は取消しの対象となるということです。

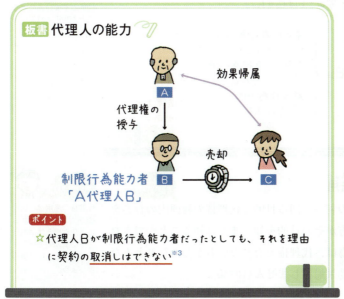

ひっかけ 注意！ ※3
制限行為能力者に委任して代理人としている事例を出題して、「代理人が制限行為能力者だから取消しできる」として誤りとするパターンに注意。

Ⅴ 代理権の範囲

代理権の範囲は、法定代理の場合は法律で、任意代理の場合は代理権授与契約の内容で決まっているはずです。しかし、もしも代理権の範囲が決められていないときや、よくわからないときのために、民法では、その場合に代理人は何ができるかについて定められています（103条）。

AはBを代理人としてAの家のことを任せていたが、具体的に何ができるかについてまでは決めていなかった場合、代理人Bのできることは何かについて見てみましょう。

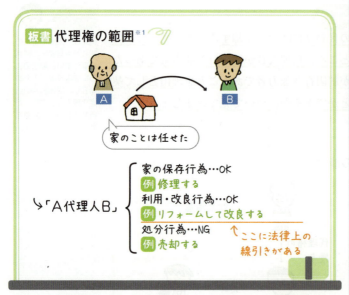

神田Tのアドバイス❶
代理人が何でもできるのは範囲が広すぎますが、何もできないのでは代理人の意味がないので、法律上、これならOKという線引きがされています。

条文チェック ※1
103条では、権限の定めのない代理人ができるのは、①保存行為と②代理の目的である物または権利の性質を変えない範囲内においてその利用または改良を目的とする行為に限ることが規定されています。

Ⅵ 代理権の濫用（らんよう）

代理人が自分の利益を図る目的で代理権の範囲内の行為をした場合、相手方がその目的を知りまたは知ることができたときは、その行為は、代理権を有しない者がした行為とみなされ、本人には効果帰属しません（107条）。

神田Tのアドバイス❷
代理権の濫用は、代理権がないわけではなく、代理権自体はあってもその範囲内で行為をしていることに注意しましょう。

Aは土地の売却をBに頼んだところ、Bが売却代金を着服する意図でAの代理人として頼まれた行為を行った場合を例に、Bの行為がAC間に効果帰属するかについて見てみましょう。

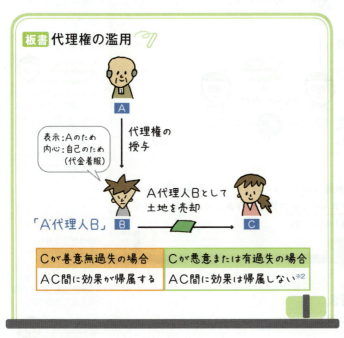

Ⅶ 自己契約・双方(そうほう)代理の禁止

同一の法律行為について、相手方の代理人として、または当事者双方の代理人としてした行為は、代理権を有しない者がした行為とみなされ、本人には効果帰属しません（108条1項本文）。

売主が「A代理人B」、買主が「B」という形で契約した場合を例に、AB間に効果帰属するかについて見てみましょう。

ひっかけ注意！ ※2

相手方が善意無過失のときと悪意または有過失のときで結論が違うので、「善意・悪意にかかわらずAに効果が帰属する」として誤りとするパターンに注意。

代理人が自己契約している場合、代理権はないものと扱われますので、本人Aの追認がないなら、Bが1万円支払ってこの時計をもらうことはできません。

ひっかけ 注意！ ※1

例外が2つあるところを「①の場合に限りOK」として誤りとするパターンに注意。他にも例外があることが誤りとなる理由です。

売主が「A代理人B」、買主が「A代理人C」として契約するような双方代理の場合も同様に考えます。

VIII 利益相反行為

　代理人と本人との利益が相反する行為については、代理権を有しない者がした行為とみなされ、本人には効果帰属しません（108条2項本文）。

　<u>母親BがCからお金を借りるにあたり、未成年者Aが所有する土地について、BがAの代理人としてその担保のために抵当権を設定する場合</u>を例に、抵当権設定契約の効果がAC間に帰属するかについて見てみましょう。

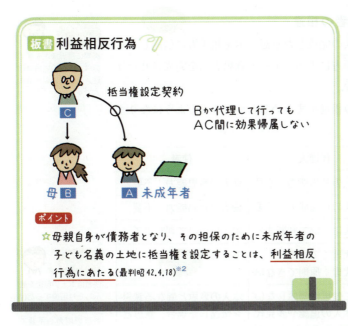

IX 復代理

復代理とは、代理人がさらに代理人を選任し、その者に本人を代理させることです。

任意代理人は、①本人の許諾を得たときまたは②やむを得ない事由があるときでなければ、復代理人を選任することができません（104条）。一方、法定代理人は、自己の責任で復代理人を選任することができます（105条前段）。

復代理人は、本人および第三者に対して、その権限の範囲内において、代理人と同一の権利を有し、義務を負います（106条2項）。

  ※2
826条1項では、親権を行う母とその子との利益が相反する行為については、親権を行う母は子を代理できず、その子のために特別代理人を選任することを家庭裁判所に請求しなければならないことが規定されています。

AがBに代理権を授与したのに、BがDに復任し、DがAの代理人としてCと契約をする場合がこれにあたります。

Ⅹ 代理人と使者の相違

使者とは、本人の完成した意思表示を相手方に伝達したり、本人の意思を相手方に表示してその意思表示を完成させたりする者のことです。

代理人と使者の相違をまとめると、次の表のようになります。

実際に意思決定をするのは、代理の場合は代理人、使者の場合は本人です。

	代理人	使者
意思能力	代理人の意思能力：必要	使者の意思能力：不要
行為能力	代理人の行為能力：不要	使者の行為能力：不要
意思表示	<u>代理人</u>について判断する	<u>本人</u>について判断する
別の者を選任	法定代理：できる 任意代理：原則できない	できる
権限逸脱	本人に効果は帰属しないが、本人の追認や表見代理（→4）の成立により有効になることもある	本人の意思と異なる意思を伝達した場合、意思と表示の不一致の問題として錯誤で処理される

使者は本人の意思を表示したり伝達するだけの者だから、行為能力も意思能力も不要です。また、さらに別の者に伝達させることもOKです。

例題
H24-28-3

代理人は本人のために自ら法律行為を行うのであるから、代理行為の瑕疵は、代理人について決するが、使者は本人の行う法律行為を完成させるために本人の完了した意思決定を相手方に伝達するにすぎないから、当該意思表示の瑕疵は、本人について決する。

⭕ 意思表示の瑕疵は、代理人の場合は代理人、使者の場合は本人について決する。

2 無権代理　重要度 ★★★

代理権を持たない者が、本人から頼まれたわけでもないのに代理行為を行うことを**無権代理**といいます。

ここでは、代理権がないのに代理した場合（無権代理）の効果について学習していきましょう。

I 本人のできること

本人の追認がなければ無権代理人の行った行為は本人に効果帰属しません（113条1項）。

AはBに何も頼んでいないのに、Bが勝手にAの代理人としてCと契約した場合を例に、Bの代理行為はAC間に効果帰属するかについて見てみましょう。

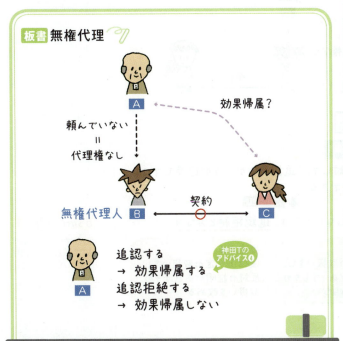

神田Tのイントロ

無権代理人と取引した相手方ができることとして、催告、取消し、無権代理人の責任追及について確認しましょう。過去には記述式で、無権代理人の責任追及の要件・効果を書かせる出題がされたことがあります。

神田Tのアドバイス❸

無権代理については、①相手方ができることは何か（**2**・**Ⅱ**）、②相続の事例処理（**3**）、③表見代理（**4**）の3つにカテゴリー分けして進めていくとよいです。

神田Tのアドバイス❹

無権代理人Bが勝手に行ったことですが、それを親切と思って契約は有効としたいというときも、迷惑と思うから契約は認めないというときもあると考えましょう。本人Aは自分に効果帰属させたければ追認し、させたくなければ追認拒絶すればよいのです。

第2編 民法
CH 1 総則
SEC 5 代理

Ⅱ 相手方のできること

無権代理人と契約した相手方には、**催告権**(114条)、**取消権**(115条)、**無権代理人の責任追及**の権利(117条)が認められています。

主観で区分すると、催告は善悪問わず可、取消しは善意なら可、無権代理人の責任追及は善意無過失なら可となります。

AはBに何も頼んでいないのに、Bが勝手にAの代理人としてCと契約した場合を例に、Aの代理人と称するBと契約したCがどのような手段を取ることができるかについて見てみましょう。

板書 無権代理の相手方の保護

頼んでいない
＝
代理権なし

 無権代理人 B ←契約→ C

Cのできること

1 催告（114条）

…Cは、Aに対して、「追認するかどうか返事してほしい」と催告できる

↓ これに対し

Aが返答しないときは、**追認拒絶とみなす**※1

みなす	推定する
法律上一定の取扱いをし、反対の証明があってもその取扱いは変わらない	法律上一定の取扱いをし、反対の証明があればその取扱いを改める

ひっかけ 注意！ ※1
「みなす」と「推定する」を入れ替えて誤りとするパターンに注意。

2 取消し（115条）

…善意のCは、Aが追認するまでであれば、この契約を取り消すことができる

取消権の行使は、主観と時間で制限があることに注意です！
悪意の場合や本人の追認後は取消しできません。

3 無権代理人の責任追及（117条）

…Cは、無権代理人Bに対して、契約の履行または損害賠償の請求をすることができる

■要件■
① 無権代理人（B）が代理権を証明できない
② 本人（A）が追認していない
③ 無権代理人（B）が制限行為能力者ではない
④ 相手方（C）が善意無過失（※）
（※）Cが過失によって知らなかった場合であっても、Bが自己に代理権がないことを知っていたときはOK

無権代理人の責任追及が肯定されると、無権代理人に新たに義務が発生することを考慮し、無権代理人が制限行為能力者のときは、制限行為能力者保護を善意無過失の相手方の保護よりも優先する仕組みになっています。

例題　　　　　　　　　　　　　　　　　　　R元-28-2

無権代理行為につき、相手方が本人に対し、相当の期間を定めてその期間内に追認するかどうかを確答すべき旨の催告を行った場合において、本人が確答をしないときは、追認を拒絶したものとみなされる。

〇　確答がなければ追認拒絶とみなされる。

3 無権代理と相続　重要度★★★

神田Tのイントロ
無権代理では、相続があったときの処理も重要です。5つの事例に分けて、追認拒絶できるかどうかを答えられるようになることをイメージして確認しておきましょう。

I 無権代理人が本人を単独相続

父Aの土地を息子Bが勝手にAの代理人と称してCに売却した後、<u>Aが死亡してBがAを単独相続</u>した場合を例に、無権代理の効果がどうなるかについて見てみましょう。

板書　無権代理と相続①

ケース
本人Aが死亡し、無権代理人Bが本人を単独相続した場合、無権代理行為は有効か？

↳無権代理行為は<u>有効となる</u>（最判昭40.6.18）

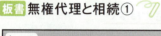

Bは、Cに相続した土地を渡さなければならない

②死亡
A
③相続
無権代理人 B ──①売却──→ C
追認拒絶できない

ポイント
☆相続があれば無権代理行為は当然に有効となるケース<u>といえる</u>

神田Tのアドバイス❶

自ら土地を売っておいて、自分が相続したらやっぱり売るのはやめたというのは不合理じゃないかと考えましょう。

Ⅱ 本人の追認拒絶後に無権代理人が本人を単独相続

父Aの土地を息子Bが勝手にAの代理人と称してCに売却し、Aが追認拒絶した後に死亡してBがAを単独相続した場合を例に、BがAのした追認拒絶の効果を主張することはできるかについて見てみましょう。

板書 無権代理と相続②

ケース
本人Aが追認拒絶後に死亡し、無権代理人Bが本人を単独相続した場合、本人の追認拒絶の効果を主張できるか？

↳ 無権代理人Bは、本人のした追認拒絶の効果を主張できる（最判平10.7.17）

Bは、Cに土地を渡さなくてもよい

②追認拒絶
③死亡
A
④相続
無権代理人 B ①売却 C
追認拒絶できる

ポイント
☆ 相続があれば無権代理行為が当然に有効となるケースとはいえない

神田Tのアドバイス❷

無権代理人自身が追認拒絶の選択をするのはダメだが、本人が追認拒絶の選択をすることは別に問題はないと考えましょう。

Ⅲ 無権代理人が本人を共同相続

父Aの土地を息子Bが勝手にAの代理人と称してCに売却した後、Aが死亡してBがDEとともにAを共同相続した場合を例に、無権代理行為が有効になるかどうかについて見てみましょう。

板書 無権代理と相続③

ケース
本人Aが死亡し、無権代理人Bが本人をDEとともに共同相続した場合、無権代理行為は有効か？

追認は共同相続人全員で行う必要があるため、他の共同相続人の1人でも追認拒絶をすれば無権代理行為は有効にならない（最判平5.1.21）※1

D・Eのどちらかが追認拒絶すれば、Cに土地を渡さなくてもよい

有効になるかどうかはDE次第

追認権の行使
 ○ 全員で行う
 × 3分の1（無権代理人の分）だけ追認する

他の共同相続人全員（D・Eの両方）が追認していれば、無権代理行為は有効となる

ポイント
☆ 相続があれば無権代理行為が当然に有効となるケースとはいえない

ひっかけ注意! ※1

他の共同相続人の追認がなければ、無権代理人の相続分に相当する部分も有効にはなりません。「相続によりBの相続分に相当する部分は当然に有効となる」として誤りとするパターンに注意。

追認権は3分の1だけ行使するといった考え方はしないので、行使するかしないかはみんなで決めてね、というのがルールです。追認権の不可分性といいます。

無権代理人自身が追認拒絶の選択をするのはダメだが、他の共同相続人なら追認しても追認拒絶しても大丈夫と考えましょう。

Ⅳ 本人が無権代理人を単独相続

父Aの土地を息子Bが勝手にAの代理人と称してCに売却した後、Bが死亡してAがBを単独相続した場合を例に、Aはなお本人の立場で追認拒絶することができるかについて見てみましょう。

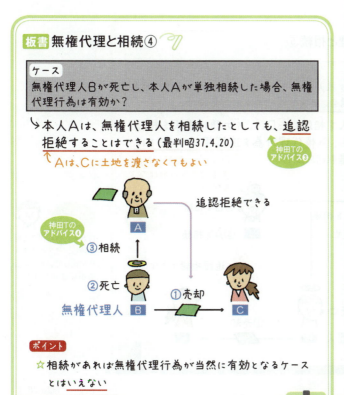

本人はもともと追認拒絶できたわけで、無権代理人を相続したからといって、それができなくなるわけじゃないと考えましょう。

無権代理人を相続した以上、無権代理人の責任（117条）は承継します。したがって、善意無過失のCからの責任追及を受けることになります。承継したくないなら相続をしなければいいのです。

Ⅴ 無権代理人を相続した者がその後に本人を相続

父Aの土地を息子Bが勝手にAの代理人と称してCに売却した後、Bが死亡してAと母DがBを共同相続し、その後、Aも死亡してDがAを相続した場合を例に、Dが追認拒絶することができるかについて見てみましょう。

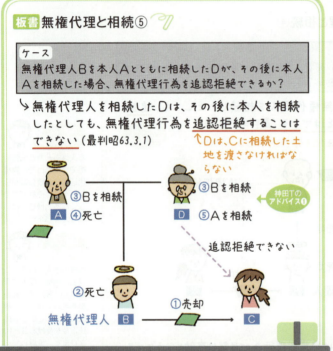

板書 無権代理と相続⑤

ケース
無権代理人Bを本人Aとともに相続したDが、その後に本人Aを相続した場合、無権代理行為を追認拒絶できるか？

→無権代理人を相続したDは、その後に本人を相続したとしても、無権代理行為を追認拒絶することはできない（最判昭63.3.1）

↑Dは、Cに相続した土地を渡さなければならない

神田Tのアドバイス❶

Dが先に無権代理人を相続し、その後で本人を相続しているという順番に注意しましょう。

例題

H28-28-5

（Aが所有する甲土地につき、Aの長男BがAに無断で同人の代理人と称してCに売却した場合）
Aが死亡してBがAの妻Dと共に共同相続した場合、Dの追認がなければ本件売買契約は有効とならず、Bの相続分に相当する部分においても当然に有効となるものではない。

○ 無権代理行為が有効となるには共同相続人の追認が必要で、それがなければ有効にはならない。（Ⅲ参照）

4 表見代理　重要度 ★★☆

神田Tのイントロ

109条、110条、112条のパターンに分けて、事例ごとに表見代理が成立するかどうかを確認しましょう。過去には記述式で、表見代理の名称を書かせる出題がされたことがあります。

無権代理行為であっても表面上は正当な代理権があるように見える場合、一定の要件の下で、有効な代理行為があったものとして本人にその効果を帰属させることもあります。これを**表見代理**といいます。← 神田Tのアドバイス❷

ここでは、表見代理の要件や効果について学習していきましょう。

I 表見代理の種類

無権代理行為であっても、本人にも非難すべき点があった場合、無権代理人に代理権があると信頼して取引した相手方の保護のため、無権代理人の代理行為の効果を本人に帰属させる制度が表見代理です。

Aが賃貸借の代理権（α）をBに授与したところ、BがCとの間でAの代理人として権限外の売却行為（β）を行った場合を例に、Bの行為がAC間に効果帰属するかどうかについて見てみましょう。

神田Tのアドバイス❷

表見代理は無権代理と別概念というよりも、無権代理の一種と位置付けるとよいです。無権代理はまったく関係のない人が勝手に代理してるだけですが、表見代理はそれに加えて本人にも非難されるべき点（帰責性）があることが要求されます。

板書 表見代理

CがBに売却の代理権限があると信ずべき正当な理由があるときはAC間に効果帰属する

A　基本権限の付与（賃貸借）　効果帰属？
↓ α
B ── 代理行為（売買） ── C
　　　　β

神田Tのアドバイス❸

Bが勝手に行っていることですが、AはBとまったく無関係というわけではないし、Cが善意無過失ならば、Cの方を保護した方がよいから、Bのした行為の効果をAC間に効果帰属させるのが表見代理の仕組みです。

表見代理には、❶代理権授与表示（109条1項）、❷代理権の逸脱（110条）、❸代理権消滅後（112条1項）の3種類がありますが、それらの要件・効果をまとめると、次の表のようになります。

		代理権授与表示 （109条1項）※1	代理権の逸脱 （110条）	代理権消滅後 （112条1項）※2
要件	本人の帰責性	代理権授与の表示をした（αの権限を与えていないけどその表示だけした）	基本権限を付与している（αの権限は与えていた）	かつては代理関係にあった（かつてαの権限を与えていたが現在はない）
	代理人の行為	無権代理行為αを行った	無権代理行為βを行った	無権代理行為αを行った
	相手方の要件	善意無過失	善意無過失	善意無過失
効果		有効	有効	有効

Ⅱ 代理権授与表示による表見代理

　AはBに代理権を授与していないのにCに対してBに代理権を与えた旨を表示した場合、その代理権の範囲内においてBがC（善意無過失）との間でした行為について、AはBのしたことについての責任を負います（109条1項）。

　Aが工事を請け負い、さらにBに下請けさせ、Aが下請負人Bに対してA名義で工事をすることを許容しており、BがAの代理人としてCから工事材料を購入した場合を例に、善意無過失のCは、Aに代金の支払を請求できるかについて見てみましょう。

> **Advance ※1　2回転目に読む**
> αの権限を与えてないけどその表示だけしたときに代理人がα以外の行為を行った場合でも、相手方が代理権ありと信ずべき正当な理由がある（相手方が善意無過失）ときは、本人に有効に効果帰属します（109条2項）。

> **Advance ※2　2回転目に読む**
> かつてαの権限を与えていたが現在はないときに代理人がα以外の行為を行った場合でも、相手方が代理権ありと信ずべき正当な理由がある（相手方が善意無過失）ときは、本人に有効に効果帰属します（112条2項）。

> **神田Tのアドバイス❶**
> ①代理権授与の表示、②その表示に関する代理行為、③相手方の善意無過失が要件です。表見代理の成立には、相手方が「注意して取引したけど、代理人と称する者が無権代理人だなんてわからなかった」という事情も必要です。

> **神田Tのアドバイス❷**
> Bが白紙委任状を偽造しているだけのパターンや、ＡＢ間に単に下請負契約があるだけのパターンでは、代理権授与の表示があったとまではいえません。

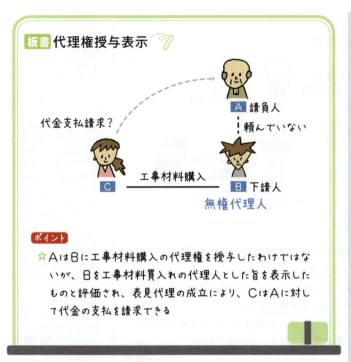

Ⅲ 代理権の逸脱の表見代理

AがBに授与した代理権の範囲外のことをBがAの代理人としてCとの間でした行為について、CがBに権限があると信ずべき正当な理由があるとき（Cが善意無過失）は、AはBのしたことについての責任を負います（110条）。

この場合、本人が付与していた基本権限は<u>私法上の法律行為に関するもの</u>であることが必要です。

<u>Aから建物の賃貸の代理権を授与されているBが授与された権限外の行為（Cに建物を売却）を行った場合</u>を例に、善意無過失のCは、Bとした契約が有効であることをAに主張できるかについて見てみましょう。

---

①基本権限の付与、②基本権限外の代理行為、③相手方の善意無過失が要件です。表見代理の成立には、相手方が「注意して取引したけど、代理人と称する者が無権代理人だなんてわからなかった」という事情も必要です。

同居の家族Bが勝手に本人Aの実印を持ち出して押印しているだけのパターンでは、相手方Cに代理権があると信ずる正当な理由がある（善意無過失）とはいえません。

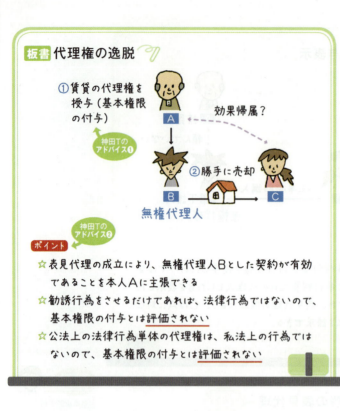

基本権限は、私法上の法律行為である必要があります。
例 賃貸借契約を代わりに行ってもらう

私法上の法律行為は○、勧誘＝法律行為じゃないから×、公法＝私法上じゃないから×と覚えましょう。ただし、登記申請のような公法上の行為の授権でも、それが私法上の契約による義務の履行のためのものであれば、基本権限の付与と評価されます（最判昭46.6.3）。

①かつての代理権の存在、②その権限に関する代理行為、③相手方の善意無過失が要件です。表見代理の成立には、相手方が「注意して取引したけど、代理人と称する者が無権代理人だなんてわからなかった」という事情も必要です。

Ⅳ 代理権消滅後の表見代理

AはBに代理権を授与していたが、代理権消滅後にBがAの代理人としてその代理権の範囲内のことについてC（善意無過失）との間でした行為について、AはBのしたことについての責任を負います（112条1項）。

Ⅴ 無権代理人の責任との関係

無権代理人と取引した善意無過失の相手方は、無権代理人の責任追及（117条）もできます。

B（無権代理人）がAに頼まれていないのにCからAの代理人として時計を購入したところ、Aに表見代理（109条）が成立し、Bに無権代理人の責任（117条）がある場合を例に、Cが

Bに対して代金の支払を請求できるかについて見てみましょう。

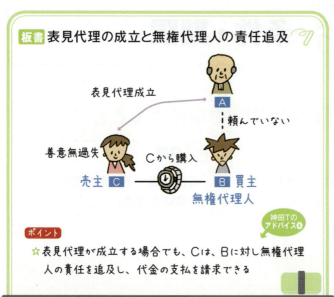

板書 表見代理の成立と無権代理人の責任追及

表見代理成立　A　頼んでいない
善意無過失　Cから購入
売主 C　　B 買主
　　　　　無権代理人

ポイント
☆表見代理が成立する場合でも、Cは、Bに対し無権代理人の責任を追及し、代金の支払を請求できる

神田Tのアドバイス❹
表見代理を主張してAに支払ってもらうか、無権代理人の責任を追及してBに支払ってもらうかは、Cが選択することです。Cが無権代理人の責任の追及を選択したことに対し、Bが表見代理の成立を抗弁として自分には責任がないと主張することはできません。

例題　　　　　　　　　　　　　　　　　H15-27-2

（本人に契約上の効果が帰属することになるものは？）
請負人とAとの間で下請負契約が締結されていたので、Aは工事材料の買い入れにあたって請負人を本人とし、自己がその代理人であるとしてBと契約をした場合

✗　表見代理が成立すれば本人に効果帰属するが、代理権授与表示による表見代理の成立には、請負人の名義で工事をすることを許容するといった事情も必要で、単に下請負契約があるだけでは表見代理は成立しない。

第2編 民法

CHAPTER 1 総則

SECTION 6 条件・期限

このSECTIONで学習すること

1 条件
停止条件や解除条件の言葉の意味を確認しよう！

2 期限
確定期限や不確定期限の言葉の意味を確認しよう！

1 条件　重要度 ★☆☆

I 条件とは

法律行為の効力の発生や消滅を、将来の発生<u>不確実</u>な事実にかからせる付随的な意思表示のことです。

法律行為の効力の発生に関する条件は**停止条件**、法律行為の効力の消滅に関する条件は**解除条件**と呼ばれます。

<u>次の大会で優勝することを条件として契約する場合を例に、停止条件・解除条件について見てみましょう。</u>

板書 停止条件・解除条件

次の大会で優勝したら時計をあげるね　　次の大会で優勝したら貸すのは終了ね

贈与契約　　　　　　使用貸借契約
A 贈与者　B 受贈者　　A 貸主　B 借主

停止条件付きの法律行為は、停止条件が成就した時からその効力を生じる（127条1項）

解除条件付きの法律行為は、解除条件が成就した時からその効力を失う（127条2項）

II 条件の成就の妨害等

(1) 条件成就の妨害

条件が成就することによって不利益を受ける当事者が故意にその条件の成就を妨げたときは、相手方は、その条件が成就したものとみなすことができます（130条1項）[※1]。

例えば、ＡＢ間で贈与契約が締結され、「Ｂが次の大会で優勝したらＡがＢに時計をあげる」旨が合意されていた場合、

神田Tのイントロ
条件は重要ではありませんが、停止条件や解除条件の言葉の意味は確認しておきましょう。

神田Tのアドバイス❶
「次の大会で優勝したら時計をあげる」など時計をもらう権利の発生が条件成就まで停止されているものが停止条件の例、一方、「次の大会で優勝したら練習場を貸すのをやめる」など効力の消滅にかかるものは解除条件の例です。

神田Tのアドバイス❷
当事者が条件が成就した場合の効果をその成就した時以前にさかのぼらせる意思を表示したときは、その意思に従います（127条3項）。

Advance ※1 2回転目に読む
農地の権利移転など現実に行政の許可がないと農地所有権移転の効力が生じないものの場合のように、条件成就とみなすことで農地所有権移転の効力を左右することができないものもあります（最判昭36.5.26）。

Aが時計をあげたくなくなったからBが大会に出られないようにし、結果としてBが大会を欠場したときでも、Bは、Aに対して時計を渡すよう請求できます。

⑵ 不正な条件成就

条件が成就することによって利益を受ける当事者が不正にその条件を成就させたときは、相手方は、その条件が成就しなかったものとみなすことができます(130条2項)。

例えば、AB間で和解契約が締結され、「Bには一定の行為をしないこと、もしBが当該禁止行為をしたときはAに対して違約金を支払う」旨が合意されていた場合、Aが違約金をとりたいからBに当該禁止行為を行うよう誘発し、それによりBが禁止行為をしたときでも、Bは、Aに対して違約金を支払う必要はありません。

Ⅲ 随意条件

停止条件を付けた法律行為は、その条件が単に債務者の意思のみに係るときは、無効となります(134条)。

「気が向いたらあげる」という場合が随意条件にあたります。一方、「買主が調査の結果、品質良好と認めたときは代金を支払う」という場合は随意条件にあたりません。

2 期限　重要度 ★☆☆

Ⅰ 期限とは

法律行為の効力の発生や消滅を、将来の発生確実な事実にかからせる付随的な意思表示のことです。

Ⅱ 期限の利益

期限は、債務者の利益のために定めたものと推定されています(136条1項)。

支払期限を4月10日とする場合を例に、期限の利益の放棄について見てみましょう。

神田Tのイントロ

期限は重要ではありませんが、確定期限や不確定期限の言葉の意味、期限を定めなかったときの取扱いは確認しておきましょう。

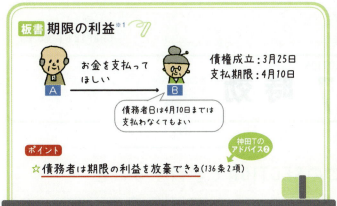

4月4日でも、Bが自分の意思で早めに支払うことは可能です。

Advance ※1
2回転目に読む
債務者が破産手続開始の決定を受けたときなど、債務者が期限の利益を主張できなくなることもあります（137条）。

Ⅲ 確定期限と不確定期限

到来する時期が確定しているものは**確定期限**、到来することは確実だがその時期が不確定なものは**不確定期限**と呼ばれます。

Ⅳ 期限の定めのない債権

期限を定めない場合、債務者の利益がないと考えましょう。3月25日に債権が成立していても支払期限が4月10日と定められていれば、4月10日までは支払わなくてもよいわけですが、期限が定められていなければ、債権者から請求があれば支払わなければならないという意味です。

「来月10日に支払う」など期限の到来が確定しているものが確定期限の例、「母親が死んだら売る」など将来発生は確実だが時期は確定していないものが不確定期限の例です。いわゆる出世払いも不確定期限と考えられています（大判大4.3.24）。

第2編 民法

CHAPTER 1 総則

SECTION 7 時効

このSECTIONで学習すること

1 取得時効
一定期間が経過することで権利を取得できることもあるよ

2 消滅時効
一定期間が経過することで今持っている権利が消滅しちゃうこともあるよ

3 時効の援用・放棄
時効が完成したら、それを主張することも、放棄することもできるよ

4 時効の完成猶予と更新
時効を完成させないようにするためにはどうすればいい？

1 取得時効　重要度 ★★★

神田Tのイントロ
年数の計算も含め、所有権を時効により取得するときの要件を確認しておきましょう。

民法では、一定期間の経過により権利を取得できる制度があります。

ここでは、==所有権を時効によって取得する==場合を例に、取得時効の制度について学習していきましょう。

I 時効による所有権の取得

占有[※1]が一定期間続くことにより、所有権の取得が認められる場合があります（162条）[※2]。

Bが所有する土地について、Aが所有の意思をもって平穏公然と占有を開始し、20年間、その占有を続けた場合を例に、この土地の所有権をAが取得できるかについて見てみましょう。

語句 ※1
占有
自己のためにする意思をもって物を所持すること。

Advance ※2
2回転目に読む
162条の文言上「他人の物」となっていますが、所有権に基づいて不動産を占有する者についても民法162条の適用はあり、自己の物だとしても時効で取得することは可能です（最判昭42.7.21）。

神田Tのアドバイス❶
占有者に所有の意思があることは、占有により法律上推定されますので、占有者が自分で証明する必要はありません。

語句 ※3
平穏公然と
暴力的行為を用いないでという意味。

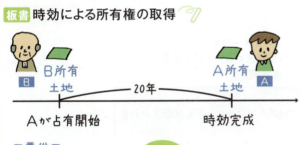

■要件■
① 所有の意思がある　【神田Tのアドバイス❶】
② 平穏公然と[※3]他人の物を占有
③ 善意無過失の場合は10年、悪意または有過失の場合は20年の占有継続

占有開始時点で、Aが
- 善意無過失　→10年間
- 善意だけど過失はあった→20年間
- 悪意　→20年間

【神田Tのアドバイス❷】

神田Tのアドバイス❷
最初が善意無過失だったら、途中で悪意に転じても10年でOKです。

193

■効果■
所有権を取得できる（原始取得[※1, 2]）

語句 ※1
原始取得
最初からその人が取得したと扱うこと。
⇔承継取得：誰かのものを引き継いで取得すること。

II 占有の承継

所有権の取得時効には10年または20年の占有期間の経過が必要ですが、占有期間の計算は、前の占有者の占有を足して計算することもできます（187条1項）。ただし、自分が善意無過失でも前の占有者が悪意であった場合は、悪意で計算しなければなりません（187条2項）。

<u>Bが所有する土地について、Aが時効による所有権の取得を主張したいと思っている場合を例に、取得時効に必要な期間が経過したといえるかどうかについて見てみましょう。</u>

Advance ※2
2回転目に読む
不動産の取得時効の完成後、所有権移転登記がされることのないまま、第三者が原所有者から抵当権の設定を受けて抵当権設定登記を了した場合において、当該不動産の時効取得者である占有者が、その後引き続き時効取得に必要な期間占有を継続し、その期間の経過後に取得時効を援用したときは、占有者が当該不動産を時効取得する結果（原始取得）、抵当権は消滅します（最判平24.3.16）。

板書 占有の承継

基本ルール
善意無過失の占有…10年でOK
悪意または有過失の占有…20年必要

↓ あてはめ

ケース1
自分の占有期間だけでは足りないので、善意無過失の前主の占有を承継

例　B所有土地をCが善意無過失で3年占有し、占有がAに承継され、Aが善意無過失で7年占有した

3年　　7年
　　　　　　　　　合計10年
C　　A
前の占有者　現在の占有者
善意無過失　善意無過失

Cの占有＝3年（善意無過失）
　　＋
Aの占有＝7年（善意無過失）
　　↓
<u>善意無過失の占有＝10年</u>
　　↓
<u>時効が完成する</u>

神田Tのアドバイス❶
Aは自分だけの占有期間だとあと3年足りませんが、Cの占有期間を足すことで10年をクリアできます。

194

ケース2
自分（善意無過失）の占有期間だけでは足りないので、悪意の前主の占有を承継

例 B所有土地をCが悪意で3年占有し、占有がAに承継され、Aが善意無過失で7年占有した

3年	7年

合計10年

C
前の占有者
悪意

A
現在の占有者
善意無過失

Cの占有＝3年（悪意）
＋　　　↓承継
Aの占有＝7年（善意無過失）
↓
悪意の占有＝10年
↓
時効は完成しない

Aは自分だけの占有期間だとあと3年足りませんし、Cの占有期間を足したらあと10年足りないことになります。Aは善意無過失でも、Cの占有期間を承継するなら、悪意で始まったものとして計算することに注意しましょう。

ケース3
自分（悪意）の占有期間だけでは足りないので、善意無過失の前主の占有を承継

例 B所有土地をCが善意無過失で3年占有し、占有がAに承継され、Aが悪意で7年占有した

3年	7年

合計10年

C
前の占有者
善意無過失

A
現在の占有者
悪意

Cの占有＝3年（善意無過失）
＋
Aの占有＝7年（悪意）
↓
善意無過失の占有＝10年
↓
時効が完成する

Aは自分だけの占有期間だとあと13年足りませんが、Cの占有期間を足すことで善意無過失の10年をクリアできます。Aは悪意でも、Cの占有期間を承継するなら、善意無過失で始まったものとして計算することに注意しましょう。

例題　　　　　　　　　　　　　　　　　　　　H23-28-2

A所有の乙土地につき、Bが5年間占有した後にCがこれを相続して、さらに10年間占有を継続した時点において、CがBの占有と併合して取得時効を援用した場合、C自身が占有開始時に悪意であったときは、Bが占有開始時に善意であり、かつ無過失であったとしても時効取得は認められない。

× 前主Bの善意無過失の占有を承継して計算することで、合計で時効取得に必要な10年は経過しており、時効取得は認められる。

2　消滅時効　　　　　　　　　　重要度 ★☆☆

神田Tのイントロ
時効による権利の消滅は、いつから何年の経過で消滅するかを確認しておきましょう。

民法では、一定期間の経過により権利を消滅させる制度があります。

ここでは、**お金を支払ってくれるよう請求する権利が時効で消滅する**場合を例に、消滅時効の制度について学習していきましょう。

I　債権

(1) 消滅時効

債権は、債権者が権利を行使することができることを知った時から5年間行使しないとき、または権利を行使することができる時から10年間行使しないときは、時効によって消滅します（166条1項）。

権利行使可能な時点は、確定期限付き債権や不確定期限付き債権なら期限到来時、期限の定めのない債権なら債権成立時となります。

(2) 人の生命・身体の場合

人の生命または身体の侵害による損害賠償請求権の消滅時効については、10年間ではなく、20年間で計算します（167条）。

消滅時効期間が伸長されているのは、貸した金を返せという話よりも、生命・身体の侵害による損害の賠償の話の方が保護法益として重要だからといえます。

AがBに50万円を貸していた場合を例に、消滅時効の完成時点について見てみましょう。

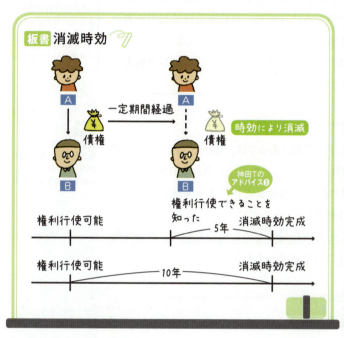

166条1項1号において主観的期間として5年、2号において客観的期間として10年の期間を定め、両者を併用し、いずれかの期間が満了すると消滅時効が完成します。権利行使可能な時から9年経過後に権利行使できることを知ったとしても、その時点から5年は時効完成しないのではなく、あと1年で時効完成するということです。

(3) 職業別の短期消滅時効

医師の診療に関する債権は3年、弁護士の職務に関する債権は2年、飲食店の飲食料に係る債権は1年などの短期消滅時効の規定（改正前170条～174条）は、改正（令和2年4月施行）により、削除されました。

Ⅱ 物権

債権または所有権※1以外の財産権は、権利を行使することができる時から20年間行使しないときは、時効によって消滅します（166条2項）。

Advance ※1
2回転目に読む
所有権は時効によって消滅することはありませんし、所有権に基づく物権的請求権も同様です。

3 時効の援用・放棄　重要度★★★

時効は一定期間が経過することで権利の取得や消滅を認めるものですが、そのためには時効の利益を受ける意思を表示する必要があります。

ここでは、時効の利益を受けることや、その利益を放棄することについて学習していきましょう。

> **神田Tのイントロ**
> 時効を援用できる者といえるかどうか、時効の利益の放棄ができるかどうかを確認しておきましょう。時系列的には、時効完成後の話であることに注意しましょう。

I 時効の援用※1

時効は、当事者(消滅時効にあっては、保証人、物上保証人、第三取得者その他権利の消滅について正当な利益を有する者を含む。)が援用しなければ、裁判所がこれによって裁判をすることができません(145条)。

まず、AがBに50万円を貸していた場合を例に、消滅時効の援用の仕組みについて見てみましょう。

> **語句** ※1
> **時効の援用**
> 時効の利益を受ける者が時効の利益を受ける旨の意思表示をすること。

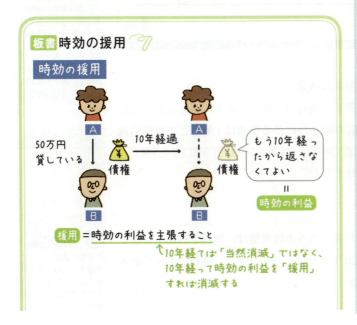

板書　時効の援用

時効の援用
50万円貸している
債権
10年経過
もう10年経ったから返さなくてよい
＝時効の利益
援用＝時効の利益を主張すること
↑10年経てば「当然消滅」ではなく、10年経って時効の利益を「援用」すれば消滅する

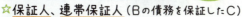

AB債権の時効を援用できる者 ← 神田Tのアドバイス❶

☆ 保証人、連帯保証人（Bの債務を保証したC）
☆ 物上保証人（Bの債務の担保のために自分の土地に抵当権を設定したC）
☆ 抵当不動産の第三取得者（Bが自分の土地に抵当権を設定し、その抵当不動産をBから購入したC）
☆ 詐害行為の受益者※2（Bの詐害行為によってB所有の財産を取得したC）

神田Tのアドバイス❶
AのBに対する債権の消滅時効につき、Cの立場で援用できるかといった視点で考えてみましょう。

語句 ※2
詐害行為の受益者
Bが自分の債権者Aを害するためにCに土地を贈与した場合、BC間の贈与行為を詐害行為といい、Cのことは受益者といいます（CH3 SEC2 債権の保全参照）。

次に、BがAからお金を借りるにあたり自分の所有する建物に借金の担保のため抵当権を設定し、さらに、Cから借金するときも同じ建物に2番抵当権を設定した場合を例に、<u>後順位抵当権者</u>であるCが、AのBに対する債権の消滅時効を援用できるかについて見てみましょう。

板書 後順位抵当権者と時効の援用

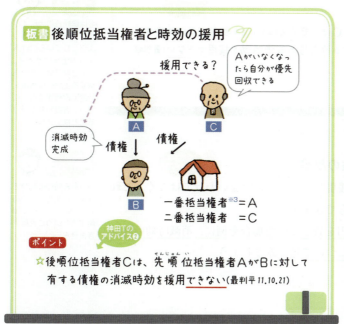

ポイント
☆ 後順位抵当権者Cは、先順位抵当権者AがBに対して有する債権の消滅時効を援用<u>できない</u>（最判平11.10.21）

語句 ※3
一番抵当権者
抵当権の実行により一番目に優先回収できる権利を持つ者のこと。

神田Tのアドバイス❷
Cは、AのBに対する債権が消滅すれば自分の債権を優先的に回収できるだけであって、Cの立場では、AのBに対する債権が時効で消滅することで直接利益を受ける者とはいえないからです。

続いて、BがA所有土地を占有開始し、自分で建物を建て、その建物をCに貸している場合を例に、**建物賃借人**にすぎないCが、BのA所有土地の所有権の取得時効を援用できるかについて見てみましょう。

板書 建物賃借人と時効の援用

①占有
②B所有建物を賃貸借
建物の敷地の所有者を建物賃貸人Bにしておきたい
A所有土地
取得時効完成
援用できる？

ポイント
☆建物賃借人Cは、賃貸人（土地の占有者）BのAが所有する土地に対する所有権の取得時効を援用できない（最判昭44.7.15）

Cは建物賃借人にすぎず、Bが時効で取得しようとしているのはA所有の土地ですから、Cの立場では、Aの所有する土地の所有権を時効で取得することについて直接利益を受ける者とはいえないからです。

Ⅱ 時効の利益の放棄

時効の利益は援用しなければいけないわけではなく、これを放棄することもできます。

AがBに50万円を貸していた場合を例に、消滅時効の利益の放棄の仕組みについて見てみましょう。

いったん時効の利益を放棄した後で、その時効についてやっぱり援用するということはできません。

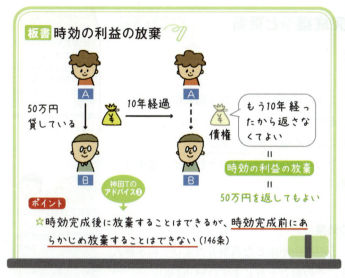

Ⅲ 時効完成後の債務の承認と時効の援用

　消滅時効が完成した後に債務を承認する行為をした場合、たとえ完成の事実を知らないでしたときでも、その時効の援用はできなくなります（最大判昭41.4.20）。この場合に時効の援用が認められていないのは、時効完成後の債務承認は時効による債務を消滅させる主張と相容れない行為であり、債権者も、もう債務者が時効の援用はしないものと考えるだろうから、その後の援用を認めないことが信義則上相当といえるからです。

例題　　　　　　　　　　　　　　　　　　　　　　　R元-27-エ

保証人や連帯保証人は、主たる債務の消滅時効を援用することはできるが、物上保証人や抵当不動産の第三取得者は、被担保債権の消滅時効を援用することはできない。

　　✕　物上保証人や抵当不動産の第三取得者も、被担保債権の消滅時効を援用できる。

4 時効の完成猶予と更新　重要度★★★

> **神田Tのイントロ**
> 時効が更新されるのはどんなときか、時効の完成猶予はどのような仕組みなのかを確認しておきましょう。時系列的には、時効完成前の話であることに注意しましょう。

I 時効の更新

(1) 時効の更新

これまで進行してきた時効の期間を振り出しに戻す制度を**時効の更新**といいます。

例えば、時効が完成する前に権利の承認があったときは、時効は更新され、その時から新たにその進行を始めます（152条1項）。

神田Tのアドバイス❶
10年で時効が完成する場合、7年経過時に承認により時効が更新されると、あと3年経過しても時効は完成しません。その時から新たにカウントし直すことになります。

(2) 時効の更新の効果

時効の更新は、その事由が生じた当事者およびその承継人の間においてのみ、その効力を有します（153条1項）。

AとBがXに100万円の連帯債務を負っている場合を例に、Aの債務の承認によって時効が更新されたときの法律関係について見てみましょう。

板書　時効の更新

X　100万円　→　A、B

- 10年で時効完成
- 9年経過
  - A：時効更新
  - B：時効更新の効果及ばない
- さらに1年経過
  - A：時効完成しない
  - B：時効完成する

ポイント
☆ Aの承認行為によりXA債権の時効は更新されるが、それはBには関係ないので、XB の債権についての時効が更新されるわけではない※1

Advance ※1　2回転目に読む
物上保証人（例. 債務者の債務の担保のために債務者以外の者が自分の所有する土地に抵当権を設定した場合の抵当権設定者）の場合、債務者の債務の承認によって時効が更新されたときに、物上保証人がその効力を否定することはできません（最判平7.3.10）。債務者と物上保証人には主従の関係があり、物上保証人が債務者と相反する態度に出ることは認められないからです。

Ⅱ 時効の完成猶予

(1) 請求

裁判上の請求があった場合、訴えを提起した時点でいったん時効の完成が猶予され、確定判決などにより権利が確定するまでの間は、時効は完成しません(147条1項1号)。

確定判決などによって権利が確定した場合、時効は更新され、再度その進行を開始します(147条2項)。

(2) 催告

催告があったときは、その時から6か月を経過するまでの間は、時効は完成しません(150条1項)。

AがBに対して10万円を支払うよう請求する権利に関し、時効が完成する3か月前に、AがBに対して催告した場合を例に、時効の完成猶予について見てみましょう。

催告は、裁判外の請求という意味でイメージしましょう。裁判で請求しなくても、手紙を郵送して支払の請求をするなどしておくことでも6か月の時効完成猶予の効果は得られます。

板書 催告

10万円
支払って

××年1月10日　AがBに催告（裁判外の請求）

4月10日　本来の時効完成日
　　　　　↓
　　　時効の完成が猶予されているため、この時点では時効は完成しない

ポイント

☆ 催告があった時から6か月間は時効は完成しない(150条1項)

☆ 催告によって時効の完成が猶予されている間にされた再度の催告は、時効の完成猶予の効力を有しない(150条2項)

催告による時効完成猶予は1回きりの効果だとイメージしましょう。この場合、5月10日にもう一度手紙を送って支払の請求をしたからといって、再度そこから6か月時効の完成が猶予されるわけではありません。

(3) 協議を行う旨の合意※1

　権利関係についてトラブルとなっている場合、時効の完成を阻止する方法が裁判上の請求しかないと、いきなり裁判沙汰になってしまいます。そこで、民法では、当事者双方が協議によってトラブルを解決しようとしているときに、その合意により時効の完成を猶予するための仕組みが設けられています（151条）。

　協議を行う旨の合意があったときは、その時から1年※2を経過するまでの間は、時効は完成しません（151条1項1号）。

　AがBに対して10万円を支払うよう請求する権利に関し、時効が完成する3か月前に、AB間で権利についての協議を行う旨の合意が書面でされている場合を例に、時効の完成猶予について見てみましょう。

※1 協議の存在を明確にするためにも、権利についての協議を行う旨の合意には書面を要するものとされています。

※2 合意で1年に満たない期間を定めたときはその期間を経過した時まで、また、当事者の一方から相手方に対して協議の続行を拒絶する旨の通知が書面でされたときはその通知の時から6か月を経過した時までが猶予期間となります（151条1項2号・3号）。

板書 協議を行う旨の合意

10万円
支払って

A
↓
B

××年1月10日　AB間で権利についての
　　　　　　　協議を行う旨の合意

4月10日　本来の時効完成日
　　　　　　↓
　　　　　時効の完成が猶予されているため、この時点では時効は完成しない

ポイント
☆合意があった時から1年間は時効は完成しない（151条1項1号）
☆合意によって時効の完成が猶予されている間にされた再度の合意は、時効の完成猶予の効力を有する（151条2項本文）

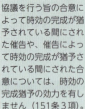
協議を行う旨の合意によって時効の完成が猶予されている間にされた催告や、催告によって時効の完成が猶予されている間にされた合意については、時効の完成猶予の効力を有しません（151条3項）。

(4) 成年被後見人と時効の完成猶予

時効の期間の満了前6か月以内に成年被後見人に法定代理人がなく、その後、別の者が後見人となった場合は、その者が後見人となった時から6か月を経過するまでの間は、時効は完成しません（158条1項）[※3]。

Aは後見開始の審判を受け、息子Bが後見人となっていたが、Bが2月1日に死亡し、4月1日に親戚のCが後見人に選任された場合を例に、本来3月1日に時効が完成するはずだったAのDに対する500万円の債権につき、Cは、時効が完成したから支払わないと主張するDに対し、4月4日に、Aの代わりに債権を回収できるかどうかについて見てみましょう。

> **Advance** [※3]
> **2回転目に読む**
> 時効の期間の満了の時にあたり天災その他避けることのできない事変のため時効の完成猶予および更新の手続を行うことができない場合、その障害が消滅した時から3か月を経過するまでの間は時効は完成しないなど、天災等による時効の完成猶予といった制度もあります（161条）。

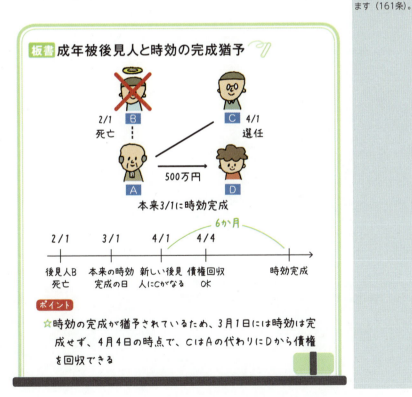

板書　成年被後見人と時効の完成猶予

2/1 B 死亡
4/1 C 選任
A → D 500万円
本来3/1に時効完成

2/1 後見人B死亡
3/1 本来の時効完成の日
4/1 新しい後見人にCがなる
4/4 債権回収OK
6か月
時効完成

ポイント
☆時効の完成が猶予されているため、3月1日には時効は完成せず、4月4日の時点で、CはAの代わりにDから債権を回収できる

例題 H22-28-1改

債務者Aの債権者Bに対する債務の承認によって被担保債権の時効が更新された場合に、物上保証人Cは、当該被担保債権について生じた消滅時効の更新の効力を否定することはできない。

○ 債務者の承認で被担保債権に生じた消滅時効の更新の効力を物上保証人が否定することはできない。

206

第2編 民法

CHAPTER 2 物権

SECTION 1 物権

このSECTIONで学習すること

1 物権
物に対する権利のことだよ。どんな権利があるんだろう？

2 物権的請求権
物権があると、どんなことが請求できるようになるの？

1 物権　重要度 ★☆☆

神田Tのイントロ
物権の全体像自体は重要ではありませんが、これから学習する物権には、どのような権利があるのかを確認しておきましょう。

I 物に関する基本用語

物権は、物を直接支配してその利益を受けることのできる権利です。物[※1]に対する権利である点で、人に対する請求権である債権とは区別されます。

物に関する基本用語として、不動産と動産、主物と従物、元物と果実について見てみましょう。

語句 ※1
物
物権の対象になるもので、有体物のこと。

板書　物に関する基本用語

不動産と動産

…土地やその定着物を「不動産」、不動産以外の物を「動産」と呼ぶ

　　不動産：土地、建物
　　動　産：時計、魚、家財道具

ルール
☆不動産の権利関係の第三者対抗要件：**登記**[※2]（177条）
☆動産の権利関係の第三者対抗要件：引渡し（178条）

主物と従物

…主物をふだん使うために備え付けられた物を「従物」、本体となる物を「主物」と呼ぶ

　　　　主物　　　従物

ルール
☆従物は主物の処分に従う（87条2項）

語句 ※2
登記（とうき）
権利関係など一定の事項について第三者に公示するための制度のこと。
土地や建物は、登記することにより不動産の権利関係の現況を第三者に公示することができます。

神田Tのアドバイス❶

家を主物とすると、家に設置されたエアコンが従物にあたります。家を処分すればエアコンも処分したことになります。

II 土地の単位

　土地登記簿において1個の土地を指す単位を「筆」といいます。「一筆の土地」とは、土地登記簿上の1個の土地のことを意味します※5。

III 物権の名称

　物権のCHAPTERでは、いろいろな権利の名称が出てきますが、全体像を示すと次のとおりです。

板書 物権の全体像

```
                    ┌ 所有権
         ┌ 本権※6 ─┤          ┌ 地上権
         │         │          │ 永小作権
         │         │  ┌ 用益物権 ┤ 地役権
         │         │  │          └ 入会権
物権 ────┤         └ 制限物権 ┤
         │            │           ┌ 法定担保権 ┌ 留置権
         │            │           │            └ 先取特権
         │            └ 担保物権 ┤
         │                        │ 約定担保権 ┌ 質権
         └ 占有権※7                             └ 抵当権
```

語句 ※3
天然果実
自然の状態で物から産出される物のこと（88条1項）。

語句 ※4
法定果実
物の使用の対価としてその物から生じる金銭その他の物のこと（88条2項）。

Advance ※5
2回転目に読む
一筆の土地の一部だけでも取得時効の対象となります。この場合、登記名義を取得者のものにするには、分筆登記が必要となります。

語句 ※6
本権
占有を適法なものとする権利で、物の使用収益や処分の根拠となるもの。

語句 ※7
占有権
自己のためにする意思をもって物を所持することで取得する権利（180条）。
→SECTION3

(1) **所有権** → SECTION 5

所有物の使用収益および処分をする権利を **所有権** といいます（206条）。

例えば、時計の所有権があるということは、その時計を使用する根拠になり、また、売却してよい根拠ともなります。

(2) **制限物権**

制限物権は、**用益物権**※1 と **担保物権**※2 の2つに分かれ、それぞれがさらにいくつかの種類に分かれています。

〈用益物権〉→ SECTION 6

地上権	他人の土地において工作物または竹木を所有するためにその土地を使用する権利
永小作権	小作料を支払って他人の土地において耕作または牧畜をする権利
地役権	他人の土地を自己の土地の便益に供する権利
入会権	山林原野の土地の共同利用等を行う権利

〈担保物権〉→ SECTION 7

法定担保物権	留置権	物に関して生じた債権の弁済を受けるまでその物を留置する権利
	先取特権	債務者の財産について他の債権者に先立って自己の債権の弁済を受ける権利
約定担保物権	質権	債権の担保として債務者または第三者から受け取った物を占有し、その物について他の債権者に先立って自己の債権の弁済を受ける権利
	抵当権	債務者または第三者が占有を移転しないで債務の担保に供した不動産について、他の債権者に先立って自己の債権の弁済を受ける権利

売買契約の売主が、売買代金が完済されるまで引渡しを終えた目的物について、その所有権を自分に留保しておくことは「所有権留保」と呼ばれます。例えば、BがAから分割払いで商品を購入し、代金完済までその所有権はAに留保しておく特約による場合がこれにあたります。

語句 ※1
用益物権
物の使用収益の根拠となる物権のこと。一般に用益物権は、用益の根拠になるだけで、処分の根拠にはなりません。

語句 ※2
担保物権
債権の担保を目的とする物権のこと。一般に担保物権は、処分の根拠になるだけで、用益の根拠にはなりません。

2　物権的請求権　　重要度 ★★☆

　所有権を有する者は、所有物を奪われれば返還請求、所有物が妨害されていれば妨害排除請求[※3]、所有物が妨害されそうになっていれば妨害予防請求ができます。

　Aの所有する土地の上にBが権原なく建物を建設しているので、Aが建物の収去[※4]を求める場合を例に、所有権に基づく妨害排除請求について見てみましょう。

神田Tのイントロ

所有権があればその権利に基づいてどのような請求ができるのか、また、建物収去の事例を題材として誰に対して請求できるのかを確認しましょう。

Advance [※3]
2回転目に読む

抵当権者が建物の明渡しを求めるときは、抵当権に基づき妨害排除請求権を行使することになります。

語句 [※4]
収去
とりさること。

板書 所有権に基づく妨害排除請求

①勝手に建物を建てる

②建物を収去してほしい

A　所有者　　　B

ポイント

☆Aは、土地の所有者として、Bに対して建物の収去を求めることができる

☆BからCに建物が譲渡されていたが、登記はB名義のままだった場合、Aは、Bに対して建物の収去を求めることができる（最判平6.2.8）

例題　　　　　　　　　　　　　　　　　　　　　　　　H29-31-5

　Dが所有する丙土地の上に、Eが権原なく丁建物を建設し、自己所有名義で建物保存登記を行った上でこれをFに譲渡したが、建物所有権登記がE名義のままとなっていた場合、Dは登記名義人であるEに対して丁建物の収去を求めることができる。

○　E名義の登記がそのままになっているので、登記名義人のEに対して建物の収去を求めることができる。

第2編　民法

CH 2　物権

SEC 1　物権

211

第2編 民法　CHAPTER 2 物権

SECTION 2 不動産物権変動と登記

このSECTIONで学習すること

1 不動産物権変動
不動産を買ったら、ちゃんと登記をしよう

2 取消し・解除と登記
契約を取り消したり、解除して土地の所有権を取り戻したときに登記は必要？

3 取得時効と登記
時効によって土地の所有権を取得したときに登記は必要？

4 相続と登記
相続によって土地の所有権を取得したときに登記は必要？

1 不動産物権変動　重要度 ★★★

土地や建物には、誰が所有者なのかをハッキリさせておくため、<u>登記</u>という制度があって、「この土地の所有者はAさんです」ということを国が証明してくれています。そして、BがAから土地を買ったなら、この名義をAからBに書き換えておく必要があります。

ここでは、登記について規定した民法177条[※1]と不動産物権変動について学習していきましょう。

I 民法177条

(1) 登記

所有権の移転などの不動産に関する物権変動は、<u>登記をしておくことで、第三者[※2]に対抗する[※3]</u>ことができるようになります(177条)。

Aが所有する土地を3月1日にBに売却し、3月10日に代金を支払い、3月15日に登記をBに移転した場合を例に、Bが新しく所有者になったことを第三者Cに対抗するには何が必要かについて見てみましょう。

板書 不動産物権変動と第三者対抗要件

```
           土地売買契約
     A ←──────────────→ B

     契約        代金支払    登記移転
     3/1         3/10       3/15
     ├───────────┼──────────┤
   当事者間(AB間)          第三者Cに対抗
   の効力発生               できる
```

神田Tのイントロ

このSECTIONではパターンごとに登記の要否を覚えるのがポイントです。まずは、民法177条の条文を確認して、二重譲渡のときのルールをチェックしましょう。過去には記述式で、177条の「第三者」に関する出題がされたことがあります。

条文チェック ※1

177条では、「不動産に関する物権の得喪及び変更は、不動産登記法その他の登記に関する法律の定めるところに従いその登記をしなければ、第三者に対抗することができない。」と規定されています。

語句 ※2

177条の「第三者」
当事者およびその包括承継人以外の者で、不動産に関する物権の取得・喪失・変更の登記の欠缺(けんけつ)を主張する正当な利益を有する者のこと（大連判明41.12.15）。
…欠缺とは不存在のことを意味します。

語句 ※3

対抗する
主張すること。

神田Tのアドバイス❶

BからAに対して登記を移転するよう請求する権利のことを登記請求権といいます。

> **ポイント**
> ☆契約があればAB間では所有権移転の効力が生ずるが(176条)、Bが所有権を取得したことを第三者Cに対抗するには登記を備える必要がある(177条)

物権の設定・移転は、当事者の意思表示のみによって、その効力を生じます(176条)。このような考え方を意思主義といいます。代金を支払うとか登記を移転するといった形式は必要ありません。

(2) 二重譲渡と登記

1つの土地に対して2つの売買契約が成立した場合、2人の買主のどちらが所有権を取得できるかは、どちらが先に登記を備えるかで決まります。

Aが所有する土地をBに売却したが、まだ登記は移転しないでいたところ、Cからも買いたいと言われたので、Cにも重ねて売却し、登記はCに移転した場合を例に、Bが、「自分が所有者である」とCに対して主張できるかについて見てみましょう。

有効な契約が2つあっても目的物が1つしかないので、両方とも契約を守るのは無理です。この場合の優劣は、どちらが先に契約したかではなく、登記の早い者勝ちで決します。

BとCの関係を対抗関係といいます。BのものになればCのものにはならず、Cのものになればbのものにはならないという関係のことです。

177条は「第三者」に対して登記が必要な旨を規定しており、「善意の第三者」とは限定していません。そのため、悪意者でもCがBより先に登記を備えればCが保護されます。

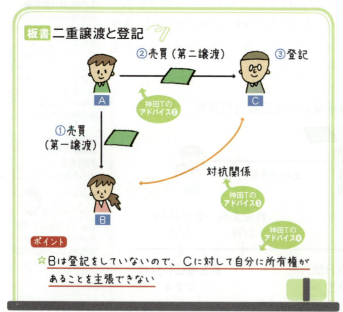

> **ポイント**
> ☆Bは登記をしていないので、Cに対して自分に所有権があることを主張できない

(3) 背信的悪意者と登記

背信的悪意者※1 は177条の「第三者」にあたらないため、背信的悪意者に対して所有権の取得を主張するのに登記を備えておく必要はありません。ただし、背信的悪意者からその土地を譲り受けた者に対して所有権の取得を主張するには、登記を備えている必要があります。

土地の二重譲渡において、第二譲受人が背信的悪意者だった場合を例に、登記の要否について見てみましょう。

> **語句** ※1
> **背信的悪意者**
> 登記がないことを知っているにとどまらず、そこに目をつけ信義に反すると認められるような行動に出る者のこと。

板書 背信的悪意者と登記

ケース1
Aが土地をBに売却したが、まだ登記は移転しないでいたところ、Cからも買いたいと言われたので、Cにも重ねて売却した場合、Cが背信的悪意者だったとき、BがCに対して自分が所有者であることを主張するのに登記は必要か？

→ BがCに「自分が所有者である」と主張するのに登記は不要（最判昭43.8.2）

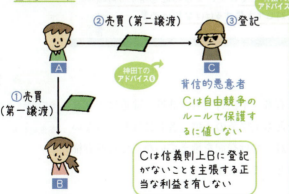

Cが背信的悪意者だとしても、Bより先に登記をしたところでBに対抗できないだけで、AC間の契約を無効にするわけではないことに注意しましょう。

例えば、土地の買主がまだ登記をしていないことに目をつけ、高値で売りつけて困らせてやろうとして売主から同土地を買い受けた者をイメージ！

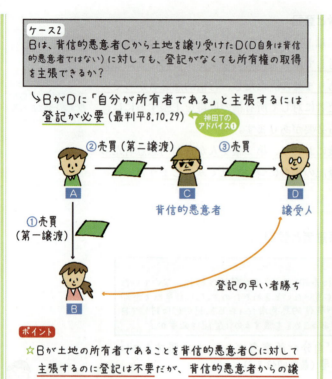

D自身が背信的悪意者にあたるのであれば「第三者」として保護されませんが、背信的悪意者から土地を買ったからというだけで保護されなくなるわけではありません。Dは、Bより先に登記を備えれば、自分が所有者だとBに主張できます。

(4) その他

無権利者、不法占有者、不法行為者、詐欺・強迫により登記申請を妨げた者なども177条の「第三者」にはあたらないため、これらの者に対しては登記を備えていなくても所有権の取得を対抗することができます。

登記書類を偽造して名義人となったような者を無権利者といいます。

Ⅱ 登記の基本ルール

ここで、2以降の話に進む前に、登記の要否の基本ルールをまとめておきましょう。

売買契約により土地の所有権を取得した場合、①当事者の

関係にある者に対してはその取得を対抗するのに登記不要、②無権利者に対してはその取得を対抗するのに登記不要、③二重譲渡の関係にある者に対しては登記必要(背信的悪意者に対する場合は除く)となります。

〈登記の要否〉

当事者に対して	登記不要
無権利者に対して	登記不要
二重譲渡の関係にある者に対して	登記必要 ※背信的悪意者に対しては登記不要

Ⅲ 明認方法

　土地に生育する樹木は、本来土地の構成部分にすぎませんが、明認方法を施して土地とは別の独立した目的物として譲渡することができます。このように、土地から独立して樹木の所有権を公示する方法を**明認方法**と呼びます。

　A所有の土地上の樹木がBに譲渡され明認方法が施されている場合、後で土地をAから譲り受けたCは、樹木の所有権は取得できません。先に明認方法を施して所有権を公示しているBが優先するからです。

例えば、樹木を削って墨で名を記すとか、所有者名を記した立て札を立てるといった方法がこれにあたります。

例題　　　　　　　　　　　　　　　　　　　　　　　　H17-25-2

Aの所有する甲土地につきAがBに対して売却した後、Aが重ねて甲土地を背信的悪意者Cに売却し、さらにCが甲土地を悪意者Dに売却した場合に、第一買主Bは、背信的悪意者Cからの転得者であるDに対して登記をしていなくても所有権の取得を対抗できる。

　　　　　　　×　背信的悪意者からの譲受人Dに対しては、D自身が背信的悪意者にあたるときは別として、登記をしておかなければ所有権の取得を対抗できない。

217

2 取消し・解除と登記　重要度★★★

契約を取り消したり、解除することによって、契約により移転した不動産の所有権が戻ってきます。

ここでは、契約の取消しや解除と第三者との関係についての登記の要否を学習していきましょう。

神田Tのイントロ

このSECTIONではパターンごとに登記の要否を覚えるのがポイントです。ここでは、所有権が取消しや解除で戻ってくる場合をパターン化していきましょう。

I 取消し前の第三者と登記

土地の売買契約があっても、契約に取消原因があれば、契約を取り消して契約自体をなかったことにできます。

まずは、詐欺を理由に土地の売買契約を取り消したときに第三者が存在した場合、第三者が保護されるために登記を備えている必要があるかどうかについて見てみましょう。

取り消したときに第三者がいた場合でも、第三者は保護されず、本人のところに戻す仕組みになっています（121条）。ただし、取消原因が錯誤や詐欺で、第三者が善意無過失のときは第三者が保護されます（95条4項、96条3項）。

板書 詐欺取消し前の第三者と登記

ケース
Bの詐欺によりAは土地をBに売却し、Bは取得した土地を善意無過失のCに転売した後、AがBの詐欺を理由にこの契約を取り消した場合、土地はACどちらのものになるか？

だます
①売却　②転売
A　B　C（善意無過失）
③詐欺取消し

なぜ保護されるか？
→善意無過失だから
（登記の有無は問わない）

ポイント
☆Cが善意無過失のときは、Aは詐欺取消しをCに対抗できず、土地はCのもの（96条3項）

詐欺取消しをしたときに第三者がいた場合、第三者との関係は96条3項で処理されます（CH1 SEC4 5 参照）。Cは善意無過失であれば保護され、CがAに自分が第三者として保護されることを主張するのに登記の有無は問いません。

強迫取消しの場合は第三者保護の仕組みがないので、Cの善意・悪意や過失の有無にかかわらず、土地はAのものとなります。

II 取消し後の第三者と登記

次に、詐欺を理由に土地の売買契約を取り消したときには第三者は存在しなかったが、取り消した後に第三者が登場した場合、第三者が保護されるために登記を備えている必要があるかどうかについて見てみましょう。

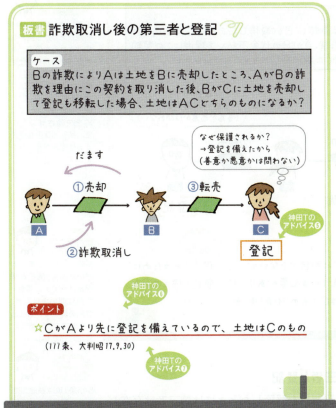

96条3項は詐欺取消しをしたときに第三者がいた場合にその者を保護するかどうかを示した条文で、取消しをした後に登場した第三者についてのルールを決めたものではありません。この場合は、177条を使って、登記の早い者勝ちで決着させています。

登記の基本ルール
ルール①
対当事者：登記不要
ルール②
対無権利者：登記不要
ルール③
二重譲渡：登記必要

Cの主観ではなく、ACのどちらが先に登記を備えたかによりどちらに所有権があるかが決まります。

BからAに戻るという物権変動と、BからCに移るという物権変動が、二重譲渡に似ていると考えましょう。

強迫取消後の第三者についても、同様に登記の早い者勝ちで処理されます。

III 解除前の第三者と登記

土地の売買契約があっても、買主が代金を支払わない場合には、売主は契約を解除して契約自体をなかったことにでき

ます（545条1項）※1。

まずは、土地の売買契約を解除したときに第三者が存在した場合、第三者が保護されるために登記を備えている必要があるかどうかについて見てみましょう。

> **板書 解除前の第三者と登記**
>
> **ケース**
> Aは土地をBに売却し、Bが取得した土地をCに転売して登記も移転した後、AがBの代金不払いを理由にこの契約を解除した場合、土地はACどちらのものになるか？
>
> なぜ保護されるか？
> →登記をした第三者だから
> （善意か悪意かは問わない）
>
> ①売却　②転売
> A → B → C
> ③解除
> 登記
>
> **ポイント**
> ☆ Aは解除をCに対抗できないが、Cが保護されるためには登記を備えている必要があり、Cが登記を備えているので、土地はCのもの（545条1項、最判昭33.6.14）

IV 解除後の第三者と登記

次に、土地の売買契約を解除したときには第三者は存在しなかったが、解除した後に第三者が登場した場合、第三者が保護されるために登記を備えている必要があるかどうかについて見てみましょう。

条文チェック ※1
545条1項では、「当事者の一方がその解除権を行使したときは、各当事者は、その相手方を原状に復させる義務を負う。ただし、第三者の権利を害することはできない。」と規定されています。

取消しは、契約自体に問題があるから契約を失効させるもので、本人保護を優先する仕組みです。これに対し、解除は、契約自体は有効でも代金不払いなどの後発事情によって契約を失効させるもので、第三者保護を優先する仕組みがとられています。

解除したときに第三者がいた場合、第三者が保護されるのに善意・悪意は問いませんが、登記を備えていることが必要です（545条1項、最判昭33.6.14）。

545条1項は解除したときに第三者がいた場合にその者を保護するかどうかを示した条文で、解除後の第三者との関係は、取消し後の第三者との関係と同じように、177条で処理されます。

板書 解除後の第三者と登記

ケース
Aは土地をBに売却したが、Bの代金不払いを理由にこの契約を解除した。その後、BがCに土地を売却して登記も移転した場合、土地はACどちらのものになるか？

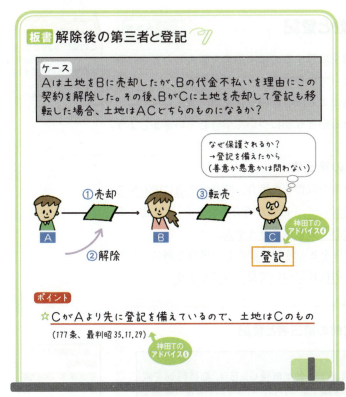

なぜ保護されるか？
→登記を備えたから
（善意か悪意かは問わない）

ポイント
☆ CがAより先に登記を備えているので、土地はCのもの
（177条、最判昭35.11.29）

登記の基本ルール
ルール①
対当事者：登記不要
ルール②
対無権利者：登記不要
ルール③
二重譲渡：登記必要

BからAに戻るという物権変動と、BからCに移るという物権変動が、二重譲渡に似ていると考えましょう。

解除の場合、Cが保護されるためには、解除前に登場しても解除後に登場しても、登記をしておく必要があります。

例題　H20-29-4

AからBに不動産の売却が行われたが、Bに代金不払いが生じたため、AはBに対し相当の期間を定めて履行を催告したうえで、その売買契約を解除した場合に、Bから解除後にその不動産を買い受けたCは、善意であっても登記を備えなければ保護されない。

〇 Cは解除後の第三者にあたり、Cが保護されるためには登記が必要。

3 取得時効と登記　重要度 ★★★

> **神田Tのイントロ**
> このSECTIONではパターンごとに登記の要否を覚えるのがポイントです。ここでは、所有権を時効で取得する場合をパターン化していきましょう。

不動産の所有権を取得するのは不動産を購入したときに限られず、時効によって取得することもあります。

ここでは、時効による所有権の取得を第三者に対抗するのに登記が必要となるかどうかについて学習していきましょう。

Ⅰ 時効完成前の第三者

時効により所有権を取得した場合、時効完成前に所有権を取得した第三者に対して、「自分が所有者である」と主張するのに登記を備えておく必要はありません。

Aの土地の所有権をBが時効で取得した場合を例に、時効完成前の第三者との関係について見てみましょう。

登記の基本ルール
ルール① 対当事者：登記不要
ルール② 対無権利者：登記不要
ルール③ 二重譲渡：登記必要

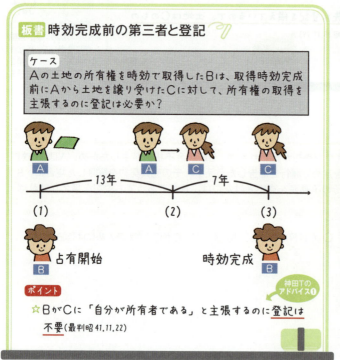

> **神田Tのアドバイス①**
> 当事者の関係にある者に対しては登記がなくても所有権の取得を対抗できるので、時効取得者は、時効完成時における所有者に対して登記がなくても所有権の取得を主張できます。時効完成前にCに譲渡されていると、時効完成時点における所有者はCなので、Cに対して登記がなくても所有権の取得を対抗できるということです。

Ⅱ 時効完成後の第三者

時効により所有権を取得した場合、時効完成後に所有権を取得した第三者に対して、「自分が所有者である」と主張するには登記を備えておく必要があります。

Aの土地の所有権をBが時効で取得した場合を例に、時効完成後の第三者との関係について見てみましょう。

登記の基本ルール
ルール① 対当事者：登記不要 ルール② 対無権利者：登記不要 ルール③ 二重譲渡：登記必要

(2)の時点で時効取得でBのものになることと、(3)の時点で譲渡でCのものになるという関係は、二重譲渡に似ていると考えましょう。

Advance ※1
2回転目に読む

Cが背信的悪意者にあたるときは登記は不要です（最判平18.1.17）。Cが背信的悪意者にあたるには、譲渡を受けた時点で、Bが多年にわたり土地を占有している事実を認識しており、Bに登記がないことを主張することが信義に反すると認められる事情が必要です。Bに時効が完成していることの認識までは不要です。

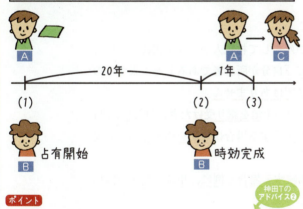

(3)の時点のCを時効完成前の第三者にしたいから、時効の起算点を(1)の時点から後ろにずらして時効完成時点を(3)の時点より後にすることができるかということですが、そんな都合のいい解釈はダメですよということです。

| 例題 | H25-28-2 |

不動産を時効により取得した占有者は、取得時効が完成する前に当該不動産を譲り受けた者に対して、登記がなければ時効取得をもって対抗することができない。

✕ 時効完成前の第三者に対しては、登記がなくても対抗できる。

4 相続と登記 重要度 ★★★

不動産の所有権を取得するのは不動産を購入したときに限らず、相続によって取得することもあります。

ここでは、相続による所有権の取得を対抗するのに登記が必要となるかどうかについて学習していきましょう。

Ⅰ 相続と登記

売買契約後、売主が死亡して相続人が土地を相続した場合、買主が相続人に対して「自分が所有者である」と主張するのに登記を備えておく必要はありません。

ただし、相続人からその土地を譲り受けた者に対して、「自分が所有者である」と主張する場合は登記を備えておく必要があります。

Aが死亡してCが相続する場合を例に、相続と登記の関係について見てみましょう。

板書 相続と登記 🖊

ケース
Aから土地を買ったBは、Aの相続人Cや、Cの債権者DがCに代位してC名義の所有権取得登記を行い、この土地を差し押さえたDに対して所有権の取得を主張するのに登記は必要か?

神田Tのイントロ

このSECTIONではパターンごとに登記の要否を覚えるのがポイントです。ここでは、所有権を相続で取得する場合をパターン化していきましょう。

登記の基本ルール
ルール①
対当事者:登記不要
ルール②
対無権利者:登記不要
ルール③
二重譲渡:登記必要

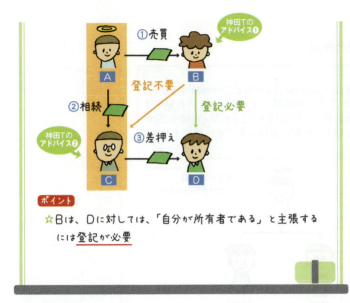

ＡＢ間が遺贈の場合でも同様で、Ａが土地を遺贈する旨の遺言を残して死亡した場合、受遺者ＢがＤに対して遺贈による所有権の取得を対抗するには登記が必要となります。

神田Tのアドバイス❷
ＣがＡを相続するということは、Ａの法律上の地位をそのまま承継することになります。Ｃが土地を売ったわけではないですが、Ｃは売主の地位を承継し、Ｂとの関係は売主と買主という当事者の関係になると考えましょう。そして、ＢとＤの関係は「Ａ＝Ｃ」を起点とした二重譲渡の関係になると考えましょう。

Ⅱ 共同相続の場合

(1) 無断で登記

　共同相続人の１人が勝手に登記をして第三者に土地全部を譲渡した場合、他の共同相続人が、その持分について譲受人に対して主張するのに登記を備えておく必要はありません。

(2) 相続分を超える承継

　土地の共同相続において、相続人の１人が遺産分割[※1]や遺贈などによって承継した権利についてその者の相続分を超える部分がある場合、その相続人は、相続分を超える部分について第三者に対抗するには登記を備えておく必要があります（899条の２第１項）。

　Ａが死亡してＢとＣが相続する場合を例に、遺産分割と登記の関係について見てみましょう。

語句 ※1
遺産分割
共同相続人の遺産をどのように分けるかを決めること。

(3) **相続放棄**

　相続放棄の場合、放棄した者はそもそも最初から相続する部分はなくなり、相続放棄の効果は登記がなくても第三者に対抗できます(最判昭42.1.20)。

例題　　　　　　　　　　　　　　　　　　　　　　　H17-25-5

Aの所有する甲土地につきAがBに対して遺贈する旨の遺言をして死亡した後、Aの唯一の相続人Cの債権者DがCを代位してC名義の所有権取得登記を行い、甲土地を差し押さえた場合に、Bは、Dに対して登記をしていなくても遺贈による所有権の取得を対抗できる。

✗　BがDに所有権の取得を対抗するには登記が必要(1参照)。

CHAPTER 2 物権

SECTION 3 占有権(せんゆうけん)

このSECTIONで学習すること

1 占有権
物を所持していることに対して認められる権利だよ

2 占有訴権
占有権を侵害されたときは、何ができるの？

1 占有権　重要度 ★☆☆

神田Tのイントロ
占有権の定義自体は重要ではありませんが、占有改定の仕組みは確認しておきましょう。過去には記述式で、占有の性質の変更について書かせる出題がされたことがあります。

民法では、物を所持しているという事実的な状態にも権利が与えられています。これを**占有権**といいます※1。占有権は、所有権とは別のものであり、物を所持している状態そのものを権利として保護するものです。

ここでは、占有権の成立や譲渡について学習していきましょう。

Ⅰ 占有権の成立

占有権は、自分のためにする意思と物の所持があれば取得できます（180条）※2。

Ⅱ 代理占有

占有権は、直接自分で所持している物に限らず、他人に所持させている物に対しても認められます（代理占有、181条）。

Bが所有する時計をAに貸している場合を例に、代理占有の法律関係について見てみましょう。

Advance ※1 2回転目に読む
占有権も権利ですから相続の対象になります。例えば、土地賃借人が死亡した場合、賃借人の占有権はその相続人に承継されます。

Advance ※2 2回転目に読む
占有者が占有物について行使する権利は、適法に有するものと推定されます（188条）。

板書 代理占有

Bが所有する時計をAに賃貸

B［所有権］→ A
A：占有権＝自己占有（直接占有）
B：占有権＝代理占有（間接占有）

ポイント
☆ 直接時計を所持しているAに占有権が認められるとともに、Aに時計を占有させているBにも間接的に占有権が認められる

↑ Bの占有のことを代理占有という

神田Tのアドバイス❶
所有権はBのところに一つしかありませんが、占有権は直接の占有者Aのほか、貸主（所有者）Bにも認められます。

Ⅲ 占有権の譲渡

占有権の譲渡方法には、現実の引渡しのほか、①簡易の引渡し、②占有改定、③指図による占有移転といった方法があります※3。

AがBに時計を売却した場合を例に、Aが時計を現実にBに渡して占有権を譲渡する方法以外の占有権の譲渡関係について見てみましょう。

条文チェック ※3
178条では、「動産に関する物権の譲渡は、その動産の引渡しがなければ、第三者に対抗することができない。」と規定されています。ここでいう「引渡し」には、現実の引渡しのほか、簡易の引渡し、占有改定、指図による占有移転も含まれます。

AがBに時計を売却したから、時計の所有権はAからBに移動するのは共通ですが、占有権の発生・消滅について注目してください。

板書 現実の引渡し以外の占有権の譲渡方法

1 簡易の引渡し（182条2項）

例 東京にいるAが所有する時計を、大阪にいるBに賃貸している。BがAから時計を買い取った場合、時計は大阪から現実に移動せずに意思表示だけで占有権を譲渡できる

A：売ります
B：買います

2 占有改定（183条）

例 東京にいるAが自分が所有する時計を大阪にいるBに売却したが、引き続きBから預かっておくことにした。この場合、時計は東京から現実に移動せずに以後BのためにAが代わりに占有する意思を表示することでBは占有権を取得できる

A：売ります
B：買います

3 指図による占有移転（184条）

例 東京にいるAは名古屋にいるCに預けていたA所有の時計を大阪にいるBに売却したが、Bの承諾を受けて引き続きCに今後はBのために預かってもらうことにした場合、時計は名古屋から現実に移動せずに、AからCへの指図とBの承諾があることでBは占有権を取得できる[※1]

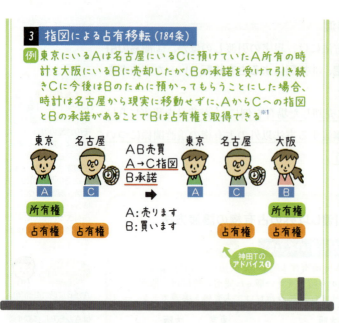

> **ひっかけ注意！** ※1
> 指図による占有移転に必要なBの承諾のところを「Cの承諾」として誤りとするパターンに注意。

> **神田Tのアドバイス①**
> Cは、今後はBのために時計を所持することになります。

IV 占有の性質

占有には、所有の意思[※2]がある占有もあれば、所有の意思がない占有もあります。

所有の意思のある占有を **自主占有**、所有の意思のない占有を **他主占有** といいます。

最初は他主占有でも、①占有者が自己に占有させた者に対して所有の意思があることを表示したり、②新たな権原（けんげん）[※3]によりさらに所有の意思をもって占有を始めたときは、占有の性質が自主占有に切り替わります（185条）。賃借人が借りている物を自分の所有物だと表示する場合が①の例、賃貸人から買い取った場合が②の例にあたります。

> **語句** ※2
> **所有の意思**
> 所有者だと思っていること。例えば、借家に住んでいる人は、その家を自分の所有物とは思っていないので、賃借人の占有は所有の意思のない占有といえます。

> **語句** ※3
> **権原**
> 法律行為をすることを正当とする法律上の原因のこと。

2 占有訴権　重要度 ★★☆

占有権を有する者には、その侵害があったときに、その侵害の態様によって占有権を根拠とする訴えの提起（占有訴権）が認められています。

占有権を有する者は、占有物を奪われれば**占有回収の訴え**によってその返還および損害の賠償を、占有物が妨害されていれば**占有保持の訴え**によって妨害の停止および損害の賠償を、占有物が妨害されそうになっていれば**占有保全の訴え**によって妨害の予防または損害賠償の担保を請求できます。

ここでは、占有回収の訴えについて学習していきましょう。

Aの占有する時計がBに奪われた場合を例に、Aが占有回収の訴えにより時計を返してもらうことができるかどうかについて見てみましょう。

板書　占有回収の訴え

ポイント
☆ 占有を奪われた時から1年経過した場合の
　占有回収の訴え：× (201条3項)
☆ 善意の特定承継人が登場した場合の
　占有回収の訴え：× (200条2項)
　例　Bが善意のCに売却した

神田Tのイントロ

占有訴権では、占有回収の訴えの基本ルールを確認しましょう。具体的には、占有回収の訴えは、どんなときにできるか、何が請求できるか、どのようなときだとできなくなるのかを確認しておきましょう。

神田Tのアドバイス❷

所有者の場合、占有権のほか所有権も侵害されているときは、占有訴権のほか、所有権に基づく物権的請求権の行使も可能です（CH2 SEC1 **2** 参照）。

神田Tのアドバイス❸

「奪われた」ことが要件ですから、だまされて自分の意思で渡した場合（詐取）やなくしてしまった場合（遺失）は対象になりません。

神田Tのアドバイス❹

CがさらにDに売却したなど善意の特定承継人からさらに転売された場合、転得者が悪意でも、善意の特定承継人が間にいる以上、占有回収の訴えは提起できません。

例題

H29-31-3

占有者がその占有を奪われたときは、占有回収の訴えにより、その物の返還を請求することはできるが、損害の賠償を請求することはできない。

✕ 返還の請求のほか、損害の賠償の請求もできる。

CHAPTER 2 物権

SECTION 4 即時取得

このSECTIONで学習すること

1 即時取得
売主が実は無権利者だったとしても買主に権利取得が認められることもある

2 盗品・遺失物の例外
盗品・遺失物の場合には即時取得にも例外がある

1 即時取得　重要度 ★★★

民法では、動産取引の場合、取引の相手方が無権利者だったとしても、一定の要件を満たせば即時取得によってその動産についての権利を取得できる仕組みが設けられています。不動産なら登記簿を調べれば所有者かどうかを確認できますが、動産には登記という仕組みがないため、売主の占有を信頼して取引することになります。そこで、その取引を保護しようとしたのが**即時取得**制度です[※1]。

Bが所有者Aから借りている時計を売る権限もないのにCに売却した場合を例に、Cが時計の所有権を取得できるかどうかについて見てみましょう。

板書 所有権の即時取得

①賃貸　②売却　所有者A → B → C

神田Tのアドバイス❶：Bに売る権限がなかった場合、Cの保護はどうなる？

■要件■
①動産であること
②BC間の有効な取引であること
③Bに処分権限がないこと
④Cが平穏公然・善意無過失[※2]であること
⑤Cが占有を開始したこと

■効果■
Cは所有権を取得できる（原始取得）

神田Tのイントロ
即時取得の要件を覚えて、その成否について当てはめができるようになることを目標に要件・効果を確認しましょう。

条文チェック [※1]
192条では、「取引行為によって、平穏に、かつ、公然と動産の占有を始めた者は、善意であり、かつ、過失がないときは、即時にその動産について行使する権利を取得する。」と規定されています。

神田Tのアドバイス❶
Cが所有権を取得するということは、反面Aは所有権は失うことになります。それでもCを保護すべきといえるのはどのようなときであるべきかという観点から、要件で絞りをかけて調整しています。

Advance [※2] 2回転目に読む
法律上、Cが無過失であることも推定されています。そのため、Cが自分で無過失であることを証明する必要はありません。なお、AがCに過失があることやCが悪意であることを証明すればCに即時取得は認められません。

> **ポイント**
> ☆ 不動産は即時取得の対象ではない
> ☆ 拾得、相続、伐採などのように、取引をせずに動産を得た場合は即時取得の対象ではない
> ☆ 制限行為能力者との取引など取引自体に問題があるときは即時取得の対象ではない
> ☆ 代物弁済[※3]や贈与でも即時取得の対象となる
> ☆ 占有改定では即時取得できない

語句 ※3
代物弁済
お金を支払う代わりに物を渡すことでお金を支払ったのと同じ扱いにしてもらうこと。

判例は、占有改定での即時取得は否定しています(最判昭35.2.11)。なお、指図による占有移転による場合は即時取得OKです(最判昭57.9.7)。

例題　　　　　　　　　　　　　　　　　　　　　　　　H17-26-ア改

Aがその所有する建物をCに賃貸していたところ、Cがその建物を自己の所有する建物としてBに売却した場合、Bが即時取得(民法192条)によりその所有権を取得できる。

❌ 建物は動産ではないので、即時取得により所有権を取得することはできない。

2 盗品・遺失物の例外　重要度★★★

神田Tのイントロ
即時取得の例外にあたる回復請求のルールも確認しておきましょう。要件を覚えて、その可否についての当てはめができるようになることがポイントです。過去には記述式で、回復請求の要件を書かせる出題がされたことがあります。

民法では、即時取得の対象となった動産が盗品または遺失物であった場合に、盗難の被害者や遺失主に対し、一定期間だけそれを取り戻せる仕組みが認められています。これを**回復請求**といいます。

ここでは、即時取得の例外にあたる回復請求制度について学習していきましょう。

1 回復請求

前主の占有物が盗品または遺失物であるときは、即時取得された場合でも、盗難の被害者または遺失主は、その動産の権利を自分に回復させることを請求できます(193条)。

回復請求が認められるのは盗品と遺失物の場合のみです。詐欺や貸借による場合には回復請求は認められません。

Bが所有者Aから盗んだ時計を売る権限もないのにCに売却したところ、Cがこれを即時取得した場合を例に、AがCからこの時計を取り戻すことができるかどうかについて見てみましょう。

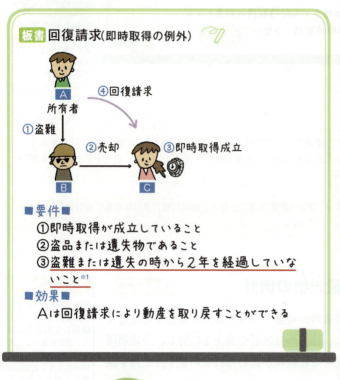

Ⅱ 代価の弁償

　即時取得者が、競売もしくは公の市場において、またはその物と同種の物を販売する商人から、善意で買い受けたときは、盗難の被害者または遺失主は、回復請求にあたり、即時取得者が支払った代価の弁償※2をすることが必要になります（194条）。

ひっかけ注意！※1
盗難または遺失の時から2年間なので、「Cが購入した時から」と起算点を変えたり、「1年」と年数を変えて誤りとするパターンに注意。
「いつから○年」とセットで覚えれば間違いにくくなります。

神田Tのアドバイス❶
時計屋さんで商品として売られている時計が盗品かどうかなんていちいち疑わないから、買ったものをタダで回収されたら即時取得した人がかわいそう！

ひっかけ注意！※2
占有者が支払った代価を弁償するのであって、「保管の費用」など別の言葉に変えて誤りとするパターンに注意。

例題　R2-28-ア

即時取得が成立するためには占有の取得が必要であるが、この占有の取得には、外観上従来の占有事実の状態に変更を来たさない、占有改定による占有の取得は含まれない。

〇 即時取得の成立に必要な占有の取得には、占有改定による占有取得は含まれない。

第2編 民法

CHAPTER 2 物権

SECTION 5 所有権

このSECTIONで学習すること

1 所有権の取得
どういう場合に所有権を取得できる？

2 相隣関係
隣同士の土地に関する法律関係にはどんなルールがあるの？

3 共有関係
複数の人で1つの物を共同で所有しているときの法律関係は？

1 所有権の取得　重要度 ★☆☆

神田Tのイントロ
所有権の取得は重要ではありませんが、付合や加工があったときに誰が所有者となるのかについては確認しておきましょう。

所有権の取得原因には、売買契約による場合や時効で取得する場合など、さまざまなものがあります。 _{神田Tのアドバイス①}

そして、所有権があるということは、その物を使用収益することや処分することの根拠になります（206条）。そのため、誰が所有権を持っているかということをはっきりさせておくことは重要なことです。

ここでは、付合や加工による所有権の帰属について学習していきましょう。 _{神田Tのアドバイス②}

神田Tのアドバイス①
所有権の取得には、前主の所有権を引き継ぐ形で取得する承継取得と、前主の権利とは関係なく所有権取得を認める原始取得という方法があります。売買や相続による場合は承継取得ですが、時効による取得や即時取得の場合は原始取得です。

神田Tのアドバイス②
付合や加工にはそれぞれ所有権の帰属のルールがありますが、これらは当事者間で特約がないときのルールなので、当事者間で異なる取決めがあればそれに従って処理されます。

I 付合（ふごう）

付合とは、異なる所有者に属する2個以上の物が結合して1個の物になることです。

Aが所有する物とBが所有する物が合体して1つの物になった場合を例に、その物が誰の所有物になるかについて見てみましょう。

板書　付合による合成物の所有権

ケース1
A所有の不動産「甲」にB所有の動産「乙」が従として付合した場合の合成物「甲＋乙」は誰の所有となるか？

↳ **A所有となる**（242条本文）

例　Aの家の壁にBの板を張り付けた

 ＋ ＝

A所有　　B所有　　A所有

第2編 民法
CH 2 物権
SEC 5 所有権

239

> **ケース2**
> A所有の主たる動産「甲」とB所有の従たる動産「乙」が付合した場合の合成物「甲＋乙」は誰の所有となるか？

↳ <u>A所有となる</u>（243条）

例 AのイスにBのクギを打ち込んだ

> **ケース3**
> A所有の動産「甲」とB所有の動産「乙」（主従の区別なし）が付合した場合の合成物「甲＋乙」は誰の所有となるか？

↳ <u>AB共有</u>（持分は付合当時の価格割合による）となる（244条）※1

例 Aの机とBの机を接着して大きなテーブルにした

神田Tのアドバイス❶

2つの動産が損傷しなければ分離することができなくなったときや、分離するのに過分の費用を要するときは、付合の問題として、その合成物の所有権を主たる動産の所有者に帰属させるものとしています。

ひっかけ注意！ ※1

ＡＢの共有になる場合、持分は付合当時の価格割合になります。「当然に相等しい割合」として誤りとするパターンに注意。

Ⅱ 加工

加工とは、他人の物に工作を加えて新しい物をつくることです。

Aが所有する物に対しBが加工して出来上がった完成物を例に、完成物は誰の所有物になるかについて見てみましょう。

> **板書 加工による完成物の所有権**
>
> A所有　　　　　B加工　　　　所有権は？
> ＋ ＝
>
> **ケース1**
> A所有の材料にBが加工した場合の完成物は誰の所有となるか？
>
> ↳ <u>A所有となる</u>（246条1項本文）
>
> 例 Aの木材にBが彫刻して人形を作った

240

> **ケース2**
> A所有の材料にBが加工したことで完成物の価格が材料の価格を著しく超えるようになった場合の完成物は誰の所有となるか？
>
> ↳ **B所有**となる（246条1項ただし書）
> 例 Aの木材に有名な芸術家のBが彫刻して人形を作った

Ⅲ 無主物先占

所有者のない動産は、所有の意思をもって占有した者が所有者です（239条1項）。これを無主物先占といいます。

不動産の場合、無主物先占は認められておらず、所有者のない不動産は国庫に帰属します（239条2項）。

神田Tのアドバイス❷

例えば、海で魚を釣った場合がこれにあたります。この場合、魚の所有権は魚を釣った人のものになります。

Ⅳ 遺失物拾得

遺失物は、遺失物法の定めるところに従い公告をした後3か月以内にその所有者が判明しないときは、これを拾得した者がその所有権を取得します（240条）。

2 相隣関係　重要度★★☆

自分の所有する土地と隣の人が所有する土地の間では、通行や境界線などでトラブルになりがちです。

民法では、土地の所有者が隣人に対して行使できる権利や、境界線にかかわる法律関係などに関する規定があります。

ここでは、袋地の所有者とその土地を囲んでいる土地の所有者との法律関係や、境界線にかかわる法律関係について学習していきましょう。

神田Tのイントロ

相隣関係は重要ではありませんが、袋地の所有者が囲繞地を通行するときの法律関係は確認しておきましょう。

Ⅰ 袋地の場合（囲繞地[※1]通行権）

他の土地に囲まれて公道に通じない土地の所有者は、公道に出るためにその土地を囲んでいる他の土地を通行することができます（210条1項）[※2]。

Aの土地がBの土地に囲まれて公道に通じていない場合を例に、AがBの土地を通行できるかについて見てみましょう。

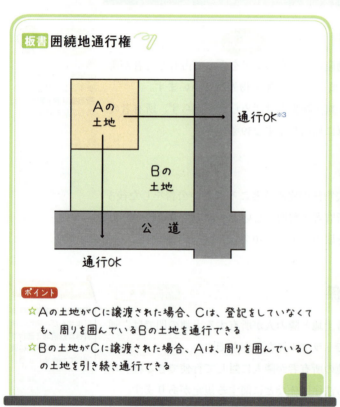

板書 囲繞地通行権

ポイント
☆ Aの土地がCに譲渡された場合、Cは、登記をしていなくても、周りを囲んでいるBの土地を通行できる
☆ Bの土地がCに譲渡された場合、Aは、周りを囲んでいるCの土地を引き続き通行できる

Ⅱ 境界線

隣地との境である境界線付近の建築には一定の制限があり、例えば建物を築造する場合には境界線から50cm以上の距離を保つ必要があります（234条1項）[※4]。

語句 ※1
囲繞地
他の土地に囲まれて公道に通じない土地を囲んでいる土地のこと。

Advance ※2
2回転目に読む
元々は共有土地だったが、その分割によって公道に通じない土地になった場合、その土地の所有者は、公道に至るため、他の分割者の所有地のみを通行できます（213条1項）。

Advance ※3
2回転目に読む
相隣関係の規定は地上権者間または地上権者と土地の所有者との間について準用されます（267条）。Aの土地の所有者でなくても、地上権の設定を受けている者であれば、Bと賃貸借契約を結ばなくても、囲繞地通行権に基づいてBの土地を通行できるということです。

Advance ※4
2回転目に読む
建築基準法63条では、防火地域または準防火地域内にある建築物で、外壁が耐火構造のものについては、その外壁を隣地境界線に接して設けることができるという別のルールが設けられています。

また、民法では、その他にも境界線にかかわる相隣関係について、さまざまな規定を定めています。
　A所有土地の隣にB所有土地がある場合を例に、①Aの庭の木がBの土地にはみ出しているときの処理、②Aが建物の補修のためにBの土地を使用したいときの処理、③Bが窓を設置するときの処理、④境界線上に設けた境界標の所有関係について見てみましょう。

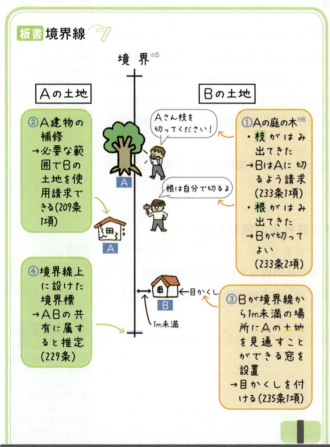

Advance ※5
2回転目に読む
他にも、隣地から水が自然に流れてくるのを妨げてはならない旨の規定（214条）、雨水を隣地に注ぐ構造の工作物の設置を禁止する旨の規定（218条）などもあります。

ひっかけ注意！ ※6
「枝」と「根」で取扱いが異なります。枝のルールと根のルールを入れ替えて誤りとするパターンに注意！

| 例題 | H27-29-2 |

（甲土地を所有するＡとその隣地の乙土地を所有するＢとの間の相隣関係）
甲土地に所在するＡの竹木の枝が境界線を越えて隣の乙土地に侵入した場合に、Ｂは、自らその枝を切除することができる。

✗ 枝の場合、ＢはＡに切除させることができるだけで、Ｂ自ら切除することはできない。

3 共有関係 重要度 ★★☆

1台の車を3人で共同所有する場合のように、1つの所有権を数人で共同して有することもあります。これを**共有**といいます。所有権をめぐる法律関係にかかわる人が増える分トラブルにもなりやすく、民法では、共有者の1人が単独で行えることなのかどうかや、共有物を分割するときのルールなどが定められています。

ここでは、共有物をめぐる法律関係について学習していきましょう。

Ⅰ 共有物に対する共有者の権利行使

土地をＡＢＣの3人で共有している場合（持分※1は平等）、共有者の1人は、共有物全体の利用や自分の持分の譲渡は単独で行うことができますが、共有物自体の売却は単独では行えません※2。

単独での権利行使の可否をまとめると、次の表のようになります。

神田Ｔのイントロ

このSECTIONでは、共有者の1人が単独でできることかどうか、持分の承継のルール、共有分割のルールを確認しておきましょう。過去には記述式で、共有者の権利行使について書かせる出題がされたことがあります。

語句 ※1
持分
各共有者が目的物に対して持っている権利やその割合のこと。

Advance ※2
2回転目に読む
共有者が単独で不法行為に基づく損害賠償請求をすることができるのは、自己の持分の割合に相当する額に限られ、共有物全体についての損害全額ではありません（最判昭41.3.3）。

例 ＡＢＣ3人で共有（持分は平等）している場合のＡの権利行使の要件

	具体例	行使要件
使用行為	共有物の利用	Ａ：単独で可（249条）
保存行為	共有物の妨害排除、保存登記	Ａ：単独で可（252条ただし書）
管理行為	共有物の賃貸	Ａ：単独では不可 持分価格の過半数の賛成が必要（252条本文） （Ｂ・Ｃどちらかの賛成が必要）
変更行為	共有物の売却	Ａ：単独では不可 共有者全員の同意が必要（251条） （Ｂ・Ｃ両方の賛成が必要）

Ⅱ 共有物の使用

共有物の使用は各共有者が単独でできます（249条）。また、共有者の1人から共有物を使用することを承認された第三者に対して、他の共有者は、当然にはその明渡しを請求できません。

Ⅲ 共有物についての負担

土地をABCの3人で共有している場合、各共有者はその持分に応じて管理費用などの負担を負います（253条1項）。そして、Ｃが負担義務を履行しないときは、ＡやＢは、相当の償金を支払ってＣの持分を取得できます（253条2項）。

Ⅳ 共有物についての債権

共有者の1人が共有物について他の共有者に対して有する債権は、その特定承継人に対しても行使することができます（254条）。

ＡがＣに債権を有している場合、Ａは、Ｃからその持分を売買契約により取得したＤに対しても、その債権を行使できるということです。

Ⅴ 持分の承継

共有者が自分の持分を譲渡することは、各共有者が自由にできます[※1]。

また、共有者の1人が死亡した場合、その持分は相続人に承継されます。相続人がいないときに持分がどうなるかが問題となりますが、この場合、その持分は他の共有者に帰属することになります(255条)。

<u>共有者ABCのうちの1人であるAが死亡し、相続人がいない場合</u>を例に、Aの持分がどうなるかについて見てみましょう。

> **ひっかけ注意！**[※1]
> ABCの3人で共有している場合（持分は平等）、持分の譲渡はAの単独でOKですが、共有物全体の譲渡はA単独ではできません。「共有者の1人が単独で共有物の譲渡も持分の譲渡もできる」として誤りとするパターンに注意。

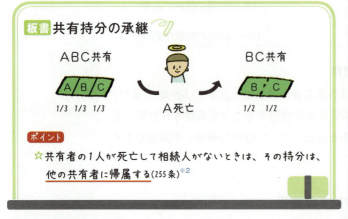

板書 共有持分の承継

ABC共有 → A死亡 → BC共有
A 1/3　B 1/3　C 1/3　　　　B 1/2　C 1/2

ポイント
☆共有者の1人が死亡して相続人がないときは、その持分は、<u>他の共有者に帰属する</u>(255条)[※2]

> **Advance** [※2] **2回転目に読む**
> もし特別縁故者（生前その人の療養監護に努めたなど特別の関係にある者のこと）が財産分与請求した場合は、死亡者の財産は特別縁故者に承継されます。つまり、Aの特別縁故者Dが財産分与請求をしたときはBCDの共有となります。

Ⅵ 共有物の分割

(1) 分割請求

各共有者は、いつでも共有物の分割を請求することができます(256条1項本文)[※3]。共有者で協議が調えば、現物分割(共有物自体の分割)、代金分割(共有物を売却し代金を分割)、価格賠償(共有者の一部のみの所有として他の共有者に価格を賠償)のいずれの方法でも分割することが可能です。そして、分割について協議が調わないときは、その分割を裁判所に請求することもできます(258条1項)。

> **Advance** [※3] **2回転目に読む**
> 5年以内という制限はありますが、不分割特約を結ぶことも可能です(256条1項ただし書)。

ABの2人で共有している土地を分割する場合を例に、分割の方法について見てみましょう。

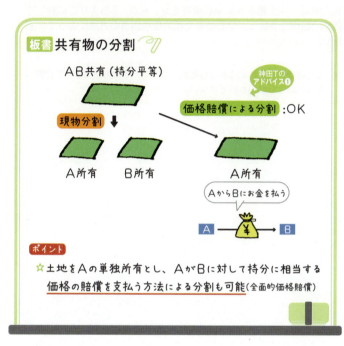

この土地が1000万円なら、現物分割するほか、Aの単独所有にしてしまってAからBに500万円支払うというやり方でも分割できます。このような分割方法を全面的価格賠償と呼びます。

(2) 分割への参加

共有物について権利を有する者および各共有者の債権者は、自己の費用で、分割に参加することができます（260条1項）※4。そして、参加の請求があったにもかかわらず、その請求をした者を参加させないで分割をしたときは、その分割は、その請求をした者に対抗することはできません（260条2項）。

※4
共有者が分割にあたり、共有物について権利を有する者や各共有者の債権者に対して分割協議を行う旨を通知しなければならないといった規定はありません。「共有者から通知しなければならない」として誤りとするパターンに注意。

例題　　　　　　　　　　　　　　　　　　　　　　　H28-29-エ

（A、BおよびCが甲土地を共有し、甲土地上には乙建物が存在している）
Aが乙建物を所有し居住している場合において、Aが、BおよびCに対して甲土地の分割請求をしたときは、甲土地をAに単独所有させ、Aが、BおよびCに対して持分に相当する価格の賠償を支払う、いわゆる全面的価額賠償の方法によって分割しなければならない。

✕　価格賠償の方法によることも可能なだけで、その方法によって分割しなければならないわけではない。

248

CHAPTER 2 物権

SECTION 6 用益物権

このSECTIONで学習すること

1 地役権
自己の土地の価値を高めるために他の土地を使用する権利

2 その他の用益物権
地上権、永小作権、地役権を比較してみよう

1 地役権　重要度 ★☆☆

> **神田Tのイントロ**
> 地役権は重要ではありませんが、登記や時効といった他の重要テーマが絡む箇所は確認しておきましょう。

民法では、使用収益と処分の両方の権利を持たなくても使用収益の権利だけあればよいという人もいるので、使用収益の根拠となる権利だけを設定することもできます。その1つに地役権があります。

ここでは、地役権について学習していきましょう。

I 地役権とは

地役権は、自己の土地（要役地※1）の便益を高めるために、他人の土地（承役地※2）を使用する権利のことです（280条）。

Xが、自分が所有する土地の便益のため、Yの土地を通行して目的地に行けるよう、Yの土地に通行地役権を設定した場合を例に、地役権の法律関係について見てみましょう。

> **語句 ※1**
> 要役地
> 地役権の設定により便益を高める土地のこと。

> **語句 ※2**
> 承役地
> 要役地のために地役権の設定を受ける土地のこと。

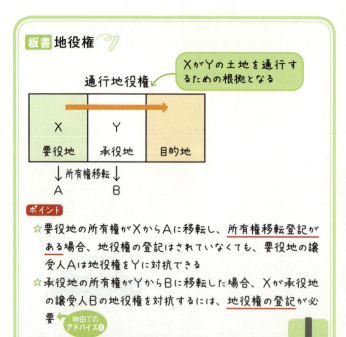

> **神田Tのアドバイス❶**
> 「第三者」に対して地役権を主張するには登記が必要ですが（177条）、通路の継続的な使用の事実が客観的に明らかで、かつ、承役地の譲受人も認識または認識可能であるときは、譲受人は「第三者」にあたらないため、登記がなくても地役権を対抗できます（最判平10.2.13）。

Ⅱ 要役地共有の場合の法律関係※3

(1) 取得時効との関係

地役権も、継続的に行使され、かつ、外形上認識できるものは、時効により取得できます（283条）※4。

C所有土地の隣にA・Bが共有する土地があり、A・BがCの土地を17年間勝手に通行していた場合を例に、CがA・Bに対して取得時効の更新の措置をとるときは、Aに対して行うだけでよいか、A・B両方に対して行う必要があるかについて見てみましょう。

※3 Advance 2回転目に読む
要役地が共有関係にある場合、共有者の1人が自己の持分についてだけ地役権を消滅させたりすることはできません（282条）。

※4 Advance 2回転目に読む
土地の共有者の1人が時効によって地役権を取得したときは、他の共有者も、これを取得します（284条1項）。

神田Tのアドバイス②
地役権の時効取得期間は、善意無過失で10年、悪意または有過失なら20年です（163条）。

```
板書  要役地共有と時効の更新（取得時効）

              勝手に通行（現在17年経過）
         →              ↑
  AB │ C    地役権…20年で時効取得
  要役地 承役地
         地役権を取得させたくないから
         時効を更新させたい

ポイント
☆ 共有者に対する時効の更新は、地役権を行使する各共有者
  に対してしなければ、その効力を生じない（284条2項）
```

神田Tのアドバイス③
時効の更新は、CからA・Bそれぞれに対して行わなければ効力を生じないということです。

(2) 消滅時効との関係

地役権も、時効により消滅します。

A・Bは、A・Bが共有する土地の隣のC所有土地に通行地役権を設定していたが、通行しない状態が17年続いている場合を例に、A・BがCに対して消滅時効の更新の措置をとるときは、Aから行うだけでよいか、A・Bが一緒に行う必要があるかについて見てみましょう。

神田Tのアドバイス④
地役権の消滅時効期間は、権利を行使することができる時から20年間です（167条2項）。

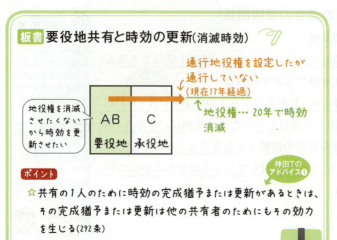

時効の更新は、AからCに対して行えばBのためにも効力を生じるということです。

2 その他の用益物権　重要度★☆☆

その他の用益物権は重要ではありませんが、地上権について賃貸借契約の場合と比較しておきましょう。

用益物権には、地役権のほかにも、地上権、永小作権、入会権といった権利もあります。

1 地上権

地上権は、他人の土地において工作物または竹木を所有するためにその土地を使用する権利のことです※1。

AがB所有の土地を使用するにあたり、地上権を設定する場合と賃貸借契約による場合の民法の規定における相違をまとめると、次の表のようになります。

※1 **Advance 2回転目に読む**
地下または空間は、工作物を所有するため、上下の範囲を定めて地上権の目的とすることができます（269条の2第1項本文）。

	地上権	賃貸借契約
設定目的	工作物・竹木の所有のために限定	特に限定なし
譲渡	自由に譲渡できる	賃貸人の承諾が必要
地代	無料でも可	賃料を支払う
存続期間	なし	最長50年
借地借家法※2の適用	あり	あり

Ⅱ 永小作権

永小作権は、小作料を支払って他人の土地において耕作または牧畜をする権利のことです。

Ⅲ 入会権

入会権は、山林原野の土地の共同利用等を行う権利のことです※3。

Ⅳ 地上権、永小作権、地役権の比較

地上権、永小作権、地役権の相違をまとめると、次の表のようになります。

	地上権	永小作権	地役権
定義	他人の土地に工作物または竹木を所有するため、その土地を使用する権利（265条）	小作料を支払って他人の土地において耕作または牧畜をする権利（270条）	自己の土地の便益を高めるために、他人の土地を使用する権利（280条）
使用目的の限定	あり 工作物または竹木の所有	あり 耕作または牧畜	なし 要役地の便益を高めるものであればよい
地代の支払	どちらでもよい	必要	どちらでもよい

語句 ※2
借地借家法
建物所有を目的とする借地および借家に関する契約について定めた法律。民法の特別法にあたります。

Advance ※3
2回転目に読む
共有の性質を有する入会権については、各地方の慣習に従うほか、共有の規定を適用します（263条）。

第2編 民法

CHAPTER 2 物権

SECTION 7 担保物権

このSECTIONで学習すること

1 抵当権
不動産を担保にとり、もし債務者が支払いを怠ったら、自分が優先的に回収できるようにしておくことができる

2 質権
お金を貸すときに担保として債務者から物を預かっておくことができる

3 留置権
留置権が成立すれば、物の返還を求められても手元に留め置くことができる

4 先取特権
先取特権が認められている債権の場合、自分が優先して回収できる

1 抵当権

重要度 ★★★

民法では、使用収益と処分の両方の権利を持たなくても処分の権利だけあればよいという人もいるので、処分の根拠となる権利だけを設定することもできます。その1つに抵当権※1があります。

ここでは、抵当権について学習していきましょう。

I 担保物権に共通する性質

抵当権の説明に入る前に、まず担保物権に共通する性質について見ておきましょう。

担保物権には、付従性、随伴性、不可分性、物上代位性という性質があり、これらは抵当権にも認められる性質です。

付従性	抵当権は借金が存在するから成立し、借金がなくなれば役目を終えて消滅する ←被担保債権と一緒に成立、一緒に消滅
随伴性	借金が他の人に譲渡されれば抵当権もそれに伴って移転する ←被担保債権と一緒に移転
不可分性	被担保債権を一部弁済したからといって、抵当権が部分的に消滅することはない ←借金が半分になっても抵当権は半分にならない
物上代位性	抵当不動産が滅失した場合、代わりに抵当権設定者が受けるべき金銭等について行使できる ←目的物が火災で滅失しても火災保険金から優先回収OK

II 抵当権の設定と債権の回収

(1) 優先弁済

土地や建物を債務の担保とし、抵当権を設定しておけば、債務が弁済されないときには、抵当権者は、その土地や建物を競売にかけて、落札代金から優先して債権の回収を受けることができます(369条1項)。このような回収のことを抵当

神田Tのイントロ

抵当権は範囲も広く難易度も高い箇所ですが、物権における最重要テーマといえますので、頑張って学習を進めましょう。概念を一読したら、①抵当権の効力の及ぶ範囲、②物上代位に関する判例の知識、③物上保証人に関する法律関係、④抵当不動産の第三取得者の保護、⑤事例ごとの法定地上権が成立するかどうかの処理、⑥根抵当権の法律関係を中心におさえていくとよいです。過去には記述式で、抵当権について2回出題されたことがあります。

語句 ※1

抵当権

抵当権設定者が目的不動産の占有を移すことなく、債務者が債務を履行しないときの担保に供し、債務が弁済されないときに、抵当権者が抵当不動産を競売にかけ、その代金から他の一般債権者に優先して弁済を受けることができる担保物権のこと。

神田Tのアドバイス①

付従性は緩和して解釈されており、将来発生する債権のための抵当権の設定も有効です(大判昭7.6.1)。3月1日の段階で、3月3日に発生する被担保債権のために抵当権の設定をしておくことも可能ということです。

権の実行といいます。

　AがBに1000万円を貸し、CがBに500万円を貸しているが、Bの財産は1200万円の土地しかない場合を例に、Bの財産がどのようにAとCに分配されるかについて見てみましょう。

> 神田Tのアドバイス❶
> 抵当権は、優先して債権回収できることをキーワードに読んでいきましょう。

> 神田Tのアドバイス❷
> 債権者が複数いる場合、本来は債権額に応じて分配されることになりますが、抵当権を設定しておけば、抵当権者は、他の一般債権者よりも優先して債権を回収することができます。

語句 ※1
抵当権者
債権の担保のために他人の土地や建物等に抵当権の設定を受けた者のこと。債権者側のイメージで！

語句 ※2
抵当権設定者
自分の土地に債務の担保のために抵当権を設定した者のこと。債務者側のイメージで！

> 神田Tのアドバイス❸
> 土地の使用収益権や占有権はB自身に残ります。Bは借金の返済を怠らなければ、これまでどおり土地を所有し、使用することができます。

(2) 対抗要件

抵当権も物権ですから、登記が対抗要件となります（177条）。

(3) 抵当権の順位

同一の不動産に対して複数の抵当権を設定することもできます。この場合、抵当権が実行されて換金されたら先順位の抵当権者から順に優先的に債権回収することができます。

また、各抵当権者の合意によって順位の変更も可能です（374条1項本文）※3。この場合、登記をすることで効力が発生します（374条2項）。

「AがBに3月1日にお金を貸し、B所有土地に抵当権の設定を受け、3月5日に登記を済ませた。また、CもBに2月25日にお金を貸し、B所有土地に抵当権の設定を受けていたが、登記を済ませたのは3月10日だった」という場合を例に、ACどちらが先順位の抵当権者となるかについて見てみましょう。

抵当権設定登記後に抵当建物が賃貸された場合、対抗要件を備えた賃借権であっても、賃借人は、抵当権実行による買受人に対し、賃借権を対抗できません。抵当権の登記の方が賃借権の対抗要件よりも先にあるからです。

Advance ※3 2回転目に読む
利害関係を有する者がいれば、その者の承諾も必要です（374条1項ただし書）。

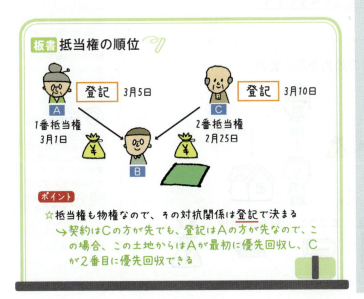

(4) 被担保債権の範囲

抵当権者は、利息その他の定期金を請求する権利を有するときは、その満期となった最後の2年分についてのみ、その抵当権を行使することができます(375条1項本文)※1、2。

お金を貸して利息が8年分たまっている場合、債権者は貸した元金だけではなく利息も含めて債権を回収できますが、抵当権の実行により優先的に回収していいのは、利息については最後の2年分に限られています。

III 抵当権の効力

(1) 目的物の範囲

抵当権は、抵当地の上に存する建物を除き、その目的である不動産に付加して一体となっている物に及びます(370条本文)。←神田Tのアドバイス❶

AがBにお金を貸し、Bが所有する建物に抵当権の設定を受けていた場合を例に、抵当権の効力が建物のほか、どこまで及ぶのかについて見てみましょう。

板書 抵当権の効力が及ぶ範囲

債権　A→抵当権※3→B（建物）

玄関扉　エアコン　敷地利用権　果実

Advance ※1
2回転目に読む

それ以前の定期金についても、満期後に特別の登記をしたときは、その登記の時からその抵当権を行使できます(375条1項ただし書)。

ひっかけ 注意! ※2

「利息や遅延損害金について、抵当権者なら、原則として、その全額について優先弁済権を行使することができる」として誤りとするパターンに注意。

神田Tのアドバイス❶

土地上の建物は付加一体物と考えられますが、除外されています。つまり、土地だけに抵当権が設定されている場合、土地上の建物には抵当権の効力は及ばないということです。

Advance ※3
2回転目に読む

抵当権の効力は抵当不動産の従物にも及び、抵当権の対抗要件を具備すれば、第三者に対する対抗力は、抵当不動産だけでなく、従物についても生じます(最判昭44.3.28)。

付加一体物	建物の玄関扉など建物に付加して一体となった物 → 及ぶ（370条）
従物	建物に設置されていたエアコン ↳ 及ぶ（87条2項）※4
従たる権利	建物が借地上に建てられた場合、その敷地利用権 → 及ぶ（87条2項類推適用）
果実	建物の賃料などの果実で、被担保債権に不履行があった後に生じたもの → 及ぶ（371条）

 ※4
87条2項では、「従物は、主物の処分に従う。」と規定されています。

建物内にあるテレビや骨董品など、付加一体物とも従物とも評価できない物についてまでは抵当権の効力は及びません。

建物は燃えてなくなっちゃったから売り飛ばせませんが、その代わり、火災保険金請求権を差し押さえて優先回収にあてることが認められるのが物上代位です。

(2) 物上代位

　抵当権が設定された建物が火災で滅失した場合、建物を競売にかけて優先回収にあてることはできなくなりますが、抵当権設定者が受ける火災保険金請求権を差し押さえて優先回収にあてることは可能です（372条、304条）。

　BがAのために抵当権を設定した建物が火災で滅失した場合を例に、抵当権者Aが滅失により抵当権設定者Bが受けるべき金銭（火災保険金）を請求する権利に物上代位できるかについて見てみましょう。

> **ポイント**
> ☆ 保険会社CからBに金銭が支払われる前に、Aが差し押さえれば、物上代位できる[※1]

> **条文チェック** ※1
> 372条では先取特権の条文の304条を準用しています。304条1項では、「先取特権は、その目的物の売却、賃貸、滅失又は損傷によって債務者が受けるべき金銭その他の物に対しても、行使することができる。ただし、先取特権者は、その払渡し又は引渡しの前に差押えをしなければならない。」と規定されています。これを抵当権の話に置き換えて読むことになります。

次に、BがAのために抵当権を設定した抵当不動産がCに賃貸され、さらにDに転貸されている場合、Aが、CのDに対する転貸料債権についても物上代位できるかについて見てみましょう。

> **板書** 物上代位と転貸借との関係
>
>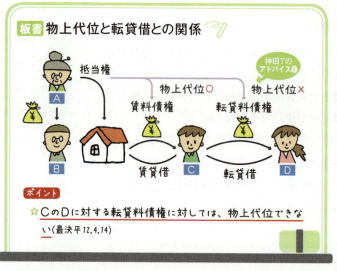
>
> **ポイント**
> ☆ CのDに対する転貸料債権に対しては、物上代位できない(最決平12.4.14)

> **神田Tのアドバイス①**
> 304条1項(372条で準用)では、目的物の賃貸によってBが受けるべき金銭その他の物に対しても抵当権の行使ができることになります。しかし、DからCに支払われる転貸料は、(Cが受けるべき金銭であって)Bが受けるべき金銭ではないので、物上代位の対象となりません。なお、CをBと同視することを相当とする特段の事情がある場合は別です。

さらに、抵当権者Aの物上代位の対象となる債権が抵当権設定者BからDに譲渡された場合でも物上代位できるかについて見てみましょう。

板書 物上代位と債権譲渡との関係

ポイント
☆ Aは、物上代位の目的債権がBからDに譲渡されても、金銭が支払われる前にこれを差し押さえて<u>物上代位できる</u>（最判平10.1.30）

要チェック判例

◆ CB間の買戻特約付売買の買主Bから目的不動産につき抵当権の設定を受けたAは、抵当権に基づく<u>物上代位権の行使</u>として、買戻権の行使によりBが取得したCに対する**買戻代金債権**を差し押さえることができる（最判平11.11.30）。

◆ AがB所有土地に抵当権の設定を受け、BがCに対して有している債権について、Aが物上代位して差し押さえたときは、**抵当権設定登記後にCがBに対して取得した債権**による相殺※2で抵当権者Aに対抗することはできない（最判平13.3.13）。

◆ AがB所有土地に抵当権の設定を受け、BがCに対して有している債権について、**Aの物上代位に基づく差押えとBの他の債権者Dの差押えが競合**したときの優劣は、Aの抵当権設定登記とDの申立てによる差押命令のCへの送達の先後で決する（最判平10.3.26）。

神田Tのアドバイス
板書の他にも、物上代位関連ではこのような判例もあります。

語句 ※2
相殺（そうさい）
意思表示だけで互いの債務を消滅させること。
…お互いに金銭債務があるときは、相殺の意思表示だけで、お金を支払ったことにできる。

(3) 抵当権の侵害

抵当不動産が不法占拠されている場合、抵当権者は、**抵当権に基づく妨害排除請求権**を行使して、不法占拠者を追い出すこともできます※1。

AがBにお金を貸し、Bが所有する建物に抵当権の設定を受けていたが、この建物をCが不法占拠している場合を例に、AはCを追い出すことができるかについて見てみましょう。

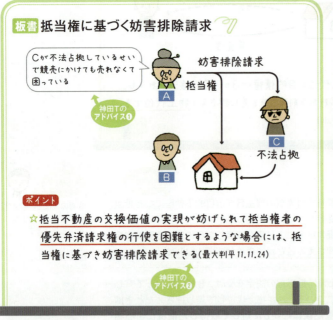

Ⅳ 共同抵当

土地と建物の両方に抵当権を設定する場合のように同一の債権の担保として数個の不動産につき抵当権を設定することもできます。

Advance ※1
2回転目に読む

抵当権者は直接自己への抵当不動産の明渡しを求めることもできます。

Cが賃借人など占有権原がある場合でも、賃貸借契約が競売妨害のために結ばれたものであるときは同様です（最判平17.3.10）。

競売にかけても売れなかったらお金にならず、お金にならなかったら優先回収もままならないというイメージで。

この場合、同時にその代価を配当すべきときは、各不動産の価額に応じてその債権の負担を按分します（392条1項）。被担保債権が2400万円で、土地が2000万円、建物が1000万円なら2：1の割合になるので、土地から1600万円、建物から800万円の回収となります。

Ⅴ 物上保証人

抵当権設定者は債務者自身でなくてもかまいません。債務者以外の人が所有している土地や建物に抵当権を設定した場合、この人のことを 物上保証人 と呼びます。

AがBにお金を貸し、その担保のためにCが所有する土地に抵当権の設定を受けていた場合を例に、物上保証人の法律関係について見てみましょう。

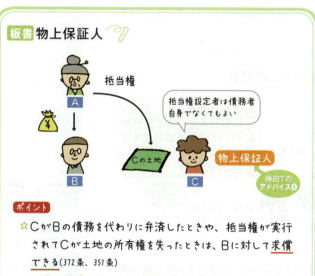

板書 物上保証人

抵当権設定者は債務者自身でなくてもよい

ポイント
- ☆ CがBの債務を代わりに弁済したときや、抵当権が実行されてCが土地の所有権を失ったときは、Bに対して求償できる (372条、351条)
  → Bの借金をCの土地で立て替えて支払ったイメージ
- ☆ 物上保証人Cは、あらかじめBに対して求償することはできない (最判平2.12.18)※2
- ☆ 物上保証人Cは、Aの抵当権実行に対して、まずBの財産から先に執行するよう抗弁することはできない※3

神田Tのアドバイス❶

物上保証人は、Bが債務を弁済しないときは担保に供した土地を競売にかけられても仕方ないという立場だけで、保証人と違って、Aに対して債務を負うわけではありません。

※2

「物上保証人が事後求償のほかあらかじめの求償もできる」として誤りとするパターンに注意。

Advance ※3
2回転目に読む

保証人の場合、いきなり保証人の財産に執行しようとしても、まずは主債務者の財産から取り立ててくれと拒否できる権利があります。これは「検索の抗弁権」と呼ばれています。物上保証人にはこのような抗弁は認められていません。

Ⅵ 抵当不動産の第三取得者

(1) 第三取得者

抵当権が設定されていても、その土地や建物を購入することができます。この場合、購入した土地や建物の抵当権は付いたままの状態であり、購入者のことを**抵当不動産の第三取得者**と呼びます。

AがBにお金を貸し、Bが所有する土地に抵当権の設定を受けていたが、Bがこの土地をCに売却した場合を例に、抵当不動産の第三取得者の法律関係について見てみましょう。

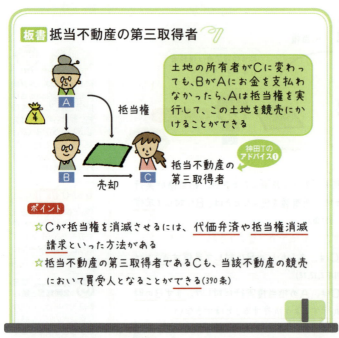

板書 抵当不動産の第三取得者

土地の所有者がCに変わっても、BがAにお金を支払わなかったら、Aは抵当権を実行して、この土地を競売にかけることができる

ポイント
☆ Cが抵当権を消滅させるには、代価弁済や抵当権消滅請求といった方法がある
☆ 抵当不動産の第三取得者であるCも、当該不動産の競売において買受人となることができる(390条)

神田Tのアドバイス❶
Cは、抵当権付きの土地を購入したのであって、売買契約による取得の場合にそれだけで抵当権が消滅することにはなりません。C自身の借金じゃないけど、Cは土地を没収されてしまう可能性があるのです!

(2) 代価弁済

抵当不動産の第三取得者が、抵当権者の請求に応じ、抵当権者にその代価を弁済したときは、抵当権はその第三者のために消滅します(378条)。

(3) 抵当権消滅請求

抵当不動産の第三取得者が、抵当権者に対し、「一定の金額を支払うから代わりに抵当権を消滅させてほしい」と請求し、抵当権者がそれを承諾し、抵当権者にその金額を支払えば抵当権は消滅します(379条、386条)。

BはAのためにB所有土地に抵当権を設定していたが、この不動産をCに譲渡した場合を例に、抵当権を消滅させてほしいと思っているCが、Aに対して抵当権消滅請求をするときの法律関係について見てみましょう。

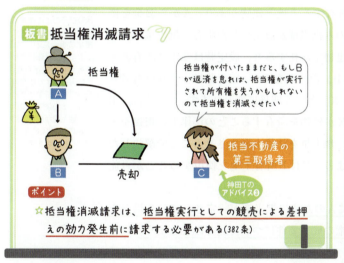

抵当権消滅請求は、代価弁済と異なり、抵当不動産の第三取得者の方から請求することに注意しましょう。

主たる債務者や保証人は、抵当権消滅請求によって抵当権を消滅させることはできません(380条)。このような立場にある者が抵当権を消滅させたいなら債務を弁済すべきであって、抵当権消滅請求によるべきではないからです。

Ⅶ 抵当権と時効

(1) 消滅時効

債務者および抵当権設定者でない者の場合、被担保債権と同時でなくても、抵当権だけを時効によって消滅させることができます(396条)。

(2) 取得時効

　抵当不動産が、債務者または抵当権設定者でない者によって時効取得された場合、その者が原始取得する反面、抵当権は消滅することになります(397条)。

Ⅷ 法定地上権

(1) 法定地上権の成立要件

　民法では、抵当権が実行され、土地の所有者とその土地上の建物の所有者が別人になる場合に備えて、地上権を法律上当然に成立させる制度があります(388条)※1。

　例えば、Bが所有する土地と建物があり、Aからお金を借りる際に建物にのみ抵当権が設定された場合、抵当権の実行によりXがこの建物を落札すると、設定時は「土地所有者＝B、建物所有者＝B」だったものが、実行後は「土地所有者＝B、建物所有者＝X」という関係に変わります。この場合、B所有土地の上にXが建物を所有することの法律上の根拠をどうするかにつき、地上権を法律上発生させることで解決したのです。これにより、XはB所有土地を使用することが可能となります。

　B所有の建物にAのために抵当権が設定されている場合を例に、法定地上権の成立要件について見てみましょう。

板書 法定地上権の成立

■要件■

①抵当権設定当時、土地の上に建物が存在すること
②抵当権設定当時、土地と建物は同一人が所有していること※2
③抵当権が設定されること
④競売により土地・建物の所有者が別々になること

神田Tのアドバイス❶

売買のように承継取得する場合は、抵当権付きのままで当該不動産を取得しますが、時効取得のように原始取得する場合であれば、抵当権はなくなった状態で当該不動産を取得することになります。

条文チェック ※1

388条前段では、「土地及びその上に存する建物が同一の所有者に属する場合において、その土地又は建物につき抵当権が設定され、その実行により所有者を異にするに至ったときは、その建物について、地上権が設定されたものとみなす。」と規定されています。

Advance ※2 2回転目に読む

登記名義は別でも、実体的に土地・建物が同一人の所有にあるなら、法定地上権は成立します。

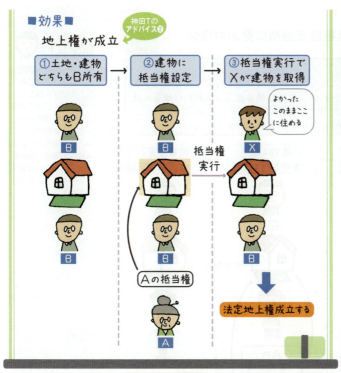

法定地上権の成立は、土地目線で見ればマイナス事情です（他人に土地を使用させなければいけないという負担になる）が、建物目線で見ればプラス事情です（土地を使用する根拠になる）。

(2) 法定地上権の成否（更地）

　B所有の更地にAのために抵当権を設定した後、建物が建てられ、抵当権が実行されて土地・建物の所有者が別人となった場合、法定地上権は<u>成立しません</u>（最判昭36.2.10）。

　<u>一番抵当権設定当時は更地だったが、その後建物が建てられ、二番抵当権設定時には土地上に建物があった場合はどうなるかについて見てみましょう。</u>

更地のケースでは成立要件①を満たしていないと考えましょう。

板書 一番抵当権設定当時に更地の場合

ケース
B所有土地にAのために一番抵当権を設定した当時は更地だったが、Cのために二番抵当権を設定する前にB所有の建物が建てられた後、二番抵当権が実行され、Xが落札し、土地・建物の所有者が別人となった場合

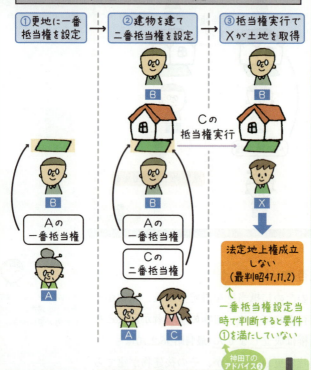

この事例は、一番抵当権設定時は更地であったため要件を満たしていないが、二番抵当権設定時には要件を満たしている事例です。このような場合、一番抵当権設定時点を基準にして法定地上権の成否を判断することに注意しましょう。

法定地上権が成立するとしたら、法定地上権は付かないものと思って土地の担保価値を高く評価していた一番抵当権者Aにとって不利益となるため、成立要件はAを基準で判断します。

(3) 法定地上権の成否（再築）

　B所有の土地にAのために抵当権を設定した当時に存在していたB所有の建物が取り壊されたが、その後再築され、抵当権が実行されて土地・建物の所有者が別人となった場合は、法定地上権が成立します（大判昭10.8.10）。

　Bが所有する土地と建物に共同抵当権※1が設定されていた場合はどうなるかについて見てみましょう。

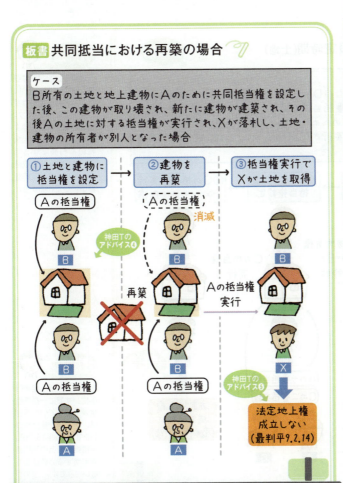

神田Tのアドバイス❸

更地の場合と違って、最初に抵当権を設定した時点で土地上に建物が存在していたからです。

語句 ※1
共同抵当権
債権担保のために複数の不動産に設定された抵当権のこと。

神田Tのアドバイス❹

抵当権者は土地と建物の全体の担保価値を把握しており、建物が取り壊された場合は更地としての担保価値を高く評価しようとするから、法定地上権を成立させて土地価値を下げない方がよいと考えましょう。

神田Tのアドバイス❺

もし、AがB所有の新建物について土地の抵当権と同順位の共同抵当権の設定を受けたといった特段の事情のあるときは、法定地上権が成立します。再築により抵当権は自動的に復活しませんが、再度設定し直せば、法定地上権を成立させられる最初の状態と同じになるからです。

(4) 法定地上権の成否（設定時期）

抵当権設定当時に土地・建物が別人所有の場合、法定地上権は成立しません。

土地に対する一番抵当権設定当時は別人所有だったが、その後建物所有権が土地所有者に移り、二番抵当権設定時には土地と建物が同一人所有となった場合はどうなるかについて見てみましょう。

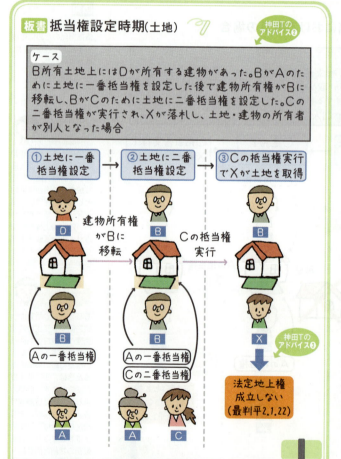

板書 抵当権設定時期(土地)

ケース
B所有土地上にはDが所有する建物があった。BがAのために土地に一番抵当権を設定した後で建物所有権がBに移転し、BがCのために土地に二番抵当権を設定した。Cの二番抵当権が実行され、Xが落札し、土地・建物の所有者が別人となった場合

①土地に一番抵当権設定 → ②土地に二番抵当権設定 → ③Cの抵当権実行でXが土地を取得

建物所有権がBに移転　　Cの抵当権実行

Aの一番抵当権
Aの一番抵当権／Cの二番抵当権

法定地上権成立しない
（最判平2.1.22）

法定地上権の成立要件②を満たしていないからです。

一番抵当権設定時は要件を満たしておらず、二番抵当権設定時は要件を満たしています。土地の場合、法定地上権の成立は一番抵当権者の不利益になるので、法定地上権の成否は一番抵当権設定時を基準にして判断するからです。

もし、二番抵当権実行前に、すでに一番抵当権が消滅していた場合は、法定地上権は成立します（最判平19.7.6）。一番抵当権者の不利益を考慮する必要はもうないからです。

建物に対する一番抵当権設定当時は別人所有だったが、その後土地所有権が建物所有者に移り、二番抵当権設定時には土地と建物が同一人所有となった場合はどうなるかについて見てみましょう。

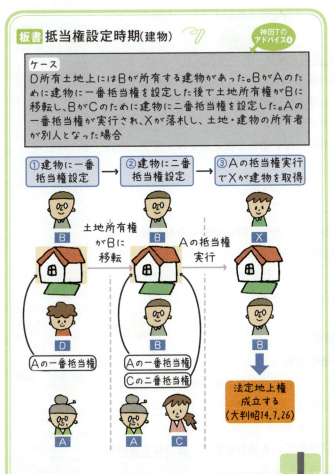

一番抵当権設定時は要件を満たしておらず、二番抵当権設定時は要件を満たしています。建物の場合、法定地上権の成立は一番抵当権者の不利益にはならないので、法定地上権の成否は二番抵当権設定時を基準にして判断できるからです。

(5) 法定地上権の成否（共有）

　土地がBの単独所有、建物がBC共有の場合、BがAのために土地に抵当権を設定し、Aが抵当権を実行してXが落札した場合、法定地上権は成立します。法定地上権の成立は建物目線ではプラス要素ですので、建物共有者のCにとっては自分とは関係のない事情で法定地上権が成立しても困ることはないからです。

　一方、土地がBC共有、建物がBの単独所有の場合、BがAのために建物に抵当権を設定し、Aが抵当権を実行してXが落札した場合、法定地上権は成立しません。法定地上権の成立は土地目線ではマイナス要素ですので、土地共有者のCにとっては自分とは関係のない事情で法定地上権が成立したら困るからです。

IX 一括競売

　土地に抵当権を設定した後で、建物が建てられた場合、抵当権者は、土地と建物を一括して競売にかけることもできます（389条1項本文）[※1]。ただし、その優先権は、土地の代価についてのみ行使することができます（389条1項ただし書）。

X 賃貸借との関係

(1) 抵当権と賃借権の優劣

　抵当権を設定していても、使用収益権は抵当権設定者にあるため、抵当権設定者は、これを自分で使うことはもちろん、誰かに貸すこともできます。

　抵当不動産が賃貸されている場合を例に、抵当権を賃借権の優劣について見てみましょう。

神田Tのアドバイス①
土地共有者の一方であるCがあらかじめ法定地上権の成立を容認していると認められる特段の事情があれば、法定地上権を成立させられます。不利益を受けるCがそれでかまわないと言っているなら、法定地上権の成立を認めてもよいからです。

ひっかけ注意！ ※1
一括競売するかどうかは抵当権者が決めることなので、「一括競売しなければいけない」として誤りとするパターンに注意。

神田Tのアドバイス②
抵当権は土地にしか設定されていないから、優先回収を受けられるのは土地の代価についてのみです。

板書 賃貸借との関係

ケース
AがBにお金を貸し、Bが所有する建物に抵当権の設定を受けているが、同建物はBがCに賃貸している。その後、Aが抵当権を実行して競売にかけたところDが落札して、建物の所有者がDに変わってからも、CはBとの契約による賃借権をDに対抗することができるか？

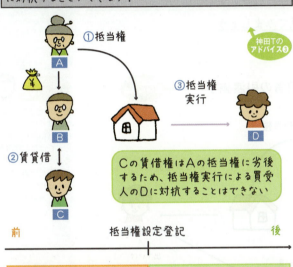

抵当権設定登記前の賃貸借	抵当権設定登記後の賃貸借
賃借権を登記していれば、Cは賃借権をその後に登場したAの抵当権実行による買受人Dに対抗できる	賃借権を登記していても、抵当権者の方が先に対抗要件を備えているから、Cは賃借権をAの抵当権実行による買受人Dに対抗できない※2

神田Tのアドバイス❸

CはBと賃貸借契約を結んでいるだけですから、Bには賃借権を主張できますが、第三者対抗要件を備えていないなら第三者には対抗できません。ただし、登記をして第三者対抗要件を備えていたとしても、賃借権と抵当権の優劣は登記の先後で決まります。

Advance ※2
2回転目に読む

登記した賃貸借は、その登記前に登記をした抵当権者すべてが同意し、その同意の登記があるときは、賃借権を抵当権者に対抗できるようになります（387条）。

(2) 賃借建物の引渡猶予

抵当権設定後の賃借人は賃借権を抵当権者に対抗できませんが、一定期間だけはその引渡しが猶予されています。

AがBにお金を貸し、Bが所有する建物に抵当権の設定を受けた後、同建物をBがCに賃貸した場合を例に、Aが抵当権を実行して競売にかけたところDがこれを落札したときは、CはDから引渡しを請求されたらすぐに出ていかなければならないのかについて見てみましょう。

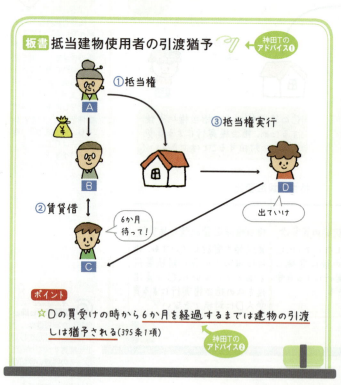

板書 抵当建物使用者の引渡猶予

① 抵当権
② 賃貸借
③ 抵当権実行

6か月待って！
出ていけ

ポイント
☆Dの買受けの時から6か月を経過するまでは建物の引渡しは猶予される（395条1項）

神田Tのアドバイス❶
出ていけと言われたら、すぐに出ていかなければいけないとしたら、Cは住む場所がなくなってしまうので、6か月だけ猶予期間が与えられています。

神田Tのアドバイス❷
猶予期間中でも、使用の対価は支払う必要があります。Cが対価の支払を怠っていた場合、買受人（D）が買受けの時より後に、抵当建物使用者（C）に対し相当の期間を定めて、建物の使用の対価についてその1か月分以上の支払の催告をし、その相当の期間内に履行がない場合には、猶予制度は適用されません（395条2項）。

XI 根抵当権（ねていとうけん）

(1) 根抵当権とは

抵当権はすでに発生している特定の債権を担保するものです。これに対し、継続的な取引から生じる不特定多数の債権を一括して担保するための仕組みが<mark>根抵当権</mark>と呼ばれるものです。

AB間の取引は月末締めの翌月10日払いとする契約をしていました。このような継続的な取引から発生する債権に対して、その都度抵当権を設定し抹消するのではなく、3000万円を上限額、5月31日を元本確定期日としてB所有の建物に根抵当権を設定した場合を例に、根抵当権について見てみましょう。 ←神田Tのアドバイス❸

神田Tのアドバイス❸
この上限額のことを「極度額」と呼びます。また、最終的に元本債権を確定させる期日のことを「元本確定期日」と呼びます。

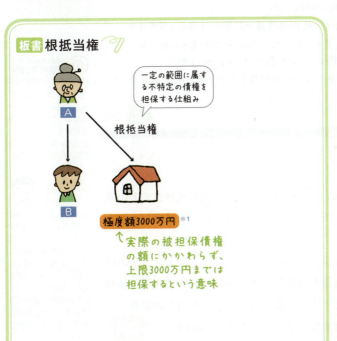

板書　根抵当権

A → B
一定の範囲に属する不特定の債権を担保する仕組み
根抵当権
極度額3000万円 ※1
↑実際の被担保債権の額にかかわらず、上限3000万円までは担保するという意味

ひっかけ注意！ ※1
「利息は2年分のみを担保」として誤りとするパターンに注意。抵当権と異なり、根抵当権者は、確定した元本、利息等の全部について、極度額を限度として根抵当権を行使できます（398条の3）。

```
元本確定期日 ※1
                          ↓
                    最終的にはこの時点
                    の債務を支払えば根
                    抵当権も消滅する

4/10      5/10       5/31
─┼────────┼──────────┼────────→
 ↑         ↑
```

弁済して被担保債権はいったん消滅しているが、次に発生する債権の担保のため、根抵当権は存続させておく

ポイント

☆ 元本確定前は付従性がないため、被担保債権を弁済しても根抵当権は消滅しない

☆ 元本確定前は随伴性がないため、被担保債権を譲渡しても根抵当権は移転しない

☆ 元本確定前は、被担保債権の範囲や債務者を変更することができ、変更にあたり、後順位抵当権者その他の第三者の承諾を得ることは不要(398条の4第1項・2項)※2

☆ 極度額の変更には、利害関係を有する者の承諾が必要(398条の5)

Advance ※1
2回転目に読む

元本確定期日は、後順位の抵当権者その他の第三者の承諾を得なくても、5年以内の期日で変更することはできます（398条の6第1項〜3項）。ただし、期日の変更についてその変更前の期日より前に登記をしなかったときは、変更前の期日に元本確定します（398条の6第4項）。

Advance ※2
2回転目に読む

被担保債権の範囲や債務者の変更について、元本の確定前に登記をしなかったときは、その変更をしなかったものとみなされます（398条の4第3項）。

---

(2) 元本確定前

元本確定前において、根抵当権者は、根抵当権設定者の承諾を得て、その根抵当権を譲り渡すことができます(398条の12第1項)。

元本確定前に根抵当権者から債権を取得した者は、その債権について根抵当権を行使できず、また、元本確定前に債務の引受けがあったときも、根抵当権者は、引受人の債務について根抵当権を行使できません(398条の7第1項)。

神田Tのアドバイス❶

AのBに対する債権（BのAに対する債務）があり、Aが根抵当権、Bが根抵当権設定者だった場合、元本確定前に、AがAB債権をCに譲渡したとしてもCは根抵当権を行使できず、また、BがBA債務をCに引き受けてもらったとしてもAはCに対して根抵当権を行使できないということです。

(3) 元本確定後

元本が確定した後において、根抵当権設定者は、根抵当権の極度額を、現に存する債務の額と以後2年間の利息等を加えた額に減額することを請求することができます（398条の21第1項）。

例題　R2-29-2

> 元本確定前においては、被担保債権の範囲を変更することはできるが、後順位抵当権者その他の第三者の承諾を得た上で、その旨の登記をしなければ、変更がなかったものとみなされる。

✕　後順位抵当権者その他の第三者の承諾は不要。

2 質権　重要度 ★★☆

神田Tのイントロ

質権だけで1問という形式の出題履歴もありますが、抵当権よりは重要度は低いので、一通りの学習が終わったら、質権の基本ルールだけでもチェックしておきましょう。

契約で設定する担保物権には、抵当権のほか、**質権**という制度もあります。

質権は、債権の担保として、債務者から物を預かり、債権者の下で留置※3することによって債務の弁済を促し、債務が弁済されないときは、その物の代価から優先的に弁済を受けることができる権利です（342条）。

語句 ※3
留置
預かっている物を手元に留め置いて管理すること。

I 動産質

動産を目的とする質権のことです。対抗要件は占有です（352条）。

もし、動産質権者が質物の占有を奪われたときは、占有回収の訴えによって質物を回復することはできますが、質権に基づく返還請求はできません（353条）。

AB債権の担保のため、B所有の時計にAのために質権を設定している場合を例に、Aが質物である時計をCに奪われたときに、その時計を取り戻す方法について見てみましょう。

質権が成立するためには目的物の引渡しが必要となります。この引渡しには占有改定による引渡しは含まれません。

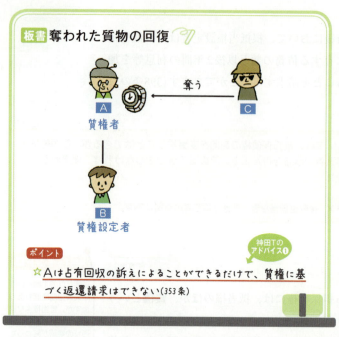

板書 奪われた質物の回復

A 質権者
C 奪う
B 質権設定者

ポイント
☆ Aは占有回収の訴えによることができるだけで、質権に基づく返還請求はできない(353条)

質権者には、本権として質権があり、占有しているから占有権があります。動産質は対抗要件が占有なので、占有を奪われてしまうと質権を主張することはできなくなってしまうと考えましょう。

Ⅱ 不動産質

不動産を目的とする質権のことです。対抗要件は登記です(177条)。

動産質権と異なり、質権者は、質権設定者の承諾を得なくても、目的不動産の使用収益をすることができます(356条)。例えば、質権者が不動産を賃貸して賃料を得ることもできます。

不動産質権には存続期間の定めがあり、その期間は最長10年とされています(360条1項)。更新は可能です(360条2項)。

Ⅲ 権利質

質権は、債権などの財産権を目的として設定することもできます。

担保物権者には使用収益の権利は認められていませんが、不動産質権の場合は特別に使用収益する権利が認められています。その反面、不動産質権者は、管理の費用を支払う必要があったり、債権の利息は請求できないものとされています(357条、358条)。

> **例題** R元-31-4
> 不動産質権者は、設定者の承諾を得ることを要件として、目的不動産の用法に従ってその使用収益をすることができる。

× 不動産質権なので、設定者の承諾がなくても、目的不動産の使用収益が可能。

3 留置権(りゅうちけん) 重要度★★☆

担保物権には、抵当権や質権のように契約で設定するものもありますが、法律上当然に認められるものもあります。その1つが留置権です。

留置権は、他人の物の占有者に、その物について生じた債権の弁済を受けるまでその物を留置することを認めた権利です(295条)※1。

I 留置権の成立

留置権は法定担保物権であり、一定の要件を満たすことで成立します。

Aは、Bから自動車の修理を頼まれたので自動車を預かって修理し、Bに修理代金20万円を請求したが、Bは修理代金を支払わずに所有権に基づき自動車の返還請求をした場合を例に、Aに留置権が成立し、自動車の返還を拒むことができるかについて見てみましょう。

神田Tのイントロ

留置権で1問という形式の出題履歴もありますが、抵当権よりは重要度は低いので、一通りの学習が終わったら、どのような場合に留置権が認められるかを確認し、留置権の要件のあてはめと留置権が成立したときの効果をチェックしておきましょう。

条文チェック ※1

295条1項では、「他人の物の占有者は、その物に関して生じた債権を有するときは、その債権の弁済を受けるまで、その物を留置することができる。ただし、その債権が弁済期にないときは、この限りでない。」と、同条2項では「前項の規定は、占有が不法行為によって始まった場合には、適用しない。」と規定されています。

■要件■
①その物に関して生じた債権を有すること
②他人の物を占有していること
③債権が弁済期にあること
④占有が不法行為によって始まったものではないこと

■効果■
物の返還を求められても、その物を留置できる※1

要チェック判例

◆建物賃貸借契約締結の際に**敷金**を差し入れていた場合、契約終了後、貸主からの建物を渡せとの請求に対し、敷金の返還を被担保債権とする留置権は成立しない（最判昭49.9.2）。

◆不動産の**二重譲渡**において、第二譲受人のため所有権移転登記がされた場合、先に不動産を譲り受けていた第一譲受人は、第二譲受人から当該不動産を渡せと請求があった場合に、譲渡人に対する損害賠償請求権を被担保債権とする留置権は成立しない（最判昭43.11.21）。

◆**他人物売買**契約により不動産の引渡しを受けたが、真の所有者はこの契約を認めておらず、その者から当該不動産を渡せと請求があった場合に、買主の売主に対する損害賠償請求権を被担保債権とする留置権は成立しない（最判昭51.6.17）。

◆貸主からの建物を返せとの請求に対し、**賃貸借契約解除後**に賃借人が建物を不法に占拠している間に支出した費用償還請求権を被担保債権とする留置権は成立しない（最判昭46.7.16）。

Ⅱ 留置権の対抗要件

留置権の対抗要件は占有です。占有を継続していれば留置権成立後に所有者が変わっても留置権を主張できます。

　Bの自動車について修理代金担保のためにAに留置権が成立している場合を例に、その後、自動車の所有権がBからC

留置権者は、被担保債権の弁済を受けるまで、他人の物でも留置できます（296条）。ただし、その保管には善良な管理者の注意をもって管理する義務がかかり、また、保存に必要な使用を除き目的物を勝手に使用することはできません（298条1項・2項）。

敷金は、建物を明け渡した後に精算して支払われるものなので、敷金をもらうまでは建物を返さないという主張は認められません。

契約解除後もなお居座っているのは、占有が不法行為によって始まった場合と同様に評価され、そこで支出した費用を被担保債権とする留置権は認められません。

留置物が動産のときでも不動産のときでも、対抗要件は占有であることに注意しましょう。

に移転し、新所有者Cから返還の請求があったときに、Aが留置権を主張できるかどうかについて見てみましょう。

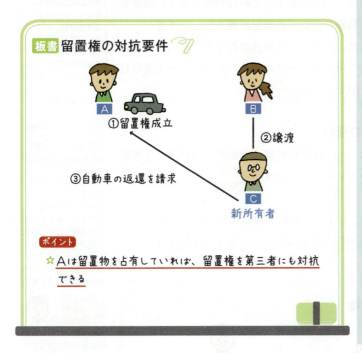

例題 H27-30-1

Aは自己所有の建物をBに売却し登記をBに移転した上で、建物の引渡しは代金と引換えにすることを約していたが、Bが代金を支払わないうちにCに当該建物を転売し移転登記を済ませてしまった場合、Aは、Cからの建物引渡請求に対して、Bに対する代金債権を保全するために留置権を行使することができる。

○ 留置物を占有していれば第三者にも対抗できるため、留置物の所有者がCに代わっても、留置権の行使はできる。

4 先取特権

重要度 ★★☆

民法では、法律上当然に発生する担保物権として、留置権のほかに、**先取特権**についての規定が置かれています。

一定の債権には、法律上、債務者の財産から他の債権者に優先して弁済を受ける権利が認められており、これを先取特権と呼びます（303条）。

I 先取特権の種類

先取特権には、①**一般先取特権**、②**動産先取特権**、③**不動産先取特権**という種類があります。

AがBに対して有する債権に先取特権が認められている場合を例に、優先回収の仕組みについて見てみましょう。

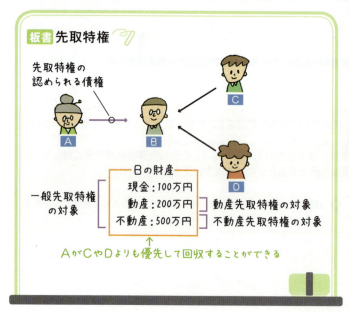

神田Tのイントロ

先取特権で1問という形式の出題履歴もありますが、抵当権よりは重要度は低いので、一通りの学習が終わったら、どのような場合に先取特権が認められるかを確認し、優劣関係のルールをチェックしておきましょう。

神田Tのアドバイス❶

先取特権は、優先して債権回収できることをキーワードに読んでいくとよいでしょう。例えば、給料債権など雇用関係に基づいて生じた債権には先取特権が認められています（308条）。そのため、他の一般債権者より優先して回収できます。

神田Tのアドバイス❷

一般先取特権は債務者の財産一般に対して優先弁済権があるもの、動産先取特権は特定の動産に対してだけ優先弁済権があるもの、不動産先取特権は特定の不動産に対してだけ優先弁済権があるものです。

先取特権の種類と優先順位をまとめると、次の表のようになります。

〈一般先取特権の場合〉

一般先取特権 同士で競合	第1順位	共益の費用[1]
	第2順位	雇用関係
	第3順位	葬式の費用
	第4順位	日用品の供給(329条1項)

〈動産先取特権の場合〉

動産先取特権 同士で競合	第1順位	不動産の賃貸、旅館の宿泊及び運輸の先取特権
	第2順位	動産の保存の先取特権
	第3順位	動産の売買、種苗又は肥料の供給、農業の労務及び工業の労務の先取特権(330条1項)

〈不動産先取特権の場合〉

不動産先取特権 同士で競合[2]	第1順位	不動産の保存
	第2順位	不動産の工事[3]
	第3順位	不動産の売買(331条1項)

Ⅱ 物上代位

先取特権は、その目的物の売却、賃貸、滅失または損傷によって債務者が受けるべき金銭その他の物に対しても、行使することができます(304条1項本文)。ただし、先取特権者は、その払渡しまたは引渡しの前に差押えをしなければなりません(304条1項ただし書)。

Ⅲ 第三取得者との関係

先取特権は、債務者がその目的である動産を第三取得者に

Advance ※1
2回転目に読む

一般の先取特権と特別の先取特権（動産先取特権や不動産先取特権）とが競合する場合は、特別の先取特権が一般の先取特権に優先します。ただし、共益の費用の先取特権は、その利益を受けたすべての債権者に対して優先する効力を有しています(329条2項)。

ひっかけ 注意! ※2

「不動産保存の先取特権と不動産工事の先取特権が互いに競合する場合に、各先取特権者が債権額の割合に応じて弁済を受ける」として誤りとするパターンに注意。優先順位が決まっているので、先に不動産保存の先取特権から弁済を受けます。

Advance ※3
2回転目に読む

不動産工事の先取特権は、工事によって生じた不動産の価格の増加が現存する場合に限り、その増価額についてのみ存在します(327条2項)。

引き渡した後は、その動産について行使することができません(333条)。

この引渡しには占有改定による引渡しも含まれます。

AがBの所有する動産に対する先取特権を有していたが、その動産をBがCに譲渡した場合を例に、先取特権の行使の可否について見てみましょう。

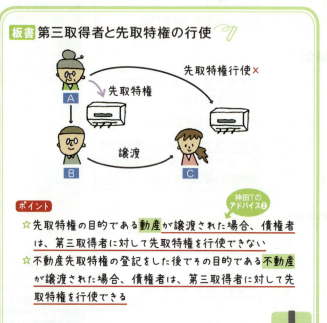

板書 第三取得者と先取特権の行使

ポイント
☆ 先取特権の目的である動産が譲渡された場合、債権者は、第三取得者に対して先取特権を行使できない
☆ 不動産先取特権の登記をした後でその目的である不動産が譲渡された場合、債権者は、第三取得者に対して先取特権を行使できる

不動産と違い、動産には登記という仕組みがないので、動産に先取特権が付いていることを公示できないため、第三取得者の保護を考慮し、先取特権の行使に制限がかけられています。

IV 抵当権との関係

不動産先取特権と抵当権が競合した場合、本来、優先回収の順番は登記の先後によって決まります(177条)。ただし、登記をした保存と工事のための不動産先取特権は、抵当権に先立って行使することができます(339条)。一方、売買のための不動産先取特権にはこの効力は認められていません。

Bが所有する建物に対し、先にCが抵当権の目的とされ

（登記済み）、次に先取特権の目的とされた（登記済み）場合を例に、先取特権と抵当権の優劣について見てみましょう。

339条は、登記をした不動産保存と不動産工事の先取特権が抵当権に先立って行使できる旨を定めていますが、この条文には不動産売買は書かれていません。つまり、不動産売買の場合、保存や工事と違って、優先順位の逆転の話はナシということです。

ひっかけ 注意！ ※1

「不動産売買の先取特権は登記をすれば、それ以前から登記されている抵当権に先立って行使することができる」として誤りとするパターンに注意。売買の場合と保存・工事の場合でルールが異なります。

例題 H28-30-4

債権者が不動産先取特権の登記をした後、債務者がその不動産を第三者に売却した場合、不動産先取特権者は、当該第三取得者に対して先取特権を行使することができる。

○ 不動産先取特権なので、第三取得者に対しても先取特権を行使できる。

第2編 民法

CHAPTER 3 債権

SECTION 1 債権債務関係

このSECTIONで学習すること

1 債権と債務
債権・債務の用語の意味を確認し、特定物債権と種類債権を比較しよう

2 債務不履行
債務者が債務を履行しないときに債権者ができることは？

3 指図証券
民法で規定されている有価証券の一種だよ

1 債権と債務

重要度 ★★

I 債権・債務

まずは**債権・債務**といった言葉の使い方から学習していきましょう。

売買契約があった場合、売主は買主にお金の支払を請求でき、品物を渡す義務を負います。売主の目線からは、お金の支払を請求する権利を債権、品物を渡す義務を債務といいます。一方、買主は売主に品物を渡すよう請求でき、お金を支払う義務を負います。買主の目線からは、品物を渡すよう請求する権利を債権、お金を支払う義務を債務といいます。

AがBに時計を50万円で売った場合を例に、債権・債務の関係について見てみましょう。

II 債権の種類

人に何かを請求する権利には、中古の時計を買ってその引渡しを求める場合、新品の時計を買ってその引渡しを求める

神田Tのイントロ

特定物債権と種類債権について、売買契約を例にとり、売主は何を渡せばよいか、どのような義務を負うか、所有権はいつ移転するかを比較して確認しておきましょう。

神田Tのアドバイス❶

売買契約のように、売主と買主の双方がそれぞれ債務を負う契約は「双務契約」と呼ばれます。一方、贈与契約は、贈与者にのみ物を渡す債務が発生し、受贈者には代金を支払う債務のようなものは発生しません。こういった契約は「片務契約」と呼ばれます。

神田Tのアドバイス❷

B（買主）がお金を支払うことやA（売主）が時計を渡すことは債務を履行する行為であり、これらの行為は「弁済」と呼ばれます。

場合、時計を売ってその代金を支払ってくれと請求する場合など、さまざまな場合があります。

ここでは、債権にはどのような種類があって、どのように呼ばれており、どのような特徴があるかについて学習していきましょう。

(1) 特定物債権

物の引渡しを求める債権のうち、物の個性に着目し、その特定の物の引渡しを求める債権を**特定物債権**といいます。

AがBの父親の形見の時計（中古の時計）を持っていて、BがAからその時計を購入する場合を例に、特定物債権の法律関係について見てみましょう。

板書では中古の時計を例としていますが、土地や建物の売買契約も特定物を対象としたものといえます。

特定物債権は、「それしかないもの」の引渡しを求める権利なので、それを引き渡すことが債務の履行なのであって、代わりのものを用意したのでは債務の履行にならないイメージで！

語句 ※1
善管注意義務
善良な管理者の注意をもって管理しなさいということ。

条文チェック ※2
400条では、「債権の目的が特定物の引渡しであるときは、債務者は、その引渡しをするまで、契約その他の債権の発生原因及び取引上の社会通念に照らして定まる善良な管理者の注意をもって、その物を保存しなければならない。」と規定されています。

(2) 種類債権

物の個性に着目するわけではなく、目的物を種類のみで指

288

定して取引した物の引渡しを求める債権を<mark>種類債権</mark>といいます。

　種類債権も債務の履行のためには、後日、具体的にどの物を引き渡すか特定する必要があり、いずれは特定されます。特定されるのは、債務者が物の給付をするのに必要な行為を完了し、または債権者の同意を得てその給付すべき物を指定したときです（401条2項）。

　BがAからりんご3個（新品のりんご）を購入する場合を例に、種類債権の法律関係について見てみましょう。

物の給付に必要な行為の完了とは、債務者が債権者のところに持参するなら、現実に提供した時点、債務者のところに債権者が取りに来るなら、債務者が目的物を分離して引渡しの準備をして債権者に通知した時点のイメージで！

種類債権なら、相手に渡そうと用意したりんごを食べてしまったとしても、その場合は他のりんごをまた用意すれば弁済できるというイメージで！

品質の約束がないからといって、劣悪なものを渡すのはダメですが、特別上等なものにしなければならないわけではないので、中等のものでOKです。

(3) 金銭債権

　お金の支払を請求する債権を<mark>金銭債権</mark>といいます。

　利息を生ずべき債権について別段の意思表示がないときは、その利率は、その利息が生じた最初の時点における<mark>法定利率</mark>によります（404条1項）。法定利率は<u>年3％</u>とし、3年ごとに変動するものとされています（404条2項・3項）。

(4) 選択債権

債権の目的が数個の給付の中から選択によって定まる債権を<u>選択債権</u>といいます。この場合、選択権は<u>債務者</u>に属します(406条)[※1]。

ＡＢ間で①の時計か②の時計のいずれかを売買する旨の契約が結ばれた場合を例に、選択債権の法律関係について見てみましょう。

> Advance [※1] 2回転目に読む
> 選択権の行使は、相手方に対する意思表示によって行い、その意思表示は相手方の承諾を得なければ撤回できません(407条1項・2項)。

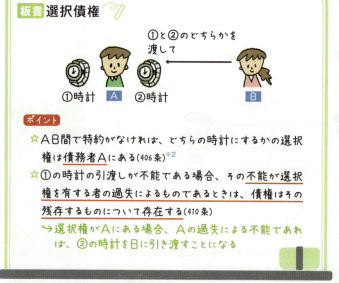

板書 選択債権

①と②のどちらかを渡して

①時計 Ａ　②時計　　Ｂ

ポイント
☆ＡＢ間で特約がなければ、どちらの時計にするかの選択権は債務者Ａにある(406条)[※2]
☆①の時計の引渡しが不能である場合、その<u>不能が選択権を有する者の過失によるもの</u>であるときは、<u>債権はその残存するものについて存在する</u>(410条)
　→選択権がＡにある場合、Ａの過失による不能であれば、②の時計をＢに引き渡すことになる

> Advance [※2] 2回転目に読む
> ＡＢ間の特約で選択権を第三者にすることもできます。この場合、第三者の選択は、債権者または債務者のいずれかに対する意思表示によってすればよいものとされています(409条1項)。また、第三者が選択をすることができず、または選択をする意思を有しないときは、その選択権は、債務者(Ａ)に移転します(409条2項)。

例題　　　　　　　　　　　　　　　　　　　R2-30-1

（Ａ・Ｂ間において、Ａが、Ｂに対して、Ａの所有する甲建物または乙建物のうちいずれかを売買する旨の契約が締結された場合）
給付の目的を甲建物とするか乙建物とするかについての選択権は、Ａ・Ｂ間に特約がない場合には、Ｂに帰属する。

　　　　　　　　　✕ Ａに帰属する。

290

2 債務不履行

重要度 ★★★

債務不履行には、履行期日を過ぎても債務を履行しない**履行遅滞**や、履行することができなくなる**履行不能**といったものがあります。

ここでは、当事者の一方に債務不履行があった場合の法律関係について学習していきましょう。

Ⅰ 履行遅滞

履行遅滞は、履行期日を過ぎても債務を履行しないことをいいます。

債権に確定期限のあるもの、不確定期限のあるもの、期限の定めのないものに分けて、いつから遅滞となるかについて見てみましょう。

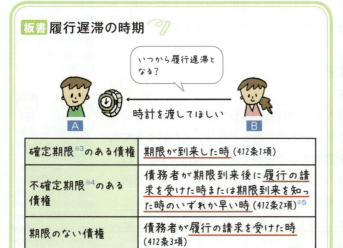

板書 履行遅滞の時期

確定期限※3のある債権	期限が到来した時（412条1項）
不確定期限※4のある債権	債務者が期限到来後に履行の請求を受けた時または期限到来を知った時のいずれか早い時（412条2項）※5
期限のない債権	債務者が履行の請求を受けた時（412条3項）

神田Tのイントロ

債務不履行について、いつから履行遅滞となるかを確定期限、不確定期限、期限の定めのないものに分けて確認し、また、債務不履行に基づく損害賠償請求の法律関係を確認しておきましょう。

語句 ※3
確定期限
将来発生することは確実で、その期日も確定しているもののこと。
例 4月30日になったら

語句 ※4
不確定期限
将来発生することが確実だが、その期日は確定していないもののこと。
例 母親が死んだら

ひっかけ注意! ※5
不確定期限のある債権なのに「期限到来時から遅滞となる」として誤りとするパターンに注意。

II 履行不能

履行不能は、債務の履行が契約その他の債務の発生原因および取引上の社会通念に照らして不能であることをいいます。この場合、債権者は、その債務の履行を請求することができません（412条の2第1項）[※1]。

III 受領遅滞

受領遅滞は、債権者が債務の履行を受けることを拒み、または受けることができないためにその受領が遅れていることをいいます[※2]。

本来、債務の目的が特定物の引渡しであれば、債務者には善管注意義務が要求されますが、受領遅滞の場合、債務者は、履行の提供をした時からその引渡しをするまで、自己の財産に対するのと同一の注意をもって、その物を保存すれば足ります（413条1項）。

受領遅滞によって債務の履行の費用が増加したときは、その増加額は、債権者の負担とされます（413条2項）。

IV 損害賠償請求

(1) 損害賠償請求

債権者は、債務者がその債務の本旨に従った履行をしないときまたは債務の履行が不能であるときは、これによって生じた<u>損害の賠償を請求</u>することができます（415条1項本文）。ただし、その債務の不履行が契約その他の債務の発生原因および取引上の社会通念に照らして<u>債務者の責めに帰することができない事由によるものであるときは、認められません</u>（415条1項ただし書）。

債務不履行による損害賠償請求ができる場合を例に、賠償額がいくらになるかについて見てみましょう。

> **板書 債務不履行による損害賠償請求**
>
> **1 損害賠償の範囲**
>
> 通常損害※3：請求できる（416条1項）
> 特別損害※4：当事者が特別の事情を予見すべきであったときは請求できる（416条2項）
>
> 例 債権者に生じた損害は1500万円だったが、通常損害分が900万円＋特別損害分が600万円であり、特別損害について債務者は予見不可能だった場合の賠償額 → 900万円
>
> **2 過失相殺**
>
> 債務不履行またはこれによる損害の発生・拡大に関して債権者にも過失があったときは、裁判所は、これを考慮して損害賠償の責任およびその金額を定める（418条）
>
> 例 債権者に生じた損害は1000万円だったが、債権者にも過失があり、過失割合は債権者：債務者で2：8だった場合の賠償額 → 800万円
>
> **3 損害賠償額の予定**
>
> 当事者は、債務不履行について損害賠償の額を予定することができる（420条1項）
>
> 例 お互いの合意で債務不履行があったときの賠償額を1000万円と予定した場合の賠償額 → 1000万円

神田Tのアドバイス②

売買契約の買主は、売主に対し債務の履行を求めるための訴訟の提起等に係る弁護士報酬を、債務不履行に基づく損害賠償として請求することはできません（最判令3.1.22）。

語句 ※3
通常損害
通常予見しうる範囲の損害のこと。

語句 ※4
特別損害
通常であれば予見しえない範囲の損害のこと。

(2) 金銭債務の特則

通常、物の引渡しについて履行が遅れている場合の損害賠償請求では、債権者が損害を証明し、また、不可抗力による遅滞であれば債務者はそれを抗弁とすることができますが、金銭債務の不履行については特別なルールが設けられています。

Aが所有する時計をBが購入し、時計の引渡しは終わっていたが、Bが支払期日になっても代金を支払わなかった場合を例に、金銭債務の不履行のときのルールについて見てみましょう。

板書 金銭債務の3つの特則

① 損害賠償の額は、債務者が遅滞の責任を負った最初の時点における利率によって計算する（419条1項）
※約定利率があればそれにより、なければ法定利率（年3%）で計算

> 100万円の債務を10日遅れた場合（法定利率で計算）
> 100万円×3%×$\frac{10日}{365日}$＝821円
> 100万円＋821円を支払う

② 債権者は、損害の証明をしなくてよい（419条2項）
③ 債務者は、不可抗力を抗弁とすることができない（419条3項）

金銭債務の場合、物を渡さない場合と違って、履行不能はあり得ませんから履行遅滞のみが問題となります。

Ⅴ 代償請求

債務者が、その債務の履行が不能となったのと同一の原因により債務の目的物の代償である権利または利益を取得した場合、債権者は、その受けた損害の額の限度において、債務者に対し、その権利の移転またはその利益の償還を請求することができます（422条の2）。

AがBにA所有の建物を売却する契約をし、Bが代金を支払ったが、建物の引渡しが火災によって不能となり、AがCから火災保険金を取得した場合を例に、BはAに対して保険金を移転するよう請求することができるかについて見てみましょう。

建物の引渡しについては、買主B（建物をもらう側）が債権者、売主A（建物を渡す義務がある側）が債務者となります。

Aが建物の代金ももらって保険金ももらえるという二重の利得が生じるのは公平ではないというイメージで！

Ⅵ 履行の強制

債務者が任意に債務の履行をしないときは、債権者は、民事執行法その他強制執行の手続に関する法令の規定に従い、直接強制、代替執行、間接強制その他の方法による履行の強制を裁判所に請求することができます（414条1項本文）。

例題　　　　　　　　　　　　　　　　　　　　H28-33-1改

不確定期限がある債務については、その期限が到来した時ではなく、期限の到来した後に債務者が履行の請求を受けた時またはその期限の到来したことを知った時のいずれか早い時から履行遅滞になる。

○ 期限到来後に債務者が履行の請求を受けた時またはその期限の到来したことを知った時のいずれか早い時から遅滞の責任を負う。

4 指図証券 重要度 ★☆☆

指図証券とは、証券上に指定された特定の者やその指図人を権利者と認める有価証券[1]のことです。この場合、弁済を受けることができるのは、証券上の権利者になります。

指図証券の譲渡は、その証券に譲渡の裏書[2]をして譲受人に交付しなければ、その効力を生じません（520条の2）。

神田Tの**イントロ**

改正（令和2年4月施行）により、有価証券に関する規定が設けられました。重要度は低いので、余裕があれば、代表的なものとして指図証券のルールを確認しておきましょう。

語句 [1]
有価証券
財産的価値を有する私権を表した証券のこと。

語句 [2]
裏書
指図証券の譲渡にあたり、証券の裏面などに裏書人が必要事項を記載して署名すること。

第2編 民法

CHAPTER 3 債権

SECTION 2 債権の保全(ほぜん)

このSECTIONで学習すること

1 債権者代位権
債権者は債務者の代わりに債務者の権利を行使できる

2 詐害行為取消権
債権者が債務者の行った契約を取り消すことができる

1 債権者代位権　重要度 ★★★

神田Tのイントロ
債権者代位権の概要を一読したら、債権者代位権の行使の可否、行使の効果、転用事例の処理を確認しましょう。

I 概要

　債務者がお金を支払ってくれないときは、債権者は、裁判で訴えて履行を強制することもできますが、債務者の手元にお金がなければ裁判で勝っても実際に回収することはできません。そこで民法では、裁判で強制執行する準備として、債権者の債権を保全するために、債務者がまだ行使していない権利（債権など）があれば、その権利を債権者が代わりに行使できる制度があります。これを **債権者代位権** と呼びます。

　AがB（無資力※1）に対して500万円の債権を有しており、BはCに対して500万円の債権を有している場合を例に、BがCから500万円を回収しないときに、Aが自らの債権の保全のため、代わりにその権利を行使するときの法律関係について見てみましょう。

語句 ※1
無資力
債務超過の状態にあること。

条文チェック ※2
423条1項本文では、「債権者は、自己の債権を保全するため必要があるときは、債務者に属する権利（以下「被代位権利」という。）を行使することができる。」と規定されています。

神田Tのアドバイス❶
Aの思い（Bの権利に干渉したい）とBの思い（自分のことはほっておいてほしい）を調整し、Aが債権者だからというだけの理由でBの権利を代わりに行使することはできませんが、一定の要件の下でAのBに対する債権を保全するためにBの権利を代わりに行使できるようになっています。

語句 ※3
第三債務者
債権者（A）から見て、債務者（B）の債務者に当たる者のこと。

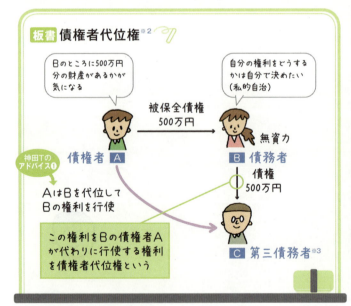

298

Ⅱ 代位行使の可否

(1) 代位行使の対象

債権者は、自己の債権を保全するため必要があるときは、債務者に属する権利を行使できます(423条1項本文)。

AがBに対して有する債権を保全するため、BがCに対して有する債権についてAが債権者代位権により代位行使できるかどうかについてまとめると、次の表のようになります。

事例	Aが代位行使できるか?
BのCに対する債権が金銭債権	○
BのCに対する債権が取消権や解除権などの形成権	○
BのCに対する債権が登記請求権などの物権的請求権	○
BのCに対する債権がBの一身専属的な権利※4	×
AのBに対する債権が強制執行により実現できないものである	×

語句 ※4
一身専属的な権利
権利行使をするかどうかはその人自身が判断すべきという性質のこと。原則として、債権者代位権行使の対象となりません。

(2) 被保全債権の弁済期

債権者は、その債権の期限が到来する前に、被代位権利を行使することはできませんが、保存行為の場合は、期限到来前でも代位行使することができます(423条2項)。

例えば、時効の更新や未登記の権利の登記申請などが保存行為に該当します。

(3) 債務者の無資力

金銭債権保全の場合、債務者が無資力であることが必要とされます※5。債務者に債務を弁済できるだけの資力があれば、債権者が債務者の第三債務者に対する債権に対して口出しする必要はないからです。

ひっかけ 注意! ※5
金銭債権保全の場合は無資力要件が必要ですから、「債務者の資力にかかわらず行使できる」として誤りとするパターンに注意。

Ⅲ 債権者代位権の行使

(1) 代位行使

　Aが、Bに対する債権を保全するため、BがCに対して有する債権につきBの代わりにその権利を行使する場合を例に、❶債権者代位権の行使は裁判で行わなければならないか、❷被保全債権の額を超えて行使できるか、❸AがCから直接給付を受けることができるかについて見てみましょう。

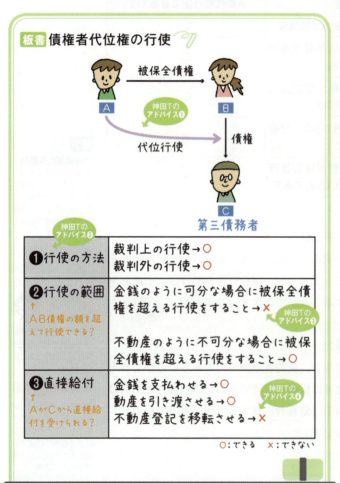

債権者Aが債権者自身の名で行使するものであり、債務者Bの代理人となるわけではないことに注意しましょう。

債権者代位権の行使は必ずしも裁判で行わなくてもよいので、単にAからCに手紙を送るだけとかでもかまいません。

ＡＢ債権が100万円、ＢＣ債権が200万円だった場合、AがBに代位してCから回収していいのは100万円の範囲だけです。

ＢＣ債権が登記の移転を請求する権利でもAは代位行使できますが、CからBに移転させられるだけで、CからAに直接登記を移転させられるわけではありません。

(2) 訴訟告知

債権者Aが、被代位権利(債務者BのCに対する権利)についてCを被告として訴えを提起した場合、遅滞なく、債務者Bに対し、訴訟告知をしなければなりません(423条の6)。

Bに対する訴訟告知が要求されるのは、原告A・被告Cで行われる裁判の判決の効果がBにも及ぶため、裁判をやっていることをBに告知しないとBの訴訟参加の機会を奪うことになってしまうからです。

(3) 債権者代位権行使の効果

債権者Aは、被代位権利(債務者BのCに対する権利)を行使する場合、被代位権利が金銭の支払または動産の引渡しを目的とするときは、相手方Cに対し、その支払または引渡しを自己に対してすることを求めることができ、この場合、相手方Cが債権者Aに対してその支払または引渡しをしたときは、被代位権利は消滅します(423条の3)。

(4) 相手方の抗弁

債権者Aが被代位権利(債務者BのCに対する債権)を行使したときは、相手方Cは、債務者Bに対して主張することができる抗弁をもって、債権者Aに対抗することができます(423条の4)。

(5) 債務者の権利行使

債権者Aが被代位権利(債務者BのCに対する債権)を行使した場合でも、債務者Bは、被代位権利について、自ら取立てその他の処分をすることもでき、この場合、相手方Cも、被代位権利について、債務者Bに対して履行をしてかまいません(423条の5)。

被保全債権が特定債権(金銭債権以外の債権)の場合、無資力要件は不要です。

Ⅳ 債権者代位権の転用

(1) 移転登記請求権

土地の買主が売主に対して登記を移すよう請求する権利(移転登記請求権)も債権者代位権の行使の対象となります(423条の7)。

423条の7は転用事例の一例を示しただけであり、妨害排除請求権を代位行使するなどその他の転用事例を否定するものではありません。

土地がCからBに売却され、BからAに売却されている場合を例に、まだBはCから登記を移転していなかったときに、Aが、BがCに対して有する移転登記請求権を代位行使することができるかについて見てみましょう。

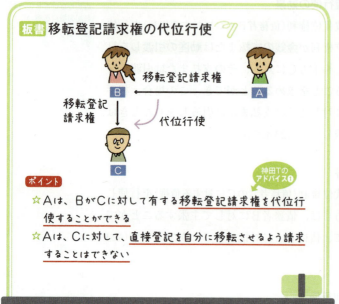

板書 移転登記請求権の代位行使

ポイント
☆ Aは、BがCに対して有する移転登記請求権を代位行使することができる
☆ Aは、Cに対して、直接登記を自分に移転させるよう請求することはできない

AB間の債権は移転登記請求権であって、特定債権（金銭債権以外の債権）なので、Bの無資力要件は不要です。

(2) 妨害排除請求権

　土地所有者が所有権に基づいて不法占拠者による妨害の排除を請求する権利(妨害排除請求権)も債権者代位権の行使の対象となります。

　AはB所有の土地を借りることになったが、同土地はCが不法占拠をしており使用できないという状態にある場合を例に、Aが、BのCに対する所有権に基づく妨害排除請求権を代位行使することができるかについて見てみましょう。

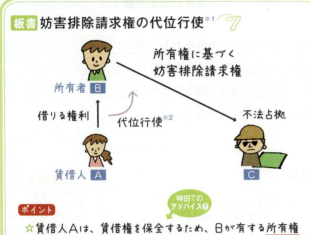

ＡＢ間の債権は借りる権利であって、特定債権（金銭債権以外の債権）なので、Ｂの無資力要件は不要です。

例題
R3-32-3

債権者は、被代位権利を行使する場合において、被代位権利が動産の引渡しを目的とするものであっても、債務者の相手方に対し、その引渡しを自己に対してすることを求めることはできない。

× 自己に引渡しを求めることができる。

2　詐害行為取消権　重要度★★★

I　概要

　債務者がお金を支払ってくれないときは、債権者は、裁判で訴えて履行を強制することもできますが、債務者の手元にお金がなければ裁判で勝っても実際に回収することはできません。そこで民法では、裁判で強制執行する準備として、債務者が債権者を害することを知りながらその財産を減らすような行為をしたときに、債権者がその行為を取り消すことが

神田Tのイントロ

詐害行為取消権の概要を一読したら、詐害行為となるかどうか、詐害行為取消請求の行使の可否、行使の効果、受益者に対する関係、転得者に対する関係を確認しましょう。過去には記述式で、詐害行為取消権を題材とした問題が出題されたことがあります。

できる制度があります(424条)。これを**詐害行為取消権**と呼びます。

　AがB(無資力)に対して500万円の債権を有しており、BがCに1000万円相当の土地を贈与した場合を例に、Aが自らの債権の保全のため、BC間の贈与契約を詐害行為として取り消すときの法律関係について見てみましょう。

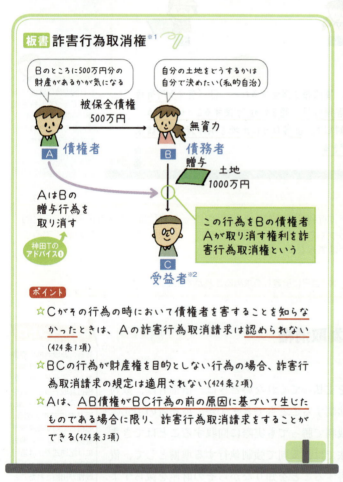

条文チェック ※1
424条1項では、「債権者は、債務者が債権者を害することを知ってした行為の取消しを裁判所に請求することができる。ただし、その行為によって利益を受けた者(以下この款において「受益者」という。)がその行為の時において債権者を害することを知らなかったときは、この限りでない。」と規定されています。

神田Tのアドバイス①
Aの思い(Bの取引に干渉したい)とBの思い(自分のことはほっておいてほしい)を調整し、Aが債権者だからというだけの理由でBの行為を取り消すことはできませんが、一定の要件の下でAのBに対する債権の保全のためにBのした行為を取り消せるようになっています。

語句 ※2
受益者
債務者の詐害行為によって利益を受けた者のこと。

II 詐害行為

詐害行為取消権による取消しの対象となるのは、財産権を目的とする行為です（424条2項）。したがって、<u>贈与契約</u>などの財産行為は対象となる一方、<u>相続放棄</u>などの身分行為は対象とはなりません。

詐害行為となる行為かどうかについてまとめると、次の表のようになります。

事例	詐害行為となるか？
相続放棄	×
遺産分割協議	○
離婚による財産分与 ※3	× **例外** 離婚による財産分与が<u>不相当に過大</u>であり、財産隠しのために行われる場合は、詐害行為取消請求できる（最判昭58.12.19）
不動産を相当の対価で売却する	× **例外** 債務者が不動産を現金化することにより隠匿等の処分をするおそれを現に生じさせるものであり、その行為の当時、債務者が<u>隠匿等の処分</u>をする意思を有しており、受益者も債務者が隠匿等の処分の意思を有していたことを知っていたときは、詐害行為取消請求できる（424条の2）
特定の債権者に対する弁済	× **例外** 弁済が債務者が支払不能の時に行われたものであり、債務者と受益者とが<u>通謀</u>して他の債権者を害する意図をもって行われたときは、詐害行為取消請求できる（424条の3）

○：なる ×：ならない

語句 ※3
離婚による財産分与
婚姻生活を送ってきた間に夫婦で協力して築いた財産について、離婚の際に2人で分配すること。

神田Tのアドバイス❷
詐害行為とは債務者の財産を減少させる行為を意味します。不動産を相当の対価で売却する行為は、財産減少行為ではないため、詐害行為にはあたりません。

神田Tのアドバイス❸
過大な代物弁済がされた場合、弁済そのものが詐害行為にあたらないときでも、過大な部分の取消しは可能です（424条の4）。

Ⅲ 被保全債権

(1) 強制執行できない債権

債権者は、その債権が強制執行により実現することのできないものであるときは、詐害行為取消請求をすることができません（424条4項）。

(2) 被保全債権の発生時期

債権者は、その債権が詐害行為の前の原因に基づいて生じたものである場合に限り、詐害行為取消請求をすることができます（424条3項）。

<u>4月10日にAB間で債権発生原因が生じ、その後、4月20日にBとCの間でAを害することを知りながらB所有の唯一の資産である土地をCに贈与し、4月30日にAB間に債権が実際に発生した場合</u>を例に、AがBCの贈与行為を詐害行為として取り消すことができるかについて見てみましょう。

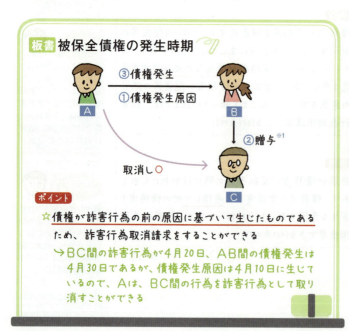

板書 被保全債権の発生時期

③債権発生
①債権発生原因
A → B
②贈与 ※1
取消し〇
C

ポイント
☆債権が詐害行為の前の原因に基づいて生じたものであるため、詐害行為取消請求をすることができる
→BC間の詐害行為が4月20日、AB間の債権発生は4月30日であるが、債権発生原因は4月10日に生じているので、Aは、BC間の行為を詐害行為として取り消すことができる

ひっかけ注意！※1
「BCの贈与があって、ABの債権発生原因が生じてAB債権が発生し、BからCに登記が移転された場合に詐害行為取消請求できる」として誤りとするパターンに注意です。登記はABの債権発生原因より後でも、贈与行為自体がその前に行われているからです。

Ⅳ 詐害意思

詐害行為の受益者がその行為の時に債権者を害することを知らなかったときは、債権者は、詐害行為取消請求をすることはできません（424条1項）。

つまり、詐害行為取消請求が認められるには、受益者も悪意[※2]であることが必要です。

Ⅴ 詐害行為取消権の行使

(1) 詐害行為取消請求

AがBに対する債権を有し、BがAを害するためにCに土地を贈与した場合を例に、❶詐害行為取消権の行使は裁判で行わなければならないか、❷被保全債権の額を超えて行使できるか、❸AがCから直接給付を受けることができるかについて見てみましょう。

> Advance [※2]
> **2回転目に読む**
> 受益者が悪意かどうかについての立証責任は、受益者側にあります。つまり、詐害行為取消請求を否定するなら、受益者側で自分は悪意ではないと証明する必要があるということです。

板書 詐害行為取消権の行使

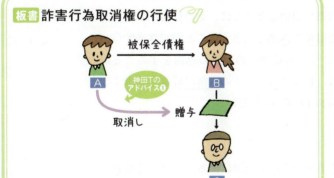

> 神田Tのアドバイス❶
> 債権者Aが債権者自身の名で行使するものであり、債務者Bの代理人となるわけではないことに注意しましょう。

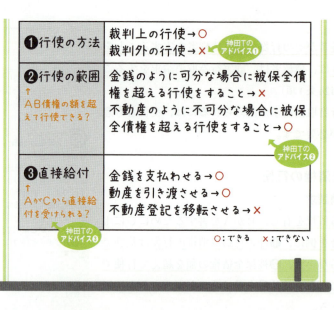

債権者代位権の行使と違って、裁判で行わなければなりません。

ＡＢ債権が1000万円、ＢがＣに贈与した土地の価値が1500万円だった場合でも、土地全部の返還が対象となります。

債権者代位権の行使と同様、直接「払って〇、渡して〇、登記して×」と覚えてしまうとよいでしょう。

(2) 財産の返還

債権者Ａは、受益者Ｃに対する詐害行為取消請求において、債務者Ｂがした行為の取消しとともに、その行為によって受益者Ｃに移転した財産の返還を請求することができます（424条の6第1項前段）。受益者Ｃがその財産の返還をすることが困難であるときは、債権者Ａは、その価額の償還を請求することができます（424条の6第1項後段）。

(3) 被告

受益者に対する詐害行為取消請求に係る訴えは、受益者を被告とします（424条の7第1項1号）。

(4) 訴訟告知

債権者Ａが、債務者Ｂが受益者Ｃに対して行った詐害行為の取消請求につき、Ｃを被告として訴えを提起した場合、遅滞なく、債務者Ｂに対し、訴訟告知をしなければなりません

（424条の7第2項）。

Ⅵ 転得者の登場

(1) 転得者に対する詐害行為取消請求

債権者は、受益者に対して詐害行為取消請求をすることができる場合において、受益者に移転した財産を転得した者があるときは、転得者が転得の当時債務者がした行為が債権者を害することを知っていたときは、転得者に対しても詐害行為取消請求をすることができます（424条の5第1号）。

つまり、転得者に対する詐害行為取消請求は、受益者に対して請求できることを前提として、転得者が悪意[※1]のときに、転得者に対しても請求できる仕組みとされています。

債権者A、債務者B、受益者C、転得者をDとし、BC間でAを害する贈与行為が行われたが、Cは善意であり、Dが悪意であった場合を例に、Aは、Dに対して詐害行為取消請求することができるかについて見てみましょう。

Bに対する訴訟告知が要求されるのは、原告A・被告Cで行われる裁判の判決の効果がBにも及ぶため、裁判をやっていることをBに告知しないとBの訴訟参加の機会を奪うことになってしまうからです。

Advance [※1] 2回転目に読む
受益者の場合と異なり、転得者が悪意かどうかの立証責任は、債権者側にあります。つまり、詐害行為取消権の行使をするためには、債権者が転得者の悪意を証明する必要があるということです。

板書 転得者との関係

A 債権者 → B 債務者
↓ 取消し ✗
C 善意 受益者
↓
D 悪意 転得者

Cに対する詐害行為取消請求ができないなら、Dに対する詐害行為取消請求もできない

309

> **ポイント**
> ☆Cが善意であるためCに対する詐害行為取消請求は認められず、Cに対する詐害行為取消請求ができなければ、Dに対する詐害行為取消請求もできない

神田Tのアドバイス❶
詐害行為取消しの効力は債務者にも及ぶため、受益者が善意で詐害行為取消しされることはないことが確定したはずなのに、その後、悪意の転得者が登場したら取消しされることに変わることがないように配慮し、受益者に対する請求ができないなら転得者に対する請求もダメと考えられたからです。

(2) 財産の返還

　債権者Aは、転得者Dに対する詐害行為取消請求において、債務者Bがした行為の取消しとともに、転得者Dが転得した財産の返還を請求することができます（424条の6第2項前段）。転得者Dがその財産の返還をすることが困難であるときは、債権者Aは、その価額の償還を請求することができます（424条の6第2項後段）。

(3) 被告

　転得者に対する詐害行為取消請求に係る訴えは、詐害行為取消請求の相手方である転得者を被告とします（424条の7第1項2号）。

(4) 訴訟告知

　債権者Aが、債務者Bが受益者Cに対して行った詐害行為の取消請求につき、Cからの転得者Dを被告として訴えを提起した場合、遅滞なく、債務者Bに対し、訴訟告知をしなければなりません（424条の7第2項）。

神田Tのアドバイス❷
Bに対する訴訟告知が要求されるのは、原告A・被告Dで行われる裁判の判決の効果がBにも及ぶため、裁判をやっていることをBに告知しないとBの訴訟参加の機会を奪うことになってしまうからです。

Ⅶ 認容判決の効果

(1) 取消しの効力の及ぶ範囲

　詐害行為取消請求を認容する確定判決は、債務者およびその全ての債権者に対してもその効力を有します（425条）。

AがBに対して500万円の債権を有し、DとEもBに対してそれぞれ500万円ずつの債権を有していたところ、Aが、BからCに対してなされた土地（1200万円）の贈与契約を詐害行為にあたるとして取り消した場合を例に、Bのもとに取り戻された土地はどのように分配されるかについて見てみましょう。

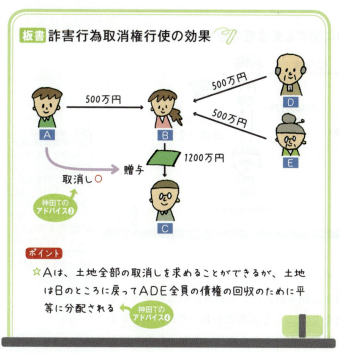

取消権の範囲は、自分の被担保債権の額や債権者3人で分けたときの自分の取り分に限定されるわけではありません。Aは土地全部の取消しを求めることができます。

取消権を行使したからといって、Aがこの土地から優先回収していいわけではありません。土地（1200万円）はADEの3人が1：1：1で分けます。

(2) 債務者の受けた反対給付に関する受益者の権利

　債務者が受益者に土地を売却した行為が債権者の詐害行為取消請求によって取り消された場合、土地は債務者に返還されますが、受益者は、債務者に対し、その財産を取得するためにした反対給付の返還を請求することができます（425条の2前段）。

Aは、Bに対して500万円の債権を有し、BからCに対してなされた土地の売買契約を詐害行為にあたるとして取り消した場合を例に、土地はBの下に返還されるが、Cは、Bから土地を取得するために500万円を支払っていたときに、その代金の返還を請求できるかについて見てみましょう。

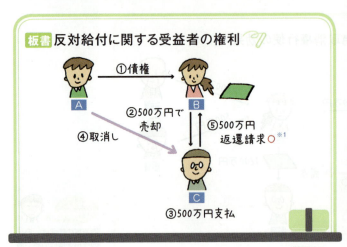

板書 反対給付に関する受益者の権利

①債権
②500万円で売却
③500万円支払
④取消し
⑤500万円返還請求 ※1

Advance ※1
2回転目に読む
Cがこの土地を300万円でDに転売していた場合、AがDを被告として行った詐害行為取消請求によって取り消されたときは、Dは300万円を限度として、CのBに対する反対給付の返還請求権を行使できます（425条の4第1号）。

Ⅶ　期間制限

　詐害行為取消請求に係る訴えは、債務者が債権者を害することを知って行為をしたことを債権者が知った時から<u>2年</u>を経過したときは、提起できなくなります。また、行為の時から<u>10年</u>を経過したときも同様です（426条）。

例題　　　　　　　　　　　　　　　　　　　　H25-30-5改
詐害行為取消請求を認容する確定判決は、債務者およびその全ての債権者に対してもその効力を有するから、取消しに基づいて返還すべき財産が金銭である場合に、取消債権者は受益者に対して直接自己への引渡しを求めることはできない。

　　✗　前半は正しいが、金銭の場合には、債権者が受益者に対して直接自己への引渡しを求めることができる。

CHAPTER 3 債権

SECTION 3 債権譲渡・債務引受

このSECTIONで学習すること

1 債権譲渡

債権は他人に譲渡してもいいの？ 債権譲渡があったことを対抗するには何が必要？

2 債務引受

債務を他人に引き受けてもらうことはできるの？

1 債権譲渡

重要度 ★☆☆

神田Tのイントロ
このSECTIONでは、譲渡制限の意思表示があった場合の処理や債権譲渡の対抗要件について確認しましょう。択一式での出題履歴はありませんが、過去には記述式で3回出題されたことがあります。

　債権者は、債務者に対して有する債権を第三者に譲渡することも可能です。この場合、債権を譲り受けた第三者が新しい債権者となります。

　ここでは、債権譲渡の法律関係について学習していきましょう。

　AがBに対して有する100万円の債権をCに譲渡する場合を例に、債権譲渡の法律関係について見てみましょう。

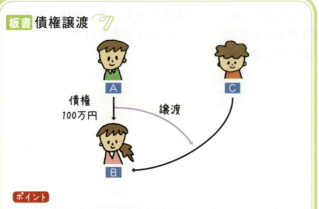

板書 債権譲渡

ポイント
☆ Aは、Bに対する債権をCに譲渡する場合、ACの合意で行うことができ、Bの承諾は不要（466条1項）
☆ AB間で譲渡を禁止・制限する特約を結ぶこともできる（466条2項）
☆ ACの合意の時点でAB債権は現に発生していなくてもよく、将来発生債権の譲渡もできる（466条の6第1項）※1

条文チェック ※1
466条の6第1項では、「債権の譲渡は、その意思表示の時に債権が現に発生していることを要しない。」と規定されています。

I 譲渡制限の意思表示

(1) 債権譲渡の効力

当事者が債権の譲渡を禁止または制限する旨の意思表示（譲渡制限の意思表示）をした場合、債権譲渡がこれに違反して行われても、譲渡自体は有効です(466条2項)※2。

(2) 債務者の履行拒絶

債権譲渡の譲受人が譲渡制限の意思表示がされたことを知りまたは重大な過失によって知らなかった場合、債務者は、その債務の履行を拒むことができます(466条3項)。

AのBに対する100万円の金銭債権には譲渡を禁止する旨の特約が付されていたが、この債権がAからCに譲渡された場合を例に、BがCからの履行の請求を拒むことができるかについて見てみましょう。

条文チェック ※2
466条2項では、「当事者が債権の譲渡を禁止し、又は制限する旨の意思表示（以下「譲渡制限の意思表示」という。）をしたときであっても、債権の譲渡は、その効力を妨げられない。」と規定されています。

Advance ※3
2回転目に読む
Bが債務を履行しない場合、Cが相当の期間を定めてBにAへの履行の催告をし、その期間内に履行がないときは、Bは、Cからの請求を拒むことはできません（466条4項）。

(3) 譲渡制限の意思表示と差押え

債権者(A)・債務者(B)間で譲渡制限の意思表示がされた債権であっても、債権者(A)の債権者(C)は、その債権に対して強制執行をすることができます(466条の4第1項)[※1]。

AがBに対する100万円の金銭債権には譲渡を禁止する旨の特約が付されていた場合を例に、この債権に対してAの債権者Cが強制執行により差し押さえることができるかについて見てみましょう。

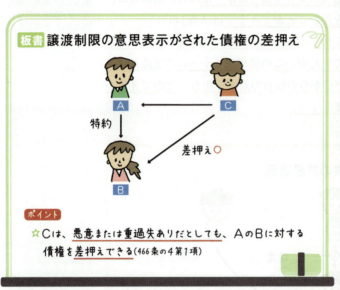

条文チェック ※1
466条の4第1項では、譲渡制限の意思表示がされている場合、そのことを知りまたは重大な過失によって知らなかった譲受人その他の第三者に対しては、債務者は、その債務の履行を拒むことができ、かつ、譲渡人に対する弁済その他の債務を消滅させる事由をもってその第三者に対抗できる旨を定める466条3項の規定は、譲渡制限の意思表示がされた債権に対する強制執行をした差押債権者に対しては適用しないことを規定しています。

III 対抗要件

債権の譲渡があった場合、譲渡人から債務者に通知または債務者の承諾がなければ、譲受人は債務者に対して自分が債権の譲受人であることを主張できません(467条1項)。なお、債権譲渡があったことを第三者に主張するには、債権者からの通知または債務者の承諾を確定日付のある証書[※2]によって行う必要があります(467条2項)。

語句 ※2
確定日付のある証書
その日に証書が作成されたという証拠力が与えられた証書 (ex.内容証明郵便、公正証書)。

AがBに対して有する100万円の金銭債権をCに譲渡した場合を例に、Cが新しく債権者になったことをBに主張するには何が必要かについて見てみましょう。

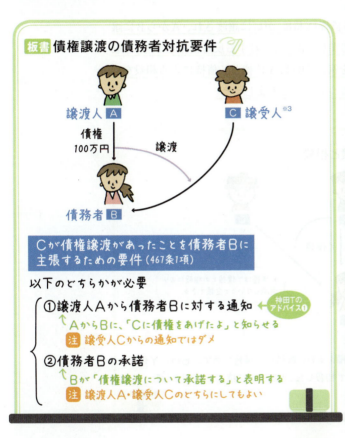

債権がAからDにも譲渡され（二重譲渡）、いずれについてもAからBに確定日付のある証書で通知されている場合、CとDの優劣は、AからBに対する通知のBへの到達の先後で決します（最判昭49.3.7）。また、通知が同時にBに到達したときは、CD間の優劣は生じませんので、いずれもBに対して全額の請求ができます（最判昭55.1.11）。

譲受人から通知しても対抗要件を備えたことにはならないことに注意しましょう。また、譲受人が譲渡人に代位して通知することもできません（大判昭5.10.10）。

改正（令和2年4月施行）により、債務者が異議をとどめないで承諾したときは譲渡人に対して生じた事由をもって譲受人に対抗できなくなる仕組み（改正前468条1項）は廃止されました。

Ⅳ 債務者の抗弁

　債務者は、対抗要件を備える時までに譲渡人に対して生じた事由をもって譲受人に対抗することができます（468条1項）。

Ⅴ 債権譲渡と相殺

債務者は、対抗要件を備える時より前に取得した譲渡人に対する債権による相殺をもって譲受人に対抗することができます（469条1項）。

AのBに対する債権（X債権）がCに譲渡され、AからBに譲渡の通知がされる前に、BがAに対する反対債権（Y債権）を取得していた場合を例に、Bは、Y債権とX債権による相殺をCに対抗できるかについて見てみましょう。

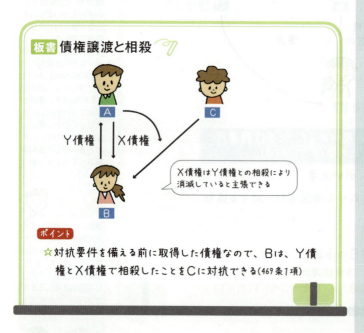

板書　債権譲渡と相殺

X債権はY債権との相殺により消滅していると主張できる

ポイント
☆対抗要件を備える前に取得した債権なので、Bは、Y債権とX債権で相殺したことをCに対抗できる（469条1項）

2　債務引受　重要度★★★

第三者が債務者の債務を引き受けることも可能です。この場合、債務を引き受けた第三者は債務者となります。

ここでは、債務引受の法律関係について、併存的債務引受と免責的債務引受に分けて学習していきましょう。

神田Tのイントロ

併存的債務引受と免責的債務引受に分けて、誰と誰の合意で債務引受ができるか、債務引受があったときの効果を確認しましょう。

I 併存的債務引受

併存的債務引受は、債務の引受人が債務者と連帯して、債務者の債権者に対して負担する債務と同一の内容の債務を負担するものです（470条1項）※1。

BがAに対して負う債務をCがBと連帯して引き受ける場合を例に、併存的債務引受の法律関係について見てみましょう。

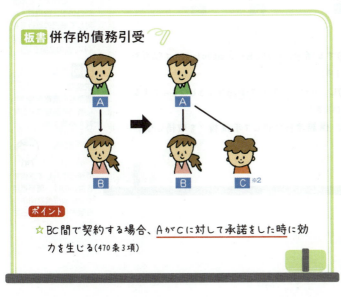

板書 併存的債務引受

ポイント
☆ BC間で契約する場合、AがCに対して承諾をした時に効力を生じる（470条3項）

条文チェック ※1
470条2項では、債権者と引受人で契約することができることを、470条3項では、債務者と引受人で契約することもでき、この場合、債権者が引受人に承諾をした時に効力を生じるものであることを規定しています。

Advance ※2
2回転目に読む
債務者Bが有していた抗弁があれば、引受人Cも、その抗弁を主張できます（471条1項）。また、債務者Bが取消権や解除権を有するときは、引受人Cは、これらの権利の行使によって債務者Bがその債務を免れるべき限度において、債権者Aに対して債務の履行を拒むことができます（471条2項）。

II 免責的債務引受

免責的債務引受は、債務の引受人が、債務者が債権者に対して負担する債務と同一の内容の債務を負担し、債務者は自己の債務を免れるものです（472条1項）※3。

BがAに対して負う債務をCが引き受け、Bは債務を免れる場合を例に、免責的債務引受の法律関係について見てみましょう。

条文チェック ※3
472条2項では、債権者と引受人で契約する場合、債務者から債務者への通知によって効力を生じるものであることを、472条3項では、債務者と引受人で契約し、債権者が引受人に対して承諾することによってもすることができることを規定しています。

板書 免責的債務引受

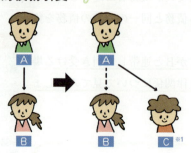

ポイント
☆ AC間で契約する場合、<u>AからBへの通知</u>によって効力を生じる(472条2項)
☆ BC間で契約し、<u>AがCに対して承諾</u>することによってすることもできる(472条3項)
☆ 引受人Cは、債務者Bに対して求償権[※2]を取得しない(472条の3)

神田Tのアドバイス❶

Advance [※1]
2回転目に読む

債務者Bが有していた抗弁があれば、引受人Cも、その抗弁を主張できます（472条の2第1項）。また、債務者Bが取消権や解除権を有するときは、引受人Cは、免責的債務引受がなければこれらの権利の行使によって債務者Bがその債務を免れることができた限度において、債権者Aに対して債務の履行を拒むことができます（472条の2第2項）。

語句 [※2]
求償権
債務者の債務を弁済した者が債務者に対して有する請求権。

神田Tのアドバイス❶

債務者に対して求償できないのは、債務者はすでに債権債務関係から離脱しているからです。

CHAPTER 3 債権

SECTION 4 債権の消滅

このSECTIONで学習すること

1 弁済
弁済はどこでするの？ 誰が弁済できるの？ 誰に弁済すればいいの？

2 相殺
どんなときに相殺できるの？
相殺するとどうなるの？

3 その他の債権消滅原因
更改、免除、混同によっても債権は消滅するよ

1 弁済 べんさい

重要度 ★★★

Ⅰ 弁済

　AB間でA所有の時計を売買する契約が結ばれた場合、Aが時計をBに引き渡し、Bが代金をAに支払えば、時計の引渡債権と代金の支払債権は消滅します。このような行為を **弁済** といいます。債務者が債権者に対して債務の弁済をしたときは、その債権は消滅します（473条）。

　ここでは、弁済のルールとして、①どこで、いつ弁済すればよいか（弁済の場所・時間）、②弁済の提供の方法、③誰が弁済できるか（第三者弁済）、④誰に弁済すればよいか（弁済受領者）、⑤弁済額が不足しているときはどうするかといったことを学習していきましょう。

⑴ 弁済の場所・時間

　当事者間で特別な約束事がなければ、**特定物の引渡し** の場合、債権発生の時にその物が存在した場所、**それ以外** の弁済の場合、債権者の現在の住所地が弁済の場所となります（484条1項）。

　法令または慣習により取引時間の定めがあるときは、その取引時間内に限り、弁済をし、または弁済の請求をすることができます（484条2項）。

⑵ 受取証書※1・債権証書※2

　弁済をする者は、弁済と引換えに、弁済を受領する者に対して受取証書の交付を請求することができます（486条1項）※3。また、債権証書がある場合、弁済をした者が全部の弁済をしたときは、その証書の返還を請求することができます（487条）。

神田Tのイントロ

このSECTIONでは、①弁済の提供、②第三者弁済、③受領権者としての外観を有する者に対する弁済、④弁済による代位に関するルールを中心に確認しましょう。過去には記述式で、弁済による代位を題材とした出題がされたことがあります。

語句 ※1
受取証書
お金や物を受け取ったことを証する書面のこと。
例 お金をもらったときに発行する領収証

語句 ※2
債権証書
債権の存在を証する書面のこと。
例 お金を貸したときに作成する契約書

Advance ※3
2回転目に読む
弁済をする者は、弁済受領者に不相当な負担を課すのでなければ、受取証書の交付に代えて、その内容を記録した電磁的記録の提供を請求することができます（486条2項）。

(3) 弁済の提供

弁済の提供とは、債務者が債務の履行のために必要な準備をして、債権者に提供することです。

債務者は、弁済の提供をしておけば、債務不履行責任を免れることができます(492条)。

例えば、時計を持参して引き渡す場合であれば、実際に引き渡すべき時計を用意して債権者の面前に提示するなどし、債権者が受け取ろうと思えば受け取れる状態に置くことが弁済の提供にあたります。

このように、弁済の提供をするときは、原則として、債務の本旨に従って現実に提供することが必要ですが、例外的に、**口頭の提供**(債務者が弁済の準備をし、それを債権者に通知し、その受領を催告すること)で足りる場合もあります(493条)※4。

原則	現実の提供
口頭の提供で よい場合※5	①債権者があらかじめその受領を拒んでいるとき ↑物を持参する約束の日に債権者が留守にしていて受け取れないのがわかっているなら、現実に持参させて受け取れる状態にする行為を要求する必要はない ②債務の履行について債権者の行為を要するとき ↑債権者が取りに来たら渡す約束のときは、現実に持参させて受け取れる状態にする行為を要求することはできない

(4) 第三者弁済

債権者の満足は債権の回収であって、誰が弁済するかは重要でない場合もあります。そのため、債務者以外の者でも債務者の債務を弁済することは可能です(474条1項)。

例えば、BがAの土地を借りて建物を築造し、その建物をCに貸している場合、建物賃借人Cは、BがAに対して支払う土地の賃料について、代わりに支払うことができます。

Advance ※4
2回転目に読む

債権者が契約の存在を否定しているなど債務を履行しない意思を明確にしている場合は、口頭の提供も必要ありません(最判昭41.3.22)。

条文チェック ※5

493条では、①債権者があらかじめその受領を拒み、又は②債務の履行について債権者の行為を要するときは、弁済の準備をしたことを通知してその受領の催告をすれば足りる旨を規定し、口頭の提供でよいとしています。

AがBに対して10万円の債権を有していたところ、CがBの意思に反して10万円を弁済した場合を例に、第三者弁済の法律関係について見てみましょう。

第三者弁済を無効とすると、債権者は受け取ったものを返還しなければならなくなり、それが債権者にとって酷な結果となることがあり、債務者の内心を知らない債権者を保護しようとしたわけです。

債権者に受領拒絶を認めているのは、債権者が弁済を受け取ったために面倒なトラブルに巻き込まれることがないよう予防するためのものといえます。

(5) **受領権者としての外観を有する者に対する弁済**

本来、債権者やその代理人など受領権限のある者以外に弁済をしても、その弁済が当然に有効となるわけではありません(479条)。

ただし、**受領権者としての外観を有する者に対する弁済**の場合、弁済者が善意無過失で弁済したときは、その弁済は有効となり、債権は消滅します(478条)。

AがBに対して100万円の金銭債権を有していたところ、Bが受領権者ではないがそのような外観を有する者Cに対して、善意無過失で弁済した場合を例に、受領権者としての外観を有する者に対する弁済の法律関係について見てみましょう。

例えば、B銀行にA名義の預金通帳と届出印を持参したCが「受領権者としての外観を有する者」にあたります。他にも、詐称代理人、債権の二重譲渡の劣後譲受人、偽造された領収書を持参した者も「受領権者としての外観を有する者」にあたります。

Advance ※1　2回転目に読む

受領権者としての外観を有する者に対する定期預金の期限前払戻特約に基づく払戻しも、受領権者としての外観を有する者に対する弁済と評価されます。

Advance ※2　2回転目に読む

定期預金を担保にした融資につき、銀行が貸金債権と定期預金債権を相殺することも、受領権者としての外観を有する者に対する弁済の規定の類推適用により、有効な相殺と評価されます。

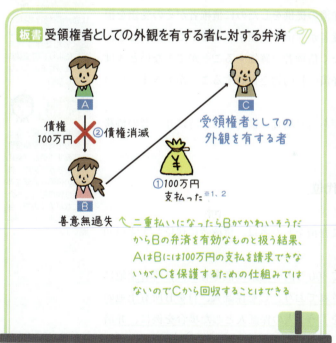

(6) 弁済の充当

債務者の弁済した金額が、元本、利息、費用の合計額に満たない場合、これを順次、費用、利息、元本に充当しなければなりません（489条1項）。

なお、弁済者と弁済受領者との間に弁済の充当の順序に関する合意があるときは、その順序に従い充当します（490条）※1

II 代物弁済

弁済者が、債権者との間で、債務者の負担した給付に代えて他の給付をすることにより債務を消滅させる旨の契約をした場合、その弁済者が当該他の給付をしたときは、その給付は、弁済と同一の効力を有します（482条）。

III 弁済供託

弁済者は、①弁済の提供をしたのに債権者がその受領を拒んだとき、②債権者が弁済を受領することができないとき、③弁済者が過失なく債権者を確知することができないときは、債権者のために弁済の目的物を供託することができます（494条1項・2項）。

そして、供託があった場合、供託をした時に弁済者の債務は消滅します。

IV 弁済による代位

(1) 全部の弁済

債務者のために弁済をした者は、債権者に代位します（499条）。

AがBに対して300万円の金銭債権を有し、B所有土地には抵当権が設定されており、Cを保証人、DをB所有土地の第三取得者、Eをもう1人の保証人とした場合を例に、弁済による代位の可否について見てみましょう。

神田Tのアドバイス❶

弁済すべき額は元本100万円、利息5万円、費用500円だったのに対し、弁済額が100万円であれば、費用500円、利息5万円、元本94万9500円を支払ったことになり、元本が5万500円残ります。

ひっかけ注意！ ※1

合意により充当の順序は変えられますが、「債務者の一方的な指定で充当の順序を変えることができる」として誤りとするパターンに注意。

神田Tのアドバイス❷

代物弁済は要物契約とされていましたが、改正（令和2年4月施行）により、諾成契約と考えられるようになりました。

神田Tのアドバイス❸

代物弁済の対象となった物の所有権が債権者に移転する時点は契約の時ですが、実際に債務者の債務が消滅する時点は物の給付をした時になりますので、区別して覚えることが必要です。

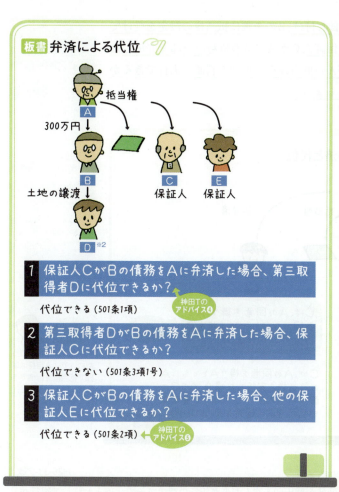

(2) 一部の弁済

　第三者が債務者の債務を一部弁済した場合、第三者は、債権者の同意なく、単独で債権者の権利を代位することはできません（502条1項）。

もしB所有の土地がもう一つあって抵当権が設定され、板書内の土地とこの土地の価格割合が1：2であり、この土地がFに譲渡されていた場合、Dが300万円を第三者弁済したときは、他の第三取得者Fに土地の価格に応じて200万円について代位できます（501条3項2号）。

従来、保証人が弁済して第三取得者に代位するときに代位の付記登記が必要とされていましたが、改正（令和2年4月施行）により、この規定は削除されました。

保証人の1人が他の保証人に対して債権者に代位する場合には、自己の権利に基づいて他の保証人に求償できる範囲内に限られます（501条2項）。板書の場合、CがEに代位できるのは150万円についてです。

債権者が抵当権を有している場合、全部の弁済を受けていないのに、代位弁済があったという理由だけで、債権者が競売の実行の時期の選択ができなくなることは不合理だからです。

AがBに金銭を貸し付け、Bの土地に抵当権の設定を受けていたところ、Bの保証人CがAにBの債務の一部を弁済した場合を例に、CがAの抵当権をC単独の判断で実行できるかについて見てみましょう。

Aは元々抵当権者だったわけで、A自身は単独で抵当権を行使できるままであることに注意しましょう。

例題　　　　　　　　　　　　　　　　　　　　H26-33-ア改

他人名義の預金通帳と届出印を盗んだ者が銀行の窓口でその代理人と称して銀行から払戻しを受けた場合に、銀行が、そのことにつき善意であり、かつ過失がなければ、当該払戻しは、受領権者としての外観を有する者への弁済として有効な弁済となる。

　○　受領権者としての外観を有する者に対する弁済は、弁済者が善意無過失であれば、有効な弁済となる。

328

2 相殺　重要度 ★★★

I 相殺

民法では、お互いに金銭債権を持ち合っている状態なら、実際に現金で決済しなくても意思表示だけで支払ったことにできる制度があります。これを==相殺==といいます（505条1項）。

ここでは、相殺の要件・効果や相殺の可否について学習していきましょう。

(1) 相殺の要件

AがBに対して100万円の金銭債権を有し、一方、BもAに対して100万円の金銭債権を有している場合を例に、Aが相殺するときの法律関係について見てみましょう。

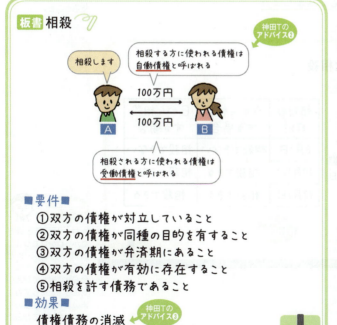

板書 相殺

- 相殺します
- 相殺する方に使われる債権は**自働債権**と呼ばれる
- 100万円
- 100万円
- 相殺される方に使われる債権は**受働債権**と呼ばれる

■要件■
① 双方の債権が対立していること
② 双方の債権が同種の目的を有すること
③ 双方の債権が弁済期にあること
④ 双方の債権が有効に存在すること
⑤ 相殺を許す債務であること

■効果■
債権債務の消滅

神田Tのイントロ

このSECTIONでは、①弁済期が到来していない債権との相殺の可否、②不法行為により生じた損害賠償債権との相殺の可否、③差押えがされた債権との相殺の可否に関する3つの事例処理を中心に確認しましょう。過去には記述式で不法行為と相殺を題材とした出題がされたことがあります。

神田Tのアドバイス❷

相殺する方の債権が「自働債権」、相殺される方の債権が「受働債権」と呼ばれます。Aから相殺すればAのBに対する債権は自働債権ですが、Bから相殺されたときはAのBに対する債権は受働債権になります。

神田Tのアドバイス❸

Aが相殺することで、現実に決済しなくても、Bに100万円を支払ったことにしてBから100万円をもらったことにできます。

(2) 相殺の効果

相殺は、相殺適状※1になったら勝手に相殺されるわけではなく、相殺の意思表示をすることで効力を生じます（506条1項前段）。これにより双方の債権債務は相殺適状の時にさかのぼって消滅したことになります（506条2項）。

Ⅱ 弁済期と相殺

本来、相殺には双方の債権が弁済期にあることが要求されますが、実際には自働債権が弁済期にあれば、期限の利益は放棄※2できるため（136条2項）、受働債権は必ずしも弁済期にある必要はありません。

AがBに対して弁済期を9月1日とする金銭債権を有しており、一方、BもAに対して弁済期を11月1日とする金銭債権を有している場合を例に、10月1日にAが相殺することができるかについて見てみましょう。

> **語句 ※1**
> **相殺適状**
> 相殺が可能となった状態のこと。

> **語句 ※2**
> **期限の利益の放棄**
> 支払期限があって、例えば「月末に支払う」という場合、「月末までは支払わなくてよい」ということになりますが、債務者がその利益を放棄して早めに支払うこと。

板書 弁済期と相殺

相殺の日付	Aから相殺する場合	Bから相殺する場合
8月1日	相殺できない	相殺できない
10月1日	相殺できる	相殺できない
12月1日	相殺できる	相殺できる

> **神田Tのアドバイス①**
> Aは、9月1日を過ぎたから自分はもうBに請求できるし、まだ11月1日になってないけどBに対して早めに支払うことにしてもかまいません。期限の利益は放棄できるからです。

III 時効消滅と相殺

時効によって消滅した債権がその消滅以前に相殺に適するようになっていた場合、債権者は、この債権を自働債権として相殺することができます(508条)。

例えば、AがBに100万円の支払を請求できる権利が令和2年8月に時効によって消滅したものだとしても、令和2年6月時点でAのBに対する100万円の債務と相殺適状にあったのであれば、令和2年10月でも、Aは、この債権とBに対する債務とで相殺できるということです。

IV 不法行為と相殺

①悪意による不法行為に基づく損害賠償の債務や、②人の生命または身体の侵害による損害賠償の債務の債務者は、相殺をもって債権者に対抗することはできません(509条)。

AがBに対して不法行為を行い、BからAに対して損害賠償請求できる場合を例に、不法行為と相殺のルールについて見てみましょう。

板書 不法行為と相殺

ケース1
AはBに対して貸金債権を有しており、一方、Bは、Bが返済しないことに腹を立てたAがその腹いせにBが所有する時計を壊したことの弁償代として、悪意による不法行為に基づく損害賠償請求権を有している場合、Aが相殺することはできるか?

加害者 A
↑ 不法行為
貸金債権　損害賠償請求権
↓
被害者 B

	Aから相殺する場合	Bから相殺する場合
不法行為は悪意による	相殺できない	相殺できる
不法行為は悪意によらない	相殺できる	相殺できる

不法行為に基づく損害賠償請求権を受働債権とする相殺の禁止には、不法行為の誘発を防止するという趣旨があり、物を損壊したときの弁償代については、悪意による不法行為のときだけ相殺禁止のルールが設けられています。

> **ケース2**
> AがBに対して貸金債権を有しており、一方、Bは、Aからの暴力行為により身体にケガをしたことの治療費の請求として不法行為損害賠償請求権を有している場合、Aが相殺することができるか？

加害者 A

↓ 貸金債権　↑ 不法行為損害賠償請求権

被害者 B

	Aから相殺する場合	Bから相殺する場合
不法行為は悪意による	相殺できない	相殺できる
不法行為は悪意によらない	相殺できない	相殺できる

人の生命・身体の侵害に対する損害賠償請求権の場合、悪意による不法行為かどうかにかかわらず、受働債権とする相殺が禁止されていることに注意しましょう。

Ⅴ 差押えと相殺

　差押えを受けた債権の第三債務者は、<u>差押え後に取得した債権による相殺をもって差押債権者に対抗することはできませんが、一方、差押え前に取得した債権による相殺をもって対抗することはできます</u>（511条1項）。

　なお、差押え後に取得した債権であっても、それが差押え前の原因に基づいて生じたものであるときは、その第三債務者は、その債権による相殺をもって差押債権者に対抗することができます（511条2項本文）。

AがBに対して有する甲債権の取得時期が、Cの差押えの前なのか後なのかによってルールが異なるので注意しましょう。

　CがBに対して貸金債権を有し、BはAに貸金債権（乙）を有していたが、BがCにお金を返さないので、CがBのAに対する債権（乙）を差し押さえた場合を例に、Cの差押え前からAがBに対して貸金債権（甲）を取得していたときに、Aが甲債権と乙債権で相殺することができるかについて見てみましょう。

332

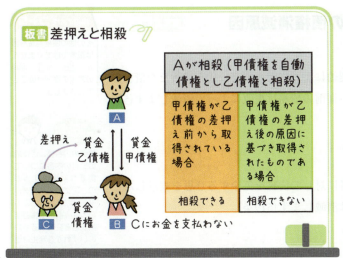

AがBに対して有する債権に相殺禁止の特約があっても、その債権が善意無重過失のCに譲渡された場合、この特約をCに対抗することはできないので、Cがこの債権とBがCに対して有する債権で相殺することは可能ということです。

Ⅵ 相殺制限の意思表示

当事者が相殺を禁止または制限する旨の意思表示をした場合、その意思表示は、第三者が悪意または重大な過失によって知らなかったときに限り、その第三者に対抗することができます（505条2項）。

例題　　　　　　　　　　　　　　　　　　　　　　　H20-34-ア改

AがBに対して平成20年5月5日を弁済期とする300万円の売掛代金債権を有し、BがAに対して平成20年7月1日を弁済期とする400万円の貸金債権を有している。この場合に、平成20年5月10日にAがBに対して相殺できる。

〇　自動債権が弁済期にあれば受働債権は弁済期になくても弁済することができるため、平成20年5月10日にAがBに対して相殺することはできる。

3 その他の債権消滅原因　重要度 ★☆☆

I 更改

当事者が更改契約により従前の債務に代えて新たな債務を発生させた場合、従前の債務は更改によって消滅します(513条)。

II 免除

債権者が債務者に対して債務を免除する意思を表示したときは、その債権は消滅します(519条)。

III 混同

債権および債務が同一人に帰属したときは、その債権は消滅します(520条)。

神田Tのイントロ

その他の債権消滅原因は重要ではありませんが、更改、免除、混同の言葉の意味は確認しておきましょう。

神田Tのアドバイス❶

更改の内容は、①従前の給付の内容について重要な変更をするもの、②従前の債務者が第三者と交替するもの、③従前の債権者が第三者と交替するもののいずれかを発生させることが必要とされています。

SECTION 5 多数当事者の債権債務関係

CHAPTER 3 債権

このSECTIONで学習すること

1 不可分債権・債務
ＡＢＣの3人がDに対して1台の車の引渡しを請求するときの法律関係は？

2 連帯債権
ＸＹ2人が連帯して債権を有する場合、Ｘについて生じたことはＹにも影響するか？

3 連帯債務
ＡＢ2人が連帯して債務を負う場合、Ａについて生じたことはＢにも影響するか？

4 保証人
ＢがＡから借金したときにＣが保証人となった場合の法律関係は？　連帯保証人と単なる保証人はどう違うの？

1 不可分債権・債務

重要度 ★☆☆

Ⅰ 不可分債権

　不可分債権とは、債権の目的が性質上不可分である場合において、数人の債権者があるときに成立する債権です（428条）。

　例えば、ＡＢＣの3人が1台の自動車をＤから購入した場合に自動車を引き渡すよう請求する債権がこれにあたります。この場合、Ａは、みんなのためにＤに履行を請求でき、また、ＤはＡに対して履行することができます。

Ⅱ 不可分債務

　不可分債務とは、債務の目的が性質上不可分である場合において、数人の債務者があるときに成立する債務です（430条）。

　例えば、ＡＢＣの3人が共有する1台の自動車をＤに売却した場合の車を引き渡す債務がこれにあたります。この場合、Ｄは、ＡＢＣいずれに対しても、車を引き渡すよう請求することができます。

---

2 連帯債権

重要度 ★★★

　複数の債権者が連帯して債権を有する関係に置かれることがあります。これを**連帯債権**といいます。

　ここでは、連帯債権とは何か、連帯債権者の1人に生じた事由が他の連帯債権者にも影響を与えるかどうかについて学習していきましょう。

神田Tのイントロ

不可分債権・債務は重要ではありませんが、このような概念もあるということは確認しておきましょう。

神田Tのイントロ

このSECTIONでは、連帯債権者の1人に生じた事由が他の連帯債権者にも影響するかどうかを確認しましょう。

I 連帯債権関係

X・Yの2人がAに対して50万円の連帯債権を有している場合、X・Yは、いずれもAに対して50万円の履行を請求することができ、また、Aも、X・Yいずれに対しても履行することができ、Xに対して50万円を履行すれば免責され、Yからの請求に応じる必要はなくなります(432条)。

X・Yの2人がAに対して50万円の連帯債権を有する場合を例に、XがAから50万円の履行を受けたときの法律関係について見てみましょう。

AはXに50万円を支払えば、YはAに50万円を請求できなくなります。YはXに対して、もらった50万円のうち内部割合が平等であれば、25万円を分けるよう請求できるということです。

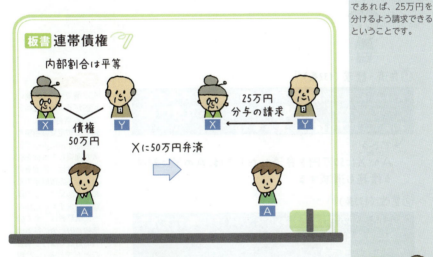

II 絶対効と相対効

通常、連帯債権者の1人に生じたことは他の連帯債権者には関係ありませんが、一部の事由については他の連帯債権者にも影響することがあります。

連帯債権者の1人に生じた事由が他の連帯債権者にも影響する効果のことを**絶対効**、他の連帯債権者には影響しない効果のことを**相対効**といいます。

X・Yの2人がAに対して50万円の連帯債権を有する場合

絶対効は1人に生じたことが他の人に影響する、相対効は1人に生じたことは他の人には関係ない、といった感覚でチェックしましょう。

を例に、連帯債権者の1人に生じた事由が他の連帯債権者にも影響するかどうかについて見てみましょう。

板書 絶対効・相対効

内部割合は平等

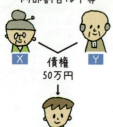

X Y 債権50万円 → A

① 弁済・請求（432条）※1

XはAに対して債権50万円全額の履行を請求することができるか？　この場合、AはXに対して履行をすればYに対する債務も消滅するか？

↳できる
　AがXに50万円を弁済したときは、AのYに対する債務も消滅する

② 更改（433条）※2

XA間で50万円は支払わなくてよいから時計を渡すことにするという旨の更改があった場合、YはAに50万円を請求できるか？

↳できない
　Xがその権利を失わなければ分与されるべき利益に係る部分については、Yは、履行を請求することができない（25万円の請求しかできない）

③ 免除（433条）

XがAに対して50万円は支払わなくてよいという旨の免除をした場合、YはAに50万円を請求できるか？

↳できない
　Xがその権利を失わなければ分与されるべき利益に係る部分については、Yは、履行を請求することができない（25万円の請求しかできない）

条文チェック ※1

432条では、「債権の目的がその性質上可分である場合において、法令の規定又は当事者の意思表示によって数人が連帯して債権を有するときは、各債権者は、全ての債権者のために全部又は一部の履行を請求することができ、債務者は、全ての債権者のために各債権者に対して履行をすることができる。」と規定されています。

条文チェック ※2

433条では、「連帯債権者の1人と債務者との間に更改又は免除があったときは、その連帯債権者がその権利を失わなければ分与されるべき利益に係る部分については、他の連帯債権者は、履行を請求することができない。」と規定されています。

④相殺（434条）※3

AがXに対して有していた反対債権で50万円を相殺した場合、YがAに50万円を請求できるか？

┗ できない
AX債権とXA債権の相殺によりAのYに対する債務も消滅する

⑤混同（435条）※4

Xが死亡してAが単独相続した場合、YはAに対して50万円を請求することができるか？

┗ できない
XA間で混同があればAは弁済したものとみなされ、AのYに対する債務も消滅する

ポイント

☆ 弁済・請求・免除・更改・相殺・混同については**絶対効**として扱われるが（432条〜435条）、それらを除けば相対効となる（相対効の原則、435条の2）

条文チェック ※3
434条では、「債務者が連帯債権者の1人に対して債権を有する場合において、その債務者が相殺を援用したときは、その相殺は、他の連帯債権者に対しても、その効力を生ずる。」と規定されています。

条文チェック ※4
435条では、「連帯債権者の1人と債務者との間に混同があったときは、債務者は、弁済をしたものとみなす。」と規定されています。

例題

オリジナル

X・Y・ZがAに対して90万円の連帯債権を有していたところ、XがAに債務を免除した場合、XはAに履行を請求することはできなくなるが、Y・Zの両名は、90万円全額について、Aに履行を請求することができる。

✕ XがAの債務を免除しているため、Y・Zは90万円全額の履行を請求することはできなくなる。

---

3 連帯債務

重要度 ★★★

複数の債務者が連帯して債務を弁済する関係に置かれることがあります。これを**連帯債務**といいます。

ここでは、連帯債務とは何か、連帯債務者の1人に生じた事由が他の連帯債務者にも影響を与えるかどうか、また、連帯債務者の1人が弁済したときの求償関係について学習していきましょう。

神田Tのイントロ

このSECTIONでは、連帯債務者の1人に生じた事由が他の連帯債務者にも影響するかどうか、連帯債務者の1人が弁済したときの求償関係を確認しましょう。

I 連帯債務関係

A・Bの2人がXに対して連帯債務を負っている場合、Xは、A・Bのどちらに対してでも全部の履行を請求できます(436条)。また、A・Bいずれもが全部の履行をする義務があり、Aが履行すればBはもうXに対して履行しなくてよくなるという関係になります。

<u>A・Bの2人がXに対して50万円の連帯債務を負う場合を例に、AがXに50万円を支払ったときの法律関係について見てみましょう。</u>

連帯債務の場合、XはABどちらにも全額の請求をしてもかまわないし、ABいずれも全額の支払をする義務があります。

語句 ※1
負担部分
債務のうち自分が負担すべき部分のこと。この場合、ABはどちらも全額支払う必要はありますが、Aが50万円を支払ったときは、Bの分も立て替えて支払ったのと同じなので、半分の25万円は自分で負担して、残りの25万円はBに求償することができます。

II 絶対効と相対効

通常、連帯債務者の1人に生じたことは他の連帯債務者には関係ありませんが、一部の事由については他の連帯債務者にも影響することがあります。

連帯債務者の1人に生じた事由が他の連帯債務者にも影響

する効果のことを**絶対効**、他の連帯債務者には影響しない効果のことを**相対効**といいます。

A・Bの2人がXに対して50万円の連帯債務を負っている場合を例に、連帯債務者の1人に生じた事由が他の連帯債務者にも影響するかどうかについて見てみましょう。

絶対効は1人に生じたことが他の人に影響する、相対効は1人に生じたことは他の人には関係ない、といった感覚でチェックしましょう。

板書 **絶対効・相対効**

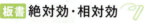

X
債権
50万円

A　B
（負担部分は平等）

① **弁済**

AがXに50万円全額を弁済した場合、BのXに対する50万円の債務も消滅するか？

↳消滅する

Aの弁済により、BもXに対して50万円を支払う必要はなくなる

② **更改**（438条）※2

AX間で50万円は支払わなくてよいから時計を渡すことにするという旨の更改があった場合、BのXに対する50万円の債務も消滅するか？

↳消滅する

AXの更改により、BもXに対して50万円を支払う必要はなくなる

③ **相殺**（439条1項）※3

AがXに対して有していた反対債権で50万円を相殺した場合、BのXに対する50万円の債務も消滅するか？

↳消滅する

AXの相殺により、BもXに対して50万円を支払う必要はなくなる

条文チェック ※2
438条では、「連帯債務者の1人と債権者との間に更改があったときは、債権は、全ての連帯債務者の利益のために消滅する。」と規定されています。

条文チェック ※3
439条1項では、「連帯債務者の1人が債権者に対して債権を有する場合において、その連帯債務者が相殺を援用したときは、債権は、全ての連帯債務者の利益のために消滅する。」と規定されています。

④混同（440条）※1

Xが死亡してAが単独相続した場合、BのXに対する50万円の債務も消滅するか？

↳消滅する
　AX間の混同により、BもXに対して50万円を支払う必要はなくなる

ポイント
☆弁済・更改・相殺・混同については絶対効として扱われるが（438条～440条）、それらを除けば相対効となる（相対効の原則、441条）

条文チェック ※1
440条では、「連帯債務者の1人と債権者との間に混同があったときは、その連帯債務者は、弁済をしたものとみなす。」と規定されています。

神田Tのアドバイス❶
例えば、時効の利益の放棄、債権譲渡の通知、請求や債務の承認による時効の更新などが相対効ということになります。また、Aについて法律行為の無効または取消しの原因があっても、Bの債務は、その効力を妨げられません（437条）。

多数当事者の債権債務関係の絶対効・相対効をまとめると次の表のようになります。

○：絶対効　×：相対効

	債権者複数		債務者複数	
	不可分債権	連帯債権	不可分債務	連帯債務
弁済	○	○	○	○
請求	○	○	×	×
更改	×	○	○	○
免除	×	○	×	×
相殺	○	○	○	○
混同	×	○	×	○
時効	×	×	×	×

神田Tのアドバイス❷
請求は相対効ですので、連帯債務者Aに裁判上の請求をして、Aの債務の消滅時効が更新されることはあっても、他の連帯債務者Bの債務には影響を与えないということになります。

Ⅲ 他人の債権で相殺

連帯債務者の1人が債権者に対して債権を有する場合、その者が相殺を援用しない間は、その連帯債務者の負担部分の限度において、他の連帯債務者は、債権者に対して債務の履行を拒むことができます（439条2項）。

神田Tのアドバイス❸
A・Bの2人がXに対して50万円の連帯債務を負っている場合（負担部分は平等）、AがXに対して50万円の反対債権を有しているが相殺を援用しない間は、Bは、25万円の限度でXに対して履行を拒むことができるということです。

Ⅳ 求償

(1) 求償とは

連帯債務者の1人が弁済した場合、他の連帯債務者も債権者に対する債務は免れることになりますが、弁済者は、他の連帯債務者に各自の負担部分に応じた額について 求償 することができます(442条1項)[※2, 3]。

弁済するときは、事前・事後に他の連帯債務者に通知する必要があります。通知を怠ると求償に一定の制限がかかります(443条1項・2項)。

まず、A・Bの2人がXに対して連帯債務を負う場合を例に、AはBの存在を知っているのにXに弁済するにあたって、自分が弁済して共同の免責を得ることを通知しないで弁済したときの法律関係について見てみましょう。

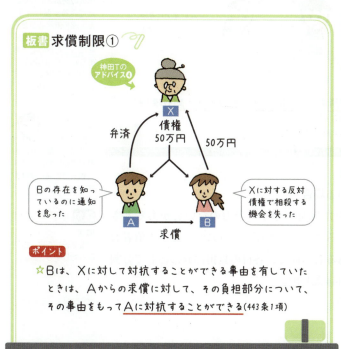

Advance ※2
2回転目に読む
求償には、弁済があった日以後の法定利息および避けることができなかった費用その他の損害の賠償も含まれます(442条2項)。

Advance ※3
2回転目に読む
弁済額が自己の負担部分を超えていなくても求償できます。
…A・Bの2人が連帯債務を負い、Aの負担部分が25万円でも、Aが10万円だけ弁済した場合、Bに5万円の求償OK！

神田Tのアドバイス❷
事前の通知を怠ったことによる求償制限は、他の連帯債務者があることを知りながら通知を怠ったときの話であること、通知内容は共同の免責を得ることであることに注意しましょう。

次に、A・Bの2人がXに対して連帯債務を負う場合を例に、AはBの存在を知っているのにXに弁済して共同の免責を得たことについてBへの通知を怠ったために、BがAの弁済を知らずにAに通知のうえで弁済したときの法律関係について見てみましょう。

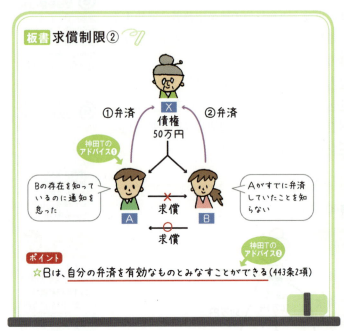

事後の通知を怠ったことによる求償制限は、他の連帯債務者があることを知りながら通知を怠ったときの話であること、通知内容は共同の免責を得たことであることに注意しましょう。

この場合、BはAに求償できる反面、AはBに求償できなくなります。

語句 ※1
償還
お金を返したり、払い戻したりすること。

(2) **無資力者がいる場合**

連帯債務者の中に償還※1をする資力のない者があるときは、その償還をすることができない部分について、求償者および他の資力のある者の間で、各自の負担部分に応じて分割して負担します（444条1項）。

ＡＢＣの3人がＸに対して90万円の連帯債務を負っており、ＡがＸに90万円を弁済したところ、Ｃが無資力だった場合を例に、ＡからＢ・Ｃに対する求償に関する法律関係について見てみましょう。

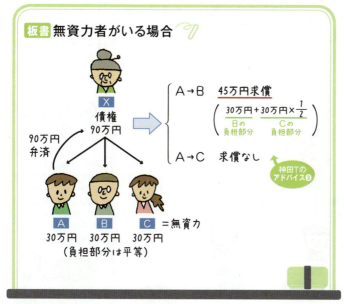

無資力者Ｃが本来負担すべき30万円については、ＡとＢで半分ずつ負担し合うことになるため、ＢがＡから求償を受ける額は、自分の負担部分30万円とＣの負担部分の半分15万円を足した金額となります。

例題
H29-32-5改

（共同事業を営むＡとＢは、Ｃから事業資金の融資を受けるに際して、共に弁済期を1年後としてＣに対し連帯して1,000万円の貸金債務（以下「本件貸金債務」という。）を負担した（負担部分は2分の1ずつとする。）場合）
本件貸金債務につき、ＡがＢの存在を知りながらＣに弁済した後にＢに対してその旨を通知しなかったため、Ｂは、これを知らずに、Ａに対して事前に弁済する旨の通知をして、Ｃに弁済した。この場合に、Ｂは、Ａの求償を拒み、自己がＡに対して500万円を求償することができる。

○ ＡはＢに通知しておらず、Ｂは善意でＡに通知してＣに弁済しているため、ＢはＡの求償を拒め、逆にＡに500万円を求償できる。

4 保証人

重要度 ★★★

保証とは、債務者が弁済できなくなったときに備え、債務者の代わりに弁済してくれる人（保証人）を立てておくことです。※1

AがBに対して100万円の貸金債権を有し、CがBの保証人となっている場合を例に、保証人の法律関係について見てみましょう。

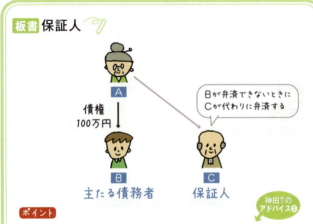

板書 保証人

債権 100万円
A → B
Bが弁済できないときにCが代わりに弁済する
B 主たる債務者　C 保証人

ポイント
☆ Cは、Aから債務の履行の請求を受けても、「まずは主たる債務者のBに催告して」と断わることができる（452条）
　↑このような抗弁を「**催告の抗弁**」と呼ぶ
☆ Cは、Aから執行を受けても、Bに弁済をする資力があり、かつ、執行が容易であることを証明して、「まずは主たる債務者のBの財産から執行すべき」と断わることができる（453条）
　↑このような抗弁を「**検索の抗弁**」と呼ぶ
☆ 保証人が複数いる場合、Cは、Aから全額の支払を請求されても、「保証人の人数で頭割りした額しか払わない」と断わることができる（456条、427条）
　↑このような利益を「**分別の利益**」と呼ぶ

神田Tのイントロ

保証人はどのような立場の者か、連帯保証人と保証人の違い、主たる債務者に生じた事由が保証人に影響するかどうか、保証人が弁済したときの求償に関するルールを確認しましょう。過去には記述式で、保証人の抗弁や連帯保証人の求償を題材とした出題がされたことがあります。

Advance ※1 2回転目に読む

保証契約は、書面でしなければ、その効力を生じません（446条2項）。保証契約がその内容を記録した電磁的記録によってされたときは、その保証契約は、書面によってされたものとみなされます（446条3項）。

神田Tのアドバイス❶

保証人は、主たる債務の元本のほか、利息等についても弁済する責任があります（447条1項）。

神田Tのアドバイス❷

Cは、Aから請求されてもまずはBに対して催告するように、Aから執行されてもまずはBの財産から執行するように、保証人が複数いれば頭割りした額だけしか支払わないといって拒むことができるということです。

I 連帯保証人

(1) 連帯保証人とは

債務者と連帯して債務を負担してくれる保証人は<mark>連帯保証人</mark>と呼ばれます。

連帯保証人の場合、単なる保証人に認められている<u>催告の抗弁</u>や<u>検索の抗弁</u>は認められておらず、また、<u>分別の利益</u>もありません。

(2) 主たる債務者に生じた事由の効力

主たる債務者に対する履行の請求その他の事由による時効の完成猶予および更新は、連帯保証人に対しても、その効力を生じます（457条1項）。

(3) 連帯保証人に生じた事由の効力

連帯保証人が<u>弁済</u>すれば主たる債務者の債権者に対する債務も消滅しますが、それ以外の事由でも、連帯保証人と債権者との間で<u>更改</u>があった場合、連帯保証人が債権者に対して有する反対債権で保証債務を<u>相殺</u>した場合、連帯保証人と債権者との間で<u>混同</u>があった場合にも、主たる債務は消滅します。一方、これらの場合を除けば、連帯保証人について生じた事由は主たる債務者には影響しません（458条）。

<u>AがBに対して100万円の貸金債権を有しており、Cが連帯保証人となっている場合</u>を例に、絶対効・相対効について見てみましょう。

連帯保証人は、債権者からいきなり請求されても拒めず、主たる債務者の資力にかかわらず連帯保証人の財産について先に執行されても拒めず、連帯保証人が複数いたとしても全額の支払を請求されても拒めません。

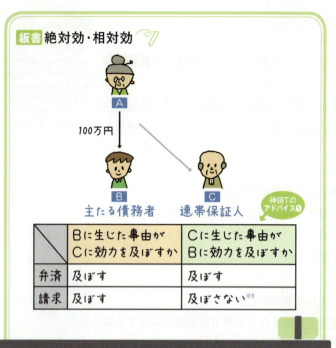

絶対効・相対効を連帯債務と連帯保証人の場合で比較すると、次の表のようになります。

	連帯債務者の1人に生じた事由が他の連帯債務者にも影響するか？	連帯保証人に生じた事由が主たる債務者にも影響するか？	主たる債務者に生じた事由が連帯保証人にも影響するか？
弁済	する	する	する
更改	する	する	する
混同	する	する	する
相殺	する	する	する
請求	しない	しない	する

連帯保証人に対する請求は、改正前は絶対効として扱われていましたが、改正（令和2年4月施行）により相対効に変わっていますので、注意しましょう。

ひっかけ 注意！ ※1

連帯保証人に対する請求は相対効ですから主たる債務者には影響しません。「連帯保証人に請求すれば主たる債務者にも請求したことになる」として誤りとするパターンに注意。

(4) 抗弁の対抗

連帯保証人は、主たる債務者が主張することができる抗弁をもって債権者に対抗することができます（457条2項）。

主たる債務者が債権者に対して相殺権、取消権、解除権を有するときは、これらの権利の行使によって主たる債務者がその債務を免れるべき限度において、連帯保証人は、債権者に対して債務の履行を拒むことができます（457条3項）。

AはBに対して100万円の金銭債権を有し、CはBのために連帯保証人となり、BはAに対して100万円の金銭債権を有している場合を例に、Cが、Aから100万円の支払を請求されたときに債務の履行を拒むことができるかについて見てみましょう。

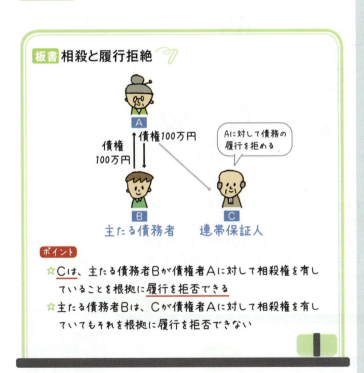

Ⅱ 求償

(1) 委託を受けた保証人の場合

保証人が主たる債務者の委託を受けて保証をした場合、主たる債務者に代わって弁済をしたときは、その保証人は、主たる債務者に対し、そのために支出した財産の額を求償することができます（459条1項）。

AがBに対して100万円の貸金債権を有し、CがBから頼まれてBの保証人となっている場合を例に、Cが弁済したときにBに求償できるかについて見てみましょう。

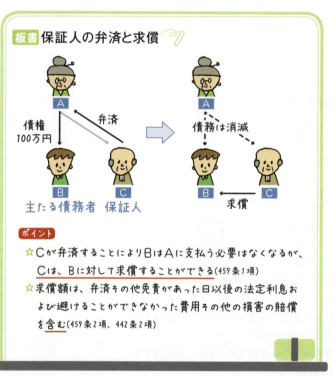

板書　保証人の弁済と求償

ポイント
☆ Cが弁済することによりBはAに支払う必要はなくなるが、Cは、Bに対して求償することができる（459条1項）
☆ 求償額は、弁済その他免責があった日以後の法定利息および避けることができなかった費用その他の損害の賠償を含む（459条2項、442条2項）

(2) 委託を受けない保証人の場合

保証人が主たる債務者の委託を受けないで保証をした場合

Cが100万円を弁済すればBのAに対する債務も消滅しますが、Bは立て替えてくれたCから100万円を請求されたら支払わなければいけません。CからBに対して立て替えたお金の支払を請求する権利を「求償権」といいます。

委託を受けた保証人の場合でも、弁済期前の支払は、保証人の義務ではありません。頼まれていないことを勝手に行っているだけですから、求償の範囲は、委託を受けない保証人と同じでよいと考えられています。

（主たる債務者の意思には反していない）、主たる債務者に代わって弁済したときは、その保証人は、主たる債務者に対し、主たる債務者がその当時利益を受けた限度において求償することができます（462条1項、459条の2第1項）。一方、主たる債務者の意思に反して保証をした者の場合の求償の範囲は、主たる債務者が現に利益を受けている限度においてのみとなります（462条2項）。

(3) **事前の通知を怠った場合**

保証人が主たる債務者の委託を受けて保証をした場合、主たる債務者にあらかじめ通知しないで弁済したときは、主たる債務者は、債権者に対抗することができた事由をもってその保証人に対抗することができます（463条1項前段）。

BがAに対して負う100万円の債務につき、Bから委託を受けてCが保証している場合を例に、Cが、Bにあらかじめ通知しないで弁済したときは、Bは、Aに対抗することができた事由をもってCに対抗することができるかについて見てみましょう。

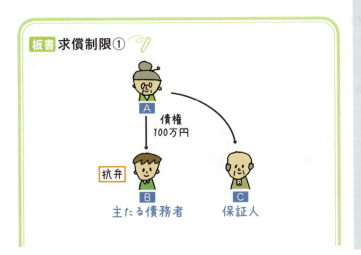

> **ポイント**
> ☆ Bは、Aに対して対抗することができる事由を有していたときは、その事由をもってCに対抗することができる（463条1項前段）

(4) 事後の通知を怠った場合

　保証人が主たる債務者の委託を受けて保証をした場合、主たる債務者が弁済したことを保証人に通知することを怠ったため、その保証人が善意で弁済したときは、その保証人は、自分の弁済を有効であったものとみなすことができます（463条2項）。

　BがAに対して負う100万円の債務につき、Bから委託を受けてCが保証している場合を例に、Bが債務を弁済したときにCに対する通知を怠ったため、Cが善意で第二の弁済をしたときは、それを有効とみなすことができるかについて見てみましょう。

板書 求償制限②

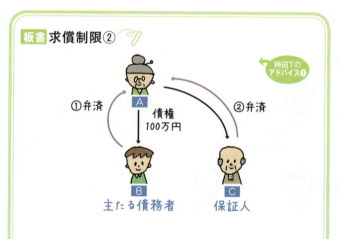

神田Tのアドバイス❶
委託を受けない保証人の場合はできません。主たる債務者がその存在を知らないこともあり、それなのに通知を怠れば、保証人の第二の弁済を有効とみなすという制度を作ることは不合理だからです。

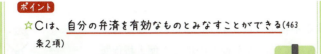

ポイント
☆Cは、自分の弁済を有効なものとみなすことができる(463条2項)

(5) 共同保証人間の求償

保証人が複数いる場合、各保証人が全額を弁済すべき特約があって、1人の保証人が全額または自己の負担部分を超える弁済をしたときは、他の保証人に求償することができます。(465条1項、442条)

AがBに対して100万円の貸金債権を有し、CとDの2人がBの保証人となっており、Aの債務の全額について責任を負う特約があった場合を例に、DがAに100万円を弁済したときに、DはCに求償できるかについて見てみましょう。

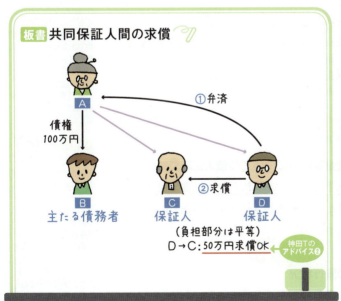

神田Tのアドバイス❷
保証人が弁済すれば主たる債務者に求償できるのは当たり前ですが、他の保証人にも求償できるようになっています。なお、保証人は主たる債務者との関係では負担部分はありませんが、保証人同士の関係では負担部分が存在します。

Ⅲ 個人根保証

一定の範囲に属する不特定の債務を主たる債務とする保証契約（根保証契約）であって保証人が個人の場合を**個人根保証契約**といいます。

この場合、保証人は、主たる債務の元本、主たる債務に関する利息、違約金等について、極度額を限度として、その履行をする責任を負います（465条の2第1項）。

個人根保証契約は、極度額を定めなければ、その効力を生じません（465条の2第2項）。

主たる債務に貸金等債務を含んでいる場合とそうでない場合に分けて、その相違についてまとめると次の表のようになります。

	主たる債務に 貸金等債務あり	主たる債務に 貸金等債務なし
極度額の定め	必要	必要
破産手続開始決定による元本確定	主たる債務者の破産 ：確定する 保証人の破産 ：確定する	主たる債務者の破産 ：確定しない 保証人の破産 ：確定する

Ⅳ 事業保証

事業のための貸金等債務についての個人保証契約は、保証契約締結の前1か月以内に作成された公正証書で保証意思が確認されていなければ、無効とされます（465条の6第1項）。

Ⅴ 情報提供

(1) 主たる債務の履行状況

保証人が主たる債務者の委託を受けて保証をした場合、保証人の請求があったときは、債権者は、保証人に対し、遅滞

神田Tのアドバイス❶
極度額を定めない契約は効力を生じないとする規定も、保証人が法人であるときには適用されないことに注意しましょう。

神田Tのアドバイス❷
例えば、ＡＢ間の賃貸借契約により生じる賃料債務を主たる債務として、一定の極度額を定めて個人保証人が根保証契約を結ぶ場合が、主たる債務に貸金等債務が含まれないケースです。

神田Tのアドバイス❸
保証人になろうとする者が主たる債務者である法人の理事や取締役等である場合には、事業に係る貸金等債務についての特則に関する規定は適用されないことに注意しましょう（465条の9第1項1号）。

神田Tのアドバイス❹
主たる債務者が履行遅滞になれば、保証人は債権者に対してその遅延損害金も含めて支払う必要があります。損害額が高金利であるときの保証人の負担を考慮し、保証人の請求があれば、債権者には、主たる債務者の履行の状況や損害金の発生などについて知らせる義務を課しています。

なく、主たる債務の元本、主たる債務に関する利息、違約金等についての不履行の有無、これらの残額、そのうち弁済期が到来しているものの額に関する情報を提供しなければなりません（458条の2）。

(2) 主たる債務者が期限の利益を喪失

主たる債務者が期限の利益を有する場合、その利益を喪失したときは、債権者は、保証人に対し、その利益の喪失を知った時から2か月以内に、その旨を通知しなければなりません（458条の3第1項）。なお、この規定は保証人が法人であるときは適用されません（458条の3第3項）。

(3) 事業に係る債務

主たる債務者は、事業のために負担する債務を主たる債務とする保証または主たる債務の範囲に事業のために負担する債務が含まれる根保証の委託をするときは、委託を受ける者に対し、一定の事項※1について情報の提供をすることが義務付けられています（465条の10第1項）。なお、この規定は保証人が法人であるときは適用されません（465条の10第3項）。

神田Tのアドバイス❻
保証人の知らないところで遅延損害金が拡大することを防止するため、主たる債務者が期限の利益を喪失したときに、債権者から保証人に対して通知する義務を課しています。

Advance ※1
2回転目に読む
具体的には、①財産および収支の状況、②主たる債務以外に負担している債務の有無ならびにその額および履行状況、③主たる債務の担保として、他に提供し、または提供しようとするものがあるときは、その旨およびその内容についての情報を提供します。

例題 H22-31-5

私は、AがBから400万円の貸付を受けるにあたり、Aから依頼されてCと共に保証人となりましたが、その際、私およびCは、Aの債務の全額について責任を負うものとする特約を結びました。このたび、私はBから保証債務の履行を求められて400万円全額を弁済しましたが、私は、Cに対して200万円の求償を請求することが可能でしょうか。

○ 本肢の場合、自分の負担部分を超える額（＝弁済した400万円のうち200万円）については、もう一人の保証人のCに対して求償可能です。

第2編 民法

CHAPTER 3 債権

SECTION 6 契約総論

このSECTIONで学習すること

1 契約の成立

契約はどうしたら成立するの？ いつ成立するの？

2 同時履行の抗弁権

同時履行の抗弁権が認められるケースを整理しよう

3 危険負担

債務者の責めに帰すべき事由によらないで、契約の目的物が滅失・損傷したときはどうなるの？

4 第三者のためにする契約

第三者の権利はいつ発生する？

5 契約の解除

どんなときに契約を解除できる？ 契約を解除したらどうなる？

6 定型約款

令和2年4月施行の改正民法で新しく設けられた規定だよ

1 契約の成立　重要度 ★★

AがBに時計を売る契約をする場合、契約するかどうか、契約するとして、いくらで売るか、いつお金を支払うのか、時計はどうやって引き渡すのかなど、AB間の合意で自由に決められます(521条1項・2項)。

ここでは、契約の成立の法律関係について学習していきましょう。

I 契約の成立

契約は、契約の**申込み**に対して相手方が**承諾**をしたときに成立します(522条1項)。

通常、契約は申込み（A：「私の時計を10万円で買ってくれませんか？」）と承諾（B：「わかりました、買います」）により成立します。

申込みに対して承諾することで成立する契約は「諾成契約」と呼ばれます。これに対し、申込みと承諾のほかに物の引渡しなどを要する契約は「要物契約」と呼ばれます。

II 申込みと承諾の効力発生　

申込みと承諾は、相手方に到達した時に効力を生じます(97条1項)。

Aが8月1日に自分の時計をBに売りたい旨を記した申込書を送付し、この手紙が8月3日にBのもとに到達し、その後、Bが8月7日に買いたい旨の返事を送付し、この手紙が8月9日にAのもとに到達した場合を例に、AB間の契約の成立について見てみましょう。

神田Tのイントロ
申込みと承諾のやりとりをイメージしながら、事例ごとに契約が成立するかどうかを確認しましょう。

神田Tのアドバイス❶
書面を交わすことは契約成立の要件ではありませんので、口約束だけでも契約は成立します(522条2項)。

神田Tのアドバイス❷
意思表示は、相手方が了知または了知し得べき状態に置かれれば、到達したといえます。例えば、郵送で送った手紙は、実際に本人が中身を読んでなくても、同居の家族が受け取ったという状態で足りるということです。

神田Tのアドバイス❸
従来、隔地者間の契約は承諾を発した時に契約が成立するものとされていましたが、改正(令和2年4月施行)により、この規定は削除されました。したがって、この場合も、発信主義ではなく、到達主義で処理されることになりました。

第2編 民法　CH3 債権　SEC6 契約総論

357

板書 隔地者間の契約

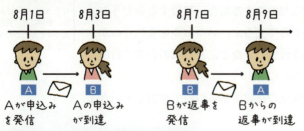

1 承諾の期間の定めのある申込み

承諾の期間を定めてした申込みは、撤回できない（523条1項本文）※1
　↳Aが申込みに対してその期間内に承諾の通知を受けなかったときは、その申込みは効力を失う（523条2項）

2 承諾の期間の定めのない申込み

承諾の期間を定めないでした申込みは、申込者が承諾の通知を受けるのに相当な期間を経過するまでは、撤回できない（525条1項本文）※2

3 申込者の死亡

Aが申込みの通知を発した後に死亡した場合でもBに到達した申込みの効力は生じたままだが、もしAがその事実が生じたとすればその申込みは効力を有しない旨の意思を表示していたとき、またはBが承諾の通知を発するまでにその事実が生じたことを知ったときは、その申込みは効力を有しない（526条）

4 遅延した承諾

承諾期間経過後に承諾された場合、申込者Aは、これをBからの新たな申込みとみなすことができる（524条）
　↳Aは8月末日までに承諾するよう期間を定めていた場合、Bが10月に承諾の返事をしても、それだけではAB間に契約は成立しない

5 変更を加えた承諾

申込みの拒絶とともに、Bから新たな申込みがあったものとみなされる（528条）
　↳100万円で売るというAの申込みに対して、50万円なら買うというBの承諾があっても、それだけではAB間に契約は成立しない

 Advance ※1
2回転目に読む

申込者は、撤回をする権利を留保しているときは、撤回は可能です（523条1項ただし書）。

 Advance ※2
2回転目に読む

申込者は、撤回をする権利を留保しているときは、撤回は可能です（525条1項ただし書）。

神田Tのアドバイス❶

Bからの変更を加えた承諾だけでは契約は成立しませんが、これに対しAがさらに承諾の返事をすることで契約が成立します。遅延した承諾の場合も同様に考えます。

| 例題 | H19-33-エ |

（AはBから中古車を購入する交渉を進めていたが、購入条件についてほぼ折り合いがついたので、Bに対して書面を郵送して購入の申込みの意思表示を行った。）
「Bは、『売ってもよいが、代金は車の引渡しと同時に一括して支払ってほしい』といってきました。Bが売るといった以上、契約は成立したのでしょうが、代金一括払いの契約が成立したということになるのでしょうか。実は私は分割払いを申し入れていたのですが。」

× Bの承諾は変更を加えた承諾なので、承諾があってもそれだけでは契約は成立していません。

2 同時履行の抗弁権　重要度★★★

神田Tのイントロ
同時履行の抗弁権の有無と債務不履行の関係について確認できたら、同時履行の抗弁権が主張できる場合かどうかについてまとめておきましょう。

双務契約によりお互いに弁済期にある履行すべき債務を負う場合、当事者の一方は、相手方がその債務の履行（債務の履行に代わる損害賠償の債務の履行を含む）を提供するまでは、自分の債務の履行を拒むことができます（533条）。これを**同時履行の抗弁権**といいます。

AB間でAが所有する時計についての売買契約が結ばれていた場合を例にとって、同時履行の抗弁権の法律関係について見てみましょう。

板書 同時履行の抗弁権

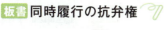

神田Tのアドバイス②
履行期日は過ぎていますが、同時履行の抗弁権という正当な権利の行使の結果過ぎているだけなので、Bが代金を支払わないことは履行遅滞とは評価されません。

ポイント
- ☆ Bが同時履行の抗弁権を主張している場合、代金支払期日を過ぎていても、<u>債務不履行にはならない</u>※1
- ☆ Bの同時履行の抗弁権を奪って債務不履行とするには、Aは<u>弁済の提供</u>（時計を用意してBに提供）をした上で代金を請求すればよい
- ☆ Aが一度は弁済の提供をしたが、品物を持ち帰った場合、再度履行の請求をするときには<u>再度弁済の提供をする必要がある</u>

Advance ※1
2回転目に読む

裁判で債務の履行を請求されたことに対し、同時履行の抗弁権の主張があったときは、互いに債務を履行すべき旨の判決である「引換給付判決」がなされます。

神田Tのアドバイス①

相手方から弁済の提供があっても、その提供が継続されない限り、同時履行の抗弁権は失わないからです。

同時履行の抗弁権が認められるかどうかについてまとめると、次の表のようになります。

肯定例	否定例
☆契約の解除や取消しによる原状回復義務 ☆受取証書※2の交付と弁済 ☆建物買取請求権（借地借家法13条）と建物の明渡し ☆建物買取請求権（借地借家法13条）と敷地の明渡し	☆弁済と担保権消滅手続 　←弁済は先に履行すべきもの ☆債権証書の返還と弁済 　←弁済は先に履行すべきもの ☆造作※3買取請求権（借地借家法33条）と建物の明渡し 　←建物と造作（エアコンなど）では価値が異なる ☆敷金返還と建物の明渡し 　←建物の明渡しは先に履行すべきもの

語句 ※2
受取証書
お金や物を受け取ったことを証する書面のこと。
例 お金をもらったときに発行する領収証

語句 ※3
造作
建物の内部を構成する設備や部材のこと。
例 空調設備、畳や床

例題　H27-30-5

Aが自己所有の建物をBに賃貸しBからAへ敷金が交付された場合において、賃貸借契約が終了したときは、Bは、Aからの建物明渡請求に対して、Aに対する敷金返還請求権を保全するために、同時履行の抗弁権を主張することも留置権を行使することもできない。

〇　建物明渡しが先に履行されるべきもので、同時履行の抗弁権や留置権を根拠に敷金が返還されるまで明け渡さないという主張はできない。

3 危険負担 　重要度 ★☆☆

当事者双方の責めに帰することができない事由によって債務を履行することができなくなったときは、債権者は、反対給付の履行を拒むことができます（536条1項）※4。

ＡＢ間で建物売買契約が結ばれた後、売主Ａが建物を引き渡す前に、ＡＢ双方の責めに帰することができない事由によって、この建物が滅失した場合を例にとって、Ｂは、Ａからの代金支払請求を拒むことができるかどうかについて見てみましょう。

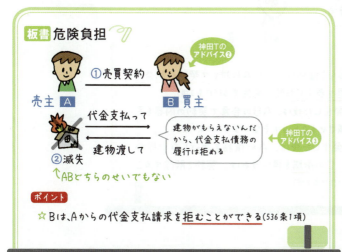

神田Tのイントロ
危険負担は重要ではありませんが、売買契約を例にとって536条の仕組みを確認しましょう。

条文チェック ※4
536条1項では、「当事者双方の責めに帰することができない事由によって債務を履行することができなくなったときは、債権者は、反対給付の履行を拒むことができる。」と規定されています。

神田Tのアドバイス❷
建物の引渡しについてなので、ここでは債権者はＢ、債務者はＡを意味します。

神田Tのアドバイス❸
債権者の責めに帰すべき事由によって債務を履行することができなくなったときは、債権者は、反対給付の履行を拒むことができません（536条2項前段）。

4 第三者のためにする契約 　重要度 ★☆☆

契約により当事者の一方が第三者に対してある給付をすることを約したときは、その第三者は、債務者に対して直接にその給付を請求する権利を有します（537条1項）。

ＡＢ間で宝石の売買契約があり、宝石はＣに給付すること

神田Tのイントロ
第三者のためにする契約は過去に記述式で出題されたことはありますが、重要ではありませんので、いつ第三者に権利が発生するのか、権利が発生した後の効果はどうなるのかだけ確認しましょう。

を内容としている場合を例にとって、第三者のためにする契約の法律関係について見てみましょう。

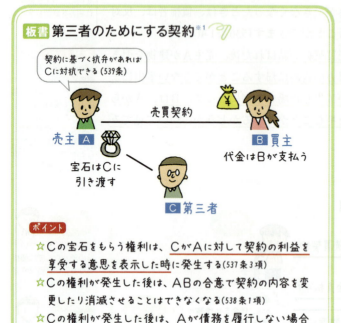

5 契約の解除　重要度 ★★★

契約したのに相手方が債務を履行しない場合、契約の解除権が発生し、相手方に対して解除の意思表示をすることで、**契約を解除**することができます。

ここでは、契約を解除するときの要件、解除したときの効果について学習していきましょう。

Advance ※1
2回転目に読む

契約の当事者の一方が第三者との間で契約上の地位を譲渡する旨の合意をした場合、その契約の相手方がその譲渡を承諾すると、契約上の地位が第三者に移転します（539条の2）。これを「契約上の地位の移転」といいます。

神田Tのイントロ

解除の要件では、催告による解除と催告によらない解除に分けて、どのようなときに解除できるかを確認しましょう。また、解除の効果では、原状回復義務の範囲や第三者の関係について確認しましょう。

Ⅰ 解除の要件

(1) 催告による解除

当事者の一方がその債務を履行しない場合、相手方は、相当の期間を定めてその履行の催告をし、その期間内に履行がないときは、契約を解除することができます(541条本文)。

ただし、軽微な付随義務違反にすぎないことを理由として契約を解除することはできません(541条ただし書)。

また、債務の不履行が債権者の責めに帰すべき事由によるときも契約を解除することはできません(543条)。

AがBに時計を売却し、Bから代金をもらっていたが、Aが引渡期日になってもまだ時計を渡さないでいた場合を例に、Bがこの契約をAの履行遅滞を理由として解除するときの法律関係について見てみましょう。

板書 催告による解除

■要件■
債務者が債務を履行しない
+
① 債権者は相当の期間を定めて履行の催告をする
② その期間を経過する
③ 債権者が解除の意思表示をする

■効果■
契約はなかったことになる
　既履行債務：元に戻す(BはAから代金を返してもらえる)
　未履行債務：履行しなくてよい(BはAに代金を支払わなくてよい)

ポイント
☆債権者が相当の期間を定めないで催告した場合でも、催告の後、客観的にみて相当な期間を経過したときは、契約を解除できる

債務者がうっかり忘れてるだけかもしれないから、いきなり解除しないで、債務者に履行の再チャンスを与えてから解除させようとしていると考えるとよいでしょう。

催告は債務者に履行の再チャンスを与えるための仕組みですので、債権者が相当な期間を定めていなかったとしても、実際に相当な期間が経過していれば解除OKと考えるとよいでしょう。

☆ 催告の期間内に債務者が履行拒絶の意思を明確に表示した場合は、その期間の満了を待たずに契約を解除できる

債権者が2週間以内に履行しなければ解除すると催告をしたことに対し、債務者がその3日後に履行するつもりはないと表示してきたなら、残りの期間を待ってあげる必要はないと考えるとよいでしょう。

(2) 催告によらない解除

　債務の全部の履行が不能であるときや、債務者がその債務の全部の履行を拒絶する意思を明確に表示したときなどには、債権者は、催告をすることなく、直ちに契約の解除をすることができる場合もあります（542条1項）。

　この場合も、債務の不履行が債権者の責めに帰すべき事由によるときは契約を解除することはできません（543条）。

引渡期日が定められていた場合でも、履行不能の場合、期日を待っても引き渡されるわけではないので、引渡期日の到来を待たなくても、契約を解除できます。

　催告をしなくても解除できるケースをまとめると次の表のようになります。

催告は債務者に履行の再チャンスを与えるための仕組みですので、これらの場合、そのような仕組みを設ける必要がないため、債権者に無催告での解除が認められています。

催告によらないで解除ができる場合（542条1項）	・債務の全部の履行が不能であるとき ・債務者がその債務の全部の履行を拒絶する意思を明確に表示したとき ・債務の一部の履行が不能である場合または債務者がその債務の一部の履行を拒絶する意思を明確に表示した場合において、残存する部分のみでは契約をした目的を達することができないとき ・契約の性質または当事者の意思表示により、特定の日時または一定の期間内に履行をしなければ契約をした目的を達することができない場合において、債務者が履行をしないでその時期を経過したとき ・上記のほか、債務者がその債務の履行をせず、債権者が催告をしても契約をした目的を達するのに足りる履行がされる見込みがないことが明らかであるとき

II 解除の効果

(1) 原状回復

　契約が解除されると、その契約はなかったことになります。そのため、契約の履行として受け取ったものがあれば、それは元に戻す必要があります（545条1項本文）[※1, 2]。この元に戻す義務のことを**原状回復義務**といいます。

　AB間ではAの所有する中古の楽器（特定物）の売買契約が結ばれ、Bはすでに代金を支払っている。Cが売主Aのための保証人となっている場合を例に、Aの債務不履行を理由に契約が解除されたときに、Cは、解除による原状回復義務（返金）についても責任を負うかについて見てみましょう。

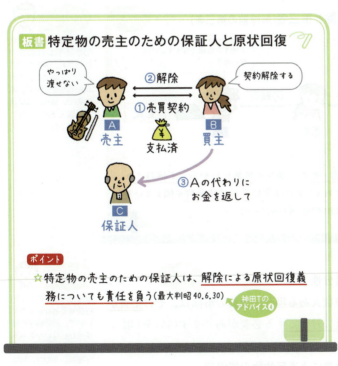

板書　特定物の売主のための保証人と原状回復

ポイント
☆ 特定物の売主のための保証人は、**解除による原状回復義務についても責任を負う**（最大判昭40.6.30）

Advance ※1　2回転目に読む
例えば、他人の自動車の売買があった場合において、買主が契約を解除したときは、買主は売主に対してその自動車の使用収益相当額を返還する義務を負います（最判昭51.2.13）。

Advance ※2　2回転目に読む
解除権を行使していても、別途、損害の賠償を請求することは可能です（545条4項）。

神田Tのアドバイス❶
買主のための保証人ならお金を代わりに支払う人だということがわかりやすいですが、売主のための保証人だと代わりに特定物を渡せるわけでもないのになぜいるんだろうと考えるとイメージしやすいでしょう。

(2) 解除と第三者の関係

契約を解除したらその契約はなかったことになり、契約当事者間では元に戻す義務が生じますが、第三者がいた場合、その第三者の権利を害することはできません(545条1項)。

AがAが土地をBに売却し、Bは同土地をCに転売し、Cは登記をした。BがAに代金を支払わないため、Aが履行遅滞によりBとの契約を解除した場合を例に、第三者の保護の仕組みについて見てみましょう。

545条1項の条文では、詐欺取消しの場合(96条3項)と違って、第三者の保護に善意無過失は必要とされていないことに注意しましょう。

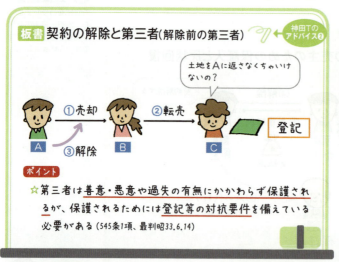

解除後に第三者が登場した場合は、177条で処理され、AとCは登記を先に備えた方が土地所有権を対抗できますので、結局、Cは登記を備えておかなければ保護されません。

(3) 解除権の不可分性

当事者の一方が数人ある場合、契約の解除は、その全員からまたはその全員に対してする必要があります(544条1項)。

解除権は3分の1だけ行使するとかはできないので、解除権を行使するかしないかの選択です。だから、当事者が複数いる場合、解除は全員でというルールがあります。

(4) 解除権者の故意による目的物の損傷等

解除権者が、解除権を有することを知りながら、故意・過

失によって、契約の目的物を著しく損傷したり、返還できなくしたときや、加工や改造により他の種類の物に変えたときは、解除権は消滅します（548条）。

例題　H25-31-エ

Aが、その所有する土地をBに売却する契約を締結し、その後、Bが、この土地をCに転売した。Bが、代金を支払わないため、Aが、A・B間の売買契約を解除した場合、C名義への移転登記が完了しているか否かに関わらず、Cは、この土地の所有権を主張することができる。

✕　解除前の第三者Cが保護されるためには登記を備えておく必要があり、登記が完了しないときだとCが土地の所有権を主張することはできない。

6　定型約款

重要度 ★☆☆

もともと契約書にA社が作成した約款が記載されており、BがA社の商品を購入し、基本契約には合意して契約書にサインした場合、契約書の後ろについている約款は読んでいなくても、その約款の内容に拘束され、A社に「約款に○○と書いてあるから給付できない」と言われれば、それに従わなければならないということが起こります。

ここでは、どのような場合に定型約款が有効なものとされるのかについて学習していきましょう。

Ⅰ　定型約款

定型約款とは、定型取引※1 において、契約の内容とすることを目的としてその特定の者により準備された条項の総体のことです。

A社が顧客と取引するにあたり、約款が記載された契約書を用意して契約する場合を例に、定型約款の法律関係について見てみましょう。

神田Tのイントロ

定型約款は重要テーマではありませんが、定型約款が有効となる場合や変更のルールについて確認しておきましょう。

神田Tのアドバイス❶

定型約款は、契約書の後ろにある細かい字の条項のことをイメージしましょう。

語句 ※1
定型取引
ある特定の者が不特定多数の者を相手方として行う取引であって、その内容の全部または一部が画一的であることがその双方にとって合理的なもののこと。

A社　　定型取引　　不特定多数

契約書を用意 約款が記載

ポイント

☆ 定型取引を行うことの合意をした者が、定型約款を契約の内容とする旨の合意をしたときは、定型約款の個別の条項についても<u>合意をしたものとみなされる</u>(548条の2第1項1号)

☆ 定型取引合意の前または定型取引合意の後相当の期間内に相手方から請求があった場合、A社は、遅滞なく、相当な方法でその<u>定型約款の内容を示さなければならない</u>(548条の3第1項)

何でも合意したことにされるわけではなく、相手方にとって一方的に不利な条項については、合意はなかったものとみなされます(548条の2第2項)。

Ⅱ 定型約款の変更

　定型約款の変更が相手方の一般の利益に適合するときや、契約をした目的に反せず、かつ、変更の必要性、変更後の内容の相当性、定型約款の変更をすることがある旨の定めの有無およびその内容その他の変更に係る事情に照らして合理的なものであるときは、定型約款準備者が定型約款の変更をすることにより、変更後の定型約款の条項について合意があったものとみなし、個別に相手方と合意をすることなく契約の内容を変更することができます(548条の4第1項)。

第2編 民法

CHAPTER 3 債権

SECTION 7 契約各論

このSECTIONで学習すること

1 贈与契約

無料で時計をあげたりする契約

2 売買契約

時計に代金を設定して引き渡す契約

3 消費貸借契約

お金やお米など消費するものを貸したりする契約

4 使用貸借契約

無料でカメラを貸したりする契約

5 賃貸借契約

アパート・マンションに賃料を設定して使用させる契約

6 請負契約

建物の建設を受注して完成させる契約

7 委任契約

自分の事務の処理を依頼する契約

8 寄託契約

宝石を預けて保管してもらったりする契約

9 組合契約

複数の人で集まって事業を行う契約

1 贈与契約　重要度 ★★☆

贈与契約は、当事者の一方がある財産を無償で相手方に与える意思を表示し、相手方が受諾をすることによって、その効力を生ずる契約です（549条）。

贈与者は、贈与の目的である物または権利を、贈与の目的として特定した時の状態で引き渡し、または移転することを約したものと推定されます[※1]（551条1項）。

ここでは、**書面によらない贈与**を中心に、贈与契約固有のルールについて学習していきましょう。

I 書面によらない贈与の解除

書面によらない贈与は、まだ履行が終わっていなければ、各当事者が**解除**することができます（550条）。

AがBに対して土地を贈与する契約をした場合を例に、書面によらない贈与の解除について見てみましょう。

板書 贈与契約

A

贈与契約
物を渡してほしい

B

ポイント
☆ 書面によらない贈与契約なら各当事者が解除できる（550条本文）
ただし 履行の終わった部分は解除できない（550条ただし書）
↑不動産は引渡しまたは登記移転、動産は引渡しがあれば、「履行の終わった部分」に該当します

神田Tのイントロ

贈与契約では、書面によらない贈与の解除が最も重要ですが、その他にも定期贈与や負担付贈与の特殊な贈与契約についても確認しましょう。過去には記述式で、書面によらない贈与を題材とした出題がされたことがあります。

ひっかけ注意！ ※1

「贈与の目的として特定した時の状態で引き渡すことを約したものとみなす」として誤りとするパターンに注意。みなすではなく、推定するです。

神田Tのアドバイス①

書面によらない贈与を解除の対象とすることにより、きちんと贈与したい人は書面を作成することになるでしょうから、このような仕組みを作ることで、贈与意思を明確にでき、軽率な贈与を防止することにつながります。

Ⅱ 特殊な形態

(1) 定期贈与

定期贈与※2 の場合、贈与者または受贈者の死亡によって効力が失われます(552条)。

↑「毎月10万円あげる」という契約は、あげる人かもらう人のどちらかが死亡すれば終了する

(2) 負担付贈与

負担付贈与※3 の場合、相手が負担を履行しない場合、贈与者は贈与契約を解除できます(553条)。

↑「庭の草むしりをしてくれたら時計をあげる」という契約は、もらう人が草むしりをしなかったら、あげる人は契約解除してもよい

(3) 死因贈与

死因贈与※4 には遺贈の規定が準用されるため、いつでも撤回できます(554条)。

↑「私が死んだらあげる」という契約は、遺言であげると書いた場合と似ているので、遺言のルールが使われる

(4) 負担付死因贈与

負担付死因贈与契約の場合、生前に受贈者が負担を履行したときは、特段の事情のない限り、撤回できません(最判昭57.4.30)。

↑「庭の草むしりをしてくれたら、私が死んだらあげる」と契約していて、受贈者が草むしりを終えた後はこの契約を撤回できない

語句 ※2
定期贈与
「毎月○○をあげる」というように、定期的に贈与すること。

語句 ※3
負担付贈与
「○○したらあげる」というように、贈与する代わりに何らかの負担を要求すること。

売買契約と異なり、贈与契約は無償契約ですが、負担付贈与契約の場合、負担の限度で双務契約と同じように扱われます。そのため、売買契約の相手方が債務を履行しなかったときと同じように解除の話も出てきます。

語句 ※4
死因贈与
「死んだらあげる」というように、死後に効果を発する贈与のこと。

例題

H27-33-1改

(Aは、自己所有の甲建物をBに贈与する旨を約した場合)
本件贈与が口頭によるものであった場合、贈与契約は諾成契約であるから契約は成立するが、書面によらない贈与につき贈与者はいつでも解除することができるため、甲がBに引き渡されて所有権移転登記手続が終了した後であっても、Aは本件贈与を解除することができる。

× 書面によらない贈与でも、すでに履行の終わった部分については解除できない。

2 売買契約 重要度 ★★★

売買契約では、売主に対する履行の追完請求の規定が改正（令和2年4月施行）により新たに設けられており、この新ルールをおさえることが最も重要ですが、その他は手付解除についても確認しましょう。過去には記述式で、売買契約を題材として3回出題されたことがあります。

売買契約は、当事者の一方がある財産権を相手方に移転することを約し、相手方がこれに対してその代金を支払うことを約することによって、その効力を生ずる契約です（555条）。

売主は、買主に対し、売買の目的である権利の移転について登記等の対抗要件を備えさせる義務を負います（560条）。また、他人の権利（権利の一部が他人に属する場合におけるその権利の一部を含む）を売買の目的としたときは、売主は、その権利を取得して買主に移転する義務を負います（561条）。

ここでは、<u>手付</u>による売買契約の解除や、売主に対する<u>履行の追完請求</u>を中心に、売買契約固有のルールについて学習していきましょう。

Ⅰ 手付による解除

単に手付として交付した場合、その手付は解約手付であると推定されます。

契約にあたり手付（解約手付）の授受があれば、<u>相手方が履行に着手する前なら、買主は支払った手付を放棄して、売主は受け取った手付の倍額を現実に提供して</u>、自分の都合で契約を解除することが認められています（557条1項）。この場合、当事者の一方の都合だけで契約をなかったことにするわけですが、正当な権利の行使ですので、債務不履行とはなりません。

<u>AがBに対して土地を2000万円で売却する契約をし、BがAに手付として100万円を支払っていた場合</u>を例に、<u>解約手付による解除</u>について見てみましょう。

372

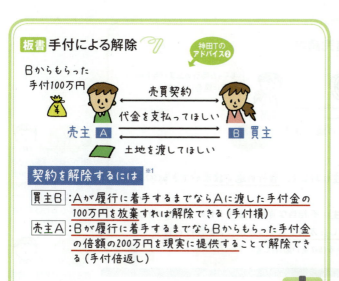

自分が履行に着手していても、まだ相手が履行に着手していなければ、手付による解除権を行使できます。相手の信頼を害することはないからです。

Advance ※1
2回転目に読む
客観的に外部から認識し得るような形で履行の提供のために欠くことのできない前提行為をした場合は、「履行に着手」したものといえます(最大判昭40.11.24)。

Ⅱ 履行の追完請求、代金減額請求

(1) 履行の追完請求

引き渡された目的物の種類、品質、数量について、契約の内容に適合しないものである場合、買主は、売主に対し、目的物の修補、代替物の引渡し、不足分の引渡しといった<mark>履行の追完を請求</mark>できます(562条1項本文)。移転した権利が契約の内容に適合しないときも同様に履行の追完を請求できます(565条)。

ただし、不適合が買主の責めに帰すべき事由によるものであるときは、買主は、履行の追完請求をすることはできません(562条2項)。

AがBにA所有の時計を売却した場合を例に、AからBに引き渡された時計の品質が契約の内容に適合しないものであったときの履行の追完請求について見てみましょう。

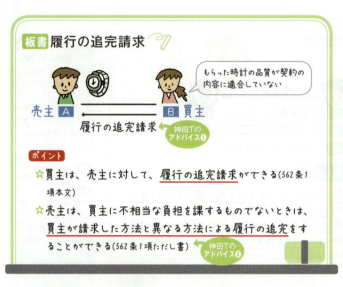

履行の追完請求ができるからといって、債務不履行による損害賠償請求や契約の解除ができなくなるわけではありません（564条）。

買主からは修補の請求をされたが、代替物を渡した方が安く済むときであれば、代替物を引き渡すことで追完義務を果たすことができるということです。

(2) 代金減額請求

買主が売主に対して履行の追完請求ができる場合、買主が相当の期間を定めて履行の追完の催告をし、その期間内に履行の追完がないときは、買主は、その不適合の程度に応じて**代金の減額を請求**できます（563条1項）。

ただし、不適合が買主の責めに帰すべき事由によるものであるときは、買主は、代金の減額請求をすることはできません（563条3項）。

<u>AがBにA所有の時計を売却した場合を例に、AからBに引き渡された時計の品質が契約の内容に適合しないものであったときの代金の減額請求について見てみましょう。</u>

代金の減額請求ができるからといって、債務不履行による損害賠償請求や契約の解除ができなくなるわけではありません（564条）。

催告をしなくても代金減額請求できるケースをまとめると次の表のようになります。

| 催告によらないで代金減額請求ができる場合(563条2項) | ・履行の追完が不能であるとき
・売主が履行の追完を拒絶する意思を明確に表示したとき
・契約の性質または当事者の意思表示により、特定の日時または一定の期間内に履行をしなければ契約をした目的を達することができない場合において、売主が履行の追完をしないでその時期を経過したとき
・上記のほか、買主が催告をしても履行の追完を受ける見込みがないことが明らかであるとき |

(3) 期間制限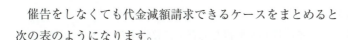

目的物の種類および品質が契約の内容に適合しないものであった場合、履行の追完請求、代金減額請求、損害賠償請求、契約の解除をするなら、買主がその不適合を知った時から1年以内にその旨を売主に通知することが必要です[※1]（566条本文）。

ただし、売主が引渡しの時にその不適合を知りまたは重大

短期で打ち切っているのは、種類・品質の場合、時間が経過すると、目的物の劣化が引渡しの時点で生じていたものなのか買主の管理ミスによるものなのかが曖昧になりやすいからです。

[※1]
「1年以内に請求権の行使が必要」として誤りとするパターンに注意。

な過失によって知らなかったときは、その通知を1年以内にする必要はありません(566条ただし書)。

(4) 目的物の滅失等についての危険の移転

特定物の売買において、目的物の引渡し後に、当事者双方の責めに帰することができない事由によって目的物が滅失・損傷した場合、買主は、履行の追完請求や代金減額請求をすることはできず、また、代金の支払を免れることもできません(567条1項)。

Ⅲ 他人の権利の売買

他人の権利を売買の目的としたときでもその契約は有効です。この場合、売主は、その権利を取得して買主に移転する義務を負います(561条)。

Ⅳ 代金・費用・果実・利息

売買の目的物の引渡しについて期限があるときは、代金の支払についても同一の期限を付したものと推定されます(573条)。また、売買の目的物の引渡しと同時に代金を支払うべきときは、その引渡しの場所において支払うものとされています(574条)。

売買契約に関する費用は、当事者双方が等しい割合で負担します(558条)。

まだ引き渡されていない売買の目的物が果実を生じたときは、その果実は、売主に帰属します(575条1項)。一方、買主は、引渡しの日から、代金の利息を支払う義務を負います(575条2項本文)[※1]。

Ⅴ 買戻し

不動産の売主は、売買契約と同時にした買戻しの特約によ

例えば、売買契約書を作成するのにかかるお金などが該当します。

※1
もし代金の支払について期限が付されていれば、その期限が到来するまでは利息を支払うことは必要ありません(575条2項ただし書)。

り、買主が支払った代金および契約の費用を返還して、売買契約を解除することができます(579条前段)。

> **例題** H23-32-2改
>
> 売買契約において買主から売主に解約手付が交付された場合に、売主が売買の目的物である土地の移転登記手続等の自己の履行に着手したときは、売主は、まだ履行に着手していない買主に対しても、手付の倍額を現実に提供して解除を主張することはできない。
>
> ✗ 自分が履行に着手していても、相手方がまだ履行に着手していないのであれば、手付の倍額を提供して解除できる。

3 消費貸借契約

消費貸借契約は、当事者の一方が種類、品質、数量の同じ物をもって返還をすることを約して相手方から金銭その他の物を受け取ることによって、その効力を生ずる契約です(587条)。

I 書面によらない消費貸借

書面によらない消費貸借契約は、要物契約であり、契約の効力発生には物の引渡しが必要となります。

II 書面による消費貸借

書面でする消費貸借は、諾成契約であり、当事者の一方が金銭その他の物を引き渡すことを約し、相手方がその受け取った物と種類、品質、数量の同じ物をもって返還をすることを約することによって、その効力を生じます(587条の2第1項)。

> 神田Tのイントロ
>
> 消費貸借契約は重要ではありませんが、書面によるものとそうでないもので契約の性質が異なることは確認しましょう。

> 神田Tのアドバイス❷
>
> 改正(令和2年4月施行)により、消費貸借契約のうち書面によるものは諾成契約に変わりました。

4 使用貸借契約　重要度 ★★★

神田Tのイントロ
使用貸借契約では、契約の解除のルールを確認し、試験では賃貸借契約との比較問題に備えましょう。

神田Tのアドバイス❶

使用貸借契約は、当事者の一方がある物を引き渡すことを約し、相手方がその受け取った物について無償で使用・収益をして契約が終了したときに返還をすることを約することによって、その効力を生ずる契約です(593条)。

ここでは、使用貸借契約の解除を中心に、使用貸借契約固有のルールについて学習していきましょう。

Ⅰ 使用貸借契約の解除

Bが子どもの発表会の撮影をするためにAからビデオカメラを無償で借りた場合を例に、使用貸借契約の解除に関する法律関係について見てみましょう。

改正（令和2年4月施行）により、使用貸借契約は要物契約から諾成契約に変わりました。それに伴い、目的物引渡し前の解除のルールなども設けられています。

板書 使用貸借契約

無料でビデオカメラを貸す

貸主 A

使用貸借

借主 B

ビデオカメラで撮影して、使用が終わればAに返す

> **1 借用物の受取り前であれば、貸主から契約を解除できるか？**
>
> 書面によらない使用貸借の場合は、Aは、Bが借用物を受け取る前であれば、契約を解除できる（593条の2）
>
> **2 期間の定めのない場合、貸主から契約を解除できるか？**※1
>
> 使用・収益の目的が定められている場合は、Aは、Bがその目的に従った使用・収益をするのに足りる期間を経過したときは、契約を解除できる（598条1項）
> 期間の定めのほか、使用・収益の目的も定めなかった場合は、Aは、いつでも契約を解除できる（598条2項）
>
> **3 借主は、契約を解除できるか？**
>
> Bは、いつでも契約を解除できる（598条3項）

※1 当事者が使用貸借の期間を定めたときは、使用貸借は、その期間が満了することによって終了します（597条1項）。

II 費用

借主は、借用物の<u>通常の必要費</u>は自分で負担します（595条1項）。

借主が通常の必要費以外の費用（特別の必要費や有益費）を支出したときは、貸主にその償還を請求することができます（595条2項、583条2項）※2。

有益費の場合、その償還について、貸主の請求により裁判所が相当の期限を許与することができます（595条2項、583条2項）。

※2 借主が支出した費用の償還は、貸主が返還を受けた時から1年以内に請求しなければならず、契約の本旨に反する使用・収益によって生じた損害の賠償についても同様です（600条1項）。

III 借主による収去等

借主は、借用物を受け取った後にこれに附属させた物は収去することができます（599条2項）。また、使用貸借が終了したときは、その附属させた物を<u>収去</u>する義務を負います（599条1項本文）※3。

借主は、借用物を受け取った後にこれに生じた損傷がある

※3 借用物から分離することができない物または分離するのに過分の費用を要する物については、この義務を負いません（599条1項ただし書）。

場合、使用貸借が終了したときは、その損傷を原状に復する義務を負います（599条3項本文）[※1]。

> **Advance** [※1] 2回転目に読む
> その損傷が借主の責めに帰することができない事由によるものであるときは、この義務は負いません（599条3項ただし書）。

5 賃貸借契約　重要度 ★★★

賃貸借契約は、当事者の一方がある物の使用・収益を相手方にさせることを約し、相手方がこれに対してその賃料を支払うことおよび引渡しを受けた物を契約が終了したときに返還することを約することによって、その効力を生ずる契約です（601条）。

賃貸借の存続期間は最長50年です（604条1項）。

ここでは、==賃貸借契約の解除==、==賃借権の譲渡・転貸==、==敷金の返還==、==費用の償還==を中心に、賃貸借契約固有のルールについて学習していきましょう。

> **神田Tのイントロ**
> 賃貸借契約では、賃貸人・賃借人間の話だけではなく、賃貸人側に第三者が登場した場合（賃貸人の地位の交替）、賃借人側に第三者が登場した場合（賃借権の譲渡・転貸）、勝手に第三者が登場した場合（妨害停止請求）というように、第三者が登場するときの事例を処理できるようになることを目標に、賃貸借契約のルールを確認しましょう。過去には記述式で、賃貸借契約を題材として出題されたことがあります。

Ⅰ 賃貸借の対抗要件

不動産の賃貸借は、これを登記したときは、その不動産について物権を取得した者その他の第三者に対抗することができます（605条）。

民法でも不動産賃借権の対抗要件に関する規定が置かれていますが、借地借家法という法律により、もっと簡易的な対抗要件も定められています。

> 改正前は20年でしたが、改正（令和2年4月施行）により50年に伸長されました。

借地の場合	建物所有目的で土地を賃借した者が、土地上に建物を築造し、その登記をしておけば、土地賃借権の登記はしなくても借地権を第三者に対抗できる（借地借家法10条1項）※2
借家の場合	建物を賃借した者が、建物の引渡しを受けていれば、建物賃借権の登記はしなくても借家権を第三者に対抗できる（借地借家法31条）※3

ⅠⅠ 賃貸人の地位の移転

　不動産の賃貸借が対抗要件を備えた場合、その不動産が譲渡されたときは、その不動産の賃貸人たる地位は、その譲受人に移転します（605条の2第1項）。なお、不動産の譲渡人と譲受人が、賃貸人たる地位を譲渡人に留保する旨およびその不動産を譲受人が譲渡人に賃貸する旨の合意をして、賃貸人たる地位を譲受人に移転させないこともできます（605条の2第2項前段）。

　Aが所有する建物をBに賃貸している場合を例に、AC間の合意により建物所有権を譲渡し、賃貸人の地位がAからCに移転するときの法律関係について見てみましょう。

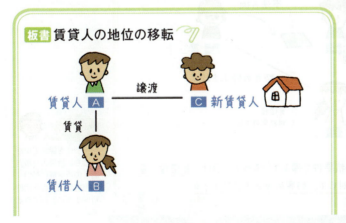

条文チェック ※2
借地借家法10条1項では、「借地権は、その登記がなくても、土地の上に借地権者が登記されている建物を所有するときは、これをもって第三者に対抗することができる。」と規定されています。

神田Tのアドバイス❸
土地の賃借人は、借地上に妻名義で保存登記を経由した建物を所有していても、自分名義ではないのだから、その後その土地の所有権を取得した第三者に対し、土地の賃借権をもって対抗することはできません（最判昭47.6.22）。

条文チェック ※3
借地借家法31条では、「建物の賃貸借は、その登記がなくても、建物の引渡しがあったときは、その後その建物について物権を取得した者に対し、その効力を生ずる。」と規定されています。

ポイント
☆ AがCに賃貸人たる地位を移転するのにBの承諾は不要
（605条の3）
☆ Cが賃貸人たる地位をBに対抗するには、所有権の移転登記をしておくことが必要（605条の2第3項）
☆ 賃貸人に対する費用の償還に係る債務や敷金の返還に係る債務は、Cが承継する（605条の2第4項）

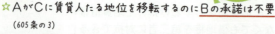

賃借人は所有者の個性に着目しておらず、そこが正常に使えればよいだけなので、賃貸人の地位がAからCに変更するのにBの承諾は不要と考えましょう。

Bが、AとCのどちらに賃料を支払えばよいかなどをはっきりさせておくため、新所有者が賃貸人の地位を主張するには登記をC名義にしておくべきと考えましょう。

Ⅲ 賃借人の妨害停止請求

不動産の賃借人は、賃借権について対抗要件を備えた場合、賃借権に基づいて、その不動産の占有を第三者が妨害しているときに、その第三者に対して妨害の停止を請求することができます（605条の4第1号）。

Aが所有する土地をBに賃貸し、Bが土地賃借権について対抗要件を備えている場合を例に、その土地の占有をCが妨害しているときに、Bは、Cに対して妨害の停止を請求することができるかについて見てみましょう。

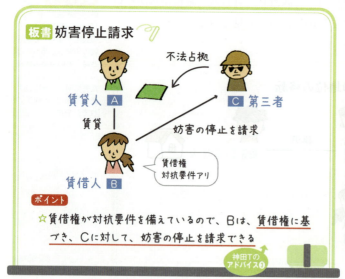

板書 妨害停止請求

不法占拠
賃貸人 A ─ C 第三者
賃貸　妨害の停止を請求
賃借人 B
賃借権対抗要件アリ

ポイント
☆ 賃借権が対抗要件を備えているので、Bは、賃借権に基づき、Cに対して、妨害の停止を請求できる

対抗要件を備えていなくても、賃貸人（所有者）の所有権に基づく妨害排除請求権を代位行使することもできます。

382

Ⅳ 賃借物の修繕

(1) 賃貸人による修繕

賃貸物の使用収益に必要な修繕をする義務は、賃借人の責めに帰すべき事由によってその修繕が必要となったときを除き、賃貸人が負います(606条1項)[※1]。

賃貸人が賃貸物の保存に必要な行為をしようとするときは、賃借人は、これを拒めません(606条2項)。

(2) 賃借人による修繕

賃借物の修繕が必要である場合において、①賃借人が賃貸人に修繕が必要である旨を通知し、または賃貸人がその旨を知ったにもかかわらず、賃貸人が相当の期間内に必要な修繕をしないときや、②急迫の事情があるときは、賃借人は、その修繕をすることができます(607条の2)。

Ⅴ 費用の支出

賃借人が必要費や有益費を支出した場合、賃貸人に対して、その償還を請求できます(608条)[※2]。

必要費[※3]	賃借人は、賃借物について賃貸人の負担に属する必要費を支出したときは、賃貸人に対し、直ちにその償還を請求することができる(608条1項)
有益費[※4]	賃借人が賃借物について有益費を支出したときは、賃貸人は、賃貸借の終了の時に、価格増加が現存している限り、賃貸人の選択により、支出された金額または増価額のいずれかを償還しなければならない(608条2項本文)[※5] 裁判所は、賃貸人の請求により、その償還について相当の期限を許与することができる(608条2項ただし書)

第2編 民法

CH 3 債権

SEC 7 契約各論

🎐 *Advance* [※1]
2回転目に読む

賃貸人が賃借人の意思に反して保存行為をしようとする場合、そのために賃借人が賃借をした目的を達することができなくなるときは、賃借人は、契約を解除することができます(607条)。

🎐 *Advance* [※2]
2回転目に読む

賃借人が支出した費用の償還は、賃貸人が返還を受けた時から1年以内に請求しなければならず、契約の本旨に反する使用・収益によって生じた賠償についても同様です(622条、600条1項)。

語句 [※3]
必要費
物の保存または管理に必要な費用のこと。

語句 [※4]
有益費
物の価値を増加させる費用のこと。

ひっかけ 注意! [※5]

有益費は契約終了時が償還時期ですので、「有益費・必要費のいずれも直ちに償還」として誤りとするパターンに注意。

383

Ⅵ 賃借物の滅失

(1) 一部滅失

賃借物の一部が滅失その他の事由により使用・収益をすることができなくなった場合、それが賃借人の責めに帰することができない事由によるものであるときは、賃料は、その使用・収益をすることができなくなった部分の割合に応じて、減額されます(611条1項)。また、この場合、残存する部分のみでは賃借人が賃借をした目的を達することができないときは、賃借人は、契約を解除できます(611条2項)。

(2) 全部滅失

賃借物の全部が滅失その他の事由により使用・収益をすることができなくなった場合、賃貸借は、これによって終了します(616条の2)。

Ⅶ 敷金

敷金とは、賃料債務その他の賃貸借に基づいて生ずる賃借人の賃貸人に対する金銭の給付を目的とする債務を担保する目的で、賃借人が賃貸人に交付する金銭のことをいいます。

賃貸人は、敷金を受け取っている場合、①賃貸借が終了し、かつ、賃貸物の返還を受けたときや、②賃借人が適法に賃借権を譲り渡したときは、賃借人に対し、その受け取った敷金の額から賃貸借に基づいて生じた賃借人の賃貸人に対する金銭の給付を目的とする債務の額を控除した残額を返還しなければなりません(622条の2第1項)。

AB間で賃貸借契約が結ばれ、賃借人Bから賃貸人Aに敷金が交付されている場合を例に、賃貸人が交替したとき、賃借人が交替したときの敷金関係の承継について見てみましょう。

建物賃貸借の場合、敷金返還請求権は建物を明け渡した時から発生します。そのため、建物明渡しと敷金返還の間に同時履行の抗弁権や留置権は成立せず、「敷金を返してくれるまでは建物を明け渡さない」という主張はできません。

例えば、未払いの賃料が発見された場合、賃貸人の方から敷金をその債務の弁済に充てることはできますが、賃借人の方から敷金をその債務の弁済に充てることを請求することはできません。

板書 賃貸人・賃借人が変わった場合の敷金の承継

ケース1
AがBに貸している建物をCに売却し、Cが新しい賃貸人となった場合、Bが賃貸借契約時にAに敷金を支払っているときに、敷金関係がCに承継されるか？

→ 承継される

旧賃貸人 A ── 売却 → C 新賃貸人
賃貸 ↓
賃借人 B　敷金 ○

ケース2
BがAから建物を借りていたが、Aの承諾を得て賃借権をCに譲渡し、Cが新しい賃借人となった場合、Bが賃貸借契約時にAに敷金を支払っているときに、敷金関係がCに承継されるか？

→ 承継されない

賃貸人 A
賃貸 ↓
旧賃借人 B　敷金 × ── 賃借権譲渡 → C 新賃借人

神田Tのアドバイス❸
賃貸借契約中に大家さんが変わった場合、契約終了後に敷金を返してもらうとき、今の大家さんに請求するのと、昔の大家さんを探して請求するのはどっちがいいかと考えてみましょう。

神田Tのアドバイス❹
昔の賃借人の敷金で、次に賃借人になった人の家賃未納や故意に部屋を汚したときの清掃代まで負担させる必要はないんじゃないかと考えてみましょう。

Ⅷ 賃借権の譲渡・転貸(てんたい)

(1) 無断譲渡・転貸

賃貸借契約は信頼関係に基づく契約ですから、賃貸人の承諾なく賃借権の譲渡・転貸をすることは認められていません（612条1項）。無断譲渡・転貸をした場合、賃貸人は、賃貸借契約を**解除**することができます（612条2項）。

BがAから建物を借りている場合を例に、Bが賃借権をCに譲渡するときやBがこの建物をさらにCに転貸するときの法律関係について見てみましょう。

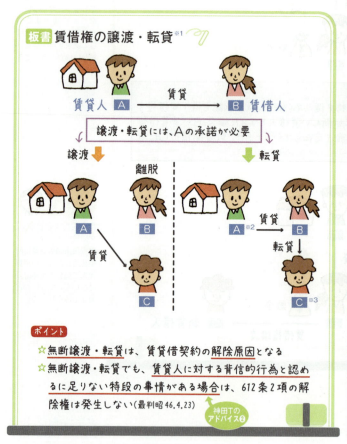

板書 賃借権の譲渡・転貸 ※1

譲渡・転貸には、Aの承諾が必要

譲渡 / 離脱 / 転貸

ポイント
☆ 無断譲渡・転貸は、賃貸借契約の解除原因となる
☆ 無断譲渡・転貸でも、賃貸人に対する背信的行為と認めるに足りない特段の事情がある場合は、612条2項の解除権は発生しない（最判昭46.4.23）

神田Tのアドバイス❶

無断譲渡・転貸が認められていないのは、賃貸借契約は信頼関係に基づく契約であって、無断で譲渡・転貸することは通常賃貸人の信頼を裏切る行為と評価されるからです。

Advance ※1　2回転目に読む

無断転貸があった場合、賃貸人は、賃貸借契約を解除しなくても、譲受人・転借人に対して賃借物の明渡しを請求できます（最判昭26.5.31）。

Advance ※2　2回転目に読む

賃貸人は、直接転借人に対して賃料の支払を請求できますが、その額は転借人が賃借人に支払う額の範囲内に限られます。

Advance ※3　2回転目に読む

賃貸人の地位と転借人の地位とが同一人に帰した場合であっても、転貸借は、当事者間にこれを消滅させる合意が成立しない限り、消滅しません（最判昭35.6.23）。

神田Tのアドバイス❷

通常、無断で譲渡・転貸することは、賃貸人の信頼を裏切る行為といえますが、裏切り行為とまでは評価されない特段の事情があれば、賃貸人に解除させなくてもよいからです。

(2) 承諾転貸[※4]と賃貸借契約の解除

BがAから借りた建物をCに転貸借している場合を例に、賃貸人Aと賃借人Bとの賃貸借契約が解除されたときに、それを転借人に対抗できるかどうかについて見てみましょう。

Advance [※4]
2回転目に読む

賃借人が適法に賃借物を転貸した場合、転借人は、賃貸人と賃借人との間の賃貸借に基づく賃借人の債務の範囲を限度として、賃貸人に対して転貸借に基づく債務を直接履行する義務を負い、この場合、賃料の前払をもって賃貸人に対抗することはできません（613条1項）。

神田Tの
アドバイス❶

①ＢＣ間の転貸借契約はいつ終了するのかについては、AからCに対して目的物の返還を請求した時とされています。また、②AがBとの賃貸借契約を解除するのにCへの催告まで必要かについては、不要とされています。

神田Tの
アドバイス❷

Cは転貸借の期間満了前でも建物を明け渡して出ていかなければならないことになります。

Advance [※5]
2回転目に読む

解除の当時、賃貸人が賃借人の債務不履行による解除権を有していたときは、解除を対抗できます（613条3項ただし書）。

神田Tの
アドバイス❸

Cは転貸借の期間中は建物を明け渡す必要はなく、出ていかなくてもよいことになります。

IX 賃貸借の終了

(1) 期間の定めのある賃貸借

期間の満了をもって終了します(622条、597条1項)。

(2) 期間の定めのない賃貸借

当事者はいつでも解約の申入れをすることができます。解約の申入れがあったときは、解約の申入れの日から一定期間経過後に賃貸借は終了します(617条1項)。

(3) 賃貸借契約の解除

賃貸借契約が解除された場合、賃貸借契約の効力は失われます[※1]。

(4) 賃借人の原状回復義務[※2]

賃借人は、賃借物を受け取った後にこれに生じた損傷(通常の使用・収益によって生じた賃借物の損耗、賃借物の経年変化を除く)がある場合、賃借人の責めに帰することができない事由によるものであるときは除き、賃貸借が終了したときは、その損傷を原状に復する義務を負います(621条)。

> **要チェック判例**
>
> ◆賃借人が賃貸人の**信頼関係を破壊**し、賃貸借契約の継続を著しく困難にした場合は、賃貸人は、**催告をすることなく**、賃貸借契約を解除できる(最判昭27.4.25)。
>
> ◆土地の賃貸人と賃借人が契約を**合意解除**した場合でも、土地の賃貸人は、特段の事情のない限り、解除をもって賃借人が所有する借地上の建物の賃借人に対抗することができない(最判昭38.2.21)。
>
> ◆土地・建物の賃借人は、賃借物に対する権利に基づき自己に対して明渡を請求することができる第三者からその明渡を求

神田Tのアドバイス❶

賃貸借契約の場合、借主が死亡しても契約の効力は失われません。一方、使用貸借契約の場合、借主の死亡によって終了します(597条3項)。

Advance ※1 2回転目に読む

賃貸借契約の解除は、将来に向かってのみその効力を生じます(620条本文)。

Advance ※2 2回転目に読む

契約が終了したときは、賃借人は、賃借物を受け取った後にこれに付属させた物は収去する義務を負います(622条、599条1項)。

神田Tのアドバイス❷

本来、履行遅滞を理由に契約を解除するには、まず相当期間を定めた催告をする必要がありますが、賃貸借契約の場合、信頼関係が破壊されたことによる無催告解除が認められています。

神田Tのアドバイス❸

BはAが所有する土地を借りて自分所有の建物を建て、この建物をCに賃貸している場合に、AB間の土地賃貸借契約をABの合意で解除しても、土地上の建物賃借人Cに対抗できないとイメージしましょう。

められた場合、それ以後、賃料の支払を拒絶することができる（最判昭50.4.25）。

例題 R2-33-4

（A所有の甲土地をBに対して建物所有の目的で賃貸する旨の賃貸借契約（以下、「本件賃貸借契約」という。）が締結され、Bが甲土地上に乙建物を建築して建物所有権保存登記をした後、AがCに甲土地を売却した場合）
本件賃貸借契約においてAからCに賃貸人の地位が移転した場合、Bが乙建物について賃貸人の負担に属する必要費を支出したときは、Bは、Cに対して、直ちにその償還を請求することができる。

○ 必要費なので支出後直ちにCに対して償還請求できる。

6 請負契約

重要度 ★★★

請負契約は、当事者の一方がある仕事を完成することを約し、相手方がその仕事の結果に対してその報酬を支払うことを約することによって、その効力を生ずる契約です（632条）。
ここでは、請負契約の**解除**を中心に、請負契約固有のルールについて学習していきましょう。

I 完成物の所有権の帰属

請負人が完成させた仕事の目的物が引渡しを要する場合、その所有権は注文者に帰属することになりますが、それは完成当初から注文者のものになるのか、完成時は請負人のもので引渡しによって注文者に移転するのかといった構成の違いがあります。
AがBに彫刻物の製作を注文し、Bがこれを請け負い、彫刻物を完成させた場合を例にとって、所有権の帰属に関する法律関係について見てみましょう。

神田Tのイントロ
請負契約は、売買契約と賃貸借契約ほどは重要ではありませんが、請負契約の解除のルールは確認しましょう。

神田Tのアドバイス❶
請負契約は仕事の完成を目的とする契約です。「○時間働いたら○○円もらえる」という形態の契約とは異なります。また、請負人は自ら仕事を完成させず、下請負人に仕事を委託することもOKです。

板書 完成物の所有権の帰属

請負人が製作
材料 → 完成物

注文者 A ──注文→ B 請負人

完成物の所有権は？

[考え方①] 完成当初から注文者Aのもの
[考え方②] 完成時は請負人Bのもので、引渡しによって注文者Aに移転する

ケース1
注文者が材料を買ってきてそれを供給した場合
→考え方①を使う（完成当初から注文者Aの所有）

ケース2
請負人が材料を買ってきてそれで製作した場合
→考え方②を使う（完成当初は請負人Bの所有で、後で引き渡すことによって注文者に移転）

神田Tのアドバイス❶
どちらの考え方によるかは、どちらがお金を負担しているかで考えてみるとよいです。注文者が材料代も負担しているなら①、請負人が材料代を負担しているなら②という感じですね。

神田Tのアドバイス❷
材料を買ったのは請負人でも注文代金がすでに支払われていた場合は考え方①（完成当初から注文者Aの所有）を使います。

II 報酬

　仕事の目的物の引渡しを要する場合、報酬は、仕事の完成後、目的物の引渡しと同時に支払われます（633条本文）※1。

　①注文者の責めに帰することができない事由によって仕事を完成することができなくなったときや、②請負が仕事の完成前に解除されたときは、請負人が既にした仕事の結果のうち可分な部分の給付によって注文者が利益を受けるときは、その部分が仕事の完成とみなされ、この場合、請負人は、注文者が受ける利益の割合に応じて報酬を請求できます（634条）。

ひっかけ注意！ ※1
「仕事完成義務と報酬支払義務が同時履行の関係にある」として誤りとするパターンに注意。注文者の報酬支払義務と同時履行の関係にあるのは、仕事の完成ではなく、目的物の引渡しです。

III 契約の解除
(1) 仕事完成前の解除
注文者は、請負人が仕事を完成しない間は、いつでも損害を賠償して契約を解除することができます(641条)。

(2) 破産手続の開始
請負人は、仕事を完成した後を除き、注文者が破産手続開始の決定を受けたときは、契約を解除することができます(642条1項)[※2]。

IV 契約内容不適合の場合
(1) 請負人の責任の制限
請負人が仕事の目的物として引き渡した物の品質が契約の内容に適合しない場合、注文者は、履行の追完請求、報酬の減額の請求、損害賠償請求、契約の解除をすることができます。ただし、それが注文者の供した材料の性質または注文者の与えた指図によって生じた不適合を理由とするときは、請負人がその材料または指図が不適当であることを知りながら告げなかったときを除き、これらの請求はできません(636条)。

(2) 期間制限
注文者は、請負人に対し、目的物の種類または品質に関する契約内容不適合の責任を追及し、履行の追完請求、報酬の減額請求、損害賠償請求、契約の解除を行うには、注文者がその不適合を知った時から1年以内にその旨を請負人に通知する必要があります(637条1項)。

ただし、仕事の目的物を注文者に引き渡した時(その引渡しを要しない場合は仕事が終了した時)に、請負人がその不適合を知りまたは重大な過失によって知らなかったときは、その通知を1年以内にする必要はありません(637条2項)。

Advance ※2 2回転目に読む
破産管財人も契約を解除することができます。この場合、請負人による契約解除と違い、仕事完成後はできないとする制限はありません。

神田Tのアドバイス❸
請負人が完成させた仕事の目的物に瑕疵がある場合、瑕疵修補請求、損害賠償請求、解除ができる規定がありましたが(改正前634条、635条)、改正(令和2年4月施行)により、これらの規定は削除されています。

> 例題　H18-32-ア
> 請負の報酬は、仕事の目的物の引渡しを要する場合でも、仕事の目的物の完成時に注文者が請負人に対して支払わなければならない。

✗ 報酬の支払時期は、仕事の目的物の引渡し時であって、仕事の目的物の完成時ではない。

7 委任契約　重要度 ★★★

委任契約は、当事者の一方が法律行為をすることを相手方に委託し、相手方がこれを承諾することによって効力を生ずる契約です(643条)。

民法では、委任契約に関するルールが設けられています。ここでは、**委任者・受任者の義務**を中心に委任契約固有のルールについて学習していきましょう。

I 無償委任と有償委任

友人に頼んで無料で自分の運営する団体のコンサルティングをやってもらうような報酬の特約がない委任契約は**無償委任**、税理士に頼んで有料で会社経営のコンサルティングをやってもらうような報酬の特約がある委任契約は**有償委任**となります。

II 受任者の注意義務

報酬をもらうかどうかにかかわらず、受任者は、委任の本旨に従い、善良な管理者の注意をもって、委任事務を処理する義務を負います(644条)※1。

神田Tのイントロ

委任契約は、売買契約と賃貸借契約ほどは重要ではありませんが、保管義務の程度、費用の請求、委任契約の解除のルールは確認しましょう。試験では、後述の事務管理との比較問題に備えましょう。

神田Tのアドバイス❶

委任契約によって代理権を授与することもできますが、委任契約を結ぶことイコール代理権を授与することではありませんから、受任者が必ず代理人になるとは限りません。

※1

有償・無償にかかわらず善管注意義務を負います。「無償委任だったら善管注意義務を負わない」として誤りとするパターンに注意。

Ⅲ 報酬

(1) 報酬特約

受任者は、特約がなければ、委任者に対して報酬を請求することができません（648条1項）。受任者は、報酬を受けるべき場合、委任事務を履行した後でなければ、これを請求することができません（648条2項）。

(2) 割合履行型

受任者は、①委任者の責めに帰することができない事由によって委任事務の履行をすることができなくなったときや、②委任が履行の中途で終了したときは、既にした履行の割合に応じて報酬を請求することができます（648条3項）。

(3) 成果完成型

委任事務の履行により得られる成果に対して報酬を支払うことを約した場合、その成果が引渡しを要するときは、報酬は、その成果の引渡しと同時に支払われます（648条の2第1項）。

Ⅳ 費用その他

AがBに事務処理を委任した場合を例に、費用等に関する法律関係について見てみましょう。

板書 費用その他の負担

Advance ※2　2回転目に読む

受任者は、委任者の請求があるときは、いつでも委任事務の処理の状況を報告し、委任が終了した後は、遅滞なくその経過および結果を報告しなければなりません（645条）。また、事務の処理にあたり受け取った金銭は委任者に引き渡さなければなりません（646条1項）。

> **ポイント**
>
> ☆ B→A **費用前払請求**：〇（649条）
> →委任事務を処理するについて費用を要するときは、委任者は、受任者の請求により、前払しなければならない
>
> ☆ B→A **費用償還請求**：〇（650条1項）
> →受任者は、委任事務を処理するのに必要と認められる費用を支出したときは、委任者に対し、その費用の償還を請求できる
>
> ☆ B→A **債務代弁済請求**：〇（650条2項）
> →受任者は、委任事務を処理するのに必要と認められる債務を負担したときは、委任者に対し、自己に代わってその弁済をすることを請求できる
>
> ☆ B→A **損害賠償請求**：〇（650条3項）
> →受任者は、委任事務を処理するため自己に過失なく損害を受けたときは、委任者に対し、その賠償を請求することができる

委任者の無過失責任であるため、委任者に過失がなくても委任者は損害賠償責任を負います。

V 委任契約の解除

委任は、各当事者がいつでもその<u>解除</u>をすることができます（651条1項）※1。

委任契約をやむを得ない事由もないのに解除した者は、①相手方に不利な時期に委任を解除したときや、②委任者が受任者の利益（専ら報酬を得ることによるものを除く）をも目的とする委任を解除したときは、相手方の<u>損害を賠償</u>しなければなりません（651条2項）。

Advance ※1
2回転目に読む
委任契約の解除は、将来に向かってのみその効力を生じます（652条、620条）。

> **例題** H16-28-オ
> 受任者が、委任事務を処理するについて費用を要する場合には、その事務を処理した後でなければ、委任者に対してその費用の支払いを請求することができない。
>
> ✗ 受任者は、費用の前払いを請求することができる。

8 寄託契約　重要度 ★☆☆

寄託契約は、当事者の一方がある物を保管することを相手方に委託し、相手方がこれを承諾することによって、その効力を生ずる契約です（657条）。

ここでは、受寄者の保管義務、寄託契約の解除を中心に、寄託契約固有のルールについて学習していきましょう。

I 受寄者の保管義務

報酬をもらう場合、受寄者は、善良な管理者の注意をもって、寄託物を保管する義務を負います。一方、**無報酬**の受寄者は、自己の財産に対するのと同一の注意をもって、寄託物を保管する義務を負うにとどまります（659条）※2。

II 寄託契約の解除

寄託者は、受寄者が寄託物を受け取るまでであれば、契約を解除することができ、この場合、受寄者は、その契約の解除によって損害を受けたときは、寄託者に対し、損害の賠償を請求することができます（657条の2第1項）。

寄託者をＡ、受寄者をＢとして、ＡＢ間でＡ所有の宝石を預かる寄託契約が結ばれた場合を例として、寄託契約の法律関係について見てみましょう。

板書 寄託契約の解除

寄託者 Ａ ——寄託契約—— Ｂ 受寄者

神田Tのイントロ
寄託契約は重要ではありませんが、保管義務の程度、寄託契約の解除のルールは確認しましょう。

神田Tのアドバイス❷
改正（令和2年4月施行）により、寄託契約は要物契約から諾成契約に変わりました。これに伴い、寄託物の受取り前の解除の仕組みが新たに設けられています。

ひっかけ注意！ ※2
委任契約と違って、有償・無償を問わず善管注意義務を負う仕組みにはなっていないので、「無償寄託でも善管注意義務を負う」として誤りとするパターンに注意。

ケース1
寄託者Aは、Bが寄託物を受け取るまでであれば、寄託契約を解除することができるか？

→ できる（657条の2第1項）

ケース2
AB間では無償寄託契約が書面によらずに締結されていた場合、受寄者Bは、寄託物を受け取るまでであれば、寄託契約を解除することができるか？

→ できる（657条の2第2項）

ケース3
AB間では有償寄託契約が締結されていた場合、受寄者Bは、どのようなときであれば、寄託契約を解除することができるか？

→ 寄託物を受け取るべき時期を経過したにもかかわらず、Aが寄託物を引き渡さない場合において、相当の期間を定めてその引渡しの催告をし、その期間内に引渡しがないときは、契約を解除できる（657条の2第3項）

神田Tの
アドバイス❶
書面によらない無償寄託契約の場合は解除できますが、書面による無償寄託契約の場合は解除できません。

Ⅲ 寄託物の返還

　寄託物の返還は、その保管をすべき場所でしなければなりませんが、受寄者が正当な事由によってその物を保管する場所を変更したときは、その現在の場所で返還することができます（664条）。

　寄託者をA、受寄者をBとして、AB間でA所有の宝石を預かる寄託契約が結ばれた場合を例として、寄託物の返還時期について見てみましょう。

板書 寄託物の返還

寄託者 A → Bに預ける

受寄者 B ← Aのために宝石を保管する義務

寄託物の返還時期
① 返還時期の定めがある場合
　寄託者：いつでも返還請求できる（662条1項）
　受寄者：原則として、その時まで保管するのが義務であり、期限前に返還するにはやむを得ない事由があることが必要とされる（663条2項）
② 返還時期の定めがない場合
　寄託者：いつでも返還請求できる（662条1項）
　受寄者：いつでも返還できる（663条1項）※1

ひっかけ 注意! ※1
返還時期の定めの有無によってルールが異なります。「受寄者は返還時期の定めの有無にかかわらずいつでも返還できる」として誤りとするパターンに注意。

Ⅳ 混合寄託

複数の者が寄託した物の種類および品質が同一である場合、受寄者は、各寄託者の承諾を得たときに限り、これらを混合して保管することができます（665条の2第1項）。このような寄託は混合寄託といいます。

Ⅴ 消費寄託

受寄者が契約により寄託物を消費することができる場合、受寄者は、寄託された物と種類、品質、数量の同じ物をもって返還しなければなりません（666条1項）。このような寄託は消費寄託といいます。

9 組合契約 重要度 ★☆☆

組合契約は、各当事者が出資をして共同の事業を営むことを約することで効力を生じる契約です（667条1項）。

ABCの3人が出資して共同事業を行うための組合をつくる場合を例に、組合契約の法律関係について見てみましょう。

> **神田Tのイントロ**
> 組合契約は重要ではありませんが、業務執行や脱退に関するルールは確認しましょう。

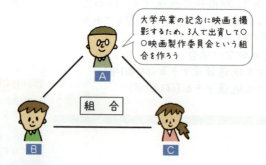

板書 組合契約

（Aのセリフ）大学卒業の記念に映画を撮影するため、3人で出資して○○映画製作委員会という組合を作ろう

1 業務執行

ケース1 各組合員が業務執行をする場合

↳ 組合の業務執行は、組合員（頭数）の過半数で決する（670条1項）※1

ケース2 業務執行者を置く場合

↳ 業務執行者が数人あるときは、その過半数で決する（670条3項）※2

2 債務不履行関係

・同時履行の抗弁（533条）や危険負担（536条）の規定は、組合契約については、適用しない（667条の2第1項）

Advance ※1　2回転目に読む

各組合員は、組合の業務を執行する場合、組合員の過半数の同意を得たときは、他の組合員を代理することができます（670条の2第1項）。

Advance ※2　2回転目に読む

業務執行者があるときは業務執行者のみが組合員を代理することができ、業務執行者が数人あるときは、各業務執行者は、業務執行者の過半数の同意を得たときに限り、組合員を代理することができます（670条の2第2項）。

- 組合員は、他の組合員が組合契約に基づく債務の履行をしないことを理由として、組合契約を解除できない（667条の2第2項）

3 意思表示関係

- 組合員の1人について意思表示の無効または取消しの原因があっても、他の組合員の間においては、組合契約は、その効力を妨げられない（667条の3）

4 財産関係

- 各組合員の出資その他の組合財産は、総組合員の共有に属する（668条）※3
- 組合員は、清算前に組合財産の分割を求めることはできない（676条3項）

5 脱退

- 存続期間の定めのある組合契約の場合、各組合員は、やむを得ない事由があるときは、脱退することができる（678条2項）
- 存続期間の定めのない組合契約の場合、各組合員は、いつでも脱退することができる（678条1項本文）※4
- やむを得ない事由があっても脱退を許さない旨の契約は無効（最判平11.2.23）

Advance ※3
2回転目に読む
組合財産に属する特定の不動産について第三者が不法な保存登記をした場合、組合員は、単独で当該第三者に対して抹消登記請求をすることができます（最判昭33.7.22）。

Advance ※4
2回転目に読む
この場合、やむを得ない事由がある場合を除き、組合に不利な時期に脱退することができません（678条1項ただし書）。

第2編 民法

CHAPTER 3 債権

SECTION 8 契約以外の債権発生原因

このSECTIONで学習すること

1 事務管理
頼まれたわけではないけど好意で他人の事務を管理してあげたときに費用の償還を請求する場合

2 不当利得
不当な利得が生じたときに損失者がその返還を請求する場合

3 不法行為
加害者の加害行為によって被害者に生じた損害の賠償を請求する場合

1 事務管理

重要度 ★★☆

頼まれたわけではないから、法律上の義務はないけれども、他人のために何らかの事務を処理する場合があります。例えば、隣人が入院中で不在のため、特に隣人から頼まれたわけではないが、隣人の家の屋根を修理しておいてあげるような場合です。そのとき、本人と管理者（その事務を処理した人）の間に契約関係はありませんが、民法では、そこに債権債務関係（費用償還請求権）を発生させるため、**事務管理**という概念を設けています。ここでは、委任契約と比較しながら、事務管理のルールについて学習していきましょう。

BはAから頼まれたわけではないが、Aの家の屋根が壊れているのを見かけたので、自ら費用を支出して修理してあげた場合を例に、事務管理の成立要件について見てみましょう。

神田Tのイントロ

事務管理は重要テーマではありませんが、試験対策上は、委任契約との比較対象となる概念ですので、委任契約との比較を確認しておきましょう。

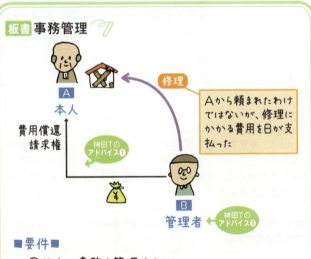

神田Tのアドバイス❶

委任契約は頼まれて契約を結んで行うものなので報酬という概念もありますが、事務管理は頼まれていないのに勝手に行うものなので報酬という概念はありません。

神田Tのアドバイス❷

事務管理が成立したからといって管理者に代理権が発生するわけではありません。また、委任契約の場合も、委任契約があるからといってそれだけで当然に受任者に代理権が発生するわけではありません。

■効果■
費用償還請求権の発生

委任契約と事務管理を比較すると、次の表のようになります。

○：あり ×：なし

	委任契約・受任者	事務管理・管理者
権利	報酬請求権	×（特約で○）	×
	費用前払請求権	○	×
	費用償還請求権	○	○(有益な費用)
	代弁済請求権	○	○(有益な債務)
	損害賠償請求権	○	×
義務	善管注意義務	○	○ ＊緊急事務管理の場合 ×※1
	報告義務	○	○
	受領物引渡義務	○	○

神田Tのアドバイス❶

事務管理は頼まれたわけでもないのに本人のために勝手に行うものなので、かかった費用を本人に償還させたり債務を代弁済させるには、本人にとって有益なものである必要があります（702条1項・2項）。

  ※1

698条では、管理者は、本人の身体、名誉、財産に対する急迫の危害を免れさせるために事務管理をしたときは、悪意または重大な過失があるのでなければ、これによって生じた損害を賠償する責任を負わなくてよいことが規定されています。

例題
R元-33-2

（甲建物（以下「甲」という。）を所有するAが不在の間に台風が襲来し、甲の窓ガラスが破損したため、隣りに住むBがこれを取り換えた場合）BがAから甲の管理を頼まれていなかった場合であっても、Bは、Aに対して窓ガラスを取り換えるために支出した費用を請求することができる。

○ 事務管理の場合、管理者は、本人に有益な費用について、本人に対して償還請求できる。

2 不当利得　　重要度 ★★★

神田Tのイントロ
不当利得の要件・効果、転用物訴権、不法原因給付について確認しておきましょう。

法律上の原因がないのに、他人の財産や労務によって利益を受け、そのために他人が損失を被っている場合があります。例えば、支払う必要がないのに間違えて支払ってしまったような場合です。損失者（支払った者）と受益者（受け取った者）の間に契約関係はありませんが、民法では、受益者の不当な利得は損失者に返還すべきとの観点から、そこに債権債務関係（返還請求権）を発生させるため、**不当利得**という概念を設けています。ここでは、不当利得のルールについて学習していきましょう。

I 不当利得の要件と効果

法律上の原因なく他人の財産または労務によって利益を受け、そのために他人に損失を及ぼした者は、その利益を**返還**する義務を負います（703条、704条）。

Bは、Aと契約して代金を支払う義務があったわけではないが、間違えてAに50万円を支払ってしまった場合を例に、不当利得の成立要件について見てみましょう。

Aのお金が50万増え（①）、Bのお金が50万円減っており（②）、BからAにお金が支払われており（③）、BがAにお金を支払う必要がない（④）という場合、不当利得の要件を満たします。

■効果■
返還請求権の発生
　善意の受益者：現存する利益の返還でよい
　悪意の受益者：受けた利益に利息等を加えて返還※1

条文チェック ※1
704条では、悪意の受益者の場合、受けた利益に利息を付して返還しなければならず、なお損害があるときはその賠償の責任も負うことが規定されています。

II 不当利得の特則

(1) 非債弁済

債務の存在しないことを知って給付した場合、その給付したものの返還を請求できません(705条)※2。

支払をする必要がないことをわかっていながら支払をした者に対し、返還請求という権利を認める必要性がないからです。

Advance ※2
2回転目に読む
この場合、弁済は任意にされたものであることが必要であり、強制執行を避けるためやむを得ず弁済をした場合、705条の適用はなく、不当利得返還請求できます（大判大6.12.11）。

(2) 期限前弁済

債務者が、弁済期にない債務の弁済として給付をしたときは、その弁済は有効となり、その給付したものの返還を請求できません(706条本文)※3。

支払期日をうっかり間違えたのだとしても、どうせ支払わなければいけないものなので、返還請求という権利を認める必要性がないからです。

Advance ※3
2回転目に読む
債務者が錯誤によってその給付をしたときは、債権者は、これによって得た利益を返還しなければなりません（706条ただし書）。

(3) 他人の債務の弁済

債務者でない者が錯誤によって債務の弁済をした場合でも、債権者が善意で証書を滅失・損傷し、担保を放棄し、または時効によってその債権を失ったときは、その弁済は有効となり、その給付したものの返還を請求できません(707条1項)。

有効な弁済があったと思った債権者を保護する必要があるからです。

Aの債務者はBだったが、Cが間違って弁済したのでAが善意で証書を破って捨てた場合、CはAに不当利得返還請求できませんが、本来の債務者であるBに求償することは可能です。

(4) 不法原因給付

不法な原因（例.愛人契約）のために給付をした者は、その給付したものの<u>返還を請求できません</u>（708条本文）※4。

そもそも不法なことをしておいて、救済のときだけ法の力を借りて返還請求という権利を行使しようとするのは身勝手なことだからです。

<u>Aが愛人契約の維持のためにBにマンションを贈与した場合（登記も移転済）</u>を例に、AはBに対し<u>不法な原因のために給付したマンションの返還を請求できるか</u>について見てみましょう。

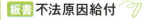

III 騙取金弁済

債務者が第三者からだまし取ったお金で債権者に弁済した場合（騙取金弁済）、債権者が悪意または重過失があるときなら、第三者は、債権者に対して不当利得返還請求できます（最判昭49.9.26）。

Advance ※4 2回転目に読む
不法な原因が受益者にのみ存する場合や、双方に不法な原因があっても給付者に比べて受益者の不法の方が著しく大きい場合には、給付者は、不当利得返還請求できます（708条ただし書、最判昭29.8.31）。

神田Tのアドバイス②
708条の背後には「クリーンハンズ」という考え方があります。法は不法なことをなす者には救いの手を貸さないという意味です。

神田Tのアドバイス③
不法原因給付の場合、返還請求という権利は認められませんが、お互いの合意で不法原因契約を解除して給付した物を返還する特約をすることは可能です。

Ⅳ 転用物訴権

契約上の給付が契約の相手方以外の第三者の利益となる場合、契約の相手方からその給付の対価を得られなかった者から当該第三者に利得の返還を請求する権利のことを転用物訴権といいます。

<u>ＡＢ間でＡ所有建物をＢに賃貸する契約が結ばれ、Ｂから修理を頼まれたＣがこの建物を修理したが、Ｂが無資力となり修理代金がまだ回収できていない場合</u>を例に、Ｃは、Ｂとの賃貸借契約を解除して建物を取り戻したＡに対して、不当利得として修理代金相当額を請求できるかについて見てみましょう。

板書 転用物訴権

ポイント
☆ 賃貸借契約を全体として見て賃貸人が対価関係なしに利益を受けたといえるなら、不当利得返還請求できる（最判平7.9.19）

ＢＣ間の契約に基づきＣが行ったことがＡの利益にもなっている場合、自分が行ったことの対価をＢから回収できないＣが、Ａに対して利得の返還を請求することがこれにあたります。

「本来は賃貸人の義務である修繕義務をＢの負担とする代わりに、権利金はもらわないとか賃料を減額する」という特約がある場合は賃貸人Ａだけが得をしているわけではないので、返還請求は認められないことになります。

例題　　　　　　　　　　　　　　　　　　　　　　　　　　H29-33-5

（Aは自己所有の甲機械（以下「甲」という。）をBに賃貸し（以下、これを「本件賃貸借契約」という。）、その後、本件賃貸借契約の期間中にCがBから甲の修理を請け負い、Cによる修理が終了した。）
CはBに対して甲を返還したが、Bは修理代金を支払わないまま無資力となり、本件賃貸借契約が解除されたことにより甲はAに返還された。本件賃貸借契約において、甲の修理費用をBの負担とする旨の特約が存するとともに、これに相応して賃料が減額されていた場合、CはAに対して、不当利得に基づいて修理費用相当額の支払を求めることはできない。

> **◯** 修理費用を賃借人Bの負担にする反面、賃料が減額されているため、賃貸人Aが対価関係なしに利益を受けたとはいえず、支払を求めることはできない。

3　不法行為　　　　　重要度 ★★★

故意または過失により他人の権利や法律上保護された利益を侵害した場合、被害者との間に契約関係はありませんが、その損害は加害者に賠償させるべきとの観点から、そこに債権債務関係を発生させるため、民法では、**不法行為**という概念が設けられています。ここでは、不法行為の要件や効果について学習していきましょう。

Ⅰ　不法行為の要件

⑴　成立要件

故意または過失によって他人の権利または法律上保護された利益を侵害した者は、これによって生じた**損害を賠償**する責任を負います（709条）[※1]。

AがBからの加害行為によりケガを負わせられた場合を例に、不法行為の成立要件について見てみましょう。

第2編　民法

CH3　債権

SEC8　契約以外の債権発生原因

神田Tのイントロ

不法行為は債権における最重要テーマです。不法行為の要件・効果、過失相殺、使用者責任、土地工作物責任のルールを中心に確認しましょう。不法行為は択一式ではほぼ毎年出題があり、記述式でも複数回出題されています。

条文チェック[※1]

709条では、「故意又は過失によって他人の権利又は法律上保護される利益を侵害した者は、これによって生じた損害を賠償する責任を負う。」と規定されています。

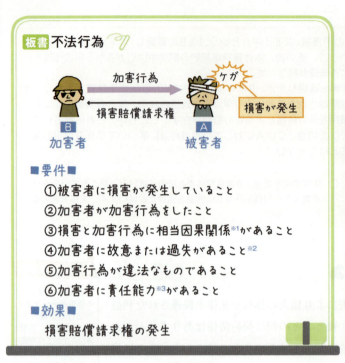

(2) 違法性阻却

　他人にケガをさせた者に正当防衛が成立する場合など違法な行為であるという性質が失われるときは、その者自身は不法行為責任は負いません※4。

　<u>Bからの不法行為に対してAが防衛のためにやむを得ずCを突き飛ばしたことでCがケガをした場合を例に、CはAに対して損害賠償請求できるかについて見てみましょう。</u>

語句 ※1
相当因果関係
行為と結果との間に、その行為がなければその結果が生じないといえる相当なつながりがあること。

Advance ※2
2回転目に読む
失火の場合には、失火責任法という特別ルールがあり、過失はあってもそれが重大な過失といえないときは責任を負わなくてよいものとされています。

語句 ※3
責任能力
自分の行為が違法なものとして法律上非難されることを認識できる能力。
…大体11〜12歳ぐらいで責任能力ありとされます。

条文チェック ※4
720条1項では、「他人の不法行為に対し、自己又は第三者の権利又は法律上保護される利益を防衛するため、やむを得ず加害行為をした者は、損害賠償の責任を負わない。ただし、被害者から不法行為をした者に対する損害賠償の請求を妨げない。」と規定されています。

(3) 責任無能力

　他人にケガをさせた者(加害者)の年齢が6歳だった場合など、その子に責任能力が認められないときは、その子自身は不法行為責任は負いません。

　この場合、その子自身は不法行為責任は負いませんが、その監督義務者が責任を負うことになります(714条1項)。

II 損害の賠償

不法行為が成立すると損害賠償請求権が発生します（709条）※1、2。

Bの不法行為によりAに損害が発生している場合を例に、AのBに対する損害賠償請求権はいつから履行遅滞となるか、また、消滅時効期間はどのように計算されるかについて見てみましょう。

板書 損害賠償請求権

履行遅滞となる時期

催告を待たず、損害発生と同時に遅滞に陥る（最判昭37.9.4）

消滅時効

次の場合、時効によって消滅する（724条、724条の2）
① 被害者またはその法定代理人が**損害および加害者を知った時から3年間**行使しないとき（人の生命または身体を害する不法行為による損害賠償請求権の消滅時効については、3年間ではなく、5年間）
② **不法行為の時から20年間**行使しないとき

Advance ※1　2回転目に読む
被害者が即死した場合でも、被害者の相続人は損害賠償請求権を行使できます（大判大15.2.16）。

Advance ※2　2回転目に読む
被害者が慰謝料請求権を行使する意思を表明しないまま死亡した場合でも、その相続人は、相続によって被害者の慰謝料請求権を行使できます（最大判昭42.11.1）。

神田Tのアドバイス❶
期限の定めのない債権の場合、本来は履行の請求（催告）を受けてから履行遅滞とされますが、不法行為に基づく損害賠償請求権の場合、その時期が早められています。

III 過失相殺

不法行為の被害者にも過失があった場合に、それを相殺して賠償額を減額することです（722条2項）。

不法行為が成立する場合を例に、過失相殺されるケースがどうかについて見てみましょう。

板書 過失相殺

1 被害者に過失があった場合の被害者の能力
- 被害者の責任能力が備わっていなかったときの過失相殺：できる
- 被害者の事理弁識能力が備わっていなかったときの過失相殺：できない※3
  　　　　　　　　　　　　　神田Tのアドバイス❷

2 被害者側の過失

> ルール 被害者と身分上・生活関係上一体をなすとみられる関係にある者の過失なら、過失相殺の対象となる

- 被害者が妻で夫に過失があった場合の過失相殺：できる
- 被害者が園児で保育士に過失があった場合の過失相殺：できない
  　　　　　　　　　神田Tのアドバイス❸

3 被害者の素因
- 被害者の疾患も原因となった場合の過失相殺：できる
- 被害者の身体的特徴（例：首が長い）も原因となった場合の過失相殺：できない

4 過失相殺の判断　　　神田Tのアドバイス❹
- 過失相殺するかどうかは裁判所の任意の判断
- 過失相殺の対象は金額

ひっかけ注意！※3
「事理弁識能力と責任能力のいずれも不要」として誤りとするパターンに注意。

神田Tのアドバイス❷
被害者が、物事の良い悪いを判断する知能（事理弁識能力）があれば、被害者が小学生で責任能力がなくても被害者の過失は相殺の対象となります。

神田Tのアドバイス❸
夫婦には身分上・生活関係上一体をなす関係があるといえますが、園児と保育士にはそのような関係がないからです。

神田Tのアドバイス❹
債務不履行にも過失相殺という概念があります（418条）。不法行為と異なり、過失相殺の判断が必要的とされていること、対象が責任および金額とされていることに注意しましょう。

Ⅳ 損益相殺

不法行為が原因となって被害者が何らかの利益も受けている場合、賠償額からその利益を控除することです。例えば、被害者が殺害された場合、被害者が将来得るはずの収入は失いますが、被害者自身の生活費の支出は免れますので、それは賠償額から控除されます[※1]。

Ⅴ 近親者固有の慰謝料請求

他人の生命を侵害した者は、被害者の父母、配偶者、子に対しても、その損害を賠償しなければなりません(711条)。

AがBの加害行為により死亡した場合を例に、Aの父Cは、Aを相続していなくても、Bに対して、慰謝料を請求できるかについて見てみましょう。

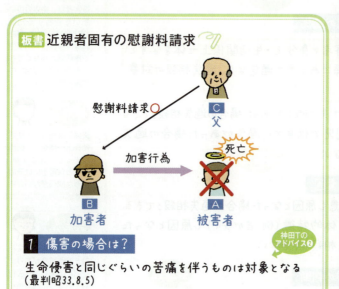

板書　近親者固有の慰謝料請求

1 傷害の場合は？

生命侵害と同じぐらいの苦痛を伴うものは対象となる（最判昭33.8.5）

Advance [※1] 2回転目に読む

不法行為により幼児が殺害された場合、親は養育費の支出を免れることになりますが、賠償額の算定にあたり、これは控除の対象としないとした判例があります（最判昭53.10.20）。

神田Tのアドバイス❶

711条の文言上は生命侵害の場合を想定して父母・配偶者・子を対象としていますが、解釈として、傷害の場合や父母・配偶者・子以外の場合でも認められるものもあります。

神田Tのアドバイス❷

幼い娘に一生消えないような傷をつけられた場合、親は、自分の子の生命を侵害されたのと同じぐらい悲しむでしょうから、親が加害者に慰謝料を請求することも可能です。

2 兄弟姉妹の場合は？

被害者の父母・配偶者・子以外でも、兄弟姉妹のようにそれに準ずる者は請求できる（最判昭49.12.17）

要チェック判例

- 良好な景観に近接する地域内に居住してその恵沢を日常的に享受している者が有する良好な景観の恵沢を享受する利益（景観利益）は、法律上保護に値する利益といえる（最判平18.3.30）。

- 723条※2にいう名誉とは社会的名誉を指すものであって、人が自己自身の人格的価値について有する主観的な評価（名誉感情）は含まれず、主観的な名誉感情の侵害だけでは名誉毀損による不法行為は成立しない（最判昭45.12.18）。

- 宗教上の理由から輸血拒否の意思表示を明確にしている患者に対して、輸血以外に救命手段がない場合には輸血することがある旨を医療機関が説明しないで手術を行って輸血をしたときは、患者が輸血を伴う可能性のあった本件手術を受けるか否かについて意思決定をする権利を奪ったものといえ、患者の人格権を侵害したものとして不法行為が成立する（最判平12.2.29）。

- 疾病のため死亡した患者の診療に当たった医師の医療行為が、その過失により、当時の医療水準にかなったものでなかった場合、当該医療行為と患者の死亡との間の因果関係の存在は証明されないけれども、医療水準にかなった医療が行われていたならば患者がその死亡の時点においてなお生存していた相当程度の可能性の存在が証明されるときは、医師は、患者に対し、不法行為による損害を賠償する責任を負う（最判平12.9.22）。

- 交通事故の被害者が事故に起因する後遺症のために身体的機能の一部を喪失したこと自体を損害と観念することができるとしても、その後遺症の程度が比較的軽微であって、しかも

条文チェック ※2

723条では、「他人の名誉を毀損した者に対しては、裁判所は、被害者の請求により、損害賠償に代えて、又は損害賠償とともに、名誉を回復するのに適当な処分を命ずることができる。」と規定されています。

被害者が従事する職業の性質からみて現在または将来における収入の減少も認められないという場合には、特段の事情のない限り、労働能力の一部喪失を理由とする財産上の損害を認められない(最判昭56.12.22)。

◆ 724条(消滅時効)※1における被害者が損害を知った時とは、被害者が損害の発生を現実に認識した時をいう(最判平14.1.29)。

条文チェック ※1
724条では、「不法行為による損害賠償の請求権は、次に掲げる場合には、時効によって消滅する。
一 被害者又はその法定代理人が損害及び加害者を知った時から3年間行使しないとき。
二 不法行為の時から20年間行使しないとき。」と規定されています。

VI 監督者責任

6歳の子どもが他人にケガをさせたなど、直接の加害者が責任無能力者であるため責任を負わない場合、その責任無能力者を監督する法定の義務を負う者(監督義務者)が、その損害を賠償する責任を負います(714条1項)。

6歳の子どもCがAにケガをさせた場合を例に、監督者責任の法律関係について見てみましょう。

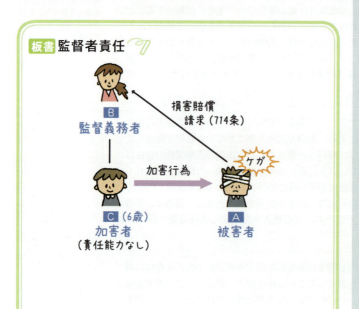

板書 監督者責任

B 監督義務者 — 損害賠償請求(714条) → A 被害者

C(6歳) 加害者(責任能力なし) — 加害行為 → ケガ

ポイント

☆ 監督義務者は<u>監督者責任を負う</u>

　ただし　監督義務者がその義務を怠らなかったときまたはその義務を怠らなくても損害が生ずべきであったときは責任を免れる

☆ 17歳の高校生のように未成年者でも責任能力を有する者の加害行為については、その親が監督義務者として714条の責任は負わない

　ただし　親の監督義務違反と子の不法行為によって生じた結果との間に相当因果関係が認められるときは、その親が709条によって不法行為責任を負うことがある（最判昭49.3.22）

監督義務者に無過失責任を負わせるものではないことに注意。その義務を怠らなかったことを証明すれば免責されます。

要チェック判例

◆ 親権者の未成年者に対して及ぼしうる影響力が限定的で、かつ親権者において未成年者が不法行為をなすことが予測し得る事情がないときは、親権者は、被害者に対して不法行為責任を負わない（最判平18.2.24）。

◆ 精神障害者と同居する配偶者は当然にその者の法定の監督義務者に該当するわけではないが、その監督義務を引き受けたと見るべき特段の事情が認められる場合には、当該配偶者は法定の監督義務者に準ずべきものとして714条が類推適用され、責任無能力者の監督者義務としての責任を負う（最判平28.3.1）。

VII 使用者責任

仕事で人を雇っている使用者は、その被用者が事業の執行について他人に加えた損害を賠償する責任を負います（715条1項本文）[※1]。

使用者に代わって事業を監督する者の場合も同様です（715条2項）。

Bに雇われているCが、配達に向かう途中、通行人Aと衝突し、Aにケガをさせた場合を例に、使用者責任の法律関係について見てみましょう。

板書 使用者責任

ポイント
☆ 使用者は使用者責任を負う
ただし 使用者が被用者の選任・監督[※2]について相当の注意をしたときまたは相当の注意をしても損害が生ずべきであったときは責任を免れる
☆ 使用者Bと被用者Cはいずれも被害者Aに対し全額の賠償義務を負うが、BCいずれかが賠償すれば他方は免責される

Advance [※1] 2回転目に読む

注文者Bは、請負人Cがその仕事について第三者Aに加えた損害を賠償する責任を負いません（716条本文）。ただし、注文者Bの注文または指図についてBに過失があったときは責任を負います（716条ただし書）。

神田Tのアドバイス①

使用者に無過失責任を負わせるものではないことに注意。選任・監督について相当の注意をしたことを証明すれば免責されます。

語句 [※2]
選任・監督
職務に応じた被用者の適性をきちんと審査していることや、被用者に対して具体的に必要な注意を行っていることを意味します。

要チェック判例

◆「事業の執行について」には、使用者の職務執行行為そのものには属しないが、その行為の外形から観察して、被用者の職務の範囲内の行為に属するものと見られる場合も含まれる（最判昭40.11.30）。

◆使用者は、損害賠償債務を履行した場合、被用者に求償できるが、求償額は、損害の公平な分担という見地から信義則上相当と認められる限度に制限される（最判昭51.7.8）※3。

◆使用関係の認定のために、契約関係の存在が必要になるわけではないが、実質的な指揮監督関係の存在は必要である（最判平16.11.12）。

◆飲食店の店員が出前に自転車で行く途中で他の自動車の運転手と口論となって同人に暴力行為を働いた場合の損害は、事業の執行について第三者に加えた損害にあたり、店員の使用者は使用者責任を負う（最判昭46.6.22）。

◆兄が自己所有の自動車を弟に運転させて迎えに来させた上、弟に自動車の運転を継続させ、兄が助手席に座って、運転について指示をしていた場合、一時的に兄と弟の間に民法715条1項にいう使用者・被用者の関係が肯定され、兄は使用者責任を負う（最判昭56.11.27）。

◆被用者が使用者の事業の執行について第三者に加えた損害を賠償した場合、被用者は、相当と認められる額について、使用者に対し、求償することができる（最判令2.2.28）。

VIII 土地工作物責任

　土地の工作物※4の設置または保存に瑕疵があったことにより、他人に損害を生じさせてしまった場合、その工作物の占有者や所有者が被害者に対して損害を賠償する責任を負います（717条1項）※5。

　竹木の栽植または支持に瑕疵がある場合も同様です（717条2項）。

神田Tのアドバイス②
例えば、B社のロゴが入った営業車をCが私用で使用していた場合でも、外形的に見ればB社の事業の執行といえます。

ひっかけ注意！ ※3
求償について「被用者に故意または重過失があったときに限りできる」など存在しない要件をつけて誤りとするパターンに注意。

神田Tのアドバイス③
一般に求償は被用者の起こした事故について使用者が賠償したときに被用者に請求するときに用いられるため、逆に被用者から使用者に対して求償するこのような求償は「逆求償」と呼ばれています。

語句 ※4
土地の工作物
土地上の建物や塀など人工的作業によって土地に接着して設置された物のこと。

Advance ※5
2回転目に読む
損害の原因について他にその責任を負う者がある場合、占有者または所有者は、その者に対して求償できます（717条3項）。

Bは自らが所有する建物をCに占有させていたが、この建物の設置に瑕疵があったことにより、通行人Aにケガをさせた場合を例に、土地工作物責任の法律関係について見てみましょう。

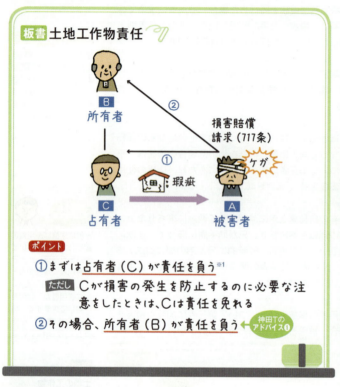

IX 動物占有者の責任

　動物を飼っている人は、その動物が他人にケガをさせたときは、その損害を賠償する責任を負います（718条1項本文）。
　占有者に代わって動物を管理する者の場合も同様です（718条2項）。
　ただし、動物占有者の責任も無過失責任ではありません。動物の種類・性質に従い相当の注意をもってその管理をした

ひっかけ注意！※1

「占有者・所有者の好きな方を自由に選んで責任追及できる」とか、「所有者は責任を負うことはない」として誤りとするパターンに注意。

神田Tのアドバイス❶

占有者の責任は無過失責任ではないので、損害発生防止に必要な注意をしたことを証明すれば免責されますが、所有者の責任は無過失責任です。

神田Tのアドバイス❷

動物占有者の責任は、動物の占有者・管理者が負うべき責任であって、占有補助者はこの占有者・管理者には含まれず、犬の飼主がその雇人に犬の散歩をさせていた場合における当該雇人は動物占有者の責任を負いません。

ときは、責任を負いません(718条1項ただし書)。

Ⅹ 共同不法行為

(1) 共同不法行為

数人が共同の不法行為によって他人に損害を加えたときは、各自が連帯してその損害を賠償する責任を負います(719条1項)。

B・Cの2人の加害行為により、Aにケガをさせた場合を例に、共同不法行為の法律関係について見てみましょう。

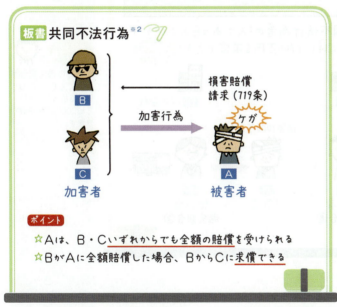

Advance ※2
2回転目に読む
Bが起こした交通事故によりケガをした被害者Aが搬送された病院での医師Cの不適切な治療により死亡した場合のような、交通事故における運転行為と医療事故における医療行為とが共同不法行為に当たるとした判例もあります(最判平13.3.13)。

(2) 共同不法行為と使用者責任

共同不法行為者の1人が被害者の損害を賠償し、他の共同不法行為者に求償できる場合、その使用者に対しても求償できます。また、共同不法行為者の1人の使用者が賠償した場合も同様です。

タクシー会社Bの運転手Cとバス会社Dの運転手Eの営業上の運転中の衝突事故によりAがケガをした場合を例にとって、共同不法行為と使用者責任が競合するときの求償関係について見てみましょう（Aの損害額を1000万円、CとEの過失割合は8：2とする）。

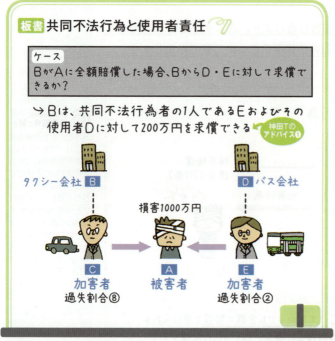

CとEの過失割合が8：2だから、1000万円を支払ったBはD・Eに200万円を求償できます。

例題 H28-34-オ

タクシー会社Nの従業員Oが乗客Pを乗せて移動中に、Qの運転する自家用車と双方の過失により衝突して、Pを受傷させ損害を与えた場合において、NがPに対して損害の全額を賠償したときは、NはOに対して求償することはできるが、Qに求償することはできない。

✕ Nが賠償した場合、共同不法行為者の一方であるQに対しても求償できる。

第2編 民法

CHAPTER 4 親族・相続

SECTION 1 親族

このSECTIONで学習すること

1 親族
親族の範囲はどこまで？

2 夫婦関係
婚姻のルール、離婚のルールについて確認しよう

3 親子関係
父子関係の否定の方法、養子縁組のルールについて確認しよう

1 親族

重要度 ★★★

民法では、「4親等※1内の血族※2」や「3親等内の姻族※3」といった表現がされることがあります。ここでは、親族の範囲と親等について学習していきましょう。

親族とは、6親等内の血族、配偶者、3親等内の姻族のことを指します（725条）。

まずは、親等の名称について見てみましょう。

> **神田Tのイントロ**
> まずは、親等や血族・姻族といった概念を確認しましょう。
>
> **語句 ※1**
> **親等**
> 親族関係の遠近をあらわす単位のこと。
>
> **語句 ※2**
> **血族**
> 血のつながっている親や子などの家族。
>
> **語句 ※3**
> **姻族**
> 配偶者の親など血のつながりのない家族。

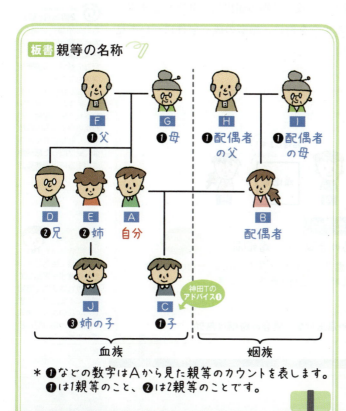

板書 親等の名称

* ❶などの数字はAから見た親等のカウントを表します。❶は1親等のこと、❷は2親等のことです。

> **神田Tのアドバイス❶**
> 従兄弟・従姉妹は、4親等の血族にあたります。例えば、CとJが従兄弟の関係になります（Cから見るとJは伯母の子にあたります）。また、Cから見た場合、父Aが1親等、おじいちゃんFは2親等にあたります。

2 夫婦関係　重要度 ★★★

民法では、夫婦関係について婚姻や離婚に関する規定が設けられています。ここでは、婚姻や離婚の要件・効果を学習していきましょう。

Ⅰ 婚姻

(1) 婚姻の成立要件

婚姻は、婚姻意思の合致と婚姻の届出により成立します[※1]。AとBが結婚する場合を例に、婚姻の成立要件について見てみましょう。

板書 婚姻

A「結婚します！」婚姻届　B

婚姻の成立要件
…婚姻意思の合致 ＋ 婚姻届
↑実質的意思の合致が必要（夫婦として一緒に生活しよう）作成時・届出時の両方とも必要

ポイント
☆意思の合致や届出がない場合の婚姻は<u>無効</u>

(2) 婚姻障害

婚姻意思の合致と婚姻届の提出があっても、不適法な婚姻形態もあります。民法が定める婚姻障害事由に該当すると、婚姻の<u>取消し</u>の原因となります。

神田Tのイントロ

夫婦関係では、婚姻・離婚の成立要件と効果を確認しましょう。過去には記述式で、離婚による財産分与を題材とした出題がされたことがあります。

Advance ※1 2回転目に読む

婚約の不履行の場合、債務不履行による損害賠償請求のほか、不法行為に基づく損害賠償請求もできます。ただし、強制履行はできません。また、結納が交わされている場合、婚約が当事者双方の合意により解除されたときは、受け取った結納金は相手方に返還する必要があります。

神田Tのアドバイス❶

夫婦同様に生活していても婚姻届を提出していなければ法律上婚姻関係にあるとはいえません。このような関係は内縁とか事実婚と呼ばれます。

〈婚姻障害（取消原因）※2〉

婚姻適齢	婚姻は、18歳にならなければ、することができない（731条）
重婚禁止	配偶者のある者は、重ねて婚姻できない（732条）
再婚禁止期間	女子は、前婚の解消または取消しの日から起算して100日を経過した後でなければ、再婚することができない（733条1項）※3
近親婚禁止	直系血族または3親等内の傍系血族の間では婚姻することができない（734条1項本文）※4
直系姻族間の婚姻禁止	直系姻族の間では婚姻できない（735条） 例 夫と元妻の母親が婚姻
養子子間の婚姻禁止	養子と養親では婚姻できない（736条）

ひっかけ注意！※2
取消原因があるだけなので、「重婚禁止違反の婚姻は無効」として誤りとするパターンに注意。

神田Tのアドバイス
令和4年4月1日施行の民法改正により、婚姻年齢は男女ともに18歳になります。

Advance ※3 2回転目に読む
女子が前婚の解消・取消しの時に懐胎していなかった場合や、女子が前婚の解消・取消しの後に出産した場合は適用されません（733条2項）。

Advance ※4 2回転目に読む
従兄弟・従姉妹は4親等ですので、従兄弟・従姉妹との婚姻は、法律上は可能です。

(3) 夫婦の財産関係

AがBと結婚する場合を例に、婚姻が成立したときの財産関係について見てみましょう。

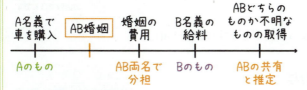

板書 婚姻と夫婦の財産

財産関係のルール
- 夫婦の一方が婚姻前から有する財産：その者の<u>特有財産</u>（762条1項）
- 婚姻から生ずる費用：<u>両名で分担</u>（760条）
- 婚姻中自己の名で得た財産：その者の<u>特有財産</u>（762条1項）

- 夫婦いずれに属するか明らかでない財産：夫婦の共有に属するものと推定[※1]（762条2項）

【日常家事債務】
- 夫婦の一方が日常の家事に関して第三者と法律行為をした場合、他の一方は、これによって生じた債務について連帯責任を負う（761条本文）

ひっかけ注意！ ※1
推定されるだけなのを、「共有に属するものとみなす」として誤りとするパターンに注意。

II 離婚

(1) 離婚の概要

離婚は、婚姻関係を解消することです。夫婦間の話し合いでまとまれば協議離婚、まとまらなければ調停離婚や裁判離婚という方法があります。

神田Tのアドバイス❶
離婚した場合、婚姻により氏を改めた夫または妻は旧姓に戻りますが（767条1項）、届出をすることで離婚前の氏を称することもできます（767条2項）。

(2) 親権

離婚した場合、子の親権は、父母のいずれか一方の単独親権となります（819条1項・2項）。共同親権のままや第三者を親権者にするというわけにはいきません。

神田Tのアドバイス❷
協議離婚の場合は、離婚意思の合致と離婚の届出により成立します。婚姻の場合と異なり、離婚は形式的意思の合致でOKです。

(3) 姻族

姻族関係は離婚によって終了します（728条1項）。

(4) 離婚に伴う財産分与

協議離婚をした場合、離婚した者の一方は、相手方に対して財産の分与を請求することができます（768条1項）。

財産分与について当事者間で協議が調わないときには、家庭裁判所に対して協議に代わる処分を請求でき、家庭裁判所によって、分与するかどうかや分与の額・方法が定められます（768条2項・3項）。

神田Tのアドバイス❸
財産分与には、夫婦の実質上の共同財産の清算分配、離婚後の相手方の生活の維持、精神的損害の賠償のためといった趣旨があります。

(5) 裁判離婚

夫婦の一方は、以下の場合、<u>離婚の訴え</u>を提起することができます（770条1項）。

①配偶者に不貞な行為があったとき

②配偶者から悪意で遺棄されたとき

③配偶者の生死が3年以上明らかでないとき

④配偶者が強度の精神病にかかり、回復の見込みがないとき

⑤その他婚姻を継続し難い重大な事由があるとき

例題　　　　　　　　　　　　　　　　　　　　　　　　H25-35-オ

> 協議離婚をしようとする夫婦に未成年の子がある場合においては、協議の上、家庭裁判所の許可を得て、第三者を親権者とすることを定めることができる。

> ✕　子の親権は夫婦のいずれかの単独親権であり、第三者を親権者とすることはできない。

3　親子関係　　　　　重要度 ★★☆

民法では、親子関係について **嫡出子** ※2 や **非嫡出子** ※3 という概念があります。

ここでは、嫡出子との父子関係の否定の仕方、認知、養子縁組のルールについて学習していきましょう。

Ⅰ　嫡出推定

婚姻中に懐胎した子は、夫の子と推定されます（772条1項）。また、婚姻の成立の日から200日を経過した後または婚姻の解消・取消しの日から300日以内に生まれた子は、婚姻中に懐胎したものと推定されます（772条2項）。

例えば、A男とB女が結婚して3年後に子Cが生まれた場合、妻Bが生んだCは夫Aの子であると推定されます。

神田Tのイントロ

親子関係では、実子では嫡出推定の問題、養子では縁組の要件・効果を中心にチェックしましょう。過去には記述式で、嫡出否認の訴えを題材とした出題がされたことがあります。

語句 ※2

嫡出子
法律上婚姻関係にある男女から生まれた子。

語句 ※3

非嫡出子
法律上婚姻関係にない男女から生まれた子。

II 父子関係の否定

父子関係を否定する方法には、<mark>嫡出否認の訴え</mark>や<mark>親子関係不存在確認の訴え</mark>といった制度が設けられています。

AB間に子Cが生まれた場合を例に、父子関係の否定の方法について見てみましょう。

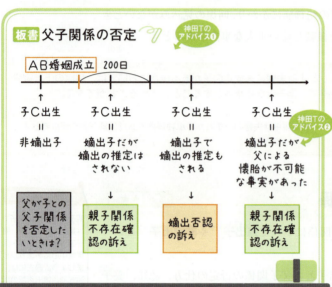

夫の子であると推定されるため、父子関係を否定する場合、嫡出否認の訴えという方法によることになります。推定されないときは、親子関係不存在確認の訴えという方法によります。

例えば、夫が刑務所に服役しているなどの事情がある場合が該当します。

嫡出否認の訴えと親子関係不存在確認の訴えを比較すると、次の表のようになります。

	嫡出否認の訴え	親子関係不存在確認の訴え
提訴権者	夫	利害関係人であれば提訴できる
提訴期間	夫が子の出生を知った時から1年以内	特に制限なし
相手方	子または親権を行う母（母がいないときは特別代理人）	親子関係の存在を主張する者

嫡出否認の訴えの方が親子関係不存在確認の訴えよりも要件が厳しいですが、嫡出推定がある場合に父子関係を否定するときは、より厳格な手続によるべきと考えましょう。

III 認知

認知は、非嫡出子と父との間に法律上の親子関係を創設する制度です。

A男とB女の間に子Cが生まれたが、ABが結婚していなかった場合、AC間には血縁関係はあるが法律上の親子関係がないことになりますが、Aの認知により、AC間で法律上の親子関係を発生させることができます[※1]。

IV 利益相反行為

親は、未成年の子を代理する権限を持ちます（法定代理）。ただし、親と子の間で利益が相反する行為については、親は子を代理する権限を有しないものとされています（826条1項）。この場合、特別代理人を選任する必要があり、親が勝手に子を代理しても、それは無権代理として扱われます。（108条2項）

A（15歳）の法定代理人である母Bが、自分が借金をするため、Aが所有する土地にAを代理して抵当権設定契約をしようとしている場合を例に、Bの行為は利益相反行為に該当するかについて見てみましょう。

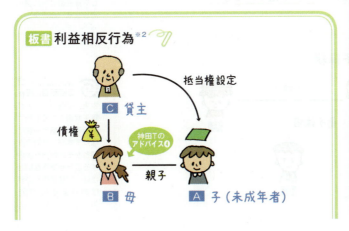

板書　利益相反行為[※2]

Advance [※1] 2回転目に読む

判例は、非嫡出子につき嫡出子出生届を提出して受理されたときは、嫡出子出生届としては無効だが、これに認知届としての効力を持たせることができるとしています（最判昭53.2.24）。

Advance [※2] 2回転目に読む

以下のような場合も利益相反行為といえます。
・母Bが自己の財産を子Aに有償で譲渡する行為
・母Bが子Aのほか共同相続人である数人の子を代理して遺産分割協議をすること
・母Bが他人の債務につき連帯保証人になるときに子Aも連帯保証人とすること

神田Tのアドバイス❶

利益相反行為にあたるかどうかを見分けるポイントは債務者が誰かです。債務者自身が母親のBだと利益相反行為ですが、もし債務者が第三者Dだったら利益相反行為にはあたりません。

> **ポイント**
> ☆Bの行為は<u>利益相反行為に該当し、この場合、母Bでは子Aの抵当権設定契約を代理することはできず、勝手に代理すると無権代理となる</u>(108条2項)

V 養子

(1) 概要

養子縁組とは、血縁関係とは無関係に他人同士に親子関係を発生させる行為のことです。養子縁組によって設定された親を「養親」、子を「養子」といいます。

養子縁組には、普通養子縁組制度と特別養子縁組制度がありますので、これらについて順に見ていきましょう。

(2) 普通養子

養子縁組の意思の合致と養子縁組の届出をすることで、法律上の親子関係を設定することができます※1。養子になれば、養親の嫡出子となります。

まずは、<u>AB夫婦がC（22歳）を養子とする場合を例に、養子縁組の要件・効果について見てみましょう。</u>

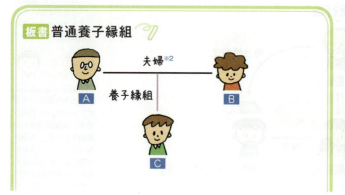
板書 普通養子縁組

Advance ※1
2回転目に読む
尊属または年長者を養子とすることはできません（793条）。違反した場合は、その取消しを家庭裁判所に請求できます（805条）。

Advance ※2
2回転目に読む
本来、配偶者の一方が養子縁組をする場合は配偶者の同意が必要になりますが、他方の配偶者がその意思を表示することができないときは、同意を得る必要はありません（796条）。

■要件■
①養子縁組意思の合致
②養子縁組の届出※3
■効果■
・Cは、養子縁組の日からAB夫婦の嫡出子となる
　↑CがABの養子となっても、実方の父母との関係は終了しない
・Cは、AB夫婦の名字を称する

> Advance ※3
> 2回転目に読む
> 判例は、真実の親子関係のない親から嫡出子出生届が提出されても、この届出をもって養子縁組の届出があったものとはできないとしています（最判昭25.12.28）。

次に、AB夫婦が未成年者のC（15歳）※4を養子とする場合を例に、未成年者と養子縁組するときのルールについて見てみましょう。

> Advance ※4
> 2回転目に読む
> 15歳未満の子を養子とするときは、法定代理人が代わりに縁組の承諾をできます（代諾縁組：797条1項）。また、真実の親でもないのに勝手に代諾縁組をした場合、それだけで有効な代諾縁組にはなりませんが、子は15歳に達した後でこれを追認することが可能です。

板書 未成年者を養子とする場合 ← 神田Tのアドバイス❶

■AB夫婦がC（15歳）を養子とする場合※5■
・家庭裁判所の許可が必要（798条本文）
・夫婦共同縁組によることが必要（795条本文）

未成年者を養子とする場合は、成年を養子とする場合と異なり、家庭裁判所の許可や夫婦が共同で縁組することなどが要求され、要件が厳しくなっています。

> Advance ※5
> 2回転目に読む
> Bが再婚のときなどで、CがもともとBの嫡出子の場合、家庭裁判所の許可や夫婦共同縁組によることは不要となります（798条ただし書、795条ただし書）。

(3) 特別養子

　家庭裁判所の審判によって成立し、実の父母との親子関係を終了させ、養親との親子関係だけにする効果を持つ養子縁組制度です（817条の2第1項）。

　AB夫婦がCを特別養子とする場合を例に、特別養子縁組の法律関係について見てみましょう。

> 神田Tの
> アドバイス❶
> 普通養子縁組と特別養子縁組の効果の大きな違いは、実親子関係が終了するかどうかです。

板書　特別養子縁組の要件

■要件■
　①夫婦共同縁組によること
　②夫婦の一方が25歳以上であること※1
　③子は15歳未満であること※2
　④実方の父母の同意があること
　⑤6か月以上の試験養育期間が必要
　⑥子の利益のために特に必要であること
　⑦養親となる者の請求で家庭裁判所の審判により成立

■効果■
　・Cは、養子縁組の日からAB夫婦の嫡出子となる
　・Cは、AB夫婦の名字を称する
　・Cの実親との親子関係は終了する

> Advance ※1
> 2回転目に読む
> 片方が25歳以上なら、もう一方は20歳以上であればOKです。

> Advance ※2
> 2回転目に読む
> 以前から監護している場合なら、15歳未満までに請求できなかったやむを得ない事由があるときは、15歳以上でもOKです。この場合、15歳以上の子の同意も必要となります。また、審判確定時に18歳未満でなければなりません。

普通養子縁組と特別養子縁組を比較すると、次の表のようになります。

	普通養子	特別養子
成立	①縁組意思の合致 ②届出	①養親となる者の請求 ②家庭裁判所の審判
家庭裁判所の許可	未成年者を養子とする場合など必要となるときあり	不要
養親の年齢要件	20歳以上	25歳以上
養親の婚姻要件	配偶者のある者が未成年者を養子とする場合には夫婦共同縁組	夫婦であり、かつ、共同で縁組すること
養子の年齢要件	―	15歳未満
実方の父母の同意	―	必要
試験養育期間	―	必要（6か月以上）
実方の父母との関係	終了しない	終了する

特別養子縁組の離縁は、①養親による虐待、悪意の遺棄その他養子の利益を著しく害する事由があること、かつ、②実父母が相当の監護をすることができることのいずれにも該当する場合において、養子の利益のため特に必要があると認めるときに、養子、実父母、検察官の請求により、家庭裁判所によって行われます（817条の10第1項）。

特別養子縁組は未成年者を養子とすることになりますが、家庭裁判所の審判で設定されるため、家庭裁判所の許可をとる必要はありません。

> **例題** H28-35-5改
> I・J夫婦が、K・L夫婦の子Mを養子とする旨の縁組をし、その届出が完了した場合、MとK・L夫婦との実親子関係は終了する。
>
> ✗ 届出により養子縁組しているので普通養子縁組にあたり、実親子関係は終了しない。実親子関係が終了するのは特別養子縁組の場合。

第2編 民法

CHAPTER 4 親族・相続

SECTION 2 相続（そうぞく）

このSECTIONで学習すること

1 相続
相続人の範囲は？ 相続する順番は？ 相続をしないという選択はできる？

2 遺言
遺言にはどんな種類がある？ 遺言書の作成の仕方は？

3 配偶者居住権
建物所有権を相続しなくても配偶者はこれまで住んでいたところに住み続けられるよ！

4 特別の寄与
特別寄与者から相続人に対して特別寄与料の支払を請求できるよ！

1 相続　　重要度 ★★☆

神田Tのイントロ
相続関係では、相続できる立場かどうか、実際に相続するかしないかの判断、遺留分の仕組みを中心にチェックしましょう。過去には記述式で、遺留分を題材とした出題がされたことがあります。

人が死亡すると、その財産は残された家族に承継されることになります。これを<mark>相続</mark>といい、死亡した者を<mark>被相続人</mark>、相続する者を<mark>相続人</mark>といいます。相続する場合、貯金などのプラスの財産も借金などのマイナスの財産も包括的に承継することになります。

ここでは、相続人が誰か、法定相続の順番、相続できない場合、相続放棄する場合について学習していきましょう。

Ⅰ 相続人

相続人は誰でもよいわけではなく、配偶者と一定の血族に限られています。

<u>配偶者は常に相続人となりますが、血族には優先順位がありますので、相続順位と法定相続分について見てみましょう。</u>

板書 相続順位と法定相続分（900条）

相続人となりうる者
配偶者、子、直系尊属※1、兄弟姉妹
（887条1項、889条1項、890条）

	①子がいる場合 →配偶者と子が相続	②子がいない場合 →配偶者と直系尊属が相続	③子も直系尊属もいない場合 →配偶者と兄弟姉妹が相続
配偶者の相続分	2分の1	3分の2	4分の3
子の相続分	2分の1	—	—
直系尊属の相続分	—	3分の1	—
兄弟姉妹の相続分	—	—	4分の1

「子」には、実子のほか、養子も含み、胎児も含まれます。

語句 ※1
直系尊属
（ちょっけいそんぞく）
例えば、自分の親や祖父母がこれにあたります。
…自分より上の世代を尊属、子や孫など自分より下の世代を卑属（ひぞく）といいます。

次に、Aが、妻B、子C、父D、母E、兄Fを残して死亡した場合を例に、誰が相続人となるかについて見てみましょう。

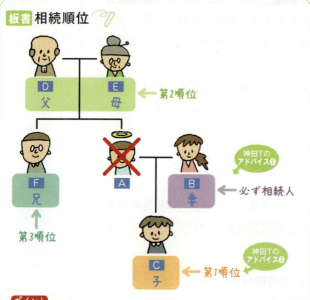

ポイント
☆ 妻は必ず相続人となる
☆ 子がいれば子が相続し、親や兄は相続人にはならない
→ 子と妻で共同相続※1になる場合、法定相続分は子が2分の1、妻が2分の1
☆ 子がいなければ親に相続がまわってくる
→ 親と妻で共同相続になる場合、法定相続分は親が3分の1、妻が3分の2
☆ 子も親もいなければ兄に相続がまわってくる
→ 兄と妻で共同相続になる場合、法定相続分は兄が4分の1、妻が4分の3

この場合、妻Bと子Cが相続し、相続分はBが2分の1、Cが2分の1です。

妻は必ず相続人となりますが、自分の意思で相続を放棄することはできます。

子が3人いるときは、子の相続分を3等分したものが各自の相続分となります。嫡出子と非嫡出子、実子と養子でも相続分は等しくなっています。

語句 ※1
共同相続
2人以上の相続人が共同で相続すること。

親が2人いるときは、親の相続分を2等分したものが各自の相続分となります。

兄弟姉妹が複数人いるときも兄弟姉妹の相続分を複数の者で分けることになります。

436

Ⅱ 欠格・廃除

民法では、相続人としてふさわしくない者の相続権を失わせる制度として、欠格や廃除という仕組みが設けられています。

欠格は、遺言書を偽造したり隠匿するなど相続に関して悪い行為をした者の相続権を当然に失わせる制度です(891条)※2。

廃除は、遺留分を有する推定相続人が被相続人に対して虐待や重大な侮辱を加えたときなどに、被相続人の請求により、その者の相続権を失わせる制度です(892条)。

欠格と廃除について比較すると、次の表のようになります。

	欠格(891条)	廃除(892条)
対象	すべての推定相続人	遺留分を有する推定相続人
効力発生	当然に発生	被相続人からの請求により家庭裁判所の審判で発生
他の相続との関係	当該被相続人以外との関係における相続能力：否定されない	当該被相続人以外との関係における相続能力：否定されない
資格回復制度	なし	廃除の取消しを請求できる

※2 他にも、故意に被相続人を死亡させ刑に処せられた場合、詐欺により被相続人が相続に関する遺言をすることを妨げた場合、詐欺により被相続人に相続に関する遺言をさせた場合なども欠格事由に該当します(891条)。

神田Tのアドバイス❶
欠格・廃除により父の相続権を失っている者でも、母を相続することはできるという意味です。

Ⅲ 相続の承認・放棄

相続は、しなければならないものではなく、相続をするかしないかは自分で選択できます。相続については、単純承認のほか、限定承認や相続放棄といった選択肢があります。

単純承認	被相続人の権利義務をすべて承継する(920条)
限定承認	被相続人の債務の弁済責任などを相続財産の限度でのみ負う留保をつけて、被相続人の権利義務を承継する(922条)
相続放棄	被相続人の権利義務は一切承継しない(939条)

437

Aが死亡して、子Bが自分のために相続開始があったことを知った場合を例に、相続の承認・放棄について見てみましょう。

神田Tの
アドバイス❶

自己のために相続の開始があったことを知った時から3か月以内に限定承認・相続放棄の判断をしなかった場合、単純承認したものとみなされます。

Advance ※1
2回転目に読む

共同相続の場合、限定承認は、共同相続人全員で行う必要があります（923条）。

Advance ※2
2回転目に読む

単純承認は家庭裁判所への手続は不要ですが、限定承認・相続放棄をするときは家庭裁判所への手続が必要です。限定承認の場合、相続人は、自己のために相続の開始があったことを知った時から3か月以内に、相続財産の目録を作成して家庭裁判所に提出し、限定承認をする旨を申述しなければなりません（924条）。

IV 代襲相続

(1) 代襲相続原因

　代襲相続は、相続開始の前に、相続人である子や兄弟姉妹が、**死亡**、**欠格**、**廃除**によって相続権を失っているときは、その相続人の子など直系卑属が代わりに相続する制度です（887条2項、889条2項）。

　相続人となるべき者（子）が被相続人（親）よりも先に死亡していた場合を例に、代襲相続の法律関係について見てみましょう。

代襲相続原因となるもの	ならないもの
死亡、欠格、廃除	相続放棄※3

神田Tのアドバイス②

例えば、自分の父親がすでに死亡していて、父方のおじいちゃんが死亡した場合に、おじいちゃんの財産が孫に相続されるときがこれにあたります。

神田Tのアドバイス③

Aが死亡したときにAの子Cが相続するはずの分をCの子Dが代わりに相続します。

ひっかけ注意！ ※3

Cが死亡ではなく相続放棄した事例をあげて「Dが代襲相続できる」として誤りとするパターンに注意。

(2) 同時死亡の推定と相続

死亡の先後が不明のときは同時に死亡したと推定されます（32条の2）※1。そのため、それらの者の間では相続は発生しません。ただし、代襲相続は生じます。

親子がともに死亡し、その先後が不明だった場合を例に、その相続関係について見てみましょう。

> **ひっかけ注意！** ※1
> 同時死亡の効果は「推定」です。これを「みなす」として誤りとするパターンに注意。

板書 同時死亡の推定と相続

例 Aには、妻B、子C、孫Dがいたが、AとCが2人で旅行中に事故に遭い、2人とも死亡し、ACの死亡の先後が不明の場合

同時に死亡したと推定
＝
CはAを相続しない
（Dが代襲相続することはOK）

Bは、Aの財産の2分の1を相続します。
…Aの分は配偶者の立場で相続。Cの分は相続しない（第1順位の子がいるから）。

Dは、Cの財産を相続し、Aの財産の2分の1も相続します。
…Aの分はAの子Cを代襲相続。Cの分は子の立場で相続。

> **Advance** ※2
> **2回転目に読む**
> 共同相続人は、協議により遺産分割をすることができ（907条1項）、協議が調わないときまたは協議をすることができないときには、各共同相続人は、その分割を家庭裁判所に請求することもできます（907条2項本文）。

Ⅴ 遺産分割

(1) 遺産分割協議

共同相続人の協議により遺産の分割をすることが認められています（907条1項）※2。法定相続や遺言の記載と異なる分割であっても、共同相続人全員の合意によるものであれば、遺産分割協議が有効です。

440

Xが死亡して、3人の子ABCが共同相続した場合を例に、ABCの協議でXの遺産を分割するときの法律関係について見てみましょう。

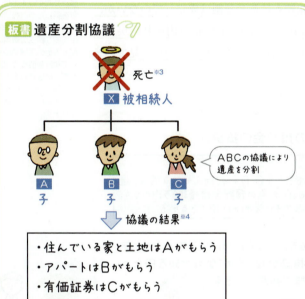

板書 遺産分割協議

X 被相続人 死亡※3

A 子　B 子　C 子

ABCの協議により遺産を分割

協議の結果※4

・住んでいる家と土地はAがもらう
・アパートはBがもらう
・有価証券はCがもらう
・現金はABCで3等分する

ポイント
☆ 遺産分割協議で決めた債務を履行しない者がいても、他の相続人は、債務不履行を理由として当該遺産分割協議を解除することはできない（最判平元.2.9）
☆ 共同相続人の全員の合意により遺産分割協議を解除した上で、改めて遺産分割協議をすることはできる（最判平2.9.27）

Advance ※3　2回転目に読む
被相続人は、遺言で、遺産の分割の方法を定めたり、相続開始の時から5年を超えない期間を定めて遺産の分割を禁止したりすることもできます（908条）。

Advance ※4　2回転目に読む
相続による権利の承継は、遺産の分割によるものかどうかにかかわらず、法定相続分を超える部分については、登記、登録その他の対抗要件を備えなければ、第三者に対抗することができません（899条の2第1項）。

(2) 預貯金の場合

遺産に属する預貯金債権のうちの一定額[※1]までについては、遺産分割によらなくても、各共同相続人が単独で権利を行使することができます（909条の2）。

Aが死亡し、共同相続人に遺産分割は成立していないが、配偶者BがAの銀行口座のお金のうち50万円を払い戻す場合を例に、遺産分割前の預貯金債権の行使について見てみましょう。

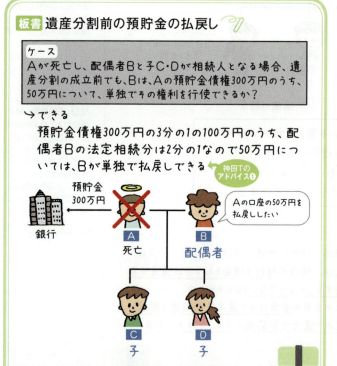

> **Advance** [※1]
> **2回転目に読む**
> 遺産に属する預貯金債権のうち相続開始の時の債権額の3分の1に当該共同相続人の相続分を乗じた額（標準的な当面の必要生計費、平均的な葬式の費用の額その他の事情を勘案して預貯金債権の債務者ごとに法務省令で定める額＝150万円を限度とする）が上限額となります。

このような仮払制度が設けられたのは、被相続人の葬儀費用や当面の相続人の生活費などの支払が困難とならないように配慮されたからです。

Ⅵ 遺留分

⑴ 遺留分とは

自分の財産を誰にあげるかはその人の自由だからといって全財産を他人に贈与されてしまうと、残された家族に財産がまったく残らず、生活に困る事態が生じるおそれもあります。民法では、残された家族のために相続財産の一部は取り戻せる仕組みがあります。このような遺産のうち最低限留保されている部分のことを<mark>遺留分</mark>といいます。

例えば、父親が死亡した場合の子の遺留分は、遺留分を算定するための財産の価額[※2]に<u>2分の1</u>を乗じた額となります（1042条1項2号）。

被相続人がした遺贈のほか、贈与も遺留分の算定の財産価額に算入されますが、相続開始前の1年間にした贈与に限られます。ただし、当事者双方が遺留分権利者に損害を加えることを知って贈与をしたときは、1年前の日より前にしたものについても対象になります（1044条1項）。

条文チェック ※2
1043条1項では、「遺留分を算定するための財産の価額は、被相続人が相続開始の時において有した財産の価額にその贈与した財産の価額を加えた額から債務の全額を控除した額とする。」と規定されています。

⑵ 遺留分の侵害

遺留分は当然に残されるわけではなく、遺留分侵害額を計算し、遺留分権利者が、受遺者・受贈者に対し、遺留分侵害額に相当する金銭の支払を請求して、その金額を支払ってもらうことで解決します（1046条1項）。

<u>被相続人（親）Aが全財産を他人Xに贈与する旨の遺言を残して死亡した場合を例に、遺言の効力や相続人（子）Bの遺留分侵害額の請求に関する法律関係について見てみましょう。</u>

神田Tのアドバイス❷
不動産や動産の取戻しを認めることは法律関係をその複雑化させることになりかねないことから、金銭で解決する仕組みとされています。

板書 遺留分の侵害

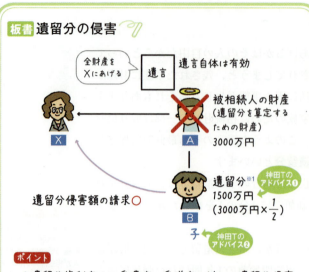

ポイント

☆ 遺留分権利者は、受遺者・受贈者に対し、<u>遺留分侵害額に相当する金銭の支払を請求することができる</u>(1046条1項)

☆ <u>遺留分侵害額の請求権</u>は、遺留分権利者が、相続の開始および遺留分を侵害する贈与・遺贈があったことを知った時から<u>1年間行使しないときは、時効によって消滅する</u>(相続開始の時から10年を経過したときも同様)(1048条)

Advance ※1 2回転目に読む

家庭裁判所の許可を受ければ、相続の開始前における遺留分の放棄も可能です(1049条1項)。なお、共同相続人の1人のした遺留分の放棄は、他の各共同相続人の遺留分に影響を及ぼしません(1049条2項)。

神田Tのアドバイス❶

直系尊属のみが相続人である場合の遺留分は遺留分を算定するための財産の価額の3分の1、それ以外の場合の遺留分は遺留分を算定するための財産の価額の2分の1です(1042条)。

神田Tのアドバイス❷

配偶者、子、直系尊属には遺留分が認められますが、兄弟姉妹には遺留分は認められません(1042条)。

例題 H19-35-オ

(Aが死亡し、Aの死亡時には配偶者B、Bとの間の子CおよびAの母Dがいる場合)Cが相続の放棄をした場合において、Cに子Fがいるときには、Aを相続するのはBだけでなく、FもCを代襲してAの相続人となる。

× 相続放棄は代襲相続原因ではなく、FはCを代襲してAの相続人とはならない。

2 遺言(いごん)

重要度 ★★★

民法では、生前の自分の意思を残しておくことを認めており、これを**遺言**といいます。

ここでは、遺言の種類、遺言書作成のルール、一度書いた遺言を撤回できるかについて学習していきましょう。

Ⅰ 遺言の方式

遺言(普通方式の遺言)の方式には、自筆証書遺言、公正証書遺言、秘密証書遺言の3種類があります(967条)。3種類の遺言の方式について見てみましょう。

板書 遺言の方式

	自筆証書遺言 (968条)	公正証書遺言 (969条)	秘密証書遺言 (970条)
作成	遺言者が、遺言の全文、日付、氏名を自書して、押印する	遺言者が公証人※2に口授※3して、公証人が筆記する※4	遺言書に署名押印して封印し、公証人が日付等を記入する
証人	不要	2人以上	2人以上
検認	必要	不要	必要

自筆証書遺言

- 全文自書
- 日付を付す
- 名前を書く
- 押印する

・Aが自分で全文を自書する※5
　↑パソコンで作成してプリントアウト→✕
　録音・録画→✕

・平成30年改正(平成31年1月施行)により要件が緩和され、遺言に添付する財産目録は自書でなくてもよくなった(968条2項)

神田Tのイントロ

遺言では、自筆証書遺言の書き方、遺言を撤回するときのルールを中心にチェックしましょう。

語句 ※2
公証人
公正証書の作成や、その他の証書に必要とされる認証を与える権限を有する公務員のこと。

語句 ※3
口授
口で伝えること。

Advance ※4
2回転目に読む
口がきけない者の場合、公証人および証人の前で、遺言の趣旨を通訳人の通訳により申述または自書して口授に代えます(969条の2第1項)。

神田Tのアドバイス❸
自筆証書遺言ではないので、自書している必要はありません。

Advance ※5
2回転目に読む
自筆証書中の内容を変更する場合、遺言者が、その場所を指示し、これを変更した旨を付記して特にこれに署名し、かつ、その変更の場所に印を押す必要があります(968条3項)。

445

II 遺言の効力発生

遺言は、遺言者が死亡した時から効力を生じます（985条1項）[※1]。

受遺者は、遺言者の死亡後、いつでも、遺贈の放棄をすることができます（986条1項）。遺贈の放棄は、遺言者の死亡の時にさかのぼってその効力を生じます（986条2項）。

III 遺言の執行

(1) 遺言書の検認

遺言書の保管者が相続の開始を知った後、または、遺言書の保管者がいない場合で相続人が遺言書を発見した後において、その者は、これを家庭裁判所に提出して、その検認[※2]を請求しなければなりません（1004条1項）。

(2) 遺言執行者

遺言者は、遺言で、1人または数人の遺言執行者を指定し、またはその指定を第三者に委託することができます（1006条1項）[※3, 4]。

遺言執行者は、遺言の内容を実現するため、相続財産の管理その他遺言の執行に必要な一切の行為をする権利義務を有します（1012条1項）。

IV 遺言の撤回

遺言は、いつでも遺言の方式と同様の方法により、撤回することができます（1022条）。

遺言者は、その遺言を撤回する権利を放棄することはできません（1026条）。

また、遺言が複数存在した場合、新しい遺言と古い遺言で異なる内容の記載があったときは、新しい遺言で古い遺言の内容を撤回したとみなされます（1023条1項）。

Advance ※1 2回転目に読む
遺言に停止条件を付した場合は、その条件が遺言者の死亡後に成就した時から効力を生じます（985条2項）。

Advance ※2 2回転目に読む
公正証書遺言の場合、検認の手続は不要です（1004条2項）。公正証書の原本は公証人が作成し、公証役場で保管しているため、偽造のおそれがないからです。

Advance ※3 2回転目に読む
未成年者・破産者は、遺言執行者となることはできません（1009条）。

Advance ※4 2回転目に読む
遺言執行者は、就職を承諾したときは直ちにその任務を行わなければならず、その任務を開始したときは遅滞なく遺言の内容を相続人に通知しなければなりません（1007条1項・2項）。

神田Tのアドバイス❶
遺言の撤回も遺言の方式による必要がありますが、すでにした遺言と同一の方式である必要はありません。そのため、公正証書遺言で作成した遺言を自筆証書遺言で撤回することも可能です。

Aが4月1日に第1の遺言を残し、5月1日にこれとは別の内容の第2の遺言を残した場合を例に、どちらの遺言が有効となるのかについて見てみましょう。

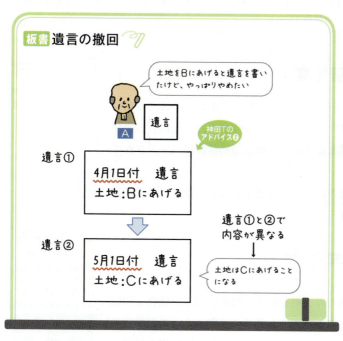

遺言に日付を付さなければならないのは、複数の遺言が出てきたときにどちらの方が新しい遺言かを判断するためにも必要だからです。

Ⅴ 未成年者・成年被後見人の遺言

15歳以上の者であれば、単独で遺言をすることができます（961条）※5。

成年被後見人も、事理弁識能力を一時回復している状態であれば、医師2人以上の立会いのもと、遺言をすることができます（973条1項）。

Ⅵ 共同遺言の禁止

遺言は2人以上の者が同一の証書ですることはできません（975条）。

ひっかけ注意！ ※5
「未成年者は、15歳以上であれば他人の遺言の証人や立会人となることができる」として誤りとするパターンに注意。未成年者でも単独でできることは自らの遺言を残すことです。

例題　H29-35-ア

> 15歳に達した者は、遺言をすることができるが、遺言の証人または立会人となることはできない。

○ 未成年者でも15歳になっていれば遺言はできる。証人や立会人にはなれない。

3 配偶者居住権　重要度 ★★★

改正（令和2年4月施行）により、新しく配偶者の居住の権利に関する規定が設けられるようになりました。配偶者の居住する権利は、**配偶者居住権**と**配偶者短期居住権**に区分されています。

ここでは、配偶者居住権と配偶者短期居住権について学習していきましょう。

I 配偶者居住権

(1) 概要

被相続人の配偶者は、被相続人の財産に属した建物に相続開始の時に居住していた場合、遺産の分割によって配偶者居住権を取得するものとされたときや、配偶者居住権が遺贈の目的とされたときには、<u>居住建物の全部について無償で使用・収益をする権利</u>を取得します（1028条1項）。このような権利を**配偶者居住権**といいます。

<u>AB夫婦は2人でA所有の家に住んでいたが、Aが妻Bと子Cを残して死亡した場合を例に、Bの配偶者居住権の取得について見てみましょう。</u>

神田Tのイントロ

配偶者居住権の仕組み、配偶者短期居住権の仕組みを確認したら、両概念の比較も行っておきましょう。

神田Tのアドバイス❶

配偶者居住権は、遺産分割や遺贈に関する新しい選択肢になるものです。被相続人の配偶者に、居住建物の所有権の取得ではなく、居住建物を無償で使用・収益する権利を取得させます。これにより、建物所有権を相続しなくても、建物に居住を続けられ、他の遺産を取得しやすくなります。

448

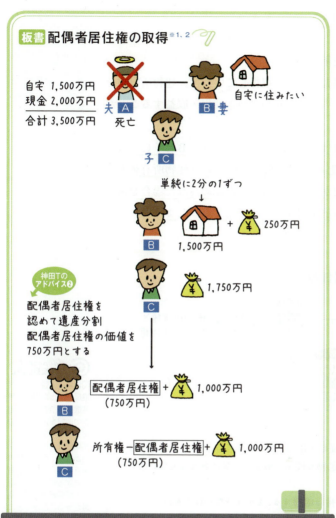

Advance ※1
2回転目に読む
被相続人が相続開始の時に居住建物を配偶者以外の者と共有していた場合には、配偶者居住権を取得できません（1028条2項）。

Advance ※2
2回転目に読む
遺産の分割の請求を受けた家庭裁判所は、配偶者が家庭裁判所に対して配偶者居住権の取得を希望する旨を申し出た場合において、居住建物の所有者の受ける不利益の程度を考慮してもなお配偶者の生活を維持するために特に必要があると認めるときは、審判により、配偶者が配偶者居住権を取得する旨を定めることができます（1029条2号）。

神田Tのアドバイス❷
配偶者居住権の存続期間は終身です（1030条本文）。つまり、別段の定めがあるときを除き、配偶者は生きている間はずっと居住建物に無償で住み続けることができます。

(2) 配偶者居住権の登記

　遺産分割や遺贈によって配偶者が配偶者居住権を取得するということは、この建物の所有者は別に存在することが前提となります。そして、この建物の所有者になった者には、配偶者居住権の設定についての登記を備えさせる義務を負わせ

ています（1031条1項）。

(3) 居住建物の使用・収益

配偶者は、配偶者居住権を取得していれば、建物所有権を取得していなくても、その建物につき使用・収益することができます。

<u>AB夫婦がA所有の家に住んでおり、Aが妻Bと子Cを残して死亡し、BCの遺産分割協議により、Bには建物所有権の取得は認めなかったが、配偶者居住権が認められた場合</u>を例に、居住建物に関する法律関係について見てみましょう。

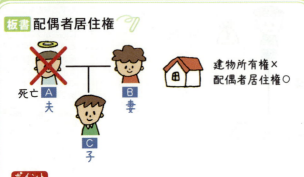

板書 配偶者居住権

建物所有権×
配偶者居住権○

死亡 A 夫 ／ B 妻 ／ C 子

ポイント

☆配偶者は、従前の用法に従い、<u>善良な管理者の注意</u>をもって、居住建物の使用・収益をしなければならない（1032条1項本文）※1

☆配偶者居住権は譲渡することができない（1032条2項）

☆配偶者は、居住建物の所有者の承諾を得なければ、居住建物の改築や増築をしたり、第三者に居住建物を使用・収益をさせることはできない（1032条3項）

☆配偶者は、居住建物の使用・収益に必要な修繕をすることができる（1033条1項）※2

☆配偶者は、建物の<u>通常の必要費を負担する</u>（特別の必要費、有益費は、所有者が負担する）（1034条1項・2項）

Advance ※1 2回転目に読む
配偶者に善管注意義務違反があった場合、居住建物の所有者は、相当の期間を定めてその是正の催告をし、その期間内に是正がされないときは、居住建物の所有者は、当該配偶者に対する意思表示によって配偶者居住権を消滅させることができます（1032条4項）。

Advance ※2 2回転目に読む
居住建物の修繕が必要である場合、配偶者が相当の期間内に必要な修繕をしないときは、居住建物の所有者は、その修繕をすることができます（1033条2項）。

Ⅱ 配偶者短期居住権

配偶者は、被相続人の財産に属した建物に相続開始の時に無償で居住しており、居住建物について配偶者を含む共同相続人間で遺産の分割をすべき場合、<u>遺産の分割により居住建物の帰属が確定した日または相続開始の時から6か月を経過する日のいずれか遅い日までの間</u>、居住建物の所有権を相続または遺贈により取得した者に対し、居住建物について<u>無償で使用する権利</u>を有します(1037条1項)。これを**配偶者短期居住権**といいます。

AB夫婦がA所有の家に住んでおり、Aが妻Bおよび前妻Yの子Xを残して死亡した場合、配偶者短期居住権に関する法律関係について見てみましょう。

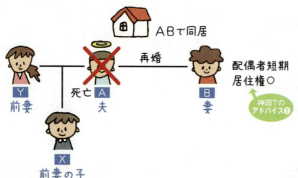

ポイント
☆ 配偶者は、従前の用法に従い、<u>善良な管理者の注意</u>をもって、居住建物の使用しなければならない(1038条1項)※3
☆ 配偶者は居住建物取得者の承諾を得なければ、第三者に居住建物の使用をさせることができない(1038条2項)
☆ 配偶者短期居住権は譲渡することができない(1041条、1032条2項)

神田Tのアドバイス❶

相続開始の時から6か月を経過する日のいずれか遅い日までの間とされているのは、相続人同士で揉めることもなく早期に遺産分割が成立した場合でも、配偶者の引越しの準備などに必要な猶予期間を確保する必要があると考えられたからです。

神田Tのアドバイス❷

配偶者居住権、配偶者短期居住権いずれも使用貸借契約における借主死亡による終了の規定(597条3項)が準用されています(1036条、1041条)。したがって、配偶者が死亡するとこの権利は消滅します。

Advance ※3
2回転目に読む

配偶者に善管注意義務違反があった場合、居住建物取得者は、当該配偶者に対する意思表示によって配偶者短期居住権を消滅させることができます(1038条3項)。

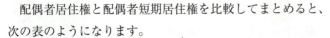

☆配偶者は、居住建物の使用に必要な修繕をすることができる(1041条、1033条1項)
☆配偶者は、建物の通常の必要費を負担する(特別の必要費、有益費は、所有者が負担する)(1041条、1034条1項・2項)
☆配偶者が居住建物に係る配偶者居住権を取得したときは、配偶者短期居住権は消滅する(1039条)

配偶者居住権と配偶者短期居住権を比較してまとめると、次の表のようになります。

	配偶者居住権	配偶者短期居住権
使用の対価	無償	無償
存続期間	終身	一定期間のみ
登記義務	あり	なし
善管注意義務	あり	あり
譲渡の可否	できない	できない
通常の必要費の負担	配偶者	配偶者
有益費の負担	所有者	所有者
配偶者死亡による終了	終了する	終了する
権利消滅後の返還義務	あり	あり

4 特別の寄与

重要度 ★☆☆

改正(令和元年7月施行)により、新たに**特別の寄与**に関する規定が設けられています。具体的には、特別寄与者から相続人に対して特別寄与料の支払を請求できることを認める条文が追加されました。

被相続人に対して無償で療養看護その他の労務の提供をしたことにより被相続人の財産の維持または増加について特別

神田Tのイントロ

特別の寄与は重要ではありませんが、制度の概要だけでも確認しておきましょう。

の寄与をした被相続人の親族※1（特別寄与者）は、相続の開始後、相続人に対し、特別寄与者の寄与に応じた額の金銭（特別寄与料）の支払を請求することができます（1050条1項）。

<u>Aは、子Bと妹Cを残して死亡した。Aの生前、Cは、Aに対して無償で療養看護その他の労務の提供をしたことによりAの財産の維持または増加について特別の寄与をした場合を例に、Cは、相続の開始後、相続人Bに対し、Cの寄与に応じた額の金銭として特別寄与料の支払を請求することができるかについて見てみましょう。</u>

※1
相続人、相続の放棄をした者、欠格または廃除によってその相続権を失った者は除きます（1050条1項）。

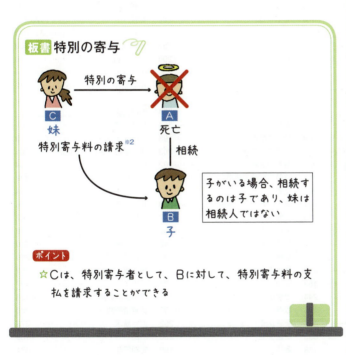

Advance ※2
2回転目に読む
特別寄与料の支払について、当事者間に協議が調わないとき、または協議をすることができないときは、特別寄与者は、家庭裁判所に対して協議に代わる処分を請求できます。この請求は、特別寄与者が相続の開始および相続人を知った時から6か月を経過したとき、または相続開始の時から1年を経過したときはできなくなります（1050条2項）。

第2分冊（民法）
用語さくいん

あ行

悪意	128
遺言	445
遺言執行者	446
遺産分割	440
意思能力	135
意思表示	153
一括競売	272
囲繞地通行権	242
委任契約	392
入会権	253
遺留分	443
請負契約	389
永小作権	253
親子関係不存在確認の訴え	428

か行

回復請求	235
買戻し	376
加工	240
果実	209
過失相殺	411
簡易の引渡し	229
監督者責任	414
期限	190
危険負担	361
寄託契約	395
求償	343
境界線	242
供託	326
共同不法行為	419
強迫	163
共有	244
虚偽表示	155
口授	445
組合契約	398
契約	128
契約の解除	362
欠格	437
原始取得	194
顕名	167
権利質	278
権利能力	133
行為能力	135

更改	334
公正証書遺言	445
個人根保証	354
婚姻	424
混同	334

さ行

債権	128
債権者代位権	298
債権譲渡	314
催告	145
債務	128
債務引受	318
債務不履行	291
詐害行為取消権	303
詐欺	161
先取特権	282
錯誤	158
差押え	155
指図証券	296
指図による占有移転	230
詐術	147
死因贈与	371
敷金	384
事業保証	354
時効の援用	198
時効の完成猶予	203
時効の更新	202
時効の利益の放棄	200
使者	174
自主占有	230
質権	277
失踪宣告	150
自筆証書遺言	445
事務管理	401
借地借家法	380
従物	208
出世払い	191
取得時効	193
受領遅滞	292
種類債権	288
条件	189
使用者責任	416
使用貸借契約	378
消費貸借契約	377
消滅時効	196
所有権	210
所有権留保	210
信義則	130

親族	423
心裡留保	154
推定する	146
随伴性	255
制限行為能力者	135
成年被後見人	135
責任能力	408
絶対効	337,340
善意	128
善管注意義務	288
選択債権	290
占有回収の訴え	231
占有改定	229
占有権	228
占有訴権	231
相殺	329
相続	128,435
相対効	337,340
相当因果関係	408
贈与契約	370
即時取得	234
損益相殺	412

た行

代価弁済	264
対抗する	213
第三者のためにする契約	361
胎児	134
代襲相続	439
代償請求	294
代物弁済	326
代理	167
他主占有	230
担保物権	210
地役権	250
地上権	252
嫡出子	427
嫡出否認の訴え	428
賃貸借契約	380
追完請求	373
追認	139
定期贈与	371
定型約款	367
停止条件	189
抵当権	255
抵当権消滅請求	265
手付	372
転用物訴権	406
登記	128,213

動機の錯誤 …………………… 160	無効 ……………………………… 128
同時死亡の推定 ……………… 440	無主物先占 …………………… 241
同時履行の抗弁権 …………… 359	明認方法 ……………………… 217
動物占有者の責任 …………… 418	免除 …………………………… 334
特定物債権 …………………… 288	

や行

特別の寄与 …………………… 452	有益費 ………………………… 383
特別養子 ……………………… 432	用益物権 ……………………… 210
土地工作物責任 ……………… 417	養子 …………………………… 430
取消し ………………………… 128	

な行

ら行

二重譲渡 ……………………… 214	利益相反行為 ………………… 429
認知 …………………………… 429	履行遅滞 ……………………… 291
根抵当権 ……………………… 275	離婚 …………………………… 426
	留置権 ………………………… 279

は行

配偶者居住権 ………………… 448	連帯債権 ……………………… 336
配偶者短期居住権 …………… 451	連帯債務 ……………………… 339
廃除 …………………………… 437	連帯保証人 …………………… 347
背信的悪意者 ………………… 215	浪費 …………………………… 138
売買契約 ……………………… 372	
非嫡出子 ……………………… 427	
必要費 ………………………… 383	
被保佐人 ……………………… 135	
被補助人 ……………………… 135	
秘密証書遺言 ………………… 445	
表見代理 ……………………… 183	
不可分債権 …………………… 336	
復代理 ………………………… 173	
付合 …………………………… 239	
付従性 ………………………… 255	
負担付贈与 …………………… 371	
負担部分 ……………………… 340	
物権 …………………………… 208	
物上代位 ……………………… 259	
物上保証人 …………………… 263	
不当利得 ……………………… 403	
不法原因給付 ………………… 405	
不法行為 ……………………… 407	
弁済 …………………………… 322	
弁済の提供 …………………… 323	
騙取金弁済 …………………… 405	
法定地上権 …………………… 266	
保証人 ………………………… 346	

ま行

未成年者 ……………………… 135	
みなす ………………………… 146	
無権代理 ……………………… 175	

第2分冊（民法）
判例さくいん

大連判明41.12.15 ……………… 213
大判大4.3.24 …………………… 191
大判大6.12.11 ………………… 404
大判大15.2.16 ………………… 410
大判昭5.10.10 ………………… 317
大判昭7.6.1 …………………… 255
大判昭7.10.6 ………………… 134
大判昭10.8.10 ………………… 269
大判昭10.10.5（宇奈月温泉事件） … 131
大判昭14.7.26 ………………… 271
大判昭17.9.30 ………………… 219
最判昭23.12.23 ………………… 154
最判昭25.12.28 ………………… 431
最判昭26.5.31 ………………… 386
最判昭27.4.25 ………………… 388
最判昭29.8.31 ………………… 405
最判昭33.6.14 ……………… 220,366
最判昭33.7.22 ………………… 399
最判昭33.8.5 …………………… 412
最判昭33.8.28 ………………… 223
最判昭35.2.11 ………………… 235
最判昭35.6.23 ………………… 386
最判昭35.7.27 ………………… 223
最判昭35.11.29 ………………… 221
最判昭36.2.10 ………………… 267
最判昭36.5.26 ………………… 189
最判昭36.7.20 ………………… 223
最判昭37.4.20 ………………… 181
最判昭37.9.4 …………………… 410
最判昭38.2.21 ………………… 388
最判昭40.6.18 ………………… 178
最大判昭40.6.30 ……………… 365
最大判昭40.11.24 ……………… 373
最判昭40.11.30 ………………… 417
最判昭41.3.3 …………………… 244
最判昭41.3.22 ………………… 323
最大判昭41.4.20 ……………… 201
最判昭41.11.22 ………………… 222
最判昭42.1.20 ………………… 226
最判昭42.4.18 ………………… 173
最判昭42.7.21 ………………… 193
最大判昭42.11.1 ……………… 410
最判昭43.8.2 …………………… 215
最判昭43.11.21 ………………… 280

最判昭44.2.13 ………………… 148
最判昭44.3.28 ………………… 258
最判昭44.7.15 ………………… 200
最判昭45.12.18 ………………… 413
最判昭46.4.23 ………………… 386
最判昭46.6.3 …………………… 186
最判昭46.6.22 ………………… 417
最判昭46.7.16 ………………… 280
最判昭47.6.22 ………………… 381
最判昭47.11.2 ………………… 268
最判昭49.3.22 ………………… 415
最判昭49.9.2 …………………… 280
最判昭49.9.26 ………………… 405
最判昭49.12.17 ………………… 413
最判昭50.4.25 ………………… 389
最判昭51.2.13 ………………… 365
最判昭51.6.17 ………………… 280
最判昭51.7.8 …………………… 417
最判昭53.2.24 ………………… 429
最判昭53.10.20 ………………… 412
最判昭55.1.11 ………………… 317
最判昭56.3.24（日産自動車事件） … 131
最判昭56.11.27 ………………… 417
最判昭56.12.22 ………………… 414
最判昭57.4.30 ………………… 371
最判昭57.9.7 …………………… 235
最判昭58.12.19 ………………… 305
最判昭63.3.1 …………………… 182
最判平1.2.9 …………………… 441
最判平2.1.22 ………………… 270
最判平2.9.27 ………………… 441
最判平2.12.18 ………………… 263
最判平5.1.21 ………………… 180
最判平6.2.8 …………………… 211
最判平7.3.10 ………………… 202
最判平7.9.19 ………………… 406
最判平8.10.29 ………………… 216
最判平9.2.14 ………………… 269
最判平10.1.30 ………………… 261
最判平10.3.26 ………………… 261
最判平10.7.17 ………………… 179
最判平10.2.13 ………………… 250
最判平11.2.23 ………………… 399
最判平11.10.21 ………………… 199
最大判平11.11.24 ……………… 262
最判平11.11.30 ………………… 261
最判平12.2.29 ………………… 413
最判平12.9.22 ………………… 413
最決平12.4.14 ………………… 260

456

最判平13.3.13 ……………………………… 261,419
最判平14.1.29 ……………………………… 414
最判平16.11.12 ……………………………… 417
最判平17.3.10 ……………………………… 262
最判平18.1.17 ……………………………… 223
最判平18.2.24 ……………………………… 415
最判平18.3.30 ……………………………… 413
最判平19.7.6 ……………………………… 270
最判平24.3.16 ……………………………… 194
最判平28.3.1 ……………………………… 415
最判令2.2.28 ……………………………… 417
最判令3.1.22 ……………………………… 293

memo

memo

5分冊の使い方

★セパレートBOOKの作りかた★

白い厚紙から、色紙のついた冊子を取り外します。
　※色紙と白い厚紙が、のりで接着されています。乱暴に扱いますと、破損する危険性がありますので、丁寧に抜きとるようにしてください。

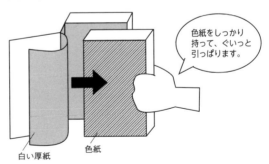

※抜きとるさいの損傷についてのお取替えはご遠慮願います。

第3分冊

2022年度版
みんなが欲しかった！
行政書士の教科書

第3編 行政法

第3分冊

CONTENTS

第3編　行政法

学習ガイダンス／462

CHAPTER 1　行政法の一般的な法理論 ………………………………… 472
 1　行政法の基本原理 ………………………………………………… 472
 2　公法と私法 ………………………………………………………… 475
 3　行政組織 …………………………………………………………… 483
 4　行政行為 …………………………………………………………… 496
 5　行政行為以外の行政作用 ………………………………………… 513
 6　行政強制・行政罰 ………………………………………………… 527

CHAPTER 2　行政手続法 ……………………………………………… 538
 1　総則 ………………………………………………………………… 538
 2　処分 ………………………………………………………………… 544
 3　処分以外の手続 …………………………………………………… 557

CHAPTER 3　行政不服審査法 ………………………………………… 565
 1　総則 ………………………………………………………………… 565
 2　審査請求 …………………………………………………………… 570
 3　審査請求以外の不服申立て ……………………………………… 589
 4　教示 ………………………………………………………………… 593

CHAPTER 4　行政事件訴訟法 ………………………………………… 597
 1　行政事件訴訟の類型 ……………………………………………… 597
 2　取消訴訟 …………………………………………………………… 604
 3　取消訴訟以外の訴訟 ……………………………………………… 627
 4　教示 ………………………………………………………………… 642

CHAPTER 5　国家賠償・損失補償 …………………………………… 645
 1　国家賠償請求 ……………………………………………………… 645
 2　損失補償 …………………………………………………………… 656

CHAPTER 6　地方自治法 ……………………………………………… 660
 1　地方公共団体 ……………………………………………………… 660
 2　住民の権利 ………………………………………………………… 668
 3　地方公共団体の機関 ……………………………………………… 677
 4　条例・規則 ………………………………………………………… 690
 5　公の施設 …………………………………………………………… 694
 6　国の関与 …………………………………………………………… 698

第3分冊（行政法）用語さくいん …………………………………… 704

判例さくいん …………………………………………………………… 706

第 3 編
行政法

行政法

学習ガイダンス

行政法は、❶行政法全体にわたって共通する基本ルール、行政機関・公務員といった行政組織の仕組み、行政行為などのルールについて学習する行政法の一般的な法理論、❷行政機関が処分を行うにあたっての事前のルールなどを定めた行政手続法、❸国民から行政機関に対して事後の救済を求めるときのルールを定めた行政不服審査法、❹国民から裁判所に対して事後の救済を求めるときのルールを定めた行政事件訴訟法、❺行政活動により生じた損害の賠償などについて定めた国家賠償・損失補償、❻都道府県・市町村といった地方公共団体に関するルールを定めた地方自治法という順番で学習していきます。

全体像

CHAPTERの特徴

CHAPTER 1 行政法の一般的な法理論

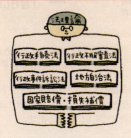

行政法の「基本原理」を確認してから、行政機関・公務員などの「行政組織」、許認可処分などの「行政作用」を学びます。ここでは、行政法の学習で使用する語句の説明や概念の整理が中心となります。

SECTION① 行政法の基本原理

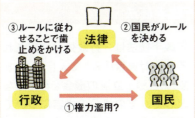

行政活動を法律に基づいて行わせるべきとする「法律による行政の原理」およびその派生原則について学習します。

SECTION② 公法と私法

行政上の法律関係にも、民法など私法の規定が適用される場合があります。どのような場合に適用されるかについて学習します。

SECTION③ 行政組織

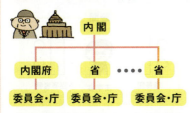

行政主体とは何か、そのために活動する行政機関にはどんな種類があるか、国家行政組織と公務員、公物とは何かについて学習します。

SECTION④ 行政行為

行政行為の分類・名称と内容、違法・不当な行政行為の取扱い、行政裁量の内容、附款とは何かについて学習します。

463

SECTION 5 行政行為以外の行政作用

行政庁
（上級行政庁）

↓ 通達

行政庁
（下級行政庁）

通達（○○法第○条について「これは○○と解釈しなさい」）

行政行為以外の行政作用である行政立法・行政計画・行政指導・行政契約や行政調査について、具体的な内容を学習します。

SECTION 6 行政強制・行政罰

行政庁　①処分　②○○の義務が発生　③履行しない
④ 強制執行 ←強制するための法律の根拠が必要

義務を履行しない者に対して、行政が行う強制手段について、分類と具体的な内容について学習します。

CHAPTER 2 行政手続法

行政手続法
↓ 事前のチェック
処分など →
← 処分の取消しや賠償の請求など
事後の救済 ↑
行政　　　　　　　　　　国民

行政不服審査法　行政事件訴訟法　国家賠償法

行政手続法は、行政処分が出される前に対象者（「名あて人」といいます）に主張・立証の機会を与えるなどして、その処分の内容について事前にチェックするためのルールです。ここでは、条文の読み込みと理解が学習の中心になります。

SECTION 1 総則

行政手続法

どんな法律？　まずは目的条文を確認しよう！

行政手続法とはどんな法律かについて、目的条文や定義条文、適用されない場合などについて学習します。

SECTION 2 処分

聴聞

職員側

主宰者

当事者側

申請に対する処分と不利益処分に分けて、その処分を行う際のルール・義務について学習します。「聴聞」が重要です。

SECTION ❸ 処分以外の手続

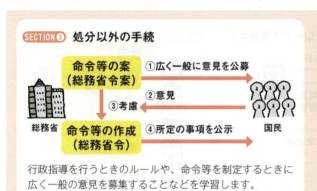

行政指導を行うときのルールや、命令等を制定するときに広く一般の意見を募集することなどを学習します。

CHAPTER 3 行政不服審査法

行政不服審査法は、行政庁の処分や不作為について、国民側から見直しを求め、行政庁に対して不服を申し立てるためのルールです。ここでは、重要条文の理解と手続の流れの把握が学習の中心となります。

SECTION ❶ 総則

行政不服審査法とはどんな法律かについて、目的条文や定義条文、適用されない場合などについて学習します。

SECTION ❷ 審査請求

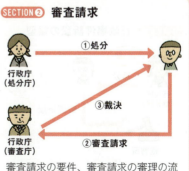

審査請求の要件、審査請求の審理の流れ、審理手続の終結などについて学習します。

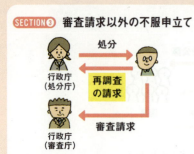

CHAPTER 4 行政事件訴訟法

行政事件訴訟法は、違法な行政処分を受けた国民が、その取消しを求めて訴訟で争うときなどの手続を定めたルールです。ここでは、裁判の話が出てきますので、条文知識だけでなく判例知識も含めて理解することが重要です。

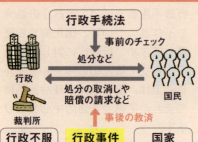

行政事件訴訟法で規定されている訴訟類型の名称や具体例などについて学習します。

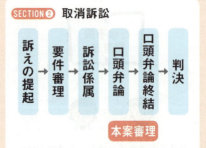

取消訴訟としてふさわしいかどうかのチェック、裁判のルール、判決の効力などを学習します。

SECTION ❸ 取消訴訟以外の訴訟

無効等確認訴訟、不作為の違法確認訴訟、義務付け訴訟、差止め訴訟といった取消訴訟以外の訴訟について、その内容と具体例を学習します。

SECTION ❹ 教示

行政処分がされるとき、被告は誰か、いつまでに取消訴訟すればよいかなどを教えてもらえます。行政不服審査法の教示制度とも比較しましょう。

CHAPTER 5 国家賠償・損失補償

違法な行政作用により生じた損害を償ってもらうことが国家賠償で、適法な行政作用により生じた損失を償ってもらうことが損失補償です。それぞれ判例知識を押さえていくことが学習の中心です。

SECTION ❶ 国家賠償請求

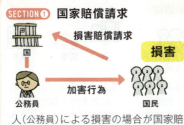

人(公務員)による損害の場合が国家賠償法1条、物(公の営造物)による損害の場合が国家賠償法2条です。要件に該当するかどうかについて、さまざまな判例をもとに学習します。

SECTION ❷ 損失補償

損失補償制度についての基本ルールと損失補償が必要なケースかどうかの判例知識を中心に学習します。

467

CHAPTER 6 地方自治法

議会

首長

住民

都道府県や市町村といった地方公共団体の種類、地方公共団体と住民との関係、議会と長（知事や市長）の関係、条例の制定などについて学習します。

SECTION ❶ 地方公共団体

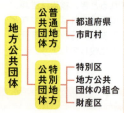

地方公共団体について規定する地方自治法の目的、地方公共団体の種類、事務の区分などについて学習します。

SECTION ❷ 住民の権利

直接請求制度を利用して長をリコールする仕組みや、職員の違法・不当な財務会計上の行為について監査請求する仕組みなどについて学習します。

SECTION ❸ 地方公共団体の機関

地方公共団体に置かれる議会、長（知事や市長）などの行政機関、議会と長の関係などについて学習します。

SECTION ❹ 条例・規則

議会
条例

長
規則

国の法律と何が違うの？

地方議会がつくるルールが「条例」、長（知事や市長）がつくるルールが「規則」です。国がつくるルールである「法律」との関係について、罰則を中心に学習します。

SECTION ❺ 公の施設

地方公共団体に置かれる公の施設の設置・管理のルール、その管理を民間の団体にも行えるようにするための仕組みについて学習します。

SECTION ❻ 国の関与

地方公共団体が事業を行うにあたって国の許認可が必要とされることもあります。国の関与のルールや、関与に不服があった場合にどうすればよいかなどについて学習します。

468

傾向と対策

　行政法は、例年、**5肢択一式19問**（1問4点）と**多肢選択式2問**（1問8点）と**記述式1問**（1問20点）の出題です（112点）。最も出題数が多く、最も配点が高い科目です。

　行政法という名称の一つの法律があるわけではなく、行政法という科目は行政に関する法全体を学習する科目です。具体的な学習内容は、①「行政法の一般的な法理論」、②「行政手続法」、③「行政不服審査法」、④「行政事件訴訟法」、⑤「国家賠償・損失補償」、⑥「地方自治法」に分けられます。①では行政法で使う法律用語の名称・説明・具体例を覚えること、②〜⑥の法律パートでは条文知識を覚えることを中心にしつつ、「行政事件訴訟法」「国家賠償・損失補償」では判例知識も確認することになります。

5肢択一式

　行政法の択一式問題は、事例タイプの長文問題が多い民法と違って、単純正誤タイプの短文系のものが多いのが特徴です。そのため、1問1問にかかる時間は少なくて済みますが、「考えて解く」というものではなく、「**覚えた知識をあてはめる**」というプロセスで解くことになります。そのため、行政法の一般的な法理論では、語句の名称を正確に覚えることが要求されます。例えば、省レベルで作られる命令のことを省令、その省の外局レベルで作られる命令のことは規則と呼びますが、「各省大臣が作る命令を規則と呼ぶ」として誤りとするパターンなどに対応できるようにしていくイメージです。また、法律パートでは、行政手続法（1条〜46条）、行政不服審査法（1条〜87条）、行政事件訴訟法（1条〜46条）、国家賠償法（1条〜6条）については、**条文知識の暗記**が必要になります。単純な条文正誤問題が出されることが多いからです。また、行政事件訴訟法では、処分性、原告適格、狭義の訴えの利益の3か所、国家賠償法では1条関連、2条関連の2か所については、判例問題が出題されることも多いので、このあたりの**判例知識**を身に付けておくことも必要です。

多肢選択式

　行政法では、例年２問、多肢選択式での出題があります。直近５年間では、令和３年は行政強制・行政罰から１問と行政手続法から１問、令和２年は行政指導から１問と国家賠償法から１問、令和元年は訴えの利益に関する判例から１問と行政事件訴訟法から１問、平成30年は行政事件訴訟法から１問と地方公共団体の施策の変更に関する判例から１問、平成29年は行政立法から１問と行政行為の効力から１問の出題がありました。

記述式

　行政法では、例年１問、記述式での出題があります。行政事件訴訟法からの出題が多いことと、基本的な知識を用いて事例問題を処理するようなパターンで出題されることが特徴です。

　過去10年の出題履歴は以下の通りになります。

年度	問題番号	出題テーマ	記述内容
平成24年度	問題44	行政事件訴訟法	形式的当事者訴訟
平成25年度	問題44	行政事件訴訟法	訴えの利益を理由とする却下判決
平成26年度	問題44	地方自治法	公の施設
平成27年度	問題44	行政事件訴訟法	原処分主義
平成28年度	問題44	行政罰	秩序罰
平成29年度	問題44	行政強制	行政上の義務の不履行
平成30年度	問題44	行政事件訴訟法	義務付け訴訟
令和元年度	問題44	行政手続法	処分等の求め
令和２年度	問題44	行政事件訴訟法	無効確認訴訟
令和３年度	問題44	行政手続法	行政指導

SECTIONごとの出題履歴

		H24	H25	H26	H27	H28	H29	H30	R元	R2	R3
1 法理論	1 行政法の基本原理	択・多								択	
	2 公法と私法		択					択			択
	3 行政組織		択2	択	択3				択2		
	4 行政行為	択2	択	択		択3・多	択3・多	択		択	択
	5 行政行為以外の行政作用	択・多	多	択2	択・多		多	多		択・多	択
	6 行政強制・行政罰		多		択	記	択・記	択	択		多
2 行手法	1 総則			択	択		択			択	
	2 処分	択2	択3	択2	択	択3	択2	択	択2	択2	択・多
	3 処分以外の手続	択			択・多				択2	択・記	択2・記
3 行審法	1 総則		択			択					
	2 審査請求	択2			択2	択	択3	択3	択3	択2	択2
	3 審査請求以外の不服申立て					択				択	択
	4 教示			択							
4 行訴法	1 行政事件訴訟の類型							択			
	2 取消訴訟	択2	択2・記	択2・多	択2・記	択3	択2	択・多	択3・多	択2	択
	3 取消訴訟以外の訴訟	択・記	択	択	択		択	択・記	多	択・記	択
	4 教示										
行審法と行訴法の比較			択	択			択				
5 国賠	1 国家賠償請求	択2	択2		択2	択	択2	択	択	択2・多	択
	2 損失補償			択		択		択	択		
6 地方自治法	1 地方公共団体	択	択		択	択		択2		択	
	2 住民の権利		択	択	択		択			択2	
	3 地方公共団体の機関	択		択			択		択2		択
	4 条例・規則		択		択	択2		択			択
	5 公の施設			記			択		択	択	
	6 国の関与	択									
その他総合問題		択2	択2	択2・多	択	択2・多		択2		択2	択2

第3編 行政法

CHAPTER 1 行政法の一般的な法理論

SECTION 1 行政法の基本原理

このSECTIONで学習すること

1 法律による行政の原理

権力者が好き勝手に行政活動をしたら国民が困るよね！だから権力の行使には歯止めをかけないといけない

1 法律による行政の原理　重要度 ★★★

I 法律による行政の原理の内容

みんなが安心して暮らせる社会をつくるには、悪いことをした人はきちんと取り締まる行政活動が必要となりますが、そのような行政活動は権力の行使を伴うものです。しかし、権力を行使する者がその権力を濫用しては困ります。

そこで、行政活動は、国民の作ったルールである法律に基づいて行われるべきと考えられています。このような「行政活動は、法律の根拠に基づき、法律に従って行われなければならない」という基本原則のことを法律による行政の原理といいます。

さらに、この基本原則は、法律の法規※1創造力、法律の優位、法律の留保という3つの原則を派生させます。

〈「法律による行政の原理」による3つの派生原則〉

法律の法規創造力	国民の権利義務に関する法規範は、法律によってのみ創造することができる
法律の優位	行政活動は、法律に違反して行うことはできず、また、行政措置によって法律の内容を変えることはできない
法律の留保	行政活動は、法律の根拠に基づいて行われなければならない

II 法律の留保（侵害留保説）

法律の留保（根拠）が必要な範囲についてどう考えるかには争いがありますが、行政書士試験では侵害留保説に基づいて問題が作成されていますので、皆さんは侵害留保説に基づいて学習を進めましょう。

侵害留保説とは、権力的に※2国民の権利・自由を侵害する行政活動を行うときには法律の根拠を必要とするが、そうで

神田Tのイントロ

法律による行政の原理自体が試験で直接問われるわけではないですが、法律が行政よりも上位のルールであること、侵害留保説による場合にどのような行政活動に法律の根拠が必要かを知っておくことは、今後の行政法の学習に役立ちます。

語句 ※1
法規
国民の権利義務に関する法規範のこと。

神田Tのアドバイス❶

法律と行政には上下関係があるため、行政活動が法律に違反しているときは違法となり、行政活動の効力を否定できます。

語句 ※2
権力的に
上から一方的にという意味です。

ない行政活動は法律の根拠がなくても行うことができるという考え方です。 神田Tのアドバイス❶

　行政活動を行うのに法律の根拠が必要となるかどうかについて、侵害留保説によるときを全部留保説によるときと比較しながら見てみましょう。

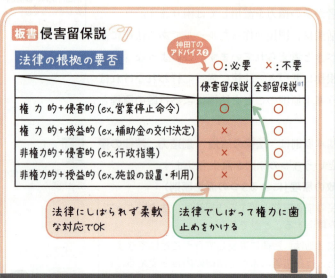

神田Tのアドバイス❶
何をするにしても法律の根拠に基づかなければならないとすると、国民にとって利益的な活動や国民と関係のない行政活動でも法律を作ってからでないと行うことができなくなります。そこで、法律の根拠が必要なのは国民が困るときだけでよいと考え、国民の権利や利益を権力的に侵害する侵害行政活動だけ法律の根拠に基づかせるべきとしているのが侵害留保説です。

神田Tのアドバイス❷
侵害留保説では、単なる行政内部の話であったり、行政と国民のかかわりであっても、非権力的な活動や国民に利益を授けるだけの活動であれば、法律の根拠はなくても行えると考えましょう。

 Advance ※1
2回転目に読む
全部留保説は、どのような行政活動でも法律の根拠が必要であるとする考え方です。

第3編 行政法

CHAPTER 1 行政法の一般的な法理論

SECTION 2 公法と私法

このSECTIONで学習すること

1 一般法と特別法の関係
公法と私法の話に入る前に、まずは一般的なルール（一般法）と特別なルール（特別法）の関係を学びましょう

2 私法法規の適用
公法上の法律関係にも私法が適用される事例もあるよ

1 一般法と特別法の関係　重要度★★★

憲法と法律のように2つのルールに上下関係がある場合、内容が矛盾しているときは、法律が憲法に違反するから無効になるといった処理がされます。しかし、法律と法律のように同格の2つのルール同士の場合で内容が矛盾しているときは、どちらのルールが適用されるのかといった問題が生じます。

この場合、一般的なルールを定めた法律（一般法）とそのうちの特別な部分についてのルールを定めた法律（特別法）の規定が競合するときは<u>特別法の規定が適用されます</u>。また、特別法に規定がないときは<u>一般法の規定が適用されます</u>。

<u>行政手続に関するルールを例に、行政手続について一般的なルールを定めた行政手続法（一般法）と、そのうちの特別な部分についてのルールを定めた特別法との関係について見てみましょう。</u>

神田Tのイントロ

一般法と特別法の関係は、行政法の学習全体を通して重要ですので、2つの法律の関係性をしっかり把握できるようにしましょう。

神田Tのアドバイス❶

2つの法律が競合したときは特別法が優先、特別法に規定がないときは一般法で補充という感覚で覚えましょう。

板書　特別法と一般法

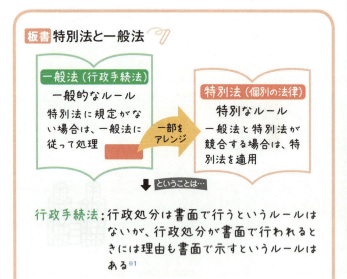

条文チェック　※1

行政手続法8条2項では、「前項本文に規定する処分を書面でするときは、同項の理由は、書面により示さなければならない。」、14条3項では、「不利益処分を書面でするときは、前二項の理由は、書面により示さなければならない。」と規定されています。

個別の法律：行政処分は書面で行うというルールがある

↓ つまり…

行政処分は書面で行うの？

行政手続法＝どちらでもよい
個別の法律＝書面で行う
⇨ 個別の法律（特別法）が優先する
＝書面で行う

理由も書面にするの？

行政手続法＝理由も書面で示す
個別の法律＝規定なし
⇨ 行政手続法（一般法）で補充
＝理由も書面で示す

例題   H16-14-1改

行政手続法は、行政処分、行政指導、届出、命令等の制定について一般的規律を定める法であるが、他の法律に特別の手続規定を設けた場合は、その特別規定が優先する。

○ 行政手続法とは異なる特別の規定があれば、その規定が優先する。

---

2 私法法規の適用　重要度★★★

国や地方公共団体と国民との間の法律関係のように、公法（国家と私人の関係をルール化した法のこと）が適用される分野にも民法などの私法（私人間の関係をルール化した法のこと）が適用されることがあります。

Ⅰ 公営住宅の使用関係

(1) 使用権の相続

公営住宅の使用権は一身専属的なものであり、入居者が死亡した場合、民法の相続の規定は適用されず、その相続人が

神田Tのイントロ

公法関係における私法の適用の有無に関する判例知識は出題されやすいテーマです。民法の適用があるかどうかという視点で判例知識をまとめておきましょう。

第3編 行政法

CH 1 行政法の一般的な法理論

SEC 2 公法と私法

477

公営住宅を使用する権利を当然に承継することにはなりません（最判平2.10.18）。

(2) 信頼関係の法理の適用

公営住宅の使用関係については、公営住宅法が特別法として民法に優先して適用されますが、公営住宅法に規定されていない事項については、一般法である民法の適用があり、その契約関係の規律については信頼関係の法理の適用があります（最判昭59.12.13）。

公営住宅の使用関係を例に、一般法である民法と特別法である公営住宅法の適用関係について見てみましょう。

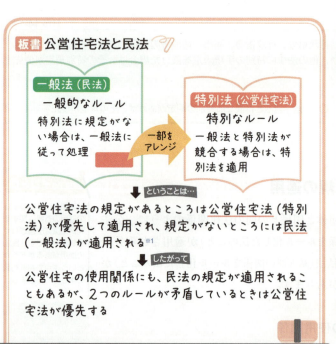

> **神田Tのアドバイス❶**
> 賃借人が死亡した場合、一般の住宅では賃借権も相続の対象ですが、本人の所得が低いことを理由にその人自身に専属する権利として使用権が認められる公営住宅についてはその使用権は相続の対象にはならないものとされています。

> **神田Tのアドバイス❷**
> 賃貸借契約にはお互いの信頼関係を基礎として成り立つと考える信頼関係の法理があり、公営住宅の場合も、公営住宅法に規定がなくても、この法理が適用されます。

> **ひっかけ注意！ ※1**
> 「一般法である民法が特別法である公営住宅法に優先して適用されるから、公営住宅の契約関係について民法の適用がある」として民法の適用される理由を変えて誤りとするパターンに注意。

Ⅱ 建築基準法関係

(1) 隣地境界線 ←神田Tのアドバイス❸

民法では、建物を築造するには境界線から50センチメートル以上の距離を保たなければならないとされていますが（民法234条1項[※2]）、建築基準法63条（旧65条）[※3]は、防火地域または準防火地域内にある外壁が耐火構造の建築物について、その外壁を隣地境界線に接して設けることができる旨を規定していますので、建築基準法の規定が民法に優先して適用され、同条所定の建築物については、<u>50センチメートル以上の距離を保たなくても建物を築造できます</u>（最判平元.9.19）。

建物の建築を例に、<u>一般法である民法と特別法である建築基準法の適用関係について見てみましょう。</u>

神田Tのアドバイス❸
民法には建物の建築にあたっては50cm以上の距離をあけなさいという規定がありますが、建築基準法63条（旧65条）はこの規定の適用を排除する効力があると考えましょう。

条文チェック ※2
民法234条1項では、「建物を築造するには、境界線から50センチメートル以上の距離を保たなければならない。」と規定されています。

条文チェック ※3
建築基準法63条（旧65条）では、「防火地域又は準防火地域内にある建築物で、外壁が耐火構造のものについては、その外壁を隣地境界線に接して設けることができる。」と規定されています。

板書 建築基準法と民法

一般法（民法）
一般的なルール
特別法に規定がない場合は、一般法に従って処理

一部をアレンジ →

特別法（建築基準法）
特別なルール
一般法と特別法が競合する場合は、特別法を適用

↓ ということは…

建築基準法の規定があるところは<u>建築基準法（特別法）</u>が優先して適用され、規定がないところには<u>民法（一般法）</u>が適用される

↓ したがって

建物の建築関係にも、民法の規定が適用されることもあるが、2つのルールが矛盾しているときは建築基準法が優先する

(2) 道路位置指定※1

建築基準法42条1項5号の規定による位置の指定(道路位置指定)を受け現実に開設されている道路を通行することについて日常生活上不可欠の利益を有する者は、道路の通行をその敷地の所有者によって妨害されたときは、敷地所有者に対して妨害行為の排除を求める権利を有します(最判平9.12.18)。

A所有の土地が道路位置指定を受けている場合を例に、Bが通行を妨害されているときにその排除を求めることができるかについて見てみましょう。

板書 道路の通行妨害

> 語句 ※1
> **道路位置指定**
> 私道に対し、位置指定することで建築基準法上の道路として扱うこと。

> 神田Tのアドバイス❶
> 自分の家の「庭」じゃなくて「道路」として扱われるんだから、所有者が自分の敷地だからといって通行の妨げになるようなことをすれば、妨害の排除を請求されても仕方ないと考えましょう。

Ⅲ 民法177条関係

(1) 国税滞納処分

国税滞納処分において滞納者の財産を差し押えた国の地位は、民事訴訟法上の強制執行における差押債権者の地位に類するものといえます。そのため、滞納処分による差押えの関係においても、民法177条※2の適用があるといえます(最判昭31.4.24)。

> 条文チェック ※2
> 民法177条では、「不動産に関する物権の得喪及び変更は、不動産登記法その他の登記に関する法律の定めるところに従いその登記をしなければ、第三者に対抗することができない。」と規定されています。

(2) 農地買収処分

　自作農創設特別措置法に基づく農地買収処分は、国家が権力的手段をもって農地の強制買上を行うものであり、対等の関係にある私人相互の経済取引を本旨とする民法上の売買とは、その本質を異にします。そのため、私経済上の取引の安全を保障するために設けられた民法177条の適用はないといえます（最大判昭28.2.18）。

　ただし、国が農地買収により所有権を取得した後においては、民法177条の適用はあるといえます（最判昭41.12.23）。

Ⅳ　その他の判例

　公営住宅法関係、建築基準法関係、民法177条関係以外にも、以下の判例知識もチェックしておきましょう。

要チェック判例

◆ 国の公務員に対する**安全配慮義務**[※3]の**債務不履行に基づく損害賠償請求権の消滅時効期間**は、会計法ではなく、民法の規定に基づいて判断される（最判昭50.2.25）。

- -

◆ 公立病院の診療の法律関係は、私法関係の性質を有するものであり、**公立病院の診療に関する債権の消滅時効期間**は、民法の規定に基づいて判断される（最判平17.11.21）。

- -

◆ 民法1条2項で規定されている**信義則**（信義誠実の原則）は、行政上の法律関係においても適用され、租税法規に適合する課税処分について、**信義則**の法理の適用[※4]により、課税処分を違法なものとして取り消すことができる余地を認めている（最判昭62.10.30）。

- -

◆ **地方議会の議員の報酬請求権**は、公法上の権利だが、その譲渡性は否定されない（最判昭53.2.23）。

- -

◆ **生活保護法による保護受給権**は、被保護者自身の最低限度の生活を維持するために当該個人に与えられた一身専属の権利であり、譲渡することはできない（最大判昭42.5.24）。

語句 ※3
安全配慮義務
特定の関係にある当事者間において、相手の生命や身体の安全を確保するよう配慮する義務のこと。人を雇用した場合などに生じます。

Advance ※4
2回転目に読む
租税法規に適合する課税処分について、信義則の法理の適用については慎重でなければならず、租税法規の適用における納税者間の平等や公平という要請を犠牲にしてもなお当該課税処分に係る課税を免れしめて納税者の信頼を保護しなければ正義に反するといえるような特別の事情が存する場合に初めてその法理の適用の是非を考えるべきものといえます。

例題
H30-9-1

公営住宅の使用関係については、一般法である民法および借家法（当時）が、特別法である公営住宅法およびこれに基づく条例に優先して適用されることから、その契約関係を規律するについては、信頼関係の法理の適用があるものと解すべきである。

✗ 特別法は一般法に優先するので、一般法である民法および借家法よりも、特別法である公営住宅法およびこれに基づく条例が優先して適用される。

第3編 行政法

CHAPTER 1 行政法の一般的な法理論

SECTION 3 行政組織

このSECTIONで学習すること

1 行政主体
行政活動における権利義務が帰属するところだよ！ 国とか東京都が該当するよ

2 行政機関
行政主体は法人だから自分では意思表示できず、実際の活動は行政機関と呼ばれる人間が行うんだ！

3 国の行政組織
内閣とか、総務省とか、消防庁とかってどういう関係になっているの？

4 公務員
国や東京都のために働いている職員さんたちが該当するよ！ 公務員でも免職になることはあるのかな？

5 公物
国や東京都には公園や道路もあるよね。こういうのを公物って呼ぶんだよ

1 行政主体

重要度 ★★★

I 行政主体とは

行政主体は、行政活動において権利義務の帰属先となる法人のことです。例えば、**国**や**地方公共団体**が行政主体にあたります。

ここでいう「主体」とは、帰属先という意味です。例えば、東京都知事（行政機関）が行った行政行為は、東京都知事個人との間ではなく、東京都（行政主体）との間に権利義務関係を発生させます。

II 独立行政法人

行政主体の代表例は国や地方公共団体ですが、他にも**独立行政法人**といったものもあります。

独立行政法人は、公共的には必要なことで、国という法人が直接実施する必要はないが、民間の法人に実施させる性質ではないようなことを処理するために設立される法人です。

独立行政法人には、①中期目標管理法人[※1]、②国立研究開発法人[※2]、③行政執行法人[※3]の種別があります。

〈独立行政法人の例〉

中期目標 管理法人	国民生活センター 国際協力機構（JICA） 国立美術館 医薬品医療機器総合機構（PMDA）
国立研究 開発法人	日本医療研究開発機構（AMED） 情報通信研究機構 国立環境研究所
行政執行 法人	国立公文書館 統計センター 造幣局 国立印刷局

神田Tのイントロ

行政主体自体は試験では重要ではありませんが、何が行政主体にあたるか程度は確認しておきましょう。

語句 ※1
中期目標管理法人
公共の利益の増進を目的として3～5年の中期的な目標・計画に基づいて公共上の事務・事業を行う独立行政法人のこと。

語句 ※2
国立研究開発法人
科学技術に関する試験、研究、開発にかかわる業務を5～7年の中期的な目標・計画に基づいて行う独立行政法人のこと。

語句 ※3
行政執行法人
国の行政事務と密接に関連する事務・事業につき、国の関与の下で、単年度ごとの目標・計画に基づいて執行する独立行政法人のこと。

2 行政機関　重要度 ★★

I 行政機関とは

行政機関は、行政主体のために行政活動を行う地位にある人間や人間の集まりのことです。

行政主体は自ら行動できるわけではないので、行政主体のために実際に意思表示を行うなどの活動をする者が必要となります。それが行政機関ということです。

行政機関は次の6つの種類に分類されます。

〈行政機関の分類〉

行政庁	行政主体の意思や判断を決定し、私人に表示する権限を持つ行政機関 …**独任制**が採られることが一般的ですが、内閣や委員会のように**合議制**の行政庁もあります 例 内閣、各省大臣、都道府県知事、市町村長 
補助機関	行政庁の意思や判断の決定を補助する行政機関 例 各省事務次官、副知事、副市町村長
執行機関	私人に対し実力を行使する権限を有する行政機関 例 警察署員、消防署員
諮問機関	行政庁の諮問に応じて意見を述べる行政機関 →諮問機関の意見は、行政庁を法的に<u>拘束しない</u>※4 例 法制審議会
参与機関	行政庁の意思または判断の決定に参与する行政機関 →参与機関の意見は、行政庁を法的に<u>拘束する</u>※5 例 電波法に基づく審査請求に関する電波監理審議会
監査機関	他の行政機関の事務処理を監査する行政機関 例 会計検査院

神田Tのイントロ

試験では、穴埋め問題にも対応できるよう、行政機関の分類の名称を覚えることをメインに学習しましょう。

神田Tのアドバイス❶

行政機関は、個人の場合もあれば、数人のグループを指す場合もあります。

神田Tのアドバイス❷

これらは行政法学上の分類であって、国家行政組織法などの法律によって定義規定が設けられていたりするものではありません。

神田Tのアドバイス❸

責任の所在を明らかにするためには独任制の方がよいですが、複数の者で中立・慎重に判断すべきものなら合議制の方がよいと考えましょう。

Advance　※4　2回転目に読む

意見は法的拘束力を有しませんが、諮問機関への諮問が法律で定められているのに諮問せずに処分をすると違法な処分となり、取消しの対象となります。

ひっかけ注意！ ※5

法的拘束力の有無で諮問機関と参与機関を入れ替えて、「諮問機関の答申には法的拘束力がある」として誤りとするパターンに注意。

Ⅱ 指揮監督

行政庁同士に上下関係がある場合は、上級行政庁は下級行政庁に対して指揮監督権を有します。具体的には、上級行政庁は、下級行政庁の行うことをチェックしたり、下級行政庁に命令を出したりできます。

Ⅲ 権限の委任と代理

行政機関は、法律で割り当てられた権限を自ら行使するのが原則ですが、他の行政機関に行使させることができる場合があります。

〈権限の委任と代理〉

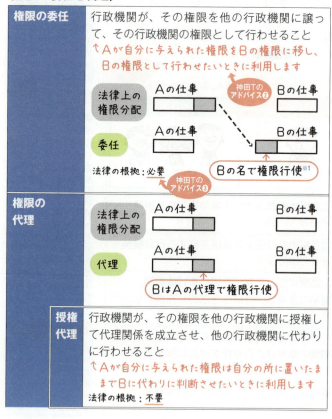

例えば、税務行政分野において、国税局長や国税庁長官は税務署長の上級行政庁にあたります。

Aの権限はBに移るので、Aは委任の期間中その権限を失います。ただし、AがBに対して指揮監督権を有する場合、Bを指揮監督することは可能です。

Advance ※1
2回転目に読む

Bがした処分の取消しを求めて訴訟を提起するときは、Bの所属する行政主体が被告となります。Bが市長であれば、市が被告ということです。

知事Aが不在など急な事情で決定できない場合に副知事Bが代わって決定する「代決」や、知事Aが重要度の低い事項を課長Bに決定させる「専決」といったものもあります。しかし、これらは単なる内部委任にすぎず、権限の委任とは異なり、外部的にはAの名で権限行使され、AからBに権限を移動させるものではないので、法律の根拠は不要です。

法定代理	法律の定めに従い、行政機関の権限を他の行政機関が代わりに行うこと

↑Aが死亡して不在となったときなどのためにBがAの権限を代わりに行使できるよう法律に定めが置かれています

法律の根拠：必要

法律上Aの権限とされているものをBに代行させる場合を例に、権限の委任と代理について比較してみましょう。

板書 権限の委任と代理

		権限の移動	法律の根拠	権限行使の名義
権限の委任		あり	必要	Bの名で行使
権限の代理	授権代理	なし	不要	Aの代理で行使
	法定代理	なし	必要	Aの代理で行使

権限の委任と授権代理との最大の違いは、AからBに権限の移動を生じるかどうかです。それによって、法律の根拠が必要かどうかも変わってきます。

例題
H21-9-イ

国家行政組織法には行政庁は独任制でなければならないとの規定があり、わが国には合議制の行政庁は存在しない。

✗ 行政庁は独任制のほか、合議制のものも存在する(ex.内閣や委員会)。

3 国の行政組織

重要度 ★★★

神田Tのイントロ
府・省やその外局の名称を覚えておくことは、一般知識の政治対策にもなりますので、チェックしておきましょう。

行政権は内閣に属します。そして、内閣の統轄のもと、内閣府や総務省・財務省といった役所が置かれています。

さらに、府・省には、外局が置かれます。例えば、国税庁という役所は財務省の外局に位置付けられます。

国の行政組織について、府・省・外局の全体像を見てみましょう。

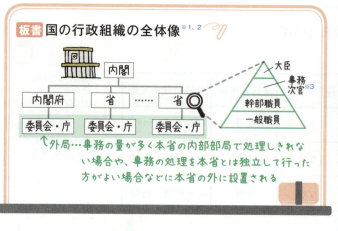

板書 国の行政組織の全体像 ※1、2

外局…事務の量が多く本省の内部部局で処理しきれない場合や、事務の処理を本省とは独立して行った方がよい場合などに本省の外に設置される

条文チェック ※1
国家行政組織法3条2項では、「行政組織のため置かれる国の行政機関は、省、委員会及び庁とし、その設置及び廃止は、別に法律の定めるところによる。」と規定されています。

Advance ※2
2回転目に読む
国の行政機関には、合議により処理することが適当な事務をつかさどらせるため、審議会等の合議制の機関を置くことができます。

語句 ※3
事務次官
その省の長である大臣を助け、省務を整理し、各部局および機関の事務を監督する、各省の事務方のトップ。

I 内閣

内閣は、国の行政権を担当する合議制の機関です。リーダーである内閣総理大臣が自分の内閣のメンバーにあたる国務大臣を任命し、組閣されます。

内閣がその職権を行うのは閣議によるものとされ、閣議は内閣総理大臣が主宰します。また、閣議については、憲法や内閣法に明文の規定はありませんが、慣行により全会一致によるものとされています。

II 内閣府※4

内閣府は、内閣府設置法に基づき、内閣に設置されています。内閣の重要政策に関する内閣の事務を助け、政府全体の見地からの関係行政機関の連携の確保を図ることなどを任務としています。

※4 内閣府のトップは内閣総理大臣です。内閣府には副大臣や事務次官も置かれています。

III 省※5

省は、国家行政組織法※6に基づき、内閣の統轄の下に行政事務をつかさどる機関として設置されています。例えば、総務省や財務省のことです。

各省の長は各省大臣とし、主任の大臣として行政事務を分担管理します。

※5 各省のトップは各省大臣です（総務大臣、財務大臣など）。各省には副大臣や事務次官も置かれています。

※6 国家行政組織法は内閣府や独立行政法人の設置根拠法ではありません。「内閣府や独立行政法人が国家行政組織法を根拠に設置されている」として誤りとするパターンに注意。

IV 外局

外局は、府・省に直属していますが、内部部局※7の外に設置され、特別な事務を担当する行政機関です。外局には庁と委員会があります。

〈府・省の外局〉(2021年11月現在)

内閣府	公正取引委員会 国家公安委員会 **個人情報保護委員会** **カジノ管理委員会** 金融庁 消費者庁	厚生 労働省	中央労働委員会
		農林 水産省	林野庁 水産庁
		経済 産業省	資源エネルギー庁 特許庁 中小企業庁
総務省	公害等調整委員会 消防庁	国土 交通省	運輸安全委員会 観光庁 気象庁 海上保安庁
法務省	公安審査委員会 公安調査庁 **出入国在留管理庁**		
外務省	―	環境省	原子力規制委員会
財務省	国税庁	防衛省	**防衛装備庁**
文部 科学省	**スポーツ庁** 文化庁		

※7 内部部局
府・省の内部の組織のこと。官房、部、課などがこれにあたります。

神田Tのアドバイス❶
2021年9月にデジタル庁が発足しましたが、デジタル庁は内閣に設置される組織で、どこかの府省の外局となっているわけではありません。

神田Tのアドバイス❷
庁や委員会という名称なら外局というわけではありません。例えば、検察庁は法務省の特別の機関にあたるもので、外局という位置付けではありません。

489

Ⅴ 命令の制定

　ルールは法律によって定められるものですが、その細かい具体的な部分は、法律の委任を受け、行政機関が作る**命令**によって定められています。そして、この命令は、誰が制定するかによって名称が異なります。

〈命令の名称〉

政令	内閣（政府）が制定する命令
内閣府令	内閣総理大臣が、内閣府所管の行政事務に関して制定する命令
省令	各省大臣が、それぞれの行政事務に関して制定する命令※1
規則	府・省の外局である各委員会および各庁の長官が制定する命令

ひっかけ 注意！ ※1
「各省大臣が制定する命令は規則と呼ぶ」のように省令を規則など別の言葉と入れ替えて誤りとするパターンに注意。

例題　　　　　　　　　　　　　　　　　　　　　H27-24-エ

　国家行政組織法によれば、各省大臣は、主任の行政事務について、それぞれの機関の命令として規則を発することができる。

　　　　✗　各省大臣が発する行政立法は、規則ではなく、「省令」である。

4　公務員　　重要度 ★★★

神田Tのイントロ

公務員は、古い過去問での出題は少ないですが、最近は出題されやすくなっているテーマです。公務員に対する懲戒処分と分限処分の比較が重要です。

Ⅰ 公務員の種類

　国や地方公共団体で働いている人を**公務員**といいます。公務員は、国や地方公共団体にとっての人的資源であるといえます。

国家公務員	国の公務に従事する公務員 一般職と特別職に区別 例 内閣総理大臣や国務大臣：特別職 　中央省庁で働く一般職員：一般職 国家公務員法：一般職に適用 給与：法律で定める

地方公務員	地方公共団体の公務に従事する公務員 一般職と特別職に区別 例 知事・市町村長　　　　　：特別職 　　県庁や市役所で働く一般職員：一般職 地方公務員法：一般職に適用 給与：条例で定める

II 公務員に対する処分 ※2、3

(1) 懲戒処分

公務員も悪いことをすると懲らしめられ、**懲戒処分**を受け、免職されることもあります。

国家公務員はどのようなときにどのような懲戒処分を受けるのかについて、国家公務員法の規定を見てみましょう。

板書 国家公務員に対する懲戒処分

懲戒事由	①国家公務員法、国家公務員倫理法、これらの法律に基づく命令に違反した場合 ②職務上の義務に違反しまたは職務を怠った場合 ③国民全体の奉仕者たるにふさわしくない非行のあった場合

↓ があると…

懲戒処分	免職	公務員の身分を失わせること
	停職	公務員の身分は維持したままだが、職務に就かせないこと ※4
	減給	給与を減額すること
	戒告	注意して反省を促すこと

（国家公務員法82条1項）

Advance ※2 2回転目に読む
行政手続法3条1項9号では、公務員または公務員であった者に対してその職務または身分に関してされる処分および行政指導に対しては、行政手続法の処分や行政指導の規定は適用しないことが規定されています。

Advance ※3 2回転目に読む
行政不服審査法7条1項には審査請求できない場合について列挙されていますが、同条項の中に公務員に対する処分は挙げられていません。公務員も処分に不服があれば審査請求できます。例えば、国家公務員の場合であれば、国家公務員法の規定に基づき人事院に審査請求できます（国家公務員法90条1項）。

神田Tのアドバイス❶
職務上の行為だけでなく、勤務時間外の行為も対象となります。また、対象となった事件が刑事裁判中でも、同一事件について、適宜に、懲戒手続を進めることができます。

ひっかけ注意！ ※4
停職処分の場合、公務員としての身分は失いません。「懲戒停職処分の間は公務員としての身分を有しない」として誤りとするパターンに注意。

(2) 分限処分

公務員の身分保障にも限界があり、その職責を十分に果たすことを期待できない場合には、**分限処分**を受け、免職されることもあります。

国家公務員はどのようなときにどのような分限処分を受けるのかについて、国家公務員法の規定を見てみましょう。

板書 国家公務員に対する分限処分

分限事由(1)	①人事評価または勤務の状況を示す事実に照らして、勤務実績がよくない場合[※1]
	②心身の故障のため、職務の遂行に支障がありまたはこれに堪えない場合
	③その他その官職に必要な適格性を欠く場合
	④官制もしくは定員の改廃または予算の減少により廃職または過員を生じた場合

↓ があると…

分限処分(1)	免職	公務員の身分を失わせること
	降任	現在の地位より下位の職を命じること

（国家公務員法78条）

分限事由(2)	①心身の故障のため長期の休養を要する場合
	②刑事事件に関し起訴された場合

↓ があると…

分限処分(2)	休職	公務員の身分は維持したままだが、仕事を休ませること

（国家公務員法79条）

ひっかけ注意！[※1]
懲戒処分と分限処分の組合せを入れ替えて、「勤務実績がよくない場合に懲戒処分を行う」として誤りとするパターンに注意。

神田Tのアドバイス❶
分限による休職処分には、①病気休職と②起訴休職があります。

III 人事院※2

人事院は、国家公務員の人事管理を担当している行政機関のことです。給与その他の勤務条件の改善や採用試験などの事務を行っています。

人事院は、その所掌事務について、法律を実施するためまたは法律の委任に基づいて、人事院規則を制定することができます。その際、その案について事前に閣議を経る必要はありません。

> **ひっかけ注意！※2**
> 人事院はどこかの省の外局に位置付けられているわけではありません。「人事院は総務省の外局である」として誤りとするパターンに注意。

例題

H27-26-3

一般職公務員について、勤務実績がよくない場合には、懲戒処分の対象となりうる。

✕ 勤務実績がよくないことは懲戒事由ではないため、懲戒処分ではなく、分限処分の対象となるだけである。

5 公物 重要度 ★★★

I 公物とは

道路や公園など、国や公共団体によって、直接公の目的のために供されている物のことを**公物**と呼びます※3。公物は、国や公共団体にとっての物的資源といえます。

> **神田Tのイントロ**
> 公物はたまに試験で出題される程度のテーマですが、取得時効の話はチェックしておきましょう。

> **神田Tのアドバイス❷**
> 公物は、誰が所有しているかではなく、国や公共団体によって直接公の用に供されていることを特徴とする概念です。

〈用途による分類〉

公共用物	一般公衆の共同使用に供される公物 例 道路、河川、公園
公用物	国または公共団体の公用に供される公物 例 官公署の建物

〈所有者による分類〉

国有公物	国が所有している公物
公有公物	公共団体が所有している公物
私有公物	私人が所有している公物

> **Advance※3 2回転目に読む**
> 公物の供用行為により生じた損害は公物の管理者が賠償責任を負います。利用者との関係で適正であっても、第三者に対して損害を及ぼしたときも同様です。

493

〈設置態様による分類〉

人工公物	行政主体が加工を加え、意図的に使用させること（公用開始行為※1）によって公物となる物 例 道路
自然公物	自然の状態ですでに使用させることができる物 例 河川

〈利用目的による分類〉

公共用物	一般公衆に共同で使用させる物 例 道路、河川、公園
公用物	国または地方公共団体に使用させる物 例 官公署の建物や敷地

II 公物と取得時効

公物を私人が長年にわたり占有していた場合、その私人に時効による取得が認められることもあります※2。

公物につきAが占有している場合を例に、Aが公物を時効により取得できるかどうかについて見てみましょう。

板書 公物と取得時効

時効期間経過

事実上公の目的に使用されることなく放置　占有開始
公物　A

公物を時効で取得できるか？
→公物が明示的に公用廃止※3された場合：できる
　↕どちらでも時効で取得できる
→公物に黙示的な公用廃止が認められる場合：できる

Advance ※1
2回転目に読む
公用開始行為も行政行為の一種といえます。

神田Tのアドバイス❶
自然公物の場合、最初から公物なので、公用開始行為という観念はありません。

Advance ※2
2回転目に読む
予定公物（公園予定地など）について時効による取得が認められることもあります。

語句 ※3
公用廃止
公物として使用させることをやめること。

要チェック判例

◆公共用財産が、長年の間事実上公の目的に供用されることなく放置され、公共用財産としての形態、機能をまったく喪失し、その物のうえに他人の平穏かつ公然の占有が継続したが、そのため実際上公の目的が害されるようなこともなく、もはやその物を公共用財産として維持すべき理由がなくなった場合には、黙示的に公用が廃止されたものとして、これについて取得時効の成立を妨げない※4（最判昭51.12.24）。

- -

◆竣功未認可埋立地が、長年にわたり事実上公の目的に使用されることもなく放置され、公共用財産としての形態、機能を完全に喪失し、その上に他人の平穏かつ公然の占有が継続したが、そのため実際上公の目的が害されるようなこともなく、これを公共用財産として維持すべき理由がなくなった場合には、もはや原状回復義務の対象とならず、当該埋立地は、公有水面に復元されることなく私法上所有権の客体となる土地として存続することが確定し、同時に、黙示的に公用が廃止されたものとして、取得時効の対象となる（最判平17.12.16）。

ひっかけ 注意！ ※4

「公物は明示的に廃止されたときに限り時効取得できる」として誤りとするパターンに注意。黙示的な廃止でもＯＫだからです。

第3編 行政法

CH1 行政法の一般的な法理論

SEC3 行政組織

第3編 行政法

CHAPTER 1 行政法の一般的な法理論

SECTION 4 行政行為

このSECTIONで学習すること

1 行政行為の分類
行政行為にはどんな種類があるの？

2 行政行為の効力
営業停止処分が出された場合、この処分にはどんな効力が認められているの？

3 行政行為の瑕疵
営業停止処分が違法だった場合、その処分は取消しの対象となるよ

4 行政裁量
処分を出すかどうかの判断を任せることを裁量っていうよ。判断を任せたんだから、処分してもしなくてもよいってことだよ

5 行政行為の附款
処分に付随して設定された別のルールを附款っていうよ。許可を出すけど代わりに一定の負担を課したりする場合のことだよ

1 行政行為の分類

重要度 ★★★

I 行政行為の意義

行政行為とは、行政庁が、法律に基づき、権力的に、特定の国民の権利義務を変動させる行為のことです。←神田Tのアドバイス❶

II 行政行為の分類

行政行為は、行政庁の意思表示を要素とするか否かで、**法律行為的行政行為**と**準法律行為的行政行為**に大別されます。法律行為的行政行為は、さらに命令的行為※1と形成的行為※2に分かれます。

行政行為は10種類に分類されています。まずは、10種類の行政行為の分類の全体像について見てみましょう。

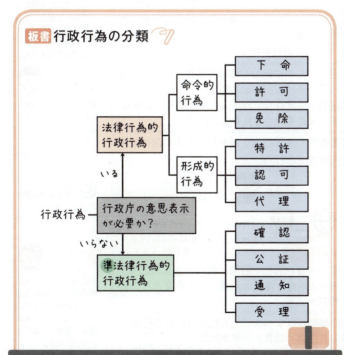

神田Tのイントロ

行政行為は、試験ではほとんど毎年出題されています。CHAPTER 1での最重要項目です。①分類、②効力、③瑕疵、④裁量、⑤附款のサブカテゴリーを作ると学習しやすいです。

神田Tのアドバイス❶

例えば、お店を経営している人に対して行政庁が営業停止の処分をすることが行政行為にあたります。行政行為は、行政手続法や行政事件訴訟法といった条文上の表記では「処分」とされています。

語句 ※1
命令的行為
国民が本来有している自由を制限し、またはその制限を解除する行為。

語句 ※2
形成的行為
国民が本来有していない権利や地位を与える行為。

(1) 法律行為的行政行為

行政庁の意思表示によって行われる行政行為です。

〈法律行為的行政行為〉

命令的行為	下命（かめい）	国民に「～しなさい」「～してはいけない」と命じる行為（「～してはいけない」という場合、「禁止」とも呼ばれます） 例 税金の納付命令、営業停止命令、違法建築物の除却命令
	許可	法令等で一般的に禁止されていることを、特定の場合に解除する行為  例 自動車運転免許、飲食店営業許可、医師の免許
	免除	法令等で課されている義務を、特定の場合に免除する行為 例 保険料の納付免除
形成的行為	特許	特定人のために新しく権利を設定したり、法律上の力や地位を付与する行為※1 例 道路の占用許可、外国人の帰化許可、公有水面の埋立免許、電気事業の許可
	認可	当事者間の法律行為を補充して、その法律効果を完成させる行為 例 農地の権利移転の許可、銀行の合併の認可、河川占用権の譲渡の承認、ガス事業者の供給約款の認可
	代理	別の機関がなすべき行為を代わりに行う行為 例 公共団体の役員の任命の代理

条文上「許可」と表記されていても、行政行為の分類上の許可概念にあたるとは限りません。それが特許や認可にあたることもあります。

自動車運転免許を有する者が免許証を持たずに運転した場合、免許証不携帯にはなりますが、無免許運転になるわけではありません。

無許可で行った営業上の行為も取引としては有効です（無許可営業をした者が制裁を受けたりすることはあります）。

Advance ※1
2回転目に読む
特許は、許可に比べ、裁量の幅が広いのが特徴です。

無認可で行った行為は無効です。認可によって法律効果が完成するので、認可がなければ法律効果は生じないということです。

(2) 準法律行為的行政行為※2

行政庁の意思表示によらず、法律によって効果が定められている行政行為です。

〈準法律行為的行政行為〉

確認	特定の事実または法律関係の存在等を公の権威をもって確定する行為 例 発明の特許、建築確認※3
公証	特定の事実または法律関係の存在を公に証明する行為 例 自動車運転免許証の交付
通知	他人に対し、一定の事項を知らせる行為 例 納税の督促
受理	他人の行為を有効な行為として受領する行為 例 婚姻届の受理

道路の占用許可（道路法32条1項）と農地の権利移転の許可（農地法3条1項）の場合を例に、<u>条文上許可となっていても行政行為の分類上は許可ではないことについて見てみましょう</u>。

板書 **許可・特許・認可**

道路の占用許可
→ 特許（許可ではない）
　↳ 本来は占用する権利はないけど、その権利を設定して占用できるようにしている

農地の権利移転の許可
→ 認可（許可ではない）
　↳ 当事者間の法律行為（売主と買主の契約）を補充して法律効果（所有権の移転）を完成させている

Advance ※2 2回転目に読む

準法律行為的行政行為にあたる確認・公証・通知・受理は、意思表示を要素としません。そのため、裁量するかしないかを判断することや附款を付すことは認められないといった特徴があります。

語句 ※3
建築確認
建築基準法に基づき、建築物などの建築計画が関係法規に適合しているかどうかにつき、その着工前に審査し、安全基準に適合していることの確認を行うこと。

神田Tの**アドバイス⑤**
試験では、「許可」「特許」「認可」の3つが重要です。法律の条文上「○○の許可」と書かれているものが、行政行為の分類上、許可・特許・認可のいずれにあたるかを意識しましょう。

> 例題　　　　　　　　　　　　　　　　　　　　　H19-8-ア
> （行政行為の分類上、「認可」とされるものは？）
> 電気事業法に基づいて経済産業大臣が行う電気事業の「許可」
>
> ✕　認可ではなく、「特許」に該当する。

2　行政行為の効力　　重要度 ★★★

神田Tのイントロ
穴埋め問題にも対応できるように、行政行為の効力の名称とその特徴をチェックしておきましょう。

Ⅰ　行政行為の効力

(1) 公定力

公定力とは、瑕疵ある行政行為※1であっても、権限のある行政機関または裁判所が取り消すまでは一応有効として扱われる効力のことをいいます※2。

無効の場合	瑕疵が重大かつ明白な場合、無効として扱われるため、取り消されるまでは一応有効という効力は生じない
国家賠償請求訴訟や刑事訴訟との関係	国家賠償請求訴訟や刑事訴訟で行政行為の違法性を認定するだけなら行政行為の取消しは必要ないので、国家賠償請求訴訟や刑事訴訟の中で行政行為の違法を主張するのにあらかじめ取消訴訟を提起して取消判決を得ておく必要はない

語句 ※1
瑕疵ある行政行為
行政行為に違法または不当な点があること。

Advance ※2
2回転目に読む
訴訟で行政行為の取消しを求めて争うなら取消訴訟という方法によらなければならないという考え方は「取消訴訟の排他的管轄」と呼ばれます。

(2) 不可争力　　　

不可争力とは、瑕疵ある行政行為に対してはその取消しを求めて審査請求や取消訴訟で争うことができますが、一定期間が経過すると、行政行為の相手や利害関係人など私人の側からは、行政行為の効力を争うことはできなくなる効力のことをいいます。

神田Tのアドバイス❶
私人から争えなくなるだけで、期間経過後に行政庁が職権で取り消すことは可能です。

(3) 不可変更力　　　

不可変更力とは、行政庁が行った行政行為を自ら変更することができなくなる効力のことをいいます。

神田Tのアドバイス❷
不可変更力は審査請求に対して審査庁が下した裁決など一部の行政行為に認められるもので、行政行為一般に認められるものとはいえません。

瑕疵ある行政行為に対して審査請求を行う場合を例に、公定力、不可争力、不可変更力について見てみましょう。

行政庁B（審査庁）の裁決には、公定力、不可争力も働きます。したがって、瑕疵ある裁決でも取り消されるまでは一応有効ですし、一定期間の経過により取消しを求めて争うことができなくなります。

(4) **執行力（自力執行力）**

執行力とは、行政行為を受けた者が行政上の義務を履行しない場合、行政庁が、裁判所の力を借りることなく、自力で強制的に行政行為の内容を実現することができる効力のことをいいます。

強制執行を自力で行うことを認めるものであって、法律の根拠なく強制執行できることを認めたものではないことに注意しましょう。

501

行政行為によって生じた義務を義務者が履行しないときに行政庁が強制執行する場合を例に、執行力について見てみましょう。

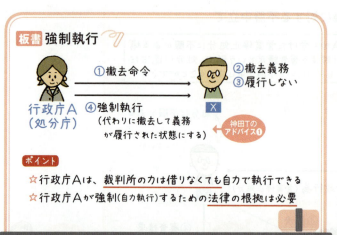

このような義務の履行の強制を「代執行」といいます。代執行に関するルールは「行政代執行法」という法律に定められています。

Ⅱ 行政行為の形式

行政行為は、必ずしも書面で行われる必要はなく、法令に特別の定めがない限り、書面のほか、口頭によるなど適宜適切な方法で行うことができます（形式自由の原則）。

Ⅲ 行政行為の効力発生

行政行為は、その意思表示が相手方に到達した時に効力を生じます[※1]。

ひっかけ注意！ ※1
行政庁の処分の効力の発生時期について「行政庁から相手方に向けて発信された時である」として誤りとするパターンに注意。

例題

R2-9-2

行政庁の処分の効力の発生時期については、特別の規定のない限り、その意思表示が相手方に到達した時ではなく、それが行政庁から相手方に向けて発信された時と解するのが相当である。

✗ 効力発生時期は、発信された時ではなく、到達した時。

3 行政行為の瑕疵

重要度 ★★★

違法または不当[※2]な行政行為を「瑕疵ある行政行為」といいます。

瑕疵ある行政行為は**取消し**の対象となります。また、取消しと似た概念として**無効**や**撤回**というものがあります。

I 取消しと無効

行政行為に瑕疵があるときは、取消しの対象となりますが、重大かつ明白な瑕疵[※3]があるときは**無効**な行政行為とされ、そもそも効力が生じていないため、取り消す必要はありません。

行政行為に瑕疵がある場合を例に、取消しと無効の概念について見てみましょう。

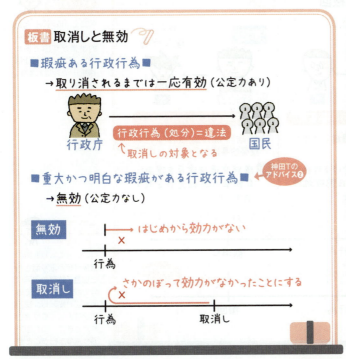

> **神田Tのイントロ**
> 取消しと撤回の概念を比較することが重要です。具体的な事例に対して、取消しと撤回のどちらにあたるかを判断できるようになることも必要です。

> **語句** ※2
> **不当**
> 法律に違反しているわけではないが、公益に適合しないなど行政のやることとしてふさわしくないこと。

> **Advance** ※3
> **2回転目に読む**
> 瑕疵が明白であるかどうかは、当該処分の外形上、客観的に誤認が一見看取し得るものかどうかで決すべきものとされています（最判昭36.3.7）。また、課税処分における内容の過誤が課税要件の根幹にかかわる重大なものである場合に、明白性の要件が認められなくても、当該課税処分を当然に無効とするとした判例もあります（最判昭48.4.26）。

> **神田Tのアドバイス②**
> 重大かつ明白な瑕疵がある場合、不可争力も生じません。そもそも無効なので、出訴期間等の制限を受けることなくいつでも主張でき、一定期間を過ぎたら取消しを求めて争えないとする必要がないからです。

2 取消しと撤回

　行政行為の**取消し**は、行政行為の瑕疵を理由としてその効力を最初からなかったことにするものです。一方、**撤回**※1は、行政行為の瑕疵ではなく、後発的事情を理由としてその効力を今後はなかったことにするものです。

　例えば、砂利採取法では、都道府県知事または河川管理者が、認可を受けた砂利採取業者が採取計画に従わなかったり、措置命令に違反したことを理由に、認可を取り消すことが認められていますが、これらは行政法の分類上は「撤回」に該当します（砂利採取法26条1号・2号）。

　行政行為の取消しと撤回の概念について見てみましょう。

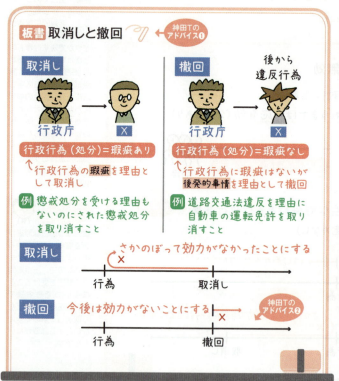

Advance ※1
2回転目に読む
行政手続法13条1項では、処分を取り消すにあたり聴聞という意見陳述の機会をとることが要求されていますが、撤回も対象となります。

神田Tのアドバイス❶
条文上「取消し」と表記されていても、後発的事情が理由であれば、行政法の分類上は「撤回」と呼ばれます。

神田Tのアドバイス❷
行政処分によりお店の営業許可が取り消された場合、許可の取消処分の取消しを求めて取消訴訟を提起し、認容判決によって取り消されたときは、これまで通り営業を行うことができます。

取消しと撤回の相違をまとめると次の表のようになります。

	取消し	撤回
①原因	原始的瑕疵	後発的事情[※2]
②効果	遡及効	将来効
③法律の根拠が必要か	不要	不要
④行政手続法上、聴聞が必要か	必要	必要

ひっかけ注意! ※2
後発的事情を理由とする取消しを、「撤回」ではなく「取消し」に分類して誤りとするパターンに注意。

III 違法性の承継

違法性の承継は、数個の行政行為が連続して行われており、先行行為に瑕疵がある場合、その瑕疵が後行行為にも承継されることをいいます。

安全認定(先行行為)を受けて建築確認(後行行為)がされている場合を例に、建築確認の取消訴訟において安全認定の違法を理由として取消しを求めることができるかについて見てみましょう。

例えば、土地収用における事業認定と収用裁決、農地買収における農地買収計画と農地買収処分、建築確認における安全認定と建築確認などが違法性の承継が認められるパターンです。一方、租税賦課処分と租税滞納処分は、違法性の承継が認められないパターンです。2つの行為が別々の目的を有し、1つの効力の発生を目指しているものといえないからです。

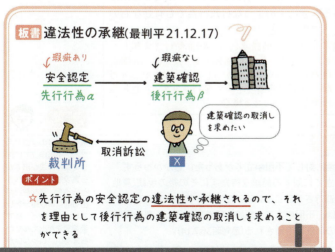

Ⅳ 瑕疵があっても有効扱いされる場合

行政行為に瑕疵があれば、取消しや無効の対象となります。しかし、相手方の信頼保護などの観点から瑕疵があっても行政行為が有効扱いされる場合もあります。

瑕疵の治癒	行政行為時に存在した瑕疵が、その後の事情により、実質的に適法要件を具備した場合、当該行為を適法扱いすること　**神田Tのアドバイス❶** 例 会議のメンバー全員に招集通知を送るべきだったのに通知漏れがあったが、実際には全員が出席して会議が開かれて決議した場合
違法行為の転換	本来は違法な行政行為であるが、これを別の行政行為としてみたときに適法要件を充足している場合、瑕疵のない行政行為として有効なものとして取り扱うこと　**神田Tのアドバイス❷** 例 死者に対して土地の買収処分をしたときに、これをその相続人に対してしたものと読み替えて有効な買収処分であったとする場合
事実上の公務員の理論	権限のない公務員（行政機関）が行った行政行為だとしても、外観上公務員の行為として行われており、行政行為の相手方が権限のある公務員がしたものであると信頼するだけの相当な理由があるときにそのような行政行為でも有効なものとして扱うこと 例 市長Aが解職請求（リコール）を受けて失職したが、その後、失職が無効となったとき、法律上はAは失職していなかったことになるが、その間、後任の市長B名義で発行されていた住民票は有効なままとする場合

要チェック判例　**神田Tのアドバイス❸**

◆ 農地買収計画に対して不服申立てがあったにもかかわらず、当該不服申立てに対する結論を待たずにその後の手続（農地買収処分）を進行させることは違法ですが、後で棄却の判断がされたときは、不服申立ての結論を待たずに行った農地買収処分の違法の瑕疵は治癒される（最判昭36.7.14）。

瑕疵の治癒は、軽微な瑕疵のときに認められるもので、重大かつ明白な瑕疵（無効となる場合）を治癒する制度ではありません。

行政庁が違法行為を転換して別の行為として有効扱いする場合、裁判所による宣言を得るなどの必要はありません。

法律どおりのプロセスだと、不服申立てに対して棄却裁決が出てから買収処分に進むべきところを、棄却裁決が出る前に買収処分をしてしまったけど、後で棄却裁決が出たんだからまあいいじゃないかという判例です。

◆税務署長による更正処分における理由附記の不備の瑕疵は、国税局長による当該処分に対する不服申立てについての結論が示される段階において当該処分の理由が示された場合でも、当該処分における理由附記の不備の瑕疵は治癒されない（最判昭47.12.5）。

例題　H18-10-1

行政行為の撤回は、処分庁が、当該行政行為が違法になされたことを理由にその効力を消滅させる行為であるが、効力の消滅が将来に向かってなされる点で職権取消と異なる。

✕　行政行為の違法を理由に効力を消滅させる行為は「取消し」であって、「撤回」ではない。

4　行政裁量

重要度 ★★★

神田Tのイントロ
裁量の問題は判例問題が出題されやすいので、代表的な判例の確認もしておきましょう。

　現場の状況に合わせて判断すべきことまで含め、あらゆる行政活動をあらかじめ法律ですべて条文化しておくことは事実上困難です。また、実際に行政活動を担当する行政庁に意思や判断の決定を任せた方がよい場合もあります。このように、行政活動において法律で画一的なルールを定めてその通りにしか活動できないとするのではなく、その意思や判断の決定に行政庁に選択の余地を認めたものが**行政裁量**です。

　ここでは、裁量の種類や、裁量に関する判例について学習していきましょう。

I　行政裁量とは

　行政裁量とは、法律では大枠のルールだけを決めておいて、実際にどのような行政行為をするかの判断は行政庁に任せるということです。

　法律要件にあてはまるかどうかの判断を任せたものは要件裁量、法律効果を発生させるかどうかの判断を任せたものを

裁量が認められていない行為のことは「覊束（きそく）行為」といいます。覊束はしばるとか束ねるといった意味のある言葉です。

効果裁量といいます。

国家公務員法の規定を例に、要件裁量と効果裁量について見てみましょう。

板書 行政裁量

要件裁量と効果裁量

法律 「〇〇〇のときは、△△△の処分をすることができる。」

- **要件裁量**
  対象者がAという行為をしたとき、「〇〇〇のとき」に該当するかどうかの判断を任せる

- **効果裁量**
  〇〇〇に該当するとして、実際に「△△△の処分」をするかどうかの判断を任せる

例 国家公務員が無断欠勤した

国家公務員法82条1項3号
職員が、次の各号のいずれかに該当する場合においては、これに対し懲戒処分として、免職、停職、減給又は戒告の処分をすることができる。 神田Tのアドバイス❶

　三　国民全体の奉仕者たるにふさわしくない非行のあつた場合

- **効果裁量**
  「非行」にあたるとして、懲戒処分をするかどうかの判断、また、処分するとしてどの処分にするのかの判断

- **要件裁量**
  公務員が無断欠勤をした場合、それが「非行」という要件にあたるかどうかの判断

Ⅱ 裁量に対する司法審査

裁量が認められるからといって、何をやってもいいわけではなく、行政庁の処分が、裁量権の範囲を超え、または、その濫用があるといえる場合には、違法となります。 神田Tのアドバイス❷

神田Tのアドバイス❶
国家公務員法の規定では、要件に該当したからといって処分をしなければならないとはされておらず、処分をするかどうかは任命権者の裁量に委ねています。

神田Tのアドバイス❷
処分をするかどうかに裁量が認められていても、①他の法律や法の一般原則に違反したり、②判断過程で考慮すべきことがきちんと考慮されていなかったり、③法定されている手続を無視したりすれば、違法な処分とされます。

つまり、裁量行為といっても、このような場合には裁判所による司法審査の対象となります。

裁判所で裁量行為が違法かどうかを審査する手法について、①実体的な観点、②判断のプロセスの観点、③手続の法定の観点の3つの観点からまとめると、次の表のようになります。

実体的審査	法律の趣旨・目的とは異なる目的や動機に基づいて処分が行われていないかどうかを審査したり、比例原則※1、平等原則、信義則といった法の一般原則に違反しないかといった観点から審査
判断過程審査	処分をしたことの結果ではなく、その判断の過程に、本来考慮すべきことを十分に考慮していないことや、本来考慮すべきでないことを過分に考慮したりしていないかなどについて審査
手続的審査	処分そのものではなく、その処分をするにあたり法律が要求している手続に違反したかどうかについて審査

語句 ※1
比例原則
小さな違反には小さな制裁、大きな違反には大きな制裁というように、制裁の大きさは違反の程度に比例すべきという原則のこと。

> 要チェック判例

◆外国人の在留期間更新不許可の違法性が争われたことに対し、更新の許否について法務大臣に裁量を認め、更新不許可は裁量の逸脱・濫用にはあたらず、違法ではないとした（マクリーン事件：最大判昭53.10.4）。

◆公立学校が信仰上の理由による剣道実技の履修拒否に対し、代替措置を何ら検討することもなく、留年・退学の処分にしたことの違法性が争われたことに対し、学校長は合理的な裁量に基づいて処分するかどうかを判断すべきものであるが、本件の場合、考慮すべき事項を考慮しておらず、裁量権の範囲を超え、違法であるとした（エホバの証人剣道実技拒否訴訟：最判平8.3.8）。

裁量は認められても、判断過程に問題があれば、処分は違法となります。

◆個人タクシー事業の免許に当たり申請人に対し公正な手続によって免許の許否につき判定すべきところ、それに反する審査手続により免許申請を却下したことに対し、公正な手続

509

よって免許申請の許否につき判定を受けるべき申請人の法的利益を侵害するものとして当該却下処分は違法であるとした（個人タクシー事件：最判昭46.10.28）。

神田Tのアドバイス❶
裁量は認められても、法定の手続を無視すれば、処分は違法となります。

◆ 公務員に対する懲戒処分がされた場合、懲戒権者の**裁量権**の行使に基づく処分が社会観念上著しく妥当を欠き裁量権を濫用したと認められるときは違法と判断すべきものであるとした（神戸税関事件：最判昭52.12.20）。

◆ 公立学校の目的外使用許可をするか否かは管理者の**裁量**に委ねられており、管理者は、諸般の事情を考慮した上でその裁量に基づいて許可をするかどうかを判断すべきものであるとした（最判平18.2.7）。

神田Tのアドバイス❷
この判例では、管理者の裁量は認めていますが、一度許可をするかのような素振りをしておいて、やっぱり不許可としたという点から、実際に不許可処分の判断をしたことについては裁量権を逸脱するものと判断されています。

◆ 建築主事が建築確認申請について行う建築確認処分の場合、**建築確認処分**をするかどうかについての**裁量は認められない**（品川マンション事件：最判昭60.7.16）。

神田Tのアドバイス❸
建築確認は裁量が認められない例として有名な判例です。裁量の肯否の結論はしっかり確認しておきましょう。

例題　　　　　　　　　　　　　　　　　　　　　　　　　　H24-26-1

建築主事は、一定の建築物に関する建築確認の申請について、周辺の土地利用や交通等の現状および将来の見通しを総合的に考慮した上で、建築主事に委ねられた都市計画上の合理的な裁量に基づいて、確認済証を交付するか否かを判断する。

✕　裁量で判断することは認められていない。

5　行政行為の附款(ふかん)　重要度★★★

神田Tのイントロ
附款では穴埋め問題にも対応できるように、附款の基本ルールとその種類をチェックしましょう。

　行政庁が許認可申請に対して意思表示をする場合、イエスかノーかの2択ではなく、条件を付けたりすることもできます。このような行政行為に付された従たる意思表示のことを**附款**といいます。

　ここでは、附款を付す場合の基本ルールと附款の種類につ

いて学習していきましょう。

I 附款の基本ルール

附款とは、行政行為の効果を制限するために付される行政庁の従たる意思表示のことです。

道路占用許可をするにあたり、占用料の納付を命じる場合を例に、附款の基本ルールについて見てみましょう。

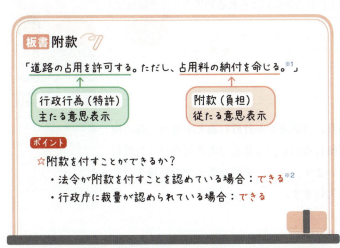

神田Tのアドバイス❹
意思表示を要素とする法律行為的行政行為には附款を付すことが認められますが、意思表示を要素としない準法律行為的行政行為には認められないと覚えておきましょう。

ひっかけ注意！※1
許認可処分に附款が付されることもあります。「申請に対して許認可を与える場合には附款を付すことは許されない」として誤りとするパターンに注意。

ひっかけ注意！※2
法令が認めている場合のほか、裁量がある場合にも附款を付せますので、「法令が明示的に認めている場合に限り附款を付すことができる」として誤りとするパターンに注意。

II 附款の種類

附款には、条件、期限、負担、撤回権の留保、法律効果の一部除外という種類があります。

条件	行政行為の効果を将来発生不確実な事実にかからせる意思表示 例 工事の開始を条件とする下命 　「○○を禁止とする。ただし、工事が始まってからとする」
期限	行政行為の効果を将来発生確実な事実にかからせる意思表示 例 有効期限を付ける許可 　「○○を許可する。ただし、○年○月○日までとする」

負担	行政行為に付随して相手方に対して特別の義務を課す意思表示 例 金銭の負担を付す許可 「○○を許可する。ただし、○○円を支払うこと」	負担の不履行があったとしても行政行為自体の効力が当然に失われるわけではありません。なお、後発的事情として行政行為が撤回されることはありえます。
撤回権の留保	一定の場合に行政行為を撤回する旨の権利を留保する意思表示 例 撤回権を留保して行う許可 「○○を許可する。ただし、地域の風紀を乱すと撤回する」	
法律効果の一部除外	法令上行政行為に認められる効果の一部を除外する意思表示 例 本来の法律効果を除外して行う下命 「出張を命じる。ただし、旅費は支給しない」	法律効果の一部除外は、法律で定められた効果を行政庁の意思表示で除外するため、法律にそれを認める根拠があるときに付することができます。

Ⅲ 附款の瑕疵

　附款に瑕疵があり、当該附款が行政行為と不可分一体の関係といえるなど行政行為の重要な要素である場合は、行政行為全体が効力を失います。一方、重要な要素でない場合は、附款だけが効力を失います。

例題　　　　　　　　　　　　　　　　　　　　　　　　　　H6-34-1
行政行為の附款は、法令が附款を付することができる旨を明示している場合に限り、付することができる。

　　✕　法令で明示している場合のほか、裁量が認められている場合も附款を付することができる。

第3編 行政法

CHAPTER 1 行政法の一般的な法理論

SECTION 5 行政行為以外の行政作用

このSECTIONで学習すること

1 行政作用

行政行為以外の行政作用にはどんな種類があるの？

2 行政立法

政令とか総務省令と呼ばれるルールは、行政が作っているルールだよ

3 行政計画

再開発とか土地区画整理事業をするときは、工事の前に実際の計画が立てられるよ

4 行政指導

「○○してみたら？」といったアドバイスを行政がしてくれることもあるよ

5 行政契約

国や地方公共団体だって、売買契約や請負契約を結ぶこともあるよ

6 行政調査

行政処分をするにしても、まずは情報収集活動が必要だよね

1 行政作用

重要度 ★★★

行政作用とは、国や地方公共団体などの行政主体が、一定の行政目的を実現するために行う行為全般のことです。行政行為が代表的ですが、ここでは、行政立法、行政計画、行政指導、行政契約、行政調査について学習していきましょう。

神田Tの**イントロ**

これから学習する行政立法、行政計画、行政指導、行政契約、行政調査の概要を確認しておきましょう。

I 行政行為以外の行政作用

行政行為以外の行政作用として、行政立法、行政計画、行政指導、行政契約、行政調査の定義を確認しましょう。

行政立法	行政機関が定めるルールのこと→ 2
行政計画	行政機関が、将来の一定期間内に到達すべき目標を設定し、そのために必要な手段の調整のために策定する計画のこと→ 3
行政指導	行政機関から、相手方に対して、任意の協力を求めて働きかけること→ 4
行政契約	行政主体を当事者の一方または双方とする契約のこと→ 5
行政調査	行政目的達成のために行う情報収集活動のこと→ 6

II 行政手続法による規制

行政作用には、行政手続に関する一般法である行政手続法[※1]によってルールが定められているものとそうでないものがあります。

行政手続法による規制あり	行政手続法による規制なし
行政行為(処分)	行政計画[※2]
行政指導	行政契約
行政立法(命令等の制定)	行政調査

Advance [※1]
2回転目に読む
行政手続法は、処分、行政指導、届出、命令等の制定(行政立法)の4つを対象としています(行政手続法1条1項)。

ひっかけ 注意! [※2]
「行政手続法において行政計画の策定手続が定められている」として誤りとするパターンに注意。

2 行政立法　重要度 ★★★

　行政立法は、行政機関が定めるルールのことです。「命令」ともいいます※3。内閣が制定するものは**政令**、各省大臣が制定するものは**省令**、外局において各委員会や各庁の長官が制定するものは**規則**と呼ばれます。

　本来、ルールは法律で制定すべきものですが、法律という形式で細かいところまですべては決めきれないので、細かいところをカバーするため行政自ら立法することも認められているわけです。

　また、政令・省令・規則にも、法律の委任があれば、罰則を設けることができます。

　信号機の表示を例に、法律（道路交通法）と政令（道路交通法施行令）の関係について見てみましょう。

板書 行政立法の具体例

■**法律（道路交通法）**■　← 法律で政令に委任している

「信号機の表示する信号の意味その他信号機について必要な事項は、政令で定める。」

↓ これを受けて…

■**政令（道路交通法施行令）**■　← 行政立法

- 青　　色：歩行者は進行することができる
- 青色の点滅：歩行者は道路の横断を始めてはならず、また、道路を横断している歩行者は速やかにその横断を終わるか又は横断をやめて引き返さなければならない
- 赤　　色：歩行者は道路を横断してはならない

神田Tのイントロ

行政立法では、代表的な判例知識のほか、穴埋め問題にも対応できるよう分類の名称とその特徴をチェックしておきましょう。

Advance ※3　2回転目に読む

行政手続法では、命令等の制定にあたっては意見公募手続を実施すべき旨を定める規定が置かれています（行政手続法39条1項）。

神田Tのアドバイス①

制定機関による命令の名称の分類についてはSECTION 3 **3**を参照してください。例えば、省において大臣が制定する「省令」を、「規則」など別の言葉と入れ替えて誤りにする出題形式にも注意が必要です。

I 効力による分類と法律の根拠

行政立法は**法規命令**と**行政規則**に分類され、法規命令はさらに**委任命令**と**執行命令**に区分されます。

行政立法を法規命令と行政規則に分けて、行政立法の分類について見てみましょう。

板書 効力による行政立法の分類

```
                 与える  → 法規命令 ─ 法規※1の性質を有する命令
国民の                   ─ 委任命令    ↑法律の根拠が必要
権利義務に ─┤              ─ 執行命令
直接影響を
                 与えない → 行政規則 ─ 法規の性質を有しない命令
                                     ↑法律の根拠は不要※2
```

法規命令	委任命令	法律の個別具体的な委任により、私人の権利義務の内容自体を新たに定める命令
	執行命令	権利義務関係の内容それ自体ではなく、その内容実現のための手続（実施に必要な具体的細目）を定める命令
行政規則		国民の権利義務に直接影響を及ぼさない命令

ポイント

☆ 行政規則は、法規命令と違って、**法律の根拠**（法律の委任）はなくても制定できる

☆ 告示※3、訓令・通達、行政手続法上の審査基準・処分基準・行政指導指針など、行政内部のルールであって、国民の権利義務に直接影響を及ぼさないものは、**行政規則に分類される**

語句 ※1
法規
国民の権利義務に関する法規範のこと。

ひっかけ注意！ ※2
「法規命令・行政規則のどちらも法律の根拠が必要である」として誤りとするパターンに注意。

条文チェック ※3
国家行政組織法14条1項では、「各省大臣、各委員会及び各庁の長官は、その機関の所掌事務について、公示を必要とする場合においては、告示を発することができる。」と規定されています。

神田Tのアドバイス❶

告示は、行政機関が意思決定や事実を公に知らせる形式ですが、法的拘束力を持つものは法規命令と位置づけられ、法的拘束力を持たないものは行政規則と位置づけられます。

II 通達

上級行政機関が下級行政機関の権限行使について指揮する

ために発する命令のことを訓令といい、それが書面でされたものを**通達**と呼びます。

通達※4は法規の性質をもつものではなく、上級行政機関が下級行政機関・職員に対してその職務権限の行使を指揮し、職務に関して命令するために発するものであり、このような通達は当該機関・職員に対する行政組織内部における命令にすぎないから、これらの者がその通達に拘束されることはあっても、一般の国民は直接これに拘束されるものではありません。

Ⅲ 行政立法に関する判例

行政立法が法律の委任の範囲内といえるかどうかについて示したものや、抗告訴訟※5の対象となる処分に該当するといえるかどうかについて示した判例がありますので、代表的なものは確認しておきましょう。

> **要チェック判例**
>
> ◆ 監獄法施行規則が原則として14歳未満の者との接見※6を許さないとすることは、監獄法が原則として接見を許し、接見ができないときはどのようなときかを定めるよう委任したことに対し、その範囲を逸脱する（最判平3.7.9）。
>
> ---
>
> ◆ 児童扶養手当法施行令が「父から認知された児童」を児童扶養手当の支給対象から除外していることは、児童扶養手当法が支給が必要な者はどのような者かを定めるよう委任したことに対し、その範囲を逸脱する（最判平14.1.31）。
>
> ---
>
> ◆ 地方自治法85条1項は公職選挙法中の普通地方公共団体の選挙に関する規定を「解職の投票」に準用する旨を定めているので、同規定に基づき政令で定めることができるのも「解職の投票」についてであり、「解職の請求」についてまで政令で規定することを許容するものということはできず、地方自治法施行令が、公職の候補者の資格に関する公職選挙法の定め

神田Tのアドバイス❷
裁判所が通達に拘束されるわけではなく、裁判所は、法令の解釈適用にあたっては、通達に示された法令の解釈とは異なる独自の解釈をすることができます。

条文チェック ※4
国家行政組織法14条2項では、「各省大臣、各委員会、各庁の長官は、その機関の所掌事務について、命令又は示達をするため、所管の諸機関及び職員に対し、訓令又は通達を発することができる。」と規定されています。

語句 ※5
抗告訴訟
行政庁の公権力の行使に関する不服の訴訟のこと。

語句 ※6
接見
身柄拘束を受けている被疑者や被告人と面会すること。

神田Tのアドバイス❸
父が認知したことがイコール世帯の生計維持者としての父が存在する状態になるという関係ではないのに、認知しただけで支給対象児童から外してしまうのはおかしいよね、ということです。

を議員の解職請求代表者の資格について準用し、公務員について解職請求代表者となることを禁止していることは、政令の定めとして許される範囲を逸脱する(最大判平21.11.18)。

◆銃砲刀剣類登録規則が登録の対象となる刀剣類の鑑定基準として、美術品として文化財的価値を有する日本刀に限ることは、銃砲刀剣類所持等取締法が登録することで刀剣類の所持を認め、登録にあたりその鑑定基準を定めるよう委任したことに対し、その範囲を逸脱しない(最判平2.2.1)。

◆幅4m未満の道でも建築基準法の規定により行政庁の指定したものは建築基準法上の「道路」とみなされ、この指定が**一括指定の方法**でされるとしても、個別の土地に対する私権制限という効果を生じさせるものであり、個人の権利義務に対して直接影響を与えるものといえ、抗告訴訟の対象となる処分に該当する(最判平14.1.17)。

◆国家公務員法が人事院規則に委任しているのは、公務員の職務の遂行の政治的中立性を損なうおそれが実質的に認められる政治的行為の行為類型を規制の対象として具体的に定めることであるから、国家公務員法が懲戒処分の対象と刑罰の対象とで殊更に区別することなく規制の対象となる政治的行為の定めを人事院規則に委任しているからといって、憲法上禁止される白紙委任※1に当たらない(最判平24.12.7)。

神田Tのアドバイス❶
解職請求は、有権者の3分の1以上の署名を集めて解職請求する場面と、その後有権者の投票に付して過半数の同意があれば失職する場面に分けて考えましょう。地方自治法は投票に関して準用を許容していますが、請求に関して準用は認めていません。

語句 ※1
白紙委任
委任するときに何の制限もかけないですべてを任せること。

例題　H23-9-5

政令及び省令には、法律の委任があれば、罰則を設けることができるが、各庁の長や各委員会が発する規則などには、罰則を設けることは認められていない。

✕ 政令・省令のほか、規則にも罰則を設けることができる。

3 行政計画

重要度 ★★☆

行政計画とは、行政機関が将来の一定期間内に到達すべき目標を設定し、そのために必要な手段の調整のために策定する計画のことです。

神田Tのイントロ
行政計画は行政行為ほど重要ではないですが、法律の根拠の要否と代表的な判例知識は確認しておきましょう。

518

Ⅰ 行政計画※2の分類と法律の根拠

行政計画は、国民の権利義務に直接影響を与えるかどうかによって、拘束的計画（権力的）と非拘束的計画（非権力的）に分類されます。

拘束的計画	国民の権利義務に直接影響を与えるもの 例 土地区画整理事業計画	法律の根拠は必要
非拘束的計画	国民の権利義務に直接影響を与えないもの 例 経済成長計画	法律の根拠は不要

Ⅱ 裁量

行政計画では、計画策定権者に広範な裁量が認められます。

Ⅲ 行政計画に関する判例

行政計画※3が抗告訴訟の対象となる処分に該当するといえるかどうかについて示した判例などがありますので、代表的なものは確認しておきましょう。

> **要チェック判例**
>
> ◆ 市町村が施行する**土地区画整理事業**※4の**事業計画の決定**は、施行地区内の宅地所有者等の法的地位に変動をもたらすものであって、抗告訴訟の対象となる処分に該当する（最大判平20.9.10）。
>
> ◆ 都市計画法上の**用途地域**※5の**指定**は、その効果は一般的抽象的なものにすぎず、個人に対する具体的な権利侵害を伴う処分があったものとはいえず、抗告訴訟の対象となる処分に該当しない（最判昭57.4.22）。
>
> ◆ **地方公共団体が施策を変更**した場合、密接な交渉を持つに至った当事者間の関係を規律すべき**信義衡平の原則**に照らし、その施策の変更にあたってはかかる信頼に対して法的保護が与えられなければならず、一定の場合には、施策の変更が当事者間に形成された信頼関係を不当に破壊するものとして違

Advance ※2　2回転目に読む

行政計画の策定手続に関する規定は、行政手続の一般法である行政手続法の中には設けられていません。

神田Tのアドバイス❷

法律の根拠の要否については侵害留保説に基づいて考えましょう。国民の権利義務に直接影響を与えないなら法律の根拠は不要です。

ひっかけ注意！※3

行政計画に対しても通常の抗告訴訟で争うことになります。「行政事件訴訟法において、行政計画を争うための特別の訴訟類型が法定されている」として誤りとするパターンに注意。

語句 ※4

土地区画整理事業
道路や公園などの公共施設を整備・改善し、土地の区画を整えて宅地の利用の増進を図る事業のこと。公共施設が不十分な区域の場合、地権者から土地を提供してもらって、この土地を道路や公園などの公共用地に充てます。

語句 ※5

用途地域
都市計画法の地域地区の1つで、用途の混在を防ぐことを目的として、住居・商業・工業など市街地の大枠としての土地利用を定めるもの。

法性を帯び、地方公共団体の不法行為責任を生じさせることがある(最判昭56.1.27)。

例題 H21-8-1

土地利用を制限する用途地域などの都市計画の決定についても、侵害留保説によれば法律の根拠が必要である。

○ 国民の権利を制限する計画であれば法律の根拠が必要となる。

4 行政指導　重要度 ★★☆

行政指導とは、行政機関から、特定の相手方に対して、任意の協力を求めて働きかけることです※1。行政からのアドバイスともいえ、行政処分と異なり、指導に従わなければならないといった権力的な側面はありません。

行政庁Aが事業者Xに対して寄付金を支払うことを助言した場合を例に、行政指導の特徴について見てみましょう。

> **神田Tのイントロ**
> 行政指導は行政行為ほど重要ではないですが、法律の根拠の要否と代表的な判例知識は確認しておきましょう。

> **Advance ※1　2回転目に読む**
> 行政手続法では、行政指導をするにあたり、その相手方に対して、行政指導の趣旨、内容、責任者を明確に示すことを要求する規定が置かれています（行政手続法35条1項）。

> **神田Tのアドバイス❶**
> 行政指導は法律の条文上は「勧告」や「助言」と呼ばれることも多いです。

ポイント
☆ 行政指導は任意の協力を求めるものであり、任意性を損なわなければ納付を求めること自体はできるが、納付を事実上強制するようなことをしてはならない

Ⅰ 行政指導の分類と法律の根拠

行政指導は、その性質から、規制的なもの、助成的なもの、調整的なものに分類できます。行政指導は、それに従わなければならないといった権力的なものではないので、いずれにしても法律の根拠は不要です。

規制的行政指導	相手方の活動を規制することを目的として行われる行政指導 例 違法建築物の改修勧告	神田Tの アドバイス❷ 法律の根拠 は<u>不要</u>
助成的行政指導	相手方に対して情報を提供し、私人の活動を助成しようとする行政指導 例 経営指導	
調整的行政指導	私人間の紛争に行政が介入し、その解決方法を探るために行われる行政指導 例 建築主と近隣住民の紛争解決を図るための指導	

法律の根拠が不要とは、法律の根拠があってはいけないということではなく、法律の根拠はあってもなくてもよいということです。個人情報保護法に基づいて個人情報保護委員会が行う指導や助言など法律に根拠が置かれているものもあります。

Ⅱ 行政指導に関する判例

行政指導が抗告訴訟の対象となる処分に該当するといえるかどうかについて示したものや、国家賠償法上違法と評価されるかどうかについて示した判例がありますので、代表的なものは確認しておきましょう。

要チェック判例

◆一般に行政指導は抗告訴訟の対象となる処分とはいえないが、医療法に基づく**病院開設中止勧告**は、<u>抗告訴訟の対象となる処分に該当する</u>(最判平17.7.15)。

◆建築確認申請をしたマンションの建設事業者が行政指導に不協力・不服従の意思を表明している場合、当該建築主が受ける不利益と行政指導の目的とする公益上の必要性とを比較衡量して、行政指導に対する建築主の不協力が社会通念上正義の観念に反するものといえるような特段の事情が存在しない限り、**行政指導が行われているとの理由だけで確認処分を留**

保することは、国家賠償法上、違法な行為といえる（品川マンション事件：最判昭60.7.16）。

◆ 市が、教育施設負担金の納付を行政指導として行う場合でも、マンションの建設事業者に対し、指導要綱所定の負担金を納付しなければ水道の給水契約の締結および下水道の使用を拒絶することを背景とすれば、**行政指導に従うことを余儀なくさせる**ことになり、事業主に教育施設負担金の納付を事実上強制しようとしたものといえ、国家賠償法上、違法な行為といえる（武蔵野マンション事件：最判平 5.2.18）。

負担金の納付を求める指導をすること自体が違法なわけではなく、それを給水契約締結拒否といった措置を背景に事実上強制しようとしたことが違法になるわけです。

例題　　　　　　　　　　　　　　　　　　　　　　　　　　H8-35-3

行政指導には、法令に根拠を有する場合とそうでない場合とがあるが、その内容は、あくまでも相手方の任意の協力によってのみ実現されるものである。

〇 行政指導は、法律の根拠を有しないものもあり、また、任意の協力によってのみ実現されるものである。

5 行政契約　　重要度 ★★☆

行政契約とは、行政主体を当事者の一方または双方とする契約のことです[※1]。

I 行政契約の分類と法律の根拠

行政契約は、その性質から、準備行政分野の契約、給付行政分野の契約、侵害行政分野の契約に分類できます。行政契約は合意で締結されるものなので、いずれにしても法律の根拠は不要です。

神田Tのイントロ

行政契約は行政行為ほど重要ではないですが、法律の根拠の要否と代表的な判例知識は確認しておきましょう。

Advance ※1 2回転目に読む

行政契約の締結手続に関する規定は、行政手続の一般法である行政手続法の中には設けられていません。

準備行政分野の契約	行政活動に必要な物的手段を調達・整備するために行われる契約 例 文房具の購入	法律の根拠は不要
給付行政分野の契約	市町村などの行政主体が事業者となっており、そこから供給を受けるために行われる契約 例 水道水の供給契約	
侵害行政分野の契約	一定の行政目的の達成のために国民の権利・自由を制限する行政活動分野における契約 例 公害防止協定	

Ⅱ 公害防止協定

公害防止協定は、国や地方公共団体が事業者との間で結ぶ契約で、公害の防止をその内容とするものです。

契約形式で地域に応じた公害防止の目標値を定めたり、具体的な公害対策の内容を定めたりしています。

企業との合意により有効に締結されれば、法的拘束力が認められます（最判平21.7.10）。

そして、企業が地方公共団体との間で締結した公害防止協定による義務を履行しない場合、地方公共団体は、その義務の履行を求めて民事訴訟を提起することができます。

行政上の義務の履行を確保する方法や刑罰については法律で定めなければならないから、公害防止協定の中で行政上の強制執行を定めておくことはできず、契約違反に対する刑罰を定めたりすることもできません。

Ⅲ 行政契約に関する判例

行政契約が抗告訴訟の対象となる処分に該当するといえるかどうかについて示したものや、民法や水道法との関係について示した判例がありますので、代表的なものは確認しておきましょう。

公害防止協定には、契約としての法的拘束力が認められ、協定に基づく義務の履行を求める訴訟は法律上の争訟に該当します。

要チェック判例

◆ 地方公共団体が**ごみ焼却場を建設**するために建設会社と締結する建築請負契約は、抗告訴訟の対象となる処分には該当しない(最判昭39.10.29)。

◆ 市が市の関連団体と契約を締結する場合、市を代表する市長が当該関連団体の代表でもある場合、当該契約締結行為については民法の双方代理の禁止の規定(民法108条)が類推適用される(最判平16.7.13)。

◆ **指名競争入札**について、村が発注する公共事業の指名競争入札の参加者の指名にあたり、工事現場等への距離が近く現場に関する知識等を有していることから契約の確実な履行が期待できることや、地元の経済の活性化にも寄与することなどを考慮し、地元企業を優先する指名を行うことについては、その合理性を肯定でき、裁量権の行使として許容できる。一方、地方公共団体の長が、指名競争入札の際に行う入札参加者の指名に当たり、法令の趣旨に反して地域内の業者だけを指名する運用方針の下、当該運用方針に該当しないことのみを理由に、これまで継続して入札に参加してきた業者を指名競争入札に参加させないことは違法となる(最判平18.10.26)。

◆ 地方公共団体が産業廃棄物処分業者と締結した公害防止協定において、施設の使用期限の定めおよびその期限を超えて産業廃棄物の処分を行ってはならない旨を定めることは、業者が受けた許可が効力を有する期間内にその事業または施設が廃止されるとしても、違法ではない(最判平21.7.10)。

◆ 近い将来需要に応じきれなくなり深刻な水不足を生ずることが予測される等の事情がある場合、新たな給水申込みのうち、需要量が特に大きく、住宅を供給する事業を営む者が住宅を分譲する目的であらかじめしたものについて給水契約の締結を拒むことは、急激な水道水の需要の増加を抑制するためのやむを得ない措置であって、水道法15条1項※1にいう「正当の理由」があるものといえる(最判平11.1.21)。

◆ 水道事業者としては、たとえ指導要綱に従わない事業主からの給水契約の申込であっても、給水契約の締結を拒むことは

神田Tのアドバイス①
許可の有効期間が12月末までででも、8月末までしか使用しないという協定を結び、9月以降は使用してはならないという定めをすることは可能という意味です。

条文チェック ※1
水道法15条1項では、「水道事業者は、事業計画に定める給水区域内の需要者から給水契約の申込みを受けたときは、正当の理由がなければ、これを拒んではならない。」と規定しています。

許されず、また、給水契約の締結を拒む正当の理由も認められない（最判平元.11.8）。

行政指導は任意の協力を求めるだけですので、給水契約の締結拒否などを背景とすると指導に従わざるを得なくなってしまい、その任意性を損なうことになるからです。

◆ 給水装置新設工事申込に対し、市が、当該建物が建築基準法に違反することを指摘して、その受理を事実上拒絶し申込書をその申込者に返戻した場合、それが申込の受理を最終的に拒否する旨の意思表示をしたものではなく、同法違反の状態を是正して建築確認を受けたうえ申込をするよう一応の勧告をしたものにすぎないときは、市のとった措置は違法な拒否には当たらず、申込者に対し工事申込の受理の拒否を理由とする損害賠償の責任を負わない（最判昭56.7.16）。

例題 H24-10-1

行政契約でも、その内容が国民に義務を課したり、その権利を制限するものについては、法律の留保の原則に関する侵害留保理論に立った場合、法律の根拠が必要であると解される。

✕ 法律の根拠は不要。

6 行政調査　重要度 ★★

神田Tのイントロ

行政調査はたまにしか出題されていませんので、一応の判例知識の確認ぐらいでよいテーマです。

行政調査は、行政目的を達成するための情報収集活動の一環として行われる調査活動のことです。

任意調査	相手方の承諾を前提として任意の協力で行われる調査活動のこと 例 自動車の一斉検問	法律の根拠は<u>不要</u>
強制調査	調査に応じないときに罰則を科すものや、直接実力行使を伴うものなど強制力を用いる調査活動のこと 例 保健所職員による立入検査 　国税局職員による犯則調査	法律の根拠は<u>必要</u>

国税通則法では、職員が犯則事件の調査にあたり、臨検、捜索、差押えを行うには、裁判官が発する許可状が必要である旨が定められています。一方、単なる税務調査であれば、裁判官の許可状は必要ありません。

任意の調査としてできる限界に関する判例がありますので、代表的なものは確認しておきましょう。

要チェック判例

◆警察官が、職務質問[1]の一環として、所持人の承諾なく行った**所持品検査**でも、それが強制にわたらない限り、具体的な状況の下で相当と認められる限度において許容される場合がある（最判昭53.9.7）[2]。

- -

◆所得税法に基づく質問検査は、実施の日時・場所の事前通知などが法律上一律の要件とされているものではない（最決昭48.7.10）。

- -

◆一般行政職員による行政調査は、犯則事件の調査や捜査の手段として利用することは許されない（最決平16.1.20）。

条文チェック ※1

警察官職務執行法2条1項では、「警察官は、異常な挙動その他周囲の事情から合理的に判断して何らかの犯罪を犯し、若しくは犯そうとしていると疑うに足りる相当な理由のある者又は既に行われた犯罪について、若しくは犯罪が行われようとしていることについて知っていると認められる者を停止させて質問することができる。」と規定されています。

ひっかけ 注意！ ※2

所持品検査を「強制にわたるものであっても適法である」として誤りとするパターンに注意。

第3編 行政法

CHAPTER 1 行政法の一般的な法理論

SECTION 6 行政強制・行政罰

このSECTIONで学習すること

1 行政上の強制措置
まずは全体像をつかんで、強制する方法と処罰する方法があることを確認します

2 行政上の強制執行
行政上の強制執行にはどんな種類があるか、法律上の争訟との関係性を確認しよう

3 即時強制
即時強制って何？ 行政上の強制執行との違いをチェックすることがポイントだよ

4 行政罰
違反の程度に応じて、刑罰を科したり、秩序罰を科すことも、義務を守ってもらうことに役立ちます

1 行政上の強制措置　重要度 ★★★

神田Tのイントロ
このSECTIONは、CHAPTER 1において行政行為に次ぐ重要テーマです。強制することと処罰することに分けて学習するのがポイントです。

例えば、税金を納付する義務があるのに納付していない人に対して、行政が何もしないのでは、徴税の目的は達成できないし、税金をきちんと納付している人と比べて不公平になります。そこで、行政の実力行使により強制的に税金を徴収することも必要とされるわけです。

行政上の強制措置には、**直接的に国民の身体や財産に実力行使**をする強制の方法と、義務違反の行為を**処罰**する制裁の方法があります。

板書　行政上の強制措置

```
                          ┌─ 義務不履行が ─ 行政上の ─┬─ 代　執　行
                          │  前提             強制執行 ├─ 強制徴収
              ┌─ 行政強制 ┤                           ├─ 直接強制
              │           │                           ├─ 執　行　罰
  強制する    │           │                           │  (間接強制)
              │           └─ 義務不履行を ──────────── 即時強制
行政上の      │              前提としない
強制措置 ─────┤
              │                    刑罰を科す ┌─ 行政刑罰
  処罰する ───┴─ 行政罰 ──────────────────────┤
                                   過料を科す └─ 秩　序　罰
```

神田Tのアドバイス❶
行政上の強制措置をとる場合、国民に対する侵害作用の性質を持つため、法律の根拠が必要です。

神田Tのアドバイス❷
具体的に法律の条文を覚える必要があるのは、代執行のときに登場する行政代執行法という法律だけです。あとは、語句の整理が中心となります。

2 行政上の強制執行

重要度 ★★★

行政上の強制執行とは、行政上の義務を履行しない者がいる場合に、その義務の履行を強制力を用いて確保することです。

Ⅰ 行政上の強制執行の分類と法律の根拠

行政上の強制執行は、**代執行**、**強制徴収**、**直接強制**、**執行罰**の4種類に分類されています。

強制執行を行うには法律の根拠が必要となりますが、実際の強制執行の方法について一般法があるのは代執行のみです（行政代執行法1条）。

〈行政上の強制執行の分類〉

名称	説明	根拠法
代執行	代替的作為義務[※1]の履行がない場合、行政庁自らが義務者のなすべき履行を行い、または他人にこれを行わせ、その費用を義務者から徴収する方法	**行政代執行法**（一般法）
強制徴収	義務者が行政上の金銭給付義務を履行しない場合に、行政庁が強制手段によって、その義務が履行されたのと同じ状態を実現する方法	国税徴収法[※2]
直接強制	義務者が義務を履行しない場合に、義務者の身体・財産に直接実力を加え、義務の履行があったのと同様の状態を実現する方法	成田新法[※3]
執行罰	義務者が期限内に義務を履行しない場合に、過料を科す旨を予告して心理的強制を加えて義務者の履行を促し、なお履行しない場合には過料を強制的に徴収する方法	砂防法[※4]

神田Tのイントロ

穴埋め問題にも対応できるよう分類の名称とその特徴をチェックしておきましょう。また、行政代執行法という法律が登場しますので、そこでは条文知識の確認も必要です。過去には記述式で、行政上の義務の不履行を題材とした出題がされたことがあります。

語句 [※1]
代替的作為義務
その義務の履行を他人でも代わりに行うことができるような義務のこと。

語句 [※2]
国税徴収法
国税の滞納があったときの徴収に関する手続について定めた法律のこと。

語句 [※3]
成田新法
成田国際空港の安全確保に関する緊急措置法のこと。

語句 [※4]
砂防法
土石流対策のための砂防設備などに関する事項について定めた法律のこと。

II 法律上の争訟

　裁判所がその固有の権限に基づいて審判することのできる対象は、裁判所法3条1項にいう法律上の争訟[※1]に限られます。また、行政庁による自力執行が認められるためには法律の根拠が必要となります。

　そのため、もっぱら行政権の主体として行政上の義務の履行を求める場合、法律上の争訟にあたらないので、その強制執行を認める法律の根拠がないときは、行政庁による自力執行が認められないだけでなく、裁判所を通じた司法的執行もできません。

　事業者が地方公共団体から課された義務を履行しない場合を例に、法律上の争訟にあたるかどうかについて見てみましょう。

> **語句** ※1
> **法律上の争訟**
> 当事者間の具体的な権利義務や法律関係に関する争いであって、法令を適用することで終局的な解決ができるもののこと。

神田Tの
アドバイス❶
この場合、法律上の争訟に当たらないことを理由として、却下判決が下されます。

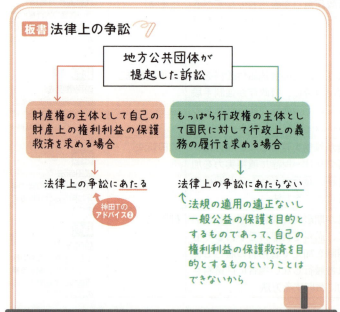

神田Tの
アドバイス❷
財産上の義務の不履行に対する強制は、一般的には訴訟による執行ができるが、個別法の規定により訴訟を行わずに強制できる自力執行が認められているときはそちらが優先されるため、訴訟ではなく、自力執行で強制することになります。

宝塚市パチンコ条例事件（最判平14.7.9） 神田Tのアドバイス③

事案 兵庫県宝塚市は、市長の同意をとらずにパチンコ店の建築工事に着手したYに対し、条例に基づき建築工事中止命令を発したが、Yがこれを無視して工事を続けたことから、市がYを相手に工事の続行禁止を求める民事訴訟を提起した。

市長の同意もないのにパチンコ店を建築しちゃダメ

同意してくれないんだったらこっちの都合で建築しちゃうよ

判旨 行政事件を含む民事事件において裁判所がその固有の権限に基づいて審判することのできる対象は、裁判所法3条1項にいう法律上の争訟すなわち当事者間の具体的な権利義務ないし法律関係の存否に関する紛争であって、かつ、それが法令の適用により終局的に解決することができるものに限られる。国または地方公共団体が提起した訴訟であって、財産権の主体として自己の財産上の権利利益の保護救済を求めるような場合には、法律上の争訟にあたるというべきであるが、国または地方公共団体が専ら行政権の主体として国民に対して行政上の義務の履行を求める訴訟は、法規の適用の適正ないし一般公益の保護を目的とするものであって、自己の権利利益の保護救済を目的とするものということはできないから、法律上の争訟として当然に裁判所の審判の対象となるものではない※2。

まとめのQ&A

Q1 国または地方公共団体が提起した訴訟であって、財産権の主体として自己の財産上の権利利益の保護救済を求めるような場合、法律上の争訟にあたるか？　↳Yes

Q2 国または地方公共団体がもっぱら行政権の主体として国民に対して行政上の義務の履行を求める場合、法律上の争訟にあたるか？　↳No

---

神田Tのアドバイス③

市内のパチンコ店等の出店を規制するため、条例で、パチンコ店等の建築をしようとする者には市長の同意を得ることを義務づけ、同意なく建築を進める者には建築の中止などを命じることができる旨を規定しました。この判例は、同条例に基づく中止命令に従わない事業者に対して、市が、裁判を起こして強制することができるかどうかについて判断したものです。

ひっかけ注意！ ※2

法律上の争訟にあたらない理由を「法令の適用により終局的に解決できないから」というような別の理由にして誤りとするパターンに注意。

第3編 行政法

CH 1 行政法の一般的な法理論

SEC 6 行政強制・行政罰

531

III 代執行

代執行は、行政上の強制執行手段の1つで、代替的作為義務の履行がない場合、行政庁自らが義務者のなすべき履行を行いまたは他人にこれを行わせ、その費用を義務者から徴収する方法です。

行政庁AがXに違法家屋の撤去を命じたにもかかわらず、Xが撤去義務を履行しない場合を例に、代執行の要件や手続について見てみましょう。

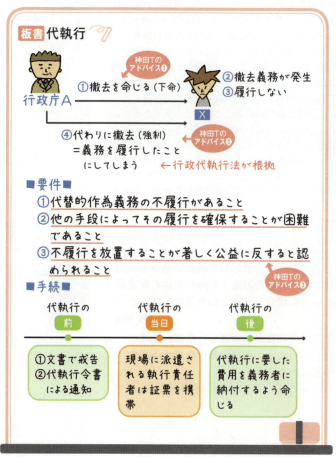

義務を命じることは法律のほか条例が根拠でもOKです。

代執行の実施は第三者に行わせることも可能です。

要件①だけで代執行できるわけではなく、要件②と③も満たす必要があります。

〈行政代執行法〉

1条 一般法	行政上の義務の履行確保に関しては、別に法律で定めるものを除いては、この法律の定めるところによる
2条 要件	代替的作為義務の不履行がある場合、他の手段によってその履行を確保することが困難であり、かつ、その不履行を放置することが著しく公益に反すると認められるときは代執行可能
3条 手続	①相当の履行期限を定め、その期限までに履行がなされないときは、代執行をなすべき旨をあらかじめ文書で戒告 ②戒告を受けても義務者が指定の期限までにその義務を履行しないとき、代執行令書をもって、代執行をなすべき時期、代執行のために派遣する執行責任者の氏名、代執行に要する費用の概算による見積額を義務者に通知 ③非常の場合または危険切迫の場合において、当該行為の急速な実施について緊急の必要があり、①・②の手続をとる暇がないときは、その手続は経ないで代執行することができる
4条 証票	代執行のために現場に派遣される執行責任者は、その者が執行責任者たる本人であることを示すべき証票を携帯（要求があるときはこれを呈示）
5条 費用	代執行に要した費用の徴収は、義務者に対し、文書をもって納付を命じる
6条 強制徴収	代執行に要した費用は、国税滞納処分の例により、これを徴収することができる

行政代執行法は一般法なので、個別法に別の規定があればそちらが優先して適用され、個別法がないときにこの法律のルールが適用されます。

代執行に要した費用は税金ではありませんが、この規定を置くことにより、未納があった場合に国税を滞納したときと同様の手続で強制徴収することができる根拠となります。

例題
R元-8-2

直接強制は、義務者の身体または財産に直接に実力を行使して、義務の履行があった状態を実現するものであり、代執行を補完するものとして、その手続が行政代執行法に規定されている。

✗ 行政代執行法は代執行の手続を規定したものであり、直接強制の手続については規定していない。

3 即時強制　重要度★★★

神田Tのイントロ
通常の強制執行の場合と即時強制との相違を比較することがポイントです。過去には記述式で、即時強制を題材とした出題がされたことがあります。

即時強制は、目の前で起きている急迫の事態に対処するため、義務を命じることなく、直接に国民の身体や財産に実力を加えることをいいます。[※1]

例えば、消防士が火事で燃えている家の2階の窓ガラスを割って侵入し、中にいた子どもを救助するような場合です。

即時強制と行政上の強制執行の一つである直接強制の相違について見てみましょう。

ひっかけ注意！ ※1
義務の不履行を前提とする事例を挙げておいて、即時強制の例であるとして誤りとするパターンに注意。

神田Tのアドバイス❶
感染症予防法に基づく強制入院、消防法に基づく消火活動のための立入りや家屋の倒壊、警察官職務執行法に基づく泥酔者の保護、道路交通法に基づく違法駐車の自動車のレッカー移動、入管法に基づく外国人の退去強制などが即時強制の具体例です。

板書 即時強制

即時強制
義務の不履行はない → 実力行使（緊急事態に対処）
　　　　　　　　　　　法律の根拠 ← 1つだけでよい

直接強制
義務を命じる（下命）→ 義務が発生 → 不履行 → 実力行使
法律の根拠 ←─ 2つ必要 ─→ 法律の根拠

ポイント
☆ 直接強制が義務の不履行を前提とするのに対し、即時強制は義務の不履行を前提としない点が異なる
☆ 直接強制も即時強制も、実力行使のときに法律の根拠が必要な点は共通

神田Tのアドバイス❷
一般法となるべき法律は存在しませんので、個別法に根拠規定が置かれています。

例題　H16-10-オ
（「即時強制」にあたるものは？）
火災の発生現場において消防士が、延焼の危険のある近隣の家屋を破壊してそれ以上の延焼を防止する行為

〇 即時強制にあたる。

4 行政罰　重要度 ★★★

行政罰とは、行政上の過去の義務違反に対し、制裁として科される罰のことです。

I 行政罰と行政上の強制執行

義務の履行確保のための手段として、行政上の強制執行は直接的に義務を履行したことにしてしまうものですが、行政罰も、間接的にではあるけれども、制裁を背景とすることで義務の履行確保のために役立つものといえます。行政上の強制執行は将来に向かって履行を強制するのに対し、行政罰は過去の義務違反に対する制裁という側面を持ちます。

行政罰の一種である秩序罰を、行政上の強制執行の一種である執行罰と比較してみましょう。

	秩序罰 （行政罰）	執行罰 （行政強制）
義務の履行があるまで何度でも科すことができるか？	×	○
現在義務が履行されていても科すことができるか？	○	×
法律の根拠が必要か？	○	○

II 行政罰の分類と法律の根拠

行政罰は、刑罰を科すかどうかで、**行政刑罰**と**秩序罰**に分類できます。

刑罰には、死刑、懲役、禁錮、罰金、拘留、科料、没収があります。秩序罰の場合は**過料**が科されます。

神田Tのイントロ

穴埋め問題にも対応できるよう分類の名称とその特徴をチェックしましょう。過去には記述式で、秩序罰を題材とした出題がされたことがあります。

神田Tのアドバイス❸

執行罰は、行政上必要な状態を実現させるための強制執行ですので、二重処罰の禁止は適用されず、義務の履行があるまで何度でも科すことができます。

神田Tのアドバイス❹

秩序罰は、過去の義務違反に対する制裁ですので、現在義務が履行されていても科すことができます。

〈行政罰の分類〉

行政刑罰	行政上の義務違反に対し刑罰が科される※1 刑法総則の適用→あり 刑事訴訟法の適用→あり	いずれも法律の根拠は必要
秩序罰	手続を怠るなど刑罰を科すほどではない比較的軽微な義務違反に対し過料が科される※2 刑法総則の適用→なし 刑事訴訟法の適用→なし	

Ⅲ 秩序罰

　秩序罰は、刑罰ではないため、裁判所により科すときの手続には、刑事訴訟法ではなく、非訟事件手続法が適用されます。また、地方公共団体の場合、条例に基づき条例違反者に対して過料を科すときは、地方自治法により、地方公共団体の長が行政行為の形式で科します※3。

　例えば、A市で路上喫煙禁止条例を制定し、路上喫煙禁止区域内の路上で喫煙した者に対して2万円以下の過料を科す旨を定めている場合、当該区域内で路上喫煙をしたXに対して、過料を科すときの手続は、地方自治法で定められており、A市長によって、行政行為の形式で科されます。

　秩序罰として過料を科す場合、誰がどのような法律を根拠にして科すかをまとめると、次の表のようになります。

	誰が科す？	根拠法？
通常	裁判所で科す	非訟事件手続法による
条例に基づき条例違反者に過料を科す場合	地方公共団体の長が科す(知事、市町村長)	地方自治法による

Ⅳ 併科

　行政刑罰や秩序罰のほかにも、課徴金※4や懲戒処分などの

条文チェック ※1
個人情報保護法には、個人情報保護委員会からの命令に違反した個人情報取扱事業者を1年以下の懲役または100万円以下の罰金に処す旨の規定があります（173条）。

条文チェック ※2
戸籍法には、正当な理由がなくて期間内にすべき届出または申請をしない者を5万円以下の過料に処す旨の規定があります（137条）。

神田Tのアドバイス❶
刑罰を科すわけではないので、刑法や刑事訴訟法の適用がないということです。

条文チェック ※3
地方自治法14条3項では、条例中に、条例違反者に対して5万円以下の過料を科す規定を設けることを認めています。

語句 ※4
課徴金
行政目的の達成のために行政庁から国民に対して課される金銭的不利益などのこと。例えば、独占禁止法においてカルテルなどの違反行為防止のためや、景品表示法において不当表示の防止のために認められています。

制裁もあります。行政刑罰と課徴金を両方科すなど、それぞれの要件を満たせば併用して科すことも可能です。

V 両罰規定

法人の代表者や従業員など違反行為をした者自身の他に、当該法人も処罰する規定を **両罰規定** といいます。

例題   H23-8-5

義務違反に対する課徴金の賦課は、一種の制裁であるから、罰金などの刑罰と併科することは二重処罰の禁止に抵触し、許されない。

    ✗ 課徴金と行政刑罰の併科は可能。

第3編 行政法

CHAPTER 2 行政手続法

SECTION 1 総則

このSECTIONで学習すること

1 行政手続法の概要
行政手続法は、何のために定められて、どのような場面で使われるの？

2 適用除外
行政処分でも行政手続法の規定が適用されない場面があるよ

1 行政手続法の概要

重要度 ★★★

I 概要

　行政活動により国民の権利・利益が侵害された場合、事後的に、行政不服審査法、行政事件訴訟法、国家賠償法による救済制度があります。しかし、違法な処分をしてから取消しを認めたり、いったん生じた損害を賠償するだけでは国民の救済として十分とはいえません。

　そこで、処分がされる前にも意見陳述の機会を与えたり、公正で透明性の高い行政活動が行われることを重視し、処分を下すときのルールなどを定め、事前の予防措置を講じることで国民の救済を図るために、平成5年に制定されたのが**行政手続法**です（平成6年10月施行）。

　まずは、行政手続法の概要について見てみましょう。

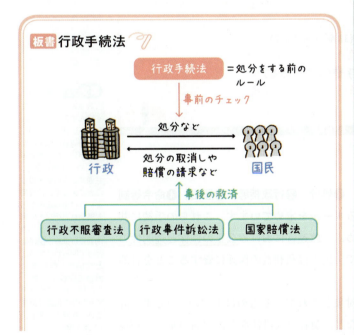

神田Tの**イントロ**

ここでは、目的条文や一般法の知識を問う出題に備えておきましょう。平成29年には目的条文（1条1項）だけを題材とした出題もありました。

神田Tのアドバイス❶

時系列として、行政手続法は行政から国民に対する処分が出る前の話をしているということを忘れないようにしましょう。

ポイント

> ☆行政手続法は**一般法**なので、個別の法律に異なる規定
> があれば個別の法律の規定が適用され、個別の法律が
> ないときは行政手続法の規定が適用される(1条2項)。

次に、行政手続法の条文構造について見てみましょう。

板書 行政手続法の条文体系と学習ポイント

> ☆**総則**(1条〜4条)
> →目的、一般法、定義、適用除外
> ☆**申請に対する処分**(5条〜11条)
> →法的義務と努力義務
> ☆**不利益処分**(12条〜31条)
> →法的義務と努力義務、聴聞で誰が何を行うか、
> 聴聞と弁明の比較
> ☆**行政指導**(32条〜36条の2)
> →任意の協力、方式
> ☆**意見公募手続**(38条〜45条)
> →手続、法的義務と努力義務

II 目的 ※1

行政手続法は、❶処分、❷行政指導、❸届出、❹命令等制定の手続に関するルールを定めています。これらの手続に共通する事項を定め、行政運営における<u>公正の確保</u>と<u>透明性の向上</u>を図ることで国民の権利利益の保護に資することを目的としています。

行政手続法で対象とされているものは上記の4つです。計画は都市計画法など、契約は会計法などに個別のルールが規

条文チェック ※1

行政手続法の目的条文を読んでみましょう。「この法律は、処分、行政指導及び届出に関する手続並びに命令等を定める手続に関し、共通する事項を定めることによって、行政運営における公正の確保と透明性（行政上の意思決定について、その内容及び過程が国民にとって明らかであることをいう。第46条において同じ。）の向上を図り、もって国民の権利利益の保護に資することを目的とする。」(1条1項)

定されていますが、行政手続法には、計画の立て方や契約の
結び方についてのルールは書かれていません。

例題 H21-12-3

行政手続法は、簡易迅速な手続による国民の権利利益の救済を図るとともに、行政の適正な運営を確保することを目的とする。

✕ 問題文は行政不服審査法の目的を示したものであって、行政手続法の目的ではない。

---

2 適用除外 重要度 ★★☆

Ⅰ 行政処分についての適用除外（3条1項）

行政処分だからといって、そのすべてに行政手続法の処分の規定が適用されるわけではなく、適用が除外される分野が明記されています。

一般行政庁とは性格が異なる機関の独自の手続で行われるため除外	①国会の議決によってされる処分 ②裁判所の裁判によってされる処分 ③国会の議決を経てされるべきものとされている処分 ④検査官会議※2で決する処分
刑事手続に類似し慎重な手続で行われるため除外	⑤刑事事件に関する法令に基づき検察官、検察事務官、司法警察職員がする処分 ⑥税の犯則事件※3に関する法令に基づいて税務署長がする処分
処分の性質上、一般法で対象とするものではないため除外	⑦学校・訓練所で教育・訓練の目的を達成するために学生・訓練生に対してされる処分 ⑧刑務所で収容の目的を達するためにされる処分 ⑨公務員に対して職務・身分に関してされる処分 ⑩外国人の出入国、難民の認定、帰化に関する処分

神田Tの**イントロ**

適用除外関係は3条3項の知識を中心に覚えておきましょう。

語句 ※2
検査官会議
会計検査院の意思決定機関のこと。

語句 ※3
税の犯則事件
脱税など租税の賦課徴収（ふかちょうしゅう）・納付に関する犯罪事件のこと。

第3編 行政法

CH 2 行政手続法

SEC 1 総則

541

⑪専ら人の学識技能に関する試験の結果についての処分
⑫相反する利害の調整を目的とした法令に基づく処分(その双方を名宛人とするものに限る)
⑬公衆衛生や保安に関わる事象の発生現場で警察官がなす処分
⑭報告または物件の提出を命ずる処分その他その職務の遂行上必要な情報の収集を直接の目的とする処分
⑮審査請求※1に対する審査庁の裁決
⑯聴聞手続において法令に基づいてされる処分

語句 ※1
審査請求
行政庁の処分に対して不服がある者が行政庁に不服を申し立てること。

Advance ※2
2回転目に読む
行政手続法における「行政機関」には、地方公共団体の機関(議会を除く)も含まれます(2条5号ロ)。

Advance ※3
2回転目に読む
行政手続法では、地方公共団体に対し、適用除外とされたものの手続について、行政運営における公正の確保と透明性の向上を図るため必要な措置を講ずるよう努めなければならないことを要求しています(46条)。

Ⅱ 地方の場合の適用除外(3条3項)

地方公共団体の機関※2が行う手続については、地方自治を尊重し、行政手続法の規定が適用されないことがあります※3。

<u>地方公共団体の機関が行う処分の場合を例に、その根拠が法律(国のルール)か条例(地方のルール)かに分けて、行政手続法の処分の規定が適用されるかどうかについて見てみましょう。</u>

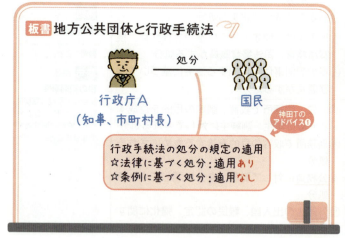

神田Tのアドバイス❶
地方公共団体の機関が条例というその地方公共団体の独自のルールを根拠に処分する場合なら、手続の法定も条例(行政手続条例)によればよく、手続だけ国のルールである法律(行政手続法)を押し付ける必要はないと考えましょう。

542

行政手続法3条3項では、「処分」と「届出」については根拠が条例・規則に置かれるものに限って適用除外としていますが、「行政指導」と「命令等制定」については一律に適用除外としています。

　そこで、地方公共団体の機関が行う場合の適用除外規定は、❶処分（根拠が法律・命令）、❷処分（根拠が条例・規則）、❸行政指導、❹届出（根拠が法律・命令）、❺届出（根拠が条例・規則）、❻命令等制定の6つに区分して、<u>❷❸❺❻については適用されない、❶と❹については適用される</u>と覚えましょう（3条3項）。

根　拠	処分※4	行政指導	届出	命令等制定
法律・命令	❶○	❸×	❹○	❻×
条例・規則	❷×		❺×	

○：適用される　×：適用されない

Ⅲ　行政機関同士の場合（4条1項）

　例えば、総務大臣から都道府県知事に対する処分のような行政機関相互間で行われる処分については、国民に対して行われる処分ではないので、国民の権利利益の保護を目的としている行政手続法の規定は適用されません。

ひっかけ 注意! ※4
地方公共団体の機関が行う処分について、「法律に基づく場合も条例に基づく場合も適用除外である」として誤りとするパターンに注意。

R3-13-エ

例題

地方公共団体の機関がする行政指導については、その根拠となる規定が法律に置かれているものであれば、行政指導について定める行政手続法の規定は適用される。

× 地方公共団体の機関がする行政指導には、行政手続法の行政指導の規定は適用されない。

第3編 行政法

CHAPTER 2 行政手続法

SECTION 2 処 分

このSECTIONで学習すること

1 申請に対する処分
5条～11条は法的義務規定？それとも努力義務規定？

2 不利益処分
12条～14条は法的義務規定？それとも努力義務規定？ 意見陳述の機会の付与についてのルールも知っておこう

1 申請に対する処分

重要度 ★★★

I 申請に対する処分とは

申請に対する処分とは、法令に基づき行政庁の許認可等を求める行為に対し、行政庁がする諾否の応答のことをいいます[※1]。例えば、営業許可申請に対して許可処分や不許可処分をする場合などです。

許認可申請に対して申請どおりの内容で許認可を与えるほか、条件などの附款を付して許認可をすることも可能です。

申請に対する処分については、5条～11条にルールがまとめられています。法的義務規定か努力義務規定かを覚えることがポイントです。ここでは覚えやすくするため、法的義務を「義務」、努力義務を「努力」と表記します。

II 審査基準（5条）

審査基準とは、申請により求められた許認可等をするかどうかについて判断するための基準のことです[※2]。

審査基準を定めること、公にすることが義務か努力かについて見てみましょう。

板書 審査基準

審査基準を定めること	義務
定めた審査基準を公にすること[※3]	義務

神田Tのイントロ

このSECTIONはCHAPTER 2における最重要項目です。ここでは5条～11条の規定が法的義務規定か努力義務規定かを区別することが重要です。過去には記述式で、7条を題材とした出題がされたことがあります。

神田Tのアドバイス❶

許認可等とは、行政庁の許可、認可、免許その他の自己に対し何らかの利益を付与する処分のことを指しています。

ひっかけ注意！ ※1

「申請者本人または申請者以外の第三者に対する処分を求める行為」として誤りとするパターンに注意。申請者以外の第三者に対するものは含まないからです。

Advance ※2 2回転目に読む

行政庁は、審査基準を定めるにあたっては、許認可等の性質に照らしてできる限り具体的なものとしなければなりません（5条2項）。

Advance ※3 2回転目に読む

審査基準を公にすることは義務ですが、例外として行政上特別の支障があるときは公にしなくてもよいものとされています（5条3項）。

III 標準処理期間（6条）

標準処理期間とは、審査結果が出されるまでに大体どれぐらいの期間を要するかの目安のことです。

標準処理期間を定めること、公にすることが義務か努力かについて見てみましょう。

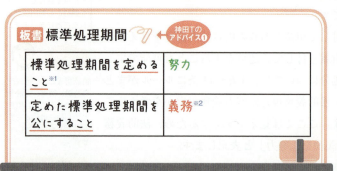

板書 標準処理期間 ← 神田Tのアドバイス❶

標準処理期間を定めること※1	努力
定めた標準処理期間を公にすること	義務※2

IV 審査の開始（7条）

行政庁は、申請が到達したときには、遅滞なく、当該申請の**審査**を**開始**すべきものとされています。

申請が事務所に到達したときに当該申請の審査の開始が義務か努力かについて見てみましょう。

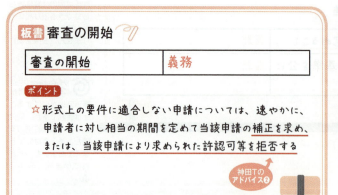

板書 審査の開始

審査の開始	義務

ポイント
☆ 形式上の要件に適合しない申請については、速やかに、申請者に対し相当の期間を定めて当該申請の**補正**を求め、または、当該申請により求められた**許認可等を拒否**する

（神田Tのアドバイス❷）

神田Tのアドバイス❶
6条の標準処理期間は設定と公にすることに分けて、設定は努力、公にすることは義務と覚えましょう。

Advance ※1 2回転目に読む
行政手続法には、申請の処理が標準処理期間を徒過したとして、行政庁が申請者にその理由を通知すべき旨を定める条文はありません。

ひっかけ注意! ※2
設定は努力ですが公にすることは義務になっていますので、これを入れ替えて、「公にすることも努力」として誤りとするパターンに注意。

神田Tのアドバイス❷
添付書類に不備があった場合、その日に受け付けて補正で扱ってあげて足りない分だけ後で提出させてもいいけど、受け付けないで拒否してしまってもかまわないこととされています。

V 理由の提示（8条）

行政庁は、許認可申請を拒否する処分をする場合は、なぜ拒否するのかの**理由を示す**こととされています※3。

申請拒否にあたり理由を提示することが義務か努力かについて見てみましょう。

板書　理由の提示

拒否理由の提示	義務

ポイント

☆法令に定められた許認可等の要件または公にされた審査基準が**数量的指標**その他の客観的指標により明確に定められている場合で、当該申請がこれらに**適合しないこと**が申請書の記載または添付書類その他の申請の内容から明らかであるときは、同時に理由を示す必要はなく、**申請者の求めがあったときにこれを示せば足りる**

VI 情報の提供（9条）

行政手続法では、申請に係る審査の進行状況および当該申請に対する処分の時期の見通しや、申請書の記載および添付書類に関する事項その他の申請に必要な**情報を提供**することを**努力**として定めています。

VII 公聴会の開催等（10条）

行政手続法では、行政庁が申請者以外の者の利害を考慮すべきことが当該法令において許認可等の要件とされている処分を行う場合、**公聴会**※4**の開催**その他の適当な方法により当該申請者以外の者の意見を聴く機会を設けることを**努力**として定めています。

Advance ※3
2回転目に読む
処分を書面でするときは、その理由を書面により示さなければならないとされています（8条2項）。

神田Tのアドバイス❸
理由の提示に関しては、①義務か努力か、②例外はどんなときか、③例外にあたるときはどのような対応をするかに分けて確認しましょう。

語句※4
公聴会
特定の事案に対して利害関係人や専門家などの意見を聴取する会合のこと。

VIII 複数行政庁の関与（11条）

11条の複数行政庁の関与は遅延防止と審査促進に分けて、遅延防止は義務、審査促進は努力と覚えましょう。

複数行政庁が関与する場合について、遅延防止に関する規定（1項）と審査の促進に関する規定（2項）があります。

行政庁は、申請の処理をするにあたり、他の行政庁において同一の申請者からされた関連する申請が審査中であることをもって自らすべき許認可等をするかどうかについての審査または判断を殊更に遅延させるようなことをしてはなりません。これは義務規定です。

また、1つの申請または同一の申請者からされた相互に関連する複数の申請に対する処分について複数の行政庁が関与する場合に、当該複数の行政庁は、必要に応じ、相互に連絡をとり、当該申請者からの説明の聴取を共同して行う等により審査を促進することを努力として定めています。

例題　　　　　　　　　　　　　　　　　　H20-11-ウ
審査基準を定めることは行政庁の努力義務であるが、設定した場合には、これを公にしておく法的義務が課される。

✕　審査基準は公にすることのほか、設定も法的義務です。

2 不利益処分　重要度★★★

I 不利益処分とは

神田Tのイントロ
ここでは12条〜14条の規定を義務か努力かで区別するとともに、15条以下の聴聞のルールをチェックしておきましょう。

不利益処分とは、行政庁が、法令に基づき、特定の者を名あて人として、直接に、これに義務を課し、またはその権利を制限する処分のことです（2条4号）。例えば、営業停止の処分や営業許可の取消処分をする場合などです※1。

ひっかけ注意！※1
「申請により求められた許認可等を拒否する処分は不利益処分にあたる」として誤りとするパターンに注意。

不利益処分については、12条〜31条にルールがまとめられています。まずは、12条〜14条の規定について、義務か努力かを見ていきましょう（II〜IV）。

548

Ⅱ 処分基準（12条）

処分基準とは、不利益処分をするかどうか、またはどのような不利益処分とするかについて判断するための基準のことです[※2]。

処分基準を定めること、公にすることが義務か努力かについて見てみましょう。

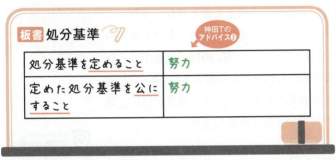

板書 処分基準	
処分基準を定めること	努力
定めた処分基準を公にすること	努力

Ⅲ 理由の提示（14条）

不利益処分をする場合、処分の名あて人に対して、同時にその**理由を示す**こととされています[※3]。

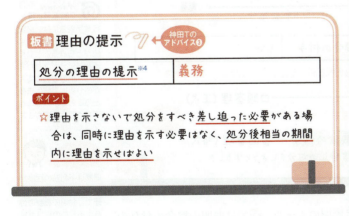

板書 理由の提示	
処分の理由の提示[※4]	義務

ポイント
☆ 理由を示さないで処分をすべき差し迫った必要がある場合は、同時に理由を示す必要はなく、処分後相当の期間内に理由を示せばよい

Advance[※2] 2回転目に読む
行政庁は、処分基準を定めるにあたっては、不利益処分の性質に照らしてできる限り具体的なものとしなければなりません（12条2項）。

神田Tのアドバイス❷
これからお店を始めるにあたり審査するときと異なり、今お店をやっている人を処分するときのルールを画一的に設定するのは難しいこともあるので、処分基準を定めることは努力義務にとどめられています。

Advance[※3] 2回転目に読む
処分を書面でするときは、その理由を書面により示さなければならないとされています（14条3項）。

神田Tのアドバイス❸
理由の提示に関しては、①義務か努力か、②例外はどんなときか、③例外にあたるときはどのような対応をするかに分けで確認しましょう。

Advance[※4] 2回転目に読む
処分の際に付記した理由が不十分な場合は、違法な行政処分となり、裁判所は当該処分を取り消すことができます。

Ⅳ 意見陳述の機会の付与（13条）

不利益処分をしようとする場合、その処分の名あて人となるべき者に対し、意見陳述の機会を与える必要があります。具体的には、口頭審理を原則とする**聴聞**、書面審理を原則とする**弁明の機会の付与**という手続があります※1。

例えば、許認可を取り消す場合、名あて人の資格や地位を直接に剥奪する場合、名あて人が法人であってその役員の解任を命ずる場合などには聴聞の手続が必要とされ、また、これら以外の場合であって行政庁が相当と認めるときも聴聞の手続がとられます（13条1項1号）。一方、聴聞の手続がとられる場合以外は、弁明の機会の付与がとられます（13条1項2号）。

行政庁AがXに不利益処分を行おうとする場合を例に、意見陳述の機会の付与について見てみましょう。

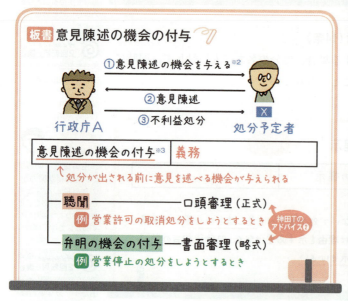

続いて、Ⅴでは聴聞のルール、Ⅵでは弁明の機会の付与のルールを見ていきましょう。

神田Tのアドバイス①
意見陳述の機会の付与は、不利益処分のルールであって、申請に対する処分のルールではないことに注意しましょう。

ひっかけ注意！※1
申請に対する処分の事例に対して「弁明の機会の付与の手続を執らなければならない」として誤りとするパターンに注意。

Advance ※2 2回転目に読む
緊急に処分をする必要があるケースや、納付すべき金銭の額を確定して一定の額の金銭の納付を命じるケースなど、意見陳述の機会を省略できる場合もあります（13条2項各号）。

Advance ※3 2回転目に読む
行政手続法には、必要な意見陳述のための手続がとられることなく不利益処分がされた場合に、処分の名あて人が処分後に当該手続をとることを求めることができる旨を定める条文はありません。

神田Tのアドバイス②
聴聞は不利益の程度が重いので正式な口頭審理で、弁明の機会の付与は不利益の程度が重くないので略式の書面審理となります。

550

Ⅴ 聴聞（15条〜28条）

(1) 概要

聴聞は、営業許可の取消しなどの不利益処分をしようとする場合に、その処分の名あて人となるべき者の意見陳述のための手続として実施されます。行政庁からの通知により聴聞の期日や場所が示され、処分の名あて人となるべき者は、その日に指定された場所に出頭して、自分の意見を陳述することができます。

<u>行政庁Aが、Xに対して、Xが偽装していることを原因事実として、営業許可を取り消す処分をしようとしている場合</u>を例に、聴聞の仕組みについて見てみましょう。

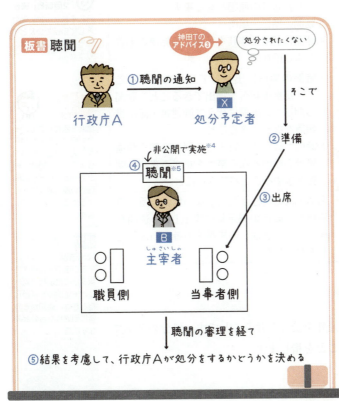

神田Tの
アドバイス❸

Xは、聴聞の通知を受け、そのような処分をされたくないと思えば、処分をされないよう自分の主張をするための準備を整え、期日になったら役所に出頭して、自分の言い分を主張することができます。

Advance ※4
2回転目に読む

審理は、行政庁が公開することを相当と認めるときを除き、公開されません（20条6項）。

Advance ※5
2回転目に読む

聴聞の規定に基づく処分またはその不作為については、審査請求をすることはできません（27条）。例えば、利害関係人が聴聞への参加を主宰者に許可されなかった場合を指します。聴聞の後に実際に行われる営業許可取消処分の話ではありません。

(2) 聴聞の通知

行政庁は、聴聞を行うにあたっては、聴聞を行うべき期日までに相当な期間をおいて、不利益処分の名あて人となるべき者に対し、所定の事項を書面により通知しなければなりません（15条1項）。

〈聴聞通知(15条)〉

1項	主体	行政庁が通知する※1
	時期	聴聞を行うべき期日までに相当な期間をおいて通知する
	方式	書面により通知する※2
	通知事項	①予定される不利益処分の内容・根拠法令の条項 ②不利益処分の原因となる事実 ③聴聞の期日・場所 ④聴聞に関する事務を所掌する組織の名称および所在地
2項	教示事項	①聴聞の期日に出頭して意見を述べること、証拠書類等を提出できること、聴聞の期日への出頭に代えて陳述書・証拠書類等を提出できること ②聴聞が終結する時までの間、当該不利益処分の原因となる事実を証する資料の閲覧を求めることができること
3項	名あて人所在不明のときの公示送達※3	名あて人の所在が判明しない場合、所定の事項を行政庁の掲示板に掲示し、2週間を経過したときは、通知がその者に到達したとみなされる

ひっかけ注意！※1
聴聞の通知を行うのは行政庁の権限です。行政庁と主宰者を入れ替えて「主宰者が通知する」として誤りとするパターンに注意。

Advance ※2 2回転目に読む
行政手続法には、例外として口頭でOKとする旨を定める条文はありません。

神田Tのアドバイス❶
聴聞と言われても、そこで何ができるか知らない人も少なくないでしょうから、聴聞で何ができるかなどは聴聞通知の際に教えてもらえる仕組みとなっています。

語句 ※3
公示送達
所定の事項を行政庁の事務所の掲示板に掲示し、一定期間を経過したときは、通知がその者に到達したものとみなす制度。

(3) 当事者

当事者は、聴聞通知を受けた者のことです。処分の名あて人となるべき者のことを指します。

板書 当事者の権限

聴聞の期日に出頭	補佐人の同行	陳述書等の提出
意見を述べ、証拠書類等を提出し、主宰者の許可を得て行政庁の職員に対し質問を発することができる（20条2項）	主宰者の許可を得て、補佐人とともに出頭することができる（20条3項）	聴聞の期日への出頭に代えて、主宰者に対し、聴聞の期日までに陳述書・証拠書類等を提出することができる（21条1項）

文書閲覧請求
聴聞の通知があった時から聴聞が終結する時までの間※4、行政庁に対し、当該事案について調査した結果についての調書その他の当該不利益処分の原因となる事実を証する資料の閲覧を求めることができる（18条1項前段）※5

聴聞の規定の中で、主宰者の許可が必要とされているのは、①参加人（(5)参照）、②補佐人、③質問の3パターンです。試験問題では、それ以外の項目で主宰者の許可が必要であるとされていれば誤りと判断できるようにしておきましょう。

ひっかけ 注意! ※4

閲覧請求可能な時期を「不利益処分の時まで」として誤りとするパターンに注意。

Advance 2回転目に読む ※5

行政庁は、第三者の利益を害するおそれがあるときその他正当な理由があるときでなければ、その閲覧を拒むことはできません（18条1項後段）。

Advance 2回転目に読む ※6

参加人も代理人を選任することができます（17条2項）。

行政手続法では、当該聴聞の当事者自身であったり、その配偶者や4親等内の親族などは主宰者になれないといった制限はありますが、職員のうち当該処分に係る事案の処理に関与したから主宰者になれないといった制限は規定されていません（19条2項）。

(4) 代理人

聴聞の通知を受けた者は、代理人を選任することができます（16条1項）。代理人は、各自、当事者のために、聴聞に関する一切の行為をすることができます（16条2項）。

(5) 参加人

利害関係人は、主宰者の許可を得て聴聞に参加することができ、また、主宰者から聴聞に参加するよう求められることもあります（17条1項）※6。

(6) 主宰者

主宰者は、聴聞の審理を主宰する者のことです。行政庁が指名する職員その他政令で定める者が主宰者となります（19条1項）。

板書 主宰者の権限

冒頭説明
行政庁の職員に、予定される処分の内容や原因事実等を説明させる（20条1項）

欠席審理
当事者または参加人の一部が出頭しないときでも、審理を行うことができる（20条5項）

続行期日の指定
審理の結果、なお聴聞を続行する必要があると認めるときは、さらに新たな期日を定めることができる（22条1項）

聴聞の終結
当事者が出頭しない場合、聴聞を終結させることができる（23条1項・2項）

調書の作成
聴聞審理が行われる場合、各期日ごとに、聴聞の審理の経過を記載した調書を作成する（24条1項）

報告書の作成
聴聞終結後速やかに、当事者等の主張に理由があるかどうかについての意見を記載した報告書※1を作成する（24条3項）

---

(7) 聴聞終結後

聴聞が終結すれば、主宰者が作成した聴聞調書および報告書※2が行政庁に提出され、行政庁が不利益処分について決定します。

行政庁は、不利益処分の決定をするにあたり、聴聞調書の内容および報告書に記載された主宰者の意見を十分に参酌※3してこれをしなければなりません（26条）。

また、行政庁は、聴聞の終結後に生じた事情にかんがみ必要があると認めるときは、主宰者に対し、提出された報告書を戻して聴聞の再開を命ずることができます（25条）。

神田Tのアドバイス❶
聴聞を実施したけどその日にすべての主張立証が終わらないこともあるので、続きは別の日に第2回として実施する場合をイメージしましょう。

神田Tのアドバイス❷
調書は聴聞でのやりとりが事実として書かれた客観的なもの、報告書は主宰者の意見が書かれた主観的なものです。

ひっかけ注意！※1
調書と報告書の名称を入れ替えて「聴聞の審理の経過を記載した書面は報告書と呼ばれる」として誤りとするパターンに注意。

Advance ※2 2回転目に読む
当事者・参加人は、調書や報告書の閲覧を求めることができます（24条4項）。

神田Tのアドバイス❸
聴聞を経ていても、その後に行政庁から下された不利益処分について不服があれば、行政不服審査法に基づき審査請求することができます。

語句 ※3
参酌
他の人の意見を参考にして取り入れること。

Ⅵ 弁明の機会の付与（29条～31条）

(1) 概要

弁明の機会の付与は、営業停止処分などの不利益処分をしようとする場合に、その処分の名あて人となるべき者の意見陳述のための手続として実施されます。処分の名あて人となるべき者は、書面（弁明書）の提出により自分の意見を陳述できます。

聴聞と異なり、略式の方法による意見陳述の機会を与えるものであり、意見の陳述は、<u>行政庁が口頭ですることを認めたときを除き、弁明を記載した書面</u>（弁明書）によって行うものとされています（29条1項）[※4]。

(2) 通知

行政庁は、弁明書の提出期限までに相当な期間をおいて、不利益処分の名あて人となるべき者に対し、所定の事項を書面により通知しなければなりません（30条1項）。

〈弁明の機会の付与の通知（30条）〉

主体	行政庁が通知する
時期	弁明書の提出期限までに相当な期間をおいて通知する
方式	書面により通知する
通知事項	①予定される不利益処分の内容・根拠法令の条項 ②不利益処分の原因となる事実 ③弁明書の提出先・提出期限[※5]
教示規定	聴聞とは異なり、ない（31条は15条2項を準用していない）
名あて人所在不明のときの公示送達	聴聞と同様に、できる（31条は15条3項を準用している）

弁明の機会の付与の条文（29条～31条）は、29条で原則として書面を提出することと証拠書類等の提出も可能であることについて、30条で通知の方式について、31条で聴聞の規定の準用について規定しています。

[※4]
「当事者から求めがあったときは口頭によらなければならない」として誤りとするパターンに注意。例外にあたるのは行政庁が口頭を認めたときです。

Advance [※5]
2回転目に読む
例外的に口頭による弁明の機会の付与を行う場合、その旨と出頭すべき日時と場所が通知事項になります。

(3) 聴聞と弁明の機会の付与の相違

　聴聞の規定と弁明の機会の付与の規定の相違をまとめると、次の表のようになります。

	聴　聞	弁明の機会の付与
審理方式の原則	口頭審理	書面審理
参加人	○	×
代理人	○	○
補佐人	○	×
文書等の閲覧請求	○	×
通知の際の教示	○	×
公示送達による通知	○	○

○：あり　×：なし

神田Tのアドバイス❶
31条では聴聞の規定のうち公示送達（15条3項）と代理人（16条）だけを準用しています。

例題　　　　　　　　　　　　　　　　　　　　　　　　H29-13-4

聴聞の終結後、聴聞の主宰者から調書および報告書が提出されたときは、行政庁は、聴聞の再開を命ずることはできない。

　×　行政庁は、聴聞の再開を命ずることができる。

第3編 行政法

CHAPTER 2 行政手続法

SECTION 3 処分以外の手続

このSECTIONで学習すること

1 行政指導
行政指導の出し方や注意事項などの基本ルールを確認しよう

2 処分等の求め
行政庁に対して処分をすることを求めるときの手続を確認しよう

3 届出
届出をしなければならないときに、何をすればその義務を履行したと評価できるかを確認しよう

4 命令等の制定
総務省令などの命令を定めたり、変えたりするには、意見公募手続というプロセスを経て行うことが必要なんだよ

1 行政指導　重要度 ★★★

行政手続法では、処分のほか、行政指導についても、定義、注意点、方式などの基本ルールが設けられています。

I 行政指導とは

行政指導とは、行政機関がその任務または所掌事務の範囲内において、一定の行政目的を実現するため、特定の者に対し[※1]、一定の作為または不作為を求める指導、勧告、助言その他の行為であって処分に該当しないものをいいます（2条6号）。

行政手続法32条～35条に規定されている行政指導の基本ルールについて見てみましょう。

板書　行政指導

- 行政機関（任務または所掌事務の範囲内で行う）→ 行政指導 → X（任意の協力で従う）
- 方式：趣旨・内容・責任者を明確に示さなければならない（35条1項）[※2]
  ↑義務[※3]

ポイント
- ☆相手方が行政指導に従わなかったことを理由として不利益な取扱いをしてはならない（32条2項）
- ☆申請者が申請取下げの指導に従う意思がない旨を表明したにもかかわらず指導を継続するなどして申請者の権利の行使を妨げるようなことをしてはならない（33条）

神田Tのイントロ

行政手続法の問題では、行政指導だけで1問というパターンも考えられます。32条以下の条文知識を確認しておきましょう。過去には記述式で、行政指導を題材とした出題がされたことがあります。

ひっかけ注意！ ※1

行政指導の定義について「相手方が特定か不特定かを問わない」として誤りとするパターンに注意。

神田Tのアドバイス❶

行政指導のキーワードは「任意の協力」です。

Advance ※2　2回転目に読む

許認可権の行使をしうる場合にその旨を示すときは、①当該権限を行使しうる根拠法令の条項、②その要件、③その要件に適合する理由を示すことが必要です（35条2項）。

ひっかけ注意！ ※3

趣旨、内容、責任者を明確に示すことは義務です。これを努力と入れ替えて「示すよう努めなければならない」として誤りとするパターンに注意。

☆許認可権の行使ができない場合なのに、当該権限を行使しうる旨を殊更に示すことで、相手方に指導に従うことを余儀なくさせるようなことをしてはならない(34条)

☆行政指導の相手方から書面の交付を求められたときは、行政上特別の支障のない限り、書面を交付することが必要(35条3項)※4

II 行政指導指針

行政指導指針とは、同一の行政目的を実現するため、一定の条件に該当する複数の者に対し行政指導をしようとするとき※5に、これらの行政指導に共通してその内容となるべき事項を定めたもののことです。

行政指導指針を定めること、公表することが義務か努力かについて見てみましょう。

Advance 2回転目に読む ※4
相手方に対しその場において完了する行為を求めるものや既に文書等によりその相手方に通知されている事項と同一の内容を求めるものの場合、書面交付は不要です。

ひっかけ 注意! ※5
「複数の者に対して行政指導をするときに公聴会の開催が必要」など行政手続法の規定にないことを記載して誤りとするパターンに注意。

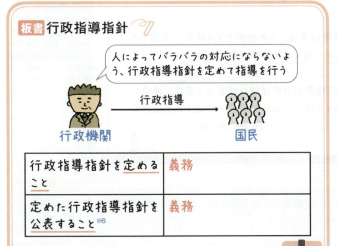

板書 行政指導指針

人によってバラバラの対応にならないよう、行政指導指針を定めて指導を行う

行政機関 → 行政指導 → 国民

行政指導指針を定めること	義務
定めた行政指導指針を公表すること※6	義務

Advance 2回転目に読む ※6
行政指導指針を公表することは義務ですが、例外として行政上特別の支障があるときは公表しなくてもよいものとされています(36条)。

Ⅲ 行政指導の中止の求め

　法令に違反する行為の是正を求める<u>行政指導</u>(その根拠となる規定が法律に置かれているものに限る)の相手方は、当該行政指導が当該法律に規定する要件に適合しないと思えば、当該行政指導をした行政機関に対し、その旨を申し出て、<u>当該行政指導の中止その他必要な措置をとることを求めることができ</u>ます(36条の2第1項本文)。

　<u>行政機関がXに対して行政指導を行った場合を例に、行政指導中止の求めについて見てみましょう。</u>

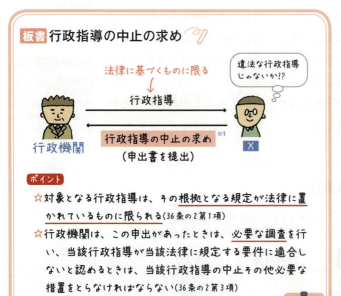

行政指導は処分ではないから、取消訴訟や行政不服審査法による審査請求の対象ともなりません。イヤなら従わなければいいだけです。しかし、行政指導に従わない場合にはその旨が公表されたり相手方の権利利益に影響を及ぼすものもあります。そこで、平成26年に行政手続法が改正され、違法な行政指導ならそれを中止するよう求めることができる制度が設けられることになりました。

Advance ※1　2回転目に読む
行政指導がその相手方について弁明その他意見陳述のための手続を経てされたものであるときは、行政指導の中止の求めの対象にはなりません(36条の2第1項ただし書)。

例題　R元-13-ア

行政指導指針は、行政機関がこれを定めたときは、行政上特別の支障がない限り、公表しなければならない。

○　行政指導指針を定めたときは、行政上特別の支障がない限り、公表しなければならない。

560

2 処分等の求め　重要度 ★☆☆

神田Tのイントロ
処分等の求めも平成26年改正で導入されたものです。処分または行政指導をするよう求めることができる制度です。過去には記述式で、処分等の求めを題材とした問題が出題されたことがあります。

　何人も、法令に違反する事実がある場合において、その是正のためにされるべき<u>処分または行政指導</u>（<u>その根拠となる規定が法律に置かれているものに限る</u>）がされていないと思えば、当該処分をする権限を有する行政庁または当該行政指導をする権限を有する行政機関に対し、その旨を申し出て、<u>当該処分または行政指導をすることを求めることができます</u>（36条の3第1項）。

　行政庁AがZ社に対して行政処分を行っていない場合を例に、処分等の求めについて見てみましょう。

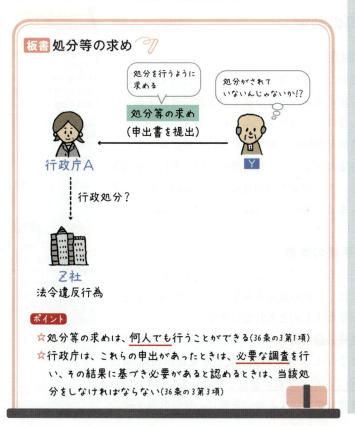

板書 処分等の求め

ポイント
☆処分等の求めは、<u>何人でも行うことができる</u>（36条の3第1項）
☆行政庁は、これらの申出があったときは、<u>必要な調査</u>を行い、その結果に基づき必要があると認めるときは、当該処分をしなければならない（36条の3第3項）

561

3 届出

重要度 ★☆☆

届出とは、行政庁に対し一定の事項の通知をする行為(申請に該当するものを除きます)で、法令により直接に当該通知が義務付けられているものをいいます(2条7号)^{※1}。

届出が法令により届出の提出先とされている機関の事務所に到達したときに、当該届出をすべき手続上の義務が履行されたことになります(37条)。

> **神田Tのイントロ**
> 他の項目に比べると重要度は低いですが、定義規定と37条の条文知識は確認しておきましょう。

> **ひっかけ注意！** ※1
> 届出の定義について「行政庁に諾否の応答が義務付けられているもの」として誤りとするパターンに注意。諾否の応答が義務付けられていれば申請に該当します。

4 命令等の制定

重要度 ★★★

I 命令等の制定

命令等制定機関は、命令等^{※2}を定めるに当たっては、当該命令等がこれを定める根拠となる法令の趣旨に適合するものとなるようにしなければなりません(38条1項)。

また、命令等制定機関は、命令等を定めた後においても、当該命令等の規定の実施状況、社会経済情勢の変化等を勘案し、必要に応じ、当該命令等の内容について検討を加え、その適正を確保するよう努めなければなりません(38条2項)。

> **神田Tのイントロ**
> 行政手続法の問題では、命令等の制定だけで1問というパターンも考えられます。38条以下の条文知識を確認しておきましょう。

> **語句** ※2
> **命令等**
> 法律に基づく命令または規則や、審査基準、処分基準、行政指導指針のこと。

II 意見公募手続の実施

命令等の制定にあたっては、行政だけで勝手にルールを作るのではなく、広く一般の意見も募集して、それらの意見を考慮してルールを作るものとされています。

このことを**意見公募手続**といい、命令等の案と関連する資料をあらかじめ公示し、意見の提出先と意見提出期間(原則30日以上)を定めて、広く一般の意見を募集します(39条1項)。

総務省が総務省令を改正する場合を例に、意見公募手続の

> **神田Tのアドバイス①**
> 法令適合(1項)は法的義務規定ですが、検討を加え適正を確保(2項)は努力義務規定になっていることに注意しましょう。

仕組みについて見てみましょう。

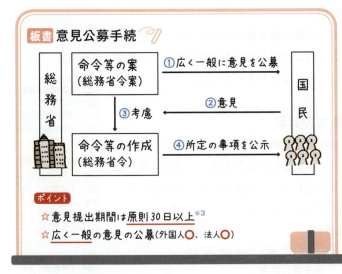

Ⅲ 意見公募手続が不要な場合

　他の行政機関が意見公募手続を実施して定めた命令等と実質的に同一の命令等を定めようとするときや、命令等を定める根拠法令の規定の削除に伴い当然必要とされる当該命令等の廃止をしようとするときなどには、意見公募手続を実施しないで命令等を制定することができます（39条4項）。

　また、命令等制定機関は、委員会等の議を経て命令等を定めようとする場合において、当該委員会等が意見公募手続に準じた手続を実施したときは、自ら意見公募手続を実施することは不要です（40条2項）。

Ⅳ 意見公募手続の実施の周知、情報提供

　命令等制定機関は、意見公募手続を実施して命令等を定めるにあたっては、必要に応じ、当該意見公募手続の実施について周知するよう努め、また、当該意見公募手続の実施に関

Advance ※3
2回転目に読む
30日以上の意見提出期間を定めることができないやむを得ない理由があるときは、30日を下回る意見提出期間を定めることができますが、その場合、当該命令等の案の公示の際に、その理由を明らかにしなければなりません（40条1項）。

周知や情報提供の規定は努力義務になっていることに注意しましょう。

連する情報の提供に努めるものとされています(41条)。

Ⅴ 提出意見の考慮

　命令等制定機関は、意見公募手続を実施して命令等を定める場合、意見提出期間内に提出された命令等の案についての意見を十分に考慮しなければなりません(42条)[※1]。

Ⅵ 意見公募実施後の公示[※2]

　①意見公募手続を実施して命令等を定めた場合、②意見公募手続を実施しないで命令等を定めた場合、③意見公募手続を実施したが命令等を定めなかった場合の3つに区分して、それぞれの公示事項について見てみましょう(43条)。

〈意見公募手続と公示〉

①意見公募手続を実施して命令等を定めた場合	命令等の公布と同時期に公示 ・命令等の題名 ・命令等の案の公示の日 ・提出意見[※3]（提出意見がなかった場合は、その旨） ・提出意見を考慮した結果およびその理由
②意見公募手続を実施しないで命令等を定めた場合	命令等の公布と同時期に公示 ・命令等の題名および趣旨 ・意見公募手続を実施しなかった旨およびその理由
③意見公募手続を実施したが命令等を定めなかった場合[※4]	速やかに公示 ・命令等を定めなかった旨 ・命令等の題名 ・命令等の案の公示の日

Advance 2回転目に読む[※1]
提出意見がなかった場合に、再度の意見公募手続が必要となるわけではありません。

ひっかけ 注意![※2]
結果の公示は義務です。これを努力と入れ替えて「公示するよう努めなければならない」として誤りとするパターンに注意。

Advance 2回転目に読む[※3]
提出意見に代えて、当該提出意見を整理または要約したものを公示することもできます(43条2項)。

ひっかけ 注意![※4]
①や②の場合だけ公示が必要で③の場合なら公示が不要になるとして誤りとするパターンに注意。意見公募手続は実施したけど結局命令等は定めなかった場合でも公示は必要です。

例題　　　　　　　　　　　　　　　　　　　　R3-11-2

命令等制定機関は、定めようとする命令等が、他の行政機関が意見公募手続を実施して定めた命令等と実質的に同一の命令等であったとしても、自らが意見公募手続を実施しなければならない。

✕　この場合、意見公募手続を実施しなくてもよい。

第3編 行政法

CHAPTER 3 行政不服審査法

SECTION 1 総則

このSECTIONで学習すること

1 行政不服審査法の概要
行政不服審査法は、何のために定められて、どのような場面で使われるの？

2 適用除外
処分・不作為にあたれば、通常は審査請求の対象になるけど、対象にならないものがリストアップされているよ

1 行政不服審査法の概要　重要度 ★★★

I 概要

行政不服審査法は、行政庁の処分や不作為について、国民がその見直しを求め、行政庁に対して不服を申し立てる手続について定めた法律です。

昭和37年の制定以来、50年以上実質的な法改正がありませんでしたが、行政手続法の制定（平成5年）や行政事件訴訟法の改正（平成16年）など関係法制度の整備・拡充を踏まえ、①公正性の向上、②使いやすさの向上、③国民の救済手段の充実・拡大の観点から、平成26年6月、全面改正されました（新法は平成28年4月から施行）。

まずは、行政不服審査法の概要について見てみましょう。

神田Tのイントロ

ここでは、目的条文や一般法の知識を問う出題に備えておきましょう。

神田Tのアドバイス❶

行政不服審査法は平成26年改正によって内容が大幅に変わりました。行政書士試験では平成28年度試験からが新法での出題になっています。平成27年度以前の過去問は、法改正前の出題であることに注意してください。

板書 行政不服審査法

行政手続法
↓ 事前のチェック

行政 ←処分など→ 国民
　　 ←処分の取消しや賠償の請求など→

↑ 事後の救済

- 行政不服審査法
- 行政事件訴訟法
- 国家賠償法

ポイント

☆ 行政不服審査法は<u>一般法</u>ですので、<u>個別の法律に異なる規定があれば個別の法律の規定が適用</u>され、<u>個別の法律がないときは行政不服審査法の規定が適用される</u>

（1条2項）

次に、行政不服審査法の条文構造について見てみましょう。

板書 行政不服審査法の条文体系と学習ポイント

☆ 総則(1条〜8条)
　→目的、一般法、定義、適用除外
☆ 審査請求(9条〜53条)
　→審査請求の要件審理
　　↑審査請求が始まるところ
　→審査請求の本案審理
　　↑審査請求の具体的な内容
　→審査請求の裁決
　　↑審査請求が終わるところ
☆ 再調査の請求(5条、54条〜61条)
　→審査請求との関係
☆ その他
　→執行停止(25条)、教示(82条)

II 目的[※1]

行政不服審査法は、行政庁の<u>違法または不当</u>な処分その他公権力の行使にあたる行為を対象に、国民が<u>簡易迅速かつ公正</u>な手続の下で行政庁に対する不服申立てをするための手続に関するルールを定めています。

例題　　　　　　　　　　　　　　　　　　　　　　　H20-14-3

行政不服審査法は、行政事件訴訟法とともに、戦後改革の一環として、現行憲法の制定と同じ時期に制定された。

> ✕　行政不服審査法は行政事件訴訟法とともに昭和37年に制定された法律。憲法の制定(昭和21年)と同時期ではない。

条文チェック ※1

行政不服審査法の目的条文を読んでみましょう。
「この法律は、行政庁の違法又は不当な処分その他公権力の行使に当たる行為に関し、国民が簡易迅速かつ公正な手続の下で広く行政庁に対する不服申立てをすることができるための制度を定めることにより、国民の権利利益の救済を図るとともに、行政の適正な運営を確保することを目的とする。」(1条1項)

第3編 行政法

CH3 行政不服審査法

SEC1 総則

567

2 適用除外

重要度 ★★★

I 一般概括主義

行政庁の処分や不作為に該当すれば審査請求の対象となりますが、行政不服審査法7条1項では例外的に審査請求の規定が適用されないものを列挙しています。

〈審査請求の規定が適用されない処分〉

一般行政庁の審査に適しないため除外	①国会の議決によってされる処分 ②裁判所の裁判によってされる処分 ③国会の議決を経てされるべきものとされている処分 ④検査官会議[※1]で決すべきものとされている処分
もっと慎重な手続で判断すべきなので除外	⑤当事者間の法律関係を確認し、または形成する処分で、法令の規定により当該処分に関する訴えにおいてその法律関係の当事者の一方を被告とすべきものと定められているもの ⑥刑事事件に関する法令に基づいて司法警察職員がする処分 ⑦税の犯則事件[※2]に関する法令に基づいて税務署長がする処分
処分の性質上、一般法で対象とすべきでないため除外	⑧訓練所で訓練の目的を達成するために訓練生に対してされる処分 ⑨刑務所で収容の目的を達成するためにされる処分 ⑩外国人の出入国、帰化に関する処分[※3] ⑪専ら人の学識技能に関する試験の結果についての処分
再び争わせる必要がないため除外	⑫行政不服審査法に基づく処分

神田Tのイントロ

適用除外関係は行政手続法とも比較しながら覚えておくことがポイントです。

神田Tのアドバイス①

原則すべてを対象として、例外的に対象外のものを列挙する考え方のことを「一般概括主義」といいます。

語句 ※1

検査官会議
会計検査院の意思決定機関のこと。

神田Tのアドバイス②

土地収用にあたり支払われる補償金の額の増額を求めたいときなどが該当しますが、これは訴訟で争うもので、審査請求で争うものにはなじまない性質のものです。

語句 ※2

税の犯則事件
脱税など租税の賦課徴収・納付に関する犯罪事件のこと。

 ※3
2回転目に読む

行政手続法では、難民の認定についても適用除外とされています（行政手続法3条1項10号）。

Ⅱ 公務員に対する処分

公務員に対する処分[※4]は、7条1項の審査請求の規定が適用されない処分には列挙されていません。したがって、公務員は、処分に不服があれば、<u>審査請求することができます</u>。

Ⅲ 地方公共団体の機関による処分

地方公共団体の機関が条例・規則に基づいて行う処分[※5]は、7条1項の審査請求の規定が適用されない処分には列挙されていません。したがって、地方公共団体の機関が条例・規則に基づいてした処分に対して不服がある者は<u>審査請求することができます</u>。

> **例題**　　　　　　　　　　　　　　　　　　　　　　H17-14-イ
>
> （行政不服審査法の不服申立ての対象とならないものは？）
> 外国人の出入国に関する処分
>
> **○** 外国人の出入国に関する処分は行政不服審査法の不服申立ての対象とならない。

Advance ※4
2回転目に読む
行政手続法では、公務員に対する処分は適用除外とされています（行政手続法3条1項9号）。

Advance ※5
2回転目に読む
行政手続法では、地方公共団体が条例・規則に基づいてした処分は適用除外とされています（行政手続法3条3項）。

第3編 行政法

CHAPTER 3 行政不服審査法

SECTION 2 審査請求

このSECTIONで学習すること

1 審査請求の概要
審査請求の具体的な学習に入る前に、まずは全体像を確認しよう

2 審査請求の形式
審査請求は、誰が、どこに、いつまでに、どのような方式で行えばいいの？

3 審査請求の審理
審査請求の審理の具体的な流れを学ぼう

4 審査請求の裁決
却下・棄却・認容の3つの裁決の違いを確認してから、裁決のルールや効力を覚えよう

5 執行停止
審査には一定程度時間がかかるけど、審査中は処分の効力はどうなるの？

1 審査請求の概要

重要度 ★★★

I 審査請求で学習すること

行政庁から処分を受けた者は、処分に不服があれば、「処分は違法・不当なんだから取り消してほしい」と主張して、**審査請求**することができます。この場合、処分をした行政庁を**処分庁**、審査をしてくれる行政庁のことを**審査庁**といいます。

審査請求をしてから結論が出るまでの流れを、①審査請求が適法に行われているかどうかのチェック（審査請求の形式）、②実際の審理（審査請求の審理）、③審査庁が裁決を下す（審査請求に対する裁決）に分けて、審査請求の全体像について見てみましょう。

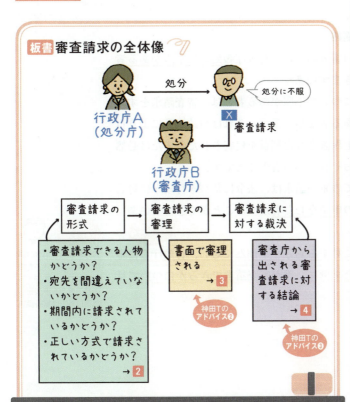

神田Tのイントロ
審査請求の全体像について、①審査請求→②審理→③裁決といった時系列を確認しておきましょう。

神田Tのアドバイス①
審査請求は、裁判所による審査（訴訟）と異なり、行政庁による審査ですので、違法なもののほか、不当なものについても審査の対象とできます。

神田Tのアドバイス②
審査請求は、裁判所による審査（訴訟）と異なり、簡易迅速な仕組みで審査するものなので、書面で審理することを原則とします。

神田Tのアドバイス③
裁判では最終的な結論を「判決」といいますが、審査請求の場合、審査庁の出す最終的な結論は「裁決」といいます。

II 審査請求の対象

審査請求の対象となるのは、行政庁の<u>処分</u>と<u>不作為</u>です。

例えば、営業停止の処分が「処分」に、また、営業許可申請をしたが何もされない場合が「不作為」にあたります。

2 審査請求の形式　重要度★★★

審査請求を受けたからといって、そのすべてについてすぐに内容の審査に入るわけではなく、まずは、適法な審査請求であるかどうかがチェックされます。

神田Tのイントロ

このSECTIONはCHAPTER 3における最重要項目です。まずは、①誰が、②どこに、③いつまでに、④どのような方式で行うかなどをチェックしましょう。

I 審査請求人

(1) 審査請求人適格

<u>処分</u>についての審査請求は、行政庁の<u>処分に不服がある者</u>がすることができます(2条)。

行政庁の処分について不服がある者とは、審査請求をする法律上の利益がある者を指します。それは当該処分により自己の権利や法律上保護された利益を侵害された者または必然的に侵害されるおそれのある者のことです。

<u>不作為</u>についての審査請求は、法令に基づき行政庁に対して処分についての<u>申請をした者</u>がすることができます(3条)。

<u>行政庁AのXに対する処分や不作為に対し、行政庁Bに審査請求できる場合を例に、誰が審査請求できるかについて見てみましょう。</u>

処分の場合、処分の直接の相手方以外でも審査請求できますが、不作為の場合、申請をした者以外では審査請求できません。

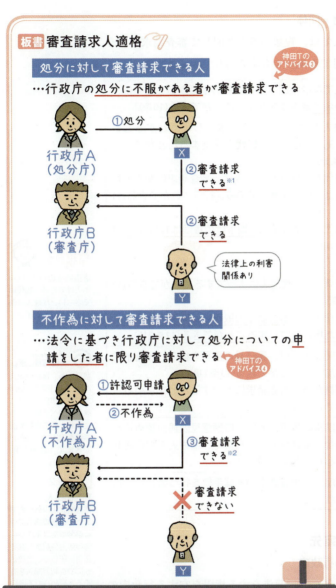

処分についての審査請求は、行政庁の処分に不服がある者がすることができます（2条）。例えば、X社に対する開発許可処分に対し、周辺住民のYが処分の取消しを求めて争うことも可能な場合があります。

Advance ※1
2回転目に読む

審査請求人Xから審査請求の目的である処分に係る権利を譲り受けたZは、審査庁Bの許可を得て、審査請求人の地位を承継することができます（15条6項）。Xが死亡して相続人Zが承継する場合、審査庁の許可は不要です（15条1項）。

不作為についての審査請求は、法令に基づき行政庁に対して処分についての申請をした者がすることができます（3条）。そのため、X以外の者では審査請求できません。

Advance ※2
2回転目に読む

不作為についての審査請求の審理中に行政庁Aから申請拒否処分がなされた場合、当該審査請求が当該拒否処分に対する審査請求とみなされるわけではありません。

(2) 関連する人物・団体

行政不服審査法では、複数の者が共同して審査請求を行う場合や代理人に関するルールも定められています。

法人でない社団	法人でない社団でも代表者の定めがあるものは、その名で審査請求をすることができる(10条)
総代	多数人が共同して審査請求をしようとするときは、3人を超えない総代を互選することができる(11条1項)※1 →総代が選任されたときは、審査請求に関する行為は、総代を通じてのみ、行うことができる(11条4項) →総代は、審査請求の取下げの権限は有しない(11条3項)
代理人	審査請求は、代理人によってすることができる(12条1項) →代理人は、審査請求の取下げは特別の委任を受けた場合に限りすることができる(12条2項)
参加人※1	利害関係人※2は、審理員の許可を得て、審査請求に参加することができる(13条1項) 審理員から、審査請求に参加することを求めることもできる(13条2項)
補佐人	審査請求の審理において口頭意見陳述が認められる場合、審理員の許可を得て、補佐人を同行させることもできる(31条3項)
審理員	審査庁から審査請求の審理手続を行う者として指名された者(9条1項)

審査請求の取下げは、本人はできる、総代はできない、代理人は条件付きといったイメージで！

Advance ※1 2回転目に読む
参加人も、審査請求人と同様、口頭で審査請求に係る事件に関する意見を述べる機会を与えられ、証拠書類や証拠物を提出することができます(31条1項、32条2項)。

語句 ※2
利害関係人
審査請求人以外の者であって、審査請求に係る処分または不作為に係る処分の根拠となる法令に照らし、当該処分につき利害関係を有すると認められる者のこと。

II 審査請求の宛先

(1) 審査請求先の行政庁

審査請求の宛先となり、裁決をする権限を有する行政庁のことを審査庁といいます。どの行政庁が審査庁になるかは、上級行政庁の有無や法律の有無によって異なります。審査請求は正しい審査請求先に対して行う必要があります。

行政庁AがXに対して処分をした場合を例に、Xは審査請求をどの行政庁に対して行えばよいかについて見てみましょう。

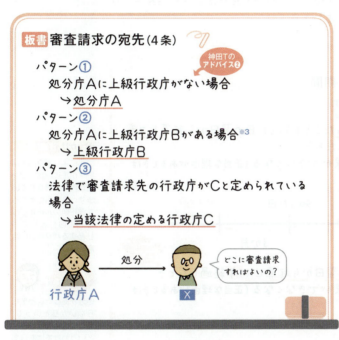

まずは上級行政庁の有無によりパターン①か②で判断しますが、法律に特別の定めがあればそれによることになりますのでパターン③が優先されます。

Advance ※3 2回転目に読む
処分庁が主任の大臣の場合は特別のルールが置かれており、上級行政庁は内閣ですが、処分庁である大臣自身が審査請求先となります。また、上級行政庁が複数ある場合は、最上級行政庁が審査請求先になります。

(2) 審査請求をすべき行政庁が処分庁等と異なる場合

審査請求をすべき行政庁が処分庁等と異なる場合、審査請求は処分庁等を経由してすることができます（21条1項）※4。

Advance ※4 2回転目に読む
この場合、処分庁等は、直ちに、審査請求書等を審査庁となるべき行政庁に送付しなければなりません（21条2項）。

III 審査請求期間

処分には不可争力※5があるので、法定の審査請求期間を過ぎると審査請求することができなくなります（18条）。

審査請求期間は、処分があったことを知った日の翌日から起算して3か月以内です（18条1項）。また、処分があったことを知らなかったとしても、処分があった日の翌日から起算し

語句 ※5
不可争力
一定期間を過ぎたら私人からは争えなくなる効力のこと。

て1年を過ぎると審査請求することができなくなります(18条2項)。

不作為の場合、期間制限はありません。

いつまでに審査請求をすればよいかについて、処分と不作為に分けて見てみましょう。

板書 審査請求期間

処分の場合

① 処分があったことを知った日の翌日から起算して3か月経過したとき※1
→ 審査請求ができなくなる（正当な理由があるときは除く）

```
処分      知った日        できない
 ●─────────●──────────┤────→
            └── 3か月 ──┘
```

② 処分の日の翌日から起算して1年経過したとき
→ 審査請求ができなくなる（正当な理由があるときは除く）

```
処分                    できない
 ●──────────────────────┤────→
 └────── 1年 ──────────┘
```

不作為の場合

…不作為の状態であればいつでも審査請求できる

ひっかけ注意! ※1

改正により審査請求期間は60日以内から3か月以内に延長されています。3か月のところを改正前のルールだった「60日」として誤りとするパターンに注意。

神田Tのアドバイス❶

処分があったことを知らないからといって、永久に審査請求できるというわけではありません。

Advance ※2 2回転目に読む

個別法で口頭ですることができる旨の定めがあるときは、例外として口頭でもＯＫになります。

IV 審査請求の方式

(1) 審査請求書

審査請求は、原則として、書面（審査請求書）を提出※2して行うこととされています(19条1項)。

行政庁の処分に対して審査請求する場合、審査請求書には、審査請求人の氏名および住所、審査請求に係る処分の内容、審査請求の年月日、審査請求の趣旨および理由などを記載します(19条2項)。

(2) 補正

審査請求書に不備がある場合、審査庁は、相当の期間を定め、その期間内に不備を補正すべきことを命じます(23条)。

V 標準審理期間

標準審理期間は、審査請求がその事務所に到達してから当該審査請求に対する裁決をするまでに通常要すべき標準的な期間のことです(16条)。

標準審理期間を定めること、公にすることが義務か努力かについて見てみましょう。

標準審理期間を定めることは努力義務規定です。「必ず標準審理期間を定めなければならない」として誤りとするパターンに注意。

神田Tのアドバイス❷

行政手続法の標準処理期間(行政手続法6条)と同じように、設定＝努力、公にする＝義務と覚えるとよいです。

例題　H29-15-5

共同審査請求人の総代は、他の共同審査請求人のために、審査請求の取下げを含め、当該審査請求に関する一切の行為をすることができる。

✗ 総代では審査請求の取下げはできない。

3 審査請求の審理　重要度★★★

審査請求を受けた審査庁は、<mark>審理員</mark>を指名し、審査請求の審理は審理員によって行われます※1。

Ⅰ 審理員
(1) 審理員の指名
審査請求の審理は、審査請求を受けた行政庁（審査庁）自身が行うのではなく、審査庁が、審査庁に所属する職員のうちから審理手続を行う者を指名し、その者に審理を行わせます。この指名された職員のことを<mark>審理員</mark>といいます※2。

(2) 審理員名簿
審査庁となるべき行政庁は、<mark>審理員となるべき者の名簿</mark>を作成するよう努めるとともに、これを作成したときは、当該審査庁となるべき行政庁および関係処分庁の事務所における備付けその他の適当な方法により公にしておかなければなりません(17条)。　神田Tのアドバイス❶

Ⅱ 審査請求の審理
(1) 書面審理
行政不服審査法は簡易迅速な救済のための仕組みですので、審理も書面による審理という形式をとっています。

(2) 口頭意見陳述
審査請求人または参加人は、審査請求に係る事件に関する意見を口頭で述べる機会を与えてほしいと申し立てることもでき、審理員は、申立てがあれば原則としてその機会を与えなければなりません(31条1項)※3。

行政庁A（処分庁）から処分を受けたX（審査請求人）が、行

神田Tのイントロ
審理員については、法改正後最初の試験となった平成28年度試験からさっそく出題されていますが、今後も注意が必要です。

ひっかけ注意！※1
処分・不作為いずれに対する審査請求でも、審理員による審理が行われます。「不作為についての審査請求なら審理員の指名は不要」として誤りとするパターンに注意。

Advance ※2　2回転目に読む
審理員は、審査庁に所属する職員から指名されますが、審査請求人自身であったり、その配偶者や4親等内の親族などは審理員になれないといった制限のほか、職員のうち審査請求に係る処分に関与した者もなれないといった制限があります（9条2項）。

神田Tのアドバイス❶
審理員名簿の作成は努力ですが、公にすることは義務になっていることに注意しましょう。

ひっかけ注意！※3
申立てにより与えられるものなので、「審理員が相当と認めた場合に限り与えられる」として誤りとするパターンに注意。

政庁B（審査庁）に対して審査請求した場合を例に、審査請求の審理について見てみましょう。

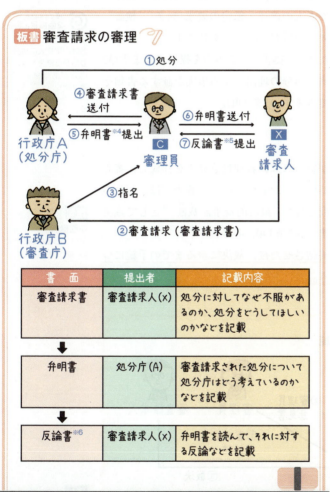

語句 ※4
弁明書
審査請求に対する処分庁の弁明が記された書面のこと。

語句 ※5
反論書
審査請求人が弁明書に反論があるときに提出する書面のこと。

ひっかけ注意! ※6
書面の名称を入れ替え、「処分庁が提出する書面が反論書である」として誤りとするパターンに注意。

III 証拠調べ

審理に必要な証拠調べは、審査請求人の申立てのほか審理員の職権によって行うことが可能です。具体的には、物件の提出要求（33条）、参考人の陳述・鑑定の要求（34条）、検証[※1]（35条）、審理関係人への質問（36条）があります。

また、審査請求人は、証拠書類・証拠物を提出できます（32条1項）。処分庁も当該処分の理由となる事実を証する書類その他の物件を提出できます（32条2項）。

> **Advance** [※1]
> **2回転目に読む**
> 申立てによる検証の場合は、申立人に検証に立ち会う機会を与える必要があります（35条2項）。

IV 審理の終結

審理員は、審理が終われば、審理員意見書を作成し、審査庁に提出します（42条1項・2項）。その後、審査庁は、行政不服審査会等への諮問を経て、最終的な争訟裁断[※2]として裁決をすることになります（43条1項、44条）。

<u>審理員が審理を終結させた後、裁決に至るまでの手続について見てみましょう。</u>

> **語句** [※2]
> **争訟裁断**
> 争いごとを裁いて一定の判断を下すこと。

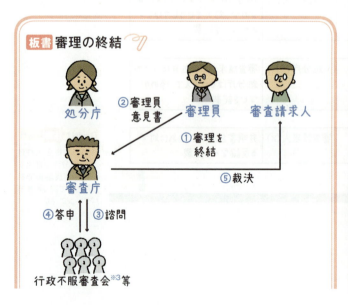

板書　審理の終結

① 審理を終結
② 審理員意見書
③ 諮問
④ 答申
⑤ 裁決

処分庁／審理員／審査請求人／審査庁／行政不服審査会[※3]等

> **語句** [※3]
> **行政不服審査会**
> 審査庁からの諮問に応ずる機関として総務省に設置された第三者機関のこと。審理員が行った審理手続の適正性などをチェックします。

手続	実施者	内容
審理手続の終結	審理員	必要な審理を終えたと認めるときは、審理手続を終結する(41条1項)
↓		
審理員意見書	審理員	遅滞なく、審査庁がすべき裁決に関する意見書(審理員意見書)を作成し(42条1項)、速やかに、これを事件記録とともに審査庁に提出する(42条2項)
↓		
行政不服審査会等への諮問	審査庁※4	審理員意見書の提出を受けたら、行政不服審査会等に諮問する(43条1項)※5、6
↓		
裁決	審査庁	行政不服審査会等から諮問に対する答申を受けたら、遅滞なく、裁決を下す(44条)

ひっかけ 注意! ※4
行政不服審査会等への諮問を「審理員」が行うなど主語を入れ替えて誤りとするパターンに注意。

ひっかけ 注意! ※5
行政不服審査会等は諮問機関であって、審査請求先ではありません。「行政不服審査会に審査請求をすることができる」として誤りとするパターンに注意。

Advance ※6
2回転目に読む
審査庁が地方公共団体の長の場合は、地方公共団体に置かれる行政不服審査機関に対して諮問します(43条1項)。地方公共団体に置かれる行政不服審査機関の組織および運営に関する事項は、当該地方公共団体の条例で定めるものとされています(81条4項)。

第3編 行政法

CH 3 行政不服審査法

SEC 2 審査請求

例題   H28-15-4

審理員は、審理手続を終結したときは、審理手続の結果に関する調書を作成し、審査庁に提出するが、その中では、審査庁のなすべき裁決に関する意見の記載はなされない。

✗ 審理員が作成する書面の名称は審理員意見書であり、審理員の意見の記載がなされている。

581

4 審査請求の裁決

重要度 ★★★

審査請求に対して審査庁の出した審査結果のことを**裁決**といいます。

審査庁は、審理手続の終結後、審理員意見書を受け取ったら行政不服審査会等へ諮問し（43条1項）、その答申を受け、遅滞なく、裁決を行います（44条）。

Ⅰ 裁決の種類

(1) 名称

行政庁の処分に対して審査請求をした場合、審査庁の裁決には、**却下**、**棄却**、**認容**があります。

却下裁決	処分についての審査請求が法定の期間経過後にされたものである場合その他不適法である場合には、審査庁は、裁決で、当該審査請求を却下する（45条1項）※1 ↑門前払いされたというイメージ
棄却裁決	処分についての審査請求が理由がない場合には、審査庁は、裁決で、当該審査請求を棄却する（45条2項） ↑国民の負けというイメージ
認容裁決	処分についての審査請求が理由がある場合には、審査庁は、裁決で、当該処分を取り消す（46条1項）※2 ↑国民の勝ちというイメージ

Xが行政庁Aに許可申請をしたが却下されたことや申請に対して何もされていないことに対して、審査請求した結果、却下処分の取消しまたは不作為の違法を認め、申請に対して許可処分をすべきと判断された場合を例に、どのような処理がされるかを見てみましょう。

神田Tのイントロ

裁決について、①どのような種類があるか、②どのような方式で行うか、③裁決の効力をチェックしましょう。

ひっかけ 注意！ ※1

「却下」と「棄却」を入れ替えて誤りとするパターンに注意。

ひっかけ 注意！ ※2

行政不服審査法では、違法または不当なものが対象ですので、「違法を理由として取り消すことはできるが、不当を理由として取り消すことはできない」として誤りとするパターンに注意。

板書 認容裁決

例 Xが行政庁Aに許可申請をしたが却下されたことに対して審査請求した結果、審査庁が却下処分を取消し、申請に対して許可処分をすべきと判断した場合（46条2項）

- パターン① 審査庁が処分庁自身の場合
  → 申請却下処分を取り消して、許可処分をする
- パターン② 審査庁が処分庁の上級行政庁の場合
  → 申請却下処分を取り消して、行政庁Aに対して許可処分をすべき旨を命じる
- パターン③ 審査庁が処分庁自身でも上級行政庁でもない場合
  → 申請却下処分を取り消す

例 Xが行政庁Aに許可申請をしたが申請に対して何もされていないことに対して審査請求した結果、審査庁は、不作為の違法を認め、申請に対して許可処分をすべきと判断した場合（49条3項）

- パターン① 審査庁が不作為庁自身の場合
  → 不作為の違法を宣言して、許可処分をする
- パターン② 審査庁が不作為庁の上級行政庁の場合
  → 不作為の違法を宣言して、行政庁Aに対して許可処分をすべき旨を命じる
- パターン③ 審査庁が不作為庁自身でも上級行政庁でもない場合
  → 不作為の違法を宣言する

> 神田Tのアドバイス❶
> 審査庁がどのような立場で審査しているのかによって、どのように判断できるかが変わります。審査庁が処分庁自身の場合、上級行政庁の場合、処分庁でも上級行政庁でもない場合に分けて確認しましょう。

(2) 事情裁決

審査請求に係る処分が違法または不当ではあるが、これを取り消したりすることが公の利益に著しい障害を生じさせる場合において、いろいろな事情を考慮した上で処分の取消しなどが公共の福祉に適合しないと認めるときは、審査庁は、当該審査請求を**棄却**することができます（45条3項前段）。

> 神田Tのアドバイス❷
> 事情裁決は、内容は国民の勝ちだが、結果は国民の負けとされてしまうというイメージ。

審査請求の審理の結果、事情裁決によって棄却するときの流れについて見てみましょう。

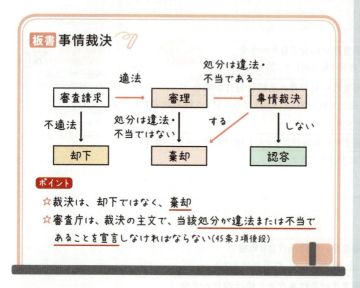

(3) 変更裁決

　行政庁の処分に対して審査請求をした場合、審査庁が処分庁自身のときや上級行政庁のときは、処分を別のものに変更する裁決が下されることがあります（46条1項）。例えば、営業停止6か月の処分について審査請求した結果、営業停止3か月に処分が変わる場合がこれにあたります。ただし、審査請求人に不利益となるような変更をすることはできません（48条）。

II　裁決の方式

　裁決は、①主文、②事案の概要、③審理関係人の主張の要旨、④理由[※1]を記載し、審査庁が記名押印した裁決書によりしなければなりません（50条1項）。

Advance ※1
2回転目に読む
主文が審理員意見書または行政不服審査会等の答申書と異なる内容である場合には、異なることとなった理由を含みます。

神田Tの
アドバイス❶
行政不服審査法には、口頭で裁決を許す例外の条文はありません。

Ⅲ 裁決の効力

裁決も行政行為なので、公定力、不可争力、不可変更力といった行政行為の効力もありますが、さらに、**形成力**や**拘束力**といった効力もあります。

形成力	請求が認容され、処分が取り消されたときは、処分の効力は直ちに失われ、最初からなかったことになる効力
	認容裁決によって、処分の効力は処分の当初から生じていなかったことになります
拘束力	請求が認容された場合、その裁決が関係行政庁を拘束する効力
	許可申請に対して不許可処分をしたことが裁決によって取り消された場合、処分庁は、裁決の趣旨に従い、改めて申請に対する処分をしなければなりません

請求が認容された場合、対象となった処分は認容裁決によって取り消されます。処分庁の職権取消しを待って取り消されることになるわけではありません。

例題　H28-16-1

処分についての審査請求が不適法である場合や、審査請求が理由がない場合には、審査庁は、裁決で当該審査請求を却下するが、このような裁決には理由を記載しなければならない。

✗　審査請求が不適法な場合は却下だが、理由がない場合は「棄却」裁決となる。

5 執行停止

重要度 ★★★

Ⅰ 執行停止とは

営業停止処分を受けた者が審査請求したからといって、すぐに処分が取り消されるわけではなく、結果が出るまでは処分の効力は生じたままです（**執行不停止の原則**：25条1項）。しかし、審査請求の結果が出るまでにはそれなりの時間がかかります。そこで、審査請求人の保護のため、審査請求の審理中はとりあえず処分の効力を停止しておくことができます。これが**執行停止**の制度です（25条2項・3項）[※1]。

執行停止は、処分の効力の停止、処分の執行の停止、手続の続行の停止、その他の措置の総称です。

〈執行停止の種類（行政不服審査法）〉

処分の効力の停止	処分によって生じる効力を一時停止し、処分がされてなかった状態を作り出すこと[※2] 例 営業停止の処分の効力を暫定的に停止し、営業できる状態を回復する
処分の執行の停止	処分内容の実現のための実力行使を停止させること 例 建築物を撤去するよう命じられたときの代執行を停止する
手続の続行の停止	処分を前提として行われる後続処分をさせないこと 例 土地収用法に基づく事業認定を前提として行われる収用手続を停止する
その他の措置	出された処分を別の処分に変えることにより元の処分を停止させること[※3] 例 公務員の免職処分を停職処分に変える

神田Tのイントロ

仮の権利保護制度として執行停止という制度が設けられています。重要テーマですので、しっかり確認しておきましょう。

Advance[※1]
2回転目に読む

審理員は、必要があると認める場合には、審査庁に対し、執行停止をすべき旨の意見書を提出することができます（40条）。この場合、審査庁は、速やかに、執行停止をするかどうかを決定しなければなりません（25条7項）。

条文チェック[※2]

25条6項では、処分の効力の停止は、処分の効力の停止以外の措置によって目的を達することができるときは、することができない旨を規定しています。

Advance[※3]
2回転目に読む

審査庁が処分庁自身または処分庁の上級行政庁のいずれでもないときは、その他の措置はとれません。

行政庁Aから営業停止処分を受けたXが、行政庁Bに審査請求をした場合を例に、執行停止制度について見てみましょう。

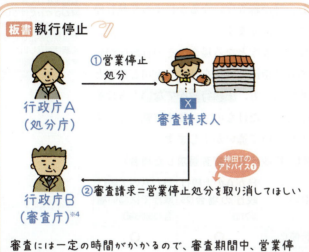

BがAの上級行政庁のときはXの申立てがなくても職権でも執行停止できます。一方、BがAの上級行政庁でないときは職権での執行停止はできません。

ひっかけ 注意! ※4
執行停止は審査庁の権限です。「審理員が執行停止の決定をする」として誤りとするパターンに注意。

II 執行停止が義務化される場合

審査請求人の申立てがあり、処分等により生ずる重大な損害を避けるために緊急の必要があると認めるときは、審査庁は、執行停止をしなければなりません（25条4項本文）※5。このように、一定の場合には、審査庁の執行停止判断が必要的なものとされています。

ただし、そのような場合でも、公共の福祉に重大な影響を及ぼすおそれがあるとき、または本案について理由がないと

ひっかけ 注意! ※5
執行停止が義務化されるのは重大な損害を避けるために緊急の必要がある場合です。「回復困難な損害」など重大な損害とは別の表現を用いて誤りとするパターンに注意。

みえるときは、執行停止をしなくてもよいとされています（25条4項ただし書）。 神田Tの アドバイス❶

> 神田Tの アドバイス❶
>
> 執行停止すると他の人の迷惑になったり、審査請求をしてもどうせ棄却されるだけでしょという場合は、審査中だけ執行停止しておく必要性が乏しいからです。

Ⅲ 審査庁による違い

行政庁の処分に対し、誰が審査庁になるかによって執行停止のルールが変わることがあります。

処分庁以外の行政庁が審査庁となる場合、その行政庁が処分庁の**上級行政庁**であれば指揮監督権を持ち、上司と部下という関係が考えられます。一方、**上級行政庁でない**ときは第三者の立場で審査をしているだけなので、職権で執行停止をしていいかどうかなどについて違いが生じます。

〈行政庁Aの処分に対し、行政庁Bに審査請求した場合〉

○：できる ×：できない	BがAの上級行政庁の場合（25条2項）	BがAの上級行政庁ではない場合（25条3項）
Xの申立てによる執行停止	○	○
審査庁Bの職権による執行停止	○	×
処分庁Aの意見聴取	**不要**	**必要**
その他の措置	○	×

Ⅳ 執行停止の取消し

執行停止をした後で、執行停止が公共の福祉に重大な影響を及ぼすことが明らかとなったときなどには、審査庁は、その執行停止を取り消すこともできます（26条）。

例題　　　　　　　　　　　　　　　　　　　　　　　　　H28-15-3

審理員は、処分についての審査請求において、必要があると認める場合には、処分庁に対して、処分の執行停止をすべき旨を命ずることができる。

　　×　審理員が処分庁に執行停止を命じることはできない。

588

CHAPTER 3 行政不服審査法

SECTION 3 審査請求以外の不服申立て

このSECTIONで学習すること

1 再調査の請求
処分庁自身に対し、審査請求よりももっと略式の方法で不服を申し立てる方法だよ

2 再審査請求
審査請求に対する審査庁の裁決の後で、再び審査請求をする方法だよ

1 再調査の請求　重要度★★★

I 再調査の請求

　行政庁の処分につき処分庁以外の行政庁に対して審査請求をすることができる場合において、法律に再調査の請求をすることができる旨の定めがあるときは、当該処分に不服がある者は、処分庁に対して**再調査の請求**をすることができます（5条1項本文）。

■要件■①処分庁以外の行政庁に対して審査請求できる
　　　　②個別法で再調査の請求が認められている
　　　　③まだ審査請求をしていない
■効果■　処分庁自身へ再調査の請求ができる

　Xが行政庁Aから処分を受けた場合を例に、再調査の請求について見てみましょう。

板書 審査請求と再調査の請求

ケース1
処分庁以外の行政庁が審査請求先で、法律で再調査の請求が認められている

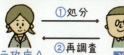

→Xは、Bに審査請求をしてもいいし、Aに再調査の請求をしてもよい
　↑審査請求を選択した場合は再調査の請求はできない

ケース2
処分庁自身が審査請求先である

→XはAに審査請求をできるのみ
　↑再調査の請求という概念は登場しない

神田Tのイントロ

再調査の請求は、審査請求よりもっと簡略的な方法により、処分した本人にチェックをしてもらえる仕組みです。法改正後最初の試験となった平成28年度試験からさっそく出題されていますが、今後も注意が必要です。

神田Tのアドバイス❶

税金など大量にされる処分については、別の人に審査してもらうよりも、処分をした者自身に簡略的に審査してもらった方がよい場合もあるので、審査請求とは別に、再調査の請求の仕組みが認められています。

神田Tのアドバイス❷

審査請求に対する裁断行為は「裁決」と呼ばれます。これに対し、再調査の請求に対する裁断行為は「決定」と呼ばれます。

神田Tのアドバイス❸

行政庁Aを税務署長、行政庁Bを国税不服審判所長とした場合、Xは、税務署長が行った課税処分に不服があるときは、国税不服審判所長に対する審査請求と、処分を行った税務署長自身に対する再調査の請求のいずれかを選択して行うことができます。

> **ポイント**
> ☆ 再調査の請求は、処分の場合は対象とされるが、<u>不作為の場合は対象となっていない</u>
> ☆ ケース1において、再調査の請求にするか審査請求にするかは、請求人が任意に選択できる
> ☆ ケース1において、<u>審査請求を選択した場合は、再調査の請求はできない</u>
> ☆ ケース1において、<u>再調査の請求を選択した場合は、原則として、再調査の請求についての決定を経た後でなければ審査請求できない</u>※1

Advance ※1
2回転目に読む
当該処分につき再調査の請求をした日の翌日から起算して3か月を経過しても処分庁が当該再調査の請求につき決定をしない場合や、再調査の請求についての決定を経ないことにつき正当な理由がある場合は、その決定を経ていなくても審査請求することが可能です（5条2項）。

ひっかけ 注意！ ※2
「再調査の請求でも審理員による審理が必要」として誤りとするパターンに注意。

II 準用条文

再調査の請求でも、審査請求と同じルールが適用されるところは、審査請求の条文を準用する形式がとられています（61条）。

総代、代理人、参加人、口頭意見陳述の申立て、執行停止などの規定は準用されていますが、<u>審理員による審理、行政不服審査会等への諮問、事情裁決などの規定は準用されていません</u>※2。

準用されている条文とされていない条文のうち、試験対策上注意が必要なものを例にあげると次のようになります。

準用されているものの例	準用されていないものの例
総代の規定 代理人の規定 参加人の規定 口頭意見陳述申立ての規定 執行停止の規定	審理員による審理の規定 行政不服審査会等への諮問の規定 事情裁決の規定

> **例題** H28-14-2
> 行政庁の処分に不服のある場合のほか、法令に基づく処分についての申請について不作為がある場合にも、再調査の請求が認められる。
>
> ✗ 再調査の請求の対象は処分のみで、不作為は含まれない。

2 再審査請求　重要度 ★☆☆

> **神田Tのイントロ**
> 再審査請求は重要度の低いテーマです。こういう概念もあるという程度のことがおさえられていれば十分です。

行政庁の処分につき法律に再審査請求をすることができる旨の定めがある場合には、当該処分についての審査請求の裁決に不服がある者は、再審査請求をすることができます（6条1項）。

行政庁Aから処分を受けたXが行政庁Bに審査請求し、Bから裁決を受けた後、Xが行政庁Cに再審査請求する場合を例に、再審査請求のルールについて見てみましょう。

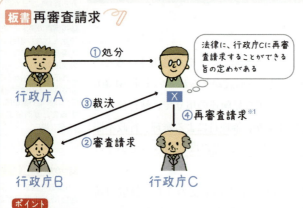

板書 再審査請求

ポイント

☆ 再審査請求をすることができるのは、法律に再審査請求をすることができる旨の定めがあるとき（6条1項）
☆ 再審査請求が法定の期間経過後にされたものである場合その他不適法である場合、再審査庁は、裁決で、当該再審査請求を却下する（64条1項）
☆ 再審査請求が理由がない場合、再審査庁は、裁決で、当該再審査請求を棄却する（64条2項）※2
☆ 再審査請求は、正当な理由があるときを除き、原裁決があったことを知った日の翌日から起算して1か月を経過したとき、または原裁決があった日の翌日から起算して1年を経過したときは、することができない（62条1項・2項）

> **ひっかけ注意! ※1**
> 再審査請求は法律で定める行政庁に対して行うものです。「行政不服審査会に対して行う」として誤りとするパターンに注意。

> **Advance ※2　2回転目に読む**
> 再審査請求に係る原裁決（審査請求を却下・棄却したものに限る）が違法・不当である場合において、当該審査請求に係る処分が違法・不当のいずれでもないときは、再審査庁は、裁決で、当該再審査請求を棄却する（64条3項）。

CHAPTER 3 行政不服審査法

SECTION 4 教示

このSECTIONで学習すること

1 教示制度
審査請求できることや、どこにすればいいか、いつまでにすればいいかは、処分のときに教えてもらえるよ

2 誤った教示があった場合
行政庁が間違えた教示をしたから、不適法な審査請求になってしまったときの救済措置ってあるの？

1 教示制度

重要度 ★★☆

行政不服審査法に審査請求の規定が設けられていても、処分を受けた者がそれを知らなければ利用することができず、権利救済の目的が達成できなくなってしまいます。そこで、処分にあたり、審査請求に関する一定事項を教えてあげることにしたのが**教示**という制度です。

行政庁が審査請求をすることができる処分をする場合を例に、処分の相手方に対する教示と利害関係人の請求による教示制度についてまとめると、次の表のようになります。

必要的教示※1 (82条1項)	行政庁は、審査請求することができる処分をする場合、処分の相手方に対し、 ①審査請求できる旨 ②審査請求の宛先となる行政庁 }を書面で教示する ③審査請求できる期間 処分が口頭でされる場合なら教示義務はない
請求による教示 (82条2項)	行政庁は、利害関係人から、①審査請求をすることができるかどうか、②審査請求をすべき行政庁、③審査請求をすることができる期間につき教示を求められたときは、当該事項を教示しなければならない 教示を求めた者が書面による教示を求めたときは、当該教示は書面でする(82条3項)

神田Tのイントロ

①誰に、②何を、③どのような方式で教示する必要があるのかをチェックしましょう。

Advance ※1
2回転目に読む

行政庁が必要な教示をしなかった場合、処分に不服がある者はどこに不服申立てをすればよいかわからないこともありますが、この場合、当該処分庁に不服申立書を提出すればよいという仕組みがとられています (83条)。

例題

H26-15-ア

処分庁は、審査請求ができる処分をするときは、処分の相手方に対し、審査請求ができる旨、審査請求すべき行政庁、審査請求期間、審査請求書に記載すべき事項を教示しなければならない。

✕ 必要的教示事項は、①審査請求できる旨、②審査請求すべき行政庁、③審査請求期間の3つである。

2 誤った教示があった場合　重要度★★

行政庁から誤った教示がされたことで審査請求が正しくされなかった場合、形式不適法な審査請求ですから本来は却下されてしまいます。しかし、この場合、審査請求の形式を間違えたのは行政庁に責任があるといえるので、その救済を図るための規定が設けられています。

法律上、「行政庁Aがした処分に不服があれば、Bに審査請求できる。」とある場合を例に、誤った教示により、Xが、Cに審査請求したときどのように扱われるかについて見てみましょう。

神田Tのイントロ

教示の問題が出題される場合、誤った教示があったときの処理についての選択肢を含む出題が想定されます。行政庁がどのような対応をしているかを確認しておきましょう。

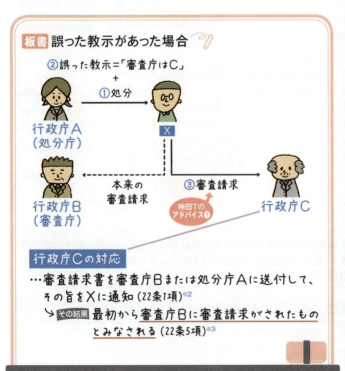

神田Tのアドバイス❶

宛先が違うので本来は形式不適法といえますが、その原因は行政庁Aの誤った教示によるため、却下せずに、適法に取り扱うものとされています。

Advance ※2
2回転目に読む

処分庁Aに審査請求書が送付されたときは、Aは、これをBに送付し、その旨をXに通知します（22条2項）。

ひっかけ注意！ ※3

「行政庁Cで審理してしまう」として誤りとするパターンに注意。

誤った教示があった場合の救済に関する22条の条文をまとめると、次の表のようになります。

〈誤った教示があった場合の救済〉

誤った教示	行われた不服申立て	効果
審査請求できる処分につき、審査請求先の行政庁を誤って教示した(22条1項)	誤った審査請求先に審査請求した	審査請求書が審査庁となるべき行政庁に送付されることで、本来の審査庁に審査請求されたものとみなす(22条5項)
再調査の請求ができない処分につき、誤って再調査の請求をすることができる旨を教示した(22条3項)	処分庁に再調査の請求をした	再調査の請求書が審査庁となるべき行政庁に送付されることで、本来の審査庁に審査請求されたものとみなす(22条5項)
再調査の請求ができる処分につき、誤って審査請求をすることができる旨を教示しなかった場合(22条4項)	処分庁に再調査の請求をした	再調査の請求人からの申立てで、再調査の請求書が審査庁となるべき行政庁に送付されることで、本来の審査庁に審査請求されたものとみなす(22条5項)

神田Tのアドバイス❶
誤った提出先の行政庁には審査権限はありませんから、その行政庁で審査するわけではなく、正規の審査庁で取り扱われるような仕組みをとっています。

神田Tのアドバイス❷
両方できるときに審査請求を選ぶか再調査の請求を選ぶかは請求人の選択ですから、この場合は申立てが必要になっていることに注意。

例題　H26-15-イ

処分庁が誤って審査請求すべき行政庁でない行政庁を教示し、当該行政庁に審査請求書が提出された場合、当該行政庁は処分庁または本来の審査請求すべき行政庁に審査請求書を送付しなければならない。

○　これにより正規の審査請求があったものとみなされる。

第3編 行政法
CHAPTER 4 行政事件訴訟法
SECTION 1 行政事件訴訟の類型

このSECTIONで学習すること

1 行政事件訴訟法の概要
行政事件訴訟法は、何のために定められて、どのような場面で使われるの？

2 訴訟類型
行政事件訴訟には、抗告訴訟・当事者訴訟・民衆訴訟・機関訴訟といった類型があるよ

1 行政事件訴訟法の概要　重要度 ★★☆

神田Tのイントロ

ここでは、行政事件訴訟と民事訴訟の関係などをチェックしておきましょう。行政事件訴訟法は、記述式の問題でも出題されやすい傾向にあります。過去16問のうち9問が行政事件訴訟法からの出題でした（直近は令和2年度の出題）。

I 概要

行政事件訴訟法は、行政庁の処分に不服があるときにその取消しを求めて裁判をするときのルールなどについて定められています。行政救済の仕組みの1つとして、昭和37年に制定されました。

その後、もっと国民が利用しやすい仕組みとするための改正が平成16年に行われました。平成16年の改正では、新たに義務付け訴訟と差止め訴訟を抗告訴訟の類型として追加することや、裁判管轄の拡大、出訴期間の伸長、教示規定の創設などが行われました。

まずは、行政事件訴訟法の概要について見てみましょう。

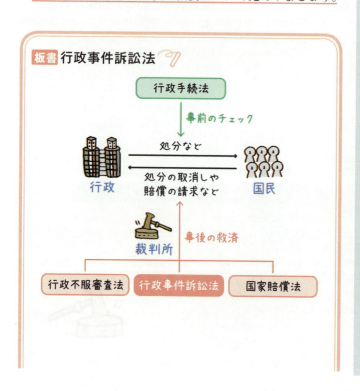

> **ポイント**
> ☆行政事件訴訟法は**一般法**なので、個別の法律に異なる規定があれば個別の法律の規定が適用され、個別の法律がないときは行政事件訴訟法の規定が適用される(1条)

次に、行政事件訴訟法の条文構造について見てみましょう。

板書 行政事件訴訟法の条文体系と学習ポイント

☆総則(1条～7条)
　→一般法、定義、民事訴訟との関係
☆取消訴訟(8条～35条)
　→要件審理
　　↑取消訴訟が始まるところ
　→本案審理
　　↑取消訴訟の具体的な内容
　→判決
　　↑取消訴訟が終わるところ
☆取消訴訟以外の訴訟(36条～43条)
　→無効等確認訴訟 ┐
　　不作為の違法確認訴訟 │
　　義務付け訴訟 ├抗告訴訟
　　差止め訴訟 ┘
　　当事者訴訟
　　民衆訴訟 ┐客観訴訟
　　機関訴訟 ┘
☆その他
　→訴訟類型の具体例を分類
　→執行停止、教示について行政不服審査法との比較

行政手続法と行政不服審査法は条文タイプの出題が想定されますが、行政事件訴訟法は条文知識のほかに判例知識を問うタイプの出題も想定しておく必要があります。
　…具体的には、取消訴訟の要件審理の中で出てくる①処分性、②原告適格、③狭義の訴えの利益の3つについて、判例タイプでの出題にも備えておきましょう。

Ⅱ 他の法律との関係

訴訟に関する一般的なルールとして、民事訴訟法などに民事訴訟のルールが定められていますが、行政事件の特殊性を考慮し、行政事件訴訟に関する一般的なルールを定めたのが**行政事件訴訟法**です。

なお、行政事件訴訟法に定めがない事項については、民事訴訟の例によるものとされています（7条）。

例題　　　　　　　　　　　　　　　　　　　　　　　　　　　H25-18-3

取消訴訟の訴訟代理人については、代理人として選任する旨の書面による証明があれば誰でも訴訟代理人になることができ、弁護士等の資格は必要とされない。

> ✕ 行政事件訴訟法には規定がないが、民事訴訟法のルールも適用され、訴訟代理人になるには原則として弁護士の資格が必要とされる。

2　訴訟類型　　　　　　　　　重要度 ★★★

行政事件訴訟は、**抗告訴訟**、当事者訴訟、民衆訴訟、機関訴訟の4つに分類されています（2条）。

試験では、特に重要となるのが抗告訴訟です。

抗告訴訟とは、行政庁の公権力の行使に関する不服の訴訟のことです（3条1項）。抗告訴訟には、処分取消訴訟、裁決取消訴訟、無効等確認訴訟、不作為の違法確認訴訟、義務付け訴訟、差止め訴訟の6種類が法定されています（3条2項〜7項）。

抗告訴訟、当事者訴訟、民衆訴訟、機関訴訟の分類について見てみましょう。

神田Tの イントロ

問題文で示された事例に対して、どのような訴訟を提起するかを問う訴訟類型選択タイプに注意しましょう。行政事件訴訟だけでなく、ひっかけとして民事訴訟の具体例が挙げられていることもあります。

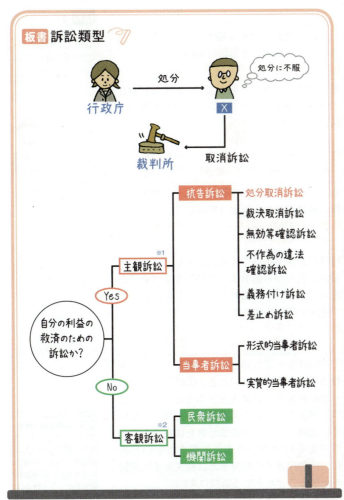

第3編 行政法

CH 4 行政事件訴訟法

SEC 1 行政事件訴訟の類型

語句 ※1
主観訴訟
個人の権利利益の保護を目的とする訴訟のこと。抗告訴訟と当事者訴訟が主観訴訟にあたります。

語句 ※2
客観訴訟
個人の権利利益とは関係なく、法の正しい運用を目的とする訴訟のこと。法律上の争訟ではありませんが、特別の法律に基づき提起できる訴訟です。民衆訴訟と機関訴訟が客観訴訟にあたります。

〈抗告訴訟※1〉

処分取消訴訟 →SEC2	行政庁の処分その他公権力の行使にあたる行為の取消しを求める訴訟(3条2項) 例 営業停止処分の取消しを求める訴訟
裁決取消訴訟 →SEC2	審査請求その他の不服申立てに対する行政庁の裁決、決定その他の行為の取消しを求める訴訟(3条3項) 例 営業停止処分を審査請求で争い棄却裁決が出された場合に裁決の取消しを求める訴訟
無効等確認訴訟 →SEC3❶	処分もしくは裁決の存否またはその効力の有無の確認を求める訴訟(3条4項) 例 重大かつ明白な瑕疵のある課税処分の無効の確認を求める訴訟
不作為の違法確認訴訟 →SEC3❷	行政庁が法令に基づく申請に対し、相当の期間内に何らかの処分または裁決をすべきであるにかかわらず、これをしないことについての違法の確認を求める訴訟(3条5項) 例 営業許可申請をしたのに何の対応もされていないことが違法であることの確認を求める訴訟
義務付け訴訟 →SEC3❸	①行政庁が一定の処分をすべきであるにかかわらずこれがされないとき、②行政庁に対し一定の処分または裁決を求める旨の法令に基づく申請または審査請求がされた場合において、当該行政庁がその処分または裁決をすべきであるにかかわらずこれがされないときに、行政庁がその処分または裁決をすべき旨を命ずることを求める訴訟(3条6項)※2 例 営業許可申請に対して許可処分を出すように義務付けを求める訴訟
差止め訴訟 →SEC3❹	行政庁が一定の処分または裁決をすべきでないにかかわらずこれがされようとしている場合において、行政庁がその処分または裁決をしてはならない旨を命ずることを求める訴訟(3条7項) 例 営業停止処分がされないように処分の差止めを求める訴訟

語句 ※1
抗告訴訟
行政庁の公権力の行使に関する不服の訴訟のこと。

神田Tのアドバイス❶
審査請求に対する裁決だけではなく、再調査の請求に対する決定も、裁決取消訴訟の対象とされています。

Advance ※2
2回転目に読む
義務付け訴訟には、申請を前提としない非申請型のものと、申請を拒否されたり申請を無視されているときのように申請を前提とする申請型の2種類があります。

神田Tのアドバイス❷
出版社に対する出版物の差止めのような民事訴訟は、行政事件訴訟法上の抗告訴訟としての差止め訴訟ではないことに注意しましょう。

第3編 行政法

CH4 行政事件訴訟法

SEC1 行政事件訴訟の類型

〈抗告訴訟以外の訴訟類型〉

当事者訴訟※3 →SEC3⑤	形式的当事者訴訟	当事者間の法律関係を確認しまたは形成する処分または裁決に関する訴訟で法令の規定によりその法律関係の当事者の一方を被告とするもの（4条前段） 例 土地収用法に基づく損失補償額が少ないので、その増額を求める訴訟
	実質的当事者訴訟	公法上の法律関係に関する確認の訴えその他の公法上の法律関係に関する訴訟（4条後段） 例 選挙権の確認を求める訴訟、国籍の確認を求める訴訟※4
民衆訴訟 →SEC3⑥		国または公共団体の機関の法規に適合しない行為の是正を求める訴訟で、選挙人たる資格その他自己の法律上の利益にかかわらない資格で提起するもの（5条） 例 選挙無効訴訟（公職選挙法）、住民訴訟（地方自治法）
機関訴訟 →SEC3⑦		国または公共団体の機関相互間における権限の存否またはその行使に関する紛争についての訴訟（6条） 例 地方公共団体の議会の議決が違法かどうかにつき長と議会が対立し、出訴する場合の訴訟（地方自治法）、市町村の境界に係る都道府県知事の裁定に対して関係市町村が提起する訴訟（地方自治法）

🎓 *Advance* ※3
2回転目に読む

当事者訴訟は、処分に対する抗告という性質を持つものではなく、国民と行政が対等な当事者間の権利利益および法律関係をめぐる訴訟として用意されたものです。

🎓 *Advance* ※4
2回転目に読む

所有権の確認や私企業による雇用関係の確認といった裁判なら普通の民事訴訟ですが、選挙権や国籍の場合、対象となる法律関係が公法上のものなので当事者訴訟として類型化されています。

例題 H29-18-4

「裁決の取消しの訴え」については、審査請求に対する裁決のみが対象とされており、再調査の請求に対する決定は、「処分の取消しの訴え」の対象とされている。

✕ 再調査の請求に対する決定も「裁決の取消しの訴え」の対象。

第3編 行政法

CHAPTER4 行政事件訴訟法

SECTION 2 取消訴訟

このSECTIONで学習すること

1 取消訴訟の概要

取消訴訟ではどのようなことを学習していくのか、審査請求との関係はどうなるのかなどを確認しよう

2 要件審理

取消訴訟として裁判できるかどうかがチェックされ、不適法な訴えは却下されるよ

3 本案審理

口頭弁論期日では、原告と被告がお互いの主張をぶつけ合って審理が進むよ

4 訴えの併合、移送、変更

取消訴訟は、他の訴訟とまとめて一緒に提起したり、途中で別の訴訟に変更することもできるよ

5 判決

却下・棄却・認容の3つの判決の違いを確認してから、判決のルールや効力を覚えよう

6 執行停止

裁判は結果が出るまで時間がかかるものだけど、裁判中は処分の効力はどうなるの？

1 取消訴訟の概要　重要度 ★★★

I 取消訴訟で学習すること

行政庁から処分を受けた者は、処分に不服があれば、「処分は違法なんだから取り消してほしい」と主張して、裁判で争うことができます。

裁判の結論が出るまでの流れを、①取消訴訟として扱えるかどうかのチェック（訴えの提起～訴訟係属）、②実際の裁判のやりとり（本案審理）、③判決を出すに分けて、取消訴訟の全体像について見てみましょう。

> **神田Tのイントロ**
> 取消訴訟の全体像について、①要件審理→②本案審理→③判決といった時系列をまずは確認しておきましょう。過去には記述式で、原処分主義を題材とした出題がされたことがあります。

> **神田Tのアドバイス①**
> 訴訟は裁判所による司法審査ですので、違法性の審査に限られています。

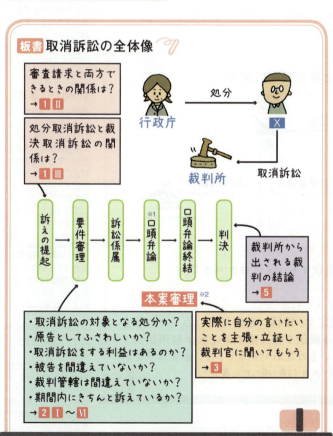

> **語句 ※1**
> **口頭弁論**（こうとうべんろん）
> 双方の当事者が、裁判官の面前において、訴訟の対象について主張・立証することで攻撃防御の弁論活動をすること。

> **語句 ※2**
> **本案審理**
> 原告の請求に理由があるかどうかについて審理すること。

Ⅱ 取消訴訟と審査請求の関係

行政庁の処分の取消しを求めて争う場合、行政事件訴訟法に基づき取消訴訟を利用することと、行政不服審査法に基づき審査請求を利用することが考えられます。そして、訴訟には中立の立場にある裁判所による慎重な審理を受けられるというメリットがあり、審査請求には簡易迅速な審理を受けられるというメリットがあります[1]。

行政庁Aから処分を受けたXが、処分の取消しを求めて争う場合を例に、行政不服審査法により行政庁Bに審査請求することと行政事件訴訟法に基づき地方裁判所Cに取消訴訟を提起することの関係について見てみましょう。

板書 取消訴訟と審査請求の関係

①処分

行政庁A → X

②審査請求　②取消訴訟

行政庁B ← 自由選択 → 地方裁判所C

■原則■ **自由選択**

Xが自由に選択すればよい（8条1項本文）[2]

■例外■ **審査請求前置**

個別法の規定で、法律に当該処分についての審査請求に対する裁決を経た後でなければ取消訴訟を提起できない旨の定めがあるときは、審査請求を前置する必要がある（8条1項ただし書）[3]

🌀 **Advance [1]**
2回転目に読む

行政庁の処分に対しては、処分取消訴訟と審査請求を両方提起することも可能ですが、その場合、裁判所では、訴訟手続を中止することもできます（8条3項）。

ひっかけ 注意! [2]

原則は自由選択で、審査請求前置は例外にあたります。「処分について審査請求できるときは、原則として審査請求に対する裁決を経た後でなければ取消訴訟を提起できない」として誤りとするパターンに注意。

🌀 **Advance [3]**
2回転目に読む

審査請求前置の場合でも、①審査請求があった日から3ヶ月を経過しても裁決がないとき、②処分等により生ずる著しい損害を避けるため緊急の必要があるとき、③その他裁決を経ないことにつき正当な理由があるときは、審査請求の裁決を経ていなくても取消訴訟を提起できます（8条2項）。

III 処分取消訴訟と裁決取消訴訟

(1) 裁決取消訴訟

行政庁Aから処分を受けた者が、行政庁Bに審査請求をして棄却裁決を受けた場合、行政庁Aの処分に対して不服があってその取消しを求めるときの訴訟は処分取消訴訟です。一方、行政庁Bの裁決に対して不服があればその取消しを求めて訴訟をすることもでき、それが裁決取消訴訟と呼ばれています。

(2) 原処分主義

行政庁からの処分(原処分)に不服があり、その処分の取消しを求めて審査請求を行ったが棄却裁決を受けた場合、原処分の取消しを求めて処分取消訴訟を行うこともできますし、棄却裁決の取消しを求めて裁決取消訴訟を行うこともできます※4。このとき、裁決取消訴訟においては、原処分の違法を理由として取消しを求めることはできません(10条2項)。このことを原処分主義といいます。

行政庁Aから処分を受けたXが、行政庁Bに審査請求したが棄却裁決を受けた場合を例に、Xが、行政庁Aからの処分の違法性を主張して処分の取消しを求める方法について見てみましょう。

   ※4
両者の関係は自由選択です。「裁決取消訴訟は処分取消訴訟の提起が許されない場合に限り提起できる」として誤りとするパターンに注意。

裁決取消訴訟は、裁決固有の瑕疵について争う訴訟だからです。

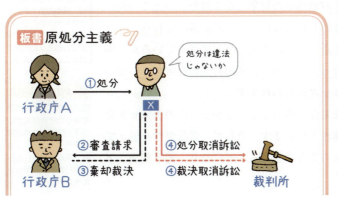

> Xは、行政庁Aの処分を処分の違法を理由に取り消せる?

① 処分取消訴訟で

　…行政庁Aの処分の違法を理由として処分取消訴訟を提起すればよい

② 裁決取消訴訟で

　…行政庁Bの裁決に対する取消訴訟において、行政庁Aの処分の違法を理由として取消しを求めることはできない（10条2項）[※1]

　　↑裁決取消訴訟は行政庁Bの裁決の違法を理由として取消しを求めるもの

Advance [※1]
2回転目に読む

個別法で、原処分に対しての出訴を許さない旨の定めがある場合（裁決主義）は、裁決取消訴訟しか提起できないため、この場合は、原処分の違法も裁決取消訴訟で主張できます。

例題　　　　　　　　　　　　　　　　　　　　　　　　H26-14-2

違法な処分に対する審査請求について、審査庁が誤って棄却する裁決をした場合、審査請求人は、裁決取消訴訟により、元の処分が違法であったことを理由として、棄却裁決の取消しを求めることができる。

❌　裁決取消訴訟は裁決固有の瑕疵を争うところであって、元の処分の違法を理由にして裁決の取消しを求めることはできない。

---

2 要件審理 　重要度 ★★★

　行政庁の処分に対して取消訴訟を提起した場合、まずは正しく訴えられているかどうかがチェックされます。

　具体的には、①取消訴訟の対象となる処分といえるのか、②原告としてふさわしい人なのか、③取消訴訟を行うメリットはあるのか、④正しい相手を被告として訴えているか、⑤裁判所の管轄は合っているのか、⑥出訴期間を過ぎていないか、といったチェックが行われます。

　このような訴訟要件が備わっているかどうかのチェックをすることを要件審理といいます。そして、訴訟要件を備えていないときは本案の審理を退けることになり、**却下判決**が下されます[※2]。

神田Tのイントロ

要件審理はこのSECTIONの中でも最も重要なテーマですので、しっかり覚えましょう。処分性、原告適格、狭義の訴えの利益では判例知識の整理も必要になります。記述式でも過去2回出題されたことがあります。

ひっかけ 注意! [※2]

取消訴訟が訴えの利益を失ったときのように却下判決が出される場合を例に挙げて、「請求は棄却される」として誤りとするパターンに注意。

I 処分性

処分取消訴訟の本案審理に入るためには、行政庁の行った行為が取消訴訟の対象となる処分といえる必要があります。このことを<u>処分性</u>といいます。

行政庁の処分とは、<u>公権力の主体たる国または公共団体が行う行為のうち、その行為によって、直接国民の権利義務を形成しまたはその範囲を確定することが法律上認められているもの</u>を指します（最判昭39.10.29）。

地方公共団体が、ごみ焼却場の設置のために建設会社と建築請負契約を締結する場合を例に、抗告訴訟の対象となる行政庁の処分といえるかについて見てみましょう。

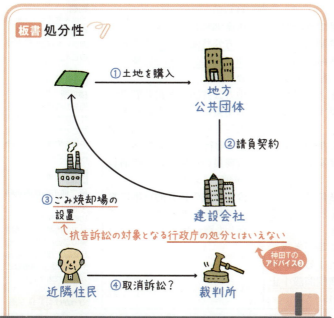

神田Tのアドバイス❶
処分性がなければ門前払いになりますので、却下判決が下されます。

神田Tのアドバイス❷
①公権力の行使といえること、②具体的な法的効果が生じることの2点がポイントです。したがって、具体的な法的効果が生じない行政立法の場合や、公権力の行使といえない行政契約の場合などが処分性がないパターンになります。

神田Tのアドバイス❸
ごみ焼却場の設置行為は、私人との間に対等の立場に立って締結した私法上の契約によるものであり、公権力の行使により直接国民の権利義務を形成しまたはその範囲を確定することを法律上認められている場合に該当するとはいえないからです。

処分性が認められるかどうかについてはさまざまな判例がありますが、試験対策上重要なものをまとめると、次の表のようになります。

処分性あり	処分性なし
☆建築基準法42条2項の道路とみなす道を告示によって一括指定した行為(最判平14.1.17)[1]	☆農地法に基づく農地の売払い(最大判昭46.1.20)
☆地方公共団体の設置する保育所について、その廃止を求める条例を制定する行為(最判平21.11.26)	☆国有財産法の普通財産の払下げ(最判昭35.7.12)
☆弁済供託金取戻請求に対する供託官の却下処分(最大判昭45.7.15)	☆交通反則金の納付の通告(最判昭57.7.15)
☆関税定率法に基づき税関[2]長が行う輸入禁制品に該当する旨の通知(最判昭54.12.25)	☆都市計画法に基づく用途地域の指定(最判昭57.4.22)
☆食品衛生法に基づき検疫所[3]長が行う輸入食品が食品衛生法に違反する旨の通知(最判平16.4.26)	☆建築許可に際しての消防長の知事に対する同意(最判昭34.1.29)
☆都市再開発法に基づく第二種市街地再開発事業[4]計画の決定(最判平4.11.26)	☆通達(最判昭43.12.24)
☆土地区画整理法に基づく土地区画整理事業計画の決定(最大判平20.9.10)	☆地方公共団体によるごみ焼却場の設置行為(最判昭39.10.29)
☆医療法の規定に基づき病院を開設しようとする者に対して行われた病院開設中止勧告(最判平17.7.15)[5]	☆地方公共団体が営む簡易水道事業につき、水道料金の改定を内容とする条例を制定する行為(最判平18.7.14)
	☆公務員の採用内定の取消し(最判昭57.5.27)
	☆公立学校の儀式的行事において校長が教職員に対して発した職務命令(最判平24.2.9)

ひっかけ注意! [1]
みなし道路の指定は、行政立法ではあるが処分性が肯定される事例なので、処分性なしとして誤りとするパターンに注意。

語句 [2]
税関
国境を通過する人間や貨物等に関する事務や取締りを行う国の機関のこと。

語句 [3]
検疫所
海外から感染症の病原体が国内に持ち込まれることを防ぐため旅客や貨物の検査を行う機関のこと。

語句 [4]
第二種市街地再開発事業
比較的規模の大きなエリアの再開発をする事業のこと。地区内の老朽化した建築物の除却や公共施設の整備などが行われます。

ひっかけ注意! [5]
病院開設中止勧告は、行政指導ではあるが処分性が肯定される事例なので、処分性なしとして誤りとするパターンに注意。

Ⅱ 原告適格

本案審理に入るには、原告が、取消しを求める法律上の利益を有する者であることが必要です（9条1項）※6。このことを**原告適格**といいます。

保健所長が食品衛生法に基づき、Xに対して行った飲食店の営業許可について、近隣の飲食店営業者Yが、営業上の利益を害するとして処分取消訴訟を提起した場合を例に、Yは原告適格を有する者といえるかについて見てみましょう。

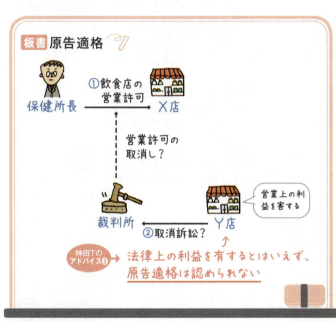

原告適格が認められるかどうかについてもさまざまな判例がありますが、試験対策上重要なものをまとめると、次の表のようになります。

取消訴訟の原告適格は法律上の利益を有する者であり、処分の相手方以外の者や、裁決の相手方である審査請求人以外の者でも原告になれます。

条文チェック ※6

9条2項では、裁判所は、処分の相手方以外の者について法律上の利益の有無を判断するにあたっては、当該処分の根拠となる法令の規定の文言のみによることなく、当該法令の趣旨・目的、当該処分において考慮されるべき利益の内容・性質を考慮する旨が規定されています。

原告適格がなければ門前払いになりますので、却下判決が下されます。

単なる営業上の利益は法律上の利益とは認められず、Yには法律により保護されている利益がなく、Yは原告適格を有しないからです。

原告適格あり	原告適格なし
☆新規業者への公衆浴場営業許可処分について、既存業者(最判昭37.1.19)	☆新規業者への質屋営業許可処分について、既存業者(最判昭34.8.18)
☆林地開発許可処分について、生命・身体等に対する直接的被害が予想される範囲内の住民(最判平13.3.13)	☆史跡指定解除処分について、学術研究者(最判平元.6.20)
☆森林法に基づく保安林指定の解除処分について、洪水緩和や渇水予防上直接の影響を被る一定範囲の地域に居住する住民(最判昭57.9.9)	☆不当景品類及び不当表示防止法に基づく公正取引委員会の処分について、一般消費者(最判昭53.3.14)
☆総合設計許可処分について、建築物の倒壊・炎上等の被害を直接受けることが予想される範囲の建築物の居住者(最判平14.1.22)	☆地方鉄道法に基づく特別急行料金改定認可処分について、路線周辺に居住し通勤定期券を購入し特急を利用する者(最判平元.4.13)
☆都市計画法に基づく鉄道事業認可処分について、当該事業の実施により騒音・振動等による健康または生活環境に係る著しい被害を直接的に受けるおそれのある周辺住民(小田急高架化訴訟、最大判平17.12.7)	☆自転車競技法に基づく場外車券発売施設の設置許可処分について、当該施設の周辺住民(最判平21.10.15)
☆定期航空運送事業免許処分について、航空機の騒音により社会通念上著しい障害を受ける飛行場の周辺住民(最判平元.2.17)	☆里道※1の用途廃止処分について、里道の利用者(最判昭62.11.24)
☆自転車競技法に基づく場外車券発売施設の設置許可処分について、当該施設の周辺において医療施設を開設している者(最判平21.10.15)	

神田Tの アドバイス❶

公衆浴場営業において既存業者の原告適格が肯定されているのは、飲食店や質屋の営業とは異なり、距離制限規制があることにより近所に新規業者が入ってこないという法律上の利益があるからです。

語句 ※1

里道
道路法上の公道として認定されていない道路のこと。

神田Tの アドバイス❷

医療施設開設者に原告適格が肯定されているのは、位置基準による規制があることにより近所に場外車券場が設置されないという法律上の利益があるからです。そのような法律上の利益がない周辺住民の場合、原告適格は否定されます。

612

III 狭義※2の訴えの利益

本案審理に入るには、処分を現実に取り消す必要性が認められる必要があります。このことを**(狭義の)訴えの利益**といいます※3。←神田Tのアドバイス❸

Xは、5月1日に皇居前広場を使用したかったので使用許可申請をしたところ、不許可処分を受けたことに対して取消訴訟を提起したが、訴訟係属中にその日（5月1日）を経過した場合を例に、訴えを提起する利益は失われるかについて見てみましょう。

語句 ※2
狭義
狭い意味でということ。

Advance ※3 2回転目に読む
処分基準で先行処分を受けたことを理由として後行処分に係る量定を加重する旨の定めがある場合、先行処分を受けた者は、その効果が期間の経過によってなくなったとしても、将来、後行処分の加重の原因となるときは、当該処分基準の定めにより不利益な取扱いを受けるべき期間内はなお取消しの訴えを提起する利益を有するとした判例もあります（最判平27.3.3）。

神田Tのアドバイス❸

法律上回復すべき利益が認められず、狭義の訴えの利益が失われていれば門前払いになりますので、却下判決が下されます。

その日が経過することで、不許可処分が取り消されても、その日に広場を使用できるようになるわけではないからです。

狭義の訴えの利益が認められるかどうかについてもさまざまな判例がありますが、試験対策上重要なものをまとめると、次の表のようになります。

狭義の訴えの利益が認められる	狭義の訴えの利益が失われる
☆公務員の免職処分と本人の公職立候補(最大判昭40.4.28)	☆建築確認処分と工事の完成(最判昭59.10.26)
☆公務員の免職処分と本人の死亡(最判昭49.12.10)	☆市街化区域内における開発許可処分と工事の完了(最判平5.9.10)
☆公文書非公開決定処分と公文書が書証※1として提出されたこと(最判平14.2.28)	☆自動車運転免許停止処分と満1年間を無違反・無処分で経過して違反点数も消滅(最判昭55.11.25)
☆土地改良事業施行認可処分と工事の完了(最判平4.1.24)	☆保安林指定解除処分と代替施設の設置により保安林存続の必要性がなくなった(最判昭57.9.9)
☆市街化調整区域内における開発許可処分と工事の完了(最判平27.12.14)	☆生活保護変更決定処分と受給者本人の死亡(最大判昭42.5.24)
	☆再入国の不許可処分と原告である外国人が日本を出国(最判平10.4.10)
	☆メーデーのための皇居外苑の使用不許可処分と当該公園使用日の経過(最大判昭28.12.23)
	☆市立保育所の廃止条例の制定行為と原告に係る保育の実施期間がすべて満了した(最判平21.11.26)
	☆土地収用法による明渡裁決と明渡しに関わる代執行の完了(最判昭48.3.6)

神田Tのアドバイス❶

建築確認は、それを受けなければ工事をすることができないという法的効果が付与されているにすぎません。そのため、工事が完成すればその取消しを求める利益がなくなるのです。

語句 ※1

書証

裁判で、文書の記載内容を証拠資料とすること。

神田Tのアドバイス❷

市街化区域は市街化を活性化する地域のことで、開発工事も原則自由です。一方、市街化調整区域は市街化を抑制する地域のことで、開発許可がないと開発工事ができません。市街化区域内の開発許可と市街化調整区域内の開発許可で結論が異なりますので注意しましょう。

Advance ※2 2回転目に読む

被告適格の条文は、無効等確認訴訟、不作為の違法確認訴訟、義務付け訴訟、差止め訴訟といった取消訴訟以外の抗告訴訟にも準用されています。(38条1項)。

Ⅳ 被告適格

取消訴訟は誰を相手として訴えてもよいわけではなく、本案審理に入るには、正しい相手を被告として訴えていることも必要です。このことを被告適格といいます(11条)※2。

具体的には次のように定められています。

事例	被告となる者
処分をした行政庁が国または公共団体に所属する場合	当該処分をした行政庁の所属する国または公共団体
処分をした行政庁が国または公共団体に所属しない場合	当該処分をした行政庁

例えば、A県知事がXに対して営業停止処分を行った場合、Xは、A県を被告として処分取消訴訟を提起します。

A県弁護士会所属の弁護士Xが、弁護士会から懲戒処分を受けたことに不服がある場合、弁護士会はA県に所属しているわけではないので、A県ではなく、弁護士会が被告となります。

V 裁判管轄

取消訴訟はどこの裁判所に提起してもよいわけではなく、本案審理に入るには、正しい管轄裁判所に訴えていることも必要です。このことを **裁判管轄** といいます（12条）[※3]。

具体的には次のように定められています。

原則	①被告の普通裁判籍[※4] または②処分をした行政庁の所在地を管轄する裁判所の管轄	
特別の場合における管轄の拡大	土地の収用、鉱業権の設定その他不動産または特定の場所に係る処分の場合	不動産または場所の所在地を管轄する裁判所
	処分に関し事案の処理に当たった下級行政機関がある場合	処分に関し事案の処理に当たった下級行政機関の所在地を管轄する裁判所
	国を被告とする場合	原告の普通裁判籍の所在地を管轄する高等裁判所の所在地を管轄する地方裁判所（特定管轄裁判所）

例えば、A県知事がXに対して営業停止処分を行った場合、Xは、A県の地方裁判所[※5]に対して、処分取消訴訟を提起します。

Advance [※3] 2回転目に読む
裁判管轄の条文は、無効等確認訴訟、不作為の違法確認訴訟、義務付け訴訟、差止め訴訟といった取消訴訟以外の抗告訴訟にも準用されています（38条1項）。

被告が国の場合の普通裁判籍の所在地は東京です。○○省大阪局長から処分を受けた場合、①東京地裁または②大阪地裁に提訴することができます。

語句 [※4]
普通裁判籍
どこの裁判所で裁判を扱うかにつき、事件の種類や内容にかかわらず、一般的に認められる場所のこと。

Advance [※5] 2回転目に読む
取消訴訟の第一審は地方裁判所が管轄します。

VI 出訴期間

処分には不可争力[※1]があるため、本案審理に入るには、法定の期間内に訴えていることも必要です。この期間のことを**出訴期間**といいます(14条)[※2]。

具体的には次のように定められています。

主観的期間	処分取消訴訟は、処分があったことを知った日から6か月を経過したときは、提起することができない(正当な理由があるときは除く)[※3]
客観的期間	処分取消訴訟は、処分の日から1年を経過したときは、提起することができない(正当な理由があるときは除く)
審査請求をしている場合	処分につき審査請求があった場合、処分取消訴訟は、その審査請求をした者については、これに対する裁決があったことを知った日から6か月を経過したときまたは当該裁決の日から1年を経過したときは、提起することができない(正当な理由があるときは除く)

例えば、A県知事がXに対して営業停止処分を行った場合、Xが処分取消訴訟を提起するなら、正当な理由があるときは除き、処分を知った日から6か月以内、または知らなくても処分の日から1年以内に提起する必要があります。

例題
R2-18-1

処分または裁決の取消しの訴えは、処分または裁決の日から6箇月を経過したときは提起することができないが、正当な理由があるときはこの限りでない。

✗ 6か月の期間は処分または裁決を知った日が基準となり、処分または裁決の日からであれば1年以内は訴訟提起できる。

語句 ※1
不可争力
一定期間を過ぎたら私人からは争えなくなる効力のこと。

ひっかけ 注意! ※2
処分取消訴訟には出訴期間の制限があります。「出訴期間の制限がなく、いつまででも取消訴訟を提起できる」として誤りとするパターンに注意。

ひっかけ 注意! ※3
6か月のところを行政不服審査法の審査請求期間である「3か月」として誤りとするパターンに注意。

神田Tのアドバイス❶
審査請求をしている間に出訴期間が過ぎてしまわないよう、処分を基準とせず、裁決を基準として期間を計算するものとされています。

3 本案審理

重要度 ★★☆

本案審理について、行政事件訴訟法にはあまり多くの規定が置かれておらず、民事訴訟の審理手続に関するルールに従わせています。

Ⅰ 民事訴訟との関係

行政事件訴訟に関し、行政事件訴訟法に定めがない事項については、民事訴訟の例によるものとされています(7条)※4。

訴訟のルールについて、民事訴訟のルールによるものや行政事件訴訟法で規定されているルールを見てみましょう。

板書 訴訟のルール

民事訴訟のルールによるもの

☆訴訟を提起するかどうかは当事者の判断に委ねられる(処分権主義)

☆訴訟の提起は、訴状※5を裁判所に提出して行う

☆訴訟は口頭の陳述によって審理が進む(口頭主義)

☆原則として弁護士でなければ訴訟代理人となることができない

☆裁判の基礎となる資料の収集は当事者の権能であり責任とされる(弁論主義)

行政事件訴訟法独自のルールによるもの

☆職権証拠調べ(24条)

…裁判所は、必要があると認めるときは、職権で、証拠調べをすることができる

↑その証拠調べの結果については当事者の意見をきかなければならない

神田Tのイントロ

要件審理や判決に比べると重要度は低いですが、条文知識はチェックしておきましょう。

条文チェック ※4

44条では、「行政庁の処分その他公権力の行使に当たる行為については、民事保全法に規定する仮処分をすることができない。」と規定されています。一般論としては民事訴訟の例によるけど、この場合は民事保全法の仮処分は認めないということです。

条文チェック ※5

民事訴訟法133条2項では、「訴状には、次に掲げる事項を記載しなければならない。
一 当事者及び法定代理人
二 請求の趣旨及び原因」と規定されています。

第3編 行政法

CH 4 行政事件訴訟法

SEC 2 取消訴訟

617

Ⅱ 法律上の利益

取消訴訟において、自分の法律上の利益に関係のない違法を理由として取消しを求めることはできません(10条1項)。この場合、当該請求には理由がないとして棄却されることになります。

> 神田Tの
> アドバイス❶
>
> 法律上の利益がなく原告適格を有しないなら却下判決ですが、法律上の利益は認められているが、本案審理の中でそれとは関係のない主張をしているときの話ですので、棄却判決となります。

Ⅲ 訴訟参加

処分取消訴訟では、訴訟の結果により権利を害される第三者や処分をした行政庁以外の行政庁を、訴訟参加させる仕組みが設けられています(22条、23条)※1。

行政庁Aから処分を受けたXが取消訴訟を提起した場合を例に、Yや行政庁Bが訴訟参加する仕組みについて見てみましょう。

> Advance ※1
> 2回転目に読む
>
> 第三者の訴訟参加や行政庁の訴訟参加の条文は、無効等確認訴訟、不作為の違法確認訴訟、義務付け訴訟、差止め訴訟といった取消訴訟以外の抗告訴訟にも準用されています(38条1項)。

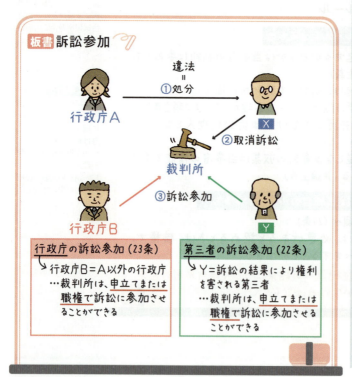

板書 訴訟参加

行政庁の訴訟参加(23条)
→ 行政庁B＝A以外の行政庁
…裁判所は、申立てまたは職権で訴訟に参加させることができる

第三者の訴訟参加(22条)
→ Y＝訴訟の結果により権利を害される第三者
…裁判所は、申立てまたは職権で訴訟に参加させることができる

618

Ⅳ 再審の訴え

取消判決により権利を害される第三者に、自己の責めに帰することができない理由により訴訟に参加することができなかったため判決に影響を及ぼすべき攻撃防御方法を提出することができなかった場合、当該第三者は、確定判決に対し、**再審の訴え**[※2]をもって、不服の申立てをすることができます（34条1項）。

> **条文チェック** [※2]
> 34条2項では、「前項の訴えは、確定判決を知った日から30日以内に提起しなければならない。」と、また、同条4項では、「第1項の訴えは、判決が確定した日から1年を経過したときは、提起することができない。」と規定されています。

例題 R元-19-3

> 取消訴訟の訴訟物は、処分の違法性一般であるから、取消訴訟を提起した原告は、自己の法律上の利益に関係のない違法についても、それを理由として処分の取消しを求めることができる。

> ✕ 自己の法律上の利益に関係のない違法を理由として処分の取消しを求めることはできない。

---

4 訴えの併合、移送、変更　重要度 ★★☆

行政庁の処分に対し、取消しを求めることと損害の賠償を求めることは別の訴訟形態とされていますが、2つの訴訟を一緒にまとめて行ったり、途中で別の訴訟に変更したりすることも可能とされています[※3]。

Ⅰ 訴えの併合

2つ以上の訴えを1つに併合することが認められています（16条〜19条）。

Xが行政庁Aから営業停止処分を受けた場合を例に、Xはその処分の取消しを求める訴訟とそれにより生じた損害の賠償を求める訴訟を併合して提起することについて見てみましょう。

> **神田Tのイントロ**
> 訴えの併合、移送、変更は頻出事項ではありませんが、こういう概念もあるということは知っておきましょう。

> **Advance** [※3]
> **2回転目に読む**
> 訴えの併合、移送、変更の条文は、無効等確認訴訟、不作為の違法確認訴訟、義務付け訴訟、差止め訴訟といった取消訴訟以外の抗告訴訟にも準用されています（38条1項）。

619

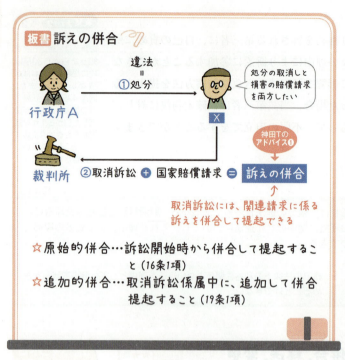

訴えの併合は、訴訟開始時から併合して提起することのほか、取消訴訟係属中に追加して併合提起することもできます。

II 移送

　行政庁の処分に対する取消訴訟と損害賠償請求などの関連請求に係る訴訟とが別々の裁判所に係属する場合、関連請求に係る訴訟の係属する裁判所は、申立てによりまたは職権で、その訴訟を取消訴訟の係属する裁判所に移送することができます（13条）。

取消訴訟がA地裁、関連請求である損害賠償請求がB地裁の場合、B地裁からA地裁に移送し、A地裁で2つのことに対する判決を出すことができます。

III 訴えの変更

　原告の申立てにより、請求の内容を変更することが認められています（21条）。
　Xが行政庁Aから営業停止処分を受けた場合を例に、処分取消訴訟を提起したが、処分の取消しを求めることはやめて、この処分によって生じた損害の賠償請求訴訟に変更すること

について見てみましょう。

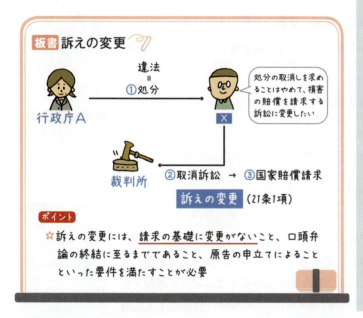

例題 H14-11-3

「処分の取消しの訴え」の地方裁判所係属中に、関連請求として損害賠償請求を追加的に併合するようなことは、許されない。

✕ 関連請求を追加的に併合することも可能。

5 判決

重要度 ★★★

裁判所が訴訟に対して下した判断結果のことを**判決**と呼びます。

裁判所は、原告・被告お互いの主張を踏まえ、判決を出すのに十分な弁論を終えたと判断すれば、口頭弁論を終結させ、判決言渡期日を指定し、その日に判決を言い渡します。

神田Tのイントロ

判決はこのSECTIONの中では要件審理に次ぐ重要テーマです。過去には記述式で、判決の名称や効力を題材とした出題がされたことがあります。

I 判決の種類

(1) 名称

判決には、**却下**、**棄却**、**認容**の種類があります。

却下判決	取消訴訟が、その形式的要件を欠き不適法であるとして、本案審理を拒否すること ↑門前払いというイメージ
棄却判決	本案審理の結果、原告の請求に理由がないとして、取消しの判断を避けること[※1] ↑原告の負けというイメージ
認容判決	本案審理の結果、原告の請求に理由があるとして、取消しを認める判断をすること ↑原告の勝ちというイメージ

> **ひっかけ注意！** ※1
> 「却下」と「棄却」を入れ替えて誤りとするパターンに注意。

(2) 事情判決

処分が違法であっても、これを取り消すことにより公の利益に著しい障害を生ずる場合、裁判所は、処分を取り消すことが公共の福祉に適合しないと認めるときに請求を**棄却**することができます（31条1項前段）。この場合、<u>判決の主文において、処分が違法であることを宣言しなければなりません</u>（31条1項後段）。

<u>本案審理の結果、事情判決によって棄却するときの流れについて見てみましょう。</u>

> **神田Tのアドバイス❶**
> 事情判決は取消訴訟についてのルールであって、無効等確認訴訟には準用されていません。

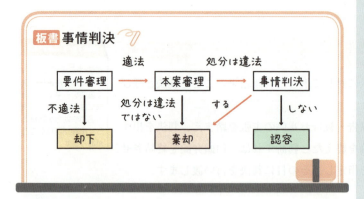

板書 事情判決

要件審理 →（適法）→ 本案審理 →（処分は違法）→ 事情判決
　↓不適法　　　　　↓処分は違法ではない　　する↙　　↓しない
　却下　　　　　　　棄却　　　　　　　　　　　　　　認容

Ⅱ 判決の効力

(1) 判決の効力

判決には、形成力、第三者効、**拘束力**、既判力といった効力が認められます。

形成力	取消判決により、処分の効力は失われ、最初からなかったことになる効力
第三者効	形成力は第三者に対しても及ぶ
拘束力	取消判決が関係行政庁を拘束する効力※2
既判力	判決が確定することによって、同一の事項について確定判決と矛盾する主張・判断を後の訴訟において争うことができなくなる効力

(2) 拘束力

申請を却下・棄却した処分が判決により取り消された場合や、申請に基づいてした処分が判決により手続に違法があることを理由として取り消された場合、その処分をした行政庁は、判決の趣旨に従い、改めて申請に対する処分をしなければなりません（33条2項・3項）。

判決の拘束力の条文は、無効等確認訴訟、不作為の違法確認訴訟、義務付け訴訟、差止訴訟といった取消訴訟以外の抗告訴訟にも準用されています（38条1項）。

形成力や拘束力は認容判決のときの効力ですが、既判力は、認容判決にも棄却判決にも認められる効力です。

申請拒否処分の取消しの判決が確定した場合、処分庁は判決の趣旨に反する処分をすることはできませんが、裁判で争われなかった別の理由から再度申請を拒否する処分をすることは許されます。

例題　　　　　　　　　　　　　　　　　　　　　　H30-17-1

申請を認める処分を取り消す判決は、原告および被告以外の第三者に対しても効力を有する。

○ 取消判決には第三者効があるので、原告・被告以外の第三者に対しても効力を有する。

6 執行停止

重要度 ★★★

I 執行停止とは

営業停止処分を受けた者が取消訴訟を提起したからといって、すぐに処分が取り消されるわけではなく、結果がでるまでは処分の効力は生じたままです（**執行不停止の原則**：25条1項）。しかし、判決が出るまでにはそれなりの時間がかかります。そこで、原告の保護のため、訴訟の審理中はとりあえず処分の効力を停止しておくことができます。これが**執行停止**の制度です（25条2項）[※1]。

行政事件訴訟法では、執行停止は、処分の効力の停止、処分の執行の停止、手続の続行の停止の総称です。

〈執行停止の種類（行政事件訴訟法）[※2]〉

処分の効力の停止	処分によって生じる効力を一時停止し、処分がされてなかった状態を作り出すこと[※3] 例 営業停止の処分の効力を暫定的に停止し、営業できる状態を回復する
処分の執行の停止	処分内容の実現のための実力行使を停止させること 例 建築物を撤去するよう命じられたときの代執行を停止する
手続の続行の停止	処分を前提として行われる後続処分をさせないこと 例 土地収用法に基づく事業認定を前提として行われる収用手続を停止する

行政庁Aから営業停止処分を受けたXが取消訴訟を提起する場合を例に、執行停止制度について見てみましょう。

神田Tのイントロ

執行停止制度だけで1問出題されることも想定し、チェックしておくべき重要項目です。特に、執行停止の要件をしっかり確認し、行政不服審査法上の制度との比較をしておきましょう。

Advance [※1]
2回転目に読む

裁判所の執行停止の決定は、口頭弁論を経ないですることができますが、あらかじめ当事者の意見をきく必要はあります（25条6項）。

Advance [※2]
2回転目に読む

行政不服審査法の執行停止と違い、その他の措置は含まれていません。

条文チェック [※3]

25条2項ただし書では、処分の効力の停止は、処分の執行または手続の続行の停止によって目的を達することができる場合には、することができない旨が規定されています。

II 執行停止の取消し

　執行停止の決定が確定した後でも、その理由が消滅した、その他事情が変更したときは、裁判所は、相手方の申立てにより、執行停止の決定を取り消すことができます(26条1項)。

III 内閣総理大臣の異議

　内閣総理大臣は、執行停止の申立てがあった場合、理由を付して、執行停止決定を行おうとする裁判所に対し、異議を述べることができます。執行停止の決定があった後においても同様です(27条1項)※4。

　内閣総理大臣の異議があった場合、裁判所は、執行停止をすることができず、また、すでに執行停止の決定をしているときはこれを取り消さなければなりません(27条4項)。

取消訴訟を提起しないで、執行停止だけを申し立てることはできません。

行政不服審査法の執行停止と違い、裁判所が職権で執行停止することは認められていません。

本案について理由がないとみえるとは、裁判してもどうせ棄却されるだけでしょうというケースのことです。処分が取り消される見込みがないんだから裁判中だけ執行停止しておく必要性が乏しいと考えましょう。

行政庁の処分について、行政が判断する行政不服審査法の場合は内閣総理大臣の異議の制度はありませんが、司法が判断する行政事件訴訟法では認められています。

Advance ※4
2回転目に読む
内閣総理大臣は、異議を述べたときは、次の常会(通常国会)に報告することが必要です(27条6項)。

Ⅳ 行政不服審査法との比較

　行政庁の処分に対し、上級行政庁に審査請求したときの執行停止制度と、裁判所に取消訴訟を提起したときの執行停止制度を比較すると、次の表のようになります。

	行政不服審査法の場合 （処分に対して上級行政庁に審査請求）	行政事件訴訟法の場合 （裁判所に処分取消訴訟を提起）
申立てによる 執行停止	〇	〇
職権による 執行停止※1	〇	✕
内閣総理大臣の 異議の制度※2	✕	〇

〇：あり　✕：なし

ひっかけ 注意！ ※1
行政事件訴訟法の執行停止の問題に対し、「職権でも可能」として誤りとするパターンに注意。

ひっかけ 注意！ ※2
行政不服審査法の執行停止の問題に対し、「内閣総理大臣の異議の制度がある」として誤りとするパターンに注意。

例題
H27-17-3

本案訴訟を審理する裁判所は、原告が申し立てた場合のほか、必要があると認めた場合には、職権で処分の執行停止をすることができる。

✕ 行政事件訴訟法では職権での執行停止はできない。

第3編 行政法

CHAPTER 4 行政事件訴訟法

SECTION 3 取消訴訟以外の訴訟

このSECTIONで学習すること

1 無効等確認訴訟

処分の無効の確認の判決を求める訴訟だよ。どんなときに提起できるかがポイント！

2 不作為の違法確認訴訟

何もしないのはおかしいとの判決を求める訴訟だよ。誰が提起できるかがポイント！

3 義務付け訴訟

処分しなさいという判決を求める訴訟だよ。訴訟要件、仮の権利保護がポイント！

4 差止め訴訟

処分しちゃダメという判決を求める訴訟だよ。訴訟要件、仮の権利保護がポイント！

5 当事者訴訟

例えば、損失補償請求を裁判で行うときに使うよ

6 民衆訴訟

例えば、選挙の無効を争う裁判のときに使うよ

7 機関訴訟

例えば、国や公共団体同士の争いの裁判のときに使うよ

1 無効等確認訴訟　重要度 ★★★

I 無効確認訴訟の提起

重大かつ明白な瑕疵がある行政処分の場合、無効ですので、そもそもその効力は生じていません。そして、このような行政処分が無効であることの確認を求める訴訟が**無効確認訴訟**[※1]です。

Xが行政庁Aから無効な課税処分を受けた場合を例に、Xが無効確認訴訟を提起することについて見てみましょう。

> **神田Tのイントロ**
> 無効等確認訴訟で1問の出題がされても対応できるよう、基本ルールと準用条文の知識はしっかり押さえておきましょう。過去には記述式で、無効確認訴訟を題材とした出題がされたことがあります。

> **条文チェック** ※1
> 36条では、「無効等確認の訴えは、当該処分又は裁決に続く処分により損害を受けるおそれのある者その他当該処分又は裁決の無効等の確認を求めるにつき法律上の利益を有する者で、当該処分若しくは裁決の存否又はその効力の有無を前提とする現在の法律関係に関する訴えによって目的を達することができないものに限り、提起することができる。」と規定されています。

板書 無効確認訴訟の提起

行政庁A
　　課税処分（無効）→

X
　　　無効確認訴訟

裁判所

↑処分は無効なんだから放置しておいてもいいけど、行政庁側が無効と気付かなければ、その後に滞納処分を受けるおそれがあるので、この滞納処分を避けるために、課税処分の無効の確認を裁判所に求める

ポイント

☆ 処分の無効を確認する訴訟は、処分の無効の確認を求める<u>法律上の利益を有する者</u>で、<u>現在の法律関係に関する訴えによって目的を達することができないもの</u>に限り、提起できる(36条)

Ⅱ 争点訴訟

私法上の法律関係に関する訴訟において行政処分が無効かどうかなどが争点とされている訴訟は**争点訴訟**と呼ばれています。

無効な土地収用の処分を受けた者が土地の所有権をめぐる法律関係について争う場合を例に、どのような訴訟を提起すべきかについて見てみましょう。

争点訴訟は、このような訴訟の呼び名であって、行政事件訴訟の類型ではありません。

Advance ※2
2回転目に読む

争点訴訟には、行政庁の訴訟参加（23条）、処分または裁決をした行政庁への出訴の通知（39条）、釈明処分の特則（23条の2）、職権証拠調べ（24条）、訴訟費用の裁判の効力（35条）の規定が準用されています（45条）。

無効確認訴訟の提起?

起業者Bを被告として、現在の法律関係に関する訴えとして所有権確認訴訟（民事訴訟）を提起し、その訴訟の中で処分が無効であることを主張して解決できるから、無効確認訴訟は提起できない

取消しの場合はA県を被告として取消訴訟を提起することになりますが、処分が無効の場合、所有権確認の訴えという現在の法律関係に関する訴えで目的を達することができるので、36条の規定に従えば、無効確認訴訟は提起できません。

語句 ※3
収用委員会
土地などの収用や使用に関する裁決その他土地収用法に基づく事務を行うために都道府県に設置されている行政委員会のこと。

無効確認訴訟は、他の訴訟では対応できないときに提起ができるもので、補充的な性格を持っている訴訟形態です。

第3編 行政法
CH 4 行政事件訴訟法
SEC 3 取消訴訟以外の訴訟

629

III 準用条文

取消訴訟と同じルールが適用されるところは、取消訴訟の条文を準用する形式がとられています(38条)。

準用されている条文とされていない条文のうち、試験対策上注意が必要なものを例にあげると次のようになります(以下、 2 ・ 3 ・ 4 でも、準用条文の表は試験対策上注意が必要なものを例にあげています)。

〈無効等確認訴訟への準用(38条)〉

準用されているものの例	準用されていないものの例
執行停止の規定	審査請求前置の規定
被告適格の規定	出訴期間の規定
裁判管轄の規定	判決の第三者効の規定
判決の拘束力の規定	事情判決の規定
訴訟費用の裁判の規定	

神田Tのアドバイス❶
無効の確認をするだけなので、取消訴訟と異なり、出訴期間の制限はなく、いつでも訴えを提起できます。

例題　　H24-16-1

取消訴訟、無効確認訴訟ともに、行政上の法関係の早期安定を図るという観点から、出訴期間の定めが置かれているが、その期間は異なる。

✗ 取消訴訟には出訴期間の定めがあるが、無効等確認訴訟には出訴期間の定めはない。

2 不作為の違法確認訴訟　重要度★★★

I 不作為の違法確認訴訟

行政庁が、申請に応答すべきであるのにこれをしない場合、処分がされたわけではないので取消訴訟は提起できません。そこで、このような不作為の違法を確認するための訴訟類型も用意されています。それが**不作為の違法確認訴訟**です。

神田Tのイントロ
不作為の違法確認訴訟で1問の出題がされても対応できるよう、基本ルールと準用条文の知識はしっかり押さえておきましょう。

Xが行政庁Aに対して許認可申請をしたにもかかわらず、Aが何もしない場合を例に、Xが不作為の違法確認訴訟を提起することについて見てみましょう。

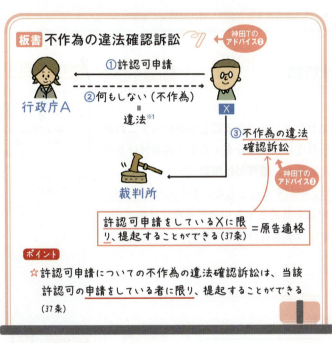

不作為の違法確認訴訟は抗告訴訟なので、私法上の行為の不作為に対する提起はできません。

Advance ※1 2回転目に読む

標準処理期間（行政手続法6条）が設けられていても、目安の期間ですから、当該期間の経過をもってただちに不作為が違法と評価されるという関係にはありません。

不作為の違法確認訴訟の係属中に何らかの処分が行われた場合、もう不作為の状態ではなくなるので、不作為の違法を確認する訴えの利益は消滅します。

Ⅱ 準用条文

取消訴訟と同じルールが適用されるところは、取消訴訟の条文を準用する形式がとられています（38条）。

〈不作為の違法確認訴訟への準用（38条）〉

準用されているものの例	準用されていないものの例
被告適格の規定 裁判管轄の規定 判決の拘束力の規定	執行停止の規定 出訴期間の規定 釈明処分の特則の規定 仮の義務付けの規定

不作為の場合、処分がされていないため不可争力が生じることはなく、不作為の状態が続いていればいつでも訴えを提起できます。

631

> **例題** R2-18-3
>
> 不作為の違法確認の訴えは、当該不作為に係る処分または裁決の申請をした日から6箇月を経過したときは提起することができないが、正当な理由があるときはこの限りではない。
>
> ✕ 不作為の違法確認訴訟には出訴期間の制限はない。

3 義務付け訴訟

重要度 ★★★

神田Tのイントロ
義務付け訴訟で1問の出題がされても対応できるよう、基本ルールと準用条文の知識はしっかり押さえておきましょう。過去には記述式で、義務付け訴訟を題材とした出題が2回されています。

I 概要

行政庁が一定の処分をすべきであるにもかかわらずこれがされないときに、行政庁に当該処分をするよう義務付けさせるために用意された訴訟が、**義務付け訴訟**です。

義務付け訴訟には、申請を前提としない非申請型(直接型)義務付け訴訟と、申請を前提とする申請型義務付け訴訟の2種類があるので、まずは義務付け訴訟の種類について見てみましょう。

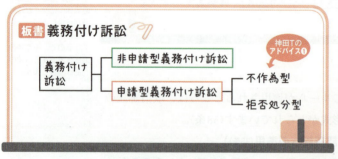

神田Tのアドバイス①
許可申請をしたのに何もされない場合(不作為)や、許可申請に対して不許可の処分がされた場合(拒否処分)には、それに不服がある原告は、その不作為の違法確認や処分の取消しだけではなく、許可処分を出してほしいと望むことがあるとイメージしましょう。

Advance ※1 2回転目に読む
非申請型義務付け訴訟には出訴期間の規定はありません。

II 非申請型義務付け訴訟

行政処分を出すべきなのに出されていない場合に、その処分を出すよう行政庁に義務付けるために行う訴訟です。申請行為は前提となりませんので、**非申請型義務付け訴訟**と呼ばれます[※1]。

Xが違法建築を行っているにもかかわらず、行政庁AがXに対して出すべき処分を出さないでいる場合を例に、当該建物の周辺住民であるYが義務付け訴訟を提起することについて見てみましょう。

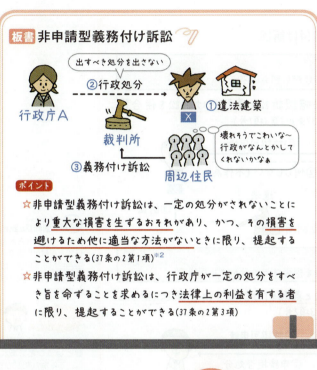

板書 非申請型義務付け訴訟

ポイント
☆ 非申請型義務付け訴訟は、一定の処分がされないことにより**重大な損害**を生ずるおそれがあり、かつ、その**損害を避けるため他に適当な方法がない**ときに限り、提起することができる（37条の2第1項）※2

☆ 非申請型義務付け訴訟は、行政庁が一定の処分をすべき旨を命ずることを求めるにつき**法律上の利益を有する者**に限り、提起することができる（37条の2第3項）

Ⅲ 申請型義務付け訴訟

　許可申請をしたことに対し行政庁の不作為がある場合、申請者が不作為の違法確認訴訟を提起して認容判決を得ても、不作為の違法が確認されるだけで、行政庁が実際に許可処分をしてくれるかどうかは不透明です。そこで、許可処分を出すことを義務付けさせるために用意されたのが、**申請型義務付け訴訟**です。

　申請型義務付け訴訟は、法令に基づく申請または審査請求

ひっかけ注意！※2
「申請型義務付け訴訟について、処分がされないことにより重大な損害を生ずるおそれや損害を避けるため他に適当な方法がないといった要件が必要」として誤りとするパターンに注意。これらの要件は非申請型義務付け訴訟の要件であって、申請型義務付け訴訟には関係ありません。

非申請型と申請型でルールが異なります。そのため両者で場合分けして覚えることが必要です。

をした者に限り、提起することができます（37条の3第2項）。

　Xが行政庁Aに対して許認可申請をした場合を例に、不作為のときと拒否処分のときに分けて、Xが義務付け訴訟を提起することについて見てみましょう。

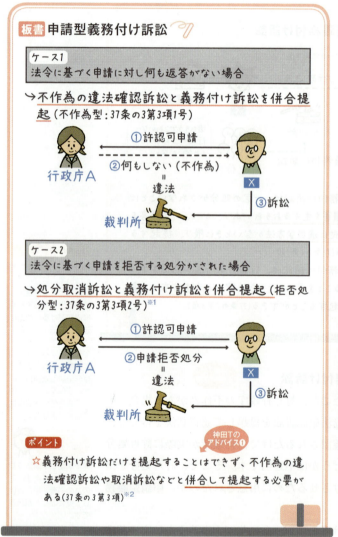

板書 申請型義務付け訴訟

ケース1
法令に基づく申請に対し何も返答がない場合

→不作為の違法確認訴訟と義務付け訴訟を併合提起（不作為型：37条の3第3項1号）

①許認可申請
②何もしない（不作為）＝違法
③訴訟

ケース2
法令に基づく申請を拒否する処分がされた場合

→処分取消訴訟と義務付け訴訟を併合提起（拒否処分型：37条の3第3項2号）※1

①許認可申請
②申請拒否処分＝違法
③訴訟

ポイント
☆義務付け訴訟だけを提起することはできず、不作為の違法確認訴訟や取消訴訟などと併合して提起する必要がある（37条の3第3項）※2

Advance ※1 2回転目に読む
拒否処分に対する取消訴訟と義務付け訴訟を併合提起する場合、取消訴訟の出訴期間に服します。

神田Tのアドバイス❶
義務付け判決までは不要ということであれば、不作為の違法確認訴訟や取消訴訟だけの提起はできます。

ひっかけ注意！※2
「非申請型義務付け訴訟について、義務付け訴訟だけを単独で提起することはできない」として誤りとするパターンに注意。これは申請型義務付け訴訟の話であって、非申請型義務付け訴訟には関係ありません。

Ⅳ 仮の義務付け

義務付け訴訟には、判決が出るまでには時間がかかることを考慮し、仮の権利保護の仕組みとして、**仮の義務付け**の制度が用意されています。

行政庁AがXに対して出すべき処分を出さないでいることに対し、Xが義務付け訴訟を提起した場合を例に、仮の義務付けの制度について見てみましょう。

仮の義務付けは、非申請型と申請型のいずれについても認められる制度です。

義務付け訴訟を提起していないのに、仮の義務付けだけを申し立てることはできません。

取消訴訟のときの執行停止とは要件が微妙に異なりますので、注意しましょう。

「本案について理由があるとみえる」とは、裁判をすればまず認容判決がとれる見込みがあるというケースのことで、仮の義務付けがされるときの要件の一つとなっています。

Ⅴ 準用条文

取消訴訟と同じルールが適用されるところは、取消訴訟の条文を準用する形式がとられています (38条)。

〈義務付け訴訟への準用(38条)〉

準用されているものの例	準用されていないものの例
被告適格の規定	執行停止の申立ての規定※1
裁判管轄の規定	出訴期間の規定
判決の拘束力の規定	判決の第三者効の規定

> Advance ※1　2回転目に読む
> 仮の義務付けには、執行停止における内閣総理大臣の異議の制度も準用されます（37条の5第4項）。

例題　　　　　　　　　　　　　　　　　　　　　H25-16-4

申請型と非申請型の義務付け訴訟いずれにおいても、「償うことのできない損害を避けるため緊急の必要がある」ことなどの要件を満たせば、裁判所は、申立てにより、仮の義務付けを命ずることができることとされている。

　　　　　　　○ 仮の義務付けを命ずることができる。

4 差止め訴訟　　重要度 ★★★

I 差止め訴訟

　行政庁が一定の処分をすべきでないにもかかわらずこれがされようとしているときに、行政庁に当該処分をしないよう求めるために用意された訴訟が、**差止め訴訟**です※2。

　行政庁AがXに対して出すべきでない処分を出そうとしている場合を例に、Xが差止め訴訟を提起することについて見てみましょう。

> 神田Tのイントロ
> 差止め訴訟で1問の出題がされても対応できるよう、基本ルールと準用条文の知識はしっかり押さえておきましょう。

> Advance ※2　2回転目に読む
> 差止め訴訟には出訴期間の規定はありません。

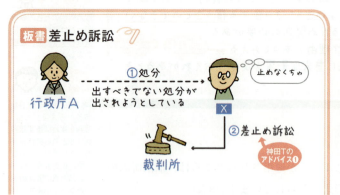

板書　差止め訴訟

> 神田Tのアドバイス❶
> 差止め訴訟は、要件や原告適格などについて非申請型義務付け訴訟の知識とパラレルにして覚えると覚えやすいです。

ポイント
☆ 差止め訴訟は、一定の処分がされることにより<u>重大な損害を生ずるおそれがある場合</u>[※3]に限り、提起することができる。ただし、その<u>損害を避けるため他に適当な方法があるときはこの限りでない</u>(37条の4第1項)
☆ 差止め訴訟は、行政庁が一定の処分をしてはならない旨を命ずることを求めるにつき<u>法律上の利益を有する者</u>に限り、提起することができる(37条の4第3項)

Advance [※3] 2回転目に読む
重大な損害を生ずるおそれがあると認められるためには、処分がされることにより生ずるおそれのある損害が、処分がされた後に取消訴訟等を提起して執行停止の決定を受けることなどにより容易に救済を受けることができるものではなく、処分がされる前に差止めを命ずる方法によるのでなければ救済を受けることが困難なものであることを要します（最判平28.12.8）。

Ⅱ 仮の差止め

差止め訴訟には、判決が出るまでには時間がかかることを考慮し、仮の権利保護の仕組みとして、<u>仮の差止め</u>の制度が用意されています。

行政庁AがXに対して出すべきでない処分を出そうとしていることに対し、Xが差止め訴訟を提起した場合を例に、仮の差止めの制度について見てみましょう。

差止め訴訟を提起していないのに、仮の差止めだけを申し立てることはできません。

> **仮の差止めの要件**（37条の5第2項・3項）
> ① X：差止め訴訟を提起し、仮の差止めの<u>申立て</u>
> ② 処分がされることにより生ずる<u>償うことのできない損害を避けるため緊急の必要がある</u>
> ③ 本案について理由があるとみえる
> ④ 公共の福祉に重大な影響を及ぼすおそれがあるときはできない

仮の差止めの要件は、仮の義務付けの要件とパラレルにして覚えると覚えやすいです。

Ⅲ 準用条文

　取消訴訟と同じルールが適用されるところは、取消訴訟の条文を準用する形式がとられています(38条)。

〈差止め訴訟への準用〉(38条)

準用されているものの例	準用されていないものの例
被告適格の規定	執行停止の申立ての規定※1
裁判管轄の規定	出訴期間の規定
判決の拘束力の規定	判決の第三者効の規定

Advance ※1
2回転目に読む

仮の差止めには、執行停止における内閣総理大臣の異議の制度も準用されます（37条の5第4項）。

例題　　　　　　　　　　　　　　　　　　　　　H27-17-1

処分の執行停止の申立ては、当該処分に対して取消訴訟を提起した者だけではなく、それに対して差止訴訟を提起した者もなすことができる。

✕　差止め訴訟を提起した者は、執行停止の申立てはできない。差止め訴訟の場合、仮の差止め制度によって仮の権利保護が図られている。

5 当事者訴訟

重要度 ★★★

I 概要

抗告訴訟は、公権力の行使や不行使(不作為)の違法性を争うものですが、そのような性質を有せず、対等な当事者間の権利利益および法律関係をめぐる訴訟として用意されたのが当事者訴訟です。当事者訴訟は、**形式的当事者訴訟**と**実質的当事者訴訟**に分類されています。

II 形式的当事者訴訟

形式的当事者訴訟は、当事者間の法律関係を確認または形成する処分または裁決に関する訴訟で、法令の規定によりその法律関係の当事者一方を被告とするものです(4条前段)※2。

例えば、土地収用における補償金が少ないとして起業者を被告として起こす増額請求の訴訟(土地収用法133条3項が起業者を被告とする旨を定めています)が形式的当事者訴訟にあたります。

土地収用における補償金が少ないとして起業者を被告として増額請求をする場合を例に、形式的当事者訴訟について見てみましょう。

板書 形式的当事者訴訟

ケース
A県の収用委員会から土地を収用される処分を受けたXが、当該土地収用の処分に対しては不服はないものの、支払われる補償金の額に不服があり、起業者Bに対してその増額を求める場合、誰を被告として、どのような訴訟を提起すればよいか?

→ Bを被告として、補償金の増額を求める訴訟を提起する ※3

神田Tのイントロ

行政事件訴訟法では抗告訴訟が最重要項目ですが、それ以外では当事者訴訟もチェックしておくとよいでしょう。過去には記述式で、形式的当事者訴訟を題材とした出題がされたことがあります。

神田Tのアドバイス②

法律上の争訟のうち、行政庁の公権力の行使に関する不服の訴訟が抗告訴訟で、その他の訴訟が当事者訴訟という位置付けです。

Advance ※2
2回転目に読む

形式的当事者訴訟の認容判決にも拘束力が生じます(41条1項、33条1項)。

ひっかけ注意! ※3

同じ土地収用の事例でも、収用自体に対する抗告の場合ではなく、補償金の話であるのに、「取消訴訟を提起する」とか「抗告訴訟の具体例である」として誤りとするパターンに注意。

639

Ⅲ 実質的当事者訴訟

　実質的当事者訴訟は、公法上の法律関係に関する確認の訴えその他の公法上の法律関係に関する訴訟をいいます（4条後段）。

　例えば、<u>無効な懲戒免職処分を受けた公務員による地位確認訴訟</u>、<u>日本国籍を有することの確認訴訟</u>、<u>在外国民に選挙権があることの確認訴訟</u>、<u>憲法に基づく損失補償請求訴訟</u>※1 が実質的当事者訴訟にあたります。

> 神田Tの
> アドバイス❶
>
> 所有権の確認や民間企業における雇用関係の確認の訴訟は、対象となる権利や地位が私法上のものなので民事訴訟になりますが、実質的当事者訴訟は対象となる権利や地位が公法上のものであることを特徴としています。

> ひっかけ 注意! ※1
> 土地収用法に基づく損失補償の増額を求める請求は形式的当事者訴訟ですが、憲法に基づいて行う損失補償請求は実質的当事者訴訟の具体例です。これを入れ替えて誤りとするパターンに注意。

> **例題**　H23-18-3
> 国に対して日本国籍を有することの確認を求める訴えを提起する場合、この確認の訴えは実質的当事者訴訟に該当する。
>
> 〇 本問の訴訟は実質的当事者訴訟の具体例。

6 民衆訴訟　重要度 ★☆☆

　<u>民衆訴訟</u>は、国または公共団体の機関の法規に適合しない行為の是正を求める訴訟で、選挙人たる資格その他自己の法律上の利益にかかわらない資格で提起するものをいいます（5条）。

> 神田Tのイントロ
> 訴訟類型選択問題対策以外は重要項目ではありません。

例えば、公職選挙法で認められている選挙無効訴訟[※2]や、地方自治法で認められている住民訴訟がこれに該当します。

> **Advance [※2] 2回転目に読む**
> 衆議院議員選挙を無効とすることを求める利益は、その後に衆議院が解散されて当該選挙の効力が将来に向かって失われたときは、失われます。

7 機関訴訟

機関訴訟は、国または公共団体の機関相互間における権限の存否またはその行使に関する紛争についての訴訟をいいます(6条)。

例えば、地方自治法で認められている総務大臣の都道府県知事に対する関与があった場合にその取消しを求めて都道府県知事が提起する訴訟がこれに該当します。

> **神田Tのイントロ**
> 民衆訴訟同様、訴訟類型選択問題対策以外は重要項目ではありません。

第3編 行政法

CHAPTER 4 行政事件訴訟法

SECTION 4 教示

このSECTIONで学習すること

1 教示制度
行政事件訴訟法にも教示制度があるよ

2 行政不服審査法との比較
同じ教示制度でも行政不服審査法と違うところがあるよ

1 教示制度

重要度 ★★☆

行政不服審査法には昭和37年の制定当初から教示の規定が置かれていましたが、行政事件訴訟法にも、平成16年の改正により、**教示**制度が導入されることになりました。

Ⅰ 取消訴訟の場合

行政庁は、取消訴訟を提起できる処分または裁決をする場合、当該処分または裁決の相手方に対し、次の事項を書面で教示する必要があります[※1]。

教示事項[※2] （46条1項）	①被告とすべき者 ②出訴期間 ③法律に審査請求に対する裁決を経た後でなければ取消訴訟を提起できない旨の定めがあるときはその旨

Ⅱ 形式的当事者訴訟の場合

行政庁は、形式的当事者訴訟を提起できる処分または裁決をする場合、当該処分または裁決の相手方に対し、次の事項を書面で教示する必要があります[※3]。

教示事項 （46条3項）	①被告とすべき者 ②出訴期間

例題

H18-19-1

行政事件訴訟法に教示の規定が設けられたことを契機として、行政不服審査法においても教示の規定が創設されることとなった。

✕ 教示の規定はもともと行政不服審査法にあったもので、行政事件訴訟法では平成16年改正で創設された。

第3編 行政法

CH 4 行政事件訴訟法

SEC 4 教示

神田Tのイントロ

教示制度では、①誰に、②何を、③どのような方式で教示するのかをチェックしておきましょう。

🌀 *Advance* ※1
2回転目に読む
処分が口頭でされる場合なら教示義務はありません。

🌀 *Advance* ※2
2回転目に読む
もし法律に処分についての審査請求に対する裁決に対してのみ取消訴訟を提起することができる旨（裁決主義）の定めがある場合には、その旨を書面で教示する必要もあります（46条2項）。

🌀 *Advance* ※3
2回転目に読む
処分が口頭でされる場合なら教示義務はありません。

2 行政不服審査法との比較 重要度 ★★★

神田Tのイントロ

行政不服審査法にも教示制度がありますので、比較問題形式に対応できるよう、両法の制度を比較しておきましょう。

行政事件訴訟法における教示規定について、行政不服審査法における教示規定と比較すると、次の表のようになります。

	行政不服審査法	行政事件訴訟法
処分の相手方に対する必要的教示	不服申立てできる処分が書面でされるときは、下記を書面で教示 ①不服申立てできる旨 ②不服申立てすべき行政庁 ③不服申立てできる期間	処分取消訴訟できる処分が書面でされるときは、下記を書面で教示 ①取消訴訟の被告とすべき者 ②取消訴訟の出訴期間 ③法律に審査請求前置の規定があるときはその旨
処分が口頭でされる場合の必要的教示	不要	不要
請求による教示の規定	あり	なし[※1]
誤った教示の救済の規定	あり	なし[※2]

ひっかけ 注意! [※1]
行政事件訴訟法にも行政不服審査法に相応する請求による教示の規定があるとして誤りとするパターンに注意。

ひっかけ 注意! [※2]
行政事件訴訟法にも行政不服審査法に相応する誤った教示の救済規定があるとして誤りとするパターンに注意。

例題 H18-19-2

取消訴訟を提起することができる処分が口頭でされた場合に、相手方から書面による教示を求められたときは、書面で教示しなければならない。

✕ 処分が口頭でされるときは教示義務はなく、行政事件訴訟法には、行政不服審査法にあるような請求による教示の仕組みも設けられていない。

644

CHAPTER 5 国家賠償・損失補償

SECTION 1 国家賠償請求

このSECTIONで学習すること

1 国家賠償法の概要
国家賠償法は、何のために定められて、どのような場面で使われるの？

2 公務員の不法行為
公務員が悪いことをしたときの損害賠償はどうなるの？

3 公の営造物の設置・管理の瑕疵
国が管理している道路が壊れていたときの損害賠償はどうなるの？

4 外国人が被害者の場合
外国人でも国家賠償請求できるの？

5 取消訴訟との関係
あらかじめ取消判決を得てからでなくても賠償請求できるの？

1 国家賠償法の概要

重要度 ★★★

日本国憲法では、17条において「何人も、公務員の不法行為により、損害を受けたときは、法律の定めるところにより、国又は公共団体に、その賠償を求めることができる。」と規定しています。そして、その実施法として昭和22年に制定されたのが**国家賠償法**です。

I 概要

国家賠償法は、国または公共団体に対する損害賠償請求についての一般法として定められた法律です。公務員の不法行為により国民に損害が生じた場合の損害賠償請求に関するルールなどが定められています。

まずは、国家賠償法の概要について見てみましょう。

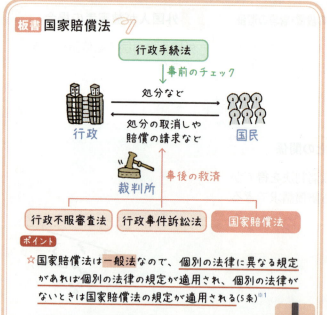

板書 国家賠償法

行政手続法 → 事前のチェック

行政 ⇄ 国民（処分など／処分の取消しや賠償の請求など）

裁判所 → 事後の救済

行政不服審査法／行政事件訴訟法／国家賠償法

ポイント
☆ 国家賠償法は一般法なので、個別の法律に異なる規定があれば個別の法律の規定が適用され、個別の法律がないときは国家賠償法の規定が適用される（5条）※1

神田Tのイントロ

ここでは、国家賠償法と他の法律との関係をチェックしておきましょう。

神田Tのアドバイス①

国家賠償法に基づく損害賠償請求は民事訴訟の手続によります。行政事件訴訟の一類型ではないことに注意しましょう。

条文チェック ※1

国家賠償法5条では、「国又は公共団体の損害賠償の責任について民法以外の他の法律に別段の定があるときは、その定めるところによる。」と規定されています。

次に、国家賠償法の条文構造について見てみましょう。

板書 国家賠償法の条文体系と学習ポイント

☆公務員の不法行為による場合(1条、3条)
　→要件のあてはめ、賠償責任者、求償
☆公の営造物の設置管理の瑕疵による場合(2条、3条)
　→要件のあてはめ、賠償責任者、求償
☆その他(4条〜6条)
　→他の法律との関係、外国人が被害者の場合

Ⅱ 民法との関係

　損害賠償請求に関する一般的なルールは民法に規定がありますが、国または公共団体に対する賠償請求であるという特殊性を考慮して定められたのが国家賠償法です。

　そのため、国家賠償法に定めがない事項については、民法の定めによるものとされています(4条)※2。国家賠償法4条の条文内にある「民法」には、失火の場合における民法709条の特別ルールにあたる「失火責任法」※3も含まれます。

> **条文チェック** ※2
> 国家賠償法4条では、「国又は公共団体の損害賠償の責任については、前三条の規定によるの外、民法の規定による。」と規定されています。

> **条文チェック** ※3
> 失火責任法は「失火ノ責任ニ関スル法律」のことで、1条だけの法律です。失火の場合、重過失のあるときだけ不法行為責任を負う旨が規定されています。つまり、軽過失しかないときは免責されることになります。

例題　　　　　　　　　　　　　　　　　　　　　　　　　H25-19-2

公権力の行使に起因する損害の賠償責任については、国家賠償法に規定がない事項に関し、民法の規定が適用される。

　　　⭕ 国家賠償法に規定がないところには民法の規定が適用される。

第3編 行政法

CH5 国家賠償・損失補償

SEC1 国家賠償請求

2 公務員の不法行為　重要度★★★

Ⅰ 公務員の不法行為による国家賠償（1条）

国または公共団体の<u>公権力の行使にあたる公務員</u>が、その職務を行うについて、故意または過失によって違法に他人に損害を加えたときは、国または公共団体はこれを賠償する責任があります※1。

公務員の不法行為により生じた損害に関する賠償責任について見てみましょう。

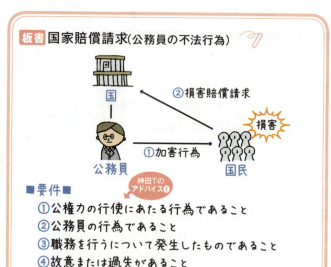

■要件■
① 公権力の行使にあたる行為であること
② 公務員の行為であること
③ 職務を行うについて発生したものであること
④ 故意または過失があること
⑤ 違法に加えられた損害が発生していること

ポイント
☆ 行政処分など公権力の行使にあたる場合は、<u>国家賠償法1条が適用され、民法715条は適用されない</u>
☆ <u>私経済活動など公権力の行使にあたらない場合は、国家賠償法1条は適用されず、民法715条が適用される</u>※2

神田Tのイントロ

国家賠償法における最重要項目です。1条関連の判例知識はしっかりと整理しておきましょう。①要件のあてはめ、②公務員個人の責任の有無、③求償関係をおさえておくことがポイントです。

Advance ※1　2回転目に読む
行政処分の取消判決が確定したときでも、同一処分に関する国家賠償訴訟において、被告は、当該処分を行ったことが国家賠償法上は違法ではないと主張することができます。

神田Tのアドバイス❶
国民の救済の間口を広げるため、要件はある程度広めに解釈されています。公権力の行使といっても実際には行政指導や教育活動なども含めて解釈されていることには注意が必要です。

Advance ※2　2回転目に読む
国家賠償法が適用されない場合でも、国や公共団体は、民法715条により、公務員の使用者として責任を負うことがあります。

国家賠償法1条の要件に関する判例についてまとめると、次の表のようになります。

公権力の行使	公権力の行使※3にあたるものが対象ですので、国公立病院での医療行為などは対象外です。
	・行政指導（最判昭60.7.16）：**該当する** ・国公立学校でのクラブ活動中の教師の監督行為（最判昭58.2.18）：**該当する** ・立法行為（最判昭60.11.21）：**該当する** ・裁判官がした争訟の裁判（最判昭57.3.12）：**該当する** ・国公立病院の医療過誤（最判昭36.2.16）：**該当しない** ・国家公務員定期健康診断における国嘱託の保健所勤務医師による検診（最判昭57.4.1）：**該当しない** ・勾留患者に対して拘置所職員である医師が行う医療行為（最判平17.12.8）：**該当する** ・議会が議員に辞職勧告決議（最判平6.6.21）：**該当する** ・通達の発令（最判平19.11.1）：**該当する**
公務員 	公務員の行為が対象ですので、民間企業が民間業務を行っているときに生じた損害などは対象外です。
	・指定確認検査機関が行った建築確認（最決平17.6.24）：**該当する** ・社会福祉法人が設置運営する児童養護施設に入所した児童に対する施設職員等による養護監護行為（最判平19.1.25）：**該当する** ・加害行為や加害公務員が厳密に特定されていることの要否（最判昭57.4.1）：**不要**
職務を行うについて	職務を行うときに生じたものが対象ですので、公務員がまったくのプライベートで起こした事故などは対象外です。
	・公務員に職務執行の意思はなくても、加害行為が客観的に職務執行の外形を備えている（最判昭31.11.30）：**該当する**

※3 行政行為だけでなく立法行為や立法不作為、裁判行為も公権力の行使に該当します。ただし、実際にそれが違法であるとして賠償請求が認容されるためには、例外的な場合にあたることや特段の事情があることが必要とされます。

国家公務員法および地方公務員法上の公務員である必要はなく、公務を委託された民間人でも該当します。

| 違法性[※1] | 違法に加えられた損害が対象ですので、公務員の行為が違法でないときは対象外です。
・逃走車両が第三者に損害を生じさせたが、パトカーの追跡行為が警察官の職務遂行として認められ、職務目的を遂行する上で不必要であるとか、追跡方法が不相当であったという事情はなかった場合（最判昭61.2.27）：**違法ではない**
・所得税の更正処分について所得金額が過大に設定されていたが、税務署長が職務上通常尽くすべき注意義務を尽くすことなく漫然と更正処分をしたといえる事情はなかった場合（最判平5.3.11）：**違法ではない** |

> **Advance**[※1]
> **2回転目に読む**
> 刑事裁判において無罪の判決が確定したからといって、警察の捜査や検察の公訴提起がただちに違法と評価されるわけではありません（最判昭53.10.20）。

非番警察官強盗殺人事件（最判昭31.11.30） 神田Tのアドバイス❶

事案 お金に困った警察官Aは、非番の日に制服制帽を着用の上、拳銃を携帯して犯行現場に赴き、職務行為を装ってBに声をかけ、現金等を奪って、拳銃でBを射殺した。これに対し、Bの遺族Xが、地方公共団体に対し国家賠償請求訴訟を提起した。

警察官のせいでBが殺されたんだから賠償すべき

職務を行っていたわけではないからこっちは関係ない

地方公共団体

判旨 公務員が主観的に権限行使の意思をもってする場合にかぎらず、自己の利をはかる意図をもってする場合でも客観的に職務執行の外形をそなえる行為によって他人に損害を加えたときは、国または公共団体に損害賠償責任を負わせるべきといえる。

> 神田Tのアドバイス❶
> この判例は、警察官の行為が仕事中のものではなく、非番の日に管轄外の地で行っていることだけど、それを国家賠償法1条1項の「職務を行うについて」の要件に該当するといっていいのかどうかが争われた事件です。

まとめのQ&A

Q1 当初より職務執行の意思がなくても、客観的に職務執行の外形をそなえる公務員の行為も、国家賠償法1条1項の「その職務を行うについて」の要件を充たすか？
↳ Yes

Ⅱ 賠償責任者

公務員の不法行為による損害について、国家賠償法1条の責任を負うのは、公務員個人ではなく、**国または公共団体**です(1条1項)。そのため、被害者は、加害公務員個人に対して直接損害賠償請求することはできません(最判昭30.4.19)※2。

公務員Aの選任・監督にあたるのがB市であり、公務員の俸給・給与を負担するのがC県であった場合を例に、賠償責任者について見てみましょう。

警察官の場合は都道府県を被告、検察官の場合は国を被告として訴訟を提起し、警察官や検察官自身を被告とするわけではありません。

Advance ※2　2回転目に読む
公務の委託を受けた社会福祉法人の職員が児童養護施設に入所している児童に損害を加え、国または公共団体が被害者に対して国家賠償法1条に基づく損害賠償責任を負うときは、職員個人が損害賠償責任を負わないのみならず、その使用者である社会福祉法人も民法715条に基づく損害賠償責任を負いません。

Ⅲ 求償

公務員に故意または重大な過失があったときは、国または公共団体は、その公務員に対して求償できます(1条2項)。

例題　H27-19-1

非番の警察官が、もっぱら自己の利をはかる目的で、職務を装って通行人から金品を奪おうとし、ついには、同人を撃って死亡させるに至った場合、当該警察官は主観的に権限行使の意思をもってしたわけではないから、国家賠償法1条1項の適用は否定される。

✗　職務執行の意思は有していなくても、客観的に職務執行の外形を備える行為であれば、国家賠償法の適用は否定されない。

3 公の営造物の設置・管理の瑕疵　重要度★★★

I 公の営造物の設置・管理の瑕疵による国家賠償（2条）

道路、河川その他の公の営造物の設置または管理に瑕疵があったために他人に損害を生じさせたときは、国または公共団体がこれを賠償する責任を負います。

公の営造物の設置・管理の瑕疵により生じた損害に関する賠償責任について見てみましょう。

> **神田Tのイントロ**
> 試験対策としては、国家賠償法だけで2問出題されることも想定し、1条関連の判例だけでなく、2条関連の判例知識までおさえておくことが必要です。

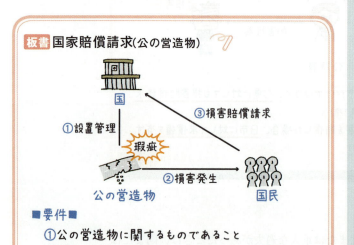

板書　国家賠償請求（公の営造物）

①設置管理
瑕疵
公の営造物
②損害発生
③損害賠償請求
国
国民

■要件■
①公の営造物に関するものであること
②設置・管理の瑕疵に基づく損害が発生していること

ポイント

☆ 国または公共団体に過失がない場合でも責任を免れるわけではない（無過失責任）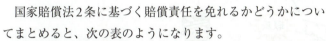

☆ 瑕疵には、物理的な欠陥のほか、機能的瑕疵も含まれる

☆ 周辺住民など利用者以外の第三者に対する損害も賠償の対象となる

国家賠償法1条は公務員の過失責任ですが、国家賠償法2条は無過失責任（故意または過失が要件にない）であることに注意しましょう。

例えば、空港が機能した結果、航空機の離発着による騒音被害が生じる場合をイメージしましょう。

　国家賠償法2条に基づく賠償責任を免れるかどうかについてまとめると、次の表のようになります。

事例	責任の有無
・県道で工事箇所を表示する赤色灯標柱が倒され、その直後に自動車が工事箇所を通過して事故が起きた場合(最判昭50.6.26)	免責される
・道路の端に設置してある防護柵を越えて転落するなど通常の用法に即しない被害者側の異常な行動の結果損害が生じた場合(最判昭53.7.4)	免責される
・道路の落石防止のために防護柵を設けるなどの措置をとるための予算措置に困却し、当該措置をとらなかった場合(最判昭45.8.20)	免責されない
・国道に事故車が87時間放置され、後続車が激突して事故が起きた場合(最判昭50.7.25)	免責されない
・大雨により未改修河川から水があふれ、浸水被害が生じた場合(最判昭59.1.26)	免責される

未改修河川の安全性については過渡的な安全性で足ります。まだ工事が終わってなかったというだけで責任を負わせるものではありません。

Ⅱ 賠償責任者

　公の営造物の設置・管理の瑕疵による損害について、国家賠償責任を負うのは**国または公共団体**です（2条1項）。

　公の営造物の設置・管理にあたるのがB市であり、公の営造物の設置・管理の費用を負担するのがC県であった場合を

例に、賠償責任者について見てみましょう。

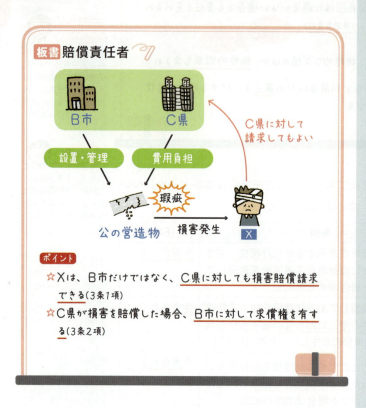

板書 賠償責任者

ポイント
- ☆ Xは、B市だけではなく、C県に対しても損害賠償請求できる(3条1項)
- ☆ C県が損害を賠償した場合、B市に対して求償権を有する(3条2項)

III 求償

他に損害の原因について責に任ずべき者があるときは、国または公共団体は、その者に対して求償できます(2条2項)。

例題　　　　　　　　　　　　　　　　　　　　　　H22-20-2

土砂崩れによる被害を防止するために多額の費用を要し、それについての予算措置が困難である場合は、道路管理者は、こうした被害についての賠償責任を免れる。

✗ 予算措置が困難であることは免責事由にはならない。

4 外国人が被害者の場合 重要度 ★☆☆

外国人が被害者の場合、日本人に国家賠償を認めている国の人に対しては、日本においても国家賠償法による救済が認められます(6条)。このような考え方は**相互保証主義**と呼ばれています。

> **神田Tのイントロ**
>
> 6条の知識も肢の1つとして試験で出題されたこともありますので、軽く目を通しておきましょう。

5 取消訴訟との関係 重要度 ★★★

行政処分が違法であることを理由として、国家賠償請求をするにあたって、あらかじめ当該行政処分につき取消判決または無効確認の判決を得ておく必要はありません(最判昭36.4.21)。

> **神田Tのイントロ**
>
> 国家賠償請求訴訟と取消訴訟の関係は試験で頻出の重要事項です。前置主義をとらないことをしっかり覚えましょう。

例題   H22-19-2

処分の違法を理由として国家賠償を請求する訴訟を提起するためには、事前に、当該処分についての取消判決により、その違法性を確定しておく必要がある。

✕ あらかじめ取消判決により違法性を確定させていなくてもよい。

第3編 行政法

CH 5 国家賠償・損失補償

SEC 1 国家賠償請求

655

第3編 行政法

CHAPTER 5 国家賠償・損失補償

SECTION 2 損失補償

このSECTIONで学習すること

1 損失補償制度

土地収用における損失補償のルールを確認し、国家賠償と比較しておきましょう。

1 損失補償制度

重要度 ★★★

I 損失補償とは

損失補償制度とは、適法な行政活動によって発生した国民の損失を公費で補償することで、損失の公平な分担を図ろうとする制度のことです。

損失補償の場合、憲法29条3項に損失補償に関する規定※1がありますが、国家賠償における国家賠償法のような一般法はなく、個別の法律（例．土地収用法※2）によって補償に関するルールが定められています。

土地収用の場合を例に、土地収用の流れと補償金の支払に関するルールを見ていきましょう。

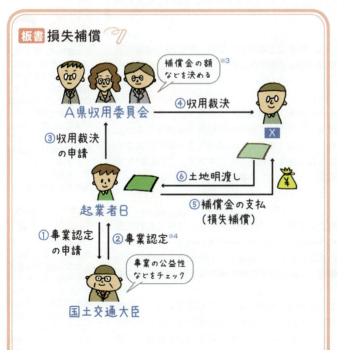

神田Tのイントロ

試験では国家賠償関係は例年択一2問となっていますが、国家賠償法で2問の年もあれば、国家賠償法1問と損失補償1問の年もあります。

条文チェック ※1

憲法29条3項では、「私有財産は、正当な補償の下に、これを公共のために用ひることができる。」と規定されています。

語句 ※2

土地収用法
公共の利益となる事業に必要な土地などの公用収用や使用に関して定めた法律。昭和26年制定。

Advance ※3
2回転目に読む

土地収用法における損失の補償の額は、通常人の経験則および社会通念に従って客観的に認定されるべきであり、収用委員会に裁量権が認められるわけではありません。

Advance ※4
2回転目に読む

土地収用ができる事業は土地収用法で決まっていますので、まずは起業者Bの事業がその事業に該当するかどうかをチェックします。

補償に関するルール(土地収用法)

☆ 土地の収用により土地所有者や関係人が受ける損失は<u>起業者</u>が補償しなければならない(68条)※1

☆ 土地の収用による移転に伴う<u>営業上の損失</u>も補償対象となる(88条)

☆ 土地収用の損失補償について、金銭での補償のほか、<u>代替地の提供による補償</u>も認められる(70条)

ひっかけ注意! ※1
「土地収用による土地所有者が受ける損失は、収用委員会が所属する都道府県が補償しなければならない」として誤りとするパターンに注意。補償するのは起業者です。

条文チェック ※2
憲法29条3項では「私有財産は、正当な補償の下に、これを公共のために用ひることができる。」と規定されています。

要チェック判例

◆ 個別法に損失補償に関する規定がないからといって、それがあらゆる場合について一切の損失補償を全く否定する趣旨とまではいえず、別途、直接憲法29条3項※2を根拠にして、補償請求をすることも可能(河川附近地制限令事件:最大判昭43.11.27)。

◆ 災害防止のために財産権を制限した場合、憲法29条3項の<u>損失補償は不要</u>(奈良県ため池条例事件:最大判昭38.6.26)。

◆ 道路工事の施行の結果、警察違反の状態を生じ、危険物保有者が基準に適合するように工作物の移転等を余儀なくされたとしても、それは道路工事の施行によって警察規制に基づく損失がたまたま現実化するに至ったにすぎず、これに対する<u>損失補償は不要</u>(ガソリンタンク事件:最判昭58.2.18)。

神田Tのアドバイス❶
この事件は、ガソリンスタンドを営む者がガソリンタンクを地下に埋設していたところ、国が付近で地下道を設置し、地下道からタンクまでの距離が消防法に違反する状態となりタンクの移設を余儀なくされたことについて、その補償の要否が争われた事件です。

◆ 都有行政財産たる土地につき使用許可によって与えられた使用権は、それが期間の定めのないものであれば、当該行政財産本来の用途または目的上の必要を生じたときに使用許可が撤回された場合、これに対する<u>損失補償は不要</u>(最判昭49.2.5)。

神田Tのアドバイス❷
この事件は、東京都所有の土地を使用期間の定めなく使用許可を受けて使用していた者がいたところ、東京都が本来の用途からその土地が必要になったので使用許可を撤回したことについて、その補償の要否が争われた事件です。

◆ 都市計画法上の土地利用制限によって生じる損失は、一般的に当然に受忍すべきものとされる制限の範囲を超えて特別の犠牲を課したものとはいえず、これに対する<u>損失補償は不要</u>(最判平17.11.1)。

Ⅱ 国家賠償との比較

<u>国家賠償請求と損失補償請求について、どのような行政活動が対象なのか、どのような権利に対する侵害が対象なのか、一般法が存在するのかといった観点から比較してみましょう。</u>

板書 国家賠償と損失補償の相違

国家賠償	損失補償
・**違法**な行政活動から生じた損害を賠償する	・**適法**な行政活動によって生じた損失を填補する
・財産権のほか、**生命・身体**への侵害も賠償の対象	・財産権に対して特別の犠牲を加えたことが補償の対象
・一般法**あり**（国家賠償法）	・一般法**なし**

例えば、都市計画法上の土地利用制限のように特別の犠牲とは評価されない場合には、損失補償は認められません。

国家賠償には国家賠償法という一般法がありますが、損失補償にはそれに相応する一般法となるべき法律はありません。

例題　　　　　　　　　　　　　　　　　　　　　　　H30-21-3

収用対象の土地で商店が営まれている場合、商店の建築物の移転に要する費用は補償の対象となるが、その移転に伴う営業上の損失は補償の対象とはならない。

　　　　✗　建築物の移転に伴う営業上の損失も補償の対象となる。

第3編 行政法

CHAPTER 6 地方自治法

SECTION 1 地方公共団体

このSECTIONで学習すること

1 地方自治法の概要
まずは地方自治法の全体像を確認し、地方公共団体の事務の名前を覚えよう

2 地方公共団体
市町村、都道府県、特別区などの種類を確認しよう

1 地方自治法の概要 重要度 ★★

日本国憲法では、92条において「地方公共団体の組織及び運営に関する事項は、地方自治の本旨に基いて、法律でこれを定める。」と規定しています。そして、その実施法として昭和22年に制定されたのが<u>地方自治法</u>です。

地方自治法の目的条文(1条)では、<u>地方自治の本旨</u>という文言を明記し、<u>民主的・能率的な行政の確保</u>や<u>地方公共団体の健全な発達の保障</u>などについて規定されています※1。

地方公共団体は、住民の福祉の増進を図ることを基本として、地域における行政を自主的かつ総合的に実施する役割を広く担うものとされています(1条の2第1項)。

<u>まずは、地方自治法の概要について見てみましょう。</u>

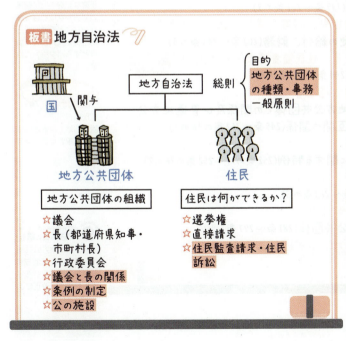

神田Tのイントロ

地方自治法は学習範囲が広範ですが、最も重要なテーマである「住民監査請求・住民訴訟」を筆頭に、「条例の制定」「地方公共団体の種類・事務」「議会と長の関係」「公の施設」を優先的にチェックしておきましょう。

神田Tのアドバイス❶

地方自治法に定義規定はありませんが、地方自治の本旨とは、住民自治(地域のことは地域の住民で決める)と団体自治(地域のことは国から独立した団体によって統治する)から成るものと考えられています。

条文チェック ※1

地方自治法の目的条文を読んでみましょう。「この法律は、地方自治の本旨に基いて、地方公共団体の区分並びに地方公共団体の組織及び運営に関する事項の大綱を定め、併せて国と地方公共団体との間の基本的関係を確立することにより、地方公共団体における民主的にして能率的な行政の確保を図るとともに、地方公共団体の健全な発達を保障することを目的とする。」(1条)

次に、地方自治法の条文構造について見てみましょう。

板書 地方自治法の条文体系と学習ポイント

☆ 総則(1条〜4条の2)
　→目的、地方公共団体の種類・事務、一般原則※1
☆ 普通地方公共団体(5条〜13条の2)
　→市町村、都道府県※2
☆ 条例・規則(14条〜16条)
　→条例、規則
☆ 選挙(17条〜19条)
　→選挙権、被選挙権
☆ 直接請求(74条〜88条)
　→直接請求
☆ 議会(89条〜138条の4)
　→議会の権限、議員の地位
☆ 執行機関(139条〜202条の9)
　→長、内部統制、行政委員会、議会との関係
☆ 給与その他の給付、財務(203条〜243条の5)
　→予算、決算、住民監査請求・住民訴訟　　神田Tのアドバイス❶
☆ 公の施設(244条〜244条の4)
　→公の施設、指定管理者
☆ 国と普通地方公共団体との関係及び普通地方公共団体相互間の関係(245条〜252条の18の2)
　→国の関与
☆ 大都市等に関する特例(252条の19〜252条の26の2)
　→指定都市、中核市
☆ 補則(253条〜263条の3)
　→地縁による団体
☆ 特別地方公共団体(281条〜297条)※3
　→特別区、地方公共団体の組合、財産区

Advance ※1 2回転目に読む

従来、市町村には総合的かつ計画的な行政の運営を図るための基本構想を定めなければならないとする規定がありましたが、法改正により削除されました。

ひっかけ注意! ※2

「都道府県は、別に法律の定めるところにより、その住民につき、住民たる地位に関する正確な記録を常に整備しておかなければならない」など都道府県と市町村を入れ替えて誤りとするパターンに注意。

神田Tのアドバイス❶

住民監査請求・住民訴訟は、地方自治法の中で最も重要なテーマです。

Advance ※3 2回転目に読む

以前は特別地方公共団体の種類として地方開発事業団の規定がありましたが、法改正により削除されました。

I 地方公共団体の事務

地方公共団体の事務は、①**自治事務**(2条8項)と②**法定受託事務**(2条9項)の2種類です※4。法定受託事務は第1号法定受託事務と第2号法定受託事務に区分されています。

自治事務(法定受託事務以外の事務のこと)※5、法定受託事務(国または都道府県から法令によって委託されている事務のこと)に分けて、市の事務について見てみましょう。

板書 市における事務の種類

自治事務	法定受託事務以外の事務※6 例 市長選挙の事務
法定受託事務	**第1号法定受託事務** 国が本来果たすべき役割に係るものだけど、法令により、市区町村が実施するものとされている事務 例 戸籍事務、国政選挙の事務 **第2号法定受託事務** 都道府県が本来果たすべき役割に係るものだけど、法令により、市区町村が実施するものとされている事務 例 県知事選挙の事務

ポイント
- ☆ 自治事務の場合、市長の処分に対する審査請求は市長に対して行う
- ☆ 法定受託事務の場合、市長の処分に対する審査請求は都道府県知事に対して行う
- ☆ 自治事務でも法定受託事務でも、市長の処分により生じた損害について国家賠償請求訴訟をする場合、市を被告とする

ひっかけ 注意! ※4
地方公共団体の事務について「自治事務、法定受託事務、機関委任事務の3種類がある」として誤りとするパターンに注意。

条文チェック ※5
条文上、自治事務の定義は、「地方公共団体が処理する事務のうち、法定受託事務以外のもの」(2条8項)と規定されています。2つの事務のうち法定受託事務ではないものという控除式の定義規定です。また、条文中にどのような事務が自治事務に該当するかについて例示列挙する規定は置かれていません。

ひっかけ 注意! ※6
複数の種類に分けられているのは法定受託事務の場合です。「自治事務に第1号自治事務と第2号自治事務の2種類がある」として誤りとするパターンに注意。

神田Tのアドバイス②
A市の場合、第1号法定受託事務は本来国の事務をやっている、第2号法定受託事務は本来都道府県の事務をやっている、自治事務は本来市の事務だからやっているなど法定受託事務以外の事務をやっているイメージで。

Ⅱ 法令遵守

　地方公共団体は、法令に違反してその事務を処理してはならず、また、市区町村は、市区町村を包括する都道府県の条例に違反してその事務を処理してはなりません（2条16項）[※1]。

> **Advance ※1**
> **2回転目に読む**
> 2条16項の規定に違反して行った地方公共団体の行為は無効とされます（2条17項）。

例題
H28-23-イ

> 第一号法定受託事務とは、法律またはこれに基づく政令により都道府県、市町村または特別区が処理することとされる事務のうち、国が本来果たすべき役割に係るものであって、国においてその適正な処理を特に確保する必要があるものとして法律またはこれに基づく政令に特に定めるものである。

　O 第一号法定受託事務の定義として正しい。

2　地方公共団体
重要度 ★★★

Ⅰ 地方公共団体の種類

　地方公共団体には、普通地方公共団体と特別地方公共団体の区別があります。都道府県や市町村は普通地方公共団体に該当します[※2]。また、都に置かれている区（特別区）は特別地方公共団体に該当します。

　なお、地方公共団体は各々が法人です。

　基礎的な地方公共団体が**市町村**[※3]です。**都道府県**は、市町村を包括する広域の地方公共団体として、広域にわたるもの、市町村に関する連絡調整に関するもの、その規模や性質から一般の市町村が処理することが適当でないと認められるものを処理します。

Ⅱ 大都市の特例

⑴ 指定都市・中核市

　市の中でも、大都市の場合は、大都市の特例として特別なルールが設定されています。

> **神田Tのイントロ**
> 「地方公共団体」にはどのような種類があるかを把握しておきましょう。本書ではSECTION 2以降、普通地方公共団体のことを地方公共団体と表記しています。

> **ひっかけ 注意! ※2**
> 東京都の23区は特別地方公共団体ですが、東京都自体は普通地方公共団体です。「東京都は特別地方公共団体である」として誤りとするパターンに注意。

> **Advance ※3**
> **2回転目に読む**
> 地方自治法上、市となるための人口要件は5万人以上とされています（8条1項1号）。
> …この要件は成立要件であって存続要件ではないため、その後、人口が減少したとしても市でなくなるわけではありません。

大都市制度には 指定都市 と 中核市 の2種類があります。
指定都市と中核市に分けて、大都市の特例について見てみましょう。

板書 指定都市と中核市 ※4

	指定都市	中核市
人口要件	人口50万人以上の市	人口20万人以上の市
政令で指定	政令で指定する	
指定の申出	なし	市が市議会の議決を経て都道府県の同意を得て指定の申出をし、総務大臣が指定にかかる政令を立案（252条の24）
できること	政令の定めにより都道府県の事務の一部を処理できるようになる（252条の19第1項）※5	政令の定めにより指定都市の処理できる事務の一部を処理できるようになる（252条の22第1項）
行政区	設置される（252条の20）	設置されない

ポイント
☆ 指定都市に置かれる 区（行政区）は、特別区（都に置かれる区）と違い、区として法人格を有しない

(2) 総合区

　総合区は、指定都市が行政区の役割を拡充するため、条例により、行政区に代えて設置することができる区のことをいいます※6。

第3編 行政法 CH6 地方自治法 SEC1 地方公共団体

神田Tの アドバイス❶
いずれも市であることに変わりはなく、特別地方公共団体扱いされるわけではありません。

Advance ※4 2回転目に読む
以前は特例市という規定がありましたが、法改正により中核市に統合されたため、同規定は削除されました。

ひっかけ 注意! ※5
都道府県の事務の全部ができるわけではないので、「都道府県の事務の全部を処理できる」として誤りとするパターンに注意。

神田Tの アドバイス❷
○○区と呼ばれるもので、地方自治法上、特別地方公共団体とされているのは、特別区と財産区の2つです。東京都中央区は特別区（特別地方公共団体）ですが、大阪市中央区は行政区なので特別地方公共団体ではありません。

Advance ※6 2回転目に読む
行政区の区長は一般職ですが、総合区の区長は特別職です。
…総合区の区長は、市長が議会の同意を得て選任します。

Ⅲ 特別地方公共団体

(1) 種類

特別地方公共団体には、**特別区**、**地方公共団体の組合**、**財産区**の3種類があります。

特別地方公共団体の種類について見てみましょう。

板書 特別地方公共団体の種類

特別区	都に置かれる区のこと[1,2] 例 東京都の23区
地方公共団体の組合	複数の普通地方公共団体および特別区が事務の一部を一緒に処理するために設立した組合のこと 例 A市とB市でごみ処理を共同処理するために組合を設立する場合
財産区	市町村や特別区の一部で財産を有していたり公の施設を設けている場合などに、その財産または公の施設の管理や処分に関し、特別地方公共団体として法人格を与えられたもの 例 A市内の山林や温泉を財産区とする場合

---

(2) 地方公共団体の組合

地方公共団体の組合には、**一部事務組合**[3]と**広域連合**[4]の2種類があります[5]。

例えば、A県・B県・C県・D県の4県でE広域連合を設立すれば、国は、その行政機関の長の権限に属する事務のうち広域連合の事務に関連するものをE広域連合に処理させることができます（291条の2第1項）[6]。

Advance ※1 2回転目に読む

「大都市地域における特別区の設置に関する法律」により、都でなくても、道府県の区域内の関係市町村を廃止し、特別区を設けることも可能となっています。

ひっかけ 注意! ※2

「特別区を条例によって任意で設置できる」として誤りとするパターンに注意。

語句 ※3

一部事務組合
事務の一部を共同で処理するために設立する組合のこと。

語句 ※4

広域連合
事務の一部を広域にわたって処理するために設立する組合のこと。

Advance ※5 2回転目に読む

以前は地方公共団体の組合の種類として全部事務組合や役場事務組合の規定がありましたが、法改正により削除されました。

Advance ※6 2回転目に読む

広域連合は、消防や廃棄物処理の事務などのほか、後期高齢者医療制度に関する事務を扱うときにも利用されています。

一部事務組合と広域連合の相違についてまとめると次の表のようになります。

	一部事務組合	広域連合
法人格	あり（特別地方公共団体）	あり（特別地方公共団体）
構成団体	都道府県、市区町村 ※複合的一部事務組合[※7]は市区町村のみ	都道府県、市区町村
設置目的	事務の一部を共同処理	広域行政需要対応と国からの権限移譲の受入体制整備
国・都道府県からの権限の移譲の規定	－	国・都道府県から広域連合へ移譲：○ 広域連合から国・都道府県に移譲を要請：○
設置手続	許可制（都道府県が含まれれば総務大臣、市区町村のみなら知事の許可が必要）	許可制（都道府県が含まれれば総務大臣、市区町村のみなら知事の許可が必要）
議会の設置	○	○
条例の制定	○	○

語句 ※7
複合的一部事務組合
共同処理する事務が複数の市町村間で異なる場合の一部事務組合のこと。A市とB市で○○事務を、A市とC市で△△事務を共同処理するにあたり、同じ一部事務組合で処理することも可能です。

Ⅳ 連携協約

連携協約は、地方公共団体が他の地方公共団体と連携して事務を処理するに当たっての基本的な方針や役割分担を定めて協約を結び、事務の共同処理や地方公共団体間における連携を可能とする仕組みのことをいいます（252条の2）。

神田Tのアドバイス❶
例えば、平成27年7月には、鳥取県と日野郡3町で連携協約（鳥取県日野郡ふるさと広域連携協約）が締結されています。同協約では、日野郡3町が鳥取県と連携して、日野郡における行政サービスの維持・向上や効率的な行政運営を促進することなどを内容としています。

例題　　　　　　　　　　　　　　　　　　　　　　H22-22-2

指定都市に置かれる区は、都に置かれる特別区と同様に、法人格が認められている。

✗　指定都市に置かれる区は、特別区と違い、法人格はない。

667

第3編 行政法

CHAPTER 6 地方自治法

SECTION 2 住民の権利

このSECTIONで学習すること

1 選挙権
誰が選挙に行って投票したり、立候補したりできるの？

2 直接請求
例えば、住民からの直接請求で市長をリコールすることだよ

3 住民監査
地方公共団体の財務会計について、住民から監査を請求することもできるよ

4 地縁による団体
町内会に対して法人格を認め、町内会の名義で不動産を保有できる制度もあるよ

1 選挙権　重要度★★

神田Tのイントロ
地方選挙における選挙権の知識は、後述の直接請求制度の理解のためにも必要です。

都道府県・市町村の議会の議員や、都道府県知事・市町村長は、選挙権を有する者が投票によりこれを選挙する仕組みになっています。

選挙権 （18条）	①国籍要件…日本国民 ②年齢要件…18歳以上 ③居住要件…3か月以上その区域内に住所を有する
被選挙権 （19条）	☆議会の議員の場合 　…議会議員の選挙権を有する者で25歳以上の者 ☆都道府県知事の場合 　…日本国民で30歳以上の者 ☆市町村長の場合 　…日本国民で25歳以上の者

神田Tのアドバイス①
都道府県知事・市町村長の場合、議会の議員と違って、居住要件はありません。
…その地域に住んでいない人物でも立候補できます。

例題　H22-23-ア
都道府県知事の被選挙権は、当該都道府県の住民ではなくとも、法定の年齢以上の日本国籍を有する者であれば認められる。

〇　知事に立候補するのに住所要件は不要。

2 直接請求　重要度★★★

神田Tのイントロ
直接請求制度の基本ルールを覚えるとともに、後述の「住民監査請求」と比較できるように住民監査請求の学習の前に一通り見ておきましょう。

地方の政治では、地域の住民が一定の要件の下、条例の制定を請求することや長の解職を請求することなど、国政には見られない直接民主的な制度が設けられています。

ここでは、直接請求制度について学習します。

直接請求制度には、①条例制定改廃請求、②事務監査請求、③議会解散請求、④議員解職請求、⑤長の解職請求、⑥役員の解職請求の6種類があります。

例えば、市長が市の施設を廃止する政策を採っていることに不満のある住民は、市長の任期中であっても市長を辞めさ

せるために、選挙権を有する者の総数の3分の1以上の者の署名を集めて、選挙管理委員会に対し、市長の解職を請求することができます。 ←神田Tのアドバイス❶

A市（人口10万人）の市長が病院を廃止する政策をとったことに対し、住民が市長を失職させるため、解職請求を行った場合を例に、解職請求の仕組みについて見てみましょう。

例えば、平成21年に千葉県銚子市の市長がリコールされたり、平成22年に鹿児島県阿久根市の市長がリコールされたりしています。

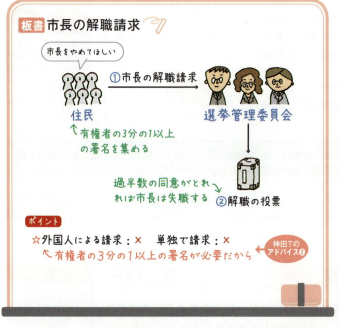

直接請求は、選挙権と署名を前提とする制度なので、選挙権のない者は×、単独での請求は×といった知識とリンクできるようにしましょう。

直接請求制度の6種類について、①請求するために必要な署名数、②誰に請求するのか、③最終的な処理はどうなるのか、④期間の制限があるのかといった観点からまとめると、次の表のようになります。

〈直接請求制度〉

	連署数	請求先	最終処理	制限期間
条例制定改廃請求 ※1	有権者の50分の1以上	長	長が議会を招集して、議会で制定改廃を判断	なし
事務監査請求 ※2		監査委員	監査委員が監査	なし
議会の解散請求	有権者の3分の1以上	選挙管理委員会	選挙人の投票（過半数の同意で解散）	選挙や解散投票の日から1年は不可
議員の解職請求			選挙人の投票（過半数の同意で失職）	就職や解職投票の日から1年は不可
長の解職請求			選挙人の投票（過半数の同意で失職）	就職や解職投票の日から1年は不可
役員の解職請求 ※3		長	議会で3分の2以上の者が出席し、その4分の3以上の者の同意で失職	就職や解職投票の日から1年または6か月は不可

ひっかけ 注意! ※1

地方税の賦課徴収、分担金・使用料・手数料の徴収に関するものは除かれます（74条1項）。条例の制定改廃請求について「あらゆる条例が対象となる」として誤りとするパターンに注意。

ひっかけ 注意! ※2

事務監査請求は事務全般を対象としています。「自治事務に限り、事務監査請求をすることができる」として誤りとするパターンに注意。

Advance ※3 2回転目に読む

地方自治法上対象となっているのは、副知事・副市町村長、選挙管理委員、監査委員、公安委員会の委員です。総合区を置く市の場合は総合区長も解職請求の対象になります。副知事・副市長村長、総合区長の場合の制限期間は1年、選挙管理委員、監査委員、公安委員会の委員の場合の制限期間は6か月です。

例題

R3-23-5

普通地方公共団体の議会の議員および長の選挙権を有する者は、法定数の連署をもって、当該普通地方公共団体の長に対し、条例の制定または改廃の請求をすることができるが、地方税の賦課徴収等に関する事項はその対象から除外されている。

○ 地方税の賦課徴収等に関する事項は、条例制定改廃請求の対象から除外されている。

3 住民監査

重要度 ★★★

神田Tのイントロ
「住民監査請求・住民訴訟」は、地方自治法では1番重要なテーマです。最優先で覚えておきましょう。

住民には、地方公共団体の執行機関や職員の財務会計上の行為について違法な点があれば、その是正のため、監査委員に監査を請求したり、住民訴訟を提起したりすることが認められています。

1 住民監査請求

<u>住民</u>は、地方公共団体の執行機関や職員が<u>違法または不当な財務会計上の行為</u>をしていることを発見した場合、これらを証する書面を添えて、監査委員に対して、その監査を請求できます（242条1項）[※1]。

A市の住民XがA市の職員Bが違法な公金支出をしていることを発見した場合を例に、住民監査請求について見てみましょう。

条文チェック [※1]
242条6項では、監査委員の監査および勧告は、請求があった日から60日以内に行わなければならない旨が規定されています

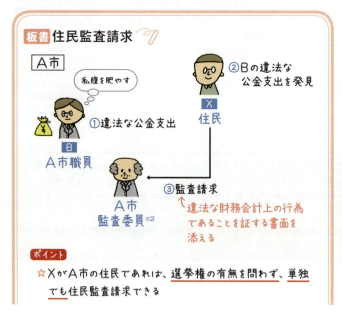

板書 住民監査請求

A市
- B（A市職員）「私腹を肥やす」① 違法な公金支出
- X（住民）② Bの違法な公金支出を発見
- A市監査委員[※2] ③ 監査請求 ← 違法な財務会計上の行為であることを証する書面を添える

ポイント
☆ XがA市の住民であれば、<u>選挙権の有無を問わず</u>、<u>単独</u>でも住民監査請求できる

Advance [※2] 2回転目に読む
監査委員は、当該普通地方公共団体の長その他の執行機関または職員に対し、監査の手続が終了するまでの間当該行為を停止すべきことを勧告することができます（暫定的停止勧告、242条4項）。

☆違法または不当な財務会計上の行為および怠る事実が住民監査請求の対象

住民監査請求について、同じく監査委員に監査を請求する直接請求の一種である事務監査請求と比較すると、次の表のようになります。

	住民監査請求	事務監査請求
請求主体	住民	有権者の50分の1以上の連署
単独での請求	できる	できない
外国人・法人による請求	できる	できない
請求対象	違法または不当な財務会計上の行為および怠る事実※3	事務全般
請求先	監査委員	監査委員
期間制限	あり※4	なし
住民訴訟	できる	できない

II 住民訴訟

住民監査請求をした住民は、監査結果に不服があれば、裁判所に対し、住民訴訟を提起することができます（242条の2第1項）。ただし、司法審査である性質上、違法なものに限られ、不当にとどまるものについては扱われません。

住民訴訟の提起には住民であることが必要です。前年度の住民税の納税実績がなくても原告適格が認められますが、現在住民でなければ原告適格は認められません。

A市の住民Xが住民監査請求をした後、住民訴訟を提起する場合を例に、住民訴訟の基本ルールについて見てみましょう。

神田Tのアドバイス❶
住民監査請求は住民であれば請求可能であるのに対し、事務監査請求は有権者の50分の1以上の署名が要求されているため、単独での請求や外国人による請求の可否について違いが生じます。

ひっかけ注意！※3
自治事務でも法定受託事務でも住民監査請求の対象となります。「自治事務に限り、住民監査請求をすることができる」として誤りとするパターンに注意。

条文チェック※4
242条2項では、財務会計上の行為について、当該行為があった日または終わった日から1年を経過したときは住民監査請求をすることができない（正当な理由があるときは延長OK）旨が規定されています。一方、怠る事実についてはこのような期間制限はありません。

神田Tのアドバイス❷
住民訴訟の原告適格は「住民監査請求をした住民」です。住民監査請求をしていない者や住民でない者は住民訴訟を利用することはできません。

板書 住民訴訟

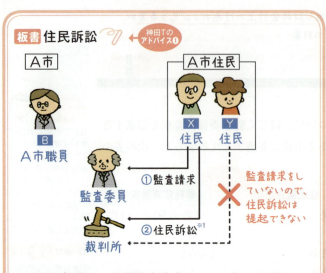

■原告適格■ 住民監査請求をしたA市の住民X
■出訴期間■ 30日以内
■裁判管轄■ 地方裁判所

住民訴訟でできること（4類型）
① 差止めの請求※2
② 取消しまたは無効確認の請求
③ 怠る事実の違法確認の請求
④ 職員に対して損害賠償請求または不当利得返還請求をすることをA市長に求める請求

ポイント
☆ 住民訴訟を提起する前に住民監査請求をしていなければならない（住民監査請求前置主義：242条の2第1項）
☆ すでに住民訴訟が係属しているときは、他の住民が別訴をもって同一の請求をすることはできない（242条の2第4項）

住民訴訟は、行政事件訴訟法上は「民衆訴訟」に分類されます。

Advance ※1 2回転目に読む

住民訴訟を提起した者が勝訴した場合、弁護士に支払う報酬額の範囲内で相当と認められる額の支払は、当該普通地方公共団体に対して請求できます（242条の2第12項）。

住民訴訟は4類型に限定されていますので、これら以外の訴訟形態は認められていません。

Advance ※2 2回転目に読む

差止め請求は、当該行為を差し止めることによって人の生命または身体に対する重大な危害の発生の防止その他公共の福祉を著しく阻害するおそれがあるときにはできません（242条の2第6項）。

このようなタイプの義務付け訴訟は認められていますが、あそこに公金支出すべきだとか、あの職員はクビにすべきだといったタイプの義務付け訴訟は認められていません。また、XがA市に代位してこの職員に対して損害賠償請求や不当利得返還請求をするといった訴訟類型も認められていません。

要チェック判例

- 県議会議員としての職務とは評価できない野球大会に参加した**議員**は、県から支給された旅費等は不当利得として県に返還する義務を負う（最判平15.1.17）。

  > 神田Tのアドバイス❹
  > 職務命令に従い野球大会に参加した県議会議員に随行した県職員は、県から支給を受けた旅費相当額の不当利得返還義務は負いません。

- 地方公共団体が**随意契約**※3の制限に関する法令に違反して**締結した契約**は、当該契約を無効としなければ随意契約の締結に制限を加える法令の趣旨を無視する結果となる**特段の事情**が認められる場合に限り、私法上無効となり、その場合は**差止めの請求の対象となる**（最判昭62.5.19）。

  > **語句** ※3
  > **随意契約**
  > 入札などの方法によらず、任意に契約相手を選んでする契約のこと。

  > 神田Tのアドバイス❺
  > 地方公共団体が随意契約の制限に関する法令に違反して締結した契約が無効といえない場合には、住民訴訟に基づいて当該契約の履行行為の差止めを請求することはできません。

- 適法な住民監査請求を監査委員が**不適法却下**しても、その請求を行った住民は、適法な住民監査請求を前置したものとして住民訴訟を提起することも、**再度住民監査請求をすること**も認められる（最判平10.12.18）。

- 懲戒免職事由に該当する職員に対し、退職手当が支給されない懲戒免職処分でなく、退職手当が支給される分限免職処分にして退職手当を支給した場合、**分限免職処分にしたことが違法であれば、それに伴う退職手当の支給も違法となる**（最判昭60.9.12）。

- 教育委員会が、公立学校の教頭で勧奨退職に応じた者を校長に任命して昇給させるとともに同日退職を承認する処分をし、退職手当の支給決定をすることは、財務会計法規上の義務に違反する違法なものとはいえない（最判平4.12.15）。

- 住民訴訟の対象とされている損害賠償請求権または不当利得返還請求権について債権放棄することの適否の実体的判断については、議会の裁量に委ねられており、それが裁量権の範囲の逸脱または濫用に**当たらなければ適法であり、債権放棄は有効といえます**（最判平24.4.20）。

- 住民訴訟は、原告が死亡した場合においては、その訴訟は承継されることなく**当然に終了する**（最判昭55.2.22）。

◆知事が、県の事業の一環として共催された管弦楽団の演奏会に出席することは公務に該当し、知事が公務として本件演奏会に出席し、そのため公用車を使用したことは、違法ではない（最判令3.5.14）。

例題 H29-24-5

監査委員が適法な住民監査請求を不適法として却下した場合、当該請求をした住民は、適法な住民監査請求を経たものとして、直ちに住民訴訟を提起することができる。

○ 住民訴訟を提起できる。

4 地縁による団体　重要度 ★☆☆

神田Tのイントロ
重要度は低いテーマなので、地方自治法の学習ウエイトを重要な箇所のみに絞って勉強したい人はパスしてよいテーマです。

　地縁による団体は、町内会など地縁に基づいて形成された団体のことです。
　町内会などの団体は本来法人格を有しないため、そのままでは町内会の名義で不動産を保有できません。そこで、地域的な共同活動を円滑に行うため、市町村長の認可を受けたときは、その規約※1に定める目的の範囲内において、地縁による団体に法人格を認める制度として認可地縁団体という仕組みが設けられています（260条の2第1項）。

語句 ※1
規約
団体内で協議して決めた規則のこと。

地縁による団体が市町村長から認可を受けたからといって、その団体が公共団体その他の行政組織の一部になるわけではありません。

CHAPTER 6 地方自治法

SECTION 3 地方公共団体の機関

このSECTIONで学習すること

1 議会
地方公共団体には議会が置かれ、ここで条例の制定や予算の議決が行われるよ

2 行政機関
地方公共団体のトップには知事や市町村長が置かれるよ

3 議会と長の関係
議会は長を不信任できるし、長は議会を解散させることもできるよ

4 地域自治区
市町村には地域自治区という区が置かれることもあるよ

5 地方公共団体の財務
予算は、長が作って、議会で議決するものだよ。財務の話も一緒に確認しておこう

1 議会

重要度 ★★☆

地方公共団体には**議会**が置かれます。議会の議員は選挙によって選出され、この議会で当該地方公共団体の条例の制定や予算の議決などが行われます。

> **神田Tのイントロ**
> 議会からは、「議会と長の関係」というテーマとセットで出題される可能性もあります。また、「条例」絡みの出題も考えられますので、議会の基本的な知識は知っておきましょう。

I 議会の設置

都道府県・市町村には議会が置かれますが(89条)、町村の場合、条例で、議会を置かず、選挙権を有する者の総会(**町村総会**)を設けることができます(94条)※1。

議会の設置について都道府県・市の場合と町村の場合に分けて、見てみましょう。

> **ひっかけ注意！ ※1**
> 条例を定めるほかに、町村総会にするために「住民投票を行い過半数の同意を得なければならない」として誤りとするパターンに注意。

板書 議会の設置

都道府県・市の場合	町村の場合
人口も多いので、議会で代表者による政治を行う仕組みを採る ↓ 間接民主	議会を置かず、条例で定めることで、有権者による総会も可能 ↓ 間接民主だけど、直接民主への切替もできる

> **神田Tのアドバイス❶**
> 市となるには地方自治法上人口5万人以上という要件がありますが、町村の場合はそのような要件はなく、人数が少ないなら議会制にしなくても、総会制にすることも可能です。一方、人口の多い市や都道府県では総会という仕組みにすることには無理があるため総会制への変更は認められていません。

II 議員

(1) 定数

議員の定数は、条例で定めます(90条1項、91条1項)※2。

(2) 任期

議員の任期は4年と定められています(93条1項)。

(3) 報酬

議員に対しては報酬が支給されます(203条1項)。

> **ひっかけ注意！ ※2**
> 「議会の議員の定数と任期のいずれも条例で定める」として誤りとするパターンに注意。定数は条例、任期は法律で定めます。

議員報酬の額や支給方法は、条例で定めます（203条4項）。

III 定例会と臨時会

議会には定例会と臨時会があります（102条1項）。

定例会は、毎年、条例で定める回数これを招集しなければなりません（102条2項）。

臨時会は、必要がある場合において臨時に招集されます（102条3項）※3。

議会の招集や委員会など議会の基本ルールについて見てみましょう。

> **Advance ※3 2回転目に読む**
> 長は、臨時会の招集にあたり、臨時会に付議すべき事件をあらかじめ告示しなければなりません（102条4項）。

> **Advance ※4 2回転目に読む**
> 議員定数4分の1以上の者の要求や議長からの要求により、長の招集が義務化されることもあります（101条4項）。

> **Advance ※5 2回転目に読む**
> 長は、議長から説明のために出席を求められたときは議場に出席しなければなりませんが、出席すべき日時に議場に出席できないことについて正当な理由がある場合において、その旨を議長に届け出たときは、出席しなくてもよいものとされています（121条1項）。

> **神田Tのアドバイス②**
> 地方公共団体の事務といっても、一定の例外は設けられているため、あらゆる事務が対象になっているわけではありません。

> **語句 ※6**
> **100条調査**
> 議会の条例制定権や予算議決権などの適切な行使のため、選挙人その他関係人を証人として喚問し、証言を求め、資料の提出を求めたりすること。規定されている条文が地方自治法100条なので、100条調査と呼ばれます。

Ⅳ 議会の運営

議会では、通常、半数以上の者が出席し、その過半数の同意があれば、議案を可決できます(113条、116条1項)。

議会の議員は、議会の議決すべき事件につき、議会に議案を提出[※1]することができます(112条1項)。この場合、議員の定数の12分の1以上の者の賛成がなければなりません(112条2項)。

Ⅴ 議員の懲罰

議会は、地方自治法、会議規則、委員会に関する条例に違反した議員に対し、議決により懲罰を科すことができます(134条1項)[※2]。

懲罰には、①公開の議場における戒告、②公開の議場における陳謝、③一定期間の出席停止、④除名の種類があります(135条1項)。除名の場合、議員の3分の2以上の者が出席し、その4分の3以上の者の同意がなければなりません(135条3項)。なお、除名された議員が再当選した場合、議会はこれを拒むことはできません(136条)。

> **Advance [※1]**
> **2回転目に読む**
> 議会に委員会を置いた場合、委員会は、議会の議決すべき事件のうちその部門に属する当該普通地方公共団体の事務に関するものにつき議会に議案を提出することができます(109条6項)。

> **Advance [※2]**
> **2回転目に読む**
> 議員が正当な理由がなくて招集に応じなかったり会議に欠席したため、議長が、特に招状を発してもなお故なく出席しないときは、議長において、議会の議決を経て、懲罰を科すことができます(137条)。

例題　　　　　　　　　　　　　　　　　　　　　　　　　　　H29-23-1

町村は、議会に代えて、選挙権を有する者の総会を設ける場合、住民投票を経なければならない。

✗ 町村総会を設けるにあたり、住民投票を経る必要はない。

2　行政機関　　　　　　　　　　　　　　重要度 ★★★

Ⅰ 普通地方公共団体の長

都道府県には知事、市町村には市町村長が置かれ、これらを普通地方公共団体の長といいます。

> **神田Tのイントロ**
> 議会に置かれる委員会の話と行政委員会の話ではルールが異なりますので、気を付けましょう。

Ⅱ 補助機関

知事や市町村長のほかにも、副知事・副市町村長、会計管理者といった役職があります。

(1) 副知事・副市町村長

都道府県に副知事、市町村に副市町村長が置かれますが、条例で置かないとすることもできます（161条1項）。

副知事および副市町村長の定数は、条例で定めます（161条2項）。

(2) 会計管理者

会計管理者は、当該地方公共団体の会計事務をつかさどります（170条1項）。例えば、現金の出納・保管を行うことや小切手を振り出すことなどの事務を行います（170条2項）。

長は予算を調整・執行します（149条2号）。また、長は、議会の議決を経べき事件につきその議案を提出することができます（149条1号）。

長は、その補助機関である職員を指揮監督します（154条）。

副知事・副市町村長と違い、会計管理者は、解職請求の対象となっていません。

長と親子や夫婦といった関係にある者は会計管理者となれません（169条1項）。後でその関係になったときは失職します（169条2項）。

Ⅲ 内部統制

平成29年改正（令和2年4月施行）により、内部統制制度が導入されました。

都道府県知事および指定都市の市長は、内部統制に関する方針を定め、これに基づき必要な体制を整備しなければなりません（150条1項）。その他の市町村長の場合は努力義務とされています（150条2項）。

Ⅳ 行政委員会※1

地方公共団体には、その事務を管理・執行する機関として、知事や市町村長のほか、行政委員会も置かれています（180条の5第1項～3項）。例えば、選挙管理委員会などがこれに該当します。

行政委員会は、知事や市町村長と異なり、議会に議案を提出したり、予算を提出する権限は有していません（180条の6）。

都道府県と市町村に分けて、それぞれに置かれる行政委員会についてまとめると次の表のようになります。

〈行政委員会〉

都道府県に置かれるもの	市町村に置かれるもの
・教育委員会 ・選挙管理委員会 ・人事委員会（または公平委員会） ・監査委員 ・公安委員会 ・労働委員会 ・収用委員会 ・海区漁業調整委員会 ・内水面漁場管理委員会	・教育委員会 ・選挙管理委員会 ・人事委員会（または公平委員会） ・監査委員 ・農業委員会 ・固定資産評価審査委員会

ひっかけ注意！※1
議会に置かれる委員会は条例により任意で設置できるものですが、行政委員会は法律により設置するとされているものです。これらを入れ替えて誤りとするパターンに注意。

神田Tのアドバイス❶
選挙管理委員会や監査委員は地方公共団体によってあったりなかったりでは困るので、条例を制定して勝手に廃止することはできません。

神田Tのアドバイス❷
選挙管理委員会や教育委員会のように都道府県・市町村双方に置かれるものもあれば、収用委員会のように都道府県にだけ置かれるもの、農業委員会のように市町村にだけ置かれるものもあります。

Ⅴ 監査委員

(1) 監査委員

監査委員は、財務監査や事務監査を行う権限を有し、地方公共団体の行政活動に対するチェックを行う機関です[※2, 3]。

監査委員は、<u>有識者および議員のうちから、長により、議会の同意を得て、選任されます</u>（196条1項本文）。平成29年改正（平成30年4月施行）により、選任要件が緩和され、<u>条例で議員のうちから監査委員を選任しない</u>とすることもできるようになりました（196条1項ただし書）。

監査委員の定数は、都道府県および政令で定める市では4人、その他の市および町村では2人です（195条2項本文）[※4]。

(2) 監査基準[※5]

平成29年改正（令和2年4月施行）により、全地方公共団体に監査基準に従った監査等の実施が義務付けられることになりました。

監査委員は、その職務を遂行するに当たっては、法令に特別の定めがある場合を除くほか、監査基準に従い、常に公正不偏の態度を保持して、監査等をしなければなりません（198条の3第1項）。

監査基準は、監査委員が定めます（198条の4第1項）[※6]。

---

3 議会と長の関係 重要度 ★★★

長には、①議会が議決した案件に対して拒否権を発動して再議に付す権限や（Ⅰ）、②議会が長を不信任したことに対して解散権を発動して議会を解散させることができる権限や（Ⅱ）、③議会が議決しないなら長が代わりに処分できる権限（Ⅲ）が認められています。これらについて一つずつ見ていきましょう。

Advance [※2] 2回転目に読む
監査委員は、地方公共団体の常勤の職員および短時間勤務職員と兼ねることはできません（196条3項）。

Advance [※3] 2回転目に読む
都道府県および政令で定める市の場合、有識者のうちから選任される監査委員のうち少なくとも1人以上は常勤としなければなりません（196条5項）。

Advance [※4] 2回転目に読む
条例で定数を増加させることもできます（195条2項ただし書）。

語句 [※5]
監査基準
法令の規定により監査委員が行うこととされている監査、検査、審査その他の行為（監査等）の適切かつ有効な実施を図るための基準のこと。

Advance [※6] 2回転目に読む
監査基準の策定は、監査委員の合議によります（198条の4第2項）。

神田Tのイントロ
「議会と長の関係」は、①拒否権、②不信任と解散、③長の専決処分の3つのサブカテゴリーを作って学習すると覚えやすいです。

I 拒否権

　長は、議会の議決について異議があるときに、これを<u>再議に付すことができます</u>（176条1項）※1。このように、長には議会の議決に反対する権限が認められており、これを**拒否権**と呼びます。

　<u>市議会で条例を制定する議決がされた場合、市長はこれに異議があり、拒否権を発動して再議に付す場合</u>を例に、長の拒否権について見てみましょう。

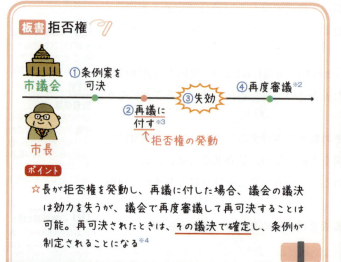

　拒否権の発動は、通常は長が任意に判断しますが、①違法の議決または選挙（176条4項）、②義務費の削除・減額の議決（177条1項1号）、③非常費の削除・減額の議決（177条1項2号）の場合はその判断を義務的なものとしています。これらは特別的拒否権と呼ばれます。一般的拒否権と特別的拒否権に分けて、再議に付す判断や再可決後の処理についてまとめると次の表のようになります。

Advance ※1 2回転目に読む
再議に付す場合、理由を示して行うことが必要です。

Advance ※2 2回転目に読む
議会の議決は、通常出席議員の過半数で決せられますが、条例や予算の場合の再可決には出席議員の3分の2以上の同意が必要とされています（176条3項）。

ひっかけ 注意！ ※3
条例の制定改廃など拒否権の発動が任意であるものについて「議会が条例を制定改廃する議決をしたときは再議に付さなければならない」として誤りとするパターンに注意。

Advance ※4 2回転目に読む
再可決されたことに対して、長が二度目の拒否権を発動することはできません。

	行使できる場合	長の対応（義務か任意か）	再度同じ議決になった場合の処理
一般的拒否権	条例の制定・改廃、予算に関する議会の議決	再議に付すのは任意	議会の議決が確定する*条例・予算の場合、再議決には出席議員の3分の2以上の同意が必要
	その他の議決		議会の議決が確定する
特別的拒否権	①議会の議決または選挙が、その権限を越え、または法令・会議規則に違反	再議に付しまたは再選挙を行わせるのは義務※5	21日以内に都道府県知事は総務大臣へ、市町村長は都道府県知事へ審査の申立てをし、その裁定に不服があれば60日以内に裁判所へ出訴できる
	②義務費※6の削除・減額の議決	再議に付すのは義務	義務費を予算に計上して支出できる（原案通りに執行）
	③非常費※7の削除・減額の議決	再議に付すのは義務	その議決を自らへの不信任議決とみなすことができる

Ⅱ 不信任と解散

議会は、長を不信任することができ、これに対し、長は、議会を解散させることができます（178条1項）。

市長が選挙で公約として掲げていた政策についてまったく実現できておらず、それを部下のせいにするなどして市の発展を妨げていることを理由に、市長としてふさわしくない人物だとして市議会が市長を不信任する場合を例に、不信任と解散の仕組みについて見てみましょう。

拒否権発動後に再度同じ議決がされた場合の処理はそれぞれ異なります。組合せを間違えないように覚えましょう。

ひっかけ注意！ ※5
議会の議決が法令に違反している場合に対し、「再議に付すことができる」として誤りとするパターンに注意。この場合、再議に付すのは任意ではなく義務だからです。

語句 ※6
義務費
法令により負担する経費、法律の規定に基づき当該行政庁の職権により命ずる経費など地方公共団体の義務に属する経費のこと。

語句 ※7
非常費
非常の災害による応急・復旧の施設のために必要な経費や感染症予防のために必要な経費のこと。

地方行政では、長を選挙で選出するという大統領制的な仕組みもとられていますが、不信任と解散という議院内閣制の要素もとり入れられています。

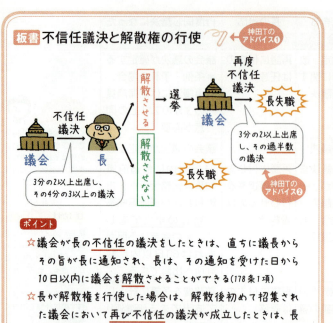

地方自治法には議会が自ら解散することを認める条文はありませんが、「地方公共団体の議会の解散に関する特例法」という法律には議会が解散の議決をすることができる旨が定められています。

1度目の不信任の可決要件は4分の3以上の賛成ですが、2度目の不信任の可決要件は過半数になっていることに注意しましょう。

Ⅲ 長の専決処分

長は、議会の権限に属する事項を議会に代わって行うことができます（179条1項）※1。これを**長の専決処分**といいます。

例えば、条例を制定することは議会の仕事ですが、これを長が専決処分により代わりに制定してしまう場合が挙げられます。

長の専決処分について、地方自治法に基づき長が判断する場合と議会の委任に基づく場合に分けてまとめると次の表のようになります。

※1 副知事・副市町村長の選任や総合区長の選任における議会の同意は、専決処分の対象外です（179条1項ただし書）。

	専決処分できるとき	専決処分した後
パターン① 地方自治法の規定に基づき長が判断する場合(179条)	①地方公共団体の議会が成立しないとき ②議会の定足数の例外を認めてもなお会議を開くことができないとき ③長において議会の議決すべき事件について特に緊急を要するため議会を招集する時間的余裕がないことが明らかであると認めるとき ④議会において議決すべき事件を議決しないとき	議会に報告し、その承認を求めなければならない
パターン② 議会の委任に基づく場合(180条)	議会の権限に属する軽易な事項で、その議決により特に指定したとき	議会に報告しなければならない

神田Tの**アドバイス③**

パターン①の場合、事前に議会が関与しているわけではなく長が勝手に判断しているだけですが、パターン②の場合は議会から頼まれたことを行っただけなので、事後に報告だけでよく、承認までとる必要はありません。

例題
H26-21-イ

当該普通地方公共団体の議会が長の不信任の議決をした場合において、長は議会を解散することができ、その解散後初めて招集された議会においては、再び不信任の議決を行うことはできない。

✗ 解散後初めて招集された議会で再度不信任もできる。

4 地域自治区

重要度 ★★★

市町村が、条例で、その区域を分けて定める地域自治区を設けることも可能です（202条の4第1項）。

市町村の中に地域自治区を設けるのは、市町村長の権限に属する事務を分掌させ、地域の住民の意見を反映させつつ処

神田Tの**イントロ**

重要度は低いテーマなので、地方自治法の学習ウエイトを重要な箇所のみに絞って勉強したい人はパスしてよいテーマです。

理させるためです。

　地域自治区を設ける場合、地域自治区には地域協議会と事務所を設置します(202条の4第2項、202条の5第1項)。そして、地域協議会の構成員は、地域自治区の区域内に住所を有する者から市町村長が選任します(202条の5第2項)。また、事務所の長は、市町村長の補助機関である職員をもって充てられています(202条の4第3項)。

地域自治区の設置は任意です。また、都に置かれる区(特別区)と違い、区としての法人格はありません。

5 地方公共団体の財務　重要度 ★☆☆

I 会計年度

　地方公共団体の会計年度は、毎年4月1日から翌年3月31日までです(208条1項)。

　各会計年度における歳出は、その年度の歳入をもって、これに充てなければなりません(208条2項)。

II 予算・決算

　予算は、長が調製し、議会の議決を経て定められます(211条1項)。

　決算は、会計管理者が調製し、証書類等とあわせて、長に提出し、長が監査委員の審査に付し、その後議会の認定に付さなければなりません(233条1項〜3項)。

III 地方税

　地方公共団体は、地方税法の定めるところにより、地方税を賦課徴収することができます(223条)。

　分担金[※1]、使用料[※2]、加入金[※3]、手数料[※4]に関する事項については、条例でこれを定めなければなりません(228条1項)。

神田Tのイントロ
重要度は低いテーマなので、地方自治法の学習ウエイトを重要な箇所のみに絞って勉強したい人はパスしてよいテーマです。

語句 ※1 分担金
特定の事業の経費にあてるため、その事業により特に利益を受ける者から徴収する金銭のこと。

語句 ※2 使用料
公共施設の利用に対して、その対価として徴収する金銭のこと。

語句 ※3 加入金
公共施設の使用者に一定の設備を利用させるときに施設の使用料とは別に徴収する金銭のこと。

語句 ※4 手数料
手続を行うことに対して徴収する金銭のこと。

Ⅳ 地方債

地方公共団体は、地方財政法で定める場合において、予算の定めるところにより、地方債※5を起こすことができます（230条1項）。

語句 ※5
地方債
地方公共団体が次年度以降の収入で返済する条件で負担する債務のこと。

Ⅴ 契約の締結

売買、貸借、請負その他の契約は、一般競争入札、指名競争入札、随意契約、せり売りの方法により締結されます（234条1項）。<u>一般競争入札によることが原則</u>とされ、指名競争入札、随意契約、せり売りは、政令で定める場合に限り、これによることができます（234条2項）。

地方債の発行につき、以前は許可制がとられていましたが、現在は協議制に移行しています。

Ⅵ 金融機関の指定

公金の収納や支払いの事務の取扱いに関する金融機関の指定のルールは都道府県と市町村で異なります。

都道府県の場合	金融機関を指定して、都道府県の公金の収納または支払いの事務を取り扱わせなければならない（235条1項）
市町村の場合	金融機関を指定して、市町村の公金の収納または支払いの事務を取り扱わせることができる（235条2項）

第3編 行政法

CHAPTER 6 地方自治法

SECTION 4 条例・規則

このSECTIONで学習すること

1 条例
地域の自主的なルールとして条例を作ることができるよ

2 規則
条例のほかにも規則というルールがあるんだけど、条例とは何が違うの？

1 条例　重要度★★★

I 条例とは

地方公共団体は、法令に違反しない限りにおいて、<u>自治事務</u>および<u>法定受託事務</u>に関し、**条例**を制定することができます（14条1項）※1。

地方公共団体は、義務を課し、または権利を制限するには、法令に特別の定めがある場合を除くほか、条例によらなければなりません（14条2項）。

<u>条例中に条例違反者に対して刑罰を科す規定を設けることができるか</u>について見てみましょう。

板書 条例と罰則

条例で条例違反者に対する刑罰を科してもいいの？

→ 法律の授権があれば可能

地方自治法の授権規定

「法令に特別の定めがあるものを除くほか、条例に違反した者に対し、2年以下の懲役もしくは禁錮、100万円以下の罰金、拘留、科料もしくは没収の刑または5万円以下の過料を科する旨の規定を設けることができる。」（14条3項）

つまり

このように、法律の授権が相当程度に具体的で限定されていれば、地方自治法から授権を受けた範囲で、道路交通のことでも食品衛生のことでも、条例で刑罰を科すことができる（道路交通だから道路交通法から、食品衛生だから食品衛生法からといった個別的授権であることまでは不要）

第3編 行政法　CH6 地方自治法　SEC4 条例・規則

神田Tのイントロ

「条例」は、地方自治法では2番目に重要なテーマです。法律制定事項か条例制定事項かのひっかけにも注意が必要です。

ひっかけ注意！ ※1

自治事務でも法定受託事務でも条例を制定することは可能です。「自治事務については条例を制定することができるが、法定受託事務については条例を制定することができない」として誤りとするパターンに注意。

条例と刑罰では、条例に刑罰を設けることができるか、法律の個別的授権まで必要か、という2つの質問に対応できるようにしておきましょう。

Ⅱ 条例で制定できるもの

地方公共団体が条例で独自にルールを決めることができるものもありますが、法律でルールが決まっているので勝手に条例でルールを変えてはいけないものもあります。

〈条例で定めること・法律で定めること〉

条例制定事項	法律制定事項
☆町村総会の設置 ☆議会の議員の定数 ☆議会の定例会の回数 ☆議会の委員会の設置 ☆地方公共団体の休日 ☆公の施設の設置 ☆指定管理者制度	☆議会の議員の任期※1 ☆議会の議員の選挙権・被選挙権 ☆地方公共団体の会計年度※2 ☆行政委員会の設置

Ⅲ 適用範囲

条例の効力は属地的なものです。例えば、A市で路上喫煙の禁止および路上喫煙に対する過料を科す旨の条例を定めた場合、A市内においては、A市の住民以外の者でも路上喫煙したことにより過料に処せられることになります。

Ⅳ 制定・公布・施行

条例は、議会が制定します（96条1項1号）。

条例の公布は、地方公共団体の長が行います（16条2項）※3。

条例は、条例に特別の定めがあるものを除き、公布の日から起算して10日を経過した日から施行されます（16条3項）。

条文チェック ※1
93条1項では、「普通地方公共団体の議会の議員の任期は、4年とする。」と規定されています。

条文チェック ※2
208条1項では、「普通地方公共団体の会計年度は、毎年4月1日に始まり、翌年3月31日に終わるものとする。」と規定されています。

行政委員会は「法律で必置」、議会の委員会は「条例で任意」をキーワードに！

Advance ※3
2回転目に読む

長は、議会の議長から条例の送付を受けた場合、その日から20日以内にこれを公布しなければなりません（16条2項本文）。

例題　H28-22-2

地方公共団体は、それぞれの議会の議員の定数を条例で定めるが、議員の任期について条例で定めることはできない。

　　〇　定数は条例で定められるが、任期は法律で定められており条例で定めることはできない。

2 規則　重要度 ★★★

地方公共団体の長は、法令に違反しない限りにおいて、その権限に属する事務に関し、**規則**を制定することができます（15条1項）。

規則中に規則違反者に対して刑罰を科す規定を設けることができるかについて見てみましょう。

> **神田Tのイントロ**
> 規則だけで1問は考えにくいですが、「条例」の問題の肢の一部として出題されることは想定しておきましょう。

板書 規則と罰則

規則で規則違反者に対する刑罰を科してもいいの？
→ 5万円以下の過料（秩序罰）なら科すことができるが、刑罰を科すことはできない

地方自治法の授権規定
「長は、法令に特別の定めがあるものを除くほか、普通地方公共団体の規則中に、規則に違反した者に対し、5万円以下の過料を科する旨の規定を設けることができる。」（15条2項）

つまり
神田Tのアドバイス❶　刑罰を科すことまでは授権していない

神田Tのアドバイス❷
条例には刑罰の授権までありましたが、規則には過料しか授権されていないことに注意しましょう（14条3項と15条2項の比較）。

例題　H27-23-5
普通地方公共団体の長は、法令に特別の定めがあるものを除くほか、普通地方公共団体の規則中に、規則に違反した者に対し、過料を科す旨の規定を設けることはできるが、刑罰を科す旨の規定を設けることはできない。

○　長は、規則中に、過料を科す旨の規定は設けられるが、刑罰を科す旨の規定は設けられない。

第3編 行政法

CHAPTER 6 地方自治法

SECTION 5 公（おおやけ）の施設

このSECTIONで学習すること

1 公の施設
公の施設って何のこと？ 設置のルールとか決まっているの？

2 指定管理者
指定管理者制度ってどんな制度のこと？

1 公の施設

重要度 ★★☆

I 公の施設の設置・管理

<u>公の施設</u>とは、住民の福祉を増進する目的をもってその利用に供するための施設のことです。

例えば、市に設置されている市民会館、学校、水道・下水道といった公共施設が公の施設にあたります。

A市が公の施設を設置する場合を例に、公の施設の基本ルールについて見てみましょう。

> **神田Tのイントロ**
> 公の施設は「条例」をキーワードに読みましょう。なお、過去には記述式で、公の施設と指定管理者を題材とした出題がされたことがあります。

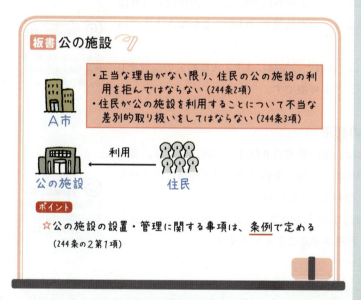

板書 公の施設

- 正当な理由がない限り、住民の公の施設の利用を拒んではならない（244条2項）
- 住民が公の施設を利用することについて不当な差別的取り扱いをしてはならない（244条3項）

A市 → 利用 → 公の施設 ← 住民

ポイント
☆ 公の施設の設置・管理に関する事項は、<u>条例で定める</u>
（244条の2第1項）

II 公の施設の廃止、長期独占的利用

条例で定める重要な公の施設のうち、条例で定める特に重要なものの廃止や長期独占的な利用についてのルールは、次のようになります。

神田Tのアドバイス❶
特に重要な公の施設は水道・下水道などをイメージしましょう。

〈公の施設の廃止、長期独占的利用〉

事案	対処
廃止する場合	議会において<u>出席議員の3分の2以上の者の同意を得なければ</u>ならない（244条の2第2項）
長期かつ独占的な利用をさせようとする場合	議会において<u>出席議員の3分の2以上の者の同意を得なければ</u>ならない（244条の2第2項）

Ⅲ 区域外の設置

　地方公共団体は、その区域外においても、関係地方公共団体との協議[※1]により、公の施設を設けることができます（244条の3第1項）。

　例えば、A市は、B市との協議により、A市の公の施設をB市内に設置することも可能です。

Ⅳ 他の施設の利用

　地方公共団体は、他の地方公共団体との協議により、当該他の地方公共団体の公の施設を自己の住民の利用に供させることができます（244条の3第2項）。

　例えば、A市は、B市との協議[※2]により、B市の公の施設をA市の住民にも利用させることができます。

> *Advance* [※1]
> **2回転目に読む**
> この協議には、関係地方公共団体（B市）の議会の議決を経ることも必要です。

> *Advance* [※2]
> **2回転目に読む**
> この協議には、関係地方公共団体（B市）の議会の議決を経ることも必要です。

例題　　　　　　　　　　　　　　　　　　　　　　　　H30-23-エ

普通地方公共団体は、公の施設の設置およびその管理に関する事項につき、その長の定める規則でこれを定めなければならない。

　　✕　公の施設の設置・管理に関する事項は、「条例」で定める。

2 指定管理者　重要度 ★★★

公の施設の管理は、地方公共団体自らまたは地方公共団体が出資する企業でなければできない性質のものではありません。そこで、広く民間委託を可能にするため、**指定管理者**と呼ばれる民間の団体にも公の施設の管理を行わせることができる制度が設けられています。

A市が設置する公の施設の管理を民間団体に委託する場合を例に、指定管理者の基本ルールについて見てみましょう。

板書 指定管理者制度

A市
① 管理を委託 →

民間団体＝**指定管理者**※3
② 管理を行う

公の施設

ポイント
☆ 指定管理者に公の施設の管理を行わせることは**条例**で決める（244条の2第3項）※4
☆ 指定管理者の指定をしようとするときは、あらかじめ**議会の議決**を経ることが必要（244条の2第6項）

神田Tのイントロ
指定管理者は「条例」をキーワードに読みましょう。

神田Tのアドバイス❶

指定管理者制度は平成15年改正によって導入された制度です。一般知識科目の政治分野の問題の肢の一つとして出題されたこともあります。

Advance ※3　2回転目に読む
地方公共団体は、指定管理者に公の施設の利用料金をその収入として収受させることができます（244条の2第8項）。

Advance ※4　2回転目に読む
指定管理者の指定手続や業務範囲も条例で決めます（244条の2第4項）。

例題　H29-22-5

普通地方公共団体が、公の施設の管理を指定管理者に行わせる場合には、指定管理者の指定の手続等の必要な事項を条例で定めなければならない。

○ 指定管理者の指定の手続等の必要な事項は条例で定める。

第3編 行政法

CHAPTER 6 地方自治法

SECTION 6 国の関与

このSECTIONで学習すること

1 国の関与の手続

国から関与を受けるときにもルールがあるよ

2 国の関与の救済

国の関与に不服があれば、国地方係争処理委員会に審査を申し出ることができるよ

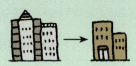

1 国の関与の手続

重要度 ★☆☆

国民が自分でお店を始めるときにも、許可をとらなければならなかったり、行政から指導や処分を受けたりすることがあります。地方公共団体も、事業を行うときに国の許可をとらなければならなかったり、国から助言を受けたり、是正の要求を受けたりすることがあります。このように、国からの助言や是正の要求、国の許認可などを総称して国の関与[※1]といいます。

ただし、地方公共団体は、その事務の処理に関し、法律またはこれに基づく政令によらなければ、国からの関与を受けまたは要することとされることはないものとされています（関与の法定主義、245条の2）[※2]。

I 助言または勧告の方式

国の行政機関が、地方公共団体に対し、助言または勧告を行う場合を例に、助言または勧告を行うときの方式について見てみましょう。

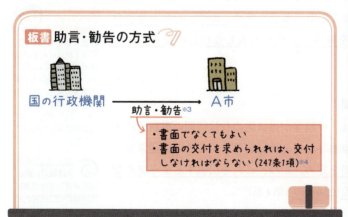

神田Tのイントロ
重要度は低いテーマなので、地方自治法の学習ウエイトを重要な箇所のみに絞って勉強したい人はパスしてよいテーマです。

Advance ※1 2回転目に読む
関与は目的達成のために必要最小限度のものとし、地方公共団体の自主性・自立性に配慮する必要があります（245条の3第1項）。

ひっかけ注意！ ※2
地方公共団体の事務には自治事務と法定受託事務があります。「自治事務のときは法定主義の適用があるが、法定受託事務に対する関与なら法律または政令による必要はない」として誤りとするパターンに注意。

Advance ※3 2回転目に読む
助言または勧告に従わなかったことを理由として、不利益な取扱いをすることは禁止されています（247条3項）。

Advance ※4 2回転目に読む
その場において完了する行為を求める場合や、すでに書面により通知されている事項と同一の内容であるものの場合、書面の交付は必要ありません（247条2項）。

II 是正の要求の方式

国の行政機関が、地方公共団体に対し、是正の要求をする場合を例に、是正の要求を行うときの方式について見てみましょう。

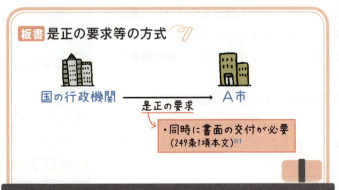

III 手続の法定

(1) 審査基準

国の行政機関は、地方公共団体からの申請等があった場合において、許認可等をするかどうかを法令の定めに従って判断するために必要とされる基準を定め、かつ、行政上特別の支障があるときを除き、これを公表しなければなりません（250条の2第1項）。

(2) 標準処理期間

国の行政機関は、申請等が当該国の行政機関の事務所に到達してから当該申請等に係る許認可等をするまでに通常要すべき標準的な期間を定め、かつ、これを公表するよう努めなければなりません（250条の3第1項）※2。

Advance ※1
2回転目に読む
書面を交付しないで是正の要求をすべき差し迫った必要がある場合は、同時に書面を交付する必要はありません（249条1項ただし書）。この場合、是正の要求をした後相当の期間内に当該書面を交付すればよいものとされています（249条2項）。

神田Tの
アドバイス❶
許認可処分について、行政手続法にも手続規定が置かれていますが、国と地方公共団体の関係の場合、行政手続法を準用するのではなく、地方自治法で独自の手続規定を設けています。

Advance ※2
2回転目に読む
行政手続法では標準処理期間の設定は努力ですが、公にすることは義務とされています（行政手続法6条）。

(3) 処分基準

国の行政機関は、地方公共団体に対し、許認可等の取消し等をするかどうかを法令の定めに従って判断するために必要とされる基準を定め、かつ、これを公表するよう努めなければなりません(250条の2第2項)。

(4) 理由の提示

国の行政機関は、地方公共団体に対し、申請等に係る許認可等を拒否する処分をするときまたは許認可等の取消し等をするときは、当該許認可等を拒否する処分または許認可等の取消し等の内容および理由を記載した書面を交付しなければなりません(250条の4)。

2 国の関与の救済　重要度 ★☆☆

国と地方公共団体の間の関与に関する係争を行政内部において簡易迅速に処理するための機関として総務省に**国地方係争処理委員会**※3が置かれています。また、行政内部で係争が解決されないときには、**高等裁判所**に対して訴訟を提起することもでき、司法的な解決が図られます。

地方公共団体の長が国からの関与に対して不服がある場合を例に、その係争処理のルールについて見てみましょう。

神田Tのイントロ

重要度は低いテーマなので、地方自治法の学習ウエイトを重要な箇所のみに絞って勉強したい人はパスしてよいテーマです。

語句 ※3
国地方係争処理委員会
国の関与に関する不服についての審査の申出があったときに、国の関与が正しかったかどうかを審査する機関のこと。総務省に置かれ、委員5人で組織されています。

板書 国の関与に対する不服

ケース
A市長が国に対して行った許認可申請に対し、国が申請を拒否する処分をした場合、A市長は国の処分に不服があるとき、どこに対し、いつまでに、どのような方式で審査を申し出ればよいか？

→ 国地方係争処理委員会に対し、関与を受けた日から30日以内に、文書をもって審査を申し出る

国の行政庁
① 関与
↓
国の関与に不服
A市長
② 審査の申出 → 国地方係争処理委員会
③ 審査結果 ←
④ 訴訟 → 高等裁判所 ※1

ポイント
☆ 国地方係争処理委員会の審査は、自治事務の場合は関与の違法性のほか不当性についても及ぶが、法定受託事務の場合は関与の違法性の審査に限られる（250条の14第1項・2項）
☆ 国の関与に関する訴訟を提起するにはその前に国地方係争処理委員会の審査を経なければならない（審査の申出前置主義、251条の5第1項）※2

 神田Tのアドバイス❶

都道府県と市町村の関与の紛争の場合、国地方係争処理委員会は登場しません。この場合、自治紛争処理委員によって解決されます。

ひっかけ 注意! ※1
「訴訟の管轄を地方裁判所」として誤りとするパターンに注意。

ひっかけ 注意! ※2
「国地方係争処理委員会への審査申立てを経ずにいきなり訴訟提起できる」として誤りとするパターンに注意。

702

memo

第3分冊（行政法）
用語さくいん

あ行

安全配慮義務	481
意見公募手続	562
移送	620
一部事務組合	666
一般概括主義	568
一般法	476
委任	486
違法行為の転換	506
違法性の承継	505
エホバの証人剣道実技拒否訴訟	509
公の営造物	652
公の施設	695

か行

外局	489
会計管理者	681
確認	499
カジノ管理委員会	489
瑕疵の治癒	506
ガソリンタンク事件	658
河川附近地制限令事件	658
課徴金	536
加入金	688
仮の義務付け	635
仮の差止め	637
過料	535
監査委員	683
監査基準	683
議会	678
機関訴訟	641
規則	490,693
既判力	623
義務付け訴訟	632
求償	651
狭義の訴えの利益	613
教示	594,643
行政機関	485
行政規則	516
行政計画	518
行政契約	522
行政行為	497
行政裁量	507

行政事件訴訟法	598
行政執行法人	484
行政指導	520,558
行政指導指針	559
行政指導の中止の求め	560
行政主体	484
行政代執行法	533
行政庁	485
行政調査	525
強制徴収	529
行政手続法	539
行政罰	535
行政不服審査会	580
行政不服審査法	566
行政立法	515
許可	498
拒否権	684
国地方係争処理委員会	701
形式的当事者訴訟	639
形成力	585,623
決定	590
検疫所	610
原告適格	611
検査官会議	541
原処分主義	607
建築確認	499
建築基準法	479
広域連合	666
公営住宅	477
公害防止協定	523
抗告訴訟	600
公正取引委員会	489
拘束力	585,623
公聴会	547
公定力	500
公物	493
神戸税関事件	510
公務員	490
国税滞納処分	480
国税徴収法	529
国立研究開発法人	484
個人情報保護委員会	489
個人タクシー事件	510
国家行政組織法	489
国家賠償法	646

さ行

裁決	582
裁決主義	608

財産区	666
再審の訴え	619
再審査請求	592
再調査の請求	590
裁判管轄	615
裁量	507
差止め訴訟	636
砂防法	529
参加人	553,574
参酌	554
参与機関	485
指揮監督	486
事実上の公務員の理論	506
事情裁決	583
事情判決	622
自治事務	663
失火責任法	647
執行停止	586,624
執行罰	529
執行力	501
実質的当事者訴訟	640
指定管理者	697
指定都市	664
品川マンション事件	510,522
諮問機関	485
重大かつ明白な瑕疵	503
住民監査請求	672
住民訴訟	673
収用委員会	629
主宰者	553
出訴期間	616
出入国在留管理庁	489
省令	490
使用料	688
条例	691
所持品検査	526
処分基準	549
処分性	609
処分等の求め	561
侵害留保説	473
信義則	481
審査基準	545
審査請求	571
人事院	493
申請に対する処分	545
信頼関係の法理	478
審理員	578
審理員意見書	581
税関	610

税の犯則事件 …………………… 541
政令 ……………………………… 490
専決処分 ………………………… 686
総合区 …………………………… 665
総代 ……………………………… 574
争点訴訟 ………………………… 629
訴訟参加 ………………………… 618
即時強制 ………………………… 534
損失補償 ………………………… 657

た行

代執行 …………………………… 529
代理 ……………………………… 486
代理人 …………………………… 553,574
宝塚市パチンコ条例事件 ……… 531
地域自治区 ……………………… 687
地縁による団体 ………………… 676
秩序罰 …………………………… 536
地方公共団体 …………………… 664
地方公共団体の組合 …………… 666
地方債 …………………………… 689
地方自治法 ……………………… 661
中核市 …………………………… 664
中期目標管理法人 ……………… 484
懲戒処分 ………………………… 491
調書 ……………………………… 554
長の不信任 ……………………… 685
聴聞 ……………………………… 551
直接強制 ………………………… 529
直接請求 ………………………… 669
通達 ……………………………… 516
デジタル庁 ……………………… 489
手数料 …………………………… 688
撤回 ……………………………… 504
当事者訴訟 ……………………… 639
道路位置指定 …………………… 480
特別区 …………………………… 666
特別地方公共団体 ……………… 666
独立行政法人 …………………… 484
土地収用法 ……………………… 657
特許 ……………………………… 498
届出 ……………………………… 562
取消訴訟 ………………………… 605

な行

内閣 ……………………………… 488
内閣総理大臣の異議 …………… 625
内閣府 …………………………… 489
内部統制 ………………………… 682

奈良県ため池条例事件 ………… 658
成田新法 ………………………… 529
認可 ……………………………… 498
認可地縁団体 …………………… 676
農地買収処分 …………………… 481

は行

判決 ……………………………… 621
反論書 …………………………… 579
被告適格 ………………………… 614
非訟事件手続法 ………………… 536
非番警察官強盗殺人事件 ……… 650
標準処理期間 …………………… 546
標準審理期間 …………………… 577
比例原則 ………………………… 509
不可争力 ………………………… 500
不可変更力 ……………………… 500
附款 ……………………………… 510
不作為の違法確認訴訟 ………… 630
不利益処分 ……………………… 548
分限処分 ………………………… 492
分担金 …………………………… 688
併科 ……………………………… 536
併合 ……………………………… 619
弁明書 …………………………… 579
弁明の機会の付与 ……………… 555
法規命令 ………………………… 516
報告書 …………………………… 554
法定受託事務 …………………… 663
法律上の争訟 …………………… 530
法律による行政の原理 ………… 473
法律の留保 ……………………… 473
補佐人 …………………………… 574

ま行

マクリーン事件 ………………… 509
民衆訴訟 ………………………… 640
無効等確認訴訟 ………………… 628
武蔵野マンション事件 ………… 522
命令 ……………………………… 515

や行

用途地域 ………………………… 519

ら行

両罰規定 ………………………… 537
連携協約 ………………………… 667

第3分冊（行政法）
判例さくいん

最大判昭28.2.18 ………………………… 481
最大判昭28.12.23 ………………………… 614
最判昭30.4.19 …………………………… 651
最判昭31.4.24 …………………………… 480
最判昭31.11.30（非番警察官強盗殺人事件）…… 649,650
最判昭34.1.29 …………………………… 610
最判昭34.8.18 …………………………… 612
最判昭35.7.12 …………………………… 610
最判昭36.2.16 …………………………… 649
最判昭36.3.7 …………………………… 503
最判昭36.4.21 …………………………… 655
最判昭36.7.14 …………………………… 506
最判昭37.1.19 …………………………… 612
最大判昭38.6.26（奈良県ため池条例事件）………… 658
最判昭39.10.29 ………………………… 524,609
最大判昭40.4.28 ………………………… 614
最判昭41.12.23 …………………………… 481
最大判昭42.5.24 ………………………… 481,614
最大判昭43.11.27（河川附近地制限令事件）……… 658
最判昭43.12.24 …………………………… 610
最大判昭45.7.15 …………………………… 610
最判昭45.8.20 …………………………… 653
最大判昭46.1.20 …………………………… 610
最判昭46.10.28（個人タクシー事件）……………… 510
最判昭47.12.5 …………………………… 507
最判昭48.3.6 …………………………… 614
最判昭48.4.26 …………………………… 503
最決昭48.7.10 …………………………… 526
最判昭49.2.5 …………………………… 658
最判昭49.12.10 …………………………… 614
最判昭50.2.25 …………………………… 481
最判昭50.6.26 …………………………… 653
最判昭50.7.25 …………………………… 653
最判昭51.12.24 …………………………… 495
最判昭52.12.20（神戸税関事件）………………… 510
最判昭53.2.23 …………………………… 481
最判昭53.3.14 …………………………… 612
最判昭53.7.4 …………………………… 653
最判昭53.9.7 …………………………… 526
最大判昭53.10.4（マクリーン事件）……………… 509
最判昭53.10.20 …………………………… 650
最判昭54.12.25 …………………………… 610
最判昭55.2.22 …………………………… 675
最判昭55.11.25 …………………………… 614

最判昭56.1.27 …………………………… 520
最判昭56.7.16 …………………………… 525
最判昭57.3.12 …………………………… 649
最判昭57.4.1 …………………………… 649
最判昭57.4.22 ………………………… 519,610
最判昭57.5.27 …………………………… 610
最判昭57.7.15 …………………………… 610
最判昭57.9.9 ………………………… 612,614
最判昭58.2.18 …………………………… 649
最判昭58.2.18（ガソリンタンク事件）…………… 658
最判昭59.1.26 …………………………… 653
最判昭59.10.26 …………………………… 614
最判昭59.12.13 …………………………… 478
最判昭60.7.16（品川マンション事件）……… 510,522,649
最判昭60.9.12 …………………………… 675
最判昭60.11.21 …………………………… 649
最判昭61.2.27 …………………………… 650
最判昭62.5.19 …………………………… 675
最判昭62.10.30 …………………………… 481
最判昭62.11.24 …………………………… 612
最判平1.2.17 …………………………… 612
最判平1.4.13 …………………………… 612
最判平1.6.20 …………………………… 612
最判平1.9.19 …………………………… 479
最判平1.11.8 …………………………… 525
最判平2.2.1 …………………………… 518
最判平2.10.18 …………………………… 478
最判平3.7.9 …………………………… 517
最判平4.1.24 …………………………… 614
最判平4.11.26 …………………………… 610
最判平4.12.15 …………………………… 675
最判平5.2.18（武蔵野マンション事件）…………… 522
最判平5.3.11 …………………………… 650
最判平5.9.10 …………………………… 614
最判平6.6.21 …………………………… 649
最判平8.3.8（エホバの証人剣道実技拒否訴訟）… 509
最判平9.12.18 …………………………… 480
最判平10.4.10 …………………………… 614
最判平10.12.18 …………………………… 675
最判平11.1.21 …………………………… 524
最判平13.3.13 …………………………… 612
最判平14.1.17 ………………………… 518,610
最判平14.1.22 …………………………… 612
最判平14.1.31 …………………………… 517
最判平14.2.28 …………………………… 614
最判平14.7.9（宝塚市パチンコ条例事件）……… 531
最判平15.1.17 …………………………… 675
最決平16.1.20 …………………………… 526
最判平16.4.26 …………………………… 610

最判平16.7.13 ……………………………… 524
最決平17.6.24 ……………………………… 649
最判平17.7.15 ……………………………… 521,610
最判平17.11.1 ……………………………… 658
最判平17.11.21 …………………………… 481
最大判平17.12.7(小田急高架化訴訟) ……… 612
最判平17.12.8 ……………………………… 649
最判平17.12.16 …………………………… 495
最判平18.2.7 ………………………………… 510
最判平18.7.14 ……………………………… 610
最判平18.10.26 …………………………… 524
最判平19.1.25 ……………………………… 649
最判平19.11.1 ……………………………… 649
最大判平20.9.10 ………………………… 519,610
最判平21.7.10 ……………………………… 523,524
最判平21.10.15 …………………………… 612
最大判平21.11.18 ………………………… 518
最判平21.11.26 …………………………… 610,614
最判平21.12.17 …………………………… 505
最判平24.2.9 ………………………………… 610
最判平24.4.20 ……………………………… 675
最判平24.12.7 ……………………………… 518
最判平27.3.3 ………………………………… 613
最判平27.12.14 …………………………… 614
最判平28.12.8 ……………………………… 637
最判令3.5.14 ………………………………… 676

5分冊の使い方

★セパレートBOOKの作りかた★

白い厚紙から、色紙のついた冊子を取り外します。
　※色紙と白い厚紙が、のりで接着されています。乱暴に扱いますと、破損する危険性がありますので、丁寧に抜きとるようにしてください。

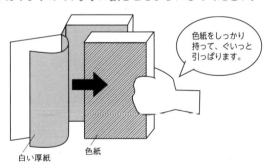

※抜きとるさいの損傷についてのお取替えはご遠慮願います。

第**4**分冊

2022年度版

みんなが欲しかった！

行政書士の教科書

第**4**編 **商法**
第**5**編 **基礎法学**
第**6**編 **一般知識**

第4分冊

CONTENTS

第4編　商法

学習ガイダンス／710
CHAPTER 1　商法 ………………………………………………… 714
  1　商法総則 …………………………………………………… 714
  2　商行為 ……………………………………………………… 724
CHAPTER 2　会社法 ……………………………………………… 730
  1　総論 ………………………………………………………… 730
  2　会社の設立 ………………………………………………… 735
  3　株式 ………………………………………………………… 746
  4　会社の機関 ………………………………………………… 760
  5　剰余金の配当 ……………………………………………… 783
  6　その他 ……………………………………………………… 786

第5編　基礎法学

学習ガイダンス／796
CHAPTER 1　法学 ………………………………………………… 800
  1　法律用語 …………………………………………………… 800
  2　法の名称 …………………………………………………… 813
CHAPTER 2　裁判制度 …………………………………………… 817
  1　裁判所 ……………………………………………………… 817
  2　裁判外紛争処理（ADR） ………………………………… 826

第6編　一般知識

学習ガイダンス／832
CHAPTER 1　政治 ………………………………………………… 838
  1　国内の政治 ………………………………………………… 838
  2　国際政治 …………………………………………………… 851
CHAPTER 2　経済 ………………………………………………… 862
  1　財政 ………………………………………………………… 862
  2　経済 ………………………………………………………… 872
CHAPTER 3　社会 ………………………………………………… 883
  1　環境問題 …………………………………………………… 883
  2　社会保障 …………………………………………………… 888
  3　その他 ……………………………………………………… 896
CHAPTER 4　情報通信・個人情報保護 ………………………… 905
  1　情報通信 …………………………………………………… 905
  2　個人情報保護 ……………………………………………… 926
CHAPTER 5　文章理解 …………………………………………… 945
  1　文章理解 …………………………………………………… 945

第4分冊（商法・基礎法学・一般知識）用語さくいん …………… 952
判例さくいん ……………………………… 954

第 4 編
商法

商法

学習ガイダンス

商法は、❶商人とは何か、商行為とは何かなどについて定めた商法、❷株式会社を中心とした会社組織について定めた会社法という順番で学習していきます。

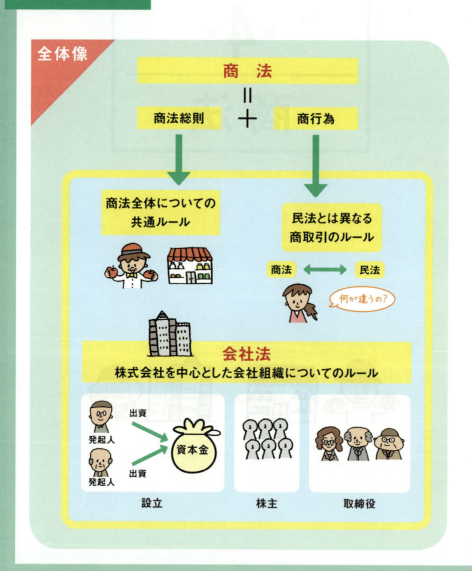

CHAPTERの特徴

CHAPTER 1 商法

 +

商法は、商法全体に共通するルールを定めた「商法総則」と、商取引固有のルールを定めた「商行為」に区分して学習します。

SECTION ❶ 商法総則

 →

自分の商号を他人に使用させる「名板貸し」、商人に代わってその営業行為を行う「支配人」などが学習の中心です。

SECTION ❷ 商行為

代理、保証、留置権、売買契約などについて、民法と異なる商法のルールを学習します。

CHAPTER 2 会社法

会社法上の会社形態には、株式会社、合名会社、合資会社、合同会社の形態がありますが、重要なのは「株式会社」です。そして、株式会社のルールのうち、会社設立の手続などを学ぶ「会社の設立」、株式の譲渡などを学ぶ「株式」、株主総会、取締役、取締役会、監査役などを学ぶ「会社の機関」という分野を中心に学習します。

SECTION ① 総論

株主保護の仕組みである間接有限責任や、会社債権者保護の仕組みである資本金制度などについて学習します。

SECTION ② 会社の設立

定款の作成・認証から設立登記まで、会社を設立するときの流れを学習します。設立の方法、定款記載事項、現物出資、発起人の責任が学習の中心になります。

SECTION ③ 株式

株式譲渡自由の原則とその修正（例外）、自己株式のルール、株式単位の調整、会社設立後に新たに出資を募るための株式発行などについて学習します。

SECTION ④ 会社の機関

株主で構成される会社の最高意思決定機関である株主総会や、株主総会で選任された取締役で構成される会社の業務執行決定機関である取締役会などについて学習します。

SECTION ⑤ 剰余金の配当

会社の事業活動によって利益が出ている場合にその利益を株主に還元する仕組みである剰余金の配当のルールについて学習します。

SECTION ⑥ その他

株式会社以外の会社形態、ある会社の事業を別の会社に譲渡する場合や2つの会社が合併する場合の手続などについて学習します。

傾向と対策

商法は、例年、**5肢択一式5問**（1問4点）の出題です（20点）。商法から1問、会社法から4問の出題がされています。

5肢**択**一式

商法全体として、単純に条文知識を問うタイプの出題が多いのが特徴ですが、条文の量が多く、すべてを網羅していくことは困難です。また、商法・会社法は、他の科目がきちんとできていれば合否に直接影響する科目ではありませんので、**いかに情報をスリム化し、インプット量を圧縮できるか**が学習のポイントとなります。

そこで、商法では「商法の適用」「支配人」、会社法では株式会社の「会社の設立」「株式」「会社の機関」といった重要テーマを中心に学習を進めていくとよいでしょう。

SECTIONごとの出題履歴

		H24	H25	H26	H27	H28	H29	H30	R元	R2	R3
1 商法	1 商法総則			択		択	択				
	2 商行為	択	択		択			択	択	択	択
2 会社法	1 総論										
	2 会社の設立	択		択	択	択	択	択	択	択	択
	3 株式	択	択	択	択	択	択	択	択	択	択
	4 会社の機関	択	択2	択	択	択	択	択	択	択	択
	5 剰余金の配当							択			択
	6 その他	択				択					
	7 総合問題		択	択	択		択		択	択	

713

第4編 商法

CHAPTER 1 商法

SECTION 1 商法総則

このSECTIONで学習すること

1 商法の適用
商法が適用されるのはどんなとき？　民法との関係は？

2 商号
商号って何？　他人に商号を貸したことによって責任が生じることはあるの？

3 商業使用人
支配人を雇用した場合、支配人の権利や義務は？

4 代理商
代理商ってどんな人？　どんな種類があるの？

1 商法の適用

重要度 ★★★

神田Tのイントロ
特別法は一般法に優位するという考え方のもと、商法が適用される場面なのか他のルールが適用される場面なのかを中心に、商法1条〜4条の条文知識を確認しておきましょう。

I 商法は民法よりも優先する

商法は、商人の営業、商行為その他商事についてのルールを定めた法律です。

商法と民法では異なるルールが規定されており、どちらの法律が適用されるかによって法律関係が異なることがあります。

ここでは、商法の適用のされ方について学習していきましょう。

一般の人のルールである民法と商売をしている人のルールである商法の適用の順序について見てみましょう。

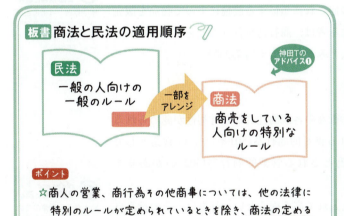

板書 **商法と民法の適用順序**

民法 一般の人向けの一般のルール　→一部をアレンジ→　商法 商売をしている人向けの特別なルール

ポイント
☆商人の営業、商行為その他商事については、他の法律に特別のルールが定められているときを除き、商法の定めるところによる(1条1項)
☆商事に関し、商法に定めがない事項については商慣習に従い、商慣習がないときは、民法の定めるところによる(1条2項)※1

神田Tのアドバイス❶

特別法と一般法が競合するときは特別法が適用されます。特別法に規定がないときは一般法が適用されます。商法は民法の特別法にあたります。

ひっかけ注意！ ※1

商法に定めがないときの適用の順序を入れ替えて「まず民法に従い、民法にも定めがなければ商慣習による」として誤りとするパターンに注意。

Ⅱ 公法人の商行為

公法人が行う商行為については、法令に別段の定めがある場合を除き、商法の定めるところによります(2条)。

Ⅲ 一方的商行為

当事者の一方のために商行為となる行為については、商法をその双方に適用します(3条1項)。また、当事者の一方が2人以上ある場合、その1人のために商行為となる行為については、商法をその全員に適用します(3条2項)。

Ⅳ 商人

商人とは、<u>自己の名をもって</u>商行為をすることを業とする者をいいます(4条1項)[※1]。

また、店舗その他これに類似する設備によって物品を販売することを業とする者は、商行為を行うことを業としない者であっても、商人とみなされます(4条2項)。

Ⅴ 商行為

商行為には、①行為の客観的性質から営利性が認められるため商行為とされる絶対的商行為(501条)や、②営業としてするときに商行為とされる営業的商行為(502条)があります[※2]。

例えば、安く仕入れて高く売るという行為は、その行為自体に営利性があるため、絶対的商行為と呼ばれます(501条1号)。また、例えば、運送という行為は、その行為自体に営利性はありませんが、営業として行うときには商行為となり、営業的商行為と呼ばれます(502条4号)。

Advance [※1]
2回転目に読む

未成年者が4条の営業を行うときは、その登記をしなければなりません(5条)。

Advance [※2]
2回転目に読む

商人がその営業のためにする行為は商行為とされます(付属的商行為:503条1項)。商人が知人から営業資金を借り入れる行為など501条や502条の類型に該当しないものでも商行為とされ、商法が適用されます。

第4編 商法

CH 1 商法
SEC 1 商法総則

板書 商行為

ケース1
利益を得て譲渡する意思をもってする動産、不動産、有価証券の有償取得またはその取得したものの譲渡を目的とする行為（安く仕入れて高く売る行為）は、商行為となるか？

→ なる ← 神田Tのアドバイス❶

 C 安く仕入れる → A 商人〇 高く売る → B

 自分の畑で採れた → A 商人✕ 売る → B

 自分の畑で採れた →   A 商人〇 店舗で売る → B
← 神田Tのアドバイス❷

ケース2
運送に関する行為は商行為となるか？

→ 営業としてするときは、なる
 神田Tのアドバイス❸

神田Tのアドバイス❶
利益を得て売却する意思で物品を購入する行為は絶対的商行為にあたりますが（501条1号）、賃貸して利益を得る意思でレンタル用の物品を購入する行為は絶対的商行為ではなく営業的商行為になります（502条1号）。

神田Tのアドバイス❷
原始生産者の販売行為は、安く仕入れて高く売るという性質はありませんから絶対的商行為には該当しませんが、店舗形態で販売するときは販売者は商人とみなされるため、商法が適用されます。

神田Tのアドバイス❸
このような行為は営業的商行為と呼ばれます。友だちの家に荷物を運ぶことは商行為とはいえませんが、宅配業として荷物を運ぶ行為なら商行為といえます。

例題 H28-36-1

商人の営業、商行為その他商事については、他の法律に特別の定めがあるものを除くほか、商法の定めるところによる。

〇 他の法律に特別の定めがないなら、商法の定めによる。

717

2 商号 重要度 ★★☆

商号とは、商人が営業上自己を表すために用いる名称のことをいいます（11条1項）。

商号は文字で表示できて呼称できるものである必要があります。図形や記号を商号とすることはできません。

I 名板貸し

自己の商号を他人に使用させる行為は**名板貸し**と呼ばれます。自己の商号を使用して営業または事業を行うことを他人に許諾した商人は、当該商人が当該営業を行うものと誤認して当該他人と取引をした者に対し、当該他人と連帯して、当該取引によって生じた債務を弁済する責任を負います（14条）。

Aが「A商店」という商号の使用をBに許諾し、Bが「A商店B支店」を名乗ったため、CがAと取引するものと誤認してBと取引した場合を例に、名板貸人の法律関係について見てみましょう。

板書 名板貸人の責任

「A商店」
A
Aも連帯して弁済する

名板貸し↓

B
「A商店B支店」

売買契約
契約はBC間で成立する

C
A商店の営業と誤認して取引

神田Tのイントロ

名板貸しだけを題材とした問題が出題されたこともあります。名板貸しの場合、①契約は誰と誰の間で成立するか、②名板貸人も連帯責任を負うのかの2点をチェックしておきましょう。

神田Tのアドバイス❶

Aが「A商店」という人気の飲食店を経営しており、従業員Bが独立してお店を始めるにあたり「A商店」という名前を使わせてもらうこととなりました。そのため、Aの仕入先だった農家のCがAの営業と誤認してBと取引した場合、Cは、Bが代金を支払えなくなったとしても、Aからその代金を回収できるということです。

■効果■
名板貸人（A）も、名板借人（B）と取引した者（C）に対し、その取引によって生じた債務について連帯して弁済する責任を負う

ポイント
☆ 契約はBC間で成立する[※1]
☆ AもBと連帯して責任を負う

「契約がAC間で成立する」とか、「AだけがCに対して債務を負う」として誤りとするパターンに注意。

II 商号の譲渡

商人の商号は、営業とともにする場合または営業を廃止する場合に限り、譲渡することができます（15条1項）[※2]。

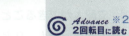
商号の譲渡は、登記をしなければ、第三者に対抗することができません（15条2項）。

例題 H23-36-1

（商人Aが、商人Bに対してAの商号をもって営業を行うことを許諾したところ、Aの商号を使用したBと取引をした相手方Cは、当該取引（以下、「本件取引」という。）を自己とAとの取引であると誤認した。本件取引の相手方の誤認についてCに過失がなかった場合）
契約はAとCの間で成立し、Aが本件取引によって生じた債務について責任を負うが、CはBに対しても履行の請求をすることができる。

✕ 契約はBC間で成立する。

3 商業使用人　重要度 ★★

商人が1人で始めた商売も、その規模が大きくなると誰かを雇う必要も出てきます。

商業使用人は、商人に雇われて商人のために働く者のことです。そして、商法上、商業使用人の中で最も広い代理権が与えられているのが支配人です。

I 支配人

(1) 支配人ができること

支配人は、商人に代わってその営業に関する一切の裁判上または裁判外の行為をすることができます（21条1項）。

商人Aが2号店を出店するにあたり、支配人としてSを雇用した場合を例に、支配人の法律関係について見てみましょう。

板書 支配人

支配人としてSを雇用 ※1

商人Aの事業　1号店　2号店

Sは、2号店のことなら、Aに代わってAのために取引や訴訟ができる ※2

ポイント
☆ Aは、Sの代理権を制限することはできるが、その制限を知らない第三者に対抗することはできない（21条3項）※3

神田Tのイントロ

支配人だけを題材とした問題が出題されたこともあります。商法総則における最重要テーマです。支配人の知識はしっかり確認しておきましょう。

神田Tのアドバイス❶

支配人は商人に雇われている商業使用人であって、支配人自身が商人になるわけではありません。

Advance ※1　2回転目に読む
商人が支配人を選任したときは、その登記をしなければなりません（22条前段）。

Advance ※2　2回転目に読む
支配人は、他の使用人を選任・解任することができます（21条2項）。

ひっかけ注意! ※3
「代理権の制限を相手方の善意悪意にかかわらず、対抗できる」として誤りとするパターンに注意。

☆Sは、Aの許可を得ないで、S自身や第三者のためにAの営業の部類に属する取引をしてはならない(23条1項2号)
　↑Sには競業避止義務があるから

SがAのノウハウを利用してAと同じ事業を勝手に始めたらAの不利益になるからです。

☆Sは、Aの許可を得ないで、別の仕事を自ら行ったり、他の人に雇われて働いたり、他の会社の取締役になってはならない(23条1項1号・3号・4号)
　↑Sには営業避止義務があるから

SにはAのためにその業務に専念してもらいたいので、Sが勝手に副業を始めたらAの不利益になるからです。

(2) 表見支配人(ひょうけん)

商人が、支配人ではない者に対して支配人であるかのような名称を付けている場合、その者は、当該営業所の営業に関し、一切の裁判外の行為をする権限を有するものとみなされます(24条本文)。

表見支配人は、支配人とみなされるのではなく、裁判外の権限を有するとみなされるだけであることに注意しましょう。

商人Aが、支配人ではないSに対して支配人であるかのような名称を付けており、Sがその名称を名乗ってAの支配人としてBと契約した場合を例に、表具支配人の法律関係について見てみましょう。

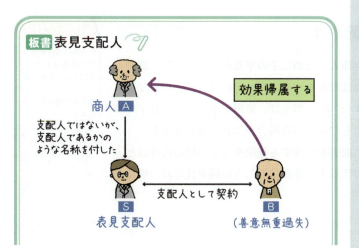

板書 表見支配人

商人A ← 効果帰属する
支配人ではないが、支配人であるかのような名称を付した
↓
S ←→ 支配人として契約 → B
表見支配人　　　　　　　　(善意無重過失)

721

> **ポイント**
> ☆Sは、一切の裁判外の行為をする権限を有するものとみなす

II その他の商業使用人

ある種類または特定の事項の委任を受けた使用人の場合、当該事項に関する一切の裁判外の行為をする権限を有します（25条）。

物品の販売等を目的とする店舗の使用人の場合、その店舗にある物品の販売等をする権限を有するものとみなします（26条）。

営業に関する事項だけを任されている営業部長や、経理に関する事項だけを任されている経理部長といったイメージです。

販売店の店員さんのイメージです。

例題 H26-36-3
支配人の代理権の範囲は画一的に法定されているため、商人が支配人の代理権に加えた制限は、悪意の第三者に対しても対抗することができない。

　✕　悪意の第三者に対しては対抗することができる。

4 代理商　重要度 ★☆☆

> **神田Tのイントロ**
> 代理商自体は重要テーマではありませんが、支配人との比較対象として出題される可能性はあると考えておきましょう。

代理商とは、商人のためにその平常の営業の部類に属する取引の代理または媒介をする者で、その商人の使用人でないもののことです（27条）。例えば、酒屋をやっているBが保険会社Aの代理店もやっている場合がこれにあたります。

代理商には、取引を代理する権限を有する締約代理商と、媒介するだけで代理する権限は有しない媒介代理商の種類があります。

代理商と支配人を比較すると、次の表のようになります。

	支配人	代理商
定義	商人に代わってその営業に関する一切の裁判上または裁判外の行為をする権限を有する商業使用人	一定の商人のために平常その営業の部類に属する取引の代理または媒介をする者
法人を選任	できない	できる
代理権	あり	締約代理商→あり 媒介代理商→なし
競業避止義務	あり	あり
営業避止義務	あり	なし

支配人は人を雇用する場合、代理商は外部の人にお願いする場合をイメージしましょう。

代理商には、代理権を有しているもののほか、代理権を有しないものもあります。

代理商にも、支配人と同様に、競業避止義務がかかっています。一方、支配人とは異なり、営業避止義務はありません。

723

第4編 商法

CHAPTER 1 商法

SECTION 2 商行為

このSECTIONで学習すること

1 商法の適用
代理や契約の成立についての商法上のルールは？

2 商事担保
保証や留置権のルールは民法とは異なるよ

3 運送営業
宅配業などに関するルールだよ

4 場屋営業
旅館業などに関するルールだよ

1 商法の適用 重要度 ★★★

商法では、商取引が継続して行われるものであることや迅速に行われるべきものであることなどの性質から、民法と異なるルールが規定されています。

商法には民法とは異なるルールが定められていますので、特に、代理関係を中心に民法と比較しながら商法独自のルールを確認しましょう。

I 商行為の代理

商行為の代理人の場合、本人のためにすることを示さないでしたときでも、その行為は本人に対してその効力を生じます(504条本文)。

AがBを代理人とし、BがAの代理人としてCと契約する場合を例に、商法上の代理のルールについて見てみましょう。

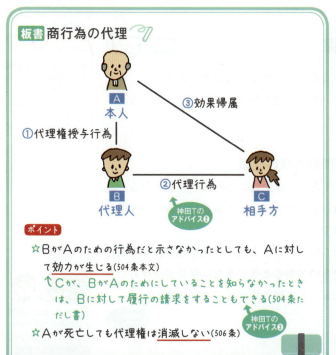

板書 商行為の代理

①代理権授与行為
②代理行為
③効果帰属
A 本人
B 代理人
C 相手方

ポイント
☆BがAのための行為だと示さなかったとしても、Aに対して<u>効力が生じる</u>(504条本文)
　Cが、BがAのためにしていることを知らなかったときは、Bに対して履行の請求をすることもできる(504条ただし書)
☆Aが死亡しても代理権は<u>消滅しない</u>(506条)

寄託契約の場合、民法では、無報酬の受寄者は自己の財産に対するのと同一の注意をもって保管すればよいが(民法659条)、商法では、無報酬だとしても寄託を受けた商人は善良なる管理者の注意をもって保管することが必要とされています(商法595条)。

民法では、BがAのためにすることを示さないでした意思表示は、Cが善意無過失のときはBのためにしたものとみなされます(民法100条)。また、Aが死亡することでBの代理権は消滅します(民法111条1項1号)。

この場合、相手方Cは、その選択により、本人Aとの法律関係を否定し、代理人Bとの法律関係を主張することができます(最判昭43.4.24)。

Ⅱ 隔地者間の契約の申込み

承諾の期間を定めないで契約の申込みを受けた者が相当の期間内に承諾の通知を発しなかったときは、その申込みは効力を失います(508条1項)。

この場合、申込者は、遅延した承諾を新たな申込みとみなすことができます(508条2項、民法524条)。

Ⅲ 諾否通知義務

商人が平常取引をする者からその営業の部類に属する契約の申込みを受けたときは、遅滞なく、契約の申込みに対する諾否の通知を発しなければなりません(509条1項)。

この場合、商人が通知を発することを怠ったときは、契約の申込みを承諾したものとみなされます(509条2項)。

Ⅳ 報酬請求

商人がその営業の範囲内において他人のために行為をしたときは、相当な報酬を請求することができます(512条)。

2 商事担保　重要度 ★★☆

債務者がお金を支払ってくれなかったときのために、他人を保証人としておいたり、物を預かっておくといった方法があります。

神田Tのイントロ
保証人といった人的担保、留置権や質権といった物的担保にも民法と異なる商法独自のルールがありますので、民法と比較しながら確認しましょう。

Ⅰ 多数当事者間の債務の連帯

数人の者がその1人または全員のために商行為となる行為によって債務を負担したときは、その債務は、各自が連帯して負担します(511条1項)。

また、保証債務の場合、主たる債務が主たる債務者の商行為によって生じたものであるとき、または保証が商行為であるときは、連帯保証として取り扱われます(511条2項)。

民法では、単なる保証と連帯保証の区別がありますが、商法上の保証は連帯保証を意味します。

Ⅱ 質権

商行為によって生じた債権を担保するために設定した質権の場合、流質契約[※1]も有効になります(515条)。

Ⅲ 留置権

商人間においてその双方のために商行為となる行為によって生じた債権が弁済期にあるときは、債権者は、その債権の弁済を受けるまで、その債務者との間における商行為によって自己の占有に属した債務者の所有する物を留置できます(521条)。

AがB所有の車を留置する場合を例に、商法上の留置権のルールについて見てみましょう。

語句 ※1
流質契約
質権を設定する際に、債務者が債務不履行に陥ったときに、質権者が直ちに質物の所有権を取得するなど法律に定めた方法によらないで質権を実行することを約束すること。

民法は借主保護のために法が後見的に介入して流質契約を禁止していますが、商人なら自分の利害は自分で計算できるので、法による後見的介入は必要ないからです。

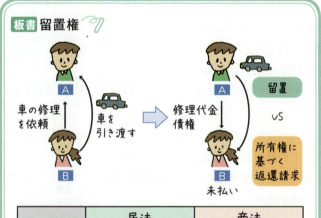

板書 留置権

	民法	商法
目的物の所有者	債務者所有の物か否かを問わない	債務者所有の物に限る
債権と物の牽連性	直接的・個別的な関係が必要	一般的・抽象的な関係で足りる

民法では、Aが車を留置できるのはその車の修理代金担保のためであればと個別的にとらえています。一方、継続的に行われる商取引では、その車の修理代金ではなく、B所有の別の車の修理代金の担保のためでもAが車を留置できるとし、個別的な関係はなくてもよいと考えられています。

3 運送営業

重要度 ★☆☆

Ⅰ 物品運送契約

物品運送契約は、運送人[1]が荷送人からある物品を受け取りこれを運送して荷受人に引き渡すことを約し、荷送人がその結果に対してその運送賃を支払うことを約することによって、その効力を生ずる契約です(570条)。

Ⅱ 送り状

荷送人は、運送人の請求により、送り状を交付しなければなりません(571条1項)。

Ⅲ 運送人の責任

運送人は、運送品の受取から引渡しまでの間にその運送品が滅失・損傷したり、滅失・損傷の原因を生じさせたり、運送品が延着したときは、運送人がその運送品の受取、運送、保管、引渡しについて注意を怠らなかったことを証明したときを除き、これによって生じた損害を賠償する責任を負います(575条)。

貨幣、有価証券その他の高価品[2]については、荷送人が運送を委託するに当たりその種類および価額を通知した場合を除き、運送人は、その滅失・損傷・延着について損害賠償の責任を負いません(577条1項)[3]。

4 場屋営業

重要度 ★☆☆

Ⅰ 受寄者の注意義務

商人がその営業の範囲内において寄託を受けた場合には、報酬を受けないときであっても、善良な管理者の注意をもって、寄託物を保管しなければなりません(595条)。

神田Tのイントロ

過去問でも出題履歴のあるテーマです。学習範囲全体から見れば重要度は低いですが、運送人の責任はおさえておきましょう。

語句 ※1

運送人
陸上運送、海上運送、航空運送の引受けをすることを業とする者のこと。

ひっかけ 注意! ※2

高価品とは、容積・重量の割に著しく高価な物品を指します。「運送賃に照らして著しく高価」など別のものを基準として誤りとするパターンに注意。

Advance ※3
2回転目に読む

運送品が高価品であることを運送人が知っていたときや、故意または重大な過失によって高価品の滅失、損傷、延着が生じたときは、通知がなくても、運送人は責任を負います(577条2項)。

神田Tのイントロ

過去問でも出題履歴のあるテーマです。学習範囲全体から見れば重要度は低いですが、場屋営業者の責任はおさえておきましょう。

Ⅱ 場屋営業者※4の責任

場屋営業者は、客から寄託を受けた物品の滅失・損傷については、不可抗力によるものであったことを証明しなければ、損害賠償の責任を免れることができません(596条1項)。

客が寄託していない物品であっても、場屋の中に携帯した物品が、場屋営業者が注意を怠ったことによって滅失・損傷したときは、場屋営業者は、損害賠償の責任を負います(596条2項)。

貨幣、有価証券その他の高価品については、客がその種類および価額を通知してこれを場屋営業者に寄託した場合を除き、場屋営業者は、その滅失・損傷によって生じた損害を賠償する責任を負いません(597条)。

<u>旅館の主人B（場屋営業者）が客Aの預けた荷物、携帯品、高価品を滅失した場合を例に、場屋営業者の責任について見てみましょう。</u>

語句 ※4
場屋営業者
旅館、飲食店、浴場その他の客の来集を目的とする場屋における取引をすることを業とする者のこと。

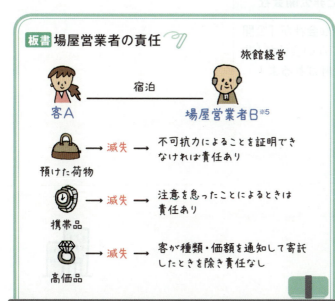

Advance ※5
2回転目に読む
場屋営業者の責任に係る債権は、場屋営業者が寄託を受けた物品を返還し、または客が場屋の中に携帯した物品を持ち去った時（物品の全部滅失の場合にあっては、客が場屋を去った時）から1年間行使しないときは、時効によって消滅します(598条1項)。ただし、この規定は、場屋営業者が当該物品の滅失または損傷につき悪意であった場合には適用されません(598条2項)。

第4編 商法

CHAPTER 2 会社法

SECTION 1 総論

このSECTIONで学習すること

1 会社とは
そもそも会社って、どういうものなの？

2 株式会社の特徴
会社が倒産したときの株主の責任は？

3 公開会社と非公開会社
株式譲渡自由な会社が「公開会社」、そうでない会社が「非公開会社」と呼ばれるよ！

1 会社とは　重要度 ★★★

　会社とは、会社法の規定によって設立された、営利を目的とする法人のことです。

　ここでは、会社とは何か、どのような種類があるかについて学習していきましょう。

　「営利を目的とする」とは、お金儲けをして儲かったお金をみんなで分けることです。また、「法人」とは、人間ではないけど、法律上特別に人と同じく扱えるよう法人格が与えられたもののことです。まずは、会社の営利性、法人性、種類について見てみましょう。

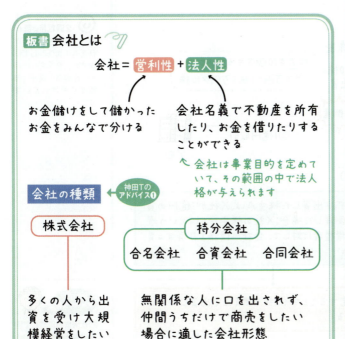

神田Tのイントロ

会社法の学習に入る前に、そもそも会社とは何かについてイメージしましょう。営利性と法人性の2つがポイントです。

会社法は、平成17年の商法改正により新設された法律です。平成18年5月1日に施行されました。その年の4月1日施行の法律を基準とする行政書士試験では、平成19年度試験以降から出題されています。

神田Tのアドバイス❶

有限会社という名前を聞いたことがあるという人もいますよね。昔は有限会社の設立も可能でしたが、現在は有限会社を新設することはできなくなりました。ただし、会社法施行前から存在していた有限会社は、そのまま有限会社の名称を使い続けることは可能です。

2 株式会社の特徴

重要度 ★☆☆

Ⅰ 間接有限責任

株式会社では、株主が会社に出資しやすい環境を作るため、株主の負うべき責任について間接有限責任という仕組みが採られています。

X社にAが50万円を出資して10株を取得した場合を例に、間接有限責任の仕組みについて見てみましょう。

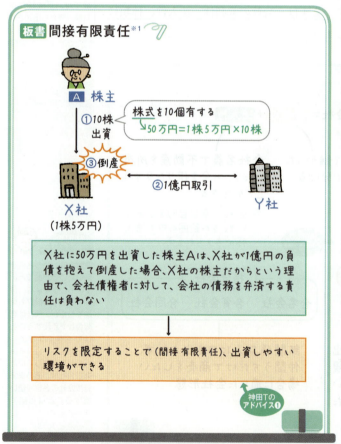

神田Tのイントロ

会社法上の会社には、株式会社、合名会社、合資会社、合同会社の4種類があります（合名会社、合資会社、合同会社を総称して「持分会社」といいます）。
本書では、株式会社を中心に試験対策ができるよう、特別な指示がない限り、会社＝株式会社のことを指します。
ここでは、株式会社の特徴である間接有限責任と資本金について知っておきましょう。

Advance ※1
2回転目に読む

株式会社は出資者の責任を有限責任としていますが、合名会社の場合、出資者の責任は無限責任とされています。

神田Tのアドバイス❶

会社債権者に対して直接の責任を負わないので「間接責任」、責任は引受価額だけという限度が有るので「有限責任」と呼ぶと考えましょう。

Ⅱ 資本金

資本金とは、会社財産を確保するための基準となる一定の金額のことです[※2]。具体的には、会社が発行する株式の対価として支払われた金額の総額になります。

株主は有限責任しか負いませんので、会社の負債を支払う必要はありません。これは株主にとってはメリットといえますが、金融機関など会社の債権者は、貸したお金をきちんと回収できるか不安になります。そこで、会社法では、会社債権者保護のため、会社に一定の財産は残るようにしておくための規制を設けており、それが資本金制度です。

資本金はいくらに設定してもいいのですが、その中身は充実させておかなければなりません。

資本金1000万円の会社を設立する場合を例に、1000万円の財産の出資のルールについて見てみましょう。

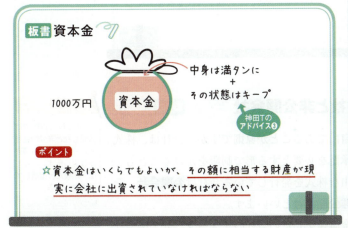

Advance ※2
2回転目に読む

いったん定めた資本金の額を減少させる場合、株主総会の特別決議を経ることや、債権者に異議を述べる機会を与えることなどの手続が要求されています。

神田Tの
アドバイス❷

昔は株式会社を設立するには資本金は最低1000万円が必要とされていましたが、現在はこのような最低資本金制度は廃止されています。

神田Tの
アドバイス❸

このような考え方を「資本維持の原則」といいます。

Ⅲ 所有と経営の分離

会社の所有者は、その会社に出資した者すなわち株主です。しかし、株主の中には、会社の経営なんかやりたくない、興

味がないという者だって多く存在します。そこで、会社法では、会社所有者と会社経営者の地位を分離する仕組みが採られています。

取締役会設置会社の場合を例に、所有と経営の分離について見てみましょう。

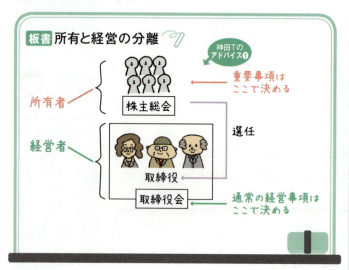

会社所有者である株主が、会社経営者である取締役を選任し、取締役に経営を任せるということです。

3 公開会社と非公開会社

株式の譲渡は自由であることが原則ですが、会社は、株式の譲渡に会社の承認を必要とする形で制限をかけることもできます。譲渡自由な株式を発行している会社は**公開会社**、そうでない会社は**非公開会社**といいます。

公開会社は資金調達をしたい会社のイメージ、非公開会社は閉鎖的に経営したい会社のイメージです。公開会社は出資を通じて多くの人が関わりますので会社法で厳しくルールが設定されていますが、非公開会社は身内だけの会社なのでルールはゆるくなっています。

神田Tのイントロ

SECTION 2以降では公開会社と非公開会社でルールが異なる場面が登場します。ここでは、定義だけ確認しておきましょう。

CHAPTER 2 会社法

SECTION 2 会社の設立

このSECTIONで学習すること

1 会社設立
会社設立の流れと設立の方法（発起設立と募集設立）

2 変態設立事項
出資は現金以外でも可能？このとき（現物出資）のルールは？

3 発起人の責任
会社が成立したときや、会社が成立しなかったときの発起人の責任は？

1 会社設立

重要度 ★★★

会社設立のおおまかな流れは、**❶定款の作成・認証**→**❷出資の履行**→**❸設立時取締役等の選任**→**❹設立登記**といった手続となります。

Ⅰ 発起設立と募集設立

会社の設立には、発起設立と募集設立の2つの方法があります。

発起人だけで出資して会社を設立する場合を**発起設立**、発起人のほかに出資してくれる人を募集して会社を設立する場合を**募集設立**といいます。

発起設立と募集設立に分けて会社の設立方法について見てみましょう。

板書 設立の方法 ✍

発起設立	発起人のみの出資による
募集設立	発起人＋発起人以外の者の出資による

ポイント

☆発起設立・募集設立いずれの方法でも、各発起人は最低1株以上は引き受けなければならない(25条2項)

☆創立総会※1は、募集設立のときだけ開催が必要(65条1項)※2

Ⅱ 定款の作成・認証(設立の流れ❶)

定款は、会社の組織・活動を定めた会社の骨組みとなる基本ルールです。

神田Tのイントロ

SECTION 2は、試験で出題されやすい重要項目です。得点源にもしやすいので、会社法における最重要のテーマだと位置付けてしっかり学習しましょう！

語句 ※1

創立総会
株式を引き受ける者で構成される設立中の会社の意思決定機関。

…会社には株主総会がありますが、まだ会社として成立していない段階ですので、創立総会がその役割を代替します。

ひっかけ 注意！ ※2

創立総会の開催は募集設立の場合のルールです。「発起設立の場合も開催が必要」として誤りとするパターンに注意。

会社の設立にあたって、発起人は、まず定款を作成し（26条1項）、公証人※3の認証を受けなければなりません（30条1項）。公証人の認証を受けることによって定款は効力を生じます（この定款のことを原始定款といいます）。

定款の絶対的記載事項を例に、発行可能株式総数のルールについて見てみましょう。

語句 ※3
公証人 公正証書の作成や、その他の証書に必要とされる認証を与える権限を有する公務員のこと。

板書 定款

定款…会社の組織・活動を定めた会社の骨組みとなる基本ルール
↑会社のプロフィールのようなもの

定款の絶対的記載事項※4（27条1号〜5号、37条）
① 目的
② 商号
③ 本店の所在地
④ 設立時に出資される財産の価額またはその最低額
⑤ 発起人の氏名・名称および住所
　＋
⑥ 発行可能株式総数　〔神田Tのアドバイス❷〕

ポイント
☆ 発行可能株式総数は、原始定款に定めておかなくてもよく、その場合は<u>会社成立の時までに、定款を変更すれば</u>よい（37条1項）
　〔発起設立〕発起人全員の同意で
　〔募集設立〕創立総会決議で
☆ <u>公開会社</u>の場合、設立時発行株式総数は、<u>発行可能株式総数の4分の1を下回ってはならない</u>（37条3項）※5
　〔例〕設立時発行株式が200株なら、発行可能株式総数として定款に記載できるのは800株が最大値となる

語句 ※4
絶対的記載事項 定款に必ず記載しなければならない事項で、記載を怠るとその事項のみならず定款自体が無効となるもの。

資本金は登記事項ですが定款に記載する必要はありません。

発行可能株式総数は定款に記載しますが、設立時発行株式総数は定款に記載する必要はありません。

 ※5
4分の1ルールは公開会社の場合のルールです。「すべての会社で」として誤りとするパターンに注意。

Ⅲ 出資の履行（設立の流れ❷）

(1) 出資の履行

発起人は、発起人全員の同意により発起人が割当てを受ける設立時発行株式の数などを定め、出資の履行をします（32条1項）[※1]。

出資に係る金銭の払込みは、発起人が定めた払込取扱場所（銀行等）において行う必要があります。

資本金1000万円で会社を設立する場合を例に、集まったお金が多かったときと少なかったときのルールについて見てみましょう。

> **板書 出資と資本金**
>
> **1** 1000万円を集める予定で出資者を募ったところ、1200万円集まった場合
>
> - 資本金1200万円で会社を設立する
> - 資本金1000万円で会社を設立し、200万円は資本準備金にしておく
>
> → どちらでもよい
>
> **ポイント**
> ☆通常、株式の払込金額の総額が資本金となるが、その<u>2分の1までの額は資本金として計上しない</u>ことが認められており（445条1項・2項）、この場合、その額は<u>資本準備金</u>として計上する（445条3項）
>
> **2** 1000万円を集める予定で出資者を募ったが、900万円しか集まらなかった
>
> - 資本金900万円で会社を設立する
> - 100万円を追加出資して資本金1000万円で会社を設立する
>
> → どちらでもよい
>
> **ポイント**
> ☆発起人の引受担保責任は<u>ない</u>ため、発起人が差額（100万円）を負担しなくてもよい

まだ会社は出来上がっていませんので、実際に株主になるのは、お金を払い込んだ日ではなく、会社が成立してからです。

Advance [※1] 2回転目に読む

発起人は、会社成立後に、設立時発行株式の引受けについて、錯誤、詐欺、強迫を理由として取消しをすることはできません（51条2項）。

募集設立の場合、払込取扱機関が払込金の保管証明義務を負います（64条1項）。発起設立の場合にはこのような義務はありません。

1000万円を集める予定でいたが、出資しなかった者がいたために900万円しか出資金が集まらなかったときでも、発起人が差額の100万円を負担しなければいけない義務はありません。昔は発起人の引受担保責任がありましたが、現在は法改正で廃止されています。

(2) 出資の不履行

発起人の中に出資を履行しない者がいる場合、他の発起人は、失権予告付の催告をし、それでもなお履行しないときは、その発起人は失権します(36条)。また、募集設立の場合、発起人以外の引受人が所定の期日までに履行しない場合、その者は当然に失権します(63条3項)。

IV 設立時取締役（設立の流れ❸）

発起設立の場合は、発起人が、設立時取締役を選任します(38条1項)。募集設立の場合は、創立総会の決議で、設立時取締役を選任します(88条1項)。

設立時取締役は、出資が正しくされているかどうかなどを調査します。

設立時取締役の仕事	設立過程の調査※2
発起人の仕事	設立手続の執行

V 設立登記（設立の流れ❹）

最後に会社の本店所在地において設立登記申請をします。登記により会社として法人格を取得し、会社が成立します(49条)※3。

VI 設立無効の訴え

会社の設立登記はされているけど、実際には設立の要件を満たしていなかった場合、会社の設立を無効にすることができます※4。ただし、この場合、設立無効の訴えによらなければなりません(828条1項1号)。設立無効の訴えは、提訴権者が株主や取締役等に限定され、提訴期間も会社成立日から2年以内、無効判決が出されても将来に向かって無効となるだけなどの規制がされています。

会社法では、出資関係では発起人全員の同意でというフレーズがよく出てきますが、設立時取締役の選任は、発起人全員の同意ではなく、発起人の議決権の過半数で行われることに注意しましょう(40条1項)。

ひっかけ 注意! ※2
設立時取締役の役割を「設立手続自体の執行」として誤りとするパターンに注意。設立過程の調査がその役割です。

Advance ※3 2回転目に読む
出資の履行により設立時発行株式の株主となる権利を譲渡していた場合でも、それを成立後の会社に対抗することはできません(35条)。

ひっかけ 注意! ※4
株式会社の設立の場合、設立無効の訴えはありますが、設立取消しの訴えという制度はありません。「設立取消しの訴えを提起できる」として誤りとするパターンに注意。

Ⅶ 発起設立と募集設立の比較

発起設立と募集設立を比較すると、次の表のようになります。

	発起設立	募集設立
発起人による出資	あり	**あり**
発起人以外の者による出資	なし	あり
創立総会の開催※1	不要	**必要**
設立時取締役の選任	発起人が選任 ＊議決権の過半数で決する	**創立総会で選任**※2
発起人の未払い	失権予告付催告	失権予告付催告
発起人以外の者の未払い	－	**当然失権**
払込取扱機関の保管証明義務	なし	**あり**
発起人の引受担保責任	なし	なし

> *Advance* ※1
> **2回転目に読む**
>
> 創立総会決議には、株主総会にあるような反対株主の株式買取請求という仕組みはありません。

> *Advance* ※2
> **2回転目に読む**
>
> 創立総会の決議は、当該創立総会において議決権を行使することができる設立時株主の議決権の過半数であって、出席した当該設立時株主の議決権の3分の2以上にあたる多数をもって行います（73条1項）。

例題 H29-37-5

> 発起設立または募集設立のいずれの手続においても、設立時取締役の選任は、創立総会の決議によって行わなければならない。

> ✗ 創立総会を開催しなければならないのは募集設立のときだけ。

2 変態設立事項 重要度 ★★★

変態設立事項とは、発起人の自由に任せると、その権限を濫用して会社の財産的基礎を危うくするおそれのある事項です。具体的には、❶現物出資、❷財産引受け、❸発起人の報酬・特別利益、❹設立費用が該当します（28条1号～4号）。

ここでは、現物出資による設立のルールや、その他の変態

神田Tのイントロ

会社の設立では、現物出資などの変わった形態の出資に関する肢が出題されることもあります。特に、現物出資のルールを確認しておきましょう。

設立事項について学習していきましょう。

I 現物出資

金銭以外の財産で行う出資のことです。

会社の設立にあたり、発起人は、金銭での出資のほか、現物で出資することも可能です※3。

Aが500万円相当の物で会社に出資する場合を例に、現物出資の法律関係について見てみましょう。

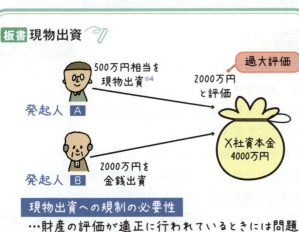

板書 現物出資

発起人 A ── 500万円相当を現物出資※4 ── 2000万円と評価（過大評価） → X社 資本金 4000万円

発起人 B ── 2000万円を金銭出資 → X社 資本金 4000万円

現物出資への規制の必要性
…財産の評価が適正に行われているときには問題ないが、現物出資には過大評価の危険があるため、適正な評価がされるよう規制をかける

過大評価されると
・X社の資本金が満たされない（4000万円としているのに中身は2500万円分しかない）
・AはBの4分の1しか出資してないのにAとBの受け取る配当が同じでは不公平

↓ そこで

現物出資をするときのルール 神田Tのアドバイス❶
① 定款に記載する（28条1号）
→現物出資者の名前、その財産、評価額、割り当てる株式の数を記載
② 検査役※5の調査を受ける（33条1項）

↓ もしも

Advance ※3 2回転目に読む
発起人全員の同意があれば、登記、登録その他権利の設定または移転を第三者に対抗するために必要な行為は、会社の成立後にすることが可能です（34条1項ただし書）。

ひっかけ注意！ ※4
会社の設立に際して現物出資ができるのは発起人だけです。「設立時募集株式の引受人が金銭以外の財産により出資の履行をする」として誤りとするパターンに注意。

神田Tのアドバイス❶
現物出資と財産引受の場合、①定款で定めた価額が500万円を超えないとき、②市場価格のある有価証券のとき、③弁護士等の証明があるときは、検査役の調査は不要になります（33条10項）。定款への記載が不要となるわけではないので注意しましょう。

語句 ※5
検査役
会社設立手続においては現物出資などの調査を職務とする者のこと。裁判所によって選任されます。

> **不足額支払責任**
> 現物出資の目的財産について、会社成立当時における価額が定款に定めた価額に著しく不足するときは、発起人は設立時取締役等と連帯してその不足額を支払う義務を負う（52条1項）
>
> ↑Aの出資した財産の会社成立時の価額が200万円、定款記載の価額が500万円だった場合、差額の300万円を支払う義務のこと

この責任は、会社に対する責任ですので、総株主の同意があるときは免除することができます。

Ⅱ 財産引受

会社の成立を条件にして会社が特定の財産を譲り受ける契約のことです。例えば、Aが機械をX社の成立を条件にして売却する契約を結んでおき、X社が成立したら、その機械をX社がお金を支払って引渡しを受ける場合です。

会社が譲り受ける財産が過大評価されないよう、会社の成立後に譲り受けることを約した財産とその価額、譲渡人の名前を定款に記載し、検査役の調査を受けることが要求されています（28条2号、33条1項）。

財産引受の場合、現物出資と異なり、譲渡人は発起人でなくてもかまいません。

Ⅲ 発起人の報酬・特別利益

発起人が会社設立職務の対価として受け取る報酬その他の特別の利益のことです。例えば、AがX社を設立し、その職務の対価として、X社から報酬を受ける場合です。

報酬等が過大評価され、会社財産が不当に発起人個人の懐に入ってしまわないよう、会社の成立により発起人が受ける報酬その他の特別の利益、その発起人の名前を定款に記載し、検査役の調査を受けることが要求されています（28条3号、33条1項）。

財産引受の場合も、①定款で定めた価額が500万円を超えないとき、②市場価格のある有価証券のとき、③弁護士等の証明があるときは、検査役の調査は不要になります（33条10項）。なお、検査役の調査が不要となるのは現物出資と財産引受のときであり、発起人の報酬・特別利益や設立費用のときはこのような例外は規定されていません。

IV 設立費用

会社の負担する設立に関する費用のことです。例えば、AがX社を設立し、Aが立て替えていた設立準備に使っていた事務所の賃借料や印刷物の印刷代をX社に請求する場合です。

費用が過大評価され、会社財産が不当に発起人の個人の懐に入ってしまわないよう、会社の負担する設立に関する費用を定款に記載し、検査役の調査を受けることが要求されています（28条4号、33条1項）。

定款認証の際の手数料や登記の際の登録免許税といった過大評価のおそれがないものは、変態設立事項である28条4号の設立費用には含まれません。

例題 H24-37-ア

発起人以外の設立時募集株式の引受人が金銭以外の財産を出資の目的とする場合には、その者の氏名または名称、目的となる財産およびその価額等を定款に記載または記録しなければ、その効力を生じない。

✗ 会社の設立にあたっては発起人以外の者は現物出資できない。

3 発起人の責任　重要度★★★

発起人は、会社や第三者に損害を生じさせた場合や、会社不成立の場合に一定の責任を負うことがあります。

ここでは、発起人の責任について、会社成立の場合と会社不成立の場合に分けて学習していきましょう。

神田Tのイントロ
会社の設立では、最後に、会社が成立したときの発起人の損害賠償責任や、会社が成立しなかったときの発起人の費用負担などの責任についてチェックしましょう。

I 会社が成立した場合の発起人の責任

(1) 任務懈怠責任

発起人が任務懈怠[※1]によって会社に損害を与えた場合、その損害を賠償する責任を負います（53条1項）。

↳総株主の同意がある場合の免責：あり

語句 ※1
任務懈怠
与えられた任務を誠実に行わないこと。

(2) 対第三者責任

発起人が職務を行うにつき悪意または重過失によって第三者に損害を与えた場合、その損害を賠償する責任を負います（53条2項）。

↳総株主の同意がある場合の免責：なし

(3) 仮装払込みと発起人の責任

発起人が出資の履行を仮装した場合、当該発起人は、会社に対し、払込みを仮装した出資に係る金銭の全額の支払をする義務を負います（52条の2第1項）。

↳総株主の同意がある場合の免責：あり

発起人Aが仮装出資をした場合を例に、A自身の責任とそれに関与しただけの他の発起人Bの責任について見てみましょう。

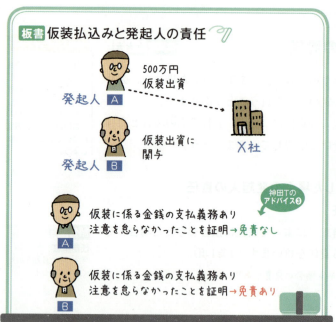

神田Tのアドバイス❶
会社に対する責任は総株主の同意で免責はよいけど、第三者に対する責任を株主の判断によって免責することはできないというイメージで！

神田Tのアドバイス❷
発起人が出資の履行を仮装することに関与した他の発起人は、会社に対して同様の義務を負いますが、その職務を行うについて注意を怠らなかったことを証明したときは、この義務を負いません（52条の2第2項）。

神田Tのアドバイス❸
注意を怠らなかったことを証明したときの免責の有無は、仮装している張本人のAと、仮装に関与しただけのBとを分けて考えましょう。

Ⅱ 会社不成立の場合の発起人の責任

会社が不成立の場合、発起人は、会社の設立に関して行った行為について連帯して責任を負い、また、会社の設立に関して支出した費用は、<u>発起人の負担となります</u>(56条)。

Ⅲ 疑似発起人の責任

<u>募集設立</u>の場合、発起人でないのに、株式募集の広告その他株式募集に関する書面に自己の氏名・名称および会社の設立を賛助する旨の記載をすることを承諾した者は、発起人とみなされ、<u>発起人と同一の責任を負います</u>(103条4項)[※1]。

任務懈怠責任や第三者に対する責任は発起人のほか、設立時取締役等も責任を負いますが(53条)、会社不成立のときの責任は発起人のみが負い、設立時取締役等にはこの責任は生じません(56条)。

ひっかけ注意！ ※1
募集設立の場合だけなので、「発起設立の場合も対象となる」として誤りとするパターンに注意。

> **例題** R2-37-エ
>
> 株式会社が成立しなかったときは、発起人および設立時役員等は、連帯して、株式会社の設立に関してした行為について、その責任を負い、株式会社の設立に関して支出した費用を負担する。
>
> ✗ 発起人は責任を負い費用を負担するが、設立時役員等はその責任を負わず費用負担しなくてよい。

第4編 商法

CHAPTER 2 会社法

SECTION
3 株式

このSECTIONで学習すること

1 株主

株主って誰？ 株主にはどんな権利があるの？

2 株式の譲渡

株式の譲渡は自由が原則！でも、定款で制限をかけることもできるよ

3 自己株式

自分の会社の株式を取得できるの？ その場合、株主として権利行使していいの？

4 出資単位

株式併合、株式分割、株式無償割当て、単元株制度のルールは？

5 新株予約権

新株予約権の割当てや権利行使のルールは？

6 異なる内容の株式

会社は通常の株式とは内容の異なる別の種類の株式を発行できるの？

1 株主

重要度 ★★★

I 株主

会社への出資は、株式という単位に応じて、「1株＝○円」に対して「私は100株購入する」という形で行われます。そして、会社に出資してその会社の株式を保有している人を**株主**といいます。

AおよびBがX社に出資した場合を例に、AおよびBの株主としての権利について見てみましょう。

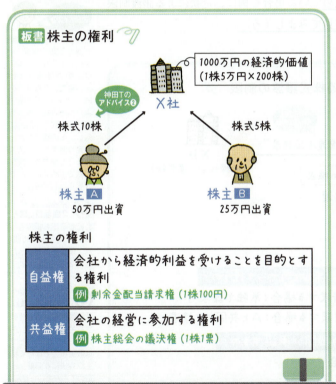

板書 株主の権利

1000万円の経済的価値
(1株5万円×200株)

X社

株式10株　　　株式5株

株主 A　　　　株主 B
50万円出資　　25万円出資

株主の権利

自益権	会社から経済的利益を受けることを目的とする権利
	例 剰余金配当請求権（1株100円）
共益権	会社の経営に参加する権利
	例 株主総会の議決権（1株1票）

II 株主名簿

会社は、株主名簿を作成します（121条）※1。

神田Tのイントロ

SECTION 3は、試験で出題されやすい重要項目です。SECTION 2「会社の設立」の次に重要度の高い項目ですが、最初の株主については暗記項目ではないので軽く読むだけで十分です。

神田Tのアドバイス❶

株主は、その保有する株式の内容および数に応じて平等に取り扱われます（株主平等原則、109条1項）。

神田Tのアドバイス❷

1株につき100円の配当・1票の議決権が認められている場合、Aには1000円の配当・10票の議決権があり、Bには500円の配当・5票の議決権があることになります。

Advance ※1
2回転目に読む
株主の氏名・住所、その有する株式の数、株主が株式を取得した日などが株主名簿記載事項にあたります（121条）。

2 株式の譲渡

重要度 ★★★

I 定款による株式譲渡の制限

(1) 譲渡制限株式

株主は、株式を自由に譲渡することができるのが原則です（127条）。

ただし、会社は、<u>定款で会社の承認が必要な旨を定めることによって譲渡に制限をかける</u>ことも可能です。

<u>X社（取締役会設置会社）が定款で株式の譲渡にX社の承認を必要とする旨を定めている場合</u>を例に、定款による譲渡制限のルールについて見てみましょう。

> **板書 定款による株式譲渡の制限**
>
> ※1
> A　　　　譲渡承認請求　　　X社
> 　　　　　　　　　　　（取締役会設置会社）
> 　X社の株式
> 　　譲渡
>
> B
>
> **1 譲渡承認請求はどうやって行うの？**
> 　→Aから請求する場合：単独で請求可
> 　　Bから請求する場合：Aと共同して請求
>
> **2 X社のどの機関が承認するの？**
> 　→取締役会※2

神田Tのイントロ

SECTION 3「株式」の中での最重要項目です。定款による譲渡制限に関するルールを覚えておくのがポイントです。

神田Tのアドバイス❶

売買のような特定承継が譲渡制限の対象で、相続のような一般承継は対象ではありません。なお、会社は、相続その他の一般承継により当該会社の譲渡制限株式を取得した者に対し、その株式を会社に売り渡すことを請求することができる旨を定款で定めることができます（174条）。

Advance ※1 2回転目に読む

会社が承認も拒否もしないで返答しない場合、承認決定があったものとみなされます（145条）。

Advance ※2 2回転目に読む

承認機関を定款で変更するのはOKです。例えば、「うちの会社では取締役会ではなく株主総会決議が必要」と定めてもかまいません。また、取締役会を設置していない会社の場合は、株主総会が承認機関となっています（139条1項）。

③ X社が承認を拒むときは？ ※3
→ X社が買取り（株主総会特別決議を要する）
or
指定買取人を指定（取締役会決議でよい）

④ X社に無断で譲渡したときの効力は？
→ X社に対して：無効
　AB間において：有効

ひっかけ注意！ ※3
「会社が買い取るときも指定買取人の指定のときもどちらも取締役会決議でよい」として誤りとするパターンに注意。

(2) 全部の株式に譲渡制限をかける場合の特殊決議

発行する全部の株式に譲渡制限を新たに設ける定款変更をする場合、株主総会の特別決議（出席した株主の議決権の3分の2以上の賛成で可決）では足りず、特殊決議（株主の半数以上の賛成（頭割り）と議決権の3分の2以上の賛成で可決）が必要となります（309条3項1号）。

神田Tのアドバイス②
もともと定款変更には株主総会特別決議が必要で、特別決議だと議決権ベースで判断されますが、特殊決議の場合、頭数の要件をクリアすることも必要になります。

1000株発行し、株主がA〜Eの5人でその全員が出席した株主総会を例に、特殊決議の仕組みについて見てみましょう。

板書　全部の株式に譲渡制限をかける場合の特殊決議

A：550株　B：150株　C：100株
D：100株　E：100株

普通決議	A賛成→可決（議決権の過半数が必要）
特別決議	AB賛成→可決（議決権の3分の2以上が必要）
特殊決議	ABC賛成→可決（株主の半数以上と議決権の3分の2以上が必要）※4

株式全部に譲渡制限をかける定款変更の場合、株主の半数以上の賛成が必要とされるため、ABの賛成だけでは足りず、CDEのうちいずれか1人は賛成しなければならない（309条3項1号）

Advance ※4　2回転目に読む
D・Eが反対した場合でも残りの3人が賛成すれば可決されますが、反対株主のD・Eには株式買取請求権が認められます（116条1項1号）。

Ⅱ 子会社による親会社株式取得の禁止

子会社は、原則として、親会社※1の株式を取得することはできません（135条1項）。

例外的に子会社が親会社の株式を取得できる場合でも、子会社は、取得した親会社株式を相当の時期に処分しなければなりません（135条3項）。

X社の子会社であるY社がZ社の事業の全部を譲り受けた結果、Z社が保有していたX社の株式を保有することになった場合を例に、子会社による親会社株式の取得について見てみましょう。

> **語句 ※1**
> **親会社**
> 2つの会社に支配従属関係があるとき、他の会社（子会社）を支配している会社のこと。

> **神田Tのアドバイス①**
> 子会社は親会社株式を取得してはならないとされていますが、他の会社の事業の全部を譲り受ける場合において当該他の会社の有する親会社株式を譲り受ける場合のように例外的に取得が可能な場合もあります（135条1項・2項）。

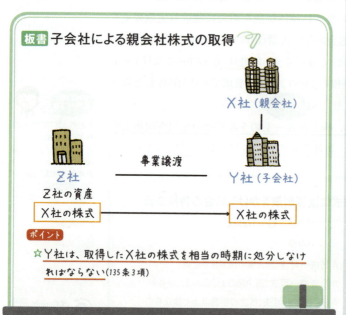

板書 子会社による親会社株式の取得

事業譲渡
Z社 → Y社（子会社）
X社（親会社）
Z社の資産 X社の株式 → X社の株式

ポイント
☆ Y社は、取得したX社の株式を相当の時期に処分しなければならない（135条3項）

例題　　　　　　　　　　　　　　　　　　　　　　　　　　H23-38-3

承認を受けないでなされた譲渡制限株式の譲渡は、当該株式会社に対する関係では効力を生じないが、譲渡の当事者間では有効である。

　　　　　○ 承認がなくても、譲渡当事者間では有効。

750

3 自己株式　重要度 ★★★

I 自己株式の取得

会社は自社の名義で自社の株式を取得・保有することも可能です。これを**自己株式**といいます。

X社(取締役会設置会社)がX社の株式を自社で取得する場合を例に、自己株式のルールについて見てみましょう。

> **神田Tのイントロ**
> 自己株式に関する出題にも注意しましょう。自己株式の取得方法、自己株式の権利がポイントになります。

板書 自己株式の取得

X社
(取締役会設置会社)

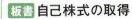
X社の株式
AからX社の株式を取得

A

1 全株主に申込み機会を与えて取得する場合
→株主総会決議

2 特定の株主にだけ申込み機会を与えて取得する場合
→株主総会特別決議

3 子会社から取得する場合
→取締役会決議

4 市場取引で取得する場合
→株主総会決議（定款で取締役会決議でよいとすることも可）

ポイント

☆自己株式には株主総会の議決権や剰余金の配当請求権はない

↑X社が自分の会社の株主総会において自分で票を入れたり、自分で自分に配当することはできない

> **神田Tのアドバイス❷**
> 会社が自己株式を取得したり、処分したとしても発行済株式総数が減少するわけではありません。会社が株式消却（自己株式を消滅させる行為）することで自己株式は消滅します(178条1項)。

> **神田Tのアドバイス❸**
> 子会社の場合、親会社株式を取得したときは、相当の時期に処分しなければならないとする規定がありますが(135条3項)、自己株式の保有期間に制限はありません。

751

II 財源規制

自己株式の取得には財源規制があります。自己株式取得のために支払うことができる額は分配可能額を超えることはできません(461条1項)。

反対株主の株式買取請求権の行使によって自己株式を取得することになる場合などであれば、株主の権利の行使に応じるだけであり、このような規制はかかりません。

III 株式消却

株式消却は、会社が自己株式を消滅させ、発行済株式総数を減少させることをいいます(178条1項)。取締役会設置会社の場合、取締役会で決定します(178条2項)。

↓10000株発行しているX社が自己株式を500株取得しても発行済株式総数は10000株のままだけど、この500株を消却すると発行済株式総数は9500株となる

自己株式を消却した場合、その株式が消滅しますから発行済株式総数は減少しますが、自己株式を処分した場合、株式の名義人が会社から別の人に移るだけですから発行済株式総数自体は変化しません。

例題 H29-38-2

発行済株式の総数は、会社が自己株式を消却することにより減少する。

○ 自己株式を消却すれば、発行済株式総数は減少する。

4 出資単位　重要度★★★

神田Tのイントロ
出資単位の調整にあたりどのような決議が必要なのか、単元未満株主の権利がポイントになります。

I 出資単位の調整

資本金1000万円の会社を設立する場合、1株10円×100万株のケースと1株250万円×4株のケースとで比べてみましょう。

1株10円のように出資単位が小さければ、少ない資本でも参加でき、株式も売りやすくなりますが、株主管理コストがかかります。逆に、1株250万円のように出資単位を大きくすると、株主管理コストはかからずにすみますが、少ない資本での参加が難しく、株式も売りづらくなってしまいます。

X社(取締役会設置会社)の株式併合・株式分割を例に、出資

単位の調整をする方法について見てみましょう。

板書 出資単位の調整

	定義	決議機関	自己株式を対象とするか
株式併合	数個の株式を合わせて、発行済株式総数を減少させること 例 2株→1株 500万円＝500株×1万円の人は、500万円＝250株×2万円に変わる	株主総会特別決議	する
株式分割	株式を細分化して発行済株式総数を増加させること 例 1株→2株 500万円＝500株×1万円の人は、500万円＝1000株×5000円に変わる	取締役会決議	する

神田Tのアドバイス❸

端数が生じている場合、反対株主には併合により1株に満たない端数となる株式を買い取るよう会社に請求できる権利が認められています（182条の4第1項）。株式分割の場合はこのような規定は置かれていません。

II 単元株制度

　会社は、定款で定めた一定数の株式をまとめたものを1単元とし、1単元の株式には1議決権を認めるが、単元未満株式には議決権を認めないとすることもできます（188条1項）。

　このような制度を利用すれば、会社は、出資しやすくするために1株の金額を小さくしつつ、1単元未満の株主には議決権を認めないことで株主総会の招集通知などにかかるコストを削減することができます。

　X社（取締役会設置会社）が100株を1単元としており、70株を保有する株主Aと200株を保有する株主Bがいる場合を例に、単元株制度のルールについて見てみましょう。

板書 単元株制度

X社
（取締役会設置会社）

1単元＝100株

 A
70株
↓
議決権 0票

 B
200株
↓
2票

単元株制度の新設と廃止

新設 → <u>株主総会特別決議必要</u>
　　　　<u>定款変更必要</u>
廃止 → <u>取締役会決議</u>でOK
　　　　<u>定款変更必要</u>

単元未満株主の権利

・剰余金配当請求権 → <u>あり</u>
・議決権 → <u>なし</u>
・株式買取請求権 → <u>あり</u>
　↳ Aは「70株もういらないから買い取ってほしい」と言える
・株式売渡請求権 → <u>あり（定款で定めれば）</u>
　↳ Aは「あと30株で1単元になるから30株売ってほしい」と言える

神田Tのアドバイス❶
株式は1株から取得できますが、1単元（100株）を有してはじめて議決権行使が認められます。そのため、Aは1単元に満たない株式数しか保有していないので議決権はゼロになります。このようなAは単元未満株主と呼ばれます。

神田Tのアドバイス❷
単元株制度の新設と廃止で株主総会特別決議を通すかどうかのルールは異なりますが、いずれにしても定款変更は必要であることに注意。

神田Tのアドバイス❸
1株100円の配当なら、70株保有しているAは7000円もらえます。

例題　H27-38-3

単元未満株主は、定款にその旨の定めがあるときに限り、株式会社に対し、自己の有する単元未満株式を買い取ることを請求することができる。

✗　単元未満株式買取請求は会社法上認められている権利で、定款にその旨の定めがなくても行使できる。

5 新株予約権　重要度★★

I 新株発行

会社設立後、さらに会社が資金を調達する必要が生じた場合、新しく株式を発行して、出資を募り、資金を調達することができます。

まずは、X社（取締役会設置会社）が資金調達のために第三者割当ての方法で出資者を募集して新しく株式を発行する場合を例に、新株の発行により既存株主が受ける不利益について見てみましょう。

> **神田Tのイントロ**
> 新株予約権を題材として1問の出題がされたこともあります。余裕があれば新株予約権の法律関係も確認しておきましょう。

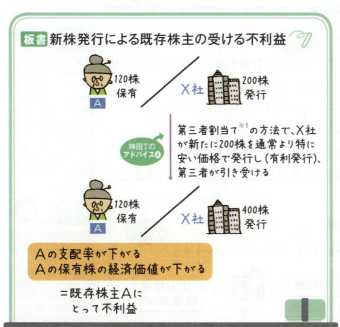

板書 新株発行による既存株主の受ける不利益

A 120株保有 / X社 200株発行

神田Tのアドバイス① 第三者割当て※1 の方法で、X社が新たに200株を通常より特に安い価格で発行し（有利発行）、第三者が引き受ける

A 120株保有 / X社 400株発行

Aの支配率が下がる
Aの保有株の経済価値が下がる
＝既存株主Aにとって不利益

> **語句 ※1　第三者割当て**
> 既存の株主に持株数に応じて割り当てるのではなく、特定の第三者（例．会社の役員、従業員、取引先など）に割り当てる方法。

> **神田Tのアドバイス①**
> 有利発行は、特別に安い価格で売るというイメージで！

次に、X社（取締役会設置会社）が資金調達のために第三者割当ての方法で出資者を募集して新しく株式を発行する場合を例に、公開会社と非公開会社に分けて、新株発行に必要な承認決議について見てみましょう。

板書 第三者割当てによる募集株式発行の承認決議

	公開会社	非公開会社
通常の発行	取締役会決議	株主総会特別決議
有利発行	株主総会特別決議	株主総会特別決議

経営上の判断から迅速な資金調達を可能とするため、定款に定める発行可能株式総数の範囲内であれば、取締役会の判断で新しく株式を発行できます（このような仕組みを授権資本制度といいます）。

公開会社の場合、会社の資金調達の便宜を優先する仕組みになっています。一方、非公開会社の場合、既存株主の保護を優先する仕組みとなっています。

Ⅱ 新株予約権

　新株予約権は、会社に対して行使することにより当該会社の株式の交付を受けることができる権利です。新株予約権が行使されることによって、会社は、新株予約権者に対して、株式を交付することになります。

　X社（取締役会設置会社）が新株予約権をAに割り当てる場合を例に、新株予約権の法律関係について見てみましょう。

募集に応じて新株予約権の引受けの申込みをした者に対して割り当てられる新株予約権は「募集新株予約権」といいます。新株予約権自体は株式ではないので、募集新株予約権の発行だけでは会社の発行済株式の総数は変化しません。

板書 新株予約権

例 X社の新株予約権X'をAが保有している場合

A

X' 10000株分

① 7月10日に割当て
（払込みは7月12日）

② 8月25日に
600万円払込み
＝
X株を1万株取得

7月1日現在
株価700円

X社

新株予約権発行

X'

8月31日までに600円払えばX株を1株取得できる

株価が上がれば権利行使すれば安く株式を取得できますし、一方、株価が下がれば権利行使しないという選択もできますので、株価等の動向を見ながら権利行使するかどうかを決めればよいことになります。

新株予約権も権利ですので、それ自体も譲渡の対象になります。

> **ポイント**
> ☆ Aが新株予約権者になる日
>   …予約権の割当日
>   ↑お金を払い込んだ日ではない
> ☆ 新株予約権では、新株予約権を購入するのに必要なお金(①)と、実際の出資に必要なお金の2つのお金(②)が発生する
>   ↑A：予約権を1株分10円で購入(①)
>   出資するなら1株600円で出資して株式を取得(②)

新株予約権を発行しただけで会社の資本金が増加するわけではなく、会社の資本金が増加するのは実際に新株予約権が行使されて出資されたときです。

Ⅲ 差止め請求

新株予約権の発行が法令・定款に違反する場合または著しく不公正な方法で行われる場合には、株主は、これによって不利益を受けるおそれがあるときは、会社に対して、新株予約権の発行をやめるよう請求することができます（247条）。

Ⅳ 新株予約権付社債

新株予約権付社債は、新株予約権と社債が一体化したものです。社債の保有者として利息収入を得られ、会社の業績がよければ、新株予約権を行使して株主となることもできるというメリットがあります。

新株予約権付社債は、新株予約権と社債が一体化したものです。新株予約権付社債なのに社債だけを分離して譲渡することはできません。

> **例題** H22-38-オ
> 新株予約権と引換えに金銭の払込みを要する募集新株予約権の払込金額は、新株予約権が行使されるか否かにかかわらず、その全額を資本金に計上しなければならない。
>
> ✗ 募集新株予約権の行使がされず出資されなかったら会社の資本金には計上されない。

6 異なる内容の株式　重要度 ★★☆

会社法では異なる種類の株式の発行を認めていますが、どのような種類の株式があるかをチェックおきましょう。

I 権利の内容が異なる株式

株式の内容は会社法によって自動的に決まりますが、会社は、株式の内容を特別なものにすることができます。具体的には、定款で定めることにより、発行する全部の株式について、①株式の譲渡に会社の承認を必要とする、②株主が会社に対して株式の取得を請求できるとする、③会社が一定の条件が生じたことをきっかけに株式を取得できるとするといった株式を発行することが認められています（107条1項）。

全部の内容をこの内容として1種類の株式だけを発行するパターンです。

①譲渡制限	譲渡による当該株式の取得について当該会社の承認を要することを内容とする株式だけを発行できる
②取得請求権付	当該株式について、株主が当該会社に対してその取得を請求することができることを内容とする株式だけを発行できる
③取得条項付	当該株式について、当該会社が一定の事由が生じたことを条件としてこれを取得することができることを内容とする株式だけを発行できる※1

全部の内容をこの内容として1種類の株式だけを発行することが認められているのは、①譲渡制限、②取得請求権付、③取得条項付の3つのタイプだけです。例えば、すべての株式について議決権を制限する内容の株式の発行は認められていません。

Advance ※1　2回転目に読む

通常、定款変更は株主総会の特別決議でできますが、この株式の発行に関する定款変更は株主全員の同意によって行うものとされています（110条）。

II 種類株式

会社は、権利の内容が同じ株式しか発行できないわけではなく、定款で定めることにより、権利の内容の異なる複数の種類の株式を発行することもできます（108条1項）。

通常発行されている株式の内容とは異なる内容の別種類の株式を2種類目の株式として発行するパターンです。

会社法上、発行可能な種類株式は9つのタイプに限定されています。会社が勝手に法律上認められていない株式を創設して発行していいわけではありません。

①剰余金の配当	剰余金の配当について内容の異なる株式を発行できる	
②残余財産の分配	残余財産の分配について内容の異なる株式を発行できる	
③議決権制限	株主総会において議決権を行使することができる事項を制限した株式を発行できる	
④譲渡制限	譲渡による当該種類の株式の取得について当該会社の承認を要する株式を発行できる※2	
⑤取得請求権付	当該種類の株式について、株主が当該会社に対してその取得を請求することができる株式を発行できる	
⑥取得条項付	当該種類の株式について、当該会社が一定の事由が生じたことを条件としてこれを取得することができる株式を発行できる	
⑦全部取得条項付	当該種類の株式について、当該会社が株主総会の決議(特別決議が必要)によってその全部を取得することができる株式を発行できる	
⑧拒否権付	株主総会で決議すべき事項のうち、当該株主総会の決議のほか、当該種類の株式の種類株主だけを構成員とする種類株主総会の決議があることを必要とする株式を発行できる	
⑨取締役・監査役選任権付	当該種類の株式の種類株主を構成員とする種類株主総会において取締役等を選任することを内容とする株式を発行できる	

神田Tのアドバイス❸
普通の株式には1株40円の配当だが、別の種類の株式には1株50円の配当をするような場合です。配当の多い方の別の種類の株式は「優先株」と呼ばれます。

神田Tのアドバイス❹
議決権制限株式は優先株式とセットにして発行されることもありますが、必ずセットにしなければならないと法律上決まっているわけではありません。

ひっかけ 注意! ※2
「公開会社は譲渡制限株式を発行することができない」として誤りとするパターンに注意。公開会社でも種類株式として譲渡制限株式を発行できます。

神田Tのアドバイス❺
取締役・監査役選任権付の株式の発行が可能なのは非公開会社だけです。公開会社ではこの種類の株式の発行は認められていません。

例題　H28-38-イ

会社は、その発行する全部の株式の内容として、株主総会において議決権を行使することができる事項について制限がある旨の定款の定めがある株式を発行することができる。

✗　全部の内容として発行できるのは①譲渡制限、②取得請求権付、③取得条項付の3つだけで、議決権制限株式は発行できない。

第**4**編

商法

CHAPTER **2** 会社法

SECTION

4 会社の機関

このSECTIONで学習すること

1 機関設計

こういう会社形態をとるなら、この機関が必要になる、といった決まりもあるよ

2 株主総会

株主総会は何をする機関？ 招集のルールや決議のルールは？ 総会決議に瑕疵があったらどうなるの？

3 取締役・取締役会

取締役はどんな人？ 取締役会の仕事は？ 特別取締役や代表取締役って何？

4 監査役その他

取締役以外にも、監査役、会計参与、会計監査人といった機関もあるよ

5 指名委員会等設置会社

執行役と3委員会（指名・監査・報酬）を置く会社形態もあるよ

6 監査等委員会設置会社

平成26年改正で導入された監査等委員会設置会社ってどんな会社？

1 機関設計　重要度 ★☆☆

会社には、株主総会、取締役会、代表取締役、監査役といった機関を置くところもあれば、取締役会は置かずに取締役1人だけで経営するところもあります。また、大きな会社になれば、監査役会を置いたり、監査等委員会を置いたりするところもあります。

会社の機関設計をどのようにするかは、会社の規模などにもよりますが、まったくの自由に設計していいわけではなく、一定のルールがあります。

例えば、株式会社である以上、株主総会は必ず設置しなければなりませんし、取締役会を置くかどうかは別として、取締役は必ずいなければなりません。また、公開会社であれば、取締役会を設置しなければならず、監査役も必要です。一方、会計参与を置くかどうかなど、会社が任意で判断できるものもあります。

まずは、公開会社・非公開会社に分けて、取締役会の設置について見てみましょう。

神田Tのイントロ

SECTION 4 は、試験で出題されやすい重要項目です。難易度はやや高いですが、「設立」・「株式」の次に優先順位の高いものと意識して学習しましょう。

板書　取締役会の設置

公開会社 ──── 取締役会設置会社※1

非公開会社 ──── 取締役会設置会社
　　　　　 └── 取締役会非設置会社

株式譲渡が自由な株式を発行している会社が公開会社、そうでない会社が非公開会社

神田Tのアドバイス❶

条文チェック ※1

327条1項では、取締役会を置かなければならない会社は、①公開会社、②監査役会設置会社、③監査等委員会設置会社、④指名委員会等設置会社である旨が規定されています。

神田Tのアドバイス❶

会社というと取締役会があって当たり前と思うかもしれませんが、夫婦2人で経営する小さな会社など取締役はいるけど、取締役会は置かない会社形態もあります。

761

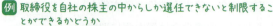

> 会社の種類により異なるルール

☆ 公開会社と非公開会社

例 取締役を自社の株主の中からしか選任できないと制限することができるかどうか
- 公開会社の場合→できない
- 非公開会社の場合→できる

☆ 取締役会設置会社と取締役会非設置会社

例 株主総会決議事項は会社法と定款に記載されている事項に限定されるかどうか
- 取締役会設置会社の場合→される
- 取締役会非設置会社の場合→されない

神田Tのアドバイス❶

会社法では、公開会社かどうか、取締役会設置会社かどうかでルールが異なることがあります。試験では、どのような会社についての話なのかを限定して出題されることもありますので、問題文の指示に従って考えましょう。

…例えば、「取締役会設置会社であって公開会社である株式会社の取締役会の権限に関する次の記述のうち、誤っているものはどれか。」のような問題文になります。

2 株主総会　重要度★★★

神田Tのイントロ

株主総会は、機関の中では一番得点源としやすい箇所です。①招集、②決議、③瑕疵の3点をおさえておくのがポイントです。また、過去に出題履歴のある判例にも注意しましょう。

株主総会は、会社の組織変更や定款変更などの重要事項を決定する機関で、株主によって構成されています。

ここでは、株主総会の招集、決議、瑕疵があった場合の手続について学習していきましょう。

Ⅰ 株主総会の権限

株主総会の権限は、取締役会の設置の有無によって異なります。取締役会設置会社の場合、通常の経営事項は取締役会に委ね、株主総会では会社の基本事項だけを判断することになります。

取締役会設置会社の場合	会社法と定款で規定された事項のみ決定できる（295条2項）
取締役会非設置会社の場合	会社に関する一切の事項を決定できる（295条1項）

神田Tのアドバイス❷

取締役会決議事項を定款で株主総会決議事項にするのはOKです。一方、株主総会決議事項を勝手に定款で取締役会決議事項にすることはできません（295条3項）。

…取→株：OK
　株→取：NG

Ⅱ 株主総会の招集

株主総会を開催するときは、会社から招集通知が送付されてきますので、株主は、それを受け、当該期日に株主総会の会場に向かえば参加できます。

<u>公開会社であるⅩ社(取締役会設置会社)の株主総会</u>を例に、その招集のルールについて見てみましょう。

板書 株主総会の種類と招集

 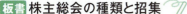招集通知^{※1}
Ⅹ社 → 株主

株主総会の種類

定時株主総会	毎事業年度の終了後一定の時期に招集される株主総会(296条1項)
臨時株主総会	臨時の必要に応じて随時招集される株主総会(296条2項)

ポイント
- ☆ 取締役は、株主総会の日の<u>2週間前までに</u>、株主に対して通知を発しなければならない(299条1項)
- ☆ 株主総会は、<u>株主の全員の同意があるときは、招集の手続を経ることなく開催することができる</u>(300条)^{※2}
- ☆ 通知は<u>書面で行い</u>(299条2項)、<u>株主総会で決議できる事項は招集通知に記載された株主総会の目的事項に限定される</u>(309条5項、298条1項2号)

> **Advance ※1 2回転目に読む**
> 招集権者は取締役ですが、公開会社の場合、6か月前から3%以上を有する株主は、取締役に対して株主総会の招集を請求でき、それにもかかわらず株主総会が招集されないときは、裁判所の許可を得て、自ら株主総会を招集できます(297条1項・4項)。

> **Advance ※2 2回転目に読む**
> 書面投票・電子投票制度がある場合は全員同意による省略は不可です。

> **Advance ※3 2回転目に読む**
> 株主総会に出席しない株主が書面によって議決権を行使する制度を「書面投票制度」といいます(311条1項)。なお、議決権を書面で行使した株主でも、その後実際に株主総会に出席して議決権行使した場合、書面による議決権行使の効力は失われます。

Ⅲ 株主総会決議^{※3}

(1) 普通決議と特別決議

通常、株主総会では、議決権の過半数を有する株主が出席

763

し、出席した株主の議決権の過半数があれば可決できますが、定款の変更や会社の合併など重要案件については決議要件が加重されています。

1000株発行し、株主がA～Eの5人でその全員が出席した株主総会を例に、株主総会決議における普通決議と特別決議のルールについて見てみましょう。

板書 普通決議と特別決議

普通決議※1	議決権の過半数を有する株主が出席し、出席した株主の議決権の<u>過半数</u>をもって行われる決議（309条1項）
特別決議※2	議決権の過半数を有する株主が出席し、出席した株主の議決権の<u>3分の2以上</u>の多数をもって行われる決議（309条2項）

例 1000株発行、株主5人全員出席
　　A：550株　B：150株　C：100株
　　D：100株　E：100株

　普通決議　A賛成→可決（議決権の過半数でよい）
　特別決議　AB賛成→可決（議決権の3分の2以上が必要）

ポイント
☆株主総会の目的である事項についての提案に対し、議決権を有する<u>株主全員が同意すれば、その提案を可決する旨の株主総会の決議があったものとみなす</u>（319条1項）

※1 普通決議では、定款で定足数を加重・軽減することができ、廃止することもできます（取締役の選任の場合など、自由な変更が認められないものもあります）。

※2 特別決議では、定款で定足数の加重はできますが、軽減は下限3分の1を限度にできるのみです。

例えば、定款の変更、会社の合併、事業の全部の譲渡、会社の解散などが特別決議が必要な事項です。

(2) 議決権

株主総会では、原則として1株1議決権のルールに基づいて議決権を行使します。

会社は、基準日を定めて、当該基準日において株主名簿に記載・記録されている株主を、株主総会において議決権を行使することができる者と定めることができます(124条1項)。

3月31日を基準日としているX社が6月25日に実施する株主総会を例に、株主の議決権と基準日制度について見てみましょう。

株主総会が延期されたときでも、最初に定めた基準日のときの株主が当該株主総会に出席できます。延期後の株主総会のために新たな基準日を定める必要はありません。

板書 議決権

 X社　株主総会　出席　株主
6月25日実施

基準日 3月31日時点での株主を招集

ポイント
☆ 代理人による議決権行使：○(310条1項)
　↑会社が代理人資格を自社の株主に限ることは可(最判昭43.11.1)
☆ 自己株式による議決権行使：×(308条2項)
☆ 相互保有株式※3による議決権行使：×(308条1項)
☆ 基準日後に株式を取得した者による議決権行使：×(124条1項)
　↑会社から、基準日株主の権利を害することがない範囲であれば、当該基準日後に株式を取得した者を株主総会における議決権を行使することができる者と定めることができる

代理権の授与は株主総会ごとにする必要があります。

語句 ※3
相互保有株式
X社がY社の25％以上の株式を保有し、Y社にX社の株式を保有させておく場合のY社が保有するX社の株式のこと。

(3) 議事録
株主総会の議事については、議事録を作成する必要があり

765

ます（318条1項）※1。

Ⅳ 反対株主の株式買取請求

　一部の株主が株主総会で反対しても、多数決で可決されることがあります。反対した株主には、会社に対して株式の買取りを請求する権利が認められていることがあります。

　X社が事業の全部をY社に譲渡するにあたり、株主Aが株主総会で反対した場合を例に、Aの株式買取請求について見てみましょう。

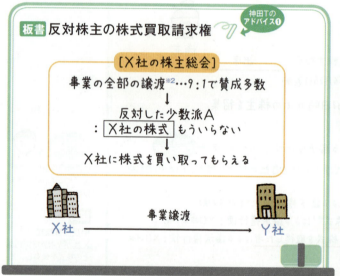

Ⅴ 株主総会決議の瑕疵

　株主総会の決議内容や決議方法が法令・定款に違反しているときは、無効や取消しの原因となります。

　X社の株主総会決議に取消原因があった場合を例に、株主総会決議取消しの訴えについて見てみましょう。

> **Advance ※1**
> **2回転目に読む**
> 株主は、会社の営業時間内は、いつでも議事録の閲覧を請求できます（318条4項）。

神田Tの
アドバイス❶

株主の株式買取請求権は、実質的には出資の払戻しになってしまうため、当然に認められるわけではなく、会社法に規定がある場合に限定されます。

> **Advance ※2**
> **2回転目に読む**
> 事業譲渡における株主総会特別決議の場合には反対株主の株式買取請求権が認められていますが、資本金の減少の株主総会特別決議の場合など、これが認められないこともあります。

板書 株主総会決議取消しの訴え

違法な手続によるから取消しを求める

X社　株主総会　A

取消原因
① 株主総会の<u>招集手続または決議方法が法令・定款に違反し、または著しく不公正なとき</u>
② 株主総会の<u>決議内容が定款に違反するとき</u>※3
③ 株主総会の決議について<u>特別の利害関係を有する者が議決権を行使したことによって、著しく不当な決議がされたとき</u>（831条1項）

神田Tのアドバイス❷

提訴権者、提訴期間、判決の効力

神田Tのアドバイス❸

提訴権者	取締役：○　監査役：○ 会社債権者：×　株主：○
提訴期間	決議の日から3か月以内
判決の効力	請求が認容されると、決議は取り消され、最初からなかったことになる（遡及効）

裁量棄却

神田Tのアドバイス❹

…株主総会の招集の手続または決議の方法が法令・定款に違反するときであっても、裁判所は、その違反する事実が重大でなく、かつ、決議に影響を及ぼさないものであると認めるときは、<u>その請求を棄却することができる</u>（831条2項）※4

ひっかけ注意！ ※3

決議内容が法令に違反しているときは無効です。「決議取消しの訴えを提起しなければならない」として誤りとするパターンに注意。

神田Tのアドバイス❷

特別利害関係があるからといって株主総会での議決権がなくなるわけではないことに注意しましょう。

神田Tのアドバイス❸

単独株主権です。株主であれば提訴できますから、3％保有などの要件はありません。

神田Tのアドバイス❹

裁量棄却は、取消しの訴えでは認められることがありますが、無効確認の訴えでは認められません。

ひっかけ注意！ ※4

「無効確認の訴えなのに裁量棄却できる」として誤りとするパターンに注意。

要チェック判例

神田Tのアドバイス❶

招集手続の不備という瑕疵が全員の出席により治癒されたと考えるとよいでしょう。

◆ 招集権者による株主総会の招集の手続を欠く場合であっても、**株主全員がその開催に同意して出席した総会（全員出席総会）** においてされた決議は、株主総会の決議として**有効に成立する**（最判昭60.12.20）。

◆ 株主総会において議決権を行使する**代理人を株主に限る旨の定款**の規定は、株主総会が第三者により撹乱されることを防止して、会社の利益を保護する趣旨に出た合理的理由による相当程度の制限であって、**有効である**（最判昭43.11.1）。

◆ 株主は、**自己に対する株主総会の招集手続に瑕疵がなくても、他の株主に対する招集手続に瑕疵がある**場合には、株主総会決議取消しの訴えを提起できる（最判昭42.9.28）。

◆ 株主総会決議取消しの訴えを提起した場合、その**提訴期間が経過した後に新たな取消事由を追加して主張することはでき**ない（最判昭51.12.24）。

例題　　　　　　　　　　　　　　　　　　　　H21-37-3

株主総会は株主が議決権を行使するための重要な機会であるため、本人が議決権を行使する場合のほか、代理人による議決権行使の機会が保障されているが、会社法上の公開会社であっても、当該代理人の資格を株主に制限する旨を定款に定めることができる。

○　定款で代理人資格を株主に限ることはできる。

3 取締役・取締役会　重要度 ★★★

神田Tのイントロ
取締役・取締役会は、機関の中では一番重要なテーマですが、難易度が高めの問題もあるため、あまり深入りせず、①取締役の選任・解任、②取締役会、③取締役の義務あたりをおさえておくのが効率的です。

　会社は、会社の経営を担う取締役を最低1人以上置く必要があります。また、公開会社の場合は取締役会の設置も義務付けられます。
　ここでは、取締役の選任・解任、取締役会、取締役の義務について学習していきましょう。

I 取締役

取締役会非設置会社の取締役は、会社の業務を執行する必要的機関です(348条1項)。これに対し、取締役会設置会社の取締役は、取締役会のメンバーであり、取締役会の職務として会社の業務執行の決定と取締役の職務執行を監督します(362条1項・2項)。

まずは、公開会社であるX社(取締役会設置会社)を例に、取締役の選任について見てみましょう。

板書 取締役の選任

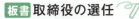

人数	X社では<u>最低3人以上必要</u> (331条5項)※1
資格制限	X社が取締役はX社の株主でなければならないとする制限を定款で定めること：✕ (331条2項)※2
欠格	法人のA社が取締役に就任すること：✕ (331条1項1号) 成年被後見人のAが取締役に就任すること：○ →Aが取締役に就任するには、Aの成年後見人が、Aの同意を得て、Aに代わって就任の承諾をしなければならない (331条の2第1項) 被保佐人のAが取締役に就任すること：○ →Aが取締役に就任するには、Aの保佐人の同意を得なければならない (331条の2第2項)
任期	選任後2年以内に終了する事業年度のうち最終のものに関する定時株主総会の終結の時まで (332条1項)※3

ひっかけ注意！ ※1
「すべての会社で取締役は3人以上でなければならない」として誤りとするパターンに注意。取締役会非設置会社であれば1人以上で○Kです。

ひっかけ注意！ ※2
「すべての会社で取締役が株主でなければならない旨を定款で定めることはできない」として誤りとするパターンに注意。このような資格制限は公開会社のときだけのルールです。

Advance 2回転目に読む ※3
定款または株主総会決議によって任期を短縮することができ、また、非公開会社の場合は、定款に定めることで、10年まで伸長できます(332条1項ただし書、332条2項)。

> ポイント
> ☆ 取締役の選任は株主総会決議によって行う(329条1項)
> ☆ 公開会社の場合、取締役が株主でなければならない旨を定款で定めることができない(331条2項)

次に、公開会社であるX社(取締役会設置会社)を例に、取締役の解任について見てみましょう。

板書 取締役の解任

解任

X社　株主総会　取締役A

解任された取締役の権利義務	解任されたAは、新たに選任された取締役が就任するまで、なお取締役としての権利義務を有するか？：×
一時取締役	裁判所は、必要があると認めるときは、利害関係人の申立てにより、一時取締役の職務を行うべき者を選任することができる(346条2項)

任期満了や辞任により退任している場合は、新たに選任された取締役が就任するまで、なお取締役としての権利義務を有します（346条1項）。

> ポイント
> ☆ 取締役の解任は株主総会決議によって行う(339条1項)
> ☆ 不正行為をした取締役を解任する旨の議案が株主総会において否決された場合、株主(公開会社の場合、6か月保有かつ3％以上保有)から、裁判所に対し、取締役解任の訴えを提起することができる(854条1項)

II 取締役会

(1) 取締役会の権限

取締役会は、すべての取締役で組織されます(362条1項)。

取締役会は、会社の業務執行の決定、取締役の職務の執行の監督、代表取締役の選定・解職といった職務を行います(362条2項)。

(2) 取締役会の招集と決議

通常、取締役会の決議は、議決に加わることができる取締役の過半数が出席し、その過半数の賛成で行われます(369条1項)。

公開会社であるX社(取締役会設置会社)を例に、取締役会で決定すべき事項に何があるか、取締役会の招集と決議のルールについて見てみましょう。

**板書** 取締役会

X社　取締役会　出席←　取締役

取締役会で決定すべき事項の例(362条4項)
・重要な財産の処分、譲受け
・多額の借財
・支店その他の重要な組織の設置、変更、廃止

↑これらの事項の決定は取締役会で行うものであり、その決定を取締役に委任することはできない

公開会社の場合は取締役会設置会社ですが、非公開会社の場合は取締役会を設置する会社と設置しない会社の両方があります。

取締役会の場合、代理人による議決権行使や、特別利害関係人による議決権行使は、認められていません。

> **ポイント**
>
> ☆ 取締役会は、<u>各取締役が招集する</u>(366条1項)[※1]
> 　↑ 取締役会を招集する取締役を定款または取締役会で
> 　　定めたときは、その取締役が招集する
> ☆ <u>取締役全員の同意があれば、取締役の提案を可決する</u>
> 　<u>旨の取締役会の決議があったものとみなす旨を定款で定</u>
> 　<u>めることができる</u>(370条)
> ☆ 取締役会決議に参加した取締役のうち、議事録に異議
> 　をとどめなかった者は、決議に<u>賛成したと推定される</u>(369
> 　条5項)

（神田Tのアドバイス❶）

---

(3) 議事録

　取締役会の議事については、議事録を作成する必要があります(369条3項)[※2]。

Ⅲ 代表取締役

　代表取締役は、会社の業務に関する一切の裁判上または裁判外の行為をする権限を有する機関です(349条4項)[※3]。一般に会社の社長がこれに該当します。（神田Tのアドバイス❷）

　取締役会設置会社では、①代表取締役、②代表取締役以外の取締役で取締役会決議により会社の業務を執行する取締役として選定された者が会社の業務を執行します(363条1項)。

　<u>取締役会を設置している会社と設置していない会社に分けて、代表取締役の選任や権限について見てみましょう。</u>

Advance [※1] 2回転目に読む
取締役会の招集は1週間前までに通知をすればよく（短縮も可）、また、取締役全員（監査役設置会社のときは監査役も）の同意があれば招集手続は省略できます（368条1項・2項）。

神田Tのアドバイス❶
全員同意によるみなし決議については、株主総会のときは会社法上みなされますが、取締役会のときは定款でみなすことができる旨を定める必要があります。

Advance [※2] 2回転目に読む
監査役設置会社、監査等委員会設置会社、指名委員会等設置会社の場合、株主は、裁判所の許可を得て、議事録の閲覧を請求できます（371条3項）。

Advance [※3] 2回転目に読む
会社は、代表取締役の権限に制限を加えることはできますが、その制限は、善意の第三者に対抗することはできません（349条5項）。

神田Tのアドバイス❷
「社長」という名称は会社法上の用語ではありません。法律上、会社の代表権を持つ取締役のことは「代表取締役」と呼ばれます。

板書 代表取締役

取締役会設置会社	取締役会非設置会社

	各自が代表
代表取締役を選ぶ	定款、定款規定に基づく互選、株主総会決議により代表取締役を選定し、代表行為は代表取締役に行わせてもよい（349条3項）
←取締役の中から取締役会決議で選ぶ（362条2項3号、3項）	

取締役会設置会社

	代表権	〇
代表取締役	業務執行権	〇
他の取締役	代表権	×
	業務執行権	×

↑ 取締役会決議によって取締役会設置会社の業務を執行する取締役として選定された者は、業務執行権アリ

取締役会非設置会社

	代表権	〇
各取締役	業務執行権	〇

〈代表取締役を選んだ場合〉

	代表権	〇
代表取締役	業務執行権	〇
他の取締役	代表権	×
	業務執行権	〇

〇：あり ×：なし

神田Tのアドバイス❸
取締役会非設置会社の場合、取締役が3人いれば全員会社を代表できますから、代表取締役の選任は不要です。ただし、誰か1人だけを代表にしたいときは、代表取締役を選任すればよいだけです。

神田Tのアドバイス❹
取締役会設置会社の場合、取締役だからといって当然に会社の代表権や業務執行権を有するわけではありません。

語句 ※4
報酬等
報酬のほか、賞与その他の職務執行の対価として会社から受ける財産上の利益を含めて「報酬等」という。

IV 取締役の報酬

取締役の報酬等※4について、その額が確定しているものはその額、その額が確定していないものは具体的な算定方法は、<u>定款または株主総会決議によって定めます</u>（361条1項1号・2号）。

V 特別取締役

取締役が6人以上いて、うち1人以上は社外取締役の会社の場合、取締役会から委任された一定事項の決定を特別取締役による取締役会で行うことができます（373条1項）。

特別取締役を置く会社を例に、特別取締役のルールについて見てみましょう。

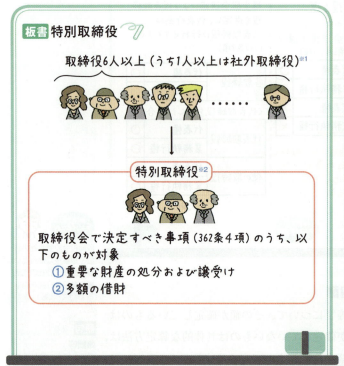

板書 特別取締役

取締役6人以上（うち1人以上は社外取締役）※1

↓

特別取締役※2

取締役会で決定すべき事項（362条4項）のうち、以下のものが対象
① 重要な財産の処分および譲受け
② 多額の借財

神田Tのアドバイス❶

取締役の人数が多く、迅速な業務執行の意思決定ができない会社に、迅速な業務執行の意思決定を可能にさせるために設けられている制度です。

ひっかけ注意！ ※1

特別取締役になったからといって、通常の取締役会のメンバーとして取締役会に参加できなくなるわけではありません。「特別取締役になる者は通常の取締役会には参加できない」として誤りとするパターンに注意。

Advance ※2 2回転目に読む

指名委員会等設置会社の場合、特別取締役を設置できません。

VI 社外取締役

社外取締役を置くことにより、外部の視点から企業経営のチェック機能を果たす役割を担わせることができます。

神田Tのアドバイス❷

改正（令和3年3月施行）により、上場会社等は社外取締役を置かなければならないものとされました（327条の2）。

Ⅶ 取締役の義務
(1) 競業避止義務

取締役が、会社のためではなく、自分自身や第三者の利益のために会社の事業の部類に属する取引[※3]を行う場合、一定の規制がかけられています。

X社(取締役会設置会社[※4])の取締役Aが競業取引をする場合を例に、競業取引に対する規制について見てみましょう。

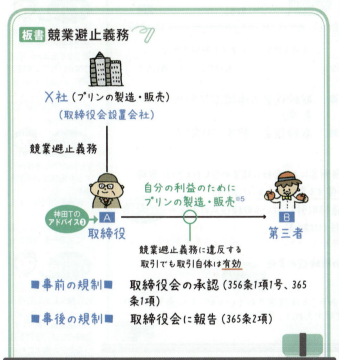

語句 ※3
会社の事業の部類に属する取引
会社の事業と市場において競合する可能性のある取引のこと。

Advance ※4 2回転目に読む
取締役会非設置会社の場合、承認機関は株主総会になります。後述の利益相反取引の場合も同様です。

神田Tのアドバイス❸
取締役は会社の機密に通ずる立場にいますので、その立場ゆえに知った機密を利用して会社の不利益となるような行為を無断でさせるべきではないとの観点から、取締役の競業取引には一定の規制がかけられています。

Advance ※5 2回転目に読む
承認を得ないで行われた競業取引によって取締役が得た利益の額は、会社に生じた損害と推定されます(423条2項)。

(2) 利益相反取引

取締役が、会社と利益が相反する取引をする場合も一定の規制がかけられています。

X社（取締役会設置会社）の取締役AがX社に土地を売る（利益相反取引）場合を例に、利益相反取引に対する規制について見てみましょう。

取締役が自己または第三者のために会社と取引を行う「直接取引」のほか、取締役以外の第三者との間で会社が取引を行うことによって取締役の利益になる「間接取引」も利益相反取引に含まれます（356条1項2号・3号）。

取締役が事前に会社の承認を受けて利益相反取引をする場合、民法で禁止されている自己契約（民法108条）にはあたりません。したがって、有効に取引できます。

自己のために直接取引をした取締役の損害賠償責任
・総株主の同意による免責：〇
・株主総会の特別決議による一部免除：×

神田Tのアドバイス④
会社がAと取引することに賛成した取締役Bや、Aの利益相反取引の承認決議で賛成した取締役Cは、任務を怠ったものと推定されます。また、決議に参加した取締役Dは、議事録に異議をとどめていないのであれば、決議に賛成したものと推定されます。ただし、Aと異なり、BCDは任務を怠っていなかったことを証明すれば免責されます。

Ⅶ 取締役の会社に対する責任

(1) 任務懈怠責任

取締役は、その任務を怠ったときは、会社に対し、これによって生じた損害を賠償する責任を負います（423条1項）[※1]。

取締役の会社に対する任務を怠ったときの責任は、総株主の同意により免責することができます（424条）。

(2) 株主代表訴訟

株主代表訴訟とは、会社が取締役の責任を追及しない場合に、株主[※2]が、会社に代わって取締役の責任を追及する訴訟のことです（847条1項）。

株主から会社に対して取締役の責任を追及する訴訟を提起するよう請求し、それでも60日以内に会社が提訴しないときは、株主自ら提訴することができます（847条3項）[※3]。

Ⅷ 取締役の第三者に対する責任

取締役は、その職務を行うについて悪意または重大な過失があったときは、これによって第三者に生じた損害を賠償する責任を負います（429条1項）。

第三者に対する責任なので、会社に対する責任とは異なり、総株主の同意で免責することはできません。

> **Advance** [※1]
> **2回転目に読む**
> 会社が、取締役の会社に対する責任を追及する訴えに係る訴訟において和解をする場合、監査役設置会社にあっては各監査役、監査等委員会設置会社にあっては各監査等委員、指名委員会等設置会社にあっては各監査委員の同意を得なければなりません（849条の2）。

> **Advance** [※2]
> **2回転目に読む**
> 公開会社の場合、原則として6か月前から引き続き株式を有する株主であることが必要です（847条1項・2項）。

> **Advance** [※3]
> **2回転目に読む**
> 期間の経過により会社に回復することができない損害が生ずるおそれがある場合であれば、株主は、直ちに提訴できます（847条5項）。

例題　　　　　　　　　　　　　　　　　R元-40-4

（公開会社でない株式会社で、かつ、取締役会を設置していない株式会社の場合）
株式会社は、取締役が株主でなければならない旨を定款で定めることができる。

> ⭕ 非公開会社であれば、取締役が株主でなければならない旨の定款を定めることができる。これができないのは公開会社の場合。

4 監査役その他　重要度 ★★☆

会社には、取締役のほかにも、監査役、会計参与、会計監査人などが設置されている場合もあります。

ここでは、監査役などの機関について学習していきましょう。

I 監査役

監査役は、取締役の職務執行の監査をする権限を有する機関です（381条1項）。

公開会社であるX社（取締役会設置会社）の場合を例に、監査役の選任・解任について見てみましょう。

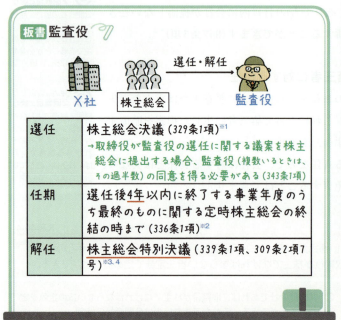

選任	株主総会決議（329条1項）※1 →取締役が監査役の選任に関する議案を株主総会に提出する場合、監査役（複数いるときは、その過半数）の同意を得る必要がある（343条1項）
任期	選任後4年以内に終了する事業年度のうち最終のものに関する定時株主総会の終結の時まで（336条1項）※2
解任	株主総会特別決議（339条1項、309条2項7号）※3、4

神田Tのイントロ

監査役だけを題材とした出題がされたこともあります。株主総会や取締役・取締役会に比べれば重要度は低くなりますが、念のため、選任・解任の知識を覚えておくとよいでしょう。

Advance ※1　2回転目に読む
監査役は、取締役に対して、監査役の選任を株主総会の目的とすることまたは監査役の選任に関する議案を株主総会に提出することを請求することができます（343条2項）。

Advance ※2　2回転目に読む
非公開会社の場合は、定款に定めることで任期を10年まで伸長できます（336条2項）。

Advance ※3　2回転目に読む
不正行為をした監査役を解任する旨の議案が株主総会において否決された場合に、株主（公開会社の場合、6か月保有かつ3％以上）から、裁判所に対し、監査役解任の訴えを提起できる制度もあります（854条）。

ひっかけ注意！ ※4
監査役の解任も「株主総会普通決議でよい」として誤りとするパターンに注意。

Ⅱ 会計参与

会計参与は、取締役と共同して、計算書類等を作成する機関です（374条1項）[※5]。

会社の規模や機関設計にかかわらず、定款で、任意に設置できます（326条2項）。

Ⅲ 会計監査人

会計監査人は、計算書類等の監査をする機関です（396条1項）[※6]。

監査等委員会設置会社、指名委員会等設置会社、大会社[※7]は、会計監査人の設置が義務付けられています（327条5項、328条1項・2項）。

取締役、監査役、会計参与、会計監査人の選任・解任・任期をまとめると、次の表のようになります。

	選任	解任	任期
取締役	株主総会決議	株主総会決議	2年
監査役	株主総会決議	株主総会特別決議	4年
会計参与	株主総会決議	株主総会決議	2年
会計監査人	株主総会決議	株主総会決議	1年

例題

H27-39-4

監査役を解任するには、議決権を行使することができる株主の議決権の過半数を有する株主が株主総会に出席し、出席した当該株主の議決権の3分の2以上に当たる多数の決議をもって行わなければならない。

○ 監査役の解任は株主総会の特別決議が必要。

Advance ※5
2回転目に読む
会計参与は、公認会計士、監査法人、税理士、税理士法人でなければなりません（333条1項）。

Advance ※6
2回転目に読む
会計監査人は、公認会計士、監査法人でなければなりません（337条1項）。

語句 ※7
大会社
資本金5億円以上または負債200億円以上の株式会社のこと。

第4編 商法

CH2 会社法

SEC4 会社の機関

5 指名委員会等設置会社　重要度 ★☆☆

指名委員会等設置会社は、指名委員会、監査委員会、報酬委員会の3委員会を設置する会社です。

指名委員会等設置会社では、会社の業務執行は**執行役**によって行われます。

指名委員会	株主総会に提出する取締役の選任・解任に関する議案の内容の決定などを行う委員会
監査委員会	取締役の職務執行の監査、監査報告の作成などを行う委員会
報酬委員会	取締役の報酬の内容の決定などを行う委員会

神田Tのイントロ
重要テーマではありませんが、3委員会を置くこと、執行役がいることを確認しておきましょう。

神田Tのアドバイス❶
取締役の選任・解任自体は株主総会決議事項です。

6 監査等委員会設置会社　重要度 ★★☆

監査等委員会設置会社は、監査等委員会により取締役の業務執行を監査する会社です[※1]。平成26年改正（平成27年5月施行）により導入された仕組みです。

従来、大会社である公開会社は、監査役会を設置しなければならず、監査役会を置かなくてよいのは委員会設置会社（平成26年改正により指名委員会等設置会社に変更）の場合でしたが、多くの会社は監査役会の設置を選択していました。これは、指名委員会・報酬委員会・監査委員会の3委員会（各委員会の委員には社外取締役が過半数必要）を置く委員会設置会社の仕組みの下では、社外の人間に人事や報酬を委ねることに抵抗があったためです。監査等委員会設置会社の場合、監査等委員会以外の委員会の設置は不要ですから、より選択しやすいシステムとなります。

神田Tのイントロ
平成26年改正が試験範囲となった平成28年度からさっそく出題されたテーマです。再出題に備え、板書内のポイントの知識はしっかり確認しておきましょう。

ひっかけ注意! ※1
監査等委員会設置会社にするかどうかは任意です。「公開会社は監査等委員会設置会社にしなければならない」として誤りとするパターンに注意。

監査等委員会を設置している会社を例に、その機関設計のルールについて見てみましょう。

板書 監査等委員会設置会社

取締役会

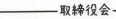
株主総会決議によって選任※2

監査

監査等委員会
社外取締役が過半数

A 監査役
→設置できない

B 会計監査人
→設置する

ポイント
- ☆ 監査等委員会は、監査等委員となる取締役3名以上で組織し、その<u>過半数は社外取締役</u>とする必要がある(331条6項)
- ☆ 監査等委員である取締役の任期は2年、それ以外の取締役の任期は1年(332条1項・3項)
- ☆ 監査等委員会設置会社は、<u>会計監査人を置く必要がある</u>(327条5項) 神田Tのアドバイス❷
- ☆ 監査等委員会設置会社は、<u>監査役を置いてはならない</u>(327条4項) 神田Tのアドバイス❸
- ☆ 会社を代表するのは、<u>代表取締役</u> 神田Tのアドバイス❹

Advance ※2
2回転目に読む
監査等委員である取締役は株主総会決議で選任しますが、それ以外の取締役とは区別して選任します(329条2項)。

神田Tのアドバイス❷
指名委員会等設置会社でも、会計監査人の設置は義務付けられています(327条5項)。

神田Tのアドバイス❸
指名委員会等設置会社でも、監査役の設置は禁止されています(327条4項)。

神田Tのアドバイス❹
指名委員会等設置会社では、会社を代表するのは代表執行役です(420条1項)。

監査等委員会設置会社を指名委員会等設置会社と比較すると、以下の表のようになります。

	指名委員会等設置会社	監査等委員会設置会社
設置する委員会	指名、報酬、監査の３委員会	監査等委員会
委員会の委員	取締役３名以上 （過半数は社外取締役）	取締役３名以上 （過半数は社外取締役）
会計監査人の設置	義務	義務
監査役の設置	不可	不可
会社の代表	代表執行役	代表取締役

執行役という概念があるのは指名委員会等設置会社の場合です。監査等委員会設置会社の場合、会社を代表するのは代表取締役です。

例題　　　　　　　　　　　　　　　　　　　　H28-39-1

監査等委員会設置会社または指名委員会等設置会社は、いずれも監査役を設置することができない。

○　監査役は設置できない。

SECTION 5 剰余金の配当

CHAPTER 2 会社法

このSECTIONで学習すること

1 剰余金の配当

配当をするときのルールは？
現金以外での配当はできる？

1 剰余金の配当　重要度★★☆

Ⅰ 剰余金の配当

会社の活動の結果儲けたお金が**剰余金**です。剰余金は、会社の事業のために会社内で蓄えておいたり、株主への配当として分配することに使われます※1。

ただし、会社財産から無制限に株主に配当されると、会社財産がなくなってしまい、会社財産しか弁済のあてにできない債権者を害することになります。そのため、会社法では、会社から株主への配当に対して一定の規制をかけています。

X社（取締役会設置会社）が株主に剰余金を配当する場合を例に、配当の規制について見てみましょう。

神田Tのイントロ

出題頻度は高くないですので、一通りの学習が終わってからでも、板書内の基本ルールと側注の2回転目に読むの知識を確認しておきましょう。

Advance ※1　2回転目に読む
会社が、株主に剰余金配当を受ける権利の全部を与えない旨を定款で定めても、そのような定款の定めは効力を有しません（105条2項）。

板書 剰余金の配当

- 株主 →出資→ X社
- X社 ←分配← X社
- 事業 → 儲ける

X社の財産※2：
- 剰余金 ← 余り＝配当に使ってよい
- 準備金
- 資本金 ← 会社債権者のためきちんと確保する必要あり

ポイント
- ☆ 自己株式に対して：配当✕（453条）
- ☆ 分配可能額がない場合：配当✕（461条1項8号）
- ☆ 純資産額が300万円を下回る場合：配当✕（458条）
- ☆ 株主総会決議で何回でも配当できる（454条1項）
- ☆ 1事業年度内に1回に限り、取締役会決議で配当できる
  （中間配当、454条5項）※3

Advance ※2　2回転目に読む
会社は、株主総会決議によって剰余金の額を減少して、資本金の額を増加することができます（450条1項・2項）。

Advance ※3　2回転目に読む
中間配当は金銭での配当のみになります。

Ⅱ 現物配当

現物配当もできますが、現物配当しか認めないときは株主総会特別決議が必要となります（454条4項、309条2項10号）。

なお、自社の株式、新株予約権、社債による配当は禁止されています（454条1項1号）。

例題
H30-40-4

株式会社は、当該株式会社の株主および当該株式会社に対し、剰余金の配当をすることができる。

✕　会社から当該会社自身に対する配当はできない。

785

第4編 商法

CHAPTER 2 会社法

SECTION 6 その他

このSECTIONで学習すること

1 持分会社
株式会社のほかにも、合名会社・合資会社・合同会社という会社もあり、株式会社から組織変更することもできるよ

2 組織再編
会社が事業を譲渡するときや合併するときの手続は？

3 会社補償等
会社補償や、役員等のために締結される保険契約の手続は？

1 持分会社　重要度 ★☆☆

I 概要

持分会社は、合名会社、合資会社、合同会社という会社の総称です（575条1項）。

持分会社では、株式会社と異なり、社員（＝出資者）の個性を重視する運営体制が採られ、原則として社員が経営に参加します（所有と経営の一致）。

株主会社と比較しながら、持分会社の種類について見てみましょう。

持分会社であっても会社である以上、定款も作成しますし、登記もします。

合名会社と合資会社の場合は資本金の額は登記事項ではありませんが、合同会社の場合は資本金の額も登記事項とされています。

神田Tのイントロ

平成17年改正により新設された会社法が試験範囲となった平成19年度試験以降、会社法からは毎年4問出題され、過去15年分の60問中持分会社の出題がされたのは2問だけです。

Ⅱ 設立

持分会社を設立する場合、社員となろうとする者が定款を作成し、出資し、登記をすることが必要です。

合名会社、合資会社の場合、社員の出資の履行は会社成立後でもよく(578条)、無限責任社員は、金銭その他の財産による出資※1も認められます(576条1項6号)。

Ⅲ 業務執行、代表

持分会社では、社員が会社の業務を執行します。

定款で業務執行社員を定めない場合、社員が複数いるときは社員の過半数で業務執行の決定を行い、各社員がこれを執行します(590条1項・2項)。

定款で業務執行社員を定めた場合、業務執行社員が持分会社の業務を執行し、業務執行社員が複数いるときは業務執行社員の過半数で業務執行の決定を行います(591条1項)。

Ⅳ 退社

退社とは、持分会社の社員がその資格を失うことです。

退社した社員は、持分会社から持分の払戻しを受けることができます(611条1項)。

Ⅴ 組織変更

持分会社を株式会社に変更することや、株式会社を持分会社に変更することを組織変更といいます。

持分会社を株式会社に変更するときは総社員の同意が必要となり、逆に、株式会社を持分会社に変更するときは総株主の同意※2が必要となります(776条1項、781条1項)。

語句 ※1
信用・労務による出資
自分の信用を会社に利用させることや労務の提供をもって出資とすること。

神田Tのアドバイス❶

株式会社の場合、会社の出資者にあたる株主が業務執行をするわけではありません。

神田Tのアドバイス❷

株式会社の場合、退社制度は認められていません。

ひっかけ注意! ※2

「株主総会特別決議があれば株式会社を持分会社に組織変更することができる」として誤りとするパターンに注意。

2 組織再編 重要度 ★☆☆

I 事業譲渡

事業譲渡は、会社の事業を別の会社に譲り渡すことをいいます。包括的に権利義務関係が移転する合併とは異なり、個別に権利移転手続をとる必要があります。

X社の事業をY社に譲渡する場合を例に、事業譲渡の法律関係について見てみましょう。

合否を分ける重要テーマではありませんので、会社法の学習ウエイトを下げる方はパスしてよい箇所です。

板書 事業譲渡

事業譲渡について株主総会の特別決議は必要か？

事業譲渡

・事業譲渡しても会社が消滅するわけではない
・競業避止義務（原則20年間）

事業は一部の譲渡も可能

Y社※3
事業を承継

株主総会特別決議の要否（309条2項11号）

	全部の譲渡	重要な一部の譲渡	重要でない一部の譲渡
譲渡会社	必要※4	必要	不要
譲受会社	必要※5	不要	不要

ポイント
☆ 反対株主には株式買取請求権あり(469条1項)
☆ 合併のときにあるような債権者異議手続は不要

事業譲渡をした場合、Y社がX社を吸収合併した場合と違い、X社は消滅しないことに注意しましょう。

 ※3
Advance 2回転目に読む
譲受会社は、商号を続用したり、債務引受の広告を出したりしているときは、譲渡会社の債務の弁済責任を負います（22条1項、23条1項）。

Advance ※4 2回転目に読む
Y社がX社の総株式の議決権の90％以上を保有しているなら、X社での株主総会決議は不要（略式事業譲渡）。

Advance ※5 2回転目に読む
Y社がX社の事業の全部を譲り受ける場合でも、Y社がその対価として交付する財産が純資産額の5分の1を超えないときは、Y社での株主総会決議は不要（簡易事業譲渡）。

Ⅱ 合併

合併とは、複数の会社が1つの会社になることをいいます。新しく会社を設立する新設合併と、既存の会社に吸収される吸収合併の2種類があります。

吸収合併の場合、消滅会社・存続会社で契約を交わし、合併の効力発生の前までに各会社での株主総会において特別決議で承認を得る必要があります。そして、消滅会社は解散し、消滅します。消滅会社の権利義務関係は存続会社に包括的に承継されます。

X社をY社が吸収合併する場合を例に、吸収合併の法律関係について見てみましょう。

Advance ※1　2回転目に読む
Y社がX社の総株式の議決権の90％以上を保有しているなら、X社での株主総会決議は不要（略式合併）。

Advance ※2　2回転目に読む
Y社が合併の対価として交付する財産が純資産額の5分の1を超えないときは、Y社での株主総会決議は不要（簡易合併）。

Advance ※3　2回転目に読む
官報に公告し、債権者には個別催告の必要がありますが、電子公告にしている場合には個別催告は不要です。

Advance ※4　2回転目に読む
新設合併の場合、合併の効力発生日は新会社の設立日になります。

Advance ※5　2回転目に読む
株主や取締役等は、合併の効力を生じた日から6か月以内に合併無効の訴えを提起できます。合併が無効になっても将来に向かって無効となるだけです。

III 分割

分割とは、会社の全部または一部の事業を他の会社に譲渡することをいいます。新しく会社を設立する新設分割と、既存の会社に事業を引き継がせる吸収分割の2種類があります。

吸収分割の場合、分割会社・承継会社で契約を交わし、分割の効力発生の前までに各会社での株主総会において特別決議で承認を得る必要があります。そして、分割会社の事業が承継会社に承継されます。

IV 株式交付

株式交付とは、株式会社(買収会社)が他の株式会社(被買収会社)をその子会社とするために当該他の株式会社(被買収会社)の株式を譲り受け、当該株式の譲渡人に対してその対価として当該株式会社(買収会社)の株式を交付することをいいます。

これにより、他の株式会社を買収しようとする株式会社(買収会社)がその株式を対価とする手法により円滑に当該他の株式会社(被買収会社)を子会社とすることができるようになりました。

<u>A社が株式交付の方法によりB社を買収する場合を例に、株式交付の仕組みについて見てみましょう。</u>

株式交付制度は、令和元年の改正により新しく設けられた制度です(同改正は令和3年3月施行)。

3 会社補償等　重要度 ★☆☆

神田Tのイントロ
会社補償や役員等のために締結される保険契約に関する条文は、令和元年の改正により新しく設けられたものです（同改正は令和3年3月施行）。念のため、どこの決議をとるものかについておさえておきましょう。

I 会社補償

　会社補償とは、役員等が、その職務の執行に関し、法令の規定に違反したことが疑われ、または責任の追及に係る請求を受けたことに対処するために支出する費用や、第三者に生じた損害を賠償する責任を負う場合における損失について、会社が当該役員等に対して補償する仕組みのことです。

　X社（取締役会設置会社）の取締役AがX社と補償契約を結ぶ場合を例に、会社補償の法律関係について見てみましょう。

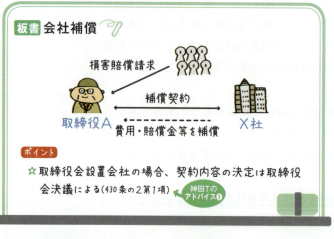

板書 会社補償

ポイント
☆ 取締役会設置会社の場合、契約内容の決定は取締役会決議による（430条の2第1項）

神田Tのアドバイス❶

取締役会非設置会社の場合は株主総会決議によります。

II 役員等のために締結される保険契約

　役員等のために締結される保険契約とは、会社が、保険者との間で締結する保険契約のうち役員等がその職務の執行に関し責任を負うことまたは当該責任の追及に係る請求を受けることによって生ずることのある損害を保険者が補償することを約する契約のことです。

　X社（取締役会設置会社）の取締役AのためにX社が保険会社と保険契約を結ぶ場合を例に、保険契約の法律関係について

見てみましょう。

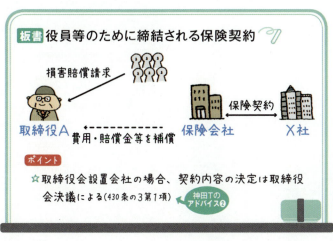

取締役会非設置会社の場合は株主総会決議によります。

第5編 基礎法学

基礎法学

学習ガイダンス

基礎法学は、5肢択一式2問だけの出題ですが、法学系の出題と裁判系の出題が多いので、2問対策として、❶法律用語などについての<u>法学</u>、❷裁判所および裁判の仕組みなどについての<u>裁判制度</u>という順番で学習していきます。

全体像

法 学
- 法律用語
- 法の解釈
- 法の名称

裁判制度
- 裁判所の組織
- 裁判の仕組み
- 司法制度改革
- 裁判外紛争処理

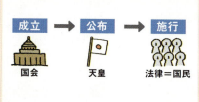

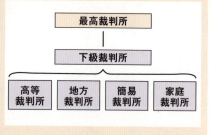

各法令科目や政治（一般知識）の知識を利用できる

憲法（裁判所）や政治（一般知識）の知識を利用できる

CHAPTERの特徴

CHAPTER 1 法学

民法でよく出てくる「みなす」と「推定する」の違いといった条文の用語、行政法でよく出てくる「特別法と一般法の関係」のほか、法の適用と解釈、法の名称と分類など法全般についての基本的なルールを学びます。

SECTION 1 法律用語

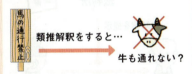

法律の公布・施行、条文上の表記で注意すべき語句、特別法と一般法の関係、法律の条文の解釈手法について学習します。

SECTION 2 法の名称

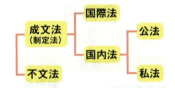

国のルールである法律・政令・省令・規則の違いや、地方のルールである条例・規則の違いなど、法の名称・分類とその内容について学習します。

CHAPTER 2 裁判制度

```
        最高裁判所
           │
        下級裁判所
    ┌────┬────┬────┐
  高等  地方  簡易  家庭
  裁判所 裁判所 裁判所 裁判所
```

裁判所の組織や、民事・刑事裁判の仕組み、裁判員制度といった裁判制度全般について学びます。また、裁判判決によらずに紛争を解決する方法についても学びます。

SECTION ❶ 裁判所

従来
職業裁判官

現在
職業裁判官 ＋ 裁判員

裁判所の組織、民事訴訟と刑事訴訟のルール、裁判員制度や法テラス（日本司法支援センター）などについて学習します。

SECTION ❷ 裁判外紛争処理制度（ADR）

裁判所 → 和解調書

和解案を提示

紛争

和解、調停、仲裁といった、裁判判決を経ないで紛争解決を図る方法を総称してADRといいます。これらのルールや和解調書の効力などについて学習します。

傾向と対策

　基礎法学は、例年、**5肢択一式2問**（1問4点）の出題です（8点）。「法学」「裁判制度」が出題されやすい傾向にありますが、どの分野から出題されるかは決まっていません。

5肢択一式

　基礎法学は、法律用語や裁判制度の出題が多いところですが、範囲も多岐にわたり、また、何か一つの法律を勉強すればよいというわけでもないので、**あまり深入りして学習しないほうがよい科目**です。配点（出題数）の関係からも合否を分ける科目とはいえません。ただし、基本学習段階において、法律用語の基本概念は知っておくことは、今後の学習のためには有効です。

　試験対策としては、過去問題を見て、どんな出題がされているかの傾向把握程度は行ってよいとしても、過去問題を繰り返し解くというアプローチは有効とはいえません。実際には、基本学習期は法律用語を軽く読み、裁判の基礎知識を身に付ける程度にとどめ、直前期になってから、予想問題を解き、その復習を行うだけで十分です。

SECTIONごとの出題履歴

		H24	H25	H26	H27	H28	H29	H30	R元	R2	R3
1 法学	1 法律用語	択	択	択		択	択				択
	2 法の名称			択	択		択	択2	択		
2 裁判	1 裁判所	択	択		択	択			択	択	
	2 裁判外紛争処理									択	
	その他総合問題										択

第5編 基礎法学

CHAPTER 1 法学

SECTION 1 法律用語

このSECTIONで学習すること

1 法律の公布・施行
法律が効力発生するまでのプロセスは？

2 条文上の表記
法律の条文に出てくる法律用語を確認しよう

3 法の優先関係
2つの法律の規定が矛盾する場合の優先関係のルールは？

4 法の適用・解釈
類推解釈、拡張解釈、縮小解釈とは？

5 罪刑法定主義
犯罪と刑罰はあらかじめ成文（言葉で書いてあること）の法律で決めておく必要がある！

1 法律の公布・施行

重要度 ★★☆

法律は、国会で制定された後、「公布」されることで周知され、一定の周知期間を経て、施行期日の到来により「施行」されます。

法律が効力を発生するには、公布のほか、施行期日の到来も必要ということです[※1]。

ここでは、法律の公布と施行という語句の意味について学習していきましょう。

神田Tのイントロ

1回読む程度で十分な箇所です。公布や施行という言葉の意味は知っておきましょう。

神田Tのアドバイス❶

施行のための準備や周知の期間が不要であったり、緊急を要するときなどであれば、法律の公布の日から施行される場合もあります（即日施行）。

条文チェック ※1

法の適用に関する通則法2条では、「法律は、公布の日から起算して20日を経過した日から施行する。ただし、法律でこれと異なる施行期日を定めたときは、その定めによる。」と規定されています。

神田Tのアドバイス❷

官報に掲載するという方法で行われます。

板書 法律の公布と施行

- **公布**…成立した法律の内容を広く一般的に周知させるため公示する行為のこと
- **施行**…法律の規定の効力を現実に発動させ、作用させること

国会で法律がつくられる	公布 天皇が法律を公布する	施行 法律が効力を生じる＝国民に適用される
R3.5.26	R3.5.31	R4.4.1

法律の制定（改正）は衆議院・参議院の両院で可決されればOK

例題　H23-1-3

法律が発効するためには、公布がされていることと施行期日が到来していることとの双方が要件となる。

○ 法律の発効には、公布のほか、施行期日の到来も必要。

第5編 基礎法学　CH1 法学　SEC1 法律用語

801

2 条文上の表記　重要度 ★★☆

神田Tのイントロ
基礎法学では法律用語問題として出題されることも多いですが、他の法律を読むときのヒントにもなりますので、類似用語は比較しておきましょう。

　法律の条文では、日常会話ではあまり使わない言葉が法律用語独特の表現方法で用いられていることもあります。
　ここでは、法律の条文に出てくる法律用語として注意しておきたい用語について学習していきましょう。

I 準用（じゅんよう）する

　「準用する」とは、法令の個々の規定を、本来であれば適用されない他の場面に適用する場合に使われます。

板書 準用する

■**本来の場面**■
　　〇〇法120条　「Aの場合は、△△というルールを適用する」

■**他の場面**■
　　〇〇法125条　「Bの場合は、120条の規定を準用する」

　　　　　　↓ これにより

Bの場合についても、Aの場合と同様のルールが用いられます

関連用語　 神田Tのアドバイス❶

☆「…の例による」
　↑ある事項について、それとは異なる事項について規律する他の法令の制度または規定を包括的に当てはめて適用するときに、用いる

☆「なお従前の例による」
　↑法令の改廃により旧規定は効力を失うが、一定の事項については旧規定を適用するときに、用いる

神田Tのアドバイス❶

国税滞納者に対する国税徴収法の滞納処分のルールを地方税の場合にも使おうとするときに、地方税法の中に「国税滞納処分の例による」という規定を置くことで、同じルールが使えるようになります。

Ⅱ 又は・若しくは

　文章の中では、どちらか一方を選択する場合に用いる接続詞です。選択される語句に段階がない場合には「又は」のみが用いられます。これに対して、選択される語句に段階があるときは、一番大きな選択的連結に「又は」を用い、他の小さな選択的連結には「若しくは」が用いられます。

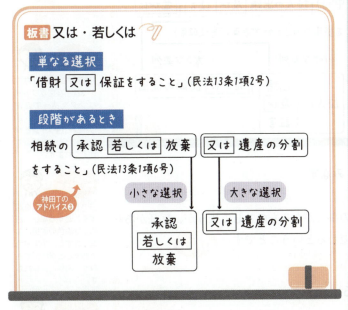

「又は」や「若しくは」は「or」という意味を持ちます。

「赤ワイン若しくは白ワインまたはソフトドリンクを持ってきます。」という場合、ワインかソフトドリンクの選択をして、ワインなら赤か白かの選択をすることになり、選択したものを持ってきてくれます。

Ⅲ 並びに・及び

　文章の中で、2つ以上の要素を結びつけて並列する場合に用いる接続詞です。並列される語句に段階がない場合には「及び」のみが用いられます。これに対して、並列される語句に段階があるときは、一番小さな並列的連結に「及び」を用い、他の大きな並列的連結には「並びに」が用いられます。

「及び」や「並びに」は「and」という意味を持ちます。

板書 並びに・及び

単なる並列

「すべて裁判官は、（中略）この憲法 及び 法律にのみ拘束される」（憲法76条3項）

段階があるとき

「両議院は、（中略）証人の出頭 及び 証言 並びに 記録の提出 を要求することができる」（憲法62条）

小さな並列　　　　大きな並列

証人の { 出頭 及び 証言 }　並びに　記録の提出

神田Tのアドバイス❶

「赤ワインおよび白ワインならびにソフトドリンクを持ってきます。」という場合、赤ワインと白ワインとソフトドリンクを持ってきてくれます。

Ⅳ 推定する、みなす

(1) 推定する

法律上、一定の事実があるものとして扱うが、反証があればその取扱いが変わるということです。

神田Tのアドバイス❷

白いものを「黒と推定する」とする場合、法律上は黒色の取扱いを受けますが、事実白色であることを証明できれば、白色と扱われます。

板書 推定する

■条文の例■

「前後の両時点において占有をした証拠があるときは、占有は、その間継続したものと推定する」（民法186条2項）

■条文の意味■

土地をある時点において占有していたことと、それから10年後において占有していたことを証明すれば、その間の占有は継続していたという別の事実の存在が推定されることになります。

神田Tのアドバイス❸

最初と最後だけ占有の証拠があればその間は占有継続があったものと推定されています。そのため、ずっとそこに居続けたことは証明しなくても大丈夫ということになります。ただし、相手が、10年の間に占有されていない期間があったことを証明すれば、占有が継続したものとは扱われなくなります。

> 他にもこんな例があるよ！
>
> ◆ 私文書は、本人またはその代理人の署名または押印があるときは、真正に成立したものと<u>推定する</u>(民事訴訟法228条4項)。
>
> ◆ 数人の者が死亡した場合において、そのうちの一人が他の者の死後になお生存していたことが明らかでないときは、これらの者は、同時に死亡したものと<u>推定する</u>(民法32条の2)。

(2) みなす

法律上、一定の事実があるものとして扱い、仮に反証があったとしてもその取扱いは変わらないということです。

> 板書 みなす
>
> ■条文の例■
> 「前条(113条：無権代理)の場合において、相手方は、本人に対し、相当の期間を定めて、その期間内に追認をするかどうかを確答すべき旨の催告をすることができる。この場合において、本人がその期間内に確答をしないときは、追認を拒絶したものと<u>みなす</u>」(民法114条)
>
> ■条文の意味■
> 催告に対し、追認するとも追認しないとも返事をしなければ、法律上は、追認拒絶したものと扱われ、後になってから追認拒絶していないと証明したとしてもその効果を覆すことはできません

神田Tの アドバイス④

白いものを「黒とみなす」とする場合、法律上は黒色の取扱いとなり、仮に白色であることを証明できても、黒色の扱いは変わりません。

> 他にもこんな例があるよ！
>
> ◆ 移送の裁判が確定したときは、訴訟は、初めから移送を受けた裁判所に係属していたものと<u>みなす</u>(民事訴訟法22条3項)。

神田Tの アドバイス⑤

A裁判所に訴えが提起され、A裁判所からB裁判所に移送された場合、その事件は最初からB裁判所で扱われていたものとするということです。

805

Ⅴ 以上・超える、以下・未満

　一定の数量を基準としてそれよりも多い少ないをあらわすときに、以上・超えるや以下・未満という用語が用いられます。

(1) 以上・超える

板書 以上・超える

以　上 …一定の数量を基準として、その基準数量を含んでそれより多い

超える …一定の数量を基準として、その基準数量を含まずにそれより多い

関連用語
☆過半数
■例■　メンバーのうち100人が出席し、出席した者の「過半数」の賛成が必要
■意味■　過半数は、51人以上を指す

神田Tのアドバイス❶
「1万円以上」だと1万円を含みますが、「1万円を超える」なら1万円を含みません。

神田Tのアドバイス❷
「半数以上」だと100人中50人以上でよいので、半数以上と過半数では意味が違うことに注意しましょう。

(2) 以下・未満

板書 以下・未満

以下 …一定の数量を基準として、その基準数量を含んでそれより少ない

未満 …一定の数量を基準として、その基準数量を含まずにそれより少ない

神田Tのアドバイス❸
「1万円以下」だと1万円を含みますが、「1万円未満」なら1万円を含みません。

VI 直ちに・速やかに・遅滞なく

いつまでに行うかを示す場合、1週間以内と具体的に日数などを指定することもありますが、直ちに、速やかに、遅滞なくという用語が用いられることもあります。

板書 直ちに・速やかに・遅滞なく

- 直ちに …「すぐに」という意味で、遅延を許さない趣旨である
- 速やかに …「直ちに」よりは急迫の程度が低く、訓示的な意味合いで用いられることが多い※1
- 遅滞なく …「直ちに」と「速やかに」に比べて、時間的即時性が弱く、「合理的に相当と認められる時間内に」という趣旨で用いられることが多い※2

神田Tのアドバイス
「直ちに→速やかに→遅滞なく」の順序で時間的近接性が緩やかになるというイメージで!

条文チェック ※1
行政不服審査法42条2項では、審理員が作成した審理員意見書を審査庁に提出する時期は、「速やかに」提出すべきと規定されています。

条文チェック ※2
行政不服審査法42条1項では、審査請求の審理が終結したときに、審理員が審理員意見書を作成する時期は、「遅滞なく」作成すべきと規定されています。

例題 H26-2-5

「遅滞なく」、「直ちに」、「速やかに」のうち、時間的即時性が最も強いのは「直ちに」であり、その次が「遅滞なく」である。これらのうち、時間的即時性が最も弱いのは「速やかに」である。

✕ 「直ちに」の次に時間的即時性が強いのが「速やかに」、最も弱いのが「遅滞なく」である。

3 法の優先関係　重要度 ★★★

「憲法と法律」とか「法律と政令」など上下関係があるルール同士であれば上位概念が優先すると考えればよいですが、「法律と法律」のような同格のルール同士の場合、どちらの法律のルールが適用されるかが問題となります。

神田Tのイントロ
特別法と一般法の関係は行政法ではよく問われる知識ですので、行政法の学習後であれば1回読む程度で十分な箇所です。

ここでは、特別法と一般法の関係や、後法と前法の関係について学習していきましょう。

I 特別法の優位

2つの法律のうち、ある事項について一般的に規定したルールを「一般法」といいます。一般法に規定する事項について、そのうちの特定の場合について適用されるルールを「特別法」といいます。

一般法である法律と異なる内容を定めた特別法である法律があるときは、特別法の規定が一般法の規定に優先して適用されます(特別法は一般法に優位する)。

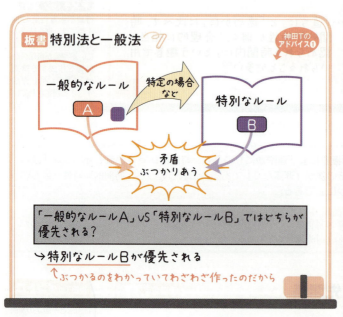

商法と民法が競合する場合だったら、特別法にあたる商法が優先して適用されます。

II 後法の優位

2つの法律のうち、時間的に後で制定された法は、先に制定された法に優先して適用されます。

一般法にあたる後法Aと特別法にあたる前法Bが矛盾する場合であれば、Bが優先します。後法優位の原則よりも特別法優位の原則の方が優先するということです。

4 法の適用・解釈　重要度 ★★★

神田Tのイントロ
1回読む程度で十分な箇所です。類推解釈と拡張解釈など類似する概念は確認しておきましょう。

法律の文言に「Aはダメ」と書いてある場合、その解釈の仕方によって、「AがダメなんだからBもダメ」となったり、「Aがダメなだけなんだからならば BならOK」となることがあります。

ここでは、法律の条文の解釈の手法や法の適用範囲について学習していきましょう。

I 類推解釈

ある事項に関して規定が存在しない場合に、類似の趣旨・場面・事項に関する規定を適用するとき、この解釈の方法を類推解釈といいます。←神田Tのアドバイス❸

神田Tのアドバイス❸

例えば、Bの事件につき規定がなく、類似のAの事件に関しては明文の規定がある場合、Bの事件にもそのルールを用いるときの解釈の仕方です。

板書 類推解釈と反対解釈 🖊

　→　

牛も通れない？

類推解釈

「馬の通行禁止」という規定を<u>類推解釈</u>すると、
「牛は、馬ではないが4本足の大きな動物であって似ているから、通行できない」
という解釈になる

↕ 比較

反対解釈

「馬の通行禁止」という規定を<u>反対解釈</u>すると、
「牛は、馬ではないから、通行できる」
という解釈になる

←神田Tのアドバイス❹

神田Tのアドバイス❹

牛はウシ科の動物で、ウマ科ではありません。

関連用語

拡張解釈	条文の文言、用語を普通の意味より拡張して解釈する →「馬」という概念を拡張的に解釈し、「ロバ」も「馬」に含め、ロバも通行できないと解釈する方法
縮小解釈	条文の文言、用語を普通の意味より狭く解釈する →「馬」という概念を縮小的に解釈し、「子馬」は「馬」には含めないとして、子馬は通行することができると解釈する方法
勿論解釈	ある事項に関して直接規定はされていなくても、言うまでもなく当然に適用されるだろうといえる場合にとられる解釈 →「馬」が通行できないのだから馬より大きな「象」はもちろん通行できないと解釈する方法

神田Tのアドバイス❶

ロバはウマ科の動物です。

II 刑法の適用範囲

属地主義	その国の刑法は、国内で起きた事件について適用するという考え方※1 →日本の刑法は、原則として日本国内で適用され、日本国外に及ばない
属人主義	国外にいる自国民にもその国の刑法を適用するという考え方 →殺人罪・放火罪などの一定の重大犯罪について属人主義が採用されている
保護主義	自国または自国民の法益を侵害する犯罪に対しては、犯人が外国人であるか、犯罪地がどこであるかを問わず、その国の刑法を適用する考え方 →通貨偽造罪などの日本国の国益を害する犯罪について保護主義が採用されている

条文チェック ※1

刑法1条1項では、「この法律は、日本国内において罪を犯したすべての者に適用する。」と規定されています。

神田Tのアドバイス❷

日本国外であっても日本船舶または日本航空機内において罪を犯した者に対しては日本の刑法が適用されます。

5 罪刑法定主義

重要度 ★★★

> **神田Tのイントロ**
> １回読む程度で十分な箇所です。派生原則の中では刑罰法規不遡及と類推解釈禁止がポイントです。

罪刑法定主義とは、犯罪と刑罰は、あらかじめ法律で定めておかなければならないとする原則のことです。何をやったら罪になり、どのような罰が科されるのかは法律で定めておくべきとする考え方です。

ここでは、罪刑法定主義からの派生原則や、刑法にはどんな刑罰があるかについて学習していきましょう。

〈罪刑法定主義の派生原則〉

刑罰法規不遡及の原則	行為後に施行された刑罰法規によって施行前の行為を処罰することは許されない
慣習刑法排除の原則	犯罪と刑罰は成文法の形で定めるべきで、慣習によって刑罰を科すことはできない
類推解釈禁止の原則	明文で規定されていない事項に、他の類似する規定を被告人に不利に類推解釈して処罰することはできない
絶対的不定期刑禁止の原則	裁判所が刑期をまったく定めずに言い渡す絶対的不定期刑は許されない

> **神田Tのアドバイス❸**
> 遡及処罰は禁止されていますが、法律の廃止にあたり、廃止前の違法行為に対して罰則の適用を継続する旨を規定することは可能です。

板書 刑法ではどんな刑罰があるのか

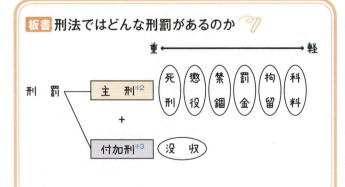

語句 ※2
主刑
独立してそれだけを科すことができる刑罰。

語句 ※3
付加刑
主刑に付加して科すことができる刑罰。

生命に関する刑	死刑
身体の自由に関する刑	懲役、禁錮、拘留 ■懲役・禁錮■ 　受刑者は刑務作業　　受刑者は刑務作業 　に服する　　　　　　に服さない ■拘留■ 　受刑者を拘留場に拘置する 　（期間は1日以上30日未満）
財産に関する刑	罰金※1、科料※2、没収 ■罰金・科料■ 　1万円以上　　千円以上1万円未満 ■没収■ 　犯罪に関係のある物についての所有権を 　剥奪する

神田Tの
アドバイス❶

懲役と禁錮の違いは、刑事施設内で木工の加工や衣類の製作といった刑務作業に服する義務があるかないかです。

条文チェック ※1
刑法204条（傷害罪）では、「人の身体を傷害した者は、15年以下の懲役又は50万円以下の罰金に処する。」と規定されています。

条文チェック ※2
刑法208条（暴行罪）では、「暴行を加えた者が人を傷害するに至らなかったときは、2年以下の懲役若しくは30万円以下の罰金又は拘留若しくは科料に処する。」と規定されています。

CHAPTER 1 法学

第5編 基礎法学

SECTION 2 法の名称

このSECTIONで学習すること

1 法の分類
成文法と不文法の違いって何？ 判例法とは何？

2 法の名称
ルールには、法律、命令、規則などいろいろな名前があるけど、その違いって何？

1 法の分類　重要度 ★☆☆

> **神田Tのイントロ**
> 重要度は低く、1回読む程度で十分な箇所です。

法には、成文法と不文法とか、私法と公法といった分類の仕方があります。

ここでは、法はどのように分類されるのかについて学習していきましょう。

Ⅰ 自然法と実定法

法には、自然法と実定法という区別があります。

自然法	人間の自然の本性に基づいて、時間や場所を超えて妥当する人類普遍の法
実定法	国家機関による制定行為や慣習などの経験的事実といった人為に基づいて成立する法

Ⅱ 成文法と不文法

(1) 分類

法は、文章化されているルールか文章の形式をとらないルールかで分類することができます。

成文法	文字・文章で表現され、所定の手続に従って定立される法（法源が成文の法典である法） 例 憲法、法律、政令、条例
不文法	所定の手続に従って定立されるとは限らず、その法源が文字・文章の形式をとらない法 例 慣習法、判例法

神田Tのアドバイス❶
英米法はイギリスの法およびそれを継承して発展したアメリカの法体系の総称で、慣習法や判例法を中心とします。大陸法と対比される概念です。大陸法は、ローマ法を起源にドイツやフランスを中心とする西ヨーロッパで広く採用されるに至った法体系の総称で、成文法を中心とします。

(2) 判例法

判例は、先例として機能する裁判例のことです。

判例は、判例法主義を採用する英米法系の国では、法的拘束力を有する法源とされています。そして、判決文で示された「判決理由」のうち、判例の結論を導く上で必要な部分を「判決理由（レイシオ・デシデンダイ）」と呼び、判例法としての拘束力を認めています。

神田Tのアドバイス❷
レイシオ・デシデンダイ以外の部分を「傍論（オビタ・ディクタム）」と呼び、ここには判例法としての拘束力は認められていません。

(3) 慣習法

社会の法的確信を伴うに至った慣習であって、法的効力が認められているものを慣習法といいます。

III 国際法（条約）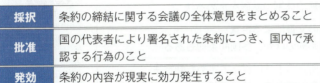

条約は、文書による国家間の合意のことです。

条約については、○○条約は2017年に採択され、日本は2018年に批准し、2019年に発効したと表記されることがあります。

採択	条約の締結に関する会議の全体意見をまとめること
批准	国の代表者により署名された条約につき、国内で承認する行為のこと
発効	条約の内容が現実に効力発生すること

渉外的な法律関係に適用される法として、国際私法上のルールによって指定される法を「準拠法」といいます。

IV 公法と私法

法は、公的な関係についてのルールか私的な関係についてのルールかで分類することができます。

公法	国家や公共団体の内部関係および国家や公共団体と私人との関係を規律する法 例 憲法、地方自治法、行政事件訴訟法
私法	私人と私人の間の権利義務について定めた法 例 民法、商法

V 実体法と手続法

法は、実体的な法律関係について規律するものか手続について規律するものかで分類することができます。

実体法	権利の発生・変更・消滅の要件など法律関係について規律する法 例 民法、刑法
手続法	実体法の定める権利義務を実現するための手続について規定する法 例 民事訴訟法、刑事訴訟法

2 法の名称

重要度 ★★★

法には、国家の基本ルールである憲法、国会を通して制定される法律、行政が制定する命令や規則、地方のルールである条例や規則、国際ルールである条約などさまざまな名称があります。

ここでは、法の名称とその定義について学習していきましょう。

憲法	国家の統治体制の基礎を定める法
条約	国家間の文書による合意 二国間条約のほか、多国間条約もある
法律	国会が所定の手続に従って定めた制定法 　**地方自治特別法**…特定の地域だけを対象とした法律※1 　**限時法**…特定の事態に対処するために有効期限を定めて制定された法律 　**臨時法**…特定の事態に対処するために有効期限を定めないで制定された法律 　**基本法**…国の制度や政策に関する理念や基本方針などが示されている法律
命令	国の行政機関が制定する一般的・抽象的法規範※2 　**政令**…内閣（政府）が制定する命令 　**府令**…内閣総理大臣が制定する命令 　**省令**…各省大臣が制定する命令 　**外局規則**…府や省の外局である委員会や庁の長が制定する命令
地方のルール	**条例**…地方公共団体の議会が制定する地方公共団体の自治立法※3 　**規則**…地方公共団体の長が制定する地方公共団体の自治立法

神田Tのイントロ

命令（行政立法）の名称は行政法でよく問われる知識ですので、行政法の学習後であれば1回読む程度で十分な箇所です。

条文チェック ※1

日本国憲法95条では、「一の地方公共団体のみに適用される特別法は、法律の定めるところにより、その地方公共団体の住民の投票においてその過半数の同意を得なければ、国会は、これを制定することができない。」と規定されています。

ひっかけ注意！ ※2

省令と規則の入替え、政令と府令の入替えといったパターンに注意。

条文チェック ※3

憲法81条では、「最高裁判所は、一切の法律、命令、規則又は処分が憲法に適合するかしないかを決定する権限を有する終審裁判所である。」と規定されていますが、裁判所の違憲審査権は、国会が制定する法律だけでなく、地方議会が制定する条例も対象とします。

第5編 基礎法学

CHAPTER 2 裁判制度

SECTION 1 裁判所

このSECTIONで学習すること

1 裁判所の組織
裁判所はどんな仕組みになっているの？ 最高裁判所ってどんなところ？

2 民事訴訟と刑事訴訟
民事訴訟のルールと刑事訴訟のルールは？

1 裁判所の組織　重要度★★☆

> **神田Tのイントロ**
> 憲法の裁判所の知識とリンクしながら、裁判所法のルールを一緒に確認しておきましょう。

　日本の司法制度は、最高裁判所を頂点とする通常裁判所（司法裁判所）が、行政事件も含め、民事事件・刑事事件すべてを取り扱うものとして構成されています。

　ここでは、裁判所の組織や判決について学習していきましょう。

I 裁判所の系列

　裁判所は、最高裁判所を頂点とし、その下に下級裁判所が属する組織になっています。下級裁判所には、高等裁判所、地方裁判所、家庭裁判所、簡易裁判所があります。

板書 裁判所の系列

【憲法76条1項】
「すべて司法権は、最高裁判所及び法律の定めるところにより設置する下級裁判所に属する」
　　　　　　　　　　　　　　↑裁判所法

【裁判所法2条1項】
「下級裁判所は、高等裁判所、地方裁判所、家庭裁判所及び簡易裁判所とする」

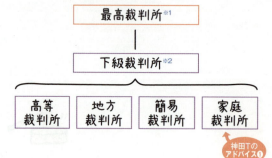

> **条文チェック ※1**
> 裁判所法50条では、最高裁の裁判官の定年は70歳と規定されています。

> **条文チェック ※2**
> 裁判所法50条では、下級裁の裁判官の定年は簡裁が70歳、その他は65歳と規定されています。

> **神田Tのアドバイス❶**
> 家庭裁判所は、家庭に関する事件の審判・調停、人事訴訟、少年の保護事件の審判についての裁判権を有しています。

> 【裁判所法3条1項】
> 「裁判所は、日本国憲法に特別の定のある場合を除いて一切の法律上の争訟を裁判し、その他法律において特に定める権限を有する」

当事者間の具体的な権利義務や法律関係の存否に関する争いで、法令を適用することで終局的な解決ができるもの	公職選挙法に基づく選挙訴訟や地方自治法に基づく住民訴訟など特別に認められているもの

II 最高裁判所

　最高裁判所は、司法権を担当する国家の最高機関です。長官1名と判事14名の合計15名の裁判官で構成され、上告※3された事件などについて裁判権を有しています。

> 【板書】最高裁判所
>
> 最高裁判所は、大法廷または小法廷で審理・裁判をする（裁判所法9条）
>
> | 大法廷（1つ） | 小法廷（3つ） |
> |---|---|
> | 15名全員の合議制 | 5名の合議制 |
>
> ↓
>
> 事件を大法廷または小法廷のいずれで取り扱うかについては、最高裁判所の定めるところによる（裁判所法10条）

このような訴訟は「客観訴訟」といいます。

語句 ※3
上告
控訴審（第二審）の判決に対して不服を申し立てること。

上告審の裁判は法律問題を審理するものとされますが、刑事訴訟において原審（下級審）の裁判に重大な事実誤認がある場合などには、上告審で事実問題について審理することもあります。

裁判書（さいばんがき、判決文のこと）には、各裁判官の意見を表示しなければなりません（裁判所法11条）。なお、下級裁判所の場合、裁判官の意見を表示しなければならないとの規定はありません。

違憲判決をするときや判例変更をするときなど、裁判所法上、大法廷でしなければならないとされている場合もあります。

Ⅲ 判決・決定・命令

裁判所や裁判官の判断の種類には、「判決」「決定」「命令」といった区分があります。主体、審理方法、上訴方法などに関して違いがあります。

判決	裁判所が行う重要事項に対する判断 ↓ この判断に不服がある場合の申立方法は、控訴・上告 ↓ 口頭弁論という一定の要式を備えた審理手続を経て行う必要があり、理由が付される
決定	裁判所が行う付随事項に対する判断 ↓ この判断に不服がある場合の申立方法は、抗告・再抗告 ↓ 必ずしも口頭弁論を経て行う必要はない
命令	裁判官が行う付随事項に対する判断 ↓ この判断に不服がある場合の申立方法は、抗告・再抗告 ↓ 必ずしも口頭弁論を経て行う必要はない
上訴	裁判所の「判決」に対して不服がある場合、当事者は、上訴(控訴・上告)をすることができる ↓ 上訴ができなくなる状態(上訴できる期間の経過や最高裁判所での終局判決等)になると、判決が確定する
再審	確定した判決の取消しや変更を求める申立てで、民事訴訟でも刑事訴訟でも認められている **民事訴訟の例** 訴訟代理人と称する者が勝手に訴訟手続を進め、判決がされてこれが確定してしまったようなときなどに、再審の訴えが認められる(民事訴訟法338条)※1 **刑事訴訟の例** 有罪の言渡しをした確定判決に対して、被告人が無罪であることを証明する明らかな証拠が新たに発見されたときなどに、その言渡しを受けた者の利益のために再審の請求をすることが認められている(刑事訴訟法435条)

神田Tのアドバイス❶
裁判は三審制が採られており、第一審の判決に不服があれば控訴でき、控訴審(第二審)の判決に不服があれば上告できます。

神田Tのアドバイス❷
一定の期間内に抗告しなければならないものを「即時抗告」といいます。

ひっかけ注意! ※1
民事訴訟・刑事訴訟いずれにも再審制度はありますので、「刑事訴訟に限り」などと片方に限定して誤りとするパターンに注意。

例題 H27-2-1

「判決」とは、訴訟事件の終局的判断その他の重要な事項について、裁判所がする裁判であり、原則として口頭弁論(刑事訴訟では公判と呼ばれる。以下同じ。)に基づいて行われる。

　　〇 判決は口頭弁論に基づいて行われる。

2 民事訴訟と刑事訴訟　重要度 ★★★

Ⅰ 民事訴訟

(1) 審級管轄※2

民事訴訟では、第一審を地方裁判所で担当するか簡易裁判所で担当するかは訴額140万円を基準に定められています。

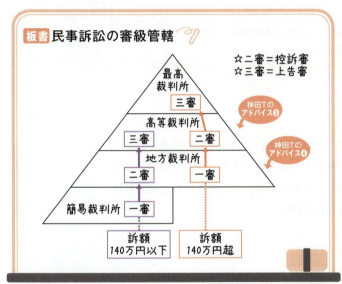

(2) 訴訟類型

民事訴訟には、給付訴訟、確認訴訟、形成訴訟といった類型があります。

神田Tのイントロ

基礎法学は、法律系だけなく、裁判系の出題もされやすいところです。民事裁判と刑事裁判に分けて、どこの裁判所に対して控訴・上告するのかをチェックし、少額訴訟や裁判員制度についておさえておきましょう。

語句 ※2
審級
同一の事件を異なる階級の裁判所で審理するときの裁判所間の序列のこと。

特許庁が行った審決に対する審決取消訴訟は東京高等裁判所の専属管轄とされるといった特別の制度もありますので、第一審が高等裁判所になることもあり得ます。

行政処分に対する取消訴訟の第一審管轄は地方裁判所です。また、訴額にかかわらず不動産に関する訴訟の第一審管轄も地方裁判所です。

821

〈民事訴訟の3類型〉

給付訴訟	金銭の給付や物の引渡し、登記の移転・抹消など、被告の作為・不作為を求める訴訟 例 「被告は原告に対し、金〇〇円を支払え」といった判決を求める訴訟
確認訴訟	原告と被告との間の実体法上の権利義務の存否や内容を確認する確認判決を求める訴訟 例 「甲土地の所有権が原告に帰属することを確認する」といった判決を求める訴訟
形成訴訟	原告と被告との間の法律関係を変動させる形成判決を求める訴訟 例 「原告と被告は離婚する」といった判決を求める訴訟

(3) 少額訴訟

　少額訴訟制度は、60万円以下の金銭の支払の請求を目的とする訴えに限って利用することができます。少額の紛争について、紛争額に見合った少ない費用と時間で簡易迅速な解決を図ることを目的とした制度です。

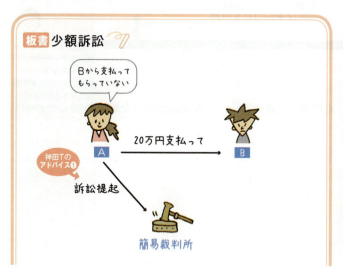

少額訴訟の利用例として、給料未払いなどの労働関係に関する紛争、貸金の返還に関する紛争などが挙げられます。

> **ポイント**
> ☆ 審理は原則として1回の期日で終了させる(一期日審理)
> ☆ 判決の言渡しは口頭弁論終結後直ちに行われる(即日判決)
> ☆ 判決に不服があっても控訴はできない(簡易裁判所に異議を申し立てることは可)
> ☆ 同一の簡易裁判所に少額訴訟を求めることができるのは年10回まで

II 刑事訴訟

(1) 審級管轄

刑事訴訟では、第一審を地方裁判所で担当するか簡易裁判所で担当するかは罰金刑を基準に定められています。

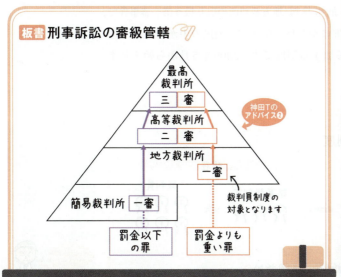

板書 刑事訴訟の審級管轄

民事事件と異なり、第一審が地裁でも簡裁でも控訴審は高裁となっていることに注意しましょう。刑事訴訟における控訴審は、覆審(上級審で下級審とは無関係に新たに審理をやりなおす制度)ではなく、事後審(裁判で原判決の当否を上級審で審査する制度)です。上告審や刑事訴訟における控訴審は事後審としての性質を持っています。

(2) 民事訴訟と刑事訴訟の比較

民事訴訟と刑事訴訟を、訴訟の開始、審理の充実・迅速化の仕組み、裁判官の判断、再審制度といった観点から比較すると、次の表のようになります。

	民事訴訟	刑事訴訟
訴訟の開始	原告の申立てにより開始する	検察官がその裁量により公訴提起する
審理の充実・迅速化	争点整理手続がある	第1回公判期日前に事件の争点・証拠を整理する公判前整理手続がある
裁判官の判断	自由心証主義※1	自由心証主義
再審制度	あり	あり

語句 ※1
自由心証主義
事実認定や証拠の評価について、裁判官の自由な判断に委ねること。

(3) 裁判員制度

裁判員制度は、刑事裁判(地方裁判所の取り扱う第一審事件で、殺人罪など重大犯罪にかかわるもの)に、国民の中からくじで選ばれた裁判員が参加する制度です。2009年5月から始まりました。

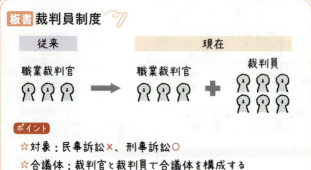

法令の解釈に係る判断や訴訟手続に関する判断は裁判官が担当するので、裁判員はその判断をする必要はありません。

☆裁判員は、裁判官とともに、被告人の有罪・無罪およびその量刑を決定する

↑ 有罪・無罪およびその量刑の決定について、合議体の過半数の賛成で決定するが、少なくとも裁判員・裁判官各1人の賛成があることが必要

　　裁判員6人のうち5人、裁判官3人のうち2人が有罪と判断
　　　→有罪
　　裁判員6人のうち5人が有罪と判断したが、裁判官は1人も有罪と判断しない
　　　→無罪

☆裁判員となった者が、評議の内容や職務上知り得た秘密を漏らしたときは、刑罰が科される

陪審制と異なり、裁判官と合議体を構成することや有罪・無罪の判断のほか刑の量定まで行うところが特徴です。

…陪審制はアメリカで採られている仕組みで、陪審員だけで有罪・無罪の判断をし、量刑の決定までは行いません。

例題　　　　　　　　　　　　　　　　　　　　　　　R元-2-ア

民事訴訟および刑事訴訟のいずれにおいても、簡易裁判所が第1審の裁判所である場合は、控訴審の裁判権は地方裁判所が有し、上告審の裁判権は高等裁判所が有する。

> ✗ 刑事裁判では、簡易裁判所が第1審でも控訴審は高等裁判所、上告審は最高裁判所になる。

第5編 基礎法学

CHAPTER 2 裁判制度

SECTION 2 裁判外紛争処理（ADR）

このSECTIONで学習すること

1 和解

和解にはどんな種類があるの？　和解調書の効力は？

2 調停

調停って何？　調停調書の効力は？

3 仲裁

仲裁って何？　仲裁判断の効力は？

> 和解調書
> AとBは
> ××の内容で
> 和解する。
> ○○裁判所

1 和解　重要度★★★

和解には、裁判所外での解決である「裁判外の和解（示談）」と、裁判所内手続である「裁判上の和解」があります。そして、「裁判上の和解」は、「訴え提起前の和解（即決和解）」と「訴え提起中の和解（訴訟上の和解）」に区分されます。

ここでは、和解に関するルール、和解調書の効力について学習していきましょう。

> **神田Tのイントロ**
> 裁判判決によらずに紛争を解決する方法をチェックしておきましょう。1つめは和解です。和解調書の効力を中心に目を通しておきましょう。

Ⅰ 裁判外の和解（示談）

裁判手続とは無関係に、当事者またはその代理人が話し合い、互いの主張を譲り合って、争いをやめる約束をすることを裁判外の和解（示談）といいます。

お金を支払って解決することを示談書にしただけでは、相手方がお金を支払ってくれなかったときに強制執行はできません。強制執行認諾文言を示談書に盛り込んだ上で公正証書として作成しておけば、それを根拠に強制執行することも可能になります。

>
> **神田Tのアドバイス❶**
> 契約書（示談書）を交わすのが一般的ですが、特に定まった方式はありません。

Ⅱ 裁判上の和解

(1) 訴え提起前の和解（即決和解）

訴訟を開始する前の段階で、裁判所に対して、即決和解の申立てをし、和解を行うこともできます。即決和解が成立した場合、和解調書が作成されます。

和解調書には確定判決と同じ効力があります。

>
> **神田Tのアドバイス❷**
> 和解が調わないときは、当事者双方の申立てにより、通常の訴訟に移行します。

(2) 訴え提起中の和解（訴訟上の和解）

訴訟が提起された後、訴訟係属中（口頭弁論期日）でも、訴訟当事者が和解をすることができます。訴訟上の和解が成立した場合、裁判は終了し、判決は下されず、和解調書が作成さ

れます。

和解調書には確定判決と同じ効力があります。

板書 和解調書

和解調書
AとBは
××の内容で
和解する。
〇〇裁判所

☆**債務名義**[※1]になるか？
→確定判決と同じ効力をもつので
債務名義となるため、和解調書
に基づいて強制執行できる

ポイント

☆和解調書には確定判決と同じ効力がある

語句 ※1
債務名義
執行機関が強制執行を
する根拠となるもの
で、債権者に債権が存
在することを公的に証
明した文書のこと。

例題　　　　　　　　　　　　　　　　　　　　　　　　　H15-2-3

契約上の紛争で訴訟開始前に簡易裁判所に和解の申立てを行い、話し合って合意し
た内容が調書に記載されると、その記載は確定判決と同じ効力を生ずる。

〇 和解調書は確定判決と同じ効力を生ずる。

2 調停 重要度 ★★★

調停は、裁判所に当事者が出頭し、話し合いをする手続です。公平・中立な第三者の関与の下で、当事者間の話し合いによって紛争を解決しようとするものです。

民間人の調停委員2人が裁判官とともに調停委員会を構成して、非公開で両当事者の言い分を聞き、解決策を探ります。そして、お互いが納得できる解決策を見つけることができれば、調停が成立します。調停が成立すれば、調停調書が作成されます。

調停調書には確定判決と同じ効力があります。

神田Tのイントロ
2つめは調停です。調停調書の効力を中心に軽く目を通しておきましょう。

神田Tのアドバイス❶
離婚の場合、裁判する前にまず調停を行うものとされています（調停前置主義）。

3 仲裁 重要度 ★★★

仲裁は、当事者間の事前の合意に基づいて、仲裁人という第三者の判断（仲裁判断）によって示された事項に拘束力を認め、紛争を解決する制度です。

例えば、AB間でお金を支払う・支払わないでトラブルになっていて、その解決を仲裁人Cの判断に委ねる場合がこれにあたります。この場合、Cの仲裁判断には従うことをあらかじめAB間で合意し、あとは仲裁人Cが「AはBにお金を支払いなさい」とか「AはBにお金を支払う必要はない」といった判断を下せば、AおよびBはその判断に従わなければならず、AB間の紛争は解決されたことになります。

神田Tのイントロ
3つめは仲裁です。仲裁判断に法的拘束力があるかを中心に軽く目を通しておきましょう。

神田Tのアドバイス❷
仲裁は、仲裁人の判断に拘束力が認められるのがポイントです。

第6編 一般知識

一般知識
学習ガイダンス

一般知識は、❶選挙制度、行政組織、各国の政治体制などについての政治、❷国と地方の財政、日本銀行、経済用語などについての経済、❸環境問題、社会保障などについての社会、❹情報通信用語や個人情報保護法などを勉強する情報通信・個人情報保護、❺国語（現代文）を勉強する文章理解という順番で学習していきます。

CHAPTERの特徴

CHAPTER 1 政治

頻出テーマである選挙制度を中心に、行政改革・行政組織のほか、各国の政治体制などを学びます。

SECTION① 国内の政治

選挙制度については、小選挙区制・比例代表制の特徴や、現在の衆議院議員選挙・参議院議員選挙の仕組みについて学習します。その他、行政改革や行政組織もおさえておくことが必要です。

SECTION② 国際政治

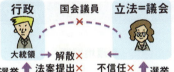

議院内閣制と大統領制の違いを理解しながら、イギリス・アメリカを中心に各国の政治体制について学習します。EUについても要注意です。

CHAPTER 2 経済

過去に繰り返し出題のある地方交付税や財政投融資が含まれる財政を中心に、日本銀行や経済用語を学びます。

SECTION ❶ 財政

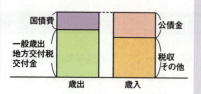

国の財政として予算・決算、国債、財政投融資を、地方財政として予算・決算、地方税、地方交付税、地方債を学習します。

SECTION ❷ 経済

最重要テーマである日本銀行を中心に、GDPや寡占・独占などの経済用語、経済史など、経済について幅広く学習します。

CHAPTER 3 社会

社会保障分野が出題の中心です。社会保障分野では、年金・介護・生活保護を中心に制度の概要を学びます。

SECTION ❶ 環境問題

3R
- リデュース （発生抑制）
- リユース （再使用）
- リサイクル （再生利用）

地球環境保護条約の名称と内容の組合せ、公害対策の流れ、環境に関する用語について学習します。

SECTION ❷ 社会保障

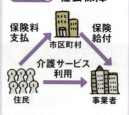

社会保障では、介護保険制度を中心に学習します。また、公的年金制度、生活保護制度についても押さえておくことが必要です。

SECTION ❸ その他

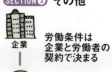

労働条件は企業と労働者の契約で決まる

雇用・労働問題、子ども・子育て支援、消費者保護、外国人に関わる法制度について学習します。

CHAPTER 4 情報通信・個人情報保護

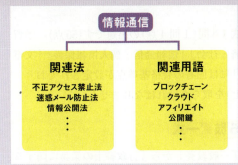

一般知識科目ですが、法令科目と同様に法律(条文)知識が重要なテーマです。情報通信については、関連用語の内容について知っておくことも大切です。

SECTION ① 情報通信

不正アクセス禁止法や迷惑メール防止法といった情報通信に関連する法律のポイント、クラウドや公開鍵などの情報通信関連用語を学習します。

SECTION ② 個人情報保護

個人情報保護法を学習します。定義条文、義務の条文の知識を中心に押さえていきましょう。

CHAPTER 5 文章理解

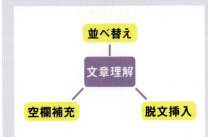

文章理解の問題は、試験問題60問中最後の3問に配列されています。最近の出題は並べ替え問題、空欄補充問題、脱文挿入問題の3つのタイプが多くなっていますので、それぞれのタイプ別の解法アプローチを押さえましょう。

傾向と対策

　一般知識は、例年、**5肢択一式14問**（1問4点）の出題です（56点）。学習内容は、大別すると「政治・経済・社会」「情報通信・個人情報保護」「文章理解」になります。一般知識科目には固有の合格基準点が設定されており、14問中6問以上（56点中24点以上）を取らなければなりません。

5肢択一式

　平成18年度試験以降、従来の「一般教養」から「行政書士の業務に関する一般知識等」に変更され、政治・経済・社会、情報通信・個人情報保護、文章理解が出題内容とされました。これは、行政手続のオンライン化が進展し、個人情報保護意識が高まるなか、従来の試験内容を継承しつつ、情報関連の出題を強化する狙いがあったといえます。

　そして、現在の試験制度が導入された平成18年度以降は、個人情報保護法が平成17年4月から施行されたこともあり、ほぼ毎年のように個人情報保護についての出題があり、情報関連の出題も平成12年～平成17年と比べて増加しています。

　一般知識の出題割合をみると、政治・経済・社会から7～8問、情報通信・個人情報保護から3～4問、文章理解から3問ですが、とにかく範囲が膨大で、何が出題されるかを予想するのが困難なのが特徴です。

　そこで、**やみくもに全部やろうとはせず**、最低どの分野でどのぐらいの点数を獲得して6問以上を正解するかを決めて、その**計画に基づいた準備**をしていきましょう。情報通信・個人情報保護と文章理解でたくさん正解することを目指しつつ、政治・経済・社会で加点していくという対策を立てるのがポピュラーな得点戦略になります。

SECTIONごとの出題履歴

		H24	H25	H26	H27	H28	H29	H30	R元	R2	R3
1 政治	1 国内の政治	択2	択3	択3	択	択2	択	択	択2	択	択
	2 国際政治	択		択	択	択	択		択	択	
2 経済	1 財政			択						択	択
	2 経済	択2	択2	択	択	択	択2	択2	択	択	択
3 社会	1 環境問題								択		択
	2 社会保障				択2		択				
	3 その他	択	択	択			択	択	択	択	
総合問題・時事問題		択	択	択2	択2	択2	択	択3	択	択3	択4
4 情報	1 情報通信	択	択2	択	択3	択4	択3	択	択3	択	択
	2 個人情報保護	択3	択2	択	択		択	択3	択	択2	択2
5 文章理解		択3	択3	択3	択3	択3	択3	択3	択3	択3	択3

第6編 一般知識

CHAPTER 1 政治

SECTION 1 国内の政治

このSECTIONで学習すること

1 選挙
小選挙区制や比例代表制の長所・短所は？ 衆議院・参議院の選挙の仕組みは？

2 政党と政治資金
政党と圧力団体の違いは？ 政治資金規正法ってどんな法律？

3 行政
中央省庁再編(2001年1月)に向けてどんな動きがあったの？ NPMって何？

1 選挙

重要度 ★★★

I 選挙

選挙とは、投票によって代表者を選出することです。衆議院議員や参議院議員を選出する選挙は国政選挙、知事・市町村長や地方議会の議員を選出する選挙は地方選挙と呼ばれます。

II 小選挙区制

小選挙区制は、1つの選挙区から1名の議員を選出する制度です。

板書 小選挙区制

ケース
定数を100議席、有権者が1万人、民意はA党48%・B党22%・C党12%・D党12%・E党6%だった場合、100個の選挙区に分け、各選挙区に100人ずつ配分し、各政党から1名ずつ立候補したとします。例えば、1区には、A党所属のA1、B党所属のB1、C党所属のC1、D党所属のD1、E党所属のE1が立候補して1議席を争います。開票結果は、A1が48票、B1が22票、C1が12票、D1が12票、E1が6票となり、A1が当選します。このような選挙区が100個あります。

→ 結果：A党から100議席獲得、B党～E党は議席なし

短所
・民意（A党48%・B党22%・C党12%・D党12%・E党6%）と結果が乖離してしまう
・52%もの票が死票[※1]となってしまう

ポイント
☆選挙の仕組みはわかりやすいが、死票が増加し、民意を反映しにくく、小政党では議席確保が難しいといった側面がある

神田Tのイントロ

令和2年に普通選挙、令和元年に女性の政治参加、平成28年に参議院選挙制度の改正、平成27年に選挙全般を題材とした出題があります。選挙はCH1政治では最重要のテーマといえます。

神田Tのアドバイス❶

2015年の公職選挙法の改正により、選挙に参加することができる年齢が20歳から18歳に引き下げられました。国政では2016年7月の参議院議員選挙から実施されています。

神田Tのアドバイス❷

小選挙区制は各選挙区からトップ当選だけさせる仕組みです。通常、1つの選挙区では各政党からは1人しか立候補しないため、政党の政策が選挙の争点となりやすいです。一方、小選挙区制は、死票を多く生む可能性のある制度といえます。しかし、死票はいかなる制度でも生ずるものであり、小選挙区制は、選挙を通じて国民の総意を議席に反映させる合理的方法といい得ます。

語句 ※1
死票
有効投票ではあるが、当選人以外の者（落選者）に投じられた票のこと。

Ⅲ 比例代表制

比例代表制は、政党の得た得票総数に比例した人数の議員を選出する制度です。←神田Tのアドバイス❶

神田Tのアドバイス❶

各政党の得票数を1、2、3…という整数で順次割っていき、その商の大きい順に議席を割り当てる方式を「ドント式」といいます。

板書 比例代表制

ケース
定数を100議席、有権者が1万人、民意はA党48%・B党22%・C党12%・D党12%・E党6%だった場合、政党名を記入して投票させ、100議席を比例配分します。

→結果：A党48議席、B党22議席、C党12議席、D党12議席、E党6議席を獲得

短所 ・E党でも少しは議席を獲得する結果、小党分立になってしまう

ポイント
☆小政党でも議席を獲得しやすく、死票が少なく、民意が正確に反映されるが、小党分立により、政治が不安定になりやすいといった側面がある[1]

ひっかけ注意! [1]
小選挙区制と比例代表制の長所・短所を入れ替えて誤りとするパターンに注意。

Ⅳ 普通選挙

普通選挙とは、財産・納税・身分などによって制限を設けず、一定の年齢に達すれば選挙権を認めることです。

1925年に男子普通選挙が導入され、1945年には男女普通選挙が導入されるようになりました。

Ⅴ 衆議院議員選挙

衆議院議員の任期は4年です。衆議院解散の場合にはその任期満了前でも任期は終了します。衆議院議員選挙は総選挙で実施されます[2]。

Advance [2]
2回転目に読む
2016年の公職選挙法の改正により、議員定数を10減とされました。2017年10月の衆院選から465議席となりました。

840

板書 衆議院議員選挙の仕組み

■仕組み■
☆小選挙区比例代表並立制によって実施
☆小選挙区と比例代表の両方に立候補できる重複立候補が認められている

	小選挙区	比例代表
	甲 乙 丙	A党 B党
投票方法	有権者は個人名を記入して投票	有権者は政党名を記入して投票※3
開票結果	トップ当選のみ 当選 1位 丙 2位 乙 3位 甲 ←復活当選	比例配分 A党20議席獲得 甲…A党名簿順位 単独1位
問題点	小選挙区で落選しても、比例代表での名簿順位が上位であれば当選できる場合もあるが、当落の逆転現象が起きる原因にもなってしまう… ↑丙は小選挙区1位だから当選し、2位の乙は落選なのに3位の甲が比例で復活して当選してしまう	

↓そこで

2000年の公職選挙法改正
小選挙区の候補者が<u>有効投票総数の10分の1未満で落選</u>した場合には、比例代表で復活当選できないこととした※4

> 復活当選の要件を厳しくしたのであって、制度自体が廃止されたわけではない

神田Tのアドバイス❷
衆議院議員選挙の際、最高裁判所の裁判官の国民審査が実施されることもあります。この国民審査は参議院議員選挙のときには実施されません。

神田Tのアドバイス❸
小選挙区制比例代表並立制の前は中選挙区制が採られていました。中選挙区制は、1つの選挙区から複数の者を選出する大選挙区制の一種です。

Advance 2回転目に読む ※3
比例代表により選出された衆議院議員が、所属する政党を離党して当該選挙における他の衆議院名簿届出政党に所属したときは、失職します。

ひっかけ 注意! ※4
2000年改正で復活当選の仕組み自体が廃止されたとして誤りとするパターンに注意。

VI 参議院議員選挙

参議院議員の任期は6年で、3年ごとに半数ずつ改選します。参議院には解散の制度はなく、選挙は3年おきに通常選挙で実施されます[※1,2]。

> **板書 参議院議員選挙の仕組み**
>
> ■仕組み■
> ☆ 選挙区制（都道府県単位）と比例代表制によって実施
> ☆ 2000年の公職選挙法の改正により、比例代表制は拘束名簿式から非拘束名簿式[※3,4]に移行した
>
> | | 選挙区 | 比例代表 |
> |---|---|---|
> | | X Y Z | A党 B党　 甲 乙 丙 |
> | 投票方法 | 有権者は個人名を記入して投票 | 有権者は政党名または政党所属の個人名を記入して投票 |
>
> 参議院の比例代表では、個人名を記入して投票することもOK
> （政党の獲得票数は政党名での得票に政党所属の個人名での得票を合算して計算する）
>
> **ケース**
> A党から甲・乙・丙・丁が立候補し、得票の内訳は、A党と記載した票が80票、甲40票、乙20票、丙30票、丁10票であった。A党はA党所属の個人の獲得した票と合算し、180票獲得したことになり、A党に3議席比例配分された場合、A党からは誰が当選するか？
>
> →結果：A党が獲得した3議席は、個人名での得票数の多い順に、甲、丙、乙の順で割り当てられる

Advance ※1
2回転目に読む

2015年の公職選挙法の改正により、2つの県で1つの選挙区とする合区の導入を含む区域の変更や選挙区の定数の変更が行われました。この改正では、10増10減とされ全体の定数自体の増減は生じていません。また、鳥取県と島根県、徳島県と高知県が合区となりました。

Advance ※2
2回転目に読む

2018年の公職選挙法の改正により、参議院議員定数は6増とされ、また、当選順位をあらかじめ定める拘束名簿式の仕組みを使える「特定枠」も導入されました。2019年7月の参院選から248議席となりました。

語句 ※3
非拘束名簿式

政党が得た獲得議席を名簿の順位に拘束されずに配分する方式。

ひっかけ注意！ ※4

衆院選の比例代表は拘束名簿式、参院選の比例代表は非拘束名簿式。これを入れ替えて誤りとするパターンに注意。

Ⅶ インターネット選挙運動

2013年の公職選挙法改正により、インターネット選挙運動が解禁されました。

有権者や候補者・政党等は、SNS、動画サイトなどを利用した選挙運動をすることができるようになりました。

候補者が屋内の演説会場でWebサイトをスクリーンに映写しながら政策を演説することも可能です。なお、選挙運動は選挙の前日までなので、選挙運動用のホームページを更新できるのも前日までで、選挙当日に更新することは違法です。

Ⅷ 選挙とマスメディア

マスメディアが候補者に対する有利または不利な選挙報道をすることで、当該候補者の得票を増減させる影響を与えることをアナウンス効果といいます。

〈選挙におけるアナウンス効果〉

バンドワゴン効果	マスメディアの選挙報道などにより優勢とされた候補者に有権者が投票しがちになる現象 ↑投票者が勝ち馬に乗ろうとする傾向
アンダードッグ効果	マスメディアの選挙報道などにより不利とされた候補者に有権者が投票しがちになる現象 ↑投票者が負けている方を応援する傾向

Ⅸ 在外選挙

在外国民にも国政選挙における投票を認める制度のことです。

1998年の公職選挙法改正により両院の比例代表で導入され、その後、2006年の改正により衆議院小選挙区・参議院選挙区でも認められるようになりました。

Ⅹ 男女共同参画の推進

2018年5月、「政治分野における男女共同参画の推進に関する法律」が制定されました。この法律は、衆議院、参議院、地方議会の選挙において、男女の候補者の数ができる限り均等となることを目指すことなどを基本原則とし、国・地方公共団体の責務や、政党等が所属する男女のそれぞれの公職の候補者の数について目標を定める等、自主的に取り組むよう

国会議員の女性比率は、衆議院議員で約10％、参議院議員で約20％です（2018年）。世界的には低い比率といえます。

努めることなどについて定められています。

例題　　　　　　　　　　　　　　　　　　　　　　　H27-48-5

国政選挙の有権者で、在外選挙人名簿に登録され在外選挙人証を有している者は、外国にいながら国政選挙で投票することができる。

○ 在外選挙制度を利用して、外国から投票することができる。

2　政党と政治資金　重要度 ★☆☆

政党は、政治上の主義主張を同じくする人々が、政権の維持・獲得を目指して組織する政治団体のことです。

ここでは、政党と圧力団体の相違、政治資金規正法の改正の経緯や政党助成法とはどのような法律なのかについて学習していきましょう。

I　政党と圧力団体

〈政党と圧力団体〉

	政党	圧力団体（利益集団）
定義	政治上の主義主張を同じくする人々が、政権の維持・獲得を目指して組織する政治団体	政府・政党等に働きかけ、構成員の利益の追求を目的とする団体
目的	政権の獲得	構成員の利益の追求
目的達成手段	議会で多数派を占める	政党や政府・各省庁に働きかける
擁護利益	一般国民の利益	構成員等の特定人の利益
代表例	自由民主党、共産党	日本経済団体連合会（日本経団連）、日本商工会議所（日商）

神田Tのイントロ

政治資金に関する問題は平成26年、15年に出題されています。政治資金規正法と政党助成法の2つの法律がポイントです。

844

II 政治資金規正法

政治資金規正法は、1948年に制定された法律です。政治資金[※1]を受けた政治団体や政治家に収支報告義務を課すことなどを内容としています[※2]。

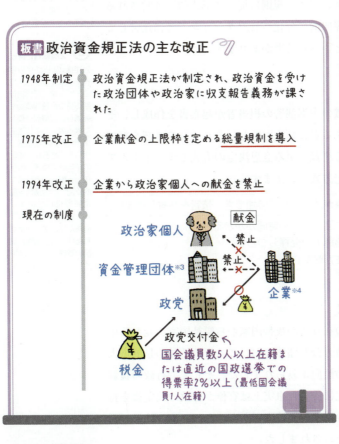

板書 政治資金規正法の主な改正

1948年制定	政治資金規正法が制定され、政治資金を受けた政治団体や政治家に収支報告義務が課された
1975年改正	企業献金の上限枠を定める<u>総量規制を導入</u>
1994年改正	<u>企業から政治家個人への献金を禁止</u>
現在の制度	(図) 政治家個人・資金管理団体[※3]・政党・企業[※4] 献金 禁止／禁止／○ 税金 → 政党交付金 ← 国会議員数5人以上在籍または直近の国政選挙での得票率2%以上(最低国会議員1人在籍)

III 政党助成法

政党助成法は、1994年に制定された法律です。一定の要件を満たした政党に対しては、政党交付金(政党助成金)が交付されます。政党交付金の総額は、人口に250円を乗じた額を基準として、<u>国の予算</u>で定められます[※5]。

語句 ※1
政治資金
政党や政治家が政治活動を行うための資金のこと。

Advance ※2 2回転目に読む
政治資金に占める事業収入の割合が低い政党も多いが、共産党のように高い政党もあります。

語句 ※3
資金管理団体
公職の候補者等がその者のために政治資金の拠出を受けるべき政治団体として、その者が代表者である政治団体の中から指定したもののこと。

ひっかけ 注意! ※4
「企業献金は、政治家個人に対するものも政党に対するものも禁止されている」として誤りとするパターンに注意。

Advance ※5 2回転目に読む
共産党のように受給資格はあっても政党助成金をもらっていない政党もあります。

3 行政

重要度 ★★★

Ⅰ 官僚制[※1]

官僚制は、比較的規模の大きい社会集団や組織における管理・支配のシステムです。規則に従って形式的に運営されることや、職務が専門的に分化されセクションごとに運営していく形態をとるといった特徴があります。

Ⅱ 稟議制

稟議制は、組織の末端部署の担当者が起案書を作成し、それを上位に位置する者に順次回覧し、それぞれの承認を経て、最終決裁者による決裁に至る意思決定の方式です。ボトムアップ型の意思決定方式といえます。

長所	関係構成員が決定過程に参加でき、情報を共有しやすい
短所	最終決定に至るまでの時間がかかる トップの指導力が発揮しづらい 責任の所在が曖昧になる

Ⅲ 行政国家化

20世紀、国家の在り方が夜警国家から福祉国家に変わる中、中央政府および地方公共団体において、行政活動の量的増大および質的変化の傾向がみられました。そして、行政の複雑化・高度な専門化に伴い、事実上は官僚が行政の決定権を持つようになり、政治主導が確立できなくなり、その結果、行政権の強化がもたらされました。

神田Tのイントロ

試験の出題傾向として、行政改革関係の知識と中央省庁の組織関係の知識を問うものが多いといえます。また、行政法で勉強した知識も活かせる分野です。

Advance [※1]
2回転目に読む

20世紀のドイツの学者であるマックス・ウェーバーは、近代官僚制の持つ合理的機能を強調し、官僚制は優れた機械のような技術的卓越性があると主張しました。さらに、支配の正当性につき、①伝統的支配、②カリスマ的支配、③合法的支配に類型化していますが、官僚制的機構は③にあたります。制定された秩序の合法性が支配の基礎となるからです。

846

板書 行政国家化

18〜19世紀 夜警国家※2
貧富の差など資本主義の矛盾を生んだ

20世紀 福祉国家※3
行政官僚が中心となって国家の仕事を運営
した結果、中央集権化・大きな政府化して
しまった

問題点

①官僚は、優秀でも選挙で選ばれたわけ
ではないので、その人が政治の中心にい
るのは民主主義を形骸化させてしまうの
では…

↑やっぱり政治主導でなされるべき

②福祉国家は大きな政府を招き、その分、
多額の財政出動が必要になるのでは…

↑お金がかかるということは、その分、借
金したり、税金が高くなったりするのだ
から、小さな政府にすべき

21世紀 行政改革
官僚優位から政治主導へ
「小さな政府※4」を志向

語句 ※2

夜警国家
国家の仕事は国内の治安の確保や個人の生命や財産の保護であり、必要最小限の任務以外は国民の自由に任せるという国家観のこと。

語句 ※3

福祉国家
国家の仕事は社会保障政策にまで及び、国民の福祉の増進も行うべきとの国家観のこと。

語句 ※4

小さな政府
民間でできることは民間に任せ、政府は社会政策・経済政策を縮小し、できるだけ干渉しないようにすること。

Ⅳ 行政改革

⑴ 第2次臨時行政調査会（第2次臨調）

第2次臨調は、1981年、鈴木内閣の下で、総理府（現内閣府）に設置された諮問機関です。

低成長経済への移行や財政赤字の構造化など1970年代に進行した社会経済情勢の変化に対応し、行政改革を推進するために設置されました。

847

財政再建下で設置された第2次臨調は、「増税なき財政再建」を基本方針と定め、「小さな政府」を目標に、三公社(電電公社、専売公社、国鉄)の民営化などの提言を行いました。

(2) 行政改革会議

　行政改革会議は、1996年、橋本内閣の下で、総理府(現内閣府)に設置された諮問機関です。

　21世紀における国家機能の在り方、中央省庁の再編、内閣機能の強化などを議論するために設置されました。

神田Tのアドバイス❶
政府は、この答申に基づき、1985年に電電公社、専売公社、1987年に国鉄を、それぞれNTT、JT、JRへと民営化しました。三公社の民営化と呼ばれています。

板書 21世紀型の行政システムに向けて

昔 ① 中央集権型システムで何でも中央でやる仕組み
　何が問題なの？　何でも中央でやることが多すぎて重点領域が不明になっちゃう
　そこで
今 「官から民へ、国から地方へ」(民間委託・民営化、地方分権)
　民間でできることは民間に、地方でできることは地方にやってもらえば、中央には中央でしかできないことが残り、重点領域が明確になる

昔 ② 本省組織で企画立案も実施も行う仕組み
　何が問題なの？　どっちも一緒にやるから双方の機能が硬直化しちゃう
　そこで
今 企画立案機能は本省組織でやり、実施は外へ出せばよい
　独立行政法人も活用して実施機能を他に担わせれば、本省の機能は企画立案に純化できる

昔 ③ 政策は必要性よりも予算の獲得のために実施していた
　何が問題なの？　チェック機能が働いていない
　そこで
今 政策評価の実施 (2001年には政策評価法※1を制定)

神田Tのアドバイス❷
公共性の空間は官の独占物ではなく、「官から民へ」、「国から地方へ」をスローガンに、民営化、民間委託、地方分権などが実施されました。

神田Tのアドバイス❸
例えば、国際協力機構(JICA)、国立印刷局、造幣局、国立公文書館などが独立行政法人です。

語句 ※1
政策評価法
正式名は「行政機関が行う政策の評価に関する法律」。

V 政治主導

1990年代、橋本内閣の下で、政治主導を確保するための制度改革として議論され、①各省における副大臣・大臣政務官といった政治任用ポストの拡大(2001年〜)、②国会における政府委員制度(官僚答弁)の廃止(2001年〜)、③党首討論[※2]の実現(1999年〜)などが行われました。

語句 ※2
党首討論
国会開会中、衆参両院の国家基本政策委員会(常任委員会)で行われる首相と野党各党首による討論のこと。

VI 中央省庁再編

2001年、政治主導を実現して行政をスリム化するための中央省庁等改革として、中央省庁の再編が行われました。

板書 中央省庁再編

再編前	2001年〜
総理府、沖縄開発庁、経済企画庁	内閣府
自治省、郵政省、総務庁	総務省
法務省	法務省
外務省	外務省
大蔵省	財務省
文部省、科学技術庁	文部科学省
厚生省、労働省	厚生労働省
農林水産省	農林水産省
通商産業省	経済産業省
運輸省、建設省、北海道開発庁、国土庁	国土交通省
環境庁	環境省
国家公安委員会	国家公安委員会
防衛庁	防衛庁

神田Tのアドバイス④
外局に関する知識は一般知識科目でも問われたことがありますが、各府省の外局の一覧は「第3編 行政法CH1 SEC3行政組織」を参考にしてください。

神田Tのアドバイス⑤
行政書士に関する国の事務をつかさどるのは総務省です。なお、司法書士は法務省、弁理士は経済産業省がその事務をつかさどっています。

神田Tのアドバイス⑥
防衛庁は、2007年に防衛省に移行しました。

Ⅶ NPM（新公共経営）

NPM（New Public Management）は、民間企業における経営手法等を公共部門に導入し、より効率的で質の高い行政サービスの提供を目指すという新しい公共経営の考え方です。

NPMの考え方は、日本でも行政改革の一環として導入されるようになりました。

PFI	1999年、PFI法[※1]制定 **PFI（Private Finance Initiative）** …民間資金を活用した社会資本整備のこと
独立行政法人[※2]	1999年、独立行政法人通則法制定
政策評価	2001年、政策評価法制定
指定管理者	2003年、地方自治法の改正により指定管理者制度を導入 **指定管理者** …公の施設の管理・運営を民間の団体にも行わせるための制度のこと
市場化テスト	2006年、公共サービス改革法[※3]制定 **市場化テスト** …民間企業と行政組織の間で競争入札を実施し、民間企業が行政に勝る場合には、当該業務を民間企業に委託する制度のこと

語句 ※1
PFI法
正式名は「民間資金等の活用による公共施設等の整備等の促進に関する法律」。

Advance ※2
2回転目に読む
独立行政法人は、イギリスのエージェンシー制度をモデルとして導入されたものです。

語句 ※3
公共サービス改革法
正式名は「競争の導入による公共サービスの改革に関する法律」。

例題 H21-48-オ

市場化テストは、民間企業と行政組織の間でサービスの質や効率性を競う入札を実施し、行政に勝る民間企業があれば、当該業務を民間企業に委託する制度であるが、日本ではまだ導入されていない。

✕ 公共サービス改革法（2006年制定）により導入されている。

CHAPTER **1** 政治

SECTION
2 国際政治

このSECTIONで学習すること

1 各国の政治体制

議院内閣制と大統領制の違い
は？ イギリスやアメリカの
政治体制は？

2 国際連合

国連成立と日本加盟までの流
れや、国際連合と国際連盟の
相違は？

3 EU（欧州連合）

EUって何？ ユーロってど
んな通貨？

4 条約

人権関係や領土関係で押さえ
ておくべき条約は？

5 核軍縮

非核3原則って何？ 押さえ
ておくべき条約は？

6 政治思想家

ホッブズ、ロック、ルソーは
どんな思想家だったの？

1 各国の政治体制 重要度 ★★☆

日本やイギリスでは議院内閣制を採っていますが、アメリカでは大統領制という仕組みが採られています。
ここでは、議院内閣制や大統領制の仕組み、イギリスやアメリカの政治体制について学習していきましょう。

I 議院内閣制

議院内閣制は、議会と政府(内閣)が分立してはいるが、政府(内閣)は議会の信任に拠って存在する制度です。

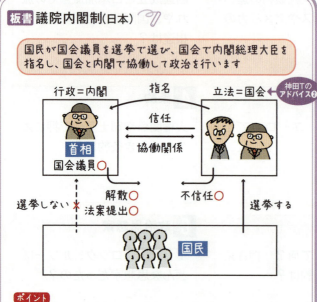

神田Tのイントロ

各国の政治体制は、令和2年、平成29年、23年に出題されています。どこか1つの国で5肢という形式ではなく、5か国で1肢ずつという形式でした。

神田Tのアドバイス❶

イギリスでは早くから議院内閣制が確立し、現在も議院内閣制を採用しています。イギリスは議院内閣制の母国とも呼ばれます。

神田Tのアドバイス❷

議会が内閣を不信任でき、内閣は議会を解散させられます。また、内閣の法案提出による立法も認められます。

Ⅱ 大統領制

大統領制は、行政府の長である大統領を民選とし、議会から独立させる制度です。

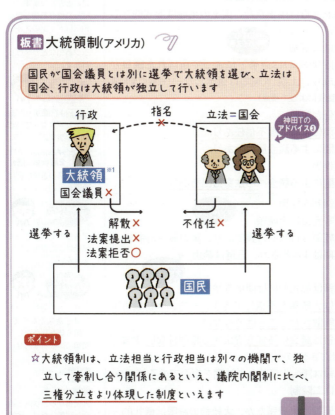

Ⅲ 半大統領制

半大統領制は、大統領と首相がともに行政府としての機能を有する政治体制です。議院内閣制と異なり、ただ形式的・儀礼的な権限だけではなく、行政権を持つ大統領が存在します。

Ⅳ 各国の政治体制

イギリス	☆議院内閣制を採用 　　首相は国会議員 　　国務大臣は全員国会議員 　　国家元首は国王だが、国王の権能は形式的なものにすぎない ☆議会は二院制 　　下院(庶民院)は選挙※1によって選ばれた議員から成り、上院(貴族院)は選挙しない(教会の聖職者や貴族によって構成) ☆不信任と解散 　　下院による内閣不信任あり 　　内閣による議会解散権あり ☆法案提出 　　内閣による議会への法案提出権あり
アメリカ	☆大統領制を採用 　　国家元首は大統領 　　大統領は行政府の長であり、軍の最高司令官 　　任期は4年とされ、三選は禁止 ☆大統領は形式的には間接選挙で選出 ☆議会は大統領を不信任できず、一方、大統領も議会を解散させることはできない ☆大統領は議会に法案を提出する権限はない(教書※2を提出できるのみ) ☆大統領は議会の議決した法案を拒否できる(拒否権) ☆議会は二院制
ドイツ	☆国家元首は大統領だが、大統領の権限は儀礼的・形式的なもので、政治の実権は首相にあり、実質的には議院内閣制を採用 ☆議会は二院制
フランス	☆大統領制と議院内閣制の混合形態(半大統領制)※3 ☆大統領は直接選挙で選出 ☆議会は二院制

神田Tのアドバイス❶
イギリスではサッチャー首相やメイ首相など女性の首相が選出されたことがあります。他にも女性が首相となる例にはドイツのメルケル首相やタイのインラック首相などが挙げられます。

神田Tのアドバイス❷
「国王は君臨すれども統治せず」なんていわれています。

Advance ※1 2回目に読む
イギリスの選挙制度は小選挙区制です。

神田Tのアドバイス❸
アメリカでは女性の大統領はまだ誕生していません。

神田Tのアドバイス❹
アメリカの現憲法の下では三選禁止なので、2期8年を務めたら大統領にはなれなくなります。

語句 ※2
教書
大統領から、状況を議会へ報告したり、政策を議会に勧告したりするもののこと。

Advance ※3 2回目に読む
現在のフランス政治体制は、シャルル・ド・ゴールによって作り出された第五共和制と呼ばれ、それまでに比べ、大統領の権限が大きく強化された政治制度です。

854

ロシア	☆大統領制と議院内閣制の混合形態(半大統領制) ☆大統領は直接選挙で選出 ☆議会は二院制
中国	☆中国共産党の一党制を採り、一院制の<u>全国人民代表大会(全人代)</u>が最高権力を持つ ☆国家主席が中国の元首であり、全人代で選出される

以前は任期5年で3選は禁止されていましたが、2018年3月の憲法改正により、このような制限は撤廃されました。

例題　　　　　　　　　　　　　　　　　　　　　H23-47-イ

アメリカでは、大統領制がとられ、大統領と議会は権力分立の原則が貫かれているため、議会は大統領の不信任を議決することができないし、大統領は議会の解散権、法案の提出権、議会が可決した法案の拒否権のいずれも有していない。

✗　大統領は、議会の解散権や法案提出権は有しないが、法案拒否権は有している。

2 国際連合

重要度 ★★★

国際連合(国連)は、第二次世界大戦後、1945年10月に設立されたニューヨークに本部を置く国際機構です。

国際連合には、**主要機関**として、①総会、②安全保障理事会(安保理)、③経済社会理事会、④信託統治理事会、⑤<u>国際司法裁判所</u>※4、⑥事務局が置かれています。

<u>安全保障理事会</u>は15か国で構成され、<u>アメリカ・イギリス・フランス・ロシア・中国</u>の5か国は常任理事国とされています。

第二次世界大戦後に設立された国際連合を、第一次世界大戦後に設立された国際連盟と比較すると、次のようになります。

神田Tのイントロ

直近では平成27年に国際連合と国際連盟の比較に関する問題が出題されています。主要機関絡みの出題にも備えておきましょう。

Advance ※4
2回転目に読む

国連はニューヨークに本部を置きますが、国際司法裁判所はオランダのハーグにあります。

	国際連合	国際連盟
設立	1941年　大西洋憲章を提唱 ↓ 1945年　サンフランシスコ会議で、国際連合憲章を採択 ↓ 1945年　国際連合発足	1918年　ウィルソン米大統領が14か条の平和原則を発表 ↓ 1919年　ベルサイユ条約締結 ↓ 1920年　国際連盟発足
本部	ニューヨーク	ジュネーブ
経済制裁	○	○
軍事制裁	○	×
日本	1956年加盟 常任理事国ではない	原加盟国 常任理事国

日本は1952年に国連に加盟申請しましたが、ソ連（現ロシア）の反対により拒否されました。その後、1956年に、日本とソ連の国交回復を内容とする日ソ共同宣言の締結を経て、日本の国連加盟は承認されました。

3 EU（欧州連合）　重要度 ★★★

I 概要

　EU（欧州連合）は、ヨーロッパの政治的・経済的統合を目指し、1993年11月、マーストリヒト条約の発効により、発足しました。EUの本部はベルギーのブリュッセルです。

　発足当時の加盟国は、フランス・ドイツ（当時西ドイツ）・イタリア・オランダ・ベルギー・ルクセンブルクの6か国でしたが、その後多くのヨーロッパの国が加盟するようになりました。スイスなど、ヨーロッパの国でもEUに加盟していない国もあります。

II ユーロ

　EUでは、1999年から共通通貨ユーロでの決済が開始され、

神田Tの**イントロ**

EUでは発足当時の条約の名称や加盟国、本部所在地のほか、ユーロやシェンゲン協定もチェックしておきましょう。

語句 ※1
マーストリヒト
オランダの都市の名前です。

2020年1月、イギリスはEUから離脱しました。そのため、EU加盟国は27か国となりました。

さらに2002年からは一般流通を開始しています。

> スウェーデンやデンマークなどEU加盟国でもユーロを導入していない国もあります。

III シェンゲン協定

通常、他国への出入国には入国審査が必要ですが、**シェンゲン協定**の加盟国間では、審査なしで国境を越えることが認められています。

IV GDPR（欧州データ保護規則）

GDPRは、EUにおける個人データ保護に関する法律です。2018年5月に施行されています。欧州経済領域内で取り扱われている個人データを保護の対象とし、欧州経済領域内で業務を展開する企業に対して規制をかけています。

4 条約　重要度 ★★☆

条約の締結は、国家の代表者による協議があり、合意に達すれば条約文の採択が行われます。各国内で効力が発生するにはその国で批准されることが必要となります。

ここでは、領土関係の代表的な条約について学習していきましょう。

> **神田Tのイントロ**
> 領土関係の条約に関する問題は平成18年に出題されています。国連海洋法条約、南極条約、宇宙条約はチェックしておきましょう。

領土関係	国連海洋法条約	**1982年採択** 沿岸国の**領海**を**12カイリ**(以内)、**排他的経済水域**を**200カイリ**(以内)とすることを国際的な統一ルールとした条約 ↑日本は1996年に批准
	南極条約	**1959年採択** 南極地域※2の平和的利用や南極地域における領土権主張の凍結などを内容とする条約 ↑日本は1960年に批准

> **語句** ※2
> **南極地域**
> 地球上の南極点、南極点を中心とする南極大陸および周辺の島や海域などを含む地域のこと。

857

領土関係	宇宙条約	1966年採択
		宇宙空間[※1]における探査・利用の自由、領有の禁止、宇宙平和利用の原則、国家への責任集中原則などを内容とする条約
		↑日本は1967年に批准

語句 ※1
宇宙空間
大気が存在する範囲を大気圏といい、その外側のことを宇宙空間といいます。

領土は、国家の統治権の及ぶ区域のことです。領海は12カイリのところまで、領空は領土・領海の上空を指します。

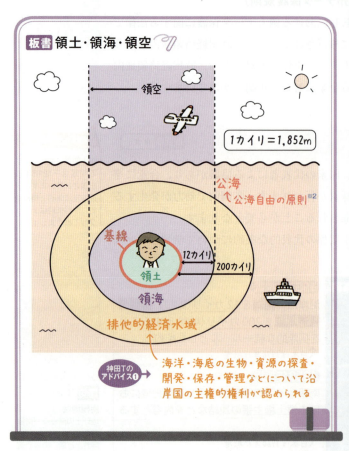

板書 領土・領海・領空

1カイリ＝1,852m

公海
↑公海自由の原則[※2]

基線
領土
12カイリ
200カイリ
領海
排他的経済水域

神田Tのアドバイス❶→ 海洋・海底の生物・資源の探査・開発・保存・管理などについて沿岸国の主権的権利が認められる

語句 ※2
公海自由の原則
公海はいずれの国も領有したり主権的支配に属させたりできないとする原則のこと。

神田Tのアドバイス❶

排他的経済水域では、経済的主権は沿岸国に認められていますが、航行・上空飛行の自由や海底電線・海底パイプライン敷設の自由は、沿岸国以外でも享有します。

例題

H18-52-3

排他的経済水域は、基線より測って沖合 100 カイリまでの海域に設定することができる。

✗ 排他的経済水域は 100 カイリではなく 200 カイリまで。

5 核軍縮

重要度 ★☆☆

核軍縮とは、核装備の制限、削減、廃止をすることです[3]。

ここでは、日本への原爆投下からアメリカ大統領の広島訪問までの間の主な出来事について学習していきましょう。

神田Tのイントロ

平成28年には時事問題の要素と日本史の要素を混在させた形での出題がありました。NPTやCTBTといった核軍縮関連の有名な条約をおさえておきましょう。

板書 核軍縮の流れ

1945年	アメリカにより、広島・長崎に原爆が投下
1954年	ビキニ環礁におけるアメリカによる水爆実験により、日本漁船が被ばくし、死亡者も出た
1968年	NPT(核拡散防止条約)[4]を採択 →NPTは1970年に25年の期限付きで発効したが、1995年に無期限で延長された
1971年	日本では核兵器を「もたず、つくらず、もちこませず」を趣旨とする非核三原則が国会で決議
1987年	INF全廃条約(中距離核戦力全廃条約)締結 →アメリカとソ連の間で締結された軍縮条約で、中距離核戦力として定義された弾道ミサイルや巡航ミサイルを廃棄することを目的とする
1996年	CTBT(包括的核実験禁止条約)[5]を採択 →CTBTは発効要件を満たしておらず、まだ発効していない
2016年	オバマ大統領(当時)が、現職のアメリカ大統領としては初めて被爆地である広島を訪問

Advance [3] 2回転目に読む

非核兵器地帯を創設する多国間条約には、東南アジア地域ではバンコク条約、中南米地域ではトラテロルコ条約、アフリカ地域ではペリンダバ条約があります。

語句 [4]

NPT

核の保有国をアメリカ・イギリス・フランス・ロシア・中国の5か国に限り、それ以外の国の核兵器の開発・保有および核保有国から非核保有国への核兵器の譲渡を禁止し、核拡散を防止するための条約のこと。

語句 [5]

CTBT

核爆発を伴うすべての核実験を禁止する条約のこと。

第6編 一般知識

CH 1 政治

SEC 2 国際政治

859

6 政治思想家　重要度 ★★

神田Tのイントロ
出題頻度は高くないですが、出題されたときには得点源としやすい項目です。代表的な人物についてチェックしておきましょう。

政治思想家については、代表的な人物として、ホッブズ、ロック、ルソーなどについて学習していきましょう。

I ホッブズ(英) ←社会契約説※1：肯定　政治体制：絶対君主制

人間の自然状態を「万人の万人に対する闘争」の状態ととらえ、これを避けるためには絶対権力者の存在が必要と考え、社会契約説を展開しました。

神田Tのアドバイス❶
ホッブズの主著には『リヴァイアサン』があります。

語句 ※1　社会契約説
社会や国家は、それを構成する個人の契約によって成立するもの、という考え方のこと。

II ロック(英) ←社会契約説：肯定　政治体制：間接民主制

生命・自由・財産を守る権利は、人間が有する当然の権利であって、この自然権を確実なものとするために人民は契約を結び国家をつくると考えました。そして、国家は人民の権利を守ることに存在意義があり、もし国家が人民の権利を踏みにじるようなことがあれば、人民は国家に対して抵抗する権利を行使できるとしました。

III ルソー(仏) ←社会契約説：肯定　政治体制：直接民主制

人間が社会契約によって国家をつくってからも自由・平等であるためには、全体の利益を目指す全人民の一般意思による統治が必要であると主張し、フランス革命やその後の社会思想にも大きな影響を及ぼしました。

IV エドワード・クック(英)

国王ジェームズⅠ世の暴政に対し、「国王といえども神と法の下にある」というブラクトンの言葉を引用して、国王を諫めました。

神田Tのアドバイス❷
王という人による統治ではなく、法というルールに基づいた統治のことを「法の支配」といいます。

Ⅴ モンテスキュー（仏）

フランス絶対王政を批判し、権力分立制の基礎を築いた人物です。権力を立法・行政・司法の3つに分け、それぞれ異なる機関に担当させる三権分立論を唱えました。

モンテスキューの主著には「法の精神」があります。

Ⅵ イェーリング（独）

社会秩序を維持するためには、個々人の権利の主張すなわち権利のための戦いが重要であることを唱えた。「諸国民の政治的教育の本当の学校は憲法ではなく私法である」とも述べている。

イェーリングの主著には「権利のための闘争」があります。

Ⅶ ボアソナード（仏）

明治初期に来日し、フランス法学を日本に持ち込み、日本の国内法の整備に大きく貢献した人物です。「日本近代法の父」と呼ばれています。

法政大学市ヶ谷キャンパスのボアソナードタワーの名前は、このボアソードに由来しています。

例題 H20-47-2

イギリスの哲学者ホッブズは、『リヴァイアサン』において、人間は自然状態では「万人の万人に対する闘争」が生じるため、絶対権力者の存在を認めなければならないとし、社会契約説を否定した。

✕ ホッブズは社会契約説を否定していない。

第6編 一般知識

CHAPTER 2 経済

SECTION 1 財政

このSECTIONで学習すること

1 財政の機能
財政には、資源配分、所得再分配、経済の安定化の機能があるよ

2 国の財政
国債って何？ 財政投融資ってどんな制度？

3 地方財政
地方債って何？ 地方交付税ってどんな制度？

1 財政の機能　重要度 ★☆☆

> **神田Tのイントロ**
> 財政は過去の出題履歴も多いテーマですが、財政の機能自体は軽く読み飛ばしてよいところです。

財政とは、国や地方公共団体が行う経済活動のことです。

財政には、①資源配分機能、②所得再分配機能、③経済の安定化機能といった機能があります。

板書 財政の3つの機能

①資源配分機能	財政活動によって、市場を通じてでは供給が過少になりがちな社会資本整備、学校教育、国防などの公共財を必要量供給することができる
②所得再分配機能	累進課税[※1]制度や社会保障制度の仕組みを通じて所得格差の緩和を可能にすることができる
③経済の安定化機能	累進課税制度と社会保障制度を導入すると、財政が景気変動を自動的に調整し、経済を安定させる役割を果たす

> **語句 ※1**
> **累進課税**
> 累進税率によって課税すること。所得が高いほど税率が引き上げられます。

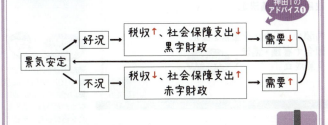

景気安定 → 好況 → 税収↑、社会保障支出↓ 黒字財政 → 需要↓
景気安定 → 不況 → 税収↓、社会保障支出↑ 赤字財政 → 需要↑

> **神田Tのアドバイス①**
> 好況のときは所得の上昇に伴って税収が増加し購買力が吸収され、逆に、不況のときは税収は減少するが社会保障費が増え購買力の低下が食い止められます。

2 国の財政　重要度 ★★★

国の財政では、国の予算・決算、国債、財政投融資について学習していきましょう。

> **神田Tのイントロ**
> 基本的な財政用語の確認とともに、過去に繰り返し出題のある国債や財政投融資に注意しましょう。

Ⅰ 予算・決算

(1) 予算

予算は、1会計年度(4月1日～翌年3月31日)における国の収入・支出の見積もりです。

内閣から予算案が国会に提出され、国会で審議・議決します。

会計には一般会計のほか特別会計もあります。

特別会計は、国が特定の事業を行う場合(事業特別会計)、特定の資金を保有してその運用を行う場合(資金特別会計)、特定の歳入をもって特定の歳出に充て一般の歳入歳出と区分して経理する必要がある場合(区分経理特別会計)に、特別会計に関する法律により設けられます。

```
板書 予算

国の会計年度
…4月1日から翌年3月31日まで

国の予算
…1会計年度における国の財政行為のルール

8月下旬    概算要求(各省庁から財務省へ提出)
～12月中旬  財務省で予算編成(査定、調整)
           財務省原案の策定
           政府案の閣議決定

翌年1月以降 内閣から国会に予算案を提出
           国会で審議・議決
           予算成立
```

通常国会が開かれていない10月や12月に予算の追加などが必要になったときは、臨時国会を召集して、そこで補正予算を成立させます。

(2) 決算

決算は、会計年度終了後に収入・支出の実績を作成した予算執行の記録のことです。

予算の執行が完了したら、財務大臣が決算を作成し、内閣から会計検査院[※1]に送付され、会計検査院がチェックします。そして、内閣は、会計検査院のチェックが終わった決算を国会に提出します。

語句 ※1
会計検査院
国の財政の執行などをチェックする国の行政機関のこと。

(3) 財政用語

ゼロベース	前年度の予算規模を考慮しないで、各年度においてゼロから予算編成を行うもの
シーリング	歳出規模の抑制を図るため、予算要求についての限度枠を設け、予算要求をする側自体に一定の絞り込みを事前に行わせる方式
暫定予算	年度開始までに本予算が成立しなかった場合に、とりあえず一定期間のみについて作成する予算
補正予算	予算作成後に生じた事由に基づき特に緊要となった経費の支出や債務の負担を行うため必要な予算の追加を行う場合に、年度途中で作成する予算
継続費	工事・製造その他の事業でその完成に数年度を要するものについては、経費の総額と年割額を定め、あらかじめ国会の議決を経て[※2]、数年度にわたって支出することができる
繰越明許費	歳出予算の経費のうち、その性質上または予算成立後の事由に基づき年度内にその支出が終わらない見込みのあるものについては、あらかじめ国会の議決を経て、翌年度に繰り越して使用することができる
債務負担	国が債務を負担する行為をなすには、あらかじめ予算をもって、国会の議決を経る必要がある
予備費	予見し難い予算の不足に充てるための費用で、内閣は歳入歳出予算に計上することができる

神田Tのアドバイス❸
後で当該年度の本予算が成立したときは、暫定予算は失効し、暫定予算に基づく支出や債務負担は本予算に基づくものとみなされます。

ひっかけ注意![※2]
あらかじめ国会の議決が必要なところを「事後の承認でよい」として誤りとするパターンに注意。

神田Tのアドバイス❹
予備費の支出にあたり、内閣はあらかじめ国会の議決を得る必要はないですが、事後に国会の承諾を得ることは必要とされています。

II 国税

　国税は、納税義務者を通じて国に納付される税金のことです。所得税、法人税、消費税、酒税、たばこ税、相続税、贈与税などがあります。

　戦後、シャウプ[※3]税制改革によって所得税中心の税体系に改められたことにより、直接税の比率が高くなりました。近年の直間比率[※4]は、おおむね6：4〜7：3程度となっています。

語句[※3]
シャウプ
アメリカの財政学者。戦後の日本の税制の骨格となった税制報告書をまとめた人物。

語句[※4]
直間比率
直接税と間接税の比率のこと。所得税や法人税などが直接税、消費税や酒税などが間接税にあたります。

Ⅲ 国債

国債は、国の財源が足りないときに発行される債券のことです[※1]。国債には建設国債や赤字国債といった種類があります。

板書 国債の発行

建設国債	道路・上下水道などの社会資本整備のための公共事業費、出資金、貸付金の財源に充てるために発行される国債 ↑建設国債は1966年から発行され、以後毎年発行されている
赤字国債 (特例国債)	一般会計予算の歳入の不足を補うために発行される国債 ↑赤字国債は1965年度の補正予算により発行され、1975年度以降は1990年度から1993年度までを除き、毎年発行されている[※2]

ポイント

☆本来、国の歳出は、公債または借入金以外の歳入をもってその財源とするべきであるが、財政法によって、公共事業費、出資金、貸付金の財源については、<u>国会の議決を経た金額の範囲内で、建設国債を発行することができる</u>(財政法4条)

☆国債を市中消化せず、日本銀行に引き受けさせると、インフレの危険があるので、財政法によって、<u>日銀引受は原則として禁止されている</u>(財政法5条)

Ⅴ 財政投融資

(1) 財政投融資とは

財政投融資には、①財政融資[※3]、②産業投資[※4]、③政府保証[※5]といった手法があります。

[※1] 2回転目に読む
東日本大震災からの復旧・復興事業に必要な財源を確保するため、2011年度から、復興債が発行されました。

この時期赤字国債の発行が行われなかった背景にはバブルによる税収増が挙げられます。

ひっかけ 注意![※2]
「1990年代に国債の発行が行われなかった年がある」として誤りとするパターンに注意。赤字国債の発行はされていませんが、この時期も建設国債の発行はされていました。

建設国債は、財政法に発行根拠規定があります。一方、赤字国債は、財政法には発行根拠規定がないため、特例法を制定して発行することになります。そのため、赤字国債は特例国債とも呼ばれます。

語句[※3]
財政融資
財政融資資金を活用し、政策金融機関、地方公共団体、独立行政法人などを通じて政策的に必要な分野に対して行われる融資のこと。

語句[※4]
産業投資
国が保有するNTT株やJT株の配当金などを原資として行われる産業の開発や貿易の振興のための投資のこと。

財政投融資は、国債の一種である財投債の発行などを通じて調達した資金を財源に、政策的な必要性はあるが民間では対応が困難な長期・低利の資金供給や大規模・超長期プロジェクトの実施を可能とするための投融資を行うものです。

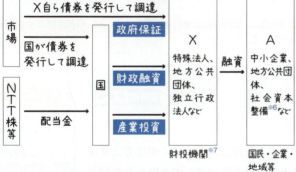

語句 ※5
政府保証
財投機関の市場での資金調達にあたり、政府が保証をつけることで事業に必要な資金の調達を助けるもの。

神田Tのアドバイス❸

財政投融資は、租税負担に拠ることなく、財投債の発行などにより調達した資金を財源として行われます。財政投融資による融資は、低利ではあるものの利息も付されます。

語句 ※6
社会資本整備
公共事業によって道路や上下水道などの生活の基盤となる社会資本を整備すること。

語句 ※7
財投機関
財政投融資を活用している機関のこと。

語句 ※8
財投機関債
財投機関が主体となって発行する債券のこと。

ひっかけ 注意! ※9
財投機関自らが発行する債券は「財投機関債」と呼ばれます。「財投機関が発行する債券を財投債という」として誤りとするパターンに注意。

867

(2) 財政投融資計画

財政投融資計画は、財政融資、産業投資、政府保証による資金供給の予定額を、個別の財投機関ごとに一覧表にしたものです。

財政投融資は予算の一部として国会の審議・議決を受けるため、財政投融資計画も国会に提出されますが、計画それ自体は国会での議決は受けません。

例題　　　　　　　　　　　　　　　　　　　　H26-50-ア

財政法の規定では赤字国債の発行は認められていないが、特例法の制定により、政府は赤字国債の発行をしている。

○　赤字国債は、財政法には発行根拠規定はないが、特例法によって発行されている。

3 地方財政　重要度★★★

令和3年にふるさと納税、平成30年に住民税、平成26年に国債・地方債の出題がありますが、過去に繰り返し出題のある地方交付税にも注意しましょう。

Ⅰ 概要

国民生活に密接に関連する行政は、その多くが地方公共団体によって実施されるため、地方財政は、国の財政と並び、重要な地位を占めるものといえます。

財政の苦しい地方公共団体も多いですが、地方財政を苦しめている原因の一つに、義務的経費の増大による財政の硬直化が挙げられます。

義務的経費には、人件費（職員の給料など）、扶助費（生活保護費など）、公債費（地方債の償還費など）がありますが、これらは、その性質上、簡単に削減することができません。

Ⅱ 予算・決算

(1) 予算

予算は、1会計年度（4月1日～翌年3月31日）における地方公共団体の収入・支出の見積もりです。

知事・市町村長から予算案が議会に提出され、議会で審議・議決します。

会計には一般会計のほか特別会計もあります。

868

(2) 決算

決算は、会計年度終了後に収入・支出の実績を作成した予算執行の記録のことです。

予算の執行が完了したら会計管理者[※1]が決算を作成し、知事・市町村長から監査委員[※2]に送付され、監査委員がチェックします。そして、知事・市町村長は、監査委員のチェックが終わった決算を議会に提出します。

III 地方税

(1) 概要

地方税は、地方公共団体がその課税権に基づき賦課徴収する税金です。住民税[※3]、固定資産税[※4]などがあります。

地方公共団体の一般財源に充てられる普通税と、特別の経費に充てるために徴収される目的税の区分があります。

(2) 法定外税

地方税法に定められている税目以外の税目でも、条例を定めて、賦課徴収することができます。使途を特定しないで課税することができる**法定外普通税**と、使途を特定して課税することができる**法定外目的税**があります。

(3) ふるさと納税

自分の住んでいる地方公共団体以外に任意に寄付をして、一定額が住民税や所得税の控除対象となる仕組みです。多くの地方公共団体では、寄付金の額に応じてその地域の特産品を返礼品として送付しており、返礼品の内容をアピールして寄付を募っています。

2019年6月には、ふるさと納税について、総務大臣が一定の基準に適合した地方公共団体のみを控除の対象として指定する仕組みが導入されました。

語句 ※1
会計管理者
地方公共団体の会計事務を行う補助機関。

語句 ※2
監査委員
地方財政の執行などをチェックする地方公共団体の行政機関。

語句 ※3
住民税
地方公共団体がその区域内に住所や事務所等を有する個人・法人に対して課す税金のこと。

語句 ※4
固定資産税
固定資産（土地・家屋・償却資産）に対して課される地方税のこと。納税義務者は固定資産の所有者で、固定資産の価格に基づいて課されます。

東京都では、2002年10月から「宿泊税」が導入されています。

2020年6月30日、最高裁は、ふるさと納税で過度な返礼品を送付したことを理由に制度の対象から除外された泉佐野市が国を訴えたことに対し、市の訴えを認め、市を除外した国の決定を取り消す判決を出しました。

Ⅳ 地方交付税

(1) 普通交付税

自分たちの収入だけでは運営が難しい地方公共団体もあり、そのような地方公共団体のために、国から必要な資金が交付される制度が設けられています。

地方交付税(普通交付税)は、一般的な財政需要に対する財源不足額に見合った額を算定して交付されるものです[※1]。

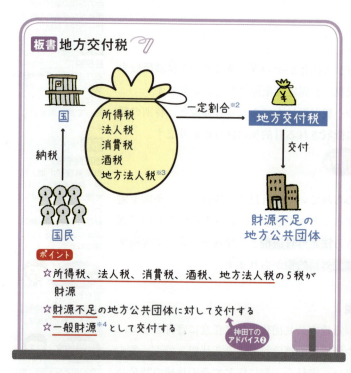

板書　地方交付税

国民 → 納税 → 国 → 〔所得税・法人税・消費税・酒税・地方法人税[※3]〕 → 一定割合[※2] → 地方交付税 → 交付 → 財源不足の地方公共団体

ポイント
- ☆ 所得税、法人税、消費税、酒税、地方法人税の5税が財源
- ☆ 財源不足の地方公共団体に対して交付する
- ☆ 一般財源[※4]として交付する

(2) 特別交付税

需要を計算するときに算入してなかった需要があること、収入を計算するときに多めに算定した収入があること、算定期日後に生じた災害等のための特別の需要があることによって財源不足となる場合を考慮し、普通交付税とは別に決定・

神田Tのアドバイス❶
地方交付税は国から見えれば支出、地方から見れば収入です。地方財政計画ベースでは地方の歳入総額の約20%程度にあたります。

Advance ※1　2回転目に読む
地方交付税は、国の一般会計からいったん交付税特会（交付税及び譲与税配付金特別会計）に繰り出されてから、各地方公共団体に配分されます。

条文チェック ※2
地方交付税法6条1項では、「所得税及び法人税の収入額のそれぞれ100分の33.1、酒税の収入額の100分の50、消費税の収入額の100分の19.5並びに地方法人税の収入額をもって交付税とする。」と規定されています。

語句 ※3
地方法人税
2014年10月から導入された税金です。法人税の納税義務のある法人は、地方法人税の納税義務者ともなります。

神田Tのアドバイス❷
財源が足りている東京都などは交付を受けていません。

語句 ※4
一般財源
使途制限のつかない財源のこと。

交付されるものが特別交付税です。

地方交付税法で、地方交付税の一定割合※5は特別交付税分に充てるものとして法定されています。

V 国庫支出金

国庫支出金は、使途を特定して国庫から地方公共団体に交付する資金の総称です。

VI 地方債

地方債は、地方公共団体が1会計年度を超えて行う借入れのことです。建設事業の財源調達のほか、歳入を補填するために地方債が発行されることもあります。

以前は地方債の発行は許可制でしたが、現在は協議制度に移行し、許可は不要となりました。

板書 地方債の発行

従来	地方債の発行には総務大臣または都道府県知事の許可が必要とされていた
2006年4月～	許可制から協議制度に移行※6
2012年4月～	一定の条件の下、地方公共団体の起債にかかる総務大臣または都道府県知事の協議を不要とし、事前に届け出ることで起債ができる制度を導入

例題 H26-50-エ

都道府県や市区町村が地方債発行により財源を調達する際には、当該地方議会の議決に加えて、国の許可を受けることが義務づけられている。

× 国の許可を受けることは義務付けられていない。

条文チェック ※5
地方交付税法6条の2第3項では、「毎年度分として交付すべき特別交付税の総額は、前条第2項の額の100分の6に相当する額とする。」と規定されています。

神田Tのアドバイス❸
国庫支出金は、①国庫負担金（地方公共団体が実施する事務の経費の一定割合を国が義務的に負担するもの）、②国庫委託金（国が行うべき事務を地方公共団体に処理させる際の必要な経費を支出するもの）、③国庫補助金（特定の施策の実施の奨励や財政援助のためのもの）に区分されます。

神田Tのアドバイス❹
借入先は、市場公募や銀行引受など民間資金も利用されていますが、財政融資資金も利用されています。

ひっかけ注意！※6
「地方債の発行には原則として許可が必要」として誤りとするパターンに注意。

第6編 一般知識

CHAPTER 2 経済

SECTION 2 経済

このSECTIONで学習すること

1 日本銀行
日本銀行の役割は？　金融政策にはどんなものがあるの？

2 経済用語
ケインズはどのような人物？GDP、カルテル、インフレって何？

3 戦後の日本の経済史
神武景気、岩戸景気、オリンピック景気、いざなぎ景気っていつの話？

4 国際貿易
WTO（世界貿易機関）、FTA（自由貿易協定）って何？

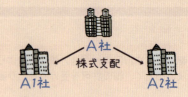

1 日本銀行

重要度 ★★★

I 日本銀行の役割

日本銀行は、日本の中央銀行※1であり、日本銀行法によって認められた認可法人です。

日本銀行には、①発券銀行としての役割、②政府の銀行としての役割、③銀行の銀行としての役割があります。

ここでは、日本の中央銀行である日本銀行の活動や金融政策について学習していきましょう。

〈日本銀行関連用語〉

為替市場介入	為替相場が乱れ、経済に悪影響を及ぼすと判断されたときに、財務大臣の判断により、日本銀行が為替取引に介入して、為替相場を正常に戻すこと
日銀短観 （企業短期経済観測調査）	日本銀行が全国の主要企業や中小企業を対象に業況や経済環境の良し悪しについてのアンケートを行い、その調査結果を集計して景気の動向などを測るもの
日銀考査	日本銀行が取引先金融機関の業務・財産の状況把握などのため、取引先との契約に基づいて行う立入調査
日銀特融	日本銀行特別融資のことで、日本銀行が信用秩序維持のために行う特別の条件による資金の貸付け

II 金融政策

各国の中央銀行は、景気を安定させるために金融市場に対して経済政策を行います。

景気後退時（不況時）の金融政策は金融緩和、景気過熱時の金融政策は金融引締めと呼ばれます。

神田Tのイントロ

直近では平成23年に出題があり、過去にも繰り返し出題されています。経済における重要テーマです。

語句 ※1
中央銀行
国家や一定の地域の金融組織の中核となる銀行のこと。

日本銀行券は、金（きん）との交換が保証されていない不換紙幣です。

日本銀行は、国庫金の管理はしますが、地方のお金まで管理しているわけではありません。

日本銀行が銀行に貸し出すときの金利を「基準割引率及び基準貸付利率」といいます。以前は公定歩合と呼ばれていました。

金利操作	中央銀行が民間の金融機関に対して行う貸出しの利率を上下させる政策 不況対策：下げる 景気過熱対策：上げる	 金利は低い方がお金を借りやすいため、不況対策となります。
公開市場操作	中央銀行が金融市場において債券等の売買を行って直接的に通貨量の調節を図ろうとする政策 不況対策：買いオペ 景気過熱対策：売りオペ	 日本銀行が買えば、日本銀行から市場にお金が出ていきますので、不況対策となります。
支払準備率操作	民間の金融機関が中央銀行へ預け入れることを義務づけられている準備金の預金に対する比率を上下させる政策 不況対策：下げる 景気過熱対策：上げる	 準備率を下げてあげれば、銀行が手元で使えるお金が増えるので、不況対策となります。

Ⅲ マイナス金利の導入

　2016年1月、日本銀行は、マイナス金利政策の採用を発表し、同年2月から実施されています。マイナス金利政策は、民間銀行の日本銀行当座預金にある超過準備に対してマイナス金利を課すものです。日本銀行が掲げている2％のインフレ目標の早期達成のために導入されました。

Ⅳ CBDC

　中央銀行デジタル通貨(Central Bank Digital Currency)のことです。中央銀行デジタル通貨には、デジタル化されていること、円などの法定通貨建てであること、中央銀行の債務として発行されることという特徴があります。

　日本銀行では、2021年4月、CBDCの実証実験を始めました。

> **例題** H23-49-ア
> 日本銀行は「銀行の銀行」として市中銀行から預託を受け入れ、市中銀行に貸し出しを行う。日本銀行が市中銀行に貸し出す金利を法定利息と呼ぶ。

✗ 法定利息ではなく、基準割引率及び基準貸付利率と呼ぶ。

2 経済用語 重要度 ★☆☆

経済に関する用語では、経済学者であるケインズ、経済指標の1つであるGDP、その他の用語として独占やインフレについて学習していきましょう。

神田Tのイントロ
令和元年は消費者物価指数などの経済用語に関する出題がありました。ケインズに関する問題は平成15年、GDPに関する問題は平成27年、14年、寡占・独占に関する問題は平成24年、インフレ・デフレに関する問題は平成25年、24年、暗号資産(仮想通貨)に関する問題は平成29年に出題されています。これらの用語の再出題に注意しましょう。

I ケインズ

ジョン・メイナード・ケインズ(1883年〜1946年)は、イギリスの経済学者です。有効需要に基づきマクロ経済学※1を確立させた人物です。

ケインズは、「需要が供給を創り出す」のであり、その需要を生み出すべく政府が市民の経済活動に介入すべきであるとしています。

ケインズの考え方は、ルーズベルト大統領(米)が1930年代の世界恐慌を克服するために推進した一連の経済政策(ニューディール政策)にも影響を与えました。

語句 ※1
マクロ経済学
個別の経済活動を集計して一国の経済全体を扱う経済学のこと。

1980年代、当時のサッチャー首相(英)やレーガン大統領(米)が採った政策は、小さな政府を志向するもので、ケインズの思想を採り入れたものではありません。

II GDP (国内総生産)

GDP (Gross Domestic Product:国内総生産)は、一国の国内で一定期間(例.1年間)に新たに生産した財貨やサービスの付加価値の総額のことです。一般にGDPが大きいほど経済的に豊かであるとされます。

物価変動の影響を排除して推計したGDPを実質GDPといい、排除しないものを名目GDPといいます。

875

III 寡占・独占

　寡占は、市場が少数の企業(独占の場合は1社のみ)によって構成される状態のことです。ビール、自動車、携帯電話サービスなどでは、少数の大企業に生産が集中する寡占化の傾向が見られます。

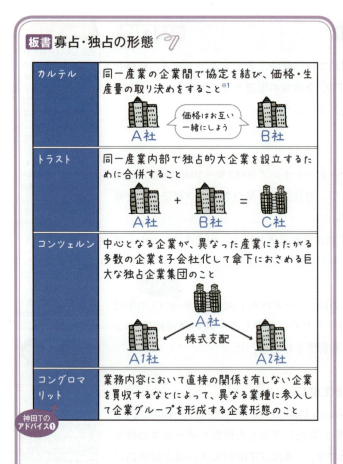

板書 寡占・独占の形態

カルテル	同一産業の企業間で協定を結び、価格・生産量の取り決めをすること[※1]
トラスト	同一産業内部で独占的大企業を設立するために合併すること
コンツェルン	中心となる企業が、異なった産業にまたがる多数の企業を子会社化して傘下におさめる巨大な独占企業集団のこと
コングロマリット	業務内容において直接の関係を有しない企業を買収するなどによって、異なる業種に参入して企業グループを形成する企業形態のこと

ひっかけ注意! ※1
カルテルとトラストの定義を入れ替えて誤りとするパターンに注意。

神田Tのアドバイス❶
例えば、電気製品を取り扱う企業が、飲料品を取り扱う企業や医薬品を取り扱う企業などを買収して多角経営して巨大化していくといったイメージ。

ポイント

☆ 寡占や独占の弊害の防止のため、<u>独占禁止法</u>※2 が制定されている(運用機関は<u>公正取引委員会</u>※3)

☆ 従来、独占禁止法では<u>持株会社</u>(ホールディング・カンパニー)は禁止されていたが、1997年の改正により、解禁された

語句 ※2
独占禁止法
正式名は「私的独占の禁止及び公正取引の確保に関する法律」。

 ※3
公正取引委員会は行政機関として行政処分を行う権限や犯則調査を行う権限も認められています。

Ⅳ インフレ・デフレ

インフレは、商品流通に必要な量以上に通貨が発行され、貨幣価値が下落し、物価が騰貴する状態のことです。

デフレは、通貨量が商品流通に必要な量以下となり、持続的に物価が下落していく状態のことです。

日本でも、戦後、傾斜生産方式による復興に対して復興金融金庫の資金が投入されたことによる「復金インフレ」と呼ばれるインフレや、1970年代には、オイルショックによる原油価格の上昇と列島改造ブームによる地価高騰により急激な物価上昇を招いた「狂乱物価」と呼ばれるインフレなどがありました。

デフレから抜け出したが本格的なインフレには達していない状態を「リフレーション」といいます。また、景気は停滞しているのに物価は上昇していく状態を「スタグフレーション」といいます。

インフレの分類

原因による分類	<u>ディマンドプル・インフレ</u>(需要インフレ) 生産物の供給より需要の増加が大きすぎるために生じるインフレ <u>コストプッシュ・インフレ</u>(生産インフレ) 賃金や原材料などの生産費の上昇によって生じるインフレ
程度による分類	<u>ハイパー・インフレ</u> 物価上昇が短期間に数倍・数十倍というように非常に高い率で進むインフレ <u>ギャロッピング・インフレ</u> 物価上昇が数十パーセントの率で進むインフレ <u>クリーピング・インフレ</u> 物価上昇が継続してじりじりと上昇するようなインフレ

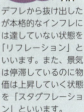

Ⅴ 労働分配率

労働分配率とは、企業において生産された付加価値全体のうちのどれだけが労働者に還元されているかを示す割合のことです。「人件費÷付加価値×100」で表します。 ←神田Tの アドバイス❶

Ⅵ 消費者物価指数

消費者物価指数とは、全国の世帯が購入する各種の財・サービスの価格の平均的な変動を測定するものです。基準となる年の物価を100として指数値で表します。

Ⅶ 暗号資産(仮想通貨)

暗号資産(仮想通貨)とは、国家の裏付けがなくネットワークなどを介して流通する決済手段のことです。その1つにビットコインがあります。ビットコインは分散型仮想通貨と呼ばれ、実際の貨幣と同様、当事者間で直接譲渡が可能な流通性を備えます。P2P型※1で、通常の通貨とは異なり国家の裏付けがなくネットワークのみを通じて流通する決済手段といえます。

分散型ネットワークをベースにするため、中心となるサーバもなく、取引所で取引を一括して把握するようなメカニズムも存在しません。取引データは利用者それぞれの端末に記録され、そうした記録がブロックチェーン※2に蓄積されます。

Ⅷ シェアリングエコノミー

シェアリングエコノミーとは、物やサービスなどを多くの人で共有しながら利用する仕組みのことです。服や車など個人の資産を相互に利用する消費形態が広がりつつあります。

Ⅸ サブスクリプション

サブスクリプションとは、定額の代金を支払うことで、一

神田Tの アドバイス❶

労働分配率が高い会社ほど労働者に多く還元している会社といえます。

語句 ※1
P2P
Peer to Peerの略。コンピュータ同士が中央サーバーを介さずに直接やりとりすること。

語句 ※2
ブロックチェーン
ブロックと呼ばれる順序付けられたレコードが連続的に増加していくリストを持った分散型データベースのこと。それぞれのブロックにはタイムスタンプと前のブロックへのリンクが含まれています。

定期間内に映画やドラマなどを制限なく視聴できるサービスのことです。

3　戦後の日本の経済史　　重要度 ★★★

　1945年の第二次世界大戦後、敗戦国であった日本は経済を復興させ、1964年には先進国の仲間入りをし、高度経済成長を経験しました。

Ⅰ　第二次世界大戦後

(1)　経済の民主化

　戦後の経済民主化のための改革として、①財閥の解体、②農地改革、③労働組合の育成が行われました。

(2)　朝鮮特需

　朝鮮戦争[※3]（1950年〜1953年）により衣料調達や武器補修などの特需が起きたことから、戦後は、繊維産業や金属工業を中心とした生産水準の回復が見られました。

(3)　傾斜生産方式

　基幹産業の鉄鋼と石炭に資材・資金を重点的に投入し、両部門の生産拡大を基軸とする生産回復が図られました。

(4)　ドッジライン

　財政金融引き締め政策によりインフレの収束や国内消費の抑制を図られました。

Ⅱ　高度経済成長時代へ

　戦後復興を経て、20世紀中盤から後半にかけて、好景気が訪れました。

神田Tのイントロ

経済に関する歴史問題が出題されたこともあります。狙われやすいのが戦後の経済史ですので、念のため、戦後に起きた出来事は確認しておきましょう。

ひっかけ 注意！ ※3

朝鮮戦争のところを「ベトナム戦争」などと入れ替えて誤りとするパターンに注意。

神武景気 神田Tの アドバイス❶	1956年の経済白書の「もはや戦後ではない」で有名 輸出拡大、合成繊維・石油化学などを中心とした設備投資により好況となった
岩戸景気 神田Tの アドバイス❷	池田内閣の「国民所得倍増計画」(1960年)などにより、消費投資が活発化し、「投資が投資を呼ぶ」波及効果を生み出した
オリンピック景気	輸出の好調と東京オリンピック(1964年)による建設投資ブームにより好況となった ↑日本は1964年にOECD(経済協力開発機構)に加盟が認められた
いざなぎ景気 神田Tの アドバイス❸	1965年〜1970年頃は岩戸景気を上回る好景気といわれ、いざなぎ景気と呼ばれた

Ⅲ バブル経済

　1985年のプラザ合意※1後、円高が急速に進みました。これにより輸出に依存した日本経済は大きな打撃を受けました。

　G7※2諸国の合意によって為替相場が安定を取り戻すと、日本経済は1987年半ばから景気は好転し、1990年代初頭まで平成景気と呼ばれる好景気を持続させました。低金利政策の下で調達された資金が株式や土地の購入に向けられ、株価や地価が経済の実態をはるかに超えて上昇し、いわゆるバブル経済を生みました。

　その後、日本銀行が金融引締めに転じ、また、地価税が導入されたことに伴い、株価や地価は低落し始め、バブル経済は崩壊し、平成不況に突入することとなりました。

神武景気は日本の第1代天皇とされる神武天皇にあやかってネーミングされたものです。

岩戸景気は、神武天皇よりさらに古い時代の天照大神(あまてらすおおみかみ)が天の岩戸に隠れたことにあやかって、神武景気を上回る好景気という意味でネーミングされたものです。

いざなぎ景気は、天照大神の父神にあたる伊弉諾尊(いざなぎのみこと)にあやかって、神武景気や岩戸景気を上回る好景気という意味でネーミングされたものです。

語句 ※1
プラザ合意
1985年、ニューヨークのプラザホテルで開かれた会議で合意された為替レートの安定化策のこと。

語句 ※2
G7
アメリカ、イギリス、フランス、ドイツ、日本、イタリア、カナダの7か国を指す。

4 国際貿易　重要度 ★★☆

神田Tのイントロ
直近では平成30年に出題があり、過去にも繰り返し出題されています。貿易の自由化を中心におさえておきましょう。

貿易とは、国際間の商品の取引のことで、輸出と輸入の総称です。

ここでは、貿易の自由化の流れを確認し、WTO（世界貿易機関）やFTA（自由貿易協定）について学習していきましょう。

Ⅰ GATT（関税及び貿易に関する一般協定）

第二次世界大戦後は自由貿易が推進され、1947年にはGATTが調印されました。GATTは、加盟国が互いに同等の条件で貿易を行うための無差別原則の確保、輸入制限の撤廃、関税[※3]の引下げなどを目的とした国際協定です。←**神田Tのアドバイス④**

語句 ※3
関税
国境を通過する貨物に対して課される税金のこと。

神田Tのアドバイス④
貿易取引の障壁となっている措置を緩和・撤廃すれば、貿易を活発化させることになります。具体的には、関税や輸入数量制限などをなくすといった措置が考えられます。

Ⅱ WTO（世界貿易機関）

1995年、GATTを発展的に解消する形で、貿易の自由化[※4]を促進していくための組織として設立されました。WTOの本部はスイスのジュネーブに置かれています。

WTOでは、モノの貿易だけでなくサービス貿易や知的所有権に関する国際ルールの確立や、貿易国間の紛争処理機能の強化などに取り組んでいます。

Advance ※4
2回転目に読む
セーフガード（緊急輸入制限）は例外的に認められており、日本も、ネギ・シイタケ・イグサの中国からの輸入増に対して発動したことがあります。

Ⅲ FTA・EPA ←**神田Tのアドバイス⑤**

FTA（自由貿易協定）は、締結国同士が相互に物品の関税を撤廃したり、サービス貿易の障壁を排除して、貿易拡大を図ろうとする協定です。また、貿易の自由化のみならず、投資円滑化、経済協力推進、労働市場開放など経済全般について連携を強化しようとする総合的な協定をEPA（経済連携協定）といいます。

日本は、WTOにも加盟しており、FTA・EPAも締結しています。2002年に発効したシンガポールとの2国間EPAが最

神田Tのアドバイス⑤
アメリカ・メキシコ・カナダで締結されているNAFTA（北米自由貿易協定）が有名です。なお、2020年7月には、NAFTAに代わる新協定であるUSMCA（アメリカ・メキシコ・カナダ協定）が発効しています。

881

初です。

Ⅳ TPP

TPP（環太平洋戦略的経済連携協定）は、協定国間の貿易における関税の撤廃による貿易の自由化の実現を目指す協定です。

板書 TPP 発効

2016年2月	オーストラリア、ブルネイ、カナダ、チリ、日本、マレーシア、メキシコ、ニュージーランド、ペルー、シンガポール、ベトナム、アメリカの間で署名
2017年1月	アメリカが離脱
2018年12月	アメリカ以外の11か国による新協定TPP11として発効

Ⅴ UNCTAD（国際連合貿易開発会議）

発展途上国の経済開発促進や先進諸国と発展途上国の経済格差是正など、南北問題[※1]を検討し、南北交渉を行うための国際連合の補助機関のことです。UNCTADの本部はスイスのジュネーブに置かれ、4年に一度開催されています。

語句 ※1
南北問題
北半球に多い先進国と南半球に多い開発途上国との間の経済格差に基づく問題のこと。

例題　　　　　　　　　　　　　　　　　　　　　　　　H23-50-エ

UNCTAD（国際連合貿易開発会議）は、途上国の経済開発促進と自由貿易推進のために国際連合が設けた会議で、国際連合の補助機関として、4年に一度開催されている。

✗ UNCTADの目的は途上国の経済開発促進と先進国との経済格差の是正であって、自由貿易推進のためではない。

CHAPTER 3 社会

SECTION 1 環境問題

このSECTIONで学習すること

1 地球環境保護条約

環境関連で押さえておくべき条約は？

2 公害問題

公害対策に関する法律にはどんなものがあるの？

3 リサイクル・廃棄物

リサイクルや廃棄物処理に関する法律にはどんなものがあるの？

1 地球環境保護条約

重要度 ★★☆

I 主な国際条約

地球環境保護に関する条約のうち、主だった条約の名称とその概要について見てみましょう。

ワシントン条約	1973年採択
	絶滅のおそれのある野生動植物の種の国際取引に関する条約
	↑日本は1980年に批准

ラムサール※1条約	1971年採択
	特に水鳥の生息地として国際的に重要な湿地の保護に関する条約
	↑日本は1980年に批准

バーゼル※2条約	1989年採択
	有害廃棄物の国境を越える移動や処分の規制に関する条約
	↑日本は1993年に批准

ロンドン条約	1972年採択
	陸上で発生した廃棄物の海洋投棄や洋上での焼却処分の規制について定めた条約
	↑日本は1980年に批准

オゾン層保護のためのウィーン条約	1985年採択
	オゾン層保護のための国際的な対策の枠組みを定めた条約※3
	↑日本は1988年に批准

気候変動枠組条約	1992年採択
	地球温暖化防止に対する国際的な対策の枠組みを定めた条約※4
	↑日本は1993年に批准

II パリ協定

京都議定書(1997年採択)以来の気候変動に関する国際的枠組みとなる国際協定です※5。産業革命前からの気温上昇を2度よりも低く抑えることを目標とし、2020年以降の地球温

神田Tのイントロ

令和元年はバーゼル条約が出題されました。環境条約に関する問題は平成21年、17年にも出題されています。有名な条約の名称とポイントを確認しておきましょう。

語句 ※1
ラムサール
イランの都市の名前です。

語句 ※2
バーゼル
スイスの都市の名前です。

Advance ※3
2回転目に読む
オゾン層破壊物質であるフロン等の具体的な削減スケジュールを定めたのがモントリオール議定書です(1987年採択)。

Advance ※4
2回転目に読む
温室効果ガスである二酸化炭素等の具体的な削減スケジュールを定めたのが京都議定書です(1997年採択)。

Advance ※5
2回転目に読む
2015年12月、パリで開催された第21回気候変動枠組条約締約国会議(COP21)で採択された協定です(2016年11月発効)。

暖化対策について定められています。先進国のみを対象に温室効果ガス排出削減義務を課していた京都議定書と異なり、パリ協定では、途上国を含むすべての国が温室効果ガス排出削減に向けて努力することとされ、5年ごとに温室効果ガスの削減状況を点検し、報告するものとされています。

例題　　　　　　　　　　　　　　　　　　　　　　　　　R元-53-オ

> 一定の有害廃棄物の国境を越える移動およびその処分の規制について、国際的な枠組みおよび手続等を規定したバーゼル条約があり、日本はこれに加入している。

> ○　本肢はバーゼル条約について説明したものであり、また、日本は1993年にバーゼル条約に加入している。

2　公害問題　　　重要度★★☆

公害とは、事業活動その他の人の活動に伴って生ずる相当範囲にわたる大気汚染、水質汚濁、土壌汚染、騒音、振動、地盤の沈下、悪臭によって、人の健康または生活環境に係る被害が生ずることです。

ここでは、公害対策関連の法律にどのようなものがあるかや、公害関連の用語について学習していきましょう。

〈法律〉

公害対策基本法	**1967年制定** 公害防止施策の基本事項等を定めた公害対策の基本法[※6] **1970年改正** 公害対策基本法には、制定当初、経済調和条項といって、「生活環境の保全については経済の健全な発展との調和が図られるようにするものとする」旨の規定がありましたが、1970年に開かれた国会（公害国会と呼ばれています）における公害対策基本法の改正によって、<u>経済調和条項は削除されました</u>

神田Tのイントロ

公害に関する問題は平成23年、19年、12年に出題されています。代表的な法律や関連用語を確認しておきましょう。

Advance [※6]
2回転目に読む

1993年に公害対策基本法を発展的に解消する形で環境基本法が制定されたことに伴い、廃止されました。

自然環境保全法	**1972年制定** 公害対策と並ぶ環境行政のもう1つの柱である自然環境保全対策について、基本的事項を定める法律
公害健康被害補償法	**1973年制定** 公害健康被害の補償について定めた法律
環境基本法	**1993年制定** 公害対策基本法を発展的に継承する形でつくられた環境政策の基本法に位置する法律
環境アセスメント法（環境影響評価法）	**1997年制定** 環境影響評価法は、環境アセスメント[※1]を制度化した法律

〈関連用語〉

四大公害訴訟	①イタイイタイ病、②水俣病、③四日市ぜんそく、④新潟第二水俣病に関し、被害住民が起こした訴訟のこと[※2]
濃度規制	汚染物質を発生源の濃度で規制する方式のこと
無過失責任制度	事業者に過失がなくても賠償責任を負わせる方式のこと
PPP（汚染者負担の原則）	公害を発生させた事業者が公害防止や被害者救済のための費用を負担すべきであるという原則のこと

語句 ※1
環境アセスメント
環境に大きな影響を及ぼすおそれのある大規模開発事業の実施に際し、事前に環境への影響を調査・予測・評価し、その結果を公表して、国民や地方公共団体などから意見を聴き、それを踏まえて環境保全の観点からよりよい事業計画を策定することによって、環境保全を図る制度です。

Advance ※2
2回転目に読む
四大公害訴訟では原告の被害住民側の損害賠償請求が認められ、その後の公害判決、公害対策基本法の制定、環境庁の設置などに大きな影響を与えました。

例題　　　　　　　　　　　　　　　　　　　　　　　　　　H23-53-ウ

生活環境の保全について、経済の健全な発展との調和が図られなければならないという条項を「経済調和条項」といい、かつての公害対策基本法に盛り込まれ、現在の環境基本法でも継承されている。

> ✗ 経済調和条項は制定当初の公害対策基本法にはあったが、1970年の改正で削除され、環境基本法でも継承されていない。

3 リサイクル・廃棄物　重要度 ★★★

リサイクルとは、使用済みの商品をもう一度資源に戻して製品を作ることです。「大量生産・大量消費・大量廃棄」型の経済社会から脱却し、環境への負荷が少ない「循環型社会」を形成するため、さまざまな環境政策が採られています。

> **神田Tのイントロ**
> リサイクル・廃棄物に関する問題は令和元年、平成20年、15年に出題があります。代表的な法律や関連用語を確認しておきましょう。

I 循環型社会形成推進基本法

循環型社会の形成を推進する基本的な枠組みとなる法律です。同法では、事業者および国民の排出者責任※3を明らかにするとともに、拡大生産者責任※4を位置付けています。

> **語句 ※3 排出者責任**
> 廃棄物を出す人が、その適正な循環的利用や処分に責任を負うとする考え方のこと。

II リサイクル関連法

リサイクルに関する法律には、資源有効利用促進法(「資源の有効な利用の促進に関する法律」)や家電リサイクル法(「特定家庭用機器再商品化法」)といった法律があります。

家電リサイクル法では、①エアコン、②テレビ、③冷蔵庫・冷凍庫、④洗濯機・乾燥機を対象品目とし、リサイクル義務などを課しています。また、消費者にはリサイクルにかかる費用の負担義務が課されています。

> **語句 ※4 拡大生産者責任**
> 製品に対する生産者の物理的・経済的責任を、製品ライフサイクルの使用後の段階(製品の廃棄後の循環的利用や処分)にまで拡大させる考え方のこと。

> **神田Tのアドバイス❶**
> ペットボトルは容器包装リサイクル法、パソコンは資源有効利用促進法という別の法律でそれぞれのリサイクルについての規定があります。

III 廃棄物処理法

廃棄物処理法(廃棄物の処理及び清掃に関する法律)では、廃棄物について、産業廃棄物とそれ以外の一般廃棄物に区分して規制しています。

一般廃棄物の処理は市区町村の責務とされています。一方、産業廃棄物の処理は排出した事業者自身の責務とされています。また、都道府県は、産業廃棄物の適正な処理を確保するために都道府県が処理することが必要であると認める産業廃棄物の処理を、その事務として行うことができます。

> **神田Tのアドバイス❷**
> 市区町村では、ごみ処理の有料化を実施している自治体もあります。

第6編 一般知識
CHAPTER 3 社会

SECTION 2 社会保障

このSECTIONで学習すること

1 社会保障制度
社会保障制度の沿革を確認しよう

2 公的年金制度
年金は、社会保険制度のうちの一つ。国民年金や厚生年金があるよ

3 介護保険制度
介護保険は、社会保険制度のうちの一つ。2000年から始まった制度だよ

4 生活保護制度
生活困窮者に対する保護や自立の助長のための制度が生活保護制度だよ

1 社会保障制度 重要度 ★☆☆

神田Tのイントロ
社会保障はCHAPTER 3社会において最重要であり、過去の出題履歴も多いテーマですが、制度の沿革自体は1回読んでおく程度で十分です。

社会保障制度は、病気や障害などにより、自分だけの努力では自立した生活を維持できなくなるといったリスクに対し、みんなで支え合い、必要な保障を行おうとするものです。

I 社会保障制度の4つの柱

社会保障制度の4つの柱とは、①社会保険、②公的扶助、③社会福祉、④公衆衛生を指します。

神田Tのアドバイス❶
医療、年金、雇用、労災、介護などは、社会保険に分類されます。

神田Tのアドバイス❷
生活保護は、社会保険ではなく、公的扶助に分類されます。

社会保険	本人、事業主、政府などで財源を拠出し、必要なときに給付を受けられる制度
公的扶助	生活困窮者に最低限度の生活を保障する制度
社会福祉	高齢者や身障者などに生活の保障をする制度
公衆衛生	環境整備、予防衛生などによって国民の健康増進を図る制度

II 社会保障制度の沿革

社会保障制度は、国家が国民にその最低生活(ナショナル・ミニマム)を保障する制度といえます。

イギリスでは、ベバリッジ報告が発表され、「ゆりかごから墓場まで」をスローガンに、国家の責任において国民の生存権を保障し、最低生活(ナショナル・ミニマム)の保障を社会保険で実現しようとしました。

日本では、明治時代にイギリスの救貧法にあたる恤救規則[※1]が制定されましたが、恤救規則は恩恵的なものにすぎず、制度としての社会保険ができたのは大正時代になってからです。1922年には、日本で最初の社会保険として健康保険法が制定されました。

語句 ※1
恤救規則
明治政府が生活困窮者の公的救済のために制定した法令のこと。

社会保障制度の沿革についてまとめると次の年表のようになります。

板書 社会保障制度の沿革

- 1874年 恤救規則を制定（恤救規則は恩恵的なものにすぎなかった）
- 1922年 日本で最初の社会保険として健康保険法を制定（民間企業の被用者を対象とする健康保険制度が整備され始めた）
- 1938年 自営業者や農業従事者等を対象とする国民健康保険法を制定
- 1941年 労働者を対象とする年金保険制度として労働者年金保険※1法を制定
- 1944年 労働者年金保険法を改正し、厚生年金保険法を制定
- 1946年 生活保護法を制定
- 1947年 児童福祉法を制定
- 1958年 国民健康保険法の全面改正
- 1959年 国民年金法を制定
- 1985年 基礎年金制度の導入を内容とする改正
  - 国民年金と厚生年金制度が別々に機能していたそれまでの制度を改め、全国民に定額の基礎年金を支給する国民年金（基礎年金）制度と報酬比例年金を上乗せする厚生年金保険および共済年金に再編成
- 2015年 被用者年金一元化
  - 公務員や私立学校教職員の加入していた共済年金を廃止し、厚生年金に一元化

神田Tのアドバイス❶
医療保険は、会社員は健康保険、自営業者は国民健康保険といった形で職域によって分立した制度となっています。

語句 ※1
労働者年金保険
日本で最初にできた養老・廃疾保険のこと。現在の厚生年金の前身。

神田Tのアドバイス❷
国民年金法の制定により、これまで無年金だった自営業者等も年金に加入できるようになり、「国民皆年金」の制度が整備されました。

2 公的年金制度　重要度★★★

神田Tのイントロ
直近では平成29年に出題があります。年金制度の沿革や保険料をおさえておくのがポイントです。

公的年金制度※2は、現役世代が加入することで安定的な保険集団を構成し、年金給付に必要な財源を後代の負担に求める世代間扶養の仕組みによる強制加入を原則とする制度です。

加齢などによる稼得能力の減退・喪失に備えるための社会保険であり、現役世代は<u>国民年金</u>の被保険者となり、高齢期になれば基礎年金の給付を受けられます（1階部分）※3。また、会社員や公務員の場合、これに加え、<u>厚生年金</u>にも加入し、基礎年金の上乗せとして報酬比例年金の給付を受けられます（2階部分）。

 ※2 **2回転目に読む**
私的年金には確定給付型と確定拠出型の両方がありますが、公的年金では、法律により給付額が確定しており、確定給付型が採用されているといえます。

 ※3 **2回転目に読む**
老齢年金の給付により受け取った所得は、所得税の課税対象とされています。

神田Tのアドバイス❸
年金保険料の徴収事務は、以前は市区町村が行っていましたが、現在は国に移管されています。具体的には日本年金機構が行っています。

板書　公的年金制度　神田Tのアドバイス❸

種類	国民年金	日本国内に居住している<u>20歳以上60歳未満の者</u>が加入する →自営業者の場合、国民年金基金などの上乗せがなければ、年金は国民年金だけになる
	厚生年金	常時1人以上の従業員を使用する法人の事業所の被用者、常時5人以上の従業員を使用して適用業種を営む個人の事業所の被用者、公務員や私立学校教職員などが加入する
被保険者	第1号被保険者	第2号被保険者・第3号被保険者以外の国民年金に加入する者 加入対象：20歳以上60歳未満の者
	第2号被保険者	厚生年金保険に加入する者
	第3号被保険者	第2号被保険者の被扶養配偶者
財源	<u>保険料（50％）と公費（50％）</u> →従来、国庫負担は3分の1だったが、2009年4月からは2分の1に引き上げられた	

保険料	保険料水準を固定した上で、その収入の範囲内で給付水準を自動的に調整する仕組みが採られています（保険料水準固定方式） 第1号被保険者：定額（自分で納付） 第2号被保険者：労使折半（勤務先で納付） 第3号被保険者：なし
受給資格	老齢年金の受給資格期間は原則10年以上

神田Tの**アドバイス❶**

2017年8月以降、資格期間が10年以上であれば老齢年金を受け取ることができるようになりました（従来、25年以上でした）。

例題　　　　　　　　　　　　　　　　　　　　　H29-48-1

国民皆年金の考え方に基づき、満18歳以上の国民は公的年金に加入することが、法律で義務付けられている。

✗　18歳以上ではなく、20歳以上。

3 介護保険制度　　　重要度★★★

Ⅰ 介護保険制度の仕組み

　介護は、誰にでも起こりうるリスクと考え、社会全体でその費用を賄おうとの考えのもと、公的に認められた介護に関する社会保険として、<mark>介護保険</mark>制度が2000年4月から開始されています。

　介護保険制度は、40歳以上の者[※1]を被保険者とし、介護サービスを利用した場合、原則として費用の1割を自己負担として、9割は保険で賄われる仕組みを採っています。

　また、団塊の世代が75歳以上となる2025年を目途に、重度な要介護状態となっても住み慣れた地域で自分らしい暮らしを人生の最後まで続けることができるよう、住まい・医療・介護・予防・生活支援が一体的に提供される地域包括ケアシステムの構築の実現が目指されています。

神田Tのイントロ

社会保障の中でも特に重要なのが介護保険です。単独テーマとして平成21年、15年、12年に、総合問題の肢の1つとして平成30年、23年、20年に出題があります。被保険者の年齢や自己負担割合などの数字も確認しておきましょう。

ひっかけ注意！※1

「20歳の大学生が介護が必要になったら介護保険を利用できる」として誤りとするパターンに注意。

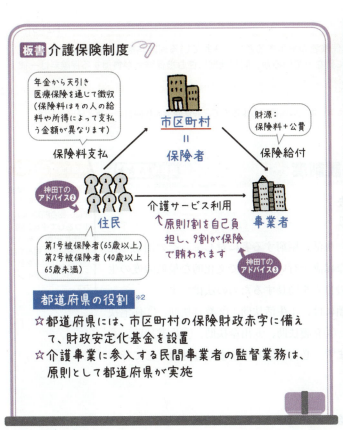

原則として被保険者の住民票のある市区町村が保険者となりますが、特別養護老人ホームなどの施設に入居して住民票を移した場合でも住民票を移す前の市区町村が引き続き保険者となる仕組みを「住所地特例制度」といいます。

2018年8月から、第1号被保険者のうち現役並みの所得がある者の場合、自己負担割合が3割とされ、1割・2割・3割の3段階となりました。

Advance ※2
2回転目に読む
都道府県ごとに介護保険審査会が置かれ、介護保険に関する処分に不服がある場合、介護保険審査会に審査請求することができる仕組みが採られています。

II 高齢化率

　高齢化率とは、高齢者(65歳以上の者)の人口が総人口に占める割合のことです。7%を超えると高齢化社会、14%を超えると高齢社会、21%を超えると超高齢社会と呼ばれます。

　日本では、2005年に高齢化率が20%の大台に乗り、年々上昇傾向にあり、2013年には25%を超え、4人に1人が高齢者といわれるようになりました。2020年には28.7%になっています。

> **例題** H21-51-ア
>
> 65歳以上の被保険者が負担することとされている保険料額は、市町村を基本とする保険者ごとに異なっているが、同じ地域に住む被保険者が負担する保険料は一律とされている。

> ✗ 本人の所得にもよるので、被保険者の保険料が一律とはいえない。

4 生活保護制度　重要度 ★★★

神田Tのイントロ
生活保護制度は、単独テーマとして平成21年に、総合問題の肢の1つとして平成23年、20年に出題があります。保護の仕組みや自立支援の仕組みをおさえておくのがポイントです。

I 生活保護法

(1) 概要

生活保護法は、生活に困窮する者に対して、その困窮の程度に応じて必要な保護を行い、健康で文化的な最低限度の生活を保障し、その自立を助長するための法律です。

生活保護の種類には、①生活扶助、②教育扶助、③住宅扶助、④医療扶助、⑤介護扶助、⑥出産扶助、⑦生業扶助、⑧葬祭扶助があります。必要に応じ単給または併給として行われます。

(2) 保護費の支給

厚生労働大臣が定める基準で計算される最低生活費と収入を比較して、収入が最低生活費に満たない場合、その差額が保護費として支給されます。

神田Tのアドバイス❶
生活扶助は、被保護者の居宅において行うことを原則としていますが、これによることができないときでも生活扶助が受けられることはあります。また、金銭給付によって行うことを原則としていますが、これによることができないときには現物給付によって行うことも認められています。

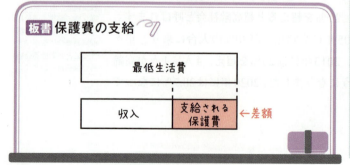

(3) 申請保護の原則

生活保護法に基づく保護は、要保護者、その扶養義務者、その他の同居の親族の申請に基づいて開始するものとされています[※1]。

(4) 世帯単位の原則

生活保護法に基づく保護は、世帯を単位としてその要否および程度を定めるものとされています[※2]。

Ⅱ 自立支援プログラム

地方公共団体では、被保護者の自立促進を目的に、自立支援プログラムの策定が行われ、就労支援に関する個別支援プログラムの策定・実施も行われています。

Ⅲ 生活困窮者自立支援法

生活困窮者の自立相談支援事業の実施、住居確保給付金の支給その他の自立支援に関する措置を講ずることにより、生活困窮者の自立の促進を図ることを目的とする法律です。2013年に制定され、2015年4月から施行されています。

> **Advance [※1]**
> **2回転目に読む**
> 要保護者が急迫した状況にあるときは、保護の申請がなくても、必要な保護を行うことができます。

> **Advance [※2]**
> **2回転目に読む**
> これによりがたいときは、個人を単位として定めることができます。

例題　　　　　　　　　　　　　　　　　　　　　　　　　H23-51-1

生活保護法では、保護の認定や程度については、あくまでも個人を単位として判断されることとなっており、仮に同一世帯のなかに所得が高額な親族がいる場合であっても、特定の個人が生活困窮状態にある場合には、保護の対象となる。

✕ 保護は世帯単位を原則とする。

第6編 一般知識

CHAPTER 3 社会

SECTION 3 その他

このSECTIONで学習すること

1 雇用・労働
男女雇用機会均等法などの法制度を確認しよう

2 子ども・子育て支援
育児介護休業法などの法制度を確認しよう

3 消費者問題
特定商取引法や景品表示法といった法律を学習するよ

4 外国人
外国人の在留資格、帰化による国籍取得について学習するよ

1 雇用・労働

重要度 ★☆☆

Ⅰ 日本型雇用システム

日本型雇用慣行として、終身雇用、年功序列、企業別労働組合[1]が挙げられます。これらは安定した雇用環境を長期にわたって保障する制度として機能してきましたが、現在は働き方の多様化が進み、これらの慣行は変化しています。

Ⅱ 働き方改革

働き方改革は、①働き方改革の総合的かつ継続的な推進、②長時間労働の是正と多様で柔軟な働き方の実現等、③雇用形態にかかわらない公正な待遇の確保の3つを柱としています。

2019年4月以降順次施行されています。

労働時間に関する制度の見直し	時間外労働の上限規制について、月45時間・年360時間を原則とし、臨時的な特別な事情がある場合でも、休日労働を含め月100時間・年720時間未満、複数月平均80時間を限度に設定する必要がある
有給休暇取得の義務化	年10日以上の有給休暇が付与される労働者に対し、毎年5日、時季を指定して有給休暇を与えることを義務付ける
勤務間インターバル制度	1日の勤務終了後、翌日の始業までの間に一定時間以上の休息時間(インターバル)を置くことを定める制度の導入を促す
高度プロフェッショナル制度	高度専門職にある高所得者は、希望すれば、労働時間等の規制の対象外とすることができるものとする[2]
雇用形態にかかわらない公正な待遇の確保	正規雇用労働者と非正規雇用労働者の間で、基本給や賞与など個々の待遇ごとに不合理な待遇差を禁止する

第6編 一般知識

CH3 社会

SEC3 その他

神田Tのイントロ

雇用・労働に関する問題は令和元年、平成25年、24年、22年に出題されています。代表的な法律を確認しておきましょう。

ひっかけ 注意! ※1

「終身雇用、年功序列、職能別労働組合が挙げられる」として3つのうちの1つを別の用語に変えて誤りとするパターンに注意。

ひっかけ 注意! ※2

金融工学等の知識を用いて行う金融商品の開発の業務などが該当します。「医師が対象となる」など該当しない職種を挙げて誤りとするパターンに注意。

897

Ⅲ 労働三権

憲法では、労働者に団結権、団体交渉権、団体行動権を保障しています（憲法28条）[※1]。

Ⅳ 労働基準法

労働条件に関する最低基準（労働基準）を定めた法律で、労働契約、賃金、労働時間、休息・休日・年次有給休暇などについて定められています。

労働基準法では、法定労働時間として、休憩時間を除き、1日8時間、1週間について40時間を超えて労働させてはならないことが定められています。

Ⅴ 最低賃金

最低賃金には、都道府県ごとに定められた地域別最低賃金[※2]と、特定の産業に従事する労働者を対象に定められた特定最低賃金の種類があります。

Ⅵ 男女雇用機会均等法

男女雇用機会均等法は、1985年に制定された法律です。職場における男女の差別を禁止し、均等待遇などについて定められています。その後、1997年、2006年に大きな改正がありました。

板書　男女雇用機会均等法の制定と主な改正

1985年制定	1979年に国連で採択された「女子差別撤廃条約」を批准するための条件整備のために制定
1997年改正	・女性に対する差別の努力義務規定を禁止規定にする ・セクシュアルハラスメントに係る規定を創設

Advance [※1] 2回転目に読む
労働基本権の保障は公務員に対しても及びます。しかし、警察職員や消防職員などの場合には労働三権すべてが認められておらず、また、一般の公務員でも団体行動権が否定されているなど一定の制限がかかります。

神田Tのアドバイス❶
労働基準法では、児童の使用に関する規制は置かれていますが、高齢者を雇用してはならないとする規定は置かれていません。

ひっかけ注意! [※2]
地域別最低賃金は都道府県ごとに定められています。「最低賃金を市町村が定める」として誤りとするパターンに注意。

神田Tのアドバイス❷
制定当初は、募集・採用や配置・昇進については、定年や退職と異なり、事業主に課されていたのは女性を男性と均等に取り扱う努力義務だけでした。

| 2006年改正 | ・性差別禁止の範囲の拡大
・妊娠等を理由とする不利益取扱いの禁止
・セクシュアルハラスメント対策の強化 |
| 2016年改正 | ・マタニティハラスメントの防止措置を講ずることを事業主に義務付け |

Ⅶ 高年齢者雇用安定法

高年齢者雇用安定法の改正（2021年4月施行）により、65歳までの雇用確保義務に加え、<u>70歳までの就業機会を確保するための措置を講ずる努力義務</u>が設けられました。

板書 高年齢者雇用安定法改正（2021年4月施行）

```
┌─────────────────┐     ┌─────────────────┐
│ 65歳までの雇用確保 │  +  │ 70歳までの就業確保 │
│    （義務）      │     │   （努力義務）   │
└─────────────────┘     └─────────────────┘
```

対象事業者　定年を65歳以上70歳未満に定めている事業主
65歳までの継続雇用制度（70歳以上まで引き続き雇用する制度を除く）を導入している事業主

対象措置　次の①〜⑤のいずれかの措置を講じるよう努める
①70歳までの定年引き上げ
②定年制の廃止
③70歳までの継続雇用制度の導入
④70歳まで継続的に業務委託契約を締結する制度の導入

神田Tのアドバイス❸

これらの措置は高年齢者就業確保措置と呼ばれます。④や⑤もあり、雇用だけではないため、このように呼ばれています。

⑤70歳まで継続的に以下の事業に従事できる制度の導入
　a. 事業主が自ら実施する社会貢献事業
　b. 事業主が委託、出資等する団体が行う社会貢献事業

2 子ども・子育て支援　重要度 ★★★

Ⅰ 子ども・子育て支援法

　子ども・子育て支援法は、2012年に制定された法律です（2015年4月施行）。子ども・子育て支援給付や子ども・子育て支援事業などについて定められています。

　この法律において、「子ども」とは、18歳に達する日以後の最初の3月31日までの間にある者をいいます。

　子ども・子育て支援給付には、子どものための現金給付、子どものための教育・保育給付、子育てのための施設等利用給付があります。

Ⅱ 育児介護休業法

　育児介護休業法は、1991年に制定された法律です。育児休業や子の看護休暇などについて定められています。

育児休業	労働者は、原則1歳未満の子を養育する場合、育児休業をすることができる
子の看護休暇	労働者は、小学校就学前の子を養育する場合、子が1人であれば1年に5日まで、2人以上であれば年10日まで、病気・けがをした子の看護のための休暇を取得することができる

神田Tのイントロ

子ども・子育て支援に関する問題は令和2年に出題されています。まだ出題のない育児介護休業法の育児休業・看護休暇を確認しておきましょう。

育児介護休業法では、介護休業や介護休暇についての規定も置かれています。

2017年1月からは、1日単位での取得のほか、半日単位での取得も可能となりました。さらに、2021年1月からは、半日単位から時間単位での取得が可能になりました。また、1日の所定労働時間4時間超という制限もなくなり、すべての労働者が取得できるようになりました。

3 消費者問題 重要度 ★★★

I 特定商取引法

特定商取引法(「特定商取引に関する法律」)は、訪問販売、通信販売、電話勧誘販売、連鎖販売取引、特定継続的役務提供、業務提供誘引販売取引、訪問購入の7種類の取引態様について規定しています。同法では、通信販売を除く他の取引態様によって契約を締結した場合、一定期間内であれば消費者に無条件の解除権を認める制度(クーリングオフ制度)が設けられています。

板書 広告メールの規制

企業 → 電子メール広告を送信 → 消費者

オプトアウト方式	オプトイン方式
受信拒否をした者に対しては送信NG	送信同意をした者に対して送信OK
送信同意した者へ：OK	送信同意した者へ：OK
受信拒否した者へ：NG	受信拒否した者へ：NG
何も言わない者へ：OK	何も言わない者へ：NG

II 景品表示法

景品表示法(「不当景品類及び不当表示防止法」)は、商品やサービスの品質、内容、価格等を偽って表示することを規制したり、また、過剰な景品類の提供を防ぐために景品類の最高額を制限するなどの規制によって、消費者がより良い商品や

神田Tのイントロ

消費者問題では、特商法や景表法の知識をおさえておきましょう。

神田Tのアドバイス③

2021年の改正(2021年7月施行)により、購入していない商品を一方的に送りつけるいわゆる「送りつけ商法」対策として、届いた商品はただちに処分してよいことになりました(従来は14日間の保管が必要でした)。

神田Tのアドバイス④

2008年の改正により、電子メール広告についてオプトイン方式が採られることになりました。同改正では、指定商品・役務のみを規制の対象とする制度を改め、原則としてすべての商品・役務が規制の対象となる仕組みや、通信販売において、事業者が返品の可否等について表示していないときは、8日間は送料消費者負担で返品を可能とする仕組みなども導入されています。

901

サービスを自主的かつ合理的に選べる環境を守るための法律です。

2014年の改正により、不当な表示による顧客の誘引を防止する目的で不当な表示を行った事業者に対する<u>課徴金制度</u>も導入されています（2016年4月施行）。

III 消費生活センター

消費生活センターでは、事業者に対する消費者からの苦情に係る相談・あっせんに従事する<u>消費生活相談員を置き</u>、消費生活相談員は消費生活相談員資格試験に合格した者等から任用される仕組みとなっています。

4 外国人　重要度 ★★

I 在留資格制度

(1) 概要

在留資格制度は、外国人の入国と在留の公正な管理を行うために設けられたものです。

(2) 特定技能

2018年の入管法改正（2019年4月施行）により、一定の技能を有する外国人や技能実習修了後の外国人に新たな就労資格が与えられ、これまで認められていなかった単純労働が認められるようになりました。具体的には、在留資格「**特定技能**」が2段階で新設され、1号（一定の技能）を相当程度の知識または経験を要する技能を有する外国人を対象とするものとし、最長5年の技能実習を修了した者や、技能と日本語能力の試験に合格することによって取得が認められます。在留資格は最長5年、家族の帯同は認められていません。また、2号（熟練技能）は在留更新を繰り返すことにより事実上の永住が

外国人では、出入国管理法や技能実習法の知識をおさえておきましょう。

日本の国籍を離脱した者または出生その他の事由により上陸の手続を経ることなく日本に在留することとなる外国人で、当該事由が発生した日から60日間を超えて日本に滞在しようとする場合、在留資格取得許可申請を行う必要があります。

認められ、家族の帯同も認められます。

Ⅱ 技能実習制度[1,2]

技能実習制度は、日本が先進国としての役割を果たしつつ国際社会との調和ある発展を図っていくため、技能、技術、知識の開発途上地域への移転を図り、開発途上地域等の経済発展を担う「人づくり」に協力することを目的とするものです。外国人が 技能実習 の在留資格をもって日本に在留し、技能等を修得する制度で、1993年に創設されました。

技能実習ビザと特定技能ビザを比較すると次の表のようになります。

	技能実習ビザ	特定技能ビザ
制度趣旨	国際貢献	人手不足の解消
法律	技能実習法	入管法
家族帯同	不可	1号　不可 2号　可
監理団体	あり	なし
転職	原則不可	可
外国人技能水準	なし	相当程度の知識または経験

Ⅲ 帰化

帰化は、日本国籍を有しない外国人の申請により、その者に日本国籍を与える制度です。国籍法という法律に帰化の規定が置かれています。

帰化の許可は、法務大臣の権限とされています。

Ⅳ 難民[3]認定

難民条約（難民の地位に関する条約）が1982年に発効したことに伴い、難民条約の規定を国内で実施するため、難民認定

Advance [1]
2回転目に読む
国際研修協力機構（JITCO）が外国人技能実習制度の円滑な運営および適正な拡大に寄与する業務を担っています。

Advance [2]
2回転目に読む
2017年1月には、技能実習法（「外国人の技能実習の適正な実施及び技能実習生の保護に関する法律」）に基づき、外国人技能実習機構（OTIT）が設立されました。

語句 [3]
難民
人種、宗教、国籍、政治的意見、特定の社会集団に属するなどの理由で、自国にいると迫害を受けまたは迫害を受けるおそれがあるために他国に逃れた者のこと。

制度が整備されました。難民である外国人は、難民認定申請を行い、法務大臣から難民であるとの認定を受けることができます。 ←神田Tのアドバイス❶

日本は、難民の受入れについて積極的ではありません。

例題　　　　　　　　　　　　　　　　　　　　　　H30-47-5

外国人技能実習制度の適正な実施および外国人技能実習生の保護に関する業務を行うため、外国人技能実習機構（OTIT）が新設された。

○ 外国人技能実習機構（OTIT）は、2017年1月に、外国人の技能実習の適正な実施及び技能実習生の保護に関する法律に基づき設立されている。

CHAPTER 4 情報通信・個人情報保護

SECTION 1 情報通信

このSECTIONで学習すること

1 情報通信関連法
デジタル社会形成基本法やデジタル行政推進法など情報通信に関する法制度を確認しよう

2 情報公開、公文書管理
情報公開法や公文書管理法の概要を確認しよう

3 情報通信関連用語
クラウドや公開鍵暗号など情報通信に関する用語を確認しよう

1 情報通信関連法　重要度 ★★★

デジタル社会形成基本法やデジタル行政推進法などを中心に情報通信関連の法律について学習していきましょう。

I デジタル社会形成基本法

デジタル社会形成基本法は、2021年9月から施行されています。

デジタル社会の定義、デジタル社会の形成に関する基本理念、デジタル庁の設置などについて定められています。

> **板書 デジタル社会形成基本法**
>
>
> デジタル庁 → 内閣に設置
>
> デジタル社会形成の司令塔
> 未来志向のDX※1を推進
> デジタル時代の官民のインフラを作り上げる
>
> **デジタル社会の定義**
> デジタル社会：インターネットその他の高度情報通信ネットワークを通じて自由かつ安全に多様な情報または知識を世界的規模で入手し、共有し、発信するとともに、情報通信技術を用いて電磁的記録として記録された多様かつ大量の情報を適正かつ効果的に活用することにより、あらゆる分野における創造的かつ活力ある発展が可能となる社会のこと

神田Tのイントロ

1つの法律から5肢作成するパターンや、5つの法律で1肢ずつ作成して1問とするパターンのどちらにも対応できるように、各法律のポイントをチェックしておきましょう。

神田Tのアドバイス❶

デジタル社会形成基本法には罰則規定はありません。

神田Tのアドバイス❷

デジタル社会形成基本法の施行に伴い、高度情報通信ネットワーク社会形成基本法（IT基本法）は廃止されました。

語句 ※1
DX
デジタルトランスフォーメーションのこと。ITの浸透により人々の生活をあらゆる面でより良い方向に変化させることを意味する。

基本理念
ゆとりと豊かさを実感できる国民生活の実現
国民が安全で安心して暮らせる社会の実現
利用の機会等の格差の是正
個人・法人の権利利益の保護など

Ⅱ デジタル行政推進法

デジタル行政推進法は、「情報通信技術を活用した行政の推進等に関する法律」のことです。行政手続オンライン化法の改正により、2019年12月に施行されています。

行政手続を原則デジタル化し、行政手続の利便性の向上や行政運営の簡素化・効率化を図ろうとするための必要な事項を定めています。

デジタル行政推進法には罰則規定はありません。

板書　デジタル手続の推進

　オンライン　
A　　　　　　　　　　　　　　　　　行政

ポイント
☆申請等について、個別法の規定により書面で行うものとされていても、<u>当該法令の規定にかかわらず、主務省令で定めるところにより、オンライン申請により行うことができる</u>(6条1項)
☆個別法で書面で行うものと定められていても、法改正によらず、主務省令を定めることで電子化OKとされているのは、<u>①申請等、②処分通知等、③縦覧等、④作成等</u>の4つ(6条〜9条)

デジタル行政推進法では、①情報通信技術を活用して、行政手続を利用しやすい方法により迅速かつ的確に行われるようにする、②行政機関に提供された情報は、行政機関が相互に連携して情報システムを利用して情報の共有を図り、同一の内容の情報の提供を要しないものとする、③社会生活または事業活動に伴い同一の機会に通常必要とされる多数の手続について、行政機関と民間事業者が相互に連携して手続を一括して行うことができるようにする旨も規定されています。

Ⅲ 不正アクセス禁止法

不正アクセス禁止法は、「不正アクセス行為の禁止等に関する法律」のことです※1。2000年2月に施行されています。

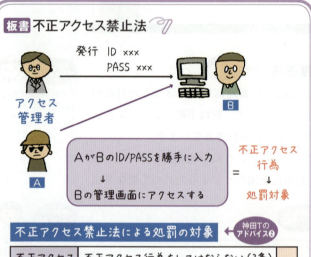

神田Tのアドバイス❶
不正アクセス禁止法には罰則規定があります。

Advance ※1 2回転目に読む
同法では、不正アクセス行為等の禁止・処罰のほか、再発防止のための都道府県公安委員会による援助措置等を定めています。

神田Tのアドバイス❷
コンピュータウイルス作成罪は、不正アクセス禁止法での処罰の対象ではありません。
…コンピュータウイルスの作成は、不正指令電磁的記録罪として2011年の刑法改正で処罰の対象となったものです。

神田Tのアドバイス❸
制定当初はありませんでしたが、2012年の改正により、不正取得、不正保管、不正要求も処罰の対象とされました。

908

Ⅳ プロバイダ責任制限法

プロバイダ責任制限法は、「特定電気通信※2役務提供者の損害賠償責任の制限及び発信者情報の開示に関する法律」のことです。2002年5月に施行されています。

プロバイダの損害賠償責任の制限やプロバイダに対する発信者情報開示請求について定められています。

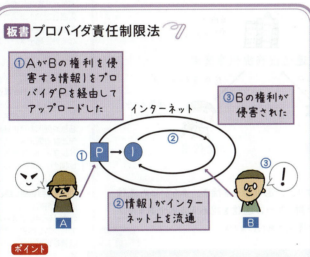

板書 プロバイダ責任制限法

① AがBの権利を侵害する情報IをプロバイダPを経由してアップロードした
② 情報Iがインターネット上を流通
③ Bの権利が侵害された

ポイント
☆ Bがインターネット上を流通している情報Iにより権利を侵害されたとしても、原則として、<u>プロバイダPが賠償責任を負うものではない</u>（3条1項）
☆ BからプロバイダPに削除要請があり、プロバイダPがこれに応じてwebページを削除した場合、この措置によってAに損害が生じても、原則として、<u>プロバイダPが賠償責任を負うものではない</u>（3条2項）
☆ インターネット上の情報流通によって被害を受けたBは、Aに対して損害賠償請求をするため、プロバイダPに対して、<u>Aの氏名や住所等の開示請求ができる</u>（4条1項）

神田Tのアドバイス❶
プロバイダ責任制限法には罰則規定はありません。

語句 ※2
特定電気通信
プロバイダ責任制限法では、不特定の者によって受信されることを目的とする電気通信の送信（公衆によって直接受信されることを目的とする電気通信の送信を除く。）をいうと定義されています。インターネットがこれに該当します。

V 迷惑メール防止法 ←神田Tのアドバイス❶

迷惑メール防止法は、「特定電子メール※1の送信の適正化等に関する法律」のことです※2。2002年7月に施行されています。

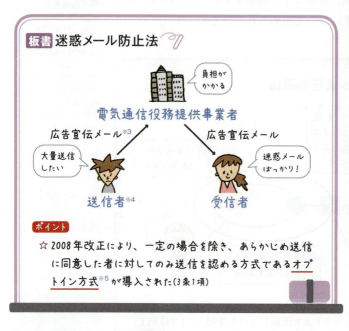

板書 迷惑メール防止法

電気通信役務提供事業者（負担がかかる）
広告宣伝メール※3 → 受信者（迷惑メールばっかり！）
送信者※4（大量送信したい）→ 広告宣伝メール

ポイント
☆ 2008年改正により、一定の場合を除き、あらかじめ送信に同意した者に対してのみ送信を認める方式であるオプトイン方式※5が導入された（3条1項）

VI 通信傍受法 ←神田Tのアドバイス❷

通信傍受法は、「犯罪捜査のための通信傍受に関する法律」のことです。2000年8月に施行されています。

薬物、銃器、集団密航、組織的殺人などの特定の犯罪につき、捜査機関が、裁判所の令状に基づいて、犯罪捜査における電話などの通信の傍受をすることができる旨が定められています。

従来、対象となっていた犯罪は薬物、銃器、集団密航、組織的殺人の4類型でしたが、2016年の改正により、組織性が疑われる爆発物使用、殺人、傷害、放火、詐欺などの類型も

神田Tのアドバイス❶
迷惑メール防止法には罰則規定があります。

語句 ※1
特定電子メール
広告宣伝のためのメールのこと。

Advance ※2
2回転目に読む
海外から国内にある電気通信設備へ送信されたものも規制の対象となる特定電子メールに含まれます。

Advance ※3
2回転目に読む
広告宣伝メールの送信には、送信者の氏名・名称や受信拒否の連絡先となる電子メールアドレス・URL等を表示しなければなりません。

Advance ※4
2回転目に読む
送信者情報を偽った送信や、架空電子メールアドレスを宛先とする送信も規制されています。

語句 ※5
オプトイン方式
広告宣伝のメールは送信同意のチェックボックスにチェックを入れた者に対して送信するのはOKだが、送信同意していない者には送信してはならない、とする方式。

神田Tのアドバイス❷
通信傍受法には罰則規定はありません。

910

追加されるようになりました(2016年12月施行)。

Ⅶ 電子消費者契約法

電子消費者契約法は、「電子消費者契約に関する民法の特例に関する法律」のことです。2001年12月に施行されています。

消費者が行う電子消費者契約に錯誤があった場合の民法の錯誤取消しの特例が定められています。

電子消費者契約法には罰則規定はありません。

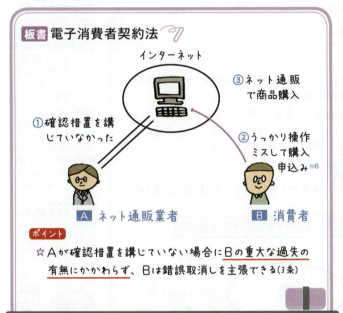

条文チェック ※6
民法95条3項では、錯誤が表意者の重大な過失によるものであった場合、原則として錯誤による意思表示の取消しをすることができない旨が規定されています。

Ⅷ e-文書通則法

e-文書通則法は、「民間事業者等が行う書面の保存等における情報通信の技術の利用に関する法律」のことです。2005年4月に施行されています。

個別法の規定により、民間事業者が保存を書面で行わなければならないとされているものでも、当該法令の規定に␣か

e-文書通則法には罰則規定はありません。

わらず、主務省令で定めるところにより、書面の保存に代えて電磁的記録の保存を行うことが可能になります[※1]。

IX 著作権法 ←神田Tのアドバイス❶

著作権法は1971年に施行されています。

他人の著作物をコピー（複製）したり、インターネットで送信（公衆送信）したりする場合、原則として著作権者の許諾が必要となります[※2]。 ←神田Tのアドバイス❷

板書 著作権法

著作物
…思想または感情を創作的に表現したものであって、文芸、学術、美術、音楽の範囲に属するもの[※3]
特許権や商標権などと異なり、権利の発生のためにどこかに登録したりする必要はなく、創作した時点で著作権が発生します。これを「無方式主義」といいます

二次的著作物
…原作を翻訳したり映画化することなどにより創作した著作物のこと

アップロード行為とダウンロード行為の違法性は？

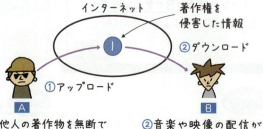

①他人の著作物を無断でアップロード→違法 ←神田Tのアドバイス❸

②音楽や映像の配信が違法だとわかっていながらダウンロード→違法（2009年の著作権改正による）

Advance ※1 2回転目に読む
紙の文書をスキャナで読み取った画像データを原本とすることも可能です。

神田Tのアドバイス❶
著作権法には罰則規定があります。

神田Tのアドバイス❷
法律の条文や裁判官の書いた判決文そのものには著作権法の保護は及びませんので、誰かの許諾を得る必要はなく、自由に利用することができます。

Advance ※2 2回転目に読む
2018年12月30日のTPP11協定の発効に伴い、著作権保護期間は50年から70年に延長されています。

Advance ※3 2回転目に読む
プログラムやデータベースも、著作権法上の保護の対象となっています。

神田Tのアドバイス❸
インターネットを通じたサーバーからのインタラクティブ送信（自動公衆送信）など著作物を公衆向けに送信する権利のことを公衆送信権といい、公衆送信権は、サーバーからの送信だけではなく、サーバーへのアップロード（送信可能化）の行為にも及びます。

X 青少年ネット環境整備法

青少年ネット環境整備法は、「青少年が安全に安心してインターネットを利用できる環境の整備等に関する法律」のことです。2009年4月に施行されています。

携帯電話インターネット接続役務提供事業者等に対し、保護者が利用しない旨の申出をしない限り、青少年(18歳未満の者)に携帯電話インターネット接続役務を提供する際、<u>青少年有害情報フィルタリングサービスを提供することを義務付けています。</u>

> **神田Tのアドバイス❹**
> 青少年ネット環境整備法には罰則規定はありません。

例題 H29-55-オ
原作を映画化したり脚色した作品も、原作とは別に著作権法上保護の対象となる。

○ 原作の映画化のような二次的著作物も保護の対象となる。

2 情報公開、公文書管理　重要度★★★

I 情報公開法

情報公開法は、「行政機関の保有する情報の公開に関する法律」のことです。2001年4月に施行されています※4。

情報公開法は、国民主権の理念や説明責務をまっとうするという観点から、行政機関の保有する情報の公開を図ろうとするものです。なお、情報公開法1条の目的条文の中で<u>「知る権利」については明記されていません</u>。

(1) 対象機関

情報公開法2条1項で定義されている「行政機関」には地方公共団体や独立行政法人は含まれていません。

> **神田Tのイントロ**
> 情報公開法や公文書管理法は出題されやすいテーマです。情報分野の法律対策では、SEC 2に出てくる個人情報保護法の次に重要となります。

> **神田Tのアドバイス❺**
> 情報公開法には罰則規定はありません。

> **Advance ※4 2回転目に読む**
> 情報公開法の制定は1999年ですが、2001年には独立行政法人情報公開法も制定されています（同法は2002年10月施行）。

913

(2) 開示請求

何人も、行政機関の長に対し、当該行政機関の保有する行政文書の開示を請求することができます。

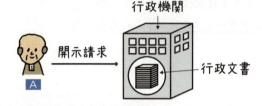

板書 開示請求

1 誰が開示請求できるか？
　…何人でも開示請求できる

2 開示請求に手数料は？
　…手数料は必要

3 行政の対応は？
　…行政機関の長は、開示請求があったときは、開示請求に係る行政文書に不開示情報が記録されている場合を除き、開示請求者に対し、当該行政文書を開示しなければならない ※1

4 行政の対応に不服があるときは？
　…開示決定や不開示決定の処分や、開示請求に係る不作為に不服がある者は、審査請求できる ※2
　→審査請求があったときは、当該審査請求に対する裁決をすべき行政機関の長は、原則として、情報公開・個人情報保護審査会に諮問する必要がある

神田Tのアドバイス❶

個人に関する情報で特定の個人を識別できるものや、法人に関する情報で公にすると法人の正当な利益を害するおそれがあるものが不開示情報に該当します。

Advance 2回転目に読む ※1

開示決定等は、原則として、開示請求があった日から30日以内に行われます。

ひっかけ 注意! ※2

情報公開・個人情報保護審査会は諮問機関です。「審査会に対して審査請求する」として誤りとするパターンに注意。

> **ポイント**
> ☆行政機関の長は、開示請求に係る行政文書に不開示情報が記録されている場合であっても、<u>公益上特に必要がある</u>と認めるときは、開示請求者に対し、当該行政文書を開示することができる
> ☆開示請求に対し、当該開示請求に係る行政文書が存在しているか否かを答えるだけで、不開示情報を開示することとなるときは、行政機関の長は、当該行政文書の<u>存否を明らかにしないで</u>、当該開示請求を拒否することができる

Ⅱ 公文書管理法

公文書管理法は、「公文書等の管理に関する法律」のことです。2011年4月に施行されています。

公文書等は国や独立行政法人等の活動や歴史的事実を記録したものであり、国民共有の知的資源といえます。このような公文書等を適切に管理し、その内容を後世に伝えることは国の重要な責務であり、公文書管理法では、公文書等の管理に関する基本的事項が定められています。なお、公文書管理法1条の目的条文の中で<u>「知る権利」については明記されていません</u>。

(1) 対象機関

公文書管理法2条1項で定義されている「行政機関」には地方公共団体は含まれていません。また、<u>独立行政法人</u>の場合も公文書管理法でルールが定められています※3。

(2) 行政文書の管理

公文書管理法では、行政文書の管理について、文書の作成、分類・整理、保存、移管・廃棄といったプロセスについてル

公文書管理法には罰則規定はありません。

ひっかけ 注意! ※3
情報公開法と異なり、公文書管理法では独立行政法人の法人文書も規制の対象とされています。「独立行政法人の法人文書は対象とならない」として誤りとするパターンに注意。

ールを定めています。

板書 行政文書の管理

行政文書の作成	行政機関の職員は、法令の制定改廃やその経緯などについての<u>文書を作成</u>しなければならない(4条)
行政文書の整理	作成・取得した行政文書に対し、行政機関の長は、当該行政文書について分類し、名称を付し、保存期間および保存期間の満了する日を設定しなければならない(5条1項)
行政文書ファイルの作成	行政機関の長は、相互に密接な関連を有する行政文書（保存期間を同じくすることが適当であるものに限る）を一の集合物にまとめなければならない(5条2項)^{※1}
行政文書ファイル管理簿	行政機関の長は、行政文書ファイル等の管理を適切に行うため、行政文書ファイル等の分類、名称、保存期間、保存期間の満了する日、保存期間が満了したときの措置などの事項を帳簿に記録しなければならない(7条1項)^{※2,3}

保存期間を満了したものは**移管**または**廃棄**される(8条1項)

移管
<u>移管とされた歴史資料として重要な行政文書ファイル等は、保存期間満了後、国立公文書館等に移管</u>される

保存期間を満了

廃棄
<u>保存期間が満了した行政文書ファイル等を廃棄しようとするときは、あらかじめ、内閣総理大臣に協議し、その同意を得る必要がある</u>

🌀 Advance ※1
2回転目に読む
この集合物は「行政文書ファイル」と呼ばれます。

🌀 Advance ※2
2回転目に読む
この帳簿は「行政文書ファイル管理簿」と呼ばれます。

🌀 Advance ※3
2回転目に読む
行政機関の長は、行政文書ファイル管理簿の記載状況その他の行政文書の管理の状況について、毎年度、内閣総理大臣に報告しなければなりません。

例題　　　　　　　　　　　　　　　　　　　　　　　　H28-57-1

公文書管理法には、行政機関の職員の文書作成義務を定める規定が置かれている。

〇 公文書管理法には行政機関の職員の文書作成義務の規定がある。

3 情報通信関連用語　重要度★★★

> **神田Tのイントロ**
> 用語問題はほとんど毎年出題されています。すでに知っている用語はパスしてよいですが、知らない用語は内容も読んでおきましょう。

ブロックチェーンやクラウド・コンピューティングなどを中心に情報通信用語について学習していきましょう。

I ブロックチェーン

ブロックと呼ばれる順序付けられたレコードが連続的に増加していくリストを持つ分散型データベースのことです。

> **神田Tのアドバイス❶**
> ブロックは一定期間内の取引の塊のようなもの、チェーンはそれらを結び付けているとイメージしましょう。

板書　ブロックチェーン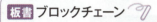

ブロックチェーン

ポイント
☆ブロックチェーンを構成するそれぞれのブロックには、タイムスタンプ（出来事が発生した日時を記録すること）と前のブロックへのリンクが含まれており、一度生成記録されたデータは遡及的に変更できないため、過去の取引に対する検証と監査が可能

II クラウド・コンピューティング

インターネット上のサーバにあるソフトウェア等を、必要に応じて活用するコンピュータのサービスや利用形態のことです。

> **神田Tのアドバイス❷**
> システムの構成図を描くときに、ネットワークの向こう側にある外部のコンピュータやシステムを雲（cloud）の形の絵で表していたことが語源とされています。

917

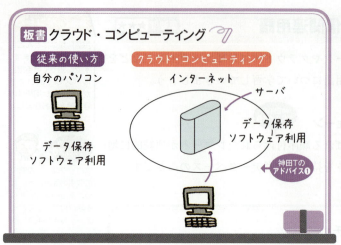

インターネットでどこからでも必要な機能を利用できる利点がありますが、インターネット接続が必要なため、信頼性やセキュリティ上の問題もあります。

Ⅲ アフィリエイト

Webサイトなどに企業サイトへのリンクを貼り、閲覧者がそのリンクを経由して当該企業のサイトで会員登録や商品購入をすると、リンク元サイトの管理者に報酬が支払われる仕組みの広告手法です。

BがブログでX社の商品を宣伝し、それをきっかけにX社から商品を購入した者がいたら、X社から販売代金の○％がBに支払われるという仕組みなので、成果報酬型の広告といえます。

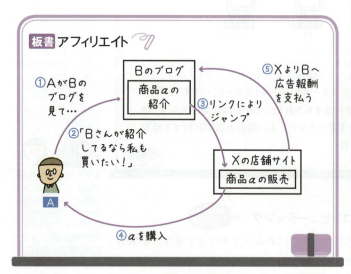

Ⅳ 公開鍵暗号方式

ペアになる2つの鍵を作成し、一方の鍵は公開し、他方の鍵は非公開としておき、暗号化と復号のプロセスにそれぞれ別の鍵を使う方式です。公開される方の鍵を公開鍵、非公開としておく方の鍵を秘密鍵と呼びます。

公開鍵で暗号化した情報はそれとペアになる秘密鍵でなければ復号（暗号文を復元すること）できません。

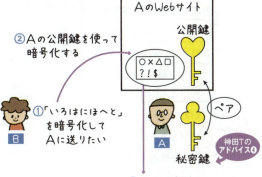

板書 公開鍵暗号

例 Aが公開鍵と秘密鍵を作成し、その公開鍵を使ってBが暗号化した情報をAに送信して、これをAが復号する場合

① 「いろはにほへと」を暗号化してAに送りたい
② Aの公開鍵を使って暗号化する
③ Aは秘密鍵を使って復号する…「いろはにほへと」！

ポイント
☆ AのWebサイトにアクセスした人は誰でも「公開鍵」を使って暗号化してAと通信でき、暗号化された情報を復号するためには、Aしか知らない「秘密鍵」が必要となるので、Aしか元の情報はわからない
☆ 電子署名においてAの「秘密鍵」で署名した情報を受け取ったBがAの「公開鍵」で解錠する仕組みを使えば、<u>情報の真正性の証明（Aの本人確認）</u>に利用できる

AのWebサイトにアクセスした人なら誰でもAの公開鍵を使って暗号化して通信できるため、Aが不特定多数の者と暗号化通信をしたいときに適した暗号手法といえます。

公開鍵で暗号化して秘密鍵で復号する場合は「守秘」の機能が備わりますが、逆に、秘密鍵で署名して公開鍵で解錠する場合は「認証」の機能が備わります。

Ⅴ ドメインネーム

インターネット上に存在するコンピュータやネットワークにつけられる識別子のことです。

インターネット上のWebサイトがどこにあるかはIPアドレス[※1]によって把握されます。IPアドレスは単なる数字の羅列であるため、これをわかりやすいようにアルファベットなどの文字を用いることにしています。

語句 ※1
IPアドレス
インターネットなどのコンピューターネットワークに接続されたコンピューターの識別番号のこと。
例. 123.4.56.789

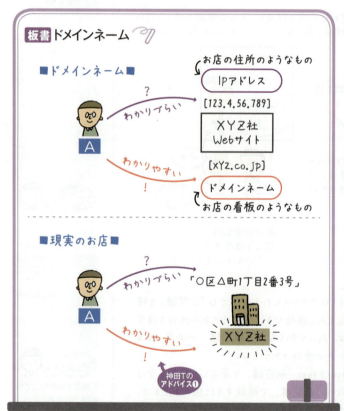

神田Tのアドバイス❶
住所でいうと、「1丁目2番3号」がIPアドレス、「XYZ社の看板」がドメインネームのようなものです。数字だけの羅列よりもXYZ社という看板の方が覚えやすいし探しやすいです。

こんな用語に気をつけよう!

◆ **ウィキリークス**
　匿名により、政治、行政、ビジネス、宗教などに関する機密情報を公開するウェブサイトの一つです。アメリカ政府の外交機密文書の公開で話題となりました。

◆ **クッキー**
　Webページにアクセスした利用者を、Webサイトの提供者がチェックするための機能をいい、ユーザーに関する情報や最後にサイトを訪れた日時などを記録しておけます。

◆ **クラウド・ファンディング**
　インターネット等を通じて多くの人から資金を募集することを指します。群衆(crowd)と資金調達(funding)を組み合わせた言葉です。

◆ **スパイウェア**
　知らないうちに勝手にシステム内に侵入して、個人情報や機密情報などの情報を盗み出して外部に送信するスパイ活動を行う不正プログラムのことです。

◆ **スマートフォン**
　携帯コンピュータの機能を併せ持つ携帯電話のことです。汎用のOSを搭載し、利用者が後からソフトウェアを追加できるなどの機能が備わっています。

◆ **デジタル・サイネージ**
　店頭、公共空間、交通機関などにおいて、ディスプレイなどの電子的な映像表示機器を使って情報を発信することです。

◆ **テレマティクス**
　自動車などの移動体に通信システムを組み合わせることでリアルタイムに情報サービスを提供する仕組みのことです※2。

◆ **電子署名**※3
　実社会における署名や押印を電子的に代用しようとする技術で、作成名義の同一性(本人性)および内容の同一性(非改ざん性)を確認することができるものをいいます。

クラウドファンディングのクラウドは群衆を意味する「crowd」ですが、前述のクラウドコンピューティングのクラウドは雲を意味する「cloud」です。

Advance ※2
2回転目に読む
テレマティクスを利用して、走行距離などの運転者ごとの運転情報を取得・分析し、その情報に基づいて保険料を算定する自動車保険はテレマティクス保険と呼ばれます。

Advance ※3
2回転目に読む
電子署名法では、電磁的記録に記録された情報について本人による電子署名が行われているときに真正に成立したものと推定する旨の規定が置かれています。

◆ **トラヒック**
ネットワーク上を移動する音声、文書、画像等のデジタルデータの情報量のこと。

◆ **トロイの木馬**
ウィルスをユーザーに気付かれずにメールに添付したりソフトウェアに潜ませたりして感染させるコンピュータウイルスのことです[1]。

◆ **バイオメトリクス認証（生体認証）**[2]
指紋、声紋、虹彩、静脈の血管形状パターンなど、個々人の生体固有の情報を用いて本人確認を行う方式のことです。

◆ **バグ**
アプリケーションの開発時に発生したプログラムのミスが原因で起きる不具合のこと。

◆ **ビッグデータ**
通常の既存技術では処理や管理が困難な巨大で複雑なデータの集合を指し、そこから事業に役立つ知見を導き出すためのデータのことです。

◆ **ファイアウォール**[3]
組織内のコンピュータネットワークへ外部から侵入されるのを防ぐシステムのことです。

◆ **フィッシング**
金融機関や公的機関からのメールやWebサイトを装い、偽のWebサイトに誘導して、暗証番号、パスワード、クレジットカード情報などを詐取することをいいます。

◆ **ブログ**
ウェブログの略です。日記的なWebサイトの総称として使われています。

◆ **マイナンバーカード**
マイナンバー[4]が記載された顔写真付きのICカードです。氏名・住所・生年月日・性別が記載されています。

🌀 *Advance* [1]
2回転目に読む
トロイの木馬は、トロイ戦争（トロイア戦争）で木馬の中に兵を潜ませた逸話が語源となっています。

🌀 *Advance* [2]
2回転目に読む
銀行のATMやスマホの認証などで利用されています。

🌀 *Advance* [3]
2回転目に読む
通信回線を監視し、ネットワークへの侵入を検知して管理者に通報するシステムは「侵入検知システム」といいます。

語句 [4]
マイナンバー
住民票を有する者を対象に付与されている12ケタの個人番号のこと。

◆ マルウェア
　コンピュータウィルスやワームなどコンピュータやその利用者に被害を与えることを目的とする悪意あるソフトウェアの総称です。

- -

◆ 無線LAN
　有線LANのケーブルを無線に置き換えたものをいい、配線の必要がない点で便利ですが、有線LANと比較するとセキュリティ上の問題があります。

- -

◆ メタデータ
　データそのものではなく、作成日時や作成者名などのデータに関するデータのことです。

- -

◆ ユビキタス・コンピューティング
　ユビキタスの語源はラテン語の「至る所に存在する」です。ユビキタス・コンピューティングは、いつでも、どこでも、何でも、誰でもコンピュータ・ネットワークに簡単に接続できることを意味します。

- -

◆ ログ
　コンピュータが保有するユーザーの接続時刻や処理内容などを記録したファイルのことです。ログを参照することで、コンピュータの動作を管理することができます。

- -

◆ ワーム
　コンピュータウィルスの一種で、自身を複製して他のシステムに拡散する性質を持ちます。

- -

◆ Admin [5]
　管理者という意味を持ち、コンピュータ・ネットワークを管理している人のことを指します。

- -

◆ BCC [6]
　複数の宛先に電子メールを同時送信するにあたり、受取人以外の送信先メールアドレスを表示されないようにして送信することです。

- -

第6編 一般知識
CH 4 情報通信・個人情報保護
SEC 1 情報通信

語句 [5]
Admin
Administratorの略。

語句 [6]
BCC
Blind Carbon Copy の略。

923

◆ GPS [1]

全地球測位システムのことです。人工衛星を利用して地球上のどの地点にいるのかを把握できる位置情報計測システムで、カーナビゲーションやスマートフォンの位置情報などに用いられています。

◆ HTTP [2]

Web上でホストサーバーとクライアント間で情報を送受信することを可能とする通信プロトコルのことです。

◆ IoT [3]

様々なモノがセンサーや無線通信を通してインターネットにつながり、インターネットの一部を構成するようになることで、モノのインターネット化を指します。

◆ MVNO [4]

MNO（Mobile Network Operator：移動体通信事業者）の提供する移動通信サービスを利用または接続し、移動通信サービスを提供する電気通信事業者のことです。当該移動通信サービスに係る無線局を自ら開設、運用していません。

◆ SMTP [5]

インターネットで電子メールを送信するための通信プロトコルのことです。

◆ SNS

ソーシャルネットワーキングサービスは、人と人とのつながりを促進するコミュニティ型のインターネット上のサービスのことです。

◆ SSL [6]

インターネットを利用する際の暗号化通信の代表的な方式です。通信経路におけるデータの盗聴、改ざん、なりすましを防ぐ機能を持ち、電子決済におけるクレジット情報の送受信などに利用されています。

語句 [1]
GPS
Global Positioning Systemの略。

語句 [2]
HTTP
Hypertext Transfer Protocolの略。

語句 [3]
IoT
Internet of Thingsの略。

語句 [4]
MVNO
Mobile Virtual Network Operatorの略。

語句 [5]
SMTP
Simple Mail Transfer Protocolの略。

語句 [6]
SSL
Secure Sockets Layerの略。

◆ URL [7]

インターネット上の資源(リソース)を特定するために用いられる形式的な記号の並びのことです。

◆ VR [8]

仮想現実のことです。コンピュータによって作り出された人工環境を現実の世界のものとして知覚させることができます。

◆ Wiki

WebブラウザからWebページの発行・編集などを行えるWebコンテンツ管理システムのことです。アメリカの非営利組織であるウィキメディア財団が運営する百科事典の無償オンラインサービス「Wikipedia」などに用いられています。

◆ 5G

第5世代移動通信システムのことです。高速・大容量、低遅延、多数同時接続の通信を可能とする仕組みです。

語句 [7]
URL
Uniform Resource Locatorの略。

語句 [8]
VR
Virtual Realityの略。

例題 R2-55-ウ

SSLとは、Social Service Lineの略称。インターネット上でSNSを安全に利用するための専用線。

✗ Secure Sockets Layerの略称で、インターネット上の暗号化通信の代表的な方式。

第6編 一般知識

CHAPTER 4 情報通信・個人情報保護

SECTION 2 個人情報保護

このSECTIONで学習すること

1 総則
個人情報保護法の目的条文や個人情報の定義条文を確認しよう！

2 個人情報取扱事業者等の義務
個人情報取扱事業者の定義条文を確認し、個人情報の取得や個人データの管理のルールをチェック！

3 行政機関等の義務
行政機関の長等に対する開示請求のルールをチェック！

4 個人情報保護委員会
個人情報保護委員会の組織やメンバーの義務を確認しよう！

1 総則

重要度 ★★★

Ⅰ 概要

個人情報保護法は、デジタル社会の進展に伴い個人情報の利用が著しく拡大していることに鑑み、個人情報の適正な取扱いに関し、基本理念および政府による基本方針の作成その他の個人情報の保護に関する施策の基本となる事項を定め、国および地方公共団体の責務等を明らかにし、個人情報を取り扱う事業者および行政機関等についてこれらの特性に応じて遵守すべき義務等を定めるとともに、個人情報保護委員会を設置することにより、行政機関等の事務および事業の適正かつ円滑な運営を図り、ならびに個人情報の適正かつ効果的な活用が新たな産業の創出ならびに活力ある経済社会および豊かな国民生活の実現に資するものであることその他の個人情報の有用性に配慮しつつ、個人の権利利益を保護することを目的とする法律です（1条）※1。

まずは、個人情報保護法の制定および改正の経緯を見てみましょう。

板書 法改正

2003年制定	個人情報取扱事業者に適正な個人情報の取扱いを要求する法律を制定
2015年改正	要配慮個人情報や匿名加工情報の定義を明文化 個人情報保護委員会の規定を新設
2020年改正	仮名加工情報の定義を明文化 保有個人データの開示請求のデジタル化 罰則の強化

神田Tのイントロ
個人情報保護法は情報分野における最重要項目です。過去問でも多くの出題がありますので、過去問も上手く利用しながらしっかり準備しておきましょう。また、法改正（2022年4月施行）にも注意しましょう。

神田Tのアドバイス❶
個人情報保護法の目的条文（1条）には、個人情報の有用性に配慮しつつ個人の権利利益を保護する旨が規定されていますが、プライバシーという文言は明文化されていません。

条文チェック ※1
個人情報保護法3条では、その基本理念として、「個人情報は、個人の人格尊重の理念の下に慎重に取り扱われるべきものであることに鑑み、その適正な取扱いが図られなければならない。」と規定されています。

2021年改正	個人情報保護法、行政機関個人情報保護法、独立行政法人等個人情報保護法の3本の法律を1本の法律に統合するとともに、地方公共団体の個人情報保護制度についても統合後の法律において全国的な共通ルールを規定し、全体の所管を個人情報保護委員会に一元化
	医療分野・学術分野の規制を統一するため、国公立の病院、大学等には原則として民間の病院、大学等と同等の規律を適用
	学術研究分野を含めたGDPR[※1]の十分性認定への対応を目指し、学術研究に係る適用除外規定について、一律の適用除外ではなく、義務ごとの例外規定として精緻化
	個人情報の定義等を国・民間・地方で統一するとともに、行政機関等での匿名加工情報の取扱いに関する規律を明確化

語句 ※1
GDPR
欧州データ保護規則のこと。EUにおける個人データ保護に関する法律です（2018年5月施行）。

Ⅱ 定義規定

(1) 個人情報（2条1項）

<u>個人情報</u>とは、<u>生存する個人</u>に関する情報であって、<u>①氏名等の記述により特定の個人を識別できるもの</u>または<u>②個人識別符号が含まれるもの</u>をいいます。

板書 個人情報

該当する例	該当しない例
☆外国人の氏名	☆死者の氏名
☆法人の代表者個人の氏名	☆法人の名称
☆病院内で氏名を繰り返しアナウンスされ、特定個人が識別される	☆病院内で名字だけを一度アナウンスされただけで、特定個人が識別されない

「生存する個人＋特定個人識別可能」にあてはまるかどうかを意識しましょう。

☆連絡先だけでも他の情報と容易に照合することで特定個人が識別できるもの ☆指紋データ、顔認証データ ☆マイナンバー	☆連絡先だけで特定個人は識別できない情報

(2) 個人識別符号（2条2項）

<u>個人識別符号</u>とは、文字・番号・記号などの羅列により個人の識別を可能にするものをいいます。具体的には、<u>個人番号（マイナンバー）、指紋データ、顔認証データ</u>などが該当します。

(3) 要配慮個人情報（2条3項）

<u>要配慮個人情報</u>とは、差別や偏見とならないよう取扱いに特に配慮が必要となる個人情報のことです。具体的には、<u>人種、信条、社会的身分、病歴、犯罪の経歴、犯罪により害を被った事実など差別や偏見につながるような情報</u>が該当します。

(4) 仮名加工情報（2条5項）

<u>仮名加工情報</u>とは、個人情報に<u>仮名加工</u>を行い、他の情報と照合しない限り特定の個人を識別することができないように個人情報を加工して得られる個人に関する情報のことをいいます。具体的には、①氏名・連絡先等の個人情報の場合、当該個人情報に含まれる記述等の一部を削除する措置を講じ、②個人識別符号を含む個人情報の場合、当該個人情報に含まれる個人識別符号の全部を削除する措置を講じます。

仮名加工情報は、2020年の改正（2022年4月施行）により新しく設けられた定義条文です。仮名加工情報は、個人情報と匿名加工情報の中間的な位置付けのものといえ、他の情報と照合しない限り特定の個人を識別することができないように個人情報を加工した個人に関する情報と考えられています。

板書 仮名加工情報の作成

```
元の個人情報
氏名      ○○○○
生年月日  ○年○月○日     仮名加工
性別      男                →
購入場所  ○○ストア         ←
          東京駅前店        復元
購入日    2022年○月○日
```

```
仮名加工
氏名      削除
生年月日  ○年○月○日
性別      男
購入場所  ○○ストア
          東京駅前店
購入日    2022年○月○日
```

ポイント
☆ 匿名加工情報は元の個人情報を復元できないようにした情報であるのに対し、仮名加工情報は、<u>他の情報と照合することで元の個人情報を復元可能な情報を含む</u>
☆ 匿名加工情報は第三者への提供も可能であるのに対し、仮名加工情報は<u>第三者への提供は禁止されている</u>

(5) **匿名加工情報（2条6項）**

匿名加工情報とは、個人情報に**匿名加工**を行い、特定の個人を識別することができないようにした情報で、当該個人情報を復元することができないようにしたものをいいます。

匿名加工情報は、元の個人情報を復元することができないようにしているところが、仮名加工情報とは定義が異なります。

板書 匿名加工情報の作成

```
元の個人情報
氏名      ○○○○
生年月日  ○年○月○日
性別      男
購入場所  ○○ストア
          東京駅前店
購入日    2022年○月○日
```

匿名加工
→
✗復元

```
匿名加工
氏名      削除
生年月日  20代
性別      男
購入場所  都内のストア

購入日    2022年○月
```

(6) 行政機関等（2条11項）

個人情報保護法では、行政機関と独立行政法人等を指して「**行政機関等**」と呼びます。

例題 H21-54-2

> この法律（個人情報保護法）にいう「個人情報」は、生存する個人に関する情報であれば、日本国民のみならず外国人の個人情報も含む。

○ 外国人の個人情報も含まれる。

---

2 個人情報取扱事業者等の義務 重要度★★★

神田Tのイントロ

個人情報取扱事業者の定義を確認し、個人情報の取得、個人データの第三者提供、保有個人データの開示を中心に、事業者に課される義務を確認しましょう。

Ⅰ 定義規定

個人情報保護法16条では、個人情報データベース等（1項）、個人情報取扱事業者（2項）、個人データ（3項）、保有個人データ（4項）、仮名加工情報取扱事業者（5項）、匿名加工情報取扱事業者（6項）、個人関連情報取扱事業者（7項）、学術研究機関等（8項）に関する定義規定を置いています。

個人情報データベース等（1項）	個人情報を含む情報の集合物であって、①特定の個人情報を電子計算機を用いて検索することができるように体系的に構成したもの、②そのほか特定の個人情報を容易に検索することができるように体系的に構成したものとして政令で定めるもののこと（利用方法からみて個人の権利利益を害するおそれが少ないものとして政令で定めるものは除く）
個人情報取扱事業者（2項）	個人情報データベース等を<u>事業[※1]の用に供している者</u>のこと（国の機関、地方公共団体、独立行政法人等、地方独立行政法人は除く）
個人データ（3項）	個人情報データベース等を構成する個人情報のこと

ひっかけ 注意！ [※1]

営利・非営利は問いません。「営利事業の用に供する場合に限る」として誤りとするパターンに注意。

保有個人データ (4項)	個人情報取扱事業者が、開示、内容の訂正、追加、削除、利用の停止、消去、第三者への提供の停止を行うことのできる権限を有する個人データのこと(その存否が明らかになることにより公益その他の利益が害されるものとして政令で定めるものは除く)
仮名加工情報取扱事業者(5項)	仮名加工情報データベース等[※1]を事業の用に供している者のこと(国の機関、地方公共団体、独立行政法人等、地方独立行政法人は除く)
匿名加工情報取扱事業者(6項)	匿名加工情報データベース等を事業の用に供している者のこと(国の機関、地方公共団体、独立行政法人等、地方独立行政法人は除く)
個人関連情報取扱事業者(7項)	個人関連情報データベース等を事業の用に供している者のこと(国の機関、地方公共団体、独立行政法人等、地方独立行政法人は除く)
学術研究機関等(8項)	大学その他の学術研究を目的とする機関・団体・それらに属する者のこと

以前は1年以内の政令で定める期間(＝6か月)以内に消去することとなるものは除かれていましたが、このような除外規定は改正により削除されています。

例えば、当該個人データの存否が明らかになることにより、本人または第三者の生命、身体、財産に危害が及ぶおそれがあるものが該当します。

語句 ※1
仮名加工情報データベース等
仮名加工情報を含む情報の集合物であって、特定の仮名加工情報を電子計算機を用いて検索することができるように体系的に構成したものその他特定の仮名加工情報を容易に検索することができるように体系的に構成したものとして政令で定めるもののこと。

Ⅱ 個人情報取扱事業者の義務

⑴ 個人情報の取得・利用

①利用目的の特定、適正な取得・利用

　個人情報保護法では、個人情報の目的外利用の禁止、不適正な利用の禁止、適正な取得などのルールを定めています。

　<u>X（個人情報取扱事業者）がAの個人情報を取得・利用する場合を例に、個人情報保護法のルールを見てみましょう。</u>

板書 個人情報の取得・利用

> **ポイント**
>
> ☆ 個人情報を取り扱うに当たっては、その利用目的をできる限り特定しなければならない（17条1項）
>
> ☆ 原則として、あらかじめ本人の同意を得ないで特定された利用目的の達成に必要な範囲を超えて個人情報を取り扱ってはならない（18条1項）
>
> ☆ 個人情報を取得した場合は、あらかじめその利用目的を公表している場合を除き、速やかに、その利用目的を、本人に通知または公表しなければならない（21条1項）
>
> ☆ 本人との間で契約を締結することに伴って契約書その他の書面（電磁的記録を含む）に記載された当該本人の個人情報を取得する場合その他本人から直接書面に記載された当該本人の個人情報を取得する場合は、あらかじめ、本人に対し、その利用目的を明示することが必要（21条2項）
>
> ☆ 違法または不当な行為を助長または誘発するおそれがある方法により利用してはならない（19条）
>
> ☆ 偽りその他不正の手段により取得してはならない（20条1項）

②要配慮個人情報の場合

　個人情報保護法では、<u>要配慮個人情報</u>については、一般の個人情報の取得とは異なるルールが設けられており、原則として、<u>あらかじめ本人の同意</u>を得ないで、要配慮個人情報を取得してはならないとされています（20条2項）。

(2) 個人データ

①個人データの管理

　個人情報保護法では、個人データの取扱いについて、安全管理措置、従業者の監督、第三者提供の禁止などのルールを定めています。

　<u>X（個人情報取扱事業者）が取得したAの個人情報を個人情報</u>

神田Tのアドバイス❸
利用目的を変更することは可能ですが、その場合、変更前の利用目的と関連性を有すると合理的に認められる範囲を超えて行ってはならないとされています（17条2項）。

神田Tのアドバイス❹
例えば、人の生命、身体、財産の保護のために必要がある場合であって、本人の同意を得ることが困難であるときは、例外にあたり、本人の同意を得なくてもOKです（18条3項2号）。

神田Tのアドバイス❺
利用目的を変更した場合は、変更された利用目的について、本人に通知または公表しなければなりません（21条3項）。

神田Tのアドバイス❻
例えば、人の生命、身体、財産の保護のために必要がある場合であって、本人の同意を得ることが困難であるときは、例外にあたり、本人の同意を得なくてもOKです（20条2項2号）。

データベース等に入力している場合を例に、個人データの取扱いのルールについて見てみましょう。

板書 個人データの管理

A　取得　Aの個人情報　入力　個人情報データベース等

ポイント

☆ 利用目的の達成に必要な範囲内において、個人データを正確かつ最新の内容に保つとともに、利用する必要がなくなったときは、当該個人データを遅滞なく消去するよう<u>努めなければならない</u>（22条）

☆ その取り扱う個人データの漏えい、滅失または毀損の防止その他の個人データの安全管理のために必要かつ適切な措置を講じなければならない（23条）

☆ その従業者に個人データを取り扱わせるに当たっては、当該個人データの安全管理が図られるよう、当該従業者に対する必要かつ適切な監督を行わなければならない（24条）

☆ 個人データの取扱いの全部または一部を委託する場合は、その取扱いを委託された個人データの安全管理が図られるよう、委託を受けた者に対する必要かつ適切な監督を行わなければならない（25条）

☆ その取り扱う個人データの漏えい、滅失、毀損その他の個人データの安全の確保に係る事態であって個人の権利利益を害するおそれが大きいものとして個人情報保護委員会規則で定めるものが生じたときは、原則として、当該事態が生じた旨を個人情報保護委員会に報告しなければならない（26条）

☆ 原則として、<u>あらかじめ本人の同意を得ないで、個人データを第三者に提供してはならない</u>（27条1項）

神田Tのアドバイス❶

データ内容正確性の確保等の規定（22条）は努力規定になっていることに注意です。

②第三者提供

個人情報取扱事業者は、原則として、あらかじめ本人の同意を得ないで、個人データを第三者に提供してはなりません（27条1項）。

X（個人情報取扱事業者）が個人データをYに提供する場合を例に、本人の同意の要否について見てみましょう。

板書 第三者提供と本人の同意

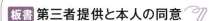

X 個人データ → 提供 → 第三者※1

原則：本人の同意必要

ポイント

☆法令に基づく場合（ex.警察の令状による押収）：**不要**
☆人の生命、身体、財産の保護のために必要がある場合であって、本人の同意を得ることが困難であるとき：**不要**
☆公衆衛生の向上、児童の健全な育成の推進のために特に必要がある場合であって、本人の同意を得ることが困難であるとき：**不要**
☆国の機関、地方公共団体、その委託を受けた者が法令の定める事務を遂行することに対して協力する必要がある場合であって、本人の同意を得ることにより当該事務の遂行に支障を及ぼすおそれがあるとき：**不要**
☆Xが学術研究機関等である場合であって、当該個人データの提供が学術研究の成果の公表または教授のためやむを得ないとき：**不要**

神田Tのアドバイス❷

例えば、個人情報取扱事業者が利用目的の達成に必要な範囲において個人データの取扱いの全部または一部を委託することに伴って当該個人データが提供される場合の委託先や、合併その他の事由による事業の承継に伴って個人データが提供される場合の承継先は第三者には該当しませんので、あらかじめ本人の同意を得なくてもＯＫです（27条5項1号・2号）。

Advance※1 2回転目に読む

個人情報取扱事業者は、個人データを第三者提供したときは、当該個人データを提供した年月日等に関する記録を作成、保存しなければなりません（29条）。また、第三者から個人データの提供を受けるに際しては、当該第三者による当該個人データの取得の経緯等についての確認を行わなければならず、また、当該個人データの提供を受けた年月日等に関する記録を作成、保存しなければなりません（30条）。

③オプトアウト[※1]による第三者提供

　個人情報取扱事業者は、第三者に提供される個人データについて、本人の求めに応じて当該本人が識別される個人データの第三者への提供を停止することとしている場合(**オプトアウト**)、提供する個人データの項目等についてあらかじめ本人に通知または本人が容易に知り得る状態に置くとともに、個人情報保護委員会に届け出たときは、あらかじめ本人の同意を得なくても、当該個人データを第三者に提供することができます(27条2項本文)。

　X(個人情報取扱事業者)がオプトアウトにより第三者提供を行う場合を例に、第三者提供のルールについて見てみましょう。

語句 ※1
オプトアウト Noと言われなければ提供OKとする考え方のこと。第三者提供においては、あらかじめ同意がなくても、提供しないでほしいと言われていない以上提供することは可能ですが、提供しないでほしいと言われたら提供してはいけないと考えることになります。

板書　オプトアウトによる第三者提供(27条2項)

ポイント

☆ 要配慮個人情報は、オプトアウト規定による第三者提供×[※2]

☆ 不正取得された個人データは、オプトアウト規定による第三者提供×

☆ 他の個人情報取扱事業者からオプトアウト規定により提供された個人データは、オプトアウト規定による第三者提供×

ひっかけ 注意! ※2
要配慮個人情報はオプトアウトによる第三者提供は禁止されています。「要配慮個人情報も含めオプトアウト可能」として誤りとするパターンに注意。

(3) 開示、訂正等、利用停止等

　本人は、個人情報取扱事業者に対し、当該本人が識別される保有個人データの電磁的記録の提供による方法その他の個人情報保護委員会規則で定める方法による開示を請求することができます（33条1項）。※3

　X（個人情報取扱事業者）がAの保有個人データを取り扱う場合を例に、開示、訂正等、利用停止等について見てみましょう。

Advance ※3
2回転目に読む
個人情報取扱事業者は、開示の請求を受けたときは、当該措置の実施に関し、手数料を徴収することができます（38条1項）。

板書 開示、訂正等、利用停止等

A → X

ポイント
☆ Aは、Xに対し、Aの保有個人データの<u>開示を請求することができる</u>（33条1項）
☆ Aは、Xに対し、Aが識別される保有個人データの内容が事実でないときは、<u>当該保有個人データの内容の訂正、追加、削除を請求することができる</u>（34条1項）※4
☆ Aは、偽りその他不正の手段により個人情報を取得しているXに対し、<u>当該保有個人データの利用の停止、消去</u>を請求することができる（35条1項、20条）

ひっかけ 注意！ ※4
訂正の対象は内容が事実でないことです。「主観的な評価について訂正請求できる」として誤りとするパターンに注意。

Ⅲ　適用除外

個人情報保護法では、個人情報取扱事業者等であっても以下の目的で個人情報等を取り扱うときは、個人情報取扱事業者の義務の規定は適用しない[※1]ものとしています（57条1項）。

①放送機関、新聞社、通信社その他の報道機関	報道の用に供する目的
②著述を業として行う者	著述の用に供する目的
③宗教団体	宗教活動の用に供する目的
④政治団体	政治活動の用に供する目的

Ⅳ　罰則

個人情報保護委員会による報告の徴収に対し、報告をしなかったり、虚偽の報告をしたときは、50万円以下の罰金に処せられます（177条2号、150条）。

個人情報保護委員会からの命令に違反したときは、当該違反行為をした者は1年以下の懲役または100万円以下の罰金に処せられます（173条、145条2項・3項）。[※2]

個人情報取扱事業者やその役員・従業員等が、その業務に関して取り扱った個人情報データベース等を自己もしくは第三者の不正な利益を図る目的で提供し、または盗用したときは、1年以下の懲役または50万円以下の罰金に処せられます（174条）。[※3]

ひっかけ 注意！ [※1]

「町内会など地縁による団体が、地域の交流の用に供する目的で個人情報を取扱う場合が適用除外にあたる」など、①～④以外のものを挙げて誤りとするパターンに注意。

Advance [※2] 2回転目に読む

法人の場合は1億円以下の罰金刑になります。

Advance [※3] 2回転目に読む

法人の場合は1億円以下の罰金刑になります。

例題
R2-57-4

個人情報取扱事業者は、地方公共団体が法令の定める事務を遂行することに対して協力する必要がある場合でも、個人情報によって識別される特定の個人である本人の同意を得た場合に限り、個人データを当該地方公共団体に提供することができる。

✕ 本人の同意を得ることにより当該事務の遂行に支障を及ぼすおそれがあるときは本人の同意がなくても第三者提供できるため、本人の同意を得た場合に限りとはいえない。

3 行政機関等の義務 重要度★★☆

I 定義

個人情報保護法60条では、保有個人情報（1項）、個人情報ファイル（2項）、行政機関等匿名加工情報（3項）、行政機関等匿名加工情報ファイル（4項）に関する定義規定を置いています。

保有個人情報	行政機関等の職員が職務上作成し、または取得した個人情報であって、当該行政機関等の職員が組織的に利用するものとして、当該行政機関等が保有しているもの（行政文書等に記録されているものに限る）
個人情報ファイル	保有個人情報を含む情報の集合物であって、①一定の事務の目的を達成するために特定の保有個人情報を電子計算機を用いて検索することができるように体系的に構成したもの、②そのほか、一定の事務の目的を達成するために氏名、生年月日、その他の記述等により特定の保有個人情報を容易に検索することができるように体系的に構成したもの
行政機関等匿名加工情報	個人情報ファイルを構成する保有個人情報の全部または一部を加工して得られる匿名加工情報のこと
行政機関等匿名加工情報ファイル	行政機関等匿名加工情報を含む情報の集合物であって、①特定の行政機関等匿名加工情報を電子計算機を用いて検索することができるように体系的に構成したもの、②そのほか、特定の行政機関等匿名加工情報を容易に検索することができるように体系的に構成したものとして政令で定めるもの

神田Tのイントロ

改正により行政機関等の義務についても個人情報保護法に一元化されています。定義条文、開示請求の仕組みに注意しましょう。

「行政機関」には、会計検査院も含まれます（2条8項6号）。

保有個人情報に該当するものが行政機関の長等に対する開示請求の対象となります（76条1項）。

Ⅱ 行政機関等における個人情報等の取扱い

(1) 個人情報の取得・利用

個人情報保護法では、行政機関等の個人情報の保有の制限、不適正な利用の禁止、適正な取得などのルールを定めています。

行政機関がAの個人情報を取得・利用する場合を例に、個人情報保護法のルールを見てみましょう。

板書 個人情報の取得・利用

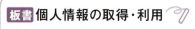

ポイント
☆個人情報を保有するに当たって、法令の定める所掌事務または業務を遂行するため必要な場合に限り、かつ、その利用目的をできる限り特定しなければならない(61条1項)
☆特定された利用目的の達成に必要な範囲を超えて、個人情報を保有してはならない(61条2項)
☆違法または不当な行為を助長し、または誘発するおそれがある方法により個人情報を利用してはならない(63条)
☆偽りその他不正の手段により個人情報を取得してはならない(64条)

Aから直接書面(電磁的記録を含む)に記録されたAの個人情報を取得するときは、原則として、あらかじめ、Aに対し、その利用目的を明示しなければなりません(62条)。

利用目的を変更することは可能ですが、その場合、変更前の利用目的と相当の関連性を有すると合理的に認められる範囲を超えて行ってはならないとされています(61条3項)。

(2) 個人情報の管理

個人情報保護法では、保有個人情報の取扱いについて、安全管理措置、利用・提供の制限などのルールを定めています。

行政機関がAの個人情報を取得した場合を例に、保有個人情報の取扱いのルールについて見てみましょう。

> **板書** 保有個人情報の管理
>
>
> A ——取得—— 行政機関
> Aの保有個人情報
>
> **ポイント**
>
> ☆ 利用目的の達成に必要な範囲内で、保有個人情報が過去または現在の事実と合致するよう努めなければならない(65条)
>
>
>
> ☆ 保有個人情報の漏えい、滅失、毀損の防止その他の保有個人情報の安全管理のために必要かつ適切な措置を講じなければならない(66条1項)
>
> ☆ 保有個人情報の漏えい、滅失、毀損その他の保有個人情報の安全の確保に係る事態であって個人の権利利益を害するおそれが大きいものとして個人情報保護委員会規則で定めるものが生じたときは、原則として、当該事態が生じた旨を個人情報保護委員会に報告しなければならない(68条1項)
>
> ☆ 原則として、利用目的以外の目的のために保有個人情報を利用しまたは提供してはならない(69条1項)
>
>

正確性の確保の規定(65条)は努力規定になっていることに注意です。

神田Tのアドバイス④

例えば、本人の同意があるときまたは本人に提供するときや、行政機関等が法令の定める所掌事務または業務の遂行に必要な限度で保有個人情報を内部で利用する場合であって当該保有個人情報を利用することについて相当の理由があるときは、例外にあたり、利用目的以外の目的のために保有個人情報を利用・提供することができます(69条2項1号・2号)。

Advance ※1 2回転目に読む

未成年者・成年被後見人の法定代理人または本人の委任による代理人は、本人に代わって開示請求をすることができます(76条2項)。

(3) 開示、訂正、利用停止

①開示請求

何人も、行政機関の長等に対し、当該行政機関の長等の属する行政機関等の保有する自己を本人とする保有個人情報の開示を請求することができます(76条1項)。※1

Aが行政機関の長Xに対してAの保有個人情報の開示を請求する場合を例に、開示請求のルールについて見てみましょ

う。

板書 開示請求※1

 A ──開示請求──→ 行政機関の長Ｘ

ポイント

☆Ｘは、開示請求があったときは、開示請求に係る保有個人情報に不開示情報が含まれている場合を除き、Ａに対し、当該保有個人情報を開示しなければならない(78条)
☆Ｘは、開示請求に係る保有個人情報に不開示情報が含まれている場合であっても、個人の権利利益を保護するため特に必要があると認めるときは、Ａに対し、当該保有個人情報を開示することができる(80条)
☆開示請求に対し、当該開示請求に係る保有個人情報が存在しているか否かを答えるだけで、不開示情報を開示することとなるときは、Ｘは、当該保有個人情報の存否を明らかにしないで、当該開示請求を拒否することができる(81条)
☆Ｘの開示決定等は、原則として、開示請求があった日から30日以内にしなければならない(83条1項)
☆Ａは、実費の範囲内において政令で定める額の手数料を納めなければならない(89条1項)

※1 Advance 2回転目に読む
開示の実施について、文書または図画に記録されているときは閲覧または写しの交付により、電磁的記録に記録されているときはその種別、情報化の進展状況等を勘案して行政機関等が定める方法により行います（87条1項）。

神田Tのアドバイス❶
このような拒否の仕方を存否応答拒否といいます。

② 訂正請求

何人も、自己を本人とする保有個人情報の内容が事実でないと思料するときは、当該保有個人情報を保有する行政機関の長等に対し、その訂正、追加、削除を請求することができます(90条1項)。

神田Tのアドバイス❷
訂正請求は、保有個人情報の開示を受けた日から90日以内にしなければなりません（90条3項）。このように、保有個人情報の訂正請求については開示前置主義が採られています。

③利用停止請求 ← 神田Tの アドバイス❸

何人も、自己を本人とする保有個人情報について、行政機関等が特定された利用目的の達成に必要な範囲を超えて保有していると思料するときは、当該保有個人情報を保有する行政機関の長等に対し、その利用の停止または消去を請求することができます（98条1項1号、61条2項）。

④審査請求

開示決定等、訂正決定等、利用停止決定等または開示請求、訂正請求、利用停止請求に係る不作為について審査請求があったときは、当該審査請求に対する裁決をすべき行政機関の長等は、原則として、<u>情報公開・個人情報保護審査会</u>※2、3に<u>諮問する</u>必要があります（105条1項）。

Ⅲ 罰則

行政機関等の職員や職員であった者が、正当な理由がないのに、個人の秘密に属する事項が記録された個人情報ファイルを提供したときは、2年以下の懲役または100万円以下の罰金に処されます（171条）。

行政機関等の職員や職員であった者が、その業務に関して知り得た保有個人情報を自己もしくは第三者の不正な利益を図る目的で提供しまたは盗用したときは、1年以下の懲役または50万円以下の罰金に処されます（175条）。

神田Tの アドバイス❸

利用停止請求は、保有個人情報の開示を受けた日から90日以内にしなければなりません（98条3項）。このように、保有個人情報の利用停止請求については開示前置主義が採られています。

Advance ※2 2回転目に読む

情報公開・個人情報保護審査会は総務省に設置されています（情報公開・個人情報保護審査会設置法2条）。

ひっかけ 注意! ※3

情報公開・個人情報保護審査会は諮問機関です。「情報公開・個人情報保護委員会に対して審査請求する」として誤りとするパターンに注意。

第6編 一般知識

CH 4 情報通信・個人情報保護

SEC 2 個人情報保護

例題	H27-56-エ

開示請求をする者は、開示にかかる手数料を実費の範囲内で納めなければならない。

○ 開示請求をする場合、手数料の納付が必要。

943

4 個人情報保護委員会

重要度 ★★☆

個人情報保護委員会は、<u>内閣府の外局</u>として設置され、内閣総理大臣の所轄に属します（127条1項・2項）。

神田Tの イントロ

個人情報保護委員会がどこに設置されているのかについて確認しておきましょう。

板書 個人情報保護委員会 ※1, 2

委員会

メンバー
委員長1人と委員8人

内閣総理大臣

任命

ポイント

☆ <u>内閣府の外局に設置</u>(127条1項)

☆ 委員長・委員は、在任中、政党その他の政治団体の役員となり、または積極的に<u>政治運動をしてはならない</u>(139条1項)

☆ 委員長・委員・専門委員・事務局の職員は、<u>職務上知ることのできた秘密を漏らしまたは盗用してはならず、その職務を退いた後も同様とする</u>(140条)

Advance ※1
2回転目に読む

個人情報保護委員会は、個人情報取扱事業者に対し、個人情報の取扱いに関し、必要な報告・資料の提出を求めたり、その職員に立入検査をさせることができます（143条1項）。

Advance ※2
2回転目に読む

例えば、個人情報取扱事業者Xが偽りその他不正の手段により個人情報を取得しているなどの違反行為があった場合に、個人情報保護委員会は、Xに対し、当該違反行為の中止その他違反を是正するために必要な措置をとるべき旨を勧告できます（145条1項）。また、Xが勧告に係る措置をとらなかった場合において個人の重大な権利利益の侵害が切迫していると認めるときは、Xに対し、その勧告に係る措置をとるべきことを命ずることができます（145条2項）。

例題

R元-57-5

個人情報保護委員会の委員長、委員、専門委員および事務局の職員は、その職務を退いた後も、職務上知ることのできた秘密を漏らし、または盗用してはならない。

○ 職務を退いた後も、職務上知ることのできた秘密を漏らしたり、盗用してはならない。

CHAPTER 5 文章理解

SECTION 1 文章理解

このSECTIONで学習すること

1 並べ替え問題
接続詞に注意し、グルーピングをしながら前後関係を把握しよう

2 空欄補充問題
まずは空欄前後の文章に注目しよう

3 脱文挿入問題
並列・対比・反対・理由に気をつけながら、文章を配置しよう

1 並べ替え問題　　重要度 ★★★

並べ替え問題は、ア～オの文章が用意されており、これらを正しく並べ替え、その組合せの正しいものを肢1～5から選択するタイプの問題です。

板書　並べ替え問題の解き方

解法アプローチ

Step1
肢1～5に目を通し、ア～オの配列の重なりなどをヒントに、順番のあたりをつける

Step2
ア～オの文章を要約しながら、接続詞、指示語とその指示するものをチェックし、グルーピングが可能ならグループ分けもする

Step3
ア～オの中で確実な前後関係を見つけて、肢1～5の組合せと照合して、解答を絞り込んでいく

神田Tのイントロ

直近5年間では、並べ替え問題は令和2年、平成30年、29年に出題があります。

神田Tのアドバイス❶

並べ替え問題では、指示語とその指示するものを探して確実な前後関係を見つけることで正解肢を絞っていくことがポイントです。また、選択肢全体が2つのグループに分けられる場合には、グループ分けをして、文章が転調している選択肢を見つけると、全体の流れが把握しやすくなります。

モデルケース

次のア～エの文章を正しく並べ替えられているものはどれか。

ア　朝食はカレーライスを食べます。
イ　ところで、今日は午後から雨が降る予報だそうです。
ウ　それと一緒にサラダも食べます。
エ　ということは、傘が必要になりますね。

1　ア　ウ　イ　エ
2　ア　エ　イ　ウ
3　イ　ア　ウ　エ
4　ウ　ア　エ　イ
5　エ　イ　ア　ウ

Step1　冒頭でアだけ重なっているから、たぶん肢1、肢2のどちらかは正解かな…

Step2-1　ウの「それ」がアの「カレーライス」を指していることから、アはウの前にないとおかしい

→**Step3-1**　アがウの直前にあるのは肢1、肢3、肢5

Step2-2　エの「ということは」という接続詞に着目し、エから始まるのはおかしいし、イはエの前にあるはず

→**Step3-2**　肢1、肢3、肢5の中で、イがエの直前にあるのは肢1のみ

ANSWER　肢1が正解となる(念のため肢1の並び順で読み直してみる)

947

2 空欄補充問題　重要度 ★★★

神田Tのイントロ
直近5年間では、空欄補充問題は令和3年、2年、元年、平成30年、29年に出題があります。

空欄補充問題は、本文の一部に空欄（1個または複数）があり、そこに入る語句を肢1～5の組合せの中から選択するタイプの問題です。

神田Tのアドバイス❶
空欄補充問題では、空欄の前後の文章との並立や対比などから確実に分かる箇所だけ選択肢の中から語句を見つけ、消去法で解答していくことがポイントです。

板書　空欄補充問題の解き方

解法アプローチ

Step1
肢1～5に軽く目を通す

Step2
本文の空欄の前後の文章に注意しながら、空欄挿入語句を探る

Step3
空欄が複数ある場合は、すべての空欄挿入語句が確定できなくても、空欄のうち確定できた語句の部分をチェックし、消去法を使って、肢1～5の組合せと照合して、解答を絞り込んでいく

モデルケース

本文中の空欄 ア ～ エ に入る言葉の組合せとして適当なものはどれか。

朝食はカレーライスを食べます。
それと一緒に ア も食べます。
イ 、今日は午後から ウ 予報だそうです。
ということは、傘が必要になりますね。

	ア	イ	ウ
1	サラダ	ところで	雨が降る
2	サラダ	したがって	雨が降る
3	スプーン	ところで	雨が降る
4	スプーン	したがって	雨が降らない
5	ライス	ところで	雨が降らない

Step2-1 空欄アには、直前の文章と並列される語として食べ物が入ることがわかる

→ **Step3-1** 肢1・2と肢5は正解の候補となるが、肢3・4は正解にはならないことがわかる

Step2-2 空欄イには、前後の文脈から、話題が食事から天気に転換していることがわかる

→ **Step3-2** 肢2の「したがって」はおかしいので、肢2が正解にはならないことがわかり、この時点で正解は肢1か肢5のどちらかになる

Step2-3 空欄ウには、続く文章の「ということは」という接続詞に着目すれば、傘が必要＝天気は雨ということがわかる

→ **Step3-3** 空欄ウには「雨が降る」が入ることがわかり、正解は肢1に絞れる

ANSWER 肢1が正解となる

949

3 脱文挿入問題

重要度 ★★★

脱文挿入問題は、本来本文にあるべき文章が提示され、本文中に空欄が複数箇所用意され、提示された文章が挿入される箇所を選択するタイプの問題です。

神田Tのイントロ

直近5年間では、脱文挿入問題は令和3年、2年、平成30年に出題があります。

神田Tのアドバイス❶

脱文挿入問題では、脱文の中から固有名詞や指示語・接続詞など目立つ文言を頭の片隅に置いておき、確実に挿入できる部分を見つけ、消去法で解答していくことがポイントです。

板書 脱文挿入問題の解き方

解法アプローチ

Step1
提示された脱文の文章に目を通す

Step2
空欄の前後の接続詞、指示語とその指示するものをチェックしながら、提示された文章の位置を把握をする

> **ヒント**
> 並列…○○と△△
> 対比…○○なら、△△なら
> 反対…○○しかし△△
> 理由…○○それは△△だから

Step3
脱文が複数提示されている場合、すべての箇所が確定できなくても、確定できた箇所をチェックし、消去法を使って、肢1〜5の組合せと照合して、解答を絞り込んでいく

モデルケース

次の枠内の文章は、本文の空欄 1 ～ 5 のいずれの箇所にあてはまるか。

> それと一緒にサラダも食べます。

1

朝食はカレーライスを食べます。

2

ところで、今日は午後から雨が降る予報だそうです。

3

ということは、傘が必要になりますね。

4

折りたたみでよいと思うよ。

5

Step2 脱文の指示語「それ」が指しているものを本文中から探す。
食べることと並列される言葉が脱文の前にあることがわかり、「それ」
は「カレーライス」を指しているから、脱文がカレーライスの文章の前に
挿入されるのはおかしいし、天気の話の途中に挿入されるのもおかしい
から、挿入箇所として適切なのは肢2しかないことになる

ANSWER 肢2が正解となる

第4分冊（商法・基礎法学・一般知識）用語さくいん

あ行

アフィリエイト	918
アメリカ	854
暗号資産	878
イェーリング	861
イギリス	854
育児介護休業法	900
インフレ	877
ウィキリークス	921
ウィーン条約	884
宇宙条約	858
運送営業	728
英米法	814
欧州連合	856
汚染者負担の原則	886
オプトアウト	936
オプトイン	910

か行

会計監査人	779
会計参与	779
外国人技能実習機構	903
介護保険	892
会社補償	792
核拡散防止条約	859
仮想通貨	878
合併	790
株式	747
株式交付	791
株主総会	762
株主名簿	747
仮名加工情報	929
環境影響評価法	886
環境基本法	886
監査等委員会設置会社	780
監査役	778
関税及び貿易に関する一般協定	881
間接有限責任	732
官僚制	846
議院内閣制	852
帰化	903
気候変動枠組条約	884

さ行

基準日	765
技能実習	903
競業避止義務	775
行政改革	847
行政改革会議	848
行政国家化	846
クッキー	921
クラウド・コンピューティング	917
クラウド・ファンディング	921
繰越明許費	865
傾斜生産方式	879
継続費	865
景品表示法	901
ケインズ	875
決算	864,869
決定	820
現物出資	741
公開会社	734
公開鍵暗号方式	919
公害健康被害補償法	886
公害対策基本法	885
合資会社	787
合同会社	787
高年齢者雇用安定法	899
公文書管理法	915
合名会社	787
国債	866
国際連合	855
国際連合貿易開発会議	882
国際連盟	856
国内総生産	875
国連海洋法条約	857
個人識別符号	929
個人情報保護法	927
国庫支出金	871
子ども・子育て支援法	900

さ行

罪刑法定主義	811
再審	820
財政投融資	866
最低賃金	898
裁判員	824
在留資格	902
シェアリングエコノミー	878
暫定予算	865
サブスクリプション	878
シェンゲン協定	857

た行

事業譲渡	789
自己株式	751
自然環境保全法	886
自然法	814
支配人	720
資本金	733
指名委員会等設置会社	780
社外取締役	774
住所地特例制度	893
自由貿易協定	881
循環型社会形成推進基本法	887
準拠法	815
場屋営業	728
少額訴訟	822
商号	718
小選挙区制	839
上訴	820
消費者物価指数	878
消費生活センター	902
情報公開法	913
剰余金の配当	784
所有と経営の分離	733
新株予約権	755
新公共経営	850
推定する	804
スパイウェア	921
スマートフォン	921
速やかに	807
生活保護	894
政治資金規正法	845
青少年ネット環境整備法	913
政党	844
政党助成法	845
世界貿易機関	881
選挙	839
創立総会	736
組織変更	788

た行

大統領制	853
退社	788
第2次臨時行政調査会	847
代表取締役	772
代理商	722
直ちに	807
単元株	753
男女雇用機会均等法	898
遅滞なく	807
地方交付税	870

地方債 …………………… 871	不正アクセス禁止法 ………… 908	**わ行**
中国 ……………………… 855	普通選挙 ………………… 840	ワーム …………………… 923
仲裁 ……………………… 829	フランス ………………… 854	和解 ……………………… 827
朝鮮特需 ………………… 879	ブログ …………………… 922	ワシントン条約 ………… 884
調停 ……………………… 829	ブロックチェーン ………… 917	
著作権法 ………………… 912	プロバイダ責任制限法 ……… 909	**A-Z・数字**
通信傍受法 ……………… 910	ボアソナード ……………… 861	Admin …………………… 923
定款 ……………………… 736	包括的核実験禁止条約 ……… 859	BCC ……………………… 923
デジタル行政推進法 ……… 907	法定外目的税 ……………… 869	CBDC …………………… 874
デジタル・サイネージ …… 921	募集設立 ………………… 736	CTBT …………………… 859
デジタル社会形成基本法 … 906	補正予算 ………………… 865	DX ……………………… 906
デジタル庁 ……………… 906	発起設立 ………………… 736	e-文書通則法 …………… 911
テレマティクス ………… 921	ホッブズ ………………… 860	EU ……………………… 856
電子消費者契約法 ……… 911		FTA ……………………… 881
電子署名 ………………… 921	**ま行**	GATT …………………… 881
ドイツ …………………… 854	マイナンバー ……………… 922	GDP …………………… 875
特定技能 ………………… 902	マルウェア ………………… 923	GDPR …………………… 857
特定商取引法 …………… 901	みなす …………………… 805	GPS …………………… 924
特定枠 …………………… 842	無線LAN ………………… 923	HTTP …………………… 924
特別取締役 ……………… 774	命令 ……………………… 820	IoT ……………………… 924
匿名加工情報 …………… 930	迷惑メール防止法 ………… 910	MVNO …………………… 924
ドメインネーム ………… 920	メタデータ ………………… 923	NPM …………………… 850
トラヒック ……………… 922	持分会社 ………………… 787	NPT …………………… 859
取締役 …………………… 769	モンテスキュー …………… 861	PPP …………………… 886
取締役会 ………………… 771		SMTP …………………… 924
トロイの木馬 …………… 922	**や行**	SNS …………………… 924
	ユーロ …………………… 856	SSL …………………… 924
な行	ユビキタス・コンピューティング	UNCTAD ………………… 882
名板貸し ………………… 718	…………………………… 923	URL …………………… 925
南極条約 ………………… 857	要配慮個人情報 …………… 929	VR ……………………… 925
難民認定 ………………… 903	予算 …………………… 864,868	Wiki …………………… 925
日本銀行 ………………… 873	予備費 …………………… 865	WTO …………………… 881
年金 ……………………… 891		5G ……………………… 925
	ら行	
は行	ラムサール条約 …………… 884	
バーゼル条約 …………… 884	利益相反取引 ……………… 775	
バイオメトリクス認証 …… 922	リサイクル ………………… 887	
バグ ……………………… 922	稟議制 …………………… 846	
働き方改革 ……………… 897	類推解釈 ………………… 809	
バブル経済 ……………… 880	ルソー …………………… 860	
パリ協定 ………………… 884	レイシオ・デシデンダイ …… 814	
判決 ……………………… 820	労働基準法 ………………… 898	
半大統領制 ……………… 853	労働三権 ………………… 898	
非公開会社 ……………… 734	労働分配率 ………………… 878	
ビッグデータ …………… 922	ログ ……………………… 923	
ビットコイン …………… 878	ロシア …………………… 855	
比例代表制 ……………… 840	ロック …………………… 860	
ファイアウォール ………… 922	ロンドン条約 ……………… 884	
フィッシング …………… 922		

第４分冊（商法・基礎法学・一般知識）
判例さくいん

最判昭42.9.28 ……………………………………… 768
最判昭43.4.24 ……………………………………… 725
最判昭43.11.1 ……………………………………… 768
最判昭51.12.24 …………………………………… 768
最判昭60.12.20 …………………………………… 768

memo

5分冊の使い方

★セパレートBOOKの作りかた★

白い厚紙から、色紙のついた冊子を取り外します。
　※色紙と白い厚紙が、のりで接着されています。乱暴に扱いますと、破
　　損する危険性がありますので、丁寧に抜きとるようにしてください。

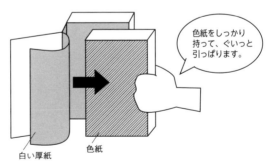

※抜きとるさいの損傷についてのお取替えはご遠慮願います。

第5分冊

2022年度版

行政書士の教科書

みんなが欲しかった！

赤シート対応

みんなが欲しかった！
行政書士試験六法

第５分冊

CONTENTS

みんなが欲しかった！ 行政書士試験六法

日本国憲法 ……………………………………… 1

民法（抄） ……………………………………… 9

国家行政組織法 ………………………………… 86

行政代執行法 …………………………………… 90

行政手続法 ……………………………………… 91

行政不服審査法 ………………………………… 102

行政事件訴訟法 ………………………………… 117

国家賠償法 ……………………………………… 126

地方自治法（抄） ……………………………… 127

個人情報の保護に関する法律（抄） ………… 158

　本書は、令和３年11月15日現在の施行法令および令和３年11月15日現在において令和４年４月１日までに施行される法令に基づいて作成しております。

　なお、本書刊行後、令和４年４月１日施行の改正法令が成立した場合は、下記ホームページの法改正情報コーナーに、「法改正情報」を掲載いたします。

TAC出版書籍販売サイト「Cyber Book Store」

https://bookstore.tac-school.co.jp/

日本国憲法

前文

日本国民は、正当に選挙された国会における代表者を通じて行動し、われらとわれらの子孫のために、諸国民との協和による成果と、わが国全土にわたつて自由のもたらす恵沢を確保し、政府の行為によつて再び戦争の惨禍が起ることのないやうにすることを決意し、ここに主権が国民に存することを宣言し、この憲法を確定する。そもそも国政は、国民の厳粛な信託によるものであつて、その権威は国民に由来し、その権力は国民の代表者がこれを行使し、その福利は国民がこれを享受する。これは人類普遍の原理であり、この憲法は、かかる原理に基くものである。われらは、これに反する一切の憲法、法令及び詔勅を排除する。

日本国民は、恒久の平和を念願し、人間相互の関係を支配する崇高な理想を深く自覚するのであつて、平和を愛する諸国民の公正と信義に信頼して、われらの安全と生存を保持しようと決意した。われらは、平和を維持し、専制と隷従、圧迫と偏狭を地上から永遠に除去しようと努めてゐる国際社会において、名誉ある地位を占めたいと思ふ。われらは、全世界の国民が、ひとしく恐怖と欠乏から免かれ、平和のうちに生存する権利を有することを確認する。

われらは、いづれの国家も、自国のことのみに専念して他国を無視してはならないのであつて、政治道徳の法則は、普遍的なものであり、この法則に従ふことは、自国の主権を維持し、他国と対等関係に立たうとする各国の責務であると信ずる。

日本国民は、国家の名誉にかけ、全力をあげてこの崇高な理想と目的を達成することを誓ふ。

第1章 天皇

第1条（天皇の象徴性、国民主権）

天皇は、日本国の象徴であり日本国民統合の象徴であつて、この地位は、主権の存する日本国民の総意に基く。

第2条（皇位の世襲・継承）

皇位は、世襲のものであつて、国会の議決した皇室典範の定めるところにより、これを継承する。

第3条（天皇の国事行為と内閣の責任）

天皇の国事に関するすべての行為には、内閣の助言と承認を必要とし、内閣が、その責任を負ふ。

第4条（天皇の政治的中立性、天皇の国事行為の委任）

1 天皇は、この憲法の定める国事に関する行為のみを行ひ、国政に関する権能を有しない。

2 天皇は、法律の定めるところにより、その国事に関する行為を委任することができる。

第5条（摂政）

皇室典範の定めるところにより摂政を置くときは、摂政は、天皇の名でその国事に関する行為を行ふ。この場合には、前条第1項の規定を準用する。

第6条（天皇の任命権）

1 天皇は、国会の指名に基いて、内閣総理大臣を任命する。

2 天皇は、内閣の指名に基いて、最高裁判所の長たる裁判官を任命する。

第7条（天皇の国事行為）

天皇は、内閣の助言と承認により、国民のために、左の国事に関する行為を行ふ。

① 憲法改正、法律、政令及び条約を公布すること。

② 国会を召集すること。

③ 衆議院を解散すること。

④ 国会議員の総選挙の施行を公示すること。

⑤ 国務大臣及び法律の定めるその他の官吏の任免並びに全権委任状及び大使及び公使の信任状を認証すること。

⑥ 大赦、特赦、減刑、刑の執行の免除及び復権を認証すること。

⑦ 栄典を授与すること。

⑧ 批准書及び法律の定めるその他の外交文書を認証すること。

⑨ 外国の大使及び公使を接受すること。

⑩ 儀式を行ふこと。

第8条（皇室の財産授受の制限）

皇室に財産を譲り渡し、又は皇室が、財産を譲り受け、若しくは賜与することは、国会の議決に基かなければならない。

第2章 戦争の放棄

第9条（戦争の放棄、戦力の不保持及び交戦権の否認）

1 日本国民は、正義と秩序を基調とする国際平和を誠実に希求し、国権の発動たる戦争と、武力による威嚇又は武力の行使は、国際紛争

を解決する手段としては、永久にこれを放棄する。

2 前項の目的を達するため、陸海空軍その他の戦力は、これを保持しない。国の交戦権は、これを認めない。

第3章 国民の権利及び義務

第10条（日本国民の要件）
日本国民たる要件は、法律でこれを定める。

第11条（基本的人権の本質）
国民は、すべての基本的人権の享有を妨げられない。この憲法が国民に保障する基本的人権は、侵すことのできない永久の権利として、現在及び将来の国民に与へられる。

第12条（自由・権利の保持義務、濫用の禁止、利用の責任）
この憲法が国民に保障する自由及び権利は、国民の不断の努力によつて、これを保持しなければならない。又、国民は、これを濫用してはならないのであつて、常に公共の福祉のためにこれを利用する責任を負ふ。

第13条（個人の尊重、生命・自由・幸福追求の権利）
すべて国民は、個人として尊重される。生命、自由及び幸福追求に対する国民の権利については、公共の福祉に反しない限り、立法その他の国政の上で、最大の尊重を必要とする。

第14条（法の下の平等、貴族制度の否定、栄典の限界）
1 すべて国民は、法の下に平等であつて、人種、信条、性別、社会的身分又は門地により、政治的、経済的又は社会的関係において、差別されない。

2 華族その他の貴族の制度は、これを認めない。

3 栄誉、勲章その他の栄典の授与は、いかなる特権も伴はない。栄典の授与は、現にこれを有し、又は将来これを受ける者の一代に限り、その効力を有する。

第15条（公務員の選定・罷免権、公務員の性質、普通選挙・秘密投票の保障）
1 公務員を選定し、及びこれを罷免することは、国民固有の権利である。

2 すべて公務員は、全体の奉仕者であつて、一部の奉仕者ではない。

3 公務員の選挙については、成年者による普通選挙を保障する。

4 すべて選挙における投票の秘密は、これを侵してはならない。選挙人は、その選択に関

し公的にも私的にも責任を問はれない。

第16条（請願権）
何人も、損害の救済、公務員の罷免、法律、命令又は規則の制定、廃止又は改正その他の事項に関し、平穏に請願する権利を有し、何人も、かかる請願をしたためにいかなる差別待遇も受けない。

第17条（国及び公共団体の賠償責任）
何人も、公務員の不法行為により、損害を受けたときは、法律の定めるところにより、国又は公共団体に、その賠償を求めることができる。

第18条（奴隷的拘束及び苦役からの自由）
何人も、いかなる奴隷的拘束も受けない。又、犯罪に因る処罰の場合を除いては、その意に反する苦役に服させられない。

第19条（思想及び良心の自由）
思想及び良心の自由は、これを侵してはならない。

第20条（信教の自由、政教分離）
1 信教の自由は、何人に対してもこれを保障する。いかなる宗教団体も、国から特権を受け、又は政治上の権力を行使してはならない。

2 何人も、宗教上の行為、祝典、儀式又は行事に参加することを強制されない。

3 国及びその機関は、宗教教育その他いかなる宗教的活動もしてはならない。

第21条（集会・結社・表現の自由、検閲の禁止、通信の秘密）
1 集会、結社及び言論、出版その他一切の表現の自由は、これを保障する。

2 検閲は、これをしてはならない。通信の秘密は、これを侵してはならない。

第22条（居住・移転・職業選択の自由、外国移住・国籍離脱の自由）
1 何人も、公共の福祉に反しない限り、居住、移転及び職業選択の自由を有する。

2 何人も、外国に移住し、又は国籍を離脱する自由を侵されない。

第23条（学問の自由）
学問の自由は、これを保障する。

第24条（家族生活における個人の尊重と両性平等）
1 婚姻は、両性の合意のみに基いて成立し、夫婦が同等の権利を有することを基本として、相互の協力により、維持されなければならない。

2 配偶者の選択、財産権、相続、住居の選定、離婚並びに婚姻及び家族に関するその他の事項に関しては、法律は、個人の尊厳と両性の

本質的平等に立脚して、制定されなければならない。

第25条（生存権、国の社会保障義務）

1　すべて国民は、健康で文化的な最低限度の生活を営む権利を有する。

2　国は、すべての生活部面について、社会福祉、社会保障及び公衆衛生の向上及び増進に努めなければならない。

第26条（教育を受ける権利、教育の義務、義務教育の無償）

1　すべて国民は、法律の定めるところにより、その能力に応じて、ひとしく教育を受ける権利を有する。

2　すべて国民は、法律の定めるところにより、その保護する子女に普通教育を受けさせる義務を負ふ。義務教育は、これを無償とする。

第27条（勤労の権利・義務、勤労条件の法定、児童酷使の禁止）

1　すべて国民は、勤労の権利を有し、義務を負ふ。

2　賃金、就業時間、休息その他の勤労条件に関する基準は、法律でこれを定める。

3　児童は、これを酷使してはならない。

第28条（勤労者の団結権・団体交渉権・団体行動権）

勤労者の団結する権利及び団体交渉その他の団体行動をする権利は、これを保障する。

第29条（財産権の保障と限界）

1　財産権は、これを侵してはならない。

2　財産権の内容は、公共の福祉に適合するやうに、法律でこれを定める。

3　私有財産は、正当な補償の下に、これを公共のために用ひることができる。

第30条（納税の義務）

国民は、法律の定めるところにより、納税の義務を負ふ。

第31条（法定手続の保障）

何人も、法律の定める手続によらなければ、その生命若しくは自由を奪はれ、又はその他の刑罰を科せられない。

第32条（裁判を受ける権利）

何人も、裁判所において裁判を受ける権利を奪はれない。

第33条（逮捕に関する保障）

何人も、現行犯として逮捕される場合を除いては、権限を有する司法官憲が発し、且つ理由となつてゐる犯罪を明示する令状によらなければ、逮捕されない。

第34条（抑留・拘禁に対する保障、拘禁理由の開示）

何人も、理由を直ちに告げられ、且つ、直ちに弁護人に依頼する権利を与へられなければ、抑留又は拘禁されない。又、何人も、正当な理由がなければ、拘禁されず、要求があれば、その理由は、直ちに本人及びその弁護人の出席する公開の法廷で示されなければならない。

第35条（住居の不可侵、捜索・押収に対する保障）

1　何人も、その住居、書類及び所持品について、侵入、捜索及び押収を受けることのない権利は、第33条の場合を除いては、正当な理由に基いて発せられ、且つ捜索する場所及び押収する物を明示する令状がなければ、侵されない。

2　捜索又は押収は、権限を有する司法官憲が発する各別の令状により、これを行ふ。

第36条（拷問と残虐な刑罰の禁止）

公務員による拷問及び残虐な刑罰は、絶対にこれを禁ずる。

第37条（刑事被告人の諸権利）

1　すべて刑事事件においては、被告人は、公平な裁判所の迅速な公開裁判を受ける権利を有する。

2　刑事被告人は、すべての証人に対して審問する機会を充分に与へられ、又、公費で自己のために強制的手続により証人を求める権利を有する。

3　刑事被告人は、いかなる場合にも、資格を有する弁護人を依頼することができる。被告人が自らこれを依頼することができないときは、国でこれを附する。

第38条（不利益な供述の強要の禁止、自白の証拠能力）

1　何人も、自己に不利益な供述を強要されない。

2　強制、拷問若しくは脅迫による自白又は不当に長く抑留若しくは拘禁された後の自白は、これを証拠とすることができない。

3　何人も、自己に不利益な唯一の証拠が本人の自白である場合には、有罪とされ、又は刑罰を科せられない。

第39条（刑罰法規の不遡及、一事不再理の原則、二重処罰の禁止）

何人も、実行の時に適法であつた行為又は既に無罪とされた行為については、刑事上の責任を問はれない。又、同一の犯罪について、重ねて刑事上の責任を問はれない。

第40条（刑事補償）

何人も、抑留又は拘禁された後、無罪の裁判を受けたときは、法律の定めるところにより、国にその補償を求めることができる。

第4章　国会

第41条（国会の地位・立法権）

国会は、国権の最高機関であつて、国の唯一の立法機関である。

第42条（両院制）

国会は、衆議院及び参議院の両議院でこれを構成する。

第43条（両議院の組織）

1　両議院は、全国民を代表する選挙された議員でこれを組織する。

2　両議院の議員の定数は、法律でこれを定める。

第44条（議員及び選挙人の資格）

両議院の議員及びその選挙人の資格は、法律でこれを定める。但し、人種、信条、性別、社会的身分、門地、教育、財産又は収入によつて差別してはならない。

第45条（衆議院議員の任期）

衆議院議員の任期は、4年とする。但し、衆議院解散の場合には、その期間満了前に終了する。

第46条（参議院議員の任期）

参議院議員の任期は、6年とし、3年ごとに議員の半数を改選する。

第47条（選挙に関する事項の法定）

選挙区、投票の方法その他両議院の議員の選挙に関する事項は、法律でこれを定める。

第48条（両院議員の兼職の禁止）

何人も、同時に両議院の議員たることはできない。

第49条（議員の歳費）

両議院の議員は、法律の定めるところにより、国庫から相当額の歳費を受ける。

第50条（議員の不逮捕特権）

両議院の議員は、法律の定める場合を除いては、国会の会期中逮捕されず、会期前に逮捕された議員は、その議院の要求があれば、会期中これを釈放しなければならない。

第51条（議員の免責特権）

両議院の議員は、議院で行つた演説、討論又は表決について、院外で責任を問はれない。

第52条（常会）

国会の常会は、毎年1回これを召集する。

第53条（臨時会）

内閣は、国会の臨時会の召集を決定することができる。いづれかの議院の総議員の4分の1以上の要求があれば、内閣は、その召集を決定しなければならない。

第54条（衆議院の解散と特別会、参議院の緊急集会）

1　衆議院が解散されたときは、解散の日から40日以内に、衆議院議員の総選挙を行ひ、その選挙の日から30日以内に、国会を召集しなければならない。

2　衆議院が解散されたときは、参議院は、同時に閉会となる。但し、内閣は、国に緊急の必要があるときは、参議院の緊急集会を求めることができる。

3　前項但書の緊急集会において採られた措置は、臨時のものであつて、次の国会開会の後10日以内に、衆議院の同意がない場合には、その効力を失ふ。

第55条（議員の資格争訟の裁判）

両議院は、各々その議員の資格に関する争訟を裁判する。但し、議員の議席を失はせるには、出席議員の3分の2以上の多数による議決を必要とする。

第56条（定足数、表決数）

1　両議院は、各々その総議員の3分の1以上の出席がなければ、議事を開き議決することができない。

2　両議院の議事は、この憲法に特別の定のある場合を除いては、出席議員の過半数でこれを決し、可否同数のときは、議長の決するところによる。

第57条（会議の公開、秘密会、表決の記載）

1　両議院の会議は、公開とする。但し、出席議員の3分の2以上の多数で議決したときは、秘密会を開くことができる。

2　両議院は、各々その会議の記録を保存し、秘密会の記録の中で特に秘密を要すると認められるもの以外は、これを公表し、且つ一般に頒布しなければならない。

3　出席議員の5分の1以上の要求があれば、各議員の表決は、これを会議録に記載しなければならない。

第58条（役員の選任、議院規則、罰則）

1　両議院は、各々その議長その他の役員を選任する。

2　両議院は、各々その会議その他の手続及び内部の規律に関する規則を定め、又、院内の秩序をみだした議員を懲罰することができる。

但し、議員を除名するには、出席議員の3分の2以上の多数による議決を必要とする。

第59条（法律案の議決、衆議院の優越）

1　法律案は、この憲法に特別の定のある場合を除いては、両議院で可決したとき法律となる。

2　衆議院で可決し、参議院でこれと異なつた議決をした法律案は、衆議院で出席議員の3分の2以上の多数で再び可決したときは、法律となる。

3　前項の規定は、法律の定めるところにより、衆議院が、両議院の協議会を開くことを求めることを妨げない。

4　参議院が、衆議院の可決した法律案を受け取つた後、国会休会中の期間を除いて60日以内に、議決しないときは、衆議院は、参議院がその法律案を否決したものとみなすことができる。

第60条（衆議院の予算先議権と優越）

1　予算は、さきに衆議院に提出しなければならない。

2　予算について、参議院で衆議院と異なつた議決をした場合に、法律の定めるところにより、両議院の協議会を開いても意見が一致しないとき、又は参議院が、衆議院の可決した予算を受け取つた後、国会休会中の期間を除いて30日以内に、議決しないときは、衆議院の議決を国会の議決とする。

第61条（条約の国会承認と衆議院の優越）

条約の締結に必要な国会の承認については、前条第2項の規定を準用する。

第62条（議院の国政調査権）

両議院は、各々国政に関する調査を行ひ、これに関して、証人の出頭及び証言並びに記録の提出を要求することができる。

第63条（国務大臣の議院出席の権利と義務）

内閣総理大臣その他の国務大臣は、両議院の一に議席を有すると有しないとにかかはらず、何時でも議案について発言するため議院に出席することができる。又、答弁又は説明のため出席を求められたときは、出席しなければならない。

第64条（弾劾裁判所）

1　国会は、罷免の訴追を受けた裁判官を裁判するため、両議院の議員で組織する弾劾裁判所を設ける。

2　弾劾に関する事項は、法律でこれを定める。

第5章　内閣

第65条（行政権と内閣）

行政権は、内閣に属する。

第66条（内閣の組織、文民資格、責任）

1　内閣は、法律の定めるところにより、その首長たる内閣総理大臣及びその他の国務大臣でこれを組織する。

2　内閣総理大臣その他の国務大臣は、文民でなければならない。

3　内閣は、行政権の行使について、国会に対し連帯して責任を負ふ。

第67条（内閣総理大臣の指名、衆議院の優越）

1　内閣総理大臣は、国会議員の中から国会の議決で、これを指名する。この指名は、他のすべての案件に先だつて、これを行ふ。

2　衆議院と参議院とが異なつた指名の議決をした場合に、法律の定めるところにより、両議院の協議会を開いても意見が一致しないとき、又は衆議院が指名の議決をした後、国会休会中の期間を除いて10日以内に、参議院が、指名の議決をしないときは、衆議院の議決を国会の議決とする。

第68条（国務大臣の任免）

1　内閣総理大臣は、国務大臣を任命する。但し、その過半数は、国会議員の中から選ばれなければならない。

2　内閣総理大臣は、任意に国務大臣を罷免することができる。

第69条（衆議院の内閣不信任案決議と解散・総選挙）

内閣は、衆議院で不信任の決議案を可決し、又は信任の決議案を否決したときは、10日以内に衆議院が解散されない限り、総辞職をしなければならない。

第70条（内閣総理大臣の欠缺、総選挙後の総辞職）

内閣総理大臣が欠けたとき、又は衆議院議員総選挙の後に初めて国会の召集があつたときは、内閣は、総辞職をしなければならない。

第71条（総辞職後の内閣の職務執行）

前二条の場合には、内閣は、あらたに内閣総理大臣が任命されるまで引き続きその職務を行ふ。

第72条（内閣総理大臣の職務）

内閣総理大臣は、内閣を代表して議案を国会に提出し、一般国務及び外交関係について国会に報告し、並びに行政各部を指揮監督する。

第73条（内閣の権能）

内閣は、他の一般行政事務の外、左の事務を行ふ。

① 法律を誠実に執行し、国務を総理すること。

② 外交関係を処理すること。

③ 条約を締結すること。但し、事前に、時宜によつては事後に、国会の承認を経ることを必要とする。

④ 法律の定める基準に従ひ、官吏に関する事務を掌理すること。

⑤ 予算を作成して国会に提出すること。

⑥ この憲法及び法律の規定を実施するために、政令を制定すること。但し、政令には、特にその法律の委任がある場合を除いては、罰則を設けることができない。

⑦ 大赦、特赦、減刑、刑の執行の免除及び復権を決定すること。

第74条（法律・政令の署名・連署）

法律及び政令には、すべて主任の国務大臣が署名し、内閣総理大臣が連署することを必要とする。

第75条（国務大臣の訴追）

国務大臣は、その在任中、内閣総理大臣の同意がなければ、訴追されない。但し、これがため、訴追の権利は、害されない。

第6章　司法

第76条（司法権、裁判所、特別裁判所の禁止、裁判官の独立）

1　すべて司法権は、最高裁判所及び法律の定めるところにより設置する下級裁判所に属する。

2　特別裁判所は、これを設置することができない。行政機関は、終審として裁判を行ふことができない。

3　すべて裁判官は、その良心に従ひ独立してその職権を行ひ、この憲法及び法律にのみ拘束される。

第77条（最高裁判所の規則制定権）

1　最高裁判所は、訴訟に関する手続、弁護士、裁判所の内部規律及び司法事務処理に関する事項について、規則を定める権限を有する。

2　検察官は、最高裁判所の定める規則に従はなければならない。

3　最高裁判所は、下級裁判所に関する規則を定める権限を、下級裁判所に委任することができる。

第78条（裁判官の身分保障）

裁判官は、裁判により、心身の故障のために職務を執ることができないと決定された場合を除いては、公の弾劾によらなければ罷免されない。裁判官の懲戒処分は、行政機関がこれを行ふことはできない。

第79条（最高裁判所の構成、最高裁判所裁判官の国民審査、定年、報酬）

1　最高裁判所は、その長たる裁判官及び法律の定める員数のその他の裁判官でこれを構成し、その長たる裁判官以外の裁判官は、内閣でこれを任命する。

2　最高裁判所の裁判官の任命は、その任命後初めて行はれる衆議院議員総選挙の際国民の審査に付し、その後10年を経過した後初めて行はれる衆議院議員総選挙の際更に審査に付し、その後も同様とする。

3　前項の場合において、投票者の多数が裁判官の罷免を可とするときは、その裁判官は、罷免される。

4　審査に関する事項は、法律でこれを定める。

5　最高裁判所の裁判官は、法律の定める年齢に達した時に退官する。

6　最高裁判所の裁判官は、すべて定期に相当額の報酬を受ける。この報酬は、在任中、これを減額することができない。

第80条（下級裁判所の裁判官、任期、定年、報酬）

1　下級裁判所の裁判官は、最高裁判所の指名した者の名簿によつて、内閣でこれを任命する。その裁判官は、任期を10年とし、再任されることができる。但し、法律の定める年齢に達した時には退官する。

2　下級裁判所の裁判官は、すべて定期に相当額の報酬を受ける。この報酬は、在任中、これを減額することができない。

第81条（裁判所の違憲審査権）

最高裁判所は、一切の法律、命令、規則又は処分が憲法に適合するかしないかを決定する権限を有する終審裁判所である。

第82条（裁判の公開）

1　裁判の対審及び判決は、公開法廷でこれを行ふ。

2　裁判所が、裁判官の全員一致で、公の秩序又は善良の風俗を害する虞があると決した場合には、対審は、公開しないでこれを行ふことができる。但し、政治犯罪、出版に関する犯罪又はこの憲法第3章で保障する国民の権利が問題となつてゐる事件の対審は、常にこ

れを公開しなければならない。

第7章　財政

第83条（財政処理の基本原則）
　国の財政を処理する権限は、国会の議決に基いて、これを行使しなければならない。

第84条（租税法律主義）
　あらたに租税を課し、又は現行の租税を変更するには、法律又は法律の定める条件によることを必要とする。

第85条（国費の支出と国の債務負担行為）
　国費を支出し、又は国が債務を負担するには、国会の議決に基くことを必要とする。

第86条（予算の作成と国会の議決）
　内閣は、毎会計年度の予算を作成し、国会に提出して、その審議を受け議決を経なければならない。

第87条（予備費）
1　予見し難い予算の不足に充てるため、国会の議決に基いて予備費を設け、内閣の責任でこれを支出することができる。
2　すべて予備費の支出については、内閣は、事後に国会の承諾を得なければならない。

第88条（皇室財産・皇室費用）
　すべて皇室財産は、国に属する。すべて皇室の費用は、予算に計上して国会の議決を経なければならない。

第89条（公の財産の支出と利用の制限）
　公金その他の公の財産は、宗教上の組織若しくは団体の使用、便益若しくは維持のため、又は公の支配に属しない慈善、教育若しくは博愛の事業に対し、これを支出し、又はその利用に供してはならない。

第90条（決算審査、会計検査院）
1　国の収入支出の決算は、すべて毎年会計検査院がこれを検査し、内閣は、次の年度に、その検査報告とともに、これを国会に提出しなければならない。
2　会計検査院の組織及び権限は、法律でこれを定める。

第91条（財政状況の報告）
　内閣は、国会及び国民に対し、定期に、少くとも毎年1回、国の財政状況について報告しなければならない。

第8章　地方自治

第92条（地方自治の基本原則）
　地方公共団体の組織及び運営に関する事項は、地方自治の本旨に基いて、法律でこれを定める。

第93条（地方議会、長・議員等の直接選挙）
1　地方公共団体には、法律の定めるところにより、その議事機関として議会を設置する。
2　地方公共団体の長、その議会の議員及び法律の定めるその他の吏員は、その地方公共団体の住民が、直接これを選挙する。

第94条（地方公共団体の権能、条例制定権）
　地方公共団体は、その財産を管理し、事務を処理し、及び行政を執行する権能を有し、法律の範囲内で条例を制定することができる。

第95条（特別法の住民投票）
　一の地方公共団体のみに適用される特別法は、法律の定めるところにより、その地方公共団体の住民の投票においてその過半数の同意を得なければ、国会は、これを制定することができない。

第9章　改正

第96条（憲法改正の手続）
1　この憲法の改正は、各議院の総議員の3分の2以上の賛成で、国会が、これを発議し、国民に提案してその承認を経なければならない。この承認には、特別の国民投票又は国会の定める選挙の際行はれる投票において、その過半数の賛成を必要とする。
2　憲法改正について前項の承認を経たときは、天皇は、国民の名で、この憲法と一体を成すものとして、直ちにこれを公布する。

第10章　最高法規

第97条（基本的人権の本質）
　この憲法が日本国民に保障する基本的人権は、人類の多年にわたる自由獲得の努力の成果であつて、これらの権利は、過去幾多の試錬に堪へ、現在及び将来の国民に対し、侵すことのできない永久の権利として信託されたものである。

第98条（憲法の最高法規性、条約と国際法規の遵守）
1　この憲法は、国の最高法規であつて、その条規に反する法律、命令、詔勅及び国務に関するその他の行為の全部又は一部は、その効力を有しない。
2　日本国が締結した条約及び確立された国際法規は、これを誠実に遵守することを必要とする。

第99条（憲法尊重遵守義務）
　天皇又は摂政及び国務大臣、国会議員、裁判官その他の公務員は、この憲法を尊重し擁護する義務を負ふ。

日本国憲法

第11章　補則

第100条（施行期日）

1　この憲法は、公布の日から起算して6箇月を経過した日から、これを施行する。

2　この憲法を施行するために必要な法律の制定、参議院議員の選挙及び国会召集の手続並びにこの憲法を施行するために必要な準備手続は、前項の期日よりも前に、これを行ふことができる。

第101条（国会に関する経過規定）

この憲法施行の際、参議院がまだ成立してゐないときは、その成立するまでの間、衆議院は、国会としての権限を行ふ。

第102条（第1期の参議院議員の任期）

この憲法による第1期の参議院議員のうち、その半数の者の任期は、これを3年とする。その議員は、法律の定めるところにより、これを定める。

第103条（公務員に関する経過規定）

この憲法施行の際現に在職する国務大臣、衆議院議員及び裁判官並びにその他の公務員で、その地位に相応する地位がこの憲法で認められてゐる者は、法律で特別の定をした場合を除いては、この憲法施行のため、当然にはその地位を失ふことはない。但し、この憲法によつて、後任者が選挙又は任命されたときは、当然その地位を失ふ。

民　法（抄）

（最終改正：令和3年5月19日）

第1編　総則（抄）

第1章　通則

第1条（基本原則）

1　私権は、公共の福祉に適合しなければならない。

2　権利の行使及び義務の履行は、信義に従い誠実に行わなければならない。

3　権利の濫用は、これを許さない。

第2条（解釈の基準）

この法律は、個人の尊厳と両性の本質的平等を旨として、解釈しなければならない。

第2章　人（抄）

【第1節　権利能力】

第3条

1　私権の享有は、出生に始まる。

2　外国人は、法令又は条約の規定により禁止される場合を除き、私権を享有する。

【第2節　意思能力】

第3条の2

法律行為の当事者が意思表示をした時に意思能力を有しなかったときは、その法律行為は、無効とする。

【第3節　行為能力】

第4条（成年）

年齢18歳をもって、成年とする。

第5条（未成年者の法律行為）

1　未成年者が法律行為をするには、その法定代理人の同意を得なければならない。ただし、単に権利を得、又は義務を免れる法律行為については、この限りでない。

2　前項の規定に反する法律行為は、取り消すことができる。

3　第1項の規定にかかわらず、法定代理人が目的を定めて処分を許した財産は、その目的の範囲内において、未成年者が自由に処分することができる。目的を定めないで処分を許した財産を処分するときも、同様とする。

第6条（未成年者の営業の許可）

1　一種又は数種の営業を許された未成年者は、その営業に関しては、成年者と同一の行為能力を有する。

2　前項の場合において、未成年者がその営業に堪えることができない事由があるときは、その法定代理人は、第4編（親族）の規定に従い、その許可を取り消し、又はこれを制限することができる。

第7条（後見開始の審判）

精神上の障害により事理を弁識する能力を欠く常況にある者については、家庭裁判所は、本人、配偶者、四親等内の親族、未成年後見人、未成年後見監督人、保佐人、保佐監督人、補助人、補助監督人又は検察官の請求により、後見開始の審判をすることができる。

第8条（成年被後見人及び成年後見人）

後見開始の審判を受けた者は、成年被後見人とし、これに成年後見人を付する。

第9条（成年被後見人の法律行為）

成年被後見人の法律行為は、取り消すことができる。ただし、日用品の購入その他日常生活に関する行為については、この限りでない。

第10条（後見開始の審判の取消し）

第7条に規定する原因が消滅したときは、家庭裁判所は、本人、配偶者、四親等内の親族、後見人（未成年後見人及び成年後見人をいう。以下同じ。）、後見監督人（未成年後見監督人及び成年後見監督人をいう。以下同じ。）又は検察官の請求により、後見開始の審判を取り消さなければならない。

第11条（保佐開始の審判）

精神上の障害により事理を弁識する能力が著しく不十分である者については、家庭裁判所は、本人、配偶者、四親等内の親族、後見人、後見監督人、補助人、補助監督人又は検察官の請求により、保佐開始の審判をすることができる。ただし、第7条に規定する原因がある者については、この限りでない。

第12条（被保佐人及び保佐人）

保佐開始の審判を受けた者は、被保佐人とし、これに保佐人を付する。

第13条（保佐人の同意を要する行為等）

1　被保佐人が次に掲げる行為をするには、その保佐人の同意を得なければならない。ただし、第9条ただし書に規定する行為については、この限りでない。

①　元本を領収し、又は利用すること。

②　借財又は保証をすること。

③　不動産その他重要な財産に関する権利の得喪を目的とする行為をすること。

④　訴訟行為をすること。

⑤　贈与、和解又は仲裁合意（仲裁法第2条第1項に規定する仲裁合意をいう。）をすること。

⑥　相続の承認若しくは放棄又は遺産の分割をすること。

⑦　贈与の申込みを拒絶し、遺贈を放棄し、負担付贈与の申込みを承諾し、又は負担付遺贈を承認すること。

⑧　新築、改築、増築又は大修繕をすること。

⑨　第602条に定める期間を超える賃貸借をすること。

⑩　前各号に掲げる行為を制限行為能力者（未成年者、成年被後見人、被保佐人及び第17条第1項の審判を受けた被補助人をいう。以下同じ。）の法定代理人としてすること。

2　家庭裁判所は、第11条本文に規定する者又は保佐人若しくは保佐監督人の請求により、被保佐人が前項各号に掲げる行為以外の行為をする場合であってもその保佐人の同意を得なければならない旨の審判をすることができる。ただし、第9条ただし書に規定する行為については、この限りでない。

3　保佐人の同意を得なければならない行為について、保佐人が被保佐人の利益を害するおそれがないにもかかわらず同意をしないときは、家庭裁判所は、被保佐人の請求により、保佐人の同意に代わる許可を与えることができる。

4　保佐人の同意を得なければならない行為であって、その同意又はこれに代わる許可を得ないでしたものは、取り消すことができる。

第14条（保佐開始の審判等の取消し）

1　第11条本文に規定する原因が消滅したときは、家庭裁判所は、本人、配偶者、四親等内の親族、未成年後見人、未成年後見監督人、保佐人、保佐監督人又は検察官の請求により、保佐開始の審判を取り消さなければならない。

2　家庭裁判所は、前項に規定する者の請求により、前条第2項の審判の全部又は一部を取り消すことができる。

第15条（補助開始の審判）

1　精神上の障害により事理を弁識する能力が不十分である者については、家庭裁判所は、本人、配偶者、四親等内の親族、後見人、後見監督人、保佐人、保佐監督人又は検察官の請求により、補助開始の審判をすることができる。ただし、第7条又は第11条本文に規定する原因がある者については、この限りでな

い。

2　本人以外の者の請求により補助開始の審判をするには、本人の同意がなければならない。

3　補助開始の審判は、第17条第1項の審判又は第876条の9第1項の審判とともにしなければならない。

第16条（被補助人及び補助人）

補助開始の審判を受けた者は、被補助人とし、これに補助人を付する。

第17条（補助人の同意を要する旨の審判等）

1　家庭裁判所は、第15条第1項本文に規定する者又は補助人若しくは補助監督人の請求により、被補助人が特定の法律行為をするにはその補助人の同意を得なければならない旨の審判をすることができる。ただし、その審判によりその同意を得なければならないものとすることができる行為は、第13条第1項に規定する行為の一部に限る。

2　本人以外の者の請求により前項の審判をするには、本人の同意がなければならない。

3　補助人の同意を得なければならない行為について、補助人が被補助人の利益を害するおそれがないにもかかわらず同意をしないときは、家庭裁判所は、被補助人の請求により、補助人の同意に代わる許可を与えることができる。

4　補助人の同意を得なければならない行為であって、その同意又はこれに代わる許可を得ないでしたものは、取り消すことができる。

第18条（補助開始の審判等の取消し）

1　第15条第1項本文に規定する原因が消滅したときは、家庭裁判所は、本人、配偶者、四親等内の親族、未成年後見人、未成年後見監督人、補助人、補助監督人又は検察官の請求により、補助開始の審判を取り消さなければならない。

2　家庭裁判所は、前項に規定する者の請求により、前条第1項の審判の全部又は一部を取り消すことができる。

3　前条第1項の審判及び第876条の9第1項の審判をすべて取り消す場合には、家庭裁判所は、補助開始の審判を取り消さなければならない。

第19条（審判相互の関係）

1　後見開始の審判をする場合において、本人が被保佐人又は被補助人であるときは、家庭裁判所は、その本人に係る保佐開始又は補助開始の審判を取り消さなければならない。

2　前項の規定は、保佐開始の審判をする場合

において本人が成年被後見人若しくは被補助人であるとき、又は補助開始の審判をする場合において本人が成年被後見人若しくは被保佐人であるときについて準用する。

第20条（制限行為能力者の相手方の催告権）

1　制限行為能力者の相手方は、その制限行為能力者が行為能力者（行為能力の制限を受けない者をいう。以下同じ。）となった後、その者に対し、1箇月以上の期間を定めて、その期間内にその取り消すことができる行為を追認するかどうかを確答すべき旨の催告をすることができる。この場合において、その者がその期間内に確答を発しないときは、その行為を追認したものとみなす。

2　制限行為能力者の相手方が、制限行為能力者が行為能力者とならない間に、その法定代理人、保佐人又は補助人に対し、その権限内の行為について前項に規定する催告をした場合において、これらの者が同項の期間内に確答を発しないときも、同項後段と同様とする。

3　特別の方式を要する行為については、前二項の期間内にその方式を具備した旨の通知を発しないときは、その行為を取り消したものとみなす。

4　制限行為能力者の相手方は、被保佐人又は第17条第1項の審判を受けた被補助人に対しては、第1項の期間内にその保佐人又は補助人の追認を得るべき旨の催告をすることができる。この場合において、その被保佐人又は被補助人がその期間内にその追認を得た旨の通知を発しないときは、その行為を取り消したものとみなす。

第21条（制限行為能力者の詐術）

制限行為能力者が行為能力者であることを信じさせるため詐術を用いたときは、その行為を取り消すことができない。

【第4節　住所】（略）

【第5節　不在者の財産の管理及び失踪の宣告】（抄）

第25条～第29条（略）

第30条（失踪の宣告）

1　不在者の生死が7年間明らかでないときは、家庭裁判所は、利害関係人の請求により、失踪の宣告をすることができる。

2　戦地に臨んだ者、沈没した船舶の中に在った者その他死亡の原因となるべき危難に遭遇した者の生死が、それぞれ、戦争が止んだ後、船舶が沈没した後又はその他の危難が去った後1年間明らかでないときも、前項と同様とする。

する。

第31条（失踪の宣告の効力）

前条第1項の規定により失踪の宣告を受けた者は同項の期間が満了した時に、同条第2項の規定により失踪の宣告を受けた者はその危難が去った時に、死亡したものとみなす。

第32条（失踪の宣告の取消し）

1　失踪者が生存すること又は前条に規定する時と異なる時に死亡したことの証明があったときは、家庭裁判所は、本人又は利害関係人の請求により、失踪の宣告を取り消さなければならない。この場合において、その取消しは、失踪の宣告後その取消し前に善意でした行為の効力に影響を及ぼさない。

2　失踪の宣告によって財産を得た者は、その取消しによって権利を失う。ただし、現に利益を受けている限度においてのみ、その財産を返還する義務を負う。

【第6節　同時死亡の推定】

第32条の2

数人の者が死亡した場合において、そのうちの1人が他の者の死亡後になお生存していたことが明らかでないときは、これらの者は、同時に死亡したものと推定する。

第3章　法人（略）

第4章　物

第85条（定義）

この法律において「物」とは、有体物をいう。

第86条（不動産及び動産）

1　土地及びその定着物は、不動産とする。

2　不動産以外の物は、すべて動産とする。

第87条（主物及び従物）

1　物の所有者が、その物の常用に供するため、自己の所有に属する他の物をこれに附属させたときは、その附属させた物を従物とする。

2　従物は、主物の処分に従う。

第88条（天然果実及び法定果実）

1　物の用法に従い収取する産出物を天然果実とする。

2　物の使用の対価として受けるべき金銭その他の物を法定果実とする。

第89条（果実の帰属）

1　天然果実は、その元物から分離する時に、これを収取する権利を有する者に帰属する。

2　法定果実は、これを収取する権利の存続期間に応じて、日割計算によりこれを取得する。

民法

11

第5章　法律行為

【第1節　総則】

第90条（公序良俗）

公の秩序又は善良の風俗に反する法律行為は、無効とする。

第91条（任意規定と異なる意思表示）

法律行為の当事者が法令中の公の秩序に関しない規定と異なる意思を表示したときは、その意思に従う。

第92条（任意規定と異なる慣習）

法令中の公の秩序に関しない規定と異なる慣習がある場合において、法律行為の当事者がその慣習による意思を有しているものと認められるときは、その慣習に従う。

【第2節　意思表示】

第93条（心裡留保）

1　意思表示は、表意者がその真意ではないことを知ってしたときであっても、そのためにその効力を妨げられない。ただし、相手方がその意思表示が表意者の真意ではないことを知り、又は知ることができたときは、その意思表示は、無効とする。

2　前項ただし書の規定による意思表示の無効は、善意の第三者に対抗することができない。

第94条（虚偽表示）

1　相手方と通じてした虚偽の意思表示は、無効とする。

2　前項の規定による意思表示の無効は、善意の第三者に対抗することができない。

第95条（錯誤）

1　意思表示は、次に掲げる錯誤に基づくものであって、その錯誤が法律行為の目的及び取引上の社会通念に照らして重要なものであるときは、取り消すことができる。

①　意思表示に対応する意思を欠く錯誤

②　表意者が法律行為の基礎とした事情についてのその認識が真実に反する錯誤

2　前項第2号の規定による意思表示の取消しは、その事情が法律行為の基礎とされていることが表示されていたときに限り、することができる。

3　錯誤が表意者の重大な過失によるものであった場合には、次に掲げる場合を除き、第1項の規定による意思表示の取消しをすることができない。

①　相手方が表意者に錯誤があることを知り、又は重大な過失によって知らなかったとき。

②　相手方が表意者と同一の錯誤に陥っていたとき。

4　第1項の規定による意思表示の取消しは、善意でかつ過失がない第三者に対抗することができない。

第96条（詐欺又は強迫）

1　詐欺又は強迫による意思表示は、取り消すことができる。

2　相手方に対する意思表示について第三者が詐欺を行った場合においては、相手方がその事実を知り、又は知ることができたときに限り、その意思表示を取り消すことができる。

3　前二項の規定による詐欺による意思表示の取消しは、善意でかつ過失がない第三者に対抗することができない。

第97条（意思表示の効力発生時期等）

1　意思表示は、その通知が相手方に到達した時からその効力を生ずる。

2　相手方が正当な理由なく意思表示の通知が到達することを妨げたときは、その通知は、通常到達すべきであった時に到達したものとみなす。

3　意思表示は、表意者が通知を発した後に死亡し、意思能力を喪失し、又は行為能力の制限を受けたときであっても、そのためにその効力を妨げられない。

第98条（公示による意思表示）

1　意思表示は、表意者が相手方を知ることができず、又はその所在を知ることができないときは、公示の方法によってすることができる。

2　前項の公示は、公示送達に関する民事訴訟法の規定に従い、裁判所の掲示場に掲示し、かつ、その掲示があったことを官報に少なくとも1回掲載して行う。ただし、裁判所は、相当と認めるときは、官報への掲載に代えて、市役所、区役所、町村役場又はこれらに準ずる施設の掲示場に掲示すべきことを命ずることができる。

3　公示による意思表示は、最後に官報に掲載した日又はその掲載に代わる掲示を始めた日から2週間を経過した時に、相手方に到達したものとみなす。ただし、表意者が相手方を知らないこと又はその所在を知らないことについて過失があったときは、到達の効力を生じない。

4　公示に関する手続は、相手方を知ることができない場合には表意者の住所地の、相手方の所在を知ることができない場合には相手方の最後の住所地の簡易裁判所の管轄に属する。

5 裁判所は、表意者に、公示に関する費用を予納させなければならない。

第98条の2（意思表示の受領能力）

意思表示の相手方がその意思表示を受けた時に意思能力を有しなかったとき又は未成年者若しくは成年被後見人であったときは、その意思表示をもってその相手方に対抗することができない。ただし、次に掲げる者がその意思表示を知った後は、この限りでない。

① 相手方の法定代理人

② 意思能力を回復し、又は行為能力者となった相手方

【第3節　代理】

第99条（代理行為の要件及び効果）

1 代理人がその権限内において本人のためにすることを示してした意思表示は、本人に対して直接にその効力を生ずる。

2 前項の規定は、第三者が代理人に対してした意思表示について準用する。

第100条（本人のためにすることを示さない意思表示）

代理人が本人のためにすることを示さないでした意思表示は、自己のためにしたものとみなす。ただし、相手方が、代理人が本人のためにすることを知り、又は知ることができたときは、前条第1項の規定を準用する。

第101条（代理行為の瑕疵）

1 代理人が相手方に対してした意思表示の効力が意思の不存在、錯誤、詐欺、強迫又はある事情を知っていたこと若しくは知らなかったことにつき過失があったことによって影響を受けるべき場合には、その事実の有無は、**代理人**について決するものとする。

2 相手方が代理人に対してした意思表示の効力が意思表示を受けた者がある事情を知っていたこと又は知らなかったことにつき過失があったことによって影響を受けるべき場合には、その事実の有無は、**代理人**について決するものとする。

3 特定の法律行為をすることを委託された代理人がその行為をしたときは、本人は、自ら知っていた事情について代理人が知らなかったことを主張することができない。本人が過失によって知らなかった事情についても、同様とする。

第102条（代理人の行為能力）

制限行為能力者が代理人としてした行為は、行為能力の制限によっては**取り消すことができない**。ただし、制限行為能力者が他の制限行為能力者の法定代理人としてした行為については、この限りでない。

第103条（権限の定めのない代理人の権限）

権限の定めのない代理人は、次に掲げる行為のみをする権限を有する。

① 保存行為

② 代理の目的である物又は権利の性質を変えない範囲内において、その利用又は改良を目的とする行為

第104条（任意代理人による復代理人の選任）

委任による代理人は、**本人の許諾**を得たとき、又は**やむを得ない事由**があるときでなければ、復代理人を選任することができない。

第105条（法定代理人による復代理人の選任）

法定代理人は、自己の責任で復代理人を選任することができる。この場合において、やむを得ない事由があるときは、本人に対してその選任及び監督についての責任のみを負う。

第106条（復代理人の権限等）

1 復代理人は、その権限内の行為について、本人を代表する。

2 復代理人は、本人及び第三者に対して、その権限の範囲内において、代理人と同一の権利を有し、義務を負う。

第107条（代理権の濫用）

代理人が自己又は第三者の利益を図る目的で代理権の範囲内の行為をした場合において、相手方がその目的を**知り、又は知ることができたとき**は、その行為は、代理権を有しない者がした行為とみなす。

第108条（自己契約及び双方代理等）

1 同一の法律行為について、相手方の代理人として、又は当事者双方の代理人としてした行為は、**代理権を有しない者がした行為とみなす**。ただし、債務の履行及び本人があらかじめ許諾した行為については、この限りでない。

2 前項本文に規定するもののほか、代理人と本人との利益が相反する行為については、**代理権を有しない者がした行為とみなす**。ただし、本人があらかじめ許諾した行為については、この限りでない。

第109条（代理権授与の表示による表見代理等）

1 第三者に対して他人に代理権を与えた旨を表示した者は、その代理権の範囲内においてその他人が第三者との間でした行為について、その責任を負う。ただし、第三者が、その他人が代理権を与えられていないことを**知り、又は過失によって知らなかったとき**は、この

民法

13

限りでない。

2 第三者に対して他人に代理権を与えた旨を表示した者は、その代理権の範囲内においてその他人が第三者との間で行為をしたとすれば前項の規定によりその責任を負うべき場合において、その他人が第三者との間でその代理権の範囲外の行為をしたときは、第三者がその行為についてその他人の代理権があると信ずべき正当な理由があるときに限り、その行為についての責任を負う。

第110条（権限外の行為の表見代理）

前条第1項本文の規定は、代理人がその権限外の行為をした場合において、第三者が代理人の権限があると信ずべき**正当な理由があるとき**について準用する。

第111条（代理権の消滅事由）

1 代理権は、次に掲げる事由によって消滅する。
  ① 本人の死亡
  ② 代理人の死亡又は代理人が破産手続開始の決定若しくは後見開始の審判を受けたこと。

2 委任による代理権は、前項各号に掲げる事由のほか、委任の終了によって消滅する。

第112条（代理権消滅後の表見代理等）

1 他人に代理権を与えた者は、代理権の消滅後にその代理権の範囲内においてその他人が第三者との間でした行為について、代理権の消滅の事実を知らなかった第三者に対してその責任を負う。ただし、**第三者が過失によってその事実を知らなかったとき**は、この限りでない。

2 他人に代理権を与えた者は、代理権の消滅後に、その代理権の範囲内においてその他人が第三者との間で行為をしたとすれば前項の規定によりその責任を負うべき場合において、その他人が第三者との間でその代理権の範囲外の行為をしたときは、第三者がその行為についてその他人の代理権があると信ずべき正当な理由があるときに限り、その行為についての責任を負う。

第113条（無権代理）

1 代理権を有しない者が他人の代理人としてした契約は、本人がその追認をしなければ、本人に対してその効力を生じない。

2 追認又はその拒絶は、相手方に対してしなければ、その相手方に対抗することができない。ただし、相手方がその事実を知ったときは、この限りでない。

第114条（無権代理の相手方の催告権）

前条の場合において、相手方は、本人に対し、相当の期間を定めて、その期間内に追認をするかどうかを確答すべき旨の催告をすることができる。この場合において、本人がその期間内に確答をしないときは、**追認を拒絶したものとみなす。**

第115条（無権代理の相手方の取消権）

代理権を有しない者がした契約は、**本人が追認をしない間は、**相手方が取り消すことができる。ただし、契約の時において代理権を有しないことを相手方が**知っていたとき**は、この限りでない。

第116条（無権代理行為の追認）

追認は、別段の意思表示がないときは、契約の時にさかのぼってその効力を生ずる。ただし、第三者の権利を害することはできない。

第117条（無権代理人の責任）

1 他人の代理人として契約をした者は、自己の代理権を証明したとき、又は本人の追認を得たときを除き、相手方の選択に従い、相手方に対して**履行又は損害賠償の責任**を負う。

2 前項の規定は、次に掲げる場合には、適用しない。
  ① 他人の代理人として契約をした者が代理権を有しないことを相手方が**知っていたとき。**
  ② 他人の代理人として契約をした者が代理権を有しないことを相手方が**過失によって知らなかったとき。**ただし、他人の代理人として契約をした者が自己に代理権がないことを知っていたときは、この限りでない。
  ③ 他人の代理人として契約をした者が**行為能力の制限を受けていたとき。**

第118条（単独行為の無権代理）

単独行為については、その行為の時において、相手方が、代理人と称する者が代理権を有しないで行為をすることに同意し、又はその代理権を争わなかったときに限り、第113条から前条までの規定を準用する。代理権を有しない者に対しその同意を得て単独行為をしたときも、同様とする。

【第4節 無効及び取消し】

第119条（無効な行為の追認）

無効な行為は、追認によっても、その効力を生じない。ただし、当事者がその行為の無効であることを知って追認をしたときは、新たな行為をしたものとみなす。

第120条（取消権者）

1 行為能力の制限によって取り消すことができる行為は、制限行為能力者（他の制限行為能力者の法定代理人としてした行為にあっては、当該他の制限行為能力者を含む。）又はその代理人、承継人若しくは同意をすることができる者に限り、取り消すことができる。

2 錯誤、詐欺又は強迫によって取り消すことができる行為は、瑕疵ある意思表示をした者又はその代理人若しくは承継人に限り、取り消すことができる。

第121条（取消しの効果）

取り消された行為は、初めから無効であったものとみなす。

第121条の2（原状回復の義務）

1 無効な行為に基づく債務の履行として給付を受けた者は、相手方を原状に復させる義務を負う。

2 前項の規定にかかわらず、無効な無償行為に基づく債務の履行として給付を受けた者は、給付を受けた当時その行為が無効であること（給付を受けた後に前条の規定により初めから無効であったものとみなされた行為にあっては、給付を受けた当時その行為が取り消すことができるものであること）を知らなかったときは、その行為によって現に利益を受けている限度において、返還の義務を負う。

3 第1項の規定にかかわらず、行為の時に意思能力を有しなかった者は、その行為によって現に利益を受けている限度において、返還の義務を負う。行為の時に制限行為能力者であった者についても、同様とする。

第122条（取り消すことができる行為の追認）

取り消すことができる行為は、第120条に規定する者が追認したときは、以後、取り消すことができない。

第123条（取消し及び追認の方法）

取り消すことができる行為の相手方が確定している場合には、その取消し又は追認は、相手方に対する意思表示によってする。

第124条（追認の要件）

1 取り消すことができる行為の追認は、取消しの原因となっていた状況が消滅し、かつ、取消権を有することを知った後にしなければ、その効力を生じない。

2 次に掲げる場合には、前項の追認は、取消しの原因となっていた状況が消滅した後にすることを要しない。

① 法定代理人又は制限行為能力者の保佐人若しくは補助人が追認をするとき。

② 制限行為能力者（成年被後見人を除く。）が法定代理人、保佐人又は補助人の同意を得て追認をするとき。

第125条（法定追認）

追認をすることができる時以後に、取り消すことができる行為について次に掲げる事実があったときは、追認をしたものとみなす。ただし、異議をとどめたときは、この限りでない。

① 全部又は一部の履行

② 履行の請求

③ 更改

④ 担保の供与

⑤ 取り消すことができる行為によって取得した権利の全部又は一部の譲渡

⑥ 強制執行

第126条（取消権の期間の制限）

取消権は、追認をすることができる時から5年間行使しないときは、時効によって消滅する。行為の時から20年を経過したときも、同様とする。

【第5節　条件及び期限】

第127条（条件が成就した場合の効果）

1 停止条件付法律行為は、停止条件が成就した時からその効力を生ずる。

2 解除条件付法律行為は、解除条件が成就した時からその効力を失う。

3 当事者が条件が成就した場合の効果をその成就した時以前にさかのぼらせる意思を表示したときは、その意思に従う。

第128条（条件の成否未定の間における相手方の利益の侵害の禁止）

条件付法律行為の各当事者は、条件の成否が未定である間は、条件が成就した場合にその法律行為から生ずべき相手方の利益を害することができない。

第129条（条件の成否未定の間における権利の処分等）

条件の成否が未定である間における当事者の権利義務は、一般の規定に従い、処分し、相続し、若しくは保存し、又はそのために担保を供することができる。

第130条（条件の成就の妨害等）

1 条件が成就することによって不利益を受ける当事者が故意にその条件の成就を妨げたときは、相手方は、その条件が成就したものとみなすことができる。

2 条件が成就することによって利益を受ける当事者が不正にその条件を成就させたときは、

相手方は、その条件が成就しなかったものとみなすことができる。

第131条（既成条件）

1 条件が法律行為の時に既に成就していた場合において、その条件が停止条件であるときはその法律行為は無条件とし、その条件が解除条件であるときはその法律行為は無効とする。

2 条件が成就しないことが法律行為の時に既に確定していた場合において、その条件が停止条件であるときはその法律行為は無効とし、その条件が解除条件であるときはその法律行為は無条件とする。

3 前二項に規定する場合において、当事者が条件が成就したこと又は成就しなかったことを知らない間は、第128条及び第129条の規定を準用する。

第132条（不法条件）

不法な条件を付した法律行為は、無効とする。不法な行為をしないことを条件とするものも、同様とする。

第133条（不能条件）

1 不能の停止条件を付した法律行為は、無効とする。

2 不能の解除条件を付した法律行為は、無条件とする。

第134条（随意条件）

停止条件付法律行為は、その条件が単に債務者の意思のみに係るときは、無効とする。

第135条（期限の到来の効果）

1 法律行為に始期を付したときは、その法律行為の履行は、期限が到来するまで、これを請求することができない。

2 法律行為に終期を付したときは、その法律行為の効力は、期限が到来した時に消滅する。

第136条（期限の利益及びその放棄）

1 期限は、債務者の利益のために定めたものと推定する。

2 期限の利益は、放棄することができる。ただし、これによって相手方の利益を害することはできない。

第137条（期限の利益の喪失）

次に掲げる場合には、債務者は、期限の利益を主張することができない。

① 債務者が破産手続開始の決定を受けたとき。

② 債務者が担保を滅失させ、損傷させ、又は減少させたとき。

③ 債務者が担保を供する義務を負う場合に

おいて、これを供しないとき。

第6章 期間の計算（略）

第7章 時効

【第1節 総則】

第144条（時効の効力）

時効の効力は、その起算日にさかのぼる。

第145条（時効の援用）

時効は、当事者（消滅時効にあっては、保証人、物上保証人、第三取得者その他権利の消滅について正当な利益を有する者を含む。）が援用しなければ、裁判所がこれによって裁判をすることができない。

第146条（時効の利益の放棄）

時効の利益は、あらかじめ放棄することができない。

第147条（裁判上の請求等による時効の完成猶予及び更新）

1 次に掲げる事由がある場合には、その事由が終了する（確定判決又は確定判決と同一の効力を有するものによって権利が確定することなくその事由が終了した場合にあっては、その終了の時から6箇月を経過する）までの間は、時効は、完成しない。

① 裁判上の請求

② 支払督促

③ 民事訴訟法第275条第1項の和解又は民事調停法若しくは家事事件手続法による調停

④ 破産手続参加、再生手続参加又は更生手続参加

2 前項の場合において、確定判決又は確定判決と同一の効力を有するものによって権利が確定したときは、時効は、同項各号に掲げる事由が終了した時から新たにその進行を始める。

第148条（強制執行等による時効の完成猶予及び更新）

1 次に掲げる事由がある場合には、その事由が終了する（申立ての取下げ又は法律の規定に従わないことによる取消しによってその事由が終了した場合にあっては、その終了の時から6箇月を経過する）までの間は、時効は、完成しない。

① 強制執行

② 担保権の実行

③ 民事執行法第195条に規定する担保権の実行としての競売の例による競売

④ 民事執行法第196条に規定する財産開示手続又は同法第204条に規定する第三者からの情報取得手続

2 前項の場合には、時効は、同項各号に掲げる事由が終了した時から新たにその進行を始める。ただし、申立ての取下げ又は法律の規定に従わないことによる取消しによってその事由が終了した場合は、この限りでない。

第149条（仮差押え等による時効の完成猶予）

次に掲げる事由がある場合には、その事由が終了した時から6箇月を経過するまでの間は、時効は、完成しない。
① 仮差押え
② 仮処分

第150条（催告による時効の完成猶予）

1 催告があったときは、その時から6箇月を経過するまでの間は、時効は、完成しない。

2 催告によって時効の完成が猶予されている間にされた再度の催告は、前項の規定による時効の完成猶予の効力を有しない。

第151条（協議を行う旨の合意による時効の完成猶予）

1 権利についての協議を行う旨の合意が書面でされたときは、次に掲げる時のいずれか早い時までの間は、時効は、完成しない。
① その合意があった時から1年を経過した時
② その合意において当事者が協議を行う期間（1年に満たないものに限る。）を定めたときは、その期間を経過した時
③ 当事者の一方から相手方に対して協議の続行を拒絶する旨の通知が書面でされたときは、その通知の時から6箇月を経過した時

2 前項の規定により時効の完成が猶予されている間にされた再度の同項の合意は、同項の規定による時効の完成猶予の効力を有する。ただし、その効力は、時効の完成が猶予されなかったとすれば時効が完成すべき時から通じて5年を超えることができない。

3 催告によって時効の完成が猶予されている間にされた第1項の合意は、同項の規定による時効の完成猶予の効力を有しない。同項の規定により時効の完成が猶予されている間にされた催告についても、同様とする。

4 第1項の合意がその内容を記録した電磁的記録（電子的方式、磁気的方式その他人の知覚によっては認識することができない方式で作られる記録であって、電子計算機による情報処理の用に供されるものをいう。以下同じ。）によってされたときは、その合意は、書面によってされたものとみなして、前三項の規定を適用する。

5 前項の規定は、第1項第3号の通知について準用する。

第152条（承認による時効の更新）

1 時効は、権利の承認があったときは、その時から新たにその進行を始める。

2 前項の承認をするには、相手方の権利についての処分につき行為能力の制限を受けていないこと又は権限があることを要しない。

第153条（時効の完成猶予又は更新の効力が及ぶ者の範囲）

1 第147条又は第148条の規定による時効の完成猶予又は更新は、完成猶予又は更新の事由が生じた当事者及びその承継人の間においてのみ、その効力を有する。

2 第149条から第151条までの規定による時効の完成猶予は、完成猶予の事由が生じた当事者及びその承継人の間においてのみ、その効力を有する。

3 前条の規定による時効の更新は、更新の事由が生じた当事者及びその承継人の間においてのみ、その効力を有する。

第154条

第148条第1項各号又は第149条各号に掲げる事由に係る手続は、時効の利益を受ける者に対してしないときは、その者に通知をした後でなければ、第148条又は第149条の規定による時効の完成猶予又は更新の効力を生じない。

第155条から第157条まで　削除

第158条（未成年者又は成年被後見人と時効の完成猶予）

1 時効の期間の満了前6箇月以内の間に未成年者又は成年被後見人に法定代理人がないときは、その未成年者若しくは成年被後見人が行為能力者となった時又は法定代理人が就職した時から6箇月を経過するまでの間は、その未成年者又は成年被後見人に対して、時効は、完成しない。

2 未成年者又は成年被後見人がその財産を管理する父、母又は後見人に対して権利を有するときは、その未成年者若しくは成年被後見人が行為能力者となった時又は後任の法定代理人が就職した時から6箇月を経過するまでの間は、その権利について、時効は、完成しない。

第159条（夫婦間の権利の時効の完成猶予）

夫婦の一方が他の一方に対して有する権利については、婚姻の解消の時から6箇月を経過するまでの間は、時効は、完成しない。

第160条（相続財産に関する時効の完成猶予）

相続財産に関しては、相続人が確定した時、管理人が選任された時又は破産手続開始の決定があった時から6箇月を経過するまでの間は、時効は、完成しない。

第161条（天災等による時効の完成猶予）

時効の期間の満了の時に当たり、天災その他避けることのできない事変のため第147条第1項各号又は第148条第1項各号に掲げる事由に係る手続を行うことができないときは、その障害が消滅した時から3箇月を経過するまでの間は、時効は、完成しない。

【第2節　取得時効】

第162条（所有権の取得時効）

1　20年間、所有の意思をもって、平穏に、かつ、公然と他人の物を占有した者は、その所有権を取得する。

2　10年間、所有の意思をもって、平穏に、かつ、公然と他人の物を占有した者は、その占有の開始の時に、善意であり、かつ、過失がなかったときは、その所有権を取得する。

第163条（所有権以外の財産権の取得時効）

所有権以外の財産権を、自己のためにする意思をもって、平穏に、かつ、公然と行使する者は、前条の区別に従い20年又は10年を経過した後、その権利を取得する。

第164条（占有の中止等による取得時効の中断）

第162条の規定による時効は、占有者が任意にその占有を中止し、又は他人によってその占有を奪われたときは、中断する。

第165条

前条の規定は、第163条の場合について準用する。

【第3節　消滅時効】

第166条（債権等の消滅時効）

1　債権は、次に掲げる場合には、時効によって消滅する。

①　債権者が権利を行使することができることを知った時から5年間行使しないとき。

②　権利を行使することができる時から10年間行使しないとき。

2　債権又は所有権以外の財産権は、権利を行使することができる時から20年間行使しないときは、時効によって消滅する。

3　前二項の規定は、始期付権利又は停止条件

付権利の目的物を占有する第三者のために、その占有の開始の時から取得時効が進行することを妨げない。ただし、権利者は、その時効を更新するため、いつでも占有者の承認を求めることができる。

第167条（人の生命又は身体の侵害による損害賠償請求権の消滅時効）

人の生命又は身体の侵害による損害賠償請求権の消滅時効についての前条第1項第2号の規定の適用については、同号中「10年間」とあるのは、「20年間」とする。

第168条（定期金債権の消滅時効）

1　定期金の債権は、次に掲げる場合には、時効によって消滅する。

①　債権者が定期金の債権から生ずる金銭その他の物の給付を目的とする各債権を行使することができることを知った時から10年間行使しないとき。

②　前号に規定する各債権を行使することができる時から20年間行使しないとき。

2　定期金の債権者は、時効の更新の証拠を得るため、いつでも、その債務者に対して承認書の交付を求めることができる。

第169条（判決で確定した権利の消滅時効）

1　確定判決又は確定判決と同一の効力を有するものによって確定した権利については、10年より短い時効期間の定めがあるものであっても、その時効期間は、10年とする。

2　前項の規定は、確定の時に弁済期の到来していない債権については、適用しない。

第170条から第174条まで　削除

第2編　物権（抄）

第1章　総則

第175条（物権の創設）

物権は、この法律その他の法律に定めるもののほか、創設することができない。

第176条（物権の設定及び移転）

物権の設定及び移転は、当事者の意思表示のみによって、その効力を生ずる。

第177条（不動産に関する物権の変動の対抗要件）

不動産に関する物権の得喪及び変更は、不動産登記法その他の登記に関する法律の定めるところに従いその登記をしなければ、第三者に対抗することができない。

第178条（動産に関する物権の譲渡の対抗要件）

動産に関する物権の譲渡は、その動産の引渡

しがなければ、第三者に対抗することができない。

第179条（混同）

1　同一物について所有権及び他の物権が同一人に帰属したときは、当該他の物権は、消滅する。ただし、その物又は当該他の物権が第三者の権利の目的であるときは、この限りでない。

2　所有権以外の物権及びこれを目的とする他の権利が同一人に帰属したときは、当該他の権利は、消滅する。この場合においては、前項ただし書の規定を準用する。

3　前二項の規定は、占有権については、適用しない。

第2章　占有権 （抄）

【第1節　占有権の取得】

第180条（占有権の取得）

占有権は、自己のためにする意思をもって物を所持することによって取得する。

第181条（代理占有）

占有権は、代理人によって取得することができる。

第182条（現実の引渡し及び簡易の引渡し）

1　占有権の譲渡は、占有物の引渡しによってする。

2　譲受人又はその代理人が現に占有物を所持する場合には、占有権の譲渡は、当事者の意思表示のみによってすることができる。

第183条（占有改定）

代理人が自己の占有物を以後本人のために占有する意思を表示したときは、本人は、これによって占有権を取得する。

第184条（指図による占有移転）

代理人によって占有をする場合において、本人がその代理人に対して以後第三者のためにその物を占有することを命じ、その第三者がこれを承諾したときは、その第三者は、占有権を取得する。

第185条（占有の性質の変更）

権原の性質上占有者に所有の意思がないものとされる場合には、その占有者が、自己に占有をさせた者に対して所有の意思があることを表示し、又は新たな権原により更に所有の意思をもって占有を始めるのでなければ、占有の性質は、変わらない。

第186条（占有の態様等に関する推定）

1　占有者は、所有の意思をもって、善意で、平穏に、かつ、公然と占有をするものと推定

する。

2　前後の両時点において占有をした証拠があるときは、占有は、その間継続したものと推定する。

第187条（占有の承継）

1　占有者の承継人は、その選択に従い、自己の占有のみを主張し、又は自己の占有に前の占有者の占有を併せて主張することができる。

2　前の占有者の占有を併せて主張する場合には、その瑕疵をも承継する。

【第2節　占有権の効力】

第188条（占有物について行使する権利の適法の推定）

占有者が占有物について行使する権利は、適法に有するものと推定する。

第189条（善意の占有者による果実の取得等）

1　善意の占有者は、占有物から生ずる果実を取得する。

2　善意の占有者が本権の訴えにおいて敗訴したときは、その訴えの提起の時から悪意の占有者とみなす。

第190条（悪意の占有者による果実の返還等）

1　悪意の占有者は、果実を返還し、かつ、既に消費し、過失によって損傷し、又は収取を怠った果実の代価を償還する義務を負う。

2　前項の規定は、暴行若しくは強迫又は隠匿によって占有をしている者について準用する。

第191条（占有者による損害賠償）

占有物が占有者の責めに帰すべき事由によって滅失し、又は損傷したときは、その回復者に対し、悪意の占有者はその損害の全部の賠償をする義務を負い、善意の占有者はその滅失又は損傷によって現に利益を受けている限度において賠償をする義務を負う。ただし、所有の意思のない占有者は、善意であるときであっても、全部の賠償をしなければならない。

第192条（即時取得）

取引行為によって、平穏に、かつ、公然と動産の占有を始めた者は、善意であり、かつ、過失がないときは、即時にその動産について行使する権利を取得する。

第193条（盗品又は遺失物の回復）

前条の場合において、占有物が盗品又は遺失物であるときは、被害者又は遺失者は、盗難又は遺失の時から2年間、占有者に対してその物の回復を請求することができる。

第194条

占有者が、盗品又は遺失物を、競売若しくは公の市場において、又はその物と同種の物を販

売する商人から、善意で買い受けたときは、被害者又は遺失者は、占有者が支払った代価を弁償しなければ、その物を回復することができない。

第195条（動物の占有による権利の取得）

家畜以外の動物で他人が飼育していたものを占有する者は、その占有の開始の時に善意であり、かつ、その動物が飼主の占有を離れた時から1箇月以内に飼主から回復の請求を受けなかったときは、その動物について行使する権利を取得する。

第196条（占有者による費用の償還請求）

1 占有者が占有物を返還する場合には、その物の保存のために支出した金額その他の必要費を回復者から償還させることができる。ただし、占有者が果実を取得したときは、通常の必要費は、占有者の負担に帰する。

2 占有者が占有物の改良のために支出した金額その他の有益費については、その価格の増加が現存する場合に限り、回復者の選択に従い、その支出した金額又は増価額を償還させることができる。ただし、悪意の占有者に対しては、裁判所は、回復者の請求により、その償還について相当の期限を許与することができる。

第197条（占有の訴え）

占有者は、次条から第202条までの規定に従い、占有の訴えを提起することができる。他人のために占有をする者も、同様とする。

第198条（占有保持の訴え）

占有者がその占有を妨害されたときは、占有保持の訴えにより、その妨害の停止及び損害の賠償を請求することができる。

第199条（占有保全の訴え）

占有者がその占有を妨害されるおそれがあるときは、占有保全の訴えにより、その妨害の予防又は損害賠償の担保を請求することができる。

第200条（占有回収の訴え）

1 占有者がその占有を奪われたときは、占有回収の訴えにより、その物の返還及び損害の賠償を請求することができる。

2 占有回収の訴えは、占有を侵奪した者の特定承継人に対して提起することができない。ただし、その承継人が侵奪の事実を知っていたときは、この限りでない。

第201条（占有の訴えの提起期間）

1 占有保持の訴えは、妨害の存する間又はその消滅した後1年以内に提起しなければならない。ただし、工事により占有物に損害を生

じた場合において、その工事に着手した時から1年を経過し、又はその工事が完成したときは、これを提起することができない。

2 占有保全の訴えは、妨害の危険の存する間は、提起することができる。この場合において、工事により占有物に損害を生ずるおそれがあるときは、前項ただし書の規定を準用する。

3 占有回収の訴えは、占有を奪われた時から1年以内に提起しなければならない。

第202条（本権の訴えとの関係）

1 占有の訴えは本権の訴えを妨げず、また、本権の訴えは占有の訴えを妨げない。

2 占有の訴えについては、本権に関する理由に基づいて裁判をすることができない。

【第3節　占有権の消滅】

第203条（占有権の消滅事由）

占有権は、占有者が占有の意思を放棄し、又は占有物の所持を失うことによって消滅する。ただし、占有者が占有回収の訴えを提起したときは、この限りでない。

第204条（代理占有権の消滅事由）

1 代理人によって占有をする場合には、占有権は、次に掲げる事由によって消滅する。

① 本人が代理人に占有をさせる意思を放棄したこと。

② 代理人が本人に対して以後自己又は第三者のために占有物を所持する意思を表示したこと。

③ 代理人が占有物の所持を失ったこと。

2 占有権は、代理権の消滅のみによっては、消滅しない。

【第4節　準占有】（略）

第3章　所有権（抄）

【第1節　所有権の限界】（抄）

**　第1款　所有権の内容及び範囲**

第206条（所有権の内容）

所有者は、法令の制限内において、自由にその所有物の使用、収益及び処分をする権利を有する。

第207条（土地所有権の範囲）

土地の所有権は、法令の制限内において、その土地の上下に及ぶ。

第208条　削除

**　第2款　相隣関係**（抄）

第209条（隣地の使用請求）

1 土地の所有者は、境界又はその付近において障壁又は建物を築造し又は修繕するため必

要な範囲内で、隣地の使用を請求することができる。ただし、隣人の承諾がなければ、その住家に立ち入ることはできない。

2　前項の場合において、隣人が損害を受けたときは、その償金を請求することができる。

第210条（公道に至るための他の土地の通行権）

1　他の土地に囲まれて公道に通じない土地の所有者は、公道に至るため、その土地を囲んでいる他の土地を通行することができる。

2　池沼、河川、水路若しくは海を通らなければ公道に至ることができないとき、又は崖があって土地と公道とに著しい高低差があるときも、前項と同様とする。

第211条

1　前条の場合には、通行の場所及び方法は、同条の規定による通行権を有する者のために必要であり、かつ、他の土地のために損害が最も少ないものを選ばなければならない。

2　前条の規定による通行権を有する者は、必要があるときは、通路を開設することができる。

第212条

第210条の規定による通行権を有する者は、その通行する他の土地の損害に対して償金を支払わなければならない。ただし、通路の開設のために生じた損害に対するものを除き、1年ごとにその償金を支払うことができる。

第213条

1　分割によって公道に通じない土地が生じたときは、その土地の所有者は、公道に至るため、他の分割者の所有地のみを通行することができる。この場合においては、償金を支払うことを要しない。

2　前項の規定は、土地の所有者がその土地の一部を譲り渡した場合について準用する。

第214条〜第221条（略）

第222条（堰の設置及び使用）

1　水流地の所有者は、堰を設ける必要がある場合には、対岸の土地が他人の所有に属するときであっても、その堰を対岸に付着させて設けることができる。ただし、これによって生じた損害に対して償金を支払わなければならない。

2　対岸の土地の所有者は、水流地の一部がその所有に属するときは、前項の堰を使用することができる。

3　前条第2項の規定は、前項の場合について準用する。

第223条（境界標の設置）

土地の所有者は、隣地の所有者と共同の費用で、境界標を設けることができる。

第224条（境界標の設置及び保存の費用）

境界標の設置及び保存の費用は、相隣者が等しい割合で負担する。ただし、測量の費用は、その土地の広狭に応じて分担する。

第225条〜第228条（略）

第229条（境界標等の共有の推定）

境界線上に設けた境界標、囲障、障壁、溝及び堀は、相隣者の共有に属するものと推定する。

第230条〜第232条（略）

第233条（竹木の枝の切除及び根の切取り）

1　隣地の竹木の枝が境界線を越えるときは、その竹木の所有者に、その枝を切除させることができる。

2　隣地の竹木の根が境界線を越えるときは、その根を切り取ることができる。

第234条（境界線付近の建築の制限）

1　建物を築造するには、境界線から50センチメートル以上の距離を保たなければならない。

2　前項の規定に違反して建築をしようとする者があるときは、隣地の所有者は、その建築を中止させ、又は変更させることができる。ただし、建築に着手した時から1年を経過し、又はその建物が完成した後は、損害賠償の請求のみをすることができる。

第235条

1　境界線から1メートル未満の距離において他人の宅地を見通すことのできる窓又は縁側（ベランダを含む。次項において同じ。）を設ける者は、目隠しを付けなければならない。

2　前項の距離は、窓又は縁側の最も隣地に近い点から垂直線によって境界線に至るまでを測定して算出する。

第236条（境界線付近の建築に関する慣習）

前二条の規定と異なる慣習があるときは、その慣習に従う。

第237条・第238条（略）

【第2節　所有権の取得】（抄）

第239条（無主物の帰属）

1　所有者のない動産は、所有の意思をもって占有することによって、その所有権を取得する。

2　所有者のない不動産は、国庫に帰属する。

第240条・第241条（略）

第242条（不動産の付合）

不動産の所有者は、その不動産に従として付合した物の所有権を取得する。ただし、権原に

よってその物を附属させた他人の権利を妨げない。

第243条（動産の付合）

所有者を異にする数個の動産が、付合により、損傷しなければ分離することができなくなったときは、その合成物の所有権は、主たる動産の所有者に帰属する。分離するのに過分の費用を要するときも、同様とする。

第244条

付合した動産について主従の区別をすることができないときは、各動産の所有者は、その付合の時における価格の割合に応じてその合成物を共有する。

第245条（混和）

前二条の規定は、所有者を異にする物が混和して識別することができなくなった場合について準用する。

第246条（加工）

1　他人の動産に工作を加えた者（以下この条において「加工者」という。）があるときは、その加工物の所有権は、材料の所有者に帰属する。ただし、工作によって生じた価格が材料の価格を著しく超えるときは、加工者がその加工物の所有権を取得する。

2　前項に規定する場合において、加工者が材料の一部を供したときは、その価格に工作によって生じた価格を加えたものが他人の材料の価格を超えるときに限り、加工者がその加工物の所有権を取得する。

第247条（付合、混和又は加工の効果）

1　第242条から前条までの規定により物の所有権が消滅したときは、その物について存する他の権利も、消滅する。

2　前項に規定する場合において、物の所有者が、合成物、混和物又は加工物（以下この項において「合成物等」という。）の単独所有者となったときは、その物について存する他の権利は以後その合成物等について存し、物の所有者が合成物等の共有者となったときは、その物について存する他の権利は以後その持分について存する。

第248条（付合、混和又は加工に伴う償金の請求）

第242条から前条までの規定の適用によって損失を受けた者は、第703条及び第704条の規定に従い、その償金を請求することができる。

【第3節　共有】

第249条（共有物の使用）

各共有者は、共有物の全部について、その持分に応じた使用をすることができる。

第250条（共有持分の割合の推定）

各共有者の持分は、相等しいものと推定する。

第251条（共有物の変更）

各共有者は、他の共有者の同意を得なければ、共有物に変更を加えることができない。

第252条（共有物の管理）

共有物の管理に関する事項は、前条の場合を除き、各共有者の持分の価格に従い、その過半数で決する。ただし、保存行為は、各共有者がすることができる。

第253条（共有物に関する負担）

1　各共有者は、その持分に応じ、管理の費用を支払い、その他共有物に関する負担を負う。

2　共有者が1年以内に前項の義務を履行しないときは、他の共有者は、相当の償金を支払ってその者の持分を取得することができる。

第254条（共有物についての債権）

共有者の1人が共有物について他の共有者に対して有する債権は、その特定承継人に対しても行使することができる。

第255条（持分の放棄及び共有者の死亡）

共有者の1人が、その持分を放棄したとき、又は死亡して相続人がないときは、その持分は、他の共有者に帰属する。

第256条（共有物の分割請求）

1　各共有者は、いつでも共有物の分割を請求することができる。ただし、5年を超えない期間内は分割をしない旨の契約をすることを妨げない。

2　前項ただし書の契約は、更新することができる。ただし、その期間は、更新の時から5年を超えることができない。

第257条

前条の規定は、第229条に規定する共有物については、適用しない。

第258条（裁判による共有物の分割）

1　共有物の分割について共有者間に協議が調わないときは、その分割を裁判所に請求することができる。

2　前項の場合において、共有物の現物を分割することができないとき、又は分割によってその価格を著しく減少させるおそれがあるときは、裁判所は、その競売を命ずることができる。

第259条（共有に関する債権の弁済）

1　共有者の1人が他の共有者に対して共有に関する債権を有するときは、分割に際し、債務者に帰属すべき共有物の部分をもって、その弁済に充てることができる。

2 債権者は、前項の弁済を受けるため債務者に帰属すべき共有物の部分を売却する必要があるときは、その売却を請求することができる。

第260条 (共有物の分割への参加)

1 共有物について権利を有する者及び各共有者の債権者は、自己の費用で、分割に参加することができる。

2 前項の規定による参加の請求があったにもかかわらず、その請求をした者を参加させないで分割をしたときは、その分割は、その請求をした者に対抗することができない。

第261条 (分割における共有者の担保責任)

各共有者は、他の共有者が分割によって取得した物について、売主と同じく、その持分に応じて担保の責任を負う。

第262条 (共有物に関する証書)

1 分割が完了したときは、各分割者は、その取得した物に関する証書を保存しなければならない。

2 共有者の全員又はそのうちの数人に分割した物に関する証書は、その物の最大の部分を取得した者が保存しなければならない。

3 前項の場合において、最大の部分を取得した者がないときは、分割者間の協議で証書の保存者を定める。協議が調わないときは、裁判所が、これを指定する。

4 証書の保存者は、他の分割者の請求に応じて、その証書を使用させなければならない。

第263条 (共有の性質を有する入会権)

共有の性質を有する入会権については、各地方の慣習に従うほか、この節の規定を適用する。

第264条 (準共有)

この節の規定は、数人で所有権以外の財産権を有する場合について準用する。ただし、法令に特別の定めがあるときは、この限りでない。

第4章　地上権 (略)

第5章　永小作権 (略)

第6章　地役権 (抄)

第280条 (地役権の内容)

地役権者は、設定行為で定めた目的に従い、他人の土地を自己の土地の便益に供する権利を有する。ただし、第3章第1節 (所有権の限界) の規定 (公の秩序に関するものに限る。) に違反しないものでなければならない。

第281条 (地役権の付従性)

1 地役権は、要役地 (地役権者の土地であって、他人の土地から便益を受けるものをいう。以下同じ。) の所有権に従たるものとして、その所有権とともに移転し、又は要役地について存する他の権利の目的となるものとする。ただし、設定行為に別段の定めがあるときは、この限りでない。

2 地役権は、要役地から分離して譲り渡し、又は他の権利の目的とすることができない。

第282条 (地役権の不可分性)

1 土地の共有者の1人は、その持分につき、その土地のために又はその土地について存する地役権を消滅させることができない。

2 土地の分割又はその一部の譲渡の場合には、地役権は、その各部のために又はその各部について存する。ただし、地役権がその性質により土地の一部のみに関するときは、この限りでない。

第283条 (地役権の時効取得)

地役権は、継続的に行使され、かつ、外形上認識することができるものに限り、時効によって取得することができる。

第284条

1 土地の共有者の1人が時効によって地役権を取得したときは、他の共有者も、これを取得する。

2 共有者に対する時効の更新は、地役権を行使する各共有者に対してしなければ、その効力を生じない。

3 地役権を行使する共有者が数人ある場合には、その1人について時効の完成猶予の事由があっても、時効は、各共有者のために進行する。

第285条〜第288条 (略)

第289条 (承役地の時効取得による地役権の消滅)

承役地の占有者が取得時効に必要な要件を具備する占有をしたときは、地役権は、これによって消滅する。

第290条

前条の規定による地役権の消滅時効は、地役権者がその権利を行使することによって中断する。

第291条 (地役権の消滅時効)

第166条第2項に規定する消滅時効の期間は、継続的でなく行使される地役権については最後の行使の時から起算し、継続的に行使される地役権についてはその行使を妨げる事実が生じた

民法

時から起算する。

第292条

要役地が数人の共有に属する場合において、その1人のために時効の完成猶予又は更新があるときは、その完成猶予又は更新は、他の共有者のためにも、その効力を生ずる。

第293条

地役権者がその権利の一部を行使しないときは、その部分のみが時効によって消滅する。

第294条（略）

第7章　留置権

第295条（留置権の内容）

1　他人の物の占有者は、**その物に関して生じた債権**を有するときは、その債権の弁済を受けるまで、その物を留置することができる。ただし、その債権が弁済期にないときは、この限りでない。

2　前項の規定は、占有が不法行為によって始まった場合には、適用しない。

第296条（留置権の不可分性）

留置権者は、債権の全部の弁済を受けるまでは、留置物の全部についてその権利を行使することができる。

第297条（留置権者による果実の収取）

1　留置権者は、留置物から生ずる果実を収取し、他の債権者に先立って、これを自己の債権の弁済に充当することができる。

2　前項の果実は、まず債権の利息に充当し、なお残余があるときは元本に充当しなければならない。

第298条（留置権者による留置物の保管等）

1　留置権者は、善良な管理者の注意をもって、留置物を占有しなければならない。

2　留置権者は、債務者の承諾を得なければ、留置物を使用し、賃貸し、又は担保に供することができない。ただし、その物の保存に必要な使用をすることは、この限りでない。

3　留置権者が前二項の規定に違反したときは、債務者は、留置権の消滅を請求することができる。

第299条（留置権者による費用の償還請求）

1　留置権者は、留置物について必要費を支出したときは、所有者にその償還をさせることができる。

2　留置権者は、留置物について有益費を支出したときは、これによる価格の増加が現存する場合に限り、所有者の選択に従い、その支出した金額又は増価額を償還させることがで

きる。ただし、裁判所は、所有者の請求により、その償還について相当の期限を許与することができる。

第300条（留置権の行使と債権の消滅時効）

留置権の行使は、債権の消滅時効の進行を妨げない。

第301条（担保の供与による留置権の消滅）

債務者は、相当の担保を供して、留置権の消滅を請求することができる。

第302条（占有の喪失による留置権の消滅）

留置権は、留置権者が留置物の占有を失うことによって、消滅する。ただし、第298条第2項の規定により留置物を賃貸し、又は質権の目的としたときは、この限りでない。

第8章　先取特権

【第1節　総則】

第303条（先取特権の内容）

先取特権者は、この法律その他の法律の規定に従い、その債務者の財産について、他の債権者に先立って自己の債権の弁済を受ける権利を有する。

第304条（物上代位）

1　先取特権は、その目的物の売却、賃貸、滅失又は損傷によって債務者が受けるべき金銭その他の物に対しても、行使することができる。ただし、先取特権者は、その**払渡し又は引渡しの前に差押え**をしなければならない。

2　債務者が先取特権の目的物につき設定した物権の対価についても、前項と同様とする。

第305条（先取特権の不可分性）

第296条の規定は、先取特権について準用する。

【第2節　先取特権の種類】

**　第1款　一般の先取特権**

第306条（一般の先取特権）

次に掲げる原因によって生じた債権を有する者は、債務者の総財産について先取特権を有する。

①　共益の費用
②　雇用関係
③　葬式の費用
④　日用品の供給

第307条（共益費用の先取特権）

1　共益の費用の先取特権は、各債権者の共同の利益のためにされた債務者の財産の保存、清算又は配当に関する費用について存在する。

2　前項の費用のうちすべての債権者に有益でなかったものについては、先取特権は、その費用によって利益を受けた債権者に対しての

み存在する。

第308条（雇用関係の先取特権）

雇用関係の先取特権は、給料その他債務者と使用人との間の雇用関係に基づいて生じた債権について存在する。

第309条（葬式費用の先取特権）

1　葬式の費用の先取特権は、債務者のためにされた葬式の費用のうち相当な額について存在する。

2　前項の先取特権は、債務者がその扶養すべき親族のためにした葬式の費用のうち相当な額についても存在する。

第310条（日用品供給の先取特権）

日用品の供給の先取特権は、債務者又はその扶養すべき同居の親族及びその家事使用人の生活に必要な最後の6箇月間の飲食料品、燃料及び電気の供給について存在する。

第2款　動産の先取特権

第311条（動産の先取特権）

次に掲げる原因によって生じた債権を有する者は、債務者の特定の動産について先取特権を有する。

① 不動産の賃貸借
② 旅館の宿泊
③ 旅客又は荷物の運輸
④ 動産の保存
⑤ 動産の売買
⑥ 種苗又は肥料（蚕種又は蚕の飼養に供した桑葉を含む。以下同じ。）の供給
⑦ 農業の労務
⑧ 工業の労務

第312条（不動産賃貸の先取特権）

不動産の賃貸の先取特権は、その不動産の賃料その他の賃貸借関係から生じた賃借人の債務に関し、賃借人の動産について存在する。

第313条（不動産賃貸の先取特権の目的物の範囲）

1　土地の賃貸人の先取特権は、その土地又はその利用のための建物に備え付けられた動産、その土地の利用に供された動産及び賃借人が占有するその土地の果実について存在する。

2　建物の賃貸人の先取特権は、賃借人がその建物に備え付けた動産について存在する。

第314条

賃借権の譲渡又は転貸の場合には、賃貸人の先取特権は、譲受人又は転借人の動産にも及ぶ。譲渡人又は転貸人が受けるべき金銭についても、同様とする。

第315条（不動産賃貸の先取特権の被担保債権の範囲）

賃借人の財産のすべてを清算する場合には、賃貸人の先取特権は、前期、当期及び次期の賃料その他の債務並びに前期及び当期に生じた損害の賠償債務についてのみ存在する。

第316条

賃貸人は、第622条の2第1項に規定する敷金を受け取っている場合には、その敷金で弁済を受けない債権の部分についてのみ先取特権を有する。

第317条（旅館宿泊の先取特権）

旅館の宿泊の先取特権は、宿泊客が負担すべき宿泊料及び飲食料に関し、その旅館に在るその宿泊客の手荷物について存在する。

第318条（運輸の先取特権）

運輸の先取特権は、旅客又は荷物の運送賃及び付随の費用に関し、運送人の占有する荷物について存在する。

第319条（即時取得の規定の準用）

第192条から第195条までの規定は、第312条から前条までの規定による先取特権について準用する。

第320条（動産保存の先取特権）

動産の保存の先取特権は、動産の保存のために要した費用又は動産に関する権利の保存、承認若しくは実行のために要した費用に関し、その動産について存在する。

第321条（動産売買の先取特権）

動産の売買の先取特権は、動産の代価及びその利息に関し、その動産について存在する。

第322条（種苗又は肥料の供給の先取特権）

種苗又は肥料の供給の先取特権は、種苗又は肥料の代価及びその利息に関し、その種苗又は肥料を用いた後1年以内にこれを用いた土地から生じた果実（蚕種又は蚕の飼養に供した桑葉の使用によって生じた物を含む。）について存在する。

第323条（農業労務の先取特権）

農業の労務の先取特権は、その労務に従事する者の最後の1年間の賃金に関し、その労務によって生じた果実について存在する。

第324条（工業労務の先取特権）

工業の労務の先取特権は、その労務に従事する者の最後の3箇月間の賃金に関し、その労務によって生じた製作物について存在する。

第3款　不動産の先取特権

第325条（不動産の先取特権）

次に掲げる原因によって生じた債権を有する

25

者は、債務者の特定の不動産について先取特権を有する。

① 不動産の保存
② 不動産の工事
③ 不動産の売買

第326条（不動産保存の先取特権）

不動産の保存の先取特権は、不動産の保存のために要した費用又は不動産に関する権利の保存、承認若しくは実行のために要した費用に関し、その不動産について存在する。

第327条（不動産工事の先取特権）

1 不動産の工事の先取特権は、工事の設計、施工又は監理をする者が債務者の不動産に関してした工事の費用に関し、その不動産について存在する。

2 前項の先取特権は、工事によって生じた不動産の価格の増加が現存する場合に限り、その増価額についてのみ存在する。

第328条（不動産売買の先取特権）

不動産の売買の先取特権は、不動産の代価及びその利息に関し、その不動産について存在する。

【第3節　先取特権の順位】

第329条（一般の先取特権の順位）

1 一般の先取特権が互いに競合する場合には、その優先権の順位は、第306条各号に掲げる順序に従う。

2 一般の先取特権と特別の先取特権とが競合する場合には、特別の先取特権は、一般の先取特権に優先する。ただし、共益の費用の先取特権は、その利益を受けたすべての債権者に対して優先する効力を有する。

第330条（動産の先取特権の順位）

1 同一の動産について特別の先取特権が互いに競合する場合には、その優先権の順位は、次に掲げる順序に従う。この場合において、第2号に掲げる動産の保存の先取特権について数人の保存者があるときは、後の保存者が前の保存者に優先する。

① 不動産の賃貸、旅館の宿泊及び運輸の先取特権
② 動産の保存の先取特権
③ 動産の売買、種苗又は肥料の供給、農業の労務及び工業の労務の先取特権

2 前項の場合において、第1順位の先取特権者は、その債権取得の時において第2順位又は第3順位の先取特権者があることを知っていたときは、これらの者に対して優先権を行使することができない。第1順位の先取特権

者のために物を保存した者に対しても、同様とする。

3 果実に関しては、第1の順位は農業の労務に従事する者に、第2の順位は種苗又は肥料の供給者に、第3の順位は土地の賃貸人に属する。

第331条（不動産の先取特権の順位）

1 同一の不動産について特別の先取特権が互いに競合する場合には、その優先権の順位は、第325条各号に掲げる順序に従う。

2 同一の不動産について売買が順次された場合には、売主相互間における不動産売買の先取特権の優先権の順位は、売買の前後による。

第332条（同一順位の先取特権）

同一の目的物について同一順位の先取特権者が数人あるときは、各先取特権者は、その債権額の割合に応じて弁済を受ける。

【第4節　先取特権の効力】

第333条（先取特権と第三取得者）

先取特権は、債務者がその目的である動産をその第三取得者に引き渡した後は、その動産について行使することができない。

第334条（先取特権と動産質権との競合）

先取特権と動産質権とが競合する場合には、動産質権者は、第330条の規定による第1順位の先取特権者と同一の権利を有する。

第335条（一般の先取特権の効力）

1 一般の先取特権者は、まず不動産以外の財産から弁済を受け、なお不足があるのでなければ、不動産から弁済を受けることができない。

2 一般の先取特権者は、不動産については、まず特別担保の目的とされていないものから弁済を受けなければならない。

3 一般の先取特権者は、前二項の規定に従って配当に加入することを怠ったときは、その配当加入をしたならば弁済を受けることができた額については、登記をした第三者に対してその先取特権を行使することができない。

4 前三項の規定は、不動産以外の財産の代価に先立って不動産の代価を配当し、又は他の不動産の代価に先立って特別担保の目的である不動産の代価を配当する場合には、適用しない。

第336条（一般の先取特権の対抗力）

一般の先取特権は、不動産について登記をしなくても、特別担保を有しない債権者に対抗することができる。ただし、登記をした第三者に対しては、この限りでない。

第337条（不動産保存の先取特権の登記）
不動産の保存の先取特権の効力を保存するためには、保存行為が完了した後直ちに登記をしなければならない。

第338条（不動産工事の先取特権の登記）
1 不動産の工事の先取特権の効力を保存するためには、工事を始める前にその費用の予算額を登記しなければならない。この場合において、工事の費用が予算額を超えるときは、先取特権は、その超過額については存在しない。
2 工事によって生じた不動産の増価額は、配当加入の時に、裁判所が選任した鑑定人に評価させなければならない。

第339条（登記をした不動産保存又は不動産工事の先取特権）
前二条の規定に従って登記をした先取特権は、抵当権に先立って行使することができる。

第340条（不動産売買の先取特権の登記）
不動産の売買の先取特権の効力を保存するためには、売買契約と同時に、不動産の代価又はその利息の弁済がされていない旨を登記しなければならない。

第341条（抵当権に関する規定の準用）
先取特権の効力については、この節に定めるもののほか、その性質に反しない限り、抵当権に関する規定を準用する。

第9章　質権（抄）

【第1節　総則】
第342条（質権の内容）
質権者は、その債権の担保として債務者又は第三者から受け取った物を占有し、かつ、その物について他の債権者に先立って自己の債権の弁済を受ける権利を有する。

第343条（質権の目的）
質権は、譲り渡すことができない物をその目的とすることができない。

第344条（質権の設定）
質権の設定は、債権者にその目的物を引き渡すことによって、その効力を生ずる。

第345条（質権設定者による代理占有の禁止）
質権者は、質権設定者に、自己に代わって質物の占有をさせることができない。

第346条（質権の被担保債権の範囲）
質権は、元本、利息、違約金、質権の実行の費用、質物の保存の費用及び債務の不履行又は質物の隠れた瑕疵によって生じた損害の賠償を担保する。ただし、設定行為に別段の定めがあ

るときは、この限りでない。

第347条（質物の留置）
質権者は、前条に規定する債権の弁済を受けるまでは、質物を留置することができる。ただし、この権利は、自己に対して優先権を有する債権者に対抗することができない。

第348条（転質）
質権者は、その権利の存続期間内において、自己の責任で、質物について、転質をすることができる。この場合において、転質をしたことによって生じた損失については、不可抗力によるものであっても、その責任を負う。

第349条（契約による質物の処分の禁止）
質権設定者は、設定行為又は債務の弁済期前の契約において、質権者に弁済として質物の所有権を取得させ、その他法律に定める方法によらないで質物を処分させることを約することができない。

第350条（留置権及び先取特権の規定の準用）
第296条から第300条まで及び第304条の規定は、質権について準用する。

第351条（物上保証人の求償権）
他人の債務を担保するため質権を設定した者は、その債務を弁済し、又は質権の実行によって質物の所有権を失ったときは、保証債務に関する規定に従い、債務者に対して求償権を有する。

【第2節　動産質】
第352条（動産質の対抗要件）
動産質権者は、継続して質物を占有しなければ、その質権をもって第三者に対抗することができない。

第353条（質物の占有の回復）
動産質権者は、質物の占有を奪われたときは、**占有回収の訴え**によってのみ、その質物を回復することができる。

第354条（動産質権の実行）
動産質権者は、その債権の弁済を受けないときは、正当な理由がある場合に限り、鑑定人の評価に従い質物をもって直ちに弁済に充てることを裁判所に請求することができる。この場合において、動産質権者は、あらかじめ、その請求をする旨を債務者に通知しなければならない。

第355条（動産質権の順位）
同一の動産について数個の質権が設定されたときは、その質権の順位は、設定の前後による。

【第3節　不動産質】
第356条（不動産質権者による使用及び収益）
不動産質権者は、質権の目的である不動産の

27

用法に従い、その使用及び収益をすることができる。

第357条（不動産質権者による管理の費用等の負担）

不動産質権者は、管理の費用を支払い、その他不動産に関する負担を負う。

第358条（不動産質権者による利息の請求の禁止）

不動産質権者は、その債権の利息を請求することができない。

第359条（設定行為に別段の定めがある場合等）

前三条の規定は、設定行為に別段の定めがあるとき、又は担保不動産収益執行（民事執行法第180条第2号に規定する担保不動産収益執行をいう。以下同じ。）の開始があったときは、適用しない。

第360条（不動産質権の存続期間）

1　不動産質権の存続期間は、10年を超えることができない。設定行為でこれより長い期間を定めたときであっても、その期間は、10年とする。

2　不動産質権の設定は、更新することができる。ただし、その存続期間は、更新の時から10年を超えることができない。

第361条（抵当権の規定の準用）

不動産質権については、この節に定めるもののほか、その性質に反しない限り、次章（抵当権）の規定を準用する。

【第4節　権利質】（略）

第10章　抵当権

【第1節　総則】

第369条（抵当権の内容）

1　抵当権者は、債務者又は第三者が占有を移転しないで債務の担保に供した不動産について、他の債権者に先立って自己の債権の弁済を受ける権利を有する。

2　地上権及び永小作権も、抵当権の目的とすることができる。この場合においては、この章の規定を準用する。

第370条（抵当権の効力の及ぶ範囲）

抵当権は、抵当地の上に存する建物を除き、その目的である不動産（以下「抵当不動産」という。）に付加して一体となっている物に及ぶ。ただし、設定行為に別段の定めがある場合及び債務者の行為について第424条第3項に規定する詐害行為取消請求をすることができる場合は、この限りでない。

第371条

抵当権は、その担保する債権について不履行があったときは、その後に生じた抵当不動産の果実に及ぶ。

第372条（留置権等の規定の準用）

第296条、第304条及び第351条の規定は、抵当権について準用する。

【第2節　抵当権の効力】

第373条（抵当権の順位）

同一の不動産について数個の抵当権が設定されたときは、その抵当権の順位は、登記の前後による。

第374条（抵当権の順位の変更）

1　抵当権の順位は、各抵当権者の合意によって変更することができる。ただし、利害関係を有する者があるときは、その承諾を得なければならない。

2　前項の規定による順位の変更は、その登記をしなければ、その効力を生じない。

第375条（抵当権の被担保債権の範囲）

1　抵当権者は、利息その他の定期金を請求する権利を有するときは、その満期となった最後の2年分についてのみ、その抵当権を行使することができる。ただし、それ以前の定期金についても、満期後に特別の登記をしたときは、その登記の時からその抵当権を行使することを妨げない。

2　前項の規定は、抵当権者が債務の不履行によって生じた損害の賠償を請求する権利を有する場合におけるその最後の2年分についても適用する。ただし、利息その他の定期金と通算して2年分を超えることができない。

第376条（抵当権の処分）

1　抵当権者は、その抵当権を他の債権の担保とし、又は同一の債務者に対する他の債権者の利益のためにその抵当権若しくはその順位を譲渡し、若しくは放棄することができる。

2　前項の場合において、抵当権者が数人のためにその抵当権の処分をしたときは、その処分の利益を受ける者の権利の順位は、抵当権の登記にした付記の前後による。

第377条（抵当権の処分の対抗要件）

1　前条の場合には、第467条の規定に従い、主たる債務者に抵当権の処分を通知し、又は主たる債務者がこれを承諾しなければ、これをもって主たる債務者、保証人、抵当権設定者及びこれらの者の承継人に対抗することができない。

2　主たる債務者が前項の規定により通知を受

け、又は承諾をしたときは、抵当権の処分の利益を受ける者の承諾を得ないでした弁済は、その受益者に対抗することができない。

第378条（代価弁済）

抵当不動産について所有権又は地上権を買い受けた第三者が、抵当権者の請求に応じてその抵当権者に代価を弁済したときは、抵当権は、その第三者のために消滅する。

第379条（抵当権消滅請求）

抵当不動産の第三取得者は、第383条の定めるところにより、抵当権消滅請求をすることができる。

第380条

主たる債務者、保証人及びこれらの者の承継人は、抵当権消滅請求をすることができない。

第381条

抵当不動産の停止条件付第三取得者は、その停止条件の成否が未定である間は、抵当権消滅請求をすることができない。

第382条（抵当権消滅請求の時期）

抵当不動産の第三取得者は、抵当権の実行としての競売による差押えの効力が発生する前に、抵当権消滅請求をしなければならない。

第383条（抵当権消滅請求の手続）

抵当不動産の第三取得者は、抵当権消滅請求をするときは、登記をした各債権者に対し、次に掲げる書面を送付しなければならない。

① 取得の原因及び年月日、譲渡人及び取得者の氏名及び住所並びに抵当不動産の性質、所在及び代価その他取得者の負担を記載した書面

② 抵当不動産に関する登記事項証明書（現に効力を有する登記事項のすべてを証明したものに限る。）

③ 債権者が2箇月以内に抵当権を実行して競売の申立てをしないときは、抵当不動産の第三取得者が第1号に規定する代価又は特に指定した金額を債権の順位に従って弁済又は供託すべき旨を記載した書面

第384条（債権者のみなし承諾）

次に掲げる場合には、前条各号に掲げる書面の送付を受けた債権者は、抵当不動産の第三取得者が同条第3号に掲げる書面に記載したところにより提供した同号の代価又は金額を承諾したものとみなす。

① その債権者が前条各号に掲げる書面の送付を受けた後2箇月以内に抵当権を実行して競売の申立てをしないとき。

② その債権者が前号の申立てを取り下げた

とき。

③ 第1号の申立てを却下する旨の決定が確定したとき。

④ 第1号の申立てに基づく競売の手続を取り消す旨の決定（民事執行法第188条において準用する同法第63条第3項若しくは第68条の3第3項の規定又は同法第183条第1項第5号の謄本が提出された場合における同条第2項の規定による決定を除く。）が確定したとき。

第385条（競売の申立ての通知）

第383条各号に掲げる書面の送付を受けた債権者は、前条第1号の申立てをするときは、同号の期間内に、債務者及び抵当不動産の譲渡人にその旨を通知しなければならない。

第386条（抵当権消滅請求の効果）

登記をしたすべての債権者が抵当不動産の第三取得者の提供した代価又は金額を承諾し、かつ、抵当不動産の第三取得者がその承諾を得た代価又は金額を払い渡し又は供託したときは、抵当権は、消滅する。

第387条（抵当権者の同意の登記がある場合の賃貸借の対抗力）

1 登記をした賃貸借は、その登記前に登記をした抵当権を有するすべての者が同意をし、かつ、その同意の登記があるときは、その同意をした抵当権者に対抗することができる。

2 抵当権者が前項の同意をするには、その抵当権を目的とする権利を有する者その他抵当権者の同意によって不利益を受けるべき者の承諾を得なければならない。

第388条（法定地上権）

土地及びその上に存する建物が同一の所有者に属する場合において、その土地又は建物につき抵当権が設定され、その実行により所有者を異にするに至ったときは、その建物について、地上権が設定されたものとみなす。この場合において、地代は、当事者の請求により、裁判所が定める。

第389条（抵当地の上の建物の競売）

1 抵当権の設定後に抵当地に建物が築造されたときは、抵当権者は、土地とともにその建物を競売することができる。ただし、その優先権は、土地の代価についてのみ行使することができる。

2 前項の規定は、その建物の所有者が抵当地を占有するについて抵当権者に対抗することができる権利を有する場合には、適用しない。

29

第390条（抵当不動産の第三取得者による買受け）

抵当不動産の第三取得者は、その競売において買受人となることができる。

第391条（抵当不動産の第三取得者による費用の償還請求）

抵当不動産の第三取得者は、抵当不動産について必要費又は有益費を支出したときは、第196条の区別に従い、抵当不動産の代価から、他の債権者より先にその償還を受けることができる。

第392条（共同抵当における代価の配当）

1　債権者が同一の債権の担保として数個の不動産につき抵当権を有する場合において、同時にその代価を配当すべきときは、その各不動産の価額に応じて、その債権の負担を按分する。

2　債権者が同一の債権の担保として数個の不動産につき抵当権を有する場合において、ある不動産の代価のみを配当すべきときは、抵当権者は、その代価から債権の全部の弁済を受けることができる。この場合において、次順位の抵当権者は、その弁済を受ける抵当権者が前項の規定に従い他の不動産の代価から弁済を受けるべき金額を限度として、その抵当権者に代位して抵当権を行使することができる。

第393条（共同抵当における代位の付記登記）

前条第2項後段の規定により代位によって抵当権を行使する者は、その抵当権の登記にその代位を付記することができる。

第394条（抵当不動産以外の財産からの弁済）

1　抵当権者は、抵当不動産の代価から弁済を受けない債権の部分についてのみ、他の財産から弁済を受けることができる。

2　前項の規定は、抵当不動産の代価に先立って他の財産の代価を配当すべき場合には、適用しない。この場合において、他の各債権者は、抵当権者に同項の規定による弁済を受けさせるため、抵当権者に配当すべき金額の供託を請求することができる。

第395条（抵当建物使用者の引渡しの猶予）

1　抵当権者に対抗することができない賃貸借により抵当権の目的である建物の使用又は収益をする者であって次に掲げるもの（次項において「抵当建物使用者」という。）は、その建物の競売における買受人の買受けの時から6箇月を経過するまでは、その建物を買受人に引き渡すことを要しない。

①　競売手続の開始前から使用又は収益をする者

②　強制管理又は担保不動産収益執行の管理人が競売手続の開始後にした賃貸借により使用又は収益をする者

2　前項の規定は、買受人の買受けの時より後に同項の建物の使用をしたことの対価について、買受人が抵当建物使用者に対し相当の期間を定めてその1箇月分以上の支払の催告をし、その相当の期間内に履行がない場合には、適用しない。

【第3節　抵当権の消滅】

第396条（抵当権の消滅時効）

抵当権は、債務者及び抵当権設定者に対しては、その担保する債権と同時でなければ、時効によって消滅しない。

第397条（抵当不動産の時効取得による抵当権の消滅）

債務者又は抵当権設定者でない者が抵当不動産について取得時効に必要な要件を具備する占有をしたときは、抵当権は、これによって消滅する。

第398条（抵当権の目的である地上権等の放棄）

地上権又は永小作権を抵当権の目的とした地上権者又は永小作人は、その権利を放棄しても、これをもって抵当権者に対抗することができない。

【第4節　根抵当】

第398条の2（根抵当権）

1　抵当権は、設定行為で定めるところにより、一定の範囲に属する不特定の債権を極度額の限度において担保するためにも設定することができる。

2　前項の規定による抵当権（以下「根抵当権」という。）の担保すべき不特定の債権の範囲は、債務者との特定の継続的取引契約によって生ずるものその他債務者との一定の種類の取引によって生ずるものに限定して、定めなければならない。

3　特定の原因に基づいて債務者との間に継続して生ずる債権、手形上若しくは小切手上の請求権又は電子記録債権（電子記録債権法第2条第1項に規定する電子記録債権をいう。次条第2項において同じ。）は、前項の規定にかかわらず、根抵当権の担保すべき債権とすることができる。

第398条の3（根抵当権の被担保債権の範囲）

1　根抵当権者は、確定した元本並びに利息その他の定期金及び債務の不履行によって生じ

た損害の賠償の全部について、極度額を限度
として、その根抵当権を行使することができ
る。

2 債務者との取引によらないで取得する手形
上若しくは小切手上の請求権又は電子記録債
権を根抵当権の担保すべき債権とした場合に
おいて、次に掲げる事由があったときは、そ
の前に取得したものについてのみ、その根抵
当権を行使することができる。ただし、その
後に取得したものであっても、その事由を知
らないで取得したものについては、これを行
使することを妨げない。

① 債務者の支払の停止

② 債務者についての破産手続開始、再生手
続開始、更生手続開始又は特別清算開始の
申立て

③ 抵当不動産に対する競売の申立て又は滞
納処分による差押え

**第398条の4 （根抵当権の被担保債権の範囲及
び債務者の変更）**

1 元本の確定前においては、根抵当権の担保
すべき債権の範囲の変更をすることができる。
債務者の変更についても、同様とする。

2 前項の変更をするには、後順位の抵当権者
その他の第三者の承諾を得ることを要しない。

3 第1項の変更について元本の確定前に登記
をしなかったときは、その変更をしなかった
ものとみなす。

第398条の5 （根抵当権の極度額の変更）

根抵当権の極度額の変更は、利害関係を有す
る者の承諾を得なければ、することができない。

第398条の6 （根抵当権の元本確定期日の定め）

1 根抵当権の担保すべき元本については、そ
の確定すべき期日を定め又は変更することが
できる。

2 第398条の4第2項の規定は、前項の場合
について準用する。

3 第1項の期日は、これを定め又は変更した
日から5年以内でなければならない。

4 第1項の期日の変更についてその変更前の
期日より前に登記をしなかったときは、担保
すべき元本は、その変更前の期日に確定する。

第398条の7 （根抵当権の被担保債権の譲渡等）

1 元本の確定前に根抵当権者から債権を取得
した者は、その債権について根抵当権を行使
することができない。元本の確定前に債務者
のために又は債務者に代わって弁済をした者
も、同様とする。

2 元本の確定前に債務の引受けがあったとき

は、根抵当権者は、引受人の債務について、
その根抵当権を行使することができない。

3 元本の確定前に免責的債務引受があった場
合における債権者は、第472条の4第1項の
規定にかかわらず、根抵当権を引受人が負担
する債務に移すことができない。

4 元本の確定前に債権者の交替による更改が
あった場合における更改前の債権者は、第
518条第1項の規定にかかわらず、根抵当権
を更改後の債務に移すことができない。元本
の確定前に債務者の交替による更改があった
場合における債権者も、同様とする。

第398条の8 （根抵当権者又は債務者の相続）

1 元本の確定前に根抵当権者について相続が
開始したときは、根抵当権は、相続開始の時
に存する債権のほか、相続人と根抵当権設定
者との合意により定めた相続人が相続の開始
後に取得する債権を担保する。

2 元本の確定前にその債務者について相続が
開始したときは、根抵当権は、相続開始の時
に存する債務のほか、根抵当権者と根抵当権
設定者との合意により定めた相続人が相続の
開始後に負担する債務を担保する。

3 第398条の4第2項の規定は、前二項の合
意をする場合について準用する。

4 第1項及び第2項の合意について相続の開
始後6箇月以内に登記をしないときは、担保
すべき元本は、相続開始の時に確定したもの
とみなす。

第398条の9 （根抵当権者又は債務者の合併）

1 元本の確定前に根抵当権者について合併が
あったときは、根抵当権は、合併の時に存す
る債権のほか、合併後存続する法人又は合併
によって設立された法人が合併後に取得する
債権を担保する。

2 元本の確定前にその債務者について合併が
あったときは、根抵当権は、合併の時に存す
る債務のほか、合併後存続する法人又は合併
によって設立された法人が合併後に負担する
債務を担保する。

3 前二項の場合には、根抵当権設定者は、担
保すべき元本の確定を請求することができる。
ただし、前項の場合において、その債務者が
根抵当権設定者であるときは、この限りでな
い。

4 前項の規定による請求があったときは、担
保すべき元本は、合併の時に確定したものと
みなす。

5 第3項の規定による請求は、根抵当権設定

者が合併のあったことを知った日から2週間を経過したときは、することができない。合併の日から1箇月を経過したときも、同様とする。

第398条の10（根抵当権者又は債務者の会社分割）

1　元本の確定前に根抵当権者を分割をする会社とする分割があったときは、根抵当権は、分割の時に存する債権のほか、分割をした会社及び分割により設立された会社又は当該分割をした会社がその事業に関して有する権利義務の全部又は一部を当該会社から承継した会社が分割後に取得する債権を担保する。

2　元本の確定前にその債務者を分割をする会社とする分割があったときは、根抵当権は、分割の時に存する債務のほか、分割をした会社及び分割により設立された会社又は当該分割をした会社がその事業に関して有する権利義務の全部又は一部を当該会社から承継した会社が分割後に負担する債務を担保する。

3　前条第3項から第5項までの規定は、前二項の場合について準用する。

第398条の11（根抵当権の処分）

1　元本の確定前においては、根抵当権者は、第376条第1項の規定による根抵当権の処分をすることができない。ただし、その根抵当権を他の債権の担保とすることを妨げない。

2　第377条第2項の規定は、前項ただし書の場合において元本の確定前にした弁済については、適用しない。

第398条の12（根抵当権の譲渡）

1　元本の確定前においては、根抵当権者は、根抵当権設定者の承諾を得て、その根抵当権を譲り渡すことができる。

2　根抵当権者は、その根抵当権を2個の根抵当権に分割して、その一方を前項の規定により譲り渡すことができる。この場合において、その根抵当権を目的とする権利は、譲り渡した根抵当権について消滅する。

3　前項の規定による譲渡をするには、その根抵当権を目的とする権利を有する者の承諾を得なければならない。

第398条の13（根抵当権の一部譲渡）

元本の確定前においては、根抵当権者は、根抵当権設定者の承諾を得て、その根抵当権の一部譲渡（譲渡人が譲受人と根抵当権を共有するため、これを分割しないで譲り渡すことをいう。以下この節において同じ。）をすることができる。

第398条の14（根抵当権の共有）

1　根抵当権の共有者は、それぞれその債権額の割合に応じて弁済を受ける。ただし、元本の確定前に、これと異なる割合を定め、又はある者が他の者に先立って弁済を受けるべきことを定めたときは、その定めに従う。

2　根抵当権の共有者は、他の共有者の同意を得て、第398条の12第1項の規定によりその権利を譲り渡すことができる。

第398条の15（抵当権の順位の譲渡又は放棄と根抵当権の譲渡又は一部譲渡）

抵当権の順位の譲渡又は放棄を受けた根抵当権者が、その根抵当権の譲渡又は一部譲渡をしたときは、譲受人は、その順位の譲渡又は放棄の利益を受ける。

第398条の16（共同根抵当）

第392条及び第393条の規定は、根抵当権については、その設定と同時に同一の債権の担保として数個の不動産につき根抵当権が設定された旨の登記をした場合に限り、適用する。

第398条の17（共同根抵当の変更等）

1　前条の登記がされている根抵当権の担保すべき債権の範囲、債務者若しくは極度額の変更又はその譲渡若しくは一部譲渡は、その根抵当権が設定されているすべての不動産について登記をしなければ、その効力を生じない。

2　前条の登記がされている根抵当権の担保すべき元本は、一個の不動産についてのみ確定すべき事由が生じた場合においても、確定する。

第398条の18（累積根抵当）

数個の不動産につき根抵当権を有する者は、第398条の16の場合を除き、各不動産の代価について、各極度額に至るまで優先権を行使することができる。

第398条の19（根抵当権の元本の確定請求）

1　根抵当権設定者は、根抵当権の設定の時から3年を経過したときは、担保すべき元本の確定を請求することができる。この場合において、担保すべき元本は、その請求の時から2週間を経過することによって確定する。

2　根抵当権者は、いつでも、担保すべき元本の確定を請求することができる。この場合において、担保すべき元本は、その請求の時に確定する。

3　前二項の規定は、担保すべき元本の確定すべき期日の定めがあるときは、適用しない。

第398条の20（根抵当権の元本の確定事由）

1　次に掲げる場合には、根抵当権の担保すべ

き元本は、確定する。

① 根抵当権者が抵当不動産について競売若しくは担保不動産収益執行又は第372条において準用する第304条の規定による差押えを申し立てたとき。ただし、競売手続若しくは担保不動産収益執行手続の開始又は差押えがあったときに限る。

② 根抵当権者が抵当不動産に対して滞納処分による差押えをしたとき。

③ 根抵当権者が抵当不動産に対する競売手続の開始又は滞納処分による差押えがあったことを知った時から2週間を経過したとき。

④ 債務者又は根抵当権設定者が破産手続開始の決定を受けたとき。

2 前項第3号の競売手続の開始若しくは差押え又は同項第4号の破産手続開始の決定の効力が消滅したときは、担保すべき元本は、確定しなかったものとみなす。ただし、元本が確定したものとしてその根抵当権又はこれを目的とする権利を取得した者があるときは、この限りでない。

第398条の21（根抵当権の極度額の減額請求）

1 元本の確定後においては、根抵当権設定者は、その根抵当権の極度額を、現に存する債務の額と以後2年間に生ずべき利息その他の定期金及び債務の不履行による損害賠償の額とを加えた額に減額することを請求することができる。

2 第398条の16の登記がされている根抵当権の極度額の減額については、前項の規定による請求は、そのうちの1個の不動産についてすれば足りる。

第398条の22（根抵当権の消滅請求）

1 元本の確定後において現に存する債務の額が根抵当権の極度額を超えるときは、他人の債務を担保するためその根抵当権を設定した者又は抵当不動産について所有権、地上権、永小作権若しくは第三者に対抗することができる賃借権を取得した第三者は、その極度額に相当する金額を払い渡し又は供託して、その根抵当権の消滅請求をすることができる。この場合において、その払渡し又は供託は、弁済の効力を有する。

2 第398条の16の登記がされている根抵当権は、1個の不動産について前項の消滅請求があったときは、消滅する。

3 第380条及び第381条の規定は、第1項の消滅請求について準用する。

第3編　債権（抄）

第1章　総則（抄）

【第1節　債権の目的】

第399条（債権の目的）

債権は、金銭に見積もることができないものであっても、その目的とすることができる。

第400条（特定物の引渡しの場合の注意義務）

債権の目的が特定物の引渡しであるときは、債務者は、その引渡しをするまで、契約その他の債権の発生原因及び取引上の社会通念に照らして定まる善良な管理者の注意をもって、その物を保存しなければならない。

第401条（種類債権）

1 債権の目的物を種類のみで指定した場合において、法律行為の性質又は当事者の意思によってその品質を定めることができないときは、債務者は、中等の品質を有する物を給付しなければならない。

2 前項の場合において、債務者が物の給付をするのに必要な行為を完了し、又は債権者の同意を得てその給付すべき物を指定したときは、以後その物を債権の目的物とする。

第402条（金銭債権）

1 債権の目的物が金銭であるときは、債務者は、その選択に従い、各種の通貨で弁済をすることができる。ただし、特定の種類の通貨の給付を債権の目的としたときは、この限りでない。

2 債権の目的物である特定の種類の通貨が弁済期に強制通用の効力を失っているときは、債務者は、他の通貨で弁済をしなければならない。

3 前二項の規定は、外国の通貨の給付を債権の目的とした場合について準用する。

第403条

外国の通貨で債権額を指定したときは、債務者は、履行地における為替相場により、日本の通貨で弁済をすることができる。

第404条（法定利率）

1 利息を生ずべき債権について別段の意思表示がないときは、その利率は、その利息が生じた最初の時点における法定利率による。

2 法定利率は、年3パーセントとする。

3 前項の規定にかかわらず、法定利率は、法務省令で定めるところにより、3年を1期とし、1期ごとに、次項の規定により変動するものとする。

民法

33

4 各期における法定利率は、この項の規定により法定利率に変動があった期のうち直近のもの（以下この項において「直近変動期」という。）における基準割合と当期における基準割合との差に相当する割合（その割合に1パーセント未満の端数があるときは、これを切り捨てる。）を直近変動期における法定利率に加算し、又は減算した割合とする。

5 前項に規定する「基準割合」とは、法務省令で定めるところにより、各期の初日の属する年の6年前の年の1月から前々年の12月までの各月における短期貸付けの平均利率（当該各月において銀行が新たに行った貸付け（貸付期間が1年未満のものに限る。）に係る利率の平均をいう。）の合計を60で除して計算した割合（その割合に0.1パーセント未満の端数があるときは、これを切り捨てる。）として法務大臣が告示するものをいう。

第405条（利息の元本への組入れ）
利息の支払が1年分以上延滞した場合において、債権者が催告をしても、債務者がその利息を支払わないときは、債権者は、これを元本に組み入れることができる。

第406条（選択債権における選択権の帰属）
債権の目的が数個の給付の中から選択によって定まるときは、その選択権は、債務者に属する。

第407条（選択権の行使）
1 前条の選択権は、相手方に対する意思表示によって行使する。
2 前項の意思表示は、相手方の承諾を得なければ、撤回することができない。

第408条（選択権の移転）
債権が弁済期にある場合において、相手方から相当の期間を定めて催告をしても、選択権を有する当事者がその期間内に選択をしないときは、その選択権は、相手方に移転する。

第409条（第三者の選択権）
1 第三者が選択をすべき場合には、その選択は、債権者又は債務者に対する意思表示によってする。
2 前項に規定する場合において、第三者が選択をすることができず、又は選択をする意思を有しないときは、選択権は、債務者に移転する。

第410条（不能による選択債権の特定）
債権の目的である給付の中に不能のものがある場合において、その不能が選択権を有する者の過失によるものであるときは、債権は、その残存するものについて存在する。

第411条（選択の効力）
選択は、債権の発生の時にさかのぼってその効力を生ずる。ただし、第三者の権利を害することはできない。

【第2節 債権の効力】
第1款 債務不履行の責任等
第412条（履行期と履行遅滞）
1 債務の履行について確定期限があるときは、債務者は、その期限の到来した時から遅滞の責任を負う。
2 債務の履行について不確定期限があるときは、債務者は、その期限の到来した後に履行の請求を受けた時又はその期限の到来したことを知った時のいずれか早い時から遅滞の責任を負う。
3 債務の履行について期限を定めなかったときは、債務者は、履行の請求を受けた時から遅滞の責任を負う。

第412条の2（履行不能）
1 債務の履行が契約その他の債務の発生原因及び取引上の社会通念に照らして不能であるときは、債権者は、その債務の履行を請求することができない。
2 契約に基づく債務の履行がその契約の成立の時に不能であったことは、第415条の規定によりその履行の不能によって生じた損害の賠償を請求することを妨げない。

第413条（受領遅滞）
1 債権者が債務の履行を受けることを拒み、又は受けることができない場合において、その債務の目的が特定物の引渡しであるときは、債務者は、履行の提供をした時からその引渡しをするまで、自己の財産に対するのと同一の注意をもって、その物を保存すれば足りる。
2 債権者が債務の履行を受けることを拒み、又は受けることができないことによって、その履行の費用が増加したときは、その増加額は、債権者の負担とする。

第413条の2（履行遅滞中又は受領遅滞中の履行不能と帰責事由）
1 債務者がその債務について遅滞の責任を負っている間に当事者双方の責めに帰することができない事由によってその債務の履行が不能となったときは、その履行の不能は、債務者の責めに帰すべき事由によるものとみなす。
2 債権者が債務の履行を受けることを拒み、又は受けることができない場合において、履行の提供があった時以後に当事者双方の責め

に帰することができない事由によってその債務の履行が不能となったときは、その履行の不能は、債権者の責めに帰すべき事由によるものとみなす。

第414条（履行の強制）

1　債務者が任意に債務の履行をしないときは、債権者は、民事執行法その他強制執行の手続に関する法令の規定に従い、直接強制、代替執行、間接強制その他の方法による履行の強制を裁判所に請求することができる。ただし、債務の性質がこれを許さないときは、この限りでない。

2　前項の規定は、損害賠償の請求を妨げない。

第415条（債務不履行による損害賠償）

1　債務者がその債務の本旨に従った履行をしないとき又は債務の履行が不能であるときは、債権者は、これによって生じた損害の賠償を請求することができる。ただし、その債務の不履行が契約その他の債務の発生原因及び取引上の社会通念に照らして債務者の責めに帰することができない事由によるものであるときは、この限りでない。

2　前項の規定により損害賠償の請求をすることができる場合において、債権者は、次に掲げるときは、債務の履行に代わる損害賠償の請求をすることができる。

①　債務の履行が不能であるとき。

②　債務者がその債務の履行を拒絶する意思を明確に表示したとき。

③　債務が契約によって生じたものである場合において、その契約が解除され、又は債務の不履行による契約の解除権が発生したとき。

第416条（損害賠償の範囲）

1　債務の不履行に対する損害賠償の請求は、これによって通常生ずべき損害の賠償をさせることをその目的とする。

2　特別の事情によって生じた損害であっても、当事者がその事情を予見すべきであったときは、債権者は、その賠償を請求することができる。

第417条（損害賠償の方法）

損害賠償は、別段の意思表示がないときは、金銭をもってその額を定める。

第417条の2（中間利息の控除）

1　将来において取得すべき利益についての損害賠償の額を定める場合において、その利益を取得すべき時までの利息相当額を控除するときは、その損害賠償の請求権が生じた時点

における法定利率により、これをする。

2　将来において負担すべき費用についての損害賠償の額を定める場合において、その費用を負担すべき時までの利息相当額を控除するときも、前項と同様とする。

第418条（過失相殺）

債務の不履行又はこれによる損害の発生若しくは拡大に関して債権者に過失があったときは、裁判所は、これを考慮して、損害賠償の責任及びその額を定める。

第419条（金銭債務の特則）

1　金銭の給付を目的とする債務の不履行については、その損害賠償の額は、債務者が遅滞の責任を負った最初の時点における法定利率によって定める。ただし、約定利率が法定利率を超えるときは、約定利率による。

2　前項の損害賠償については、債権者は、損害の証明をすることを要しない。

3　第1項の損害賠償については、債務者は、不可抗力をもって抗弁とすることができない。

第420条（賠償額の予定）

1　当事者は、債務の不履行について損害賠償の額を予定することができる。

2　賠償額の予定は、履行の請求又は解除権の行使を妨げない。

3　違約金は、賠償額の予定と推定する。

第421条

前条の規定は、当事者が金銭でないものを損害の賠償に充てるべき旨を予定した場合について準用する。

第422条（損害賠償による代位）

債権者が、損害賠償として、その債権の目的である物又は権利の価額の全部の支払を受けたときは、債務者は、その物又は権利について当然に債権者に代位する。

第422条の2（代償請求権）

債務者が、その債務の履行が不能となったのと同一の原因により債務の目的物の代償である権利又は利益を取得したときは、債権者は、その受けた損害の額の限度において、債務者に対し、その権利の移転又はその利益の償還を請求することができる。

第2款　債権者代位権

第423条（債権者代位権の要件）

1　債権者は、自己の債権を保全するため必要があるときは、債務者に属する権利（以下「被代位権利」という。）を行使することができる。ただし、債務者の一身に専属する権利及び差押えを禁じられた権利は、この限りでない。

2　債権者は、その債権の期限が到来しない間は、被代位権利を行使することができない。ただし、**保存行為**は、この限りでない。

3　債権者は、その債権が強制執行により実現することのできないものであるときは、被代位権利を行使することができない。

第423条の2　（代位行使の範囲）

　債権者は、被代位権利を行使する場合において、被代位権利の目的が可分であるときは、**自己の債権の額の限度においてのみ**、被代位権利を行使することができる。

第423条の3　（債権者への支払又は引渡し）

　債権者は、被代位権利を行使する場合において、被代位権利が**金銭**の支払又は**動産**の引渡しを目的とするものであるときは、相手方に対し、その支払又は引渡しを**自己に対してすることを求めることができる**。この場合において、相手方が債権者に対してその支払又は引渡しをしたときは、被代位権利は、これによって消滅する。

第423条の4　（相手方の抗弁）

　債権者が被代位権利を行使したときは、相手方は、債務者に対して主張することができる抗弁をもって、債権者に対抗することができる。

第423条の5　（債務者の取立てその他の処分の権限等）

　債権者が被代位権利を行使した場合であっても、債務者は、被代位権利について、自ら取立てその他の処分をすることを妨げられない。この場合においては、相手方も、被代位権利について、債務者に対して履行をすることを妨げられない。

第423条の6　（被代位権利の行使に係る訴えを提起した場合の訴訟告知）

　債権者は、被代位権利の行使に係る訴えを提起したときは、遅滞なく、債務者に対し、**訴訟告知**をしなければならない。

第423条の7　（登記又は登録の請求権を保全するための債権者代位権）

　登記又は登録をしなければ権利の得喪及び変更を第三者に対抗することができない財産を譲り受けた者は、その譲渡人が第三者に対して有する登記手続又は登録手続をすべきことを請求する権利を行使しないときは、その権利を行使することができる。この場合においては、前三条の規定を準用する。

**　　第3款　詐害行為取消権**
**　　　第1目　詐害行為取消権の要件**
第424条（詐害行為取消請求）

1　債権者は、債務者が債権者を害することを知ってした行為の**取消しを裁判所に請求する**ことができる。ただし、その行為によって利益を受けた者（以下この款において「受益者」という。）がその行為の時において債権者を害することを知らなかったときは、この限りでない。

2　前項の規定は、財産権を目的としない行為については、適用しない。

3　債権者は、その**債権**が第1項に規定する**行為の前の原因に基づいて生じた**ものである場合に限り、同項の規定による請求（以下「詐害行為取消請求」という。）をすることができる。

4　債権者は、その債権が強制執行により実現することのできないものであるときは、詐害行為取消請求をすることができない。

第424条の2　（相当の対価を得てした財産の処分行為の特則）

　債務者が、その有する財産を処分する行為をした場合において、受益者から相当の対価を取得しているときは、債権者は、次に掲げる要件のいずれにも該当する場合に限り、その行為について、詐害行為取消請求をすることができる。

①　その行為が、不動産の金銭への換価その他の当該処分による財産の種類の変更により、債務者において隠匿、無償の供与その他の債権者を害することとなる処分（以下この条において「隠匿等の処分」という。）をするおそれを現に生じさせるものであること。

②　債務者が、その行為の当時、対価として取得した金銭その他の財産について、隠匿等の処分をする意思を有していたこと。

③　受益者が、その行為の当時、債務者が隠匿等の処分をする意思を有していたことを知っていたこと。

第424条の3　（特定の債権者に対する担保の供与等の特則）

1　債務者がした既存の債務についての担保の供与又は債務の消滅に関する行為について、債権者は、次に掲げる要件のいずれにも該当する場合に限り、詐害行為取消請求をすることができる。

①　その行為が、債務者が支払不能（債務者が、支払能力を欠くために、その債務のうち弁済期にあるものにつき、一般的かつ継続的に弁済することができない状態をいう。次項第1号において同じ。）の時に行われたものであること。

② その行為が、債務者と受益者とが通謀して他の債権者を害する意図をもって行われたものであること。

2 前項に規定する行為が、債務者の義務に属せず、又はその時期が債務者の義務に属しないものである場合において、次に掲げる要件のいずれにも該当するときは、債権者は、同項の規定にかかわらず、その行為について、詐害行為取消請求をすることができる。

① その行為が、債務者が支払不能になる前30日以内に行われたものであること。

② その行為が、債務者と受益者とが通謀して他の債権者を害する意図をもって行われたものであること。

第424条の4（過大な代物弁済等の特則）

債務者がした債務の消滅に関する行為であって、受益者の受けた給付の価額がその行為によって消滅した債務の額より過大であるものについて、第424条に規定する要件に該当するときは、債権者は、前条第1項の規定にかかわらず、その消滅した債務の額に相当する部分以外の部分については、詐害行為取消請求をすることができる。

第424条の5（転得者に対する詐害行為取消請求）

債権者は、受益者に対して詐害行為取消請求をすることができる場合において、受益者に移転した財産を転得した者があるときは、次の各号に掲げる区分に応じ、それぞれ当該各号に定める場合に限り、その転得者に対しても、詐害行為取消請求をすることができる。

① その転得者が受益者から転得した者である場合 その転得者が、転得の当時、債務者がした行為が債権者を害することを知っていたとき。

② その転得者が他の転得者から転得した者である場合 その転得者及びその前に転得した全ての転得者が、それぞれの転得の当時、債務者がした行為が債権者を害することを知っていたとき。

第2目 詐害行為取消権の行使の方法等

第424条の6（財産の返還又は価額の償還の請求）

1 債権者は、受益者に対する詐害行為取消請求において、債務者がした行為の取消しとともに、その行為によって受益者に移転した財産の返還を請求することができる。受益者がその財産の返還をすることが困難であるときは、債権者は、その価額の償還を請求するこ

とができる。

2 債権者は、転得者に対する詐害行為取消請求において、債務者がした行為の取消しとともに、転得者が転得した財産の返還を請求することができる。転得者がその財産の返還をすることが困難であるときは、債権者は、その価額の償還を請求することができる。

第424条の7（被告及び訴訟告知）

1 詐害行為取消請求に係る訴えについては、次の各号に掲げる区分に応じ、それぞれ当該各号に定める者を被告とする。

① 受益者に対する詐害行為取消請求に係る訴え 受益者

② 転得者に対する詐害行為取消請求に係る訴え その詐害行為取消請求の相手方である転得者

2 債権者は、詐害行為取消請求に係る訴えを提起したときは、遅滞なく、債務者に対し、訴訟告知をしなければならない。

第424条の8（詐害行為の取消しの範囲）

1 債権者は、詐害行為取消請求をする場合において、債務者がした行為の目的が可分であるときは、自己の債権の額の限度においてのみ、その行為の取消しを請求することができる。

2 債権者が第424条の6第1項後段又は第2項後段の規定により価額の償還を請求する場合についても、前項と同様とする。

第424条の9（債権者への支払又は引渡し）

1 債権者は、第424条の6第1項前段又は第2項前段の規定により受益者又は転得者に対して財産の返還を請求する場合において、その返還の請求が金銭の支払又は動産の引渡しを求めるものであるときは、受益者に対してその支払又は引渡しを、転得者に対してその引渡しを、自己に対してすることを求めることができる。この場合において、受益者又は転得者は、債権者に対してその支払又は引渡しをしたときは、債務者に対してその支払又は引渡しをすることを要しない。

2 債権者が第424条の6第1項後段又は第2項後段の規定により受益者又は転得者に対して価額の償還を請求する場合についても、前項と同様とする。

第3目 詐害行為取消権の行使の効果

第425条（認容判決の効力が及ぶ者の範囲）

詐害行為取消請求を認容する確定判決は、債務者及びその全ての債権者に対してもその効力を有する。

第425条の2（債務者の受けた反対給付に関する受益者の権利）

債務者がした財産の処分に関する行為（債務の消滅に関する行為を除く。）が取り消されたときは、受益者は、債務者に対し、その財産を取得するためにした反対給付の返還を請求することができる。債務者がその反対給付の返還をすることが困難であるときは、受益者は、その価額の償還を請求することができる。

第425条の3（受益者の債権の回復）

債務者がした債務の消滅に関する行為が取り消された場合（第424条の4の規定により取り消された場合を除く。）において、受益者が債務者から受けた給付を返還し、又はその価額を償還したときは、受益者の債務者に対する債権は、これによって原状に復する。

第425条の4（詐害行為取消請求を受けた転得者の権利）

債務者がした行為が転得者に対する詐害行為取消請求によって取り消されたときは、その転得者は、次の各号に掲げる区分に応じ、それぞれ当該各号に定める権利を行使することができる。ただし、その転得者がその前者から財産を取得するためにした反対給付又はその前者から財産を取得することによって消滅した債権の価額を限度とする。

① 第425条の2に規定する行為が取り消された場合　その行為が受益者に対する詐害行為取消請求によって取り消されたとすれば同条の規定により生ずべき受益者の債務者に対する反対給付の返還請求権又はその価額の償還請求権

② 前条に規定する行為が取り消された場合（第424条の4の規定により取り消された場合を除く。）　その行為が受益者に対する詐害行為取消請求によって取り消されたとすれば前条の規定により回復すべき受益者の債務者に対する債権

第4目　詐害行為取消権の期間の制限

第426条

詐害行為取消請求に係る訴えは、債務者が債権者を害することを知って行為をしたことを債権者が知った時から2年を経過したときは、提起することができない。行為の時から10年を経過したときも、同様とする。

【第3節　多数当事者の債権及び債務】

第1款　総則

第427条（分割債権及び分割債務）

数人の債権者又は債務者がある場合において、別段の意思表示がないときは、各債権者又は各債務者は、それぞれ等しい割合で権利を有し、又は義務を負う。

第2款　不可分債権及び不可分債務

第428条（不可分債権）

次款（連帯債権）の規定（第433条及び第435条の規定を除く。）は、債権の目的がその性質上不可分である場合において、数人の債権者があるときについて準用する。

第429条（不可分債権者の1人との間の更改又は免除）

不可分債権者の1人と債務者との間に更改又は免除があった場合においても、他の不可分債権者は、債務の全部の履行を請求することができる。この場合においては、その1人の不可分債権者がその権利を失わなければ分与されるべき利益を債務者に償還しなければならない。

第430条（不可分債務）

第4款（連帯債務）の規定（第440条の規定を除く。）は、債務の目的がその性質上不可分である場合において、数人の債務者があるときについて準用する。

第431条（可分債権又は可分債務への変更）

不可分債権が可分債権となったときは、各債権者は自己が権利を有する部分についてのみ履行を請求することができ、不可分債務が可分債務となったときは、各債務者はその負担部分についてのみ履行の責任を負う。

第3款　連帯債権

第432条（連帯債権者による履行の請求等）

債権の目的がその性質上可分である場合において、法令の規定又は当事者の意思表示によって数人が連帯して債権を有するときは、各債権者は、全ての債権者のために全部又は一部の履行を請求することができ、債務者は、全ての債権者のために各債権者に対して履行をすることができる。

第433条（連帯債権者の1人との間の更改又は免除）

連帯債権者の1人と債務者との間に更改又は免除があったときは、その連帯債権者がその権利を失わなければ分与されるべき利益に係る部分については、他の連帯債権者は、履行を請求することができない。

第434条（連帯債権者の1人との間の相殺）

債務者が連帯債権者の1人に対して債権を有する場合において、その債務者が相殺を援用したときは、その相殺は、他の連帯債権者に対しても、その効力を生ずる。

第435条（連帯債権者の1人との間の混同）

連帯債権者の1人と債務者との間に混同があったときは、債務者は、弁済をしたものとみなす。

第435条の2（相対的効力の原則）

第432条から前条までに規定する場合を除き、連帯債権者の1人の行為又は1人について生じた事由は、他の連帯債権者に対してその効力を生じない。ただし、他の連帯債権者の1人及び債務者が別段の意思を表示したときは、当該他の連帯債権者に対する効力は、その意思に従う。

第4款　連帯債務

第436条（連帯債務者に対する履行の請求）

債務の目的がその性質上可分である場合において、法令の規定又は当事者の意思表示によって数人が連帯して債務を負担するときは、債権者は、その連帯債務者の1人に対し、又は同時に若しくは順次に全ての連帯債務者に対し、全部又は一部の履行を請求することができる。

第437条（連帯債務者の1人についての法律行為の無効等）

連帯債務者の1人について法律行為の無効又は取消しの原因があっても、他の連帯債務者の債務は、その効力を妨げられない。

第438条（連帯債務者の1人との間の更改）

連帯債務者の1人と債権者との間に更改があったときは、債権は、全ての連帯債務者の利益のために消滅する。

第439条（連帯債務者の1人による相殺等）

1　連帯債務者の1人が債権者に対して債権を有する場合において、その連帯債務者が相殺を援用したときは、債権は、全ての連帯債務者の利益のために消滅する。

2　前項の債権を有する連帯債務者が相殺を援用しない間は、その連帯債務者の負担部分の限度において、他の連帯債務者は、債権者に対して債務の履行を拒むことができる。

第440条（連帯債務者の1人との間の混同）

連帯債務者の1人と債権者との間に混同があったときは、その連帯債務者は、弁済をしたものとみなす。

第441条（相対的効力の原則）

第438条、第439条第1項及び前条に規定する場合を除き、連帯債務者の1人について生じた事由は、他の連帯債務者に対してその効力を生じない。ただし、債権者及び他の連帯債務者の1人が別段の意思を表示したときは、当該他の連帯債務者に対する効力は、その意思に従う。

第442条（連帯債務者間の求償権）

1　連帯債務者の1人が弁済をし、その他自己の財産をもって共同の免責を得たときは、その連帯債務者は、その免責を得た額が自己の負担部分を超えるかどうかにかかわらず、他の連帯債務者に対し、その免責を得るために支出した財産の額（その財産の額が共同の免責を得た額を超える場合にあっては、その免責を得た額）のうち各自の負担部分に応じた額の求償権を有する。

2　前項の規定による求償は、弁済その他免責があった日以後の法定利息及び避けることができなかった費用その他の損害の賠償を包含する。

第443条（通知を怠った連帯債務者の求償の制限）

1　他の連帯債務者があることを知りながら、連帯債務者の1人が共同の免責を得ることを他の連帯債務者に通知しないで弁済をし、その他自己の財産をもって共同の免責を得た場合において、他の連帯債務者は、債権者に対抗することができる事由を有していたときは、その負担部分について、その事由をもってその免責を得た連帯債務者に対抗することができる。この場合において、相殺をもってその免責を得た連帯債務者に対抗したときは、その連帯債務者は、債権者に対し、相殺によって消滅すべきであった債務の履行を請求することができる。

2　弁済をし、その他自己の財産をもって共同の免責を得た連帯債務者が、他の連帯債務者があることを知りながらその免責を得たことを他の連帯債務者に通知することを怠ったため、他の連帯債務者が善意で弁済その他自己の財産をもって免責を得るための行為をしたときは、当該他の連帯債務者は、その免責を得るための行為を有効であったものとみなすことができる。

第444条（償還をする資力のない者の負担部分の分担）

1　連帯債務者の中に償還をする資力のない者があるときは、その償還をすることができない部分は、求償者及び他の資力のある者の間で、各自の負担部分に応じて分割して負担する。

2　前項に規定する場合において、求償者及び他の資力のある者がいずれも負担部分を有しない者であるときは、その償還をすることができない部分は、求償者及び他の資力のある

者の間で、等しい割合で分割して負担する。

3 前二項の規定にかかわらず、償還を受けることができないことについて求償者に過失があるときは、他の連帯債務者に対して分担を請求することができない。

第445条（連帯債務者の1人との間の免除等と求償権）

連帯債務者の1人に対して債務の免除がされ、又は連帯債務者の1人のために時効が完成した場合においても、他の連帯債務者は、その1人の連帯債務者に対し、第442条第1項の求償権を行使することができる。

第5款　保証債務
第1目　総則
第446条（保証人の責任等）

1 保証人は、主たる債務者がその債務を履行しないときに、その履行をする責任を負う。

2 保証契約は、**書面**でしなければ、その効力を生じない。

3 保証契約がその内容を記録した電磁的記録によってされたときは、その保証契約は、書面によってされたものとみなして、前項の規定を適用する。

第447条（保証債務の範囲）

1 保証債務は、主たる債務に関する利息、違約金、損害賠償その他その債務に従たるすべてのものを包含する。

2 保証人は、その保証債務についてのみ、違約金又は損害賠償の額を約定することができる。

第448条（保証人の負担と主たる債務の目的又は態様）

1 保証人の負担が債務の目的又は態様において主たる債務より重いときは、これを主たる債務の限度に減縮する。

2 主たる債務の目的又は態様が保証契約の締結後に加重されたときであっても、保証人の負担は加重されない。

第449条（取り消すことができる債務の保証）

行為能力の制限によって取り消すことができる債務を保証した者は、保証契約の時においてその取消しの原因を知っていたときは、主たる債務の不履行の場合又はその債務の取消しの場合においてこれと同一の目的を有する独立の債務を負担したものと推定する。

第450条（保証人の要件）

1 債務者が保証人を立てる義務を負う場合には、その保証人は、次に掲げる要件を具備する者でなければならない。

① 行為能力者であること。

② 弁済をする資力を有すること。

2 保証人が前項第2号に掲げる要件を欠くに至ったときは、債権者は、同項各号に掲げる要件を具備する者をもってこれに代えることを請求することができる。

3 前二項の規定は、債権者が保証人を指名した場合には、適用しない。

第451条（他の担保の供与）

債務者は、前条第1項各号に掲げる要件を具備する保証人を立てることができないときは、他の担保を供してこれに代えることができる。

第452条（催告の抗弁）

債権者が保証人に債務の履行を請求したときは、保証人は、**まず主たる債務者に催告をすべき**旨を請求することができる。ただし、主たる債務者が破産手続開始の決定を受けたとき、又はその行方が知れないときは、この限りでない。

第453条（検索の抗弁）

債権者が前条の規定に従い主たる債務者に催告をした後であっても、保証人が主たる債務者に弁済をする資力があり、かつ、執行が容易であることを証明したときは、債権者は、**まず主たる債務者の財産について執行**をしなければならない。

第454条（連帯保証の場合の特則）

保証人は、主たる債務者と連帯して債務を負担したときは、前二条の権利を有しない。

第455条（催告の抗弁及び検索の抗弁の効果）

第452条又は第453条の規定により保証人の請求又は証明があったにもかかわらず、債権者が催告又は執行をすることを怠ったために主たる債務者から全部の弁済を得られなかったときは、保証人は、債権者が直ちに催告又は執行をすれば弁済を得ることができた限度において、その義務を免れる。

第456条（数人の保証人がある場合）

数人の保証人がある場合には、それらの保証人が各別の行為により債務を負担したときであっても、第427条の規定を適用する。

第457条（主たる債務者について生じた事由の効力）

1 主たる債務者に対する履行の請求その他の事由による時効の完成猶予及び更新は、保証人に対しても、その効力を生ずる。

2 保証人は、主たる債務者が主張することができる抗弁をもって債権者に対抗することができる。

3 主たる債務者が債権者に対して相殺権、取

40

消権又は解除権を有するときは、これらの権利の行使によって主たる債務者がその債務を免れるべき限度において、保証人は、債権者に対して債務の履行を拒むことができる。

第458条（連帯保証人について生じた事由の効力）

第438条、第439条第1項、第440条及び第441条の規定は、主たる債務者と連帯して債務を負担する保証人について生じた事由について準用する。

第458条の2（主たる債務の履行状況に関する情報の提供義務）

保証人が主たる債務者の委託を受けて保証をした場合において、保証人の請求があったときは、債権者は、保証人に対し、遅滞なく、主たる債務の元本及び主たる債務に関する利息、違約金、損害賠償その他その債務に従たる全てのものについての不履行の有無並びにこれらの残額及びそのうち弁済期が到来しているものの額に関する情報を提供しなければならない。

第458条の3（主たる債務者が期限の利益を喪失した場合における情報の提供義務）

1 主たる債務者が期限の利益を有する場合において、その利益を喪失したときは、債権者は、保証人に対し、その利益の喪失を知った時から2箇月以内に、その旨を通知しなければならない。

2 前項の期間内に同項の通知をしなかったときは、債権者は、保証人に対し、主たる債務者が期限の利益を喪失した時から同項の通知を現にするまでに生じた遅延損害金（期限の利益を喪失しなかったとしても生ずべきものを除く。）に係る保証債務の履行を請求することができない。

3 前二項の規定は、保証人が法人である場合には、適用しない。

第459条（委託を受けた保証人の求償権）

1 保証人が主たる債務者の委託を受けて保証をした場合において、主たる債務者に代わって弁済その他自己の財産をもって債務を消滅させる行為（以下「債務の消滅行為」という。）をしたときは、その保証人は、主たる債務者に対し、そのために支出した財産の額（その財産の額がその債務の消滅行為によって消滅した主たる債務の額を超える場合にあっては、その消滅した額）の求償権を有する。

2 第442条第2項の規定は、前項の場合について準用する。

第459条の2（委託を受けた保証人が弁済期前に弁済等をした場合の求償権）

1 保証人が主たる債務者の委託を受けて保証をした場合において、主たる債務の弁済期前に債務の消滅行為をしたときは、その保証人は、主たる債務者に対し、主たる債務者がその当時利益を受けた限度において求償権を有する。この場合において、主たる債務者が債務の消滅行為の日以前に相殺の原因を有していたことを主張するときは、保証人は、債権者に対し、その相殺によって消滅すべきであった債務の履行を請求することができる。

2 前項の規定による求償は、主たる債務の弁済期以後の法定利息及びその弁済期以後に債務の消滅行為をしたとしても避けることができなかった費用その他の損害の賠償を包含する。

3 第1項の求償権は、主たる債務の弁済期以後でなければ、これを行使することができない。

第460条（委託を受けた保証人の事前の求償権）

保証人は、主たる債務者の委託を受けて保証をした場合において、次に掲げるときは、主たる債務者に対して、あらかじめ、求償権を行使することができる。

① 主たる債務者が破産手続開始の決定を受け、かつ、債権者がその破産財団の配当に加入しないとき。

② 債務が弁済期にあるとき。ただし、保証契約の後に債権者が主たる債務者に許与した期限は、保証人に対抗することができない。

③ 保証人が過失なく債権者に弁済をすべき旨の裁判の言渡しを受けたとき。

第461条（主たる債務者が保証人に対して償還をする場合）

1 前条の規定により主たる債務者が保証人に対して償還をする場合において、債権者が全部の弁済を受けない間は、主たる債務者は、保証人に担保を供させ、又は保証人に対して自己に免責を得させることを請求することができる。

2 前項に規定する場合において、主たる債務者は、供託をし、担保を供し、又は保証人に免責を得させて、その償還の義務を免れることができる。

第462条（委託を受けない保証人の求償権）

1 第459条の2第1項の規定は、主たる債務者の委託を受けないで保証をした者が債務の

消滅行為をした場合について準用する。

2 　主たる債務者の意思に反して保証をした者
は、主たる債務者が現に利益を受けている限
度においてのみ求償権を有する。この場合に
おいて、主たる債務者が求償の日以前に相殺
の原因を有していたことを主張するときは、
保証人は、債権者に対し、その相殺によって
消滅すべきであった債務の履行を請求するこ
とができる。

3 　第459条の2第3項の規定は、前二項に規
定する保証人が主たる債務の弁済期前に債務
の消滅行為をした場合における求償権の行使
について準用する。

第463条（通知を怠った保証人の求償の制限等）

1 　保証人が主たる債務者の委託を受けて保証
をした場合において、主たる債務者にあらか
じめ通知しないで債務の消滅行為をしたとき
は、主たる債務者は、債権者に対抗すること
ができた事由をもってその保証人に対抗する
ことができる。この場合において、相殺をも
ってその保証人に対抗したときは、その保証
人は、債権者に対し、相殺によって消滅すべ
きであった債務の履行を請求することができ
る。

2 　保証人が主たる債務者の委託を受けて保証
をした場合において、主たる債務者が債務の
消滅行為をしたことを保証人に通知すること
を怠ったため、その保証人が善意で債務の消
滅行為をしたときは、その保証人は、その債
務の消滅行為を有効であったものとみなすこ
とができる。

3 　保証人が債務の消滅行為をした後に主たる
債務者が債務の消滅行為をした場合において
は、保証人が主たる債務者の意思に反して保
証をしたときのほか、保証人が債務の消滅行
為をしたことを主たる債務者に通知すること
を怠ったため、主たる債務者が善意で債務の
消滅行為をしたときも、主たる債務者は、そ
の債務の消滅行為を有効であったものとみな
すことができる。

第464条（連帯債務又は不可分債務の保証人の求償権）

連帯債務者又は不可分債務者の1人のために
保証をした者は、他の債務者に対し、その負担
部分のみについて求償権を有する。

第465条（共同保証人間の求償権）

1 　第442条から第444条までの規定は、数人の
保証人がある場合において、そのうちの1人
の保証人が、主たる債務が不可分であるため

又は各保証人が全額を弁済すべき旨の特約が
あるため、その全額又は自己の負担部分を超
える額を弁済したときについて準用する。

2 　第462条の規定は、前項に規定する場合を
除き、互いに連帯しない保証人の1人が全額
又は自己の負担部分を超える額を弁済したと
きについて準用する。

第2目　個人根保証契約

第465条の2（個人根保証契約の保証人の責任等）

1 　一定の範囲に属する不特定の債務を主たる
債務とする保証契約（以下「根保証契約」と
いう。）であって保証人が法人でないもの（以
下「個人根保証契約」という。）の保証人は、
主たる債務の元本、主たる債務に関する利息、
違約金、損害賠償その他その債務に従たる全
てのもの及びその保証債務について約定され
た違約金又は損害賠償の額について、その全
部に係る極度額を限度として、その履行をす
る責任を負う。

2 　個人根保証契約は、前項に規定する極度額
を定めなければ、その効力を生じない。

3 　第446条第2項及び第3項の規定は、個人
根保証契約における第1項に規定する極度額
の定めについて準用する。

第465条の3（個人貸金等根保証契約の元本確定期日）

1 　個人根保証契約であってその主たる債務の
範囲に金銭の貸渡し又は手形の割引を受ける
ことによって負担する債務（以下「貸金等債
務」という。）が含まれるもの（以下「個人
貸金等根保証契約」という。）において主た
る債務の元本の確定すべき期日（以下「元本
確定期日」という。）の定めがある場合にお
いて、その元本確定期日がその個人貸金等根
保証契約の締結の日から5年を経過する日よ
り後の日と定められているときは、その元本
確定期日の定めは、その効力を生じない。

2 　個人貸金等根保証契約において元本確定期
日の定めがない場合（前項の規定により元本
確定期日の定めがその効力を生じない場合を
含む。）には、その元本確定期日は、その個
人貸金等根保証契約の締結の日から3年を経
過する日とする。

3 　個人貸金等根保証契約における元本確定期
日の変更をする場合において、変更後の元本
確定期日がその変更をした日から5年を経過
する日より後の日となるときは、その元本確
定期日の変更は、その効力を生じない。ただ

し、元本確定期日の前2箇月以内に元本確定期日の変更をする場合において、変更後の元本確定期日が変更前の元本確定期日から5年以内の日となるときは、この限りでない。

4 第446条第2項及び第3項の規定は、個人貸金等根保証契約における元本確定期日の定め及びその変更（その個人貸金等根保証契約の締結の日から3年以内の日を元本確定期日とする旨の定め及び元本確定期日より前の日を変更後の元本確定期日とする変更を除く。）について準用する。

第465条の4 （個人根保証契約の元本の確定事由）

1 次に掲げる場合には、個人根保証契約における主たる債務の元本は、確定する。ただし、第1号に掲げる場合にあっては、強制執行又は担保権の実行の手続の開始があったときに限る。
　① 債権者が、保証人の財産について、金銭の支払を目的とする債権についての強制執行又は担保権の実行を申し立てたとき。
　② 保証人が破産手続開始の決定を受けたとき。
　③ 主たる債務者又は保証人が死亡したとき。
2 前項に規定する場合のほか、個人貸金等根保証契約における主たる債務の元本は、次に掲げる場合にも確定する。ただし、第1号に掲げる場合にあっては、強制執行又は担保権の実行の手続の開始があったときに限る。
　① 債権者が、主たる債務者の財産について、金銭の支払を目的とする債権についての強制執行又は担保権の実行を申し立てたとき。
　② 主たる債務者が破産手続開始の決定を受けたとき。

第465条の5 （保証人が法人である根保証契約の求償権）

1 保証人が法人である根保証契約において、第465条の2第1項に規定する極度額の定めがないときは、その根保証契約の保証人の主たる債務者に対する求償権に係る債務を主たる債務とする保証契約は、その効力を生じない。
2 保証人が法人である根保証契約であってその主たる債務の範囲に貸金等債務が含まれるものにおいて、元本確定期日の定めがないとき、又は元本確定期日の定め若しくはその変更が第465条の3第1項若しくは第3項の規定を適用するとすればその効力を生じないものであるときは、その根保証契約の保証人の

主たる債務者に対する求償権に係る債務を主たる債務とする保証契約は、その効力を生じない。主たる債務の範囲にその求償権に係る債務が含まれる根保証契約も、同様とする。
3 前二項の規定は、求償権に係る債務を主たる債務とする保証契約又は主たる債務の範囲に求償権に係る債務が含まれる根保証契約の保証人が法人である場合には、適用しない。

第3目 事業に係る債務についての保証契約の特則

第465条の6 （公正証書の作成と保証の効力）

1 事業のために負担した貸金等債務を主たる債務とする保証契約又は主たる債務の範囲に事業のために負担する貸金等債務が含まれる根保証契約は、その契約の締結に先立ち、その締結の日前1箇月以内に作成された公正証書で保証人になろうとする者が保証債務を履行する意思を表示していなければ、その効力を生じない。
2 前項の公正証書を作成するには、次に掲げる方式に従わなければならない。
　① 保証人になろうとする者が、次のイ又はロに掲げる契約の区分に応じ、それぞれ当該イ又はロに定める事項を公証人に口授すること。
　　イ　保証契約（ロに掲げるものを除く。）主たる債務の債権者及び債務者、主たる債務の元本、主たる債務に関する利息、違約金、損害賠償その他その債務に従たる全てのものの定めの有無及びその内容並びに主たる債務者がその債務を履行しないときには、その債務の全額について履行する意思（保証人になろうとする者が主たる債務者と連帯して債務を負担しようとするものである場合には、債権者が主たる債務者に対して催告をしたかどうか、主たる債務者がその債務を履行することができるかどうか、又は他に保証人があるかどうかにかかわらず、その全額について履行する意思）を有していること。
　　ロ　根保証契約　主たる債務の債権者及び債務者、主たる債務の範囲、根保証契約における極度額、元本確定期日の定めの有無及びその内容並びに主たる債務者がその債務を履行しないときには、極度額の限度において元本確定期日又は第465条の4第1項各号若しくは第2項各号に掲げる事由その他の元本を確定すべき事

由が生ずる時までに生ずべき主たる債務の元本及び主たる債務に関する利息、違約金、損害賠償その他その債務に従たる全てのものの全額について履行する意思（保証人になろうとする者が主たる債務者と連帯して債務を負担しようとするものである場合には、債権者が主たる債務者に対して催告をしたかどうか、主たる債務者がその債務を履行することができるかどうか、又は他に保証人があるかどうかにかかわらず、その全額について履行する意思）を有していること。

② 公証人が、保証人になろうとする者の口述を筆記し、これを保証人になろうとする者に読み聞かせ、又は閲覧させること。

③ 保証人になろうとする者が、筆記の正確なことを承認した後、署名し、印を押すこと。ただし、保証人になろうとする者が署名することができない場合は、公証人がその事由を付記して、署名に代えることができる。

④ 公証人が、その証書は前三号に掲げる方式に従って作ったものである旨を付記して、これに署名し、印を押すこと。

3 前二項の規定は、保証人になろうとする者が法人である場合には、適用しない。

第465条の7（保証に係る公正証書の方式の特則）

1 前条第1項の保証契約又は根保証契約の保証人になろうとする者が口がきけない者である場合には、公証人の前で、同条第2項第1号イ又はロに掲げる契約の区分に応じ、それぞれ当該イ又はロに定める事項を通訳人の通訳により申述し、又は自書して、同号の口授に代えなければならない。この場合における同項第2号の規定の適用については、同号中「口述」とあるのは、「通訳人の通訳による申述又は自書」とする。

2 前条第1項の保証契約又は根保証契約の保証人になろうとする者が耳が聞こえない者である場合には、公証人は、同条第2項第2号に規定する筆記した内容を通訳人の通訳により保証人になろうとする者に伝えて、同号の読み聞かせに代えることができる。

3 公証人は、前二項に定める方式に従って公正証書を作ったときは、その旨をその証書に付記しなければならない。

第465条の8（公正証書の作成と求償権についての保証の効力）

1 第465条の6第1項及び第2項並びに前条の規定は、事業のために負担した貸金等債務を主たる債務とする保証契約又は主たる債務の範囲に事業のために負担する貸金等債務が含まれる根保証契約の保証人の主たる債務者に対する求償権に係る債務を主たる債務とする保証契約について準用する。主たる債務の範囲にその求償権に係る債務が含まれる根保証契約も、同様とする。

2 前項の規定は、保証人になろうとする者が法人である場合には、適用しない。

第465条の9（公正証書の作成と保証の効力に関する規定の適用除外）

前三条の規定は、保証人になろうとする者が次に掲げる者である保証契約については、適用しない。

① 主たる債務者が法人である場合のその理事、取締役、執行役又はこれらに準ずる者

② 主たる債務者が法人である場合の次に掲げる者

イ 主たる債務者の総株主の議決権（株主総会において決議をすることができる事項の全部につき議決権を行使することができない株式についての議決権を除く。以下この号において同じ。）の過半数を有する者

ロ 主たる債務者の総株主の議決権の過半数を他の株式会社が有する場合における当該他の株式会社の総株主の議決権の過半数を有する者

ハ 主たる債務者の総株主の議決権の過半数を他の株式会社及び当該他の株式会社の総株主の議決権の過半数を有する者が有する場合における当該他の株式会社の総株主の議決権の過半数を有する者

ニ 株式会社以外の法人が主たる債務者である場合におけるイ、ロ又はハに掲げる者に準ずる者

③ 主たる債務者（法人であるものを除く。以下この号において同じ。）と共同して事業を行う者又は主たる債務者が行う事業に現に従事している主たる債務者の配偶者

第465条の10（契約締結時の情報の提供義務）

1 主たる債務者は、事業のために負担する債務を主たる債務とする保証又は主たる債務の範囲に事業のために負担する債務が含まれる根保証の委託をするときは、委託を受ける者

に対し、次に掲げる事項に関する情報を提供しなければならない。

① 財産及び収支の状況

② 主たる債務以外に負担している債務の有無並びにその額及び履行状況

③ 主たる債務の担保として他に提供し、又は提供しようとするものがあるときは、その旨及びその内容

2 主たる債務者が前項各号に掲げる事項に関して情報を提供せず、又は事実と異なる情報を提供したために委託を受けた者がその事項について誤認をし、それによって保証契約の申込み又はその承諾の意思表示をした場合において、主たる債務者がその事項に関して情報を提供せず又は事実と異なる情報を提供したことを債権者が知り又は知ることができたときは、保証人は、保証契約を取り消すことができる。

3 前二項の規定は、保証をする者が法人である場合には、適用しない。

【第4節 債権の譲渡】

第466条（債権の譲渡性）

1 債権は、譲り渡すことができる。ただし、その性質がこれを許さないときは、この限りでない。

2 当事者が債権の譲渡を禁止し、又は制限する旨の意思表示（以下「譲渡制限の意思表示」という。）をしたときであっても、債権の譲渡は、その効力を妨げられない。

3 前項に規定する場合には、譲渡制限の意思表示がされたことを知り、又は重大な過失によって知らなかった譲受人その他の第三者に対しては、債務者は、その債務の履行を拒むことができ、かつ、譲渡人に対する弁済その他の債務を消滅させる事由をもってその第三者に対抗することができる。

4 前項の規定は、債務者が債務を履行しない場合において、同項に規定する第三者が相当の期間を定めて譲渡人への履行の催告をし、その期間内に履行がないときは、その債務者については、適用しない。

第466条の2（譲渡制限の意思表示がされた債権に係る債務者の供託）

1 債務者は、譲渡制限の意思表示がされた金銭の給付を目的とする債権が譲渡されたときは、その債権の全額に相当する金銭を債務の履行地（債務の履行地が債権者の現在の住所により定まる場合にあっては、譲渡人の現在の住所を含む。次条において同じ。）の供託

所に供託することができる。

2 前項の規定により供託をした債務者は、遅滞なく、譲渡人及び譲受人に供託の通知をしなければならない。

3 第1項の規定により供託をした金銭は、譲受人に限り、還付を請求することができる。

第466条の3

前条第1項に規定する場合において、譲渡人について破産手続開始の決定があったときは、譲受人（同項の債権の全額を譲り受けた者であって、その債権の譲渡を債務者その他の第三者に対抗することができるものに限る。）は、譲渡制限の意思表示がされたことを知り、又は重大な過失によって知らなかったときであっても、債務者にその債権の全額に相当する金銭を債務の履行地の供託所に供託させることができる。この場合においては、同条第2項及び第3項の規定を準用する。

第466条の4（譲渡制限の意思表示がされた債権の差押え）

1 第466条第3項の規定は、譲渡制限の意思表示がされた債権に対する強制執行をした差押債権者に対しては、適用しない。

2 前項の規定にかかわらず、譲受人その他の第三者が譲渡制限の意思表示がされたことを知り、又は重大な過失によって知らなかった場合において、その債権者が同項の債権に対する強制執行をしたときは、債務者は、その債務の履行を拒むことができ、かつ、譲渡人に対する弁済その他の債務を消滅させる事由をもって差押債権者に対抗することができる。

第466条の5（預金債権又は貯金債権に係る譲渡制限の意思表示の効力）

1 預金口座又は貯金口座に係る預金又は貯金に係る債権（以下「預貯金債権」という。）について当事者がした譲渡制限の意思表示は、第466条第2項の規定にかかわらず、その譲渡制限の意思表示がされたことを知り、又は重大な過失によって知らなかった譲受人その他の第三者に対抗することができる。

2 前項の規定は、譲渡制限の意思表示がされた預貯金債権に対する強制執行をした差押債権者に対しては、適用しない。

第466条の6（将来債権の譲渡性）

1 債権の譲渡は、その意思表示の時に債権が現に発生していることを要しない。

2 債権が譲渡された場合において、その意思表示の時に債権が現に発生していないときは、譲受人は、発生した債権を当然に取得する。

3 前項に規定する場合において、譲渡人が次条の規定による通知をし、又は債務者が同条の規定による承諾をした時（以下「対抗要件具備時」という。）までに譲渡制限の意思表示がされたときは、譲受人その他の第三者がそのことを知っていたものとみなして、第466条第3項（譲渡制限の意思表示がされた債権が預貯金債権の場合にあっては、前条第1項）の規定を適用する。

第467条（債権の譲渡の対抗要件）

1 債権の譲渡（現に発生していない債権の譲渡を含む。）は、**譲渡人が債務者に通知**をし、又は**債務者が承諾**をしなければ、債務者その他の第三者に対抗することができない。

2 前項の通知又は承諾は、**確定日付のある証書**によってしなければ、債務者以外の第三者に対抗することができない。

第468条（債権の譲渡における債務者の抗弁）

1 債務者は、対抗要件具備時までに譲渡人に対して生じた事由をもって譲受人に対抗することができる。

2 第466条第4項の場合における前項の規定の適用については、同項中「対抗要件具備時」とあるのは、「第466条第4項の相当の期間を経過した時」とし、第466条の3の場合における同項の規定の適用については、同項中「対抗要件具備時」とあるのは、「第466条の3の規定により同条の譲受人から供託の請求を受けた時」とする。

第469条（債権の譲渡における相殺権）

1 債務者は、対抗要件具備時より前に取得した譲渡人に対する債権による相殺をもって譲受人に対抗することができる。

2 債務者が対抗要件具備時より後に取得した譲渡人に対する債権であっても、その債権が次に掲げるものであるときは、前項と同様とする。ただし、債務者が対抗要件具備時より後に他人の債権を取得したときは、この限りでない。

　① 対抗要件具備時より前の原因に基づいて生じた債権

　② 前号に掲げるもののほか、譲受人の取得した債権の発生原因である契約に基づいて生じた債権

3 第466条第4項の場合における前二項の規定の適用については、これらの規定中「対抗要件具備時」とあるのは、「第466条第4項の相当の期間を経過した時」とし、第466条の3の場合におけるこれらの規定の適用につい

ては、これらの規定中「対抗要件具備時」とあるのは、「第466条の3の規定により同条の譲受人から供託の請求を受けた時」とする。

【第5節　債務の引受け】

第1款　併存的債務引受

第470条（併存的債務引受の要件及び効果）

1 併存的債務引受の引受人は、債務者と連帯して、債務者が債権者に対して負担する債務と同一の内容の債務を負担する。

2 併存的債務引受は、債権者と引受人となる者との契約によってすることができる。

3 併存的債務引受は、債務者と引受人となる者との契約によってもすることができる。この場合において、併存的債務引受は、債権者が引受人となる者に対して承諾をした時に、その効力を生ずる。

4 前項の規定によってする併存的債務引受は、第三者のためにする契約に関する規定に従う。

第471条（併存的債務引受における引受人の抗弁等）

1 引受人は、併存的債務引受により負担した自己の債務について、その効力が生じた時に債務者が主張することができた抗弁をもって債権者に対抗することができる。

2 債務者が債権者に対して取消権又は解除権を有するときは、引受人は、これらの権利の行使によって債務者がその債務を免れるべき限度において、債権者に対して債務の履行を拒むことができる。

第2款　免責的債務引受

第472条（免責的債務引受の要件及び効果）

1 免責的債務引受の引受人は債務者が債権者に対して負担する債務と同一の内容の債務を負担し、債務者は自己の債務を免れる。

2 免責的債務引受は、債権者と引受人となる者との契約によってすることができる。この場合において、免責的債務引受は、債権者が債務者に対してその契約をした旨を通知した時に、その効力を生ずる。

3 免責的債務引受は、債務者と引受人となる者が契約をし、債権者が引受人となる者に対して承諾をすることによってもすることができる。

第472条の2（免責的債務引受における引受人の抗弁等）

1 引受人は、免責的債務引受により負担した自己の債務について、その効力が生じた時に債務者が主張することができた抗弁をもって債権者に対抗することができる。

2　債務者が債権者に対して取消権又は解除権を有するときは、引受人は、免責的債務引受がなければこれらの権利の行使によって債務者がその債務を免れることができた限度において、債権者に対して債務の履行を拒むことができる。

第472条の3（免責的債務引受における引受人の求償権）

免責的債務引受の引受人は、債務者に対して求償権を取得しない。

第472条の4（免責的債務引受による担保の移転）

1　債権者は、第472条第1項の規定により債務者が免れる債務の担保として設定された担保権を引受人が負担する債務に移すことができる。ただし、引受人以外の者がこれを設定した場合には、その承諾を得なければならない。

2　前項の規定による担保権の移転は、あらかじめ又は同時に引受人に対してする意思表示によってしなければならない。

3　前二項の規定は、第472条第1項の規定により債務者が免れる債務の保証をした者があるときについて準用する。

4　前項の場合において、同項において準用する第1項の承諾は、書面でしなければ、その効力を生じない。

5　前項の承諾がその内容を記録した電磁的記録によってされたときは、その承諾は、書面によってされたものとみなして、同項の規定を適用する。

【第6節　債権の消滅】

第1款　弁済

第1目　総則

第473条（弁済）

債務者が債権者に対して債務の弁済をしたときは、その債権は、消滅する。

第474条（第三者の弁済）

1　債務の弁済は、第三者もすることができる。

2　弁済をするについて正当な利益を有する者でない第三者は、債務者の意思に反して弁済をすることができない。ただし、債務者の意思に反することを債権者が知らなかったときは、この限りでない。

3　前項に規定する第三者は、債権者の意思に反して弁済をすることができない。ただし、その第三者が債務者の委託を受けて弁済をする場合において、そのことを債権者が知っていたときは、この限りでない。

4　前三項の規定は、その債務の性質が第三者の弁済を許さないとき、又は当事者が第三者の弁済を禁止し、若しくは制限する旨の意思表示をしたときは、適用しない。

第475条（弁済として引き渡した物の取戻し）

弁済をした者が弁済として他人の物を引き渡したときは、その弁済をした者は、更に有効な弁済をしなければ、その物を取り戻すことができない。

第476条（弁済として引き渡した物の消費又は譲渡がされた場合の弁済の効力等）

前条の場合において、債権者が弁済として受領した物を善意で消費し、又は譲り渡したときは、その弁済は、有効とする。この場合において、債権者が第三者から賠償の請求を受けたときは、弁済をした者に対して求償をすることを妨げない。

第477条（預金又は貯金の口座に対する払込みによる弁済）

債権者の預金又は貯金の口座に対する払込みによってする弁済は、債権者がその預金又は貯金に係る債権の債務者に対してその払込みに係る金額の払戻しを請求する権利を取得した時に、その効力を生ずる。

第478条（受領権者としての外観を有する者に対する弁済）

受領権者（債権者及び法令の規定又は当事者の意思表示によって弁済を受領する権限を付与された第三者をいう。以下同じ。）以外の者であって取引上の社会通念に照らして受領権者としての外観を有するものに対してした弁済は、その弁済をした者が善意であり、かつ、過失がなかったときに限り、その効力を有する。

第479条（受領権者以外の者に対する弁済）

前条の場合を除き、受領権者以外の者に対してした弁済は、債権者がこれによって利益を受けた限度においてのみ、その効力を有する。

第480条　削除

第481条（差押えを受けた債権の第三債務者の弁済）

1　差押えを受けた債権の第三債務者が自己の債権者に弁済をしたときは、差押債権者は、その受けた損害の限度において更に弁済をすべき旨を第三債務者に請求することができる。

2　前項の規定は、第三債務者からその債権者に対する求償権の行使を妨げない。

第482条（代物弁済）

弁済をすることができる者（以下「弁済者」という。）が、債権者との間で、債務者の負担

した給付に代えて他の給付をすることにより債務を消滅させる旨の契約をした場合において、その弁済者が当該他の給付をしたときは、その給付は、弁済と同一の効力を有する。

第483条（特定物の現状による引渡し）

債権の目的が特定物の引渡しである場合において、契約その他の債権の発生原因及び取引上の社会通念に照らしてその引渡しをすべき時の品質を定めることができないときは、弁済をする者は、その引渡しをすべき時の現状でその物を引き渡さなければならない。

第484条（弁済の場所及び時間）

1 弁済をすべき場所について別段の意思表示がないときは、特定物の引渡しは債権発生の時にその物が存在した場所において、その他の弁済は債権者の現在の住所において、それぞれしなければならない。

2 法令又は慣習により取引時間の定めがあるときは、その取引時間内に限り、弁済をし、又は弁済の請求をすることができる。

第485条（弁済の費用）

弁済の費用について別段の意思表示がないときは、その費用は、債務者の負担とする。ただし、債権者が住所の移転その他の行為によって弁済の費用を増加させたときは、その増加額は、債権者の負担とする。

第486条（受取証書の交付請求等）

1 弁済をする者は、弁済と引換えに、弁済を受領する者に対して受取証書の交付を請求することができる。

2 弁済をする者は、前項の受取証書の交付に代えて、その内容を記録した電磁的記録の提供を請求することができる。ただし、弁済を受領する者に不相当な負担を課するものであるときは、この限りでない。

第487条（債権証書の返還請求）

債権に関する証書がある場合において、弁済をした者が全部の弁済をしたときは、その証書の返還を請求することができる。

第488条（同種の給付を目的とする数個の債務がある場合の充当）

1 債務者が同一の債権者に対して同種の給付を目的とする数個の債務を負担する場合において、弁済として提供した給付が全ての債務を消滅させるのに足りないとき（次条第1項に規定する場合を除く。）は、弁済をする者は、給付の時に、その弁済を充当すべき債務を指定することができる。

2 弁済をする者が前項の規定による指定をし

ないときは、弁済を受領する者は、その受領の時に、その弁済を充当すべき債務を指定することができる。ただし、弁済をする者がその充当に対して直ちに異議を述べたときは、この限りでない。

3 前二項の場合における弁済の充当の指定は、相手方に対する意思表示によってする。

4 弁済をする者及び弁済を受領する者がいずれも第1項又は第2項の規定による指定をしないときは、次の各号の定めるところに従い、その弁済を充当する。

① 債務の中に弁済期にあるものと弁済期にないものとがあるときは、弁済期にあるものに先に充当する。

② 全ての債務が弁済期にあるとき、又は弁済期にないときは、債務者のために弁済の利益が多いものに先に充当する。

③ 債務者のために弁済の利益が相等しいときは、弁済期が先に到来したもの又は先に到来すべきものに先に充当する。

④ 前二号に掲げる事項が相等しい債務の弁済は、各債務の額に応じて充当する。

第489条（元本、利息及び費用を支払うべき場合の充当）

1 債務者が1個又は数個の債務について元本のほか利息及び費用を支払うべき場合（債務者が数個の債務を負担する場合にあっては、同一の債権者に対して同種の給付を目的とする数個の債務を負担するときに限る。）において、弁済をする者がその債務の全部を消滅させるのに足りない給付をしたときは、これを順次に費用、利息及び元本に充当しなければならない。

2 前条の規定は、前項の場合において、費用、利息又は元本のいずれかの全てを消滅させるのに足りない給付をしたときについて準用する。

第490条（合意による弁済の充当）

前二条の規定にかかわらず、弁済をする者と弁済を受領する者との間に弁済の充当の順序に関する合意があるときは、その順序に従い、その弁済を充当する。

第491条（数個の給付をすべき場合の充当）

1個の債務の弁済として数個の給付をすべき場合において、弁済をする者がその債務の全部を消滅させるのに足りない給付をしたときは、前三条の規定を準用する。

第492条（弁済の提供の効果）

債務者は、弁済の提供の時から、債務を履行

48

しないことによって生ずべき責任を免れる。

第493条（弁済の提供の方法）

弁済の提供は、債務の本旨に従って現実にしなければならない。ただし、**債権者があらかじめその受領を拒み、又は債務の履行について債権者の行為を要するとき**は、弁済の準備をしたことを通知してその受領の催告をすれば足りる。

第2目　弁済の目的物の供託

第494条（供託）

1　弁済者は、次に掲げる場合には、債権者のために弁済の目的物を供託することができる。この場合においては、弁済者が供託をした時に、その債権は、消滅する。
　①　弁済の提供をした場合において、債権者がその受領を拒んだとき。
　②　債権者が弁済を受領することができないとき。
2　弁済者が債権者を確知することができないときも、前項と同様とする。ただし、弁済者に過失があるときは、この限りでない。

第495条（供託の方法）

1　前条の規定による供託は、債務の履行地の供託所にしなければならない。
2　供託所について法令に特別の定めがない場合には、裁判所は、弁済者の請求により、供託所の指定及び供託物の保管者の選任をしなければならない。
3　前条の規定により供託をした者は、遅滞なく、債権者に供託の通知をしなければならない。

第496条（供託物の取戻し）

1　債権者が供託を受諾せず、又は供託を有効と宣告した判決が確定しない間は、弁済者は、供託物を取り戻すことができる。この場合においては、供託をしなかったものとみなす。
2　前項の規定は、供託によって質権又は抵当権が消滅した場合には、適用しない。

第497条（供託に適しない物等）

弁済者は、次に掲げる場合には、裁判所の許可を得て、弁済の目的物を競売に付し、その代金を供託することができる。
　①　その物が供託に適しないとき。
　②　その物について滅失、損傷その他の事由による価格の低落のおそれがあるとき。
　③　その物の保存について過分の費用を要するとき。
　④　前三号に掲げる場合のほか、その物を供託することが困難な事情があるとき。

第498条（供託物の還付請求等）

1　弁済の目的物又は前条の代金が供託された場合には、債権者は、供託物の還付を請求することができる。
2　債務者が債権者の給付に対して弁済をすべき場合には、債権者は、その給付をしなければ、供託物を受け取ることができない。

第3目　弁済による代位

第499条（弁済による代位の要件）

債務者のために弁済をした者は、債権者に代位する。

第500条

第467条の規定は、前条の場合（弁済をするについて正当な利益を有する者が債権者に代位する場合を除く。）について準用する。

第501条（弁済による代位の効果）

1　前二条の規定により債権者に代位した者は、債権の効力及び担保としてその債権者が有していた一切の権利を行使することができる。
2　前項の規定による権利の行使は、債権者に代位した者が自己の権利に基づいて債務者に対して求償をすることができる範囲内（保証人の1人が他の保証人に対して債権者に代位する場合には、自己の権利に基づいて当該他の保証人に対して求償をすることができる範囲内）に限り、することができる。
3　第1項の場合には、前項の規定によるほか、次に掲げるところによる。
　①　第三取得者（債務者から担保の目的となっている財産を譲り受けた者をいう。以下この項において同じ。）は、保証人及び物上保証人に対して債権者に代位しない。
　②　第三取得者の1人は、各財産の価格に応じて、他の第三取得者に対して債権者に代位する。
　③　前号の規定は、物上保証人の1人が他の物上保証人に対して債権者に代位する場合について準用する。
　④　保証人と物上保証人との間においては、その数に応じて、債権者に代位する。ただし、物上保証人が数人あるときは、保証人の負担部分を除いた残額について、各財産の価格に応じて、債権者に代位する。
　⑤　第三取得者から担保の目的となっている財産を譲り受けた者は、第三取得者とみなして第1号及び第2号の規定を適用し、物上保証人から担保の目的となっている財産を譲り受けた者は、物上保証人とみなして第1号、第3号及び前号の規定を適用する。

第502条（一部弁済による代位）

1　債権の一部について代位弁済があったときは、代位者は、債権者の同意を得て、その弁済をした価額に応じて、債権者とともにその権利を行使することができる。

2　前項の場合であっても、債権者は、単独でその権利を行使することができる。

3　前二項の場合に債権者が行使する権利は、その債権の担保の目的となっている財産の売却代金その他の当該権利の行使によって得られる金銭について、代位者が行使する権利に優先する。

4　第1項の場合において、債務の不履行による契約の解除は、債権者のみがすることができる。この場合においては、代位者に対し、その弁済をした価額及びその利息を償還しなければならない。

第503条（債権者による債権証書の交付等）

1　代位弁済によって全部の弁済を受けた債権者は、債権に関する証書及び自己の占有する担保物を代位者に交付しなければならない。

2　債権の一部について代位弁済があった場合には、債権者は、債権に関する証書にその代位を記入し、かつ、自己の占有する担保物の保存を代位者に監督させなければならない。

第504条（債権者による担保の喪失等）

1　弁済をするについて正当な利益を有する者（以下この項において「代位権者」という。）がある場合において、債権者が故意又は過失によってその担保を喪失し、又は減少させたときは、その代位権者は、代位をするに当たって担保の喪失又は減少によって償還を受けることができなくなる限度において、その責任を免れる。その代位権者が物上保証人である場合において、その代位権者から担保の目的となっている財産を譲り受けた第三者及びその特定承継人についても、同様とする。

2　前項の規定は、債権者が担保を喪失し、又は減少させたことについて取引上の社会通念に照らして合理的な理由があると認められるときは、適用しない。

第2款　相殺

第505条（相殺の要件等）

1　2人が互いに同種の目的を有する債務を負担する場合において、双方の債務が弁済期にあるときは、各債務者は、その対当額について相殺によってその債務を免れることができる。ただし、債務の性質がこれを許さないときは、この限りでない。

2　前項の規定にかかわらず、当事者が相殺を禁止し、又は制限する旨の意思表示をした場合には、その意思表示は、第三者がこれを知り、又は重大な過失によって知らなかったときに限り、その第三者に対抗することができる。

第506条（相殺の方法及び効力）

1　相殺は、当事者の一方から相手方に対する意思表示によってする。この場合において、その意思表示には、条件又は期限を付することができない。

2　前項の意思表示は、双方の債務が互いに相殺に適するようになった時にさかのぼってその効力を生ずる。

第507条（履行地の異なる債務の相殺）

相殺は、双方の債務の履行地が異なるときであっても、することができる。この場合において、相殺をする当事者は、相手方に対し、これによって生じた損害を賠償しなければならない。

第508条（時効により消滅した債権を自働債権とする相殺）

時効によって消滅した債権がその消滅以前に相殺に適するようになっていた場合には、その債権者は、相殺をすることができる。

第509条（不法行為等により生じた債権を受働債権とする相殺の禁止）

次に掲げる債務の債務者は、相殺をもって債権者に対抗することができない。ただし、その債権者がその債務に係る債権を他人から譲り受けたときは、この限りでない。

① 悪意による不法行為に基づく損害賠償の債務

② 人の生命又は身体の侵害による損害賠償の債務（前号に掲げるものを除く。）

第510条（差押禁止債権を受働債権とする相殺の禁止）

債権が差押えを禁じたものであるときは、その債務者は、相殺をもって債権者に対抗することができない。

第511条（差押えを受けた債権を受働債権とする相殺の禁止）

1　差押えを受けた債権の第三債務者は、差押え後に取得した債権による相殺をもって差押債権者に対抗することはできないが、差押え前に取得した債権による相殺をもって対抗することができる。

2　前項の規定にかかわらず、差押え後に取得した債権が差押え前の原因に基づいて生じたものであるときは、その第三債務者は、その

債権による相殺をもって差押債権者に対抗することができる。ただし、第三債務者が差押え後に他人の債権を取得したときは、この限りでない。

第512条（相殺の充当）

1　債権者が債務者に対して有する1個又は数個の債権と、債権者が債務者に対して負担する1個又は数個の債務について、債権者が相殺の意思表示をした場合において、当事者が別段の合意をしなかったときは、債権者の有する債権とその負担する債務は、相殺に適するようになった時期の順序に従って、その対当額について相殺によって消滅する。

2　前項の場合において、相殺をする債権者の有する債権がその負担する債務の全部を消滅させるのに足りないときであって、当事者が別段の合意をしなかったときは、次に掲げるところによる。

① 　債権者が数個の債務を負担するとき（次号に規定する場合を除く。）は、第488条第4項第2号から第4号までの規定を準用する。

② 　債権者が負担する1個又は数個の債務について元本のほか利息及び費用を支払うべきときは、第489条の規定を準用する。この場合において、同条第2項中「前条」とあるのは、「前条第4項第2号から第4号まで」と読み替えるものとする。

3　第1項の場合において、相殺をする債権者の負担する債務がその有する債権の全部を消滅させるのに足りないときは、前項の規定を準用する。

第512条の2

債権者が債務者に対して有する債権に、1個の債権の弁済として数個の給付をすべきものがある場合における相殺については、前条の規定を準用する。債権者が債務者に対して負担する債務に、1個の債務の弁済として数個の給付をすべきものがある場合における相殺についても、同様とする。

第3款　更改

第513条（更改）

当事者が従前の債務に代えて、新たな債務であって次に掲げるものを発生させる契約をしたときは、従前の債務は、更改によって消滅する。

① 　従前の給付の内容について重要な変更をするもの

② 　従前の債務者が第三者と交替するもの

③ 　従前の債権者が第三者と交替するもの

第514条（債務者の交替による更改）

1　債務者の交替による更改は、債権者と更改後に債務者となる者との契約によってすることができる。この場合において、更改は、債権者が更改前の債務者に対してその契約をした旨を通知した時に、その効力を生ずる。

2　債務者の交替による更改後の債務者は、更改前の債務者に対して求償権を取得しない。

第515条（債権者の交替による更改）

1　債権者の交替による更改は、更改前の債権者、更改後に債権者となる者及び債務者の契約によってすることができる。

2　債権者の交替による更改は、確定日付のある証書によってしなければ、第三者に対抗することができない。

第516条及び第517条　削除

第518条（更改後の債務への担保の移転）

1　債権者（債権者の交替による更改にあっては、更改前の債権者）は、更改前の債務の目的の限度において、その債務の担保として設定された質権又は抵当権を更改後の債務に移すことができる。ただし、第三者がこれを設定した場合には、その承諾を得なければならない。

2　前項の質権又は抵当権の移転は、あらかじめ又は同時に更改の相手方（債権者の交替による更改にあっては、債務者）に対してする意思表示によってしなければならない。

第4款　免除

第519条

債権者が債務者に対して債務を免除する意思を表示したときは、その債権は、消滅する。

第5款　混同

第520条

債権及び債務が同一人に帰属したときは、その債権は、消滅する。ただし、その債権が第三者の権利の目的であるときは、この限りでない。

【第7節　有価証券】（略）

第2章　契約（抄）

【第1節　総則】（抄）

第1款　契約の成立（抄）

第521条（契約の締結及び内容の自由）

1　何人も、法令に特別の定めがある場合を除き、契約をするかどうかを自由に決定することができる。

2　契約の当事者は、法令の制限内において、契約の内容を自由に決定することができる。

第522条（契約の成立と方式）

1 契約は、契約の内容を示してその締結を申し入れる意思表示（以下「申込み」という。）に対して相手方が承諾をしたときに成立する。

2 契約の成立には、法令に特別の定めがある場合を除き、書面の作成その他の方式を具備することを要しない。

第523条（承諾の期間の定めのある申込み）

1 承諾の期間を定めてした申込みは、撤回することができない。ただし、申込者が撤回をする権利を留保したときは、この限りでない。

2 申込者が前項の申込みに対して同項の期間内に承諾の通知を受けなかったときは、その申込みは、その効力を失う。

第524条（遅延した承諾の効力）

申込者は、遅延した承諾を新たな申込みとみなすことができる。

第525条（承諾の期間の定めのない申込み）

1 承諾の期間を定めないでした申込みは、申込者が承諾の通知を受けるのに相当な期間を経過するまでは、撤回することができない。ただし、申込者が撤回をする権利を留保したときは、この限りでない。

2 対話者に対してした前項の申込みは、同項の規定にかかわらず、その対話が継続している間は、いつでも撤回することができる。

3 対話者に対してした第1項の申込みに対して対話が継続している間に申込者が承諾の通知を受けなかったときは、その申込みは、その効力を失う。ただし、申込者が対話の終了後もその申込みが効力を失わない旨を表示したときは、この限りでない。

第526条（申込者の死亡等）

申込者が申込みの通知を発した後に死亡し、意思能力を有しない常況にある者となり、又は行為能力の制限を受けた場合において、申込者がその事実が生じたとすればその申込みは効力を有しない旨の意思を表示していたとき、又はその相手方が承諾の通知を発するまでにその事実が生じたことを知ったときは、その申込みは、その効力を有しない。

第527条（承諾の通知を必要としない場合における契約の成立時期）

申込者の意思表示又は取引上の慣習により承諾の通知を必要としない場合には、契約は、承諾の意思表示と認めるべき事実があった時に成立する。

第528条（申込みに変更を加えた承諾）

承諾者が、申込みに条件を付し、その他変更を加えてこれを承諾したときは、その申込みの拒絶とともに新たな申込みをしたものとみなす。

第529条～第532条　（略）

第2款　契約の効力

第533条（同時履行の抗弁）

双務契約の当事者の一方は、相手方がその債務の履行（債務の履行に代わる損害賠償の債務の履行を含む。）を提供するまでは、**自己の債務の履行を拒むことができる**。ただし、相手方の債務が弁済期にないときは、この限りでない。

第534条及び第535条　削除

第536条（債務者の危険負担等）

1 当事者双方の責めに帰することができない事由によって債務を履行することができなくなったときは、債権者は、**反対給付の履行を拒むことができる。**

2 債権者の責めに帰すべき事由によって債務を履行することができなくなったときは、債権者は、反対給付の履行を拒むことができない。この場合において、債務者は、自己の債務を免れたことによって利益を得たときは、これを債権者に償還しなければならない。

第537条（第三者のためにする契約）

1 契約により当事者の一方が第三者に対してある給付をすることを約したときは、その第三者は、債務者に対して直接にその給付を請求する権利を有する。

2 前項の契約は、その成立の時に第三者が現に存しない場合又は第三者が特定していない場合であっても、そのためにその効力を妨げられない。

3 第1項の場合において、第三者の権利は、その第三者が債務者に対して同項の契約の利益を享受する意思を表示した時に発生する。

第538条（第三者の権利の確定）

1 前条の規定により第三者の権利が発生した後は、当事者は、これを変更し、又は消滅させることができない。

2 前条の規定により第三者の権利が発生した後に、債務者がその第三者に対する債務を履行しない場合には、同条第1項の契約の相手方は、その第三者の承諾を得なければ、契約を解除することができない。

第539条（債務者の抗弁）

債務者は、第537条第1項の契約に基づく抗弁をもって、その契約の利益を受ける第三者に対抗することができる。

第3款　契約上の地位の移転
第539条の2
契約の当事者の一方が第三者との間で契約上の地位を譲渡する旨の合意をした場合において、その契約の相手方がその譲渡を承諾したときは、契約上の地位は、その第三者に移転する。

第4款　契約の解除
第540条（解除権の行使）
1　契約又は法律の規定により当事者の一方が解除権を有するときは、その解除は、相手方に対する意思表示によってする。
2　前項の意思表示は、撤回することができない。

第541条（催告による解除）
当事者の一方がその債務を履行しない場合において、相手方が相当の期間を定めてその履行の催告をし、その期間内に履行がないときは、相手方は、契約の解除をすることができる。ただし、その期間を経過した時における債務の不履行がその契約及び取引上の社会通念に照らして軽微であるときは、この限りでない。

第542条（催告によらない解除）
1　次に掲げる場合には、債権者は、前条の催告をすることなく、直ちに契約の解除をすることができる。
①　債務の全部の履行が不能であるとき。
②　債務者がその債務の全部の履行を拒絶する意思を明確に表示したとき。
③　債務の一部の履行が不能である場合又は債務者がその債務の一部の履行を拒絶する意思を明確に表示した場合において、残存する部分のみでは契約をした目的を達することができないとき。
④　契約の性質又は当事者の意思表示により、特定の日時又は一定の期間内に履行をしなければ契約をした目的を達することができない場合において、債務者が履行をしないでその時期を経過したとき。
⑤　前各号に掲げる場合のほか、債務者がその債務の履行をせず、債権者が前条の催告をしても契約をした目的を達するのに足りる履行がされる見込みがないことが明らかであるとき。
2　次に掲げる場合には、債権者は、前条の催告をすることなく、直ちに契約の一部の解除をすることができる。
①　債務の一部の履行が不能であるとき。
②　債務者がその債務の一部の履行を拒絶する意思を明確に表示したとき。

第543条（債権者の責めに帰すべき事由による場合）
債務の不履行が債権者の責めに帰すべき事由によるものであるときは、債権者は、前二条の規定による契約の解除をすることができない。

第544条（解除権の不可分性）
1　当事者の一方が数人ある場合には、契約の解除は、その全員から又はその全員に対してのみ、することができる。
2　前項の場合において、解除権が当事者のうちの1人について消滅したときは、他の者についても消滅する。

第545条（解除の効果）
1　当事者の一方がその解除権を行使したときは、各当事者は、その相手方を原状に復させる義務を負う。ただし、第三者の権利を害することはできない。
2　前項本文の場合において、金銭を返還するときは、その受領の時から利息を付さなければならない。
3　第1項本文の場合において、金銭以外の物を返還するときは、その受領の時以後に生じた果実をも返還しなければならない。
4　解除権の行使は、損害賠償の請求を妨げない。

第546条（契約の解除と同時履行）
第533条の規定は、前条の場合について準用する。

第547条（催告による解除権の消滅）
解除権の行使について期間の定めがないときは、相手方は、解除権を有する者に対し、相当の期間を定めて、その期間内に解除をするかどうかを確答すべき旨の催告をすることができる。この場合において、その期間内に解除の通知を受けないときは、解除権は、消滅する。

第548条（解除権者の故意による目的物の損傷等による解除権の消滅）
解除権を有する者が故意若しくは過失によって契約の目的物を著しく損傷し、若しくは返還することができなくなったとき、又は加工若しくは改造によってこれを他の種類の物に変えたときは、解除権は、消滅する。ただし、解除権を有する者がその解除権を有することを知らなかったときは、この限りでない。

第5款　定型約款
第548条の2（定型約款の合意）
1　定型取引（ある特定の者が不特定多数の者を相手方として行う取引であって、その内容の全部又は一部が画一的であることがその双

方にとって合理的なものをいう。以下同じ。）を行うことの合意（次条において「定型取引合意」という。）をした者は、次に掲げる場合には、定型約款（定型取引において、契約の内容とすることを目的としてその特定の者により準備された条項の総体をいう。以下同じ。）の個別の条項についても合意をしたものとみなす。

① 定型約款を契約の内容とする旨の合意をしたとき。

② 定型約款を準備した者（以下「定型約款準備者」という。）があらかじめその定型約款を契約の内容とする旨を相手方に表示していたとき。

2 前項の規定にかかわらず、同項の条項のうち、相手方の権利を制限し、又は相手方の義務を加重する条項であって、その定型取引の態様及びその実情並びに取引上の社会通念に照らして第1条第2項に規定する基本原則に反して相手方の利益を一方的に害すると認められるものについては、合意をしなかったものとみなす。

第548条の3 （定型約款の内容の表示）

1 定型取引を行い、又は行おうとする定型約款準備者は、定型取引合意の前又は定型取引合意の後相当の期間内に相手方から請求があった場合には、遅滞なく、相当な方法でその定型約款の内容を示さなければならない。ただし、定型約款準備者が既に相手方に対して定型約款を記載した書面を交付し、又はこれを記録した電磁的記録を提供していたときは、この限りでない。

2 定型約款準備者が定型取引合意の前において前項の請求を拒んだときは、前条の規定は、適用しない。ただし、一時的な通信障害が発生した場合その他正当な事由がある場合は、この限りでない。

第548条の4 （定型約款の変更）

1 定型約款準備者は、次に掲げる場合には、定型約款の変更をすることにより、変更後の定型約款の条項について合意があったものとみなし、個別に相手方と合意をすることなく契約の内容を変更することができる。

① 定型約款の変更が、相手方の一般の利益に適合するとき。

② 定型約款の変更が、契約をした目的に反せず、かつ、変更の必要性、変更後の内容の相当性、この条の規定により定型約款の変更をすることがある旨の定めの有無及び

その内容その他の変更に係る事情に照らして合理的なものであるとき。

2 定型約款準備者は、前項の規定による定型約款の変更をするときは、その効力発生時期を定め、かつ、定型約款を変更する旨及び変更後の定型約款の内容並びにその効力発生時期をインターネットの利用その他の適切な方法により周知しなければならない。

3 第1項第2号の規定による定型約款の変更は、前項の効力発生時期が到来するまでに同項の規定による周知をしなければ、その効力を生じない。

4 第548条の2第2項の規定は、第1項の規定による定型約款の変更については、適用しない。

【第2節 贈与】

第549条（贈与）

贈与は、当事者の一方がある財産を無償で相手方に与える意思を表示し、相手方が受諾をすることによって、その効力を生ずる。

第550条（書面によらない贈与の解除）

書面によらない贈与は、各当事者が解除をすることができる。ただし、履行の終わった部分については、この限りでない。

第551条（贈与者の引渡義務等）

1 贈与者は、贈与の目的である物又は権利を、贈与の目的として特定した時の状態で引き渡し、又は移転することを約したものと推定する。

2 負担付贈与については、贈与者は、その負担の限度において、売主と同じく担保の責任を負う。

第552条（定期贈与）

定期の給付を目的とする贈与は、贈与者又は受贈者の死亡によって、その効力を失う。

第553条（負担付贈与）

負担付贈与については、この節に定めるもののほか、その性質に反しない限り、双務契約に関する規定を準用する。

第554条（死因贈与）

贈与者の死亡によって効力を生ずる贈与については、その性質に反しない限り、遺贈に関する規定を準用する。

【第3節 売買】

第1款 総則

第555条（売買）

売買は、当事者の一方がある財産権を相手方に移転することを約し、相手方がこれに対してその代金を支払うことを約することによって、

その効力を生ずる。

第556条（売買の一方の予約）

1　売買の一方の予約は、相手方が売買を完結する意思を表示した時から、売買の効力を生ずる。

2　前項の意思表示について期間を定めなかったときは、予約者は、相手方に対し、相当の期間を定めて、その期間内に売買を完結するかどうかを確答すべき旨の催告をすることができる。この場合において、相手方がその期間内に確答をしないときは、売買の一方の予約は、その効力を失う。

第557条（手付）

1　買主が売主に手付を交付したときは、**買主はその手付を放棄し、売主はその倍額を現実に提供**して、契約の解除をすることができる。ただし、その**相手方が契約の履行に着手した後は、この限りでない**。

2　第545条第4項の規定は、前項の場合には、適用しない。

第558条（売買契約に関する費用）

売買契約に関する費用は、当事者双方が等しい割合で負担する。

第559条（有償契約への準用）

この節の規定は、売買以外の有償契約について準用する。ただし、その有償契約の性質がこれを許さないときは、この限りでない。

第2款　売買の効力

第560条（権利移転の対抗要件に係る売主の義務）

売主は、買主に対し、登記、登録その他の売買の目的である権利の移転についての対抗要件を備えさせる義務を負う。

第561条（他人の権利の売買における売主の義務）

他人の権利（権利の一部が他人に属する場合におけるその権利の一部を含む。）を売買の目的としたときは、売主は、その権利を取得して買主に移転する義務を負う。

第562条（買主の追完請求権）

1　引き渡された目的物が種類、品質又は数量に関して契約の内容に適合しないものであるときは、買主は、売主に対し、目的物の修補、代替物の引渡し又は不足分の引渡しによる**履行の追完を請求する**ことができる。ただし、売主は、買主に不相当な負担を課するものでないときは、買主が請求した方法と異なる方法による履行の追完をすることができる。

2　前項の不適合が買主の責めに帰すべき事由

によるものであるときは、買主は、同項の規定による履行の追完の請求をすることができない。

第563条（買主の代金減額請求権）

1　前条第1項本文に規定する場合において、買主が相当の期間を定めて履行の追完の催告をし、その期間内に履行の追完がないときは、買主は、その不適合の程度に応じて代金の減額を請求することができる。

2　前項の規定にかかわらず、次に掲げる場合には、買主は、同項の催告をすることなく、直ちに代金の減額を請求することができる。

①　履行の追完が不能であるとき。

②　売主が履行の追完を拒絶する意思を明確に表示したとき。

③　契約の性質又は当事者の意思表示により、特定の日時又は一定の期間内に履行をしなければ契約をした目的を達することができない場合において、売主が履行の追完をしないでその時期を経過したとき。

④　前三号に掲げる場合のほか、買主が前項の催告をしても履行の追完を受ける見込みがないことが明らかであるとき。

3　第1項の不適合が買主の責めに帰すべき事由によるものであるときは、買主は、前二項の規定による代金の減額の請求をすることができない。

第564条（買主の損害賠償請求及び解除権の行使）

前二条の規定は、第415条の規定による損害賠償の請求並びに第541条及び第542条の規定による解除権の行使を妨げない。

第565条（移転した権利が契約の内容に適合しない場合における売主の担保責任）

前三条の規定は、売主が買主に移転した権利が契約の内容に適合しないものである場合（権利の一部が他人に属する場合においてその権利の一部を移転しないときを含む。）について準用する。

第566条（目的物の種類又は品質に関する担保責任の期間の制限）

売主が**種類**又は**品質**に関して契約の内容に適合しない目的物を買主に引き渡した場合において、買主がその**不適合を知った時から1年以内**にその旨を売主に通知しないときは、買主は、その不適合を理由として、履行の追完の請求、代金の減額の請求、損害賠償の請求及び契約の解除をすることができない。ただし、売主が引渡しの時にその不適合を知り、又は重大な過失

民法

55

によって知らなかったときは、この限りでない。

第567条（目的物の滅失等についての危険の移転）

1　売主が買主に目的物（売買の目的として特定したものに限る。以下この条において同じ。）を引き渡した場合において、その引渡しがあった時以後にその目的物が当事者双方の責めに帰することができない事由によって滅失し、又は損傷したときは、買主は、その滅失又は損傷を理由として、履行の追完の請求、代金の減額の請求、損害賠償の請求及び契約の解除をすることができない。この場合において、買主は、代金の支払を拒むことができない。

2　売主が契約の内容に適合する目的物をもって、その引渡しの債務の履行を提供したにもかかわらず、買主がその履行を受けることを拒み、又は受けることができない場合において、その履行の提供があった時以後に当事者双方の責めに帰することができない事由によってその目的物が滅失し、又は損傷したときは、前項と同様とする。

第568条（競売における担保責任等）

1　民事執行法その他の法律の規定に基づく競売（以下この条において単に「競売」という。）における買受人は、第541条及び第542条の規定並びに第563条（第565条において準用する場合を含む。）の規定により、債務者に対し、契約の解除をし、又は代金の減額を請求することができる。

2　前項の場合において、債務者が無資力であるときは、買受人は、代金の配当を受けた債権者に対し、その代金の全部又は一部の返還を請求することができる。

3　前二項の場合において、債務者が物若しくは権利の不存在を知りながら申し出なかったとき、又は債権者がこれを知りながら競売を請求したときは、買受人は、これらの者に対し、損害賠償の請求をすることができる。

4　前三項の規定は、競売の目的物の種類又は品質に関する不適合については、適用しない。

第569条（債権の売主の担保責任）

1　債権の売主が債務者の資力を担保したときは、契約の時における資力を担保したものと推定する。

2　弁済期に至らない債権の売主が債務者の将来の資力を担保したときは、弁済期における資力を担保したものと推定する。

第570条（抵当権等がある場合の買主による費用の償還請求）

買い受けた不動産について契約の内容に適合しない先取特権、質権又は抵当権が存していた場合において、買主が費用を支出してその不動産の所有権を保存したときは、買主は、売主に対し、その費用の償還を請求することができる。

第571条　削除

第572条（担保責任を負わない旨の特約）

売主は、第562条第1項本文又は第565条に規定する場合における担保の責任を負わない旨の特約をしたときであっても、知りながら告げなかった事実及び自ら第三者のために設定し又は第三者に譲り渡した権利については、その責任を免れることができない。

第573条（代金の支払期限）

売買の目的物の引渡しについて期限があるときは、代金の支払についても同一の期限を付したものと推定する。

第574条（代金の支払場所）

売買の目的物の引渡しと同時に代金を支払うべきときは、その引渡しの場所において支払わなければならない。

第575条（果実の帰属及び代金の利息の支払）

1　まだ引き渡されていない売買の目的物が果実を生じたときは、その果実は、売主に帰属する。

2　買主は、引渡しの日から、代金の利息を支払う義務を負う。ただし、代金の支払について期限があるときは、その期限が到来するまでは、利息を支払うことを要しない。

第576条（権利を取得することができない等のおそれがある場合の買主による代金の支払の拒絶）

売買の目的について権利を主張する者があることその他の事由により、買主がその買い受けた権利の全部若しくは一部を取得することができず、又は失うおそれがあるときは、買主は、その危険の程度に応じて、代金の全部又は一部の支払を拒むことができる。ただし、売主が相当の担保を供したときは、この限りでない。

第577条（抵当権等の登記がある場合の買主による代金の支払の拒絶）

1　買い受けた不動産について契約の内容に適合しない抵当権の登記があるときは、買主は、抵当権消滅請求の手続が終わるまで、その代金の支払を拒むことができる。この場合において、売主は、買主に対し、遅滞なく抵当権消滅請求をすべき旨を請求することができる。

2　前項の規定は、買い受けた不動産について契約の内容に適合しない先取特権又は質権の登記がある場合について準用する。

第578条（売主による代金の供託の請求）

前二条の場合においては、売主は、買主に対して代金の供託を請求することができる。

第3款　買戻し

第579条（買戻しの特約）

不動産の売主は、売買契約と同時にした買戻しの特約により、買主が支払った代金（別段の合意をした場合にあっては、その合意により定めた金額。第583条第1項において同じ。）及び契約の費用を返還して、売買の解除をすることができる。この場合において、当事者が別段の意思を表示しなかったときは、不動産の果実と代金の利息とは相殺したものとみなす。

第580条（買戻しの期間）

1　買戻しの期間は、10年を超えることができない。特約でこれより長い期間を定めたときは、その期間は、10年とする。

2　買戻しについて期間を定めたときは、その後にこれを伸長することができない。

3　買戻しについて期間を定めなかったときは、5年以内に買戻しをしなければならない。

第581条（買戻しの特約の対抗力）

1　売買契約と同時に買戻しの特約を登記したときは、買戻しは、第三者に対抗することができる。

2　前項の登記がされた後に第605条の2第1項に規定する対抗要件を備えた賃借人の権利は、その残存期間中1年を超えない期間に限り、売主に対抗することができる。ただし、売主を害する目的で賃貸借をしたときは、この限りでない。

第582条（買戻権の代位行使）

売主の債権者が第423条の規定により売主に代わって買戻しをしようとするときは、買主は、裁判所において選任した鑑定人の評価に従い、不動産の現在の価額から売主が返還すべき金額を控除した残額に達するまで売主の債務を弁済し、なお残余があるときはこれを売主に返還して、買戻権を消滅させることができる。

第583条（買戻しの実行）

1　売主は、第580条に規定する期間内に代金及び契約の費用を提供しなければ、買戻しをすることができない。

2　買主又は転得者が不動産について費用を支出したときは、売主は、第196条の規定に従い、その償還をしなければならない。ただし、有益費については、裁判所は、売主の請求により、その償還について相当の期限を許与することができる。

第584条（共有持分の買戻特約付売買）

不動産の共有者の1人が買戻しの特約を付してその持分を売却した後に、その不動産の分割又は競売があったときは、売主は、買主が受け、若しくは受けるべき部分又は代金について、買戻しをすることができる。ただし、売主に通知をしないでした分割及び競売は、売主に対抗することができない。

第585条

1　前条の場合において、買主が不動産の競売における買受人となったときは、売主は、競売の代金及び第583条に規定する費用を支払って買戻しをすることができる。この場合において、売主は、その不動産の全部の所有権を取得する。

2　他の共有者が分割を請求したことにより買主が競売における買受人となったときは、売主は、その持分のみについて買戻しをすることはできない。

【第4節　交換】

第586条

1　交換は、当事者が互いに金銭の所有権以外の財産権を移転することを約することによって、その効力を生ずる。

2　当事者の一方が他の権利とともに金銭の所有権を移転することを約した場合におけるその金銭については、売買の代金に関する規定を準用する。

【第5節　消費貸借】

第587条（消費貸借）

消費貸借は、当事者の一方が種類、品質及び数量の同じ物をもって返還をすることを約して相手方から金銭その他の物を受け取ることによって、その効力を生ずる。

第587条の2（書面でする消費貸借等）

1　前条の規定にかかわらず、書面でする消費貸借は、当事者の一方が金銭その他の物を引き渡すことを約し、相手方がその受け取った物と種類、品質及び数量の同じ物をもって返還をすることを約することによって、その効力を生ずる。

2　書面でする消費貸借の借主は、貸主から金銭その他の物を受け取るまで、契約の解除をすることができる。この場合において、貸主は、その契約の解除によって損害を受けたときは、借主に対し、その賠償を請求すること

民法

57

ができる。

3　書面でする消費貸借は、借主が貸主から金銭その他の物を受け取る前に当事者の一方が破産手続開始の決定を受けたときは、その効力を失う。

4　消費貸借がその内容を記録した電磁的記録によってされたときは、その消費貸借は、書面によってされたものとみなして、前三項の規定を適用する。

第588条（準消費貸借）

金銭その他の物を給付する義務を負う者がある場合において、当事者がその物を消費貸借の目的とすることを約したときは、消費貸借は、これによって成立したものとみなす。

第589条（利息）

1　貸主は、特約がなければ、借主に対して利息を請求することができない。

2　前項の特約があるときは、貸主は、借主が金銭その他の物を受け取った日以後の利息を請求することができる。

第590条（貸主の引渡義務等）

1　第551条の規定は、前条第1項の特約のない消費貸借について準用する。

2　前条第1項の特約の有無にかかわらず、貸主から引き渡された物が種類又は品質に関して契約の内容に適合しないものであるときは、借主は、その物の価額を返還することができる。

第591条（返還の時期）

1　当事者が返還の時期を定めなかったときは、貸主は、相当の期間を定めて返還の催告をすることができる。

2　借主は、返還の時期の定めの有無にかかわらず、いつでも返還をすることができる。

3　当事者が返還の時期を定めた場合において、貸主は、借主がその時期の前に返還をしたことによって損害を受けたときは、借主に対し、その賠償を請求することができる。

第592条（価額の償還）

借主が貸主から受け取った物と種類、品質及び数量の同じ物をもって返還をすることができなくなったときは、その時における物の価額を償還しなければならない。ただし、第402条第2項に規定する場合は、この限りでない。

【第6節　使用貸借】

第593条（使用貸借）

使用貸借は、当事者の一方がある物を引き渡すことを約し、相手方がその受け取った物について無償で使用及び収益をして契約が終了した

ときに返還をすることを約することによって、その効力を生ずる。

第593条の2（借用物受取り前の貸主による使用貸借の解除）

貸主は、借主が借用物を受け取るまで、契約の解除をすることができる。ただし、書面による使用貸借については、この限りでない。

第594条（借主による使用及び収益）

1　借主は、契約又はその目的物の性質によって定まった用法に従い、その物の使用及び収益をしなければならない。

2　借主は、貸主の承諾を得なければ、第三者に借用物の使用又は収益をさせることができない。

3　借主が前二項の規定に違反して使用又は収益をしたときは、貸主は、契約の解除をすることができる。

第595条（借用物の費用の負担）

1　借主は、借用物の通常の必要費を負担する。

2　第583条第2項の規定は、前項の通常の必要費以外の費用について準用する。

第596条（貸主の引渡義務等）

第551条の規定は、使用貸借について準用する。

第597条（期間満了等による使用貸借の終了）

1　当事者が使用貸借の期間を定めたときは、使用貸借は、その期間が満了することによって終了する。

2　当事者が使用貸借の期間を定めなかった場合において、使用及び収益の目的を定めたときは、使用貸借は、借主がその目的に従い使用及び収益を終えることによって終了する。

3　使用貸借は、借主の死亡によって終了する。

第598条（使用貸借の解除）

1　貸主は、前条第2項に規定する場合において、同項の目的に従い借主が使用及び収益をするのに足りる期間を経過したときは、契約の解除をすることができる。

2　当事者が使用貸借の期間並びに使用及び収益の目的を定めなかったときは、貸主は、いつでも契約の解除をすることができる。

3　借主は、いつでも契約の解除をすることができる。

第599条（借主による収去等）

1　借主は、借用物を受け取った後にこれに附属させた物がある場合において、使用貸借が終了したときは、その附属させた物を収去する義務を負う。ただし、借用物から分離することができない物又は分離するのに過分の費用を要する物については、この限りでない。

58

2　借主は、借用物を受け取った後にこれに附属させた物を収去することができる。

3　借主は、借用物を受け取った後にこれに生じた損傷がある場合において、使用貸借が終了したときは、その損傷を原状に復する義務を負う。ただし、その損傷が借主の責めに帰することができない事由によるものであるときは、この限りでない。

第600条（損害賠償及び費用の償還の請求権についての期間の制限）

1　契約の本旨に反する使用又は収益によって生じた損害の賠償及び借主が支出した費用の償還は、貸主が返還を受けた時から1年以内に請求しなければならない。

2　前項の損害賠償の請求権については、貸主が返還を受けた時から1年を経過するまでの間は、時効は、完成しない。

【第7節　賃貸借】

第1款　総則

第601条（賃貸借）

賃貸借は、当事者の一方がある物の使用及び収益を相手方にさせることを約し、相手方がこれに対してその賃料を支払うこと及び引渡しを受けた物を契約が終了したときに返還することを約することによって、その効力を生ずる。

第602条（短期賃貸借）

処分の権限を有しない者が賃貸借をする場合には、次の各号に掲げる賃貸借は、それぞれ当該各号に定める期間を超えることができない。契約でこれより長い期間を定めたときであっても、その期間は、当該各号に定める期間とする。

①　樹木の栽植又は伐採を目的とする山林の賃貸借　10年

②　前号に掲げる賃貸借以外の土地の賃貸借　5年

③　建物の賃貸借　3年

④　動産の賃貸借　6箇月

第603条（短期賃貸借の更新）

前条に定める期間は、更新することができる。ただし、その期間満了前、土地については1年以内、建物については3箇月以内、動産については1箇月以内に、その更新をしなければならない。

第604条（賃貸借の存続期間）

1　賃貸借の存続期間は、50年を超えることができない。契約でこれより長い期間を定めたときであっても、その期間は、50年とする。

2　賃貸借の存続期間は、更新することができる。ただし、その期間は、更新の時から50年を超えることができない。

第2款　賃貸借の効力

第605条（不動産賃貸借の対抗力）

不動産の賃貸借は、これを登記したときは、その不動産について物権を取得した者その他の第三者に対抗することができる。

第605条の2（不動産の賃貸人たる地位の移転）

1　前条、借地借家法第10条又は第31条その他の法令の規定による賃貸借の対抗要件を備えた場合において、その不動産が譲渡されたときは、その不動産の賃貸人たる地位は、その譲受人に移転する。

2　前項の規定にかかわらず、不動産の譲渡人及び譲受人が、賃貸人たる地位を譲渡人に留保する旨及びその不動産を譲受人が譲渡人に賃貸する旨の合意をしたときは、賃貸人たる地位は、譲受人に移転しない。この場合において、譲渡人と譲受人又はその承継人との間の賃貸借が終了したときは、譲渡人に留保されていた賃貸人たる地位は、譲受人又はその承継人に移転する。

3　第1項又は前項後段の規定による賃貸人たる地位の移転は、賃貸物である不動産について所有権の移転の登記をしなければ、賃借人に対抗することができない。

4　第1項又は第2項後段の規定により賃貸人たる地位が譲受人又はその承継人に移転したときは、第608条の規定による費用の償還に係る債務及び第622条の2第1項の規定による同項に規定する敷金の返還に係る債務は、譲受人又はその承継人が承継する。

第605条の3（合意による不動産の賃貸人たる地位の移転）

不動産の譲渡人が賃貸人であるときは、その賃貸人たる地位は、賃借人の承諾を要しないで、譲渡人と譲受人との合意により、譲受人に移転させることができる。この場合においては、前条第3項及び第4項の規定を準用する。

第605条の4（不動産の賃借人による妨害の停止の請求等）

不動産の賃借人は、第605条の2第1項に規定する対抗要件を備えた場合において、次の各号に掲げるときは、それぞれ当該各号に定める請求をすることができる。

①　その不動産の占有を第三者が妨害しているとき　その第三者に対する妨害の停止の請求

②　その不動産を第三者が占有しているとき　その第三者に対する返還の請求

第606条（賃貸人による修繕等）

1 **賃貸人**は、賃貸物の使用及び収益に必要な修繕をする義務を負う。ただし、賃借人の責めに帰すべき事由によってその修繕が必要となったときは、この限りでない。

2 賃貸人が賃貸物の保存に必要な行為をしようとするときは、賃借人は、これを拒むことができない。

第607条（賃借人の意思に反する保存行為）

賃貸人が賃借人の意思に反して保存行為をしようとする場合において、そのために賃借人が賃借をした目的を達することができなくなるときは、賃借人は、契約の解除をすることができる。

第607条の2（賃借人による修繕）

賃借物の修繕が必要である場合において、次に掲げるときは、賃借人は、その修繕をすることができる。

① 賃借人が賃貸人に修繕が必要である旨を通知し、又は賃貸人がその旨を知ったにもかかわらず、賃貸人が相当の期間内に必要な修繕をしないとき。

② 急迫の事情があるとき。

第608条（賃借人による費用の償還請求）

1 賃借人は、賃借物について賃貸人の負担に属する**必要費**を支出したときは、賃貸人に対し、**直ちに**その償還を請求することができる。

2 賃借人が賃借物について**有益費**を支出したときは、賃貸人は、**賃貸借の終了の時に**、第196条第2項の規定に従い、その償還をしなければならない。ただし、裁判所は、賃貸人の請求により、その償還について相当の期限を許与することができる。

第609条（減収による賃料の減額請求）

耕作又は牧畜を目的とする土地の賃借人は、不可抗力によって賃料より少ない収益を得たときは、その収益の額に至るまで、賃料の減額を請求することができる。

第610条（減収による解除）

前条の場合において、同条の賃借人は、不可抗力によって引き続き2年以上賃料より少ない収益を得たときは、契約の解除をすることができる。

第611条（賃借物の一部滅失等による賃料の減額等）

1 賃借物の一部が滅失その他の事由により使用及び収益をすることができなくなった場合において、それが賃借人の責めに帰することができない事由によるものであるときは、賃料は、その使用及び収益をすることができなくなった部分の割合に応じて、減額される。

2 賃借物の一部が滅失その他の事由により使用及び収益をすることができなくなった場合において、残存する部分のみでは賃借人が賃借をした目的を達することができないときは、賃借人は、契約の解除をすることができる。

第612条（賃借権の譲渡及び転貸の制限）

1 賃借人は、**賃貸人の承諾**を得なければ、その賃借権を譲り渡し、又は賃借物を転貸することができない。

2 賃借人が前項の規定に違反して第三者に賃借物の使用又は収益をさせたときは、賃貸人は、契約の**解除**をすることができる。

第613条（転貸の効果）

1 賃借人が適法に賃借物を転貸したときは、転借人は、賃貸人と賃借人との間の賃貸借に基づく賃借人の債務の範囲を限度として、賃貸人に対して転貸借に基づく債務を直接履行する義務を負う。この場合においては、賃料の前払をもって賃貸人に対抗することができない。

2 前項の規定は、賃貸人が賃借人に対してその権利を行使することを妨げない。

3 賃借人が適法に賃借物を転貸した場合には、賃貸人は、賃借人との間の賃貸借を合意により解除したことをもって転借人に対抗することができない。ただし、その解除の当時、賃貸人が賃借人の債務不履行による解除権を有していたときは、この限りでない。

第614条（賃料の支払時期）

賃料は、動産、建物及び宅地については毎月末に、その他の土地については毎年末に、支払わなければならない。ただし、収穫の季節があるものについては、その季節の後に遅滞なく支払わなければならない。

第615条（賃借人の通知義務）

賃借物が修繕を要し、又は賃借物について権利を主張する者があるときは、賃借人は、遅滞なくその旨を賃貸人に通知しなければならない。ただし、賃貸人が既にこれを知っているときは、この限りでない。

第616条（賃借人による使用及び収益）

第594条第1項の規定は、賃貸借について準用する。

第3款　賃貸借の終了

第616条の2（賃借物の全部滅失等による賃貸借の終了）

賃借物の全部が滅失その他の事由により使用

及び収益をすることができなくなった場合には、賃貸借は、これによって終了する。

第617条（期間の定めのない賃貸借の解約の申入れ）

1　当事者が賃貸借の期間を定めなかったときは、各当事者は、いつでも解約の申入れをすることができる。この場合において、次の各号に掲げる賃貸借は、解約の申入れの日からそれぞれ当該各号に定める期間を経過することによって終了する。
　① 　土地の賃貸借　　1年
　② 　建物の賃貸借　　3箇月
　③ 　動産及び貸席の賃貸借　　1日
2　収穫の季節がある土地の賃貸借については、その季節の後次の耕作に着手する前に、解約の申入れをしなければならない。

第618条（期間の定めのある賃貸借の解約をする権利の留保）

　当事者が賃貸借の期間を定めた場合であっても、その一方又は双方がその期間内に解約をする権利を留保したときは、前条の規定を準用する。

第619条（賃貸借の更新の推定等）

1　賃貸借の期間が満了した後賃借人が賃借物の使用又は収益を継続する場合において、賃貸人がこれを知りながら異議を述べないときは、従前の賃貸借と同一の条件で更に賃貸借をしたものと推定する。この場合において、各当事者は、第617条の規定により解約の申入れをすることができる。
2　従前の賃貸借について当事者が担保を供していたときは、その担保は、期間の満了によって消滅する。ただし、第622条の2第1項に規定する敷金については、この限りでない。

第620条（賃貸借の解除の効力）

　賃貸借の解除をした場合には、その解除は、将来に向かってのみその効力を生ずる。この場合においては、損害賠償の請求を妨げない。

第621条（賃借人の原状回復義務）

　賃借人は、賃借物を受け取った後にこれに生じた損傷（通常の使用及び収益によって生じた賃借物の損耗並びに賃借物の経年変化を除く。以下この条において同じ。）がある場合において、賃貸借が終了したときは、その損傷を原状に復する義務を負う。ただし、その損傷が賃借人の責めに帰することができない事由によるものであるときは、この限りでない。

第622条（使用貸借の規定の準用）

　第597条第1項、第599条第1項及び第2項並びに第600条の規定は、賃貸借について準用する。

第4款　敷金

第622条の2

1　賃貸人は、敷金（いかなる名目によるかを問わず、賃料債務その他の賃貸借に基づいて生ずる賃借人の賃貸人に対する金銭の給付を目的とする債務を担保する目的で、賃借人が賃貸人に交付する金銭をいう。以下この条において同じ。）を受け取っている場合において、次に掲げるときは、賃借人に対し、その受け取った敷金の額から賃貸借に基づいて生じた賃借人の賃貸人に対する金銭の給付を目的とする債務の額を控除した残額を返還しなければならない。
　① 　賃貸借が終了し、かつ、賃貸物の返還を受けたとき。
　② 　賃借人が適法に賃借権を譲り渡したとき。
2　賃貸人は、賃借人が賃貸借に基づいて生じた金銭の給付を目的とする債務を履行しないときは、敷金をその債務の弁済に充てることができる。この場合において、賃借人は、賃貸人に対し、敷金をその債務の弁済に充てることを請求することができない。

【第8節　雇用】（略）

【第9節　請負】

第632条（請負）

　請負は、当事者の一方がある仕事を完成することを約し、相手方がその仕事の結果に対してその報酬を支払うことを約することによって、その効力を生ずる。

第633条（報酬の支払時期）

　報酬は、仕事の目的物の引渡しと同時に、支払わなければならない。ただし、物の引渡しを要しないときは、第624条第1項の規定を準用する。

第634条（注文者が受ける利益の割合に応じた報酬）

　次に掲げる場合において、請負人が既にした仕事の結果のうち可分な部分の給付によって注文者が利益を受けるときは、その部分を仕事の完成とみなす。この場合において、請負人は、注文者が受ける利益の割合に応じて報酬を請求することができる。
　① 　注文者の責めに帰することができない事由によって仕事を完成することができなくなったとき。
　② 　請負が仕事の完成前に解除されたとき。

第635条　削除
第636条（請負人の担保責任の制限）
　請負人が種類又は品質に関して契約の内容に
適合しない仕事の目的物を注文者に引き渡した
とき（その引渡しを要しない場合にあっては、
仕事が終了した時に仕事の目的物が種類又は品
質に関して契約の内容に適合しないとき）は、
注文者は、注文者の供した材料の性質又は注文
者の与えた指図によって生じた不適合を理由と
して、履行の追完の請求、報酬の減額の請求、
損害賠償の請求及び契約の解除をすることがで
きない。ただし、請負人がその材料又は指図が
不適当であることを知りながら告げなかった
ときは、この限りでない。
第637条（目的物の種類又は品質に関する担保
責任の期間の制限）
1　前条本文に規定する場合において、注文者
　がその不適合を知った時から1年以内にその
　旨を請負人に通知しないときは、注文者は、
　その不適合を理由として、履行の追完の請求、
　報酬の減額の請求、損害賠償の請求及び契約
　の解除をすることができない。
2　前項の規定は、仕事の目的物を注文者に引
　き渡した時（その引渡しを要しない場合にあ
　っては、仕事が終了した時）において、請負
　人が同項の不適合を知り、又は重大な過失に
　よって知らなかったときは、適用しない。
第638条から第640条まで　削除
第641条（注文者による契約の解除）
　請負人が仕事を完成しない間は、注文者は、
いつでも損害を賠償して契約の解除をすること
ができる。
第642条（注文者についての破産手続の開始に
よる解除）
1　注文者が破産手続開始の決定を受けたとき
　は、請負人又は破産管財人は、契約の解除を
　することができる。ただし、請負人による契
　約の解除については、仕事を完成した後は、
　この限りでない。
2　前項に規定する場合において、請負人は、
　既にした仕事の報酬及びその中に含まれてい
　ない費用について、破産財団の配当に加入す
　ることができる。
3　第1項の場合には、契約の解除によって生
　じた損害の賠償は、破産管財人が契約の解除
　をした場合における請負人に限り、請求する
　ことができる。この場合において、請負人は、
　その損害賠償について、破産財団の配当に加
　入する。

【第10節　委任】
第643条（委任）
　委任は、当事者の一方が法律行為をすること
を相手方に委託し、相手方がこれを承諾するこ
とによって、その効力を生ずる。
第644条（受任者の注意義務）
　受任者は、委任の本旨に従い、善良な管理者
の注意をもって、委任事務を処理する義務を負
う。
第644条の2（復受任者の選任等）
1　受任者は、委任者の許諾を得たとき、又は
　やむを得ない事由があるときでなければ、復
　受任者を選任することができない。
2　代理権を付与する委任において、受任者が
　代理権を有する復受任者を選任したときは、
　復受任者は、委任者に対して、その権限の範
　囲内において、受任者と同一の権利を有し、
　義務を負う。
第645条（受任者による報告）
　受任者は、委任者の請求があるときは、いつ
でも委任事務の処理の状況を報告し、委任が終
了した後は、遅滞なくその経過及び結果を報告
しなければならない。
第646条（受任者による受取物の引渡し等）
1　受任者は、委任事務を処理するに当たって
　受け取った金銭その他の物を委任者に引き渡
　さなければならない。その収取した果実につ
　いても、同様とする。
2　受任者は、委任者のために自己の名で取得
　した権利を委任者に移転しなければならない。
第647条（受任者の金銭の消費についての責任）
　受任者は、委任者に引き渡すべき金額又はそ
の利益のために用いるべき金額を自己のために
消費したときは、その消費した日以後の利息を
支払わなければならない。この場合において、
なお損害があるときは、その賠償の責任を負う。
第648条（受任者の報酬）
1　受任者は、特約がなければ、委任者に対し
　て報酬を請求することができない。
2　受任者は、報酬を受けるべき場合には、委
　任事務を履行した後でなければ、これを請求
　することができない。ただし、期間によって
　報酬を定めたときは、第624条第2項の規定
　を準用する。
3　受任者は、次に掲げる場合には、既にした
　履行の割合に応じて報酬を請求することがで
　きる。
①　委任者の責めに帰することができない事
　　由によって委任事務の履行をすることがで

きなくなったとき。

② 委任が履行の中途で終了したとき。

第648条の2（成果等に対する報酬）

1 委任事務の履行により得られる成果に対して報酬を支払うことを約した場合において、その成果が引渡しを要するときは、報酬は、その成果の引渡しと同時に、支払わなければならない。

2 第634条の規定は、委任事務の履行により得られる成果に対して報酬を支払うことを約した場合について準用する。

第649条（受任者による費用の前払請求）

委任事務を処理するについて費用を要するときは、委任者は、受任者の請求により、その前払をしなければならない。

第650条（受任者による費用等の償還請求等）

1 受任者は、委任事務を処理するのに必要と認められる費用を支出したときは、委任者に対し、その費用及び支出の日以後におけるその利息の償還を請求することができる。

2 受任者は、委任事務を処理するのに必要と認められる債務を負担したときは、委任者に対し、自己に代わってその弁済をすることを請求することができる。この場合において、その債務が弁済期にないときは、委任者に対し、相当の担保を供させることができる。

3 受任者は、委任事務を処理するため自己に過失なく損害を受けたときは、委任者に対し、その賠償を請求することができる。

第651条（委任の解除）

1 委任は、各当事者がいつでもその解除をすることができる。

2 前項の規定により委任の解除をした者は、次に掲げる場合には、相手方の損害を賠償しなければならない。ただし、やむを得ない事由があったときは、この限りでない。

① 相手方に不利な時期に委任を解除したとき。

② 委任者が受任者の利益（専ら報酬を得ることによるものを除く。）をも目的とする委任を解除したとき。

第652条（委任の解除の効力）

第620条の規定は、委任について準用する。

第653条（委任の終了事由）

委任は、次に掲げる事由によって終了する。

① 委任者又は受任者の死亡

② 委任者又は受任者が破産手続開始の決定を受けたこと。

③ 受任者が後見開始の審判を受けたこと。

第654条（委任の終了後の処分）

委任が終了した場合において、急迫の事情があるときは、受任者又はその相続人若しくは法定代理人は、委任者又はその相続人若しくは法定代理人が委任事務を処理することができるに至るまで、必要な処分をしなければならない。

第655条（委任の終了の対抗要件）

委任の終了事由は、これを相手方に通知したとき、又は相手方がこれを知っていたときでなければ、これをもってその相手方に対抗することができない。

第656条（準委任）

この節の規定は、法律行為でない事務の委託について準用する。

【第11節　寄託】

第657条（寄託）

寄託は、当事者の一方がある物を保管することを相手方に委託し、相手方がこれを承諾することによって、その効力を生ずる。

第657条の2（寄託物受取り前の寄託者による寄託の解除等）

1 寄託者は、受寄者が寄託物を受け取るまで、契約の解除をすることができる。この場合において、受寄者は、その契約の解除によって損害を受けたときは、寄託者に対し、その賠償を請求することができる。

2 無報酬の受寄者は、寄託物を受け取るまで、契約の解除をすることができる。ただし、書面による寄託については、この限りでない。

3 受寄者（無報酬で寄託を受けた場合にあっては、書面による寄託の受寄者に限る。）は、寄託物を受け取るべき時期を経過したにもかかわらず、寄託者が寄託物を引き渡さない場合において、相当の期間を定めてその引渡しの催告をし、その期間内に引渡しがないときは、契約の解除をすることができる。

第658条（寄託物の使用及び第三者による保管）

1 受寄者は、寄託者の承諾を得なければ、寄託物を使用することができない。

2 受寄者は、寄託者の承諾を得たとき、又はやむを得ない事由があるときでなければ、寄託物を第三者に保管させることができない。

3 再受寄者は、寄託者に対して、その権限の範囲内において、受寄者と同一の権利を有し、義務を負う。

第659条（無報酬の受寄者の注意義務）

無報酬の受寄者は、自己の財産に対するのと同一の注意をもって、寄託物を保管する義務を負う。

63

第660条（受寄者の通知義務等）

1 寄託物について権利を主張する第三者が受寄者に対して訴えを提起し、又は差押え、仮差押え若しくは仮処分をしたときは、受寄者は、遅滞なくその事実を寄託者に通知しなければならない。ただし、寄託者が既にこれを知っているときは、この限りでない。

2 第三者が寄託物について権利を主張する場合であっても、受寄者は、寄託者の指図がない限り、寄託者に対しその寄託物を返還しなければならない。ただし、受寄者が前項の通知をした場合又は同項ただし書の規定によりその通知を要しない場合において、その寄託物をその第三者に引き渡すべき旨を命ずる確定判決（確定判決と同一の効力を有するものを含む。）があったときであって、その第三者にその寄託物を引き渡したときは、この限りでない。

3 受寄者は、前項の規定により寄託者に対して寄託物を返還しなければならない場合には、寄託者にその寄託物を引き渡したことによって第三者に損害が生じたときであっても、その賠償の責任を負わない。

第661条（寄託者による損害賠償）

寄託者は、寄託物の性質又は瑕疵によって生じた損害を受寄者に賠償しなければならない。ただし、寄託者が過失なくその性質若しくは瑕疵を知らなかったとき、又は受寄者がこれを知っていたときは、この限りでない。

第662条（寄託者による返還請求等）

1 当事者が寄託物の返還の時期を定めたときであっても、寄託者は、いつでもその返還を請求することができる。

2 前項に規定する場合において、受寄者は、寄託者がその時期の前に返還を請求したことによって損害を受けたときは、寄託者に対し、その賠償を請求することができる。

第663条（寄託物の返還の時期）

1 当事者が寄託物の返還の時期を定めなかったときは、受寄者は、いつでもその返還をすることができる。

2 返還の時期の定めがあるときは、受寄者は、やむを得ない事由がなければ、その期限前に返還をすることができない。

第664条（寄託物の返還の場所）

寄託物の返還は、その保管をすべき場所でしなければならない。ただし、受寄者が正当な事由によってその物を保管する場所を変更したときは、その現在の場所で返還をすることができる。

第664条の2（損害賠償及び費用の償還の請求権についての期間の制限）

1 寄託物の一部滅失又は損傷によって生じた損害の賠償及び受寄者が支出した費用の償還は、寄託者が返還を受けた時から1年以内に請求しなければならない。

2 前項の損害賠償の請求権については、寄託者が返還を受けた時から1年を経過するまでの間は、時効は、完成しない。

第665条（委任の規定の準用）

第646条から第648条まで、第649条並びに第650条第1項及び第2項の規定は、寄託について準用する。

第665条の2（混合寄託）

1 複数の者が寄託した物の種類及び品質が同一である場合には、受寄者は、各寄託者の承諾を得たときに限り、これらを混合して保管することができる。

2 前項の規定に基づき受寄者が複数の寄託者からの寄託物を混合して保管したときは、寄託者は、その寄託した物と同じ数量の物の返還を請求することができる。

3 前項に規定する場合において、寄託物の一部が滅失したときは、寄託者は、混合して保管されている総寄託物に対するその寄託した物の割合に応じた数量の物の返還を請求することができる。この場合においては、損害賠償の請求を妨げない。

第666条（消費寄託）

1 受寄者が契約により寄託物を消費することができる場合には、受寄者は、寄託された物と種類、品質及び数量の同じ物をもって返還しなければならない。

2 第590条及び第592条の規定は、前項に規定する場合について準用する。

3 第591条第2項及び第3項の規定は、預金又は貯金に係る契約により金銭を寄託した場合について準用する。

【第12節　組合】
第667条（組合契約）

1 組合契約は、各当事者が出資をして共同の事業を営むことを約することによって、その効力を生ずる。

2 出資は、労務をその目的とすることができる。

第667条の2（他の組合員の債務不履行）

1 第533条及び第536条の規定は、組合契約については、適用しない。

2 組合員は、他の組合員が組合契約に基づく債務の履行をしないことを理由として、組合契約を解除することができない。

第667条の3（組合員の1人についての意思表示の無効等）

組合員の1人について意思表示の無効又は取消しの原因があっても、他の組合員の間においては、組合契約は、その効力を妨げられない。

第668条（組合財産の共有）

各組合員の出資その他の組合財産は、総組合員の共有に属する。

第669条（金銭出資の不履行の責任）

金銭を出資の目的とした場合において、組合員がその出資をすることを怠ったときは、その利息を支払うほか、損害の賠償をしなければならない。

第670条（業務の決定及び執行の方法）

1 組合の業務は、組合員の過半数をもって決定し、各組合員がこれを執行する。

2 組合の業務の決定及び執行は、組合契約の定めるところにより、1人又は数人の組合員又は第三者に委任することができる。

3 前項の委任を受けた者（以下「業務執行者」という。）は、組合の業務を決定し、これを執行する。この場合において、業務執行者が数人あるときは、組合の業務は、業務執行者の過半数をもって決定し、各業務執行者がこれを執行する。

4 前項の規定にかかわらず、組合の業務については、総組合員の同意によって決定し、又は総組合員が執行することを妨げない。

5 組合の常務は、前各項の規定にかかわらず、各組合員又は各業務執行者が単独で行うことができる。ただし、その完了前に他の組合員又は業務執行者が異議を述べたときは、この限りでない。

第670条の2（組合の代理）

1 各組合員は、組合の業務を執行する場合において、組合員の過半数の同意を得たときは、他の組合員を代理することができる。

2 前項の規定にかかわらず、業務執行者があるときは、業務執行者のみが組合員を代理することができる。この場合において、業務執行者が数人あるときは、各業務執行者は、業務執行者の過半数の同意を得たときに限り、組合員を代理することができる。

3 前二項の規定にかかわらず、各組合員又は各業務執行者は、組合の常務を行うときは、単独で組合員を代理することができる。

第671条（委任の規定の準用）

第644条から第650条までの規定は、組合の業務を決定し、又は執行する組合員について準用する。

第672条（業務執行組合員の辞任及び解任）

1 組合契約の定めるところにより1人又は数人の組合員に業務の決定及び執行を委任したときは、その組合員は、正当な事由がなければ、辞任することができない。

2 前項の組合員は、正当な事由がある場合に限り、他の組合員の一致によって解任することができる。

第673条（組合員の組合の業務及び財産状況に関する検査）

各組合員は、組合の業務の決定及び執行をする権利を有しないときであっても、その業務及び組合財産の状況を検査することができる。

第674条（組合員の損益分配の割合）

1 当事者が損益分配の割合を定めなかったときは、その割合は、各組合員の出資の価額に応じて定める。

2 利益又は損失についてのみ分配の割合を定めたときは、その割合は、利益及び損失に共通であるものと推定する。

第675条（組合の債権者の権利の行使）

1 組合の債権者は、組合財産についてその権利を行使することができる。

2 組合の債権者は、その選択に従い、各組合員に対して損失分担の割合又は等しい割合でその権利を行使することができる。ただし、組合の債権者がその債権の発生の時に各組合員の損失分担の割合を知っていたときは、その割合による。

第676条（組合員の持分の処分及び組合財産の分割）

1 組合員は、組合財産についてその持分を処分したときは、その処分をもって組合及び組合と取引をした第三者に対抗することができない。

2 組合員は、組合財産である債権について、その持分についての権利を単独で行使することができない。

3 組合員は、清算前に組合財産の分割を求めることができない。

第677条（組合財産に対する組合員の債権者の権利の行使の禁止）

組合員の債権者は、組合財産についてその権利を行使することができない。

第677条の2（組合員の加入）

1 組合員は、その全員の同意によって、又は組合契約の定めるところにより、新たに組合員を加入させることができる。

2 前項の規定により組合の成立後に加入した組合員は、その加入前に生じた組合の債務については、これを弁済する責任を負わない。

第678条（組合員の脱退）

1 組合契約で組合の存続期間を定めなかったとき、又はある組合員の終身の間組合が存続すべきことを定めたときは、各組合員は、いつでも脱退することができる。ただし、やむを得ない事由がある場合を除き、組合に不利な時期に脱退することができない。

2 組合の存続期間を定めた場合であっても、各組合員は、やむを得ない事由があるときは、脱退することができる。

第679条

前条の場合のほか、組合員は、次に掲げる事由によって脱退する。

① 死亡

② 破産手続開始の決定を受けたこと。

③ 後見開始の審判を受けたこと。

④ 除名

第680条（組合員の除名）

組合員の除名は、正当な事由がある場合に限り、他の組合員の一致によってすることができる。ただし、除名した組合員にその旨を通知しなければ、これをもってその組合員に対抗することができない。

第680条の2（脱退した組合員の責任等）

1 脱退した組合員は、その脱退前に生じた組合の債務について、従前の責任の範囲内でこれを弁済する責任を負う。この場合において、債権者が全部の弁済を受けない間は、脱退した組合員は、組合に担保を供させ、又は組合に対して自己に免責を得させることを請求することができる。

2 脱退した組合員は、前項に規定する組合の債務を弁済したときは、組合に対して求償権を有する。

第681条（脱退した組合員の持分の払戻し）

1 脱退した組合員と他の組合員との間の計算は、脱退の時における組合財産の状況に従ってしなければならない。

2 脱退した組合員の持分は、その出資の種類を問わず、金銭で払い戻すことができる。

3 脱退の時にまだ完了していない事項については、その完了後に計算をすることができる。

第682条（組合の解散事由）

組合は、次に掲げる事由によって解散する。

① 組合の目的である事業の成功又はその成功の不能

② 組合契約で定めた存続期間の満了

③ 組合契約で定めた解散の事由の発生

④ 総組合員の同意

第683条（組合の解散の請求）

やむを得ない事由があるときは、各組合員は、組合の解散を請求することができる。

第684条（組合契約の解除の効力）

第620条の規定は、組合契約について準用する。

第685条（組合の清算及び清算人の選任）

1 組合が解散したときは、清算は、総組合員が共同して、又はその選任した清算人がこれをする。

2 清算人の選任は、組合員の過半数で決する。

第686条（清算人の業務の決定及び執行の方法）

第670条第3項から第5項まで並びに第670条の2第2項及び第3項の規定は、清算人について準用する。

第687条（組合員である清算人の辞任及び解任）

第672条の規定は、組合契約の定めるところにより組合員の中から清算人を選任した場合について準用する。

第688条（清算人の職務及び権限並びに残余財産の分割方法）

1 清算人の職務は、次のとおりとする。

① 現務の結了

② 債権の取立て及び債務の弁済

③ 残余財産の引渡し

2 清算人は、前項各号に掲げる職務を行うために必要な一切の行為をすることができる。

3 残余財産は、各組合員の出資の価額に応じて分割する。

【第13節 終身定期金】（略）

【第14節 和解】（略）

第3章 事務管理

第697条（事務管理）

1 義務なく他人のために事務の管理を始めた者（以下この章において「管理者」という。）は、その事務の性質に従い、最も本人の利益に適合する方法によって、その事務の管理（以下「事務管理」という。）をしなければならない。

2 管理者は、本人の意思を知っているとき、又はこれを推知することができるときは、その意思に従って事務管理をしなければならな

い。

第698条（緊急事務管理）

　管理者は、本人の身体、名誉又は財産に対する急迫の危害を免れさせるために事務管理をしたときは、悪意又は重大な過失があるのでなければ、これによって生じた損害を賠償する責任を負わない。

第699条（管理者の通知義務）

　管理者は、事務管理を始めたことを遅滞なく本人に通知しなければならない。ただし、本人が既にこれを知っているときは、この限りでない。

第700条（管理者による事務管理の継続）

　管理者は、本人又はその相続人若しくは法定代理人が管理をすることができるに至るまで、事務管理を継続しなければならない。ただし、事務管理の継続が本人の意思に反し、又は本人に不利であることが明らかであるときは、この限りでない。

第701条（委任の規定の準用）

　第645条から第647条までの規定は、事務管理について準用する。

第702条（管理者による費用の償還請求等）

1　管理者は、本人のために有益な費用を支出したときは、本人に対し、その償還を請求することができる。

2　第650条第2項の規定は、管理者が本人のために有益な債務を負担した場合について準用する。

3　管理者が本人の意思に反して事務管理をしたときは、本人が現に利益を受けている限度においてのみ、前二項の規定を適用する。

第4章　不当利得

第703条（不当利得の返還義務）

　法律上の原因なく他人の財産又は労務によって利益を受け、そのために他人に損失を及ぼした者（以下この章において「受益者」という。）は、その利益の存する限度において、これを返還する義務を負う。

第704条（悪意の受益者の返還義務等）

　悪意の受益者は、その受けた利益に利息を付して返還しなければならない。この場合において、なお損害があるときは、その賠償の責任を負う。

第705条（債務の不存在を知ってした弁済）

　債務の弁済として給付をした者は、その時において債務の存在しないことを知っていたときは、その給付したものの返還を請求することが

できない。

第706条（期限前の弁済）

　債務者は、弁済期にない債務の弁済として給付をしたときは、その給付したものの返還を請求することができない。ただし、債務者が錯誤によってその給付をしたときは、債権者は、これによって得た利益を返還しなければならない。

第707条（他人の債務の弁済）

1　債務者でない者が錯誤によって債務の弁済をした場合において、債権者が善意で証書を滅失させ若しくは損傷し、担保を放棄し、又は時効によってその債権を失ったときは、その弁済をした者は、返還の請求をすることができない。

2　前項の規定は、弁済をした者から債務者に対する求償権の行使を妨げない。

第708条（不法原因給付）

　不法な原因のために給付をした者は、その給付したものの返還を請求することができない。ただし、不法な原因が受益者についてのみ存したときは、この限りでない。

第5章　不法行為

第709条（不法行為による損害賠償）

　故意又は過失によって他人の権利又は法律上保護される利益を侵害した者は、これによって生じた損害を賠償する責任を負う。

第710条（財産以外の損害の賠償）

　他人の身体、自由若しくは名誉を侵害した場合又は他人の財産権を侵害した場合のいずれであるかを問わず、前条の規定により損害賠償の責任を負う者は、財産以外の損害に対しても、その賠償をしなければならない。

第711条（近親者に対する損害の賠償）

　他人の生命を侵害した者は、被害者の父母、配偶者及び子に対しては、その財産権が侵害されなかった場合においても、損害の賠償をしなければならない。

第712条（責任能力）

　未成年者は、他人に損害を加えた場合において、自己の行為の責任を弁識するに足りる知能を備えていなかったときは、その行為について賠償の責任を負わない。

第713条

　精神上の障害により自己の行為の責任を弁識する能力を欠く状態にある間に他人に損害を加えた者は、その賠償の責任を負わない。ただし、故意又は過失によって1時的にその状態を招いたときは、この限りでない。

第714条（責任無能力者の監督義務者等の責任）

1　前二条の規定により責任無能力者がその責任を負わない場合において、その責任無能力者を監督する法定の義務を負う者は、その責任無能力者が第三者に加えた損害を賠償する責任を負う。ただし、監督義務者がその義務を怠らなかったとき、又はその義務を怠らなくても損害が生ずべきであったときは、この限りでない。

2　監督義務者に代わって責任無能力者を監督する者も、前項の責任を負う。

第715条（使用者等の責任）

1　ある事業のために他人を使用する者は、被用者がその事業の執行について第三者に加えた損害を賠償する責任を負う。ただし、使用者が被用者の選任及びその事業の監督について相当の注意をしたとき、又は相当の注意をしても損害が生ずべきであったときは、この限りでない。

2　使用者に代わって事業を監督する者も、前項の責任を負う。

3　前二項の規定は、使用者又は監督者から被用者に対する求償権の行使を妨げない。

第716条（注文者の責任）

注文者は、請負人がその仕事について第三者に加えた損害を賠償する責任を負わない。ただし、注文又は指図についてその注文者に過失があったときは、この限りでない。

第717条（土地の工作物等の占有者及び所有者の責任）

1　土地の工作物の設置又は保存に瑕疵があることによって他人に損害を生じたときは、その工作物の占有者は、被害者に対してその損害を賠償する責任を負う。ただし、占有者が損害の発生を防止するのに必要な注意をしたときは、所有者がその損害を賠償しなければならない。

2　前項の規定は、竹木の栽植又は支持に瑕疵がある場合について準用する。

3　前二項の場合において、損害の原因について他にその責任を負う者があるときは、占有者又は所有者は、その者に対して求償権を行使することができる。

第718条（動物の占有者等の責任）

1　動物の占有者は、その動物が他人に加えた損害を賠償する責任を負う。ただし、動物の種類及び性質に従い相当の注意をもってその管理をしたときは、この限りでない。

2　占有者に代わって動物を管理する者も、前

項の責任を負う。

第719条（共同不法行為者の責任）

1　数人が共同の不法行為によって他人に損害を加えたときは、各自が連帯してその損害を賠償する責任を負う。共同行為者のうちいずれの者がその損害を加えたかを知ることができないときも、同様とする。

2　行為者を教唆した者及び幇助した者は、共同行為者とみなして、前項の規定を適用する。

第720条（正当防衛及び緊急避難）

1　他人の不法行為に対し、自己又は第三者の権利又は法律上保護される利益を防衛するため、やむを得ず加害行為をした者は、損害賠償の責任を負わない。ただし、被害者から不法行為をした者に対する損害賠償の請求を妨げない。

2　前項の規定は、他人の物から生じた急迫の危難を避けるためその物を損傷した場合について準用する。

第721条（損害賠償請求権に関する胎児の権利能力）

胎児は、損害賠償の請求権については、既に生まれたものとみなす。

第722条（損害賠償の方法、中間利息の控除及び過失相殺）

1　第417条及び第417条の2の規定は、不法行為による損害賠償について準用する。

2　被害者に過失があったときは、裁判所は、これを考慮して、損害賠償の額を定めることができる。

第723条（名誉毀損における原状回復）

他人の名誉を毀損した者に対しては、裁判所は、被害者の請求により、損害賠償に代えて、又は損害賠償とともに、名誉を回復するのに適当な処分を命ずることができる。

第724条（不法行為による損害賠償請求権の消滅時効）

不法行為による損害賠償の請求権は、次に掲げる場合には、時効によって消滅する。

① 被害者又はその法定代理人が損害及び加害者を知った時から3年間行使しないとき。

② 不法行為の時から20年間行使しないとき。

第724条の2（人の生命又は身体を害する不法行為による損害賠償請求権の消滅時効）

人の生命又は身体を害する不法行為による損害賠償請求権の消滅時効についての前条第1号の規定の適用については、同号中「3年間」とあるのは、「5年間」とする。

第4編　親族（抄）

第1章　総則

第725条（親族の範囲）

次に掲げる者は、親族とする。
① 六親等内の血族
② 配偶者
③ 三親等内の姻族

第726条（親等の計算）

1 親等は、親族間の世代数を数えて、これを定める。

2 傍系親族の親等を定めるには、その1人又はその配偶者から同一の祖先にさかのぼり、その祖先から他の1人に下るまでの世代数による。

第727条（縁組による親族関係の発生）

養子と養親及びその血族との間においては、養子縁組の日から、血族間におけるのと同一の親族関係を生ずる。

第728条（離婚等による姻族関係の終了）

1 姻族関係は、離婚によって終了する。

2 夫婦の一方が死亡した場合において、生存配偶者が姻族関係を終了させる意思を表示したときも、前項と同様とする。

第729条（離縁による親族関係の終了）

養子及びその配偶者並びに養子の直系卑属及びその配偶者と養親及びその血族との親族関係は、離縁によって終了する。

第730条（親族間の扶け合い）

直系血族及び同居の親族は、互いに扶け合わなければならない。

第2章　婚姻（抄）

【第1節　婚姻の成立】（抄）

第1款　婚姻の要件（抄）

第731条（婚姻適齢）

婚姻は、18歳にならなければ、することができない。

第732条（重婚の禁止）

配偶者のある者は、重ねて婚姻をすることができない。

第733条（再婚禁止期間）

1 女は、前婚の解消又は取消しの日から起算して100日を経過した後でなければ、再婚をすることができない。

2 前項の規定は、次に掲げる場合には、適用しない。

① 女が前婚の解消又は取消しの時に懐胎していなかった場合

② 女が前婚の解消又は取消しの後に出産した場合

第734条（近親者間の婚姻の禁止）

1 直系血族又は三親等内の傍系血族の間では、婚姻をすることができない。ただし、養子と養方の傍系血族との間では、この限りでない。

2 第817条の9の規定により親族関係が終了した後も、前項と同様とする。

第735条（直系姻族間の婚姻の禁止）

直系姻族の間では、婚姻をすることができない。第728条又は第817条の9の規定により姻族関係が終了した後も、同様とする。

第736条（養親子等の間の婚姻の禁止）

養子若しくはその配偶者又は養子の直系卑属若しくはその配偶者と養親又はその直系尊属との間では、第729条の規定により親族関係が終了した後でも、婚姻をすることができない。

第737条　削除

第738条（成年被後見人の婚姻）

成年被後見人が婚姻をするには、その成年後見人の同意を要しない。

第739条（婚姻の届出）

1 婚姻は、戸籍法の定めるところにより届け出ることによって、その効力を生ずる。

2 前項の届出は、当事者双方及び成年の証人2人以上が署名した書面で、又はこれらの者から口頭で、しなければならない。

第740条（婚姻の届出の受理）

婚姻の届出は、その婚姻が第731条から第736条まで及び前条第2項の規定その他の法令の規定に違反しないことを認めた後でなければ、受理することができない。

第741条（略）

第2款　婚姻の無効及び取消し

第742条（婚姻の無効）

婚姻は、次に掲げる場合に限り、無効とする。

① 人違いその他の事由によって当事者間に婚姻をする意思がないとき。

② 当事者が婚姻の届出をしないとき。ただし、その届出が第739条第2項に定める方式を欠くだけであるときは、婚姻は、そのためにその効力を妨げられない。

第743条（婚姻の取消し）

婚姻は、次条から第747条までの規定によらなければ、取り消すことができない。

第744条（不適法な婚姻の取消し）

1 第731条から第736条までの規定に違反した婚姻は、各当事者、その親族又は検察官から、

69

その取消しを家庭裁判所に請求することができる。ただし、検察官は、当事者の一方が死亡した後は、これを請求することができない。

2　第732条又は第733条の規定に違反した婚姻については、当事者の配偶者又は前配偶者も、その取消しを請求することができる。

第745条（不適齢者の婚姻の取消し）

1　第731条の規定に違反した婚姻は、不適齢者が適齢に達したときは、その取消しを請求することができない。

2　不適齢者は、適齢に達した後、なお3箇月間は、その婚姻の取消しを請求することができる。ただし、適齢に達した後に追認をしたときは、この限りでない。

第746条（再婚禁止期間内にした婚姻の取消し）

第733条の規定に違反した婚姻は、前婚の解消若しくは取消しの日から起算して100日を経過し、又は女が再婚後に出産したときは、その取消しを請求することができない。

第747条（詐欺又は強迫による婚姻の取消し）

1　詐欺又は強迫によって婚姻をした者は、その婚姻の取消しを家庭裁判所に請求することができる。

2　前項の規定による取消権は、当事者が、詐欺を発見し、若しくは強迫を免れた後3箇月を経過し、又は追認をしたときは、消滅する。

第748条（婚姻の取消しの効力）

1　婚姻の取消しは、将来に向かってのみその効力を生ずる。

2　婚姻の時においてその取消しの原因があることを知らなかった当事者が、婚姻によって財産を得たときは、現に利益を受けている限度において、その返還をしなければならない。

3　婚姻の時においてその取消しの原因があることを知っていた当事者は、婚姻によって得た利益の全部を返還しなければならない。この場合において、相手方が善意であったときは、これに対して損害を賠償する責任を負う。

第749条（離婚の規定の準用）

第728条第1項、第766条から第769条まで、第790条第1項ただし書並びに第819条第2項、第3項、第5項及び第6項の規定は、婚姻の取消しについて準用する。

【第2節　婚姻の効力】

第750条（夫婦の氏）

夫婦は、婚姻の際に定めるところに従い、夫又は妻の氏を称する。

第751条（生存配偶者の復氏等）

1　夫婦の一方が死亡したときは、生存配偶者

は、婚姻前の氏に復することができる。

2　第769条の規定は、前項及び第728条第2項の場合について準用する。

第752条（同居、協力及び扶助の義務）

夫婦は同居し、互いに協力し扶助しなければならない。

第753条　削除

第754条（夫婦間の契約の取消権）

夫婦間でした契約は、婚姻中、いつでも、夫婦の一方からこれを取り消すことができる。ただし、第三者の権利を害することはできない。

【第3節　夫婦財産制】（抄）

第1款　総則（抄）

第755条（夫婦の財産関係）

夫婦が、婚姻の届出前に、その財産について別段の契約をしなかったときは、その財産関係は、次款に定めるところによる。

第756条（夫婦財産契約の対抗要件）

夫婦が法定財産制と異なる契約をしたときは、婚姻の届出までにその登記をしなければ、これを夫婦の承継人及び第三者に対抗することができない。

第757条～第759条（略）

第2款　法定財産制

第760条（婚姻費用の分担）

夫婦は、その資産、収入その他一切の事情を考慮して、婚姻から生ずる費用を分担する。

第761条（日常の家事に関する債務の連帯責任）

夫婦の一方が日常の家事に関して第三者と法律行為をしたときは、他の一方は、これによって生じた債務について、連帯してその責任を負う。ただし、第三者に対し責任を負わない旨を予告した場合は、この限りでない。

第762条（夫婦間における財産の帰属）

1　夫婦の一方が婚姻前から有する財産及び婚姻中自己の名で得た財産は、その特有財産（夫婦の一方が単独で有する財産をいう。）とする。

2　夫婦のいずれに属するか明らかでない財産は、その共有に属するものと推定する。

【第4節　離婚】（抄）

第1款　協議上の離婚（抄）

第763条（協議上の離婚）

夫婦は、その協議で、離婚をすることができる。

第764条（婚姻の規定の準用）

第738条、第739条及び第747条の規定は、協議上の離婚について準用する。

第765条（離婚の届出の受理）

1　離婚の届出は、その離婚が前条において準

用する第739条第2項の規定及び第819条第1項の規定その他の法令の規定に違反しないことを認めた後でなければ、受理することができない。

2 離婚の届出が前項の規定に違反して受理されたときであっても、離婚は、そのためにその効力を妨げられない。

第766条（離婚後の子の監護に関する事項の定め等）

1 父母が協議上の離婚をするときは、子の監護をすべき者、父又は母と子との面会及びその他の交流、子の監護に要する費用の分担その他の子の監護について必要な事項は、その協議で定める。この場合においては、子の利益を最も優先して考慮しなければならない。

2 前項の協議が調わないとき、又は協議をすることができないときは、家庭裁判所が、同項の事項を定める。

3 家庭裁判所は、必要があると認めるときは、前二項の規定による定めを変更し、その他子の監護について相当な処分を命ずることができる。

4 前三項の規定によっては、監護の範囲外では、父母の権利義務に変更を生じない。

第767条（離婚による復氏等）

1 婚姻によって氏を改めた夫又は妻は、協議上の離婚によって婚姻前の氏に復する。

2 前項の規定により婚姻前の氏に復した夫又は妻は、離婚の日から3箇月以内に戸籍法の定めるところにより届け出ることによって、離婚の際に称していた氏を称することができる。

第768条（財産分与）

1 協議上の離婚をした者の一方は、相手方に対して財産の分与を請求することができる。

2 前項の規定による財産の分与について、当事者間に協議が調わないとき、又は協議をすることができないときは、当事者は、家庭裁判所に対して協議に代わる処分を請求することができる。ただし、離婚の時から2年を経過したときは、この限りでない。

3 前項の場合には、家庭裁判所は、当事者双方がその協力によって得た財産の額その他一切の事情を考慮して、分与をさせるべきかどうか並びに分与の額及び方法を定める。

第769条（略）

第2款　裁判上の離婚

第770条（裁判上の離婚）

1 夫婦の一方は、次に掲げる場合に限り、離

婚の訴えを提起することができる。

① 配偶者に不貞な行為があったとき。

② 配偶者から悪意で遺棄されたとき。

③ 配偶者の生死が3年以上明らかでないとき。

④ 配偶者が強度の精神病にかかり、回復の見込みがないとき。

⑤ その他婚姻を継続し難い重大な事由があるとき。

2 裁判所は、前項第1号から第4号までに掲げる事由がある場合であっても、一切の事情を考慮して婚姻の継続を相当と認めるときは、離婚の請求を棄却することができる。

第771条（協議上の離婚の規定の準用）

第766条から第769条までの規定は、裁判上の離婚について準用する。

第3章　親子 （抄）

【第1節】　実子】（抄）

第772条（嫡出の推定）

1 妻が婚姻中に懐胎した子は、夫の子と推定する。

2 婚姻の成立の日から200日を経過した後又は婚姻の解消若しくは取消しの日から300日以内に生まれた子は、婚姻中に懐胎したものと推定する。

第773条（父を定めることを目的とする訴え）

第733条第1項の規定に違反して再婚をした女が出産した場合において、前条の規定によりその子の父を定めることができないときは、裁判所が、これを定める。

第774条（嫡出の否認）

第772条の場合において、夫は、子が嫡出であることを否認することができる。

第775条（嫡出否認の訴え）

前条の規定による否認権は、子又は親権を行う母に対する嫡出否認の訴えによって行う。親権を行う母がないときは、家庭裁判所は、特別代理人を選任しなければならない。

第776条（嫡出の承認）

夫は、子の出生後において、その嫡出であることを承認したときは、その否認権を失う。

第777条（嫡出否認の訴えの出訴期間）

嫡出否認の訴えは、夫が子の出生を知った時から1年以内に提起しなければならない。

第778条

夫が成年被後見人であるときは、前条の期間は、後見開始の審判の取消しがあった後夫が子の出生を知った時から起算する。

71

第779条（認知）

　嫡出でない子は、その父又は母がこれを認知することができる。

第780条（認知能力）

　認知をするには、父又は母が未成年者又は成年被後見人であるときであっても、その法定代理人の同意を要しない。

第781条（認知の方式）

1　認知は、戸籍法の定めるところにより届け出ることによってする。

2　認知は、遺言によっても、することができる。

第782条（成年の子の認知）

　成年の子は、その承諾がなければ、これを認知することができない。

第783条（胎児又は死亡した子の認知）

1　父は、胎内に在る子でも、認知することができる。この場合においては、母の承諾を得なければならない。

2　父又は母は、死亡した子でも、その直系卑属があるときに限り、認知することができる。この場合において、その直系卑属が成年者であるときは、その承諾を得なければならない。

第784条（認知の効力）

　認知は、出生の時にさかのぼってその効力を生ずる。ただし、第三者が既に取得した権利を害することはできない。

第785条（認知の取消しの禁止）

　認知をした父又は母は、その認知を取り消すことができない。

第786条（認知に対する反対の事実の主張）

　子その他の利害関係人は、認知に対して反対の事実を主張することができる。

第787条（認知の訴え）

　子、その直系卑属又はこれらの者の法定代理人は、認知の訴えを提起することができる。ただし、父又は母の死亡の日から3年を経過したときは、この限りでない。

第788条（略）

第789条（準正）

1　父が認知した子は、その父母の婚姻によって嫡出子の身分を取得する。

2　婚姻中父母が認知した子は、その認知の時から、嫡出子の身分を取得する。

3　前二項の規定は、子が既に死亡していた場合について準用する。

第790条（子の氏）

1　嫡出である子は、父母の氏を称する。ただし、子の出生前に父母が離婚したときは、離婚の際における父母の氏を称する。

2　嫡出でない子は、母の氏を称する。

第791条（略）

【第2節　養子】（抄）

　第1款　縁組の要件（抄）

第792条（養親となる者の年齢）

　20歳に達した者は、養子をすることができる。

第793条（尊属又は年長者を養子とすることの禁止）

　尊属又は年長者は、これを養子とすることができない。

第794条（後見人が被後見人を養子とする縁組）

　後見人が被後見人（未成年被後見人及び成年被後見人をいう。以下同じ。）を養子とするには、家庭裁判所の許可を得なければならない。後見人の任務が終了した後、まだその管理の計算が終わらない間も、同様とする。

第795条（配偶者のある者が未成年者を養子とする縁組）

　配偶者のある者が未成年者を養子とするには、配偶者とともにしなければならない。ただし、配偶者の嫡出である子を養子とする場合又は配偶者がその意思を表示することができない場合は、この限りでない。

第796条（配偶者のある者の縁組）

　配偶者のある者が縁組をするには、その配偶者の同意を得なければならない。ただし、配偶者とともに縁組をする場合又は配偶者がその意思を表示することができない場合は、この限りでない。

第797条（15歳未満の者を養子とする縁組）

1　養子となる者が15歳未満であるときは、その法定代理人が、これに代わって、縁組の承諾をすることができる。

2　法定代理人が前項の承諾をするには、養子となる者の父母でその監護をすべき者であるものが他にあるときは、その同意を得なければならない。養子となる者の父母で親権を停止されているものがあるときも、同様とする。

第798条（未成年者を養子とする縁組）

　未成年者を養子とするには、家庭裁判所の許可を得なければならない。ただし、自己又は配偶者の直系卑属を養子とする場合は、この限りでない。

第799条（婚姻の規定の準用）

　第738条及び第739条の規定は、縁組について準用する。

第800条（縁組の届出の受理）

　縁組の届出は、その縁組が第792条から前条

までの規定その他の法令の規定に違反しないことを認めた後でなければ、受理することができない。

第801条（略）

第2款　縁組の無効及び取消し

第802条（縁組の無効）

縁組は、次に掲げる場合に限り、無効とする。

① 人違いその他の事由によって当事者間に縁組をする意思がないとき。

② 当事者が縁組の届出をしないとき。ただし、その届出が第799条において準用する第739条第2項に定める方式を欠くだけであるときは、縁組は、そのためにその効力を妨げられない。

第803条（縁組の取消し）

縁組は、次条から第808条までの規定によらなければ、取り消すことができない。

第804条（養親が20歳未満の者である場合の縁組の取消し）

第792条の規定に違反した縁組は、養親又はその法定代理人から、その取消しを家庭裁判所に請求することができる。ただし、養親が、20歳に達した後6箇月を経過し、又は追認をしたときは、この限りでない。

第805条（養子が尊属又は年長者である場合の縁組の取消し）

第793条の規定に違反した縁組は、各当事者又はその親族から、その取消しを家庭裁判所に請求することができる。

第806条（後見人と被後見人との間の無許可縁組の取消し）

1 第794条の規定に違反した縁組は、養子又はその実方の親族から、その取消しを家庭裁判所に請求することができる。ただし、管理の計算が終わった後、養子が追認をし、又は6箇月を経過したときは、この限りでない。

2 前項ただし書の追認は、養子が、成年に達し、又は行為能力を回復した後にしなければ、その効力を生じない。

3 養子が、成年に達せず、又は行為能力を回復しない間に、管理の計算が終わった場合には、第1項ただし書の期間は、養子が、成年に達し、又は行為能力を回復した時から起算する。

第806条の2（配偶者の同意のない縁組等の取消し）

1 第796条の規定に違反した縁組は、縁組の同意をしていない者から、その取消しを家庭裁判所に請求することができる。ただし、その者が、縁組を知った後6箇月を経過し、又は追認をしたときは、この限りでない。

2 詐欺又は強迫によって第796条の同意をした者は、その縁組の取消しを家庭裁判所に請求することができる。ただし、その者が、詐欺を発見し、若しくは強迫を免れた後6箇月を経過し、又は追認をしたときは、この限りでない。

第806条の3（子の監護をすべき者の同意のない縁組等の取消し）

1 第797条第2項の規定に違反した縁組は、縁組の同意をしていない者から、その取消しを家庭裁判所に請求することができる。ただし、その者が追認をしたとき、又は養子が15歳に達した後6箇月を経過し、若しくは追認をしたときは、この限りでない。

2 前条第2項の規定は、詐欺又は強迫によって第797条第2項の同意をした者について準用する。

第807条（養子が未成年者である場合の無許可縁組の取消し）

第798条の規定に違反した縁組は、養子、その実方の親族又は養子に代わって縁組の承諾をした者から、その取消しを家庭裁判所に請求することができる。ただし、養子が、成年に達した後6箇月を経過し、又は追認をしたときは、この限りでない。

第808条（婚姻の取消し等の規定の準用）

1 第747条及び第748条の規定は、縁組について準用する。この場合において、第747条第2項中「3箇月」とあるのは、「6箇月」と読み替えるものとする。

2 第769条及び第816条の規定は、縁組の取消しについて準用する。

第3款　縁組の効力

第809条（嫡出子の身分の取得）

養子は、縁組の日から、養親の嫡出子の身分を取得する。

第810条（養子の氏）

養子は、養親の氏を称する。ただし、婚姻によって氏を改めた者については、婚姻の際に定めた氏を称すべき間は、この限りでない。

第4款　離縁

第811条（協議上の離縁等）

1 縁組の当事者は、その協議で、離縁をすることができる。

2 養子が15歳未満であるときは、その離縁は、養親と養子の離縁後にその法定代理人となるべき者との協議でこれをする。

3 前項の場合において、養子の父母が離婚しているときは、その協議で、その一方を養子の離縁後にその親権者となるべき者と定めなければならない。

4 前項の協議が調わないとき、又は協議をすることができないときは、家庭裁判所は、同項の父若しくは母又は養親の請求によって、協議に代わる審判をすることができる。

5 第2項の法定代理人となるべき者がないときは、家庭裁判所は、養子の親族その他の利害関係人の請求によって、養子の離縁後にその未成年後見人となるべき者を選任する。

6 縁組の当事者の一方が死亡した後に生存当事者が離縁をしようとするときは、家庭裁判所の許可を得て、これをすることができる。

第811条の2（夫婦である養親と未成年者との離縁）

養親が夫婦である場合において未成年者と離縁をするには、夫婦が共にしなければならない。ただし、夫婦の一方がその意思を表示することができないときは、この限りでない。

第812条（婚姻の規定の準用）

第738条、第739条及び第747条の規定は、協議上の離縁について準用する。この場合において、同条第2項中「3箇月」とあるのは、「6箇月」と読み替えるものとする。

第813条（離縁の届出の受理）

1 離縁の届出は、その離縁が前条において準用する第739条第2項の規定並びに第811条及び第811条の2の規定その他の法令の規定に違反しないことを認めた後でなければ、受理することができない。

2 離縁の届出が前項の規定に違反して受理されたときであっても、離縁は、そのためにその効力を妨げられない。

第814条（裁判上の離縁）

1 縁組の当事者の一方は、次に掲げる場合に限り、離縁の訴えを提起することができる。
① 他の一方から悪意で遺棄されたとき。
② 他の一方の生死が三年以上明らかでないとき。
③ その他縁組を継続し難い重大な事由があるとき。

2 第770条第2項の規定は、前項第1号及び第2号に掲げる場合について準用する。

第815条（養子が15歳未満である場合の離縁の訴えの当事者）

養子が15歳に達しない間は、第811条の規定により養親と離縁の協議をすることができる者

から、又はこれに対して、離縁の訴えを提起することができる。

第816条（離縁による復氏等）

1 養子は、離縁によって縁組前の氏に復する。ただし、配偶者とともに養子をした養親の一方のみと離縁をした場合は、この限りでない。

2 縁組の日から7年を経過した後に前項の規定により縁組前の氏に復した者は、離縁の日から3箇月以内に戸籍法の定めるところにより届け出ることによって、離縁の際に称していた氏を称することができる。

第817条（離縁による復氏の際の権利の承継）

第769条の規定は、離縁について準用する。

**　第5款　特別養子**

第817条の2（特別養子縁組の成立）

1 家庭裁判所は、次条から第817条の7までに定める要件があるときは、養親となる者の請求により、実方の血族との親族関係が終了する縁組（以下この款において「特別養子縁組」という。）を成立させることができる。

2 前項に規定する請求をするには、第794条又は第798条の許可を得ることを要しない。

第817条の3（養親の夫婦共同縁組）

1 養親となる者は、配偶者のある者でなければならない。

2 夫婦の一方は、他の一方が養親とならないときは、養親となることができない。ただし、夫婦の一方が他の一方の嫡出である子（特別養子縁組以外の縁組による養子を除く。）の養親となる場合は、この限りでない。

第817条の4（養親となる者の年齢）

25歳に達しない者は、養親となることができない。ただし、養親となる夫婦の一方が25歳に達していない場合においても、その者が20歳に達しているときは、この限りでない。

第817条の5（養子となる者の年齢）

1 第817条の2に規定する請求の時に15歳に達している者は、養子となることができない。特別養子縁組が成立するまでに18歳に達した者についても、同様とする。

2 前項前段の規定は、養子となる者が15歳に達する前から引き続き養親となる者に監護されている場合において、15歳に達するまでに第817条の2に規定する請求がされなかったことについてやむを得ない事由があるときは、適用しない。

3 養子となる者が15歳に達している場合においては、特別養子縁組の成立には、その者の同意がなければならない。

第817条の6 （父母の同意）

特別養子縁組の成立には、養子となる者の父母の同意がなければならない。ただし、父母がその意思を表示することができない場合又は父母による虐待、悪意の遺棄その他養子となる者の利益を著しく害する事由がある場合は、この限りでない。

第817条の7 （子の利益のための特別の必要性）

特別養子縁組は、父母による養子となる者の監護が著しく困難又は不適当であることその他特別の事情がある場合において、子の利益のため特に必要があると認めるときに、これを成立させるものとする。

第817条の8 （監護の状況）

1 特別養子縁組を成立させるには、養親となる者が養子となる者を6箇月以上の期間監護した状況を考慮しなければならない。

2 前項の期間は、第817条の2に規定する請求の時から起算する。ただし、その請求前の監護の状況が明らかであるときは、この限りでない。

第817条の9 （実方との親族関係の終了）

養子と実方の父母及びその血族との親族関係は、特別養子縁組によって終了する。ただし、第817条の3第2項ただし書に規定する他の一方及びその血族との親族関係については、この限りでない。

第817条の10 （特別養子縁組の離縁）

1 次の各号のいずれにも該当する場合において、養子の利益のため特に必要があると認めるときは、家庭裁判所は、養子、実父母又は検察官の請求により、特別養子縁組の当事者を離縁させることができる。

① 養親による虐待、悪意の遺棄その他養子の利益を著しく害する事由があること。

② 実父母が相当の監護をすることができること。

2 離縁は、前項の規定による場合のほか、これをすることができない。

第817条の11 （離縁による実方との親族関係の回復）

養子と実父母及びその血族との間においては、離縁の日から、特別養子縁組によって終了した親族関係と同一の親族関係を生ずる。

第4章　親権 （抄）

【第1節　総則】

第818条 （親権者）

1 成年に達しない子は、父母の親権に服する。

2 子が養子であるときは、養親の親権に服する。

3 親権は、父母の婚姻中は、父母が共同して行う。ただし、父母の一方が親権を行うことができないときは、他の一方が行う。

第819条 （離婚又は認知の場合の親権者）

1 父母が協議上の離婚をするときは、その協議で、その一方を親権者と定めなければならない。

2 裁判上の離婚の場合には、裁判所は、父母の一方を親権者と定める。

3 子の出生前に父母が離婚した場合には、親権は、母が行う。ただし、子の出生後に、父母の協議で、父を親権者と定めることができる。

4 父が認知した子に対する親権は、父母の協議で父を親権者と定めたときに限り、父が行う。

5 第1項、第3項又は前項の協議が調わないとき、又は協議をすることができないときは、家庭裁判所は、父又は母の請求によって、協議に代わる審判をすることができる。

6 子の利益のため必要があると認めるときは、家庭裁判所は、子の親族の請求によって、親権者を他の一方に変更することができる。

【第2節　親権の効力】 （抄）

第820条～第825条 （略）

第826条 （利益相反行為）

1 親権を行う父又は母とその子との利益が相反する行為については、親権を行う者は、その子のために特別代理人を選任することを家庭裁判所に請求しなければならない。

2 親権を行う者が数人の子に対して親権を行う場合において、その1人と他の子との利益が相反する行為については、親権を行う者は、その一方のために特別代理人を選任することを家庭裁判所に請求しなければならない。

第827条 （財産の管理における注意義務）

親権を行う者は、自己のためにするのと同一の注意をもって、その管理権を行わなければならない。

第828条～第833条 （略）

【第3節　親権の喪失】 （略）

第5章　後見 （略）

第6章　保佐及び補助 （略）

民法

75

第7章 扶養 （略）

第5編 相続 （抄）

第1章 総則

第882条（相続開始の原因）
相続は、死亡によって開始する。

第883条（相続開始の場所）
相続は、被相続人の住所において開始する。

第884条（相続回復請求権）
相続回復の請求権は、相続人又はその法定代理人が相続権を侵害された事実を知った時から5年間行使しないときは、時効によって消滅する。相続開始の時から20年を経過したときも、同様とする。

第885条（相続財産に関する費用）
相続財産に関する費用は、その財産の中から支弁する。ただし、相続人の過失によるものは、この限りでない。

第2章 相続人 （抄）

第886条（相続に関する胎児の権利能力）
1 胎児は、相続については、既に生まれたものとみなす。
2 前項の規定は、胎児が死体で生まれたときは、適用しない。

第887条（子及びその代襲者等の相続権）
1 被相続人の子は、相続人となる。
2 被相続人の子が、相続の開始以前に死亡したとき、又は第891条の規定に該当し、若しくは廃除によって、その相続権を失ったときは、その者の子がこれを代襲して相続人となる。ただし、被相続人の直系卑属でない者は、この限りでない。
3 前項の規定は、代襲者が、相続の開始以前に死亡し、又は第891条の規定に該当し、若しくは廃除によって、その代襲相続権を失った場合について準用する。

第888条 削除

第889条（直系尊属及び兄弟姉妹の相続権）
1 次に掲げる者は、第887条の規定により相続人となるべき者がない場合には、次に掲げる順序の順位に従って相続人となる。
① 被相続人の直系尊属。ただし、親等の異なる者の間では、その近い者を先にする。
② 被相続人の兄弟姉妹
2 第887条第2項の規定は、前項第2号の場合について準用する。

第890条（配偶者の相続権）
被相続人の配偶者は、常に相続人となる。この場合において、第887条又は前条の規定により相続人となるべき者があるときは、その者と同順位とする。

第891条（相続人の欠格事由）
次に掲げる者は、相続人となることができない。
① 故意に被相続人又は相続について先順位若しくは同順位にある者を死亡するに至らせ、又は至らせようとしたために、刑に処せられた者
② 被相続人の殺害されたことを知って、これを告発せず、又は告訴しなかった者。ただし、その者に是非の弁別がないとき、又は殺害者が自己の配偶者若しくは直系血族であったときは、この限りでない。
③ 詐欺又は強迫によって、被相続人が相続に関する遺言をし、撤回し、取り消し、又は変更することを妨げた者
④ 詐欺又は強迫によって、被相続人に相続に関する遺言をさせ、撤回させ、取り消させ、又は変更させた者
⑤ 相続に関する被相続人の遺言書を偽造し、変造し、破棄し、又は隠匿した者

第892条（推定相続人の廃除）
遺留分を有する推定相続人（相続が開始した場合に相続人となるべき者をいう。以下同じ。）が、被相続人に対して虐待をし、若しくはこれに重大な侮辱を加えたとき、又は推定相続人にその他の著しい非行があったときは、被相続人は、その推定相続人の廃除を家庭裁判所に請求することができる。

第893条（遺言による推定相続人の廃除）
被相続人が遺言で推定相続人を廃除する意思を表示したときは、遺言執行者は、その遺言が効力を生じた後、遅滞なく、その推定相続人の廃除を家庭裁判所に請求しなければならない。この場合において、その推定相続人の廃除は、被相続人の死亡の時にさかのぼってその効力を生ずる。

第894条（推定相続人の廃除の取消し）
1 被相続人は、いつでも、推定相続人の廃除の取消しを家庭裁判所に請求することができる。
2 前条の規定は、推定相続人の廃除の取消しについて準用する。

第895条 （略）

第3章　相続の効力（抄）

【第1節　総則】（抄）

第896条（相続の一般的効力）

相続人は、相続開始の時から、被相続人の財産に属した一切の権利義務を承継する。ただし、被相続人の一身に専属したものは、この限りでない。

第897条（略）

第898条（共同相続の効力）

相続人が数人あるときは、相続財産は、その共有に属する。

第899条

各共同相続人は、その相続分に応じて被相続人の権利義務を承継する。

第899条の2（共同相続における権利の承継の対抗要件）

1　相続による権利の承継は、遺産の分割によるものかどうかにかかわらず、次条及び第901条の規定により算定した相続分を超える部分については、登記、登録その他の**対抗要件**を備えなければ、第三者に対抗することができない。

2　前項の権利が債権である場合において、次条及び第901条の規定により算定した相続分を超えて当該債権を承継した共同相続人が当該債権に係る遺言の内容（遺産の分割により当該債権を承継した場合にあっては、当該債権に係る遺産の分割の内容）を明らかにして債務者にその承継の通知をしたときは、共同相続人の全員が債務者に通知をしたものとみなして、同項の規定を適用する。

【第2節　相続分】（抄）

第900条（法定相続分）

同順位の相続人が数人あるときは、その相続分は、次の各号の定めるところによる。

① 　子及び配偶者が相続人であるときは、子の相続分及び配偶者の相続分は、各2分の1とする。

② 　配偶者及び直系尊属が相続人であるときは、配偶者の相続分は、3分の2とし、直系尊属の相続分は、3分の1とする。

③ 　配偶者及び兄弟姉妹が相続人であるときは、配偶者の相続分は、4分の3とし、兄弟姉妹の相続分は、4分の1とする。

④ 　子、直系尊属又は兄弟姉妹が数人あるときは、各自の相続分は、相等しいものとする。ただし、父母の一方のみを同じくする兄弟姉妹の相続分は、父母の双方を同じくする兄弟姉妹の相続分の2分の1とする。

第901条（代襲相続人の相続分）

1　第887条第2項又は第3項の規定により相続人となる直系卑属の相続分は、その直系尊属が受けるべきであったものと同じとする。ただし、直系卑属が数人あるときは、その各自の直系尊属が受けるべきであった部分について、前条の規定に従ってその相続分を定める。

2　前項の規定は、第889条第2項の規定により兄弟姉妹の子が相続人となる場合について準用する。

第902条（遺言による相続分の指定）

1　被相続人は、前二条の規定にかかわらず、遺言で、共同相続人の相続分を定め、又はこれを定めることを第三者に委託することができる。

2　被相続人が、共同相続人中の1人若しくは数人の相続分のみを定め、又はこれを第三者に定めさせたときは、他の共同相続人の相続分は、前二条の規定により定める。

第902条の2（相続分の指定がある場合の債権者の権利の行使）

被相続人が相続開始の時において有した債務の債権者は、前条の規定による相続分の指定がされた場合であっても、各共同相続人に対し、第900条及び第901条の規定により算定した相続分に応じてその権利を行使することができる。ただし、その債権者が共同相続人の1人に対してその指定された相続分に応じた債務の承継を承認したときは、この限りでない。

第903条（特別受益者の相続分）

1　共同相続人中に、被相続人から、遺贈を受け、又は婚姻若しくは養子縁組のため若しくは生計の資本として贈与を受けた者があるときは、被相続人が相続開始の時において有した財産の価額にその贈与の価額を加えたものを相続財産とみなし、第900条から第902条までの規定により算定した相続分の中からその遺贈又は贈与の価額を控除した残額をもってその者の相続分とする。

2　遺贈又は贈与の価額が、相続分の価額に等しく、又はこれを超えるときは、受遺者又は受贈者は、その相続分を受けることができない。

3　被相続人が前二項の規定と異なった意思を表示したときは、その意思に従う。

4　婚姻期間が20年以上の夫婦の一方である被相続人が、他の一方に対し、その居住の用に

供する建物又はその敷地について遺贈又は贈与をしたときは、当該被相続人は、その遺贈又は贈与について第1項の規定を適用しない旨の意思を表示したものと推定する。

第904条

前条に規定する贈与の価額は、受贈者の行為によって、その目的である財産が滅失し、又はその価格の増減があったときであっても、相続開始の時においてなお原状のままであるものとみなしてこれを定める。

第904条の2（寄与分）

1 共同相続人中に、被相続人の事業に関する労務の提供又は財産上の給付、被相続人の療養看護その他の方法により被相続人の財産の維持又は増加について特別の寄与をした者があるときは、被相続人が相続開始の時において有した財産の価額から共同相続人の協議で定めたその者の寄与分を控除したものを相続財産とみなし、第900条から第902条までの規定により算定した相続分に寄与分を加えた額をもってその者の相続分とする。

2 前項の協議が調わないとき、又は協議をすることができないときは、家庭裁判所は、同項に規定する寄与をした者の請求により、寄与の時期、方法及び程度、相続財産の額その他一切の事情を考慮して、寄与分を定める。

3 寄与分は、被相続人が相続開始の時において有した財産の価額から遺贈の価額を控除した残額を超えることができない。

4 第2項の請求は、第907条第2項の規定による請求があった場合又は第910条に規定する場合にすることができる。

第905条（略）

【第3節　遺産の分割】（抄）

第906条（遺産の分割の基準）

遺産の分割は、遺産に属する物又は権利の種類及び性質、各相続人の年齢、職業、心身の状態及び生活の状況その他一切の事情を考慮してこれをする。

第906条の2（遺産の分割前に遺産に属する財産が処分された場合の遺産の範囲）

1 遺産の分割前に遺産に属する財産が処分された場合であっても、共同相続人は、その全員の同意により、当該処分された財産が遺産の分割時に遺産として存在するものとみなすことができる。

2 前項の規定にかかわらず、共同相続人の1人又は数人により同項の財産が処分されたときは、当該共同相続人については、同項の同

意を得ることを要しない。

第907条（遺産の分割の協議又は審判等）

1 共同相続人は、次条の規定により被相続人が遺言で禁じた場合を除き、いつでも、その協議で、遺産の全部又は一部の分割をすることができる。

2 遺産の分割について、共同相続人間に協議が調わないとき、又は協議をすることができないときは、各共同相続人は、その全部又は一部の分割を家庭裁判所に請求することができる。ただし、遺産の一部を分割することにより他の共同相続人の利益を害するおそれがある場合におけるその一部の分割については、この限りでない。

3 前項本文の場合において特別の事由があるときは、家庭裁判所は、期間を定めて、遺産の全部又は一部について、その分割を禁ずることができる。

第908条（遺産の分割の方法の指定及び遺産の分割の禁止）

被相続人は、遺言で、遺産の分割の方法を定め、若しくはこれを定めることを第三者に委託し、又は相続開始の時から5年を超えない期間を定めて、遺産の分割を禁ずることができる。

第909条（遺産の分割の効力）

遺産の分割は、相続開始の時にさかのぼってその効力を生ずる。ただし、第三者の権利を害することはできない。

第909条の2（遺産の分割前における預貯金債権の行使）

各共同相続人は、遺産に属する預貯金債権のうち相続開始の時の債権額の3分の1に第900条及び第901条の規定により算定した当該共同相続人の相続分を乗じた額（標準的な当面の必要生計費、平均的な葬式の費用の額その他の事情を勘案して預貯金債権の債務者ごとに法務省令で定める額を限度とする。）については、単独でその権利を行使することができる。この場合において、当該権利の行使をした預貯金債権については、当該共同相続人が遺産の一部の分割によりこれを取得したものとみなす。

第910条～第914条（略）

第4章　相続の承認及び放棄（抄）

【第1節　総則】

第915条（相続の承認又は放棄をすべき期間）

1 相続人は、自己のために相続の開始があったことを知った時から3箇月以内に、相続について、単純若しくは限定の承認又は放棄を

78

しなければならない。ただし、この期間は、利害関係人又は検察官の請求によって、家庭裁判所において伸長することができる。

2 相続人は、相続の承認又は放棄をする前に、相続財産の調査をすることができる。

第916条
相続人が相続の承認又は放棄をしないで死亡したときは、前条第1項の期間は、その者の相続人が自己のために相続の開始があったことを知った時から起算する。

第917条
相続人が未成年者又は成年被後見人であるときは、第915条第1項の期間は、その法定代理人が未成年者又は成年被後見人のために相続の開始があったことを知った時から起算する。

第918条（相続財産の管理）
1 相続人は、その固有財産におけるのと同一の注意をもって、相続財産を管理しなければならない。ただし、相続の承認又は放棄をしたときは、この限りでない。

2 家庭裁判所は、利害関係人又は検察官の請求によって、いつでも、相続財産の保存に必要な処分を命ずることができる。

3 第27条から第29条までの規定は、前項の規定により家庭裁判所が相続財産の管理人を選任した場合について準用する。

第919条（相続の承認及び放棄の撤回及び取消し）
1 相続の承認及び放棄は、第915条第1項の期間内でも、撤回することができない。

2 前項の規定は、第1編（総則）及び前編（親族）の規定により相続の承認又は放棄の取消しをすることを妨げない。

3 前項の取消権は、追認をすることができる時から6箇月間行使しないときは、時効によって消滅する。相続の承認又は放棄の時から10年を経過したときも、同様とする。

4 第2項の規定により限定承認又は相続の放棄の取消しをしようとする者は、その旨を家庭裁判所に申述しなければならない。

【第2節 相続の承認】（抄）

第1款 単純承認

第920条（単純承認の効力）
相続人は、単純承認をしたときは、無限に被相続人の権利義務を承継する。

第921条（法定単純承認）
次に掲げる場合には、相続人は、単純承認をしたものとみなす。

① 相続人が相続財産の全部又は一部を処分したとき。ただし、保存行為及び第602条に定める期間を超えない賃貸をすることは、この限りでない。

② 相続人が第915条第1項の期間内に限定承認又は相続の放棄をしなかったとき。

③ 相続人が、限定承認又は相続の放棄をした後であっても、相続財産の全部若しくは一部を隠匿し、私にこれを消費し、又は悪意でこれを相続財産の目録中に記載しなかったとき。ただし、その相続人が相続の放棄をしたことによって相続人となった者が相続の承認をした後は、この限りでない。

第2款 限定承認（抄）

第922条（限定承認）
相続人は、相続によって得た財産の限度においてのみ被相続人の債務及び遺贈を弁済すべきことを留保して、相続の承認をすることができる。

第923条（共同相続人の限定承認）
相続人が数人あるときは、限定承認は、共同相続人の全員が共同してのみこれをすることができる。

第924条（限定承認の方式）
相続人は、限定承認をしようとするときは、第915条第1項の期間内に、相続財産の目録を作成して家庭裁判所に提出し、限定承認をする旨を申述しなければならない。

第925条（限定承認をしたときの権利義務）
相続人が限定承認をしたときは、その被相続人に対して有した権利義務は、消滅しなかったものとみなす。

第926条（限定承認者による管理）
1 限定承認者は、その固有財産におけるのと同一の注意をもって、相続財産の管理を継続しなければならない。

2 第645条、第646条、第650条第1項及び第2項並びに第918条第2項及び第3項の規定は、前項の場合について準用する。

第927条～第937条（略）

【第3節 相続の放棄】

第938条（相続の放棄の方式）
相続の放棄をしようとする者は、その旨を家庭裁判所に申述しなければならない。

第939条（相続の放棄の効力）
相続の放棄をした者は、その相続に関しては、初めから相続人とならなかったものとみなす。

第940条（相続の放棄をした者による管理）
1 相続の放棄をした者は、その放棄によって相続人となった者が相続財産の管理を始める

ことができるまで、自己の財産におけるのと同一の注意をもって、その財産の管理を継続しなければならない。

2 第645条、第646条、第650条第1項及び第2項並びに第918条第2項及び第3項の規定は、前項の場合について準用する。

第5章 財産分離 (略)

第6章 相続人の不存在 (略)

第7章 遺言 (抄)

【第1節 総則】(抄)

第960条 (遺言の方式)

遺言は、この法律に定める方式に従わなければ、することができない。

第961条 (遺言能力)

15歳に達した者は、遺言をすることができる。

第962条

第5条、第9条、第13条及び第17条の規定は、遺言については、適用しない。

第963条

遺言者は、遺言をする時においてその能力を有しなければならない。

第964条 (包括遺贈及び特定遺贈)

遺言者は、包括又は特定の名義で、その財産の全部又は一部を処分することができる。

第965条 (相続人に関する規定の準用)

第886条及び第891条の規定は、受遺者について準用する。

第966条 (略)

【第2節 遺言の方式】(抄)

第1款 普通の方式 (抄)

第967条 (普通の方式による遺言の種類)

遺言は、自筆証書、公正証書又は秘密証書によってしなければならない。ただし、特別の方式によることを許す場合は、この限りでない。

第968条 (自筆証書遺言)

1 自筆証書によって遺言をするには、遺言者が、その全文、日付及び氏名を自書し、これに印を押さなければならない。

2 前項の規定にかかわらず、自筆証書にこれと一体のものとして相続財産(第997条第1項に規定する場合における同項に規定する権利を含む。)の全部又は一部の目録を添付する場合には、その目録については、自書することを要しない。この場合において、遺言者は、その目録の毎葉(自書によらない記載がその両面にある場合にあっては、その両面)

に署名し、印を押さなければならない。

3 自筆証書(前項の目録を含む。)中の加除その他の変更は、遺言者が、その場所を指示し、これを変更した旨を付記して特にこれに署名し、かつ、その変更の場所に印を押さなければ、その効力を生じない。

第969条 (公正証書遺言)

公正証書によって遺言をするには、次に掲げる方式に従わなければならない。

① 証人2人以上の立会いがあること。

② 遺言者が遺言の趣旨を公証人に口授すること。

③ 公証人が、遺言者の口述を筆記し、これを遺言者及び証人に読み聞かせ、又は閲覧させること。

④ 遺言者及び証人が、筆記の正確なことを承認した後、各自これに署名し、印を押すこと。ただし、遺言者が署名することができない場合は、公証人がその事由を付記して、署名に代えることができる。

⑤ 公証人が、その証書は前各号に掲げる方式に従って作ったものである旨を付記して、これに署名し、印を押すこと。

第969条の2 (略)

第970条 (秘密証書遺言)

1 秘密証書によって遺言をするには、次に掲げる方式に従わなければならない。

① 遺言者が、その証書に署名し、印を押すこと。

② 遺言者が、その証書を封じ、証書に用いた印章をもってこれに封印すること。

③ 遺言者が、公証人1人及び証人2人以上の前に封書を提出して、自己の遺言書である旨並びにその筆者の氏名及び住所を申述すること。

④ 公証人が、その証書を提出した日付及び遺言者の申述を封紙に記載した後、遺言者及び証人とともにこれに署名し、印を押すこと。

2 第968条第3項の規定は、秘密証書による遺言について準用する。

第971条〜第974条 (略)

第975条 (共同遺言の禁止)

遺言は、2人以上の者が同一の証書ですることができない。

第2款 特別の方式 (略)

【第3節 遺言の効力】(抄)

第985条 (遺言の効力の発生時期)

1 遺言は、遺言者の死亡の時からその効力を

生ずる。

2　遺言に停止条件を付した場合において、その条件が遺言者の死亡後に成就したときは、遺言は、条件が成就した時からその効力を生ずる。

第986条（遺贈の放棄）

1　受遺者は、遺言者の死亡後、いつでも、遺贈の放棄をすることができる。

2　遺贈の放棄は、遺言者の死亡の時にさかのぼってその効力を生ずる。

第987条・第988条（略）

第989条（遺贈の承認及び放棄の撤回及び取消し）

1　遺贈の承認及び放棄は、撤回することができない。

2　第919条第2項及び第3項の規定は、遺贈の承認及び放棄について準用する。

第990条（包括受遺者の権利義務）

包括受遺者は、相続人と同一の権利義務を有する。

第991条〜第1001条（略）

第1002条（負担付遺贈）

1　負担付遺贈を受けた者は、遺贈の目的の価額を超えない限度においてのみ、負担した義務を履行する責任を負う。

2　受遺者が遺贈の放棄をしたときは、負担の利益を受けるべき者は、自ら受遺者となることができる。ただし、遺言者がその遺言に別段の意思を表示したときは、その意思に従う。

第1003条（略）

【第4節　遺言の執行】（抄）

第1004条（遺言書の検認）

1　遺言書の保管者は、相続の開始を知った後、遅滞なく、これを家庭裁判所に提出して、その検認を請求しなければならない。遺言書の保管者がない場合において、相続人が遺言書を発見した後も、同様とする。

2　前項の規定は、公正証書による遺言については、適用しない。

3　封印のある遺言書は、家庭裁判所において相続人又はその代理人の立会いがなければ、開封することができない。

第1005条（略）

第1006条（遺言執行者の指定）

1　遺言者は、遺言で、1人又は数人の遺言執行者を指定し、又はその指定を第三者に委託することができる。

2　遺言執行者の指定の委託を受けた者は、遅滞なく、その指定をして、これを相続人に通知しなければならない。

3　遺言執行者の指定の委託を受けた者がその委託を辞そうとするときは、遅滞なくその旨を相続人に通知しなければならない。

第1007条（遺言執行者の任務の開始）

1　遺言執行者が就職を承諾したときは、直ちにその任務を行わなければならない。

2　遺言執行者は、その任務を開始したときは、遅滞なく、遺言の内容を相続人に通知しなければならない。

第1008条・第1009条（略）

第1010条（遺言執行者の選任）

遺言執行者がないとき、又はなくなったときは、家庭裁判所は、利害関係人の請求によって、これを選任することができる。

第1011条（相続財産の目録の作成）

1　遺言執行者は、遅滞なく、相続財産の目録を作成して、相続人に交付しなければならない。

2　遺言執行者は、相続人の請求があるときは、その立会いをもって相続財産の目録を作成し、又は公証人にこれを作成させなければならない。

第1012条（遺言執行者の権利義務）

1　遺言執行者は、遺言の内容を実現するため、相続財産の管理その他遺言の執行に必要な一切の行為をする権利義務を有する。

2　遺言執行者がある場合には、遺贈の履行は、遺言執行者のみが行うことができる。

3　第644条、第645条から第647条まで及び第650条の規定は、遺言執行者について準用する。

第1013条（遺言の執行の妨害行為の禁止）

1　遺言執行者がある場合には、相続人は、相続財産の処分その他遺言の執行を妨げるべき行為をすることができない。

2　前項の規定に違反してした行為は、無効とする。ただし、これをもって善意の第三者に対抗することができない。

3　前二項の規定は、相続人の債権者（相続債権者を含む。）が相続財産についてその権利を行使することを妨げない。

第1014条（特定財産に関する遺言の執行）

1　前三条の規定は、遺言が相続財産のうち特定の財産に関する場合には、その財産についてのみ適用する。

2　遺産の分割の方法の指定として遺産に属する特定の財産を共同相続人の1人又は数人に承継させる旨の遺言（以下「特定財産承継遺言」という。）があったときは、遺言執行者は、

当該共同相続人が第899条の2第1項に規定する対抗要件を備えるために必要な行為をすることができる。

3 前項の財産が預貯金債権である場合には、遺言執行者は、同項に規定する行為のほか、その預金又は貯金の払戻しの請求及びその預金又は貯金に係る契約の解約の申入れをすることができる。ただし、解約の申入れについては、その預貯金債権の全部が特定財産承継遺言の目的である場合に限る。

4 前二項の規定にかかわらず、被相続人が遺言で別段の意思を表示したときは、その意思に従う。

第1015条（遺言執行者の行為の効果）
遺言執行者がその権限内において遺言執行者であることを示してした行為は、相続人に対して直接にその効力を生ずる。

第1016条（遺言執行者の復任権）
1 遺言執行者は、自己の責任で第三者にその任務を行わせることができる。ただし、遺言者がその遺言に別段の意思を表示したときは、その意思に従う。

2 前項本文の場合において、第三者に任務を行わせることについてやむを得ない事由があるときは、遺言執行者は、相続人に対してその選任及び監督についての責任のみを負う。

第1017条～第1021条（略）

【第5節 遺言の撤回及び取消し】（抄）

第1022条（遺言の撤回）
遺言者は、いつでも、遺言の方式に従って、その遺言の全部又は一部を撤回することができる。

第1023条（前の遺言と後の遺言との抵触等）
1 前の遺言が後の遺言と抵触するときは、その抵触する部分については、後の遺言で前の遺言を撤回したものとみなす。

2 前項の規定は、遺言が遺言後の生前処分その他の法律行為と抵触する場合について準用する。

第1024条・第1025条（略）

第1026条（遺言の撤回権の放棄の禁止）
遺言者は、その遺言を撤回する権利を放棄することができない。

第1027条（略）

第8章 配偶者の居住の権利

【第1節 配偶者居住権】

第1028条（配偶者居住権）
1 被相続人の配偶者（以下この章において単に「配偶者」という。）は、被相続人の財産に属した建物に相続開始の時に居住していた場合において、次の各号のいずれかに該当するときは、その居住していた建物（以下この節において「居住建物」という。）の全部について無償で使用及び収益をする権利（以下この章において「配偶者居住権」という。）を取得する。ただし、被相続人が相続開始の時に居住建物を配偶者以外の者と共有していた場合にあっては、この限りでない。
① 遺産の分割によって配偶者居住権を取得するものとされたとき。
② 配偶者居住権が遺贈の目的とされたとき。

2 居住建物が配偶者の財産に属することとなった場合であっても、他の者がその共有持分を有するときは、配偶者居住権は、消滅しない。

3 第903条第4項の規定は、配偶者居住権の遺贈について準用する。

第1029条（審判による配偶者居住権の取得）
遺産の分割の請求を受けた家庭裁判所は、次に掲げる場合に限り、配偶者が配偶者居住権を取得する旨を定めることができる。
① 共同相続人間に配偶者が配偶者居住権を取得することについて合意が成立しているとき。
② 配偶者が家庭裁判所に対して配偶者居住権の取得を希望する旨を申し出た場合において、居住建物の所有者の受ける不利益の程度を考慮してもなお配偶者の生活を維持するために特に必要があると認めるとき（前号に掲げる場合を除く。）。

第1030条（配偶者居住権の存続期間）
配偶者居住権の存続期間は、配偶者の終身の間とする。ただし、遺産の分割の協議若しくは遺言に別段の定めがあるとき、又は家庭裁判所が遺産の分割の審判において別段の定めをしたときは、その定めるところによる。

第1031条（配偶者居住権の登記等）
1 居住建物の所有者は、配偶者（配偶者居住権を取得した配偶者に限る。以下この節において同じ。）に対し、配偶者居住権の設定の登記を備えさせる義務を負う。

2 第605条の規定は配偶者居住権について、第605条の4の規定は配偶者居住権の設定の登記を備えた場合について準用する。

第1032条（配偶者による使用及び収益）
1 配偶者は、従前の用法に従い、善良な管理者の注意をもって、居住建物の使用及び収益

をしなければならない。ただし、従前居住の用に供していなかった部分について、これを居住の用に供することを妨げない。

2　配偶者居住権は、譲渡することができない。

3　配偶者は、居住建物の所有者の承諾を得なければ、居住建物の改築若しくは増築をし、又は第三者に居住建物の使用若しくは収益をさせることができない。

4　配偶者が第1項又は前項の規定に違反した場合において、居住建物の所有者が相当の期間を定めてその是正の催告をし、その期間内に是正がされないときは、居住建物の所有者は、当該配偶者に対する意思表示によって配偶者居住権を消滅させることができる。

第1033条（居住建物の修繕等）

1　配偶者は、居住建物の使用及び収益に必要な修繕をすることができる。

2　居住建物の修繕が必要である場合において、配偶者が相当の期間内に必要な修繕をしないときは、居住建物の所有者は、その修繕をすることができる。

3　居住建物が修繕を要するとき（第1項の規定により配偶者が自らその修繕をするときを除く。）、又は居住建物について権利を主張する者があるときは、配偶者は、居住建物の所有者に対し、遅滞なくその旨を通知しなければならない。ただし、居住建物の所有者が既にこれを知っているときは、この限りでない。

第1034条（居住建物の費用の負担）

1　配偶者は、居住建物の通常の必要費を負担する。

2　第583条第2項の規定は、前項の通常の必要費以外の費用について準用する。

第1035条（居住建物の返還等）

1　配偶者は、配偶者居住権が消滅したときは、居住建物の返還をしなければならない。ただし、配偶者が居住建物について共有持分を有する場合は、居住建物の所有者は、配偶者居住権が消滅したことを理由としては、居住建物の返還を求めることができない。

2　第599条第1項及び第2項並びに第621条の規定は、前項本文の規定により配偶者が相続の開始後に附属させた物がある居住建物又は相続の開始後に生じた損傷がある居住建物の返還をする場合について準用する。

第1036条（使用貸借及び賃貸借の規定の準用）

第597条第1項及び第3項、第600条、第613条並びに第616条の2の規定は、配偶者居住権について準用する。

【第2節　配偶者短期居住権】

第1037条（配偶者短期居住権）

1　配偶者は、被相続人の財産に属した建物に相続開始の時に無償で居住していた場合には、次の各号に掲げる区分に応じてそれぞれ当該各号に定める日までの間、その居住していた建物（以下この節において「居住建物」という。）の所有権を相続又は遺贈により取得した者（以下この節において「居住建物取得者」という。）に対し、居住建物について無償で使用する権利（居住建物の一部のみを無償で使用していた場合にあっては、その部分について無償で使用する権利。以下この節において「配偶者短期居住権」という。）を有する。ただし、配偶者が、相続開始の時において居住建物に係る配偶者居住権を取得したとき、又は第891条の規定に該当し若しくは廃除によってその相続権を失ったときは、この限りでない。

① 居住建物について配偶者を含む共同相続人間で遺産の分割をすべき場合　遺産の分割により居住建物の帰属が確定した日又は相続開始の時から6箇月を経過する日のいずれか遅い日

② 前号に掲げる場合以外の場合　第3項の申入れの日から6箇月を経過する日

2　前項本文の場合においては、居住建物取得者は、第三者に対する居住建物の譲渡その他の方法により配偶者の居住建物の使用を妨げてはならない。

3　居住建物取得者は、第1項第1号に掲げる場合を除くほか、いつでも配偶者短期居住権の消滅の申入れをすることができる。

第1038条（配偶者による使用）

1　配偶者（配偶者短期居住権を有する配偶者に限る。以下この節において同じ。）は、従前の用法に従い、善良な管理者の注意をもって、居住建物の使用をしなければならない。

2　配偶者は、居住建物取得者の承諾を得なければ、第三者に居住建物の使用をさせることができない。

3　配偶者が前二項の規定に違反したときは、居住建物取得者は、当該配偶者に対する意思表示によって配偶者短期居住権を消滅させることができる。

第1039条（配偶者居住権の取得による配偶者短期居住権の消滅）

配偶者が居住建物に係る配偶者居住権を取得したときは、配偶者短期居住権は、消滅する。

第1040条（居住建物の返還等）

1　配偶者は、前条に規定する場合を除き、配偶者短期居住権が消滅したときは、居住建物の返還をしなければならない。ただし、配偶者が居住建物について共有持分を有する場合は、居住建物取得者は、配偶者短期居住権が消滅したことを理由としては、居住建物の返還を求めることができない。

2　第599条第1項及び第2項並びに第621条の規定は、前項本文の規定により配偶者が相続の開始後に附属させた物がある居住建物又は相続の開始後に生じた損傷がある居住建物の返還をする場合について準用する。

第1041条（使用貸借等の規定の準用）

第597条第3項、第600条、第616条の2、第1032条第2項、第1033条及び第1034条の規定は、配偶者短期居住権について準用する。

第9章　遺留分

第1042条（遺留分の帰属及びその割合）

1　兄弟姉妹以外の相続人は、遺留分として、次条第1項に規定する遺留分を算定するための財産の価額に、次の各号に掲げる区分に応じてそれぞれ当該各号に定める割合を乗じた額を受ける。

①　直系尊属のみが相続人である場合　3分の1

②　前号に掲げる場合以外の場合　2分の1

2　相続人が数人ある場合には、前項各号に定める割合は、これらに第900条及び第901条の規定により算定したその各自の相続分を乗じた割合とする。

第1043条（遺留分を算定するための財産の価額）

1　遺留分を算定するための財産の価額は、被相続人が相続開始の時において有した財産の価額にその贈与した財産の価額を加えた額から債務の全額を控除した額とする。

2　条件付きの権利又は存続期間の不確定な権利は、家庭裁判所が選任した鑑定人の評価に従って、その価格を定める。

第1044条

1　贈与は、相続開始前の1年間にしたものに限り、前条の規定によりその価額を算入する。当事者双方が遺留分権利者に損害を加えることを知って贈与をしたときは、1年前の日より前にしたものについても、同様とする。

2　第904条の規定は、前項に規定する贈与の価額について準用する。

3　相続人に対する贈与についての第1項の規定の適用については、同項中「1年」とあるのは「10年」と、「価額」とあるのは「価額（婚姻若しくは養子縁組のため又は生計の資本として受けた贈与の価額に限る。）」とする。

第1045条

1　負担付贈与がされた場合における第1043条第1項に規定する贈与した財産の価額は、その目的の価額から負担の価額を控除した額とする。

2　不相当な対価をもってした有償行為は、当事者双方が遺留分権利者に損害を加えることを知ってしたものに限り、当該対価を負担の価額とする負担付贈与とみなす。

第1046条（遺留分侵害額の請求）

1　遺留分権利者及びその承継人は、受遺者（特定財産承継遺言により財産を承継し又は相続分の指定を受けた相続人を含む。以下この章において同じ。）又は受贈者に対し、遺留分侵害額に相当する金銭の支払を請求することができる。

2　遺留分侵害額は、第1042条の規定による遺留分から第1号及び第2号に掲げる額を控除し、これに第3号に掲げる額を加算して算定する。

①　遺留分権利者が受けた遺贈又は第903条第1項に規定する贈与の価額

②　第900条から第902条まで、第903条及び第904条の規定により算定した相続分に応じて遺留分権利者が取得すべき遺産の価額

③　被相続人が相続開始の時において有した債務のうち、第899条の規定により遺留分権利者が承継する債務（次条第3項において「遺留分権利者承継債務」という。）の額

第1047条（受遺者又は受贈者の負担等）

1　受遺者又は受贈者は、次の各号の定めるところに従い、遺贈（特定財産承継遺言による財産の承継又は相続分の指定による遺産の取得を含む。以下この章において同じ。）又は贈与（遺留分を算定するための財産の価額に算入されるものに限る。以下この章において同じ。）の目的の価額（受遺者又は受贈者が相続人である場合にあっては、当該価額から第1042条の規定による遺留分として当該相続人が受けるべき額を控除した額）を限度として、遺留分侵害額を負担する。

①　受遺者と受贈者とがあるときは、受遺者が先に負担する。

②　受遺者が複数あるとき、又は受贈者が複

数ある場合においてその贈与が同時にされたものであるときは、受遺者又は受贈者がその目的の価額の割合に応じて負担する。ただし、遺言者がその遺言に別段の意思を表示したときは、その意思に従う。

③ 受贈者が複数あるとき（前号に規定する場合を除く。）は、後の贈与に係る受贈者から順次前の贈与に係る受贈者が負担する。

2 第904条、第1043条第2項及び第1045条の規定は、前項に規定する遺贈又は贈与の目的の価額について準用する。

3 前条第1項の請求を受けた受遺者又は受贈者は、遺留分権利者承継債務について弁済その他の債務を消滅させる行為をしたときは、消滅した債務の額の限度において、遺留分権利者に対する意思表示によって第1項の規定により負担する債務を消滅させることができる。この場合において、当該行為によって遺留分権利者に対して取得した求償権は、消滅した当該債務の額の限度において消滅する。

4 受遺者又は受贈者の無資力によって生じた損失は、遺留分権利者の負担に帰する。

5 裁判所は、受遺者又は受贈者の請求により、第1項の規定により負担する債務の全部又は一部の支払につき相当の期限を許与することができる。

第1048条（遺留分侵害額請求権の期間の制限）

遺留分侵害額の請求権は、遺留分権利者が、相続の開始及び遺留分を侵害する贈与又は遺贈があったことを知った時から1年間行使しないときは、時効によって消滅する。相続開始の時から10年を経過したときも、同様とする。

第1049条（遺留分の放棄）

1 相続の開始前における遺留分の放棄は、家庭裁判所の許可を受けたときに限り、その効力を生ずる。

2 共同相続人の1人のした遺留分の放棄は、他の各共同相続人の遺留分に影響を及ぼさない。

第10章　特別の寄与

第1050条

1 被相続人に対して無償で療養看護その他の労務の提供をしたことにより被相続人の財産の維持又は増加について**特別の寄与**をした被相続人の親族（相続人、相続の放棄をした者及び第891条の規定に該当し又は廃除によってその相続権を失った者を除く。以下この条において「特別寄与者」という。）は、相続

の開始後、相続人に対し、特別寄与者の寄与に応じた額の金銭（以下この条において「**特別寄与料**」という。）の支払を請求することができる。

2 前項の規定による特別寄与料の支払について、当事者間に協議が調わないとき、又は協議をすることができないときは、特別寄与者は、家庭裁判所に対して協議に代わる処分を請求することができる。ただし、特別寄与者が相続の開始及び相続人を知った時から6箇月を経過したとき、又は相続開始の時から1年を経過したときは、この限りでない。

3 前項本文の場合には、家庭裁判所は、寄与の時期、方法及び程度、相続財産の額その他一切の事情を考慮して、特別寄与料の額を定める。

4 特別寄与料の額は、被相続人が相続開始の時において有した財産の価額から遺贈の価額を控除した残額を超えることができない。

5 相続人が数人ある場合には、各相続人は、特別寄与料の額に第900条から第902条までの規定により算定した当該相続人の相続分を乗じた額を負担する。

国家行政組織法
（最終改正：令和3年5月19日）

第1条（目的）

　この法律は、内閣の統轄の下における行政機関で内閣府及びデジタル庁以外のもの（以下「国の行政機関」という。）の組織の基準を定め、もつて国の行政事務の能率的な遂行のために必要な国家行政組織を整えることを目的とする。

第2条（組織の構成）

1　国家行政組織は、内閣の統轄の下に、内閣府及びデジタル庁の組織と共に、任務及びこれを達成するため必要となる明確な範囲の所掌事務を有する行政機関の全体によつて、系統的に構成されなければならない。

2　国の行政機関は、内閣の統轄の下に、その政策について、自ら評価し、企画及び立案を行い、並びに国の行政機関相互の調整を図るとともに、その相互の連絡を図り、全て、一体として、行政機能を発揮するようにしなければならない。内閣府及びデジタル庁との政策についての調整及び連絡についても、同様とする。

第3条（行政機関の設置、廃止、任務及び所掌事務）

1　国の行政機関の組織は、この**法律**でこれを定めるものとする。

2　行政組織のため置かれる国の行政機関は、**省、委員会及び庁**とし、その設置及び廃止は、別に**法律**の定めるところによる。

3　省は、内閣の統轄の下に第5条第1項の規定により各省大臣の分担管理する行政事務及び同条第2項の規定により当該大臣が掌理する行政事務をつかさどる機関として置かれるものとし、委員会及び庁は、省に、その**外局**として置かれるものとする。

4　第2項の国の行政機関として置かれるものは、別表第一にこれを掲げる。

第4条

　前条の国の行政機関の任務及びこれを達成するため必要となる所掌事務の範囲は、別に**法律**でこれを定める。

第5条（行政機関の長）

1　各省の長は、それぞれ各省大臣とし、内閣法にいう主任の大臣として、それぞれ行政事務を分担管理する。

2　各省大臣は、前項の規定により行政事務を分担管理するほか、それぞれ、その分担管理する行政事務に係る各省の任務に関連する特定の内閣の重要政策について、当該重要政策に関して閣議において決定された基本的な方針に基づいて、行政各部の施策の統一を図るために必要となる企画及び立案並びに総合調整に関する事務を掌理する。

3　各省大臣は、国務大臣のうちから、内閣総理大臣が命ずる。ただし、内閣総理大臣が自ら当たることを妨げない。

第6条

　委員会の長は、委員長とし、庁の長は、長官とする。

第7条（内部部局）

1　省には、その所掌事務を遂行するため、官房及び局を置く。

2　前項の官房又は局には、特に必要がある場合においては、部を置くことができる。

3　庁には、その所掌事務を遂行するため、官房及び部を置くことができる。

4　官房、局及び部の設置及び所掌事務の範囲は、政令でこれを定める。

5　庁、官房、局及び部（その所掌事務が主として政策の実施に係るものである庁として別表第二に掲げるもの（以下「実施庁」という。）並びにこれに置かれる官房及び部を除く。）には、課及びこれに準ずる室を置くことができるものとし、これらの設置及び所掌事務の範囲は、政令でこれを定める。

6　実施庁並びにこれに置かれる官房及び部には、政令の定める数の範囲内において、課及びこれに準ずる室を置くことができるものとし、これらの設置及び所掌事務の範囲は、省令でこれを定める。

7　委員会には、法律の定めるところにより、事務局を置くことができる。第3項から第5項までの規定は、事務局の内部組織について、これを準用する。

8　委員会には、特に必要がある場合においては、法律の定めるところにより、事務総局を置くことができる。

第8条（審議会等）

　第3条の国の行政機関には、法律の定める所掌事務の範囲内で、法律又は政令の定めるところにより、重要事項に関する調査審議、不服審査その他学識経験を有する者等の合議により処理することが適当な事務をつかさどらせるための合議制の機関を置くことができる。

第8条の2　（施設等機関）

　第3条の国の行政機関には、法律の定める所掌事務の範囲内で、法律又は政令の定めるところにより、試験研究機関、検査検定機関、文教研修施設（これらに類する機関及び施設を含む。）、医療更生施設、矯正収容施設及び作業施設を置くことができる。

第8条の3　（特別の機関）

　第3条の国の行政機関には、特に必要がある場合においては、前二条に規定するもののほか、法律の定める所掌事務の範囲内で、法律の定めるところにより、特別の機関を置くことができる。

第9条　（地方支分部局）

　第3条の国の行政機関には、その所掌事務を分掌させる必要がある場合においては、法律の定めるところにより、地方支分部局を置くことができる。

第10条　（行政機関の長の権限）

　各省大臣、各委員会の委員長及び各庁の長官は、その機関の事務を統括し、職員の服務について、これを統督する。

第11条

　各省大臣は、主任の行政事務について、法律又は政令の制定、改正又は廃止を必要と認めるときは、案をそなえて、内閣総理大臣に提出して、閣議を求めなければならない。

第12条

1　各省大臣は、主任の行政事務について、法律若しくは政令を施行するため、又は法律若しくは政令の特別の委任に基づいて、それぞれその機関の命令として**省令**を発することができる。

2　各外局の長は、その機関の所掌事務について、それぞれ主任の各省大臣に対し、案をそなえて、省令を発することを求めることができる。

3　省令には、**法律の委任**がなければ、罰則を設け、又は義務を課し、若しくは国民の権利を制限する規定を設けることができない。

第13条

1　各委員会及び各庁の長官は、別に法律の定めるところにより、政令及び省令以外の規則その他の特別の命令を自ら発することができる。

2　前条第3項の規定は、前項の命令に、これを準用する。

第14条

1　各省大臣、各委員会及び各庁の長官は、その機関の所掌事務について、公示を必要とする場合においては、**告示**を発することができる。

2　各省大臣、各委員会及び各庁の長官は、その機関の所掌事務について、命令又は示達をするため、所管の諸機関及び職員に対し、**訓令又は通達**を発することができる。

第15条

　各省大臣、各委員会及び各庁の長官は、その機関の任務（各省にあつては、各省大臣が主任の大臣として分担管理する行政事務に係るものに限る。）を遂行するため政策について行政機関相互の調整を図る必要があると認めるときは、その必要性を明らかにした上で、関係行政機関の長に対し、必要な資料の提出及び説明を求め、並びに当該関係行政機関の政策に関し意見を述べることができる。

第15条の2

1　各省大臣は、第5条第2項に規定する事務の遂行のため必要があると認めるときは、関係行政機関の長に対し、必要な資料の提出及び説明を求めることができる。

2　各省大臣は、第5条第2項に規定する事務の遂行のため特に必要があると認めるときは、関係行政機関の長に対し、勧告することができる。

3　各省大臣は、前項の規定により関係行政機関の長に対し勧告したときは、当該関係行政機関の長に対し、その勧告に基づいてとつた措置について報告を求めることができる。

4　各省大臣は、第2項の規定により勧告した事項に関し特に必要があると認めるときは、内閣総理大臣に対し、当該事項について内閣法第6条の規定による措置がとられるよう意見を具申することができる。

第16条　（副大臣）

1　各省に副大臣を置く。

2　副大臣の定数は、それぞれ別表第三の副大臣の定数の欄に定めるところによる。

3　副大臣は、その省の長である大臣の命を受け、政策及び企画をつかさどり、政務を処理し、並びにあらかじめその省の長である大臣の命を受けて大臣不在の場合その職務を代行する。

4　副大臣が2人置かれた省においては、各副大臣の行う前項の職務の範囲及び職務代行の順序については、その省の長である大臣の定めるところによる。

5　副大臣の任免は、その省の長である大臣の

申出により内閣が行い、天皇がこれを認証する。

6 副大臣は、内閣総辞職の場合においては、内閣総理大臣その他の国務大臣がすべてその地位を失つたときに、これと同時にその地位を失う。

第17条（大臣政務官）

1 各省に大臣政務官を置く。

2 大臣政務官の定数は、それぞれ別表第三の大臣政務官の定数の欄に定めるところによる。

3 大臣政務官は、その省の長である大臣を助け、特定の政策及び企画に参画し、政務を処理する。

4 各大臣政務官の行う前項の職務の範囲については、その省の長である大臣の定めるところによる。

5 大臣政務官の任免は、その省の長である大臣の申出により、内閣がこれを行う。

6 前条第6項の規定は、大臣政務官について、これを準用する。

第17条の2（大臣補佐官）

1 各省に、特に必要がある場合においては、大臣補佐官1人を置くことができる。

2 大臣補佐官は、その省の長である大臣の命を受け、特定の政策に係るその省の長である大臣の行う企画及び立案並びに政務に関し、その省の長である大臣を補佐する。

3 大臣補佐官の任免は、その省の長である大臣の申出により、内閣がこれを行う。

4 大臣補佐官は、非常勤とすることができる。

5 国家公務員法第96条第1項、第98条第1項、第99条並びに第100条第1項及び第2項の規定は、大臣補佐官の服務について準用する。

6 常勤の大臣補佐官は、在任中、その省の長である大臣の許可がある場合を除き、報酬を得て他の職務に従事し、又は営利事業を営み、その他金銭上の利益を目的とする業務を行つてはならない。

第18条（事務次官及び庁の次長等）

1 各省には、事務次官1人を置く。

2 事務次官は、その省の長である大臣を助け、省務を整理し、各部局及び機関の事務を監督する。

3 各庁には、特に必要がある場合においては、長官を助け、庁務を整理する職として次長を置くことができるものとし、その設置及び定数は、政令でこれを定める。

4 各省及び各庁には、特に必要がある場合においては、その所掌事務の一部を総括整理す

る職を置くことができるものとし、その設置、職務及び定数は、法律（庁にあつては、政令）でこれを定める。

第19条（秘書官）

1 各省に秘書官を置く。

2 秘書官の定数は、政令でこれを定める。

3 秘書官は、それぞれ各省大臣の命を受け、機密に関する事務を掌り、又は臨時命を受け各部局の事務を助ける。

第20条（官房及び局の所掌に属しない事務をつかさどる職等）

1 各省には、特に必要がある場合においては、官房及び局の所掌に属しない事務の能率的な遂行のためこれを所掌する職で局長に準ずるものを置くことができるものとし、その設置、職務及び定数は、政令でこれを定める。

2 各庁には、特に必要がある場合においては、官房及び部の所掌に属しない事務の能率的な遂行のためこれを所掌する職で部長に準ずるものを置くことができるものとし、その設置、職務及び定数は、政令でこれを定める。

3 各省及び各庁（実施庁を除く。）には、特に必要がある場合においては、前二項の職のつかさどる職務の全部又は一部を助ける職で課長に準ずるものを置くことができるものとし、その設置、職務及び定数は、政令でこれを定める。

4 実施庁には、特に必要がある場合においては、政令の定める数の範囲内において、第2項の職のつかさどる職務の全部又は一部を助ける職で課長に準ずるものを置くことができるものとし、その設置、職務及び定数は、省令でこれを定める。

第21条（内部部局の職）

1 委員会の事務局並びに局、部、課及び課に準ずる室に、それぞれ事務局長並びに局長、部長、課長及び室長を置く。

2 官房には、長を置くことができるものとし、その設置及び職務は、政令でこれを定める。

3 局、部又は委員会の事務局には、次長を置くことができるものとし、その設置、職務及び定数は、政令でこれを定める。

4 官房、局若しくは部（実施庁に置かれる官房及び部を除く。）又は委員会の事務局には、その所掌事務の一部を総括整理する職又は課（課に準ずる室を含む。）の所掌に属しない事務の能率的な遂行のためこれを所掌する職で課長に準ずるものを置くことができるものとし、これらの設置、職務及び定数は、政令で

これを定める。官房又は部を置かない庁（実施庁を除く。）にこれらの職に相当する職を置くときも、同様とする。

5　実施庁に置かれる官房又は部には、政令の定める数の範囲内において、その所掌事務の一部を総括整理する職又は課（課に準ずる室を含む。）の所掌に属しない事務の能率的な遂行のためこれを所掌する職で課長に準ずるものを置くことができるものとし、これらの設置、職務及び定数は、省令でこれを定める。官房又は部を置かない実施庁にこれらの職に相当する職を置くときも、同様とする。

第22条　削除

第23条（官房及び局の数）

第7条第1項の規定に基づき置かれる官房及び局の数は、内閣府設置法第17条第1項の規定に基づき置かれる官房及び局の数と合わせて、97以内とする。

第24条　削除

第25条（国会への報告等）

1　政府は、第7条第4項（同条第7項において準用する場合を含む。）、第8条、第8条の2、第18条第3項若しくは第4項、第20条第1項若しくは第2項又は第21条第2項若しくは第3項の規定により政令で設置される組織その他これらに準ずる主要な組織につき、その新設、改正及び廃止をしたときは、その状況を次の国会に報告しなければならない。

2　政府は、少なくとも毎年1回国の行政機関の組織の一覧表を官報で公示するものとする。

別表第一（第3条関係）

省	委員会	庁
総務省	公害等調整委員会	消防庁
法務省	公安審査委員会	出入国在留管理庁 公安調査庁
外務省		
財務省		国税庁
文部科学省		スポーツ庁 文化庁
厚生労働省	中央労働委員会	
農林水産省		林野庁 水産庁
経済産業省		資源エネルギー庁 特許庁 中小企業庁
国土交通省	運輸安全委員会	観光庁 気象庁 海上保安庁
環境省	原子力規制委員会	
防衛省		防衛装備庁

別表第二（第7条関係）

公安調査庁
国税庁
特許庁
気象庁
海上保安庁

別表第三（第16条、第17条関係）

省	副大臣の定数	大臣政務官の定数
総務省	2人	3人
法務省	1人	1人
外務省	2人	3人
財務省	2人	2人
文部科学省	2人	2人
厚生労働省	2人	2人
農林水産省	2人	2人
経済産業省	2人	2人
国土交通省	2人	3人
環境省	2人	2人
防衛省	1人	2人

行政代執行法

第1条

　行政上の義務の履行確保に関しては、別に法律で定めるものを除いては、この法律の定めるところによる。

第2条

　法律（法律の委任に基く命令、規則及び条例を含む。以下同じ。）により直接に命ぜられ、又は法律に基き行政庁により命ぜられた行為（他人が代つてなすことのできる行為に限る。）について義務者がこれを履行しない場合、他の手段によつてその履行を確保することが困難であり、且つその不履行を放置することが著しく公益に反すると認められるときは、当該行政庁は、自ら義務者のなすべき行為をなし、又は第三者をしてこれをなさしめ、その費用を義務者から徴収することができる。

第3条

1　前条の規定による処分（代執行）をなすには、相当の履行期限を定め、その期限までに履行がなされないときは、代執行をなすべき旨を、予め文書で戒告しなければならない。
2　義務者が、前項の戒告を受けて、指定の期限までにその義務を履行しないときは、当該行政庁は、代執行令書をもつて、代執行をなすべき時期、代執行のために派遣する執行責任者の氏名及び代執行に要する費用の概算による見積額を義務者に通知する。
3　非常の場合又は危険切迫の場合において、当該行為の急速な実施について緊急の必要があり、前二項に規定する手続をとる暇がないときは、その手続を経ないで代執行をすることができる。

第4条

　代執行のために現場に派遣される執行責任者は、その者が執行責任者たる本人であることを示すべき証票を携帯し、要求があるときは、何時でもこれを呈示しなければならない。

第5条

　代執行に要した費用の徴収については、実際に要した費用の額及びその納期日を定め、義務者に対し、文書をもつてその納付を命じなければならない。

第6条

1　代執行に要した費用は、国税滞納処分の例により、これを徴収することができる。
2　代執行に要した費用については、行政庁は、国税及び地方税に次ぐ順位の先取特権を有する。
3　代執行に要した費用を徴収したときは、その徴収金は、事務費の所属に従い、国庫又は地方公共団体の経済の収入となる。

行政手続法

（最終改正：平成29年3月31日）

第1章　総則

第1条（目的等）

1　この法律は、処分、行政指導及び届出に関する手続並びに命令等を定める手続に関し、共通する事項を定めることによって、行政運営における公正の確保と透明性（行政上の意思決定について、その内容及び過程が国民にとって明らかであることをいう。第46条において同じ。）の向上を図り、もって国民の権利利益の保護に資することを目的とする。

2　処分、行政指導及び届出に関する手続並びに命令等を定める手続に関しこの法律に規定する事項について、他の法律に特別の定めがある場合は、その定めるところによる。

第2条（定義）

この法律において、次の各号に掲げる用語の意義は、当該各号に定めるところによる。

① 法令　法律、法律に基づく命令（告示を含む。）、条例及び地方公共団体の執行機関の規則（規程を含む。以下「規則」という。）をいう。

② 処分　行政庁の処分その他公権力の行使に当たる行為をいう。

③ 申請　法令に基づき、行政庁の許可、認可、免許その他の自己に対し何らかの利益を付与する処分（以下「許認可等」という。）を求める行為であって、当該行為に対して行政庁が諾否の応答をすべきこととされているものをいう。

④ 不利益処分　行政庁が、法令に基づき、特定の者を名あて人として、直接に、これに義務を課し、又はその権利を制限する処分をいう。ただし、次のいずれかに該当するものを除く。

イ　事実上の行為及び事実上の行為をするに当たりその範囲、時期等を明らかにするために法令上必要とされている手続としての処分

ロ　申請により求められた許認可等を拒否する処分その他申請に基づき当該申請をした者を名あて人としてされる処分

ハ　名あて人となるべき者の同意の下にすることとされている処分

ニ　許認可等の効力を失わせる処分であって、当該許認可等の基礎となった事実が消滅した旨の届出があったことを理由としてされるもの

⑤ 行政機関　次に掲げる機関をいう。

イ　法律の規定に基づき内閣に置かれる機関若しくは内閣の所轄の下に置かれる機関、宮内庁、内閣府設置法第49条第1項若しくは第2項に規定する機関、国家行政組織法第3条第2項に規定する機関、会計検査院若しくはこれらに置かれる機関又はこれらの機関の職員であって法律上独立に権限を行使することを認められた職員

ロ　地方公共団体の機関（議会を除く。）

⑥ 行政指導　行政機関がその任務又は所掌事務の範囲内において一定の行政目的を実現するため特定の者に一定の作為又は不作為を求める指導、勧告、助言その他の行為であって処分に該当しないものをいう。

⑦ 届出　行政庁に対し一定の事項の通知をする行為（申請に該当するものを除く。）であって、法令により直接に当該通知が義務付けられているもの（自己の期待する一定の法律上の効果を発生させるためには当該通知をすべきこととされているものを含む。）をいう。

⑧ 命令等　内閣又は行政機関が定める次に掲げるものをいう。

イ　法律に基づく命令（処分の要件を定める告示を含む。次条第2項において単に「命令」という。）又は規則

ロ　審査基準（申請により求められた許認可等をするかどうかをその法令の定めに従って判断するために必要とされる基準をいう。以下同じ。）

ハ　処分基準（不利益処分をするかどうか又はどのような不利益処分とするかについてその法令の定めに従って判断するために必要とされる基準をいう。以下同じ。）

ニ　行政指導指針（同一の行政目的を実現するため一定の条件に該当する複数の者に対し行政指導をしようとするときにこれらの行政指導に共通してその内容となるべき事項をいう。以下同じ。）

第3条（適用除外）

1　次に掲げる処分及び行政指導については、

次章から第4章の2までの規定は、適用しない。

① 国会の両院若しくは一院又は議会の議決によってされる処分

② 裁判所若しくは裁判官の裁判により、又は裁判の執行としてされる処分

③ 国会の両院若しくは一院若しくは議会の議決を経て、又はこれらの同意若しくは承認を得た上でされるべきものとされている処分

④ 検査官会議で決すべきものとされている処分及び会計検査の際にされる行政指導

⑤ 刑事事件に関する法令に基づいて検察官、検察事務官又は司法警察職員がする処分及び行政指導

⑥ 国税又は地方税の犯則事件に関する法令（他の法令において準用する場合を含む。）に基づいて国税庁長官、国税局長、税務署長、国税庁、国税局若しくは税務署の当該職員、税関長、税関職員又は徴税吏員（他の法令の規定に基づいてこれらの職員の職務を行う者を含む。）がする処分及び行政指導並びに金融商品取引の犯則事件に関する法令（他の法令において準用する場合を含む。）に基づいて証券取引等監視委員会、その職員（当該法令においてその職員とみなされる者を含む。）、財務局長又は財務支局長がする処分及び行政指導

⑦ 学校、講習所、訓練所又は研修所において、教育、講習、訓練又は研修の目的を達成するために、学生、生徒、児童若しくは幼児若しくはこれらの保護者、講習生、訓練生又は研修生に対してされる処分及び行政指導

⑧ 刑務所、少年刑務所、拘置所、留置施設、海上保安留置施設、少年院、少年鑑別所又は婦人補導院において、収容の目的を達成するためにされる処分及び行政指導

⑨ 公務員（国家公務員法第2条第1項に規定する国家公務員及び地方公務員法第3条第1項に規定する地方公務員をいう。以下同じ。）又は公務員であった者に対してその職務又は身分に関してされる処分及び行政指導

⑩ 外国人の出入国、難民の認定又は帰化に関する処分及び行政指導

⑪ 専ら人の学識技能に関する試験又は検定の結果についての処分

⑫ 相反する利害を有する者の間の利害の調整を目的として法令の規定に基づいてされる裁定その他の処分（その双方を名宛人とするものに限る。）及び行政指導

⑬ 公衆衛生、環境保全、防疫、保安その他の公益に関わる事象が発生し又は発生する可能性のある現場において警察官若しくは海上保安官又はこれらの公益を確保するために行使すべき権限を法律上直接に与えられたその他の職員によってされる処分及び行政指導

⑭ 報告又は物件の提出を命ずる処分その他その職務の遂行上必要な情報の収集を直接の目的としてされる処分及び行政指導

⑮ 審査請求、再調査の請求その他の不服申立てに対する行政庁の裁決、決定その他の処分

⑯ 前号に規定する処分の手続又は第3章に規定する聴聞若しくは弁明の機会の付与の手続その他の意見陳述のための手続において法令に基づいてされる処分及び行政指導

2 次に掲げる命令等を定める行為については、第6章の規定は、適用しない。

① 法律の施行期日について定める政令

② 恩赦に関する命令

③ 命令又は規則を定める行為が処分に該当する場合における当該命令又は規則

④ 法律の規定に基づき施設、区間、地域その他これらに類するものを指定する命令又は規則

⑤ 公務員の給与、勤務時間その他の勤務条件について定める命令等

⑥ 審査基準、処分基準又は行政指導指針であって、法令の規定により若しくは慣行として、又は命令等を定める機関の判断により公にされるもの以外のもの

3 第1項各号及び前項各号に掲げるもののほか、地方公共団体の機関がする処分（その根拠となる規定が条例又は規則に置かれているものに限る。）及び行政指導、地方公共団体の機関に対する届出（前条第7号の通知の根拠となる規定が条例又は規則に置かれているものに限る。）並びに地方公共団体の機関が命令等を定める行為については、次章から第6章までの規定は、適用しない。

第4条（国の機関等に対する処分等の適用除外）

1 国の機関又は地方公共団体若しくはその機関に対する処分（これらの機関又は団体がその固有の資格において当該処分の名あて人となるものに限る。）及び行政指導並びにこれ

らの機関又は団体がする届出（これらの機関又は団体がその固有の資格においてすべきこととされているものに限る。）については、この法律の規定は、適用しない。

2　次の各号のいずれかに該当する法人に対する処分であって、当該法人の監督に関する法律の特別の規定に基づいてされるもの（当該法人の解散を命じ、若しくは設立に関する認可を取り消す処分又は当該法人の役員若しくは当該法人の業務に従事する者の解任を命ずる処分を除く。）については、次章及び第3章の規定は、適用しない。

①　法律により直接に設立された法人又は特別の法律により特別の設立行為をもって設立された法人

②　特別の法律により設立され、かつ、その設立に関し行政庁の認可を要する法人のうち、その行う業務が国又は地方公共団体の行政運営と密接な関連を有するものとして政令で定める法人

3　行政庁が法律の規定に基づく試験、検査、検定、登録その他の行政上の事務について当該法律に基づきその全部又は一部を行わせる者を指定した場合において、その指定を受けた者（その者が法人である場合にあっては、その役員）又は職員その他の者が当該事務に従事することに関し公務に従事する職員とみなされるときは、その指定を受けた者に対し当該法律に基づいて当該事務に関し監督上される処分（当該指定を取り消す処分、その指定を受けた者が法人である場合におけるその役員の解任を命ずる処分又はその指定を受けた者の当該事務に従事する者の解任を命ずる処分を除く。）については、次章及び第3章の規定は、適用しない。

4　次に掲げる命令等を定める行為については、第6章の規定は、適用しない。

①　国又は地方公共団体の機関の設置、所掌事務の範囲その他の組織について定める命令等

②　皇室典範第26条の皇統譜について定める命令等

③　公務員の礼式、服制、研修、教育訓練、表彰及び報償並びに公務員の間における競争試験について定める命令等

④　国又は地方公共団体の予算、決算及び会計について定める命令等（入札の参加者の資格、入札保証金その他の国又は地方公共団体の契約の相手方又は相手方になろうと

する者に係る事項を定める命令等を除く。）並びに国又は地方公共団体の財産及び物品の管理について定める命令等（国又は地方公共団体が財産及び物品を貸し付け、交換し、売り払い、譲与し、信託し、若しくは出資の目的とし、又はこれらに私権を設定することについて定める命令等であって、これらの行為の相手方又は相手方になろうとする者に係る事項を定めるものを除く。）

⑤　会計検査について定める命令等

⑥　国の機関相互間の関係について定める命令等並びに地方自治法第2編第11章に規定する国と普通地方公共団体との関係及び普通地方公共団体相互間の関係その他の国と地方公共団体との関係及び地方公共団体相互間の関係について定める命令等（第1項の規定によりこの法律の規定を適用しないこととされる処分に係る命令等を含む。）

⑦　第2項各号に規定する法人の役員及び職員、業務の範囲、財務及び会計その他の組織、運営及び管理について定める命令等（これらの法人に対する処分であって、これらの法人の解散を命じ、若しくは設立に関する認可を取り消す処分又はこれらの法人の役員若しくはこれらの法人の業務に従事する者の解任を命ずる処分に係る命令等を除く。）

第2章　申請に対する処分

第5条（審査基準）

1　行政庁は、審査基準を定めるものとする。

2　行政庁は、審査基準を定めるに当たっては、許認可等の性質に照らしてできる限り具体的なものとしなければならない。

3　行政庁は、行政上特別の支障があるときを除き、法令により申請の提出先とされている機関の事務所における備付けその他の適当な方法により審査基準を公にしておかなければならない。

第6条（標準処理期間）

行政庁は、申請がその事務所に到達してから当該申請に対する処分をするまでに通常要すべき標準的な期間（法令により当該行政庁と異なる機関が当該申請の提出先とされている場合は、併せて、当該申請が当該提出先とされている機関の事務所に到達してから当該行政庁の事務所に到達するまでに通常要すべき標準的な期間）を定めるよう**努める**とともに、これを定めたときは、これらの当該申請の提出先とされている

機関の事務所における備付けその他の適当な方法により公にしておかなければならない。

第7条（申請に対する審査、応答）

行政庁は、申請がその事務所に到達したときは遅滞なく当該申請の審査を開始しなければならず、かつ、申請書の記載事項に不備がないこと、申請書に必要な書類が添付されていること、申請をすることができる期間内にされたものであることその他の法令に定められた申請の形式上の要件に適合しない申請については、速やかに、申請をした者（以下「申請者」という。）に対し相当の期間を定めて当該申請の補正を求め、又は当該申請により求められた許認可等を拒否しなければならない。

第8条（理由の提示）

1 行政庁は、申請により求められた許認可等を拒否する処分をする場合は、申請者に対し、同時に、当該処分の理由を示さなければならない。ただし、法令に定められた許認可等の要件又は公にされた審査基準が数量的指標その他の客観的指標により明確に定められている場合であって、当該申請がこれらに適合しないことが申請書の記載又は添付書類その他の申請の内容から明らかであるときは、申請者の求めがあったときにこれを示せば足りる。

2 前項本文に規定する処分を書面でするときは、同項の理由は、書面により示さなければならない。

第9条（情報の提供）

1 行政庁は、申請者の求めに応じ、当該申請に係る審査の進行状況及び当該申請に対する処分の時期の見通しを示すよう努めなければならない。

2 行政庁は、申請をしようとする者又は申請者の求めに応じ、申請書の記載及び添付書類に関する事項その他の申請に必要な情報の提供に努めなければならない。

第10条（公聴会の開催等）

行政庁は、申請に対する処分であって、申請者以外の者の利害を考慮すべきことが当該法令において許認可等の要件とされているものを行う場合には、必要に応じ、公聴会の開催その他の適当な方法により当該申請者以外の者の意見を聴く機会を設けるよう努めなければならない。

第11条（複数の行政庁が関与する処分）

1 行政庁は、申請の処理をするに当たり、他の行政庁において同一の申請者からされた関連する申請が審査中であることをもって自らすべき許認可等をするかどうかについての審査又は判断を殊更に遅延させるようなことをしてはならない。

2 一の申請又は同一の申請者からされた相互に関連する複数の申請に対する処分について複数の行政庁が関与する場合においては、当該複数の行政庁は、必要に応じ、相互に連絡をとり、当該申請者からの説明の聴取を共同して行う等により審査の促進に努めるものとする。

第3章　不利益処分

【第1節　通則】

第12条（処分の基準）

1 行政庁は、処分基準を定め、かつ、これを公にしておくよう努めなければならない。

2 行政庁は、処分基準を定めるに当たっては、不利益処分の性質に照らしてできる限り具体的なものとしなければならない。

第13条（不利益処分をしようとする場合の手続）

1 行政庁は、不利益処分をしようとする場合には、次の各号の区分に従い、この章の定めるところにより、当該不利益処分の名あて人となるべき者について、当該各号に定める意見陳述のための手続を執らなければならない。

① 次のいずれかに該当するとき　聴聞
- イ　許認可等を取り消す不利益処分をしようとするとき。
- ロ　イに規定するもののほか、名あて人の資格又は地位を直接にはく奪する不利益処分をしようとするとき。
- ハ　名あて人が法人である場合におけるその役員の解任を命ずる不利益処分、名あて人の業務に従事する者の解任を命ずる不利益処分又は名あて人の会員である者の除名を命ずる不利益処分をしようとするとき。
- ニ　イからハまでに掲げる場合以外の場合であって行政庁が相当と認めるとき。

② 前号イからニまでのいずれにも該当しないとき　弁明の機会の付与

2 次の各号のいずれかに該当するときは、前項の規定は、適用しない。

① 公益上、緊急に不利益処分をする必要があるため、前項に規定する意見陳述のための手続を執ることができないとき。

② 法令上必要とされる資格がなかったこと又は失われるに至ったことが判明した場合に必ずすることとされている不利益処分であって、その資格の不存在又は喪失の事実

が裁判所の判決書又は決定書、一定の職に就いたことを証する当該任命権者の書類その他の客観的な資料により直接証明されたものをしようとするとき。

③　施設若しくは設備の設置、維持若しくは管理又は物の製造、販売その他の取扱いについて遵守すべき事項が法令において技術的な基準をもって明確にされている場合において、専ら当該基準が充足されていないことを理由として当該基準に従うべきことを命ずる不利益処分であってその不充足の事実が計測、実験その他客観的な認定方法によって確認されたものをしようとするとき。

④　納付すべき金銭の額を確定し、一定の額の金銭の納付を命じ、又は金銭の給付決定の取消しその他の金銭の給付を制限する不利益処分をしようとするとき。

⑤　当該不利益処分の性質上、それによって課される義務の内容が著しく軽微なものであるため名あて人となるべき者の意見をあらかじめ聴くことを要しないものとして政令で定める処分をしようとするとき。

第14条（不利益処分の理由の提示）

1　行政庁は、不利益処分をする場合には、その名あて人に対し、同時に、当該不利益処分の理由を示さなければならない。ただし、当該理由を示さないで処分をすべき差し迫った必要がある場合は、この限りでない。

2　行政庁は、前項ただし書の場合においては、当該名あて人の所在が判明しなくなったときその他処分後において理由を示すことが困難な事情があるときを除き、処分後相当の期間内に、同項の理由を示さなければならない。

3　不利益処分を書面でするときは、前二項の理由は、書面により示さなければならない。

【第2節　聴聞】

第15条（聴聞の通知の方式）

1　行政庁は、聴聞を行うに当たっては、聴聞を行うべき期日までに相当な期間をおいて、不利益処分の名あて人となるべき者に対し、次に掲げる事項を書面により通知しなければならない。

①　予定される不利益処分の内容及び根拠となる法令の条項

②　不利益処分の原因となる事実

③　聴聞の期日及び場所

④　聴聞に関する事務を所掌する組織の名称及び所在地

2　前項の書面においては、次に掲げる事項を教示しなければならない。

①　聴聞の期日に出頭して意見を述べ、及び証拠書類又は証拠物（以下「証拠書類等」という。）を提出し、又は聴聞の期日への出頭に代えて陳述書及び証拠書類等を提出することができること。

②　聴聞が終結する時までの間、当該不利益処分の原因となる事実を証する資料の閲覧を求めることができること。

3　行政庁は、不利益処分の名あて人となるべき者の所在が判明しない場合においては、第1項の規定による通知を、その者の氏名、同項第3号及び第4号に掲げる事項並びに当該行政庁が同項各号に掲げる事項を記載した書面をいつでもその者に交付する旨を当該行政庁の事務所の掲示場に掲示することによって行うことができる。この場合においては、掲示を始めた日から2週間を経過したときに、当該通知がその者に到達したものとみなす。

第16条（代理人）

1　前条第1項の通知を受けた者（同条第3項後段の規定により当該通知が到達したものとみなされる者を含む。以下「当事者」という。）は、代理人を選任することができる。

2　代理人は、各自、当事者のために、聴聞に関する一切の行為をすることができる。

3　代理人の資格は、書面で証明しなければならない。

4　代理人がその資格を失ったときは、当該代理人を選任した当事者は、書面でその旨を行政庁に届け出なければならない。

第17条（参加人）

1　第19条の規定により聴聞を主宰する者（以下「主宰者」という。）は、必要があると認めるときは、当事者以外の者であって当該不利益処分の根拠となる法令に照らし当該不利益処分につき利害関係を有するものと認められる者（同条第2項第6号において「関係人」という。）に対し、当該聴聞に関する手続に参加することを求め、又は当該聴聞に関する手続に参加することを許可することができる。

2　前項の規定により当該聴聞に関する手続に参加する者（以下「参加人」という。）は、代理人を選任することができる。

3　前条第2項から第4項までの規定は、前項の代理人について準用する。この場合において、同条第2項及び第4項中「当事者」とあるのは、「参加人」と読み替えるものとする。

第18条（文書等の閲覧）

1　当事者及び当該不利益処分がされた場合に自己の利益を害されることとなる参加人（以下この条及び第24条第3項において「当事者等」という。）は、聴聞の通知があった時から聴聞が終結する時までの間、行政庁に対し、当該事案についてした調査の結果に係る調書その他の当該不利益処分の原因となる事実を証する資料の閲覧を求めることができる。この場合において、行政庁は、第三者の利益を害するおそれがあるときその他正当な理由があるときでなければ、その閲覧を拒むことができない。

2　前項の規定は、当事者等が聴聞の期日における審理の進行に応じて必要となった資料の閲覧を更に求めることを妨げない。

3　行政庁は、前二項の閲覧について日時及び場所を指定することができる。

第19条（聴聞の主宰）

1　聴聞は、行政庁が指名する職員その他政令で定める者が主宰する。

2　次の各号のいずれかに該当する者は、聴聞を主宰することができない。

①　当該聴聞の当事者又は参加人

②　前号に規定する者の配偶者、四親等内の親族又は同居の親族

③　第1号に規定する者の代理人又は次条第3項に規定する補佐人

④　前三号に規定する者であった者

⑤　第1号に規定する者の後見人、後見監督人、保佐人、保佐監督人、補助人又は補助監督人

⑥　参加人以外の関係人

第20条（聴聞の期日における審理の方式）

1　主宰者は、最初の聴聞の期日の冒頭において、行政庁の職員に、予定される不利益処分の内容及び根拠となる法令の条項並びにその原因となる事実を聴聞の期日に出頭した者に対し説明させなければならない。

2　当事者又は参加人は、聴聞の期日に出頭して、意見を述べ、及び証拠書類等を提出し、並びに主宰者の許可を得て行政庁の職員に対し質問を発することができる。

3　前項の場合において、当事者又は参加人は、主宰者の許可を得て、補佐人とともに出頭することができる。

4　主宰者は、聴聞の期日において必要があると認めるときは、当事者若しくは参加人に対し質問を発し、意見の陳述若しくは証拠書類

等の提出を促し、又は行政庁の職員に対し説明を求めることができる。

5　主宰者は、当事者又は参加人の一部が出頭しないときであっても、聴聞の期日における審理を行うことができる。

6　聴聞の期日における審理は、行政庁が公開することを相当と認めるときを除き、公開しない。

第21条（陳述書等の提出）

1　当事者又は参加人は、聴聞の期日への出頭に代えて、主宰者に対し、聴聞の期日までに陳述書及び証拠書類等を提出することができる。

2　主宰者は、聴聞の期日に出頭した者に対し、その求めに応じて、前項の陳述書及び証拠書類等を示すことができる。

第22条（続行期日の指定）

1　主宰者は、聴聞の期日における審理の結果、なお聴聞を続行する必要があると認めるときは、さらに新たな期日を定めることができる。

2　前項の場合においては、当事者及び参加人に対し、あらかじめ、次回の聴聞の期日及び場所を書面により通知しなければならない。ただし、聴聞の期日に出頭した当事者及び参加人に対しては、当該聴聞の期日においてこれを告知すれば足りる。

3　第15条第3項の規定は、前項本文の場合において、当事者又は参加人の所在が判明しないときにおける通知の方法について準用する。この場合において、同条第3項中「不利益処分の名あて人となるべき者」とあるのは「当事者又は参加人」と、「掲示を始めた日から2週間を経過したとき」とあるのは「掲示を始めた日から2週間を経過したとき（同一の当事者又は参加人に対する2回目以降の通知にあっては、掲示を始めた日の翌日）」と読み替えるものとする。

第23条（当事者の不出頭等の場合における聴聞の終結）

1　主宰者は、当事者の全部若しくは一部が正当な理由なく聴聞の期日に出頭せず、かつ、第21条第1項に規定する陳述書若しくは証拠書類等を提出しない場合、又は参加人の全部若しくは一部が聴聞の期日に出頭しない場合には、これらの者に対し改めて意見を述べ、及び証拠書類等を提出する機会を与えることなく、聴聞を終結することができる。

2　主宰者は、前項に規定する場合のほか、当事者の全部又は一部が聴聞の期日に出頭せず、

かつ、第21条第1項に規定する陳述書又は証拠書類等を提出しない場合において、これらの者の聴聞の期日への出頭が相当期間引き続き見込めないときは、これらの者に対し、期限を定めて陳述書及び証拠書類等の提出を求め、当該期限が到来したときに聴聞を終結することとすることができる。

第24条（聴聞調書及び報告書）

1　主宰者は、聴聞の審理の経過を記載した調書を作成し、当該調書において、不利益処分の原因となる事実に対する当事者及び参加人の陳述の要旨を明らかにしておかなければならない。

2　前項の調書は、聴聞の期日における審理が行われた場合には各期日ごとに、当該審理が行われなかった場合には聴聞の終結後速やかに作成しなければならない。

3　主宰者は、聴聞の終結後速やかに、不利益処分の原因となる事実に対する当事者等の主張に理由があるかどうかについての意見を記載した報告書を作成し、第1項の調書とともに行政庁に提出しなければならない。

4　当事者又は参加人は、第1項の調書及び前項の報告書の閲覧を求めることができる。

第25条（聴聞の再開）

行政庁は、聴聞の終結後に生じた事情にかんがみ必要があると認めるときは、主宰者に対し、前条第3項の規定により提出された報告書を返戻して聴聞の再開を命ずることができる。第22条第2項本文及び第3項の規定は、この場合について準用する。

第26条（聴聞を経てされる不利益処分の決定）

行政庁は、不利益処分の決定をするときは、第24条第1項の調書の内容及び同条第3項の報告書に記載された主宰者の意見を十分に参酌してこれをしなければならない。

第27条（審査請求の制限）

この節の規定に基づく処分又はその不作為については、審査請求をすることができない。

第28条（役員等の解任等を命ずる不利益処分をしようとする場合の聴聞等の特例）

1　第13条第1項第1号ハに該当する不利益処分に係る聴聞において第15条第1項の通知があった場合におけるこの節の規定の適用については、名あて人である法人の役員、名あて人の業務に従事する者又は名あて人の会員である者（当該処分において解任し又は除名すべきこととされている者に限る。）は、同項の通知を受けた者とみなす。

2　前項の不利益処分のうち名あて人である法人の役員又は名あて人の業務に従事する者（以下この項において「役員等」という。）の解任を命ずるものに係る聴聞が行われた場合においては、当該処分にその名あて人が従わないことを理由として法令の規定によりされる当該役員等を解任する不利益処分については、第13条第1項の規定にかかわらず、行政庁は、当該役員等について聴聞を行うことを要しない。

【第3節　弁明の機会の付与】

第29条（弁明の機会の付与の方式）

1　弁明は、行政庁が口頭ですることを認めたときを除き、弁明を記載した書面（以下「弁明書」という。）を提出してするものとする。

2　弁明をするときは、証拠書類等を提出することができる。

第30条（弁明の機会の付与の通知の方式）

行政庁は、弁明書の提出期限（口頭による弁明の機会の付与を行う場合には、その日時）までに相当な期間をおいて、不利益処分の名あて人となるべき者に対し、次に掲げる事項を書面により通知しなければならない。

①　予定される不利益処分の内容及び根拠となる法令の条項

②　不利益処分の原因となる事実

③　弁明書の提出先及び提出期限（口頭による弁明の機会の付与を行う場合には、その旨並びに出頭すべき日時及び場所）

第31条（聴聞に関する手続の準用）

第15条第3項及び第16条の規定は、弁明の機会の付与について準用する。この場合において、第15条第3項中「第1項」とあるのは「第30条」と、「同項第3号及び第4号」とあるのは「同条第3号」と、第16条第1項中「前条第1項」とあるのは「第30条」と、「同条第3項後段」とあるのは「第31条において準用する第15条第3項後段」と読み替えるものとする。

第4章　行政指導

第32条（行政指導の一般原則）

1　行政指導にあっては、行政指導に携わる者は、いやしくも当該行政機関の任務又は所掌事務の範囲を逸脱してはならないこと及び行政指導の内容があくまでも相手方の任意の協力によってのみ実現されるものであることに留意しなければならない。

2　行政指導に携わる者は、その相手方が行政指導に従わなかったことを理由として、不利

益な取扱いをしてはならない。

第33条（申請に関連する行政指導）

申請の取下げ又は内容の変更を求める行政指導にあっては、行政指導に携わる者は、申請者が当該行政指導に従う意思がない旨を表明したにもかかわらず当該行政指導を継続すること等により当該申請者の権利の行使を妨げるようなことをしてはならない。

第34条（許認可等の権限に関連する行政指導）

許認可等をする権限又は許認可等に基づく処分をする権限を有する行政機関が、当該権限を行使することができない場合又は行使する意思がない場合においてする行政指導にあっては、行政指導に携わる者は、当該権限を行使し得る旨を殊更に示すことにより相手方に当該行政指導に従うことを余儀なくさせるようなことをしてはならない。

第35条（行政指導の方式）

1　行政指導に携わる者は、その相手方に対して、当該行政指導の趣旨及び内容並びに責任者を明確に示さなければならない。

2　行政指導に携わる者は、当該行政指導をする際に、行政機関が許認可等をする権限又は許認可等に基づく処分をする権限を行使し得る旨を示すときは、その相手方に対して、次に掲げる事項を示さなければならない。

①　当該権限を行使し得る根拠となる法令の条項

②　前号の条項に規定する要件

③　当該権限の行使が前号の要件に適合する理由

3　行政指導が口頭でされた場合において、その相手方から前二項に規定する事項を記載した書面の交付を求められたときは、当該行政指導に携わる者は、行政上特別の支障がない限り、これを交付しなければならない。

4　前項の規定は、次に掲げる行政指導については、適用しない。

①　相手方に対しその場において完了する行為を求めるもの

②　既に文書（前項の書面を含む。）又は電磁的記録（電子的方式、磁気的方式その他人の知覚によっては認識することができない方式で作られる記録であって、電子計算機による情報処理の用に供されるものをいう。）によりその相手方に通知されている事項と同一の内容を求めるもの

第36条（複数の者を対象とする行政指導）

同一の行政目的を実現するため一定の条件に該当する複数の者に対し行政指導をしようとするときは、行政機関は、あらかじめ、事案に応じ、行政指導指針を定め、かつ、行政上特別の支障がない限り、これを公表しなければならない。

第36条の2（行政指導の中止等の求め）

1　法令に違反する行為の是正を求める行政指導（その根拠となる規定が法律に置かれているものに限る。）の相手方は、当該行政指導が当該法律に規定する要件に適合しないと思料するときは、当該行政指導をした行政機関に対し、その旨を申し出て、当該行政指導の中止その他必要な措置をとることを求めることができる。ただし、当該行政指導がその相手方について弁明その他意見陳述のための手続を経てされたものであるときは、この限りでない。

2　前項の申出は、次に掲げる事項を記載した申出書を提出してしなければならない。

①　申出をする者の氏名又は名称及び住所又は居所

②　当該行政指導の内容

③　当該行政指導がその根拠とする法律の条項

④　前号の条項に規定する要件

⑤　当該行政指導が前号の要件に適合しないと思料する理由

⑥　その他参考となる事項

3　当該行政機関は、第1項の規定による申出があったときは、必要な調査を行い、当該行政指導が当該法律に規定する要件に適合しないと認めるときは、当該行政指導の中止その他必要な措置をとらなければならない。

第4章の2　処分等の求め

第36条の3

1　何人も、法令に違反する事実がある場合において、その是正のためにされるべき処分又は行政指導（その根拠となる規定が法律に置かれているものに限る。）がされていないと思料するときは、当該処分をする権限を有する行政庁又は当該行政指導をする権限を有する行政機関に対し、その旨を申し出て、当該処分又は行政指導をすることを求めることができる。

2　前項の申出は、次に掲げる事項を記載した申出書を提出してしなければならない。

①　申出をする者の氏名又は名称及び住所又は居所

98

② 法令に違反する事実の内容
③ 当該処分又は行政指導の内容
④ 当該処分又は行政指導の根拠となる法令の条項
⑤ 当該処分又は行政指導がされるべきであると思料する理由
⑥ その他参考となる事項

3 当該行政庁又は行政機関は、第1項の規定による申出があったときは、必要な調査を行い、その結果に基づき必要があると認めるときは、当該処分又は行政指導をしなければならない。

第5章　届出

第37条（届出）

届出が届出書の記載事項に不備がないこと、届出書に必要な書類が添付されていることその他の法令に定められた届出の形式上の要件に適合している場合は、当該届出が法令により当該届出の提出先とされている機関の事務所に**到達**したときに、当該届出をすべき手続上の義務が履行されたものとする。

第6章　意見公募手続等

第38条（命令等を定める場合の一般原則）

1 命令等を定める機関（閣議の決定により命令等が定められる場合にあっては、当該命令等の立案をする各大臣。以下「命令等制定機関」という。）は、命令等を定めるに当たっては、当該命令等がこれを定める根拠となる法令の趣旨に適合するものとなるようにしなければならない。

2 命令等制定機関は、命令等を定めた後においても、当該命令等の規定の実施状況、社会経済情勢の変化等を勘案し、必要に応じ、当該命令等の内容について検討を加え、その適正を確保するよう努めなければならない。

第39条（意見公募手続）

1 命令等制定機関は、命令等を定めようとする場合には、当該命令等の案（命令等で定めようとする内容を示すものをいう。以下同じ。）及びこれに関連する資料をあらかじめ公示し、意見（情報を含む。以下同じ。）の**提出先**及び意見の提出のための**期間**（以下「意見提出期間」という。）を定めて広く一般の意見を求めなければならない。

2 前項の規定により公示する命令等の案は、具体的かつ明確な内容のものであって、かつ、当該命令等の題名及び当該命令等を定める根拠となる法令の条項が明示されたものでなければならない。

3 第1項の規定により定める意見提出期間は、同項の公示の日から起算して**30日以上**でなければならない。

4 次の各号のいずれかに該当するときは、第1項の規定は、適用しない。

① 公益上、緊急に命令等を定める必要があるため、第1項の規定による手続（以下「意見公募手続」という。）を実施することが困難であるとき。

② 納付すべき金銭について定める法律の制定又は改正により必要となる当該金銭の額の算定の基礎となるべき金額及び率並びに算定方法についての命令等その他当該法律の施行に関し必要な事項を定める命令等を定めようとするとき。

③ 予算の定めるところにより金銭の給付決定を行うために必要となる当該金銭の額の算定の基礎となるべき金額及び率並びに算定方法その他の事項を定める命令等を定めようとするとき。

④ 法律の規定により、内閣府設置法第49条第1項若しくは第2項若しくは国家行政組織法第3条第2項に規定する委員会又は内閣府設置法第37条若しくは第54条若しくは国家行政組織法第8条に規定する機関（以下「委員会等」という。）の議を経て定めることとされている命令等であって、相反する利害を有する者の間の利害の調整を目的として、法律又は政令の規定により、これらの者及び公益をそれぞれ代表する委員をもって組織される委員会等において審議を行うこととされているものとして政令で定める命令等を定めようとするとき。

⑤ 他の行政機関が意見公募手続を実施して定めた命令等と実質的に同一の命令等を定めようとするとき。

⑥ 法律の規定に基づき法令の規定の適用又は準用について必要な技術的読替えを定める命令等を定めようとするとき。

⑦ 命令等を定める根拠となる法令の規定の削除に伴い当然必要とされる当該命令等の廃止をしようとするとき。

⑧ 他の法令の制定又は改廃に伴い当然必要とされる規定の整理その他の意見公募手続を実施することを要しない軽微な変更として政令で定めるものを内容とする命令等を定めようとするとき。

第40条（意見公募手続の特例）

1　命令等制定機関は、命令等を定めようとする場合において、30日以上の意見提出期間を定めることができないやむを得ない理由があるときは、前条第3項の規定にかかわらず、30日を下回る意見提出期間を定めることができる。この場合においては、当該命令等の案の公示の際その理由を明らかにしなければならない。

2　命令等制定機関は、委員会等の議を経て命令等を定めようとする場合（前条第4項第4号に該当する場合を除く。）において、当該委員会等が意見公募手続に準じた手続を実施したときは、同条第1項の規定にかかわらず、自ら意見公募手続を実施することを要しない。

第41条（意見公募手続の周知等）

命令等制定機関は、意見公募手続を実施して命令等を定めるに当たっては、必要に応じ、当該意見公募手続の実施について周知するよう努めるとともに、当該意見公募手続の実施に関連する情報の提供に努めるものとする。

第42条（提出意見の考慮）

命令等制定機関は、意見公募手続を実施して命令等を定める場合には、意見提出期間内に当該命令等制定機関に対し提出された当該命令等の案についての意見（以下「提出意見」という。）を十分に考慮しなければならない。

第43条（結果の公示等）

1　命令等制定機関は、意見公募手続を実施して命令等を定めた場合には、当該命令等の公布（公布をしないものにあっては、公にする行為。第5項において同じ。）と同時期に、次に掲げる事項を公示しなければならない。

①　命令等の題名

②　命令等の案の公示の日

③　提出意見（提出意見がなかった場合にあっては、その旨）

④　提出意見を考慮した結果（意見公募手続を実施した命令等の案と定めた命令等との差異を含む。）及びその理由

2　命令等制定機関は、前項の規定にかかわらず、必要に応じ、同項第3号の提出意見に代えて、当該提出意見を整理又は要約したものを公示することができる。この場合においては、当該公示の後遅滞なく、当該提出意見を当該命令等制定機関の事務所における備付けその他の適当な方法により公にしなければならない。

3　命令等制定機関は、前二項の規定により提出意見を公示し又は公にすることにより第三者の利益を害するおそれがあるとき、その他正当な理由があるときは、当該提出意見の全部又は一部を除くことができる。

4　命令等制定機関は、意見公募手続を実施したにもかかわらず命令等を定めないこととした場合には、その旨（別の命令等の案について改めて意見公募手続を実施しようとする場合にあっては、その旨を含む。）並びに第1項第1号及び第2号に掲げる事項を速やかに公示しなければならない。

5　命令等制定機関は、第39条第4項各号のいずれかに該当することにより意見公募手続を実施しないで命令等を定めた場合には、当該命令等の公布と同時期に、次に掲げる事項を公示しなければならない。ただし、第1号に掲げる事項のうち命令等の趣旨については、同項第1号から第4号までのいずれかに該当することにより意見公募手続を実施しなかった場合において、当該命令等自体から明らかでないときに限る。

①　命令等の題名及び趣旨

②　意見公募手続を実施しなかった旨及びその理由

第44条（準用）

第42条の規定は第40条第2項に該当することにより命令等制定機関が自ら意見公募手続を実施しないで命令等を定める場合について、前条第1項から第3項までの規定は第40条第2項に該当することにより命令等制定機関が自ら意見公募手続を実施しないで命令等を定めた場合について、前条第4項の規定は第40条第2項に該当することにより命令等制定機関が自ら意見公募手続を実施しないで命令等を定めないこととした場合について準用する。この場合において、第42条中「当該命令等制定機関」とあるのは「委員会等」と、前条第1項第2号中「命令等の案の公示の日」とあるのは「委員会等が命令等の案について公示に準じた手続を実施した日」と、同項第4号中「意見公募手続を実施した」とあるのは「委員会等が意見公募手続に準じた手続を実施した」と読み替えるものとする。

第45条（公示の方法）

1　第39条第1項並びに第43条第1項（前条において読み替えて準用する場合を含む。）、第4項（前条において準用する場合を含む。）及び第5項の規定による公示は、電子情報処理組織を使用する方法その他の情報通信の技術を利用する方法により行うものとする。

2 前項の公示に関し必要な事項は、総務大臣
　が定める。

第7章　補則

第46条（地方公共団体の措置）
　地方公共団体は、第3条第3項において第2
章から前章までの規定を適用しないこととされ
た処分、行政指導及び届出並びに命令等を定め
る行為に関する手続について、この法律の規定
の趣旨にのっとり、行政運営における公正の確
保と透明性の向上を図るため必要な措置を講ず
るよう努めなければならない。

行政手続法

101

行政不服審査法

（最終改正：令和3年5月19日）

第1章　総則

第1条（目的等）

1　この法律は、行政庁の違法又は不当な処分その他公権力の行使に当たる行為に関し、国民が簡易迅速かつ公正な手続の下で広く行政庁に対する不服申立てをすることができるための制度を定めることにより、国民の権利利益の救済を図るとともに、行政の適正な運営を確保することを目的とする。

2　行政庁の処分その他公権力の行使に当たる行為（以下単に「処分」という。）に関する不服申立てについては、他の法律に特別の定めがある場合を除くほか、この法律の定めるところによる。

第2条（処分についての審査請求）

行政庁の処分に不服がある者は、第4条及び第5条第2項の定めるところにより、審査請求をすることができる。

第3条（不作為についての審査請求）

法令に基づき行政庁に対して処分についての申請をした者は、当該申請から相当の期間が経過したにもかかわらず、行政庁の不作為（法令に基づく申請に対して何らの処分をもしないことをいう。以下同じ。）がある場合には、次条の定めるところにより、当該不作為についての審査請求をすることができる。

第4条（審査請求をすべき行政庁）

審査請求は、法律（条例に基づく処分については、条例）に特別の定めがある場合を除くほか、次の各号に掲げる場合の区分に応じ、当該各号に定める行政庁に対してするものとする。

① 処分庁等（処分をした行政庁（以下「処分庁」という。）又は不作為に係る行政庁（以下「不作為庁」という。）をいう。以下同じ。）に上級行政庁がない場合又は処分庁等が主任の大臣若しくは宮内庁長官若しくは内閣府設置法第49条第1項若しくは第2項若しくは国家行政組織法第3条第2項に規定する庁の長である場合　当該処分庁等

② 宮内庁長官又は内閣府設置法第49条第1項若しくは第2項若しくは国家行政組織法第3条第2項に規定する庁の長が処分庁等の上級行政庁である場合　宮内庁長官又は当該庁の長

③ 主任の大臣が処分庁等の上級行政庁である場合（前二号に掲げる場合を除く。）　当該主任の大臣

④ 前三号に掲げる場合以外の場合　当該処分庁等の最上級行政庁

第5条（再調査の請求）

1　行政庁の処分につき処分庁以外の行政庁に対して審査請求をすることができる場合において、法律に再調査の請求をすることができる旨の定めがあるときは、当該処分に不服がある者は、処分庁に対して再調査の請求をすることができる。ただし、当該処分について第2条の規定により審査請求をしたときは、この限りでない。

2　前項本文の規定により再調査の請求をしたときは、当該再調査の請求についての決定を経た後でなければ、審査請求をすることができない。ただし、次の各号のいずれかに該当する場合は、この限りでない。

① 当該処分につき再調査の請求をした日（第61条において読み替えて準用する第23条の規定により不備を補正すべきことを命じられた場合にあっては、当該不備を補正した日）の翌日から起算して3月を経過しても、処分庁が当該再調査の請求につき決定をしない場合

② その他再調査の請求についての決定を経ないことにつき正当な理由がある場合

第6条（再審査請求）

1　行政庁の処分につき法律に再審査請求をすることができる旨の定めがある場合には、当該処分についての審査請求の裁決に不服がある者は、再審査請求をすることができる。

2　再審査請求は、原裁決（再審査請求をすることができる処分についての審査請求の裁決をいう。以下同じ。）又は当該処分（以下「原裁決等」という。）を対象として、前項の法律に定める行政庁に対してするものとする。

第7条（適用除外）

1　次に掲げる処分及びその不作為については、第2条及び第3条の規定は、適用しない。

① 国会の両院若しくは一院又は議会の議決によってされる処分

② 裁判所若しくは裁判官の裁判により、又は裁判の執行としてされる処分

③ 国会の両院若しくは一院若しくは議会の議決を経て、又はこれらの同意若しくは承

認を得た上でされるべきものとされている
処分

④　検査官会議で決すべきものとされている
処分

⑤　当事者間の法律関係を確認し、又は形成
する処分で、法令の規定により当該処分に
関する訴えにおいてその法律関係の当事者
の一方を被告とすべきものと定められてい
るもの

⑥　刑事事件に関する法令に基づいて検察官、
検察事務官又は司法警察職員がする処分

⑦　国税又は地方税の犯則事件に関する法令
（他の法令において準用する場合を含む。）
に基づいて国税庁長官、国税局長、税務署
長、国税庁、国税局若しくは税務署の当該
職員、税関長、税関職員又は徴税吏員（他
の法令の規定に基づいてこれらの職員の職
務を行う者を含む。）がする処分及び金融
商品取引の犯則事件に関する法令（他の法
令において準用する場合を含む。）に基づ
いて証券取引等監視委員会、その職員（当
該法令においてその職員とみなされる者を
含む。）、財務局長又は財務支局長がする処
分

⑧　学校、講習所、訓練所又は研修所におい
て、教育、講習、訓練又は研修の目的を達
成するために、学生、生徒、児童若しくは
幼児若しくはこれらの保護者、講習生、訓
練生又は研修生に対してされる処分

⑨　刑務所、少年刑務所、拘置所、留置施設、
海上保安留置施設、少年院、少年鑑別所又
は婦人補導院において、収容の目的を達成
するためにされる処分

⑩　外国人の出入国又は帰化に関する処分

⑪　専ら人の学識技能に関する試験又は検定
の結果についての処分

⑫　この法律に基づく処分（第5章第1節
1款の規定に基づく処分を除く。）

2　国の機関又は地方公共団体その他の公共団
体若しくはその機関に対する処分で、これら
の機関又は団体がその固有の資格において当
該処分の相手方となるもの及びその不作為に
ついては、この法律の規定は、適用しない。

第8条（特別の不服申立ての制度）

前条の規定は、同条の規定により審査請求を
することができない処分又は不作為につき、別
に法令で当該処分又は不作為の性質に応じた不
服申立ての制度を設けることを妨げない。

第2章　審査請求

【第1節　審査庁及び審理関係人】
第9条（審理員）

1　第4条又は他の法律若しくは条例の規定に
より審査請求がされた行政庁（第14条の規定
により引継ぎを受けた行政庁を含む。以下「審
査庁」という。）は、審査庁に所属する職員（第
17条に規定する名簿を作成した場合にあって
は、当該名簿に記載されている者）のうちか
ら第3節に規定する審理手続（この節に規定
する手続を含む。）を行う者を指名するととも
に、その旨を審査請求人及び処分庁等（審
査庁以外の処分庁等に限る。）に通知しなけ
ればならない。ただし、次の各号のいずれか
に掲げる機関が審査庁である場合若しくは条
例に基づく処分について条例に特別の定めが
ある場合又は第24条の規定により当該審査請
求を却下する場合は、この限りでない。

①　内閣府設置法第49条第1項若しくは第2
項又は国家行政組織法第3条第2項に規定
する委員会

②　内閣府設置法第37条若しくは第54条又は
国家行政組織法第8条に規定する機関

③　地方自治法第138条の4第1項に規定す
る委員会若しくは委員又は同条第3項に規
定する機関

2　審査庁が前項の規定により指名する者は、
次に掲げる者以外の者でなければならない。

①　審査請求に係る処分若しくは当該処分に
係る再調査の請求についての決定に関与し
た者又は審査請求に係る不作為に係る処分
に関与し、若しくは関与することとなる者

②　審査請求人

③　審査請求人の配偶者、四親等内の親族又
は同居の親族

④　審査請求人の代理人

⑤　前二号に掲げる者であった者

⑥　審査請求人の後見人、後見監督人、保佐
人、保佐監督人、補助人又は補助監督人

⑦　第13条第1項に規定する利害関係人

3　審査庁が第1項各号に掲げる機関である場
合又は同項ただし書の特別の定めがある場合
においては、別表第一の上欄に掲げる規定の
適用については、これらの規定中同表の中欄
に掲げる字句は、それぞれ同表の下欄に掲げ
る字句に読み替えるものとし、第17条、第40
条、第42条及び第50条第2項の規定は、適用
しない。

行政不服審査法

103

4　前項に規定する場合において、審査庁は、必要があると認めるときは、その職員（第2項各号（第1項各号に掲げる機関の構成員にあっては、第1号を除く。）に掲げる者以外の者に限る。）に、前項において読み替えて適用する第31条第1項の規定による審査請求人若しくは第13条第4項に規定する参加人の意見の陳述を聴かせ、前項において読み替えて適用する第34条の規定による参考人の陳述を聴かせ、同項において読み替えて適用する第35条第1項の規定による検証をさせ、前項において読み替えて適用する第36条の規定による第28条に規定する審理関係人に対する質問をさせ、又は同項において読み替えて適用する第37条第1項若しくは第2項の規定による意見の聴取を行わせることができる。

第10条（法人でない社団又は財団の審査請求）

法人でない社団又は財団で代表者又は管理人の定めがあるものは、その名で審査請求をすることができる。

第11条（総代）

1　多数人が共同して審査請求をしようとするときは、3人を超えない**総代**を互選することができる。

2　共同審査請求人が総代を互選しない場合において、必要があると認めるときは、第9条第1項の規定により指名された者（以下「審理員」という。）は、総代の互選を命ずることができる。

3　総代は、各自、他の共同審査請求人のために、審査請求の**取下げ**を除き、当該審査請求に関する一切の行為をすることができる。

4　総代が選任されたときは、共同審査請求人は、総代を通じてのみ、前項の行為をすることができる。

5　共同審査請求人に対する行政庁の通知その他の行為は、2人以上の総代が選任されている場合においても、1人の総代に対してすれば足りる。

6　共同審査請求人は、必要があると認める場合には、総代を解任することができる。

第12条（代理人による審査請求）

1　審査請求は、代理人によってすることができる。

2　前項の代理人は、各自、審査請求人のために、当該審査請求に関する一切の行為をすることができる。ただし、審査請求の取下げは、特別の委任を受けた場合に限り、することができる。

第13条（参加人）

1　利害関係人（審査請求人以外の者であって審査請求に係る処分又は不作為に係る処分の根拠となる法令に照らし当該処分につき利害関係を有するものと認められる者をいう。以下同じ。）は、審理員の許可を得て、当該審査請求に参加することができる。

2　審理員は、必要があると認める場合には、利害関係人に対し、当該審査請求に参加することを求めることができる。

3　審査請求への参加は、代理人によってすることができる。

4　前項の代理人は、各自、第1項又は第2項の規定により当該審査請求に参加する者（以下「参加人」という。）のために、当該審査請求への参加に関する一切の行為をすることができる。ただし、審査請求への参加の取下げは、特別の委任を受けた場合に限り、することができる。

第14条（行政庁が裁決をする権限を有しなくなった場合の措置）

行政庁が審査請求がされた後法令の改廃により当該審査請求につき裁決をする権限を有しなくなったときは、当該行政庁は、第19条に規定する審査請求書又は第21条第2項に規定する審査請求録取書及び関係書類その他の物件を新たに当該審査請求につき裁決をする権限を有することとなった行政庁に引き継がなければならない。この場合において、その引継ぎを受けた行政庁は、速やかに、その旨を審査請求人及び参加人に通知しなければならない。

第15条（審理手続の承継）

1　審査請求人が死亡したときは、相続人その他法令により審査請求の目的である処分に係る権利を承継した者は、審査請求人の地位を承継する。

2　審査請求人について合併又は分割（審査請求の目的である処分に係る権利を承継させるものに限る。）があったときは、合併後存続する法人その他の社団若しくは財団若しくは合併により設立された法人その他の社団若しくは財団又は分割により当該権利を承継した法人は、審査請求人の地位を承継する。

3　前二項の場合には、審査請求人の地位を承継した相続人その他の者又は法人その他の社団若しくは財団は、書面でその旨を審査庁に届け出なければならない。この場合には、届出書には、死亡若しくは分割による権利の承継又は合併の事実を証する書面を添付しなけ

ればならない。

4　第1項又は第2項の場合において、前項の規定による届出がされるまでの間において、死亡者又は合併前の法人その他の社団若しくは財団若しくは分割をした法人に宛ててされた通知が審査請求人の地位を承継した相続人その他の者又は合併後の法人その他の社団若しくは財団若しくは分割により審査請求人の地位を承継した法人に到達したときは、当該通知は、これらの者に対する通知としての効力を有する。

5　第1項の場合において、審査請求人の地位を承継した相続人その他の者が2人以上あるときは、その1人に対する通知その他の行為は、全員に対してされたものとみなす。

6　審査請求の目的である処分に係る権利を譲り受けた者は、審査庁の許可を得て、審査請求人の地位を承継することができる。

第16条（標準審理期間）

第4条又は他の法律若しくは条例の規定により審査庁となるべき行政庁（以下「審査庁となるべき行政庁」という。）は、審査請求がその事務所に到達してから当該審査請求に対する裁決をするまでに通常要すべき標準的な期間を定めるよう努めるとともに、これを定めたときは、当該審査庁となるべき行政庁及び関係処分庁（当該審査請求の対象となるべき処分の権限を有する行政庁であって当該審査庁となるべき行政庁以外のものをいう。次条において同じ。）の事務所における備付けその他の適当な方法により公にしておかなければならない。

第17条（審理員となるべき者の名簿）

審査庁となるべき行政庁は、審理員となるべき者の名簿を作成するよう努めるとともに、これを作成したときは、当該審査庁となるべき行政庁及び関係処分庁の事務所における備付けその他の適当な方法により公にしておかなければならない。

【第2節　審査請求の手続】

第18条（審査請求期間）

1　処分についての審査請求は、処分があったことを知った日の翌日から起算して3月（当該処分について再調査の請求をしたときは、当該再調査の請求についての決定があったことを知った日の翌日から起算して1月）を経過したときは、することができない。ただし、正当な理由があるときは、この限りでない。

2　処分についての審査請求は、処分（当該処分について再調査の請求をしたときは、当該

再調査の請求についての決定）があった日の翌日から起算して1年を経過したときは、することができない。ただし、正当な理由があるときは、この限りでない。

3　次条に規定する審査請求書を郵便又は民間事業者による信書の送達に関する法律第2条第6項に規定する一般信書便事業者若しくは同条第9項に規定する特定信書便事業者による同条第2項に規定する信書便で提出した場合における前二項に規定する期間（以下「審査請求期間」という。）の計算については、送付に要した日数は、算入しない。

第19条（審査請求書の提出）

1　審査請求は、他の法律（条例に基づく処分については、条例）に口頭ですることができる旨の定めがある場合を除き、政令で定めるところにより、審査請求書を提出してしなければならない。

2　処分についての審査請求書には、次に掲げる事項を記載しなければならない。

①　審査請求人の氏名又は名称及び住所又は居所

②　審査請求に係る処分の内容

③　審査請求に係る処分（当該処分について再調査の請求についての決定を経たときは、当該決定）があったことを知った年月日

④　審査請求の趣旨及び理由

⑤　処分庁の教示の有無及びその内容

⑥　審査請求の年月日

3　不作為についての審査請求書には、次に掲げる事項を記載しなければならない。

①　審査請求人の氏名又は名称及び住所又は居所

②　当該不作為に係る処分についての申請の内容及び年月日

③　審査請求の年月日

4　審査請求人が、法人その他の社団若しくは財団である場合、総代を互選した場合又は代理人によって審査請求をする場合には、審査請求書には、第2項各号又は前項各号に掲げる事項のほか、その代表者若しくは管理人、総代又は代理人の氏名及び住所又は居所を記載しなければならない。

5　処分についての審査請求書には、第2項及び前項に規定する事項のほか、次の各号に掲げる場合においては、当該各号に定める事項を記載しなければならない。

①　第5条第2項第1号の規定により再調査の請求についての決定を経ないで審査請求

行政不服審査法

105

をする場合　再調査の請求をした年月日
②　第5条第2項第2号の規定により再調査の請求についての決定を経ないで審査請求をする場合　その決定を経ないことについての正当な理由
③　審査請求期間の経過後において審査請求をする場合　前条第1項ただし書又は第2項ただし書に規定する正当な理由

第20条（口頭による審査請求）
　口頭で審査請求をする場合には、前条第2項から第5項までに規定する事項を陳述しなければならない。この場合において、陳述を受けた行政庁は、その陳述の内容を録取し、これを陳述人に読み聞かせて誤りのないことを確認しなければならない。

第21条（処分庁等を経由する審査請求）
1　審査請求をすべき行政庁が処分庁等と異なる場合における審査請求は、処分庁等を経由してすることができる。この場合において、審査請求人は、処分庁等に審査請求書を提出し、又は処分庁等に対し第19条第2項から第5項までに規定する事項を陳述するものとする。
2　前項の場合には、処分庁等は、直ちに、審査請求書又は審査請求録取書（前条後段の規定により陳述の内容を録取した書面をいう。第29条第1項及び第55条において同じ。）を審査庁となるべき行政庁に送付しなければならない。
3　第1項の場合における審査請求期間の計算については、処分庁に審査請求書を提出し、又は処分庁に対し当該事項を陳述した時に、処分についての審査請求があったものとみなす。

第22条（誤った教示をした場合の救済）
1　審査請求をすることができる処分につき、処分庁が誤って審査請求をすべき行政庁でない行政庁を審査請求をすべき行政庁として教示した場合において、その教示された行政庁に書面で審査請求がされたときは、当該行政庁は、速やかに、審査請求書を処分庁又は審査庁となるべき行政庁に送付し、かつ、その旨を審査請求人に通知しなければならない。
2　前項の規定により処分庁に審査請求書が送付されたときは、処分庁は、速やかに、これを審査庁となるべき行政庁に送付し、かつ、その旨を審査請求人に通知しなければならない。
3　第1項の処分のうち、再調査の請求をする

ことができない処分につき、処分庁が誤って再調査の請求をすることができる旨を教示した場合において、当該処分庁に再調査の請求がされたときは、処分庁は、速やかに、再調査の請求書（第61条において読み替えて準用する第19条に規定する再調査の請求書をいう。以下この条において同じ。）又は再調査の請求録取書（第61条において準用する第20条後段の規定により陳述の内容を録取した書面をいう。以下この条において同じ。）を審査庁となるべき行政庁に送付し、かつ、その旨を再調査の請求人に通知しなければならない。
4　再調査の請求をすることができる処分につき、処分庁が誤って審査請求をすることができる旨を教示しなかった場合において、当該処分庁に再調査の請求がされた場合であって、再調査の請求人から申立てがあったときは、処分庁は、速やかに、再調査の請求書又は再調査の請求録取書及び関係書類その他の物件を審査庁となるべき行政庁に送付しなければならない。この場合において、その送付を受けた行政庁は、速やかに、その旨を再調査の請求人及び第61条において読み替えて準用する第13条第1項又は第2項の規定により当該再調査の請求に参加する者に通知しなければならない。
5　前各項の規定により審査請求書又は再調査の請求書若しくは再調査の請求録取書が審査庁となるべき行政庁に送付されたときは、初めから審査庁となるべき行政庁に審査請求がされたものとみなす。

第23条（審査請求書の補正）
　審査請求書が第19条の規定に違反する場合には、審査庁は、相当の期間を定め、その期間内に不備を補正すべきことを命じなければならない。

第24条（審理手続を経ないでする却下裁決）
1　前条の場合において、審査請求人が同条の期間内に不備を補正しないときは、審査庁は、次節に規定する審理手続を経ないで、第45条第1項又は第49条第1項の規定に基づき、裁決で、当該審査請求を却下することができる。
2　審査請求が不適法であって補正することができないことが明らかなときも、前項と同様とする。

第25条（執行停止）
1　審査請求は、処分の効力、処分の執行又は手続の続行を妨げない。
2　処分庁の上級行政庁又は処分庁である審査

106

庁は、必要があると認める場合には、審査請求人の**申立てにより又は職権で**、処分の効力、処分の執行又は手続の続行の全部又は一部の停止その他の措置（以下「執行停止」という。）をとることができる。

3　処分庁の上級行政庁又は処分庁のいずれでもない審査庁は、必要があると認める場合には、審査請求人の**申立て**により、処分庁の意見を聴取した上、執行停止をすることができる。ただし、処分の効力、処分の執行又は手続の続行の全部又は一部の停止以外の措置をとることはできない。

4　前二項の規定による審査請求人の申立てがあった場合において、処分、処分の執行又は手続の続行により生ずる**重大な損害を避けるために緊急の必要がある**と認めるときは、審査庁は、執行停止をしなければならない。ただし、公共の福祉に重大な影響を及ぼすおそれがあるとき、又は本案について理由がないとみえるときは、この限りでない。

5　審査庁は、前項に規定する重大な損害を生ずるか否かを判断するに当たっては、損害の回復の困難の程度を考慮するものとし、損害の性質及び程度並びに処分の内容及び性質をも勘案するものとする。

6　第2項から第4項までの場合において、処分の効力の停止は、処分の効力の停止以外の措置によって目的を達することができるときは、することができない。

7　執行停止の申立てがあったとき、又は審理員から第40条に規定する執行停止をすべき旨の意見書が提出されたときは、審査庁は、速やかに、執行停止をするかどうかを決定しなければならない。

第26条（執行停止の取消し）
執行停止をした後において、執行停止が公共の福祉に重大な影響を及ぼすことが明らかとなったとき、その他事情が変更したときは、審査庁は、その執行停止を取り消すことができる。

第27条（審査請求の取下げ）
1　審査請求人は、裁決があるまでは、いつでも審査請求を取り下げることができる。

2　審査請求の取下げは、書面でしなければならない。

【第3節　審理手続】
第28条（審理手続の計画的進行）
審査請求人、参加人及び処分庁等（以下「審理関係人」という。）並びに審理員は、簡易迅速かつ公正な審理の実現のため、審理において、相互に協力するとともに、審理手続の計画的な進行を図らなければならない。

第29条（弁明書の提出）
1　審理員は、審査庁から指名されたときは、直ちに、審査請求書又は審査請求録取書の写しを処分庁等に送付しなければならない。ただし、処分庁等が審査庁である場合には、この限りでない。

2　審理員は、相当の期間を定めて、処分庁等に対し、弁明書の提出を求めるものとする。

3　処分庁等は、前項の弁明書に、次の各号の区分に応じ、当該各号に定める事項を記載しなければならない。
　①　処分についての審査請求に対する弁明書　処分の内容及び理由
　②　不作為についての審査請求に対する弁明書　処分をしていない理由並びに予定される処分の時期、内容及び理由

4　処分庁が次に掲げる書面を保有する場合には、前項第1号に掲げる弁明書にこれを添付するものとする。
　①　行政手続法第24条第1項の調書及び同条第3項の報告書
　②　行政手続法第29条第1項に規定する弁明書

5　審理員は、処分庁等から弁明書の提出があったときは、これを審査請求人及び参加人に送付しなければならない。

第30条（反論書等の提出）
1　審査請求人は、前条第5項の規定により送付された弁明書に記載された事項に対する反論を記載した書面（以下「反論書」という。）を提出することができる。この場合において、審理員が、反論書を提出すべき相当の期間を定めたときは、その期間内にこれを提出しなければならない。

2　参加人は、審査請求に係る事件に関する意見を記載した書面（第40条及び第42条第1項を除き、以下「意見書」という。）を提出することができる。この場合において、審理員が、意見書を提出すべき相当の期間を定めたときは、その期間内にこれを提出しなければならない。

3　審理員は、審査請求人から反論書の提出があったときはこれを参加人及び処分庁等に、参加人から意見書の提出があったときはこれを審査請求人及び処分庁等に、それぞれ送付しなければならない。

行政不服審査法

107

第31条（口頭意見陳述）

1　審査請求人又は参加人の**申立て**があった場合には、審理員は、当該申立てをした者（以下この条及び第41条第2項第2号において「申立人」という。）に口頭で審査請求に係る事件に関する意見を述べる機会を与えなければならない。ただし、当該申立人の所在その他の事情により当該意見を述べる機会を与えることが困難であると認められる場合には、この限りでない。

2　前項本文の規定による意見の陳述（以下「口頭意見陳述」という。）は、審理員が期日及び場所を指定し、全ての審理関係人を招集してさせるものとする。

3　口頭意見陳述において、申立人は、審理員の許可を得て、補佐人とともに出頭することができる。

4　口頭意見陳述において、審理員は、申立人のする陳述が事件に関係のない事項にわたる場合その他相当でない場合には、これを制限することができる。

5　口頭意見陳述に際し、申立人は、審理員の許可を得て、審査請求に係る事件に関し、処分庁等に対して、質問を発することができる。

第32条（証拠書類等の提出）

1　審査請求人又は参加人は、証拠書類又は証拠物を提出することができる。

2　処分庁等は、当該処分の理由となる事実を証する書類その他の物件を提出することができる。

3　前二項の場合において、審理員が、証拠書類若しくは証拠物又は書類その他の物件を提出すべき相当の期間を定めたときは、その期間内にこれを提出しなければならない。

第33条（物件の提出要求）

審理員は、審査請求人若しくは参加人の**申立てにより又は職権で**、書類その他の物件の所持人に対し、相当の期間を定めて、その物件の提出を求めることができる。この場合において、審理員は、その提出された物件を留め置くことができる。

第34条（参考人の陳述及び鑑定の要求）

審理員は、審査請求人若しくは参加人の**申立てにより又は職権で**、適当と認める者に、参考人としてその知っている事実の陳述を求め、又は鑑定を求めることができる。

第35条（検証）

1　審理員は、審査請求人若しくは参加人の**申立てにより又は職権で**、必要な場所につき、検証をすることができる。

2　審理員は、審査請求人又は参加人の申立てにより前項の検証をしようとするときは、あらかじめ、その日時及び場所を当該申立てをした者に通知し、これに立ち会う機会を与えなければならない。

第36条（審理関係人への質問）

審理員は、審査請求人若しくは参加人の**申立てにより又は職権で**、審査請求に係る事件に関し、審理関係人に質問することができる。

第37条（審理手続の計画的遂行）

1　審理員は、審査請求に係る事件について、審理すべき事項が多数であり又は錯綜しているなど事件が複雑であることその他の事情により、迅速かつ公正な審理を行うため、第31条から前条までに定める審理手続を計画的に遂行する必要があると認める場合には、期日及び場所を指定して、審理関係人を招集し、あらかじめ、これらの審理手続の申立てに関する意見の聴取を行うことができる。

2　審理員は、審理関係人が遠隔の地に居住している場合その他相当と認める場合には、政令で定めるところにより、審理員及び審理関係人が音声の送受信により通話をすることができる方法によって、前項に規定する意見の聴取を行うことができる。

3　審理員は、前二項の規定による意見の聴取を行ったときは、遅滞なく、第31条から前条までに定める審理手続の期日及び場所並びに第41条第1項の規定による審理手続の終結の予定時期を決定し、これらを審理関係人に通知するものとする。当該予定時期を変更したときも、同様とする。

第38条（審査請求人等による提出書類等の閲覧等）

1　審査請求人又は参加人は、第41条第1項又は第2項の規定により審理手続が終結するまでの間、審理員に対し、提出書類等（第29条第4項各号に掲げる書面又は第32条第1項若しくは第2項若しくは第33条の規定により提出された書類その他の物件をいう。次項において同じ。）の閲覧（電磁的記録（電子的方式、磁気的方式その他人の知覚によっては認識することができない方式で作られる記録であって、電子計算機による情報処理の用に供されるものをいう。以下同じ。）にあっては、記録された事項を審査庁が定める方法により表示したものの閲覧）又は当該書面若しくは当該書類の写し若しくは当該電磁的記録に記録

108

された事項を記載した書面の交付を求めることができる。この場合において、審理員は、第三者の利益を害するおそれがあると認めるとき、その他正当な理由があるときでなければ、その閲覧又は交付を拒むことができない。

2　審理員は、前項の規定による閲覧をさせ、又は同項の規定による交付をしようとするときは、当該閲覧又は交付に係る提出書類等の提出人の意見を聴かなければならない。ただし、審理員が、その必要がないと認めるときは、この限りでない。

3　審理員は、第1項の規定による閲覧について、日時及び場所を指定することができる。

4　第1項の規定による交付を受ける審査請求人又は参加人は、政令で定めるところにより、実費の範囲内において政令で定める額の手数料を納めなければならない。

5　審理員は、経済的困難その他特別の理由があると認めるときは、政令で定めるところにより、前項の手数料を減額し、又は免除することができる。

6　地方公共団体（都道府県、市町村及び特別区並びに地方公共団体の組合に限る。以下同じ。）に所属する行政庁が審査庁である場合における前二項の規定の適用については、これらの規定中「政令」とあるのは、「条例」とし、国又は地方公共団体に所属しない行政庁が審査庁である場合におけるこれらの規定の適用については、これらの規定中「政令で」とあるのは、「審査庁が」とする。

第39条（審理手続の併合又は分離）

審理員は、必要があると認める場合には、数個の審査請求に係る審理手続を併合し、又は併合された数個の審査請求に係る審理手続を分離することができる。

第40条（審理員による執行停止の意見書の提出）

審理員は、必要があると認める場合には、審査庁に対し、執行停止をすべき旨の意見書を提出することができる。

第41条（審理手続の終結）

1　審理員は、必要な審理を終えたと認めるときは、審理手続を終結するものとする。

2　前項に定めるもののほか、審理員は、次の各号のいずれかに該当するときは、審理手続を終結することができる。

① 次のイからホまでに掲げる規定の相当の期間内に、当該イからホまでに定める物件が提出されない場合において、更に一定の期間を示して、当該物件の提出を求めたに

もかかわらず、当該提出期間内に当該物件が提出されなかったとき。

イ　第29条第2項　弁明書
ロ　第30条第1項後段　反論書
ハ　第30条第2項後段　意見書
ニ　第32条第3項　証拠書類若しくは証拠物件又は書類その他の物件
ホ　第33条前段　書類その他の物件

② 申立人が、正当な理由なく、口頭意見陳述に出頭しないとき。

3　審理員が前二項の規定により審理手続を終結したときは、速やかに、審理関係人に対し、審理手続を終結した旨並びに次条第1項に規定する審理員意見書及び事件記録（審査請求書、弁明書その他審査請求に係る事件に関する書類その他の物件のうち政令で定めるものをいう。同条第2項及び第43条第2項において同じ。）を審査庁に提出する予定時期を通知するものとする。当該予定時期を変更したときも、同様とする。

第42条（審理員意見書）

1　審理員は、審理手続を終結したときは、遅滞なく、審査庁がすべき裁決に関する意見書（以下「**審理員意見書**」という。）を作成しなければならない。

2　審理員は、審理員意見書を作成したときは、速やかに、これを事件記録とともに、審査庁に提出しなければならない。

【第4節　行政不服審査会等への諮問】

第43条

1　**審査庁は**、審理員意見書の提出を受けたときは、次の各号のいずれかに該当する場合を除き、審査庁が主任の大臣又は宮内庁長官若しくは内閣府設置法第49条第1項若しくは第2項若しくは国家行政組織法第3条第2項に規定する庁の長である場合にあっては行政不服審査会に、審査庁が地方公共団体の長（地方公共団体の組合にあっては、長、管理者又は理事会）である場合にあっては第81条第1項又は第2項の機関に、それぞれ諮問しなければならない。

① 審査請求に係る処分をしようとするときに他の法律又は政令（条例に基づく処分については、条例）に第9条第1項各号に掲げる機関若しくは地方公共団体の議会又はこれらの機関に類するものとして政令で定めるもの（以下「審議会等」という。）の議を経るべき旨又は経ることができる旨の定めがあり、かつ、当該議を経て当該処分

行政不服審査法

109

がされた場合

② 裁決をしようとするときに他の法律又は政令（条例に基づく処分については、条例）に第9条第1項各号に掲げる機関若しくは地方公共団体の議会又はこれらの機関に類するものとして政令で定めるものの議を経るべき旨又は経ることができる旨の定めがあり、かつ、当該議を経て裁決をしようとする場合

③ 第46条第3項又は第49条第4項の規定により審査会等の議を経て裁決をしようとする場合

④ 審査請求人から、行政不服審査会又は第81条第1項若しくは第2項の機関（以下「行政不服審査会等」という。）への諮問を希望しない旨の申出がされている場合（参加人から、行政不服審査会等に諮問しないことについて反対する旨の申出がされている場合を除く。）

⑤ 審査請求が、行政不服審査会等によって、国民の権利利益及び行政の運営に対する影響の程度その他当該事件の性質を勘案して、諮問を要しないものと認められたものである場合

⑥ 審査請求が不適法であり、却下する場合

⑦ 第46条第1項の規定により審査請求に係る処分（法令に基づく申請を却下し、又は棄却する処分及び事実上の行為を除く。）の全部を取り消し、又は第47条第1号若しくは第2号の規定により審査請求に係る事実上の行為の全部を撤廃すべき旨を命じ、若しくは撤廃することとする場合（当該処分の全部を取り消すこと又は当該事実上の行為の全部を撤廃すべき旨を命じ、若しくは撤廃することについて反対する旨の意見書が提出されている場合及び口頭意見陳述においてその旨の意見が述べられている場合を除く。）

⑧ 第46条第2項各号又は第49条第3項各号に定める措置（法令に基づく申請の全部を認容すべき旨を命じ、又は認容するものに限る。）をとることとする場合（当該申請の全部を認容することについて反対する旨の意見書が提出されている場合及び口頭意見陳述においてその旨の意見が述べられている場合を除く。）

2 前項の規定による諮問は、審理員意見書及び事件記録の写しを添えてしなければならない。

3 第1項の規定により諮問をした審査庁は、審理関係人（処分庁等が審査庁である場合にあっては、審査請求人及び参加人）に対し、当該諮問をした旨を通知するとともに、審理員意見書の写しを送付しなければならない。

【第5節　裁決】

第44条（裁決の時期）

審査庁は、行政不服審査会等から諮問に対する答申を受けたとき（前条第1項の規定による諮問を要しない場合（同項第2号又は第3号に該当する場合を除く。）にあっては審理員意見書が提出されたとき、同項第2号又は第3号に該当する場合にあっては同項第2号又は第3号に規定する議を経たとき）は、遅滞なく、裁決をしなければならない。

第45条（処分についての審査請求の却下又は棄却）

1 処分についての審査請求が法定の期間経過後にされたものである場合その他不適法である場合には、審査庁は、裁決で、当該審査請求を却下する。

2 処分についての審査請求が理由がない場合には、審査庁は、裁決で、当該審査請求を棄却する。

3 審査請求に係る処分が違法又は不当ではあるが、これを取り消し、又は撤廃することにより公の利益に著しい障害を生ずる場合において、審査請求人の受ける損害の程度、その損害の賠償又は防止の程度及び方法その他一切の事情を考慮した上、処分を取り消し、又は撤廃することが公共の福祉に適合しないと認めるときは、審査庁は、裁決で、当該審査請求を棄却することができる。この場合には、審査庁は、裁決の主文で、当該処分が違法又は不当であることを宣言しなければならない。

第46条（処分についての審査請求の認容）

1 処分（事実上の行為を除く。以下この条及び第48条において同じ。）についての審査請求が理由がある場合（前条第3項の規定の適用がある場合を除く。）には、審査庁は、裁決で、当該処分の全部若しくは一部を取り消し、又はこれを変更する。ただし、審査庁が処分庁の上級行政庁又は処分庁のいずれでもない場合には、当該処分を変更することはできない。

2 前項の規定により法令に基づく申請を却下し、又は棄却する処分の全部又は一部を取り消す場合において、次の各号に掲げる審査庁は、当該申請に対して一定の処分をすべきも

のと認めるときは、当該各号に定める措置を
とる。

① 処分庁の上級行政庁である審査庁　当該
　処分庁に対し、当該処分をすべき旨を命ず
　ること。
② 処分庁である審査庁　当該処分をするこ
　と。

3　前項に規定する一定の処分に関し、第43条
　第1項第1号に規定する議を経るべき旨の定
　めがある場合において、審査庁が前項各号に
　定める措置をとるために必要があると認める
　ときは、審査庁は、当該定めに係る審議会等
　の議を経ることができる。

4　前項に規定する定めがある場合のほか、第
　2項に規定する一定の処分に関し、他の法令
　に関係行政機関との協議の実施その他の手続
　をとるべき旨の定めがある場合において、審
　査庁が同項各号に定める措置をとるために必
　要があると認めるときは、審査庁は、当該手
　続をとることができる。

第47条

事実上の行為についての審査請求が理由があ
る場合（第45条第3項の規定の適用がある場合
を除く。）には、審査庁は、裁決で、当該事実
上の行為が違法又は不当である旨を宣言すると
ともに、次の各号に掲げる審査庁の区分に応じ、
当該各号に定める措置をとる。ただし、審査庁
が処分庁の上級行政庁以外の審査庁である場合
には、当該事実上の行為を変更すべき旨を命ず
ることはできない。

① 処分庁以外の審査庁　当該処分庁に対し、
　当該事実上の行為の全部若しくは一部を撤
　廃し、又はこれを変更すべき旨を命ずるこ
　と。
② 処分庁である審査庁　当該事実上の行為
　の全部若しくは一部を撤廃し、又はこれを
　変更すること。

第48条（不利益変更の禁止）

第46条第1項本文又は前条の場合において、
審査庁は、審査請求人の不利益に当該処分を変
更し、又は当該事実上の行為を変更すべき旨を
命じ、若しくはこれを変更することはできない。

第49条（不作為についての審査請求の裁決）

1　不作為についての審査請求が当該不作為に
　係る処分についての申請から相当の期間が経
　過しないでされたものである場合その他不適
　法である場合には、審査庁は、裁決で、当該
　審査請求を却下する。

2　不作為についての審査請求が理由がない場

合には、審査庁は、裁決で、当該審査請求を
棄却する。

3　不作為についての審査請求が理由がある場
　合には、審査庁は、裁決で、当該不作為が違
　法又は不当である旨を宣言する。この場合に
　おいて、次の各号に掲げる審査庁は、当該申
　請に対して一定の処分をすべきものと認める
　ときは、当該各号に定める措置をとる。

① 不作為庁の上級行政庁である審査庁　当
　該不作為庁に対し、当該処分をすべき旨を
　命ずること。
② 不作為庁である審査庁　当該処分をする
　こと。

4　審査請求に係る不作為に係る処分に関し、
　第43条第1項第1号に規定する議を経るべき
　旨の定めがある場合において、審査庁が前項
　各号に定める措置をとるために必要があると
　認めるときは、審査庁は、当該定めに係る審
　議会等の議を経ることができる。

5　前項に規定する定めがある場合のほか、審
　査請求に係る不作為に係る処分に関し、他の
　法令に関係行政機関との協議の実施その他の
　手続をとるべき旨の定めがある場合において、
　審査庁が第3項各号に定める措置をとるため
　に必要があると認めるときは、審査庁は、当
　該手続をとることができる。

第50条（裁決の方式）

1　裁決は、次に掲げる事項を記載し、審査庁
　が記名押印した裁決書によりしなければなら
　ない。

① 主文
② 事案の概要
③ 審理関係人の主張の要旨
④ 理由（第1号の主文が審理員意見書又は
　行政不服審査会等若しくは審議会等の答申
　書と異なる内容である場合には、異なるこ
　ととなった理由を含む。）

2　第43条第1項の規定による行政不服審査会
　等への諮問を要しない場合には、前項の裁決
　書には、審理員意見書を添付しなければなら
　ない。

3　審査庁は、再審査請求をすることができる
　裁決をする場合には、裁決書に再審査請求を
　することができる旨並びに再審査請求をすべ
　き行政庁及び再審査請求期間（第62条に規定
　する期間をいう。）を記載して、これらを教
　示しなければならない。

第51条（裁決の効力発生）

1　裁決は、審査請求人（当該審査請求が処分

行政不服審査法

111

の相手方以外の者のしたものである場合における第46条第1項及び第47条の規定による裁決にあっては、審査請求人及び処分の相手方）に送達された時に、その効力を生ずる。

2　裁決の送達は、送達を受けるべき者に裁決書の謄本を送付することによってする。ただし、送達を受けるべき者の所在が知れない場合その他裁決書の謄本を送付することができない場合には、公示の方法によってすることができる。

3　公示の方法による送達は、審査庁が裁決書の謄本を保管し、いつでもその送達を受けるべき者に交付する旨を当該審査庁の掲示場に掲示し、かつ、その旨を官報その他の公報又は新聞紙に少なくとも1回掲載してするものとする。この場合において、その掲示を始めた日の翌日から起算して2週間を経過した時に裁決書の謄本の送付があったものとみなす。

4　審査庁は、裁決書の謄本を参加人及び処分庁等（審査庁以外の処分庁等に限る。）に送付しなければならない。

第52条（裁決の拘束力）

1　裁決は、関係行政庁を拘束する。

2　申請に基づいてした処分が手続の違法若しくは不当を理由として裁決で取り消され、又は申請を却下し、若しくは棄却した処分が裁決で取り消された場合には、処分庁は、裁決の趣旨に従い、改めて申請に対する処分をしなければならない。

3　法令の規定により公示された処分が裁決で取り消され、又は変更された場合には、処分庁は、当該処分が取り消され、又は変更された旨を公示しなければならない。

4　法令の規定により処分の相手方以外の利害関係人に通知された処分が裁決で取り消され、又は変更された場合には、処分庁は、その通知を受けた者（審査請求人及び参加人を除く。）に、当該処分が取り消され、又は変更された旨を通知しなければならない。

第53条（証拠書類等の返還）

審査庁は、裁決をしたときは、速やかに、第32条第1項又は第2項の規定により提出された証拠書類若しくは証拠物件又は書類その他の物件及び第33条の規定による提出要求に応じて提出された書類その他の物件をその提出人に返還しなければならない。

第3章　再調査の請求

第54条（再調査の請求期間）

1　再調査の請求は、処分があったことを知った日の翌日から起算して3月を経過したときは、することができない。ただし、正当な理由があるときは、この限りでない。

2　再調査の請求は、処分があった日の翌日から起算して1年を経過したときは、することができない。ただし、正当な理由があるときは、この限りでない。

第55条（誤った教示をした場合の救済）

1　再調査の請求をすることができる処分につき、処分庁が誤って再調査の請求をすることができる旨を教示しなかった場合において、審査請求がされた場合であって、審査請求人から申立てがあったときは、審査庁は、速やかに、審査請求書又は審査請求録取書を処分庁に送付しなければならない。ただし、審査請求人に対し弁明書が送付された後においては、この限りでない。

2　前項本文の規定により審査請求書又は審査請求録取書の送付を受けた処分庁は、速やかに、その旨を審査請求人及び参加人に通知しなければならない。

3　第1項本文の規定により審査請求書又は審査請求録取書が処分庁に送付されたときは、初めから処分庁に再調査の請求がされたものとみなす。

第56条（再調査の請求についての決定を経ずに審査請求がされた場合）

第5条第2項ただし書の規定により審査請求がされたときは、同項の再調査の請求は、取り下げられたものとみなす。ただし、処分庁において当該審査請求がされた日以前に再調査の請求に係る処分（事実上の行為を除く。）を取り消す旨の第60条第1項の決定書の謄本を発している場合又は再調査の請求に係る事実上の行為を撤廃している場合は、当該審査請求（処分（事実上の行為を除く。）の一部を取り消す旨の第59条第1項の決定がされている場合又は事実上の行為の一部が撤廃されている場合にあっては、その部分に限る。）が取り下げられたものとみなす。

第57条（3月後の教示）

処分庁は、再調査の請求がされた日（第61条において読み替えて準用する第23条の規定により不備を補正すべきことを命じた場合にあっては、当該不備が補正された日）の翌日から起算

して3月を経過しても当該再調査の請求が係属しているときは、遅滞なく、当該処分について直ちに審査請求をすることができる旨を書面でその再調査の請求人に教示しなければならない。

第58条（再調査の請求の却下又は棄却の決定）

1 再調査の請求が法定の期間経過後にされたものである場合その他不適法である場合には、処分庁は、決定で、当該再調査の請求を却下する。

2 再調査の請求が理由がない場合には、処分庁は、決定で、当該再調査の請求を棄却する。

第59条（再調査の請求の認容の決定）

1 処分（事実上の行為を除く。）についての再調査の請求が理由がある場合には、処分庁は、決定で、当該処分の全部若しくは一部を取り消し、又はこれを変更する。

2 事実上の行為についての再調査の請求が理由がある場合には、処分庁は、決定で、当該事実上の行為が違法又は不当である旨を宣言するとともに、当該事実上の行為の全部若しくは一部を撤廃し、又はこれを変更する。

3 処分庁は、前二項の場合において、再調査の請求人の不利益に当該処分又は当該事実上の行為を変更することはできない。

第60条（決定の方式）

1 前二条の決定は、主文及び理由を記載し、処分庁が記名押印した決定書によりしなければならない。

2 処分庁は、前項の決定書（再調査の請求に係る処分の全部を取り消し、又は撤廃する決定に係るものを除く。）に、再調査の請求に係る処分につき審査請求をすることができる旨（却下の決定である場合にあっては、当該却下の決定が違法な場合に限り審査請求をすることができる旨）並びに審査請求をすべき行政庁及び審査請求期間を記載して、これらを教示しなければならない。

第61条（審査請求に関する規定の準用）

第9条第4項、第10条から第16条まで、第18条第3項、第19条（第3項並びに第5項第1号及び第2号を除く。）、第20条、第23条、第24条、第25条（第3項を除く。）、第26条、第27条、第31条（第5項を除く。）、第32条（第2項を除く。）、第39条、第51条及び第53条の規定は、再調査の請求について準用する。この場合において、別表第二の上欄に掲げる規定中同表の中欄に掲げる字句は、それぞれ同表の下欄に掲げる字句に読み替えるものとする。

第4章　再審査請求

第62条（再審査請求期間）

1 再審査請求は、原裁決があったことを知った日の翌日から起算して1月を経過したときは、することができない。ただし、正当な理由があるときは、この限りでない。

2 再審査請求は、原裁決があった日の翌日から起算して1年を経過したときは、することができない。ただし、正当な理由があるときは、この限りでない。

第63条（裁決書の送付）

第66条第1項において読み替えて準用する第11条第2項に規定する審理員又は第66条第1項において準用する第9条第1項各号に掲げる機関である再審査庁（他の法律の規定により再審査請求がされた行政庁（第66条第1項において読み替えて準用する第14条の規定により引継ぎを受けた行政庁を含む。）をいう。以下同じ。）は、原裁決をした行政庁に対し、原裁決に係る裁決書の送付を求めるものとする。

第64条（再審査請求の却下又は棄却の裁決）

1 再審査請求が法定の期間経過後にされたものである場合その他不適法である場合には、再審査庁は、裁決で、当該再審査請求を却下する。

2 再審査請求が理由がない場合には、再審査庁は、裁決で、当該再審査請求を棄却する。

3 再審査請求に係る原裁決（審査請求を却下し、又は棄却したものに限る。）が違法又は不当である場合において、当該審査請求に係る処分が違法又は不当のいずれでもないときは、再審査庁は、裁決で、当該再審査請求を棄却する。

4 前項に規定する場合のほか、再審査請求に係る原裁決等が違法又は不当ではあるが、これを取り消し、又は撤廃することにより公の利益に著しい障害を生ずる場合において、再審査請求人の受ける損害の程度、その損害の賠償又は防止の程度及び方法その他一切の事情を考慮した上、原裁決等を取り消し、又は撤廃することが公共の福祉に適合しないと認めるときは、再審査庁は、裁決で、当該再審査請求を棄却することができる。この場合には、再審査庁は、裁決の主文で、当該原裁決等が違法又は不当であることを宣言しなければならない。

第65条（再審査請求の認容の裁決）

1 原裁決等（事実上の行為を除く。）につい

行政不服審査法

ての再審査請求が理由がある場合（前条第3項に規定する場合及び同条第4項の規定の適用がある場合を除く。）には、再審査庁は、裁決で、当該原裁決等の全部又は一部を取り消す。

2 事実上の行為についての再審査請求が理由がある場合（前条第4項の規定の適用がある場合を除く。）には、裁決で、当該事実上の行為が違法又は不当である旨を宣言するとともに、処分庁に対し、当該事実上の行為の全部又は一部を撤廃すべき旨を命ずる。

第66条（審査請求に関する規定の準用）

1 第2章（第9条第3項、第18条（第3項を除く。）、第19条第3項並びに第5項第1号及び第2号、第22条、第25条第2項、第29条（第1項を除く。）、第30条第1項、第41条第2項第1号イ及びロ、第4節、第45条から第49条まで並びに第50条第3項を除く。）の規定は、再審査請求について準用する。この場合において、別表第三の上欄に掲げる規定中同表の中欄に掲げる字句は、それぞれ同表の下欄に掲げる字句に読み替えるものとする。

2 再審査庁が前項において準用する第9条第1項各号に掲げる機関である場合には、前項において準用する第17条、第40条、第42条及び第50条第2項の規定は、適用しない。

第5章 行政不服審査会等

【第1節 行政不服審査会】

第1款 設置及び組織

第67条（設置）

1 総務省に、行政不服審査会（以下「審査会」という。）を置く。

2 審査会は、この法律の規定によりその権限に属させられた事項を処理する。

第68条（組織）

1 審査会は、委員9人をもって組織する。

2 委員は、非常勤とする。ただし、そのうち3人以内は、常勤とすることができる。

第69条（委員）

1 委員は、審査会の権限に属する事項に関し公正な判断をすることができ、かつ、法律又は行政に関して優れた識見を有する者のうちから、両議院の同意を得て、総務大臣が任命する。

2 委員の任期が満了し、又は欠員を生じた場合において、国会の閉会又は衆議院の解散のために両議院の同意を得ることができないときは、総務大臣は、前項の規定にかかわらず、

同項に定める資格を有する者のうちから、委員を任命することができる。

3 前項の場合においては、任命後最初の国会で両議院の事後の承認を得なければならない。この場合において、両議院の事後の承認が得られないときは、総務大臣は、直ちにその委員を罷免しなければならない。

4 委員の任期は、3年とする。ただし、補欠の委員の任期は、前任者の残任期間とする。

5 委員は、再任されることができる。

6 委員の任期が満了したときは、当該委員は、後任者が任命されるまで引き続きその職務を行うものとする。

7 総務大臣は、委員が心身の故障のために職務の執行ができないと認める場合又は委員に職務上の義務違反その他委員たるに適しない非行があると認める場合には、両議院の同意を得て、その委員を罷免することができる。

8 委員は、職務上知ることができた秘密を漏らしてはならない。その職を退いた後も同様とする。

9 委員は、在任中、政党その他の政治的団体の役員となり、又は積極的に政治運動をしてはならない。

10 常勤の委員は、在任中、総務大臣の許可がある場合を除き、報酬を得て他の職務に従事し、又は営利事業を営み、その他金銭上の利益を目的とする業務を行ってはならない。

11 委員の給与は、別に法律で定める。

第70条（会長）

1 審査会に、会長を置き、委員の互選により選任する。

2 会長は、会務を総理し、審査会を代表する。

3 会長に事故があるときは、あらかじめその指名する委員が、その職務を代理する。

第71条（専門委員）

1 審査会に、専門の事項を調査させるため、専門委員を置くことができる。

2 専門委員は、学識経験のある者のうちから、総務大臣が任命する。

3 専門委員は、その者の任命に係る当該専門の事項に関する調査が終了したときは、解任されるものとする。

4 専門委員は、非常勤とする。

第72条（合議体）

1 審査会は、委員のうちから、審査会が指名する者3人をもって構成する合議体で、審査請求に係る事件について調査審議する。

2 前項の規定にかかわらず、審査会が定める

場合においては、委員の全員をもって構成する合議体で、審査請求に係る事件について調査審議する。

第73条（事務局）

1 審査会の事務を処理させるため、審査会に事務局を置く。

2 事務局に、事務局長のほか、所要の職員を置く。

3 事務局長は、会長の命を受けて、局務を掌理する。

第2款　審査会の調査審議の手続

第74条（審査会の調査権限）

審査会は、必要があると認める場合には、審査請求に係る事件に関し、審査請求人、参加人又は第43条第1項の規定により審査会に諮問をした審査庁（以下この款において「審査関係人」という。）にその主張を記載した書面（以下この款において「主張書面」という。）又は資料の提出を求めること、適当と認める者にその知っている事実の陳述又は鑑定を求めることその他必要な調査をすることができる。

第75条（意見の陳述）

1 審査会は、審査関係人の申立てがあった場合には、当該審査関係人に口頭で意見を述べる機会を与えなければならない。ただし、審査会が、その必要がないと認める場合には、この限りでない。

2 前項本文の場合において、審査請求人又は参加人は、審査会の許可を得て、補佐人とともに出頭することができる。

第76条（主張書面等の提出）

審査関係人は、審査会に対し、主張書面又は資料を提出することができる。この場合において、審査会が、主張書面又は資料を提出すべき相当の期間を定めたときは、その期間内にこれを提出しなければならない。

第77条（委員による調査手続）

審査会は、必要があると認める場合には、その指名する委員に、第74条の規定による調査をさせ、又は第75条第1項本文の規定による審査関係人の意見の陳述を聴かせることができる。

第78条（提出資料の閲覧等）

1 審査関係人は、審査会に対し、審査会に提出された主張書面若しくは資料の閲覧（電磁的記録にあっては、記録された事項を審査会が定める方法により表示したものの閲覧）又は当該主張書面若しくは当該資料の写し若しくは当該電磁的記録に記録された事項を記載した書面の交付を求めることができる。この

場合において、審査会は、第三者の利益を害するおそれがあると認めるとき、その他正当な理由があるときでなければ、その閲覧又は交付を拒むことができない。

2 審査会は、前項の規定による閲覧をさせ、又は同項の規定による交付をしようとするときは、当該閲覧又は交付に係る主張書面又は資料の提出人の意見を聴かなければならない。ただし、審査会が、その必要がないと認めるときは、この限りでない。

3 審査会は、第1項の規定による閲覧について、日時及び場所を指定することができる。

4 第1項の規定による交付を受ける審査請求人又は参加人は、政令で定めるところにより、実費の範囲内において政令で定める額の手数料を納めなければならない。

5 審査会は、経済的困難その他特別の理由があると認めるときは、政令で定めるところにより、前項の手数料を減額し、又は免除することができる。

第79条（答申書の送付等）

審査会は、諮問に対する答申をしたときは、答申書の写しを審査請求人及び参加人に送付するとともに、答申の内容を公表するものとする。

第3款　雑則

第80条（政令への委任）

この法律に定めるもののほか、審査会に関し必要な事項は、政令で定める。

【第2節　地方公共団体に置かれる機関】

第81条

1 地方公共団体に、執行機関の附属機関として、この法律の規定によりその権限に属させられた事項を処理するための機関を置く。

2 前項の規定にかかわらず、地方公共団体は、当該地方公共団体における不服申立ての状況等に鑑み同項の機関を置くことが不適当又は困難であるときは、条例で定めるところにより、事件ごとに、執行機関の附属機関として、この法律の規定によりその権限に属させられた事項を処理するための機関を置くこととすることができる。

3 前節第2款の規定は、前二項の機関について準用する。この場合において、第78条第4項及び第5項中「政令」とあるのは、「条例」と読み替えるものとする。

4 前三項に定めるもののほか、第1項又は第2項の機関の組織及び運営に関し必要な事項は、当該機関を置く地方公共団体の条例（地方自治法第252条の7第1項の規定により共

同設置する機関にあっては、同項の規約）で定める。

第6章　補則

第82条（不服申立てをすべき行政庁等の教示）

1　行政庁は、審査請求若しくは再調査の請求又は他の法令に基づく不服申立て（以下この条において「不服申立て」と総称する。）をすることができる処分をする場合には、処分の相手方に対し、当該処分につき不服申立てをすることができる旨並びに不服申立てをすべき行政庁及び不服申立てをすることができる期間を書面で教示しなければならない。ただし、当該処分を口頭でする場合は、この限りでない。

2　行政庁は、利害関係人から、当該処分が不服申立てをすることができる処分であるかどうか並びに当該処分が不服申立てをすることができるものである場合における不服申立てをすべき行政庁及び不服申立てをすることができる期間につき教示を求められたときは、当該事項を教示しなければならない。

3　前項の場合において、教示を求めた者が書面による教示を求めたときは、当該教示は、書面でしなければならない。

第83条（教示をしなかった場合の不服申立て）

1　行政庁が前条の規定による教示をしなかった場合には、当該処分について不服がある者は、当該処分庁に不服申立書を提出することができる。

2　第19条（第5項第1号及び第2号を除く。）の規定は、前項の不服申立書について準用する。

3　第1項の規定により不服申立書の提出があった場合において、当該処分が処分庁以外の行政庁に対し審査請求をすることができる処分であるときは、処分庁は、速やかに、当該不服申立書を当該行政庁に送付しなければならない。当該処分が他の法令に基づき、処分庁以外の行政庁に不服申立てをすることができる処分であるときも、同様とする。

4　前項の規定により不服申立書が送付されたときは、初めから当該行政庁に審査請求又は当該法令に基づく不服申立てがされたものとみなす。

5　第3項の場合を除くほか、第1項の規定により不服申立書が提出されたときは、初めから当該処分庁に審査請求又は当該法令に基づく不服申立てがされたものとみなす。

第84条（情報の提供）

審査請求、再調査の請求若しくは再審査請求又は他の法令に基づく不服申立て（以下この条及び次条において「不服申立て」と総称する。）につき裁決、決定その他の処分（同条において「裁決等」という。）をする権限を有する行政庁は、不服申立てをしようとする者又は不服申立てをした者の求めに応じ、不服申立書の記載に関する事項その他の不服申立てに必要な情報の提供に努めなければならない。

第85条（公表）

不服申立てにつき裁決等をする権限を有する行政庁は、当該行政庁がした裁決等の内容その他当該行政庁における不服申立ての処理状況について公表するよう努めなければならない。

第86条（政令への委任）

この法律に定めるもののほか、この法律の実施のために必要な事項は、政令で定める。

第87条（罰則）

第69条第8項の規定に違反して秘密を漏らした者は、1年以下の懲役又は50万円以下の罰金に処する。

別表（略）

行政事件訴訟法

（最終改正：平成28年11月28日）

第1章　総則

第1条（この法律の趣旨）

行政事件訴訟については、他の法律に特別の定めがある場合を除くほか、この法律の定めるところによる。

第2条（行政事件訴訟）

この法律において「行政事件訴訟」とは、抗告訴訟、当事者訴訟、民衆訴訟及び機関訴訟をいう。

第3条（抗告訴訟）

1　この法律において「抗告訴訟」とは、行政庁の公権力の行使に関する不服の訴訟をいう。

2　この法律において「処分の取消しの訴え」とは、行政庁の処分その他公権力の行使に当たる行為（次項に規定する裁決、決定その他の行為を除く。以下単に「処分」という。）の取消しを求める訴訟をいう。

3　この法律において「裁決の取消しの訴え」とは、審査請求その他の不服申立て（以下単に「審査請求」という。）に対する行政庁の裁決、決定その他の行為（以下単に「裁決」という。）の取消しを求める訴訟をいう。

4　この法律において「無効等確認の訴え」とは、処分若しくは裁決の存否又はその効力の有無の確認を求める訴訟をいう。

5　この法律において「不作為の違法確認の訴え」とは、行政庁が法令に基づく申請に対し、相当の期間内に何らかの処分又は裁決をすべきであるにかかわらず、これをしないことについての違法の確認を求める訴訟をいう。

6　この法律において「義務付けの訴え」とは、次に掲げる場合において、行政庁がその処分又は裁決をすべき旨を命ずることを求める訴訟をいう。

①　行政庁が一定の処分をすべきであるにかかわらずこれがされないとき（次号に掲げる場合を除く。）。

②　行政庁に対し一定の処分又は裁決を求める旨の法令に基づく申請又は審査請求がされた場合において、当該行政庁がその処分又は裁決をすべきであるにかかわらずこれがされないとき。

7　この法律において「差止めの訴え」とは、行政庁が一定の処分又は裁決をすべきでないにかかわらずこれがされようとしている場合において、行政庁がその処分又は裁決をしてはならない旨を命ずることを求める訴訟をいう。

第4条（当事者訴訟）

この法律において「当事者訴訟」とは、当事者間の法律関係を確認し又は形成する処分又は裁決に関する訴訟で法令の規定によりその法律関係の当事者の一方を被告とするもの及び公法上の法律関係に関する確認の訴えその他の公法上の法律関係に関する訴訟をいう。

第5条（民衆訴訟）

この法律において「民衆訴訟」とは、国又は公共団体の機関の法規に適合しない行為の是正を求める訴訟で、選挙人たる資格その他自己の法律上の利益にかかわらない資格で提起するものをいう。

第6条（機関訴訟）

この法律において「機関訴訟」とは、国又は公共団体の機関相互間における権限の存否又はその行使に関する紛争についての訴訟をいう。

第7条（この法律に定めがない事項）

行政事件訴訟に関し、この法律に定めがない事項については、民事訴訟の例による。

第2章　抗告訴訟

【第1節　取消訴訟】

第8条（処分の取消しの訴えと審査請求との関係）

1　処分の取消しの訴えは、当該処分につき法令の規定により審査請求をすることができる場合においても、直ちに提起することを妨げない。ただし、法律に当該処分についての審査請求に対する裁決を経た後でなければ処分の取消しの訴えを提起することができない旨の定めがあるときは、この限りでない。

2　前項ただし書の場合においても、次の各号の一に該当するときは、裁決を経ないで、処分の取消しの訴えを提起することができる。

①　審査請求があつた日から3箇月を経過しても裁決がないとき。

②　処分、処分の執行又は手続の続行により生ずる著しい損害を避けるため緊急の必要があるとき。

③　その他裁決を経ないことにつき正当な理由があるとき。

3　第1項本文の場合において、当該処分につ

き審査請求がされているときは、裁判所は、その審査請求に対する裁決があるまで（審査請求があつた日から3箇月を経過しても裁決がないときは、その期間を経過するまで）、訴訟手続を中止することができる。

第9条（原告適格）

1 処分の取消しの訴え及び裁決の取消しの訴え（以下「取消訴訟」という。）は、当該処分又は裁決の取消しを求めるにつき**法律上の利益を有する者**（処分又は裁決の効果が期間の経過その他の理由によりなくなつた後においてもなお処分又は裁決の取消しによつて回復すべき法律上の利益を有する者を含む。）に限り、提起することができる。

2 裁判所は、処分又は裁決の相手方以外の者について前項に規定する法律上の利益の有無を判断するに当たつては、当該処分又は裁決の根拠となる法令の規定の文言のみによることなく、当該法令の**趣旨**及び**目的**並びに当該処分において考慮されるべき利益の**内容**及び**性質**を考慮するものとする。この場合において、当該法令の趣旨及び目的を考慮するに当たつては、当該法令と目的を共通にする関係法令があるときはその趣旨及び目的をも参酌するものとし、当該利益の内容及び性質を考慮するに当たつては、当該処分又は裁決がその根拠となる法令に違反してされた場合に害されることとなる利益の内容及び性質並びにこれが害される態様及び程度をも勘案するものとする。

第10条（取消しの理由の制限）

1 取消訴訟においては、自己の法律上の利益に関係のない違法を理由として取消しを求めることができない。

2 処分の取消しの訴えとその処分についての審査請求を棄却した裁決の取消しの訴えとを提起することができる場合には、**裁決の取消しの訴えにおいては、処分の違法を理由として取消しを求めることができない。**

第11条（被告適格等）

1 処分又は裁決をした行政庁（処分又は裁決があつた後に当該行政庁の権限が他の行政庁に承継されたときは、当該他の行政庁。以下同じ。）が国又は公共団体に所属する場合には、取消訴訟は、次の各号に掲げる訴えの区分に応じてそれぞれ当該各号に定める者を被告として提起しなければならない。

① 処分の取消しの訴え　当該処分をした行政庁の所属する**国又は公共団体**

② 裁決の取消しの訴え　当該裁決をした行政庁の所属する国又は公共団体

2 処分又は裁決をした行政庁が国又は公共団体に所属しない場合には、取消訴訟は、当該行政庁を被告として提起しなければならない。

3 前二項の規定により被告とすべき国若しくは公共団体又は行政庁がない場合には、取消訴訟は、当該処分又は裁決に係る事務の帰属する国又は公共団体を被告として提起しなければならない。

4 第1項又は前項の規定により国又は公共団体を被告として取消訴訟を提起する場合には、訴状には、民事訴訟の例により記載すべき事項のほか、次の各号に掲げる訴えの区分に応じてそれぞれ当該各号に定める行政庁を記載するものとする。

① 処分の取消しの訴え　当該処分をした行政庁

② 裁決の取消しの訴え　当該裁決をした行政庁

5 第1項又は第3項の規定により国又は公共団体を被告として取消訴訟が提起された場合には、被告は、遅滞なく、裁判所に対し、前項各号に掲げる訴えの区分に応じてそれぞれ当該各号に定める行政庁を明らかにしなければならない。

6 処分又は裁決をした行政庁は、当該処分又は裁決に係る第1項の規定による国又は公共団体を被告とする訴訟について、裁判上の一切の行為をする権限を有する。

第12条（管轄）

1 取消訴訟は、**被告の普通裁判籍の所在地を管轄する裁判所又は処分若しくは裁決をした行政庁の所在地を管轄する裁判所**の管轄に属する。

2 土地の収用、鉱業権の設定その他不動産又は特定の場所に係る処分又は裁決についての取消訴訟は、その不動産又は場所の所在地の裁判所にも、提起することができる。

3 取消訴訟は、当該処分又は裁決に関し事案の処理に当たつた下級行政機関の所在地の裁判所にも、提起することができる。

4 国又は独立行政法人通則法第2条第1項に規定する独立行政法人若しくは別表に掲げる法人を被告とする取消訴訟は、原告の普通裁判籍の所在地を管轄する高等裁判所の所在地を管轄する地方裁判所（次項において「特定管轄裁判所」という。）にも、提起することができる。

118

5 前項の規定により特定管轄裁判所に同項の取消訴訟が提起された場合であつて、他の裁判所に事実上及び法律上同一の原因に基づいてされた処分又は裁決に係る抗告訴訟が係属している場合においては、当該特定管轄裁判所は、当事者の住所又は所在地、尋問を受けるべき証人の住所、争点又は証拠の共通性その他の事情を考慮して、相当と認めるときは、申立てにより又は職権で、訴訟の全部又は一部について、当該他の裁判所又は第1項から第3項までに定める裁判所に移送することができる。

第13条（関連請求に係る訴訟の移送）

取消訴訟と次の各号の一に該当する請求（以下「関連請求」という。）に係る訴訟とが各別の裁判所に係属する場合において、相当と認めるときは、関連請求に係る訴訟の係属する裁判所は、申立てにより又は職権で、その訴訟を取消訴訟の係属する裁判所に移送することができる。ただし、取消訴訟又は関連請求に係る訴訟の係属する裁判所が高等裁判所であるときは、この限りでない。

① 当該処分又は裁決に関連する原状回復又は損害賠償の請求

② 当該処分とともに1個の手続を構成する他の処分の取消しの請求

③ 当該処分に係る裁決の取消しの請求

④ 当該裁決に係る処分の取消しの請求

⑤ 当該処分又は裁決の取消しを求める他の請求

⑥ その他当該処分又は裁決の取消しの請求と関連する請求

第14条（出訴期間）

1 取消訴訟は、処分又は裁決があつたことを知つた日から6箇月を経過したときは、提起することができない。ただし、正当な理由があるときは、この限りでない。

2 取消訴訟は、処分又は裁決の日から1年を経過したときは、提起することができない。ただし、正当な理由があるときは、この限りでない。

3 処分又は裁決につき審査請求をすることができる場合又は行政庁が誤つて審査請求をすることができる旨を教示した場合において、審査請求があつたときは、処分又は裁決に係る取消訴訟は、その審査請求をした者については、前二項の規定にかかわらず、これに対する裁決があつたことを知つた日から6箇月を経過したとき又は当該裁決の日から1年を

経過したときは、提起することができない。ただし、正当な理由があるときは、この限りでない。

第15条（被告を誤つた訴えの救済）

1 取消訴訟において、原告が故意又は重大な過失によらないで被告とすべき者を誤つたときは、裁判所は、原告の申立てにより、決定をもつて、被告を変更することを許すことができる。

2 前項の決定は、書面でするものとし、その正本を新たな被告に送達しなければならない。

3 第1項の決定があつたときは、出訴期間の遵守については、新たな被告に対する訴えは、最初に訴えを提起した時に提起されたものとみなす。

4 第1項の決定があつたときは、従前の被告に対しては、訴えの取下げがあつたものとみなす。

5 第1項の決定に対しては、不服を申し立てることができない。

6 第1項の申立てを却下する決定に対しては、即時抗告をすることができる。

7 上訴審において第1項の決定をしたときは、裁判所は、その訴訟を管轄裁判所に移送しなければならない。

第16条（請求の客観的併合）

1 取消訴訟には、関連請求に係る訴えを**併合**することができる。

2 前項の規定により訴えを併合する場合において、取消訴訟の第一審裁判所が高等裁判所であるときは、関連請求に係る訴えの被告の同意を得なければならない。被告が異議を述べないで、本案について弁論をし、又は弁論準備手続において申述をしたときは、同意したものとみなす。

第17条（共同訴訟）

1 数人は、その数人の請求又はその数人に対する請求が処分又は裁決の取消しの請求と関連請求とである場合に限り、共同訴訟人として訴え、又は訴えられることができる。

2 前項の場合には、前条第2項の規定を準用する。

第18条（第三者による請求の追加的併合）

第三者は、取消訴訟の口頭弁論の終結に至るまで、その訴訟の当事者の一方を被告として、関連請求に係る訴えをこれに併合して提起することができる。この場合において、当該取消訴訟が高等裁判所に係属しているときは、第16条第2項の規定を準用する。

行政事件訴訟法

119

第19条（原告による請求の追加的併合）

1　原告は、取消訴訟の口頭弁論の終結に至るまで、関連請求に係る訴えをこれに**併合**して提起することができる。この場合において、当該取消訴訟が高等裁判所に係属しているときは、第16条第2項の規定を準用する。

2　前項の規定は、取消訴訟について民事訴訟法第143条の規定の例によることを妨げない。

第20条

前条第1項前段の規定により、処分の取消しの訴えをその処分についての審査請求を棄却した裁決の取消しの訴えに併合して提起する場合には、同項後段において準用する第16条第2項の規定にかかわらず、処分の取消しの訴えの被告の同意を得ることを要せず、また、その提起があつたときは、出訴期間の遵守については、処分の取消しの訴えは、裁決の取消しの訴えを提起した時に提起されたものとみなす。

第21条（国又は公共団体に対する請求への訴えの変更）

1　裁判所は、取消訴訟の目的たる請求を当該処分又は裁決に係る事務の帰属する国又は公共団体に対する損害賠償その他の請求に変更することが相当であると認めるときは、請求の基礎に変更がない限り、口頭弁論の終結に至るまで、原告の申立てにより、決定をもつて、**訴えの変更**を許すことができる。

2　前項の決定には、第15条第2項の規定を準用する。

3　裁判所は、第1項の規定により訴えの変更を許す決定をするには、あらかじめ、当事者及び損害賠償その他の請求に係る訴えの被告の意見をきかなければならない。

4　訴えの変更を許す決定に対しては、即時抗告をすることができる。

5　訴えの変更を許さない決定に対しては、不服を申し立てることができない。

第22条（第三者の訴訟参加）

1　裁判所は、訴訟の結果により権利を害される第三者があるときは、当事者若しくはその第三者の**申立てにより又は職権で**、決定をもつて、その第三者を訴訟に参加させることができる。

2　裁判所は、前項の決定をするには、あらかじめ、当事者及び第三者の意見をきかなければならない。

3　第1項の申立てをした第三者は、その申立てを却下する決定に対して即時抗告をすることができる。

4　第1項の規定により訴訟に参加した第三者については、民事訴訟法第40条第1項から第3項までの規定を準用する。

5　第1項の規定により第三者が参加の申立てをした場合には、民事訴訟法第45条第3項及び第4項の規定を準用する。

第23条（行政庁の訴訟参加）

1　裁判所は、処分又は裁決をした行政庁以外の行政庁を訴訟に参加させることが必要であると認めるときは、当事者若しくはその行政庁の**申立てにより又は職権で**、決定をもつて、その行政庁を訴訟に参加させることができる。

2　裁判所は、前項の決定をするには、あらかじめ、当事者及び当該行政庁の意見をきかなければならない。

3　第1項の規定により訴訟に参加した行政庁については、民事訴訟法第45条第1項及び第2項の規定を準用する。

第23条の2（釈明処分の特則）

1　裁判所は、訴訟関係を明瞭にするため、必要があると認めるときは、次に掲げる処分をすることができる。

①　被告である国若しくは公共団体に所属する行政庁又は被告である行政庁に対し、処分又は裁決の内容、処分又は裁決の根拠となる法令の条項、処分又は裁決の原因となる事実その他処分又は裁決の理由を明らかにする資料（次項に規定する審査請求に係る事件の記録を除く。）であつて当該行政庁が保有するものの全部又は一部の提出を求めること。

②　前号に規定する行政庁以外の行政庁に対し、同号に規定する資料であつて当該行政庁が保有するものの全部又は一部の送付を嘱託すること。

2　裁判所は、処分についての審査請求に対する裁決を経た後に取消訴訟の提起があつたときは、次に掲げる処分をすることができる。

①　被告である国若しくは公共団体に所属する行政庁又は被告である行政庁に対し、当該審査請求に係る事件の記録であつて当該行政庁が保有するものの全部又は一部の提出を求めること。

②　前号に規定する行政庁以外の行政庁に対し、同号に規定する事件の記録であつて当該行政庁が保有するものの全部又は一部の送付を嘱託すること。

第24条（職権証拠調べ）

裁判所は、必要があると認めるときは、**職権**

で、証拠調べをすることができる。ただし、その証拠調べの結果について、当事者の意見をきかなければならない。

第25条（執行停止）

1　処分の取消しの訴えの提起は、処分の効力、処分の執行又は手続の続行を妨げない。

2　処分の取消しの訴えの提起があつた場合において、処分、処分の執行又は手続の続行により生ずる重大な損害を避けるため緊急の必要があるときは、裁判所は、申立てにより、決定をもつて、処分の効力、処分の執行又は手続の続行の全部又は一部の停止（以下「執行停止」という。）をすることができる。ただし、処分の効力の停止は、処分の執行又は手続の続行の停止によつて目的を達することができる場合には、することができない。

3　裁判所は、前項に規定する重大な損害を生ずるか否かを判断するに当たつては、損害の回復の困難の程度を考慮するものとし、損害の性質及び程度並びに処分の内容及び性質をも勘案するものとする。

4　執行停止は、公共の福祉に重大な影響を及ぼすおそれがあるとき、又は本案について理由がないとみえるときは、することができない。

5　第2項の決定は、疎明に基づいてする。

6　第2項の決定は、口頭弁論を経ないですることができる。ただし、あらかじめ、当事者の意見をきかなければならない。

7　第2項の申立てに対する決定に対しては、即時抗告をすることができる。

8　第2項の決定に対する即時抗告は、その決定の執行を停止する効力を有しない。

第26条（事情変更による執行停止の取消し）

1　執行停止の決定が確定した後に、その理由が消滅し、その他事情が変更したときは、裁判所は、相手方の申立てにより、決定をもつて、執行停止の決定を取り消すことができる。

2　前項の申立てに対する決定及びこれに対する不服については、前条第5項から第8項までの規定を準用する。

第27条（内閣総理大臣の異議）

1　第25条第2項の申立てがあつた場合には、内閣総理大臣は、裁判所に対し、異議を述べることができる。執行停止の決定があつた後においても、同様とする。

2　前項の異議には、理由を附さなければならない。

3　前項の異議の理由においては、内閣総理大臣は、処分の効力を存続し、処分を執行し、又は手続を続行しなければ、公共の福祉に重大な影響を及ぼすおそれのある事情を示すものとする。

4　第1項の異議があつたときは、裁判所は、執行停止をすることができず、また、すでに執行停止の決定をしているときは、これを取り消さなければならない。

5　第1項後段の異議は、執行停止の決定をした裁判所に対して述べなければならない。ただし、その決定に対する抗告が抗告裁判所に係属しているときは、抗告裁判所に対して述べなければならない。

6　内閣総理大臣は、やむをえない場合でなければ、第1項の異議を述べてはならず、また、異議を述べたときは、次の常会において国会にこれを報告しなければならない。

第28条（執行停止等の管轄裁判所）

執行停止又はその決定の取消しの申立ての管轄裁判所は、本案の係属する裁判所とする。

第29条（執行停止に関する規定の準用）

前四条の規定は、裁決の取消しの訴えの提起があつた場合における執行停止に関する事項について準用する。

第30条（裁量処分の取消し）

行政庁の裁量処分については、裁量権の範囲をこえ又はその濫用があつた場合に限り、裁判所は、その処分を取り消すことができる。

第31条（特別の事情による請求の棄却）

1　取消訴訟については、処分又は裁決が違法ではあるが、これを取り消すことにより公の利益に著しい障害を生ずる場合において、原告の受ける損害の程度、その損害の賠償又は防止の程度及び方法その他一切の事情を考慮したうえ、処分又は裁決を取り消すことが公共の福祉に適合しないと認めるときは、裁判所は、請求を棄却することができる。この場合には、当該判決の主文において、処分又は裁決が違法であることを宣言しなければならない。

2　裁判所は、相当と認めるときは、終局判決前に、判決をもつて、処分又は裁決が違法であることを宣言することができる。

3　終局判決に事実及び理由を記載するには、前項の判決を引用することができる。

第32条（取消判決等の効力）

1　処分又は裁決を取り消す判決は、第三者に対しても効力を有する。

2　前項の規定は、執行停止の決定又はこれを

行政事件訴訟法

取り消す決定に準用する。

第33条

1　処分又は裁決を取り消す判決は、その事件について、処分又は裁決をした行政庁その他の関係行政庁を拘束する。

2　申請を却下し若しくは棄却した処分又は審査請求を却下し若しくは棄却した裁決が判決により取り消されたときは、その処分又は裁決をした行政庁は、判決の趣旨に従い、改めて申請に対する処分又は審査請求に対する裁決をしなければならない。

3　前項の規定は、申請に基づいてした処分又は審査請求を認容した裁決が判決により手続に違法があることを理由として取り消された場合に準用する。

4　第1項の規定は、執行停止の決定に準用する。

第34条（第三者の再審の訴え）

1　処分又は裁決を取り消す判決により権利を害された第三者で、自己の責めに帰することができない理由により訴訟に参加することができなかつたため判決に影響を及ぼすべき攻撃又は防御の方法を提出することができなかつたものは、これを理由として、確定の終局判決に対し、再審の訴えをもつて、不服の申立てをすることができる。

2　前項の訴えは、確定判決を知つた日から30日以内に提起しなければならない。

3　前項の期間は、不変期間とする。

4　第1項の訴えは、判決が確定した日から1年を経過したときは、提起することができない。

第35条（訴訟費用の裁判の効力）

国又は公共団体に所属する行政庁が当事者又は参加人である訴訟における確定した訴訟費用の裁判は、当該行政庁が所属する国又は公共団体に対し、又はそれらの者のために、効力を有する。

【**第2節　その他の抗告訴訟**】

第36条（無効等確認の訴えの原告適格）

無効等確認の訴えは、当該処分又は裁決に続く処分により損害を受けるおそれのある者その他当該処分又は裁決の無効等の確認を求めるにつき法律上の利益を有する者で、当該処分若しくは裁決の存否又はその効力の有無を前提とする現在の法律関係に関する訴えによつて目的を達することができないものに限り、提起することができる。

第37条（不作為の違法確認の訴えの原告適格）

不作為の違法確認の訴えは、処分又は裁決についての申請をした者に限り、提起することができる。

第37条の2（義務付けの訴えの要件等）

1　第3条第6項第1号に掲げる場合において、義務付けの訴えは、一定の処分がされないことにより重大な損害を生ずるおそれがあり、かつ、その損害を避けるため他に適当な方法がないときに限り、提起することができる。

2　裁判所は、前項に規定する重大な損害を生ずるか否かを判断するに当たつては、損害の回復の困難の程度を考慮するものとし、損害の性質及び程度並びに処分の内容及び性質をも勘案するものとする。

3　第1項の義務付けの訴えは、行政庁が一定の処分をすべき旨を命ずることを求めるにつき法律上の利益を有する者に限り、提起することができる。

4　前項に規定する法律上の利益の有無の判断については、第9条第2項の規定を準用する。

5　義務付けの訴えが第1項及び第3項に規定する要件に該当する場合において、その義務付けの訴えに係る処分につき、行政庁がその処分をすべきであることがその処分の根拠となる法令の規定から明らかであると認められ又は行政庁がその処分をしないことがその裁量権の範囲を超え若しくはその濫用となると認められるときは、裁判所は、行政庁がその処分をすべき旨を命ずる判決をする。

第37条の3

1　第3条第6項第2号に掲げる場合において、義務付けの訴えは、次の各号に掲げる要件のいずれかに該当するときに限り、提起することができる。

①　当該法令に基づく申請又は審査請求に対し相当の期間内に何らの処分又は裁決がされないこと。

②　当該法令に基づく申請又は審査請求を却下し又は棄却する旨の処分又は裁決がされた場合において、当該処分又は裁決が取り消されるべきものであり、又は無効若しくは不存在であること。

2　前項の義務付けの訴えは、同項各号に規定する法令に基づく申請又は審査請求をした者に限り、提起することができる。

3　第1項の義務付けの訴えを提起するときは、次の各号に掲げる区分に応じてそれぞれ当該各号に定める訴えをその義務付けの訴えに併

合して提起しなければならない。この場合において、当該各号に定める訴えに係る訴訟の管轄について他の法律に特別の定めがあるときは、当該義務付けの訴えに係る訴訟の管轄は、第38条第1項において準用する第12条の規定にかかわらず、その定めに従う。

① 第1項第1号に掲げる要件に該当する場合 同号に規定する処分又は裁決に係る不作為の違法確認の訴え

② 第1項第2号に掲げる要件に該当する場合 同号に規定する処分又は裁決に係る取消訴訟又は無効等確認の訴え

4 前項の規定により併合して提起された義務付けの訴え及び同項各号に定める訴えに係る弁論及び裁判は、分離しないでしなければならない。

5 義務付けの訴えが第1項から第3項までに規定する要件に該当する場合において、同項各号に定める訴えに係る請求に理由があると認められ、かつ、その義務付けの訴えに係る処分又は裁決につき、行政庁がその処分若しくは裁決をすべきであることがその処分若しくは裁決の根拠となる法令の規定から明らかであると認められ又は行政庁がその処分若しくは裁決をしないことがその裁量権の範囲を超え若しくはその濫用となると認められるときは、裁判所は、その義務付けの訴えに係る処分又は裁決をすべき旨を命ずる判決をする。

6 第4項の規定にかかわらず、裁判所は、審理の状況その他の事情を考慮して、第3項各号に定める訴えについてのみ終局判決をすることがより迅速な争訟の解決に資すると認めるときは、当該訴えについてのみ終局判決をすることができる。この場合において、裁判所は、当該訴えについてのみ終局判決をしたときは、当事者の意見を聴いて、当該訴えに係る訴訟手続が完結するまでの間、義務付けの訴えに係る訴訟手続を中止することができる。

7 第1項の義務付けの訴えのうち、行政庁が一定の裁決をすべき旨を命ずることを求めるものは、処分についての審査請求がされた場合において、当該処分に係る処分の取消しの訴え又は無効等確認の訴えを提起することができないときに限り、提起することができる。

第37条の4 （差止めの訴えの要件）

1 差止めの訴えは、一定の処分又は裁決がされることにより重大な損害を生ずるおそれがある場合に限り、提起することができる。た

だし、その損害を避けるため他に適当な方法があるときは、この限りでない。

2 裁判所は、前項に規定する重大な損害を生ずるか否かを判断するに当たつては、損害の回復の困難の程度を考慮するものとし、損害の性質及び程度並びに処分又は裁決の内容及び性質をも勘案するものとする。

3 差止めの訴えは、行政庁が一定の処分又は裁決をしてはならない旨を命ずることを求めるにつき法律上の利益を有する者に限り、提起することができる。

4 前項に規定する法律上の利益の有無の判断については、第9条第2項の規定を準用する。

5 差止めの訴えが第1項及び第3項に規定する要件に該当する場合において、その差止めの訴えに係る処分又は裁決につき、行政庁がその処分若しくは裁決をすべきでないことがその処分若しくは裁決の根拠となる法令の規定から明らかであると認められ又は行政庁がその処分若しくは裁決をすることがその裁量権の範囲を超え若しくはその濫用となると認められるときは、裁判所は、行政庁がその処分又は裁決をしてはならない旨を命ずる判決をする。

第37条の5 （仮の義務付け及び仮の差止め）

1 義務付けの訴えの提起があつた場合において、その義務付けの訴えに係る処分又は裁決がされないことにより生ずる償うことのできない損害を避けるため緊急の必要があり、かつ、本案について理由があるとみえるときは、裁判所は、申立てにより、決定をもつて、仮に行政庁がその処分又は裁決をすべき旨を命ずること（以下この条において「仮の義務付け」という。）ができる。

2 差止めの訴えの提起があつた場合において、その差止めの訴えに係る処分又は裁決がされることにより生ずる償うことのできない損害を避けるため緊急の必要があり、かつ、本案について理由があるとみえるときは、裁判所は、申立てにより、決定をもつて、仮に行政庁がその処分又は裁決をしてはならない旨を命ずること（以下この条において「仮の差止め」という。）ができる。

3 仮の義務付け又は仮の差止めは、公共の福祉に重大な影響を及ぼすおそれがあるときは、することができない。

4 第25条第5項から第8項まで、第26条から第28条まで及び第33条第1項の規定は、仮の義務付け又は仮の差止めに関する事項につい

行政事件訴訟法

123

て準用する。

5　前項において準用する第25条第7項の即時抗告についての裁判又は前項において準用する第26条第1項の決定により仮の義務付けの決定が取り消されたときは、当該行政庁は、当該仮の義務付けの決定に基づいてした処分又は裁決を取り消さなければならない。

第38条（取消訴訟に関する規定の準用）

1　第11条から第13条まで、第16条から第19条まで、第21条から第23条まで、第24条、第33条及び第35条の規定は、取消訴訟以外の抗告訴訟について準用する。

2　第10条第2項の規定は、処分の無効等確認の訴えとその処分についての審査請求を棄却した裁決に係る抗告訴訟とを提起することが出来る場合に、第20条の規定は、処分の無効等確認の訴えをその処分ついての審査請求を棄却した裁決に係る抗告訴訟に併合して提起する場合に準用する。

3　第23条の2、第25条から第29条まで及び第32条第2項の規定は、無効等確認の訴えについて準用する。

4　第8条及び第10条第2項の規定は、不作為の違法確認の訴えに準用する。

第3章　当事者訴訟

第39条（出訴の通知）

　当事者間の法律関係を確認し又は形成する処分又は裁決に関する訴訟で、法令の規定によりその法律関係の当事者の一方を被告とするものが提起されたときは、裁判所は、当該処分又は裁決をした行政庁にその旨を通知するものとする。

第40条（出訴期間の定めがある当事者訴訟）

1　法令に出訴期間の定めがある当事者訴訟は、その法令に別段の定めがある場合を除き、正当な理由があるときは、その期間を経過した後であつても、これを提起することができる。

2　第15条の規定は、法令に出訴期間の定めがある当事者訴訟について準用する。

第41条（抗告訴訟に関する規定の準用）

1　第23条、第24条、第33条第1項及び第35条の規定は当事者訴訟について、第23条の2の規定は当事者訴訟における処分又は裁決の理由を明らかにする資料の提出について準用する。

2　第13条の規定は、当事者訴訟とその目的たる請求と関連請求の関係にある請求に係る訴訟とが各別の裁判所に属する場合における

移送に、第16条から第19条までの規定は、これらの訴えの併合について準用する。

第4章　民衆訴訟及び機関訴訟

第42条（訴えの提起）

　民衆訴訟及び機関訴訟は、法律に定める場合において、法律に定める者に限り、提起することができる。

第43条（抗告訴訟又は当事者訴訟に関する規定の準用）

1　民衆訴訟又は機関訴訟で、処分又は裁決の取消しを求めるものについては、第9条及び第10条第1項の規定を除き、取消訴訟に関する規定を準用する。

2　民衆訴訟又は機関訴訟で、処分又は裁決の無効の確認を求めるものについては、第36条の規定を除き、無効等確認の訴えに関する規定を準用する。

3　民衆訴訟又は機関訴訟で、前二項に規定する訴訟以外のものについては、第39条及び第40条第1項の規定を除き、当事者訴訟に関する規定を準用する。

第5章　補則

第44条（仮処分の排除）

　行政庁の処分その他公権力の行使に当たる行為については、民事保全法に規定する仮処分をすることができない。

第45条（処分の効力等を争点とする訴訟）

1　私法上の法律関係に関する訴訟において、処分若しくは裁決の存否又はその効力の有無が争われている場合には、第23条第1項及び第2項並びに第39条の規定を準用する。

2　前項の規定により行政庁が訴訟に参加した場合には、民事訴訟法第45条第1項及び第2項の規定を準用する。ただし、攻撃又は防御の方法は、当該処分若しくは裁決の存否又はその効力の有無に関するものに限り、提出することができる。

3　第1項の規定により行政庁が訴訟に参加した後において、処分若しくは裁決の存否又はその効力の有無に関する争いがなくなつたときは、裁判所は、参加の決定を取り消すことができる。

4　第1項の場合には、当該争点について第23条の2及び第24条の規定を、訴訟費用の裁判について第35条の規定を準用する。

第46条（取消訴訟等の提起に関する事項の教示）

1　行政庁は、取消訴訟を提起することができ

る処分又は裁決をする場合には、当該処分又は裁決の相手方に対し、次に掲げる事項を**書面で教示**しなければならない。ただし、当該処分を口頭でする場合は、この限りでない。
① 当該処分又は裁決に係る取消訴訟の被告とすべき者
② 当該処分又は裁決に係る取消訴訟の出訴期間
③ 法律に当該処分についての審査請求に対する裁決を経た後でなければ処分の取消しの訴えを提起することができない旨の定めがあるときは、その旨
2 行政庁は、法律に処分についての審査請求に対する裁決に対してのみ取消訴訟を提起することができる旨の定めがある場合において、当該処分をするときは、当該処分の相手方に対し、法律にその定めがある旨を書面で教示しなければならない。ただし、当該処分を口頭でする場合は、この限りでない。
3 行政庁は、当事者間の法律関係を確認し又は形成する処分又は裁決に関する訴訟で法令の規定によりその法律関係の当事者の一方を被告とするものを提起することができる処分又は裁決をする場合には、当該処分又は裁決の相手方に対し、次に掲げる事項を書面で教示しなければならない。ただし、当該処分を口頭でする場合は、この限りでない。
① 当該訴訟の被告とすべき者
② 当該訴訟の出訴期間

別表（略）

国家賠償法

第1条（公務員の不法行為と賠償責任、求償権）

1 国又は公共団体の公権力の行使に当る公務員が、その職務を行うについて、故意又は過失によつて違法に他人に損害を加えたときは、国又は公共団体が、これを賠償する責に任ずる。

2 前項の場合において、公務員に故意又は重大な過失があつたときは、国又は公共団体は、その公務員に対して求償権を有する。

第2条（公の営造物の設置管理の瑕疵と賠償責任、求償権）

1 道路、河川その他の公の営造物の設置又は管理に瑕疵があつたために他人に損害を生じたときは、国又は公共団体は、これを賠償する責に任ずる。

2 前項の場合において、他に損害の原因について責に任ずべき者があるときは、国又は公共団体は、これに対して求償権を有する。

第3条（賠償責任者、求償権）

1 前二条の規定によつて国又は公共団体が損害を賠償する責に任ずる場合において、公務員の選任若しくは監督又は公の営造物の設置若しくは管理に当る者と公務員の俸給、給与その他の費用又は公の営造物の設置若しくは管理の費用を負担する者とが異なるときは、費用を負担する者もまた、その損害を賠償する責に任ずる。

2 前項の場合において、損害を賠償した者は、内部関係でその損害を賠償する責任ある者に対して求償権を有する。

第4条（民法の適用）

国又は公共団体の損害賠償の責任については、前三条の規定によるの外、民法の規定による。

第5条（他の法律の適用）

国又は公共団体の損害賠償の責任について民法以外の他の法律に別段の定があるときは、その定めるところによる。

第6条（相互保証）

この法律は、外国人が被害者である場合には、相互の保証があるときに限り、これを適用する。

地方自治法（抄）

（最終改正：令和3年6月18日）

第1編　総則（抄）

第1条（この法律の目的）

この法律は、地方自治の本旨に基いて、地方公共団体の区分並びに地方公共団体の組織及び運営に関する事項の大綱を定め、併せて国と地方公共団体との間の基本的関係を確立することにより、地方公共団体における民主的にして能率的な行政の確保を図るとともに、地方公共団体の健全な発達を保障することを目的とする。

第1条の2（地方公共団体の役割、国と地方公共団体の役割分担）

1　地方公共団体は、住民の福祉の増進を図ることを基本として、地域における行政を自主的かつ総合的に実施する役割を広く担うものとする。

2　国は、前項の規定の趣旨を達成するため、国においては国際社会における国家としての存立にかかわる事務、全国的に統一して定めることが望ましい国民の諸活動若しくは地方自治に関する基本的な準則に関する事務又は全国的な規模で若しくは全国的な視点に立つて行わなければならない施策及び事業の実施その他の国が本来果たすべき役割を重点的に担い、住民に身近な行政はできる限り地方公共団体にゆだねることを基本として、地方公共団体との間で適切に役割を分担するとともに、地方公共団体に関する制度の策定及び施策の実施に当たつて、地方公共団体の自主性及び自立性が十分に発揮されるようにしなければならない。

第1条の3（地方公共団体の種類）

1　地方公共団体は、普通地方公共団体及び特別地方公共団体とする。

2　普通地方公共団体は、都道府県及び市町村とする。

3　特別地方公共団体は、特別区、地方公共団体の組合及び財産区とする。

第2条（地方公共団体の法人格、事務、地方自治行政の基本原則）

1　地方公共団体は、法人とする。

2　普通地方公共団体は、地域における事務及びその他の事務で法律又はこれに基づく政令により処理することとされるものを処理する。

3　市町村は、基礎的な地方公共団体として、第5項において都道府県が処理するものとさ

れているものを除き、一般的に、前項の事務を処理するものとする。

4　市町村は、前項の規定にかかわらず、次項に規定する事務のうち、その規模又は性質において一般の市町村が処理することが適当でないと認められるものについては、当該市町村の規模及び能力に応じて、これを処理することができる。

5　都道府県は、市町村を包括する広域の地方公共団体として、第2項の事務で、広域にわたるもの、市町村に関する連絡調整に関するもの及びその規模又は性質において一般の市町村が処理することが適当でないと認められるものを処理するものとする。

6　都道府県及び市町村は、その事務を処理するに当つては、相互に競合しないようにしなければならない。

7　特別地方公共団体は、この法律の定めるところにより、その事務を処理する。

8　この法律において「自治事務」とは、地方公共団体が処理する事務のうち、法定受託事務以外のものをいう。

9　この法律において「法定受託事務」とは、次に掲げる事務をいう。

①　法律又はこれに基づく政令により都道府県、市町村又は特別区が処理することとされる事務のうち、国が本来果たすべき役割に係るものであつて、国においてその適正な処理を特に確保する必要があるものとして法律又はこれに基づく政令に特に定めるもの（以下「第1号法定受託事務」という。）

②　法律又はこれに基づく政令により市町村又は特別区が処理することとされる事務のうち、都道府県が本来果たすべき役割に係るものであつて、都道府県においてその適正な処理を特に確保する必要があるものとして法律又はこれに基づく政令に特に定めるもの（以下「第2号法定受託事務」という。）

10　この法律又はこれに基づく政令に規定するもののほか、法律に定める法定受託事務は第1号法定受託事務にあつては別表第1の上欄に掲げる法律についてそれぞれ同表の下欄に、第2号法定受託事務にあつては別表第2の上欄に掲げる法律についてそれぞれ同表の下欄に掲げるとおりであり、政令に定める法定受

託事務はこの法律に基づく政令に示すとおり
である。

11 地方公共団体に関する法令の規定は、地方
自治の本旨に基づき、かつ、国と地方公共団
体との適切な役割分担を踏まえたものでなけ
ればならない。

12 地方公共団体に関する法令の規定は、地方
自治の本旨に基づいて、かつ、国と地方公共
団体との適切な役割分担を踏まえて、これを
解釈し、及び運用するようにしなければなら
ない。この場合において、特別地方公共団体
に関する法令の規定は、この法律に定める特
別地方公共団体の特性にも照応するように、
これを解釈し、及び運用しなければならない。

13 法律又はこれに基づく政令により地方公共
団体が処理することとされる事務が自治事務
である場合においては、国は、地方公共団体
が地域の特性に応じて当該事務を処理するこ
とができるよう特に配慮しなければならない。

14 地方公共団体は、その事務を処理するに当
つては、住民の福祉の増進に努めるとともに、
最少の経費で最大の効果を挙げるようにしな
ければならない。

15 地方公共団体は、常にその組織及び運営の
合理化に努めるとともに、他の地方公共団体
に協力を求めてその規模の適正化を図らなけ
ればならない。

16 地方公共団体は、法令に違反してその事務
を処理してはならない。なお、市町村及び特
別区は、当該都道府県の条例に違反してその
事務を処理してはならない。

17 前項の規定に違反して行つた地方公共団体
の行為は、これを無効とする。

第3条～第4条の2 （略）

第2編　普通地方公共団体 （抄）

第1章　通則 （抄）

第5条～第7条の2 （略）

第8条（市及び町となるべき要件、市町村相互間の変更）

1 市となるべき普通地方公共団体は、左に掲
げる要件を具えていなければならない。

① 人口5万以上を有すること。

② 当該普通地方公共団体の中心の市街地を
形成している区域内に在る戸数が、全戸数
の6割以上であること。

③ 商工業その他の都市的業態に従事する者
及びその者と同一世帯に属する者の数が、

全人口の6割以上であること。

④ 前各号に定めるものの外、当該都道府県
の条例で定める都市的施設その他の都市と
しての要件を具えていること。

2 町となるべき普通地方公共団体は、当該都
道府県の条例で定める町としての要件を具え
ていなければならない。

3 町村を市とし又は市を町村とする処分は第
7条第1項、第2項及び第6項から第8項ま
での例により、村を町とし又は町を村とする
処分は同条第1項及び第6項から第8項まで
の例により、これを行うものとする。

第8条の2～第9条の5 （略）

第2章　住民 （略）

第3章　条例及び規則

第14条（条例、罰則の委任）

1 普通地方公共団体は、法令に違反しない限
りにおいて第2条第2項の事務に関し、条例
を制定することができる。

2 普通地方公共団体は、義務を課し、又は権
利を制限するには、法令に特別の定めがある
場合を除くほか、条例によらなければならな
い。

3 普通地方公共団体は、法令に特別の定めが
あるものを除くほか、その条例中に、条例に
違反した者に対し、2年以下の懲役若しくは
禁錮、100万円以下の罰金、拘留、科料若し
くは没収の刑又は5万円以下の過料を科する
旨の規定を設けることができる。

第15条（規則）

1 普通地方公共団体の長は、法令に違反しな
い限りにおいて、その権限に属する事務に関
し、規則を制定することができる。

2 普通地方公共団体の長は、法令に特別の定
めがあるものを除くほか、普通地方公共団体
の規則中に、規則に違反した者に対し、5万
円以下の過料を科する旨の規定を設けること
ができる。

第16条（条例・規則等の公布・公表・施行期日）

1 普通地方公共団体の議会の議長は、条例の
制定又は改廃の議決があつたときは、その日
から3日以内にこれを当該普通地方公共団体
の長に送付しなければならない。

2 普通地方公共団体の長は、前項の規定によ
り条例の送付を受けた場合は、その日から20
日以内にこれを公布しなければならない。た
だし、再議その他の措置を講じた場合は、こ

の限りでない。

3 条例は、条例に特別の定があるものを除く外、公布の日から起算して10日を経過した日から、これを施行する。

4 当該普通地方公共団体の長の署名、施行期日の特例その他条例の公布に関し必要な事項は、条例でこれを定めなければならない。

5 前二項の規定は、普通地方公共団体の規則並びにその機関の定める規則及びその他の規程で公表を要するものにこれを準用する。但し、法令又は条例に特別の定があるときは、この限りでない。

第4章　選挙

第17条（議員及び長の選挙）
普通地方公共団体の議会の議員及び長は、別に法律の定めるところにより、選挙人が投票によりこれを選挙する。

第18条（選挙権）
日本国民たる年齢満18年以上の者で引き続き3箇月以上市町村の区域内に住所を有するものは、別に法律の定めるところにより、その属する普通地方公共団体の議会の議員及び長の選挙権を有する。

第19条（被選挙権）
1 普通地方公共団体の議会の議員の選挙権を有する者で年齢満25年以上のものは、別に法律の定めるところにより、普通地方公共団体の議会の議員の被選挙権を有する。

2 日本国民で年齢満30年以上のものは、別に法律の定めるところにより、都道府県知事の被選挙権を有する。

3 日本国民で年齢満25年以上のものは、別に法律の定めるところにより、市町村長の被選挙権を有する。

第20条乃至第73条　削除

第5章　直接請求（抄）

【第1節　条例の制定及び監査の請求】（抄）
第74条（条例の制定または改廃の請求）
1 普通地方公共団体の議会の議員及び長の選挙権を有する者（以下この編において「選挙権を有する者」という。）は、政令で定めるところにより、その総数の50分の1以上の者の連署をもつて、その代表者から、普通地方公共団体の長に対し、条例（地方税の賦課徴収並びに分担金、使用料及び手数料の徴収に関するものを除く。）の制定又は改廃の請求をすることができる。

2 前項の請求があつたときは、当該普通地方公共団体の長は、直ちに請求の要旨を公表しなければならない。

3 普通地方公共団体の長は、第1項の請求を受理した日から20日以内に議会を招集し、意見を付けてこれを議会に付議し、その結果を同項の代表者（以下この条において「代表者」という。）に通知するとともに、これを公表しなければならない。

4 議会は、前項の規定により付議された事件の審議を行うに当たつては、政令で定めるところにより、代表者に意見を述べる機会を与えなければならない。

5 第1項の選挙権を有する者とは、公職選挙法第22条第1項又は第3項の規定による選挙人名簿の登録が行われた日において選挙人名簿に登録されている者とし、その総数の50分の1の数は、当該普通地方公共団体の選挙管理委員会において、その登録が行われた日後直ちに告示しなければならない。

6 選挙権を有する者のうち次に掲げるものは、代表者となり、又は代表者であることができない。

① 公職選挙法第27条第1項又は第2項の規定により選挙人名簿にこれらの項の表示をされている者（都道府県に係る請求にあつては、同法第9条第3項の規定により当該都道府県の議会の議員及び長の選挙権を有するものとされた者（同法第11条第1項若しくは第252条又は政治資金規正法第28条の規定により選挙権を有しなくなつた旨の表示をされている者を除く。）を除く。）

② 前項の選挙人名簿の登録が行われた日以後に公職選挙法第28条の規定により選挙人名簿から抹消された者

③ 第1項の請求に係る普通地方公共団体（当該普通地方公共団体が、都道府県である場合には当該都道府県の区域内の市町村並びに第252条の19第1項に規定する指定都市（以下この号において「指定都市」という。）の区及び総合区を含み、指定都市である場合には当該市の区及び総合区を含む。）の選挙管理委員会の委員又は職員である者

7 第1項の場合において、当該地方公共団体の区域内で衆議院議員、参議院議員又は地方公共団体の議会の議員若しくは長の選挙が行われることとなるときは、政令で定める期間、当該選挙が行われる区域内においては請求の

ための署名を求めることができない。

8 選挙権を有する者は、心身の故障その他の事由により条例の制定又は改廃の請求者の署名簿に署名することができないときは、その者の属する市町村の選挙権を有する者（代表者及び代表者の委任を受けて当該市町村の選挙権を有する者に対し当該署名簿に署名することを求める者を除く。）に委任して、自己の氏名（以下「請求者の氏名」という。）を当該署名簿に記載させることができる。この場合において、委任を受けた者による当該請求者の氏名の記載は、第1項の規定による請求者の署名とみなす。

9 前項の規定により委任を受けた者（以下「氏名代筆者」という。）が請求者の氏名を条例の制定又は改廃の請求者の署名簿に記載する場合には、氏名代筆者は、当該署名簿に氏名代筆者としての署名をしなければならない。

第74条の2～第74条の4（略）
第75条（監査の請求）

1 選挙権を有する者（道の方面公安委員会については、当該方面公安委員会の管理する方面本部の管轄区域内において選挙権を有する者）は、政令で定めるところにより、その総数の50分の1以上の者の連署をもつて、その代表者から、普通地方公共団体の監査委員に対し、当該普通地方公共団体の事務の執行に関し、監査の請求をすることができる。

2 前項の請求があつたときは、監査委員は、直ちに当該請求の要旨を公表しなければならない。

3 監査委員は、第1項の請求に係る事項につき監査し、監査の結果に関する報告を決定し、これを同項の代表者（第5項及び第6項において「代表者」という。）に送付し、かつ、公表するとともに、これを当該普通地方公共団体の議会及び長並びに関係のある教育委員会、選挙管理委員会、人事委員会若しくは公平委員会、公安委員会、労働委員会、農業委員会その他法律に基づく委員会又は委員に提出しなければならない。

4 前項の規定による監査の結果に関する報告の決定は、監査委員の合議によるものとする。

5 監査委員は、第3項の規定による監査の結果に関する報告の決定について、各監査委員の意見が一致しないことにより、前項の合議により決定することができない事項がある場合には、その旨及び当該事項についての各監査委員の意見を代表者に送付し、かつ、公表

するとともに、これらを当該普通地方公共団体の議会及び長並びに関係のある教育委員会、選挙管理委員会、人事委員会若しくは公平委員会、公安委員会、労働委員会、農業委員会その他法律に基づく委員会又は委員に提出しなければならない。

6 第74条第5項の規定は第1項の選挙権を有する者及びその総数の50分の1の数について、同条第6項の規定は代表者について、同条第7項から第9項まで及び第74条の2から前条までの規定は第1項の規定による請求者の署名について、それぞれ準用する。この場合において、第74条第6項第3号中「区域内」とあるのは、「区域内（道の方面公安委員会に係る請求については、当該方面公安委員会の管理する方面本部の管轄区域内）」と読み替えるものとする。

【第2節　解散及び解職の請求】（抄）
第76条（議会の解散請求）

1 選挙権を有する者は、政令の定めるところにより、その総数の3分の1（その総数が40万を超え80万以下の場合にあつてはその40万を超える数に6分の1を乗じて得た数と40万に3分の1を乗じて得た数とを合算して得た数、その総数が80万を超える場合にあつてはその80万を超える数に8分の1を乗じて得た数と40万に6分の1を乗じて得た数と40万に3分の1を乗じて得た数とを合算して得た数）以上の者の連署をもつて、その代表者から、普通地方公共団体の選挙管理委員会に対し、当該普通地方公共団体の議会の解散の請求をすることができる。

2 前項の請求があつたときは、委員会は、直ちに請求の要旨を公表しなければならない。

3 第1項の請求があつたとき、委員会は、これを選挙人の投票に付さなければならない。

4 第74条第5項の規定は第1項の選挙権を有する者及びその総数の3分の1の数（その総数が40万を超え80万以下の場合にあつてはその40万を超える数に6分の1を乗じて得た数と40万に3分の1を乗じて得た数とを合算して得た数、その総数が80万を超える場合にあつてはその80万を超える数に8分の1を乗じて得た数と40万に6分の1を乗じて得た数と40万に3分の1を乗じて得た数とを合算して得た数）について、同条第6項の規定は第1項の代表者について、同条第7項から第9項まで及び第74条の2から第74条の4までの規定は第1項の規定による請求者の署名につい

て準用する。

第77条 （略）

第78条（議会の解散）

普通地方公共団体の議会は、第76条第3項の規定による解散の投票において過半数の同意があつたときは、解散するものとする。

第79条（解散請求の制限期間）

第76条第1項の規定による普通地方公共団体の議会の解散の請求は、その議会の議員の一般選挙のあつた日から1年間及び同条第3項の規定による解散の投票のあつた日から1年間は、これをすることができない。

第80条（議員の解職請求と投票）

1　選挙権を有する者は、政令の定めるところにより、所属の選挙区におけるその総数の3分の1（その総数が40万を超え80万以下の場合にあつてはその40万を超える数に6分の1を乗じて得た数と40万に3分の1を乗じて得た数とを合算して得た数、その総数が80万を超える場合にあつてはその80万を超える数に8分の1を乗じて得た数と40万に6分の1を乗じて得た数と40万に3分の1を乗じて得た数とを合算して得た数）以上の者の連署をもつて、その代表者から、普通地方公共団体の選挙管理委員会に対し、当該選挙区に属する普通地方公共団体の議会の議員の解職の請求をすることができる。この場合において選挙区がないときは、選挙権を有する者の総数の3分の1（その総数が40万を超え80万以下の場合にあつてはその40万を超える数に6分の1を乗じて得た数と40万に3分の1を乗じて得た数とを合算して得た数、その総数が80万を超える場合にあつてはその80万を超える数に8分の1を乗じて得た数と40万に6分の1を乗じて得た数と40万に3分の1を乗じて得た数とを合算して得た数）以上の者の連署をもつて、議員の解職の請求をすることができる。

2　前項の請求があつたときは、委員会は、直ちに請求の要旨を関係区域内に公表しなければならない。

3　第1項の請求があつたときは、委員会は、これを当該選挙区の選挙人の投票に付さなければならない。この場合において選挙区がないときは、すべての選挙人の投票に付さなければならない。

4　第74条第5項の規定は第1項の選挙権を有する者及びその総数の3分の1の数（その総数が40万を超え80万以下の場合にあつてはそ

の40万を超える数に6分の1を乗じて得た数と40万に3分の1を乗じて得た数とを合算して得た数、その総数が80万を超える場合にあつてはその80万を超える数に8分の1を乗じて得た数と40万に6分の1を乗じて得た数と40万に3分の1を乗じて得た数とを合算して得た数）について、同条第6項の規定は第1項の代表者について、同条第7項から第9項まで及び第74条の2から第74条の4までの規定は第1項の規定による請求者の署名について準用する。この場合において、第74条第6項第3号中「都道府県の区域内の」とあり、及び「市の」とあるのは、「選挙区の区域の全部又は一部が含まれる」と読み替えるものとする。

第81条（長の解職請求と投票）

1　選挙権を有する者は、政令の定めるところにより、その総数の3分の1（その総数が40万を超え80万以下の場合にあつてはその40万を超える数に6分の1を乗じて得た数と40万に3分の1を乗じて得た数とを合算して得た数、その総数が80万を超える場合にあつてはその80万を超える数に8分の1を乗じて得た数と40万に6分の1を乗じて得た数と40万に3分の1を乗じて得た数とを合算して得た数）以上の者の連署をもつて、その代表者から、普通地方公共団体の選挙管理委員会に対し、当該普通地方公共団体の長の解職の請求をすることができる。

2　第74条第5項の規定は前項の選挙権を有する者及びその総数の3分の1の数（その総数が40万を超え80万以下の場合にあつてはその40万を超える数に6分の1を乗じて得た数と40万に3分の1を乗じて得た数とを合算して得た数、その総数が80万を超える場合にあつてはその80万を超える数に8分の1を乗じて得た数と40万に6分の1を乗じて得た数と40万に3分の1を乗じて得た数とを合算して得た数）について、同条第6項の規定は前項の代表者について、同条第7項から第9項まで及び第74条の2から第74条の4までの規定は前項の規定による請求者の署名について、第76条第2項及び第3項の規定は前項の請求について準用する。

第82条 （略）

第83条（議員または長の失職）

普通地方公共団体の議会の議員又は長は、第80条第3項又は第81条第2項の規定による解職の投票において、過半数の同意があつたときは、

131

その職を失う。

第84条（議員または長の解職請求期間の制限）

第80条第1項又は第81条第1項の規定による普通地方公共団体の議会の議員又は長の解職の請求は、その就職の日から1年間及び第80条第3項又は第81条第2項の規定による解職の投票の日から1年間は、これをすることができない。ただし、公職選挙法第100条第6項の規定により当選人と定められ普通地方公共団体の議会の議員又は長となつた者に対する解職の請求は、その就職の日から1年以内においても、これをすることができる。

第85条（略）

第86条（役員の解職請求）

1　選挙権を有する者（第252条の19第1項に規定する指定都市（以下この項において「指定都市」という。）の総合区長については当該総合区の区域内において選挙権を有する者、指定都市の区又は総合区の選挙管理委員会については当該区又は総合区の区域内において選挙権を有する者、道の方面公安委員会の委員については当該方面公安委員会の管理する方面本部の管轄区域内において選挙権を有する者）は、政令の定めるところにより、その総数の3分の1（その総数が40万を超え80万以下の場合にあつてはその40万を超える数に6分の1を乗じて得た数と40万に3分の1を乗じて得た数とを合算して得た数、その総数が80万を超える場合にあつてはその80万を超える数に8分の1を乗じて得た数と40万に6分の1を乗じて得た数と40万に3分の1を乗じて得た数とを合算して得た数）以上の者の連署をもつて、その代表者から、普通地方公共団体の長に対し、副知事若しくは副市町村長、指定都市の総合区長、選挙管理委員若しくは監査委員又は公安委員会の委員の解職の請求をすることができる。

2　前項の請求があつたときは、当該普通地方公共団体の長は、直ちに請求の要旨を公表しなければならない。

3　第1項の請求があつたときは、当該普通地方公共団体の長は、これを議会に付議し、その結果を同項の代表者及び関係者に通知し、かつ、これを公表しなければならない。

4　第74条第5項の規定は第1項の選挙権を有する者及びその総数の3分の1の数（その総数が40万を超え80万以下の場合にあつてはその40万を超える数に6分の1を乗じて得た数と40万に3分の1を乗じて得た数とを合算し

て得た数、その総数が80万を超える場合にあつてはその80万を超える数に8分の1を乗じて得た数と40万に6分の1を乗じて得た数と40万に3分の1を乗じて得た数とを合算して得た数）について、同条第6項の規定は第1項の代表者について、同条第7項から第9項まで及び第74条の2から第74条の4までの規定は第1項の規定による請求者の署名について準用する。この場合において、第74条第6項第3号中「区域内」とあるのは「区域内（道の方面公安委員会の委員に係る請求については、当該方面公安委員会の管理する方面本部の管轄区域内）」と、「市の区及び総合区」とあるのは「市の区及び総合区（総合区長に係る請求については当該総合区、区又は総合区の選挙管理委員に係る請求については当該区又は総合区に限る。）」と読み替えるものとする。

第87条（役員の失職）

1　前条第1項に掲げる職に在る者は、同条第3項の場合において、当該普通地方公共団体の議会の議員の3分の2以上の者が出席し、その4分の3以上の者の同意があつたときは、その職を失う。

2　第118条第5項の規定は、前条第3項の規定による議決についてこれを準用する。

第88条（略）

第6章　議会（抄）

【第1節　組織】（抄）

第89条（略）

第90条（都道府県の議会の議員の定数）

1　都道府県の議会の議員の定数は、条例で定める。

2　前項の規定による議員の定数の変更は、一般選挙の場合でなければ、これを行うことができない。

3　第6条の2第1項の規定による処分により、著しく人口の増加があつた都道府県においては、前項の規定にかかわらず、議員の任期中においても、議員の定数を増加することができる。

4　第6条の2第1項の規定により都道府県の設置をしようとする場合において、その区域の全部が当該新たに設置される都道府県の区域の一部となる都道府県（以下本条において「設置関係都道府県」という。）は、その協議により、あらかじめ、新たに設置される都道府県の議会の議員の定数を定めなければなら

ない。

5　前項の規定により新たに設置される都道府県の議会の議員の定数を定めたときは、設置関係都道府県は、直ちに当該定数を告示しなければならない。

6　前項の規定により告示された新たに設置される都道府県の議会の議員の定数は、第1項の規定に基づく当該都道府県の条例により定められたものとみなす。

7　第4項の協議については、設置関係都道府県の議会の議決を経なければならない。

第91条（市町村の議会の議員の定数）

1　市町村の議会の議員の定数は、条例で定める。

2　前項の規定による議員の定数の変更は、一般選挙の場合でなければ、これを行うことができない。

3　第7条第1項又は第3項の規定による処分により、著しく人口の増減があつた市町村においては、前項の規定にかかわらず、議員の任期中においても、議員の定数を増減することができる。

4　前項の規定により議員の任期中にその定数を減少した場合において当該市町村の議会の議員の職に在る者の数がその減少した定数を超えているときは、当該議員の任期中は、その数を以て定数とする。但し、議員に欠員を生じたときは、これに応じて、その定数は、当該定数に至るまで減少するものとする。

5　第7条第1項又は第3項の規定により市町村の設置を伴う市町村の廃置分合をしようとする場合において、その区域の全部又は一部が当該廃置分合により新たに設置される市町村の区域の全部又は一部となる市町村（以下本条において「設置関係市町村」という。）は、設置関係市町村が2以上のときは設置関係市町村の協議により、設置関係市町村が1のときは当該設置関係市町村の議会の議決を経て、あらかじめ、新たに設置される市町村の議会の議員の定数を定めなければならない。

6　前項の規定により新たに設置される市町村の議会の議員の定数を定めたときは、設置関係市町村は、直ちに当該定数を告示しなければならない。

7　前項の規定により告示された新たに設置される市町村の議会の議員の定数は、第1項の規定に基づく当該市町村の条例により定められたものとみなす。

8　第5項の協議については、設置関係市町村

の議会の議決を経なければならない。

第92条（議員の兼職禁止）

1　普通地方公共団体の議会の議員は、衆議院議員又は参議院議員と兼ねることができない。

2　普通地方公共団体の議会の議員は、地方公共団体の議会の議員並びに常勤の職員及び地方公務員法第28条の5第1項に規定する短時間勤務の職を占める職員（以下「短時間勤務職員」という。）と兼ねることができない。

第92条の2（関係諸企業への関与の禁止）

普通地方公共団体の議会の議員は、当該普通地方公共団体に対し請負をする者及びその支配人又は主として同一の行為をする法人の無限責任社員、取締役、執行役若しくは監査役若しくはこれらに準ずべき者、支配人及び清算人たることができない。

第93条（議員の任期）

1　普通地方公共団体の議会の議員の任期は、4年とする。

2　前項の任期の起算、補欠議員の在任期間及び議員の定数に異動を生じたためあらたに選挙された議員の在任期間については、公職選挙法第258条及び第260条の定めるところによる。

第94条（町村総会）

町村は、条例で、第89条の規定にかかわらず、議会を置かず、選挙権を有する者の総会を設けることができる。

第95条（略）

【第2節　権限】（抄）

第96条（議決事件）

1　普通地方公共団体の議会は、次に掲げる事件を議決しなければならない。

①　条例を設け又は改廃すること。

②　予算を定めること。

③　決算を認定すること。

④　法律又はこれに基づく政令に規定するものを除くほか、地方税の賦課徴収又は分担金、使用料、加入金若しくは手数料の徴収に関すること。

⑤　その種類及び金額について政令で定める基準に従い条例で定める契約を締結すること。

⑥　条例で定める場合を除くほか、財産を交換し、出資の目的とし、若しくは支払手段として使用し、又は適正な対価なくしてこれを譲渡し、若しくは貸し付けること。

⑦　不動産を信託すること。

⑧　前二号に定めるものを除くほか、その種

類及び金額について政令で定める基準に従い条例で定める財産の取得又は処分をすること。

⑨ 負担付きの寄附又は贈与を受けること。

⑩ 法律若しくはこれに基づく政令又は条例に特別の定めがある場合を除くほか、権利を放棄すること。

⑪ 条例で定める重要な公の施設につき条例で定める長期かつ独占的な利用をさせること。

⑫ 普通地方公共団体がその当事者である審査請求その他の不服申立て、訴えの提起(普通地方公共団体の行政庁の処分又は裁決(行政事件訴訟法第3条第2項に規定する処分又は同条第3項に規定する裁決をいう。以下この号、第105条の2、第192条及び第199条の3第3項において同じ。)に係る同法第11条第1項(同法第38条第1項(同法第43条第2項において準用する場合を含む。)又は同法第43条第1項において準用する場合を含む。)の規定による普通地方公共団体を被告とする訴訟(以下この号、第105条の2、第192条及び第199条の3第3項において「普通地方公共団体を被告とする訴訟」という。)に係るものを除く。)、和解(普通地方公共団体の行政庁の処分又は裁決に係る普通地方公共団体を被告とする訴訟に係るものを除く。)、あつせん、調停及び仲裁に関すること。

⑬ 法律上その義務に属する損害賠償の額を定めること。

⑭ 普通地方公共団体の区域内の公共的団体等の活動の総合調整に関すること。

⑮ その他法律又はこれに基づく政令(これらに基づく条例を含む。)により議会の権限に属する事項

2 前項に定めるものを除くほか、普通地方公共団体は、条例で普通地方公共団体に関する事件(法定受託事務に係るものにあつては、国の安全に関することその他の事由により議会の議決すべきものとすることが適当でないものとして政令で定めるものを除く。)につき議会の議決すべきものを定めることができる。

第97条(選挙、予算の増額修正)

1 普通地方公共団体の議会は、法律又はこれに基く政令によりその権限に属する選挙を行わなければならない。

2 議会は、予算について、増額してこれを議決することを妨げない。但し、普通地方公共団体の長の予算の提出の権限を侵すことはできない。

第98条・第99条(略)

第100条(調査権、政府の刊行物の送付、図書室の附置)

1 普通地方公共団体の議会は、当該普通地方公共団体の事務(自治事務にあつては労働委員会及び収用委員会の権限に属する事務で政令で定めるものを除き、法定受託事務にあつては国の安全を害するおそれがあることその他の事由により議会の調査の対象とすることが適当でないものとして政令で定めるものを除く。次項において同じ。)に関する調査を行うことができる。この場合において、当該調査を行うため特に必要があると認めるときは、選挙人その他の関係人の出頭及び証言並びに記録の提出を請求することができる。

2 民事訴訟に関する法令の規定中証人の訊問に関する規定は、この法律に特別の定めがあるものを除くほか、前項後段の規定により議会が当該普通地方公共団体の事務に関する調査のため選挙人その他の関係人の証言を請求する場合に、これを準用する。ただし、過料、罰金、拘留又は勾引に関する規定は、この限りでない。

3 第1項後段の規定により出頭又は記録の提出の請求を受けた選挙人その他の関係人が、正当の理由がないのに、議会に出頭せず若しくは記録を提出しないとき又は証言を拒んだときは、6箇月以下の禁錮又は10万円以下の罰金に処する。

4 議会は、選挙人その他の関係人が公務員たる地位において知り得た事実については、その者から職務上の秘密に属するものである旨の申立を受けたときは、当該官公署の承認がなければ、当該事実に関する証言又は記録の提出を請求することができない。この場合において当該官公署が承認を拒むときは、その理由を疏明しなければならない。

5 議会が前項の規定による疏明を理由がないと認めるときは、当該官公署に対し、当該証言又は記録の提出が公の利益を害する旨の声明を要求することができる。

6 当該官公署が前項の規定による要求を受けた日から20日以内に声明をしないときは、選挙人その他の関係人は、証言又は記録の提出をしなければならない。

7 第2項において準用する民事訴訟に関する

法令の規定により宣誓した選挙人その他の関係人が虚偽の陳述をしたときは、これを3箇月以上5年以下の禁錮に処する。

8　前項の罪を犯した者が議会において調査が終了した旨の議決がある前に自白したときは、その刑を減軽し又は免除することができる。

9　議会は、選挙人その他の関係人が、第3項又は第7項の罪を犯したものと認めるときは、告発しなければならない。但し、虚偽の陳述をした選挙人その他の関係人が、議会の調査が終了した旨の議決がある前に自白したときは、告発しないことができる。

10　議会が第1項の規定による調査を行うため当該普通地方公共団体の区域内の団体等に対し照会をし又は記録の送付を求めたときは、当該団体等は、その求めに応じなければならない。

11　議会は、第1項の規定による調査を行う場合においては、予め、予算の定額の範囲内において、当該調査のため要する経費の額を定めて置かなければならない。その額を超えて経費の支出を必要とするときは、更に議決を経なければならない。

12　議会は、会議規則の定めるところにより、議案の審査又は議会の運営に関し協議又は調整を行うための場を設けることができる。

13　議会は、議案の審査又は当該普通地方公共団体の事務に関する調査のためその他議会において必要があると認めるときは、会議規則の定めるところにより、議員を派遣することができる。

14　普通地方公共団体は、条例の定めるところにより、その議会の議員の調査研究その他の活動に資するため必要な経費の一部として、その議会における会派又は議員に対し、政務活動費を交付することができる。この場合において、当該政務活動費の交付の対象、額及び交付の方法並びに当該政務活動費を充てることができる経費の範囲は、条例で定めなければならない。

15　前項の政務活動費の交付を受けた会派又は議員は、条例の定めるところにより、当該政務活動費に係る収入及び支出の報告書を議長に提出するものとする。

16　議長は、第14項の政務活動費については、その使途の透明性の確保に努めるものとする。

17　政府は、都道府県の議会に官報及び政府の刊行物を、市町村の議会に官報及び市町村に特に関係があると認める政府の刊行物を送付

しなければならない。

18　都道府県は、当該都道府県の区域内の市町村の議会及び他の都道府県の議会に、公報及び適当と認める刊行物を送付しなければならない。

19　議会は、議員の調査研究に資するため、図書室を附置し前二項の規定により送付を受けた官報、公報及び刊行物を保管して置かなければならない。

20　前項の図書室は、一般にこれを利用させることができる。

第100条の2 （略）

【第3節　招集及び会期】

第101条（招集）

1　普通地方公共団体の議会は、普通地方公共団体の長がこれを招集する。

2　議長は、議会運営委員会の議決を経て、当該普通地方公共団体の長に対し、会議に付議すべき事件を示して臨時会の招集を請求することができる。

3　議員の定数の4分の1以上の者は、当該普通地方公共団体の長に対し、会議に付議すべき事件を示して臨時会の招集を請求することができる。

4　前二項の規定による請求があつたときは、当該普通地方公共団体の長は、請求のあつた日から20日以内に臨時会を招集しなければならない。

5　第2項の規定による請求のあつた日から20日以内に当該普通地方公共団体の長が臨時会を招集しないときは、第1項の規定にかかわらず、議長は、臨時会を招集することができる。

6　第3項の規定による請求のあつた日から20日以内に当該普通地方公共団体の長が臨時会を招集しないときは、第1項の規定にかかわらず、議長は、第3項の規定による請求をした者の申出に基づき、当該申出のあつた日から、都道府県及び市にあつては10日以内、町村にあつては6日以内に臨時会を招集しなければならない。

7　招集は、開会の日前、都道府県及び市にあつては7日、町村にあつては3日までにこれを告示しなければならない。ただし、緊急を要する場合は、この限りでない。

第102条（定例会・臨時会、会期）

1　普通地方公共団体の議会は、定例会及び臨時会とする。

2　定例会は、毎年、条例で定める回数これを

135

招集しなければならない。

3 臨時会は、必要がある場合において、その事件に限りこれを招集する。

4 臨時会に付議すべき事件は、普通地方公共団体の長があらかじめこれを告示しなければならない。

5 前条第5項又は第6項の場合においては、前項の規定にかかわらず、議長が、同条第2項又は第3項の規定による請求において示された会議に付議すべき事件を臨時会に付議すべき事件として、あらかじめ告示しなければならない。

6 臨時会の開会中に緊急を要する事件があるときは、前三項の規定にかかわらず、直ちにこれを会議に付議することができる。

7 普通地方公共団体の議会の会期及びその延長並びにその開閉に関する事項は、議会がこれを定める。

第102条の2（通年の会期）

1 普通地方公共団体の議会は、前条の規定にかかわらず、条例で定めるところにより、定例会及び臨時会とせず、毎年、条例で定める日から翌年の当該日の前日までを会期とすることができる。

2 前項の議会は、第4項の規定により招集しなければならないものとされる場合を除き、前項の条例で定める日の到来をもって、普通地方公共団体の長が当該日にこれを招集したものとみなす。

3 第1項の会期中において、議員の任期が満了したとき、議会が解散されたとき又は議員が全てなくなつたときは、同項の規定にかかわらず、その任期満了の日、その解散の日又はその議員が全てなくなつた日をもって、会期は終了するものとする。

4 前項の規定により会期が終了した場合には、普通地方公共団体の長は、同項に規定する事由により行われた一般選挙により選出された議員の任期が始まる日から30日以内に議会を招集しなければならない。この場合においては、その招集の日から同日後の最初の第1項の条例で定める日の前日までを会期とするものとする。

5 第3項の規定は、前項後段に規定する会期について準用する。

6 第1項の議会は、条例で、定期的に会議を開く日（以下「定例日」という。）を定めなければならない。

7 普通地方公共団体の長は、第1項の議会の議長に対し、会議に付議すべき事件を示して定例日以外の日において会議を開くことを請求することができる。この場合において、議長は、当該請求のあつた日から、都道府県及び市にあつては7日以内、町村にあつては3日以内に会議を開かなければならない。

8 第1項の場合における第74条第3項、第121条第1項、第243条の3第2項及び第3項並びに第252条の39第4項の規定の適用については、第74条第3項中「20日以内に議会を招集し、」とあるのは「20日以内に」と、第121条第1項中「議会の審議」とあるのは「定例日に開かれる会議の審議又は議案の審議」と、第243条の3第2項及び第3項中「次の議会」とあるのは「次の定例日に開かれる会議」と、第252条の39第4項中「20日以内に議会を招集し、」とあるのは「20日以内に」とする。

【第4節　議長及び副議長】（略）

【第5節　委員会】

第109条（委員会）

1 普通地方公共団体の議会は、条例で、常任委員会、議会運営委員会及び特別委員会を置くことができる。

2 常任委員会は、その部門に属する当該普通地方公共団体の事務に関する調査を行い、議案、請願等を審査する。

3 議会運営委員会は、次に掲げる事項に関する調査を行い、議案、請願等を審査する。
① 議会の運営に関する事項
② 議会の会議規則、委員会に関する条例等に関する事項
③ 議長の諮問に関する事項

4 特別委員会は、議会の議決により付議された事件を審査する。

5 第115条の2の規定は、委員会について準用する。

6 委員会は、議会の議決すべき事件のうちその部門に属する当該普通地方公共団体の事務に関するものにつき、議会に議案を提出することができる。ただし、予算については、この限りでない。

7 前項の規定による議案の提出は、文書をもってしなければならない。

8 委員会は、議会の議決により付議された特定の事件については、閉会中も、なお、これを審査することができる。

9 前各項に定めるもののほか、委員の選任その他委員会に関し必要な事項は、条例で定め

136

る。

第110条及び第111条　削除

【第6節　会議】（抄）

第112条（議員の議案提出権）

1　普通地方公共団体の議会の議員は、議会の議決すべき事件につき、議会に議案を提出することができる。但し、予算については、この限りでない。

2　前項の規定により議案を提出するに当たつては、議員の定数の12分の1以上の者の賛成がなければならない。

3　第1項の規定による議案の提出は、文書を以てこれをしなければならない。

第113条～第123条（略）

【第7節　請願】（抄）

第124条（請願の方法）

　普通地方公共団体の議会に請願しようとする者は、議員の紹介により請願書を提出しなければならない。

第125条（略）

【第8節　議員の辞職及び資格の決定】（略）

【第9節　紀律】（略）

【第10節　懲罰】（略）

【第11節　議会の事務局及び事務局長、書記長、書記その他の職員】（略）

第7章　執行機関（抄）

【第1節　通則】（略）

【第2節　普通地方公共団体の長】（抄）

　第1款　地位（略）

　第2款　権限（抄）

第147条～第149条（略）

第150条（内部統制）

1　都道府県知事及び第252条の19第1項に規定する指定都市（以下この条において「指定都市」という。）の市長は、その担任する事務のうち次に掲げるものの管理及び執行が法令に適合し、かつ、適正に行われることを確保するための方針を定め、及びこれに基づき必要な体制を整備しなければならない。

①　財務に関する事務その他総務省令で定める事務

②　前号に掲げるもののほか、その管理及び執行が法令に適合し、かつ、適正に行われることを特に確保する必要がある事務として当該都道府県知事又は指定都市の市長が認めるもの

2　市町村長（指定都市の市長を除く。第2号及び第4項において同じ。）は、その担任す

る事務のうち次に掲げるものの管理及び執行が法令に適合し、かつ、適正に行われることを確保するための方針を定め、及びこれに基づき必要な体制を整備するよう努めなければならない。

①　前項第1号に掲げる事務

②　前号に掲げるもののほか、その管理及び執行が法令に適合し、かつ、適正に行われることを特に確保する必要がある事務として当該市町村長が認めるもの

3　都道府県知事又は市町村長は、第1項若しくは前項の方針を定め、又はこれを変更したときは、遅滞なく、これを公表しなければならない。

4　都道府県知事、指定都市の市長及び第2項の方針を定めた市町村長（以下この条において「都道府県知事等」という。）は、毎会計年度少なくとも1回以上、総務省令で定めるところにより、第1項又は第2項の方針及びこれに基づき整備した体制について評価した報告書を作成しなければならない。

5　都道府県知事等は、前項の報告書を監査委員の審査に付さなければならない。

6　都道府県知事等は、前項の規定により監査委員の審査に付した報告書を監査委員の意見を付けて議会に提出しなければならない。

7　前項の規定による意見の決定は、監査委員の合議によるものとする。

8　都道府県知事等は、第6項の規定により議会に提出した報告書を公表しなければならない。

9　前各項に定めるもののほか、第1項又は第2項の方針及びこれに基づき整備する体制に関し必要な事項は、総務省令で定める。

第151条～第160条（略）

　第3款　補助機関（抄）

第161条（副知事・副市町村長）

1　都道府県に副知事を、市町村に副市町村長を置く。ただし、条例で置かないことができる。

2　副知事及び副市町村長の定数は、条例で定める。

第162条（副知事・副市町村長の選任）

　副知事及び副市町村長は、普通地方公共団体の長が議会の同意を得てこれを選任する。

第163条～第168条（略）

第169条（会計管理者の特別欠格事由）

1　普通地方公共団体の長、副知事若しくは副市町村長又は監査委員と親子、夫婦又は兄弟

姉妹の関係にある者は、会計管理者となることができない。

2　会計管理者は、前項に規定する関係が生じたときは、その職を失う。

第170条〜第175条（略）

第4款　議会との関係

第176条（議会の議決または選挙に対する長の権限）

1　普通地方公共団体の議会の議決について異議があるときは、当該普通地方公共団体の長は、この法律に特別の定めがあるものを除くほか、その議決の日（条例の制定若しくは改廃又は予算に関する議決については、その送付を受けた日）から10日以内に理由を示してこれを再議に付することができる。

2　前項の規定による議会の議決が再議に付された議決と同じ議決であるときは、その議決は、確定する。

3　前項の規定による議決のうち条例の制定若しくは改廃又は予算に関するものについては、出席議員の3分の2以上の者の同意がなければならない。

4　普通地方公共団体の議会の議決又は選挙がその権限を超え又は法令若しくは会議規則に違反すると認めるときは、当該普通地方公共団体の長は、理由を示してこれを再議に付し又は再選挙を行わせなければならない。

5　前項の規定による議会の議決又は選挙がなおその権限を超え又は法令若しくは会議規則に違反すると認めるときは、都道府県知事にあつては総務大臣、市町村長にあつては都道府県知事に対し、当該議決又は選挙があつた日から21日以内に、審査を申し立てることができる。

6　前項の規定による申立てがあつた場合において、総務大臣又は都道府県知事は、審査の結果、議会の議決又は選挙がその権限を超え又は法令若しくは会議規則に違反すると認めるときは、当該議決又は選挙を取り消す旨の裁定をすることができる。

7　前項の裁定に不服があるときは、普通地方公共団体の議会又は長は、裁定のあつた日から60日以内に、裁判所に出訴することができる。

8　前項の訴えのうち第4項の規定による議会の議決又は選挙の取消しを求めるものは、当該議会を被告として提起しなければならない。

第177条（収入または支出に関する長の権限）

1　普通地方公共団体の議会において次に掲げる経費を削除し又は減額する議決をしたときは、その経費及びこれに伴う収入について、当該普通地方公共団体の長は、理由を示してこれを再議に付さなければならない。

①　法令により負担する経費、法律の規定に基づき当該行政庁の職権により命ずる経費その他の普通地方公共団体の義務に属する経費

②　非常の災害による応急若しくは復旧の施設のために必要な経費又は感染症予防のために必要な経費

2　前項第1号の場合において、議会の議決がなお同号に掲げる経費を削除し又は減額したときは、当該普通地方公共団体の長は、その経費及びこれに伴う収入を予算に計上してその経費を支出することができる。

3　第1項第2号の場合において、議会の議決がなお同号に掲げる経費を削除し又は減額したときは、当該普通地方公共団体の長は、その議決を不信任の議決とみなすことができる。

第178条（長に対する議会の不信任議決）

1　普通地方公共団体の議会において、当該普通地方公共団体の長の不信任の議決をしたときは、直ちに議長からその旨を当該普通地方公共団体の長に通知しなければならない。この場合においては、普通地方公共団体の長は、その通知を受けた日から10日以内に議会を解散することができる。

2　議会において当該普通地方公共団体の長の不信任の議決をした場合において、前項の期間内に議会を解散しないとき、又はその解散後初めて招集された議会において再び不信任の議決があり、議長から当該普通地方公共団体の長に対しその旨の通知があつたときは、普通地方公共団体の長は、同項の期間が経過した日又は議長から通知があつた日においてその職を失う。

3　前二項の規定による不信任の議決については、議員数の3分の2以上の者が出席し、第1項の場合においてはその4分の3以上の者の、前項の場合においてはその過半数の者の同意がなければならない。

第179条（長の専決処分）

1　普通地方公共団体の議会が成立しないとき、第113条ただし書の場合においてなお会議を開くことができないとき、普通地方公共団体の長において議会の議決すべき事件について特に緊急を要するため議会を招集する時間的余裕がないことが明らかであると認めるとき、

又は議会において議決すべき事件を議決しないときは、当該普通地方公共団体の長は、その議決すべき事件を処分することができる。ただし、第162条の規定による副知事又は副市町村長の選任の同意及び第252条の20の2第4項の規定による第252条の19第1項に規定する指定都市の総合区長の選任の同意については、この限りでない。

2　議会の決定すべき事件に関しては、前項の例による。

3　前二項の規定による処置については、普通地方公共団体の長は、次の会議においてこれを議会に報告し、その承認を求めなければならない。

4　前項の場合において、条例の制定若しくは改廃又は予算に関する処置について承認を求める議案が否決されたときは、普通地方公共団体の長は、速やかに、当該処置に関して必要と認める措置を講ずるとともに、その旨を議会に報告しなければならない。

第180条（議会の委任による長の専決処分）

1　普通地方公共団体の議会の権限に属する軽易な事項で、その議決により特に指定したものは、普通地方公共団体の長において、これを専決処分にすることができる。

2　前項の規定により専決処分をしたときは、普通地方公共団体の長は、これを議会に報告しなければならない。

第5款　他の執行機関との関係（略）

【第3節　委員会及び委員】（抄）

第1款　通則（抄）

第180条の5（委員会及び委員の種類）

1　執行機関として法律の定めるところにより普通地方公共団体に置かなければならない委員会及び委員は、左の通りである。
① 教育委員会
② 選挙管理委員会
③ 人事委員会又は人事委員会を置かない普通地方公共団体にあつては公平委員会
④ 監査委員

2　前項に掲げるもののほか、執行機関として法律の定めるところにより都道府県に置かなければならない委員会は、次のとおりである。
① 公安委員会
② 労働委員会
③ 収用委員会
④ 海区漁業調整委員会
⑤ 内水面漁場管理委員会

3　第1項に掲げるものの外、執行機関として法律の定めるところにより市町村に置かなければならない委員会は、左の通りである。
① 農業委員会
② 固定資産評価審査委員会

4　前三項の委員会若しくは委員の事務局又は委員会の管理に属する事務を掌る機関で法律により設けられなければならないものとされているものの組織を定めるに当たつては、当該普通地方公共団体の長が第158条第1項の規定により設けるその内部組織との間に権衡を失しないようにしなければならない。

5　普通地方公共団体の委員会の委員又は委員は、法律に特別の定があるものを除く外、非常勤とする。

6　普通地方公共団体の委員会の委員（教育委員会にあつては、教育長及び委員）又は委員は、当該普通地方公共団体に対しその職務に関し請負をする者及びその支配人又は主として同一の行為をする法人（当該普通地方公共団体が出資している法人で政令で定めるものを除く。）の無限責任社員、取締役、執行役若しくは監査役若しくはこれらに準ずべき者、支配人及び清算人たることができない。

7　法律に特別の定めがあるものを除くほか、普通地方公共団体の委員会の委員（教育委員会にあつては、教育長及び委員）又は委員が前項の規定に該当するときは、その職を失う。その同項の規定に該当するかどうかは、その選任権者がこれを決定しなければならない。

8　第143条第2項から第4項までの規定は、前項の場合にこれを準用する。

第180条の6・第180条の7（略）

第2款　教育委員会（略）

第3款　公安委員会（略）

第4款　選挙管理委員会（略）

第5款　監査委員（抄）

第195条（監査委員の設置・定数）

1　普通地方公共団体に監査委員を置く。

2　監査委員の定数は、都道府県及び政令で定める市にあつては4人とし、その他の市及び町村にあつては2人とする。ただし、条例でその定数を増加することができる。

第196条（選任・兼職禁止）

1　監査委員は、普通地方公共団体の長が、議会の同意を得て、人格が高潔で、普通地方公共団体の財務管理、事業の経営管理その他行政運営に関し優れた識見を有する者（議員である者を除く。以下この款において「識見を有する者」という。）及び議員のうちから、

これを選任する。ただし、条例で議員のうちから監査委員を選任しないことができる。

2　識見を有する者のうちから選任される監査委員の数が2人以上である普通地方公共団体にあつては、少なくともその数から1を減じた人数以上は、当該普通地方公共団体の職員で政令で定めるものでなかつた者でなければならない。

3　監査委員は、地方公共団体の常勤の職員及び短時間勤務職員と兼ねることができない。

4　識見を有する者のうちから選任される監査委員は、常勤とすることができる。

5　都道府県及び政令で定める市にあつては、識見を有する者のうちから選任される監査委員のうち少なくとも1人以上は、常勤としなければならない。

6　議員のうちから選任される監査委員の数は、都道府県及び前条第2項の政令で定める市にあつては2人又は1人、その他の市及び町村にあつては1人とする。

第197条（任期）

監査委員の任期は、識見を有する者のうちから選任される者にあつては4年とし、議員のうちから選任される者にあつては議員の任期による。ただし、後任者が選任されるまでの間は、その職務を行うことを妨げない。

第197条の2（罷免）

1　普通地方公共団体の長は、監査委員が心身の故障のため職務の遂行に堪えないと認めるとき、又は監査委員に職務上の義務違反その他監査委員たるに適しない非行があると認めるときは、議会の同意を得て、これを罷免することができる。この場合においては、議会の常任委員会又は特別委員会において公聴会を開かなければならない。

2　監査委員は、前項の規定による場合を除くほか、その意に反して罷免されることがない。

第198条（退職）

監査委員は、退職しようとするときは、普通地方公共団体の長の承認を得なければならない。

第198条の2（監査委員の特別欠格事由）

1　普通地方公共団体の長又は副知事若しくは副市町村長と親子、夫婦又は兄弟姉妹の関係にある者は、監査委員となることができない。

2　監査委員は、前項に規定する関係が生じたときは、その職を失う。

第198条の3（監査基準）

1　監査委員は、その職務を遂行するに当たつては、法令に特別の定めがある場合を除くほか、**監査基準**（法令の規定により監査委員が行うこととされている監査、検査、審査その他の行為（以下この項において「監査等」という。）の適切かつ有効な実施を図るための基準をいう。次条において同じ。）に従い、常に公正不偏の態度を保持して、監査等をしなければならない。

2　監査委員は、職務上知り得た秘密を漏らしてはならない。その職を退いた後も、同様とする。

第198条の4

1　監査基準は、監査委員が定めるものとする。

2　前項の規定による監査基準の策定は、監査委員の合議によるものとする。

3　監査委員は、監査基準を定めたときは、直ちに、これを普通地方公共団体の議会、長、教育委員会、選挙管理委員会、人事委員会又は公平委員会、公安委員会、労働委員会、農業委員会その他法律に基づく委員会及び委員に通知するとともに、これを公表しなければならない。

4　前二項の規定は、監査基準の変更について準用する。

5　総務大臣は、普通地方公共団体に対し、監査基準の策定又は変更について、指針を示すとともに、必要な助言を行うものとする。

第199条〜第202条（略）

第6款　人事委員会、公平委員会、労働委員会、農業委員会その他の委員会（略）
第7款　附属機関（略）

【第4節　地域自治区】（抄）

第202条の4（地域自治区の設置）

1　市町村は、市町村長の権限に属する事務を分掌させ、及び地域の住民の意見を反映させつつこれを処理させるため、条例で、その区域を分けて定める区域ごとに地域自治区を設けることができる。

2　地域自治区に事務所を置くものとし、事務所の位置、名称及び所管区域は、条例で定める。

3　地域自治区の事務所の長は、当該普通地方公共団体の長の補助機関である職員をもつて充てる。

4　第4条第2項の規定は第2項の地域自治区の事務所の位置及び所管区域について、第175条第2項の規定は前項の事務所の長について準用する。

第202条の5（地域協議会の設置及び構成員）

1　地域自治区に、地域協議会を置く。

2 地域協議会の構成員は、地域自治区の区域
内に住所を有する者のうちから、市町村長が
選任する。
3 市町村長は、前項の規定による地域協議会
の構成員の選任に当つては、地域協議会の
構成員の構成が、地域自治区の区域内に住所
を有する者の多様な意見が適切に反映される
ものとなるよう配慮しなければならない。
4 地域協議会の構成員の任期は、4年以内に
おいて条例で定める期間とする。
5 第203条の2第1項の規定にかかわらず、
地域協議会の構成員には報酬を支給しないこ
ととすることができる。
第202条の6〜第202条の9（略）

第8章 給与その他の給付（略）

第9章 財務（抄）

【第1節 会計年度及び会計の区分】（抄）
第208条（会計年度及びその独立の原則）
1 普通地方公共団体の会計年度は、毎年4月
1日に始まり、翌年3月31日に終わるものと
する。
2 各会計年度における歳出は、その年度の歳
入をもつて、これに充てなければならない。
第209条（略）
【第2節 予算】（抄）
第210条（総計予算主義の原則）
一会計年度における一切の収入及び支出は、
すべてこれを歳入歳出予算に編入しなければな
らない。
第211条（予算の調製及び議決）
1 普通地方公共団体の長は、毎会計年度予算
を調製し、年度開始前に、議会の議決を経な
ければならない。この場合において、普通地
方公共団体の長は、遅くとも年度開始前、都
道府県及び第252条の19第1項に規定する指
定都市にあつては30日、その他の市及び町村
にあつては20日までに当該予算を議会に提出
するようにしなければならない。
2 普通地方公共団体の長は、予算を議会に提
出するときは、政令で定める予算に関する説
明書をあわせて提出しなければならない。
第212条〜第222条（略）
【第3節 収入】（抄）
第223条〜第229条（略）
第230条（地方債）
1 普通地方公共団体は、別に法律で定める場
合において、予算の定めるところにより、地

方債を起こすことができる。
2 前項の場合において、地方債の起債の目的、
限度額、起債の方法、利率及び償還の方法は、
予算でこれを定めなければならない。
第231条〜第231条の4（略）
【第4節 支出】（略）
【第5節 決算】（抄）
第233条（決算）
1 会計管理者は、毎会計年度、政令で定める
ところにより、決算を調製し、出納の閉鎖後
3箇月以内に、証書類その他政令で定める書
類と併せて、普通地方公共団体の長に提出し
なければならない。
2 普通地方公共団体の長は、決算及び前項の
書類を監査委員の審査に付さなければならな
い。
3 普通地方公共団体の長は、前項の規定によ
り監査委員の審査に付した決算を監査委員の
意見を付けて次の通常予算を議する会議まで
に議会の認定に付さなければならない。
4 前項の規定による意見の決定は、監査委員
の合議によるものとする。
5 普通地方公共団体の長は、第3項の規定に
より決算を議会の認定に付するに当つては、
当該決算に係る会計年度における主要な施策
の成果を説明する書類その他政令で定める書
類を併せて提出しなければならない。
6 普通地方公共団体の長は、第3項の規定に
より議会の認定に付した決算の要領を住民に
公表しなければならない。
7 普通地方公共団体の長は、第3項の規定に
よる決算の認定に関する議案が否決された場
合において、当該議決を踏まえて必要と認め
る措置を講じたときは、速やかに、当該措置
の内容を議会に報告するとともに、これを公
表しなければならない。
第233条の2（略）
【第6節 契約】（抄）
第234条（契約の締結）
1 売買、貸借、請負その他の契約は、一般競
争入札、指名競争入札、随意契約又はせり売
りの方法により締結するものとする。
2 前項の指名競争入札、随意契約又はせり売
りは、政令で定める場合に該当するときに限
り、これによることができる。
3 普通地方公共団体は、一般競争入札又は指
名競争入札（以下この条において「競争入札」
という。）に付する場合においては、政令の
定めるところにより、契約の目的に応じ、予

定価格の制限の範囲内で最高又は最低の価格をもつて申込みをした者を契約の相手方とするものとする。ただし、普通地方公共団体の支出の原因となる契約については、政令の定めるところにより、予定価格の制限の範囲内の価格をもつて申込みをした者のうち最低の価格をもつて申込みをした者以外の者を契約の相手方とすることができる。

4　普通地方公共団体が競争入札につき入札保証金を納付させた場合において、落札者が契約を締結しないときは、その者の納付に係る入札保証金（政令の定めるところによりその納付に代えて提供された担保を含む。）は、当該普通地方公共団体に帰属するものとする。

5　普通地方公共団体が契約につき契約書又は契約内容を記録した電磁的記録を作成する場合においては、当該普通地方公共団体の長又はその委任を受けた者が契約の相手方とともに、契約書に記名押印し、又は契約内容を記録した電磁的記録に当該普通地方公共団体の長若しくはその委任を受けた者及び契約の相手方の作成に係るものであることを示すために講ずる措置であつて、当該電磁的記録が改変されているかどうかを確認することができる等これらの者の作成に係るものであることを確実に示すことができるものとして総務省令で定めるものを講じなければ、当該契約は、確定しないものとする。

6　競争入札に加わろうとする者に必要な資格、競争入札における公告又は指名の方法、随意契約及びせり売りの手続その他契約の締結の方法に関し必要な事項は、政令でこれを定める。

第234条の2・第234条の3（略）
【第7節　現金及び有価証券】（抄）
第235条（金融機関の指定）
1　都道府県は、政令の定めるところにより、金融機関を指定して、都道府県の公金の収納又は支払の事務を取り扱わせなければならない。

2　市町村は、政令の定めるところにより、金融機関を指定して、市町村の公金の収納又は支払の事務を取り扱わせることができる。

第235条の2〜第235条の5（略）
【第8節　時効】
第236条（金銭債権の消滅時効）
1　金銭の給付を目的とする普通地方公共団体の権利は、時効に関し他の法律に定めがあるものを除くほか、これを行使することができ

る時から5年間行使しないときは、時効によって消滅する。普通地方公共団体に対する権利で、金銭の給付を目的とするものについても、また同様とする。

2　金銭の給付を目的とする普通地方公共団体の権利の時効による消滅については、法律に特別の定めがある場合を除くほか、時効の援用を要せず、また、その利益を放棄することができないものとする。普通地方公共団体に対する権利で、金銭の給付を目的とするものについても、また同様とする。

3　金銭の給付を目的とする普通地方公共団体の権利について、消滅時効の完成猶予、更新その他の事項（前項に規定する事項を除く。）に関し、適用すべき法律の規定がないときは、民法の規定を準用する。普通地方公共団体に対する権利で、金銭の給付を目的とするものについても、また同様とする。

4　法令の規定により普通地方公共団体がする納入の通知及び督促は、時効の更新の効力を有する。

【第9節　財産】（略）
【第10節　住民による監査請求及び訴訟】（抄）
第242条（住民監査請求）
1　普通地方公共団体の住民は、当該普通地方公共団体の長若しくは委員会若しくは委員又は当該普通地方公共団体の職員について、違法若しくは不当な公金の支出、財産の取得、管理若しくは処分、契約の締結若しくは履行若しくは債務その他の義務の負担がある（当該行為がなされることが相当の確実さをもつて予測される場合を含む。）と認めるとき、又は違法若しくは不当に公金の賦課若しくは徴収若しくは財産の管理を怠る事実（以下「怠る事実」という。）があると認めるときは、これらを証する書面を添え、監査委員に対し、監査を求め、当該行為を防止し、若しくは是正し、若しくは当該怠る事実を改め、又は当該行為若しくは怠る事実によつて当該普通地方公共団体の被つた損害を補填するために必要な措置を講ずべきことを請求することができる。

2　前項の規定による請求は、当該行為のあつた日又は終わつた日から1年を経過したときは、これをすることができない。ただし、正当な理由があるときは、この限りでない。

3　第1項の規定による請求があつたときは、監査委員は、直ちに当該請求の要旨を当該普通地方公共団体の議会及び長に通知しなけれ

142

ばならない。

4 第1項の規定による請求があつた場合において、当該行為が違法であると思料するに足りる相当な理由があり、当該行為により当該普通地方公共団体に生ずる回復の困難な損害を避けるため緊急の必要があり、かつ、当該行為を停止することによつて人の生命又は身体に対する重大な危害の発生の防止その他公共の福祉を著しく阻害するおそれがないと認めるときは、監査委員は、当該普通地方公共団体の長その他の執行機関又は職員に対し、理由を付して次項の手続が終了するまでの間当該行為を停止すべきことを勧告することができる。この場合において、監査委員は、当該勧告の内容を第1項の規定による請求人（以下この条において「請求人」という。）に通知するとともに、これを公表しなければならない。

5 第1項の規定による請求があつた場合には、監査委員は、監査を行い、当該請求に理由がないと認めるときは、理由を付してその旨を書面により請求人に通知するとともに、これを公表し、当該請求に理由があると認めるときは、当該普通地方公共団体の議会、長その他の執行機関又は職員に対し期間を示して必要な措置を講ずべきことを勧告するとともに、当該勧告の内容を請求人に通知し、かつ、これを公表しなければならない。

6 前項の規定による監査委員の監査及び勧告は、第1項の規定による請求があつた日から60日以内に行わなければならない。

7 監査委員は、第5項の規定による監査を行うに当たつては、請求人に証拠の提出及び陳述の機会を与えなければならない。

8 監査委員は、前項の規定による陳述の聴取を行う場合又は関係のある当該普通地方公共団体の長その他の執行機関若しくは職員の陳述の聴取を行う場合において、必要があると認めるときは、関係のある当該普通地方公共団体の長その他の執行機関若しくは職員又は請求人を立ち会わせることができる。

9 第5項の規定による監査委員の勧告があつたときは、当該勧告を受けた議会、長その他の執行機関又は職員は、当該勧告に示された期間内に必要な措置を講ずるとともに、その旨を監査委員に通知しなければならない。この場合において、監査委員は、当該通知に係る事項を請求人に通知するとともに、これを公表しなければならない。

10 普通地方公共団体の議会は、第1項の規定による請求があつた後に、当該請求に係る行為又は怠る事実に関する損害賠償又は不当利得返還の請求権その他の権利の放棄に関する議決をしようとするときは、あらかじめ監査委員の意見を聴かなければならない。

11 第4項の規定による勧告、第5項の規定による監査及び勧告並びに前項の規定による意見についての決定は、監査委員の合議によるものとする。

第242条の2 （住民訴訟）

1 普通地方公共団体の住民は、前条第1項の規定による請求をした場合において、同条第5項の規定による監査委員の監査の結果若しくは勧告若しくは同条第9項の規定による普通地方公共団体の議会、長その他の執行機関若しくは職員の措置に不服があるとき、又は監査委員が同条第5項の規定による監査若しくは勧告を同条第6項の期間内に行わないとき、若しくは議会、長その他の執行機関若しくは職員が同条第9項の規定による措置を講じないときは、裁判所に対し、同条第1項の請求に係る違法な行為又は怠る事実につき、訴えをもつて次に掲げる請求をすることができる。

① 当該執行機関又は職員に対する当該行為の全部又は一部の差止めの請求

② 行政処分たる当該行為の取消し又は無効確認の請求

③ 当該執行機関又は職員に対する当該怠る事実の違法確認の請求

④ 当該職員又は当該行為若しくは怠る事実に係る相手方に損害賠償又は不当利得返還の請求をすることを当該普通地方公共団体の執行機関又は職員に対して求める請求。ただし、当該職員又は当該行為若しくは怠る事実に係る相手方が第243条の2の2第3項の規定による賠償の命令の対象となる者である場合には、当該賠償の命令をすることを求める請求

2 前項の規定による訴訟は、次の各号に掲げる場合の区分に応じ、当該各号に定める期間内に提起しなければならない。

① 監査委員の監査の結果又は勧告に不服がある場合 当該監査の結果又は当該勧告の内容の通知があつた日から30日以内

② 監査委員の勧告を受けた議会、長その他の執行機関又は職員の措置に不服がある場合 当該措置に係る監査委員の通知があつ

た日から30日以内

③　監査委員が請求をした日から60日を経過しても監査又は勧告を行わない場合　当該60日を経過した日から30日以内

④　監査委員の勧告を受けた議会、長その他の執行機関又は職員が措置を講じない場合　当該勧告に示された期間を経過した日から30日以内

3　前項の期間は、不変期間とする。

4　第1項の規定による訴訟が係属しているときは、当該普通地方公共団体の他の住民は、別訴をもつて同一の請求をすることができない。

5　第1項の規定による訴訟は、当該普通地方公共団体の事務所の所在地を管轄する地方裁判所の管轄に専属する。

6　第1項第1号の規定による請求に基づく差止めは、当該行為を差し止めることによつて人の生命又は身体に対する重大な危害の発生の防止その他公共の福祉を著しく阻害するおそれがあるときは、することができない。

7　第1項第4号の規定による訴訟が提起された場合には、当該職員又は当該行為若しくは怠る事実の相手方に対して、当該普通地方公共団体の執行機関又は職員は、遅滞なく、その訴訟の告知をしなければならない。

8　前項の訴訟告知があつたときは、第1項第4号の規定による訴訟が終了した日から6月を経過するまでの間は、当該訴訟に係る損害賠償又は不当利得返還の請求権の時効は、完成しない。

9　民法第153条第2項の規定は、前項の規定による時効の完成猶予について準用する。

10　第1項に規定する違法な行為又は怠る事実については、民事保全法に規定する仮処分をすることができない。

11　第2項から前項までに定めるもののほか、第1項の規定による訴訟については、行政事件訴訟法第43条の規定の適用があるものとする。

12　第1項の規定による訴訟を提起した者が勝訴（一部勝訴を含む。）した場合において、弁護士又は弁護士法人に報酬を支払うべきときは、当該普通地方公共団体に対し、その報酬額の範囲内で相当と認められる額の支払を請求することができる。

第242条の3　(略)

【第11節　雑則】（抄）

第243条（略）

第243条の2（普通地方公共団体の長等の損害賠償責任の一部免責）

1　普通地方公共団体は、条例で、当該普通地方公共団体の長若しくは委員会の委員若しくは委員又は当該普通地方公共団体の職員（次条第3項の規定による賠償の命令の対象となる者を除く。以下この項において「普通地方公共団体の長等」という。）の当該普通地方公共団体に対する損害を賠償する責任を、普通地方公共団体の長等が職務を行うにつき善意でかつ重大な過失がないときは、普通地方公共団体の長等が賠償の責任を負う額から、普通地方公共団体の長等の職責その他の事情を考慮して政令で定める基準を参酌して、政令で定める額以上で当該条例で定める額を控除して得た額について免れさせる旨を定めることができる。

2　普通地方公共団体の議会は、前項の条例の制定又は改廃に関する議決をしようとするときは、あらかじめ監査委員の意見を聴かなければならない。

3　前項の規定による意見の決定は、監査委員の合議によるものとする。

第242条の2の2～第243条の5（略）

第10章　公の施設

第244条（公の施設）

1　普通地方公共団体は、住民の福祉を増進する目的をもつてその利用に供するための施設（これを公の施設という。）を設けるものとする。

2　普通地方公共団体（次条第3項に規定する指定管理者を含む。次項において同じ。）は、正当な理由がない限り、住民が公の施設を利用することを拒んではならない。

3　普通地方公共団体は、住民が公の施設を利用することについて、不当な差別的取扱いをしてはならない。

第244条の2（公の施設の設置、管理及び廃止）

1　普通地方公共団体は、法律又はこれに基づく政令に特別の定めがあるものを除くほか、公の施設の設置及びその管理に関する事項は、条例でこれを定めなければならない。

2　普通地方公共団体は、条例で定める重要な公の施設のうち条例で定める特に重要なものについて、これを廃止し、又は条例で定める長期かつ独占的な利用をさせようとするときは、議会において出席議員の3分の2以上の

者の同意を得なければならない。

3 普通地方公共団体は、公の施設の設置の目的を効果的に達成するため必要があると認めるときは、**条例**の定めるところにより、法人その他の団体であつて当該普通地方公共団体が指定するもの（以下本条及び第244条の4において「**指定管理者**」という。）に、当該公の施設の管理を行わせることができる。

4 前項の条例には、指定管理者の指定の手続、指定管理者が行う管理の基準及び業務の範囲その他必要な事項を定めるものとする。

5 指定管理者の指定は、期間を定めて行うものとする。

6 普通地方公共団体は、指定管理者の指定をしようとするときは、あらかじめ、当該普通地方公共団体の議会の議決を経なければならない。

7 指定管理者は、毎年度終了後、その管理する公の施設の管理の業務に関し事業報告書を作成し、当該公の施設を設置する普通地方公共団体に提出しなければならない。

8 普通地方公共団体は、適当と認めるときは、指定管理者にその管理する公の施設の利用に係る料金（次項において「利用料金」という。）を当該指定管理者の収入として収受させることができる。

9 前項の場合における利用料金は、公益上必要があると認める場合を除くほか、条例の定めるところにより、指定管理者が定めるものとする。この場合において、指定管理者は、あらかじめ当該利用料金について当該普通地方公共団体の承認を受けなければならない。

10 普通地方公共団体の長又は委員会は、指定管理者の管理する公の施設の管理の適正を期するため、指定管理者に対して、当該管理の業務又は経理の状況に関し報告を求め、実地について調査し、又は必要な指示をすることができる。

11 普通地方公共団体は、指定管理者が前項の指示に従わないときその他当該指定管理者による管理を継続することが適当でないと認めるときは、その指定を取り消し、又は期間を定めて管理の業務の全部又は一部の停止を命ずることができる。

第244条の3 （公の施設の区域外設置及び他の団体の公の施設の利用）

1 普通地方公共団体は、その区域外においても、また、関係普通地方公共団体との協議により、公の施設を設けることができる。

2 普通地方公共団体は、他の普通地方公共団体との協議により、当該他の普通地方公共団体の公の施設を自己の住民の利用に供させることができる。

3 前二項の協議については、関係普通地方公共団体の議会の議決を経なければならない。

第244条の4 （公の施設を利用する権利に関する処分についての審査請求）

1 普通地方公共団体の長以外の機関（指定管理者を含む。）がした公の施設を利用する権利に関する処分についての審査請求は、普通地方公共団体の長が当該機関の最上級行政庁でない場合においても、当該普通地方公共団体の長に対してするものとする。

2 普通地方公共団体の長は、公の施設を利用する権利に関する処分についての審査請求がされた場合には、当該審査請求が不適法であり、却下するときを除き、議会に諮問した上、当該審査請求に対する裁決をしなければならない。

3 議会は、前項の規定による諮問を受けた日から20日以内に意見を述べなければならない。

4 普通地方公共団体の長は、第2項の規定による諮問をしないで同項の審査請求を却下したときは、その旨を議会に報告しなければならない。

第11章 国と普通地方公共団体との関係及び普通地方公共団体相互間の関係（抄）

【第1節 普通地方公共団体に対する国又は都道府県の関与等】（抄）

第1款 普通地方公共団体に対する国又は都道府県の関与等

第245条 （関与の意義）

本章において「普通地方公共団体に対する国又は都道府県の関与」とは、普通地方公共団体の事務の処理に関し、国の行政機関（内閣府設置法第4条第3項に規定する事務をつかさどる機関たる内閣府、宮内庁、同法第49条第1項若しくは第2項に規定する機関、デジタル庁設置法第4条第2項に規定する事務をつかさどる機関たるデジタル庁、国家行政組織法第3条第2項に規定する機関、法律の規定に基づき内閣の所轄の下に置かれる機関又はこれらに置かれる機関をいう。以下本章において同じ。）又は都道府県の機関が行う次に掲げる行為（普通地方公共団体がその固有の資格において当該行為の名あて人となるものに限り、国又は都道府県の

145

普通地方公共団体に対する支出金の交付及び返還に係るものを除く。）をいう。

① 普通地方公共団体に対する次に掲げる行為
　イ　助言又は勧告
　ロ　資料の提出の要求
　ハ　是正の要求（普通地方公共団体の事務の処理が法令の規定に違反しているとき又は著しく適正を欠き、かつ、明らかに公益を害しているときに当該普通地方公共団体に対して行われる当該違反の是正又は改善のため必要な措置を講ずべきことの求めであって、当該求めを受けた普通地方公共団体がその違反の是正又は改善のため必要な措置を講じなければならないものをいう。）
　ニ　同意
　ホ　許可、認可又は承認
　ヘ　指示
　ト　代執行（普通地方公共団体の事務の処理が法令の規定に違反しているとき又は当該普通地方公共団体がその事務の処理を怠っているときに、その是正のための措置を当該普通地方公共団体に代わって行うことをいう。）
② 普通地方公共団体との協議
③ 前二号に掲げる行為のほか、一定の行政目的を実現するため普通地方公共団体に対して具体的かつ個別的に関わる行為（相反する利害を有する者の間の利害の調整を目的としてされる裁定その他の行為（その双方を名あて人とするものに限る。）及び審査請求その他の不服申立てに対する裁決、決定その他の行為を除く。）

第245条の2（関与の法定主義）

普通地方公共団体は、その**事務の処理**に関し、**法律又はこれに基づく政令**によらなければ、普通地方公共団体に対する国又は都道府県の関与を受け、又は要することとされることはない。

第245条の3〜第245条の8（略）

第245条の9

1　各大臣は、その所管する法律又はこれに基づく政令に係る都道府県の法定受託事務の処理について、都道府県が当該法定受託事務を処理するに当たりよるべき基準を定めることができる。
2　次の各号に掲げる都道府県の執行機関は、市町村の当該各号に定める法定受託事務の処理について、市町村が当該法定受託事務を処

理するに当たりよるべき基準を定めることができる。この場合において、都道府県の執行機関の定める基準は、次項の規定により各大臣の定める基準に抵触するものであってはならない。
① 都道府県知事　市町村長その他の市町村の執行機関（教育委員会及び選挙管理委員会を除く。）の担任する法定受託事務
② 都道府県教育委員会　市町村教育委員会の担任する法定受託事務
③ 都道府県選挙管理委員会　市町村選挙管理委員会の担任する法定受託事務

3　各大臣は、特に必要があると認めるときは、その所管する法律又はこれに基づく政令に係る市町村の第1号法定受託事務の処理について、市町村が当該第1号法定受託事務を処理するに当たりよるべき基準を定めることができる。
4　各大臣は、その所管する法律又はこれに基づく政令に係る市町村の第1号法定受託事務の処理について、第2項各号に掲げる都道府県の執行機関に対し、同項の規定により定める基準に関し、必要な指示をすることができる。
5　第1項から第3項までの規定により定める基準は、その目的を達成するために必要な最小限度のものでなければならない。

第2款　普通地方公共団体に対する国又は都道府県の関与等の手続

第246条（普通地方公共団体に対する国又は都道府県の関与の手続の適用）

次条から第250条の5までの規定は、普通地方公共団体に対する国又は都道府県の関与について適用する。ただし、他の法律に特別の定めがある場合は、この限りでない。

第247条（助言等の方式等）

1　国の行政機関又は都道府県の機関は、普通地方公共団体に対し、助言、勧告その他これらに類する行為（以下本条及び第252条の17の3第2項において「助言等」という。）を書面によらないで行った場合において、当該普通地方公共団体から当該助言等の趣旨及び内容を記載した書面の交付を求められたときは、これを交付しなければならない。
2　前項の規定は、次に掲げる助言等については、適用しない。
① 普通地方公共団体に対しその場において完了する行為を求めるもの
② 既に書面により当該普通地方公共団体に

146

通知されている事項と同一の内容であるもの
③ 国又は都道府県の職員は、普通地方公共団体が国の行政機関又は都道府県の機関が行った助言等に従わなかつたことを理由として、不利益な取扱いをしてはならない。

第248条（資料の提出の要求等の方式）
国の行政機関又は都道府県の機関は、普通地方公共団体に対し、資料の提出の要求その他これに類する行為（以下本条及び第252条の17の3第2項において「資料の提出の要求等」という。）を書面によらないで行った場合において、当該普通地方公共団体から当該資料の提出の要求等の趣旨及び内容を記載した書面の交付を求められたときは、これを交付しなければならない。

第249条（是正の要求等の方式）
1 国の行政機関又は都道府県の機関は、普通地方公共団体に対し、是正の要求、指示その他これらに類する行為（以下本条及び第252条の17の3第2項において「是正の要求等」という。）をするときは、同時に、当該是正の要求等の内容及び理由を記載した書面を交付しなければならない。ただし、当該書面を交付しないで是正の要求等をすべき差し迫った必要がある場合は、この限りでない。
2 前項ただし書の場合においては、国の行政機関又は都道府県の機関は、是正の要求等をした後相当の期間内に、同項の書面を交付しなければならない。

第250条（協議の方式）
1 普通地方公共団体から国の行政機関又は都道府県の機関に対して協議の申出があつたときは、国の行政機関又は都道府県の機関及び普通地方公共団体は、誠実に協議を行うとともに、相当の期間内に当該協議が調うよう努めなければならない。
2 国の行政機関又は都道府県の機関は、普通地方公共団体の申出に基づく協議について意見を述べた場合において、当該普通地方公共団体から当該協議に関する意見の趣旨及び内容を記載した書面の交付を求められたときは、これを交付しなければならない。

第250条の2（許認可等の基準）
1 国の行政機関又は都道府県の機関は、普通地方公共団体からの法令に基づく申請又は協議の申出（以下この款、第250条の13第2項、第251条の3第2項、第251条の5第1項、第251条の6第1項及び第252条の17の3第3項において「申請等」という。）があつた場合において、許可、認可、承認、同意その他これらに類する行為（以下この款及び第252条の17の3第3項において「許認可等」という。）をするかどうかを法令の定めに従って判断するために必要とされる基準を定め、かつ、行政上特別の支障があるときを除き、これを公表しなければならない。
2 国の行政機関又は都道府県の機関は、普通地方公共団体に対し、許認可等の取消しその他これに類する行為（以下本条及び第250条の4において「許認可等の取消し等」という。）をするかどうかを法令の定めに従って判断するために必要とされる基準を定め、かつ、これを公表するよう努めなければならない。
3 国の行政機関又は都道府県の機関は、第一項又は前項に規定する基準を定めるに当たっては、当該許認可等又は許認可等の取消し等の性質に照らしてできる限り具体的なものとしなければならない。

第250条の3（許認可等の標準処理期間）
1 国の行政機関又は都道府県の機関は、申請等が当該国の行政機関又は都道府県の機関の事務所に到達してから当該申請等に係る許認可等をするまでに通常要すべき標準的な期間（法令により当該国の行政機関又は都道府県の機関と異なる機関が当該申請等の提出先とされている場合は、併せて、当該申請等が当該提出先とされている機関の事務所に到達してから当該国の行政機関又は都道府県の機関の事務所に到達するまでに通常要すべき標準的な期間）を定め、かつ、これを公表するよう努めなければならない。
2 国の行政機関又は都道府県の機関は、申請等が法令により当該申請等の提出先とされている機関の事務所に到達したときは、遅滞なく当該申請等に係る許認可等をするための事務を開始しなければならない。

第250条の4（許認可等の取消し等の方式）
国の行政機関又は都道府県の機関は、普通地方公共団体に対し、申請等に係る許認可等を拒否する処分をするとき又は許認可等の取消し等をするときは、当該許認可等を拒否する処分又は許認可等の取消し等の内容及び理由を記載した書面を交付しなければならない。

第250条の5（届出）
普通地方公共団体から国の行政機関又は都道府県の機関への届出が届出書の記載事項に不備がないこと、届出書に必要な書類が添付されて

いることその他の法令に定められた届出の形式
上の要件に適合している場合は、当該届出が法
令により当該届出の提出先とされている機関の
事務所に到達したときに、当該届出をすべき手
続上の義務が履行されたものとする。

**第250条の6（国の行政機関が自治事務と同一
の事務を自らの権限に属する事務として処理す
る場合の方式）**

1　国の行政機関は、自治事務として普通地方
公共団体が処理している事務と同一の内容の
事務を法令の定めるところにより自らの権限
に属する事務として処理するときは、あらか
じめ当該普通地方公共団体に対し、当該事務
の処理の内容及び理由を記載した書面により
通知しなければならない。ただし、当該通知
をしないで当該事務を処理すべき差し迫った
必要がある場合は、この限りでない。

2　前項ただし書の場合においては、国の行政
機関は、自ら当該事務を処理した後相当の期
間内に、同項の通知をしなければならない。

**【第2節　国と普通地方公共団体との間並びに
普通地方公共団体相互間及び普通地方公共団体
の機関相互間の紛争処理】**（抄）

　第1款　国地方係争処理委員会

第250条の7（設置及び権限）

1　総務省に、国地方係争処理委員会（以下本
節において「委員会」という。）を置く。

2　委員会は、普通地方公共団体に対する国又
は都道府県の関与のうち国の行政機関が行う
もの（以下本節において「国の関与」という。）
に関する審査の申出につき、この法律の規定
によりその権限に属させられた事項を処理す
る。

第250条の8（組織）

1　委員会は、委員5人をもつて組織する。

2　委員は、非常勤とする。ただし、そのうち
2人以内は、常勤とすることができる。

第250条の9（委員）

1　委員は、優れた識見を有する者のうちから、
両議院の同意を得て、総務大臣が任命する。

2　委員の任命については、そのうち3人以上
が同一の政党その他の政治団体に属すること
となってはならない。

3　委員の任期が満了し、又は欠員を生じた場
合において、国会の閉会又は衆議院の解散の
ために両議院の同意を得ることができないと
きは、総務大臣は、第1項の規定にかかわら
ず、同項に定める資格を有する者のうちから、
委員を任命することができる。

4　前項の場合においては、任命後最初の国会
において両議院の事後の承認を得なければな
らない。この場合において、両議院の事後の
承認が得られないときは、総務大臣は、直ち
にその委員を罷免しなければならない。

5　委員の任期は、3年とする。ただし、補欠
の委員の任期は、前任者の残任期間とする。

6　委員は、再任されることができる。

7　委員の任期が満了したときは、当該委員は、
後任者が任命されるまで引き続きその職務を
行うものとする。

8　総務大臣は、委員が破産手続開始の決定を
受け、又は禁錮以上の刑に処せられたときは、
その委員を罷免しなければならない。

9　総務大臣は、両議院の同意を得て、次に掲
げる委員を罷免するものとする。

①　委員のうち何人も属していなかつた同一
の政党その他の政治団体に新たに3人以上
の委員が属するに至った場合においては、
これらの者のうち2人を超える員数の委員

②　委員のうち1人が既に属している政党そ
の他の政治団体に新たに2人以上の委員が
属するに至った場合においては、これらの
者のうち1人を超える員数の委員

10　総務大臣は、委員のうち2人が既に属して
いる政党その他の政治団体に新たに属するに
至った委員を直ちに罷免するものとする。

11　総務大臣は、委員が心身の故障のため職務
の執行ができないと認めるとき、又は委員に
職務上の義務違反その他委員たるに適しない
非行があると認めるときは、両議院の同意を
得て、その委員を罷免することができる。

12　委員は、第4項後段及び第八項から前項ま
での規定による場合を除くほか、その意に反
して罷免されることがない。

13　委員は、職務上知り得た秘密を漏らしては
ならない。その職を退いた後も、同様とする。

14　委員は、在任中、政党その他の政治団体の
役員となり、又は積極的に政治運動をしては
ならない。

15　常勤の委員は、在任中、総務大臣の許可が
ある場合を除き、報酬を得て他の職務に従事
し、又は営利事業を営み、その他金銭上の利
益を目的とする業務を行つてはならない。

16　委員は、自己に直接利害関係のある事件に
ついては、その議事に参与することができな
い。

17　委員の給与は、別に法律で定める。

第250条の10（委員長）

1 委員会に、委員長を置き、委員の互選によりこれを定める。

2 委員長は、会務を総理し、委員会を代表する。

3 委員長に事故があるときは、あらかじめその指名する委員が、その職務を代理する。

第250条の11（会議）

1 委員会は、委員長が招集する。

2 委員会は、委員長及び2人以上の委員の出席がなければ、会議を開き、議決をすることができない。

3 委員会の議事は、出席者の過半数でこれを決し、可否同数のときは、委員長の決するところによる。

4 委員長に事故がある場合の第二項の規定の適用については、前条第三項に規定する委員は、委員長とみなす。

第250条の12（政令への委任）

この法律に規定するもののほか、委員会に関し必要な事項は、政令で定める。

第2款 国地方係争処理委員会による審査の手続

第250条の13（国の関与に関する審査の申出）

普通地方公共団体の長その他の執行機関は、その担任する事務に関する国の関与のうち是正の要求、許可の拒否その他の処分その他公権力の行使に当たるもの（次に掲げるものを除く。）に不服があるときは、委員会に対し、当該国の関与を行った国の行政庁を相手方として、文書で、審査の申出をすることができる。

① 第245条の8第2項及び第13項の規定による指示

② 第245条の8第8項の規定に基づき都道府県知事に代わって同条第2項の規定による指示に係る事項を行うこと。

③ 第252条の17の4第2項の規定により読み替えて適用する第245条の8第12項において準用する同条第2項の規定による指示

④ 第252条の17の4第2項の規定により読み替えて適用する第245条の8第12項において準用する同条第8項の規定に基づき市町村長に代わって前号の指示に係る事項を行うこと。

2 普通地方公共団体の長その他の執行機関は、その担任する事務に関する国の不作為（国の行政庁が、申請等が行われた場合において、相当の期間内に何らかの国の関与のうち許可その他の処分その他公権力の行使に当たるも

のをすべきにかかわらず、これをしないことをいう。以下本節において同じ。）に不服があるときは、委員会に対し、当該国の不作為に係る国の行政庁を相手方として、文書で、審査の申出をすることができる。

3 普通地方公共団体の長その他の執行機関は、その担任する事務に関する当該普通地方公共団体の法令に基づく協議の申出が国の行政庁に対して行われた場合において、当該協議に係る当該普通地方公共団体の義務を果たしたと認めるにもかかわらず当該協議が調わないときは、委員会に対し、当該協議の相手方である国の行政庁を相手方として、文書で、審査の申出をすることができる。

4 第1項の規定による審査の申出は、当該国の関与があつた日から30日以内にしなければならない。ただし、天災その他同項の規定による審査の申出をしなかったことについてやむを得ない理由があるときは、この限りでない。

5 前項ただし書の場合における第一項の規定による審査の申出は、その理由がやんだ日から1週間以内にしなければならない。

6 第1項の規定による審査の申出に係る文書を郵便又は民間事業者による信書の送達に関する法律第2条第6項に規定する一般信書便事業者若しくは同条第九項に規定する特定信書便事業者による同条第二項に規定する信書便（第260条の2第12項において「信書便」という。）で提出した場合における前二項の期間の計算については、送付に要した日数は、算入しない。

7 普通地方公共団体の長その他の執行機関は、第1項から第3項までの規定による審査の申出（以下本款において「国の関与に関する審査の申出」という。）をしようとするときは、相手方となるべき国の行政庁に対し、その旨をあらかじめ通知しなければならない。

第250条の14（審査及び勧告）

1 委員会は、自治事務に関する国の関与について前条第1項の規定による審査の申出があった場合においては、審査を行い、相手方である国の行政庁の行った国の関与が違法でなく、かつ、普通地方公共団体の自主性及び自立性を尊重する観点から不当でないと認めるときは、理由を付してその旨を当該審査の申出をした普通地方公共団体の長その他の執行機関及び当該国の行政庁に通知するとともに、これを公表し、当該国の行政庁の行った国の

149

関与が違法又は普通地方公共団体の自主性及び自立性を尊重する観点から不当であると認めるときは、当該国の行政庁に対し、理由を付し、かつ、期間を示して、必要な措置を講ずべきことを勧告するとともに、当該勧告の内容を当該普通地方公共団体の長その他の執行機関に通知し、かつ、これを公表しなければならない。

2　委員会は、法定受託事務に関する国の関与について前条第１項の規定による審査の申出があった場合においては、審査を行い、相手方である国の行政庁の行った国の関与が違法でないと認めるときは、理由を付してその旨を当該審査の申出をした普通地方公共団体の長その他の執行機関及び当該国の行政庁に通知するとともに、これを公表し、当該国の行政庁の行った国の関与が違法であると認めるときは、当該国の行政庁に対し、理由を付し、かつ、期間を示して、必要な措置を講ずべきことを勧告するとともに、当該勧告の内容を当該普通地方公共団体の長その他の執行機関に通知し、かつ、これを公表しなければならない。

3　委員会は、前条第２項の規定による審査の申出があつた場合においては、審査を行い、当該審査の申出に理由がないと認めるときは、理由を付してその旨を当該審査の申出をした普通地方公共団体の長その他の執行機関及び相手方である国の行政庁に通知するとともに、これを公表し、当該審査の申出に理由があると認めるときは、当該国の行政庁に対し、理由を付し、かつ、期間を示して、必要な措置を講ずべきことを勧告するとともに、当該勧告の内容を当該普通地方公共団体の長その他の執行機関に通知し、かつ、これを公表しなければならない。

4　委員会は、前条第３項の規定による審査の申出があつたときは、当該審査の申出に係る協議について当該協議に係る普通地方公共団体がその義務を果たしているかどうかを審査し、理由を付してその結果を当該審査の申出をした普通地方公共団体の長その他の執行機関及び相手方である国の行政庁に通知するとともに、これを公表しなければならない。

5　前各項の規定による審査及び勧告は、審査の申出があつた日から90日以内に行わなければならない。

第250条の15〜250条の20　（略）

第３款　自治紛争処理委員

第251条（自治紛争処理委員）

1　自治紛争処理委員は、この法律の定めるところにより、普通地方公共団体相互の間又は普通地方公共団体の機関相互の間の紛争の調停、普通地方公共団体に対する国又は都道府県の関与のうち都道府県の機関が行うもの（以下この節において「都道府県の関与」という。）に関する審査、第252条の２第１項に規定する連携協約に係る紛争を処理するための方策の提示及び第143条第３項（第180条の５第８項及び第184条第２項において準用する場合を含む。）の審査請求又はこの法律の規定による審査の申立て若しくは審決の申請に係る審理を処理する。

2　自治紛争処理委員は、３人とし、事件ごとに、優れた識見を有する者のうちから、総務大臣又は都道府県知事がそれぞれ任命する。この場合においては、総務大臣又は都道府県知事は、あらかじめ当該事件に関係のある事務を担任する各大臣又は都道府県の委員会若しくは委員に協議するものとする。

3〜6　（略）

第４款　（略）

第５款　普通地方公共団体に対する国又は都道府県の関与に関する訴え

第251条の５（国の関与に関する訴えの提起）

1　第250条の13第１項又は第２項の規定による審査の申出をした普通地方公共団体の長その他の執行機関は、次の各号のいずれかに該当するときは、高等裁判所に対し、当該審査の申出の相手方となった国の行政庁（国の関与があった後又は申請等が行われた後に当該行政庁の権限が他の行政庁に承継されたときは、当該他の行政庁）を被告として、訴えをもつて当該審査の申出に係る違法な国の関与の取消し又は当該審査の申出に係る国の不作為の違法の確認を求めることができる。ただし、違法な国の関与の取消しを求める訴えを提起する場合において、被告とすべき行政庁がないときは、当該訴えは、国を被告として提起しなければならない。

①　第250条の14第１項から第３項までの規定による委員会の審査の結果又は勧告に不服があるとき。

②　第250条の18第１項の規定による国の行政庁の措置に不服があるとき。

③　当該審査の申出をした日から90日を経過しても、委員会が第250条の14第１項から

第3項までの規定による審査又は勧告を行わないとき。

④ 国の行政庁が第250条の18第1項の規定による措置を講じないとき。

2 前項の訴えは、次に掲げる期間内に提起しなければならない。

① 前項第1号の場合は、第250条の14第1項から第3項までの規定による委員会の審査の結果又は勧告の内容の通知があった日から30日以内

② 前項第2号の場合は、第250条の18第1項の規定による委員会の通知があつた日から30日以内

③ 前項第3号の場合は、当該審査の申出をした日から90日を経過した日から30日以内

④ 前項第4号の場合は、第250条の14第1項から第3項までの規定による委員会の勧告に示された期間を経過した日から30日以内

3 第1項の訴えは、当該普通地方公共団体の区域を管轄する高等裁判所の管轄に専属する。

4 原告は、第1項の訴えを提起したときは、直ちに、文書により、その旨を被告に通知するとともに、当該高等裁判所に対し、その通知をした日時、場所及び方法を通知しなければならない。

5 当該高等裁判所は、第1項の訴えが提起されたときは、速やかに口頭弁論の期日を指定し、当事者を呼び出さなければならない。その期日は、同項の訴えの提起があった日から15日以内の日とする。

6 第1項の訴えに係る高等裁判所の判決に対する上告の期間は、1週間とする。

7 国の関与を取り消す判決は、関係行政機関に対しても効力を有する。

8 第1項の訴えのうち違法な国の関与の取消しを求めるものについては、行政事件訴訟法第43条第1項の規定にかかわらず、同法第8条第2項、第11条から第22条まで、第25条から第29条まで、第31条、第32条及び第34条の規定は、準用しない。

9 第1項の訴えのうち国の不作為の違法の確認を求めるものについては、行政事件訴訟法第43条第3項の規定にかかわらず、同法第40条第2項及び第41条第2項の規定は、準用しない。

10 前各項に定めるもののほか、第1項の訴えについては、主張及び証拠の申出の時期の制限その他審理の促進に関し必要な事項は、最高裁判所規則で定める。

第251条の6（都道府県の関与に関する訴えの提起）

1 第251条の3第1項又は第2項の規定による申出をした市町村長その他の市町村の執行機関は、次の各号のいずれかに該当するときは、高等裁判所に対し、当該申出の相手方となった都道府県の行政庁（都道府県の関与があつた後又は申請等が行われた後に当該行政庁の権限が他の行政庁に承継されたときは、当該他の行政庁）を被告として、訴えをもって当該申出に係る違法な都道府県の関与の取消し又は当該申出に係る都道府県の不作為の違法の確認を求めることができる。ただし、違法な都道府県の関与の取消しを求める訴えを提起する場合において、被告とすべき行政庁がないときは、当該訴えは、当該都道府県を被告として提起しなければならない。

① 第251条の3第5項において準用する第250条の14第1項若しくは第2項又は第251条の3第6項において準用する第250条の14第3項の規定による自治紛争処理委員の審査の結果又は勧告に不服があるとき。

② 第251条の3第9項の規定による都道府県の行政庁の措置に不服があるとき。

③ 当該申出をした日から90日を経過しても、自治紛争処理委員が第251条の3第5項において準用する第250条の14第1項若しくは第2項又は第251条の3第6項において準用する第250条の14第3項の規定による審査又は勧告を行わないとき。

④ 都道府県の行政庁が第251条の3第9項の規定による措置を講じないとき。

2 前項の訴えは、次に掲げる期間内に提起しなければならない。

① 前項第1号の場合は、第251条の3第5項において準用する第250条の14第1項若しくは第2項又は第251条の3第6項において準用する第250条の14第3項の規定による自治紛争処理委員の審査の結果又は勧告の内容の通知があった日から30日以内

② 前項第2号の場合は、第251条の3第9項の規定による総務大臣の通知があった日から30日以内

③ 前項第3号の場合は、当該申出をした日から90日を経過した日から30日以内

④ 前項第4号の場合は、第251条の3第5項において準用する第250条の14第1項若しくは第2項又は第251条の3第6項にお

いて準用する第250条の14第3項の規定による自治紛争処理委員の勧告に示された期間を経過した日から30日以内

3 前条第3項から第7項までの規定は、第1項の訴えに準用する。この場合において、同条第3項中「当該普通地方公共団体の区域」とあるのは「当該市町村の区域」と、同条第7項中「国の関与」とあるのは「都道府県の関与」と読み替えるものとする。

4 第1項の訴えのうち違法な都道府県の関与の取消しを求めるものについては、行政事件訴訟法第43条第1項の規定にかかわらず、同法第8条第2項、第11条から第22条まで、第25条から第29条まで、第31条、第32条及び第34条の規定は、準用しない。

5 第1項の訴えのうち都道府県の不作為の違法の確認を求めるものについては、行政事件訴訟法第43条第3項の規定にかかわらず、同法第40条第2項及び第41条第2項の規定は、準用しない。

6 前各項に定めるもののほか、第1項の訴えについては、主張及び証拠の申出の時期の制限その他審理の促進に関し必要な事項は、最高裁判所規則で定める。

第251条の7・第252条（略）

【第3節 普通地方公共団体相互間の協力】（抄）
第1款 連携協約
第252条の2（連携協約）

1 普通地方公共団体は、当該普通地方公共団体及び他の普通地方公共団体の区域における当該普通地方公共団体及び当該他の普通地方公共団体の事務の処理に当たつての当該他の普通地方公共団体との連携を図るため、協議により、当該普通地方公共団体及び当該他の普通地方公共団体が連携して事務を処理するに当たつての基本的な方針及び役割分担を定める協約（以下「連携協約」という。）を当該他の普通地方公共団体と締結することができる。

2 普通地方公共団体は、連携協約を締結したときは、その旨及び当該連携協約を告示するとともに、都道府県が締結したものにあつては総務大臣、その他のものにあつては都道府県知事に届け出なければならない。

3 第1項の協議については、関係普通地方公共団体の議会の議決を経なければならない。

4 普通地方公共団体は、連携協約を変更し、又は連携協約を廃止しようとするときは、前三項の例によりこれを行わなければならない。

5 公益上必要がある場合においては、都道府県が締結するものについては総務大臣、その他のものについては都道府県知事は、関係のある普通地方公共団体に対し、連携協約を締結すべきことを勧告することができる。

6 連携協約を締結した普通地方公共団体は、当該連携協約に基づいて、当該連携協約を締結した他の普通地方公共団体と連携して事務を処理するに当たつて当該普通地方公共団体が分担すべき役割を果たすため必要な措置を執るようにしなければならない。

7 連携協約を締結した普通地方公共団体相互の間に連携協約に係る紛争があるときは、当事者である普通地方公共団体は、都道府県が当事者となる紛争にあつては総務大臣、その他の紛争にあつては都道府県知事に対し、文書により、自治紛争処理委員による当該紛争を処理するための方策の提示を求める旨の申請をすることができる。

第2款 協議会（略）
第3款 機関等の共同設置（略）
第4款 事務の委託（略）
第5款 事務の代替執行（略）
第6款 職員の派遣（略）
【第4節 条例による事務処理の特例】（略）
【第5節 雑則】（略）

第12章 大都市等に関する特例 （抄）

【第1節 大都市に関する特例】（抄）
第252条の19（指定都市の権能）

1 政令で指定する人口50万以上の市（以下「指定都市」という。）は、次に掲げる事務のうち都道府県が法律又はこれに基づく政令の定めるところにより処理することとされているものの全部又は一部で政令で定めるものを、政令で定めるところにより、処理することができる。

① 児童福祉に関する事務
② 民生委員に関する事務
③ 身体障害者の福祉に関する事務
④ 生活保護に関する事務
⑤ 行旅病人及び行旅死亡人の取扱に関する事務
⑤の2 社会福祉事業に関する事務
⑤の3 知的障害者の福祉に関する事務
⑥ 母子家庭及び父子家庭並びに寡婦の福祉に関する事務
⑥の2 老人福祉に関する事務
⑦ 母子保健に関する事務

⑦の2　介護保険に関する事務

⑧　障害者の自立支援に関する事務

⑧の2　生活困窮者の自立支援に関する事務

⑨　食品衛生に関する事務

⑨の2　医療に関する事務

⑩　精神保健及び精神障害者の福祉に関する事務

⑪　結核の予防に関する事務

⑪の2　難病の患者に対する医療等に関する事務

⑫　土地区画整理事業に関する事務

⑬　屋外広告物の規制に関する事務

2　指定都市がその事務を処理するに当たつて、法律又はこれに基づく政令の定めるところにより都道府県知事若しくは都道府県の委員会の許可、認可、承認その他これらに類する処分を要し、又はその事務の処理について都道府県知事若しくは都道府県の委員会の改善、停止、制限、禁止その他これらに類する指示その他の命令を受けるものとされている事項で政令で定めるものについては、政令の定めるところにより、これらの許可、認可等の処分を要せず、若しくはこれらの指示その他の命令に関する法令の規定を適用せず、又は都道府県知事若しくは都道府県の委員会の許可、認可等の処分若しくは指示その他の命令に代えて、各大臣の許可、認可等の処分を要するものとし、若しくは各大臣の指示その他の命令を受けるものとする。

第252条の20（区の設置）

1　指定都市は、市長の権限に属する事務を分掌させるため、条例で、その区域を分けて<mark>区</mark>を設け、区の事務所又は必要があると認めるときはその出張所を置くものとする。

2　区の事務所又はその出張所の位置、名称及び所管区域並びに区の事務所が分掌する事務は、条例でこれを定めなければならない。

3　区にその事務所の長として区長を置く。

4　区長又は区の事務所の出張所の長は、当該普通地方公共団体の長の補助機関である職員をもつて充てる。

5　区に選挙管理委員会を置く。

6　第4条第2項の規定は第2項の区の事務所又はその出張所の位置及び所管区域に、第175条第2項の規定は区長又は第4項の区の事務所の出張所の長に、第2編第7章第3節中市の選挙管理委員会に関する規定は前項の選挙管理委員会について、これを準用する。

7　指定都市は、必要と認めるときは、条例で、区ごとに区地域協議会を置くことができる。この場合において、その区域内に地域自治区が設けられる区には、区地域協議会を設けないことができる。

8　第202条の5第2項から第5項まで及び第202条の6から第202条の9までの規定は、区地域協議会に準用する。

9　指定都市は、地域自治区を設けるときは、その区域は、区の区域を分けて定めなければならない。

10　第7項の規定に基づき、区に区地域協議会を置く指定都市は、第202条の4第1項の規定にかかわらず、その一部の区の区域に地域自治区を設けることができる。

11　前各項に定めるもののほか、指定都市の区に関し必要な事項は、政令でこれを定める。

第252条の20の2（総合区の設置）

1　指定都市は、その行政の円滑な運営を確保するため必要があると認めるときは、前条第1項の規定にかかわらず、市長の権限に属する事務のうち特定の区の区域内に関するものを第8項の規定により総合区長に執行させるため、条例で、当該区に代えて総合区を設け、総合区の事務所又は必要があると認めるときはその出張所を置くことができる。

2　総合区の事務所又はその出張所の位置、名称及び所管区域並びに総合区の事務所が分掌する事務は、条例でこれを定めなければならない。

3　総合区にその事務所の長として総合区長を置く。

4　総合区長は、市長が議会の同意を得てこれを選任する。

5　総合区長の任期は、4年とする。ただし、市長は、任期中においてもこれを解職することができる。

6　総合区の事務所の職員のうち、総合区長があらかじめ指定する者は、総合区長に事故があるとき又は総合区長が欠けたときは、その職務を代理する。

7　第141条、第142条、第159条、第164条、第165条第2項、第166条第1項及び第3項並びに第175条第2項の規定は、総合区長について準用する。

8　総合区長は、総合区の区域に係る政策及び企画をつかさどるほか、法律若しくはこれに基づく政令又は条例により総合区長が執行することとされた事務及び市長の権限に属する事務のうち主として総合区の区域内に関する

153

もので次に掲げるものを執行し、これらの事務の執行について当該指定都市を代表する。ただし、法律又はこれに基づく政令に特別の定めがある場合は、この限りでない。

① 総合区の区域に住所を有する者の意見を反映させて総合区の区域のまちづくりを推進する事務（法律若しくはこれに基づく政令又は条例により市長が執行することとされたものを除く。）

② 総合区の区域に住所を有する者相互間の交流を促進するための事務（法律若しくはこれに基づく政令又は条例により市長が執行することとされたものを除く。）

③ 社会福祉及び保健衛生に関する事務のうち総合区の区域に住所を有する者に対して直接提供される役務に関する事務（法律若しくはこれに基づく政令又は条例により市長が執行することとされたものを除く。）

④ 前三号に掲げるもののほか、主として総合区の区域内に関する事務で条例で定めるもの

9 総合区長は、総合区の事務所又はその出張所の職員（政令で定めるものを除く。）を任免する。ただし、指定都市の規則で定める主要な職員を任免する場合においては、あらかじめ、市長の同意を得なければならない。

10 総合区長は、歳入歳出予算のうち総合区長が執行する事務に係る部分に関し必要があると認めるときは、市長に対し意見を述べることができる。

11 総合区に選挙管理委員会を置く。

12 第4条第2項の規定は第2項の総合区の事務所又はその出張所の位置及び所管区域について、第175条第2項の規定は総合区の事務所の出張所の長について、第2編第7章第3節中市の選挙管理委員会に関する規定は前項の選挙管理委員会について準用する。

13 前条第7項から第10項までの規定は、総合区について準用する。

14 前各項に定めるもののほか、指定都市の総合区に関し必要な事項は、政令でこれを定める。

第252条の21〜第252条の21の5（略）

【第2節　中核市に関する特例】（抄）

第252条の22（中核市の権能）

1 政令で指定する人口20万以上の市（以下「中核市」という。）は、第252条の19第1項の規定により指定都市が処理することができる事務のうち、都道府県がその区域にわたり一体

的に処理することが中核市が処理することに比して効率的な事務その他の中核市において処理することが適当でない事務以外の事務で政令で定めるものを、政令で定めるところにより、処理することができる。

2 中核市がその事務を処理するに当たつて、法律又はこれに基づく政令の定めるところにより都道府県知事の改善、停止、制限、禁止その他これらに類する指示その他の命令を受けるものとされている事項で政令で定めるものについては、政令の定めるところにより、これらの指示その他の命令に関する法令の規定を適用せず、又は都道府県知事の指示その他の命令に代えて、各大臣の指示その他の命令を受けるものとする。

第252条の23　削除

第252条の24（中核市の指定に係る手続）

1 総務大臣は、第252条の22第1項の中核市の指定に係る政令の立案をしようとするときは、関係市からの申出に基づき、これを行うものとする。

2 前項の規定による申出をしようとするときは、関係市は、あらかじめ、当該市の議会の議決を経て、都道府県の同意を得なければならない。

3 前項の同意については、当該都道府県の議会の議決を経なければならない。

第252条の25〜第252条の26の2（略）

第13章　外部監査契約に基づく監査（略）

第14章　補則（抄）

第253条〜第260条（略）

第260条の2（地縁による団体）

1 町又は字の区域その他市町村内の一定の区域に住所を有する者の地縁に基づいて形成された団体（以下本条において「地縁による団体」という。）は、地域的な共同活動を円滑に行うため市町村長の認可を受けたときは、その規約に定める目的の範囲内において、権利を有し、義務を負う。

2 前項の認可は、地縁による団体のうち次に掲げる要件に該当するものについて、その団体の代表者が総務省令で定めるところにより行う申請に基づいて行う。

① その区域の住民相互の連絡、環境の整備、集会施設の維持管理等良好な地域社会の維持及び形成に資する地域的な共同活動を行うことを目的とし、現にその活動を行つて

154

いると認められること。

② その区域が、住民にとつて客観的に明らかなものとして定められていること。

③ その区域に住所を有するすべての個人は、構成員となることができるものとし、その相当数の者が現に構成員となつていること。

④ 規約を定めていること。

3 規約には、次に掲げる事項が定められていなければならない。

① 目的

② 名称

③ 区域

④ 主たる事務所の所在地

⑤ 構成員の資格に関する事項

⑥ 代表者に関する事項

⑦ 会議に関する事項

⑧ 資産に関する事項

4 第2項第2号の区域は、当該地縁による団体が相当の期間にわたつて存続している区域の現況によらなければならない。

5 市町村長は、地縁による団体が第2項各号に掲げる要件に該当していると認めるときは、第1項の認可をしなければならない。

6 第1項の認可は、当該認可を受けた地縁による団体を、公共団体その他の行政組織の一部とすることを意味するものと解釈してはならない。

7 第1項の認可を受けた地縁による団体（以下「認可地縁団体」という。）は、正当な理由がない限り、その区域に住所を有する個人の加入を拒んではならない。

8 認可地縁団体は、民主的な運営の下に、自主的に活動するものとし、構成員に対し不当な差別的取扱いをしてはならない。

9 認可地縁団体は、特定の政党のために利用してはならない。

10 市町村長は、第1項の認可をしたときは、総務省令で定めるところにより、これを告示しなければならない。告示した事項に変更があつたときも、また同様とする。

11 認可地縁団体は、前項の規定に基づいて告示された事項に変更があつたときは、総務省令で定めるところにより、市町村長に届け出なければならない。

12 何人も、市町村長に対し、総務省令で定めるところにより、第10項の規定により告示した事項に関する証明書の交付を請求することができる。この場合において、当該請求をしようとする者は、郵便又は信書便により、当

該証明書の送付を求めることができる。

13 認可地縁団体は、第10項の告示があるまでは、認可地縁団体となつたこと及び同項の規定に基づいて告示された事項をもつて第三者に対抗することができない。

14 市町村長は、認可地縁団体が第2項各号に掲げる要件のいずれかを欠くこととなつたとき、又は不正な手段により第1項の認可を受けたときは、その認可を取り消すことができる。

15 一般社団法人及び一般財団法人に関する法律第4条及び第78条の規定は、認可地縁団体に準用する。

16 認可地縁団体は、法人税法その他法人税に関する法令の規定の適用については、同法第2条第6号に規定する公益法人等とみなす。この場合において、同法第37条の規定を適用する場合には同条第4項中「公益法人等（」とあるのは「公益法人等（地方自治法第260条の2第7項に規定する認可地縁団体（以下「認可地縁団体」という。）並びに」と、同法第66条の規定を適用する場合には同条第1項中「普通法人」とあるのは「普通法人（認可地縁団体を含む。）」と、同条第2項中「除く」とあるのは「除くものとし、認可地縁団体を含む」と、同条第3項中「公益法人等（」とあるのは「公益法人等（認可地縁団体及び」とする。

17 認可地縁団体は、消費税法その他消費税に関する法令の規定の適用については、同法別表第3に掲げる法人とみなす。

第260条の3～第263条の3（略）

第3編　特別地方公共団体（抄）

第1章　削除

第2章　特別区（抄）

第281条（特別区）

1 都の区は、これを特別区という。

2 特別区は、法律又はこれに基づく政令により都が処理することとされているものを除き、地域における事務並びにその他の事務で法律又はこれに基づく政令により市が処理することとされるもの及び法律又はこれに基づく政令により特別区が処理することとされるものを処理する。

第281条の2～第283条（略）

第3章　地方公共団体の組合（抄）

【第1節　総則】

第284条（組合の種類及び設置）

1　地方公共団体の組合は、**一部事務組合**及び**広域連合**とする。

2　普通地方公共団体及び特別区は、その事務の一部を共同処理するため、その協議により規約を定め、都道府県の加入するものにあつては総務大臣、その他のものにあつては都道府県知事の許可を得て、一部事務組合を設けることができる。この場合において、一部事務組合内の地方公共団体につきその執行機関の権限に属する事項がなくなつたときは、その執行機関は、一部事務組合の成立と同時に消滅する。

3　普通地方公共団体及び特別区は、その事務で広域にわたり処理することが適当であると認めるものに関し、広域にわたる総合的な計画（以下「広域計画」という。）を作成し、その事務の管理及び執行について広域計画の実施のために必要な連絡調整を図り、並びにこれらの事務の一部を広域にわたり総合的かつ計画的に処理するため、その協議により規約を定め、前項の例により、総務大臣又は都道府県知事の許可を得て、広域連合を設けることができる。この場合においては、同項後段の規定を準用する。

4　総務大臣は、前項の許可をしようとするときは、国の関係行政機関の長に協議しなければならない。

第285条

市町村及び特別区の事務に関し相互に関連するものを共同処理するための市町村及び特別区の一部事務組合については、市町村又は特別区の共同処理しようとする事務が他の市町村又は特別区の共同処理しようとする事務と同一の種類のものでない場合においても、これを設けることを妨げるものではない。

第285条の2（設置の勧告等）

1　公益上必要がある場合においては、都道府県知事は、関係のある市町村及び特別区に対し、一部事務組合又は広域連合を設けるべきことを勧告することができる。

2　都道府県知事は、第284条第3項の許可をしたときは直ちにその旨を公表するとともに、総務大臣に報告しなければならない。

3　総務大臣は、第284条第3項の許可をしたときは直ちにその旨を告示するとともに、国の関係行政機関の長に通知し、前項の規定による報告を受けたときは直ちにその旨を国の関係行政機関の長に通知しなければならない。

【第2節　一部事務組合】（抄）

第286条（組織、事務及び規約の変更）

1　一部事務組合は、これを組織する地方公共団体（以下この節において「構成団体」という。）の数を増減し若しくは共同処理する事務を変更し、又は一部事務組合の規約を変更しようとするときは、関係地方公共団体の協議によりこれを定め、都道府県の加入するものにあつては総務大臣、その他のものにあつては都道府県知事の許可を受けなければならない。ただし、第287条第1項第1号、第4号又は第7号に掲げる事項のみに係る一部事務組合の規約を変更しようとするときは、この限りでない。

2　一部事務組合は、第287条第1項第1号、第4号又は第7号に掲げる事項のみに係る一部事務組合の規約を変更しようとするときは、構成団体の協議によりこれを定め、前項本文の例により、直ちに総務大臣又は都道府県知事に届出をしなければならない。

第286条の2～第291条（略）

【第3節　広域連合】（抄）

第291条の2（広域連合による事務の処理等）

1　国は、その行政機関の長の権限に属する事務のうち広域連合の事務に関連するものを、別に法律又はこれに基づく政令の定めるところにより、当該広域連合が処理することとすることができる。

2　都道府県は、その執行機関の権限に属する事務のうち都道府県の加入しない広域連合の事務に関連するものを、条例の定めるところにより、当該広域連合が処理することとすることができる。

3　第252条の17の2第2項、第252条の17の3及び第252条の17の4の規定は、前項の規定により広域連合が都道府県の事務を処理する場合について準用する。

4　都道府県の加入する広域連合の長（第291条の13において準用する第287条の3第2項の規定により長に代えて理事会を置く広域連合にあつては、理事会。第291条の4第4項、第291条の5第2項、第291条の6第1項及び第291条の8第2項を除き、以下同じ。）は、その議会の議決を経て、国の行政機関の長に対し、当該広域連合の事務に密接に関連する国の行政機関の長の権限に属する事務の一部

を当該広域連合が処理することとするよう要
請することができる。

5　都道府県の加入しない広域連合の長は、そ
の議会の議決を経て、都道府県に対し、当該
広域連合の事務に密接に関連する都道府県の
事務の一部を当該広域連合が処理すること
するよう要請することができる。

第291条の3（組織、事務及び規約の変更）

1　広域連合は、これを組織する地方公共団体
の数を増減し若しくは処理する事務を変更し、
又は広域連合の規約を変更しようとするとき
は、関係地方公共団体の協議によりこれを定
め、都道府県の加入するものにあつては総務
大臣、その他のものにあつては都道府県知事
の許可を受けなければならない。ただし、次
条第1項第6号若しくは第9号に掲げる事項
又は前条第1項若しくは第2項の規定により
広域連合が新たに事務を処理することとされ
た場合（変更された場合を含む。）における
当該事務のみに係る広域連合の規約を変更し
ようとするときは、この限りでない。

2　総務大臣は、前項の許可をしようとすると
きは、国の関係行政機関の長に協議しなけれ
ばならない。

3　広域連合は、次条第1項第6号又は第9号
に掲げる事項のみに係る広域連合の規約を変
更しようとするときは、関係地方公共団体の
協議によりこれを定め、第1項本文の例によ
り、直ちに総務大臣又は都道府県知事に届出
をしなければならない。

4　前条第1項又は第2項の規定により広域連
合が新たに事務を処理することとされたとき
（変更されたときを含む。）は、広域連合の長
は、直ちに次条第1項第4号又は第9号に掲
げる事項に係る規約につき必要な変更を行い、
第1項本文の例により、総務大臣又は都道府
県知事に届出をするとともに、その旨を当該
広域連合を組織する地方公共団体の長に通知
しなければならない。

5　都道府県知事は、第1項の許可をしたとき、
又は第3項若しくは前項の届出を受理したと
きは、直ちにその旨を公表するとともに、総
務大臣に報告しなければならない。

6　総務大臣は、第1項の許可をしたとき又は
第3項若しくは第4項の届出を受理したとき
は直ちにその旨を告示するとともに、これを
国の関係行政機関の長に通知し、前項の規定
による報告を受けたときは直ちにその旨を国
の関係行政機関の長に通知しなければならな

い。

7　広域連合の長は、広域計画に定める事項に
関する事務を総合的かつ計画的に処理するた
め必要があると認めるときは、その議会の議
決を経て、当該広域連合を組織する地方公共
団体に対し、当該広域連合の規約を変更する
よう要請することができる。

8　前項の規定による要請があつたときは、広
域連合を組織する地方公共団体は、これを尊
重して必要な措置を執るようにしなければな
らない。

第291条の4～第291条の13（略）

【第4節　雑則】（略）

第4章　財産区（略）

第4編　補則（略）

別表（略）

157

個人情報の保護に関する法律 (抄)

(最終改正：令和3年5月19日)

第1章　総則

第1条（目的）

　この法律は、デジタル社会の進展に伴い個人情報の利用が著しく拡大していることに鑑み、個人情報の適正な取扱いに関し、基本理念及び政府による基本方針の作成その他の個人情報の保護に関する施策の基本となる事項を定め、国及び地方公共団体の責務等を明らかにし、個人情報を取り扱う事業者及び行政機関等についてこれらの特性に応じて遵守すべき義務等を定めるとともに、個人情報保護委員会を設置することにより、行政機関等の事務及び事業の適正かつ円滑な運営を図り、並びに個人情報の適正かつ効果的な活用が新たな産業の創出並びに活力ある経済社会及び豊かな国民生活の実現に資するものであることその他の個人情報の有用性に配慮しつつ、個人の権利利益を保護することを目的とする。

第2条（定義）

1　この法律において「個人情報」とは、生存する個人に関する情報であって、次の各号のいずれかに該当するものをいう。

① 当該情報に含まれる氏名、生年月日その他の記述等（文書、図画若しくは電磁的記録（電磁的方式（電子的方式、磁気的方式その他人の知覚によっては認識することができない方式をいう。次項第2号において同じ。）で作られる記録をいう。以下同じ。）に記載され、若しくは記録され、又は音声、動作その他の方法を用いて表された一切の事項（個人識別符号を除く。）をいう。以下同じ。）により特定の個人を識別することができるもの（他の情報と容易に照合することができ、それにより特定の個人を識別することができることとなるものを含む。）

② 個人識別符号が含まれるもの

2　この法律において「個人識別符号」とは、次の各号のいずれかに該当する文字、番号、記号その他の符号のうち、政令で定めるものをいう。

① 特定の個人の身体の一部の特徴を電子計算機の用に供するために変換した文字、番号、記号その他の符号であって、当該特定の個人を識別することができるもの

② 個人に提供される役務の利用若しくは個人に販売される商品の購入に関し割り当てられ、又は個人に発行されるカードその他の書類に記載され、若しくは電磁的方式により記録された文字、番号、記号その他の符号であって、その利用者若しくは購入者又は発行を受ける者ごとに異なるものとなるように割り当てられ、又は記載され、若しくは記録されることにより、特定の利用者若しくは購入者又は発行を受ける者を識別することができるもの

3　この法律において「要配慮個人情報」とは、本人の人種、信条、社会的身分、病歴、犯罪の経歴、犯罪により害を被った事実その他本人に対する不当な差別、偏見その他の不利益が生じないようにその取扱いに特に配慮を要するものとして政令で定める記述等が含まれる個人情報をいう。

4　この法律において個人情報について「本人」とは、個人情報によって識別される特定の個人をいう。

5　この法律において「仮名加工情報」とは、次の各号に掲げる個人情報の区分に応じて当該各号に定める措置を講じて他の情報と照合しない限り特定の個人を識別することができないように個人情報を加工して得られる個人に関する情報をいう。

① 第1項第1号に該当する個人情報　当該個人情報に含まれる記述等の一部を削除すること（当該一部の記述等を復元することのできる規則性を有しない方法により他の記述等に置き換えることを含む。）。

② 第1項第2号に該当する個人情報　当該個人情報に含まれる個人識別符号の全部を削除すること（当該個人識別符号を復元することのできる規則性を有しない方法により他の記述等に置き換えることを含む。）。

6　この法律において「匿名加工情報」とは、次の各号に掲げる個人情報の区分に応じて当該各号に定める措置を講じて特定の個人を識別することができないように個人情報を加工して得られる個人に関する情報であって、当該個人情報を復元することができないようにしたものをいう。

① 第1項第1号に該当する個人情報　当該個人情報に含まれる記述等の一部を削除す

ること（当該一部の記述等を復元することのできる規則性を有しない方法により他の記述等に置き換えることを含む。）。

② 第1項第2号に該当する個人情報　当該個人情報に含まれる個人識別符号の全部を削除すること（当該個人識別符号を復元することのできる規則性を有しない方法により他の記述等に置き換えることを含む。）。

7 この法律において「個人関連情報」とは、生存する個人に関する情報であって、個人情報、仮名加工情報及び匿名加工情報のいずれにも該当しないものをいう。

8 この法律において「行政機関」とは、次に掲げる機関をいう。

① 法律の規定に基づき内閣に置かれる機関（内閣府を除く。）及び内閣の所轄の下に置かれる機関

② 内閣府、宮内庁並びに内閣府設置法第49条第1項及び第2項に規定する機関（これらの機関のうち第4号の政令で定める機関が置かれる機関にあっては、当該政令で定める機関を除く。）

③ 国家行政組織法第3条第2項に規定する機関（第5号の政令で定める機関が置かれる機関にあっては、当該政令で定める機関を除く。）

④ 内閣府設置法第39条及び第55条並びに宮内庁法第16条第2項の機関並びに内閣府設置法第40条及び第56条（宮内庁法第18条第1項において準用する場合を含む。）の特別の機関で、政令で定めるもの

⑤ 国家行政組織法第8条の2の施設等機関及び同法第8条の3の特別の機関で、政令で定めるもの

⑥ 会計検査院

9 この法律において「独立行政法人等」とは、独立行政法人通則法第2条第1項に規定する独立行政法人及び別表第一に掲げる法人をいう。

10 この法律において「地方独立行政法人」とは、地方独立行政法人法第2条第1項に規定する地方独立行政法人をいう。

11 この法律において「行政機関等」とは、次に掲げる機関をいう。

① 行政機関

② 独立行政法人等（別表第二に掲げる法人を除く。第16条第2項第3号、第63条、第78条第7号イ及びロ、第89条第3項から第5項まで、第117条第3項から第5項まで

並びに第123条第2項において同じ。）

第3条（基本理念）

個人情報は、個人の人格尊重の理念の下に慎重に取り扱われるべきものであることに鑑み、その適正な取扱いが図られなければならない。

第2章　国及び地方公共団体の責務等
（略）

第3章　個人情報の保護に関する施策等
（略）

第4章　個人情報取扱事業者等の義務等

【第1節　総則】

第16条（定義）

1 この章及び第8章において「個人情報データベース等」とは、個人情報を含む情報の集合物であって、次に掲げるもの（利用方法からみて個人の権利利益を害するおそれが少ないものとして政令で定めるものを除く。）をいう。

① 特定の個人情報を電子計算機を用いて検索することができるように体系的に構成したもの

② 前号に掲げるもののほか、特定の個人情報を容易に検索することができるように体系的に構成したものとして政令で定めるもの

2 この章及び第6章から第8章までにおいて「個人情報取扱事業者」とは、個人情報データベース等を事業の用に供している者をいう。ただし、次に掲げる者を除く。

① 国の機関

② 地方公共団体

③ 独立行政法人等

④ 地方独立行政法人

3 この章において「個人データ」とは、個人情報データベース等を構成する個人情報をいう。

4 この章において「保有個人データ」とは、個人情報取扱事業者が、開示、内容の訂正、追加又は削除、利用の停止、消去及び第三者への提供の停止を行うことのできる権限を有する個人データであって、その存否が明らかになることにより公益その他の利益が害されるものとして政令で定めるもの以外のものをいう。

5 この章、第6章及び第7章において「仮名

個人情報の保護に関する法律

159

加工情報取扱事業者」とは、仮名加工情報を含む情報の集合物であって、特定の仮名加工情報を電子計算機を用いて検索することができるように体系的に構成したものその他特定の仮名加工情報を容易に検索することができるように体系的に構成したものとして政令で定めるもの（第41条第1項において「仮名加工情報データベース等」という。）を事業の用に供している者をいう。ただし、第2項各号に掲げる者を除く。

6　この章、第6章及び第7章において「匿名加工情報取扱事業者」とは、匿名加工情報を含む情報の集合物であって、特定の匿名加工情報を電子計算機を用いて検索することができるように体系的に構成したものその他特定の匿名加工情報を容易に検索することができるように体系的に構成したものとして政令で定めるもの（第43条第1項において「匿名加工情報データベース等」という。）を事業の用に供している者をいう。ただし、第2項各号に掲げる者を除く。

7　この章、第6章及び第7章において「個人関連情報取扱事業者」とは、個人関連情報を含む情報の集合物であって、特定の個人関連情報を電子計算機を用いて検索することができるように体系的に構成したものその他特定の個人関連情報を容易に検索することができるように体系的に構成したものとして政令で定めるもの（第31条第1項において「個人関連情報データベース等」という。）を事業の用に供している者をいう。ただし、第2項各号に掲げる者を除く。

8　この章において「学術研究機関等」とは、大学その他の学術研究を目的とする機関若しくは団体又はそれらに属する者をいう。

【第2節　個人情報取扱事業者及び個人関連情報取扱事業者の義務】

第17条（利用目的の特定）

1　個人情報取扱事業者は、個人情報を取り扱うに当たっては、その利用の目的（以下「利用目的」という。）をできる限り**特定**しなければならない。

2　個人情報取扱事業者は、利用目的を**変更**する場合には、変更前の利用目的と関連性を有すると合理的に認められる範囲を超えて行ってはならない。

第18条（利用目的による制限）

1　個人情報取扱事業者は、あらかじめ本人の同意を得ないで、前条の規定により特定された**利用目的**の達成に必要な範囲を超えて、個人情報を取り扱ってはならない。

2　個人情報取扱事業者は、合併その他の事由により他の個人情報取扱事業者から事業を承継することに伴って個人情報を取得した場合は、あらかじめ本人の同意を得ないで、承継前における当該個人情報の利用目的の達成に必要な範囲を超えて、当該個人情報を取り扱ってはならない。

3　前二項の規定は、次に掲げる場合については、適用しない。

①　法令に基づく場合

②　人の生命、身体又は財産の保護のために必要がある場合であって、本人の同意を得ることが困難であるとき。

③　公衆衛生の向上又は児童の健全な育成の推進のために特に必要がある場合であって、本人の同意を得ることが困難であるとき。

④　国の機関若しくは地方公共団体又はその委託を受けた者が法令の定める事務を遂行することに対して協力する必要がある場合であって、本人の同意を得ることにより当該事務の遂行に支障を及ぼすおそれがあるとき。

⑤　当該個人情報取扱事業者が学術研究機関等である場合であって、当該個人情報を学術研究の用に供する目的（以下この章において「学術研究目的」という。）で取り扱う必要があるとき（当該個人情報を取り扱う目的の一部が学術研究目的である場合を含み、個人の権利利益を不当に侵害するおそれがある場合を除く。）。

⑥　学術研究機関等に個人データを提供する場合であって、当該学術研究機関等が当該個人データを学術研究目的で取り扱う必要があるとき（当該個人データを取り扱う目的の一部が学術研究目的である場合を含み、個人の権利利益を不当に侵害するおそれがある場合を除く。）。

第19条（不適正な利用の禁止）

個人情報取扱事業者は、違法又は不当な行為を助長し、又は誘発するおそれがある方法により個人情報を利用してはならない。

第20条（適正な取得）

1　個人情報取扱事業者は、偽りその他不正の手段により個人情報を取得してはならない。

2　個人情報取扱事業者は、次に掲げる場合を除くほか、**あらかじめ本人の同意**を得ないで、要配慮個人情報を取得してはならない。

160

① 法令に基づく場合
② 人の生命、身体又は財産の保護のために必要がある場合であって、本人の同意を得ることが困難であるとき。
③ 公衆衛生の向上又は児童の健全な育成の推進のために特に必要がある場合であって、本人の同意を得ることが困難であるとき。
④ 国の機関若しくは地方公共団体又はその委託を受けた者が法令の定める事務を遂行することに対して協力する必要がある場合であって、本人の同意を得ることにより当該事務の遂行に支障を及ぼすおそれがあるとき。
⑤ 当該個人情報取扱事業者が学術研究機関等である場合であって、当該要配慮個人情報を学術研究目的で取り扱う必要があるとき（当該要配慮個人情報を取り扱う目的の一部が学術研究目的である場合を含み、個人の権利利益を不当に侵害するおそれがある場合を除く。）。
⑥ 学術研究機関等から当該要配慮個人情報を取得する場合であって、当該要配慮個人情報を学術研究目的で取得する必要があるとき（当該要配慮個人情報を取得する目的の一部が学術研究目的である場合を含み、個人の権利利益を不当に侵害するおそれがある場合を除く。）（当該個人情報取扱事業者と当該学術研究機関等が共同して学術研究を行う場合に限る。）。
⑦ 当該要配慮個人情報が、本人、国の機関、地方公共団体、学術研究機関等、第57条第1項各号に掲げる者その他個人情報保護委員会規則で定める者により公開されている場合
⑧ その他前各号に掲げる場合に準ずるものとして政令で定める場合

第21条（取得に際しての利用目的の通知等）

1 個人情報取扱事業者は、個人情報を取得した場合は、あらかじめその利用目的を公表している場合を除き、速やかに、その利用目的を、本人に通知し、又は公表しなければならない。

2 個人情報取扱事業者は、前項の規定にかかわらず、本人との間で契約を締結することに伴って契約書その他の書面（電磁的記録を含む。以下この項において同じ。）に記載された当該本人の個人情報を取得する場合その他本人から直接書面に記載された当該本人の個人情報を取得する場合は、あらかじめ、本人

に対し、その利用目的を明示しなければならない。ただし、人の生命、身体又は財産の保護のために緊急に必要がある場合は、この限りでない。

3 個人情報取扱事業者は、利用目的を変更した場合は、変更された利用目的について、本人に通知し、又は公表しなければならない。

4 前三項の規定は、次に掲げる場合については、適用しない。
① 利用目的を本人に通知し、又は公表することにより本人又は第三者の生命、身体、財産その他の権利利益を害するおそれがある場合
② 利用目的を本人に通知し、又は公表することにより当該個人情報取扱事業者の権利又は正当な利益を害するおそれがある場合
③ 国の機関又は地方公共団体が法令の定める事務を遂行することに対して協力する必要がある場合であって、利用目的を本人に通知し、又は公表することにより当該事務の遂行に支障を及ぼすおそれがあるとき。
④ 取得の状況からみて利用目的が明らかであると認められる場合

第22条（データ内容の正確性の確保等）

個人情報取扱事業者は、利用目的の達成に必要な範囲内において、個人データを正確かつ最新の内容に保つとともに、利用する必要がなくなったときは、当該個人データを遅滞なく消去するよう努めなければならない。

第23条（安全管理措置）

個人情報取扱事業者は、その取り扱う個人データの漏えい、滅失又は毀損の防止その他の個人データの安全管理のために必要かつ適切な措置を講じなければならない。

第24条（従業者の監督）

個人情報取扱事業者は、その従業者に個人データを取り扱わせるに当たっては、当該個人データの安全管理が図られるよう、当該従業者に対する必要かつ適切な監督を行わなければならない。

第25条（委託先の監督）

個人情報取扱事業者は、個人データの取扱いの全部又は一部を委託する場合は、その取扱いを委託された個人データの安全管理が図られるよう、委託を受けた者に対する必要かつ適切な監督を行わなければならない。

第26条（漏えい等の報告等）

1 個人情報取扱事業者は、その取り扱う個人データの漏えい、滅失、毀損その他の個人デ

個人情報の保護に関する法律

161

ータの安全の確保に係る事態であって個人の権利利益を害するおそれが大きいものとして個人情報保護委員会規則で定めるものが生じたときは、個人情報保護委員会規則で定めるところにより、当該事態が生じた旨を個人情報保護委員会に報告しなければならない。ただし、当該個人情報取扱事業者が、他の個人情報取扱事業者又は行政機関等から当該個人データの取扱いの全部又は一部の委託を受けた場合であって、個人情報保護委員会規則で定めるところにより、当該事態が生じた旨を当該他の個人情報取扱事業者又は行政機関等に通知したときは、この限りでない。

2　前項に規定する場合には、個人情報取扱事業者（同項ただし書の規定による通知をした者を除く。）は、本人に対し、個人情報保護委員会規則で定めるところにより、当該事態が生じた旨を通知しなければならない。ただし、本人への通知が困難な場合であって、本人の権利利益を保護するため必要なこれに代わるべき措置をとるときは、この限りでない。

第27条（第三者提供の制限）

1　個人情報取扱事業者は、次に掲げる場合を除くほか、あらかじめ本人の同意を得ないで、個人データを第三者に提供してはならない。

①　法令に基づく場合

②　人の生命、身体又は財産の保護のために必要がある場合であって、本人の同意を得ることが困難であるとき。

③　公衆衛生の向上又は児童の健全な育成の推進のために特に必要がある場合であって、本人の同意を得ることが困難であるとき。

④　国の機関若しくは地方公共団体又はその委託を受けた者が法令の定める事務を遂行することに対して協力する必要がある場合であって、本人の同意を得ることにより当該事務の遂行に支障を及ぼすおそれがあるとき。

⑤　当該個人情報取扱事業者が学術研究機関等である場合であって、当該個人データの提供が学術研究の成果の公表又は教授のためやむを得ないとき（個人の権利利益を不当に侵害するおそれがある場合を除く。）。

⑥　当該個人情報取扱事業者が学術研究機関等である場合であって、当該個人データを学術研究目的で提供する必要があるとき（当該個人データを提供する目的の一部が学術研究目的である場合を含み、個人の権利利益を不当に侵害するおそれがある場合

を除く。）（当該個人情報取扱事業者と当該第三者が共同して学術研究を行う場合に限る。）。

⑦　当該第三者が学術研究機関等である場合であって、当該第三者が当該個人データを学術研究目的で取り扱う必要があるとき（当該個人データを取り扱う目的の一部が学術研究目的である場合を含み、個人の権利利益を不当に侵害するおそれがある場合を除く。）。

2　個人情報取扱事業者は、第三者に提供される個人データについて、本人の求めに応じて当該本人が識別される個人データの第三者への提供を停止することとしている場合であって、次に掲げる事項について、個人情報保護委員会規則で定めるところにより、あらかじめ、本人に通知し、又は本人が容易に知り得る状態に置くとともに、個人情報保護委員会に届け出たときは、前項の規定にかかわらず、当該個人データを第三者に提供することができる。ただし、第三者に提供される個人データが要配慮個人情報又は第20条第1項の規定に違反して取得されたもの若しくは他の個人情報取扱事業者からこの項本文の規定により提供されたもの（その全部又は一部を複製し、又は加工したものを含む。）である場合は、この限りでない。

①　第三者への提供を行う個人情報取扱事業者の氏名又は名称及び住所並びに法人にあっては、その代表者（法人でない団体で代表者又は管理人の定めのあるものにあっては、その代表者又は管理人。以下この条、第30条第1項第1号及び第32条第1項第1号において同じ。）の氏名

②　第三者への提供を利用目的とすること。

③　第三者に提供される個人データの項目

④　第三者に提供される個人データの取得の方法

⑤　第三者への提供の方法

⑥　本人の求めに応じて当該本人が識別される個人データの第三者への提供を停止すること。

⑦　本人の求めを受け付ける方法

⑧　その他個人の権利利益を保護するために必要なものとして個人情報保護委員会規則で定める事項

3　個人情報取扱事業者は、前項第1号に掲げる事項に変更があったとき又は同項の規定による個人データの提供をやめたときは遅滞な

く、同項第３号から第５号まで、第７号又は
第８号に掲げる事項を変更しようとするとき
はあらかじめ、その旨について、個人情報保
護委員会規則で定めるところにより、本人に
通知し、又は本人が容易に知り得る状態に置
くとともに、個人情報保護委員会に届け出な
ければならない。

4　個人情報保護委員会は、第２項の規定によ
る届出があったときは、個人情報保護委員会
規則で定めるところにより、当該届出に係る
事項を公表しなければならない。前項の規定
による届出があったときも、同様とする。

5　次に掲げる場合において、当該個人データ
の提供を受ける者は、前各項の規定の適用に
ついては、第三者に該当しないものとする。

①　個人情報取扱事業者が利用目的の達成に
必要な範囲内において個人データの取扱い
の全部又は一部を委託することに伴って当
該個人データが提供される場合

②　合併その他の事由による事業の承継に伴
って個人データが提供される場合

③　特定の者との間で共同して利用される個
人データが当該特定の者に提供される場合
であって、その旨並びに共同して利用され
る個人データの項目、共同して利用する者
の範囲、利用する者の利用目的並びに当該
個人データの管理について責任を有する者
の氏名又は名称及び住所並びに法人にあっ
ては、その代表者の氏名について、あらか
じめ、本人に通知し、又は本人が容易に知
り得る状態に置いているとき。

6　個人情報取扱事業者は、前項第３号に規定
する個人データの管理について責任を有する
者の氏名、名称若しくは住所又は法人にあっ
ては、その代表者の氏名に変更があったとき
は遅滞なく、同号に規定する利用する者の利
用目的又は当該責任を有する者を変更しよう
とするときはあらかじめ、その旨について、
本人に通知し、又は本人が容易に知り得る状
態に置かなければならない。

第28条（外国にある第三者への提供の制限）

1　個人情報取扱事業者は、外国（本邦の域外
にある国又は地域をいう。以下この条及び第
31条第１項第２号において同じ。）（個人の権
利利益を保護する上で我が国と同等の水準に
あると認められる個人情報の保護に関する制
度を有している外国として個人情報保護委員
会規則で定めるものを除く。以下この条及び
同号において同じ。）にある第三者（個人デ

ータの取扱いについてこの節の規定により個
人情報取扱事業者が講ずべきこととされてい
る措置に相当する措置（第３項において「相
当措置」という。）を継続的に講ずるために
必要なものとして個人情報保護委員会規則で
定める基準に適合する体制を整備している者
を除く。以下この項及び次項並びに同号にお
いて同じ。）に個人データを提供する場合に
は、前条第１項各号に掲げる場合を除くほか、
あらかじめ外国にある第三者への提供を認め
る旨の本人の同意を得なければならない。こ
の場合においては、同条の規定は、適用しな
い。

2　個人情報取扱事業者は、前項の規定により
本人の同意を得ようとする場合には、個人情
報保護委員会規則で定めるところにより、あ
らかじめ、当該外国における個人情報の保護
に関する制度、当該第三者が講ずる個人情報
の保護のための措置その他当該本人に参考と
なるべき情報を当該本人に提供しなければな
らない。

3　個人情報取扱事業者は、個人データを外国
にある第三者（第１項に規定する体制を整備
している者に限る。）に提供した場合には、
個人情報保護委員会規則で定めるところによ
り、当該第三者による相当措置の継続的な実
施を確保するために必要な措置を講ずるとと
もに、本人の求めに応じて当該必要な措置に
関する情報を当該本人に提供しなければなら
ない。

第29条（第三者提供に係る記録の作成等）

1　個人情報取扱事業者は、個人データを第三
者（第16条第２項各号に掲げる者を除く。以
下この条及び次条（第31条第３項において読
み替えて準用する場合を含む。）において同
じ。）に提供したときは、個人情報保護委員
会規則で定めるところにより、当該個人デー
タを提供した年月日、当該第三者の氏名又は
名称その他の個人情報保護委員会規則で定め
る事項に関する記録を作成しなければならな
い。ただし、当該個人データの提供が第27条
第１項各号又は第５項各号のいずれか（前条
第１項の規定による個人データの提供にあっ
ては、第27条第１項各号のいずれか）に該当
する場合は、この限りでない。

2　個人情報取扱事業者は、前項の記録を、当
該記録を作成した日から個人情報保護委員会
規則で定める期間保存しなければならない。

第30条（第三者提供を受ける際の確認等）

1　個人情報取扱事業者は、第三者から個人データの提供を受けるに際しては、個人情報保護委員会規則で定めるところにより、次に掲げる事項の確認を行わなければならない。ただし、当該個人データの提供が第27条第1項各号又は第5項各号のいずれかに該当する場合は、この限りでない。

①　当該第三者の氏名又は名称及び住所並びに法人にあっては、その代表者の氏名

②　当該第三者による当該個人データの取得の経緯

2　前項の第三者は、個人情報取扱事業者が同項の規定による確認を行う場合において、当該個人情報取扱事業者に対して、当該確認に係る事項を偽ってはならない。

3　個人情報取扱事業者は、第1項の規定による確認を行ったときは、個人情報保護委員会規則で定めるところにより、当該個人データの提供を受けた年月日、当該確認に係る事項その他の個人情報保護委員会規則で定める事項に関する記録を作成しなければならない。

4　個人情報取扱事業者は、前項の記録を、当該記録を作成した日から個人情報保護委員会規則で定める期間保存しなければならない。

第31条（個人関連情報の第三者提供の制限等）

1　個人関連情報取扱事業者は、第三者が個人関連情報（個人関連情報データベース等を構成するものに限る。以下この章及び第6章において同じ。）を個人データとして取得することが想定されるときは、第27条第1項各号に掲げる場合を除くほか、次に掲げる事項について、あらかじめ個人情報保護委員会規則で定めるところにより確認することをしないで、当該個人関連情報を当該第三者に提供してはならない。

①　当該第三者が個人関連情報取扱事業者から個人関連情報の提供を受けて本人が識別される個人データとして取得することを認める旨の当該本人の同意が得られていること。

②　外国にある第三者への提供にあっては、前号の本人の同意を得ようとする場合において、個人情報保護委員会規則で定めるところにより、あらかじめ、当該外国における個人情報の保護に関する制度、当該第三者が講ずる個人情報の保護のための措置その他当該本人に参考となるべき情報が当該本人に提供されていること。

2　第28条第3項の規定は、前項の規定により個人関連情報取扱事業者が個人関連情報を提供する場合について準用する。この場合において、同条第3項中「講ずるとともに、本人の求めに応じて当該必要な措置に関する情報を当該本人に提供し」とあるのは、「講じ」と読み替えるものとする。

3　前条第2項から第4項までの規定は、第1項の規定により個人関連情報取扱事業者が確認する場合について準用する。この場合において、同条第3項中「の提供を受けた」とあるのは、「を提供した」と読み替えるものとする。

第32条（保有個人データに関する事項の公表等）

1　個人情報取扱事業者は、保有個人データに関し、次に掲げる事項について、本人の知り得る状態（本人の求めに応じて遅滞なく回答する場合を含む。）に置かなければならない。

①　当該個人情報取扱事業者の氏名又は名称及び住所並びに法人にあっては、その代表者の氏名

②　全ての保有個人データの利用目的（第21条第4項第1号から第3号までに該当する場合を除く。）

③　次項の規定による求め又は次条第1項（同条第5項において準用する場合を含む。）、第34条第1項若しくは第35条第1項、第3項若しくは第5項の規定による請求に応じる手続（第38条第2項の規定により手数料の額を定めたときは、その手数料の額を含む。）

④　前三号に掲げるもののほか、保有個人データの適正な取扱いの確保に関し必要な事項として政令で定めるもの

2　個人情報取扱事業者は、本人から、当該本人が識別される保有個人データの利用目的の通知を求められたときは、本人に対し、遅滞なく、これを通知しなければならない。ただし、次の各号のいずれかに該当する場合は、この限りでない。

①　前項の規定により当該本人が識別される保有個人データの利用目的が明らかな場合

②　第21条第4項第1号から第3号までに該当する場合

3　個人情報取扱事業者は、前項の規定に基づき求められた保有個人データの利用目的を通知しない旨の決定をしたときは、本人に対し、遅滞なく、その旨を通知しなければならない。

第33条（開示）

1 本人は、個人情報取扱事業者に対し、当該本人が識別される保有個人データの電磁的記録の提供による方法その他の個人情報保護委員会規則で定める方法による開示を請求することができる。

2 個人情報取扱事業者は、前項の規定による請求を受けたときは、本人に対し、同項の規定により当該本人が請求した方法（当該方法による開示に多額の費用を要する場合その他の当該方法による開示が困難である場合にあっては、書面の交付による方法）により、遅滞なく、当該保有個人データを開示しなければならない。ただし、開示することにより次の各号のいずれかに該当する場合は、その全部又は一部を開示しないことができる。

① 本人又は第三者の生命、身体、財産その他の権利利益を害するおそれがある場合

② 当該個人情報取扱事業者の業務の適正な実施に著しい支障を及ぼすおそれがある場合

③ 他の法令に違反することとなる場合

3 個人情報取扱事業者は、第1項の規定による請求に係る保有個人データの全部若しくは一部について開示しない旨の決定をしたとき、当該保有個人データが存在しないとき、又は同項の規定により本人が請求した方法による開示が困難であるときは、本人に対し、遅滞なく、その旨を通知しなければならない。

4 他の法令の規定により、本人に対し第2項本文に規定する方法に相当する方法により当該本人が識別される保有個人データの全部又は一部を開示することとされている場合には、当該全部又は一部の保有個人データについては、第1項及び第2項の規定は、適用しない。

5 第1項から第3項までの規定は、当該本人が識別される個人データに係る第29条第1項及び第30条第3項の記録（その存否が明らかになることにより公益その他の利益が害されるものとして政令で定めるものを除く。第37条第2項において「第三者提供記録」という。）について準用する。

第34条（訂正等）

1 本人は、個人情報取扱事業者に対し、当該本人が識別される保有個人データの内容が事実でないときは、当該保有個人データの内容の訂正、追加又は削除（以下この条において「訂正等」という。）を請求することができる。

2 個人情報取扱事業者は、前項の規定による請求を受けた場合には、その内容の訂正等に関して他の法令の規定により特別の手続が定められている場合を除き、利用目的の達成に必要な範囲内において、遅滞なく必要な調査を行い、その結果に基づき、当該保有個人データの内容の訂正等を行わなければならない。

3 個人情報取扱事業者は、第1項の規定による請求に係る保有個人データの内容の全部若しくは一部について訂正等を行ったとき、又は訂正等を行わない旨の決定をしたときは、本人に対し、遅滞なく、その旨（訂正等を行ったときは、その内容を含む。）を通知しなければならない。

第35条（利用停止等）

1 本人は、個人情報取扱事業者に対し、当該本人が識別される保有個人データが第18条若しくは第19条の規定に違反して取り扱われているとき、又は第20条の規定に違反して取得されたものであるときは、当該保有個人データの利用の停止又は消去（以下この条において「利用停止等」という。）を請求することができる。

2 個人情報取扱事業者は、前項の規定による請求を受けた場合であって、その請求に理由があることが判明したときは、違反を是正するために必要な限度で、遅滞なく、当該保有個人データの利用停止等を行わなければならない。ただし、当該保有個人データの利用停止等に多額の費用を要する場合その他の利用停止等を行うことが困難な場合であって、本人の権利利益を保護するため必要なこれに代わるべき措置をとるときは、この限りでない。

3 本人は、個人情報取扱事業者に対し、当該本人が識別される保有個人データが第27条第1項又は第28条の規定に違反して第三者に提供されているときは、当該保有個人データの第三者への提供の停止を請求することができる。

4 個人情報取扱事業者は、前項の規定による請求を受けた場合であって、その請求に理由があることが判明したときは、遅滞なく、当該保有個人データの第三者への提供を停止しなければならない。ただし、当該保有個人データの第三者への提供の停止に多額の費用を要する場合その他の第三者への提供を停止することが困難な場合であって、本人の権利利益を保護するため必要なこれに代わるべき措置をとるときは、この限りでない。

5 本人は、個人情報取扱事業者に対し、当該

本人が識別される保有個人データを当該個人情報取扱事業者が利用する必要がなくなった場合、当該本人が識別される保有個人データに係る第26条第1項本文に規定する事態が生じた場合その他当該本人が識別される保有個人データの取扱いにより当該本人の権利又は正当な利益が害されるおそれがある場合には、当該保有個人データの利用停止等又は第三者への提供の停止を請求することができる。

6　個人情報取扱事業者は、前項の規定による請求を受けた場合であって、その請求に理由があることが判明したときは、本人の権利利益の侵害を防止するために必要な限度で、遅滞なく、当該保有個人データの利用停止等又は第三者への提供の停止を行わなければならない。ただし、当該保有個人データの利用停止等又は第三者への提供の停止に多額の費用を要する場合その他の利用停止等又は第三者への提供の停止を行うことが困難な場合であって、本人の権利利益を保護するため必要なこれに代わるべき措置をとるときは、この限りでない。

7　個人情報取扱事業者は、第1項若しくは第5項の規定による請求に係る保有個人データの全部若しくは一部について利用停止等を行ったとき若しくは利用停止等を行わない旨の決定をしたとき、又は第3項若しくは第5項の規定による請求に係る保有個人データの全部若しくは一部について第三者への提供を停止したとき若しくは第三者への提供を停止しない旨の決定をしたときは、本人に対し、遅滞なく、その旨を通知しなければならない。

第36条（理由の説明）

個人情報取扱事業者は、第32条第3項、第33条第3項（同条第5項において準用する場合を含む。）、第34条第3項又は前条第7項の規定により、本人から求められ、又は請求された措置の全部又は一部について、その措置をとらない旨を通知する場合又はその措置と異なる措置をとる旨を通知する場合には、本人に対し、その理由を説明するよう努めなければならない。

第37条（開示等の請求等に応じる手続）

1　個人情報取扱事業者は、第32条第2項の規定による求め又は第33条第1項（同条第5項において準用する場合を含む。次条第1項及び第39条において同じ。）、第34条第1項若しくは第35条第1項、第3項若しくは第5項の規定による請求（以下この条及び第54条第1項において「開示等の請求等」という。）に

関し、政令で定めるところにより、その求め又は請求を受け付ける方法を定めることができる。この場合において、本人は、当該方法に従って、開示等の請求等を行わなければならない。

2　個人情報取扱事業者は、本人に対し、開示等の請求等に関し、その対象となる保有個人データ又は第三者提供記録を特定するに足りる事項の提示を求めることができる。この場合において、個人情報取扱事業者は、本人が容易かつ的確に開示等の請求等をすることができるよう、当該保有個人データ又は当該第三者提供記録の特定に資する情報の提供その他本人の利便を考慮した適切な措置をとらなければならない。

3　開示等の請求等は、政令で定めるところにより、代理人によってすることができる。

4　個人情報取扱事業者は、前三項の規定に基づき開示等の請求等に応じる手続を定めるに当たっては、本人に過重な負担を課するものとならないよう配慮しなければならない。

第38条（手数料）

1　個人情報取扱事業者は、第32条第2項の規定による利用目的の通知を求められたとき又は第33条第1項の規定による開示の請求を受けたときは、当該措置の実施に関し、**手数料**を徴収することができる。

2　個人情報取扱事業者は、前項の規定により手数料を徴収する場合は、実費を勘案して合理的であると認められる範囲内において、その手数料の額を定めなければならない。

第39条（事前の請求）

1　本人は、第33条第1項、第34条第1項又は第35条第1項、第3項若しくは第5項の規定による請求に係る訴えを提起しようとするときは、その訴えの被告となるべき者に対し、あらかじめ、当該請求を行い、かつ、その到達した日から2週間を経過した後でなければ、その訴えを提起することができない。ただし、当該訴えの被告となるべき者がその請求を拒んだときは、この限りでない。

2　前項の請求は、その請求が通常到達すべきであった時に、到達したものとみなす。

3　前二項の規定は、第33条第1項、第34条第1項又は第35条第1項、第3項若しくは第5項の規定による請求に係る仮処分命令の申立てについて準用する。

第40条（個人情報取扱事業者による苦情の処理）

1　個人情報取扱事業者は、個人情報の取扱い

に関する苦情の適切かつ迅速な処理に努めなければならない。

2　個人情報取扱事業者は、前項の目的を達成するために必要な体制の整備に努めなければならない。

【第3節　仮名加工情報取扱事業者等の義務】
第41条（仮名加工情報の作成等）

1　個人情報取扱事業者は、仮名加工情報（仮名加工情報データベース等を構成するものに限る。以下この章及び第6章において同じ。）を作成するときは、他の情報と照合しない限り特定の個人を識別することができないようにするために必要なものとして個人情報保護委員会規則で定める基準に従い、個人情報を加工しなければならない。

2　個人情報取扱事業者は、仮名加工情報を作成したとき、又は仮名加工情報及び当該仮名加工情報に係る削除情報等（仮名加工情報の作成に用いられた個人情報から削除された記述等及び個人識別符号並びに前項の規定により行われた加工の方法に関する情報をいう。以下この条及び次条第3項において読み替えて準用する第7項において同じ。）を取得したときは、削除情報等の漏えいを防止するために必要なものとして個人情報保護委員会規則で定める基準に従い、削除情報等の安全管理のための措置を講じなければならない。

3　仮名加工情報取扱事業者（個人情報取扱事業者である者に限る。以下この条において同じ。）は、第18条の規定にかかわらず、法令に基づく場合を除くほか、第17条第1項の規定により特定された利用目的の達成に必要な範囲を超えて、仮名加工情報（個人情報であるものに限る。以下この条において同じ。）を取り扱ってはならない。

4　仮名加工情報についての第21条の規定の適用については、同条第1項及び第3項中「、本人に通知し、又は公表し」とあるのは「公表し」と、同条第4項第1号から第3号までの規定中「本人に通知し、又は公表する」とあるのは「公表する」とする。

5　仮名加工情報取扱事業者は、仮名加工情報である個人データ及び削除情報等を利用する必要がなくなったときは、当該個人データ及び削除情報等を遅滞なく消去するよう努めなければならない。この場合において、第22条の規定は、適用しない。

6　仮名加工情報取扱事業者は、第27条第1項及び第2項並びに第28条第1項の規定にかか

わらず、法令に基づく場合を除くほか、仮名加工情報である個人データを第三者に提供してはならない。この場合において、第27条第5項中「前各項」とあるのは「第41条第6項」と、同項第3号中「、本人に通知し、又は本人が容易に知り得る状態に置いて」とあるのは「公表して」と、同条第6項中「、本人に通知し、又は本人が容易に知り得る状態に置かなければ」とあるのは「公表しなければ」と、第29条第1項ただし書中「第27条第1項各号又は第5項各号のいずれか（前条第1項の規定による個人データの提供にあっては、第27条第1項各号のいずれか）」とあり、及び第30条第1項ただし書中「第27条第1項各号又は第5項各号のいずれか」とあるのは「法令に基づく場合又は第27条第5項各号のいずれか」とする。

7　仮名加工情報取扱事業者は、仮名加工情報を取り扱うに当たっては、当該仮名加工情報の作成に用いられた個人情報に係る本人を識別するために、当該仮名加工情報を他の情報と照合してはならない。

8　仮名加工情報取扱事業者は、仮名加工情報を取り扱うに当たっては、電話をかけ、郵便若しくは民間事業者による信書の送達に関する法律第2条第6項に規定する一般信書便事業者若しくは同条第9項に規定する特定信書便事業者による同条第2項に規定する信書便により送付し、電報を送達し、ファクシミリ装置若しくは電磁的方法（電子情報処理組織を使用する方法その他の情報通信の技術を利用する方法であって個人情報保護委員会規則で定めるものをいう。）を用いて送信し、又は住居を訪問するために、当該仮名加工情報に含まれる連絡先その他の情報を利用してはならない。

9　仮名加工情報、仮名加工情報である個人データ及び仮名加工情報である保有個人データについては、第17条第2項、第26条及び第32条から第39条までの規定は、適用しない。

第42条（仮名加工情報の第三者提供の制限等）

1　仮名加工情報取扱事業者は、法令に基づく場合を除くほか、仮名加工情報（個人情報であるものを除く。次項及び第3項において同じ。）を第三者に提供してはならない。

2　第27条第5項及び第6項の規定は、仮名加工情報の提供を受ける者について準用する。この場合において、同条第5項中「前各項」とあるのは「第42条第1項」と、同項第1号

中「個人情報取扱事業者」とあるのは「仮名加工情報取扱事業者」と、同項第3号中「、本人に通知し、又は本人が容易に知り得る状態に置いて」とあるのは「公表して」と、同条第6項中「個人情報取扱事業者」とあるのは「仮名加工情報取扱事業者」と、「、本人に通知し、又は本人が容易に知り得る状態に置かなければ」とあるのは「公表しなければ」と読み替えるものとする。

3　第23条から第25条まで、第40条並びに前条第7項及び第8項の規定は、仮名加工情報取扱事業者による仮名加工情報の取扱いについて準用する。この場合において、第23条中「漏えい、滅失又は毀損」とあるのは「漏えい」と、前条第7項中「ために、」とあるのは「ために、削除情報等を取得し、又は」と読み替えるものとする。

【第4節　匿名加工情報取扱事業者等の義務】
第43条（匿名加工情報の作成等）

1　個人情報取扱事業者は、匿名加工情報（匿名加工情報データベース等を構成するものに限る。以下この章及び第6章において同じ。）を作成するときは、特定の個人を識別すること及びその作成に用いる個人情報を復元することができないようにするために必要なものとして個人情報保護委員会規則で定める基準に従い、当該個人情報を加工しなければならない。

2　個人情報取扱事業者は、匿名加工情報を作成したときは、その作成に用いた個人情報から削除した記述等及び個人識別符号並びに前項の規定により行った加工の方法に関する情報の漏えいを防止するために必要なものとして個人情報保護委員会規則で定める基準に従い、これらの情報の安全管理のための措置を講じなければならない。

3　個人情報取扱事業者は、匿名加工情報を作成したときは、個人情報保護委員会規則で定めるところにより、当該匿名加工情報に含まれる個人に関する情報の項目を公表しなければならない。

4　個人情報取扱事業者は、匿名加工情報を作成して当該匿名加工情報を第三者に提供するときは、個人情報保護委員会規則で定めるところにより、あらかじめ、第三者に提供される匿名加工情報に含まれる個人に関する情報の項目及びその提供の方法について公表するとともに、当該第三者に対して、当該提供に係る情報が匿名加工情報である旨を明示しな

ければならない。

5　個人情報取扱事業者は、匿名加工情報を作成して自ら当該匿名加工情報を取り扱うに当たっては、当該匿名加工情報の作成に用いられた個人情報に係る本人を識別するために、当該匿名加工情報を他の情報と照合してはならない。

6　個人情報取扱事業者は、匿名加工情報を作成したときは、当該匿名加工情報の安全管理のために必要かつ適切な措置、当該匿名加工情報の作成その他の取扱いに関する苦情の処理その他の当該匿名加工情報の適正な取扱いを確保するために必要な措置を自ら講じ、かつ、当該措置の内容を公表するよう努めなければならない。

第44条（匿名加工情報の提供）

匿名加工情報取扱事業者は、匿名加工情報（自ら個人情報を加工して作成したものを除く。以下この節において同じ。）を第三者に提供するときは、個人情報保護委員会規則で定めるところにより、あらかじめ、第三者に提供される匿名加工情報に含まれる個人に関する情報の項目及びその提供の方法について公表するとともに、当該第三者に対して、当該提供に係る情報が匿名加工情報である旨を明示しなければならない。

第45条（識別行為の禁止）

匿名加工情報取扱事業者は、匿名加工情報を取り扱うに当たっては、当該匿名加工情報の作成に用いられた個人情報に係る本人を識別するために、当該個人情報から削除された記述等若しくは個人識別符号若しくは第43条第1項若しくは第114条第1項（同条第2項において準用する場合を含む。）の規定により行われた加工の方法に関する情報を取得し、又は当該匿名加工情報を他の情報と照合してはならない。

第46条（安全管理措置等）

匿名加工情報取扱事業者は、匿名加工情報の安全管理のために必要かつ適切な措置、匿名加工情報の取扱いに関する苦情の処理その他の匿名加工情報の適正な取扱いを確保するために必要な措置を自ら講じ、かつ、当該措置の内容を公表するよう努めなければならない。

【第5節　民間団体による個人情報の保護の推進】
第47条（認定）

1　個人情報取扱事業者、仮名加工情報取扱事業者又は匿名加工情報取扱事業者（以下この章において「個人情報取扱事業者等」という。）の個人情報、仮名加工情報又は匿名加工情報

（以下この章において「個人情報等」という。）の適正な取扱いの確保を目的として次に掲げる業務を行おうとする法人（法人でない団体で代表者又は管理人の定めのあるものを含む。次条第3号ロにおいて同じ。）は、個人情報保護委員会の認定を受けることができる。

① 業務の対象となる個人情報取扱事業者等（以下この節において「対象事業者」という。）の個人情報等の取扱いに関する第53条の規定による苦情の処理

② 個人情報等の適正な取扱いの確保に寄与する事項についての対象事業者に対する情報の提供

③ 前二号に掲げるもののほか、対象事業者の個人情報等の適正な取扱いの確保に関し必要な業務

2 前項の認定は、対象とする個人情報取扱事業者等の事業の種類その他の業務の範囲を限定して行うことができる。

3 第1項の認定を受けようとする者は、政令で定めるところにより、個人情報保護委員会に申請しなければならない。

4 個人情報保護委員会は、第1項の認定をしたときは、その旨（第2項の規定により業務の範囲を限定する認定にあっては、その認定に係る業務の範囲を含む。）を公示しなければならない。

第48条（欠格条項）

次の各号のいずれかに該当する者は、前条第1項の認定を受けることができない。

① この法律の規定により刑に処せられ、その執行を終わり、又は執行を受けることがなくなった日から2年を経過しない者

② 第152条第1項の規定により認定を取り消され、その取消しの日から2年を経過しない者

③ その業務を行う役員（法人でない団体で代表者又は管理人の定めのあるものの代表者又は管理人を含む。以下この条において同じ。）のうちに、次のいずれかに該当する者があるもの

イ 禁錮以上の刑に処せられ、又はこの法律の規定により刑に処せられ、その執行を終わり、又は執行を受けることがなくなった日から2年を経過しない者

ロ 第152条第1項の規定により認定を取り消された法人において、その取消しの日前30日以内にその役員であった者でその取消しの日から2年を経過しない者

第49条（認定の基準）

個人情報保護委員会は、第47条第1項の認定の申請が次の各号のいずれにも適合していると認めるときでなければ、その認定をしてはならない。

① 第47条第1項各号に掲げる業務を適正かつ確実に行うに必要な業務の実施の方法が定められているものであること。

② 第47条第1項各号に掲げる業務を適正かつ確実に行うに足りる知識及び能力並びに経理的基礎を有するものであること。

③ 第47条第1項各号に掲げる業務以外の業務を行っている場合には、その業務を行うことによって同項各号に掲げる業務が不公正になるおそれがないものであること。

第50条（変更の認定等）

1 第47条第1項の認定（同条第2項の規定により業務の範囲を限定する認定を含む。次条第1項及び第152条第1項第5号において同じ。）を受けた者は、その認定に係る業務の範囲を変更しようとするときは、個人情報保護委員会の認定を受けなければならない。ただし、個人情報保護委員会規則で定める軽微な変更については、この限りでない。

2 第47条第3項及び第4項並びに前条の規定は、前項の変更の認定について準用する。

第51条（廃止の届出）

1 第47条第1項の認定（前条第1項の変更の認定を含む。）を受けた者（以下この節及び第6章において「認定個人情報保護団体」という。）は、その認定に係る業務（以下この節及び第6章において「認定業務」という。）を廃止しようとするときは、政令で定めるところにより、あらかじめ、その旨を個人情報保護委員会に届け出なければならない。

2 個人情報保護委員会は、前項の規定による届出があったときは、その旨を公示しなければならない。

第52条（対象事業者）

1 認定個人情報保護団体は、認定業務の対象となることについて同意を得た個人情報取扱事業者等を対象事業者としなければならない。この場合において、第54条第4項の規定による措置をとったにもかかわらず、対象事業者が同条第1項に規定する個人情報保護指針を遵守しないときは、当該対象事業者を認定業務の対象から除外することができる。

2 認定個人情報保護団体は、対象事業者の氏名又は名称を公表しなければならない。

個人情報の保護に関する法律

169

第53条（苦情の処理）

1 認定個人情報保護団体は、本人その他の関係者から対象事業者の個人情報等の取扱いに関する苦情について解決の申出があったときは、その相談に応じ、申出人に必要な助言をし、その苦情に係る事情を調査するとともに、当該対象事業者に対し、その苦情の内容を通知してその迅速な解決を求めなければならない。

2 認定個人情報保護団体は、前項の申出に係る苦情の解決について必要があると認めるときは、当該対象事業者に対し、文書若しくは口頭による説明を求め、又は資料の提出を求めることができる。

3 対象事業者は、認定個人情報保護団体から前項の規定による求めがあったときは、正当な理由がないのに、これを拒んではならない。

第54条（個人情報保護指針）

1 認定個人情報保護団体は、対象事業者の個人情報等の適正な取扱いの確保のために、個人情報に係る利用目的の特定、安全管理のための措置、開示等の請求等に応じる手続その他の事項又は仮名加工情報若しくは匿名加工情報に係る作成の方法、その情報の安全管理のための措置その他の事項に関し、消費者の意見を代表する者その他の関係者の意見を聴いて、この法律の規定の趣旨に沿った指針（以下この節及び第6章において「個人情報保護指針」という。）を作成するよう努めなければならない。

2 認定個人情報保護団体は、前項の規定により個人情報保護指針を作成したときは、個人情報保護委員会規則で定めるところにより、遅滞なく、当該個人情報保護指針を個人情報保護委員会に届け出なければならない。これを変更したときも、同様とする。

3 個人情報保護委員会は、前項の規定による個人情報保護指針の届出があったときは、個人情報保護委員会規則で定めるところにより、当該個人情報保護指針を公表しなければならない。

4 認定個人情報保護団体は、前項の規定により個人情報保護指針が公表されたときは、対象事業者に対し、当該個人情報保護指針を遵守させるため必要な指導、勧告その他の措置をとらなければならない。

第55条（目的外利用の禁止）

認定個人情報保護団体は、認定業務の実施に際して知り得た情報を認定業務の用に供する目的以外に利用してはならない。

第56条（名称の使用制限）

認定個人情報保護団体でない者は、認定個人情報保護団体という名称又はこれに紛らわしい名称を用いてはならない。

【第6節　雑則】

第57条（適用除外）

1 個人情報取扱事業者等及び個人関連情報取扱事業者のうち次の各号に掲げる者については、その個人情報等及び個人関連情報を取り扱う目的の全部又は一部がそれぞれ当該各号に規定する目的であるときは、この章の規定は、適用しない。

① 放送機関、新聞社、通信社その他の報道機関（報道を業として行う個人を含む。）　報道の用に供する目的

② 著述を業として行う者　著述の用に供する目的

③ 宗教団体　宗教活動（これに付随する活動を含む。）の用に供する目的

④ 政治団体　政治活動（これに付随する活動を含む。）の用に供する目的

2 前項第1号に規定する「報道」とは、不特定かつ多数の者に対して客観的事実を事実として知らせること（これに基づいて意見又は見解を述べることを含む。）をいう。

3 第1項各号に掲げる個人情報取扱事業者等は、個人データ、仮名加工情報又は匿名加工情報の安全管理のために必要かつ適切な措置、個人情報等の取扱いに関する苦情の処理その他の個人情報等の適正な取扱いを確保するために必要な措置を自ら講じ、かつ、当該措置の内容を公表するよう努めなければならない。

第58条（適用の特例）

1 個人情報取扱事業者又は匿名加工情報取扱事業者のうち別表第二に掲げる法人については、第32条から第39条まで及び第4節の規定は、適用しない。

2 独立行政法人労働者健康安全機構が行う病院（医療法第1条の5第1項に規定する病院をいう。第66条第2項第3号並びに第123条第1項及び第3項において同じ。）の運営の業務における個人情報、仮名加工情報又は個人関連情報の取扱いについては、個人情報取扱事業者、仮名加工情報取扱事業者又は個人関連情報取扱事業者による個人情報、仮名加工情報又は個人関連情報の取扱いとみなして、この章（第32条から第39条まで及び第4節を除く。）及び第6章から第8章までの規定を

適用する。

第59条（学術研究機関等の責務）

　個人情報取扱事業者である学術研究機関等は、学術研究目的で行う個人情報の取扱いについて、この法律の規定を遵守するとともに、その適正を確保するために必要な措置を自ら講じ、かつ、当該措置の内容を公表するよう努めなければならない。

第5章　行政機関等の義務等（抄）

【第1節　総則】

第60条（定義）

1　この章及び第8章において「保有個人情報」とは、行政機関等の職員（独立行政法人等にあっては、その役員を含む。以下この章及び第8章において同じ。）が職務上作成し、又は取得した個人情報であって、当該行政機関等の職員が組織的に利用するものとして、当該行政機関等が保有しているものをいう。ただし、行政文書（行政機関の保有する情報の公開に関する法律（以下この章において「行政機関情報公開法」という。）第2条第2項に規定する行政文書をいう。）又は法人文書（独立行政法人等の保有する情報の公開に関する法律（以下この章において「独立行政法人等情報公開法」という。）第2条第2項に規定する法人文書（同項第4号に掲げるものを含む。）をいう。）（以下この章において「行政文書等」という。）に記録されているものに限る。

2　この章及び第8章において「個人情報ファイル」とは、保有個人情報を含む情報の集合物であって、次に掲げるものをいう。

① 一定の事務の目的を達成するために特定の保有個人情報を電子計算機を用いて検索することができるように体系的に構成したもの

② 前号に掲げるもののほか、一定の事務の目的を達成するために氏名、生年月日、その他の記述等により特定の保有個人情報を容易に検索することができるように体系的に構成したもの

3　この章において「行政機関等匿名加工情報」とは、次の各号のいずれにも該当する個人情報ファイルを構成する保有個人情報の全部又は一部（これらの一部に行政機関情報公開法第5条に規定する不開示情報（同条第1号に掲げる情報を除き、同条第2号ただし書に規定する情報を含む。）又は独立行政法人等情

報公開法第5条に規定する不開示情報（同条第1号に掲げる情報を除き、同条第2号ただし書に規定する情報を含む。）が含まれているときは、これらの不開示情報に該当する部分を除く。）を加工して得られる匿名加工情報をいう。

① 第75条第2項各号のいずれかに該当するもの又は同条第3項の規定により同条第1項に規定する個人情報ファイル簿に掲載しないこととされるものでないこと。

② 行政機関情報公開法第3条に規定する行政機関の長又は独立行政法人等情報公開法第2条第1項に規定する独立行政法人等に対し、当該個人情報ファイルを構成する保有個人情報が記録されている行政文書等の開示の請求（行政機関情報公開法第3条又は独立行政法人等情報公開法第3条の規定による開示の請求をいう。）があったとしたならば、これらの者が次のいずれかを行うこととなるものであること。

イ　当該行政文書等に記録されている保有個人情報の全部又は一部を開示する旨の決定をすること。

ロ　行政機関情報公開法第13条第1項若しくは第2項又は独立行政法人等情報公開法第14条第1項若しくは第2項の規定により意見書の提出の機会を与えること。

③ 行政機関等の事務及び事業の適正かつ円滑な運営に支障のない範囲内で、第114条第1項の基準に従い、当該個人情報ファイルを構成する保有個人情報を加工して匿名加工情報を作成することができるものであること。

4　この章において「行政機関等匿名加工情報ファイル」とは、行政機関等匿名加工情報を含む情報の集合物であって、次に掲げるものをいう。

① 特定の行政機関等匿名加工情報を電子計算機を用いて検索することができるように体系的に構成したもの

② 前号に掲げるもののほか、特定の行政機関等匿名加工情報を容易に検索することができるように体系的に構成したものとして政令で定めるもの

【第2節　行政機関等における個人情報等の取扱い】

第61条（個人情報の保有の制限等）

1　行政機関等は、個人情報を保有するに当たっては、法令の定める所掌事務又は業務を遂

行するため必要な場合に限り、かつ、その利用目的をできる限り特定しなければならない。

2 行政機関等は、前項の規定により特定された利用目的の達成に必要な範囲を超えて、個人情報を保有してはならない。

3 行政機関等は、利用目的を変更する場合には、変更前の利用目的と相当の関連性を有すると合理的に認められる範囲を超えて行ってはならない。

第62条（利用目的の明示）

行政機関等は、本人から直接書面（電磁的記録を含む。）に記録された当該本人の個人情報を取得するときは、次に掲げる場合を除き、あらかじめ、本人に対し、その利用目的を明示しなければならない。

① 人の生命、身体又は財産の保護のために緊急に必要があるとき。

② 利用目的を本人に明示することにより、本人又は第三者の生命、身体、財産その他の権利利益を害するおそれがあるとき。

③ 利用目的を本人に明示することにより、国の機関、独立行政法人等、地方公共団体又は地方独立行政法人が行う事務又は事業の適正な遂行に支障を及ぼすおそれがあるとき。

④ 取得の状況からみて利用目的が明らかであると認められるとき。

第63条（不適正な利用の禁止）

行政機関の長（第2条第8項第4号及び第5号の政令で定める機関にあっては、その機関ごとに政令で定める者をいう。以下この章及び第169条において同じ。）及び独立行政法人等（以下この章及び次章において「行政機関の長等」という。）は、違法又は不当な行為を助長し、又は誘発するおそれがある方法により個人情報を利用してはならない。

第64条（適正な取得）

行政機関の長等は、偽りその他不正の手段により個人情報を取得してはならない。

第65条（正確性の確保）

行政機関の長等は、利用目的の達成に必要な範囲内で、保有個人情報が過去又は現在の事実と合致するよう努めなければならない。

第66条（安全管理措置）

1 行政機関の長等は、保有個人情報の漏えい、滅失又は毀損の防止その他の保有個人情報の安全管理のために必要かつ適切な措置を講じなければならない。

2 前項の規定は、次の各号に掲げる者が当該

各号に定める業務を行う場合における個人情報の取扱いについて準用する。

① 行政機関等から個人情報の取扱いの委託を受けた者 当該委託を受けた業務

② 別表第二に掲げる法人 法令に基づき行う業務であって政令で定めるもの

③ 独立行政法人労働者健康安全機構 病院の運営の業務のうち法令に基づき行う業務であって政令で定めるもの

④ 前三号に掲げる者から当該各号に定める業務の委託（二以上の段階にわたる委託を含む。）を受けた者 当該委託を受けた業務

第67条（従事者の義務）

個人情報の取扱いに従事する行政機関等の職員若しくは職員であった者、前条第2項各号に定める業務に従事している者若しくは従事していた者又は行政機関等において個人情報の取扱いに従事している派遣労働者（労働者派遣事業の適正な運営の確保及び派遣労働者の保護等に関する法律第2条第2号に規定する派遣労働者をいう。以下この章及び第171条において同じ。）若しくは従事していた派遣労働者は、その業務に関して知り得た個人情報の内容をみだりに他人に知らせ、又は不当な目的に利用してはならない。

第68条（漏えい等の報告等）

1 行政機関の長等は、保有個人情報の漏えい、滅失、毀損その他の保有個人情報の安全の確保に係る事態であって個人の権利利益を害するおそれが大きいものとして個人情報保護委員会規則で定めるものが生じたときは、個人情報保護委員会規則で定めるところにより、当該事態が生じた旨を個人情報保護委員会に報告しなければならない。

2 前項に規定する場合には、行政機関の長等は、本人に対し、個人情報保護委員会規則で定めるところにより、当該事態が生じた旨を通知しなければならない。ただし、次の各号のいずれかに該当するときは、この限りでない。

① 本人への通知が困難な場合であって、本人の権利利益を保護するため必要なこれに代わるべき措置をとるとき。

② 当該保有個人情報に第78条各号に掲げる情報のいずれかが含まれるとき。

第69条（利用及び提供の制限）

1 行政機関の長等は、法令に基づく場合を除き、利用目的以外の目的のために保有個人情

報を自ら利用し、又は提供してはならない。

2　前項の規定にかかわらず、行政機関の長等は、次の各号のいずれかに該当すると認めるときは、利用目的以外の目的のために保有個人情報を自ら利用し、又は提供することができる。ただし、保有個人情報を利用目的以外の目的のために自ら利用し、又は提供することによって、本人又は第三者の権利利益を不当に侵害するおそれがあると認められるときは、この限りでない。

①　本人の同意があるとき、又は本人に提供するとき。

②　行政機関等が法令の定める所掌事務又は業務の遂行に必要な限度で保有個人情報を内部で利用する場合であって、当該保有個人情報を利用することについて相当の理由があるとき。

③　他の行政機関、独立行政法人等、地方公共団体又は地方独立行政法人に保有個人情報を提供する場合において、保有個人情報の提供を受ける者が、法令の定める事務又は業務の遂行に必要な限度で提供に係る個人情報を利用し、かつ、当該個人情報を利用することについて相当の理由があるとき。

④　前三号に掲げる場合のほか、専ら統計の作成又は学術研究の目的のために保有個人情報を提供するとき、本人以外の者に提供することが明らかに本人の利益になるとき、その他保有個人情報を提供することについて特別の理由があるとき。

3　前項の規定は、保有個人情報の利用又は提供を制限する他の法令の規定の適用を妨げるものではない。

4　行政機関の長等は、個人の権利利益を保護するため特に必要があると認めるときは、保有個人情報の利用目的以外の目的のための行政機関等の内部における利用を特定の部局若しくは機関又は職員に限るものとする。

第70条（保有個人情報の提供を受ける者に対する措置要求）

行政機関の長等は、利用目的のために又は前条第2項第3号若しくは第4号の規定に基づき、保有個人情報を提供する場合において、必要があると認めるときは、保有個人情報の提供を受ける者に対し、提供に係る個人情報について、その利用の目的若しくは方法の制限その他必要な制限を付し、又はその漏えいの防止その他の個人情報の適切な管理のために必要な措置を講ずることを求めるものとする。

第71条（外国にある第三者への提供の制限）

1　行政機関の長等は、外国（本邦の域外にある国又は地域をいう。以下この条において同じ。）（個人の権利利益を保護する上で我が国と同等の水準にあると認められる個人情報の保護に関する制度を有している外国として個人情報保護委員会規則で定めるものを除く。以下この条において同じ。）にある第三者（第16条第3項に規定する個人データの取扱いについて前章第2節の規定により同条第2項に規定する個人情報取扱事業者が講ずべきこととされている措置に相当する措置（第3項において「相当措置」という。）を継続的に講ずるために必要なものとして個人情報保護委員会規則で定める基準に適合する体制を整備している者を除く。以下この項及び次項において同じ。）に利用目的以外の目的のために保有個人情報を提供する場合には、法令に基づく場合及び第69条第2項第4号に掲げる場合を除くほか、あらかじめ外国にある第三者への提供を認める旨の本人の同意を得なければならない。

2　行政機関の長等は、前項の規定により本人の同意を得ようとする場合には、個人情報保護委員会規則で定めるところにより、あらかじめ、当該外国における個人情報の保護に関する制度、当該第三者が講ずる個人情報の保護のための措置その他当該本人に参考となるべき情報を当該本人に提供しなければならない。

3　行政機関の長等は、保有個人情報を外国にある第三者（第1項に規定する体制を整備している者に限る。）に利用目的以外の目的のために提供した場合には、法令に基づく場合及び第69条第2項第4号に掲げる場合を除くほか、個人情報保護委員会規則で定めるところにより、当該第三者による相当措置の継続的な実施を確保するために必要な措置を講ずるとともに、本人の求めに応じて当該必要な措置に関する情報を当該本人に提供しなければならない。

第72条（個人関連情報の提供を受ける者に対する措置要求）

行政機関の長等は、第三者に個人関連情報を提供する場合（当該第三者が当該個人関連情報を個人情報として取得することが想定される場合に限る。）において、必要があると認めるときは、当該第三者に対し、提供に係る個人関連情報について、その利用の目的若しくは方法の

個人情報の保護に関する法律

173

制限その他必要な制限を付し、又はその漏えいの防止その他の個人関連情報の適切な管理のために必要な措置を講ずることを求めるものとする。

第73条（仮名加工情報の取扱いに係る義務）

1　行政機関の長等は、法令に基づく場合を除くほか、仮名加工情報（個人情報であるものを除く。以下この条及び第126条において同じ。）を第三者（当該仮名加工情報の取扱いの委託を受けた者を除く。）に提供してはならない。

2　行政機関の長等は、その取り扱う仮名加工情報の漏えいの防止その他仮名加工情報の安全管理のために必要かつ適切な措置を講じなければならない。

3　行政機関の長等は、仮名加工情報を取り扱うに当たっては、法令に基づく場合を除き、当該仮名加工情報の作成に用いられた個人情報に係る本人を識別するために、削除情報等（仮名加工情報の作成に用いられた個人情報から削除された記述等及び個人識別符号並びに第41条第1項の規定により行われた加工の方法に関する情報をいう。）を取得し、又は当該仮名加工情報を他の情報と照合してはならない。

4　行政機関の長等は、仮名加工情報を取り扱うに当たっては、法令に基づく場合を除き、電話をかけ、郵便若しくは民間事業者による信書の送達に関する法律第2条第6項に規定する一般信書便事業者若しくは同条第9項に規定する特定信書便事業者による同条第2項に規定する信書便により送付し、電報を送達し、ファクシミリ装置若しくは電磁的方法（電子情報処理組織を使用する方法その他の情報通信の技術を利用する方法であって個人情報保護委員会規則で定めるものをいう。）を用いて送信し、又は住居を訪問するために、当該仮名加工情報に含まれる連絡先その他の情報を利用してはならない。

5　前各項の規定は、行政機関の長等から仮名加工情報の取扱いの委託（二以上の段階にわたる委託を含む。）を受けた者が受託した業務を行う場合について準用する。

【第3節　個人情報ファイル】（略）

【第4節　開示、訂正及び利用停止】

第1款　開示

第76条（開示請求権）

1　何人も、この法律の定めるところにより、行政機関の長等に対し、当該行政機関の長等の属する行政機関等の保有する自己を本人とする保有個人情報の開示を請求することができる。

2　未成年者若しくは成年被後見人の法定代理人又は本人の委任による代理人（以下この節において「代理人」と総称する。）は、本人に代わって前項の規定による開示の請求（以下この節及び第125条において「開示請求」という。）をすることができる。

第77条（開示請求の手続）

1　開示請求は、次に掲げる事項を記載した書面（第3項において「開示請求書」という。）を行政機関の長等に提出してしなければならない。

①　開示請求をする者の氏名及び住所又は居所

②　開示請求に係る保有個人情報が記録されている行政文書等の名称その他の開示請求に係る保有個人情報を特定するに足りる事項

2　前項の場合において、開示請求をする者は、政令で定めるところにより、開示請求に係る保有個人情報の本人であること（前条第2項の規定による開示請求にあっては、開示請求に係る保有個人情報の本人の代理人であること）を示す書類を提示し、又は提出しなければならない。

3　行政機関の長等は、開示請求書に形式上の不備があると認めるときは、開示請求をした者（以下この節において「開示請求者」という。）に対し、相当の期間を定めて、その補正を求めることができる。この場合において、行政機関の長等は、開示請求者に対し、補正の参考となる情報を提供するよう努めなければならない。

第78条（保有個人情報の開示義務）

行政機関の長等は、開示請求があったときは、開示請求に係る保有個人情報に次の各号に掲げる情報（以下この節において「不開示情報」という。）のいずれかが含まれている場合を除き、開示請求者に対し、当該保有個人情報を開示しなければならない。

①　開示請求者（第76条第2項の規定により代理人が本人に代わって開示請求をする場合にあっては、当該本人をいう。次号及び第3号、次条第2項並びに第86条第1項において同じ。）の生命、健康、生活又は財産を害するおそれがある情報

②　開示請求者以外の個人に関する情報（事

業を営む個人の当該事業に関する情報を除く。）であって、当該情報に含まれる氏名、生年月日その他の記述等により開示請求者以外の特定の個人を識別することができるもの（他の情報と照合することにより、開示請求者以外の特定の個人を識別することができることとなるものを含む。）若しくは個人識別符号が含まれるもの又は開示請求者以外の特定の個人を識別することはできないが、開示することにより、なお開示請求者以外の個人の権利利益を害するおそれがあるもの。ただし、次に掲げる情報を除く。

イ　法令の規定により又は慣行として開示請求者が知ることができ、又は知ることが予定されている情報

ロ　人の生命、健康、生活又は財産を保護するため、開示することが必要であると認められる情報

ハ　当該個人が公務員等（国家公務員法第２条第１項に規定する国家公務員（独立行政法人通則法第２条第４項に規定する行政執行法人の職員を除く。）、独立行政法人等の職員、地方公務員法第２条に規定する地方公務員及び地方独立行政法人の職員をいう。）である場合において、当該情報がその職務の遂行に係る情報であるときは、当該情報のうち、当該公務員等の職及び当該職務遂行の内容に係る部分

③　法人その他の団体（国、独立行政法人等、地方公共団体及び地方独立行政法人を除く。以下この号において「法人等」という。）に関する情報又は開示請求者以外の事業を営む個人の当該事業に関する情報であって、次に掲げるもの。ただし、人の生命、健康、生活又は財産を保護するため、開示することが必要であると認められる情報を除く。

イ　開示することにより、当該法人等又は当該個人の権利、競争上の地位その他正当な利益を害するおそれがあるもの

ロ　行政機関等の要請を受けて、開示しないとの条件で任意に提供されたものであって、法人等又は個人における通例として開示しないこととされているものその他の当該条件を付することが当該情報の性質、当時の状況等に照らして合理的であると認められるもの

④　行政機関の長が第82条各項の決定（以下

この節において「開示決定等」という。）をする場合において、開示することにより、国の安全が害されるおそれ、他国若しくは国際機関との信頼関係が損なわれるおそれ又は他国若しくは国際機関との交渉上不利益を被るおそれがあると当該行政機関の長が認めることにつき相当の理由がある情報

⑤　行政機関の長が開示決定等をする場合において、開示することにより、犯罪の予防、鎮圧又は捜査、公訴の維持、刑の執行その他の公共の安全と秩序の維持に支障を及ぼすおそれがあると当該行政機関の長が認めることにつき相当の理由がある情報

⑥　国の機関、独立行政法人等、地方公共団体及び地方独立行政法人の内部又は相互間における審議、検討又は協議に関する情報であって、開示することにより、率直な意見の交換若しくは意思決定の中立性が不当に損なわれるおそれ、不当に国民の間に混乱を生じさせるおそれ又は特定の者に不当に利益を与え若しくは不利益を及ぼすおそれがあるもの

⑦　国の機関、独立行政法人等、地方公共団体又は地方独立行政法人が行う事務又は事業に関する情報であって、開示することにより、次に掲げるおそれその他当該事務又は事業の性質上、当該事務又は事業の適正な遂行に支障を及ぼすおそれがあるもの

イ　独立行政法人等が開示決定等をする場合において、国の安全が害されるおそれ、他国若しくは国際機関との信頼関係が損なわれるおそれ又は他国若しくは国際機関との交渉上不利益を被るおそれ

ロ　独立行政法人等が開示決定等をする場合において、犯罪の予防、鎮圧又は捜査その他の公共の安全と秩序の維持に支障を及ぼすおそれ

ハ　監査、検査、取締り、試験又は租税の賦課若しくは徴収に係る事務に関し、正確な事実の把握を困難にするおそれ又は違法若しくは不当な行為を容易にし、若しくはその発見を困難にするおそれ

ニ　契約、交渉又は争訟に係る事務に関し、国、独立行政法人等、地方公共団体又は地方独立行政法人の財産上の利益又は当事者としての地位を不当に害するおそれ

ホ　調査研究に係る事務に関し、その公正かつ能率的な遂行を不当に阻害するおそれ

ヘ　人事管理に係る事務に関し、公正かつ
　円滑な人事の確保に支障を及ぼすおそれ
ト　独立行政法人等、地方公共団体が経営
　する企業又は地方独立行政法人に係る事
　業に関し、その企業経営上の正当な利益
　を害するおそれ

第79条（部分開示）

1　行政機関の長等は、開示請求に係る保有個
人情報に不開示情報が含まれている場合にお
いて、不開示情報に該当する部分を容易に区
分して除くことができるときは、開示請求者
に対し、当該部分を除いた部分につき開示し
なければならない。

2　開示請求に係る保有個人情報に前条第2号
の情報（開示請求者以外の特定の個人を識別
することができるものに限る。）が含まれて
いる場合において、当該情報のうち、氏名、
生年月日その他の開示請求者以外の特定の個
人を識別することができることとなる記述等
及び個人識別符号の部分を除くことにより、
開示しても、開示請求者以外の個人の権利利
益が害されるおそれがないと認められるとき
は、当該部分を除いた部分は、同号の情報に
含まれないものとみなして、前項の規定を適
用する。

第80条（裁量的開示）

行政機関の長等は、開示請求に係る保有個人
情報に不開示情報が含まれている場合であって
も、個人の権利利益を保護するため特に必要が
あると認めるときは、開示請求者に対し、当該
保有個人情報を開示することができる。

第81条（保有個人情報の存否に関する情報）

開示請求に対し、当該開示請求に係る保有個
人情報が存在しているか否かを答えるだけで、
不開示情報を開示することとなるときは、行政
機関の長等は、当該保有個人情報の存否を明ら
かにしないで、当該開示請求を拒否することが
できる。

第82条（開示請求に対する措置）

1　行政機関の長等は、開示請求に係る保有個
人情報の全部又は一部を開示するときは、そ
の旨の決定をし、開示請求者に対し、その旨、
開示する保有個人情報の利用目的及び開示の
実施に関し政令で定める事項を書面により通
知しなければならない。ただし、第62条第2
号又は第3号に該当する場合における当該利
用目的については、この限りでない。

2　行政機関の長等は、開示請求に係る保有個
人情報の全部を開示しないとき（前条の規定

により開示請求を拒否するとき、及び開示請
求に係る保有個人情報を保有していないとき
を含む。）は、開示をしない旨の決定をし、
開示請求者に対し、その旨を書面により通知
しなければならない。

第83条（開示決定等の期限）

1　開示決定等は、開示請求があった日から30
日以内にしなければならない。ただし、第77
条第3項の規定により補正を求めた場合にあ
っては、当該補正に要した日数は、当該期間
に算入しない。

2　前項の規定にかかわらず、行政機関の長等
は、事務処理上の困難その他正当な理由があ
るときは、同項に規定する期間を30日以内に
限り延長することができる。この場合におい
て、行政機関の長等は、開示請求者に対し、
遅滞なく、延長後の期間及び延長の理由を書
面により通知しなければならない。

第84条（開示決定等の期限の特例）

開示請求に係る保有個人情報が著しく大量で
あるため、開示請求があった日から60日以内に
その全てについて開示決定等をすることにより
事務の遂行に著しい支障が生ずるおそれがある
場合には、前条の規定にかかわらず、行政機関
の長等は、開示請求に係る保有個人情報のうち
の相当の部分につき当該期間内に開示決定等を
し、残りの保有個人情報については相当の期間
内に開示決定等をすれば足りる。この場合にお
いて、行政機関の長等は、同条第1項に規定す
る期間内に、開示請求者に対し、次に掲げる事
項を書面により通知しなければならない。

①　この条の規定を適用する旨及びその理由
②　残りの保有個人情報について開示決定等
　をする期間

第85条（事案の移送）

1　行政機関の長等は、開示請求に係る保有個
人情報が当該行政機関の長等が属する行政機
関等以外の行政機関等から提供されたもので
あるとき、その他他の行政機関の長等におい
て開示決定等をすることにつき正当な理由が
あるときは、当該他の行政機関の長等と協議
の上、当該他の行政機関の長等に対し、事案
を移送することができる。この場合において
は、移送をした行政機関の長等は、開示請求
者に対し、事案を移送した旨を書面により通
知しなければならない。

2　前項の規定により事案が移送されたときは、
移送を受けた行政機関の長等において、当該
開示請求についての開示決定等をしなければ

ならない。この場合において、移送をした行
政機関の長等が移送前にした行為は、移送を
受けた行政機関の長等がしたものとみなす。

3 前項の場合において、移送を受けた行政機
関の長等が第82条第1項の決定（以下この節
において「開示決定」という。）をしたときは、
当該行政機関の長等は、開示の実施をしなけ
ればならない。この場合において、移送をし
た行政機関の長等は、当該開示の実施に必要
な協力をしなければならない。

**第86条（第三者に対する意見書提出の機会の付
与等）**

1 開示請求に係る保有個人情報に国、独立行
政法人等、地方公共団体、地方独立行政法人
及び開示請求者以外の者（以下この条、第
105条第2項第3号及び第106条第1項におい
て「第三者」という。）に関する情報が含ま
れているときは、行政機関の長等は、開示決
定等をするに当たって、当該情報に係る第三
者に対し、政令で定めるところにより、当該
第三者に関する情報の内容その他政令で定め
る事項を通知して、意見書を提出する機会を
与えることができる。

2 行政機関の長等は、次の各号のいずれかに
該当するときは、開示決定に先立ち、当該第
三者に対し、政令で定めるところにより、開
示請求に係る当該第三者に関する情報の内容
その他政令で定める事項を書面により通知し
て、意見書を提出する機会を与えなければな
らない。ただし、当該第三者の所在が判明し
ない場合は、この限りでない。

① 第三者に関する情報が含まれている保有
個人情報を開示しようとする場合であって、
当該第三者に関する情報が第78条第2号ロ
又は同条第3号ただし書に規定する情報に
該当すると認められるとき。

② 第三者に関する情報が含まれている保有
個人情報を第80条の規定により開示しよう
とするとき。

3 行政機関の長等は、前二項の規定により意
見書の提出の機会を与えられた第三者が当該
第三者に関する情報の開示に反対の意思を表
示した意見書を提出した場合において、開示
決定をするときは、開示決定の日と開示を実
施する日との間に少なくとも2週間を置かな
ければならない。この場合において、行政機
関の長等は、開示決定後直ちに、当該意見書
（第105条において「反対意見書」という。）
を提出した第三者に対し、開示決定をした旨

及びその理由並びに開示を実施する日を書面
により通知しなければならない。

第87条（開示の実施）

1 保有個人情報の開示は、当該保有個人情報
が、文書又は図画に記録されているときは閲
覧又は写しの交付により、電磁的記録に記録
されているときはその種別、情報化の進展状
況等を勘案して行政機関等が定める方法によ
り行う。ただし、閲覧の方法による保有個人
情報の開示にあっては、行政機関の長等は、
当該保有個人情報が記録されている文書又は
図画の保存に支障を生ずるおそれがあると認
めるとき、その他正当な理由があるときは、
その写しにより、これを行うことができる。

2 行政機関等は、前項の規定に基づく電磁的
記録についての開示の方法に関する定めを一
般の閲覧に供しなければならない。

3 開示決定に基づき保有個人情報の開示を受
ける者は、政令で定めるところにより、当該
開示決定をした行政機関の長等に対し、その
求める開示の実施の方法その他の政令で定め
る事項を申し出なければならない。

4 前項の規定による申出は、第82条第1項に
規定する通知があった日から30日以内にしな
ければならない。ただし、当該期間内に当該
申出をすることができないことにつき正当な
理由があるときは、この限りでない。

第88条（他の法令による開示の実施との調整）

1 行政機関の長等は、他の法令の規定により、
開示請求者に対し開示請求に係る保有個人情
報が前条第1項本文に規定する方法と同一の
方法で開示することとされている場合（開示
の期間が定められている場合にあっては、当
該期間内に限る。）には、同項本文の規定に
かかわらず、当該保有個人情報については、
当該同一の方法による開示を行わない。ただ
し、当該他の法令の規定に一定の場合には開
示をしない旨の定めがあるときは、この限り
でない。

2 他の法令の規定に定める開示の方法が縦覧
であるときは、当該縦覧を前条第1項本文の
閲覧とみなして、前項の規定を適用する。

第89条（手数料）

1 行政機関の長に対し開示請求をする者は、
政令で定めるところにより、実費の範囲内に
おいて政令で定める額の手数料を納めなけれ
ばならない。

2 前項の手数料の額を定めるに当たっては、
できる限り利用しやすい額とするよう配慮し

177

なければならない。

3 独立行政法人等に対し開示請求をする者は、独立行政法人等の定めるところにより、手数料を納めなければならない。

4 前項の手数料の額は、実費の範囲内において、かつ、第1項の手数料の額を参酌して、独立行政法人等が定める。

5 独立行政法人等は、前二項の規定による定めを一般の閲覧に供しなければならない。

第2款 訂正

第90条 (訂正請求権)

1 何人も、自己を本人とする保有個人情報(次に掲げるものに限る。第98条第1項において同じ。)の内容が事実でないと思料するときは、この法律の定めるところにより、当該保有個人情報を保有する行政機関の長等に対し、当該保有個人情報の訂正(追加又は削除を含む。以下この節において同じ。)を請求することができる。ただし、当該保有個人情報の訂正に関して他の法律又はこれに基づく命令の規定により特別の手続が定められているときは、この限りでない。

① 開示決定に基づき開示を受けた保有個人情報

② 開示決定に係る保有個人情報であって、第88条第1項の他の法令の規定により開示を受けたもの

2 代理人は、本人に代わって前項の規定による訂正の請求(以下この節及び第125条において「訂正請求」という。)をすることができる。

3 訂正請求は、保有個人情報の開示を受けた日から90日以内にしなければならない。

第91条 (訂正請求の手続)

1 訂正請求は、次に掲げる事項を記載した書面(第3項において「訂正請求書」という。)を行政機関の長等に提出してしなければならない。

① 訂正請求をする者の氏名及び住所又は居所

② 訂正請求に係る保有個人情報の開示を受けた日その他当該保有個人情報を特定するに足りる事項

③ 訂正請求の趣旨及び理由

2 前項の場合において、訂正請求をする者は、政令で定めるところにより、訂正請求に係る保有個人情報の本人であること(前条第2項の規定による訂正請求にあっては、訂正請求に係る保有個人情報の本人の代理人であるこ

と)を示す書類を提示し、又は提出しなければならない。

3 行政機関の長等は、訂正請求書に形式上の不備があると認めるときは、訂正請求をした者(以下この節において「訂正請求者」という。)に対し、相当の期間を定めて、その補正を求めることができる。

第92条 (保有個人情報の訂正義務)

行政機関の長等は、訂正請求があった場合において、当該訂正請求に理由があると認めるときは、当該訂正請求に係る保有個人情報の利用目的の達成に必要な範囲内で、当該保有個人情報の訂正をしなければならない。

第93条 (訂正請求に対する措置)

1 行政機関の長等は、訂正請求に係る保有個人情報の訂正をするときは、その旨の決定をし、訂正請求者に対し、その旨を書面により通知しなければならない。

2 行政機関の長等は、訂正請求に係る保有個人情報の訂正をしないときは、その旨の決定をし、訂正請求者に対し、その旨を書面により通知しなければならない。

第94条 (訂正決定等の期限)

1 前条各項の決定(以下この節において「訂正決定等」という。)は、訂正請求があった日から30日以内にしなければならない。ただし、第91条第3項の規定により補正を求めた場合にあっては、当該補正に要した日数は、当該期間に算入しない。

2 前項の規定にかかわらず、行政機関の長等は、事務処理上の困難その他正当な理由があるときは、同項に規定する期間を30日以内に限り延長することができる。この場合において、行政機関の長等は、訂正請求者に対し、遅滞なく、延長後の期間及び延長の理由を書面により通知しなければならない。

第95条 (訂正決定等の期限の特例)

行政機関の長等は、訂正決定等に特に長期間を要すると認めるときは、前条の規定にかかわらず、相当の期間内に訂正決定等をすれば足りる。この場合において、行政機関の長等は、同条第1項に規定する期間内に、訂正請求者に対し、次に掲げる事項を書面により通知しなければならない。

① この条の規定を適用する旨及びその理由

② 訂正決定等をする期限

第96条 (事案の移送)

1 行政機関の長等は、訂正請求に係る保有個人情報が第85条第3項の規定に基づく開示に

係るものであるとき、その他他の行政機関の長等において訂正決定等をすることにつき正当な理由があるときは、当該他の行政機関の長等と協議の上、当該他の行政機関の長等に対し、事案を移送することができる。この場合においては、移送をした行政機関の長等は、訂正請求者に対し、事案を移送した旨を書面により通知しなければならない。

2　前項の規定により事案が移送されたときは、移送を受けた行政機関の長等において、当該訂正請求についての訂正決定等をしなければならない。この場合において、移送をした行政機関の長等が移送前にした行為は、移送を受けた行政機関の長等がしたものとみなす。

3　前項の場合において、移送を受けた行政機関の長等が第93条第1項の決定（以下この項及び次条において「訂正決定」という。）をしたときは、移送をした行政機関の長等は、当該訂正決定に基づき訂正の実施をしなければならない。

第97条（保有個人情報の提供先への通知）

行政機関の長等は、訂正決定に基づく保有個人情報の訂正の実施をした場合において、必要があると認めるときは、当該保有個人情報の提供先に対し、遅滞なく、その旨を書面により通知するものとする。

第3款　利用停止
第98条（利用停止請求権）

1　何人も、自己を本人とする保有個人情報が次の各号のいずれかに該当すると思料するときは、この法律の定めるところにより、当該保有個人情報を保有する行政機関の長等に対し、当該各号に定める措置を請求することができる。ただし、当該保有個人情報の利用の停止、消去又は提供の停止（以下この節において「利用停止」という。）に関して他の法律又はこれに基づく命令の規定により特別の手続が定められているときは、この限りでない。

① 第61条第2項の規定に違反して保有されているとき、第63条の規定に違反して取り扱われているとき、第64条の規定に違反して取得されたものであるとき、又は第69条第1項及び第2項の規定に違反して利用されているとき　当該保有個人情報の利用の停止又は消去

② 第69条第1項及び第2項又は第71条第1項の規定に違反して提供されているとき　当該保有個人情報の提供の停止

2　代理人は、本人に代わって前項の規定による利用停止の請求（以下この節及び第125条において「利用停止請求」という。）をすることができる。

3　利用停止請求は、保有個人情報の開示を受けた日から90日以内にしなければならない。

第99条（利用停止請求の手続）

1　利用停止請求は、次に掲げる事項を記載した書面（第3項において「利用停止請求書」という。）を行政機関の長等に提出してしなければならない。

① 利用停止請求をする者の氏名及び住所又は居所

② 利用停止請求に係る保有個人情報の開示を受けた日その他当該保有個人情報を特定するに足りる事項

③ 利用停止請求の趣旨及び理由

2　前項の場合において、利用停止請求をする者は、政令で定めるところにより、利用停止請求に係る保有個人情報の本人であること（前条第2項の規定による利用停止請求にあっては、利用停止請求に係る保有個人情報の本人の代理人であること）を示す書類を提示し、又は提出しなければならない。

3　行政機関の長等は、利用停止請求書に形式上の不備があると認めるときは、利用停止請求をした者（以下この節において「利用停止請求者」という。）に対し、相当の期間を定めて、その補正を求めることができる。

第100条（保有個人情報の利用停止義務）

行政機関の長等は、利用停止請求があった場合において、当該利用停止請求に理由があると認めるときは、当該行政機関の長等の属する行政機関等における個人情報の適正な取扱いを確保するために必要な限度で、当該利用停止請求に係る保有個人情報の利用停止をしなければならない。ただし、当該保有個人情報の利用停止をすることにより、当該保有個人情報の利用目的に係る事務又は事業の性質上、当該事務又は事業の適正な遂行に著しい支障を及ぼすおそれがあると認められるときは、この限りでない。

第101条（利用停止請求に対する措置）

1　行政機関の長等は、利用停止請求に係る保有個人情報の利用停止をするときは、その旨の決定をし、利用停止請求者に対し、その旨を書面により通知しなければならない。

2　行政機関の長等は、利用停止請求に係る保有個人情報の利用停止をしないときは、その旨の決定をし、利用停止請求者に対し、その

旨を書面により通知しなければならない。

第102条（利用停止決定等の期限）

1 前条各項の決定（以下この節において「利用停止決定等」という。）は、利用停止請求があった日から30日以内にしなければならない。ただし、第99条第3項の規定により補正を求めた場合にあっては、当該補正に要した日数は、当該期間に算入しない。

2 前項の規定にかかわらず、行政機関の長等は、事務処理上の困難その他正当な理由があるときは、同項に規定する期間を30日以内に限り延長することができる。この場合において、行政機関の長等は、利用停止請求者に対し、遅滞なく、延長後の期間及び延長の理由を書面により通知しなければならない。

第103条（利用停止決定等の期限の特例）

行政機関の長等は、利用停止決定等に特に長期間を要すると認めるときは、前条の規定にかかわらず、相当の期間内に利用停止決定等をすれば足りる。この場合において、行政機関の長等は、同条第1項に規定する期間内に、利用停止請求者に対し、次に掲げる事項を書面により通知しなければならない。

① この条の規定を適用する旨及びその理由

② 利用停止決定等をする期限

第4款　審査請求

第104条（審理員による審理手続に関する規定の適用除外等）

1 行政機関の長等に対する開示決定等、訂正決定等、利用停止決定等又は開示請求、訂正請求若しくは利用停止請求に係る不作為に係る審査請求については、行政不服審査法第9条、第17条、第24条、第2章第3節及び第4節並びに第50条第2項の規定は、適用しない。

2 行政機関の長等に対する開示決定等、訂正決定等、利用停止決定等又は開示請求、訂正請求若しくは利用停止請求に係る不作為に係る審査請求についての行政不服審査法第2章の規定の適用については、同法第11条第2項中「第9条第1項の規定により指名された者（以下「審理員」という。）」とあるのは「第4条（個人情報の保護に関する法律第106条第2項の規定に基づく政令を含む。）の規定により審査請求がされた行政庁（第14条の規定により引継ぎを受けた行政庁を含む。以下「審査庁」という。）」と、同法第13条第1項及び第2項中「審理員」とあるのは「審査庁」と、同法第25条第7項中「あったとき、又は審理員から第40条に規定する執行停止をすべ

き旨の意見書が提出されたとき」とあるのは「あったとき」と、同法第44条中「行政不服審査会等」とあるのは「情報公開・個人情報保護審査会（審査庁が会計検査院長である場合にあっては、別に法律で定める審査会。第50条第1項第4号において同じ。）」と、「受けたとき（前条第1項の規定による諮問を要しない場合（同項第2号又は第3号に該当する場合を除く。）にあっては審理員意見書が提出されたとき、同項第2号又は第3号に該当する場合にあっては同項第2号又は第3号に規定する議を経たとき）」とあるのは「受けたとき」と、同法第50条第1項第4号中「審理員意見書又は行政不服審査会等若しくは審議会等」とあるのは「情報公開・個人情報保護審査会」とする。

第105条（審査会への諮問）

1 開示決定等、訂正決定等、利用停止決定等又は開示請求、訂正請求若しくは利用停止請求に係る不作為について審査請求があったときは、当該審査請求に対する裁決をすべき行政機関の長等は、次の各号のいずれかに該当する場合を除き、情報公開・個人情報保護審査会（審査請求に対する裁決をすべき行政機関の長等が会計検査院長である場合にあっては、別に法律で定める審査会）に諮問しなければならない。

① 審査請求が不適法であり、却下する場合

② 裁決で、審査請求の全部を容認し、当該審査請求に係る保有個人情報の全部を開示することとする場合（当該保有個人情報の開示について反対意見書が提出されている場合を除く。）

③ 裁決で、審査請求の全部を容認し、当該審査請求に係る保有個人情報の訂正をすることとする場合

④ 裁決で、審査請求の全部を容認し、当該審査請求に係る保有個人情報の利用停止をすることとする場合

2 前項の規定により諮問をした行政機関の長等は、次に掲げる者に対し、諮問をした旨を通知しなければならない。

① 審査請求人及び参加人（行政不服審査法第13条第4項に規定する参加人をいう。以下この項及び次条第1項第2号において同じ。）

② 開示請求者、訂正請求者又は利用停止請求者（これらの者が審査請求人又は参加人である場合を除く。）

180

③ 当該審査請求に係る保有個人情報の開示について反対意見書を提出した第三者（当該第三者が審査請求人又は参加人である場合を除く。）

第106条（第三者からの審査請求を棄却する場合等における手続等）

1 第86条第3項の規定は、次の各号のいずれかに該当する裁決をする場合について準用する。

① 開示決定に対する第三者からの審査請求を却下し、又は棄却する裁決

② 審査請求に係る開示決定等（開示請求に係る保有個人情報の全部を開示する旨の決定を除く。）を変更し、当該審査請求に係る保有個人情報を開示する旨の裁決（第三者である参加人が当該第三者に関する情報の開示に反対の意思を表示している場合に限る。）

2 開示決定等、訂正決定等、利用停止決定等又は開示請求、訂正請求若しくは利用停止請求に係る不作為についての審査請求については、政令で定めるところにより、行政不服審査法第4条の規定の特例を設けることができる。

【第5節　行政機関等匿名加工情報の提供等】

第107条（行政機関等匿名加工情報の作成及び提供等）

1 行政機関の長等は、この節の規定に従い、行政機関等匿名加工情報（行政機関等匿名加工情報ファイルを構成するものに限る。以下この節において同じ。）を作成することができる。

2 行政機関の長等は、次の各号のいずれかに該当する場合を除き、行政機関等匿名加工情報を提供してはならない。

① 法令に基づく場合（この節の規定に従う場合を含む。）

② 保有個人情報を利用目的のために第三者に提供することができる場合において、当該保有個人情報を加工して作成した行政機関等匿名加工情報を当該第三者に提供するとき。

3 第69条の規定にかかわらず、行政機関の長等は、法令に基づく場合を除き、利用目的以外の目的のために削除情報（保有個人情報に該当するものに限る。）を自ら利用し、又は提供してはならない。

4 前項の「削除情報」とは、行政機関等匿名加工情報の作成に用いた保有個人情報から削除した記述等及び個人識別符号をいう。

第108条（提案の募集に関する事項の個人情報ファイル簿への記載）

行政機関の長等は、当該行政機関の長等の属する行政機関等が保有している個人情報ファイルが第60条第3項各号のいずれにも該当すると認めるときは、当該個人情報ファイルについては、個人情報ファイル簿に次に掲げる事項を記載しなければならない。この場合における当該個人情報ファイルについての第75条第1項の規定の適用については、同項中「第10号」とあるのは、「第10号並びに第108条各号」とする。

① 第110条第1項の提案の募集をする個人情報ファイルである旨

② 第110条第1項の提案を受ける組織の名称及び所在地

第109条（提案の募集）

行政機関の長等は、個人情報保護委員会規則で定めるところにより、定期的に、当該行政機関の長等の属する行政機関等が保有している個人情報ファイル（個人情報ファイル簿に前条第1号に掲げる事項の記載があるものに限る。以下この節において同じ。）について、次条第1項の提案を募集するものとする。

第110条（行政機関等匿名加工情報をその用に供して行う事業に関する提案）

1 前条の規定による募集に応じて個人情報ファイルを構成する保有個人情報を加工して作成する行政機関等匿名加工情報をその事業の用に供しようとする者は、行政機関の長等に対し、当該事業に関する提案をすることができる。

2 前項の提案は、個人情報保護委員会規則で定めるところにより、次に掲げる事項を記載した書面を行政機関の長等に提出してしなければならない。

① 提案をする者の氏名又は名称及び住所又は居所並びに法人その他の団体にあっては、その代表者の氏名

② 提案に係る個人情報ファイルの名称

③ 提案に係る行政機関等匿名加工情報の本人の数

④ 前号に掲げるもののほか、提案に係る行政機関等匿名加工情報の作成に用いる第114条第1項の規定による加工の方法を特定するに足りる事項

⑤ 提案に係る行政機関等匿名加工情報の利用の目的及び方法その他当該行政機関等匿名加工情報がその用に供される事業の内容

⑥ 提案に係る行政機関等匿名加工情報を前号の事業の用に供しようとする期間

⑦ 提案に係る行政機関等匿名加工情報の漏えいの防止その他当該行政機関等匿名加工情報の適切な管理のために講ずる措置

⑧ 前各号に掲げるもののほか、個人情報保護委員会規則で定める事項

3 前項の書面には、次に掲げる書面その他個人情報保護委員会規則で定める書類を添付しなければならない。

① 第1項の提案をする者が次条各号のいずれにも該当しないことを誓約する書面

② 前項第5号の事業が新たな産業の創出又は活力ある経済社会若しくは豊かな国民生活の実現に資するものであることを明らかにする書面

第111条（欠格事由）

次の各号のいずれかに該当する者は、前条第1項の提案をすることができない。

① 未成年者

② 心身の故障により前条第1項の提案に係る行政機関等匿名加工情報をその用に供して行う事業を適正に行うことができない者として個人情報保護委員会規則で定めるもの

③ 破産手続開始の決定を受けて復権を得ない者

④ 禁錮以上の刑に処せられ、又はこの法律の規定により刑に処せられ、その執行を終わり、又は執行を受けることがなくなった日から起算して2年を経過しない者

⑤ 第118条の規定により行政機関等匿名加工情報の利用に関する契約を解除され、その解除の日から起算して2年を経過しない者

⑥ 法人その他の団体であって、その役員のうちに前各号のいずれかに該当する者があるもの

第112条（提案の審査等）

1 行政機関の長等は、第110条第1項の提案があったときは、当該提案が次に掲げる基準に適合するかどうかを審査しなければならない。

① 第110条第1項の提案をした者が前条各号のいずれにも該当しないこと。

② 第110条第2項第3号の提案に係る行政機関等匿名加工情報の本人の数が、行政機関等匿名加工情報の効果的な活用の観点からみて個人情報保護委員会規則で定める数

以上であり、かつ、提案に係る個人情報ファイルを構成する保有個人情報の本人の数以下であること。

③ 第110条第2項第3号及び第4号に掲げる事項により特定される加工の方法が第114条第1項の基準に適合するものであること。

④ 第110条第2項第5号の事業が新たな産業の創出又は活力ある経済社会若しくは豊かな国民生活の実現に資するものであること。

⑤ 第110条第2項第6号の期間が行政機関等匿名加工情報の効果的な活用の観点からみて個人情報保護委員会規則で定める期間を超えないものであること。

⑥ 第110条第2項第5号の提案に係る行政機関等匿名加工情報の利用の目的及び方法並びに同項第7号の措置が当該行政機関等匿名加工情報の本人の権利利益を保護するために適切なものであること。

⑦ 前各号に掲げるもののほか、個人情報保護委員会規則で定める基準に適合するものであること。

2 行政機関の長等は、前項の規定により審査した結果、第110条第1項の提案が前項各号に掲げる基準のいずれにも適合すると認めるときは、個人情報保護委員会規則で定めるところにより、当該提案をした者に対し、次に掲げる事項を通知するものとする。

① 次条の規定により行政機関の長等との間で行政機関等匿名加工情報の利用に関する契約を締結することができる旨

② 前号に掲げるもののほか、個人情報保護委員会規則で定める事項

3 行政機関の長等は、第1項の規定により審査した結果、第110条第1項の提案が第1項各号に掲げる基準のいずれかに適合しないと認めるときは、個人情報保護委員会規則で定めるところにより、当該提案をした者に対し、理由を付して、その旨を通知するものとする。

第113条（行政機関等匿名加工情報の利用に関する契約の締結）

前条第2項の規定による通知を受けた者は、個人情報保護委員会規則で定めるところにより、行政機関の長等との間で、行政機関等匿名加工情報の利用に関する契約を締結することができる。

第114条（行政機関等匿名加工情報の作成等）

1 行政機関の長等は、行政機関等匿名加工情

報を作成するときは、特定の個人を識別することができないように及びその作成に用いる保有個人情報を復元することができないようにするために必要なものとして個人情報保護委員会規則で定める基準に従い、当該保有個人情報を加工しなければならない。

2　前項の規定は、行政機関等から行政機関等匿名加工情報の作成の委託（二以上の段階にわたる委託を含む。）を受けた者が受託した業務を行う場合について準用する。

第115条（行政機関等匿名加工情報に関する事項の個人情報ファイル簿への記載）

　行政機関の長等は、行政機関等匿名加工情報を作成したときは、当該行政機関等匿名加工情報の作成に用いた保有個人情報を含む個人情報ファイルについては、個人情報ファイル簿に次に掲げる事項を記載しなければならない。この場合における当該個人情報ファイルについての第108条の規定により読み替えて適用する第75条第1項の規定の適用については、同項中「並びに第108条各号」とあるのは、「、第108条各号並びに第115条各号」とする。

① 行政機関等匿名加工情報の概要として個人情報保護委員会規則で定める事項

② 次条第1項の提案を受ける組織の名称及び所在地

③ 次条第1項の提案をすることができる期間

第116条（作成された行政機関等匿名加工情報をその用に供して行う事業に関する提案等）

1　前条の規定により個人情報ファイル簿に同条第1号に掲げる事項が記載された行政機関等匿名加工情報をその事業の用に供しようとする者は、行政機関の長等に対し、当該事業に関する提案をすることができる。当該行政機関等匿名加工情報について第113条の規定により行政機関等匿名加工情報の利用に関する契約を締結した者が、当該行政機関等匿名加工情報をその用に供する事業を変更しようとするときも、同様とする。

2　第110条第2項及び第3項並びに第111条から第113条までの規定は、前項の提案について準用する。この場合において、第110条第2項中「次に」とあるのは「第1号及び第4号から第8号までに」と、同項第4号中「前号に掲げるもののほか、提案」とあるのは「提案」と、「の作成に用いる第114条第1項の規定による加工の方法を特定する」とあるのは「を特定する」と、同項第8号中「前各号」

とあるのは「第1号及び第4号から前号まで」と、第112条第1項中「次に」とあるのは「第1号及び第4号から第7号までに」と、同条第7号中「前各号」とあるのは「第1号及び前三号」と、同条第2項中「前項各号」とあるのは「前項第1号及び第4号から第7号まで」と、同条第3項中「第1項各号」とあるのは「第1項第1号及び第4号から第7号まで」と読み替えるものとする。

第117条（手数料）

1　第113条の規定により行政機関等匿名加工情報の利用に関する契約を行政機関の長と締結する者は、政令で定めるところにより、実費を勘案して政令で定める額の手数料を納めなければならない。

2　前条第2項において準用する第113条の規定により行政機関等匿名加工情報の利用に関する契約を行政機関の長と締結する者は、政令で定めるところにより、前項の政令で定める額を参酌して政令で定める額の手数料を納めなければならない。

3　第113条の規定（前条第2項において準用する場合を含む。次条において同じ。）により行政機関等匿名加工情報の利用に関する契約を独立行政法人等と締結する者は、独立行政法人等の定めるところにより、利用料を納めなければならない。

4　前項の利用料の額は、実費を勘案して合理的であると認められる範囲内において、独立行政法人等が定める。

5　独立行政法人等は、前二項の規定による定めを一般の閲覧に供しなければならない。

第118条（行政機関等匿名加工情報の利用に関する契約の解除）

　行政機関の長等は、第113条の規定により行政機関等匿名加工情報の利用に関する契約を締結した者が次の各号のいずれかに該当するときは、当該契約を解除することができる。

① 偽りその他不正の手段により当該契約を締結したとき。

② 第111条各号（第116条第2項において準用する場合を含む。）のいずれかに該当することとなったとき。

③ 当該契約において定められた事項について重大な違反があったとき。

第119条（識別行為の禁止等）

1　行政機関の長等は、行政機関等匿名加工情報を取り扱うに当たっては、法令に基づく場合を除き、当該行政機関等匿名加工情報の作

成に用いられた個人情報に係る本人を識別するために、当該行政機関等匿名加工情報を他の情報と照合してはならない。

2　行政機関の長等は、行政機関等匿名加工情報、第107条第4項に規定する削除情報及び第114条第1項の規定により行った加工の方法に関する情報（以下この条及び次条において「行政機関等匿名加工情報等」という。）の漏えいを防止するために必要なものとして個人情報保護委員会規則で定める基準に従い、行政機関等匿名加工情報等の適切な管理のために必要な措置を講じなければならない。

3　前二項の規定は、行政機関等から行政機関等匿名加工情報等の取扱いの委託（二以上の段階にわたる委託を含む。）を受けた者が受託した業務を行う場合について準用する。

第120条（従事者の義務）

行政機関等匿名加工情報等の取扱いに従事する行政機関等の職員若しくは職員であった者、前条第3項の委託を受けた業務に従事している者若しくは従事していた者又は行政機関等において行政機関等匿名加工情報等の取扱いに従事している派遣労働者若しくは従事していた派遣労働者は、その業務に関して知り得た行政機関等匿名加工情報等の内容をみだりに他人に知らせ、又は不当な目的に利用してはならない。

第121条（匿名加工情報の取扱いに係る義務）

1　行政機関等は、匿名加工情報（行政機関等匿名加工情報を除く。以下この条において同じ。）を第三者に提供するときは、法令に基づく場合を除き、個人情報保護委員会規則で定めるところにより、あらかじめ、第三者に提供される匿名加工情報に含まれる個人に関する情報の項目及びその提供の方法について公表するとともに、当該第三者に対して、当該提供に係る情報が匿名加工情報である旨を明示しなければならない。

2　行政機関等は、匿名加工情報を取り扱うに当たっては、法令に基づく場合を除き、当該匿名加工情報の作成に用いられた個人情報に係る本人を識別するために、当該個人情報から削除された記述等若しくは個人識別符号若しくは第43条第1項の規定により行われた加工の方法に関する情報を取得し、又は当該匿名加工情報を他の情報と照合してはならない。

3　行政機関等は、匿名加工情報の漏えいを防止するために必要なものとして個人情報保護委員会規則で定める基準に従い、匿名加工情報の適切な管理のために必要な措置を講じな

ければならない。

4　前二項の規定は、行政機関等から匿名加工情報の取扱いの委託（二以上の段階にわたる委託を含む。）を受けた者が受託した業務を行う場合について準用する。

【第6節　雑則】

第122条（適用除外等）

1　第4節の規定は、刑事事件若しくは少年の保護事件に係る裁判、検察官、検察事務官若しくは司法警察職員が行う処分、刑若しくは保護処分の執行、更生緊急保護又は恩赦に係る保有個人情報（当該裁判、処分若しくは執行を受けた者、更生緊急保護の申出をした者又は恩赦の上申があった者に係るものに限る。）については、適用しない。

2　保有個人情報（行政機関情報公開法第5条又は独立行政法人等情報公開法第5条に規定する不開示情報を専ら記録する行政文書等に記録されているものに限る。）のうち、まだ分類その他の整理が行われていないもので、同一の利用目的に係るものが著しく大量にあるためその中から特定の保有個人情報を検索することが著しく困難であるものは、第4節（第4款を除く。）の規定の適用については、行政機関等に保有されていないものとみなす。

第123条（適用の特例）

1　独立行政法人労働者健康安全機構が行う病院の運営の業務における個人情報、仮名加工情報又は個人関連情報の取扱いについては、この章（第1節、第66条第2項（第3号及び第4号（同項第3号に係る部分に限る。）に係る部分に限る。）において準用する同条第1項、第75条、前二節、前条第2項及び第125条を除く。）の規定、第171条及び第175条の規定（これらの規定のうち第66条第2項第3号及び第4号（同項第3号に係る部分に限る。）に定める業務に係る部分を除く。）並びに第176条の規定は、適用しない。

2　別表第二に掲げる法人による個人情報又は匿名加工情報の取扱いについては、独立行政法人等による個人情報又は匿名加工情報の取扱いとみなして、第1節、第75条、前二節、前条第2項、第125条及び次章から第8章まで（第171条、第175条及び第176条を除く。）の規定を適用する。

3　別表第二に掲げる法人及び独立行政法人労働者健康安全機構（病院の運営の業務を行う場合に限る。）についての第98条の規定の適用については、同条第1項第1号中「第61条

第2項の規定に違反して保有されているとき、第63条の規定に違反して取り扱われているとき、第64条の規定に違反して取得されたものであるとき、又は第69条第1項及び第2項の規定に違反して利用されているとき」とあるのは「第18条若しくは第19条の規定に違反して取り扱われているとき、又は第20条の規定に違反して取得されたものであるとき」と、同項第2号中「第69条第1項及び第2項又は第71条第1項」とあるのは「第27条第1項又は第28条」とする。

第124条（権限又は事務の委任）

行政機関の長は、政令（内閣の所轄の下に置かれる機関及び会計検査院にあっては、当該機関の命令）で定めるところにより、第2節から前節まで（第74条及び第4節第4款を除く。）に定める権限又は事務を当該行政機関の職員に委任することができる。

第125条（開示請求等をしようとする者に対する情報の提供等）

行政機関の長等は、開示請求、訂正請求若しくは利用停止請求又は第110条第1項若しくは第116条第1項の提案（以下この条において「開示請求等」という。）をしようとする者がそれぞれ容易かつ的確に開示請求等をすることができるよう、当該行政機関の長等の属する行政機関等が保有する保有個人情報の特定又は当該提案に資する情報の提供その他開示請求等をしようとする者の利便を考慮した適切な措置を講ずるものとする。

第126条（行政機関等における個人情報等の取扱いに関する苦情処理）

行政機関の長等は、行政機関等における個人情報、仮名加工情報又は匿名加工情報の取扱いに関する苦情の適切かつ迅速な処理に努めなければならない。

第6章　個人情報保護委員会（抄）

【第1節　設置等】

第127条（設置）

1　内閣府設置法第49条第3項の規定に基づいて、個人情報保護委員会（以下「委員会」という。）を置く。

2　委員会は、内閣総理大臣の所轄に属する。

第128条（任務）

委員会は、行政機関等の事務及び事業の適正かつ円滑な運営を図り、並びに個人情報の適正かつ効果的な活用が新たな産業の創出並びに活力ある経済社会及び豊かな国民生活の実現に資

するものであることその他の個人情報の有用性に配慮しつつ、個人の権利利益を保護するため、個人情報の適正な取扱いの確保を図ること（個人番号利用事務等実施者（行政手続における特定の個人を識別するための番号の利用等に関する法律（以下「番号利用法」という。）第12条に規定する個人番号利用事務等実施者をいう。）に対する指導及び助言その他の措置を講ずることを含む。）を任務とする。

第129条（所掌事務）

委員会は、前条の任務を達成するため、次に掲げる事務をつかさどる。

① 基本方針の策定及び推進に関すること。

② 個人情報取扱事業者における個人情報の取扱い、個人情報取扱事業者及び仮名加工情報取扱事業者における仮名加工情報の取扱い、個人情報取扱事業者及び匿名加工情報取扱事業者における匿名加工情報の取扱い並びに個人関連情報取扱事業者における個人関連情報の取扱いに関する監督、行政機関等における個人情報、仮名加工情報、匿名加工情報及び個人関連情報の取扱いに関する監視並びに個人情報、仮名加工情報及び匿名加工情報の取扱いに関する苦情の申出についての必要なあっせん及びその処理を行う事業者への協力に関すること（第4号に掲げるものを除く。）。

③ 認定個人情報保護団体に関すること。

④ 特定個人情報（番号利用法第2条第8項に規定する特定個人情報をいう。）の取扱いに関する監視又は監督並びに苦情の申出についての必要なあっせん及びその処理を行う事業者への協力に関すること。

⑤ 特定個人情報保護評価（番号利用法第27条第1項に規定する特定個人情報保護評価をいう。）に関すること。

⑥ 個人情報の保護及び適正かつ効果的な活用についての広報及び啓発に関すること。

⑦ 前各号に掲げる事務を行うために必要な調査及び研究に関すること。

⑧ 所掌事務に係る国際協力に関すること。

⑨ 前各号に掲げるもののほか、法律（法律に基づく命令を含む。）に基づき委員会に属させられた事務

第130条（職権行使の独立性）

委員会の委員長及び委員は、独立してその職権を行う。

第131条（組織等）

1　委員会は、委員長及び委員8人をもって組

織する。

2 委員のうち4人は、非常勤とする。

3 委員長及び委員は、人格が高潔で識見の高い者のうちから、両議院の同意を得て、内閣総理大臣が任命する。

4 委員長及び委員には、個人情報の保護及び適正かつ効果的な活用に関する学識経験のある者、消費者の保護に関して十分な知識と経験を有する者、情報処理技術に関する学識経験のある者、行政分野に関する学識経験のある者、民間企業の実務に関して十分な知識と経験を有する者並びに連合組織（地方自治法第263条の3第1項の連合組織で同項の規定による届出をしたものをいう。）の推薦する者が含まれるものとする。

第132条（任期等）

1 委員長及び委員の任期は、5年とする。ただし、補欠の委員長又は委員の任期は、前任者の残任期間とする。

2 委員長及び委員は、再任されることができる。

3 委員長及び委員の任期が満了したときは、当該委員長及び委員は、後任者が任命されるまで引き続きその職務を行うものとする。

4 委員長又は委員の任期が満了し、又は欠員を生じた場合において、国会の閉会又は衆議院の解散のために両議院の同意を得ることができないときは、内閣総理大臣は、前条第3項の規定にかかわらず、同項に定める資格を有する者のうちから、委員長又は委員を任命することができる。

5 前項の場合においては、任命後最初の国会において両議院の事後の承認を得なければならない。この場合において、両議院の事後の承認が得られないときは、内閣総理大臣は、直ちに、その委員長又は委員を罷免しなければならない。

第133条（身分保障）

委員長及び委員は、次の各号のいずれかに該当する場合を除いては、在任中、その意に反して罷免されることがない。

① 破産手続開始の決定を受けたとき。

② この法律又は番号利用法の規定に違反して刑に処せられたとき。

③ 禁錮以上の刑に処せられたとき。

④ 委員会により、心身の故障のため職務を執行することができないと認められたとき、又は職務上の義務違反その他委員長若しくは委員たるに適しない非行があると認め

られたとき。

第134条（罷免）

内閣総理大臣は、委員長又は委員が前条各号のいずれかに該当するときは、その委員長又は委員を罷免しなければならない。

第135条（委員長）

1 委員長は、委員会の会務を総理し、委員会を代表する。

2 委員会は、あらかじめ常勤の委員のうちから、委員長に事故がある場合に委員長を代理する者を定めておかなければならない。

第136条（会議）

1 委員会の会議は、委員長が招集する。

2 委員会は、委員長及び4人以上の委員の出席がなければ、会議を開き、議決をすることができない。

3 委員会の議事は、出席者の過半数でこれを決し、可否同数のときは、委員長の決するところによる。

4 第133条第4号の規定による認定をするには、前項の規定にかかわらず、本人を除く全員の一致がなければならない。

5 委員長に事故がある場合の第2項の規定の適用については、前条第2項に規定する委員長を代理する者は、委員長とみなす。

第137条（専門委員）

1 委員会に、専門の事項を調査させるため、専門委員を置くことができる。

2 専門委員は、委員会の申出に基づいて内閣総理大臣が任命する。

3 専門委員は、当該専門の事項に関する調査が終了したときは、解任されるものとする。

4 専門委員は、非常勤とする。

第138条（事務局）

1 委員会の事務を処理させるため、委員会に事務局を置く。

2 事務局に、事務局長その他の職員を置く。

3 事務局長は、委員長の命を受けて、局務を掌理する。

第139条（政治運動等の禁止）

1 委員長及び委員は、在任中、政党その他の政治団体の役員となり、又は積極的に政治運動をしてはならない。

2 委員長及び常勤の委員は、在任中、内閣総理大臣の許可のある場合を除くほか、報酬を得て他の職務に従事し、又は営利事業を営み、その他金銭上の利益を目的とする業務を行ってはならない。

第140条（秘密保持義務）

委員長、委員、専門委員及び事務局の職員は、職務上知ることのできた秘密を漏らし、又は盗用してはならない。その職務を退いた後も、同様とする。

第141条（給与）

委員長及び委員の給与は、別に法律で定める。

第142条（規則の制定）

委員会は、その所掌事務について、法律若しくは政令を実施するため、又は法律若しくは政令の特別の委任に基づいて、個人情報保護委員会規則を制定することができる。

【第2節　監督及び監視】（抄）

第1款　個人情報取扱事業者等の監督

第143条（報告及び立入検査）

1　委員会は、第4章（第5節を除く。次条及び第148条において同じ。）の規定の施行に必要な限度において、個人情報取扱事業者、仮名加工情報取扱事業者、匿名加工情報取扱事業者又は個人関連情報取扱事業者（以下この款において「個人情報取扱事業者等」という。）その他の関係者に対し、個人情報、仮名加工情報、匿名加工情報又は個人関連情報（以下この款及び第3款において「個人情報等」という。）の取扱いに関し、必要な報告若しくは資料の提出を求め、又はその職員に、当該個人情報取扱事業者等その他の関係者の事務所その他必要な場所に立ち入らせ、個人情報等の取扱いに関し質問させ、若しくは帳簿書類その他の物件を検査させることができる。

2　前項の規定により立入検査をする職員は、その身分を示す証明書を携帯し、関係人の請求があったときは、これを提示しなければならない。

3　第1項の規定による立入検査の権限は、犯罪捜査のために認められたものと解釈してはならない。

第144条（指導及び助言）

委員会は、第4章の規定の施行に必要な限度において、個人情報取扱事業者等に対し、個人情報等の取扱いに関し必要な指導及び助言をすることができる。

第145条（勧告及び命令）

1　委員会は、個人情報取扱事業者が第18条から第20条まで、第21条（第1項、第3項及び第4項の規定を第41条第4項の規定により読み替えて適用する場合を含む。）、第23条から第26条まで、第27条（第4項を除き、第5項及び第6項の規定を第41条第6項の規定によ

り読み替えて適用する場合を含む。）、第28条、第29条（第1項ただし書の規定を第41条第6項の規定により読み替えて適用する場合を含む。）、第30条（第2項を除き、第1項ただし書の規定を第41条第6項の規定により読み替えて適用する場合を含む。）、第32条、第33条（第1項（第5項において準用する場合を含む。）を除く。）、第34条第2項若しくは第3項、第35条（第1項、第3項及び第5項を除く。）、第38条第2項、第41条（第4項及び第5項を除く。）若しくは第43条（第6項を除く。）の規定に違反した場合、個人関連情報取扱事業者が第31条第1項、同条第2項において読み替えて準用する第28条第3項若しくは第31条第3項において読み替えて準用する第30条第3項若しくは第4項の規定に違反した場合、仮名加工情報取扱事業者が第42条第1項、同条第2項において読み替えて準用する第27条第5項若しくは第6項若しくは第42条第3項において読み替えて準用する第23条から第25条まで若しくは第41条第7項若しくは第8項の規定に違反した場合又は匿名加工情報取扱事業者が第44条若しくは第45条の規定に違反した場合において個人の権利利益を保護するため必要があると認めるときは、当該個人情報取扱事業者等に対し、当該違反行為の中止その他違反を是正するために必要な措置をとるべき旨を勧告することができる。

2　委員会は、前項の規定による勧告を受けた個人情報取扱事業者等が正当な理由がなくてその勧告に係る措置をとらなかった場合において個人の重大な権利利益の侵害が切迫していると認めるときは、当該個人情報取扱事業者等に対し、その勧告に係る措置をとるべきことを命ずることができる。

3　委員会は、前二項の規定にかかわらず、個人情報取扱事業者が第18条から第20条まで、第23条から第26条まで、第27条第1項、第28条第1項若しくは第3項、第41条第1項から第3項まで若しくは第6項から第8項まで若しくは第43条第1項、第2項若しくは第5項の規定に違反した場合、個人関連情報取扱事業者が第31条第1項若しくは同条第2項において読み替えて準用する第28条第3項の規定に違反した場合、仮名加工情報取扱事業者が第42条第1項若しくは同条第3項において読み替えて準用する第23条から第25条まで若しくは第41条第7項若しくは第8項の規定に違反した場合又は匿名加工情報取扱事業者が第

45条の規定に違反した場合において個人の重大な権利利益を害する事実があるため緊急に措置をとる必要があると認めるときは、当該個人情報取扱事業者等に対し、当該違反行為の中止その他違反を是正するために必要な措置をとるべきことを**命ずる**ことができる。

4 　委員会は、前二項の規定による命令をした場合において、その命令を受けた個人情報取扱事業者等がその命令に違反したときは、その旨を公表することができる。

第146条（委員会の権限の行使の制限）

1 　委員会は、前三条の規定により個人情報取扱事業者等に対し報告若しくは資料の提出の要求、立入検査、指導、助言、勧告又は命令を行うに当たっては、表現の自由、学問の自由、信教の自由及び政治活動の自由を妨げてはならない。

2 　前項の規定の趣旨に照らし、委員会は、個人情報取扱事業者等が第57条第1項各号に掲げる者（それぞれ当該各号に定める目的で個人情報等を取り扱う場合に限る。）に対して個人情報等を提供する行為については、その権限を行使しないものとする。

第147条（権限の委任）

1 　委員会は、緊急かつ重点的に個人情報等の適正な取扱いの確保を図る必要があることその他の政令で定める事情があるため、個人情報取扱事業者等に対し、第145条第1項の規定による勧告又は同条第2項若しくは第3項の規定による命令を効果的に行う上で必要があると認めるときは、政令で定めるところにより、第26条第1項、第143条第1項、第159条において読み替えて準用する民事訴訟法第99条、第101条、第103条、第105条、第106条、第108条及び第109条、第160条並びに第161条の規定による権限を事業所管大臣に委任することができる。

2 　事業所管大臣は、前項の規定により委任された権限を行使したときは、政令で定めるところにより、その結果について委員会に報告するものとする。

3 　事業所管大臣は、政令で定めるところにより、第1項の規定により委任された権限及び前項の規定による権限について、その全部又は一部を内閣府設置法第43条の地方支分部局その他の政令で定める部局又は機関の長に委任することができる。

4 　内閣総理大臣は、第1項の規定により委任された権限及び第2項の規定による権限（金融庁の所掌に係るものに限り、政令で定めるものを除く。）を金融庁長官に委任する。

5 　金融庁長官は、政令で定めるところにより、前項の規定により委任された権限について、その一部を証券取引等監視委員会に委任することができる。

6 　金融庁長官は、政令で定めるところにより、第4項の規定により委任された権限（前項の規定により証券取引等監視委員会に委任されたものを除く。）の一部を財務局長又は財務支局長に委任することができる。

7 　証券取引等監視委員会は、政令で定めるところにより、第5項の規定により委任された権限の一部を財務局長又は財務支局長に委任することができる。

8 　前項の規定により財務局長又は財務支局長に委任された権限に係る事務に関しては、証券取引等監視委員会が財務局長又は財務支局長を指揮監督する。

9 　第5項の場合において、証券取引等監視委員会が行う報告又は資料の提出の要求（第7項の規定により財務局長又は財務支局長が行う場合を含む。）についての審査請求は、証券取引等監視委員会に対してのみ行うことができる。

第148条（事業所管大臣の請求）

事業所管大臣は、個人情報取扱事業者等に第4章の規定に違反する行為があると認めるときその他個人情報取扱事業者等による個人情報等の適正な取扱いを確保するために必要があると認めるときは、委員会に対し、この法律の規定に従い適当な措置をとるべきことを求めることができる。

第149条（事業所管大臣）

この款の規定における事業所管大臣は、次のとおりとする。

① 　個人情報取扱事業者等が行う個人情報等の取扱いのうち雇用管理に関するものについては、厚生労働大臣（船員の雇用管理に関するものについては、国土交通大臣）及び当該個人情報取扱事業者等が行う事業を所管する大臣、国家公安委員会又はカジノ管理委員会（次号において「大臣等」という。）

② 　個人情報取扱事業者等が行う個人情報等の取扱いのうち前号に掲げるもの以外のものについては、当該個人情報取扱事業者等が行う事業を所管する大臣等

第2款　認定個人情報保護団体の監督 （略）

第3款　行政機関等の監視 (略)

【第3節　送達】 (略)

【第4節　雑則】 (略)

第7章　雑則 (略)

第8章　罰則

第171条

行政機関等の職員若しくは職員であった者、第66条第2項各号に定める業務若しくは第73条第5項若しくは第119条第3項の委託を受けた業務に従事している者若しくは従事していた者又は行政機関等において個人情報、仮名加工情報若しくは匿名加工情報の取扱いに従事している派遣労働者若しくは従事していた派遣労働者が、正当な理由がないのに、個人の秘密に属する事項が記録された第60条第2項第1号に係る個人情報ファイル（その全部又は一部を複製し、又は加工したものを含む。）を提供したときは、2年以下の懲役又は100万円以下の罰金に処する。

第172条

第140条の規定に違反して秘密を漏らし、又は盗用した者は、2年以下の懲役又は100万円以下の罰金に処する。

第173条

第145条第2項又は第3項の規定による命令に違反した場合には、当該違反行為をした者は、1年以下の懲役又は100万円以下の罰金に処する。

第174条

個人情報取扱事業者（その者が法人（法人でない団体で代表者又は管理人の定めのあるものを含む。第179条第1項において同じ。）である場合にあっては、その役員、代表者又は管理人）若しくはその従業者又はこれらであった者が、その業務に関して取り扱った個人情報データベース等（その全部又は一部を複製し、又は加工したものを含む。）を自己若しくは第三者の不正な利益を図る目的で提供し、又は盗用したときは、1年以下の懲役又は50万円以下の罰金に処する。

第175条

第171条に規定する者が、その業務に関して知り得た保有個人情報を自己若しくは第三者の不正な利益を図る目的で提供し、又は盗用したときは、1年以下の懲役又は50万円以下の罰金に処する。

第176条

行政機関等の職員がその職権を濫用して、専らその職務の用以外の用に供する目的で個人の秘密に属する事項が記録された文書、図画又は電磁的記録を収集したときは、1年以下の懲役又は50万円以下の罰金に処する。

第177条

次の各号のいずれかに該当する場合には、当該違反行為をした者は、50万円以下の罰金に処する。

① 第143条第1項の規定による報告若しくは資料の提出をせず、若しくは虚偽の報告をし、若しくは虚偽の資料を提出し、又は当該職員の質問に対して答弁をせず、若しくは虚偽の答弁をし、若しくは検査を拒み、妨げ、若しくは忌避したとき。

② 第150条の規定による報告をせず、又は虚偽の報告をしたとき。

第178条

第171条、第172条及び第174条から第176条までの規定は、日本国外においてこれらの条の罪を犯した者にも適用する。

第179条

1　法人の代表者又は法人若しくは人の代理人、使用人その他の従業者が、その法人又は人の業務に関して、次の各号に掲げる違反行為をしたときは、行為者を罰するほか、その法人に対して当該各号に定める罰金刑を、その人に対して各本条の罰金刑を科する。

① 第173条及び第174条　1億円以下の罰金刑

② 第177条　同条の罰金刑

2　法人でない団体について前項の規定の適用がある場合には、その代表者又は管理人が、その訴訟行為につき法人でない団体を代表するほか、法人を被告人又は被疑者とする場合の刑事訴訟に関する法律の規定を準用する。

第180条

次の各号のいずれかに該当する者は、10万円以下の過料に処する。

① 第30条第2項（第31条第3項において準用する場合を含む。）又は第56条の規定に違反した者

② 第51条第1項の規定による届出をせず、又は虚偽の届出をした者

③ 偽りその他不正の手段により、第85条第3項に規定する開示決定に基づく保有個人情報の開示を受けた者

別表 (略)

memo

memo